이제도 있고 전에도 있었고
장차 올 자 예수 그리스도

서사라 목사의 천국과 지옥 간증 수기 5

(성경편 제3권 – 계시록 이해)

하늘빛출판사

이제도 있고
전에도 있었고
장차 올 자
예수 그리스도

저자 **서사라**(서상아)

1960년 출생
1980년 진주여자고등학교 졸업
1986년 이화여대 의과대학 졸업, 의사면허(M.D.) 취득
1989년 서울의대 의과대학 생리학 석사취득
1993년 미국 브라운대 의대 생물학 박사(Ph.D.) 취득
1993년~1997년 미국 UCLA 의과대학 연구원 생활 (Postdoctoral fellow)
2004년 미국 탈봇 신학대학 목회학 석사(M.Div.) 취득
2004년 미국교단 Christian Churches(Disciples)에서 목사 안수 받음
2004년~현재, 미국 로스엔젤레스 코리아타운 소재 주님의 사랑교회 담임 목사
2009년~현재, LA 새사람 영성 훈련원장
2015년~현재, 주님의 사랑 세계선교센터 원장

저서 : "이제도 있고 전에도 있었고 장차 올자 예수 그리스도"
    - 과학자였던 서사라 목사의 천국과 지옥 간증수기 (제1권) (제2권)
    - 성경편(제1권) : 창세기
    - 성경편(제2권) : 모세편
    - 성경편(제3권) : 계시록 이해
    - 지옥편 : 출간예정
    - 성경편(제4권) : 출간예정
    - 성경편(제5권) : 출간예정

저자 연락처 (미국)
T : 323-702-1529   E-mail : sarahseoh@ymail.com
저자 홈페이지: http://pastorsarah.org

서사라 목사의 천국과 지옥 간증 수기 5

성경편 제 3권

계시록 이해

| 목차 |

서론

제 1 권

제 1 부
(2014. 8. 15 ~ 2014. 9 .1)

01 우리는 예수로 살 때에만 이기는 삶을 살 수 있다. - 2014.8.15 • 27
02 이기지 못하는 자들이 가는 곳, 곧 성밖에 가보다. - 2014.8.18 • 33
03 주의 종들이 가는 성밖과 주의 종들이 가는 지옥 - 2014.8.19 • 35
04 기도로 주님과의 첫사랑을 회복하기를 원하시는 주님 (에베소 교회 편지) - 2014.8.19 • 40
05 주님이 교황에게 주는 메시지 - 2014.8.20 • 43
06 발람에 대한 잘못된 이해를 버리기를 원하시는 주님 - 2014.8.22 • 45
07 토마스 주남과의 동역, 그리고 버가모 교회의 이기는 자들에게 주는 만나와 흰 돌 - 2014.8.25 • 57
08 받는 사람밖에 모르는 흰 돌에 적혀지는 예수님의 새 이름이 어떤 것인지 밝혀지다. - 2014.8.25 • 59
09 두아디라 교회의 이세벨이 누구인지 말씀하시다. - 2014.8.25 • 61
10 두아디라 교회의 '남은 자들'- 2014.8.27 • 62
11 성밖의 쇠창살 안에 있는 자들을 지키는 천사들 - 2014.8.28 • 66
12 계시록에 나오는 일곱 영이 무엇인지 알게 하시다. - 2014.8.30 • 67
13 빌라델비아 교회에 주님이 열어놓으신 열린 문의 의미 :
   (1) 새 예루살렘 성안으로 들어가는 문
   (2) 시험의 때를 면하게 하여주는 휴거의 문 - 2014.8.30 • 71
14 성밖의 문제 때문에 내 영이 울고 있었다. - 2014.9.1 • 76

제 2 부
(2014. 9. 2 ~ 2014. 10. 10)

15 계시록 4장에 나오는 열린 문의 의미 : 빌라델비아 교회 교인들에게 열려 있는 열린 문의 의미와는 다른 것 - 2014.9.2 • 78
16 계시록에 나오는 24장로들은 누구인가? - 2014.9.2 • 81
17 유리바다 앞에 있는 마리아의 집안을 구경하다. - 2014.9.3 • 83
18 주님 보좌 앞에 있는 네 생물들 - 2014.9.4 • 85
19 하늘구름(heaven cloud)에 대한 정리 - 2014.9.5 • 89

20 일곱 인들과 일곱 나팔들과 일곱 대접들이 있는 곳을 보다. – 2014.9.5 • 91

21 보좌에 앉으신 분과 어린 양, 그리고 일곱 영 – 2014.9.6 • 92

22 주님이 '나와 함께 일하자.'하시면서 황금 팔찌를 주시다. – 2014.9.8 • 99

23 (i) 천국에서 아론의 싹 난 지팡이와 만나를 담은 항아리가 보관되어 있는 보석함을 보다.
(ii) 네 생물이 '오라' 할 때에 네 생물들과 말 탄 자들과의 관계 – 2014.9.8 • 101

24 첫째 인을 떼었을 때 나오는 흰 말 탄 자에 대한 주님의 말씀 – 2014.9.12 • 104

25 셋째 인을 떼었을 때에 감람유나 포도주는 해치지 말라하신 이유 – 2014.9.18 • 110

26 천국에서 사무엘 선지자를 만나다. – 2014.9.19 • 111

27 언제 하나님의 궤 안의 아론의 싹 난 지팡이와 만나를 담은 항아리가 없어졌는가를 알게 하시다.
– 2014.9.19 • 114

28 주님은 한국전쟁이 일어나면 남한이 선제공격하기를 원하시고 그것을 놓고 기도하기를 원하시다.
– 2014.9.19 • 121

29 순교자들의 피를 신원하여 주는 때는 언제인가? – 2014.9.19 • 122

30 제단아래서 자신들의 피를 신원하여 주기를 기다리는 순교자들 – 2014.9.19 • 125

31 순교자의 수가 차기까지, 그 수는? – 2014.9.26 • 126

32 한국에 가서 외치기를 원하시는 주님 – 2014.9.30 • 128

33 (i) 내가 천국을 보는 상태가 사도 바울이 고린도후서 12장에서 낙원을 본 것과 같은 상태라 하였다.
(ii) 이기는 사들에게 주어지는 흰 돌에 석혀지는 새 이름에 대하여 알게 되다.
(iii) 천국에서 사무엘과 한나를 만나다. – 2014.9.30 • 131

34 늘 우리의 중심을 보시는 주님 – 2014.10.2 • 134

35 천국에서 한국을 위하여 '구국금식기도운동을 하라.'는 주님의 메시지 – 2014.10.6 • 135

36 주님은 한국에(2014년 11월) 가서 집회할 내용을 말씀하여 주시다. – 2014.10.6 • 138

37 보석 항아리 안에 보석으로 된 물속에서 보석으로 된 물고기가 헤엄치는 것을 보다. – 2014.10.8 • 140

38 일곱 인, 일곱 나팔, 일곱 대접이 있는 곳에 가보다. – 2014.10.8 • 141

39 주님께서 WCC에 대하여 말씀하시다. – 2014.10.9 • 143

40 주님은 내가 한국에 가서 '한국 전쟁이 곧 일어날 것이다.'라고 외치라고 하시다. – 2014.10.10 • 145

제 1 권

제 3 부
(2014. 10. 10 ~ 2014. 10. 27)

41 내 육신의 아버지가 계신 곳은 새 예루살렘 성안의 변두리이며 유명 목사님들이 계신 곳은 새 예루살렘 성밖이다. - 2014.10.10 • 146

42 하나님의 종들의 이마에 인치기까지 땅이나 바다나 나무나 해하지 말라. - 2014.10.12 • 149

43 천상에서 일곱 째 인을 뗀 후에 반시동안 조용한 이유에 대하여 말씀하시다. - 2014.10.13 • 152

44 (i) 큰 환난에서 나오는 흰 무리들은 누구인가?
 (ii) 주님의 공중휴거의 시기는 언제인가?
 (iii) 네 천사에 대하여 - 2014.10.13 • 154

45 성부 하나님이 계신 궁에 가다. - 2014.10.15 • 160

46 두 번의 휴거가 있을 것이라는 생각을 넣어주시다. - 2014.10.15 • 163

47 주님은 내가 날마다 한 사람에게 복음을 전하기를 원하신다.- 2014.10.16 • 166

48 사람이 보는 것과 하나님의 심판은 다르다. - 2014.10.17 • 167

49 천국에 있는 어머니가 지상의 아들에게 전하는 말 - 2014.10.17 • 169

50 일곱째 인을 뗀 후 하늘에서 반시동안 조용할 때 일어나는 일에 대해 다시 질문하다. - 2014.10.20 • 171

51 주님께서 북한에 태극기가 많이 꽂혀 있음을 보여주시다. - 2014.10.20 • 172

52 하나님은 일곱 나팔 재앙부터 이 땅의 심판이 시작되었음을 알게 하여 주시다. - 2014.10.24 • 173

53 (i) 주님은 적그리스도가 곧 나타날 것이라고 말씀하시다.
 (ii) 그리고 바다에서 올라오는 짐승과 땅에서 올라오는 짐승의 정체 - 2014.10.24 • 180

54 주님과 춤을 춤으로 말할 수 없는 기쁨이 내 안에 충만하여지다. - 2014.10.26 • 185

55 주님이 한국 집회에 가서 말할 것을 알려주시다. - 2014.10.27 • 186

제 4 부
(2014. 10. 28 ~ 2014. 12. 15)

56 11월에 한국집회를 꼭 가야 할 것을 천상에서 확인시켜 주시다. - 2014.10.28 • 189

57 우리나라 남북전쟁과 계시록에 나오는 인구 1/3이 죽는 전쟁과 연관이 있는가? - 2014.10.28 • 190

58 재난의 시작인 우리나라의 남북 전쟁과 여섯째 나팔이 불린 후 세계 인구 1/3이 죽는 사건은 다른 사건임을 알게 하여 주시다. - 2014.10.29 • 191

59 천국에서 내 육신의 아버지가 사시는 곳에서는 성밖과는 달리 생명수가 흐르고 있다.
   - 2014.10.31 • 195

60 아버지가 계신 곳은 농사를 짓는 곳이다. - 2014.11.3 • 196

61 (i) 성부 하나님께서 내 손바닥에 구멍을 뚫어 주시다.
   (ii) 내 손바닥에 구멍을 뚫어 주신 이유를 말씀하시다.
   (iii) 전쟁의 날짜를 알고자 하는 것은 하나님의 거룩함을 침범하는 것임을 알게 하시다. - 2014.11.12 • 197

62 주님이 영체로 실제로 교회 안에 임하시고 또한 영의 세계가 열려 거기로 들어가다. - 2014.11.24 • 203

63 계시록에 여섯 번째 재앙마다 일어나는 전쟁들 - 2014.11.30 • 205

64 계시록을 풀이하여 놓은 책을 주님으로부터 받다. - 2014.12.1 • 209

65 계시록이 풀리지 않아 고민하다. - 2014.12.1 • 210

66 (i) 믿음의 선진들 앞에서 계시록이 잘 풀리지 않는다고 말하다.
   (ii) 여섯째 인을 떼었을 때에 하늘이 종이축이 말리듯이 떠나가고의 뜻 - 2014.12.5 • 211

67 주님은 갈색 상자 안에 든 계시록을 풀이한 책을 나에게 주셨으나 보게 하시지 아니하시다.
   - 2014.12.6 • 214

68 주님이 주님의 죽으심과 다시 오심을 전하라고 하시다. - 2014.12.8 • 215

69 (i) 이기지 못한 자들이 가는 곳을 보다.
   (ii) 두 증인에 대하여 질문하다.
   (iii) 무저갱에서 나오는 황충들과 그들의 왕 아볼루온 - 2014.12.9 • 216

70 주님이 천상에서 휴거를 준비하고 있는 것을 보여주시다. - 2014.12.10 • 221

71 주님은 12월 14일에 전쟁이 나지 아니할 것을 말씀하시고 그러나 '곧' 이라고 외치라고 말씀하셨다.
   - 2014.12.10 • 224

72 우리를 통하여 영혼구원하기를 원하시는 주님 - 2014.12.12 • 227

73 한국에서 나에게 계시록 해석을 전수하기 위하여 오신 기도원 원장님 - 2014.12.13 • 229

74 주님은 나에게 남이 계시록을 풀이한 것을 전수받지 말라 하시다.- 2014.12.14 • 229

75 (i) 성부 하나님께서 계시록을 풀이한 책을 나에게 다시 주시다.
   (ii) 계시록을 풀이한 책 안의 내용은 천국언어로 기록되어 있었다.
   (iii) 기도원 원장님이 가져온 계시록을 풀이한 노트는 여호와의 불에 의하여 살라지다. - 2014.12.15 • 231

제 1 권

제 5 부
(2014. 12. 15 ~ 2015. 2. 9)

76 무저갱과 지옥은 다른 장소인 것을 알게 하시다. – 2014.12.15 • 235

77 주님께서 요한과 모세에게 내가 계시록을 이해하도록 도울 것을 말씀하시다. – 2014.12.15 • 236

78 (i) 하나님께서는 내가 계시록을 쓰는데 다른 책들을 참고하지 말라고 하신다.
　　(ii) 두 증인은 마지막으로 회개하라고 외치는 자들이다. – 2014.12.17 • 238

79 인간관계 속에서 '사랑하라 인내하라.'고 하시는 주님 – 2014.12.19 • 241

80 (i) 무저갱의 사자 아볼루온(계 9:11)이 바로 무저갱에서 나오는 짐승(계 11:7)인 것을 다시 알게 하시다.
　　(ii) 그리고 두 증인에 대한 확실한 정리 – 2014.12.19 • 242

81 천국과 지옥 간증수기 1, 2권외에 성경편 5권의 제목을 말씀하시다. – 2014.12.20 • 246

82 두 증인의 입에서 나오는 불과 그들의 부활 – 2014.12.20 • 248

83 대환난 후의 휴거 :
　　(i) 대환난 기간의 이스라엘 십사만 사천을 위한 예비처와 대환난 후의 그들의 휴거
　　(ii) 대환난 후의 짐승의 우상에게 절하지 않고 이마나 손에 표를 받지 않은
　　　자들의 추수(휴거) – 2014.12.22 • 249

84 공중휴거가 일어나는 시기 : 대환난 전 – 2014.12.22 • 258

85 (i) 이기지 못하는 자들이 가는 장소(성밖)에 가다.
　　(ii) 천국과 지옥 간증수기 3의 제목, '이제도 있고 전에도 있었고 장차 올 자 예수 그리스도'의
　　　글씨 색깔을 알게 하여 주시다. – 2014.12.22 • 261

86 다시 한번 전쟁 메시지를 받다. – 2014.12.23 • 262

87 대환난 전에 있을 공중휴거가 대환난 후에 일어나는 추수와 어떻게 다른가? – 2014.12.24 • 263

88 (i) 공중휴거가 대환난 전인 이유 중의 하나는 주님이 한국전쟁-휴거-표의 순서로
　　　일어난다고 하셨기 때문이다.
　　(ii) 십사만 사천을 처음 익은 열매라고 하시는 이유를 알게 되다.
　　(iii) 마태복음의 3장 12절의 타작마당과 계시록 14장과의 연관성 – 2014.12.24 • 265

89 주님은 '공중휴거는 언제든지 일어날 수 있다.'고 말씀하시다.
　　그리고 두루마리에 '공중휴거는 반드시 일어난다.'라고 써 주시다. – 2014.12.26 • 268

90	계시록에서 공중휴거는 주님이 일부러 숨겨 두셨다고 하시다. – 2014.12.26 • 271	
91	성부 하나님께서 '공중휴거가 반드시 있으되 계시록에서는 내가 숨겨 두었느니라.' 말씀하시다. – 2014.12.27. 250p • 274	
92	주님께서 남편에게 '베리칩이 666이다.'라고 이마와 손에 써 주시다. –2014.12.29 • 276	
93	천상에서 성부, 성자, 성령 하나님 성삼위를 동시에 보게 되다. – 2014.12.29 • 278	
94	성령의 은사를 인정하지 않으면 예수를 믿어도 성밖이다. –2014.12.31 • 284	
95	나를 동료로 취급하여 주시는 믿음의 선진들 – 2015.1.2 • 286	
96	한국집회(2015년 1월 17일)에서 다루어야 할 내용을 바꾸어주시다. (전쟁이 곧 일어날 것을 선포하기를 원하시는 주님) – 2015.1.6 • 287	
97	나에게 지옥편을 쓰게 하기 위하여 나를 지옥으로 안내할 천사를 붙여 주시는 주님 – 2015.1.6 • 292	
98	(i) 천국에서 큰 금고열쇠를 받다. (ii) 지옥편을 성경편 5권외에 따로 써야 함을 알게 되다. – 2015.1.7 • 295	
99	이사야 65장에 나타난 천년왕국의 이미지는 영원천국에 관한 것임을 알게 하시다. – 2015.1.10 • 301	
100	아버지가 초가집에 사시고 계신 것을 보다. – 2015.1.12 • 306	
101	"너의 일을 구하지 말고 나의 일을 구하라."라고 말씀하시는 주님 – 2015.1.13 • 307	
102	주님 앞에서 늘 죄인인 나 – 2015.2.5 • 309	
103	집회 때에 계시록에 공중휴거에 대한 것이 숨겨져 있다고 전한 것을 기뻐하시다. – 2015.2.5 • 311	
104	깨어 있지 못하고 영적으로 죽어 있는 자들을 위하여 기도하기를 원하시는 주님 – 2015.2.6 • 313	
105	천국에서 믿음의 선진들을 만나게 하여 나를 격려하시는 주님 – 2015.2.7 • 316	
106	천국과 지옥 간증수기 1편과 2편 외에 다시 6권의 책을 더 써야 함을 보여주시다. – 2015.2.9 • 318	

제 2 권

제 1 부
(2015. 2. 10 ~ 2015. 4. 9)

107 기도 속에서 일어나는 주님과의 대화가 천국에서도 그대로 일어난다. – 2015.2.10 • 323

108 너무나 정확하신 주님 – 2015.2.12 • 325

109 (i) 천국에서 내 육신의 아버지의 인격이 많이 변하여 있었다.
　　(ii) 계시록 12장의 여러 의문점들이 풀리다.
　　(iii) 큰 성 바벨론인 음녀의 정체가 밝혀지다. 이 성이 무너질 때가 순교자들의 피를 신원하여 주는 때이다. – 2015.2.13 • 328

110 천국에서 치러주신 신랑과 신부의 의식 – 2015.2.13 • 347

111 아마겟돈 전쟁 – 2015.2.14~15 • 350

112 천국에서 내가 아는 최근에 세상을 떠난 분들을 만나다. – 2015.2.18 • 352

113 주님은 세상을 떠난지 이틀이 되어도 천국에서 내가 볼 수 있는 상태가 아니라 하신다. – 2015.2.19 • 353

114 (I) 기도 속에서 지옥의 장면들을 생생히 보다.
　　(II) 미가엘과 가브리엘 천사장의 마중을 받다.
　　(III) 주님께서 내가 '지옥편'을 꼭 써야 함을 말씀하시다.
　　(IV) 지옥의 한 장면을 구경하다. – 2015.2.19 • 354

115 (i) 나와 같이 주의 일을 할 자들을 보여 주시다.
　　(ii) 지옥을 구경하다. – 2015.2.20 • 360

116 지상에서 곡과 마곡전쟁에 대한 나의 생각을 정리하다. – 2015.2.20 • 365

117 도OO 권사님을 돌아가신지 4일 만에 천국에서 만나다. – 2015.2.21 • 371

118 (i) 곡과 마곡전쟁의 기간?
　　(ii) 다니엘의 70이레는 언제까지를 말하는가?
　　(iii) 마지막 날에 하나님께서 불로 심판하시는 날
　　(iv) '그 날(여호와의 한 날)과 '하나님의 날' – 2015.2.24 • 374

119 주님이 내게 많은 양들을 맡기실 것을 말씀하시다. – 2015.3.1 • 382

120 (i) 지상에서 주님 때문에 받는 핍박 때문에 나를 데리러 오는 수레를 끄는 말의 수가 한 마리 더 늘었다.
　　(ii) 주님은 우리나라를 특별히 기름을 부어 쓰시겠다고 하신다. – 2015.3.2 • 383

121 아침 기도시간에 계시록 14장은 계시록 7장을 반복하고 있는 것을 알게 하셨다. – 2015.3.3 • 385

122 주님께서 나에게 지옥편을 꼭 써야 한다는 의미로 '예수'라고 싸인하여 주시다. – 2015.3.5 • 389

123 아침 기도시간에 주님이 깨닫게 하여 주신 것 : 천년왕국에는 부활된 자들만 들어가므로 애를 낳지 아니한다. – 2015.3.7 • 391

124 집회를 순회 선교하듯이 여러 군데를 해야 할 것을 말씀하시다. – 2015.3.8 • 394

125 18년 전에 주님께서 보여주신 환상 속에서 흰 말들을 타고 나를 따르던 흰 옷 입은 무리들이 누구인지 밝혀 주시다. – 2015.3.10 • 396

126 의를 위하여 핍박을 받는 자는 복이 있나니 천국이 저희 것임이라. – 2015.3.11 • 398

127 성부 하나님께서 바깥 어두운데 슬피 울며 이를 가는 장소가 확실히 있음을 알게 하시다. – 2015.3.11 • 402

128 나에게 핍박을 견뎌야 한다고 말씀하시는 주님 – 2015.3.21 • 405

129 주님이 천국과 지옥 간증수기 1권과 2권 외에 여섯 권의 책을 더 써야 함을 알게 하여 주시다. – 2015.4.9 • 406

제 2 부
(2015. 4. 13 ~ 2015. 5. 7)

130 천국으로 올라갈 때에 호랑이가 나타나다. – 2015.4.13 • 408

131 호랑이가 수레 위에 서 있다. – 2015.4.13 • 409

132 주님이 주신 꽃밭정원 안에 동물원이 있음을 알려 주시다. – 2015.4.13 • 409

133 감기에 걸려 기침을 심하게 하는 증상을 천상에서 고쳐 주시다. – 2015.4.16 • 411

134 이사야의 집 옆의 생명수 강가로 가다. – 2015.4.18 • 414

135 베드로의 집에 가다. – 2015.4.19 • 416

136 천국에서 성경편 제 2권 모세편을 쓴 것을 매우 기뻐하여 주시다. – 2015.4.20 • 416

137 백보좌 심판에 대한 생각을 정리하여 보다. – 2015.4.23 • 419

138 내가 보고 있는 천국과 지옥이 낙원과 음부인가? – 2015.4.24 • 422

139 (i) 거짓말을 좋아하며 지어내는 자가 가는 성밖

 (ii) 백보좌에는 누가 앉으시는가? – 2015.4.25 • 425

140 기도시간에 계시록에 대하여 여러 가지를 깨닫게 하여 주시다. – 2015.4.27 • 431

 (1) 성경에는 이름이 적혀지는 생명책이 있다.

제 2 권

(2) 첫째부활에 들어가는 자들은 영화로운 몸을 가지고 천년왕국에 들어간다.

(3) 지금까지 예수 믿고 죽은 자들은 지금 현재 영체로 낙원에 있다.

(4) 둘째부활에 대하여

141 백보좌에 앉으시는 분이 주님이심을 밝혀주시다. – 2015.4.27 • 435

142 내가 쓴 책으로 세계를 전도하기를 원하시는 주님 – 2015.4.28 • 440

143 주님이 아름다운 정원의 꽃들로 나를 즐겁게 하여 주시다. – 2015.4.29 • 442

144 백보좌 심판대 앞에는 누가 서는가? – 2015.4.30 • 443

145 (i) 첫째부활 때에 천년왕국 안에 들어간 자들은 천년이 끝나고 나서 새 예루살렘 성안으로 옮겨져서 백보좌 심판대 앞에 서지 아니한다.

(ii) 계시록 21장 8절과 계시록 22장 15절의 다른 점 – 2015.5.1 • 447

146 데살로니가전서 4장 16절에서 18절은 공중휴거를 말하는 구절이다. –2015.5.2 • 452

147 하나님과 어린양이 친히 성전이 되심이라는 의미를 비롯한 여러 가지 질문들을 가지다. – 2015.5.2 • 454

148 (i) 미국이 전쟁으로 인하여 공격받는 것을 보다.

(ii) 삼위일체의 하나님에 대하여 알게 하시다.

(iii) 에스겔서에서 나오는 성전은 영원천국의 성전과는 상관이 없음을 알게 하시다. – 2015.5.3 • 459

149 (i) 내가 천국에서 생각으로 깨우쳐지는 모든 것은 주님이 주장하신다는 것을 알게 하시다.

(ii) 어린양의 혼인잔치는 천년왕국에서 일어나는 것으로 보인다. –2015.5.5 • 467

150 기도 중에 알게 하여 주신 것들 :

(i) 어린양의 아내, 혼인잔치

(ii) 성안에는 예복 입은 신부들이 들어가고, 성밖에는 예복입지 아니한 이름이 흐려진 자들이 간다.

(iii) 계시록 7장에서 하나님의 종들의 이마에 쓰여지는 이름

(iv) 곡과 마곡전쟁 때에 그들이 둘러싸는 성도들의 진이란? –2015.5.6 • 473

151 어린양과 어린양의 아내와의 관계는 천년왕국부터 영원천국까지 지속된다. – 2015.5.6 • 481

152 천국에서 미국 사람들이 전쟁으로 많이 죽었음을 슬퍼하다. –2015.5.7 • 484

제 3 부
(2015. 5. 8 ~ 2015. 6. 1)

153 아기천사들이 정원의 꽃밭을 관리하고 있는 것을 알게 되다. -2015.5.8 • 485

154 삼위의 하나님은 한분 하나님으로 영원전(태초)부터 영원천국까지 지속하신다. -2015.5.11 • 486

155 천국의 회의실에는 지상의 선교하는 장면을 볼 수 있는 대형 거울이 있다. -2015.5.12 • 491

156 기도하면서 지상에서 깨달아진 것을 정리한다.

    (i) 성경에서 '그날에… 그날에…' 이 그 날은 언제를 말하는가?

        (a) 아마겟돈 전쟁을 말한다.

        (b) 주님이 지상재림하시는 날이다.

        (c) 적그리스도와 거짓선지자는 유황 불못에 던져지고 사단은 무저갱에 가두어지는 날이다.

        (d) 주님이 첫째부활 된 자들과 함께 천년왕국에 들어가시는 날이다.

    (ii) 낙원과 천국은 다른 장소인가? – 2015.5.14 • 494

157 새 하늘과 새 땅에 내려오는 새 예루살렘 성은 분명히 낙원에서 내려오는 것임을 천상에서 확인받다. -2015.5.14 • 507

158 천국, 낙원, 하늘, 셋째 하늘의 원어를 비교하다. -2015.5.15 • 509

159 요한복음 3장 13절의 해석 -2015.5.16 • 512

160 주님이 성밖으로 데리고 가시다. 예수를 믿었으나 이기지 못한 삶을 산 자들은 다 성밖으로 쫓겨나 벌을 받고 있다. -2015.5.16 • 516

161 기도하다가 깨우친 것 : 이기는 자는 하나님의 성전에 기둥이 되게 하리니 – 2015.5.18 • 519

162 계시록을 빨리 쓰기를 원하시는 성부 하나님 -2015.5.18 • 521

163 계시록 22장에 나오는 빛과 어린양과 그 아내에 대하여 – 2015.5.18 • 523

164 천상에서 내가 계시록을 쓰게 되는 것을 기뻐하는 흰 무리들 -2015.5.21 • 528

165 인간창조역사관에서 영원천국에 대한 그림들을 보다. -2015.5.21 • 529

166 흰 옷 입은 많은 무리들 앞에서 내가 천국에서 본 것을 의심하지 말라 하시는 주님 – 2015.5.22 • 532

167 전할 말을 내 입에 넣어 주시겠다 하시면서 한국에 집회를 다녀오기를 원하시는 주님 – 2015.5.22 • 533

168 내가 한국에 가서 집회를 하게 되었다는 것을 믿음의 선진들에게 공포하시다. – 2015.5.22 • 535

169 주님께서 나에게 동물원을 구경시켜 주시다. -2015.5.24 • 537

170 한국 집회(2015년 7월) 시에 말할 것을 정하여 주심 – 한국전쟁, 휴거, 표에 대하여 차례로 말하라 하신다. – 2015.5.25 • 538

제 2 권

171　(i) 한국에 집회를 결정하고 나니 주님이 동물원과 유리바다의 일부를 나에게 선물하셨다.
　　(ii) 생명나무에 열리는 12가지 과일들 – 2015.5.25 • 542

172　이사야가 '저가 채찍에 맞음으로 나음을 입었노라.'를 전하고 외치라 한다. – 2015.5.26 • 545

173　한국 집회를 결정하고 나니 주님이 동물원, 생명수가 흐르는 골짜기,
　　또한 연못을 선물하여 주시다. – 2015.5.28 • 547

174　우리의 가장 큰 상급은 오직 예수 그리스도 단 한 분이시다! – 2015.5.29 • 549

175　하나님과 어린양의 보좌는 영원천국에 있는 예수 그리스도의 보좌이다. – 2015.5.29 • 551

176　천국에서 계시록을 풀이한 책을 먹다. – 2015.5.30 • 554

177　주님이 쓰라고 하는 책을 내가 다 쓰면 주님이 선물로 주실 크고 흰 아름다운
　　궁을 보다. – 2015.6.1 • 558

178　계시록 21장부터 나오는 영원천국에서 네 생물이 사라진 이유를 알게 하시다. – 2015.6.1 • 560

제 4 부
(2015. 6. 1 ~
2015.7.20)

179　천상에서 계시록을 이야기하는 것이 끝나고 계시록을 풀이한 책을 케익으로 먹은 것은
　　내가 지상에서 계시록을 쓸 때에 도움을 줄 것을 말씀하시다. – 2015.6.1 • 564

180　수레를 끄는 말들의 이름을 생각하다. – 2015.6.2 • 566

181　여섯 마리 말들의 이름을 지어주다 그리고 평생 남의 잘못만 본 자들의 지옥을 보다. – 2015.6.2 • 567

182　한국집회 결정을 기뻐하시고 여전히 '한국전쟁–휴거–표' 차례로 전하기를 원하시는 주님 – 2015.6.4 • 568

183　주님이 내가 한국집회를 가게 되었다는 것을 많은 흰 무리들 앞에서 공포하시다. – 2015.6.4 • 571

184　주님이 OOO 권사님에 대하여 말씀하시다. – 2015.6.5 • 573

185　나와 함께 일할 자들을 보여 주시다. – 2015.6.6 • 575

186　한국전쟁이 일어나야 하는 가장 큰 이유는 북한 주민이 구원을 받아야 하는 문제이다. –2015.6.6 • 577

187　천국언어로 쓰여진 계시록을 풀이한 책에 대한 진실 – 2015.6.9 • 580

188　2015년 7월에 한국에 가서 집회할 내용을 상세히 말씀하여 주시다. – 2015.6.10 • 582

서사라 목사의 천국과 지옥 간증 수기 5
성경편 제 3권 - 계시록 이해

189 오늘 흰 말들 대신에 갈색 말들이 나를 데리러 왔고 계시록의 책 껍질 색깔은 노란색이며 두꺼워도 하나로 펴내어야 함을 알게 하시다. – 2015.6.11 • 586

190 천국의 흰 옷 입은 무리들에게 한국집회를 위하여 기도하여 달라고 부탁을 하다. – 2015.6.15 • 588

191 전쟁으로 인하여 미국이 공격받을 것을 말 안 하려고 결심한 나에게 주님은 천국에서 매를 들고 계셨다. – 2015.6.16 • 590

192 한국집회 동안에 어려움이 있을 것을 알게 하시다. – 2015.6.16 • 592

193 2015년 8월에 한국집회를 나가기를 원하시는 주님 – 2015.6.17 • 595

194 계시록의 네 생물 중 사자의 얼굴을 한 천사를 보다. – 2015.6.18 • 597

195 주님이 계시록의 책이 노란색이 되어야 함을 알려 주시다. – 2015.6.25 • 602

196 성부 하나님께서 다시 한 번 내가 계시록 책을 써야 할 것을 말씀하시다. – 2015.6.27 • 603

197 '주님, 나 같은 것이 계시록 책을 쓰다니요?'라고 반문하다. – 2015.6.28 • 605

198 유리바다 위에 카탈리나 섬 같은 곳에 있는 희고 큰 성의 정원에 다녀오다 – 2015.6.29 • 606

199 천국에서도 성만찬을 한다. 그리고 거기에는 기쁨이 넘친다. – 2015.7.1 • 607

200 (i) 한국집회 때에 핍박을 이겨낼 것을 말씀하시다.

(ii) 두 번의 휴거 중, 대환난 후의 휴거는 주님의 타작마당을 정하게 하는 것과 일치함을 알게 하시다.

(iii) 후삼년반 전의 공중휴거가 두 증인의 부활과 어떤 관계가 있는가?

(iv) 십사만 사천이 처음 익은 열매라고 불리워지는 이유가 알아지다. • 610

201 계시록 책을 쓰기를 서두르라고 말씀하시는 주님 – 2015.7.6 • 615

202 백보좌 심판대와 그리스도의 심판대 – 2015.7.10 • 616

203 주님이 6.25때의 사진을 들고 나오시다. – 2015.7.15 • 620

204 집회 때마다 축사와 신유사역을 반드시 하기를 원하시는 주님 – 2015.7.20 • 622

제 2 권

제 5 부
(2015. 8. 20 ~ 2015. 10. 17)

205 한국집회 후 처음으로 천국에 올라가다. – 2015.8.20 • 624
206 주님께서 나에게 계시록이 열릴 것이라 말씀하시다. – 2015.8.22 • 626
207 주님이 첫 선교지를 말씀하여 주시다. – 2015.8.24 • 629
208 주님께서 내 손에는 구멍이 뚫려 있으나 내 발에는 구멍이 뚫려 있지 않음을 인지시켜 주시다. – 2015.8.24 • 630
209 주님이 말씀하시기를 하루에 충실하라고 말씀하신다. – 2015.8.25 • 631
210 한국집회를 다녀온 후 2주 반 후에야 천국과 지옥을 보는 것이 온전히 회복되다. – 2015.8.31 • 633
211 계시록 책의 껍질(표지)에 들어갈 두루마리 그림을 보여 주시다. – 2015.9.1 • 635
212 내 안에 발견된 명예욕을 주님은 내려놓으라 말씀하신다. – 2015.9.3 • 638
213 계시록 책에 서론이 들어가야 할 것을 말씀하시다. – 2015.9.6 • 641
214 주님이 계시록 책의 제목이 "이제도 있고 전에도 있었고 장차 올 자 예수 그리스도"라고 해야 함을 알게 하여 주시다. – 2015.9.9 • 642
215 주님께서는 내가 쓰는 계시록 책이 인간창조역사관에 보관되어질 것을 말씀하시다. – 2015.9.11 • 644
216 계시록 책 안에 들어가야 할 도시 사진 한 장을 보여주시다. – 2015.9.14 • 646
217 주님이 나에게 '너는 내 친구'라 하신다. – 2015.9.14 • 648
218 주님이 내가 책을 다 쓰고 나면 주시겠다고 한 궁 안을 드디어 구경하다. – 2015.9.18 • 649
219 (i) 큰 바벨론 성이 무너질 때가 순교자들의 피를 신원하여 주는 때임을 알게 하시다.
     (ii) 천년왕국에 들어간 즉 첫째부활에 속한 자들은 백보좌 심판에 서지 아니한다. – 2015.9.19 • 654
220 무저갱이 어떤 것인지를 알게 하시다. – 2015.9.19 • 658
221 인도와 네팔 선교지가 열리다. – 2015.9.28 • 660
222 천국에서는 내가 선교지에 다니는 것을 기뻐하여 황금성에서 천국음악이 흘러나오다. – 2015.10.1 • 661
223 계시록 책 제목의 글씨 색깔이 세마포 신부의 색깔이 되어야 함을 말씀하시다. – 2015.10.3 • 663
224 주님이 쓰라고 하신 책을 다 쓰면 주시겠다고 하는 아름다운 흰 궁이 유리바다의 카탈리나 섬에 있음을 알게 하시다. – 2015.10.6 • 666
225 계시록 책이 영어로 번역되어 세계로 퍼져 나가야 함을 말씀하시다. – 2015.10.6 • 670

서사라 목사의 천국과 지옥 간증 수기 5
성경편 제 3권 – 계시록 이해

226 주님께서 '이 세상 끝에 이 모든 건물이 무너지리라.'라고 말씀하시다. – 2015.10.7 • 672
227 주님께서 인도와 네팔에 집회를 가야 할 것을 말씀하시다. – 2015.10.8 • 674
228 낙원에 있는 믿음의 선진들의 집이 그대로 영원천국에 내려오는가? – 2015.10.17 • 677

계시록 요약편

01 적그리스도와 거짓선지자 • 683
02 전 삼년반에 일어나는 일 • 685
03 전 삼년반의 두 증인 • 688
04 반시동안 고요한 때 • 693
05 계시록 12장 해석 • 695
06 대환난 전과 대환난 후에 일어나는 두 번의 휴거 • 701
07 첫째부활과 천년왕국 • 714
08 곡과 마곡전쟁 • 733
09 아마겟돈 전쟁 • 741
10 어린양의 혼인잔치 • 751
11 순교자들의 피를 신원하여 주는 때 • 757
12 주님의 타작마당. • 769
13 백보좌 심판대와 그리스도의 심판대 • 775
14 낙원과 천국 그리고 영원천국 • 786
15 이기는 자와 이기지 못하는 자가 가는 곳 (새 예루살렘 성안과 성밖) • 796
16 왜 베리칩이 성경에서 말하는 666인가? • 811

후기 • 818
후원페이지 • 820

서론

그분은 이제도 있고 전에도 있었고 장차 올 자 예수 그리스도시라!

"주 하나님이 가라사대 나는 알파와 오메가라 이제도 있고 전에도 있었고 장차 올 자요 전능한 자라 하시더라" [계 1:8]

우리가 읽고 있는 성경은 현재 지금 보이는 하늘과 땅의 창조
즉 하나님의 천지창조부터 시작하여 이 창조된 세계가 없어지고 그 후에 새 하늘과 새 땅이 열리며 그 곳에는 새 예루살렘성이 하늘에서 하나님께로부터 내려와서 어린양과 그 신부들이 영원히 사는 것으로 끝을 맺고 있다.
그리고 우리는 곧 이것이 다 이루어지기 위하여 주님이 다시 오시는 가까운 시점에 살고 있는 것이다.

이 세상에서 가장 불쌍하고 어리석은 사람은 사후의 세계가 없고 죽으면 끝이라고 생각하는 사람들일 것이다.
왜냐하면 사후세계는 반드시 존재하고 하나님을 모르는 자들은 영원한 불못에 던져질 것이기 때문이다.

'누구든지 생명책에 기록되지 못한 자는 불못에 던지우더라.' [계 20:15]

주님은 천상에서 나로 하여금 천국과 지옥을 보여주심으로 말미암아 천국과 지옥 간증수기 1편과 2편을 쓰게 하셨고 그 다음은 성경편으로 창세기편(천국과 지옥 간증수기 3)과 모세편(천국과 지옥 간증수기 4)을 쓰게 하셨다.
그리고 나서는 주님은 내가 사도 요한과 함께 계시록에 대하여 쓰기를 원하셨던 것이다.

그래서 이번 '계시록 이해'는 천국과 지옥 간증수기 5편으로 나오게 된 것이다.

내가 주님의 명령으로 이렇게 성경편을 쓰기 시작하였더니 어떤 이들은 이렇게 말하는 이들도 있다. '성경을 다시 쓰는 것이냐?'고 아니다. 정말 그런 것이 아니다. 나는 단지 성경을 읽을 때 내 자신이 궁금하였던 점들을 천상에서 주님께 물어보았을 뿐이다. 그리하였더니 주님께서 말씀하여주시고 알게 하여 주시고 깨우쳐 주셔서 그것을 책으로 펴낸 것이다.

그리고 이번에 계시록 자체가 우리 모두에게 어렵고 연결이 잘 안 될 뿐 아니라 계시록을 해석하는 자들마다 다 다르게 해석하니 많은 사람들이 사실은 계시록에 대하여 귀를 닫고 살아왔다고 해도 과언이 아니다. 그래서 사람들은 그냥 성경만 읽기를 원했었다. 그러나 이번에 주님은 이 부족한 종을 통하여 그렇게 잘 풀리지 아니하던 계시록의 의문점들을 밝혀 주신 것이다.

이 일들은 천상에서 주로 주님과 요한 그리고 모세와 내가 앉아 있는 테이블에서 일어났다. 주님은 나에게 계시록에 대한 의문점들이 생각나게 하셨고 그리고 그 의문점들에 대하여 생각으로 알게 하시고 깨우치게 하여 주셨다.

물론 계시록의 내용에 대하여 내가 가진 의문점들이 다른 사람들이 갖는 의문점들과 다를 수는 있으나 그러나 많은 점들에 있어서 여러 동일한 의문점들이 풀리게 되었을 것이라 확신한다.

내가 천상에서 가지는 의문점들조차 주님이 주장하시는 경우가 많다. 왜냐하면 천국에서는 서로의 생각이 상대방에게 다 드러나기 때문이다.

그러므로 주님께서 밝히시고자 하는 것들을 내게 의문이 생기게 하신 것이라고도 할 수 있다. 할렐루야.

그리고 주님은 항상 늘 나에게 계시록이 이 내용은 이렇고 저 내용은 저렇고 이렇게 그분의 입으로 직접 설명하여 주신 것이 아님을 여기서 밝힌다. 주님은 천상에서 그 테이블에 앉아 계시면서 오히려 내 생각을 주장하시고 또한 나에게 생각으로 알게 하시고 깨우치게 하셨다는 것이다.

물론 한마디로 그렇다 이렇다하신 적도 있다. 그러나 그것은 극히 극소수였다. 대개는 나에게 의문점이 있을 때마다 생각으로 알게 하셨다. 할렐루야.

나는 지금 현 시대를 보면서 성경의 계시록이 이루어지고 있고 또 앞으로도 계속 이루어질 것을 믿는다. 그러나 얼마나 빨리 진행될지는 잘 모른다. 그러나 늘 우리는 다시 오실 주님을 바라보면서 준비하고 기다리는 삶을 살아야 할 것이다. 오늘 이 순간에도 말이다.

나는 이 책을 통하여 많은 사람들이 계시록에 대하여 이해가 되어지기를 바란다. 그리고 더 이상 계시록이 어렵다고 덮어두지 않기를 바라며 이제 주님 오실 날이 얼마 남지 않았으므로 이것에 더 초점을 맞추어서 그분의 다시 오심에 대비하여 신부단장하기를 소망하는 것이다.

우리 주님은 정말 곧 오실 것이다.

"보라 내가 속히 오리니 내가 줄 상이 내게 있어 각 사람에게 그의 일한 대로 갚아 주리라. 나는 알파와 오메가요 처음과 나중이요 시작과 끝이라"[계 22:12-13]

"그 두루마기를 빠는 자들은 복이 있으니 이는 저희가 생명나무에 나아가며 문들을 통하여 성에 들어갈 권세를 얻으려 함이로다. 개들과 술객들과 행음자들과 살인자들과 우상 숭배자들과 및 거짓말을 좋아하며 지어내는 자마다 성밖에 있으리라"[계 22:14-15]

위의 두 구절은 내가 계시록에서 가장 중요하게 생각하는 구절들이다.

주님은 성경에서도 밝혀 주셨듯이 새 하늘과 새 땅에 하나님의 영광이 해같이 빛나는 그 새 예루살렘성 안에 아무나 들어가는 것이 아니다.
오직 그곳에 들어가는 자들은 희고 깨끗한 세마포 옷을 입고 주님을 기다리는 자들인 것이다.
성경은 이 세마포 옷이 성도들의 옳은 행실이라고 밝혀주고 있다.
그러므로 이 성도들의 옳은 행실은 예수 믿는 믿음을 끝까지 지키는 행위까지 포함하고 있는 것이다.

'성도들의 인내가 여기 있나니 저희는 하나님의 계명과 예수 믿음을 지키는 자니라.'
[계 14:12]

우리는 어떤 경우에서라도 주님을 배반하는 일은 없어야 할 것이다.

주님은 우리에게 이렇게 말씀하신다.
"나더러 주여 주여 하는 자마다 천국에 다 들어갈 것이 아니요 다만 하늘에 계신 내 아버지의 뜻대로 행하는 자라야 들어가리라" [마 7:21]

또한 요한 계시록에도 이기는 자와 이기지 못하는 자를 구분하고 있어 오직 이기는 삶을 사는 자들만 새 하늘과 새 땅에 있는 새 예루살렘성 안에 들어가 생명수를 값없이 마실 것이고 또한 생명나무 과일을 먹게 될 것이다.

할렐루야. 그러므로 우리는 그 무엇보다도 우리 주 예수 그리스도를 구세주로 영접한 후에 그 나머지 인생을 이 땅 위에 살면서 이기는 자의 삶을 살아드린 자라야
주님 오시는 그날에 어린양의 신부들로 발탁되어질 것이다.

그러나 예수를 믿었어도 이기지 못하는 삶을 산 자들은 새 예루살렘성 안으로 들어가지 못하고 새 하늘과 새 땅이지만 새 예루살렘성밖에 남게 될 것이다.

할렐루야.

계시록 이해의 책이 마쳐지기까지 기도로 물질로 마음으로 시간으로 도우시고 후원하신 모든 분들게 감사를 드린다. 그리고 무엇보다도 이 모든 것을 가능하게 하시고 이루어주신 우리 주님께 감사와 영광과 찬양을 올려 드리는 바이다.

LA에서 주님의 사랑교회

서사라 목사

계시록 이해

제 1 권

제 1 부

1. 우리는 예수로 살 때에만 이기는 삶을 살 수 있다.
(2014. 8. 15)

오늘 아침 2~3시간을 기도한 후 천국에 올라갔다.
수레를 가지고 온 두 천사는 흰 옷을 입고 각자의 자리에서 나를 맞이한다.
바깥에 서 있는 천사가 나를 보고 "주인님, 주님이 기다리고 계십니다."라고 말한다.
이제는 나를 데리러온 황금마차 수레를 끄는 말이 세 마리다.
가운데 있는 말이 새로운 말인데 나를 보는 눈이 둥글고 고개를 살짝 숙이면서 수줍은 듯 웃고 있다.
자기가 기쁘다는 것이다. 나를 섬기게 되었다는 것이다.
수레는 더 넓어졌다. 즉 말이 두 마리에서 세 마리로 하나 더 늘어남으로 말미암아 비례적으로 수레도 더 넓어졌다.
이쪽에 앉는 자리 쪽에 아이가 눕는 곳이 있고 그 다음 내 자리다.
저쪽 건너편 자리에는 가끔 주님이 앉으시고 이제는 며칠 동안은 아이를 돌보는 보모가 흰 옷을 입고 다소곳이 앉아서 나를 반겨 맞아 준다.
그리고 내 아이는 내 옆에서 누워 있다가 방긋방긋 웃으면서 내가 수레를 타면 나에게 안긴다.
웃는 얼굴이 너무 천진난만하다. 기쁨이 얼굴에 가득하다.
할렐루야.
이것이 다 주님이 나에 대한 배려인 것이다. 즉 내가 수레를 타고 천국으로 올라가는 동안 매번 아이를 볼 수 있도록 하여 주신 것이다. 얼마나 감사한지….

세 마리 말이 달린 수레는 순식간에 천국문에 도착했다.
황금으로 장식된 진주대문은 아주 크며 양옆으로 열리는데 그곳에는 흰 날개 달린 두 천사가 있다가 나를 태운 수레가 도착하면 '사라님 오셨다.'하고 활짝 열어준다.
사실은 이것이 매번 일어난다. 그러나 매번 다 기록할 수 없고 오늘만 이렇게 조금 자세히 기록해 본다.
그러면 마차는 황금대로 왼편에 도착하고 흰 말들은 각자의 소리를 '휘이잉'내면서 도착을 알린다.

그러면 수레 바깥에는 또 흰 날개 달린 두 천사가 내가 수레에서 내리는 것을 도와준다.
보모가 아이를 데리고 내렸다.
내가 내리니 주님이 오늘따라 약간 쑥색이 비취는 흰 옷을 입으셨는데 그분에게서 오늘따라 더 거룩함이 느껴졌다. 오늘따라 주님 손바닥에 있는 구멍이 더 자세히 보이면서 내 마음을 아프게 하였다.
내 영은 그 주님의 두 손바닥을 보면서 울고 있었다.

그리고 그 다음 나에게 보이는 장면은 주님과 보모가 같이 앉아서 내 아이를 발가벗겨놓고 보모와 주님이 앉아서 아이에게 생명수를 몸에 부으면서 아이를 씻기는 것이 보였다.
그랬더니 아이가 일어난다. 지금까지는 누워만 있던 아이였다. 걷지 못하는...
그런데 아이가 일어섰다. 그리고 아이들이 입는 노란 원피스가 아이에게 입혀졌는데 귀엽게 생겼고 치마가 짧은 원피스였다.
아이가 이제 그렇게 생명수로 씻음을 받은 뒤에는 이제 걷게 되었다.
아하! 내 아이가 이제는 걷는 아이가 되었다. 늘 보자기에 싸여 누워 있었는데....
나는 정말 기뻤다.
아기가 아장아장 걷는다.
나는 그 아이를 안고 주님과 함께 꽃밭의 정원을 걸어갔다.
보모는 우리 뒤를 따라왔다.
아이의 손을 내가 한 손으로 잡고 그리고 주님이 그 아이의 오른 손을 잡고 걸었다.
행복했다.
아이가 우리의 손들을 뿌리치고 앞쪽으로 기우뚱하면서 혼자서 '꺄르륵' 거리며 걸어가더니 이제는 종종 걸음으로 앞에서 걷기 시작한다.
할렐루야.
그리고 약간 뛴다. 아 너무 보기 좋다.
너무 기쁘다!
그러자 보모와 주님이 웃으시면서 보모가 아이를 데리고 어디론가 갔다.
아마도 그 아이를 키우고 있는 곳으로 간 것 같다.

주님과 나만 남았다.
주님과 나는 유리바다 앞에 모래사장에 도착하였다.
그리고 그 벤치에 앉았다.
모래들은 다 금가루들인데 오늘따라 맨발의 주님의 발에 그 금가루들이 발에 묻혔다.

나는 주님의 두 발에 나 있는 구멍을 보았다.

순간 나는 주님 앞에 꿇어 엎드렸다.

그리고 나는 그 구멍 앞에 울었다.

주님은 그러신 후에 나를 모세의 궁으로 인도하였다.

모세가 나왔다.

우리는 늘 앉던 테이블에 앉았는데 주님이 앉으시고 나는 그분의 오른편으로 모세는 주님의 왼편에 앉았다.

그리고 오늘따라 흰 날개 달린 어른 천사 4명이 우리의 양쪽에서 금 나팔을 불고 있었다.

주님이 말씀하신다.

"사라야! 모세에게 더 물을 말이 있니?"

나는 특별히 생각나는 것이 없어서

'모세님, 저 궁을 조금 더 확실히 보고 싶어요.' 했다.

그랬더니 주님과 나와 모세가 일어나서 그 광장 너머로 물론 제일 안쪽에는 십계명을 적은 황금 두 돌판이 들어 있는 유리방이 있는 것을 안다. 저번에 가 보았다.

그러나 이 광장에서 거기 도달하기까지 중간은 어떻게 되어 있는지 궁금하였다.

광장너머로 안으로 들어갈 때에 즉 모세의 궁 중간구조에 해당하는 오른 쪽에는 거기로 들어가면 온 벽과 천정이 희고 흰 거룩한 방이 있다는 것을 안다.

그런데 오늘은 그 중간구조의 왼편이 밝혀졌다.

즉 그 왼쪽에는 아주 크면서 긴 그리고 여러 명이 앉을 수 있는 소파들과 혹은 혼자 앉을 수 있는 소파들이 쑥색의 쿠션으로 배열되어 있었다. 그 소파들은 손을 앉아서 손을 얹는 자리와 가장자리들이 고급의 갈색의 나무로 되어 있었는데 그 쑥색과 조화가 참으로 아름답고 정교하며 예뻐 보였다.

그리고 오늘은 이 왼쪽의 중간지점의 바닥이 자세히 보였다.

그 바닥은 꼭 타일과 같이 생겼는데 회색과 푸른색과 자주색의 무늬가 어우러진 아주 아름다운 바닥이었다.

그리고 그 안에 더 왼편으로 무엇인가 있을 것 같았으나 오늘은 여기까지만 보였다.

할렐루야.

그리고 주님과 모세는 나를 사도 요한에게 데려가자고 서로 이야기를 주고 받았다.

그러자 우리 모두는 사도 요한의 집 앞에 있는 피크닉 테이블로 자리를 순식간에 옮겼다.

천국은 이런 곳이다.

주님과 모세가 테이블 저편에 나와 사도 요한이 이편에 앉았다.

사도 요한은 성경책을 펴고 앉아 있었다.

그리고 내 앞에도 성경책이 놓였다.
그러면서 요한 계시록을 보게 되었다.
요한이 밧모섬에서 하나님이 속히 될 일들을 종들에게 알리시려고 천사를 보내어 계시하신 내용이었다.

[계 1:1-3]
(1)예수 그리스도의 계시라 이는 하나님이 그에게 주사 반드시 속히 될 일을 그 종들에게 보이시려고 그 천사를 그 종 요한에게 보내어 지시하신 것이라 (2)요한은 하나님의 말씀과 예수 그리스도의 증거 곧 자기의 본 것을 다 증거하였느니라 (3)이 예언의 말씀을 읽는 자와 듣는 자들과 그 가운데 기록한 것을 지키는 자들이 복이 있나니 때가 가까움이라.

갑자기 내 눈에 잔잔하고 무한히 넓은 바다와 그리고 거기에 떠 있는 밧모섬이 보였다.
주의 날에 요한이 성령에 감동되어 주님이 흰 긴 끌리는 옷을 입고 나타나셔서
7촛대 사이를 다니시면서 7별을 손에 쥐시고 요한에게 나타난 것이 보였다.
그리고 주님은 요한에게 일곱 교회에 편지를 보내라 하셨다.

[계 2:1-7]
(1)에베소 교회의 사자에게 편지하기를 오른손에 일곱 별을 붙잡고 일곱 금 촛대 사이에 다니시는 이가 가라사대 (2)내가 네 행위와 수고와 네 인내를 알고 또 악한 자들을 용납지 아니한 것과 자칭 사도라 하되 아닌 자들을 시험하여 그 거짓된 것을 네가 드러낸 것과 (3)또 네가 참고 내 이름을 위하여 견디고 게으르지 아니한 것을 아노라 (4)그러나 너를 책망할 것이 있나니 너의 처음 사랑을 버렸느니라 (5)그러므로 어디서 떨어진 것을 생각하고 회개하여 처음 행위를 가지라 만일 그리하지 아니하고 회개치 아니하면 내가 네게 임하여 네 촛대를 그 자리에서 옮기리라 (6)오직 네게 이것이 있으니 네가 니골라당의 행위를 미워하는도다 나도 이것을 미워하노라 (7)귀 있는 자는 성령이 교회들에게 하시는 말씀을 들을지어다 이기는 그에게는 내가 하나님의 낙원에 있는 생명나무의 과실을 주어 먹게 하리라.

주님께서 이렇게 그 일곱 교회에 보내는 편지들을 보면 이기는 자들에 대하여 나온다.
내가 이기는 자들을 생각하고 있는데 이 때 주님은 내게 갑자기 성경구절 하나를 생각나게 하여 주시는 것이었다.
그것은 '우리에게 이김을 주시는 예수 그리스도'라는 구절이다.

[고전 15:57]
우리 주 예수 그리스도로 말미암아 우리에게 이김을 주시는 하나님께 감사하노니

(천국에서 이렇게 성경구절이 연결되어 생각나게 하여 주시는 것은 참으로 중요한 의미를 갖는다. 즉 주님이 그것을 풀이하여 주시는 것과 같은 것이다.)

즉 주님께서는 결코 우리 힘으로는 이기는 삶을 살 수 없음을 알게 하여 주시는 것이다.
할렐루야.
그러므로 에베소 교회에 보내는 '첫사랑을 회복하라.'는 주님의 메시지도
'어디서 떨어졌는지 생각하고 회개하고 돌이켜서 첫사랑을 회복하라'하는 메시지도 예수님이 아니면 회개도 불가능하고 예수님이 아니면 우리가 온전히 첫사랑을 회복할 수도 없음을 알게 하여 주시는 것이다.
즉 우리는 이기는 삶을 스스로 살 수 없다.
주님으로 할 때에만 우리가 이기는 모든 삶이 가능한 것임을 오늘 주님이 알게 하여 주신다.
그러므로 첫사랑에서 떨어진 자들도 오직 주님만을 의지하고 그 첫사랑을 회복하려 할 때에 주님께서 회복시켜 주신다는 것이다. 주여!

그런 후 나는 주님께 또 물었다.

"주님, 그러면 이기지 못하는 자들은 어디로 가나요?"

그러자 갑자기 내 눈에 수많은 사람들이 흰 옷을 입고 앉아 있는 모습이 힐끗 보였다.
이들은 소위 이기지 못한 자들이다.

[계 22:14]
그 두루마기를 **빠**는 자들은 복이 있으니 이는 저희가 생명나무에 나아가며 문들을 통하여 성에 들어갈 권세를 얻으려 함이로다.

이기지 못한 자들은 생명나무에 나아갈 권세도 없고 새 예루살렘 성에도 못 들어간다.
그러므로 그들은 성밖에 앉아 있는 것이다.
이들은 예수는 믿어서 영원한 불못은 면하였으나 그러나 사는 날 동안 이기지 못하는 삶을 살아서

여기에 와 있는 것이다.
그러므로 우리는 명심하여야 한다.
우리가 결코 매순간 주님으로 사는 삶이 되지 아니하면 주님으로 사는 삶이 아니라 나로 사는 삶이 많으면 바로 이 이기지 못하는 그룹에 속하여 성 밖에 남게 되는 것이다.
할렐루야.

아는 것 같았으나 다시 한 번 명확히 가르쳐 주시는 주님을 찬양합니다.

주여! 이기는 삶을 살게 하소서!

참고로 이기지 못하는 삶은 다음과 같은 삶이다.

[갈 5:19-21]
(19)육체의 일은 현저하니 곧 음행과 더러운 것과 호색과 (20)우상 숭배와 술수와 원수를 맺는 것과 분쟁과 시기와 분냄과 당 짓는 것과 분리함과 이단과 (21)투기와 술 취함과 방탕함과 또 그와 같은 것들이라 전에 너희에게 경계한 것같이 경계하노니 이런 일을 하는 자들은 하나님의 나라를 유업으로 받지 못할 것이요

그래서 그들은 하나님의 나라를 유업으로 받지 모하는 것이다.
이것은 육신에게 져서 육신으로 사는 삶을 살았으므로 결국은 하나님의 영광이 해같이 빛나는 새 예루살렘 성전에 들어가지 못하는 것이다. 예수를 믿었어도 말이다.
즉 실제의 삶에서 행함이 없는 믿음을 가진 자는 성밖에 남게 된다. 주여!
그리고 이 행함이 있는 믿음은 나를 선택하여 사는 것이 아니라 오직 주님을 선택하여 살 때에 가능한 것인 것을 주님이 알려주신 것이다. 할렐루야.

주님을 찬양합니다.
주여! 감사합니다!

2. 이기지 못하는 자들이 가는 곳, 곧 성밖에 가보다.
(2014. 8. 18)

천국에 올라가면 주님은 '내 딸아!' 하고 부르신다.
그리고 나에게 주님은 '웃으라. 감사하라.'라고 말씀하신다.
요즘에 마음이 아픈 일들이 있었다.
거기에 대하여 주님은 '크게 웃고 감사하라.'고 말씀하신다.
할렐루야. 정말 그래야겠다.

그리고 주님과 나는 벤치에 앉아서 이야기하다가
구름을 탔다. 구름 위에 벤치가 놓여 있었다.
주님과 나는 그 구름 위 벤치에 앉아 있는데 구름은 주님과 나를 전에 카탈리나 섬처럼 생긴 아름다운 섬으로 인도했다.
주님과 나는 구름 위에서 그 섬을 바라보는 것을 즐겼다.

그리고 그 구름은 우리를 이제 요한의 집 앞에 있는 피크닉 테이블에 우리를 내려놓았다.
거기에는 벌써 모세가 와서 앉아 있었고 건너편에 요한이 앉아 있었다.
요한은 벌써 성경책을 펴고 있었다.
주님이 저편에 모세의 왼편에 앉으시고 이쪽에는 내가 요한의 왼편에 앉았다.
이렇게 네 명이 분명 앉아 있었는데 요한이 주님께 말했다.
'주님, 사라가 이기지 못하는 자들이 가는 곳에 가고 싶어해요.'라고 말이다.
(요한은 내 마음을 다 파악하고 있었다.)

그러자 네 명이 즉 모세, 주님, 그리고 요한과 내가 즉시 갑자기 큰 광장 같은 넓은 곳에 와서 서 있었다.
그곳에는 많은 사람들이 흰 옷 같은 것을 입고 쭉 앉아 있었는데 모두가 두 손이 뒤로 묶여 있었다.
이것은 아마도 여기서 온전한 자유가 없고 그 자유가 누군가에 의하여 컨트롤을 받고 있다는 것을 의미하고 있는 것 같았다.
그러는 중에 한 명씩 끌려 나가서 매를 맞았다. 그들 앞에는 긴 테이블이 있었는데 그 위에는 책이 펼쳐져 있었고 거기에는 어떤 사람이 얼마만큼의 매를 맞아야 하는가가 적혀져 있었다.

그러면 그 테이블에 앉아있는 천사가 매를 때리는 천사에게 불려나온 자가 몇 대를 맞아야 한다고 하면 그를 책에 적힌 대로 매를 때려서 제자리로 돌려보내는 것이다. 그러면 그 사람은 매를 맞고 들어가서 앉아서 엉엉 운다. 그러다가 이 모든 것이 서러운지 더 크게 우는 것이 보였다.

거기에 앉아 있는 모든 사람들이 그렇게 앞으로 하나씩 끌려 나와서 매를 맞고 들어가 운다. 여기에 있는 모든 천사들은 갑옷을 입고 있다. 이 갑옷은 꼭 조선시대에 포졸들이 입는 옷과 비슷하였다.

이들은 대개 날개가 없는 천사들이다. 그리고 이곳은 이기지 못하는 자들이 오는 성밖이었다.

우리는 이것을 보고나서 다시 요한의 집 앞에 갈림길에 있는 테이블로 돌아와 앉았다.

그리고 그 다음에는 내가 묻는 것이었다.

'주님, 저번에 누구누구 목사님이 쇠창살 안에 있는 것을 보았는데 이들이 있는 곳이 이 성밖이에요? 아니면 지옥이에요?'라고 물었다.

그랬더니 모세가 주님께 눈짓으로 묻는다.

가르쳐 주어도 되냐고?

아니 정확히 모세는 주님께 '어떻게 할까요? 가르쳐 줄까요? 아니면 입을 다물까요?' 이렇게 마음으로 묻고 있었다.

그때에 모세가 그렇게 하는 것을 보고 요한이 우습다는 듯이 살짝 미소를 지었다.

주님은 '가르쳐 줘라.' 하신다.

그러자 모세가 알게 하여 주는데 그 쇠창살 방들은 옆으로 안쪽으로 쭉 연결되어 있는 것이 보였다. 그리고 그 쇠창살 안의 각방에는 주의 종들이 들어 있었는데 그들은 평생 주의 일을 한다면서 하나님의 영광을 훔친 자들이었다.

이 주의 종들이 들어있는 쇠창살이 있는 감옥은 어느 황량하게 보이는 골짜기에 쭉 늘어서 있었다.

그리고 여기가 지옥이 아니라 성밖이라고 모세가 내게 알게 하여 주었다. 이것이 내가 질문한 것에 대한 모세의 대답이었다.

오 주여!

주의 종들이 하나님의 영광을 가로채면 다 여기에 오는 것이다.

[사 42:8]

나는 여호와니 이는 내 이름이라 나는 내 영광을 다른 자에게, 내 찬송을 우상에게 주지 아니하리라

3. 주의 종들이 가는 성밖과 주의 종들이 가는 지옥
(2014. 8. 19)

천국에 올라갔다.
나를 데리러 오는 수레의 말이 세 마리이고 그리고 나를 바깥에서 수호하는 천사가 말한다.
"주인님 어서 오세요."

나는 수레를 타고 천국에 도착하였다.
수레 안에는 내 아이와 마리아(지상에서 예수를 육체로 낳은)가 있었다.
오늘은 보모가 아니라 마리아가 직접 아이를 데려왔다.

천국에 도착하자 마리아가 아이를 데리고 내린 후에 주님께 인사한 후 돌아가고 주님은 나를 보시자마자 나를 업으시겠다고 하셨다.
그리고 나는 부끄럼 없이 주님의 등에 업혔다. 왜 그런지 모른다.
주님에게는 내가 꼭 어린 아이 같다.

그러고 나서 주님과 나는 어느새 유리바다위에 있었고 또한 주님과 나는 안이 동그랗게 생긴 배에 앉아 있었다.
그 동그랗게 생긴 배 안에는 걸터앉는 곳이 있었고 그 배는 아주 넓은 편이었다.
주님이 저편에 내가 이편에 마주보고 있다가 주님이 내 쪽으로 오셔서 내 옆으로 앉으셨다.
그리고 주님이 나를 위로하시기를 원했다.
왜냐하면 내가 어떤 분들 때문에 힘들어 하는 것을 알고 계셨다.
주님은 여기에 대하여 '어제 그들이 너를 힘들게 할 때에 그냥 크게 웃고 그것에 대하여 감사하라.'는 말씀을 주셨다. 그래서 나는 그렇게 하기로 했다.
주님은 말씀하신다. 그럴 때에 사단이 물러간다는 것이었다.
그리고 지금 있는 그 모든 일이 참으로 나중에는 모든 것이 합력하여 선을 이루실 것을 알게 하셨다. 그래서 나는 무조건 감사하기로 했다.
주님이 그래도 내가 힘들어 한 줄 아시고 흰 날개달린 천사들을 부르셔서 나에게 생명수를 가져와서 마시게 하셨다. 그리고 그 다음에는 다른 천사가 주님과 내게 포도쥬스 같은 것을 가지고 와서 마시게 하였다.

주님과 내가 탄 배는 푸른 유리바다위에서 카탈리나섬 같이 아름다운 섬 옆으로 지나갔다.
하늘에는 아름다운 흰 구름이 몇 개 떠 있었다. 할렐루야. 풍경이 참으로 아름다웠다.
주님과 나는 이쪽과 저쪽에서 머리를 서로 반대편 쪽으로 두고 그 둥그런 배 안에서 누웠다.
그리고 하늘을 쳐다보았다.
하하 너무 좋았다.
그렇게 누워 있으니 모든 걱정이 사라지고 평강이 물밀듯이 밀려왔다.
주님이 인간관계 속에서 힘들어하는 나를 이렇게 위로하시고 마음에 평강을 주시기를 원하셨던 것이다. 할렐루야.

그리고 나서 주님과 나는 흰 구름을 타고 사도 요한의 집 앞에 갈림길에 놓여 있는 테이블로 이동하였다. 거기는 벌써 모세와 요한이 있었는데 그들도 쥬스를 마시고 있었다.
주님이 저편에 모세 곁에 앉으셨고 나는 이편에 요한의 옆에 앉았다.

요한은 성경책을 펴고 있었다. 나도 폈다.
나는 어제와 마찬가지로 대형교회 목사님 두 분, OOO 목사님과 OOO 목사님이 쇠창살 안에 있는 것을 보았는데 그곳이 어디냐고 물었다. 나는 어제 들었지만 한 번 더 나는 확인하고 싶었다.
그래서 또 물었다.
그랬더니 모세가 또 주님을 쳐다본다.

그리고 나서 주님과 모세, 요한 그리고 나는 즉시 OOO 목사님이 들어있는 쇠창살 앞에 와 있었다.
천국에는 이러한 공간이동이 즉시 가능하다.
OOO 목사님이 주님께 말했다.
"주님, 저를 용서하여 주세요. 나를 이곳에서 꺼내어 주세요."
주님이 말씀하신다.
"벌써 너는 심판을 받았느니라." 즉 심판이 끝이 났다는 것이다.
주님이 계속하여 말씀하신다.
"내가 너의 마음에 경고로 네가 높아질 때에 양심의 가책을 주어서 네가 높아지면 안 된다하였는데 너는 내 음성을 무시하였느니라. 그리고 너는 계속 높아졌느니라."
그리하실 때에 이전에 내가 주님께 왜 OOO 목사님이 쇠창살 안에 있냐고 물었을 때에 주님이 나에게 '그는 내 영광을 훔쳤느니라.'하신 것이 생각났다.
그리고 OOO 목사님이 들어 있는 바로 옆 쇠창살 안에는 내가 이름을 들어본 목사님(OOO)이 들어 계신 것 같았다.
그러나 이 시점에서 나는 말하지 않겠다.
나는 여러 번 확인해서 말하고자 한다.
그리고 OOO 목사님이 들어있는 쇠창살에서 여러 개 떨어져서 골짜기 안쪽으로 OOO 목사님이 들어있는 쇠창살 쪽으로 우리는 이동했다.
그는 우리 쪽을 바라보고 있는 것이 아니라 뒤를 돌아보고 있었다.

그리고 우리는 어느새 다시 요한의 집 앞에 놓인 피크닉 테이블에 도착했다.
즉 우리는 쇠창살 있는 곳에 즉시 다녀온 것이다.
나는 다시 주님께 물었다. 나는 한번 주님께 물어서 대답 받은 것을 확신하지 아니한다.
나는 여러 번 물어보아서 같은 대답을 들을 때에 나는 확신한다.

'주님, 다른 어떤 사람들은 대형교회 목사님들이 지옥에 있다는데, 저에게 보여주신 것은 그들이 쇠창살 안에 들어있는 것만 보여주셨는데, 거기가 어디에요? 거기가 성밖이에요? 아니면 지옥이에요?'

내가 끈질기게 묻자 주님은 이제 나에게 성경구절 하나를 생각나게 하여 주셨다. 이것이 나에게 그들이 있는 곳이 정말 성밖이고 이 성밖은 새 하늘과 새 땅에 있는 새 예루살렘 성의 밖이라는 것이다. 즉 여기가 지옥이 아니라는 것을 마지막으로 확인시켜 주신 구절이었다.
즉 이 구절은 '개들과 술객들과 행음자들과 살인자들과 거짓말을 좋아하며 지어내는 자마다 성밖에 있으리라'라고 하는 구절이다.

[계 22:15]
개들과 술객들과 행음자들과 살인자들과 우상 숭배자들과 및 거짓말을 좋아하며 지어내는 자마다 성 밖에 있으리라.

그러자 나는 이전에 주님이 OOO 목사님 보고 '그는 내 개였다.'라고 하신 말씀이 생각나면서 '아하, 그들은 성밖에 있구나!' 확실히 이해가 되어졌다. 그리하여 나는 더 이상 여기에 대하여 질문하지 않기로 했다.
그러면 이곳은 지옥이 아니라 새 하늘과 새 땅이지만 새 예루살렘 성안이 아니라 그 성 바깥을 의미한다. 즉 그들은 평상시 주의 일을 한 주의 종들이지만 그들은 이기지 못하는 삶을 살아서 그리고 거기에 대하여 철저히 회개가 안 되어 생명나무에 나아갈 권세와 성안으로 들어갈 권세를 얻지 못했던 것이다.
오호 통재라!

[계 22:14]
그 두루마기를 빠는 자들은 복이 있으니 이는 저희가 생명 나무에 나아가며 문들을 통하여 성에 들어갈 권세를 얻으려 함이로다.

그러면서 나는 지옥에 가는 목사님들을 이전에 보았는데 어떤 죄를 지으면 지옥에 가는지, 그 죄들의 종류가 생각이 나는 것이었다.

이전에 내가 '목사님들이 가는 지옥을 보여주세요?' 했을 때에 누가 이곳에 오냐고 물었을 때에 그때에 사단의 부하가 내게 가르쳐준 죄의 종목이다.
1. 교회를 팔아먹은 자
2. 죽을 때까지 여자 문제가 있었으나 회개치 않는 자
3. 교회의 돈을 자기 마음대로 갖다쓴 자
4. 이중인격자로 교회서 버젓이 설교는 잘하는데 집에 가서 아내를 폭행하였던 자들이 그 지옥에 온다고 하였었다.

즉 이 OOO 목사님과 OOO 목사님은 이 죄에는 해당하지 아니하였던 것이다.
이 죄에 해당하는 자들은 한번 비췸을 받고 타락한 자들에 해당하는 말이었다. 그러나 이 두 분은 여기에는 속하지 않음이 알아졌다.
즉 지옥에 떨어지는 목사님들은 다음 성경구절에 해당하는 자들인 것이다.
그리하여 그들의 이름이 생명책에서 지워지는 경우라고 볼 수 있다.

[히 6:4-6]
(4)한번 비췸을 얻고 하늘의 은사를 맛보고 성령에 참예한 바 되고 (5)하나님의 선한 말씀과 내세의 능력을 맛보고 (6)타락한 자들은 다시 새롭게 하여 회개케 할 수 없나니 이는 자기가 하나님의 아들을 다시 십자가에 못박아 현저히 욕을 보임이라.

할렐루야.

나는 내가 천국에서 보고 들은 것만 증거할 뿐임을 여기서 명백히 한다.
할렐루야.

그러고 나서 주님은 요한의 집 앞 피크닉 테이블 그 앉은 자리에서 서머나 교회의 내용을 나에게 적용시켜 알게 하여 주셨다.

[계 2:8-11]
(8)서머나 교회의 사자에게 편지하기를 처음이요 나중이요 죽었다가 살아나신 이가 가라사대 (9)내가 네 환난과 궁핍을 아노니 실상은 네가 부요한 자니라 자칭 유대인이라 하는 자들의 훼방도 아노니 실상은 유대인이 아니요 사단의 회라 (10)네가 장차 받을 고난을 두려워 말라 볼지어다 마귀가 장차 너희 가운데서 몇 사람을 옥에 던져 시험을 받게 하리니 너희가 십일 동안 환난을 받으리라 네가 죽도록 충성하라 그리하면 내가 생명의 면류관을 네게 주리라 (11)귀 있는 자는 성령이 교회들에게 하시는 말씀을 들을지어다 이기는 자는 둘째 사망의 해를 받지 아니하리라

즉 여기서 사단의 회가 우리를 10일 동안 옥에 가두어 환난의 때를 지나게 하는데 그럴 때에 주님은 우리에게 '죽도록 충성하라. 그리하면 내가 너에게 생명의 면류관을 주리라.'라고 말씀하고 있다는 사실이다. 할렐루야.

주님은 이 구절이 꼭 서머나 교회 교인들에게뿐 아니라 현재 우리의 개인적인 상황과 사정에 적용되어져서 해석이 되게 하시는 것이었다.
그것은 우리가 처한 모든 상황은 사실 사단이 우리 주위 사람들을 동요시켜 우리를 10일 동안 옥에 가두는 것과 같은 환난과 고난일 수 있다는 것이다.
이러한 고난과 환난속에다가 주님은 사단의 회를 이용하여 우리를 넣으실 수 있는 것이다.
그리할 때에 주님은 우리에게 이렇게 말씀하시는 것이다.
'너희는 이러한 환난 속에서도 내게 죽도록 충성하라. 그리하면 내가 생명의 면류관을 너희에게 주리라.' 하는 말씀이라는 것이다.
할렐루야.
이것은 우리가 지금 주의 길을 가고 있을 때에 사단은 우리 주위의 사람들을 이용하여 우리 인생에 많은 소용돌이를 일으키게 하여 우리로 하여금 주의 일을 감당하지 못하게 하려는 방해가 있을 수 있는 것이다.
그리할 때에 우리는 주님이 서머나 교회를 통하여 말씀하신 그것을 기억하여야 하는 것이다.

즉 '너희는 나에게 죽도록 충성하라.'는 메시지이다.
할렐루야!

즉 이 말씀은 우리가 언제 어떤 상황에 있든지 우리가 먼저 그의 나라와 그의 의를 구하는데 있어서 죽도록 충성하기를 원하신다는 것을 알 수 있는 것이다.
하나님은 내가 사명 받은 자로서 하나님 앞에 죽도록 충성하기를 원하시는 것이었다. 어떠한 방해가 있다할지라도 말이다. 그리고 주님은 모세도 사명 받은 자로서 언제나 충성을 다하였음을 기억하게 하셨다.
할렐루야.
우리와 주님의 관계도 마찬가지라는 것이다. 할렐루야.
우리는 어떠한 상황에서든지 주님께 죽도록 충성하는 자들이 되어야 할 것이다.

4. 기도로 주님과의 첫사랑을 회복하기를 원하시는 주님
(에베소교회편지) (2014. 8. 19)

오늘 두 번째 천국에 올라갔다.
주님과 나는 유리바다 위에 띄워져 있는 모양이 둥그런 배에 있다가 요한의 집 앞 테이블에 도착하였다.
에베소 교회에 '처음 사랑을 회복하라.'
나는 특별히 이것이 무슨 말인지 그리고 이것을 잃은 자들의 행동은 어떤 것인지 그리고 이것을 회복하려면 어떻게 하여야 하는지에 대한 질문을 가졌다.
계시록 2장에 보면 주님은 처음에는 에베소 교회를 칭찬하시나 그러나 그들이 처음 사랑을 잃어버렸다고 말씀하신다.

[계 2:1-7]
(1)에베소 교회의 사자에게 편지하기를 오른손에 일곱 별을 붙잡고 일곱 금 촛대 사이에 다니시는 이가 가라사대 (2)내가 네 행위와 수고와 네 인내를 알고 또 악한 자들을 용납지 아니한 것과 자칭

사도라 하되 아닌 자들을 시험하여 그 거짓된 것을 네가 드러낸 것과 (3)또 네가 참고 내 이름을 위하여 견디고 게으르지 아니한 것을 아노라 (4)그러나 너를 책망할 것이 있나니 너의 처음 사랑을 버렸느니라 (5)그러므로 어디서 떨어진 것을 생각하고 회개하여 처음 행위를 가지라 만일 그리하지 아니하고 회개치 아니하면 내가 네게 임하여 네 촛대를 그 자리에서 옮기리라 (6)오직 네게 이것이 있으니 네가 니골라당의 행위를 미워하는도다 나도 이것을 미워하노라 (7)귀 있는 자는 성령이 교회들에게 하시는 말씀을 들을지어다 이기는 그에게는 내가 하나님의 낙원에 있는 생명나무의 과실을 주어 먹게 하리라.

즉 에베소 교회 교인들은 주님에 대한 사랑 없이 그냥 교회에서 해야 하니까 하는 그런 사랑 없는 기능적인 역할은 잘 감당하였다. 그러나 주님에 대한 뜨거운 첫사랑을 잃어버렸다.
그러므로 늘 주의 일을 해도 감동 없이 하고 있다는 것이다.
집사라 불리니 해야 하고 장로로 불리워지니 해야 하는 것이다.
그리고 이들은 악한 자들을 용납하지 않았고 거짓된 것을 드러내었으나 주님에 대한 첫사랑은 잃어버렸다.
그리고 교회 안에서 권력을 취하려 하는 니골라당들도 몰아내었다.
그러나 정작 주님과의 관계 속에서 가장 필요한 사랑은 잃어버린 것이다.
그래서 주님은 말씀하신다.

'처음 사랑을 회복하라.'
어디서 떨어졌는지를 잘 살펴보고 그리로 돌아가서 주님과의 사랑을 회복하라는 것이다.
그런데 주님은 이것이 어떻게 가능한 것인가를 알게 하여 주시는데 이것은 겸손하게 그분 앞에 무릎을 꿇고 기도함으로써 잃어버렸던 그 첫사랑을 회복하기를 원하시는 것이었다.
처음에 주님을 만났을 때에 주님 앞에 겸손히 무릎을 꿇고 기도하였듯이 말이다.
할렐루야.

주님은 말씀하신다. 기도생활을 회복함으로 말미암아 그 첫사랑을 회복할 수 있음을 내게 알게 하신다.
우리는 하나님과 사랑의 관계가 회복이 되어야 사실 그 모든 것을 할 수 있는 것이다.

[요 15:5]
나는 포도나무요 너희는 가지니 저가 내 안에, 내가 저 안에 있으면 이 사람은 과실을 많이 맺나니

나를 떠나서는 너희가 아무 것도 할 수 없음이라

또한 주님은 이렇게 말씀하셨다.

'나를 사랑하는 자는 내 계명을 지키는 자니 내가 그를 사랑하여 그에게 나를 나타내리라.' 하고

[요 14:21]
나의 계명을 가지고 지키는 자라야 나를 사랑하는 자니 나를 사랑하는 자는 내 아버지께 사랑을 받을 것이요 나도 그를 사랑하여 그에게 나를 나타내리라

그뿐 아니라 우리가 그의 계명을 지키면 그는 우리와 거처를 함께 하리라고 말씀하셨다.
할렐루야.

[요 14:23]
예수께서 대답하여 가라사대 사람이 나를 사랑하면 내 말을 지키리니 내 아버지께서 저를 사랑하실 것이요 우리가 저에게 와서 거처를 저와 함께 하리라

이기는 자에게 주님이 함께 하여 주시는 것이다.
아니 더 정확히 말하여 주님이 그 안에 사는 자인 것이다.
할렐루야.
오늘 에베소 교회 교인들에게 첫사랑을 회복하라고 말씀하시면서
첫사랑을 회복하는 즉 이기는 자들에게는
7절, '귀 있는 자는 성령이 교회들에게 하시는 말씀을 들을지어다. 이기는 그에게는 내가 하나님의 낙원에 있는 생명나무의 과실을 주어 먹게 하리라.'
낙원에 있는 생명나무의 과실을 주어 먹게 하여 주시겠다고 약속하고 계신 것이다.
할렐루야.
그러나 첫사랑을 회복하지 못한 자에게는 낙원에 있는 생명나무의 과실을 먹을 수가 없을 것이라는 것도 내포하고 있는 말씀인 것이다. 그러므로 이러한 첫사랑을 회복하지 못한 자들은 성밖에 있게 될 것이다. (요약편 15. 이기는 자와 이기지 못하는 자를 참조)
할렐루야.

5. 주님이 교황에게 주는 메시지
(2014. 8. 20)

천국에 올라갔다.
세 마리 말이 끄는 수레가 나를 데리러 왔고 그리고 수레 안에 아주 아름다운 면류관을 쓴 여인이 앉아 있었다.
에스더다. 금홀도 갖고 나타났다.
그녀는 늘 나타나서 나에게 '죽으면 죽으리이다 해야 한다.'고 했다.
지금도 그는 내 앞에 앉아 있으면서 그 메시지를 마음으로 나에게 전하고 있었다.
그리고 그의 금홀을 내게 내어 밀었다. 잡으라고... 나는 그 금홀을 잡았다.
그것은 내가 그렇게 하겠다는 것이다.

천국에 도착하였는데 주님이 바깥에 와 계셨다.
나는 에스더가 주님께 인사를 하고 갈 줄 알았는데 준비 되어진 넓은 구름에 셋이 같이 타는 것이었다. 구름은 어디론가 날아갔다.
그런데 구름 밑으로 분명히 지구가 보였다. 어느새 지구로 내려온 것이다.
그리고 구름은 사람이 서 있는 곳만 남고 그 크기가 줄어 들었다.
그래서 구름의 모양이 사람이 셋 서 있는 꼭 삼각형처럼 남았다.
그리고 그 구름 밑으로는 지구가 보이는 것이었다.
그리고 갑자기 지구에 교황이 보인다.
요즘에 한국에 교황이 다녀갔다.
그 교황이 흰 옷 입고 모자 쓰고 있는 것이 보였다.
그런데 그 안에 녹색의 야윈 그러나 당차게 보이는 마귀의 부하 중 아주 강한 놈 중의 하나가 그 안에 들어있는 것이 보였다.
이 놈은 웃음을 '킬킬킬킬' 웃는다. 그러다가 '으하하하' 웃는다.
이것이 다 영으로 알아진다.
그는 분명 지구에 OOO 교황 안에서 그를 조정하는 귀신이었다.
그런데 그 권세가 아주 큰 귀신이다. 그는 수백 마리의 자신의 부하 귀신들을 교황의 몸 바깥 공중에서 거느리고 있었다. 그의 명령 하나에 그들이 일사불란하게 움직였다.
이 마귀의 부하의 작용을 그 교황은 잘 모르는 것 같았다.

즉 그는 자신이 마귀의 부하에게 조종당하고 있는 사실도 잘 모르는 것 같았다.
그 모든 것을 내가 보고 있을 때에 주님은 내게 말씀하신다.
"내가 그를 버렸다."
어제 교황이 12 다른 종교 지파들의 우두머리들과 어깨를 나란히 하고 사진을 찍은 것이 생각났다.

주님은 말씀하신다. 오직 길은 하나임을....
천국의 주인은 나 예수 그리스도 한분밖에 없음을 말씀하신다.
그런데 이 교황은 '우리 다함께 화합하자'라고 하는 것이다.
우리는 오직 예수여야 하는데 이 사단의 부하는 교묘하게도 그 교황을 속여서 그 교황이 높아지게 하고 그 안에서 다른 종교들이 통합되게 하고 있었다.
그리고서는 주님과 에스더 그리고 나는 지구를 보고 있다가 다시 천국으로 왔다.
나는 생각하였다.
오늘 이 일을 기록하면 내게 불상사가 생기지 아니할까 하는 생각이 들어왔다.
불안한 생각 말이다. 즉 이 내용이 책으로 나가게 되면 교황의 거대한 조직이 나를 해할 수도 있다는 생각이 든 것이다.
그런데 내가 이렇게 두려워 할 줄 알고 에스더가 미리 나타난 것이었다.
그리고 하나님의 말씀이 생각났다.
'두려워하지 말라. 놀라워하지 말라. 내가 너와 함께 함이니라.' 하는 말씀이었다.

[사 41:10]
두려워 말라 내가 너와 함께 함이니라 놀라지 말라 나는 네 하나님이 됨이니라 내가 너를 굳세게 하리라 참으로 너를 도와 주리라 참으로 나의 의로운 오른손으로 너를 붙들리라

할렐루야.

에스더가 먼저 나타난 것은 내가 교황을 볼 줄 알고 본 것을 기록하여 사람들에게 알려야 하는데 그것을 알리는 것을 무서워 할 줄 알고 먼저 나타나서 나에게 또 메시지를 주었다.
'주를 위하여 죽으면 죽으리이다 해야 한다.'는 것이다.
할렐루야.

주여! 감사합니다.
교황에게 주는 메시지를 담대하게 선포할 수 있는 용기를 주심을 감사합니다.
할렐루야.

6. 발람에 대한 잘못된 이해를 버리기를 원하시는 주님
(2014. 8. 22)

천국에 올라갔다.
주님이 먼저 수레 안에 마중을 나오셨다.
그런데 오늘 주님은 면류관을 쓰고 계셨다.
나는 이편에 주님은 저편에 앉으셨는데 나는 울고 있었다.
나는 나의 우는 모습을 주님이 안 보셨으면 하는 마음으로 있었다.
하나님의 뜻대로 살지 못하는 나 자신이 주님을 뵈니 부끄럽고 죄송하였고 또 한편으로는 민망하고 그랬다. 거기다가 그분이 보고 싶었던 마음, 이러한 혼합된 마음을 어떻게 표현하여야 할지 모르겠다. 하여간 혼합된 감정으로 울고 있었다.
그럼에도 불구하고 주님은 내게 머리에 다이아몬드 면류관을 쓰게 하시고 또 아름다운 드레스를

나에게 입히셨다.

아니 내가 수레를 타면 즉시 내가 그것을 입고 있는 것을 발견한다.

나는 주님을 보자마자 너무 민망했다.

나는 사실 주님을 볼 낯도 없는데 이렇게 나를 환대하여 주시니 말이다.

그것도 오늘 먼저 수레 안에까지 오셔서 나를 맞아주시는 주님께 들 낯이 없었다.

그럼에도 불구하고 주님은 나를 '딸아.....' 부르신다.

수레가 천국 안에 도착하자 주님과 나는 밑으로 내린 것이 아니라 주님이 오히려 내 손을 잡으시고 수레에서 빠져나와 위로 날기 시작하였다.

위로위로 멀리멀리 솟아 올랐다.

그리고 주님과 내가 간 곳은 유리바다 위에 떠 있는 아름다운 카탈리나 섬 같은 곳이었다.

주님과 나는 그 위를 빙~ 날았다. 너무 아름답고 기분이 좋았다.

우리가 날고 있는 저 밑 바다위에서 이사야가 자신의 배인 큰 황금 배를 유리바다에 띄우고 그 갑판에 나와 서서 나에게 인사한다. '사라! 반가와요'라고 말이다.

이사야는 자신의 집 안에 큰 배를 보관하는 장소가 있었다. 그리고 그는 언제나 그가 그러고 싶을 때에 유리바다에 그 큰 배를 띄우고 그 갑판에서 두 손을 들고 '야호!' 하는 것이 그의 취미였다.

이 사실은 전에 이사야의 집을 방문하였을 때에 알게 된 것이다.

이사야의 배 위에는 흰 아름다운 돛이 층층이 달려 있었다.

주님과 나는 유리바다 위를 날다가 주님은 나를 요한의 집 앞에 있는 Y 자로 나 있는, 갈림길에 놓여 있는 피크닉 테이블로 나를 인도하셨다.

거기에는 역시 모세가 와 있었고 또 사도 요한이 앉아 있었다.

그들은 우리를 기다리고 있었다고 하는 것이 더 맞는 이야기이다.

주님과 나는 테이블에 앉았는데 늘 모세와 주님은 저편에 나와 요한은 이편에 앉는다.

그리고 요한과 나는 또 성경책을 펴고 있었다.

나는 오늘 요한에게 질문을 가진 것은 주님이 버가모 교회에 편지한 편지 속에 발람의 이야기가 나오는데 그것에 대하여 의문을 가졌다.

그런데 바로 이 때에 주님으로부터 나에게 마음으로 오는 메시지가 왔다.

나에게 안경을 벗으라는 것이다.

아니 안경을 벗어야 한다는 것이다.

나는 이 말이 무슨 말인지를 몰라 했다.

왜냐하면 천국에서는 아무도 안경을 쓰는 자가 없기 때문이다. 나도 안 쓴다. 그런데 갑자기 안경을 벗어야 한다는 메시지가 왔다.

아니 이것이 도대체 무슨 안경이란 말인가?

아하! 그냥 그 뜻이 알아지는 것이 내가 발람에 대하여 잘못 이해하고 있는 것을 벗으라는 메시지로 받아들여졌다.

할렐루야.

지금부터는 내가 발람에 대한 잘못된 선입견을 갖고 있는 것에 대한 것을 벗고 이제부터는 주님께서 나에게 주시는 메시지를 받으라는 것이다.

즉 이전에 내가 발람에 대하여 가졌던 좋은 선입견을 버리라는 메시지였다.

할렐루야.

[계 2:12-17]
(12)버가모 교회의 사자에게 편지하기를 좌우에 날선 검을 가진 이가 가라사대 (13)네가 어디 사는 것을 내가 아노니 거기는 사단의 위가 있는 데라 네가 내 이름을 굳게 잡아서 내 충성된 증인 안디바가 너희 가운데 곧 사단의 거하는 곳에서 죽임을 당할 때에도 나를 믿는 믿음을 저버리지 아니하였도다 (14)그러나 네게 두어가지 책망할 것이 있나니 거기 네게 발람의 교훈을 지키는 자들이 있도다 발람이 발락을 가르쳐 이스라엘 앞에 올무를 놓아 우상의 제물을 먹게 하였고 또 행음하게 하였느니라 (15)이와 같이 네게도 니골라당의 교훈을 지키는 자들이 있도다 (16)그러므로 회개하라 그리하지 아니하면 내가 네게 속히 임하여 내 입의 검으로 그들과 싸우리라 (17)귀 있는 자는 성령이 교회들에게 하시는 말씀을 들을지어다 이기는 그에게는 내가 감추었던 만나를 주고 또 흰 돌을 줄 터인데 그 돌 위에 새 이름을 기록한 것이 있나니 받는 자 밖에는 그 이름을 알 사람이 없느니라

나는 여기서 발람이 발락을 가르쳐 이스라엘 앞에 올무를 놓아서 우상의 제물을 먹게 하였고 또 행음하게 하였느니라. 하는 말씀에 대한 질문이 생겼다.

발람의 이야기는 구약의 어디서 나오느냐면 민수기 22장부터 24장에 이르기까지 발람과 발락의 이야기가 나오는데 여기서 보면 아무리 읽어보아도 발람은 결코 하나님 앞에서 큰 죄를 저지르지 아니하였다.

모압 왕 발락은 발람에게 엄청난 부를 가지고 와서 이스라엘을 저주하기를 부탁하였음에도 불구하고 그는 오히려 하나님이 시키는 대로 이스라엘을 저주한 것이 아니라 내가 읽은 성경에 의하면 축

복하였던 것이다.

[수 24:9-10]
(9)때에 모압 왕 십볼의 아들 발락이 일어나 이스라엘을 대적하여 사람을 보내어 브올의 아들 발람을 불러다가 너희를 저주케 하려 하였으나 (10)내가 발람을 듣기를 원치 아니한 고로 그가 오히려 너희에게 축복하였고 나는 너희를 그 손에서 건져 내었으며

이것은 하나님께서 발람이 이스라엘을 축복하였다고 말씀하신다.

[민 22:1-41]
(1)이스라엘 자손이 또 진행하여 모압 평지에 진 쳤으니 요단 건너편 곧 여리고 맞은편이더라 (2)십볼의 아들 발락이 이스라엘이 아모리인에게 행한 모든 일을 보았으므로 (3)모압이 심히 두려워하였으니 이스라엘 백성의 많음을 인함이라 모압이 이스라엘 자손의 연고로 번민하여 (4)미디안 장로들에게 이르되 이제 이 무리가 소가 밭의 풀을 뜯어 먹음 같이 우리 사면에 있는 것을 다 뜯어먹으리로다 하니 때에 십볼의 아들 발락이 모압 왕이었더라 (5)그가 사자를 브올의 아들 발람의 본향 강변 브돌에 보내어 발람을 부르게 하여 가로되 보라 한 민족이 애굽에서 나왔는데 그들이 지면에 덮여서 우리 맞은편에 거하였고 (6)우리보다 강하니 청컨대 와서 나를 위하여 이 백성을 저주하라 내가 혹 쳐서 이기어 이 땅에서 몰아내리라 그대가 복을 비는 자는 복을 받고 저주하는 자는 저주를 받을 줄을 내가 앎이니라
(7)모압 장로들과 미디안 장로들이 손에 복술의 예물을 가지고 떠나 발람에게 이르러 발락의 말로 그에게 고하매 (8)발람이 그들에게 이르되 이 밤에 여기서 유숙하라 여호와께서 내게 이르시는 대로 너희에게 대답하리라 모압 귀족들이 발람에게서 유하니라 (9)하나님이 발람에게 임하여 가라사대 너와 함께 한 이 사람들이 누구냐 (10)발람이 하나님께 고하되 모압 왕 십볼의 아들 발락이 내게 보낸 자라 이르기를 (11)보라 애굽에서 나온 민족이 있어 지면에 덮였으니 이제 와서 나를 위하여 그들을 저주하라 내가 혹 그들을 쳐서 몰아 낼 수 있으리라 하나이다
(12)하나님이 발람에게 이르시되 너는 그들과 함께 가지도 말고 그 백성을 저주하지도 말라 그들은 복을 받은 자니라
(13)발람이 아침에 일어나서 발락의 귀족들에게 이르되 너희는 너희의 땅으로 돌아가라 내가 너희와 함께 가기를 여호와께서 허락지 아니하시느니라
(14)모압 귀족들이 일어나 발락에게로 가서 고하되 발람이 우리와 함께 오기를 거절하더이다 (15)발락이 다시 그들보다 더 높은 귀족들을 더 많이 보내매 (16)그들이 발람에게로 나아가서 그에게 이

르되 십볼의 아들 발락의 말씀에 청컨대 아무 것에도 거리끼지 말고 내게로 오라 (17)내가 그대를 높여 크게 존귀케 하고 그대가 내게 말하는 것은 무엇이든지 시행하리니 청컨대 와서 나를 위하여 이 백성을 저주하라 하시더이다

(18)발람이 발락의 신하들에게 대답하여 가로되 발락이 그 집에 은, 금을 가득히 채워서 내게 줄지라도 내가 능히 여호와 내 하나님의 말씀을 어기어 덜하거나 더하지 못하겠노라 (19)그런즉 이제 너희도 이 밤에 여기서 유하라 여호와께서 내게 무슨 말씀을 더하실는지 알아 보리라

(20)밤에 하나님이 발람에게 임하여 이르시되 그 사람들이 너를 부르러 왔거든 일어나 함께 가라 그러나 내가 네게 이르는 말만 준행 할지니라

(21)발람이 아침에 일어나서 자기 나귀에 안장을 지우고 모압 귀족들과 함께 행하니

(22)그가 행함을 인하여 하나님이 진노하심으로 여호와의 사자가 그를 막으려고 길에 서니라 발람은 자기 나귀를 타고 그 두 종은 그와 함께 있더니

(23)나귀가 여호와의 사자가 칼을 빼어 손에 들고 길에 선 것을 보고 길에서 떠나 밭으로 들어간지라 발람이 나귀를 길로 돌이키려고 채찍질하니 (24)여호와의 사자는 포도원 사이 좁은 길에 섰고 좌우에는 담이 있더라 (25)나귀가 여호와의 사자를 보고 몸을 담에 대고 발람의 발을 그 담에 비비어 상하게 하매 발람이 다시 채찍질하니 (26)여호와의 사자가 더 나아가서 좌우로 피할 데 없는 좁은 곳에 선지라 (27)나귀가 여호와의 사자를 보고 발람의 밑에 엎드리니 발람이 노하여 자기 지팡이로 나귀를 때리는지라

(28)여호와께서 나귀 입을 여시니 발람에게 이르되 내가 네게 무엇을 하였기에 나를 이같이 세 번을 때리느뇨 (29)발람이 나귀에게 말하되 네가 나를 거역하는 연고니 내 손에 칼이 있었더면 곧 너를 죽였으리라 (30)나귀가 발람에게 이르되 나는 네가 오늘까지 네 일생에 타는 나귀가 아니냐 내가 언제든지 네게 이같이 하는 행습이 있더냐 가로되 없었느니라

(31)때에 여호와께서 발람의 눈을 밝히시매 여호와의 사자가 손에 칼을 빼어들고 길에 선 것을 보고 머리를 숙이고 엎드리니

(32)여호와의 사자가 그에게 이르되 너는 어찌하여 네 나귀를 이같이 세번 때렸느냐 보라 네 길이 내 앞에 패역하므로 내가 너를 막으려고 나왔더니 (33)나귀가 나를 보고 이같이 세 번을 돌이켜 내 앞에서 피하였느니라 나귀가 만일 돌이켜 나를 피하지 아니하였더면 내가 벌써 너를 죽이고 나귀는 살렸으리라

(34)발람이 여호와의 사자에게 말씀하되 내가 범죄하였나이다 당신이 나를 막으려고 길에 서신 줄을 내가 알지 못하였나이다 당신이 이를 기뻐하지 아니하시면 나는 돌아가겠나이다

(35)여호와의 사자가 발람에게 이르되 그 사람들과 함께 가라 내가 네게 이르는 말만 말할지니라 발람이 발락의 귀족들과 함께 가니라 (36)발락이 발람의 온다 함을 듣고 모압 변경의 끝 아르논 가에

있는 성읍까지 가서 그를 영접하고 (37)발락이 발람에게 이르되 내가 특별히 보내어 그대를 부르지 아니 하였느냐 그대가 어찌 내게 오지 아니하였느냐 내가 어찌 그대를 높여 존귀케 하지 못하겠느냐 (38)발람이 발락에게 이르되 내가 오기는 하였으나 무엇을 임의로 말 할 수 있으리이까 하나님이 내 입에 주시는 말씀 그것을 말할 뿐이니이다 (39)발람이 발락과 동행하여 기럇후솟에 이르러서는 (40)발락이 우양을 잡아 발람과 그와 함께 한 귀족을 대접하였더라 (41)아침에 발락이 발람과 함께 하고 그를 인도하여 바알의 산당에 오르매 발람이 거기서 이스라엘 백성의 진 끝까지 보니라

[민 23:1-30]
(1)발람이 발락에게 이르되 나를 위하여 여기 일곱 단을 쌓고 거기 수송아지 일곱과 수양 일곱을 준비하소서 하매 (2)발락이 발람의 말대로 준비한 후에 발락과 발람이 매 단에 수송아지 하나와 수양 하나를 드리니라 (3)발람이 발락에게 이르되 당신의 번제물 곁에 서소서 나는 저리로 갈지라 여호와께서 혹시 오셔서 나를 만나시리니 그가 내게 지시하시는 것은 다 당신에게 고하리이다 하고 사태난 산에 이른즉 (4)하나님이 발람에게 임하시는지라 발람이 고하되 내가 일곱 단을 베고 매 단에 수송아지 하나와 수양 하나를 드렸나이다 (5)여호와께서 발람의 입에 말씀을 주어 가라사대 발락에게 돌아가서 이렇게 말할지니라 (6)그가 발락에게로 돌아간즉 발락과 모압 모든 귀족이 번제물 곁에 함께 섰더라 (7)발람이 노래를 지어 가로되 발락이 나를 아람에서, 모압 왕이 동편 산에서 데려다가 이르기를 와서 나를 위하여 야곱을 저주하라, 와서 이스라엘을 꾸짖으라 하도다 (8)하나님이 저주치 않으신 자를 내 어찌 저주하며 여호와께서 꾸짖지 않으신 자를 내 어찌 꾸짖을꼬 (9)내가 바위 위에서 그들을 보며 작은 산에서 그들을 바라보니 이 백성은 홀로 처할 것이라 그를 열방 중의 하나로 여기지 않으리로다 (10)야곱의 티끌을 뉘 능히 계산하며 이스라엘 사분지 일을 뉘 능히 계수할꼬 나는 의인의 죽음 같이 죽기를 원하며 나의 종말이 그와 같기를 바라도다 하매
(11)발락이 발람에게 이르되 그대가 어찌 내게 이같이 행하느냐 나의 원수를 저주하라고 그대를 데려왔거늘 그대가 온전히 축복하였도다
(12)대답하여 가로되 여호와께서 내 입에 주신 말씀을 내가 어찌 말하지 아니할 수 있으리이까
(13)발락이 가로되 나와 함께 그들을 달리 볼 곳으로 가자 거기서는 그들을 다 보지 못하고 그 끝만 보리니 거기서 나를 위하여 그들을 저주하라 하고 (14)소빔 들로 인도하여 비스가 꼭대기에 이르러 일곱 단을 쌓고 매 단에 수송아지 하나와 수양 하나를 드리니 (15)발람이 발락에게 이르되 내가 저기서 여호와를 만날 동안에 여기 당신의 번제물 곁에 서소서 하니라 (16)여호와께서 발람에게 임하사 그 입에 말씀을 주어 가라사대 발락에게로 돌아가서 이렇게 말할지니라 (17)발람이 와서 본즉 발락이 번제물 곁에 섰고 모압 귀족들이 함께 있더라 발락이 발람에게 이르되 여호와께서 무슨 말씀을 하시더냐 (18)발람이 노래를 지어 가로되 발락이여 일어나 들을지어다 십볼의 아들이여 나를 자

세히 들으라 (19)하나님은 인생이 아니시니 식언치 않으시고 인자가 아니시니 후회가 없으시도다 어찌 그 말씀하신 바를 행치 않으시며 하신 말씀을 실행치 않으시랴 (20)내가 축복의 명을 받았으니 그가 하신 축복을 내가 돌이킬 수 없도다 (21)여호와는 야곱의 허물을 보지 아니하시며 이스라엘의 패역을 보지 아니하시는도다 여호와 그의 하나님이 그와 함께 계시니 왕을 부르는 소리가 그 중에 있도다 (22)하나님이 그들을 애굽에서 인도하여 내셨으니 그 힘이 들소와 같도다 (23)야곱을 해할 사술이 없고 이스라엘을 해할 복술이 없도다 이 때에 야곱과 이스라엘에 대하여 논할진대 하나님의 행하신 일이 어찌 그리 크뇨 하리로다 (24)이 백성이 암사자 같이 일어나고 수사자 같이 일어나서 움킨 것을 먹으며 죽인 피를 마시기 전에는 눕지 아니하리로다 하매 (25)발락이 발람에게 이르되 그들을 저주하지도 말고 축복하지도 말라 (26)발람이 발락에게 대답하여 가로되 내가 당신에게 고하여 이르기를 여호와께서 말씀하신 것은 내가 그대로 하지 않을 수 없다고 하지 아니하더이까 (27)발락이 발람에게 또 이르되 오라 내가 너를 다른 곳으로 인도하리니 네가 거기서 나를 위하여 그들을 저주하기를 하나님이 혹시 기뻐하시리라 하고 (28)발락이 발람을 인도하여 광야가 내려다 보이는 브올산 꼭대기에 이르니 (29)발람이 발락에게 이르되 나를 위하여 여기 일곱 단을 쌓고 거기 수송아지 일곱과 수양 일곱을 준비하소서 (30)발락이 발람의 말대로 행하여 매 단에 수송아지 하나와 수양 하나를 드리니라

[민 24:1-25]
(1)발람이 자기가 이스라엘을 축복하는 것을 여호와께서 선히 여기심을 보고 전과 같이 사술을 쓰지 아니하고 그 낯을 광야로 향하여 (2)눈을 들어 이스라엘이 그 지파대로 거하는 것을 보는 동시에 하나님의 신이 그 위에 임하신지라 (3)그가 노래를 지어 가로되 브올의 아들 발람이 말하며 눈을 감았던 자가 말하며 (4)하나님의 말씀을 듣는 자, 전능자의 이상을 보는 자, 엎드려서 눈을 뜬 자가 말하기를 (5)야곱이여 네 장막이, 이스라엘이여 네 거처가 어찌 그리 아름다운고 (6)그 벌어짐이 골짜기 같고 강 가의 동산 같으며 여호와의 심으신 침향목들 같고 물 가의 백향목들 같도다 (7)그 통에서는 물이 넘치겠고 그 종자는 많은 물 가에 있으리로다 그 왕이 아각보다 높으니 그 나라가 진흥하리로다 (8)하나님이 그를 애굽에서 인도하여 내셨으니 그 힘이 들소와 같도다 그 적국을 삼키고 그들의 뼈를 꺾으며 화살로 쏘아 꿰뚫으리로다 (9)꿇어 앉고 누움이 수사자와 같고 암사자와도 같으니 일으킬 자 누구이랴 너를 축복하는 자마다 복을 받을 것이요 너를 저주하는 자마다 저주를 받을지로다 (10)발락이 발람에게 노하여 손뼉을 치며 발람에게 말하되 내가 그대를 부른 것은 내 원수를 저주하라 함이어늘 그대가 이같이 세번 그들을 축복하였도다 (11)그러므로 그대는 이제 그대의 곳으로 달려가라 내가 그대를 높여 심히 존귀케 하기로 뜻하였더니 여호와가 그대를 막아 존귀치 못하게 하셨도다 (12)발람이 발락에게 이르되 당신이 내게 보낸 사자들에게 내가 고하여 이르지 아니하였

나이까

(13)가령 발락이 그 집에 은금을 가득히 채워서 내게 줄지라도 나는 여호와의 말씀을 어기고 선악간 임의로 행하지 못하고 여호와께서 말씀하신 대로 말하리라 하지 아니하였나이까 (14)이제 나는 내 백성에게로 돌아가거니와 들으소서 내가 이 백성이 후일에 당신의 백성에게 어떻게 할 것을 당신에게 고하리이다 하고 (15)노래를 지어 가로되 브올의 아들 발람이 말하며 눈을 감았던 자가 말하며 (16)하나님의 말씀을 듣는 자가 말하며 지극히 높으신 자의 지식을 아는 자, 전능자의 이상을 보는 자, 엎드려서 눈을 뜬 자가 말하기를 (17)내가 그를 보아도 이 때의 일이 아니며 내가 그를 바라보아도 가까운 일이 아니로다 한 별이 야곱에게서 나오며 한 홀이 이스라엘에게서 일어나서 모압을 이 편에서 저 편까지 쳐서 파하고 또 소동하는 자식들을 다 멸하리로다 (18)그 원수 에돔은 그들의 산업이 되며 그 원수 세일도 그들의 산업이 되고 그 동시에 이스라엘은 용감히 행동하리로다 (19)주권자가 야곱에게서 나서 남은 자들을 그 성읍에서 멸절하리로다 하고 (20)또 아말렉을 바라보며 노래를 지어 가로되 아말렉은 열국중 으뜸이나 종말은 멸망에 이르리로다 하고 (21)또 가인 족속을 바라보며 노래를 지어 가로되 너의 거처가 견고하니 네 보금자리는 바위에 있도다 (22)그러나 가인이 쇠미하리니 나중에는 앗수르의 포로가 되리로다 하고 (23)또 노래를 지어 가로되 슬프다 하나님이 이 일을 행하시리니 그때에 살 자가 누구이랴 (24)깃딤 해변에서 배들이 와서 앗수르를 학대하며 에벨을 괴롭게 하리라마는 그도 멸망하리로다 하고 (25)발람이 일어나 자기 곳으로 돌아갔고 발락도 자기 길로 갔더라

그런데 오늘 주님이 내게 먼저 주신 말씀은 내게 안경을 벗으라 하는 것이었다.
결국 이 발람은 좋은 선지자가 아니었다는 것이다.

오늘 계시록에서 읽은 것처럼 그는 결국 발락을 가르쳐서 이스라엘 앞에 올무를 갖다놓고 우상의 제물을 먹게 하고 행음하게 하였다는 것이다.

그러므로 주님은 내게 알게 하여 주신다.
발람은 거짓 선지자였다고........... 주여!
성경은 거짓 선지자에 대하여 이렇게 말한다.

[마 7:15-20]
(15)거짓 선지자들을 삼가라 양의 옷을 입고 너희에게 나아오나 속에는 노략질하는 이리라 (16)그의 열매로 그들을 알지니 가시나무에서 포도를, 또는 엉겅퀴에서 무화과를 따겠느냐 (17)이와 같이

좋은 나무마다 아름다운 열매를 맺고 못된 나무가 나쁜 열매를 맺나니 (18)좋은 나무가 나쁜 열매를 맺을 수 없고 못된 나무가 아름다운 열매를 맺을 수 없느니라 (19)아름다운 열매를 맺지 아니하는 나무마다 찍혀 불에 던지우느니라 (20)이러므로 그의 열매로 그들을 알리라

즉 발람은 이스라엘 민족에게 양의 옷을 입고 나아왔지만 그러나 속에는 노략질하는 이리로서 그들로 하여금 행음하게 하였다는 것이다.
오 마이 갓!

그러므로 발람이 좋은 사람이 아니었고 거짓 선지자였다는 것이다.

발람이 이스라엘 민족을 저주하지 않고 축복하여 준 후에 발람은 발람의 길로 발락은 발락의 길로 갔다라고 되어 있으나 그 후 발람은 또 다시 발락을 만나 그를 가르쳐 이스라엘로 하여금 모압의 바알신을 섬기게 하고 그 바알에게 드렸던 우상의 제물을 그들로 하여금 먹게 하였다. 그리고 이스라엘로 하여금 모압의 여자와 남자와 행음하게 하였던 것이다.
그 내용이 바로 그 다음 장 25장에 기록되고 있는 것을 본다.
즉 발람이 그렇게 하여서 그렇다는 말은 안 나오나 계시록과 민수기 22장-24장을 연결하여 보면 그렇게밖에 결론을 내릴 수밖에 없는 것이다.

즉 발람은 거짓 선지자였던 것이다.
그래서 주님은 내게 너는 발람에게 대한 좋은 선입견을 가진데 대하여 안경을 벗으라 하시는 말씀이었다.

민수기 24장 끝에서 발람은 발람의 길로 발락은 발락의 길로 돌아갔다고 기록한다.
그러나 다시 민수기 25장 1절에서 부터는 이스라엘이 모압과 행음한 것이 기록되어 있다.

[민 25:1-3]
(1)이스라엘이 싯딤에 머물러 있더니 그 백성이 모압 여자들과 음행하기를 시작하니라 (2)그 여자들이 그 신들에게 제사할 때에 백성을 청하매 백성이 먹고 그들의 신들에게 절하므로 (3)이스라엘이 바알브올에게 부속된지라 여호와께서 이스라엘에게 진노하시니라

즉 이 부위가 지금 계시록에서 말하는 발람이 발락에게 지시하여 이스라엘로 하여금 모압과 행음

하게 하고 우상의 제물을 먹을 수 있도록 하게 하였다는 것이다. 즉 모압이 그들의 신에게 제사할 때에 이스라엘로 청하여 먹게 하고 그리고 자기들의 우상에게 절하게 하고 또한 모압 여자들과 행음하게 하였다는 것이다.

그러므로 주님은 결국 발람은 좋은 선지자가 아니라 거짓 선지자였다는 사실을 이 계시록에서 밝혀주신 셈이다.

할렐루야.

이러한 일이 시작되자 하나님께서는 이스라엘 민족에게 진노하시지 아니할 수 없게 되었다.

[민 25:4-18]
(4)여호와께서 모세에게 이르시되 백성의 두령들을 잡아 태양을 향하여 여호와 앞에 목매어 달라 그리하면 여호와의 진노가 이스라엘에게서 떠나리라 (5)모세가 이스라엘 사사들에게 이르되 너희는 각기 관할하는 자 중에 바알브올에게 부속한 사람들을 죽이라 하니라 (6)이스라엘 자손의 온 회중이 회막 문에서 울 때에 이스라엘 자손 한 사람이 모세와 온 회중의 목전에 미디안의 한 여인을 데리고 그 형제에게로 온지라 (7)제사장 아론의 손자 엘르아살의 아들 비느하스가 보고 회중의 가운데서 일어나 손에 창을 들고 (8)그 이스라엘 남자를 따라 그의 막에 들어가서 이스라엘 남자와 그 여인의 배를 꿰뚫어서 두 사람을 죽이니 염병이 이스라엘 자손에게서 그쳤더라 (9)그 염병으로 죽은 자가 이만 사천명이었더라 (10)여호와께서 모세에게 일러 가라사대 (11)제사장 아론의 손자 엘르아살의 아들 비느하스가 나의 질투심으로 질투하여 이스라엘 자손 중에서 나의 노를 돌이켜서 나의 질투심으로 그들을 진멸하지 않게 하였도다 (12)그러므로 말하라 내가 그에게 나의 평화의 언약을 주리니 (13)그와 그 후손에게 영원한 제사장 직분의 언약이라 그가 그 하나님을 위하여 질투하여 이스라엘 자손을 속죄하였음이니라 (14)죽임을 당한 이스라엘 남자 곧 미디안 여인과 함께 죽임을 당한자의 이름은 시므리니 살루의 아들이요 시므온인의 종족 중 한 족장이며 (15)죽임을 당한 미디안 여인의 이름은 고스비니 수르의 딸이라 수르는 미디안 백성 한 종족의 두령이었더라 (16)여호와께서 모세에게 일러 가라사대 (17)미디안인들을 박해하며 그들을 치라 (18)이는 그들이 궤계로 너희를 박해하되 브올의 일과 미디안 족장의 딸 곧 브올의 일로 염병이 일어난 날에 죽임을 당한 그들의 자매 고스비의 사건으로 너희를 유혹하였음이니라.

그러면 다시 민수기로 돌아가서 민수기 22장에서 24장을 보면

[느 13:2]

이는 저희가 양식과 물로 이스라엘 자손을 영접지 아니하고 도리어 발람에게 뇌물을 주어 저주하게 하였음이라 그러나 우리 하나님이 그 저주를 돌이켜 복이 되게 하셨다 하였는지라

[벧후 2:10-17]
(10)육체를 따라 더러운 정욕 가운데서 행하며 주관하는 이를 멸시하는 자들에게 특별히 형벌하실 줄을 아시느니라 이들은 담대하고 고집하여 떨지 않고 영광 있는 자를 훼방하거니와 (11)더 큰 힘과 능력을 가진 천사들이라도 주 앞에서 저희를 거스려 훼방하는 송사를 하지 아니하느니라 (12)그러나 이 사람들은 본래 잡혀 죽기 위하여 난 이성 없는 짐승 같아서 그 알지 못한 것을 훼방하고 저희 멸망 가운데서 멸망을 당하며 (13)불의의 값으로 불의를 당하며 낮에 연락을 기쁘게 여기는 자들이니 점과 흠이라 너희와 함께 연회할 때에 저희 간사한 가운데 연락하며 (14)음심이 가득한 눈을 가지고 범죄하기를 쉬지 아니하고 굳세지 못한 영혼들을 유혹하며 탐욕에 연단된 마음을 가진 자들이니 저주의 자식이라 (15)저희가 바른 길을 떠나 미혹하여 브올의 아들 발람의 길을 좇는도다 그는 불의의 삯을 사랑하다가 (16)자기의 불법을 인하여 책망을 받되 말 못하는 나귀가 사람의 소리로 말하여 이 선지자의 미친 것을 금지하였느니라 (17)이 사람들은 물 없는 샘이요 광야에 밀려 가는 안개니 저희를 위하여 캄캄한 어두움이 예비되어 있나니

즉 발람은 발락으로부터 불의의 삯을 받고 이스라엘 민족을 저주하고 싶었는데 하나님이 전적으로 못하게 막으셨다는 것이다.
그래서 그는 알면서도 두 번씩이나 그들을 여기 머물라 하나님이 밤새 나에게 무엇을 말하는지 보자 했다.
하나님은 그가 이미 가기로 마음으로 결정한 것을 아시고서 허락하신다.
데리러온 자들과 함께 가라고... 그러나 내가 너에게 하는 말만 하라 했다.
그런데 하나님은 그가 불의의 삯을 사랑하는 마음이 있는 것을 아시고 그가 행하는 것에 진노하셔서 가는 길에 여호와의 사자를 보내어 나귀의 눈을 열어 보게 한 것이다.
그래서 그 여호와의 사자를 보내어 확실히 그가 이스라엘을 저주하지 않고 축복할 것을 다시 말한 것이다. 여호와의 사자로 하여금 칼을 빼어 들고서 말이다. 너 시키는 대로 안 하면 죽인다는 것이다.
민수기 아닌 다른 곳에서는 발람은 분명 불의의 삯을 사랑하였다고 말한다.(벧후 2:15)
그러다가 하나님께서 나귀를 통하여 그를 책망했다고 하였다. 하나님은 나귀의 입을 열어서 그에게 말하게 하셨다.
하나님께서는 필요하시면 말 못하는 나귀의 입까지 열어서라도 말씀하시는 하나님이신 것이다.
할렐루야.

[신 23:3-5]
(3)암몬 사람과 모압 사람은 여호와의 총회에 들어오지 못하리니 그들에게 속한 자는 십대 뿐 아니라 영원히 여호와의 총회에 들어오지 못하리라 (4)그들은 너희가 애굽에서 나올 때에 떡과 물로 너희를 길에서 영접하지 아니하고 메소보다미아의 브돌 사람 브올의 아들 발람에게 뇌물을 주어 너희를 저주케 하려 하였으나 (5)네 하나님 여호와께서 너를 사랑하시므로 발람의 말을 듣지 아니하시고 그 저주를 변하여 복이 되게 하셨나니

즉 여기서 마지막 절을 보면 즉 하나님 여호와께서 이스라엘을 사랑하시므로 발람의 말을 듣지 않고 그 저주를 변하여 복이 되게 하셨다 하는 것을 보면 발람은 사실 뇌물로 인하여 이스라엘을 저주하고 싶어 했다는 것을 알 수 있다.
이것이 발람의 진짜 마음이었는데 하나님이 막으셨다는 것이다.

그리고 결국 발람은 하나님의 진노하심으로 죽게 된다.

[수 13:21-22]
(21)평지 모든 성읍과 헤스본에 도읍한 아모리 사람 시혼의 온 나라라 모세가 시혼을 그 땅에 거하는 시혼의 방백 곧 미디안의 귀족 에위와 레겜과 술과 훌과 레바와 함께 죽였으며 (22)이스라엘 자손이 그들을 도륙하는 중에 브올의 아들 술사 발람도 칼날로 죽였었더라

[유 1:11]
화 있을진저 이 사람들이여, 가인의 길에 행하였으며 삯을 위하여 발람의 어그러진 길로 몰려 갔으며 고라의 패역을 좇아 멸망을 받았도다

결국 발람은 어그러진 길로 갔다.
그것을 계시록 2장 14절에서 말하고 있는 것이다.

[계 2:14]
그러나 네게 두어 가지 책망할 것이 있나니 거기 네게 발람의 교훈을 지키는 자들이 있도다 발람이 발락을 가르쳐 이스라엘 앞에 올무를 놓아 우상의 제물을 먹게 하였고 또 행음하게 하였느니라.

즉 민수기 25장 1절서부터 갑자기 이스라엘이 모압과 행음하는 장면이 나오는데 이것은 발람이 발

락에게 가르쳐서 행음하게 하였다는 것이다. 이것을 계시록에서 주님께서 그분의 입으로 말씀하신다. 그러므로 그는 거짓 선지자였다는 것이다. 그 열매로 그 나무를 안다고 하였다. 할렐루야.
결국 발람은 거짓 선지자로 판명이 되었고 그의 최후는 캄캄한 어두움이 예비 되었던 것이다. 할렐루야.

지금까지 나는 그다지 발람에 대하여 그가 나쁜 선지자라고 생각하지 않았던 나에게 주님께서 다시 그가 결국에는 거짓 선지자였음을 깨우쳐 주신 것이다. 할렐루야.
바로 잡아 주시는 주님을 찬양합니다!

7. 토마스 주남과의 동역, 그리고 버가모 교회의 이기는 자에게 주는 만나와 흰 돌
(2014. 8. 25)

천국에 올라갔다.
이제는 나를 천국으로 데려가기 위하여 오는 수레를 끄는 말이 세 마리이다. 두 마리에서 한 마리가 더 늘었다.
수레 안에는 흰 날개 달린 천사가 건너편에 앉아 있다가 나에게 이마에 띠를 할 것을 건네준다.
나는 내가 쓰고 있던 면류관을 벗고 이마에 띠를 메었다. 나는 그냥 시키는 대로 할 뿐이다. 꼭 무슨 마음을 단단히 먹고 일하라는 의미인지 잘 모르겠다.
(나중에 안 일이다. 주님이 내가 토마스 주남과 함께 베리칩이 666이 아니라고 하는 자들을 대항하여 베리칩이 666인 것을 외치는데 주남 여사와 내가 함께 마음을 단단히 먹고 합력하여 선을 이루라는 의미로 머리에 띠를 띠게 하신 것을 알 수 있었다.)
그리고 흰 드레스를 입고 수레에서 내렸는데 수레 바깥에서는 주황색과 흰색으로 아래위로 아름답게 장식된 옷을 입은 천국의 성악대들이 늘어서서 나를 환영하여 주었는데 이들은 아래위로 주황색과 흰색으로 장식된 아름다운 옷을 입고 있었다.
'무슨 일일까? 왜 오늘따라 성악대가 이렇게 나를 환영하여 주는 것인가?'
그리고 주님이 오셔서 나를 맞아 주셨는데 나를 데리고 이번에는 어디론가 날아가는 것이 아니라 위로 비스듬하게 높이 솟아 있는 쭉 뻗은 계단을 순식간에 올라가신다. 그리고 저 멀리로 데리고 가신다. 그런데 도착한 곳은 늘 주님과 함께 오던 회의실이었다.

회의실에서 주님이 주님의 자리에 앉으시고 내가 그분의 오른편에 토마스 주남이 그분의 왼편에 와서 앉았다.

테이블 위에는 내가 쓴 책들, 진초록 색과 진붉은 색 표지의 천국과 지옥 간증수기 1, 2편과 그리고 토마스 주남이 쓴 책, '천국은 확실히 있다.'의 책이 놓여 있었다.

또한 그 옆에 '928의 긴급한 메시지'라고 하는 베리칩에 대한 메시지를 담은 종이들이 보인다. 거기에는 이러한 내용이 적혀 있었다. 즉 우리는 마지막 때를 살고 있으므로 언제든지 공중휴거를 준비하며 살아야 하고 그리고 휴거되지 못한 자들은 남아서 대환난을 거치게 되는데 그 때에는 누구든지 짐승의 표, 666을 받으라고 강요당하게 될 것이라는 것이다. 그런데 이 짐승의 표를 받지 않는 자는 순교당하거나 엄청난 고문을 당하게 될 것이지만 대환난에 남은 대부분은 666을 받게 되어 지옥을 가게 될 것이라는 메시지이다. 그러므로 절대로 이 666을 받으면 안 된다는 내용이 적혀 있는 것이었다.

주님은 마음으로 말씀하신다.
내 책과 토마스 주남의 책에서 같은 것들을 발견하여 보라고.....
할렐루야!

그리고 주님은 말씀하신다.
'너희 둘이 합력하여 선을 이루게 될 것이다.'라고. 할렐루야.
나는 그것이 무슨 말씀이신지 안다.
베리칩에 대하여 주남 여사도 나도 똑같이 주님으로부터 666이라는 메시지를 받은 것이다.
그것이 이제 온 세상에 알려지는 것이다. 그리고 그들로 하여금 베리칩을 받지 않게 하는 것이다.
할렐루야.

그 후에 토마스 주남은 가고 주님과 나는 구름을 타고 요한의 집 앞에 놓인 피크닉 테이블, 즉 Y자 길에 놓여 있는 테이블로 왔다.
거기에는 모세와 요한이 벌써 와 있었다.
주님과 내가 앉았고 그리고 나는 성경책의 계시록을 펴고 앉아 있었고 요한도 그곳을 펴고 있었다.
나는 요한에게 질문을 하였다.
'주님께서는 버가모 교회에 이기는 자들에게는 하늘의 숨겨둔 만나를 먹이신다 하였는데 이 만나는 무엇을 말하는 것입니까?'하고 물었다.

그 때에 요한은 (아니 사실은 주님이 알게 하여 주시는 것이다. 내가 요한에게 질문하였지만 말이다) 마음으로 내게 알게 하여 준다.

그것은 천국에서도 예배를 드리고 하나님의 말씀이 선포되는데 거기서 선포되어지는 하나님의 말씀이라는 것이다.

그리고 그 흰 돌에 적혀지는 새 이름은 예수님의 이름이라는 것을 알게 하여 주었다.

그런데 나는 이것이 이상했다. 이해가 가지 않았다. 예수님의 새 이름이라니⋯⋯

나는 이것에 대하여 다시 천국에서 물어보아야겠다고 생각했다.

할렐루야.

8. 받는 사람밖에 모르는 흰 돌에 적혀지는 예수님의 새 이름이 어떤 것인지 밝혀지다.
(2014. 8. 25)

천국에 올라갔다.

주님이 나를 맞아 주시는데 나는 벌써 울고 있다.

주님은 내가 힘들어 하시는 줄 안다.

주님은 나와 같이 한없이 위로 날았다. 주님과 내가 꼭 한 몸이 되어 나는 것처럼 보였다.

그러다가 결국은 유리바다 위로 날게 되었다.

저 바다위에 이사야가 자신의 배를 띄워놓고 갑판에서 '사라' '주님' 하고 부른다.

그러나 나는 누구에 의하여서도 방해받지 않고 주님과만 있고 싶다는 생각을 했다.

그랬더니 결국은 주님과 나는 흰 큰 보트를 탔다.

노를 젓는 것이 아닌데도 배가 절로 간다.

이사야의 배가 옆으로 지나가면서 즐거워하는 나를 바라보고 환호를 했다.

그는 여러 번 우리 옆을 지나갔지만 나는 별로 이사야에 대하여는 관심이 없었다.

왜냐하면 나는 주님과 같이 보트에 앉아 있다는 것이 나에게는 큰 평안이요 말할 수 없는 큰 기쁨이었기 때문이다.

나는 계속 주님과 이렇게 앉아 있기를 더 원했다.
그런데 모세와 사도 요한이 배 안으로 들어 왔다.
아무래도 우리가 가야 하는데 안 오니까 그들이 온 것이다.
배 안에는 한 가운데 황금 테이블이 놓이고 모세와 주님이 저편에 이편에는 나와 사도 요한이 앉았다.

그리고는 나는 주님이 버가모 교회에 보내는 편지 속에서 주님이 말씀하신 흰 돌에 대한 의문을 가졌다.
아침에 분명히 그 흰 돌에 예수님의 새 이름이 적혀진다 하였는데 그것이 이해가 안 되어 다시 물었다.

[계 2:17]
귀 있는 자는 성령이 교회들에게 하시는 말씀을 들을지어다 이기는 그에게는 내가 감추었던 만나를 주고 또 흰 돌을 줄 터인데 그 돌 위에 새 이름을 기록한 것이 있나니 받는 자 밖에는 그 이름을 알 사람이 없느니라.

흰 돌에 새 이름은 예수님의 이름인데 받는 자 밖에는 그 이름을 알 수 없다 하였다.
이것이 무슨 말인지를 물었다.
그랬더니 알게 하여주시는 것이 그 흰 돌에는 예수님의 이름이 적혀지는데 각 사람에 있어서 그 이름이 다르게 천국언어로 적혀지는데 받는 사람만이 그 이름을 안다는 것이다.
그런데 그 이름은 예수님의 이름이다.
그러면 각 사람이 받는 천국의 언어로 적혀지는 예수님의 이름이 다 다른 것이다.
즉 내가 만난 하나님과 다른 사람이 만난 하나님이 다르다.
그래서 각 사람에게는 동일한 예수님을 말하는 새 이름이 천국언어로 각 사람에게 이기는 자에게 흰 돌에 적혀져서 주어진다는 것이다.
그 천국언어로 된 새 이름이 다 다른 것이다.
이것은 일종의 하나님과 각 개인과의 관계가 다 다르듯이 예수님과 그 개인과의 관계 속에서 개인에 따라 제각기 다른 그 관계가 천국언어로 표현되어 예수님의 새 이름이 그 흰 돌에 적혀진다는 것이다. 그런데 그것이 다 예수님의 새 이름이다. 할렐루야.

오늘 주님께서 버가모 교회에 보내는 편지에서 이기는 자들에게 주어지는 흰 돌에 적혀지는 예수님의 새 이름에 대하여 가르쳐주신 것이다. 할렐루야. 참으로 감사한 일이다.
주님 감사합니다. 알게 하여 주셔서.......

9. 두아디라 교회의 이세벨이 누구인지 말씀하시다.
(2014. 8. 25)

두 번째 천국에 올라갔다.
나는 두아디라 교회에 대한 이세벨에 대하여 의문을 가졌다.

[계 2:18-20]
(18)두아디라 교회의 사자에게 편지하기를 그 눈이 불꽃 같고 그 발이 빛난 주석과 같은 하나님의 아들이 가라사대 (19)내가 네 사업과 사랑과 믿음과 섬김과 인내를 아노니 네 나중 행위가 처음 것보다 많도다 (20)그러나 네게 책망할 일이 있노라 자칭 선지자라 하는 여자 이세벨을 네가 용납함이니 그가 내 종들을 가르쳐 꾀어 행음하게 하고 우상의 제물을 먹게 하는도다

이세벨이라 하는 여자를 네가 용납한다 하였다.
그가 내 종들을 가르쳐 꾀어서 행음하게 하고 우상의 제물을 먹게 한다는 것이다.
여기서 이세벨이라는 여자가 누구인지에 대한 의문을 가졌다.
그랬더니 주님이 알게 하여 주시는데 그 여자는 사단의 큰 부하, 부하 중에서도 아주 강한 부하가 이 이세벨이라는 것이다. 이 사단의 부하가 예수 믿는 종들을 가르쳐서 꾀어 행음하게 하고 우상의 제물을 먹게 한다는 것이다.

바로 이때에 주님은 나를 모세의 궁에 십계명이 있는 유리방으로 데리고 가신다.
아하! 그렇다. 천주교에서는 제 2계명을 없애고 그리고 제 10번째 계명을 둘로 나누어 다시 십계명을 만든 것이 생각나면서 이 이세벨이라는 사단의 부하가 교황으로 하여금 마리아를 섬기게 하기 위하여 하나님께서 모세에게 주신 십계명에서 그 제 2계명을 빼게 하였다는 것을 알게 하여 주셨다.
그리고 이 이세벨이라는 사단의 부하는 특별히 예수 믿는 자들로 하여금 마리아를 섬기게 하여 그 우상의 제물을 먹게 하는 악한 영이라는 것이다.
즉 사단으로부터 특별한 임무를 맡은 악한 영인 것임이 알아진다.

[계 2:21-23]
(21)또 내가 그에게 회개할 기회를 주었으되 그 음행을 회개하고자 아니하는도다 (22)볼지어다 내가 그를 침상에 던질 터이요 또 그로 더불어 간음하는 자들도 만일 그의 행위를 회개치 아니하면 큰

환난 가운데 던지고 (23)또 내가 사망으로 그의 자녀를 죽이리니 모든 교회가 나는 사람의 뜻과 마음을 살피는 자인 줄 알지라 내가 너희 각 사람의 행위 대로 갚아 주리라

그런데 주님은 마리아를 섬기는 이들에게 회개할 기회를 주었으나 그 음행을 회개하고자 아니한다는 것이다.
그리고 이 간음하는 행위를 회개치 아니하면 주님 오시는 그날에 휴거되지 못하고 결국은 큰 환난 가운데 던져진다는 것이다. 그리고 그들의 자녀들을 죽이겠다는 것이다.
주님은 환난은 면케 하여주는 자도 있지만 오히려 환난가운데에 던져 넣는 자도 있다는 것이다.

[계 3:10]
네가 나의 인내의 말씀을 지켰은즉 내가 또한 너를 지키어 시험의 때를 면하게 하리니 이는 장차 온 세상에 임하여 땅에 거하는 자들을 시험할 때라

즉 빌라델비아 교회에 보내는 편지에서는 '네가 적은 능력으로 나의 인내의 말씀을 지켰으니 또한 내가 너를 지키어서 장차 온 세상에 임하여 땅에 거하는 자들을 시험하는 때를 면하게 하여 주시겠다.'는 것이다.
그러나 마리아를 우상시하여 섬기는 자들은 다 큰 환난가운데 들어가게 될 것을 말씀하시는 것이다. 주여!

10. 두아디라 교회에 '남은 자들'
(2014. 8. 27)

천국에 올라갔다. 나를 데리러 온 수레 안에 벌써 생명수가 마련되어 있었는데
천사가 나에게 생명수를 먹였다.
천국에 도착하여 수레에서 나를 내리는데 두 천사가 나를 수종하여 주님께로 인도하였다.
주님과 나는 위로 비상하여 폭포수가 있는 곳에 가서 주님께서 손수 내 얼굴을 생명수에다가 씻겼다. 그리고 나를 요한의 집 앞에 있는 테이블로 데려가셨다.

오늘은 내가 두아디라 교회에 대하여 질문을 가지고 있었다.
사실 오늘 아침 두아디라 교회에 대하여 질문하기 위해 성경을 읽는데 이전에는 깨달아지지 아니하던 것이 성경을 읽는 중에 깨달아졌다.
나는 이곳에서 지상에서 깨달아진 것도 기록하여 둔다.

[계 2:18-28]
(18)두아디라 교회의 사자에게 편지하기를 그 눈이 불꽃같고 그 발이 빛난 주석과 같은 하나님의 아들이 가라사대 (19)내가 네 사업과 사랑과 믿음과 섬김과 인내를 아노니 네 나중 행위가 처음 것보다 많도다 (20)그러나 네게 책망할 일이 있노라 자칭 선지자라 하는 여자 이세벨을 네가 용납함이니 그가 내 종들을 가르쳐 꾀어 행음하게 하고 우상의 제물을 먹게 하는도다 (21)또 내가 그에게 회개할 기회를 주었으되 그 음행을 회개하고자 아니하는도다 (22)볼지어다 내가 그를 침상에 던질 터이요 또 그로 더불어 간음하는 자들도 만일 그의 행위를 회개치 아니하면 큰 환난 가운데 던지고 (23)또 내가 사망으로 그의 자녀를 죽이리니 모든 교회가 나는 사람의 뜻과 마음을 살피는 자인 줄 알지라 내가 너희 각 사람의 행위 대로 갚아 주리라 (24)두아디라에 남아 있어 이 교훈을 받지 아니하고 소위 사단의 깊은 것을 알지 못하는 너희에게 말하노니 다른 짐으로 너희에게 지울 것이 없노라 (25)다만 너희에게 있는 것을 내가 올 때까지 굳게 잡으라 (26)이기는 자와 끝까지 내 일을 지키는 그에게 만국을 다스리는 권세를 주리니 (27)그가 철장을 가지고 저희를 다스려 질그릇 깨뜨리는 것과 같이 하리라 나도 내 아버지께 받은 것이 그러하니라 (28)내가 또 그에게 새벽 별을 주리라

이렇게 성경을 읽다가 갑자기 그 뜻이 깨달아진 것이 전에도 한 번 있었다.
이전에는 전혀 모르겠던 구절이 요즘에 천국에서 믿음의 선진들을 만나 이야기하면서
나에게는 이전에 없었던, 성경을 이해하는 능력 즉 문장을 보면 그 뜻이 그냥 알아지는 능력이 새삼스레 나에게 주어진 것을 느꼈다.
이전에 깨닫지 못하던 것들이 그 숨은 뜻이 그냥 쑤욱 안아지는 것이다.

오늘 이 구절들을 읽어 내려가는데 그냥 이 구절들이 무엇을 의미하는지 그냥 알아졌다.
물론 성령이 하시는 일이다.
그것은 24절부터다.
'두아디라에 남아 있어'라는 구절에서 이 '남아 있다.'는 말이 이해가 간다. 즉 '남는 자' 이런 말인 것이…
그런데 이 '남는 자'는 무슨 의미에서 남는 자로 말하는지는 바로 그 다음 구절에 나와 있다.

즉 '이 교훈을 받지 아니하고'에서 찾을 수 있다.
즉 이 교훈을 받지 않은 자들이 바로 남은 자들인 것이다.
할렐루야.
그런데 이 교훈이 어떤 교훈이냐면 할렐루야.

[계 2:24-28]
(24)두아디라에 남아 있어 이 교훈을 받지 아니하고 소위 사단의 깊은 것을 알지 못하는 너희에게 말하노니 다른 짐으로 너희에게 지울 것이 없노라 (25)다만 너희에게 있는 것을 내가 올 때까지 굳게 잡으라 (26)이기는 자와 끝까지 내 일을 지키는 그에게 만국을 다스리는 권세를 주리니 (27)그가 철장을 가지고 저희를 다스려 질그릇 깨뜨리는 것과 같이 하리라 나도 내 아버지께 받은 것이 그러하니라 (28)내가 또 그에게 새벽 별을 주리라

20절 말씀에 나온다.
즉 이세벨이라는 여자가 주님의 종들을 가르친 그 교훈인데 그 교훈은 행음하게 하고 우상의 제물을 먹게 하는 것이라는 것이다.

[계 2:20]
그러나 네게 책망할 일이 있노라 자칭 선지자라 하는 여자 이세벨을 네가 용납함이니 그가 내 종들을 가르쳐 꾀어 행음하게 하고 우상의 제물을 먹게 하는도다

그런데 이 교훈을 받지 않은 자들이 남은 자들이라는 것이다. 할렐루야.
이러한 자에게 주님은 말씀하신다.
내가 다른 짐으로 너희에게 지우는 것이 아니라 너희에게 내가 이러한 짐을 지우노라.
그것이 어떠한 짐이냐면 그 다음 구절에 나오는 것이다.

[계 2:25]
다만 너희에게 있는 것을 내가 올 때까지 굳게 잡으라.

즉 너희에게 있는 것을 내가 올 때까지 굳게 잡고 있으라는 짐이다. 할렐루야.
그러면 그들에게 있는 것이 무엇이냐? 예수를 믿는 믿음이다.
할렐루야.

이세벨이 가르친 교훈을 받지 아니하여 행음하지 않고 우상의 제물을 먹지 않고 오직 예수의 믿음을 지키는 자가 되는 그것이 주님이 이 남은 자들에게 지우는 짐이라는 것이다.
할렐루야.
그래서 이것을 잘 지켜내는 자는 이기는 자일텐데 그 이기는 자가 받는 상에 대하여 다음과 같이 말하고 있다.

[계 2:26-28]
(26)이기는 자와 끝까지 내 일을 지키는 그에게 만국을 다스리는 권세를 주리니 (27)그가 철장을 가지고 저희를 다스려 질그릇 깨뜨리는 것과 같이 하리라 나도 내 아버지께 받은 것이 그러하니라 (28)내가 또 그에게 새벽 별을 주리라

여기서 새벽별은 우리 주 예수 그리스도를 의미한다.
'나는 광명한 새벽 별이라.'

[계 22:16]
나 예수는 교회들을 위하여 내 사자를 보내어 이것들을 너희에게 증거하게 하였노라 나는 다윗의 뿌리요 자손이니 곧 광명한 새벽 별이라 하시더라

할렐루야.

즉 두아디라 교회에서도 우상숭배하지 아니하는 자들이 있다는 것이다. 이들이 남은 자들인데 그래서 나는 이제 이해가 간다.
왜냐하면 나는 천국에서 천주교 신자들의 무리를 본 것을 기억한다.
(서사라 목사 천국과 지옥간증 수기 2, 47 마리아를 숭배히지 아니한 신부와 그리고 천주교인들은 천국에 와 있다 - 183p 참조)

이 무리들이 바로 이 남은 자들에 속한 자들인 것이다.
할렐루야.
그리고 가장 큰 상급은 바로 하나님이신 예수님이다.
하나님은 믿음의 조상 아브라함에게 '나는 너의 지극히 큰 상급이다.' 말씀하신 것이다.
할렐루야.

[창 15:1]
이 후에 여호와의 말씀이 이상 중에 아브람에게 임하여 가라사대 아브람아 두려워 말라 나는 너의 방패요 너의 지극히 큰 상급이니라.

그러므로 두아디라 교회에 이 남는 자들에게 예수님이 상급으로 주어지는 것이다. 할렐루야.

11. 성밖의 쇠창살 안에 있는 자들을 지키는 천사들
(2014. 8. 28)

기록하지 아니하는 것보다 기록하는 것이 나을 것 같아서 기록하여 둔다.

천국에 올라갔다.
주님이 나를 맞아주시고 갑자기 내 눈에 갑옷 입은 자들이 많이 보인다. 이들의 갑옷 입은 모습은 보통 내가 지옥으로 내려갈 때에 무장한 천사들과는 좀 다르다.
지옥으로 내려갈 때 나를 인도하는 천사들은 대개 마귀 부하들과 싸울 태세가 되어 있는 날렵하고 단단히 무장한 모습을 하고 있다고 하면, 지금 내가 보고 있는 천사들은 그냥 보통 조선시대의 포졸들과 같은 갑옷으로 무장하고 있어 보기만 해도 조금 느슨한 기분이 든다.
그러므로 나는 이들이 갑옷으로 무장한 이유는 싸우기 위하여 입은 것이 아니라
오히려 누군가를 다스리기 위하여 입고 있다는 사실을 알았다.
그런데 '이들은 누구일까?' 아니 도대체 '무엇을 하는 자들인지?' 궁금하였다.

그런 후에 내 시야에는 갑자기 어떤 흰 옷을 입은 한 사람이 보였다.
머리는 뒤로 한 가닥으로 묶고 있었고 콧수염도 있고 턱수염도 조금 있는 젊은이가 쇠창살 안으로 들여보내어지고 있었고, 그리고 아까 내가 보았던 그 갑옷 입은 군사들이 이곳을 관리하고 있는 것이 보였다.

아하! 아까 내가 본 그 갑옷 입은 천사들은 이곳을 다스리는 천사들이구나! 알아졌다.

이들은 그들 앞에 테이블을 놓고 그 테이블 위에 놓여져 있는 책에 쓰인 대로 그 젊은이들을 하나씩 불러내어 매를 때린 후에 그들을 이 쇠창살 안에 다시 가두는데 이들은 매를 맞고 들어와서는 쇠창살 안에서 슬피 울며 이빨을 가는 것이 알아졌다.

즉 내가 천국에 올라오자마자 본 무장한 군사들, 즉 천사들은 이 성밖에 있는 자들을 다스리고 지키는, 그리고 책에 적힌 대로 매를 때리는 천사들이라는 사실을 알 수 있었다. 할렐루야.

이 성밖과 지옥이 다른 점은, 성밖에는 이러한 천사들이 다스리고 있고, 그러나 지옥에는 마귀의 부하들이 다스리고 있다는 점이 또한 다른 것이다. 할렐루야.

12. 계시록에 나오는 일곱 영이 무엇인지 알게 하시다.
(2014. 8. 30)

기도하다가 계시록 3장이 깨달아졌다.
그것은 3장 1절에 나오는 일곱 영에 대한 것이었다.
나는 처음에는 이 일곱 영이 무엇을 의미하는지가 몹시 궁금하였다.

성령은 한 분 하나님이시므로 일곱 영은 아니신 것이 분명하다.
그러면 이 일곱 영은 어떤 영들인가?

[계 3:1-2]
(1)사데 교회의 사자에게 편지하기를 하나님의 일곱 영과 일곱 별을 가진 이가 가라사대 내가 네 행위를 아노니 네가 살았다 하는 이름은 가졌으나 죽은 자로다 (2)너는 일깨워 그 남은바 죽게 된 것을 굳게 하라 내 하나님 앞에 네 행위의 온전한 것을 찾지 못하였노니

1절에 주님이 이 일곱 영과 일곱 별을 손에 쥐고 계신다 했다.
이 일곱 별은 일곱 교회의 일곱 사자라 했다. 그리고 이 일곱 별을 주님이 가지시고 일곱 금촛대 사

이를 오고 간다 하셨다. 이 일곱 금촛대는 일곱 교회라 했다.

그러면 이 일곱 영은 무엇인가?
그 힌트가 바로 뒷구절에 나옴을 알았다.
즉 네 행위가 온전함이 없다하는 것이다.
즉 주님은 일곱 교회에 각 영을 보내어 그들이 어떻게 하고 있는가를 살피시는 분이시다.
즉 이 일곱 영은 그 일곱 교회에 각각 보내어진 천사들로서 그들의 모든 것을 주님께 보고하는 영들인 것이 깨달아졌다.
아하! 그래서 사데 교회를 살펴본 영이 이렇게 주님께 보고한 것이다.
'네가 살았다 하는 이름은 가졌으나 실상은 죽은 자'인 것을 알게 한 것이다.
행함이 없는 믿음을 가진 사데 교회에게 말씀하신 것이다.
할렐루야.
주님은 그래도 '남아 있는 것이 죽지 않게 굳게 하라'고 당부하신다.
주님은 그들에게 경고한다. '죽은 행실을 회개하라'고…
그리고 나는 기도한 후에 천국에 올라갔다.
주님이 나를 바로 요한의 집 앞에 Y자 모양으로 길이 갈라지는 곳에 놓인 피크닉 테이블로 인도하셨다.
모세와 요한이 있고 주님과 나는 제 자리를 찾아 앉았다.
주님이 말씀하신다.
'내가 너와 함께 할 것이라고……'
나에게 마음으로 말씀하신다.
이 '나와 함께 하실 것이라'는 말은 천국에서 나에게 진행되는 생각 속에서 함께 하시겠다는 것이다. 할렐루야.
그러므로 천국에서 나에게 깨달아지는 모든 생각과 깨우침은 주님이 주장하신다 하여도 과언이 아니다. 그러므로 천국에서 이렇게 주님이 앉아 있는 자리에서 이 사데 교회에 대한 생각은 계속 되었다.

이 사데 교회에서 그 옷을 더럽히지 아니한 흰 옷 입은 사람들이 있다 하였다.
이 구절을 생각할 때에 나는 이러한 생각을 했다.
'아 나도 이렇게 더럽힘이 없는 흰 옷을 입어야 하는데….'

그리고 주님은 이들의 이름을 생명책에서 흐리지 아니하실 것이라 말씀하시고
또한 그들의 이름을 하나님 앞에서 시인할 것이라 말씀하신다.
할렐루야.

그러나 이렇게 흰 옷을 입지 못한 자들은 그들의 이름을 생명책에서 흐리시겠다고 말씀하신다.
이렇게 이름이 흐려지는 자들은 이기지 못하는 자에 속하여 하나님의 영광이 해같이 빛나는 성안에 못 들어가고 성밖에 남게 되는 것이다.
즉 새 하늘과 새 땅에서 새 예루살렘성의 성안에 못 들어가고 성밖에 남게 된다.
열 처녀 중 다섯 처녀가 문 밖에 남게 된 것처럼 말이다.
주님은 신랑을 기다리는 열 처녀 중에 기름을 충분히 준비하지 못한 미련한 다섯 처녀들에게 이렇게 말씀하신다.
"내가 너희를 알지 못하노라."
주여!

[마 25:6-12]
(6)밤중에 소리가 나되 보라 신랑이로다 맞으러 나오라 하매 (7)이에 그 처녀들이 다 일어나 등을 준비할새 (8)미련한 자들이 슬기 있는 자들에게 이르되 우리 등불이 꺼져가니 너희 기름을 좀 나눠 달라하거늘 (9)슬기 있는 자들이 대답하여 가로되 우리와 너희의 쓰기에 다 부족할까 하노니 차라리 파는 자들에게 가서 너희 쓸 것을 사라 하니 (10)저희가 사러 간 동안에 신랑이 오므로 예비하였던 자들은 함께 혼인 잔치에 들어가고 문은 닫힌지라 (11)그 후에 남은 처녀들이 와서 가로되 주여 주여 우리에게 열어 주소서 (12)대답하여 가로되 진실로 너희에게 이르노니 내가 너희를 알지 못하노라 하였느니라

성경책에는 생명책에 이름이 완전히 지워지는 경우(이런 경우는 지옥을 간다)와 이름이 흐려지는 경우(이 경우는 성밖으로 쫓겨난다)를 말하고 있다.

이름이 완전히 지워지는 경우가 아니라 흐려지는 경우에도 주님은 '내가 너희를 도무지 알지 못하노라'고 하신다는 것이다. 이기지 못하는 자들의 삶을 산 자들의 이름을 안다고 시인하지 않으시겠다는 것이다. 주여!

그리고 이것은 마태복음 7장 21절 이하에서 말하는 것과도 일치하고 있다.

[마 7:21-23]
(21)나더러 주여 주여 하는 자마다 천국에 다 들어갈 것이 아니요 다만 하늘에 계신 내 아버지의 뜻대로 행하는 자라야 들어가리라 (22)그 날에 많은 사람이 나더러 이르되 주여 주여 우리가 주의 이름으로 선지자 노릇하며 주의이름으로 귀신을 쫓아 내며 주의 이름으로 많은 권능을 행치 아니하였나이까 하리니 (23)그 때에 내가 저희에게 밝히 말하되 내가 너희를 도무지 알지 못하니 불법을 행하는 자들아 내게서 떠나가라 하리라

그러므로 이름이 흐려지는 경우는 예수는 믿었으나 이기지 못하는 자의 삶을 살아서 성밖에 쫓겨나서 슬피 울며 이를 가는 장소로 가게 되는 것이다. 이것이 문 밖, 성밖인 것이다 (자세한 것은 이 책의 요약편에 있는 '이기는 자와 이기지 못하는 자'를 참고).

그리고 이 일곱 영에 대하여 성경의 다른 곳들에서 기록되어 있는 것을 살펴보면 여호와의 일곱 눈, 온 땅에 보내심을 입은 일곱 영, 이렇게 표현되고 있다.
즉 이 일곱 영들에 대하여 주님은 오늘 나에게 그들이 천사들인 것을 알게 하여 주셨다는 것이다.
할렐루야.

일곱 영이 풀리니까 나에게는 또한 일곱 눈이 알아졌다.
할렐루야.

다음은 성경에 일곱 눈 그리고 일곱 영이 나오는 성경구절들이다.

(슥 3:9) 만군의 여호와가 말하노라 내가 너 여호수아 앞에 세운 돌을 보라 한 돌에 일곱 눈이 있느니라 내가 새길 것을 새기며 이 땅의 죄악을 하루에 제하리라

(슥 4:10) 작은 일의 날이라고 멸시하는 자가 누구냐 이 일곱은 온 세상에 두루 행하는 여호와의 눈이라 다림줄이 스룹바벨의 손에 있음을 보고 기뻐하리라

(계 1:4) 요한은 아시아에 있는 일곱 교회에 편지하노니 이제도 계시고 전에도 계시고 장차 오실 이와 그 보좌 앞에 일곱 영과

(계 3:1) 사데 교회의 사자에게 편지하기를 하나님의 일곱 영과 일곱 별을 가진 이가 가라사대 내가

네 행위를 아노니 네가 살았다 하는 이름은 가졌으나 죽은 자로다

(계 4:5) 보좌로부터 번개와 음성과 뇌성이 나고 보좌 앞에 일곱 등불 켠 것이 있으니 이는 하나님의 일곱 영이라

(계 5:6) 내가 또 보니 보좌와 네 생물과 장로들 사이에 어린 양이 섰는데 일찍 죽임을 당한 것 같더라 일곱 뿔과 일곱 눈이 있으니 이 눈은 온 땅에 보내심을 입은 하나님의 일곱 영이더라

이 일곱 영은 다 천사들이라는 것이다. 그러므로 이 일곱 눈이 일곱 영이라 하였으니 이 일곱 눈도 다 천사들이다. 할렐루야.

깨우쳐 주시는 주님을 찬양합니다!

13. 빌라델비아 교회에 주님이 열어놓으신 열린 문의 의미
   (1) 새 예루살렘 성안으로 들어가는 문
   (2) 시험의 때를 면하게 하여주는 휴거의 문
   (2014.8.30)

두 번째 천국에 올라갔다.
천국에 올라가자마자 주님은 나를 바로 요한의 테이블로 인도한다.
이번에는 빌라델비아 교회에 보내는 주님의 편지를 보기를 원했다.

[계 3:7-13]
(7)빌라델비아 교회의 사자에게 편지하기를 거룩하고 진실하사 다윗의 열쇠를 가지신 이 곧 열면 닫을 사람이 없고 닫으면 열 사람이 없는 그이가 가라사대 (8)볼지어다 내가 네 앞에 열린 문을 두었으되 능히 닫을 사람이 없으리라 내가 네 행위를 아노니 네가 적은 능력을 가지고도 내 말을 지키며 내 이름을 배반치 아니하였도다 (9)보라 사단의 회 곧 자칭 유대인이라 하나 그렇지 않고 거짓말 하

는 자들 중에서 몇을 네게 주어 저희로 와서 네 발 앞에 절하게 하고 내가 너를 사랑하는 줄을 알게 하리라 (10)네가 나의 인내의 말씀을 지켰은즉 내가 또한 너를 지키어 시험의 때를 면하게 하리니 이는 장차 온 세상에 임하여 땅에 거하는 자들을 시험할 때라 (11)내가 속히 임하리니 네가 가진 것을 굳게 잡아 아무나 네 면류관을 빼앗지 못하게 하라 (12)이기는 자는 내 하나님 성전에 기둥이 되게 하리니 그가 결코 다시 나가지 아니하리라 내가 하나님의 이름과 하나님의 성 곧 하늘에서 내 하나님께로부터 내려 오는 새 예루살렘의 이름과 나의 새 이름을 그이 위에 기록하리라 (13)귀 있는 자는 성령이 교회들에게 하시는 말씀을 들을지어다

주님은 여기서 다윗의 열쇠를 가진 이로 표현되고 있다.

(i) 나는 여기서 왜 주님이 다윗의 열쇠를 가지고 있는 이로 표현되고 있는지가 궁금하였다.
그리고 이 빌라델비아 교회에 대하여는 주님께서 '네 앞에 열린 문을 두었다.'라고 표현한다. 왜 그럴까?

다윗의 열쇠가 이 문을 열게 하였다는 것이다.
즉 다윗의 열쇠를 가지신 이가 예수님인데 이 예수님이 이 열쇠를 가지고 빌라델비아 교회 교인들 앞에는 문을 열어 두셨다는 것이다.
즉 다윗은 하나님 앞에서 '너는 내 마음에 합한 자'라는 소리를 들었다.
오늘 이 빌라델비아 교회도 하나님이 기뻐하시는 교회라 그 앞에 열린 문을 두셨다는 것이다.
할렐루야.

그러므로 주님이 다윗의 열쇠를 가지신 분으로 표현된 것은 다윗은 하나님 앞에 합한 자였던 것처럼 빌라델비아 교회 교인들도 그렇게 하나님 마음에 합한 자들이라는 것을 표현한 것이었다.
즉 다윗 앞에 하나님께서 열린 문을 두신 것처럼 말이다. 주여!
그래서 이것이 열면 닫을 자가 없고 닫으면 열자가 없는 그분이 다윗의 열쇠를 가지신 이로 표현된 이유이다. 할렐루야!

그래서 다윗의 열쇠를 가지신 그분이 빌라델비아 교회 앞에도 열린 문을 두셨는데
그것은 그들이 적은 능력을 가졌음에도 불구하고 하나님의 인내의 말씀을 지켰기 때문이다.
우리 모든 사람은 하나님에 비하여 전능하신 그분에 비하여 모두가 적은 능력을 가지고 있다.
그래서 우리는 우리의 능력으로는 하나님의 인내의 말씀을 온전히 지킬 수가 없다.

그래서 '의인은 없나니 하나도 없으니'라는 말씀이 있는 것이다.
그러면 이것은 무엇을 말하나?
즉 적은 능력을 가지고도 하나님의 말씀을 지켰다는 것은
자신의 힘으로 하는 것을 내려놓고 주님으로 살아서 인내의 말씀을 지킨 자들을 말한다 할 수 있다.
즉 능력주시는 자 안에서 모든 것을 할 수 있느니라. 말씀하신 것처럼 말이다. 우리는 내 힘으로는 하나님의 말씀을 지키지 못한다. 내 안에 주님이 살게 하여야 하나님의 말씀을 지킬 수 있는 것이다. 할렐루야.

즉 그 안에 주님이 사는 자는 그 영과 혼과 육이 하나님 앞에 거룩하게 된 자들을 말한다.
자기 자신을 내려놓고 그 안에 주님이 주인 되게 살았던 자들을 말한다.
할렐루야. 주님께서 그러한 자들 앞에는 주님이 열린 문을 두신 것이다.

(ii) 그런데 그러면 이 문은 어떤 문인가?

하는 질문을 내가 가졌을 때에

그 첫 번째의 의미는
주님께서는 이 문이 계시록 22장 14절에 나오는 문과 동일한 문임을 알게 하여 주셨다.
할렐루야.
즉 자신은 적은 능력을 가진 것을 인정하고 주님으로 살아서 하나님의 인내의 말씀을 지켜 낸 자들에게 주님은 항상 이렇게 열린 문을 두시는 것이다.
할렐루야.

[계 22:14]
그 두루마기를 빠는 자들은 복이 있으니 이는 저희가 생명 나무에 나아가며 문들을 통하여 성에 들어갈 권세를 얻으려 함이로다

이 문은 새 하늘과 새 땅에 내려온 새 예루살렘성으로 들어가는 문인 것이다.
주님께서는 이 빌라델비아 교회 교인들에게는 이 문들이 항상 열려있게 하신 것이다.
할렐루야.

그리고 이 문은 마태복음 25장에 나와 있는 신랑을 기다리고 있던 열 처녀 중 기름을 따로 준비하여 가져가지 않고 등만 가졌던 미련한 다섯 처녀에게는 닫혀 있는 문이고, 등외에 기름을 따로 준비하여 가져가서 신랑이 늦게 오더라도 불이 꺼지지 않게 하였던 지혜로운 다섯 처녀에게는 열려 있는 문인 것이다. 할렐루야.

이 문을 주님이 여시면 닫을 자가 없고 주님이 닫으시면 열 자가 없는 것이다.

또한 마태복음 7장 21절에 나오는 하나님의 뜻을 행하지 못한 자들에게도 이 문은 닫혀 있는 문이다. 그들에게 주님은 말씀하신다.

"이 불법을 행하는 자들아 나에게서 떠나가라."

우리 모두는 하나님의 말씀을 지키는 데는 적은 능력을 가지고 있다. 그러므로 우리는 하나님의 말씀을 지키기 위하여서는 큰 능력을 가지신 주님으로 살지 아니하면 안 되는 것이다. 할렐루야.

[빌 4:13]
내게 능력 주시는 자 안에서 내가 모든 것을 할 수 있느니라

그러므로 이러한 능력을 받기 위하여서는 내 안에 내가 사는 것이 아니라 예수가 살게 하여야 하는 것이다. 할렐루야.

[갈 2:20]
내가 그리스도와 함께 십자가에 못박혔나니 그런즉 이제는 내가 산 것이 아니요 오직 내 안에 그리스도께서 사신 것이라 이제 내가 육체 가운데 사는 것은 나를 사랑하사 나를 위하여 자기 몸을 버리신 하나님의 아들을 믿는 믿음 안에서 사는 것이라

이런 자들 앞에는 주님께서는 열린 문을 두신다는 것이다. 할렐루야!

또 하나님께서는 나에게 이 빌라델비아 교회 교인들에게 열려 있는 열린 문의 두 번째 의미를 깨닫게 하셨다. 적은 능력으로 이 인내의 말씀을 지킨 자들에게는 주님이 약속하시기를 시험의 때를 면케 하여주시겠다고 말씀하신다.

[계 3:10]

네가 나의 인내의 말씀을 지켰은즉 내가 또한 너를 지키어 시험의 때를 면하게 하리니 이는 장차 온 세상에 임하여 땅에 거하는 자들을 시험할 때라

이 시험의 때가 언제냐? 하는 것이다. 여기서의 시험은 영어로 보면 temptation(유혹)의 의미이다. 이 시험의 때는 마지막 때에 적그리스도가 나타나서 한 이레를 약속하고 그 후삼년 반에 지상에 있는 모든 사람들에게 강제로 짐승의 우상에게 경배하게 하고 또 666표를 받게 하는 시기이다.
이때에 짐승의 우상에게 절하지 않고 짐승의 표를 받지 아니하는 자들은 다 죽일 것이다.
주님은 이 시험의 때를 빌라델비아 교회 교인들에게 면하게 하여 주시겠다는 것이다.
할렐루야.
그렇게 볼 때에 빌라델비아 교회 교인들에게 열려져 있는 이 열린 문은, 그들은 이 대 환난의 시기(후 삼년반, 짐승의 표를 강제로 받게 하는 시기)를 거치지 않고 그 이전에 공중으로 휴거되어짐을 말하고 있는 것이다. 할렐루야.

주님께서는 나에게 우리나라 전쟁이 마태복음 24장 7절에 해당하고 이 전쟁이 일어난 이후에 휴거가 있을 것이며 그리고 그 다음에 표를 강제로 받는 시기가 온다고 여러 번 나에게 말씀하셨다.
빌리델비아 교회 교인들은 이 시험의 때를 면한다고 말할 수 있다.
666표를 강제로 시행하여 다 받게 하고 적그리스도가 하나님을 대적하여 하나님의 성전에 앉아서 자신을 하나님이라 하고 그를 따르게 하는 그 시대 말이다.
그러므로 우리도 대 환난을 거치지 않고 휴거되어지려면 빌라델비아 교회 교인들처럼 적은 능력으로 인내의 말씀을 지켜 내어야 하는 것이다. 즉 나로 사는 삶을 멈추고 사도 바울처럼 주님으로 사는 삶을 살아야 하는 것이다. 할렐루야.
우리는 속히 내 힘으로 하나님의 말씀을 지키려 하는 것을 멈추고 하루속히 주님으로 하나님의 말씀을 지키는 훈련을 하여야 할 것이다. 할렐루야.
주여! 도와 주시옵소서!
그래서 우리가 이렇게 되어질 것을 바라고 사도 바울은 데살로니가전서 5장 23절에서 이렇게 말한다.

[살전 5:23]
평강의 하나님이 친히 너희로 온전히 거룩하게 하시고 또 너희 온 영과 혼과 몸이 우리 주 예수 그리스도 강림하실 때에 흠 없게 보전되기를 원하노라

할렐루야.
그러나 주님으로 살지 못하여 혹 휴거되지 못하였다할지라도 (사실 이러한 그리스도인들이 대부분 일 것이다.) 환난을 거치면서 666표를 받지 않고 짐승의 우상에게 경배하지도 않고 목베임을 당한 영혼들과 그리고 끝까지 믿음을 지키고 666표를 받지 않고 살아남은 자들은 결국은 휴거된 자들과 함께 대 환난 3년반 이후 주님이 지상재림하시고 적그리스도와 거짓선지자를 산채로 유황 불못에 던져 넣은 후에 그리고 사단이 일 천년 동안 무저갱에 가두어진 후에 주님과 함께 천년왕국에 들어가게 될 것이다. 할렐루야.

그러므로 휴거되지 못하고 대 환난 속에 들어간 자들은 순교하여 그 영이 올라가거나 아니면 끝까지 살아남아서 마지막 추수(계시록 14장) 때에 추수되어 천년왕국에 들어갈 수 있는 것이다. 할렐루야. 그러므로 어떤 이유에서든 대 환난 시기에 절대로 666표를 받아서는 아니 되는 것이다.

[계 14:12]
성도들의 인내가 여기 있나니 저희는 하나님의 계명과 예수 믿음을 지키는 자니라

할렐루야.

14. 성밖의 문제 때문에 내 영이 울고 있었다.
(2014. 9. 1)

천국에 올라갔다.
내 영혼은 울고 있었다.
왜냐하면 내 책에 나오는 회개소 문제로 사람들이 이렇게 말하고 저렇게 말한다.
즉 이 회개소를 말하므로 나를 이단 취급을 하는 것이다. 그러나 나뿐 아니라 천국과 지옥을 보고 온 자들 중에서 이러한 비슷한 장소를 본 자들이 많다. 이곳은 지옥이 아니다. 영원한 불못이 아니다. 단지 새 하늘과 새 땅의 새 예루살렘 성밖인 것이다.
열 처녀 중에서 다섯 처녀는 성 안에 들어가고 다섯 처녀는 문 밖에 남았다 하였다.

이들은 다 똑 같이 신랑을 기다리고 있었으나 지혜로운 다섯 처녀는 문 안으로 들어가고 미련한 다섯 처녀는 문 밖에 남게 되었다. 이 문 밖은 바로 성밖이라는 곳인데 이곳은 지옥이 아니다.
사람들은 여태까지 천국 아니면 지옥밖에 없다고 생각한다. 그래서 예수를 믿는 자는 천국, 예수를 믿지 않는 자는 지옥에 간다고 한다. 맞다.

그러나 예수를 믿는 자들이 가는 곳이 천국인데 이 천국에는 두 장소가 있는 것이다.
하나는 새 예루살렘 성안이고 하나는 새 예루살렘 성밖이다.

새 하늘과 새 땅에서 성안은 하나님의 영광이 해같이 빛나지만 성밖은 하나님의 영광의 빛이 비치지 아니하는 곳이다. 이것이 소위 주님이 말씀하신 바 이기는 자의 삶을 살지 못한 자들이 가는 곳인 바깥 어두운 데이다. 여기서는 사람들이 예수는 믿었으나 하나님의 말씀대로 살지 않아서 가는 장소인데 그래도 영원한 불못이 아니라 새 하늘과 새 땅인 것이다. 여기서 그들은 슬피 울며 이를 간다.

수레바깥에서 나를 데리러 온 나를 수호하는 천사가 '주인님, 울지 마세요!'라고 한다.
나는 빨리 수레에 올랐다.
그리고 그 수레는 천국 문을 통하여 천국 안에 들어갔다.
주님은 나를 맞아주셨고 오늘 나의 모습은 다이아몬드 면류관에다가 약간 금색깔이 나는 드레스를 입고 있었다.

주님은 나를 정원 앞에 있는 벤치에 데리고 가셨다.
그 벤치 앞쪽으로는 붉은 빛깔이 나는 꽃들이 많이 피어 있었다.
오늘따라 벤치가 황금으로 되어 있는 것이 보였다.
나는 주님께 말했다.
"주님, 사람들이 내 책의 회개소(성밖) 문제로 그 책을 문제 삼아요."
주님이 말씀하셨다.
"그들의 핍박을 무시하라."
할렐루야.

그리고 주님과 나는 계시록에 대하여 이야기하기 위하여 요한이 있는 곳으로 갔다.

제 2 부

15. 계시록 4장에 나오는 열린 문의 의미 :
빌라델비아 교회 교인들에게 열려 있는 열린 문의 의미와는 다른 것
(2014. 9. 2)

천국에 올라갔다.
세 마리의 말들이 너무 실제적으로 잘 보였다.
오늘따라 수레가 흰색과 상아색의 중간색의 진주로 되어 있고 그 군데군데 가장자리들이 황금으로 장식되어 있었다. 수레바깥에서 나를 수호하는 천사가 인사를 한다.
"주인님, 어서 오세요!"
나를 태운 수레는 순식간에 황금진주 대문을 거쳐 천국 안에 황금대로 왼편에 도착하였다.

수레바깥에서 흰 날개 달린 두 천사가 나를 안내하여 나를 주님께로 인도하였다.
주님은 나를 맞이하면서 '모든 것이 다 준비되어 있다.'라고 말씀하신다.
'아니 주님이 어떻게 이런 말씀을…'
나는 '도대체 무엇이 준비되어 있다는 말인가?'하면서 궁금해 하였다.
그러고 나서 주님과 나는 흰 구름을 타고 위로 직진으로 부상하였다.
그리고 저 밑에서 흰 옷 입은 무리가 우리와는 다른 구름을 타고서는 그 위에서 우리를 바라보고 손을 흔들어주었다.

주님과 나는 위로 직진으로 부상한 후에 그 다음부터는 구름을 탄 채로 수평으로 날기 시작하였다.
날면서 주님은 말씀하신다.
"너와 나는 하나이다."
'아니 주님과 내가 하나라니……..'
그 말씀이 맞는 것 같으면서도 조금 겁이 났다.
나는 마음으로 주님께 말했다.

'주님, 아버지와 나는 하나이다. 라고 하신 말씀은 있는 것 아는데 제가 만일 주님과 내가 하나라고 이런 이야기 들으면 사람들이 아마도 저를 이단이라 할 것이예요.'라고 말씀드렸다.
그런데 나는 알고 있었다. 왜 주님이 나에게 '너와 나는 하나이다.'라고 말씀하신 의미를 말이다.
이 말씀은 신랑과 신부가 한 몸이 되는 것을 말한다.
어쨌든 나는 주님과 있는 것이 너무 좋았다.
주님과 그냥 한없이 이렇게 날고만 싶었다.
다른 곳으로 가지 않고 주님과만 있고 싶었다.

주님과 나는 구름을 타고 어느새 유리바다 위로 왔다. 밑에 바다위에 배들이 보인다.
다 내가 주님과 함께 한 번씩 타본 배들이다.
조가비로 된 배, 진주로 된 배, 그리고 전체가 하얀 보석으로 된 동그란 배등.

그리고 주황색 물고기가 물위로 올라왔다 내려갔다.
하늘에는 우리를 태웠던 황금 독수리가 비이잉~ 하고 날고 있었다.
그리고 우리 아래에 아름다운 카탈리나 섬 같은 섬이 보였다.

그리고 그렇게 주님과 내가 구름위에 있는데 갑자기 불덩이가 어디선가 날아오더니 주님의 몸을 통과하고 내 몸도 통과했다. 그런 후에 내 몸은 꼭 정금으로 정화된 것 같은 느낌을 받았다.
주님이 나에게 이렇게 말씀하시는 것이 알아졌다.
'우리의 몸이 영체이므로 불덩이에 타지 않는 것이란다.' 할렐루야.

그 후에 주님과 나는 주님의 보좌 앞으로 갔는데 거기에 모세, 에스더, 베드로, 그리고 사도 요한이 나타났다.
그리고서는 주님과 내가 요한의 집 앞의 피크닉 테이블로 갔다.
주님이 앉으시고 모세는 하늘색 옷을 입고 나타나 주님 우편에 앉았다.
요한과 나는 주님의 건너편에 앉았다.
그리고 요한과 나는 성경책을 펴고 있었다.
계시록 4장에 보면 첫 구절이 이 일 후에 열린 문이 있어 이리로 올라오라고 적혀 있다.

[계 4:1]
이 일 후에 내가 보니 하늘에 열린 문이 있는데 내가 들은바 처음에 내게 말하던 나팔소리 같은 그

음성이 가로되 이리로 올라오라 이 후에 마땅히 될 일을 내가 네게 보이리라 하시더라

나는 주님께 '이 열린 문이 어떤 문인가?'하는 질문이 생겼다.
그리고 주님은 이 열린 문에 대하여 나에게 가르쳐 주셨다.
즉 이 문은 빌라델비아 교회에서 말한 열린 문과는 조금 다른 의미를 가지는 것으로.
다음과 같은 의미의 열린 문이라 하셨다. 할렐루야.

내가 지금으로부터 18년 전 OO기도원의 산등성이에서 밤 12시부터 아침 5시까지 무릎을 꿇고 나무 판자대기에 앉아서 5시간씩 방언기도를 할 때였다.
눈을 감고 기도를 시작하는데 갑자기 내 위로 하늘이 양쪽 두 갈래로 힘있게 쫙 열리려고 하였던 때가 있었다. 나는 그 때 내가 하늘이 열리고 무엇인가를 보면 나 자신이 너무 교만하여 질까봐 오히려 억지로 억지로 열리려고 하던 하늘을 닫은 적이 있었다. 바로 이러한 열린 문을 의미한다는 것이다. 할렐루야.

또 이 열린 문은 스데반이 죽기 직전에 하늘이 열린 것을 보고 예수님이 하나님 우편에 서 계신 것을 보았다. 이 열린 문과 동일하다는 것이다.

[행 7:55-60]
(55)스데반이 성령이 충만하여 하늘을 우러러 주목하여 하나님의 영광과 및 예수께서 하나님 우편에 서신 것을 보고 (56)말하되 보라 하늘이 열리고 인자가 하나님 우편에 서신 것을 보노라 한대 (57)저희가 큰 소리를 지르며 귀를 막고 일심으로 그에게 달려들어 (58)성 밖에 내치고 돌로 칠새 증인들이 옷을 벗어 사울이라 하는 청년의 발 앞에 두니라 (59)저희가 돌로 스데반을 치니 스데반이 부르짖어 가로되 주 예수여 내 영혼을 받으시옵소서 하고 (60)무릎을 꿇고 크게 불러 가로되 주여 이 죄를 저들에게 돌리지 마옵소서 이 말을 하고 자니라

즉 여기서의 열린 문은 어떤 영원히 그를 들어오게 하기 위하여 열려 있는 문이 아니라 잠깐 보여주기 위하여 열려 있는 문이라는 것이다. 즉 그 뒤에 올라오라 하시고 나서 그 이유를 직접 말씀하시고 계신다. 이것이 여기서의 열려 있는 문의 이유이다.
그것은 마땅히 될 일을 요한에게 보이기 위함이라는 것이다. 할렐루야.

[계 4:1]

이 일 후에 내가 보니 하늘에 열린 문이 있는데 내가 들은바 처음에 내게 말하던 나팔소리 같은 그 음성이 가로되 이리로 올라오라 이 후에 마땅히 될 일을 내가 네게 보이리라 하시더라

그러므로 빌라델비아 교회 교인들에게 열려 있는 열린 문과는 다른 의미인 것이다.
할렐루야.
밝혀 주시는 주님을 찬양합니다.

16. 계시록에 나오는 24장로들은 누구인가?
(2014. 9. 2)

천국에 올라갔다.
수레바깥에서 나를 수호하는 천사가 말한다.
"주인님, 제가 모시겠습니다."
나는 다이아몬드 면류관을 쓰고 있고 드레스는 새로운 드레스를 입고 있었는데 불룩한 드레스가 아니라 오늘은 몸에 좀 붙은 것 같은 챠름한 드레스를 입고 있었다.
그리고 나는 수레를 타고 천국으로 즉시 올라갔다.
수레에서 내리는 나를 두 천사가 나를 주님께로 인도하였다.
할렐루야.

주님은 나를 데리고 구름을 디지 않은 채로 그냥 위로 힘있게 직진으로 비상하셨다.
그리고 폭포수가 앞에 있는 절벽 같은 곳에 도달하여 그 폭포수 물로 주님께서 직접 두 손으로 내 얼굴을 씻어 주셨다. 이 폭포수 물은 생명수 물이다.
그리고 또 그 생명수 물을 많이 마시게 하셨다.
그러시면서 하시는 말씀이 '네가 할 일이 많다.'라고 하신다.

주님은 그리고 나서 나를 나의 육신의 아버지가 계신 곳으로 데리고 가셨다.
나의 아버지는 젊은 모습으로 자신이 무우 농사 하신 것을 테이블위에 몇 개를 올려 놓으셨다.

그리고 아버지가 줄곧 나를 바라보시면서 웃으시고 계셨다.
나는 마음으로 아버지에게 말했다.
"제가 할 일이 많데요."
아버지도 마음으로 말씀하신다.
"그래, 잘 감당해야지"
내가 다시 아버지께 말했다.
"주님이 저로 하여금 사람들이 베리칩을 안 받게 하는 사명을 잘 감당하래요."
아버지는 또 마음으로 말씀하신다.
"그래 잘 해야지"
천국에서는 마음으로 주고 받아도 다 통한다. 다 안다.

그러고 나서 나는 계시록에 나오는 24장로가 누군가에 대한 의문을 가졌다.
그리하였더니 성경의 이 구절이 생각났다.
즉 이 24장로에 예수님의 열두제자들도 포함되었다는 것이 알아졌다.

[마 19:27-28]
(27)이에 베드로가 대답하여 가로되 보소서 우리가 모든 것을 버리고 주를 좇았사오니 그런즉 우리가 무엇을 얻으리이까 (28)예수께서 가라사대 내가 진실로 너희에게 이르노니 세상이 새롭게 되어 인자가 자기 영광의 보좌에 앉을 때에 나를 좇는 너희도 열 두 보좌에 앉아 이스라엘 열 두 지파를 심판하리라

그러면 나머지 12명은 누구인가 하는 것이었다.
그러자 나머지 12명은 주님께 지금 가까이 있는 자들로서 내가 지금껏 천국에서 만나본 믿음의 선진들이라는 사실이 그냥 알아진다. 할렐루야.

그들은 아브라함, 이삭, 야곱, 요셉, 모세, 다윗, 에스더, 다니엘, 이사야, 마리아, 세례요한, 바울, 그리고 12제자들......

이들이 주님 보좌에서 가장 가까이 모시는 자들로서 계시록에서 주님 보좌 앞의 24장로들이라는 것이 알아지는 것이다.
할렐루야. 할렐루야. 할렐루야.

17. 유리바다 앞에 있는 마리아의 집안을 구경하다.
(2014. 9. 3)

천국에 올라갔다.
내가 요즘에는 이전보다 더 아름다운 흰 드레스를 입고 있다.
수레에 내려서 주님께로 인도함을 받았는데 오늘은 주님 곁에 마리아가 왕관을 쓰고 함께 있었다.
그리고 주님과 마리아 그리고 나는 같이 구름을 타고 마리아의 집으로 가는 것이었다.
마리아의 집으로 가기 전에 아래로 엄청나게 큰 정원이 보였는데 거기에는 작은 흰색 꽃들이 고상한 쑥색깔의 잎들과 어우러져 너무 예쁘게 피어 있었다. 넓고 넓은 정원이다. 나는 이상하게도 마리아와 연관된 색깔이 쑥색이라는 생각이 들어왔다.
마리아의 집 뒤쪽으로는 porch가 있는데 분홍색 porch로 아름답게 보석으로 장식되어 있었다.
주님과 나 그리고 마리아는 거기에 앉아서 뭘 하곤 했었다.
그리고 마리아의 집 앞쪽으로는 유리바다가 있다.
즉 유리바다 앞에 마리아의 집이 놓여 있다는 말이다.
늘 마리아의 집 뒤쪽 porch 쪽만 오다가 오늘은 마리아의 집 앞쪽을 구경하는 것이었다.
마리아의 집은 유리바다 앞에 놓여 있는 크고 아름다운 궁전이었다.
할렐루야.

주님과 나 마리아가 현관문 안으로 들어섰는데 궁전안의 높은 벽에 마리아가 예수 아기를 낳아서 안고 있는 큰 벽화가 보였다. 그 옆으로는 동방박사 세 명이 와서 아기 예수 앞에 몰약과 향료를 두고서 절하는 모습이 보였다. 할렐루야.
우리가 이것을 보고 있는데 요셉이 도착하였다.
이 요셉은 마리아의 남편이었던 즉 예수님의 지상에서의 아버지였던 요셉이다.
그는 검은 콧수염과 턱수염이 있었고 머리도 꼬불꼬불 검정색이었다.

예수님 앞에 마리아와 요셉은 같이 꿇어 앉으면서 말했다.
"주님, 저희들을 통하여 이 땅위에 오셨음을 감사하나이다."
라고 인사를 하는 것이었다.
나는 그 광경을 보면서 참으로 놀라워했다.
오 마이 갓!

그래 맞다. 그들의 몸을 통하여 주님은 이 땅위에 오신 하나님이신 것이다.
그리고 예수님은 그들의 영원한 아버지이신 것이다. 할렐루야.

[사 9:6]
이는 한 아기가 우리에게 났고 한 아들을 우리에게 주신 바 되었는데 그 어깨에는 정사를 메었고 그 이름은 기묘자라, 모사라, 전능하신 하나님이라, 영존하시는 아버지라, 평강의 왕이라 할 것임이라

그러고 나서 나는 계시록 4장에 나오는 24장로들에 대하여 생각하고 있었다.
주님의 보좌가 있고 그 위에 무지개가 있고 그 보좌 앞에는 유리바다가 있다고 하였다.
그리고 그 앞에 네 생물이 있고 그들은 6날개를 가졌고 그 날개 앞뒤로 눈이 가득하였더라고 했고 그리고 그 보좌 주위에 24장로들이 있어서 금면류관을 다 받아썼는데 그 면류관들을 도로 주님께 돌려 드린다.

[계 4:4]
또 보좌에 둘려 이십 사 보좌들이 있고 그 보좌들 위에 이십 사 장로들이 흰 옷을 입고 머리에 금 면류관을 쓰고 앉았더라

[계 4:10-11]
(10)이십 사 장로들이 보좌에 앉으신 이 앞에 엎드려 세세토록 사시는 이에게 경배하고 자기의 면류관을 보좌 앞에 던지며 가로되 (11)우리 주 하나님이여 영광과 존귀와 능력을 받으시는 것이 합당하오니 주께서 만물을 지으신지라 만물이 주의 뜻대로 있었고 또 지으심을 받았나이다 하더라

즉 장로들이 자신이 주를 위하여 한 일에 대하여 주님으로부터 비록 금면류관을 받아 썼지만 그들은 그 모든 일들도 주님이 그들을 통하여 주님이 하셨으므로 그 금면류관을 받아 쓸 자격이 없다고 생각한 것이다.
그래서 그들은 그들이 받은 금면류관을 주님께 도로 돌려드린다.
'모든 것을 주님이 하셨습니다.'라는 고백을 하는 것이다.
할렐루야.

18. 주님 보좌 앞에 있는 네 생물
(2014. 9 .4)

천국에 올라갔다.
주님이 나를 데리고 요한의 집 앞에 길에 놓여 있는 테이블로 갔다.
주님, 모세, 나, 그리고 요한이 앉았다.

나의 질문은 요한계시록 4장에 나오는 주님 보좌 앞에 있는 네 생물에 대한 것이었다.

[계 4:5-11]
(5)보좌로부터 번개와 음성과 뇌성이 나고 보좌 앞에 일곱 등불 켠 것이 있으니 이는 하나님의 일곱 영이라 (6)보좌 앞에 수정과 같은 유리 바다가 있고 보좌 가운데와 보좌 주위에 네 생물이 있는데 앞뒤에 눈이 가득하더라 (7)그 첫째 생물은 사자 같고 그 둘째 생물은 송아지 같고 그 세째 생물은 얼굴이 사람 같고 그 네째 생물은 날아가는 독수리 같은데 (8)네 생물이 각각 여섯 날개가 있고 그 안과 주위에 눈이 가득하더라 그들이 밤낮 쉬지 않고 이르기를 거룩하다 거룩하다 거룩하다 주 하나님 곧 전능하신이여 전에도 계셨고 이제도 계시고 장차 오실 자라 하고 (9)그 생물들이 영광과 존귀와 감사를 보좌에 앉으사 세세토록 사시는 이에게 돌릴 때에 (10)이십 사 장로들이 보좌에 앉으신 이 앞에 엎드려 세세토록 사시는 이에게 경배하고 자기의 면류관을 보좌 앞에 던지며 가로되 (11)우리 주 하나님이여 영광과 존귀와 능력을 받으시는 것이 합당하오니 주께서 만물을 지으신지라 만물이 주의 뜻대로 있었고 또 지으심을 받았나이다 하더라

i) 왜 그들의 얼굴이 하나는 사자, 하나는 송아지, 그리고 하나는 독수리이고 또 하나는 사람의 얼굴인지?

ii) 그리고 그들의 여섯 날개 안팎으로 많은 눈들은 무엇을 의미하는지?

주님이 그 답을 생각으로 알게 하여 주신다.
아하!
사자는 들짐승, 송아지는 집에서 기르는 동물, 독수리는 공중의 새, 사람은 인간.
그런데 이들은 사자는 들짐승중의 우두머리이고, 송아지는 집에서 기르는 동물의 우두머리이며,

독수리는 공중의 새 중의 으뜸이라 말할 수 있다.
그러면서 이들은 어떠한 천사들인가를 알게 하여 주신다.
즉 독수리 얼굴을 하고 있는 천사는 공중의 새들을 감찰하는 천사로서 그 여섯 개의 날개 안과 주위에 눈이 가득하다하였는데 이 눈들은 바로 이 천사가 부리는 천사들로서 공중의 모든 새들을 감찰하는 영들인 것이다.
할렐루야.

그리고 이것은 일곱 눈이 일곱 영이라 하는 말씀과 일치한다.

[계 5:6]
내가 또 보니 보좌와 네 생물과 장로들 사이에 어린 양이 섰는데 일찍 죽임을 당한 것 같더라 일곱 뿔과 일곱 눈이 있으니 이 눈은 온 땅에 보내심을 입은 하나님의 일곱 영이더라

[욥 38:41]
까마귀 새끼가 하나님을 향하여 부르짖으며 먹을 것이 없어서 오락가락할 때에 그것을 위하여 먹을 것을 예비하는 자가 누구냐

[욥 39:1-2]
(1)산 염소가 새끼 치는 때를 네가 아느냐 암사슴의 새끼 낳을 기한을 네가 알 수 있느냐 (2)그것이 몇 달만에 만삭되는지 아느냐 그 낳을 때를 아느냐

[마 10:29]
참새 두 마리가 한 앗사리온에 팔리는 것이 아니냐 그러나 너희 아버지께서 허락지 아니하시면 그 하나라도 땅에 떨어지지 아니하리라

즉 이 모든 것을 하나님이 천사들을 통하여 감찰하고 계신다는 것을 알 수 있다.
그리고 들짐승들을 감찰하는 천사는 사자 얼굴을 하고 있고 여섯 개의 날개안과 주위에 눈들이 가득하다하였는데 이 사자 얼굴을 하고 있는 천사는 들짐승들을 다 감찰하고 보살피고 있는 천사인 것이다.
할렐루야.

그리고 송아지 얼굴을 하고 있는 천사는 지상의 집에서 기르는 모든 동물들을 감찰하는 천사라 할 수 있다. 이 천사 역시 여섯 날개 안과 주위에 눈들이 가득한데 이들은 이 천사가 부리는 감찰하는 영들이라는 것을 알 수 있는 것이다.
할렐루야.

그리고 사람의 얼굴을 한 천사는 이 세상의 모든 사람들을 감찰하는 천사로서 이 천사 역시 여섯 날개 안팎으로 눈들이 가득한 것이다.
오! 할렐루야!
이제야 이해가 된다.

주님은 공중의 새도 자신의 뜻이 아니면 한 마리도 그냥 떨어져 죽지 아니한다하였다.
즉 하나님께서 이 네 생물을 통하여 지상의 모든 사람과 동물들을 감찰하시고 다스리고 계신다는 것을 알 수 있는 것이다.
할렐루야.

[마 6:26]
공중의 새를 보라 심지도 않고 거두지도 않고 창고에 모아 들이지도 아니하되 너희 천부께서 기르시나니 너희는 이것들보다 귀하지 아니하냐

즉 공중의 새들까지도 하나님께서 기르신다는 것이다. 하물며 들짐승이나 집에서 기르는 동물이나 사람이랴!
할렐루야.

[눅 12:6]
참새 다섯이 앗사리온 둘에 팔리는 것이 아니냐 그러나 하나님 앞에는 그 하나라도 잊어버리시는 바 되지 아니하는도다

참고로 이 네 생물은 언제나 하나님의 보좌 가까이에 있는 것을 볼 수 있다.
즉 이것은 늘 하나님 가까이에서 지상에서 감찰한 내용을 늘 보고하고 있음을 알 수 있다.

[계 5:6] 내가 또 보니 보좌와 네 생물과 장로들 사이에 어린 양이 섰는데 일찍 죽임을 당한 것 같더

라 일곱 뿔과 일곱 눈이 있으니 이 눈은 온 땅에 보내심을 입은 하나님의 일곱 영이더라

[계 5:8] 책을 취하시매 네 생물과 이십 사 장로들이 어린 양 앞에 엎드려 각각 거문고와 향이 가득한 금 대접을 가졌으니 이 향은 성도의 기도들이라

[계 5:14] 네 생물이 가로되 아멘 하고 장로들은 엎드려 경배하더라

[계 6:1] 내가 보매 어린 양이 일곱 인 중에 하나를 떼시는 그 때에 내가 들으니 네 생물 중에 하나가 우뢰소리 같이 말하되 오라 하기로

[계 6:6] 내가 네 생물 사이로서 나는 듯 하는 음성을 들으니 가로되 한 데나리온에 밀 한되요 한 데나리온에 보리 석되로다 또 감람유와 포도주는 해치 말라 하더라

[계 6:7] 네째 인을 떼실 때에 내가 네째 생물의 음성을 들으니 가로되 오라 하기로

[계 7:11] 모든 천사가 보좌와 장로들과 네 생물의 주위에 섰다가 보좌 앞에 엎드려 얼굴을 대고 하나님께 경배하여

[계 14:3] 저희가 보좌와 네 생물과 장로들 앞에서
새 노래를 부르니 땅에서 구속함을 얻은 십 사만 사천인 밖에는 능히 이 노래를 배울 자가 없더라

[계 15:7] 네 생물 중에 하나가 세세에 계신 하나님의 진노를 가득히 담은 금대접 일곱을 그 일곱 천사에게 주니

[계 19:4] 또 이십 사 장로와 네 생물이 엎드려 보좌에 앉으신 하나님께 경배하여 가로되 아멘 할렐루야 하니

19. 하늘 구름(heaven cloud)에 대한 정리
(2014. 9. 5)

천국에는 구름을 타고 난다. 물론 구름을 타지 않고도 그냥 날수 있다.
그러나 구름을 타고 움직일 때가 많다.
나는 성경에도 이 하늘 구름에 대하여 이야기 하고 있는 것을 한참 후에야 발견하였다.
즉 내가 천국구경을 하고 나서 그렇게 많이 하늘 구름을 타고 날아본 후에 성경에서도 이 하늘구름에 대하여 말하고 있음을 알게 된 것이다.
할렐루야.

나는 이것을 발견한 후에 참으로 놀라왔다.
즉 내가 천국과 지옥을 보게 된지 9개월 만에 이 구절을 발견한 것이다.

[단 7:13]
내가 또 밤 이상 중에 보았는데 인자 같은 이가 하늘 구름을 타고 와서 옛적부터 항상 계신 자에게 나아와 그 앞에 인도되매
"In my vision at night I looked, and there before me was one like a son of man, coming with the clouds of heaven. He approached the Ancient of Days and was led into his presence.

즉 다니엘이 이상을 보았는데 인자 같은 이가 하늘 구름을 타고 오는 것을 보았다고 말한다.
이 구름은 천국에 있는 구름이지 이 지상에서 볼 수 있는 구름이 아니다. 즉 수증기로 된 구름이 아니라는 것이다.
그래서 여기에 영어로 보면 더 확실한데 하늘 구름을 the clouds of heaven 이라 표현하고 있는 것이다. 할렐루야.

이 이야기는 다음에 연결되어 나오는 이야기이다.

[단 7:9-14]
(9)내가 보았는데 왕좌가 놓이고 옛적부터 항상 계신 이가 좌정하셨는데 그 옷은 희기가 눈 같고 그 머리털은 깨끗한 양의 털 같고 그 보좌는 불꽃이요 그 바퀴는 붙는 불이며 (10)불이 강처럼 흘러 그

앞에서 나오며 그에게 수종하는 자는 천천이요 그 앞에 시위한 자는 만만이며 심판을 베푸는데 책들이 펴 놓였더라 (11)그 때에 내가 그 큰 말하는 작은 뿔의 목소리로 인하여 주목하여 보는 사이에 짐승이 죽임을 당하고 그 시체가 상한바 되어 붙는 불에 던진바 되었으며 (12)그 남은 모든 짐승은 그 권세를 빼앗겼으나 그 생명은 보존되어 정한 시기가 이르기를 기다리게 되었더라 (13)내가 또 밤 이상 중에 보았는데 인자 같은 이가 하늘 구름을 타고 와서 옛적부터 항상 계신 자에게 나아와 그 앞에 인도되매 (14)그에게 권세와 영광과 나라를 주고 모든 백성과 나라들과 각 방언하는 자로 그를 섬기게 하였으니 그 권세는 영원한 권세라 옮기지 아니할 것이요 그 나라는 폐하지 아니할 것이니라

나는 또 이 하늘 구름을 신약에서도 발견하였다.

[막 14:61-63]
잠잠하고 아무 대답도 아니하시거늘 대제사장이 다시 물어 가로되 네가 찬송 받을 자의 아들 그리스도냐
But Jesus remained silent and gave no answer. Again the high priest asked him, "Are you the Christ, the Son of the Blessed One?"
예수께서 이르시되 내가 그니라 인자가 권능자의 우편에 앉은 것과 하늘 구름을 타고 오는 것을 너희가 보리라 하시니
"I am," said Jesus. "And you will see the Son of Man sitting at the right hand of the Mighty One and coming on the clouds of heaven."
대제사장이 자기 옷을 찢으며 가로되 우리가 어찌 더 증인을 요구하리요
The high priest tore his clothes. "Why do we need any more witnesses?" he asked.

즉 주님이 다시 오실 때에 하늘 구름을 타고 오신다는 것이다.

[계 1:7]
볼지어다. 구름을 타고 오시리라 각인의 눈이 그를 보겠고 그를 찌른 자들도 볼 터이요 땅에 있는 모든 족속이 그를 인하여 애곡하리니 그러하리라 아멘
Look, he is coming with the clouds, and every eye will see him, even those who pierced him; and all the peoples of the earth will mourn because of him. So shall it be! Amen.

우리가 현재 지상에서 보고 있는 구름은 대기권 안에만 있는 것이다.

우리가 국제선 비행기를 타보면 그 비행기는 대기권 안에 있는 구름위로 올라가서 비행하는 것을 볼 수 있다. 그러므로 우리가 지상에서 보고 있는 구름은 여기 대기권 안에만 있는 구름인 것이다.

주님이 오시는 그날에는 주님이 이 대기권 안에만 있는 구름을 타고 오시는 것이 아니라 하늘구름을 타고 오실 것이 분명하다.
그리고 우리는 우리의 육신의 눈으로 하늘 구름을 타고 오시는 주님을 보게 될 것이다.
내가 천국에서 구름을 보듯이, 다니엘이 이상 중에 하늘 구름을 탄 인자를 보았듯이 말이다.
할렐루야.

20. 일곱 인들과 일곱 나팔들과 일곱 대접들이 있는 곳을 보다.
(2014. 9. 5)

일곱 인, 일곱 나팔, 일곱 대접.
하늘에서 세상의 마지막 때에 일어날 일들을 이렇게 일곱 인, 일곱 나팔, 일곱 대접의 순으로 일어나게 하려고 이렇게 정하신 것이다.
누가? 하나님께서... 속히 될 일들을 이렇게 정하고 계시는 것이다.

[계 1:1]
예수 그리스도의 계시라 이는 하나님이 그에게 주사 반드시 속히 될 일을 그 종들에게 보이시려고 그 천사를 그 종 요한에게 보내어 지시하신 것이라

주님은 요한을 통하여 지상에서 일어날 일들을 하늘에서 보게 하시고 또 그것을 예언하게 하신 것이다. 그래서 이것을 읽고 듣고 지키는 자에게 복이 있다고 하셨다.
하나님은 그의 종들에게 말씀하시지 않고는 이루시지 아니하신다.
하나님은 말씀하시고 이루시는 분이시다.
우리는 시대를 보아 지금 어느 시점에 살고 있는지를 분별하여야 한다.
주님이 하신 말씀대로 깨어 있어야 한다.

주님은 너희가 시대를 분별하지 못하겠느냐 그러나 빛의 아들들은 알 수 있다 하셨다.

[살전 5:1-6]
(1)형제들아 때와 시기에 관하여는 너희에게 쓸 것이 없음은 (2)주의 날이 밤에 도적 같이 이를 줄을 너희 자신이 자세히 앎이라 (3)저희가 평안하다, 안전하다 할 그 때에 잉태된 여자에게 해산 고통이 이름과 같이 멸망이 홀연히 저희에게 이르리니 결단코 피하지 못하리라 (4)형제들아 너희는 어두움에 있지 아니하매 그 날이 도적 같이 너희에게 임하지 못하리니 (5)너희는 다 빛의 아들이요 낮의 아들이라 우리가 밤이나 어두움에 속하지 아니하나니 (6)그러므로 우리는 다른 이들과 같이 자지 말고 오직 깨어 근신할지라

그리고 나에게 이 일곱 인들과 일곱 나팔들과 일곱 대접들이 있는 곳이 천국에서 보였다.
주님이 거기를 왔다 갔다 하시는 것도 보였다.
그러나 그곳은 확실히 어디에 있는 곳인지는 보이지 아니하나 즉 어떤 궁 안에 있는 것인지 어느 곳에 있는 방인지는 보이지 아니하나 주위는 하나도 보이지 않았고 내 눈에 오로지 확실히 보이는 것은 단지 허리보다 약간 높은 높이의 선반 같은 곳에 이들이 나란히 차례로 놓여 있음이 보였다.
이 선반은 허리 높이의 단처럼 생겼는데 그 단은 육각형처럼 되어 있었고 그리고는 한쪽으로는 들어갔다 나갔다 할 수 있게 트여 있었다. 할렐루야.
이 선반 즉 단은 마치 공중에 있는 것처럼 보였다. 그래서 주위가 보이지 않았다.
주님은 이곳을 내게 두 번이나 보여주셨다. 할렐루야.

21. 보좌에 앉으신 분과 어린 양, 그리고 일곱 영
(2014. 9. 6)

천국에 올라가는데 마차 바깥에서 나를 수호하는 천사가 나에게 말한다.
'주인님 안경을 벗으시기를 원해요' 라고 말한다.
천국에는 안경을 쓰지 아니하는데 이 말은 내가 성경에서 보는 눈을 바꾸라는 말로 해석되었다.
왜냐하면 저번에도 이런 일이 한번 있었다. 즉 발람에 대하여 내가 갖고 있는 생각을 버리고 천국에서

알려주는 발람에 대한 진실로 바꾸라고 할 때에 이때에도 나보고 안경을 벗으라고 했기 때문이다.
그래서 나는 아하 오늘도 새로운 개념 혹은 지식을 가지게 되겠구나 하는 기대가 생겼다.
내가 오늘은 복숭아빛 나는 옷을 입고 다이아몬드 면류관을 쓰고 있다.
그리고 오늘 세 마리의 말이 눈으로 나에게 인사하면서 기뻐했다.
마차를 모는 천사도 나를 보고 활짝 웃는다. 나는 빨리 수레에 탔다.
거기에는 내 아이가 나에게 안겨 온다. 그리고 보모도 웃고 있다.
우리는 즉시 마차를 타고 천국대문을 거쳐서 천국의 황금대로 좌편에 도착하였다.
보모는 아기를 안고 갔다. 나는 '다음에 또 볼 수 있겠지요?' 하였더니 '그럼요' 하면서 사라진다.

그리고 주님이 나를 마중 나오셨다.
주님은 오늘따라 머리에 황금면류관을 쓰셨는데 아주 예쁘다.
그리고 긴 흰 옷에 허리에 황금띠를 매셨다. '아니 오늘 무슨 특별한 일인가?' 하는 생각을 했다.
왜냐하면 보통 천국에서 보는 예수님은 면류관도 쓰지 아니하시고 허리에 황금허리띠도 안하고 나타나시기 때문이다.
나는 오늘 특별한 계시가 있을 것을 기대했다. 왜냐하면 예수님이 보통 이렇게 입고 나타나시지 않기 때문이다.
나는 복숭아 빛깔의 드레스를 입고 있었고 다이아몬드 면류관을 쓰고 있었다.

주님은 내 손을 잡고 길을 걷기 시작하였는데 그 길은 이전에 보았던 사도 요한의 집으로 가는 길이다. 길 양옆으로는 흰 옷 입은 무리들이 제각기 나에게 고개를 내밀어 '사라님! 사라님!' 하면서 박수를 치면서 환영하여 주었다. 주님은 내 손을 잡고 그 길을 걸으면서 주님이 그들에게 말한다.
'내 딸이다. 내 딸이다.' 하시면서 경쾌하게 나의 한 손을 잡고 걸어 가셨다.
그리고는 사도 요한의 집이 있는 Y자 모양으로 길이 갈리는 곳에 도착하였다.
오늘따리 시도 요한의 집 바깥 모양이 확실히 보였다.
이전에는 그냥 거기에 아주 큰 성이 있다는 것만 알아졌는데 그리고 하나하나 자세히 보이지 않았는데 오늘 드디어 그 성의 바깥이 자세히 보여지는 것이었다.
천국은 이렇다. 처음부터 확실히 다 보이지 않는다. 점점 더 자세히 보여진다.

사도 요한의 집은 우유빛깔의 큰 성인데 지붕 모양이 반달 모양처럼 위로 불룩불룩 동그랗게 여러 군데가 보이는 아주 아름다운 성이었다. 그리고 앞쪽으로 탑처럼 생긴 뾰족한 것이 하나 있어서 하늘로 치솟아 있었는데 이 탑의 꼭대기의 지붕은 붉은 빛이 나는 아름다운 보석으로 되어 있었다.

전체적으로 우유빛이 나는 흰 성인데 이 빨간 보석탑 지붕이 포인트가 되어 아주 아름답게 보였다. Y자로 생긴 길에 길이 갈라지는 그곳에 피크닉 테이블이 있고 거기에 저편으로 주님이 앉고 그 다음 그의 왼편에 모세가 앉았다. 모세는 하늘색의 옷을 입고 있었다.

그리고 이편에는 내가 먼저 앉고 그리고 내 오른편에 사도 요한이 앉았다.

사도 요한의 자리는 항상 여기다. 그는 머리는 약간 노란 곱슬머리에다가 그리고 흰 옷을 입고 있었다.

그리고 요한과 나는 성경책을 펴고 있었다.

그리고 그 성경책들의 책갈피는 다 황금이었다.

나는 요한 계시록의 5장에서 나오는 보좌에 앉은 이와 어린양 즉 뿔이 일곱이고 눈이 일곱인 어린 양에 대하여 질문을 가졌다.

나는 주님께 물었다. "주님, 보좌에 앉은 이가 누구예요?"

그랬더니 주님이 말씀하신다. "나다."

나는 그 말을 믿을 수가 없었다. 왜냐하면 나는 그 보좌 앞에 있는 어린 양이 예수님이라고 생각했기 때문이다. 그래서 나는 다시 물었다.

"아니, 주님 보좌에 앉은 자가 누구예요?"

주님은 다시 경쾌히 말씀하신다. "나야 나"

나는 이 말에 놀라지 아니할 수 없었다.

왜냐하면 어린 양도 예수님, 보좌에 앉은 이도 예수님, 어찌 두 몸이 될 수 있겠는가 그래서 나는 다시 물었다.

"주님 보좌에 앉은 이가 누구예요?" 주님은 "나야 나" 다시 말씀하신다.

그 때에 모세가 나에게 황금지팡이를 건네준다.

나보고 주님이 하시는 말씀을 그대로 믿으라는 것이다.

"아하, 그러면 보좌에 앉은 이가 주님이신 것이 맞네요."

그래 맞다. 왜냐하면 주님이 부활하셔서 천국에 들어가셨으니 보좌에 앉으셔서 여기 오른 손이라는 표현을 하고 있는데(계5:7) 그것이 주님의 손이 맞네요. 할렐루야.

(계5:7) 어린양이 나아와서 보좌에 앉으신 이의 오른손에서 책을 취하시니라.

하나님은 삼위일체의 하나님이신데 천국에서 실제의 몸을 갖고 계시는 분은 예수님이시니까 그 보좌에 앉으신 분이 예수님이 맞는 것이다. 그분의 오른 손을 이야기하고 있다. 이 계시록에서 말이다. 아하! 그래서 주님은 오늘 입으신 옷이 머리에는 황금면류관을 쓰시고 허리에는 황금허리띠를 하고 계시는 것이 깨달아졌다.
왜냐하면 자신이 그 보좌에 앉은 분이라는 것을 내게 깨닫게 하여 주기 위하여 미리 그런 옷을 입고 나타나신 것으로 해석되었다. 할렐루야.

평소에 주님은 면류관도 쓰지 아니하시고 정금 허리띠도 안 하고 계신다.
오늘만 특별히 면류관도 쓰시고 황금허리띠도 하고 나타나신 것이다.
할렐루야.

그래서 나는 그 다음 질문으로 넘어갔다.
그러면 주님 보좌에 앉으신 분이 주님이시라면 그 앞에 있는 어린 양은 누구입니까?
주님은 이때 그 대답을 마음으로 알게 하여 주셨다.
천국에서는 직접 말하지 아니하여도 마음으로도 대화가 가능하다. 즉 마음으로 서로에게 말하는 것이다.
"그는 나를 상징하는 동물이란다."
"네?"
나는 놀랐다.
지금 성경은 어린양을 예수님으로 표현하고 있는 것 같은데 주님은 그 어린양은 주님을 상징하고 있는 동물이라 말씀하시는 것이었다. 아하! 그렇구나.
그렇지……
주님의 몸은 부활하셔서 주님의 몸을 가지고 계시는 것이다.
즉 도마에게 '네가 내 손가락에 손을 넣어 보고 내 허리 창자국에 네 주먹을 넣어 보거라.'하신 것처럼 그분은 실제의 부활한 몸을 가지고 계신다.
그러므로 요한이 본 것, 즉 이 어린양은 실제저으로 주님이 아니라 주님을 상징하는 동물이라는 것이다. 할렐루야. 할렐루야. 할렐루야. 가르쳐 주시는 주님을 찬양합니다.

그리고 그 예수님을 상징하는 그 동물이 일곱 개의 뿔과 일곱 눈을 가지고 있다는 것이다.
성경을 한번 보자.

[계 5:1-7]
(1)내가 보매 보좌에 앉으신 이의 오른손에 책이 있으니 안팎으로 썼고 일곱 인으로 봉하였더라 (2)

또 보매 힘 있는 천사가 큰 음성으로 외치기를 누가 책을 펴며 그 인을 떼기에 합당하냐 하니 (3)하늘 위에나 땅 위에나 땅 아래에 능히 책을 펴거나 보거나 할 이가 없더라 (4)이 책을 펴거나 보거나 하기에 합당한 자가 보이지 않기로 내가 크게 울었더니 (5)장로 중에 하나가 내게 말하되 울지 말라 유대 지파의 사자 다윗의 뿌리가 이기었으니 이 책과 그 일곱 인을 떼시리라 하더라 (6)내가 또 보니 보좌와 네 생물과 장로들 사이에 어린 양이 섰는데 일찍 죽임을 당한 것 같더라 일곱 뿔과 일곱 눈이 있으니 이 눈은 온 땅에 보내심을 입은 하나님의 일곱 영이더라 (7)어린 양이 나아와서 보좌에 앉으신 이의 오른손에서 책을 취하시니라

그래서 이 예수님을 상징하는 어린양이 보좌에 앉으신 이의 오른 손에서 책을 취하여 그 인을 떼기 시작하였는데 결국 그 인을 떼시는 분은 하나님 예수 그리스도시라는 것이다.
즉 이 어린양은 예수님 자체가 아니라 어린양처럼 죽임을 당한 예수님의 상징이라는 것이다.
할렐루야.
그리고 6절에서 그 일곱 눈은 일곱 영으로 온 세상을 감찰하는 영이라 했다.
이 일곱 영은 계시록 1장 4절에 나오는 그 보좌 앞의 일곱 영과 계시록 3장 1절에 나오는 주님이 가지신 일곱 영과는 같은 것으로 보인다.
할렐루야.

(계 1:4) 요한은 아시아에 있는 일곱 교회에 편지하노니 이제도 계시고 전에도 계시고 장차 오실 이와 그 보좌 앞에 일곱 영과

(계 3:1) 사데 교회의 사자에게 편지하기를 하나님의 일곱 영과 일곱 별을 가진 이가 가라사대 내가 네 행위를 아노니 네가 살았다 하는 이름은 가졌으나 죽은 자로다

(계 4:5) 보좌로부터 번개와 음성과 뇌성이 나고 보좌 앞에 일곱 등불 켠 것이 있으니 이는 하나님의 일곱 영이라

할렐루야.

즉 이 일곱 영은 하나님 보좌 앞에도 있고 또한 하나님의 보좌 앞에 일곱 등불 켜진 것이 일곱 영이고 그리고 어린양의 일곱 눈이 일곱 영인데 이는 다 같은 일곱 영으로 보인다. 이 일곱 영은 하나님께서 이 세상에 보내어 감찰하라고 보내는 부리시는 영들인 것이다.

나는 이전에 이 눈을 한번 본 적이 있다.
이것도 약 17년 18년 전의 이야기이다.

이 눈은 아주 크고 깊은 호수와 같이 푸른 눈이었다. 그리고 나는 그 눈을 보는 순간 하나님을 경외하는 마음과 거룩한 큰 두려움이 함께 왔었다.
나는 결혼하기 전에 어느 한 큰 교회의 집사로 일하고 있을 때였다.
거기서 한 전도사가 자꾸 나를 여자로 보고 유혹하는 것이 느껴졌다.
신학교도 다니기 전이었다. 순수하여 아무 것도 모르는 나는 교회 안에서 이러한 일들이 일어난다는 사실에 대하여 도저히 받아들일 수 없었고 그러한 불의에 대한 분노가 마음속에 일어나 그것을 소화할 수가 없어서 기도원에 올라가 주님께 부르짖었다.
'주여! 어찌 이럴 수가 있습니까? 제가 이것을 이겨내게 하여 주시옵소서. 어떻게 거기를 나오지 않고 해결하는 방법을 가르쳐 주시옵소서.'하는 마음으로 말이다. 왜냐하면 내가 그 전도부 소속으로 들어간 이유가 어떻게 하면 전도를 잘 할 수 있을까하여 배우러 들어갔기 때문이다. 나는 신성해야 하는 교회에서 이런 일들이 있다는 것이 두려웠고 속이 상했고 도대체 어떻게 이것을 처신하여야 할지를 몰랐다. 그래서 이것에 대한 주님의 인도함을 구했다.
그렇게 부르짖고 있는 중에 바로 내 시야에 크게 호수처럼 큰 눈이 내게 나타난 것이다.
눈을 감고 기도하는데 갑자기 이 푸른 큰 눈이 보였다.
그 눈은 호수와 같이 깊고 큰 눈인데 나를 바라보고 있는 그 눈은 꼭 하나님의 눈처럼 경외스럽기도 하고 두렵기도 했다.
내가 그 눈을 보면서 느낀 것은 '내가 다 보고 있어!'라고 말하는 하나님의 음성이었다.
아니 그렇게 그 눈이 말하고 있었다.
그리고 그 눈은 정말 나에게 하나님의 눈처럼 느껴졌다. 나는 저 눈이 성령님의 눈이 아닐까 하는 생각이 들었었다.
그런데 나는 이 눈을 보는 순간 갑자기 그렇게 두렵고 어지럽던 내 마음 안에 평강이 찾아 온 것이다. 그 모든 일들이 더 이상 두렵지도 더 이상 걱정되지도 않았다.
즉 내 안에는 말할 수 없는 자유가 그 눈을 보는 순간 찾아 온 것이다.
그리고 내 안에는 어느새 그 모든 것을 이겨낼 수 있는 담대한 힘이 생겨났다.
그래서 나는 그 시로 그 일에 대한 온전한 자유함을 받고 기도원을 내려와서 전도부 모임의 자리에 갔었다. 모두가 모여 있는 자리에서 나를 유혹하려 했던 그 전도사, 그리고 담당 장로님, 그리고 다른 집사님이 있는 자리에서 나는 담대하게 이렇게 말하는 것이었다. 그 때 나는 내가 생각하여 말한 것이 아니었다.

"교회 안에서 간음하는 일도 일어나냐고?"
그랬더니 나를 유혹하려 했던 그 전도사님의 얼굴이 갑자기 뻘개졌다.
그리고 그는 그 다음부터는 더 이상 나를 유혹하려 하지 아니하였다.
그 후로 아예 그는 생각을 바꾸어 먹은 것 같았다.
그리고 그는 더 이상 나를 여자로 보지 않고 여집사로만 대하여 주었다.
할렐루야! 얼마나 감사했는지...
주님 감사합니다! 승리하였습니다.

인간관계도 파괴되지 않았고 오히려 담대하게 그렇게 말함으로 말미암아 주님이 내 입을 통하여 그 전도사를 혼내주신 것이다. 그 호수와 같은 푸른 큰 눈이 나를 살렸고 그리고 나는 지금도 그 눈을 잊을 수 없다.

나는 그 때에는 이 눈이 성령님의 눈으로 느꼈다.
그런데 성경에는 어린양의 일곱 눈에 대하여 말하고 있는 것을 보고 내가 그 때 본 눈이 하나님께서 이 세상을 감찰하라고 보낸 그 일곱 눈 중의 하나였음을 알게 된 것이다. 할렐루야.

[계 5:6]
내가 또 보니 보좌와 네 생물과 장로들 사이에 어린 양이 섰는데 일찍 죽임을 당한 것 같더라 일곱 뿔과 일곱 눈이 있으니 이 눈은 온 땅에 보내심을 입은 하나님의 일곱 영이더라

일곱 영은 영어로 보면 seven spirits 이다.
seven eyes, which are the seven spirits of God sent out into all the earth.

할렐루야. 깨우쳐 주시는 주님을 찬양합니다.

22. 주님이 '나와 함께 일하자' 하시면서 황금 팔찌를 주시다.
(2014. 9. 8)

천국에 올라갔다.

나를 마차바깥에서 수호하는 천사가 나에게 '다 준비되어 있습니다.'는 말을 마음으로 보낸다.

나는 황급히 수레를 탔고 그리고 그 수레는 천국의 황금대로 왼편에 도착하였다.

수레에서 내리는 나를 흰 날개 달린 두 천사가 보조한다.

그리고 주님이 흰 옷을 입으시고 곧 수레바깥에서 맞아주신다.

주님이 손에 큰 가락지를 두 개 갖고 계신 것이 보였다.

그 가락지는 너무 커서 내 손가락에는 안 맞다고 생각하는 순간 자세히 보니 가락지가 아니라 팔찌다.

주님은 그 팔찌를 내 오른 손에 하나 끼워주시고 또 주님도 하나 오른 팔목에 끼셨다.

그리고서 말씀하신다.

이 팔찌는 '이제 너와 내가 손잡고 일하는 것을 말한다.'고 말씀하셨다.

할렐루야. 나는 너무 좋아했다.

나는 오늘 주님이 왜 나에게 이 팔찌를 주시는지 알겠다.

내가 오늘 아침 기도하는데 주님이 내게 많이 깨우쳐 주셨다.

지금 이 시대에는 아군이 누군지 적군이 누군지를 알아야 함을 깨우쳐 주셨다.

아군끼리 싸우면 안 된다는 것이다. 아군들은 서로 협력하여야 한다고 하셨다.

그러면서 지금 마지막 시대를 외치는 자들을 주님이 구분하셔서 우유빛 나는 큰 투명한 깔때기 안에 다 두신 것이 기도하다가 명확히 보였는데 그 깔때기 밑으로 나 있는 기다란 기둥으로 지상에서 흰 옷 입은 자들이 하나씩 공중으로 올라와 이 깔때기 위로 올라오는 것이 보였다.

할렐루야.

그리고 세상은 아주 검었고 사람들은 깨어 있지 못한 속에서 세상에 파묻혀 살고 있는 것이었다.

그리고 주님은 이 깔때기 안에 나도 속하여 있음을 알게 하여 주셨다.

그래서 천상에서 주님은 오늘 내게 팔찌를 주신 것이다.

이 마지막을 깨우는데 같이 일하자고 말이다. 이 팔찌를 주시는 의미를 그냥 알게 하신다.

할렐루야. 나는 주님이 역사하실 줄을 믿는다. 할렐루야.

이번에 특별히 내가 펴내는 책 두 권(서사라 목사의 천국과 지옥 간증수기 1과 2)을 통하여 하나님이 그분의 뜻을 이룰 것이다.
나는 여기에 에스더가 말한 것처럼 '죽으면 죽으리랏다.'만 하면 되는 것이다. 할렐루야.
주님, 그 책을 통하여 주님의 뜻을 이루어 주시옵소서!

그리고 주님과 나는 구름 없이 위로 비상하였는데 어느 새 주님과 나는 흙이 있는 즉 밭이 있는 곳에 발을 디디고 있는 것이었다.
그 밭에서는 내 육신의 아버지가 저어기서 일을 하시다가 도구를 집어 던지시고 주님과 나를 보시자마자 우리 쪽으로 쏜살같이 날아오듯이 오셨다.
그리고 주님과 나를 어느 테이블로 인도하시고 주님과 내 앞에 먹을 것을 갖다 주신다.
그래서 내 앞에 큰 포도알들이 앞에 놓여졌다. 나는 그것을 하나 까서 먹었는데 얼마나 맛있었는지 모른다. 그리하여 여기서 아버지가 포도농사도 짓고 있음을 알게 하신다. 저번에는 무 농사를 짓고 계시더니.....

주님이 아버지에 말씀하셨다.
두 팔찌를 보여 주시면서 사라가 이제 나와 함께 손잡고 일을 할 것이라고 말했다.
그리하였을 때 아버지는 말했다. "주님의 뜻이 이루어지게 하소서...."
나는 이때 느낀 것이 있다. 새삼 놀라웠다.
그것은 지상에서의 나의 아버지의 성품은 화를 잘 내고 급하고 그러셨는데 여기서는 그러한 못된 인격이 다 없어지고 오히려 성품이 아주 나긋나긋하고 순종적이며 말에서부터 거룩함이 흘러 나오는 완전히 다른 성품의 사람이 되어 있음을 느낀 것이다. 할렐루야.
나는 이것이 참으로 신기하였다.
이전의 지상에서 살던 아버지의 성품은 온데간데 없어지고 천국의 성품을 가지신 것 같았다.
나는 이것이 왜 그런지는 확실히 설명하기는 조금 불가능하다. 왜냐하면 어떻게 그렇게 변하였는지는 내가 모르기 때문이다. 아버지는 천상에서 완전히 다른 사람 같았다.

그런 후에 주님과 나는 구름을 타고 요한의 집 앞에 있는 테이블로 왔다.
거기는 모세가 벌써 와 있었고 사도 요한이 와 있었다.
우리는 늘 앉는 자리에 앉았다.
조금 있으니 베드로가 와서 나와 사도 요한의 사이에 앉았다.
내 마음속에 '베드로가 왜 왔는가?'라고 질문을 가지니 주님이 말씀하신다.

'너를 응원하러 왔단다.' 하신다.

사도 요한과 나는 성경책을 펼치고 있다.
요한 계시록에 어린양이 첫째 인부터 떼는 장면을 보고 있었다.
그런데 첫 번째 인을 떼니 네 생물중 하나가 '오라'하였더니 '흰 말을 탄 자가 나타났는데 그는 머리에 면류관을 쓰고 있으며 활을 가지고 있고 그가 하는 일은 이기고 또 이기려고 하더라.'라고 기록되어 있다.
나는 흰 말을 탄 자가 누구이며 어떤 일을 하는지 궁금하였다.
그런데 그것이 거기서 확실히 나에게 밝혀지지 아니하였다.
그리고 나는 내려와야 했다.

오늘은 내가 천국에서 주님으로부터 같이 일하자는 의미의 팔찌를 받은 것으로 만족하고 감사해야 했다. 할렐루야.
주님, 감사합니다.

23. (i) 천국에서 아론의 싹난 지팡이와 만나를 담은 항아리가 보관되어 있는 보석함을 보다.
(ii) 네 생물이 '오라' 할 때에 네 생물들과 말 탄 자들과의 관계
(2014.9.8)

저녁에 천국에 올라갔다.
천국에 도착하자마자 주님은 나를 모세의 궁으로 데리고 가신다.
그리고 보여줄 것이 있다고 마음으로 알게 하신다.
우리는 광장을 거쳐서 안쪽으로 들어갔는데 가장 안쪽에는 바닥이 순 황금으로 되어 있고 그리고 거기에는 유리방이 있다. 이 유리방 안에는 다시 유리문이 있고 그 유리문 안에는 유리박스가 테이블위에 있는데 그 유리박스 안에는 황금으로 된 두 돌판이 들어 있고 그 황금돌판에는 십계명이 적혀 있다 하였다.

그런데 오늘 주님은 나를 이 유리방 옆에 있는 보석함 같이 생긴 큰 법궤 같은 것을 보여주시는데 그 장식은 참으로 예뻤다.

청색, 녹색, 붉은색의 보석으로 겉이 아주 정교하게 장식된 매우 큰 보석함인데 모양은 꼭 옛날의 법궤같이 생겼다. 이 보석함 안에는 아론의 싹 난 황금지팡이가 보석 살구꽃이 핀 채로 들어 있었고 그리고 그 안에 만나를 담은 항아리가 들어 있었다.

이 항아리 안에 들어 있는 만나는 썩지 아니하는 재질로 만들어진 만나였다.

즉 나는 모세의 궁 가장 안쪽에서 십계명을 담은 황금돌판이 유리방 안에 있는 것을 보았고 그리고 아론의 싹 난 지팡이와 만나를 담은 항아리가 그 옆의 보석함 안에 보관되어 있음을 본 것이다.

할렐루야.

그러고 나서 주님과 나는 이동하여 정원의 벤치에 앉아 있었다.

거기서 나는 주님께 개인적인 문제에 대하여 물었고 그 후 주님과 나는 요한의 집 앞에 있는 피크닉 테이블로 옮겨 갔다.

주님과 모세가 건너편에 앉았고 나와 요한은 이쪽에 앉았다.

그리고 앉은 모양은 항상 주님과 나는 대각선으로 앉았다.

우리가 보고 있는 곳은 성경의 계시록에 나와 있는, 어린양이 인을 뗄 때에 네 생물 중 하나가 '오라' 하면 흰 말을 탄 자가 면류관을 쓰고 나타나서 활을 가진 채 이기고 또 이기려 하는 장면이었다.

그 다음 둘째 인을 뗄 때에 붉은 말을 탄 사자가 나타나는데 그는 이 땅위에 화평을 제거하는 자로 나타나는 대목이었다. 이 때에도 네 생물 중 하나가 '오라'하니 이 자가 나타난 것이다.

이 네 생물들은 하나님의 보좌 앞에 하나님을 섬기는 천사들이다.

[계 4:6-8]
(6)보좌 앞에 수정과 같은 유리 바다가 있고 보좌 가운데와 보좌 주위에 네 생물이 있는데 앞뒤에 눈이 가득하더라 (7)그 첫째 생물은 사자 같고 그 둘째 생물은 송아지 같고 그 세째 생물은 얼굴이 사람 같고 그 네째 생물은 날아가는 독수리 같은데 (8)네 생물이 각각 여섯 날개가 있고 그 안과 주위에 눈이 가득하더라 그들이 밤낮 쉬지 않고 이르기를 거룩하다 거룩하다 거룩하다 주 하나님 곧 전능하신이여 전에도 계셨고 이제도 계시고 장차 오실 자라 하고

여기서 이 네 생물 중 첫째 인을 떼려 할 때에 '오라'하는 생물은 어떤 생물인가 하는 의문이 생겼다. 그리하였더니 그냥 지식이 생긴다.

[계 6:1-2]

(1)내가 보매 어린 양이 일곱 인 중에 하나를 떼시는 그 때에 내가 들으니 네 생물 중에 하나가 우뢰 소리 같이 말하되 오라 하기로 (2)내가 이에 보니 흰 말이 있는데 그 탄 자가 활을 가졌고 면류관을 받고 나가서 이기고 또 이기려고 하더라

처음에 네 생물 중 '오라'하는 생물은 사람의 얼굴을 가진 천사인 것이다.

그리고 둘째 인을 뗄 때에 화평을 제거하는 사자가 나타날 때는 독수리 얼굴을 한 천사가 '오라' 한 것이 알아지고

[계 6:3-4]
(3)둘째 인을 떼실 때에 내가 들으니 둘째 생물이 말하되 오라 하더니 (4)이에 붉은 다른 말이 나오더라 그 탄 자가 허락을 받아 땅에서 화평을 제하여 버리며 서로 죽이게 하고 또 큰 칼을 받았더라

또 저울을 가지고 나타나는 사자가 나타날 때는 송아지 얼굴을 한 천사가 맞으며

[계 6:5-6]
(5)세째 인을 떼실 때에 내가 들으니 세째 생물이 말하되 오라 하기로 내가 보니 검은 말이 나오는데 그 탄 자가 손에 저울을 가졌더라 (6)내가 네 생물 사이로서 나는 듯 하는 음성을 들으니 가로되 한 데나리온에 밀 한되요 한 데나리온에 보리 석되로다 또 감람유와 포도주는 해치 말라 하더라

또한 사자의 얼굴을 한 천사가 '오라'하였을 때에 청황색의 말을 탄 자가 나타난 것이 맞다는 것을 알게 하여 주신다.
할렐루야.

[계 6:7-8]
(7)네째 인을 떼실 때에 내가 네째 생물의 음성을 들으니 가로되 오라 하기로 (8)내가 보매 청황색 말이 나오는데 그 탄 자의 이름은 사망이니 음부가 그 뒤를 따르더라 저희가 땅 사분 일의 권세를 얻어 검과 흉년과 사망과 땅의 짐승으로써 죽이더라

그리고 이러한 데에는 각각 이유가 있다.

첫째 생물은 사람의 얼굴을 한 천사인데 '오라'하였더니 흰 말을 탄 자가 나가서 이기고 이기려고 하더라 했는데 왜 사람의 얼굴을 가진 생물이 오라고 명령하였느냐면 사람을 감찰하는 생물이었기 때문이다. 그래서 천사를 보내어서 이기는 삶을 사는 자들의 이마에 인을 치기 위함이었다.

둘째 생물은 독수리의 얼굴을 한 천사로서 지상에서 화평이 사라지게 하기 위하여 붉은 말을 탄 화평을 제거하는 천사를 보고 '오라'하고 명령한 것이다.

셋째 생물은 송아지의 얼굴을 한 천사로서 사람들의 양식과 관련이 있어서 저울과 관련이 있고

넷째 생물은 사자의 얼굴을 한 자는 청황색의 말을 탄 자를 보고 '오라'하였는데 사망과 짐승들의 죽음과 관련이 있는 것이다.
할렐루야.

이 네 생물에 대하여서는 주님께서 그들이 어떤 일을 하고 있는지 왜 눈이 그렇게 많은지에 대하여도 상세히 가르쳐 주셨다(계시록 이해, 제 1권, 제 1부, 18. 주님 보좌 앞에 있는 네 생물들을 참조).

24. 첫째 인을 떼었을 때 나오는 흰 말 탄 자에 대한 주님의 말씀
(2014. 9. 12)

천국에 올라갔다. 흰 말 세마리가 끄는 황금수레 마차가 나를 데리러 왔다.
나를 수호하는 천사는 수레바깥에 한 명, 수레를 모는 천사 한 명, 그래서 두 명이 나를 데리러 왔다.
이들은 날개를 가지고 있지 않다.
나는 재빨리 수레를 탔다. 그러면 수레는 즉시 황금진주 대문에 이른다.
여기에도 날개 달린 두 천사가 대문을 지키고 있다가 수레바깥에서 나를 수호하는 천사가 '문을 여시오'하면 이 대문을 지키고 있던 두 천사가 '사라님 오셨다.'하고 문을 활짝 옆으로 열어준다.
그리고 나를 수레에서 내릴 때에 또 나를 수호하는 두 천사가 있다. 이들도 날개를 가지고 있다.
내가 수레에서 내리니 주님이 그 자리에 먼저 와 계셨다. 즉 나를 수레까지 마중 나오신 것이다.

그리고 주님과 나는 곧 바로 위로 비상하여 절벽 위에 섰고 그 절벽 앞에는 폭포수가 있었다.
이곳은 많이 와 본 곳이다.
주님은 생명수로 나의 얼굴을 씻게 하시고 또한 그 생명수를 먹이셨다.
내 얼굴은 천사가 생명수로 씻겨 주었다.

그리고 난 후에 주님과 나는 구름 없이 날아서 모세의 궁으로 왔다.
전에도 말했듯이 모세의 집은 다른 곳에 있고 주님과 나는 모세의 집이 아닌 모세의 궁으로 온 것이다. 모세가 하늘색 옷을 입고 나왔다.
그가 그의 손에 황금지팡이를 들고 있다가 그것을 나에게 주었다.
나는 다이아몬드로 된 면류관에 흰 드레스를 입고 있었다.
주님과 모세가 서로의 눈을 마주치면서 뭔가를 주고 받았다.
내 느낌에는 오늘은 그 흰 말을 탄 자의 비밀이 풀릴 것 같았다.

우리는 다 같이 요한의 집 앞에 있는 피크닉 테이블로 갔다.
피크닉 테이블에 주님과 모세가 저편에 이편에 나와 요한이 앉았다
주님이 요한에게 말씀하신다.
"사라가 왔다."
그랬더니 요한이 막 웃는다. 왜냐하면 이렇게 온지가 상당히 지났는데 새삼스럽게 주님은 나를 요한에게 소개하고 계셨기 때문이다.
그런데 그 말씀을 듣는 순간 나는 테이블에서 몹시 부끄러워 하고 있었다.
나 같은 것이 여기에 와서 그들과 함께 이야기를 나눈다는 것조차가 나는 부끄러웠다.
그래서 나는 그들 앞에서 얼굴을 잘 못 들고 있었다.

[계 6:1-2]
(1)내가 보매 어린 양이 일곱 인 중에 하나를 떼시는 그 때에 내가 들으니 네 생물 중에 하나가 우뢰소리 같이 말하되 오라 하기로 (2)내가 이에 보니 흰 말이 있는데 그 탄 자가 활을 가졌고 면류관을 받고 나가서 이기고 또 이기려고 하더라

주님은 여기서 이 흰 말 탄 자가 이기고 또 이기려고 하더라 라고 하셨다.
여기서 주님은 내게 '이기고 또 이기려 한다.'는 이 말이 성경의 '이기는 자'와 연관이 됨을 알게 하여 하여 주셨다.

즉 주님께서 알게 하여 주시는 것은 흰 말 탄 자가 이기고 이기려 한다는 그것이 성경의 이기는 자들이 이기고 이기려 하더라 라는 말과 같은 의미인 것을 알게 하시고 그 이기는 자에게 주어지는 면류관을 또 쓰고 있음도 알게 하여 주신다.
할렐루야.

그러자 우리 앞에 꼭 스크린이 나타나듯이 요한의 집 쪽으로 크게 흰 말탄 자가 보였다.
머리에 황금면류관 쓰고 손에는 활을 가졌고 흰 말이 참으로 흰데 거기에 황금으로 된 고삐를 하고 있었다.
주님은 이 흰 말을 탄 자가 이 세상에서 이기는 자들을 구분하고 있음을 알게 하여 주셨다.

즉 이 이기는 자들은 주님이 공중재림하실 때에 휴거되는 자들과, 그리고 휴거는 못되었으나 남아서 대환난을 통과하면서 이마나 손에 표를 받지 않고 짐승의 우상에게 절을 하지 아니하여 순교당할 자들 그리고 혹은 죽지 않고 살아남을 자들인데 이들을 그가 구분하고 있다는 것이다.

이 흰 말탄 자에 대하여 많은 말이 있다.
어떤 분은 이는 그리스도다 아니다 어떤 분은 적그리스도다. 등등
그런데 분명한 것은 이 흰 말을 탄 자가 활을 가졌고 그리고 면류관을 받아 쓰고 나가서 이기고 이기려 하였다는 것이다. 주님은 이것이 성경에서 나오는 이기는 자들과 연관이 있다 하셨고 또한 이기는 자만이 주님이 주시는 면류관을 받아 쓰게 될 것이라 말씀하셨다. 할렐루야.

바울이 말한다.

[딤후 4:8]
이제 후로는 나를 위하여 의의 면류관이 예비되었으므로 주 곧 의로우신 재판장이 그 날에 내게 주실 것이니 내게만 아니라 주의 나타나심을 사모하는 모든 자에게니라

즉 성경은 이 흰 말탄 자가 '면류관을 받아 쓰고 이기고 또 이기려 하더라'라고 기록하고 있는 것이다.
성경은 하나님이 하신 말씀에 대하여 어떠한 일치성을 보인다.
그래서 이 '이기려 한다'는 말은 적그리스도가 이기려 한다는 말이 아니라 성경의 이기는 자들과 관계된다는 것이다.
할렐루야.

얼마나 일치되는지...........
얼마나 감사한지............
즉 마지막 시대에 이 흰 말탄 자가 이기는 자들의 이마에 인을 치는 것이다.
할렐루야.

이 말 탄 자는 머리에 면류관을 쓰고 이 면류관은 바로 이기는 자들에게 주어질 면류관인데 그가 미리 쓰고 보여주는 것이다. 아멘.
그리고 이기는 자들을 이기지 못하는 자들로부터 골라내는 것이다.
이 이기는 자들이 주님이 오시는 날 공중으로 휴거될 것이고 그리고 환난에 남는 자들 중에서 이기는 자에 속한 자가 바로 이 천사로 인하여 인침을 받는 것이다.
할렐루야.
그리고 이 이기는 자들이 나중에 주님과 함께 천년왕국에 들어가게 될 것이다. 할렐루야.

첫째 인에서 넷째 인을 뗄 때에

i) 흰 말탄 자가 이기는 자들과 이기지 못하는 자들을 구분하고
ii) 그 다음 붉은 말을 탄 자가 칼로 전쟁을 일으키고
iii) 그 다음 검은 말을 탄 자가 기근을 일으키고
iv) 그 다음 청황색 말을 탄 자가 질병과 역병으로 인간들의 사망을 일으킨다.
　　땅의 짐승들이 죽는다.

즉 일곱 인이 세상에 해를 미치는 영역은 지구 땅에서만 사람과 짐승의 1/4이다.
그러나 일곱 나팔 재앙 때에는 땅, 바다, 강, 해와 달, 별에 1/3까지 영향을 준다. 그리고 사람의 1/3이 죽는다.
그리고 일곱 대접 때에는 지구, 바다, 해, 모든 영역에 다 재앙이 오고, 지구의 거의 2/3 이상의 사람들이 죽는다. 해가 권세를 받아 사람들을 태운다.

첫째 나팔 : 땅 1/3 이 불에 탐.
둘째 나팔 : 바다 1/3 생물이 죽음, 배 1/3 부서짐
셋째 나팔 : 강 1/3 쓰게 되어 먹은 자 죽음
넷째 나팔 : 해, 달, 별의 비췸이 1/3이 없어짐

다섯째 나팔 : 무저갱에서 황충이 나와 인 맞지 아니한 자들을 괴롭힘
여섯째 나팔 : 전쟁으로 인한 사람 1/3이 죽음

[계 8:6-13]
(6)일곱 나팔 가진 일곱 천사가 나팔 불기를 예비하더라 (7)첫째 천사가 나팔을 부니 피 섞인 우박과 불이 나서 땅에 쏟아지매 땅의 삼분의 일이 타서 사위고 수목의 삼분의 일도 타서 사위고 각종 푸른 풀도 타서 사위더라 (8)둘째 천사가 나팔을 부니 불붙는 큰 산과 같은 것이 바다에 던지우매 바다의 삼분의 일이 피가 되고 (9)바다 가운데 생명 가진 피조물들의 삼분의 일이 죽고 배들의 삼분의 일이 깨어지더라 (10)세째 천사가 나팔을 부니 횃불 같이 타는 큰 별이 하늘에서 떨어져 강들의 삼분의 일과 여러 물샘에 떨어지니 (11)이 별 이름은 쑥이라 물들의 삼분의 일이 쑥이 되매 그 물들이 쓰게 됨을 인하여 많은 사람이 죽더라 (12)네째 천사가 나팔을 부니 해 삼분의 일과 달 삼분의 일과 별들의 삼분의 일이 침을 받아 그 삼분의 일이 어두워지니 낮 삼분의 일은 비췸이 없고 밤도 그러하더라 (13)내가 또 보고 들으니 공중에 날아가는 독수리가 큰 소리로 이르되 땅에 거하는 자들에게 화, 화, 화가 있으리로다 이 외에도 세 천사의 불 나팔소리를 인함이로다 하더라

[계 9:1-18]
(1)다섯째 천사가 나팔을 불매 내가 보니 하늘에서 땅에 떨어진 별 하나가 있는데 저가 무저갱의 열쇠를 받았더라 (2)저가 무저갱을 여니 그 구멍에서 큰 풀무의 연기 같은 연기가 올라오매 해와 공기가 그 구멍의 연기로 인하여 어두워지며 (3)또 황충이 연기 가운데로부터 땅 위에 나오매 저희가 땅에 있는 전갈의 권세와 같은 권세를 받았더라 (4)저희에게 이르시되 땅의 풀이나 푸른 것이나 각종 수목은 해하지 말고 오직 이마에 하나님의 인 맞지 아니한 사람들만 해하라 하시더라 (5)그러나 그들을 죽이지는 못하게 하시고 다섯달 동안 괴롭게만 하게 하시는데 그 괴롭게 함은 전갈이 사람을 쏠 때에 괴롭게 함과 같더라 (6)그날에는 사람들이 죽기를 구하여도 얻지 못하고 죽고 싶으나 죽음이 저희를 피하리로다 (7)황충들의 모양은 전쟁을 위하여 예비한 말들 같고 그 머리에 금 같은 면류관 비슷한 것을 썼으며 그 얼굴은 사람의 얼굴 같고 (8)또 여자의 머리털 같은 머리털이 있고 그 이는 사자의 이 같으며 (9)또 철흉갑 같은 흉갑이 있고 그 날개들의 소리는 병거와 많은 말들이 전장으로 달려 들어가는 소리 같으며 (10)또 전갈과 같은 꼬리와 쏘는 살이 있어 그 꼬리에는 다섯달 동안 사람들을 해하는 권세가 있더라 (11)저희에게 임금이 있으니 무저갱의 사자라 히브리 음으로 이름은 아바돈이요 헬라 음으로 이름은 아볼루온이더라 (12)첫째 화는 지나갔으나 보라 아직도 이 후에 화 둘이 이르리로다 (13)여섯째 천사가 나팔을 불매 내가 들으니 하나님 앞 금단 네 뿔에서 한 음성이 나서 (14)나팔 가진 여섯째 천사에게 말하기를 큰 강 유브라데에 결박한 네 천사를 놓아 주

라 하매 (15)네 천사가 놓였으니 그들은 그 년 월 일 시에 이르러 사람 삼분의 일을 죽이기로 예비한 자들이더라 (16)마병대의 수는 이만만이니 내가 그들의 수를 들었노라 (17)이같이 이상한 가운데 그 말들과 그 탄 자들을 보니 불빛과 자주빛과 유황빛 흉갑이 있고 또 말들의 머리는 사자 머리 같고 그 입에서는 불과 연기와 유황이 나오더라 (18)이 세 재앙 곧 저희 입에서 나오는 불과 연기와 유황을 인하여 사람 삼분의 일이 죽임을 당하니라

그 다음 일곱 대접 재앙이다.

[계 16:2-21]
(2)첫째가 가서 그 대접을 땅에 쏟으매 악하고 독한 헌데가 짐승의 표를 받은 사람들과 그 우상에게 경배하는 자들에게 나더라 (3)둘째가 그 대접을 바다에 쏟으매 바다가 곧 죽은 자의 피 같이 되니 바다 가운데 모든 생물이 죽더라 (4)세째가 그 대접을 강과 물 근원에 쏟으매 피가 되더라 (5)내가 들으니 물을 차지한 천사가 가로되 전에도 계셨고 시방도 계신 거룩하신이여 이렇게 심판하시니 의로우시도다 (6)저희가 성도들과 선지자들의 피를 흘렸으므로 저희로 피를 마시게 하신 것이 합당하니이다 하더라 (7)또 내가 들으니 제단이 말하기를 그러하다 주 하나님 곧 전능하신 이시여 심판하시는 것이 참되시고 의로우시도다 하더라 (8)네째가 그 대접을 해에 쏟으매 해가 권세를 받아 불로 사람들을 태우니 (9)사람들이 크게 태움에 태워진지라 이 재앙들을 행하는 권세를 가지신 하나님의 이름을 훼방하며 또 회개하여 영광을 주께 돌리지 아니하더라 (10)또 다섯째가 그 대접을 짐승의 보좌에 쏟으니 그 나라가 곧 어두워지며 사람들이 아파서 자기 혀를 깨물고 (11)아픈 것과 종기로 인하여 하늘의 하나님을 훼방하고 저희 행위를 회개치 아니하더라 (12)또 여섯째가 그 대접을 큰 강 유브라데에 쏟으매 강물이 말라서 동방에서 오는 왕들의 길이 예비되더라 (13)또 내가 보매 개구리 같은 세 더러운 영이 용의 입과 짐승의 입과 거짓 선지자의 입에서 나오니 (14)저희는 귀신의 영이라 이적을 행하여 온 천하 임금들에게 가서 하나님 곧 전능하신 이의 큰 날에 전쟁을 위하여 그들을 모으더라 (15)보라 내가 도적 같이 오리니 누구든지 깨어 자기 옷을 지켜 벌거벗고 다니지 아니하며 자기의 부끄러움을 보이지 아니하는 자가 복이 있도다 (16)세 영이 히브리 음으로 아마겟돈이라 하는 곳으로 왕들을 모으더라 (17)일곱째가 그 대접을 공기 가운데 쏟으매 큰 음성이 성전에서 보좌로부터 나서 가로되 되었다 하니 (18)번개와 음성들과 뇌성이 있고 또 큰 지진이 있어 어찌 큰지 사람이 땅에 있어 옴으로 이같이 큰 지진이 없었더라 (19)큰 성이 세 갈래로 갈라지고 만국의 성들도 무너지니 큰 성 바벨론이 하나님 앞에 기억하신 바 되어 그의 맹렬한 진노의 포도주 잔을 받으매 (20)각 섬도 없어지고 산악도 간데 없더라 (21)또 중수가 한 달란트나 되는 큰 우박이 하늘로부터 사람들에게 내리매 사람들이 그 박재로 인하여 하나님을 훼방하니 그 재앙이 심히 큼이러라

25. 셋째 인을 떼었을 때에 감람유나 포도주는 해치지 말라하신 이유
(2014. 9. 18)

나를 데리고 올라가는 수레가 훨씬 더 커졌다.
이전의 두 배는 되는 것 같았다.
그리고 황금색깔이 아니라 이제는 약간 초록색과 쑥색이 겸비된 보석마차였다.
너무 아름다웠다. 수레안도 이렇게 변했다.
즉 앉는 좌석이 이전에는 앞뒤로 있었는데 이제는 양옆으로 더 길게 만들어졌다.
즉 정말 꼭 기차 넓은 침대칸처럼 생겼다. 아니 정말 큰 마차로 변했다.
아직 내가 더 확실히 확인하여야 하겠지만 앞에서 끄는 말이 하나 더 생긴 것 같았다.

즉 마차를 끄는 말이 이제는 세 마리가 아니라 네 마리인 것 같았다.
이것은 다시 한 번 다음에 확실히 봐야겠다.
마차가 이렇게 커진 것으로 보아서 분명 이제는 네마리인 것 같았다.
마차가 훨씬 넓어졌으므로 이제는 마차 안에 나 외에 누가 앉아 있어도 훨씬 떨어져 앉아 있게 되었다.

마차는 천국문을 거쳐서 천국대로의 왼편에 도착하였다.
주님과 나는 내리지 않고 아예 문을 통하여 날아서 공중에 높이 준비되어 있던 구름에 탔다.
그런데 아래는 흰 옷 입은 많은 무리들이 우리를 환영하고 있는 것이 보였다.
주님과 나는 구름을 탄 채로 요한의 집 앞에 피크닉 테이블로 가서 앉았다.
저편에 모세와 주님, 이편에 나와 요한이 앉았다.
모세는 하늘색 옷을 입고 있었다. 요한은 흰색 옷을 입고 있었다.
나와 요한은 성경책을 펴고 있었다.

내가 질문을 하였다.

즉 어린 양이 세째 인을 떼실 때에 검정색 말을 타고 나타난 자가 저울을 가지고 나타났는데 '밀 한 되에 한 데나리온 보리 석 되에 한 데나리온이나 감람유나 포도주는 손대지 말아라'하는 부위였다.

[계 6:5-6]
(5)세째 인을 떼실 때에 내가 들으니 세째 생물이 말하되 오라 하기로 내가 보니 검은 말이 나오는데 그 탄 자가 손에 저울을 가졌더라 (6)내가 네 생물 사이로서 나는 듯 하는 음성을 들으니 가로되 한 데나리온에 밀 한되요 한 데나리온에 보리 석되로다 또 감람유와 포도주는 해치 말라 하더라

한 데나리온은 지금의 돈으로는 약 100불이다.
즉 밀 한 되에 100불이면 정말로 비싼 것이다.
정말 아무나 사서 먹을 수 없다. 기근이 심한 것이다.
이런 경우는 굶어죽는 자들이 전 세계에 아주 많을 것이다.
이러한 상태에서 왜 주님은 감람유와 포도주는 해치지 말라 하셨을까? 하는 것이다.
할렐루야.
"왜 그러셨습니까?"
잠깐 침묵이 흘렀다.
그러나 결국 나에게 주님이 그 해석을 주셨다.
그것은 무엇이었냐면 기근 가운데서도 베푸시는 하나님의 자비라는 것이다.
즉 기근 상태에서 사람이 아사 상태로 갈 때에 가장 열량이 많은 것은 기름이다.
기름 한 방울 두 방울이 사람을 아사 상태에서 조금이라도 생명을 연장할 수 있다는 것이다.
그리고 포도주도 마찬가지이다. 포도주는 사람에게 힘을 준다는 것이다. 기근 상태에 있는 그들에게, 힘이 없는 그들에게 기운을 북돋아 준다는 것이다.
할렐루야.

26. 천국에서 사무엘 선지자를 만나다.
(2014. 9. 19)

천국에 올라갔다.
네 마리의 말이 끄는 수레를 타고 올라갔다.
나는 너무 황송하여 바깥에서 나를 항상 수호하는 천사에게 물었다.

'내가 이것을 탈만큼 자격이 있냐고?' 그랬더니 그 천사가 나보고 자격이 된다고 했다.

나는 부끄러웠다.

주님이 나에게 '내 딸아!' 하고 맞아 주셨다.

그런데 내 옷이 많이 변하여 있었다.

황금색으로 옷이 수놓은 것 같은 드레스를 입고 있었고 면류관도 황금색이 비치는 아주 예쁜 면류관으로 곳곳에 다이아몬드로 되어 있었다.

오늘따라 면류관과 드레스가 완전히 매치되어 예쁘게 보였다.

나는 마차에서 내려와 주님과 함께 길을 걷는데 위에는 벌써 아기 천사들 4-5명이 금나팔을 불고 있었다. 길에는 수많은 흰 옷 입은 자들이 '사라님, 사라님' 하고 반겨 주었다.

그중에 한 명, 두 명이 고개를 내밀며 날 기억하여 달라고 했다.

내가 생각하기에 이것은 참 우스운 장면이었다. 내가 무엇이길래 이렇게 자기를 기억하여 달라고 하는가 하면서 나는 부끄러워했다.

그런데 길이 아래로 조금씩 내려가는 황금 길을 주님과 내가 내려가고 있었다.

그런데 그 아래에 흰 진주 같은 탑같이 생긴 지붕들에 황금으로 가장자리들을 장식한 아주 아름다운 큰 성으로 왔다. 들어가는 난간도 다 황금장식으로 되어 있어 너무 아름다웠다.

내가 입고 있는 드레스와 황금장식의 면류관과 너무 비슷한 장식의 궁이었다.

내가 입은 옷과 면류관 그리고 그 궁이 매치된다고나 할까....

그렇다. 늘 그렇다. 주님은 천국에서 내가 입는 옷에, 그 이후에 앞으로 일어날 그 어떤 일이나 그 어떤 것과 관련이 있음을 늘 이렇게 표시하여 주신다.

그런데 저 궁은 도대체 누구의 집일까?

고민하고 있는 중에 아하 사무엘의 집인 것이 그냥 알아졌다. 천국에서는 내가 궁금하여 하거나 또한 의문을 가지면 그냥 이렇게 알아지는 지식이 절로 생겨난다.

그러자 사무엘이 나와서 주님과 나를 맞이하여 주었다.

그는 흰 옷을 아래위로 입었는데 머리카락도 희다. 그런데 얼굴은 젊은이였다.

그가 우리를 안으로 인도하였다.

궁 안에 황금 직사각형 테이블이 있는데 우리를 거기로 인도하였다.

나는 왜 주님이 나를 오늘 사무엘에게로 데려왔는지를 생각하고 있었다.

사무엘은 미스바 회개 운동을 벌였다. 나라를 위하여...

나에게 이러한 회개 운동을 벌이라고 하는 것인가?
나는 사무엘에게 물었다. 우리나라에 전쟁이 나는데 어떻게 해야 할지 모르겠다고 말이다.
그리하였더니 그의 대답하는 것이 마음으로 전달되었다.
한국 전체의 미스바 회개 운동이 아니라 군데군데 중보기도를 하게 하라는 것이다.
나라를 위하여, 북한과 남한을 위하여…
가장 피해가 적게 전쟁이 치러질 수 있도록….
남한도 북한도 기도가 필요하다는 것이다.
할렐루야.

전쟁이 안 일어나게 기도하는 것이 아니라 피해가 적게 나도록 기도하라는 것이다.
중보기도와 회개기도가 필요하다는 것이다.
할렐루야.

그렇다. 우리 남한이 많이 회개하고 또한 중보기도를 해야 한다.
그리하여 우리는 최대한으로 전쟁으로 인한 피해를 막아야 할 것이다.
할렐루야. 아멘.

나는 오늘 사무엘을 천국에서 처음 만났다.
이전에는 만난 적이 없었다. 나는 그것을 조금 이상하게 생각하였는데 결국 그를 지금 보게 되는 것이었다. 그런데 그의 집은 내가 올라가는 천국입구의 레벨보다 약간 아래쪽으로 있었다.
나는 이것이 무엇을 의미하는지 나는 아직 모른다.
왜 조금 아래로 내려가는지 이전에 성밖으로 여겨지는 그곳으로 내려가는 레벨과는 또 다른 레벨이다. 그곳은 아주 가파르게 엄청 계단을 내려갔지만 사무엘이 있는 집은 약간 비스듬히 내려가다가 성이 보였다. 그러니 믿음의 선진의 집이 이렇게 천국입구보다 약간 내려가는 것은 처음 있는 일이었다. 나는 이것을 다시 한 번 확인하여야겠다.
혹시 내가 잘못 본 것은 아닌지 말이다.
할렐루야. 오늘 사무엘을 만나게 하여주신 주님을 찬양합니다.

주여, 감사합니다. 이 못난 자를 사무엘 선지자를 만나게 하여 주시다니요!

27. 언제 하나님의 궤안의 아론의 싹 난 지팡이와
만나를 담은 항아리가 없어졌는가를 알게 하시다.
(2014. 9. 19)

저녁에 천국에 올라갔다.
역시 네 마리 흰 말이 끄는 마차가 나를 데리러 왔고 마차 바깥에서 나를 수호하는 천사 그 마차를 모는 천사 두 명이 나에게 왔다.
오늘 마차는 초록빛이 나는 보석마차였다. 그리고 훨씬 안이 넓어져 있는 마차였다.
그 보석마차는 즉시 천국대문을 거쳐서 천국 안에 도착하였다.
내가 마차에서 내릴 때에 보니 내 면류관이 분홍색이 나는 면류관을 쓰고 있었고 오늘따라 내가 입은 옷은 아주 매끄럽게 생긴 드레스였다. 빛이 반짝반짝 나는 옷이었다.

주님이 나를 데리고 모세가 있는 궁으로 가신다.
아니 왜 모세가 있는 궁으로 가시지?
'설마 모세와 함께 성경을 보려고 그러시는 것은 아니겠지?' 하면서 있는데 모세가 나타났고 주님과 나 그리고 모세는 이전에 늘 그랬듯이 테이블에 앉았다.
주님이 주님의 테이블 머리에 앉으시고 내가 주님 우편에 모세가 주님 왼편에 앉았다.
그리고 아니나 다를까 테이블 위에는 두 성경책이 펼쳐져 있었다.

'아니 내가 모세와 얘기할 것이 아직도 남아있나?' 하고 생각하는데
그렇다. 아직 내가 궁금하여 하는 것이 한 가지 생각이 났다.
그것은 하나님의 궤 안에 들어 있는 것에 대한 것이었는데 처음에는 그 궤 안에 십계명을 적은 두 돌판과 그리고 아론의 싹 난 지팡이 그리고 만나를 담은 항아리가 들어 있었는데 나중에 보면 아론의 싹 난 지팡이와 만나를 담은 항아리는 없어지고 십계명을 담은 두 돌판만 그 궤 안에 있는 것을 본다.
그러면 이 아론의 싹 난 지팡이와 만나를 담은 항아리는 어디로 갔다는 말인가?
나는 이것이 항상 내 마음 안에 궁금증이 있었다.

그런데 오늘 주님이 나를 모세를 만나서 이것에 대하여 풀리게 하시는 것이었다.
주님은 내 마음속의 궁금한 것들을 다 알고 계신다.

'어디서 그것들이 없어졌는가?' 하는 것이다.
이것에 대하여 주님께서 나에게 생각으로 알게 하시는 것은
이 하나님의 궤가 엘리 대제사장 때에 블레셋 진영에 빼앗겼었는데 이것이 다시 이스라엘로 돌아오는데 다윗이 그 궤를 찾기까지 약 20년간을 다른 곳에 있었던 것이다.
이 20년간과 관련이 있다는 것이었다.

나는 그래서 천국에서 내려와서 그 성경과 관련된 구절들을 찾아보았다.
즉 하나님의 궤가 블레셋 사람들에게 빼앗겼었는데 블레셋 사람들이 그 궤로 인하여 환난을 당하니 그 궤를 다시 이스라엘로 보낸다.

[삼상 4:1-12]
(1)사무엘의 말이 온 이스라엘에 전파되니라 이스라엘은 나가서 블레셋 사람과 싸우려고 에벤에셀 곁에 진 치고 블레셋 사람은 아벡에 진 쳤더니 (2)이스라엘을 대하여 항오를 벌이니라 그 둘이 싸우다가 이스라엘이 블레셋 사람 앞에서 패하여 그들에게 전쟁에서 죽임을 당한 군사가 사천명 가량이라 (3)백성이 진으로 돌아오매 이스라엘 장로들이 가로되 여호와께서 어찌하여 우리로 오늘 블레셋 사람 앞에 패하게 하셨는고 여호와의 언약궤를 실로에서 우리에게로 가져다가 우리 중에 있게 하여 그것으로 우리를 우리 원수들의 손에서 구원하게 하자 하니 (4)이에 백성이 실로에 보내어 그룹 사이에 계신 만군의 여호와의 언약궤를 거기서 가져왔고 엘리의 두 아들 홉니와 비느하스는 하나님의 언약궤와 함께 거기 있었더라 (5)여호와의 언약궤가 진에 들어올 때에 온 이스라엘이 큰 소리로 외치매 땅이 울린지라 (6)블레셋 사람이 그 외치는 소리를 듣고 가로되 히브리 진에서 큰 소리로 외침은 어찜이뇨 하다가 여호와의 궤가 진에 들어온 줄을 깨달은지라 (7)블레셋 사람이 두려워하여 가로되 신이 진에 이르렀도다 하고 또 가로되 우리에게 화로다 전일에는 이런 일이 없었도다 (8)우리에게 화로다 누가 우리를 이 능한 신들의 손에서 건지리요 그들은 광야에서 여러가지 재앙으로 애굽인을 친 신들이니라 (9)너희 블레셋 사람들아 강하게 되며 대장부가 되어라 너희가 히브리 사람의 종이 되기를 그들이 너희의 종이 되었던 것같이 말고 대장부 같이 되어 싸우라 하고 (10)블레셋 사람이 쳤더니 이스라엘이 패하여 각기 장막으로 도망하였고 살륙이 심히 커서 이스라엘 보병의 엎드러진 자가 삼만이었으며 (11)하나님의 궤는 빼앗겼고 엘리의 두 아들 홉니와 비느하스는 죽임을 당하였더라 (12)당일에 어떤 베냐민 사람이 진에서 달려나와 그 옷을 찢고 그 머리에 티끌을 무릅쓰고 실로에 이르니라

[삼상 4:17-18]

(17)소식을 전하는 자가 대답하여 가로되 이스라엘이 블레셋 사람 앞에서 도망하였고 백성 중에는 큰 살륙이 있었고 당신의 두 아들 홉니와 비느하스도 죽임을 당하였고 하나님의 궤는 빼앗겼나이다 (18)하나님의 궤를 말할 때에 엘리가 자기 의자에서 자빠져 문 곁에서 목이 부러져 죽었으니 나이 많고 비둔한 연고라 그가 이스라엘 사사가 된지 사십 년이었더라

즉 엘리 대제사장 때에 하나님의 궤가 블레셋 사람들에게 빼앗겨서 그들의 신 다곤 신당에 보관되었는데 다곤 신상이 그 하나님의 궤 앞에 넘어져서 목과 팔들이 부러지고 몸이 넘어져 있는 사건이 일어났다.
또한 이 궤가 있을 곳에 있지 못하고 다른 나라에 있으니 하나님이 진노하여 블레셋 사람들에게 독종이 발생하게 하자 이 독종재앙을 거두어 달라고 블레셋 사람들이 금쥐 다섯을 만들어 상자에 넣고 하나님의 궤와 함께 이스라엘로 돌려보냈다.

[삼상 5:1-4]
(1)블레셋 사람이 하나님의 궤를 빼앗아 가지고 에벤에셀에서부터 아스돗에 이르니라 (2)블레셋 사람이 하나님의 궤를 가지고 다곤의 당에 들어가서 다곤의 곁에 두었더니 (3)아스돗 사람이 이튿날 일찌기 일어나 본즉 다곤이 여호와의 궤 앞에서 엎드러져 그 얼굴이 땅에 닿았는지라 그들이 다곤을 일으켜 다시 그 자리에 세웠더니 (4)그 이튿날 아침에 그들이 일찌기 일어나 본즉 다곤이 여호와의 궤 앞에서 엎드러져 얼굴이 땅에 닿았고 그 머리와 두 손목은 끊어져 문지방에 있고 다곤의 몸둥이만 남았더라

그 후에 그 궤가 블레셋 진영에 일곱 달을 있으면서 하나님께서 그 백성들에게 독종재앙을 일으키니 블레셋 사람들이 이 궤를 본처 이스라엘로 돌려보내기로 결정한다. 블레셋 다섯 방백의 수를 따라 다섯 금독종과 다섯 금쥐를 만들어 함께 보내기로 하였다.

[삼상 6:11-16]
(11)여호와의 궤와 및 금쥐와 그들의 독종의 형상을 담은 상자를 수레 위에 실으니 (12)암소가 벧세메스 길로 바로 행하여 대로로 가며 갈 때에 울고 좌우로 치우치지 아니하였고 블레셋 방백들은 벧세메스 경계까지 따라 가니라 (13)벧세메스 사람들이 골짜기에서 밀을 베다가 눈을 들어 궤를 보고 그것의 보임을 기뻐하더니 (14)수레가 벧세메스 사람 여호수아의 밭 큰 돌 있는 곳에 이르러 선지라 무리가 수레의 나무를 패고 그 소를 번제로 여호와께 드리고 (15)레위인은 여호와의 궤와 그 궤와 함께 있는 금 보물 담긴 상자를 내려다가 큰 돌 위에 두매 그 날에 벧세메스 사람들이 여호와께 번

제와 다른 제를 드리니라 (16)블레셋 다섯 방백이 이것을 보고 그 날에 에그론으로 돌아갔더라

그런데 문제는 이 벧세메스에서 일어난 것을 두 번째 천국에 올라갔을 때에 내가 물었다.
'도대체 어디서 그 아론의 싹 난 지팡이와 만나를 담은 항아리가 없어졌습니까?'
왜냐하면 내가 이것을 확실히 하지 않고는 넘어갈 수가 없었기 때문이다.
주님과 모세가 말씀하신다.
'성경에 나타나 있지 않느냐'
그러면서 거기가 어디인지를 말씀하는데 그 대목은 바로 성경에
'그 궤 안을 들여다 보았다'라고 적혀있는 곳이다. 할렐루야.
그들이 그 궤 안을 들여다 보았으므로 성경은 이렇게 기록하고 있다.
그 일로 하나님은 그들에게 진노하사 오만칠십인을 죽였다는 것이다(삼상 6:19).
오 마이 갓!

즉 이 때에 하나님의 궤 안에 들어 있던 아론의 싹 난 지팡이와 만나를 담은 항아리가 없어졌다는 것이다.

[삼상 6:19-20]
(19)벧세메스 사람들이 여호와의 궤를 들여다 본 고로 그들을 치사 (오만)칠십인을 죽이신지라 여호와께서 백성을 쳐서 크게 살륙하셨으므로 백성이 애곡하였더라 (20)벧세메스 사람들이 가로되 이 거룩하신 하나님 여호와 앞에 누가 능히 서리요 그를 우리에게서 뉘게로 가시게 할꼬 하고

그 다음 하나님의 궤는 기럇여아림으로 옮겨져서 다윗이 그 궤를 자신의 궁으로 옮기기까지 아비나답의 집에서 약 20년간을 있게 된다.

[삼상 7:1-2]
(1)기럇여아림 사람들이 와서 여호와의 궤를 옮겨 산에 사는 아비나답의 집에 들여 놓고 그 아들 엘리아살을 거룩히 구별하여 여호와의 궤를 지키게 하였더니 (2)궤가 기럇여아림에 들어간 날부터 이십 년 동안을 오래 있은지라 이스라엘 온 족속이 여호와를 사모하니라

[삼하 6:1-17]
(1)다윗이 이스라엘에서 뺀 무리 삼만을 다시 모으고 (2)일어나서 그 함께 있는 모든 사람으로 더불

어 바알레유다로 가서 거기서 하나님의 궤를 메어 오려하니 그 궤는 그룹들 사이에 좌정하신 만군의 여호와의 이름으로 이름하는 것이라 (3)저희가 하나님의 궤를 새 수레에 싣고 산에 있는 아비나답의 집에서 나오는데 아비나답의 아들 웃사와 아효가 그 새 수레를 모니라 (4)저희가 산에 있는 아비나답의 집에서 하나님의 궤를 싣고 나올 때에 아효는 궤 앞에서 행하고 (5)다윗과 이스라엘 온 족속이 잣나무로 만든 여러가지 악기와 수금과 비파와 소고와 양금과 제금으로 여호와 앞에서 주악하더라 (6)저희가 나곤의 타작 마당에 이르러서는 소들이 뛰므로 웃사가 손을 들어 하나님의 궤를 붙들었더니 (7)여호와 하나님이 웃사의 잘못함을 인하여 진노하사 저를 그곳에서 치시니 저가 거기 하나님의 궤 곁에서 죽으니라 (8)여호와께서 웃사를 충돌하시므로 다윗이 분하여 그곳을 베레스웃사라 칭하니 그 이름이 오늘까지 이르니라 (9)다윗이 그 날에 여호와를 두려워하여 가로되 여호와의 궤가 어찌 내게로 오리요 하고 (10)여호와의 궤를 옮겨 다윗성 자기에게로 메어 가기를 즐겨하지 아니하고 치우쳐 가드 사람 오벧에돔의 집으로 메어 간지라 (11)여호와의 궤가 가드 사람 오벧에돔의 집에 석달을 있었는데 여호와께서 오벧에돔과 그 온 집에 복을 주시니라 (12)혹이 다윗 왕에게 고하여 가로되 여호와께서 하나님의 궤를 인하여 오벧에돔의 집과 그 모든 소유에 복을 주셨다 한지라 다윗이 가서 하나님의 궤를 기쁨으로 메고 오벧에돔의 집에서 다윗성으로 올라갈새 (13)여호와의 궤를 멘 사람들이 여섯 걸음을 행하매 다윗이 소와 살진 것으로 제사를 드리고 (14)여호와 앞에서 힘을 다하여 춤을 추는데 때에 베 에봇을 입었더라 (15)다윗과 온 이스라엘 족속이 즐거이 부르며 나팔을 불고 여호와의 궤를 메어 오니라 (16)여호와의 궤가 다윗성으로 들어올 때에 사울의 딸 미갈이 창으로 내다보다가 다윗 왕이 여호와 앞에서 뛰놀며 춤추는 것을 보고 심중에 저를 업신여기니라 (17)여호와의 궤를 메고 들어가서 다윗이 위하여 친 장막 가운데 그 예비한 자리에 두매 다윗이 번제와 화목제를 여호와 앞에 드리니라

원래 이 하나님의 궤에는 모세 때에 시내산에서 받은 십계명을 적은 두 돌판들과
또한 아론의 싹 난 지팡이(살구꽃이 핀) 또 만나 한 호멜을 담은 항아리가 담겨 있었다.

[히 9:3-5]
(3)또 둘째 휘장 뒤에 있는 장막을 지성소라 일컫나니 (4)금향로와 사면을 금으로 싼 언약궤가 있고 그 안에 만나를 담은 금항아리와 아론의 싹난 지팡이와 언약의 비석들이 있고 (5)그 위에 속죄소를 덮는 영광의 그룹들이 있으니 이것들에 관하여는 이제 낱낱이 말할 수 없노라

[출 16:31-36]
(31)이스라엘 족속이 그 이름을 만나라 하였으며 깟씨 같고도 희고 맛은 꿀 섞은 과자 같았더라

(32)모세가 가로되 여호와께서 이같이 명하시기를 이것을 오멜에 채워서 너희 대대 후손을 위하여 간수하라 이는 내가 너희를 애굽 땅에서 인도하여 낼 때에 광야에서 너희에게 먹인 양식을 그들에게 보이기 위함이니라 하셨다 하고 (33)또 아론에게 이르되 항아리를 가져다가 그 속에 만나 한 오멜을 담아 여호와 앞에 두어 너희 대대로 간수하라 (34)아론이 여호와께서 모세에게 명하신 대로 그것을 증거판 앞에 두어 간수하게 하였고 (35)이스라엘 자손이 사람 사는 땅에 이르기까지 사십년 동안 만나를 먹되 곧 가나안 지경에 이르기까지 그들이 만나를 먹었더라 (36)오멜은 에바 십분의 일이더라

여기서 참고로 한 오멜은 부피로 2.34이다.
그리고 한 오멜은 한 에바의 십분의 일이고 한 호멜의 백분의 일이다.

[민 16:49-50]
(49)고라의 일로 죽은 자 외에 염병에 죽은 자가 일만 사천 칠백명이었더라 (50)염병이 그치매 아론이 회막문 모세에게로 돌아오니라

[민 17:1-11]
(1)여호와께서 모세에게 일러 가라사대 (2)너는 이스라엘 자손에게 고하여 그들 중에서 각 종족을 따라 지팡이 하나씩 취하되 곧 그들의 종족대로 그 모든 족장에게서 지팡이 열 둘을 취하고 그 사람들의 이름을 각각 그 지팡이에 쓰되 (3)레위의 지팡이에는 아론의 이름을 쓰라 이는 그들의 종족의 각 두령이 지팡이 하나씩 있어야 할 것임이니라 (4)그 지팡이를 회막 안에서 내가 너희와 만나는 곳인 증거궤 앞에 두라 (5)내가 택한 자의 지팡이에는 싹이 나리니 이것으로 이스라엘 자손이 너희를 대하여 원망하는 말을 내 앞에서 그치게 하리라 (6)모세가 이스라엘 자손에게 고하매 그 족장들이 각기 종족대로 지팡이 하나씩 그에게 주었으니 그 지팡이 합이 열 둘이라 그 중에 아론의 지팡이가 있었더라 (7)모세가 그 지팡이들을 증거의 장막 안 여호와 앞에 두었더라 (8)이튿날 모세가 증거의 장막에 들어가 본즉 레위 집을 위하여 낸 아론의 지팡이에 움이 돋고 순이 나고 꽃이 피어서 살구 열매가 열렸더라 (9)모세가 그 지팡이 전부를 여호와 앞에서 이스라엘 모든 자손에게로 취하여 내매 그들이 보고 각각 자기 지팡이를 취하였더라 (10)여호와께서 또 모세에게 이르시되 아론의 지팡이는 증거궤 앞으로 도로 가져다가 거기 간직하여 패역한 자에 대한 표징이 되게 하여 그들로 내게 대한 원망을 그치고 죽지 않게 할지니라 (11)모세가 곧 그 같이 하되 여호와께서 자기에게 명하신 대로 하였더라

그래서 이 증거궤 안에는 증거판(십계명을 적은 두 돌판)과 아론의 싹 난 지팡이와 그리고 만나 한

오멜(2.34 liter)을 담은 항아리가 보관되었었다.
그리고 이 궤는 모세 시대를 거쳐 여호수아 시대를 거쳐 사사 시대(약 400년간)를 거쳐서 오는 동안 그대로 보관되어 있다가 엘리 대제사장이 죽은 후에 이 궤가 블레셋 진영에 잠시 있다가 이스라엘로 돌아왔는데 그 때에 벧세메스 사람들이 그 궤 안을 들여다보고 그것들을 꺼낸 것이다. 그러자 하나님은 그것에 진노하여 약 오만 칠십 명을 죽이신 것이다.

[삼상 6:19]
벧세메스 사람들이 여호와의 궤를 들여다 본 고로 그들을 치사 (오만)칠십인을 죽이신지라 여호와께서 백성을 쳐서 크게 살육하셨으므로 백성이 애곡하였더라

할렐루야.
이것을 밝혀주시는 주님을 찬양합니다!

그러면 그 아론의 싹 난 지팡이에는 지팡이에 움이 돋고 순이 나고 꽃이 피어서 살구열매가 맺혔다고 되어 있는데 '이것이 수백 년간 그대로 보관되었는가?' 하는 것이다.
만나도 마찬가지이다. 하루만 지나도 벌레가 먹고 썩고 하였는데 하나님은 '이 항아리에 담은 만나는 수백 년간이나 지나도록 썩지 않게 하셨는가?' 하는 것이다.
그러나 하나님은 만나를 사십년간 이스라엘 민족에게 먹이신 분으로서 말씀 한마디면 그대로 이루어지므로 그분이 하고자 하시는 일은 무엇이든지 가능하므로 무에서 유를 부르시는 하나님께서 증거궤 안에 있는 그것들은 하나도 상하지 않고 썩지 않고 그대로 보존되게 하실 수 있는 분이신 것이다. 할렐루야.
그렇게 수백 년간 썩지도 않고 상하지도 않은 살구열매와 만나를 벧세메스 사람들이 여호와의 궤를 들여다 보고 그것을 꺼냄으로 말미암아 하나님은 그들에게 매우 진노하셔서 오만 칠십인을 죽이셨는데 주님은 바로 이들이 그 궤를 들여다 볼 때에 아론의 싹 난 지팡이와 만나를 담은 항아리가 그 궤에서 꺼냈다는 것이다. 궤만 만지기만 하여도 죽는데…

[삼하 6:6-7]
(6)저희가 나곤의 타작 마당에 이르러서는 소들이 뛰므로 웃사가 손을 들어 하나님의 궤를 붙들었더니 (7)여호와 하나님이 웃사의 잘못함을 인하여 진노하사 저를 그곳에서 치시니 저가 거기 하나님의 궤 곁에서 죽으니라

그러므로 그들이 그 궤를 열어서 그것들을 꺼내었다면 하나님의 진노가 얼마나 컸겠는가? 가히 짐작이 간다.
그래서 벧세메스 사람들이 오만 칠십명이나 하나님의 진노로 인하여 죽은 것이 이해가 가는 것이다. 할렐루야.
가르쳐 주시는 주님을 찬양합니다!

28. 주님은 한국전쟁이 일어나면 남한이 선제공격하기를 원하시고 그것을 놓고 기도하기를 원하신다.
(2014. 9. 19)

천국에 올라갔는데 주님은 나를 바로 회의실로 데리고 가셨다.
그런데 가기 전에 절벽 위에서 앞에 있는 폭포수의 생명수 물로 내 얼굴을 씻기셨다.
회의실에는 마리아와 제자들이 와 있었고 테이블 위에는 한국지도가 놓여 있었다.
나는 테이블 위에 있는 지도를 보면서 주님께 말했다.
"주님, 남한이 피해가 적도록 선제공격하게 하여 주세요."
모두가 조용했다.

그 자리에서 주님은 남한이 앞으로 일어날 전쟁 때문에 그것을 놓고 기도하기를 원하셨다.
그것도 금식 기도하여 모든 크리스천이 참가하여 일주일에 하루를 나라를 놓고 금식기도하면서 군부와 수뇌부에서 미국과 일본 그리고 우리나라가 선제공격할 수 있도록 기도하라는 생각을 주님이 나에게 천국에서 넣어 주셨다. 할렐루야.

나는 이것을 다시 한 번 주님께 확인하여야겠다.
그리하여 금식할 자들을 위하여 인터넷 사이트를 만들어서 그 명단을 채우게 하여 전국적으로 나라를 놓고 기도하게 하라는 것이었다.
할렐루야.
나는 이것을 다시 한번 주님과 함께 확인할 것을 원한다.

그리고 그대로 진행하기를 원한다.
할렐루야. 주님, 감사합니다.

29. 순교자들의 피를 신원하여 주는 때는 언제인가?
(2014. 9. 19)

천국에 올라갔다.
흰 말 네 마리가 모는 초록색 나는 황금으로 장식된 마차가 나를 데리러 왔다.
수레 바깥에서 나를 수호하는 천사가 나를 보고 인사를 한다.
"주인님, 어서 오세요."
그리고 마차를 모는 천사도 나에게 눈으로 인사를 한다.
나는 즉시 마차에 올라탔다. 마차 안을 보니 그 안이 조금 바뀌어져 있었다.
내가 앉는 자리는 말들이 있는 앞쪽으로 있었고 내가 앉는 자리는 꼭 여왕이 앉는 자리처럼 아주 호화롭게 생겼다.
그런데 오히려 주님이 옆으로 된 긴 좌석에 앉아계셨다.
내가 주님보고 주님께서 여기에 앉으셔야 한다고 하자 주님이 말씀하신다.
"이 마차는 네 것이란다."
그래서 주님이 나와 함께 마차를 타고 천국에 올라갔다.

주님은 나를 우물가로 인도하셨다. 그 우물가에는 흰 날개 달린 천사들이 관리하고 있었다.
그리고 그 우물 속에서 길어내는 물은 생명수 물이었다.
나는 오늘 그 우물이 어떻게 생겼는지 정말로 또렷이 보였다.
우물이 황금으로 된 우물이었다.
그 우물의 가장자리 위에는 큰 다이아몬드들이 박혀 있었다.
아니 이렇게 아름다운 우물이 있을 수가 ....
이전에는 우물이라는 것만 알았는데 오늘 그 우물이 너무나 자세히 보인 것이다.

그러고 나서 주님과 나는 절벽위로 올라가 다시 폭포수 있는 데로 갔다.
주님이 내 얼굴을 그 폭포수 물로 씻기셨다.
그러고 나서 주님과 나는 날았다.
한없이 주님과 날고 싶었다.

유리바다 위에 떠 있는 카탈리나 섬 같은 곳 위로도 날았다.
주님의 손을 꼭 잡고 날고 있었다. 이런 경우는 주님과 나는 구름을 타지 않는다.
그냥 날아오른다. 그리고 구름 없이 날았다. 할렐루야.
기분이 너무 좋았다. 주님과 같이 있는 그 기분은 말할 수 없다.
나는 주님과 자꾸만 더 있고 싶었다.

유리바다 앞에 있는 벤치로 갔다.
거기서 주님과 나는 말없이 한참이나 앉아 있었다.
주님과 있는 이 시간은 꼭 내가 주님을 마음껏 먹고 마시는 기분이다.
아무 말없이 오래 그렇게 앉아 있는 것이 내 영의 기분을 극도로 행복하게 하여 준다.
아, 이전에 왜 이런 것을 몰랐을까?……
그냥 그분과 이렇게 오래 앉아 있으면 되는 것을………
나는 그것도 모르고 주님 만나자마자 꼭 무엇을 봐야 하고 물어야 하고 등등 많이 바빠하였다.
그러나 이제 주님과 함께 있는 방법을 조금 더 터득하게 되었다.
정말 그분과 함께 있는 것이 너무 좋다. 그 좋은 것을 인간으로써 표현할 방법이 없다.
한참을 그렇게 주님과 함께 있는데 모세가 구름을 가지고 주님과 나를 모시러 왔다.
우리는 구름을 타고 요한의 집 앞에 있는 피크닉 테이블로 갔다.
요한이 거기에 와 있었다.
우리는 각자 자리에 앉았다.
그리고 우리가 보는 곳은 계시록 6장 제단 아래에 있어 하나님의 말씀과 증거로 인하여 순교를 당한 자들이 주님에게 자신들의 피를 언제 신원하여 줄 것인가를 묻고 있는 곳이었다.

[계 6:9-11]
(9)다섯째 인을 떼실 때에 내가 보니 하나님의 말씀과 저희의 가진 증거를 인하여 죽임을 당한 영혼들이 제단 아래 있어 (10)큰 소리로 불러 가로되 거룩하고 참되신 대주재여 땅에 거하는 자들을 심판하여 우리 피를 신원하여 주지 아니하시기를 어느 때까지 하시려나이까 하니 (11)각각 저희에게

흰 두루마기를 주시며 가라사대 아직 잠시 동안 쉬되 저희 동무 종들과 형제들도 자기처럼 죽임을 받아 그 수가 차기까지 하라 하시더라

여기서 주님이 내게 알게 하시는 것은 그 순교자들의 피를 신원하는 것은 언제인가 하면 결국 사단이 벌을 받고 무저갱으로 들어갈 때를 말한다는 것을 알게 하신다.
왜냐하면 바로 그전에 적그리스도와 거짓선지자가 유황 불못에 던져지고 사단도 무저갱에 들어가면 이제는 이 천하의 나라가 주님께로 돌려질 것이기 때문이다.
그들을 죽인 것은 사단이다.
그러므로 그들의 피를 신원하는 주는 날은 이 사단의 모든 권세를 빼앗는 날인 것이다.
할렐루야.
그리고 주님은 천년왕국에 들어가신다.
그 후에 잠깐 사단을 풀어놓아 곡과 마곡을 미혹하는 데 잠깐 쓰임을 받는다. 그러나 이 사단의 모든 권세가 사실은 천년왕국 들어가시기 전에 다 빼앗겨지는 것이다.
할렐루야. 아멘.
그러다가 곡과 마곡 전쟁후에 사단은 완전히 유황 불못에 영원히 던져진다.

[계 20:10-11]
(10)또 저희를 미혹하는 마귀가 불과 유황 못에 던지우니 거기는 그 짐승과 거짓 선지자도 있어 세세토록 밤낮 괴로움을 받으리라 (11)또 내가 크고 흰 보좌와 그 위에 앉으신 자를 보니 땅과 하늘이 그 앞에서 피하여 간데 없더라

30. 제단아래서 자신들의 피를 신원하여 주기를 기다리는 순교자들
(2014. 9. 19)

두 번째 천국에 올라갔는데
주님은 나를 어떤 사람들의 그룹들이 있는 곳에 데리고 가셨다.

그들은 둥근 면류관 같은 것을 쓰고 있었는데
그중에 또 한 명은 흰 옷을 입고 단발 머리를 한 여자가 제단 아래서
주님께 간구하고 있는 모습이 보였다.
이들은 바로 제단 아래서 자신들의 피를 신원하여 주기를 기다리는 순교자들이었다.

그 다음 그 수가 차기까지는 아직 풀리지 않았다.
이 수는 어떤 수일까? 질문만 갖다가 내려왔다.

[계 6:9-11]
(9)다섯째 인을 떼실 때에 내가 보니 하나님의 말씀과 저희의 가진 증거를 인하여 죽임을 당한 영혼들이 제단 아래 있어 (10)큰 소리로 불러 가로되 거룩하고 참되신 대주재여 땅에 거하는 자들을 심판하여 우리 피를 신원하여 주지 아니하시기를 어느 때까지 하시려나이까 하니 (11)각각 저희에게 흰 두루마기를 주시며 가라사대 아직 잠시 동안 쉬되 저희 동무 종들과 형제들도 자기처럼 죽임을 받아 그 수가 차기까지 하라 하시더라

31. 순교자의 수가 차기까지, 그 수는?
   (2014. 9. 26)

천국에 올라갔다.
주님은 나를 모세의 궁으로 데리고 갔다.
모세가 하늘색 옷을 입고 나왔다.
모세는 황금지팡이를 다시 나에게 준다.
나는 오늘따라 분홍색 드레스를 입고 있었다.
수레에서 내릴 때부터 내 드레스가 바꾸어져 있었다.
우리 모두는 구름을 타고 요한의 집 앞에 있는 피크닉 테이블로 갔다.
우리는 각자 자리에 앉고 요한과 나는 성경을 펴고 있었다.

내가 가지고 있는 질문은 계시록 6장에서 순교자의 수가 차기까지에서 그 수가 얼마인지에 대하여 알고 싶어 하였다.

[계 6:9-11]
(9)다섯째 인을 떼실 때에 내가 보니 하나님의 말씀과 저희의 가진 증거를 인하여 죽임을 당한 영혼들이 제단 아래 있어 (10)큰 소리로 불러 가로되 거룩하고 참되신 대주재여 땅에 거하는 자들을 심판하여 우리 피를 신원하여 주지 아니하시기를 어느 때까지 하시려나이까 하니 (11)각각 저희에게 흰 두루마기를 주시며 가라사대 아직 잠시 동안 쉬되 저희 동무 종들과 형제들도 자기처럼 죽임을 받아 그 수가 차기까지 하라 하시더라

즉 순교자들이 자신들의 피를 언제 신원하여 줄 것인가를 묻고 있었다.
그런데 주님은 천국에서 이때는 바로 사단이 온전히 힘을 잃을 때라고 하셨다.
그러므로 주님은 오늘도 그들의 피를 신원하는 때는 바로 사단이 그 모든 권세를 잃는 때라 말씀하신다. 할렐루야.
그러므로 주님께서 그들에게 흰 두루마기를 주시면서 잠시 동안 동무들의 수가 차기까지 기다리라 하신 것은 바로 순교자의 수가 사단이 그 힘을 온전히 잃을 때 즉 이 세상 공중권세 잡은 모든 것을 잃는 때라 볼 수 있다.
그 때의 수인 것이다.

어떤 분은 이 숫자가 바로 그 뒤에 나오는 이마에 인 맞은 자의 숫자 십사만 사천이라는 숫자와 동일하다고 한다. 그런데 그것이 아닌 것이 분명하다.

나에게 주님이 가르쳐 주신 것은 그 동무들의 숫자는 언제까지 합하여져서 계산이 되어져야 하냐면 사단이 그 권세를 온전히 잃을 때까지의 주님과 주님의 말씀 때문에 순교한 자들의 숫자인 것이다.
그러므로 이 숫자는 분명히 십사만 사천보다 훨씬 클 것으로 예상된다.
지금까지 하나님과 하나님의 말씀 때문에 순교한 자들의 수에다가 앞으로 대환난이 오는데 그 대환난 때에 목베임을 당하거나 순교하는 자들의 수일 것이다.

그러므로 이 동무 순교자들의 수는 분명히 십사만 사천보다 많은 것이 분명하다.
전세계의 인구가 지금만 하여도 65억명이다.
'한번 생각을 해보자'
미국만하여도 3억의 인구인데 약 95%가 짐승의 표를 다 받고 5%만 안 받을 것이라 하면 3억의 5%는 천 오백만 명이다. 십사만 사천을 넘어도 훨씬 넘는 숫자이다.
그러므로 여기서 표 안 받고 순교하는 자의 수가 벌써 십사만 사천을 넘는다.

그런데 이 순교자의 수는 그들의 피를 신원하여 주는 것이 사단의 모든 권세가 파하여지는 날이라 주님께서 나에게 알게 하여 주셨다.
그러므로 주님이 나에게 가르쳐 주신 것은 이 수가 십사만 사천이 아니다.
훨씬 더 많은 것을 알게 하여 주셨다.
할렐루야.
그리고 이 숫자는 주님만 아시는 것 같다.
내가 아무리 주님께 가르쳐 달라고 하여도 안 가르쳐 주셨다.
그러므로 나는 더 이상 이 숫자를 주님께 가르쳐 달라고 하지 아니할 것이다.
왜냐하면 주님이 가르쳐 주시지 않는 것을 내가 억지로 알려고 할 필요도 없는 것이다(요약편 11. 순교자들의 피를 신원하여 주는 때를 참조).
할렐루야.

32. 한국에 가서 외치기를 원하시는 주님
(2014. 9. 30)

3시간 기도 후에 천국에 올라갔다.
올라갈 때에 마차 바깥에서 나를 수호하는 천사가 말한다.
"주인님, 어서 오세요. 주님이 기다리고 계십니다."
흰 말 네 마리가 끄는 황금수레 마차는 나를 태우고 즉시 천국에 올라갔다.

주님께서 자신의 구멍 뚫린 손을 보여주시면서 나에게 손을 내미시면서 맞아주셨는데
주님과 나는 즉시 유리바다 앞에 와 있었다.
거기에는 하얀 옥색의 기다란 보트가 있었다.
주님과 나는 그 보트를 탔다. 그 보트는 유리바다 위에 떴다.

주님이 말씀하신다.
"내가 너에게 할 말이 있다."
"사라야!"
"네"
나는 그 보트의 이쪽에 주님은 저쪽에 앉아 있었다.
나는 그 말씀을 듣자마자 주님께 마음속으로 빌고 있었다.
'주님 제가 잘못한 것 있으면 용서하여 주세요.'하고 말이다.
왜냐하면 나에게 할 말이 있다 하셔서 심각하신 것 같아 혹시나 나를 꾸중하시나 생각이 들었기 때문이다.
왜냐하면 나는 항상 주님 앞에 잘못한 것이 많기 때문이다.
그런데 주님이 또 내 이름을 부르신다.
"사라야!"
그리고 그 다음 나에게
"가라!"라고 말씀하신다.
나는 어디로 가라고 하시는지 몰라서
"네?"
그런데 즉시 무엇을 의미하시는지 알아졌다.

사실 한국에서 어제 집회 초청이 왔었다.
주님이 나에게 한국에 가라는 것이다.
주님은 나에게 한국에 가서 외치라 하신다.
'한국에 전쟁이 날 것이니 준비하라.'라고 말하라 하신다.
'기도하라.'라고 말하라 하신다. '나라를 위하여 기도하라.'라고 말하라 하신다.
"네 알겠습니다. 주님" 할렐루야.

그리고 주님과 나는 보트에서 구름을 타고 즉시 주님의 보좌 앞에 왔다.
주님은 주님의 보좌에 앉으시고 그 옆에 흰 두 날개 달린 천사들이 서 있었다.
나는 주님 앞에 엎드려 있었다.
그리고 나는 주님께 빌고 있었다.
"주님 저를 용서하여 주세요."
나는 사실 무엇을 잘못하였는지 모르지만 어쨌든 나는 주님께 용서하여 달라고 빌고 있었다. (이것은 우리 인간이 주님 앞에 있게 되면 자연스런 행동이다. 무조건 잘못했다고 빌고 있는 그것이 우리 인간이 그분 앞에서 느끼는 감정인 것이다.)

주님은 천사에게 말씀하셨다.
"가져와서 입혀라."
그랬더니 천사가 나에게 하나의 왕복을 가져와서 입혔다.
즉 내게 왕복이 입혀지고 금홀까지 주어졌다.
왕복은 여왕들이 있는 왕복에다가 뒤에 아름다운 가운까지 달린 옷이었다.
그리고 여왕이 쓰는 면류관까지 나에게 씌우셨다.
그러고 나서 주님은 나를 보고 '내 옆에 와서 서라.'라고 말씀하시는 것이었다.
이 때에 주님의 보좌 옆에 서 있던 모든 천사들이 박수를 쳤다.
나를 환영하는 것이었다.

이 때에 주님이 나에게 왕복을 입히신 이유는 내가 한국에 가서 천국과 지옥 간증을 할 것이기 때문에 입게 하셨다는 것을 알게 하여 주셨다.
즉 나에게 가라는 것이다. 그리할 때에 나에게 이러한 왕복이 입혀질 것이라는 것이다.
할렐루야.
천국에는 왕권을 가진 자들이 있다.

주님이 말씀하신다.
"한국에 가서 외쳐라."
또 주님은 말씀하신다.
"내가 너에게 두 개의 팔찌를 주지 아니하였느냐?"
"내가 너와 함께 일할 것이다."
할렐루야, 아멘.
'주님, 감사합니다. 제가 그렇게 하겠습니다.'
주님께서 내게 확실히 한국에 가서 외치라 하셨다.
그 집회 요청에 대한 응답을 받은 것이다.

그러고 나서 주님과 나는 마리아의 집 뒤에 있는 porch에 와 있었다.
마리아가 우리와 함께 있으면서 무엇인가를 먹고 있었다.
시중하는 천사가 저쪽에 서 있었다. 그는 흰 날개 달린 천사였다.

주님이 또 말씀하신다.
"가라! 한국으로"
나는 물었다. "주님 제가 몇 군데를 집회할까요?"
6-7군데라는 것이 들어온다.
할렐루야.
주님 감사합니다.

그리고는 내려왔다.
그 후에 나는 2014년 11월달에 한국에 가서 집회를 하게 되었다. 그리고 그 집회에서 주님이 전하기를 원하시는 말씀들을 전하게 되었다. 할렐루야.

33. (i) 내가 천국을 보는 상태가 사도 바울이 고린도후서 12장에서 낙원을 본 것과 같은 상태라 하였다.
(ii) 이기는 자들에게 주어지는 흰 돌에 적혀지는 새 이름에 대하여 알게 되다.
(iii) 천국에서 사무엘과 한나를 만나다.
(2014. 9. 30)

(i) 내가 천국을 보는 상태가 사도 바울이 고린도후서 12장에서 낙원을 본 것과 같은 상태라 하였다.

천국에 올라갔다.
흰 말이 달린 황금수레 마차를 가지고 나를 데리러 온 두 천사가 분홍색이 나는 옷을 입고 있었다.
나도 나를 보니 내가 수레에서 내릴 때 분홍색 드레스를 입고 있었고 왕의 면류관 같은 금면류관을 쓰고 있었다.
주님은 나를 마중하러 나와 계셨고 주님과 나는 벌써 구름 위에 타서 유리바다 위로 떠 있었다.
그렇게 구름 위에 있는데 갈매기 하나가 와서 나에게 푸른 보석하나를 준다.
주님과 나는 그 구름 위에서 하얀 옥색 테이블을 놓고 의자에 마주 앉아 있었다.
할렐루야.
'아하 너무 좋다.' 구름 위에서 이렇게 탁자를 놓고 주님과 내가 마주 바라보고 앉아 있으니 아래는 유리바다가 보이고 그 위에는 카탈리나 섬 같은 곳이 있고 우리가 그 위로 날고 있었다.

그리고 조금 있으니 바울이 주님과 내가 있는 구름 위로 왔다.
그는 고린도후서 12장에서 자신이 몸 안에 있었는지 몸밖에 있었는지 모른다고 했는데 낙원으로 이끌려 올라가 사람에게 가히 이르지 못할 말을 들었다고 성경은 기록한다.
그래서 나는 바울에게 이러한 상태가 어떤 상태인지를 물었다.
그랬더니 바울이 나에게 알게 하는 것은 '내가 바로 이런 상태에서(몸 밖에 있었는지 몸 안에 있었는지 나는 모르거니와) 천국을 본다'는 것이다.
할렐루야.
그리고 바울이 갔다.
즉 바울이 이곳에 온 것은 나에게 자신이 어떤 상태에서 낙원에 갔었는지를 나에게 설명하여 주기 위하여 왔다고 할 수 있다. 왜냐하면 그가 말하기를 내가 꼭 그런 상태에서 천국을 보고 있다고 말하였기 때문이다. 할렐루야.

내가 천국을 보는 상태는 내 영이 내 몸을 빠져 나오는 것은 아니다. 나는 이전에 내 영이 두 번이나 내 몸을 빠져나와 본적이 있으므로 나는 그런 것이 어떠한 것인지 명확히 안다.

즉 또 하나의 다른 내가 내 육체 바깥에서 내 육체를 볼 수 있다. 그런데 내가 천국과 지옥을 보는 것은 정말로 내가 내 안에 있었는지 바깥에 있었는지 나는 모르지만 주님만 아시는데 결코 나는 내 몸을 빠져나와서 나를 보지는 않는다. 다만 내 영이 즉시 영의 세계를 갈 뿐이다.

그러므로 이것이 정말 신비이다. 할렐루야.

(ii) 이기는 자들에게 주어지는 흰 돌에 적혀지는 새 이름에 대하여 알게 되다.

그 다음에는 마리아 이름을 가진 세 명이 왔다.
이 세 명의 마리아는 예수님을 육체로 낳은 마리아, 막달라 마리아 그리고 마르다의 동생 마리아였다. 그들은 흰 돌들을 각자 한 개씩 가지고 있었다.
그 돌들의 크기는 큰 감자만한 크기였다.
긴 지름이 약 15cm 그리고 짧은 지름이 약 6-7cm 정도 되는 난원형의 흰 돌들이었다.
나는 이 돌을 보는 순간 계시록에서 나오는 이기는 자들에게 주어지는 흰 돌이 생각이 났다.
할렐루야.

주님이 버가모 교회에 보내는 편지에서 이기는 자들에게는 만나와 흰 돌을 줄 것이라 말씀하셨다.

[계 2:17]
귀 있는 자는 성령이 교회들에게 하시는 말씀을 들을지어다 이기는 그에게는 내가 감추었던 만나를 주고 또 흰 돌을 줄 터인데 그 돌 위에 새 이름을 기록한 것이 있나니 받는 자 밖에는 그 이름을 알 사람이 없느니라

그리고 그 흰 돌들에는 천국의 언어로 그들과 주님과의 관계를 나타내는 새 이름이 적혀 있었다.
그리고 나에게도 테이블 위에 흰 돌이 하나 주어져 있었는데 거기에는 아직 새 이름이 없었다.
즉 이 새 이름은 이기는 자들에 속하여 지상에서의 인생을 다 마치고 오면 이 흰 돌에 그 사람과 주님과의 특별한 관계를 나타내는 새 이름이 기록이 된다. 그러므로 받는 사람외에는 그 이름을 아는 자가 없다는 것이다.
그런데 그 새 이름은 예수님의 이름이다.

그러면 예수님의 이름이 다 다르냐 그렇지 않다. 예를 들어서 나와 하나님과의 관계 속에서 나에게는 특별히 구세주 하나님이 많이 어필이 되었으면 그런 의미를 지닌 천국언어로 주님의 이름이 적혀진다는 것이다. 그리고 다른 사람들에게는 또 다른 관계를 나타내는 주님의 새 이름이 적혀지게 되는 것이 알아졌다. 할렐루야.

이 순간은 이 흰 돌에 주어지는 새 이름이 어떤 것인지가 밝혀지는 순간이었다. 할렐루야.

이 세 마리아는 다 믿음의 사람들이었다.

그래서 나는 이렇게 말했다.

'주님, 마리아라는 이름이 좋군요'하고...........

왜냐면 이기는 자에 속하는 것을 보이는 흰 돌을 가지고 나타난 자들이 다 마리아만 나타났으니 말이다.

그리고서는 그들은 그렇게 흰 돌을 나에게 보여주고는 갔다.

할렐루야.

그들이 가고 난 후에 나는 머리를 테이블에 대고 이렇게 말했다.

"주님 저는 어떻게 해요? 저는 저들과 같지 못해요" 하면서 울었다.

즉 나는 그들에 비하여 보잘 것 없는 인간임을 고백하는 것이었다.

나는 주님께 말했다. '주님 저는 저분들과는 비교가 안 되요'하면서 울었다.

(iii) 천국에서 사무엘과 한나를 만나다.

그러고 있는데 조금 있다가 사무엘이 왔다.

사무엘은 머리가 희고 젊은 청년인데 키가 큰 편이다.

옷은 약간 하늘색이 나는 흰 옷을 입고 나타났다. 그가 와서 앉았다.

그리고 우리는 한국에 구국금식기도운동에 대하여 말하고 있었다.

주님이 그 운동을 벌이라 하셨다.

내가 물었다.

"주님 이렇게 구국금식기도운동을 하고 나면 어떤 결과가 일어나나요?"

주님이 나에게 알게 하여 주신다.

그 금식운동에 참여한 자들이 나중에 통일된 한국을 새롭게 하는데 쓰임 받을 일꾼들이 될 것이라고...........

할렐루야. 아멘.

그러나 나는 지금 이 말을 함부로 할 수 없을 것이다.

그리고 조금 있다가 사무엘을 지상에서 낳은 한나가 도착했다.
한나는 키가 좀 크고 머리를 뒤로 올린 날씬한 미인이다. 그는 아름다운 흰 드레스를 입고 있었다.
그리고 나서 나는 내려왔다.
그러나 나는 왜 사무엘의 집이 내가 천국에 도달하는 레벨보다 10층 정도 아래에 있는지 잘 모른다.
그의 집은 아름다운 큰 궁이다. 그 이유가 나에게 아직 알려지지 않고 있다.
할렐루야.

34. 늘 우리의 중심을 보시는 주님
(2014. 10. 2)

천국에 올라갔다.
수레에서 내릴 때에 나의 옷을 보니 '내 옷이 흰 옷에다가 황금으로 장식되어 있는 것'으로 보아서 아하 오늘도 사무엘의 집으로 가는 것을 알겠다.
주님과 나는 꼭 언덕길을 쭉 내려가듯이 사무엘의 집이 저 아랫동네처럼 생긴 곳에 큰 궁전으로 있었다.
그 궁은 흰 옥색에다가 그 지붕들이 둥글게 뾰족하게 생겼는데 그 가장자리들이 황금색으로 장식이 되어 있었다. 꼭 내가 입은 옷처럼 말이다.

그리고 사무엘의 집으로 갈 때에는 왜 내가 이렇게 그 궁과 같이 매치되는 옷을 입는지 나는 모른다.
나는 주님과 그렇게 사무엘의 집으로 내려가면서 나는 계속 내 마음속으로 주님께 물었다.
"주님 왜 사무엘의 집이 이렇게 언덕아래 있는 것이지요? 무슨 특별한 이유라도 있나요?"
그런데 주님은 아무런 말씀이 없으시다.
그래서 나는 '아직 내게 말씀하시면 안 되나 보다.'라고 생각하였다.
그리고 주님과 내가 그 언덕을 내려가 그의 집에 도착하니 사무엘이 나왔다.
주님과 나 그리고 사무엘은 그의 집 바깥 정원에 놓여 있는 파라솔이 있는 테이블에 앉았다.
내가 앉고 내 옆쪽으로 주님 그 다음 사무엘이 앉았다.

사무엘은 연한 색깔의 하늘색이 나는 흰 옷을 입고 있었는데 그의 키는 조금 큰 편이었다.
그리고 머리는 하얀 청년이다.

우리는 셋이 앉아서 처음에는 무슨 이야기를 해야 하나 하면서 그냥 그렇게 세 명이서 앉아 있었다.
특별히 생각나는 것이 없어서 나는 구국금식기도운동의 주제를 꺼냈다.
아니 사실 지금 생각하여보니 사무엘을 만날 때마다 주님과 나 그리고 사무엘은 구국금식기도운동에 대하여 말을 주고 받았었다.
그런데 마음으로 알아지는 것이 주님과 사무엘은 나에게 무엇을 가르치고 싶어 하였는가 하면
'우리 주님은 중심을 보시는 분이시다.'라는 것을 알게 하신다.
주님은 다윗을 뽑을 때에도 외모를 보지 않고 중심을 보셨다.
즉 주님은 이렇게 모인 자리에서 특별히 오늘 나에게 전하고자 하는 메시지는
주님은 늘 내 중심을 보시는 분이시므로 나의 중심이 주님 앞에 합격하여야 함을 다시 한번 상기시켜 주셨다. 할렐루야.

마찬가지로 주님은 이 자리에서 우리가 구국금식기도운동을 벌인다할지라도 그 금식기도에 참석하는 자들의 외모나 형식을 보시는 것이 아니라 그 중심을 주님이 보실 것이라는 것을 나에게 상기시켜 주고 계셨던 것이다.
할렐루야.

35. 천국에서 한국을 위하여
'구국금식기도운동을 하라'는 주님의 메시지
(2014. 10. 6)

아침에 약 3시간 정도 기도를 한 후에 천국에 올라갔다.
나를 마중하러 나온 천사가 심각한 얼굴로 나를 맞이하여 주었다.
나를 데리러온 마차와 말들, 그리고 나를 마중 나온 천사들, 그들의 옷과 장식들이 꼭 들에서 황금 벼들이 물결치듯이 온통 전체가 노란 것처럼 이들의 전체가 꼭 그렇게 황금색으로 물든 것 같이

보였다.

내가 왜 이러한 것들을 자세히 열거하느냐면 내가 천국에 올라갈 때에 처음에 비추어지는 이 모든 것들이 참으로 중요한 의미를 갖는다는 것을 알게 되었다.

즉 이들은 그 다음에 일어나는 일들에 대한 어떤 징조 같은 의미를 가지고 있었다.

그래서 나는 참으로 의아하여 하였다.

오늘은 어찌 이렇게 다 황금색으로 도배한 것처럼 보이는지…. 말이고 수레고 사람이고….

그리고 나는 즉시 마차를 타고 천국에 도착하였다.

내가 수레에서 내렸는데도 주님은 보이시지 않았다.

그래서 당황하고 있는데 저 하늘에 아주 밝은 빛이 내 쪽으로 비쳐오고 있었다.

그 빛은 눈이 부셨다. 그 빛이 점점 내 쪽으로 가까이 오더니 그 빛 속에서 주님의 얼굴이 보였다.

주님의 얼굴은 빛 그 자체였다. 그러더니 서서히 빛이 빛나는 것이 어느 정도 감하여지더니 주님이 전체가 보이면서 그분은 나를 맞아 주셨다.

주님은 나를 끌어 올리셔서 주님과 나는 어느새 구름 위에 있었다.

구름 자체가 의자를 만들고 있어서 주님과 나는 그곳에 앉은 채로 그 구름을 타고 나는 것이었다.

그리고서는 어느새 주님의 보좌 앞에 도착하였다.

주님은 주님의 보좌에 앉으시고 양옆에 두 천사가 보좌하고 있었고 그리고 주님의 보좌 앞쪽으로 양옆으로는 천사들이 쭉 늘어서 있었다.

그리고 나는 그 보좌 앞에서 바짝 엎드려 있었다.

"주님 저를 용서하여 주시옵소서" 라고 말하고 있었다.

죄인은 주님 앞에서 이 말밖에 할 말이 없는 것과 같이 나도 주님의 보좌 앞에서 이렇게 말하고 있었다.

그렇게 엎드려서 용서를 구하고 있는 나를 양쪽 옆으로 서 있는 천사들은 오히려 나를 환영하고 있었다.

주님은 엎드려서 용서를 비는 나를 내 자리에 앉으라 하셨다.

그러는 중에 에스더가 와서 주님 옆에 섰고 또 모세가 와서 주님 옆에 섰다.

모세는 나에게 그가 가지고 온 황금지팡이를 주었고 또 에스더도 그녀가 가지고 있던 금홀을 내게 주었다. 둘 다 의미가 있는 것이었다.

나는 그것들을 받아서 내 자리에 와서 앉았다.

그리고서는 나는 주님 보좌 앞에 다시 엎드려서 말했다.
"주님 제가 이번에 구국금식기도운동을 벌여야 하나요 말아야 하나요?"
그러자 갑자기 큰 대접을 하나씩 안은 흰 날개 달린 일곱 천사들이 나타났다.
그리고 주님 앞에 둥글게 반원을 그리며 서는 것이다.
나는 즉시 알 수 있었는데 '아하! 이 천사들이 각 하루씩 월, 화, 수, 목, 금, 토, 일 금식하며 기도하는 자들의 기도를 이 대접에다가 담아서 주님께 올리겠구나!' 하고 알아진 것이다.
할렐루야.

그리고 그 명단들이 하늘나라에 그대로 기록되어질 것을 알게 하여 주셨다.
할렐루야. 아멘.
주님을 찬양합니다.
이것은 내가 가졌던 응답이었다.
나는 그 기도를 진행해야 할지 안해야 할지 그리고 정말 주님이 그것을 원하시는 것인지 확인하고 싶어 하였는데 오늘 그 응답을 받은 것이다.
할렐루야.
그리고 그 천사들이 가진 대접 안에는 각각 작은 태극기 하나씩이 꽂혀 있는 것이 보였다.
할렐루야.

그리고서는 나는 내려왔다.
주님이 구국금식기도운동을 하라는 것이었다.
할렐루야.

그 다음 나는 다시 천국에 올라갔다.
이번에는 말들이나 수레가 정상적인 칼라로 보였다.
내가 천국에 내려서도 주님이 나를 마중 나오셨다.
그런데 내리자마자 나는 무슨 에스컬레이터를 탄 것처럼 계속 밀려서 나가는 것이었다.
주님을 만났는데 주님과도 같이 계속 에스컬레이터를 탄 것처럼 계속 미끄러져 가는 것이었다.
그것은 주님과 내가 어떤 길을 에스컬레이터 타듯이 저절로 구불구불 올라갔다. 이 에스컬레이터는 옆으로 계속 올라가더니 결국은 천국의 회의실에 도착하는 것이었다.
나는 참으로 이상하여 아니 기분은 좋은데 이렇게 천국에서도 에스컬레이터 타듯이 올라가다니……
나는 정말 천국에서는 가능하지 아니한 것이 없다는 생각이 들었다.

그래서 나는 주님께 그렇게 말하였더니 주님도 그렇게 말씀하신다.
"그렇단다. 천국에는 모든 것이 가능하단다."
할렐루야.

주님과 나는 회의실에 도착하였는데 주님이 주님의 자리에 좌정하시고 마리아가 주님의 오른 편 옆에 그 다음 베드로가 와서 앉고 그 다음 모세가 오고 그 다음은 삭개오가 와서 앉았다.
주님의 왼편에는 먼저 내가 앉고 그 다음 바울이 와서 앉고 그 다음 이사야가 오고 그 다음은 에스더가 와서 앉았다.
그리고 테이블 위에는 초록색의 한국지도가 놓였고 그 옆에는 우리가 시행하려고 하는 구국금식기도운동 도표가 놓여 있었다. 할렐루야.
나는 그것을 보는 순간 '아하! 주님이 이렇게 보여주시는 것은 한국을 놓고 이렇게 꼭 구국금식 기도운동을 하라는 것'임을 알게 되었다. 할렐루야.
주님 감사합니다.
주님이 나에게 전하고자 하는 모든 메시지가 거기 있었다. 할렐루야.

36. 주님은 한국에(2014년 11월) 가서 집회할 내용을 말씀하여 주시다.
(2014. 10. 6)

저녁에 몇 시간 기도한 후에 천국에 올라갔다.
네 마리의 흰 말이 끄는 청록색과 흰색이 어우러진 큰 수레를 끄는 마차가 나를 데리러 왔다.
수레바깥에서 나를 수호하는 천사가 말한다.
'주님이 기다리신다고......'
그리고 한마디를 더 한다.
"주인님을 모시게 되어 영광입니다."
그래서 나는 오히려 그 수호천사에게 이렇게 말했다.
'아니야, 네가 나를 수호하여 주어서 내가 더 고맙다.'라고.

나를 태운 마차는 천국대문을 거쳐서 천국대로 옆에 도착하자 주님이 앞에 서 계셨다.

주님이 나를 곧장 어디론가 데리고 가셨다.
그런데 그 곳은 바로 내 집 앞에 있는 대문이었다.
주님과 나는 내 집 대문을 거쳐 정원의 크나큰 연못의 구름다리 위에 이미 와 있었다.
'주님 제 집이군요'하였더니 주님이 "그렇단다. 너 궁금하였지?"
"네 주님 정말 오랜만이에요......."
내 집은 정말로 좋다.
큰 연못에 새로운 고기들이 많이 생긴 것 같다.
왜냐하면 주님으로부터 이전에 선물을 받은 황금배 때문에 연못이 아주 커졌기 때문이다.
새로 생긴 큰 물고기들이 내 쪽으로 뛰어 올랐다가는 다시 내려갔다.
그리고 청색의 갈치모양 같이 보이는 고기가 뛰었다가 내려가는데 그 앞에 빨간색 청색 작은 물고기들을 따라서 내려간다.
"아, 정말 예쁘다!"
그리고 그 구름다리 저편에서는 집의 현관문으로 들어가기 전에 흰 날개 달린 천사들 여섯 명이 주님과 나를 맞이하여 주었다.
이들 모두가 다 내 집을 관리하는 천사들이다.
내 집은 아주 넓었다.
오른편으로는 저번에도 이야기하였듯이 주님과 내가 늘 가는 벤치로 연결되는 정원이 크게 펼쳐져 있다. 그리고 이 정원은 결국에는 유리바다와 연결되어 있다.
그리고 왼편에는 눈물병이 예쁘게 놓여 있었고 그리고 생명수가 흐르는 시내가 흐르고 있다.

주님과 나는 즉시 집 안으로 들어섰다.
얼마나 홀이 커졌는지......
중앙에 생명수가 흐르는 분수대가 놓여 있다. 언제든지 집안에서 생명수를 먹을 수 있게 되어 있다.
할렐루야!
나는 너무 좋아서 주님의 품에 꼭 엄마 품에 아이가 뛰어들듯이 잠깐 뛰어 들었다. 그랬더니 주님은 나를 들었다가 내려 주셨다. 할렐루야.

그리고 주님과 나는 긴 황금테이블을 가운데 두고 마주 앉았다.
테이블 위에는 주님이 이번에 펴내라고 한 '이제도 있고 전에도 있었고 장차 올 자 예수 그리스도'

의 제목을 가진 천국지옥 간증 제 1집과 2집이 놓여 있었다.

그리고 주님과 나의 대화가 이루어졌다.

"주님 서울의 ○○○○교회에서 전화가 왔어요. 가서 무엇을 말해야 하나요? 약 세 번의 집회가 있을 것 같은데요. 걱정되요?"하였더니

주님이 말씀하신다.

"네 두 손을 보아라."

그리고 그 말씀 속에는 '내가 네 두 손에다가 이삭이라는 두 글자를 쓰노라.'하는 말을 하고 계신 것이 알아졌다.

즉 이 말씀은 내가 천국에서 아브라함과 이삭을 만난 이야기를 꼭 하라는 말씀이다. 그것도 자기포기가 무엇인가를 말함과 함께 말이다.

나는 또 물었다.

"주님, 그러면 그 다음에는요?"

또 주님이 그 다음에 이야기할 것도 생각나게 하여 주신다.

'이기는 자와 이기지 못하는 자'에 대하여 말하라고 하신다.

그리고 나는 세 번째로 말할 것도 물었다. 그리하였더니 주님은 내가 세 번째로는 '베리칩과 한국전쟁'에 대하여 말해야 하는 것을 나에게 가르쳐 주셨다. 할렐루야.

주님, 오늘 제가 한국집회 가서 말해야 할 모든 것을 말씀하여 주심을 감사드립니다.

37. 보석 항아리 안에 보석으로 된 물속에 보석으로 된 물고기가 헤엄치는 것을 보다.
(2014. 10. 8)

천국에 올라가자마자 주님께서는 나를 모세의 궁으로 인도하셨다.

주님과 나 그리고 모세는 테이블에 앉았다.

주님은 주님의 자리에, 내가 주님의 오른편에, 모세가 주님의 왼편에 앉았다.

그런데 갑자기 위에서 아주 큰 약 20갤런 정도 짜리의 매우 아름다운 보석 항아리가 내려오는 것이

었다. 너무나 아름다운 보석 항아리였다.
연두색과 청색으로 어우러진 커다란 보석 항아리였는데 그 안에는 보석 물이 담겨 있었고 또 그 보석 물 안에는 작은 주황색 물고기가 놀고 있었다.

나는 참으로 희한한 광경을 보고 있었던 것이다.
항아리 안에 있는 물이 보석이고 그 안에 있는 물고기가 보석인데 그 보석으로 된 물고기가 그 보석 물 안에서 헤엄치고 다니고 있었던 것이다.
아니 어찌 이런 일이? 그러나 나는 너무나 명백히 그것을 보고 있었다.
거기는 주님과 모세가 같이 앉아 있는 자리였다. 할렐루야.

그러나 나는 이것이 어떻게 가능한지 모른다. 아마도 천국이라서 가능한 것 같다.
그리고 나는 그 광경이 너무나 아름다워서 넋을 잃고 있었다.
주님은 마음으로 말씀하신다.
'이 보석 항아리를 네게 주노라'라고.
나는 너무나 기뻤다.
그리고 나는 이 보석 항아리를 내 집 어디인가에 갖다 놓아야겠다고 생각하고는 내려왔다.
할렐루야.

38. 일곱 인, 일곱 나팔, 일곱 대접이 있는 곳에 가보다.
(2014. 10. 8)

기도 후에 천국에 올라갔다.
기도를 충분히 하고 천국에 올라가는 이유가 있다. 왜냐하면 기도하면서 내 영이 정결하게 되기 때문이다. 죄를 충분히 회개하고 모든 잡생각들이 없어지고 오직 주님만 바라보고 기도한 후에 천국을 올라가야 잘 보여지기 때문이다. 기도가 부족한 날은 지상에서의 일들이 생각나서 내려와야 한다. 그런 경우는 더 이상 천국이나 지옥이 진행되지 아니하는 것이다. 할렐루야.

흰 말 네 마리가 끄는 황금 수레마차를 가지고 두 명의 천사가 나를 데리러 왔다.
그들과 함께 천국에 도착하여 내리자마자 나는 내 옷이 옷의 가장자리마다 아주 아름다운 분홍색 빛이 어우러져 있는 빛나는 흰 드레스를 입고 있었다. 그리고 머리에 쓴 면류관도 그러한 분홍색이 가장자리에 있어서 빛나고 있었다.

오늘 나는 참으로 독특한 옷차림을 하고 있었다.
그래서 나는 주님이 나를 오늘 아주 특이한데로 데리고 갈 것이라는 것을 짐작할 수 있었다.
그래서 어디로 가시나 했는데 저번에 가 보았던 장소인데 이 장소는 꼭 공중에 떠 있는 것 같이 보였고 주위에 다른 아무 것도 없는 거기는 오직 일곱 인과 일곱 나팔 그리고 일곱 대접이 놓여 있는 선반이 있는 곳이었는데 주님이 나를 그곳으로 인도하시는 것이었다.
할렐루야.
그리고서는 나는 내 앞으로 그 일곱 인 중의 첫째 인이 떼어진 채로 그 두루마리가 내 쪽으로 순간적으로 쭈욱 펼쳐졌다(그 두루마리의 길이는 아주 긴 것으로 약 10m 정도는 되는 것 같았다).
그 안에 내용들이 분명히 적혀 있었지만 나에게는 현재 또렷이 보여지고 있지 않았다.

또 두 번째 두루마리가 쭈욱- 하고 내 앞에서 펼쳐졌다. 주여!
그러나 거기에도 많은 글씨가 적혀 있었지만 나는 무슨 내용인지 자세히 알려지지 않았다.

그리고 그 다음 세 번째 두루마리가 쭈욱- 하고 내 앞에서 펼쳐졌다.

또 그 다음 네 번째 두루마리가 내 앞에서 쭈욱- 하고 펼쳐지는 것이었다.
나는 이 광경을 보면서 너무 놀라서 그냥 눈을 둥그렇게 뜨고 있었다.
두루마리들은 내 앞에서 쭈욱- 쭈욱- 펼쳐졌으나 그 내용은 하나하나 자세히 내게 알려지지 않았다.

오늘 주님께서는 다만 나를 이 새로운 곳으로 인도하셔서 비록 그 내용들은 자세히 보이지 않았으나 인이 떼어진 그 두루마리들을 내게 펼쳐서 보여주신 것이었다.
할렐루야. 어쨌든 주님 감사합니다.

'주님, 다음에는 꼭 자세히 보여주세요' 하면서 나는 내려왔다.
할렐루야. 주님을 찬양합니다.

39. 주님께서 WCC에 대하여 말씀하시다.
(2014. 10. 9)

천국에 올라갔다.
올라가자마자 주님이 내 얼굴을 우물가에서 생명수로 씻기셨다.
이 우물가는 전에도 몇 번 온 곳으로 흰 날개 달린 흰 옷 입은 천사들이 관리하는 곳이다.
그리고 나서 주님은 곧바로 나를 바울의 선교방으로 인도하셨다.
즉 우물가에 있던 내가 그 다음 가있는 곳이 바로 바울의 선교방 안이었다.
이 방은 이전에도 여러 번 와 보았지만 온통 천정이고 벽이고 그리고 바닥이고 테이블이고 의자이건 순 황금으로 되어 있는 방이다. 할렐루야.
그리고 천국에서 이러한 순간적 이동은 얼마든지 일어난다.
이런 경우는 어떤 문을 통과하고 들어가고 그런 것이 아니다.
분명히 다른 곳에 있었는데 금방 다시 우리가 새로운 방 안에서 발견되는 것이다.
이것은 천국에서 얼마든지 가능하다.
즉 순식간에 장면이 바뀐다고 하는 것이 더 맞는 이야기이다.

그 선교방 안에는 바울이 있었다.
왜 이 방을 바울의 선교방이라 부르느냐면 주로 이 방 안에서는 선교에 대하여 말하기 때문이다.
그래서 주님과 나 그리고 바울은 둥근 황금 테이블을 놓고 앉았다.
주님이 먼저 앉으시고 내가 앉고 그 다음 바울이 앉았다.

그 원탁 테이블 위에는 한국지도가 펼쳐져 있었다.
한국에 나가 집회때 가야 할 곳들을 주님이 말씀하셨다.
서울을 비롯하여 여러 군데였다. 주님은 나보고 한국에 나가서 외치라는 것이다.
그래서 내가 주님께 물었다. "주님 제가 가서 무엇을 외쳐요?"
주님이 말씀하신다. "내가 말한 것 하나도 빠지지 말고 외쳐라."
할렐루야.
주님이 나를 격려하시는 것이었다.
바울도 말했다.
'가서 꼭 그렇게 하라고....'

나는 '주여! 감사합니다.'라고 대답했다.

그 다음 내가 그 자리에서 이것을 물어 보아야겠다고 생각하고 물었다.
"주님, 주님께서는 WCC를 어떻게 생각하세요?"
라고 했더니 주님이 엄청나게 화가 난 표정을 지으신다.
그러시면서 내게 마음으로 말씀하시기를
'그것은 기독교에 오물이고 똥물이다.'라고 하시는 것이었다.
그러자 나는 거기서 갑자기 그 제10차 WCC를 한국에서 개최하는데 위원장인 김OO 목사님 교회에 주일예배 중에 자막에 'WCC를 하나님이 기뻐하신다.'라고 하는 자막이 올라오고 또 그 목사님이 그렇게 선포하고 있을 때에 그 예배 도중에 누군가가 미리 계획하고 준비하고 간 똥물을 교회 안에 뿌린 사건이 생각이 나는 것이었다.
'아하, 그렇구나. 정말 WCC는 우리 진정한 기독교에 똥물이구나!'하고 알아지는 것이었다.

그리고 주님이 말씀하셨다.
"아버지께로 오는 길은 오직 한 길, 나밖에 없다."고 말씀하시는 것이었다.
할렐루야.
"그런데 WCC는 불교를 통하여서도 천주교를 통하여서도 토속종교를 통하여서도 이슬람을 통하여서도 아버지께로 올 수 있다는 것이 아니냐?"하시면서 분통해 하시는 것이 보였다.
할렐루야.
그리고 주님이 계속 화가 많이 나셨다.
나는 그렇게 WCC에 대하여 주님의 화나신 모습을 보다가 내려왔다.

40. 주님은 내가 한국에 가서 '한국 전쟁이 곧 일어날 것이다' 라고 외치라고 하시다.
(2014. 10. 10)

천국에 올라갈 때부터 나는 내가 탄 수레 안에 많은 사람들이 있음이 느껴졌다.
천국에 도달하자 그 많은 사람들도 같이 내렸다.
주님은 수레바깥에서 나를 기다리고 계시다가 나를 즉시 모세의 궁으로 데리고 가셨다.
그런데 그 흰 옷 입은 많은 사람들도 오늘 나와 같이 처음으로 모세의 궁에 도달하였다.
주님이 전후로 놓여 있는 긴 테이블의 머리에 주님의 자리에 앉으시고
내가 주님의 오른편, 모세가 주님의 왼편에 앉았다.
그리고 그 흰 옷 입은 많은 사람들은 우리가 앉은 옆에 서 있었다.
모세의 궁 광장 양쪽옆 벽에 천사들도 쭉 서 있는 것이 보인다.

주님이 주님의 자리에 앉으시자 그 주님의 자리가 매우 거룩하게 구별이 되면서 두 아기천사들이 주님의 머리에 금으로 만들어진 잎들로 된 면류관을 씌우는데 정말 예뻤다.
주님은 말씀하신다.
북한의 연방제도 제안은 연막전술이라면서 내가 한국에 가서 전쟁이 일어난다고 외쳐야 한다는 것이다.
그리하였더니 그 옆에 섰던 흰 옷 입은 무리가 박수를 쳤다.
즉 이 말씀에 동의하고 나에게 그말이 맞다는 것을 찬성하기 위하여 나에게 그것을 보여주기 위하여 이들이 오늘 모세의 궁 안까지 따라 온 것이다.
즉 주님이 하시는 말씀이 참이라는 것이다.
그래서 꼭 그렇게 외치라는 것이었다. 할렐루야.
주여!..........

제 3 부

41. 내 육신의 아버지가 계신 곳은 새 예루살렘 성안의 변두리이고 유명 목사님들이 계신 곳은 새 예루살렘 성밖이다.
(2014. 10. 10)

천국에 올라갔다.

천국에 올라가서 수레에서 내렸는데 주님이 나를 저기서 기다리고 계셨다.

그런데 오늘따라 수레에서 내리는 나를 주님께로 인도하는 천사가 두 명이 갑옷을 입은 천사들이다. 보통은 흰 두 날개 달린 흰 옷 입은 아름다운 여성 천사들이다.

그래서 나는 주님께 말했다.

"주님 오늘은 갑옷을 입은 천사들이 저를 수종드네요. 오늘은 천국의 레벨보다 계단 아래로 내려가서 성밖이라는 곳에 갈 것이군요?"

예수님이 말씀하신다.

"그렇단다."

내가 도착하는 천국의 레벨 아래에는 성밖이라고 할 수 있는 소위 주님이 말씀하신 바깥 어두운 곳으로서 여기서는 슬피 울며 이를 가는 장소가 있다.

여기는 소위 성경에서 말하는 이기지 못하는 자들이 오는 장소이다.

주님과 나는 발을 딛고 있는 레벨보다 아래로 내려가는 계단을 통하여 아래로 내려갔다.

이 계단은 전에도 본적이 있는 황금으로 된 계단들이었다.

계단들은 아주 가파르고 약 150개 정도는 넉넉히 되는 계단들이었다.

그렇게 내려가니 거기에는 사람들이 흰 옷을 입고 쭉 앉아 있는데 이 그룹의 사람들은 두 손들이 뒤로 묶여 있었고 그들은 꿇어 앉은 채로 입으로 무엇인가를 나르고 있었다. 이것이 그들에게는 벌이었다.

주님과 나는 이 그룹을 지나서 더 들어가니 그 다음 그룹의 사람들은 한참 떨어져서 있는데 이 그룹의 사람들은 줄을 서서 한 사람씩 아주 좁은 곳으로 통과해야 하는 그래서 고통을 느끼는 그러한 벌을 받고 있었다.
나는 '벌도 이런 벌이 다 있구나.'하며 그들이 안타까워 보였다.

또 저 멀리 떨어진 곳에 가보니 이 그룹에서는 한 사람씩 불려 나와서 매를 맞고 있었다.
즉 이 바깥 어두운 데에서 벌을 받는 자들은 그룹 그룹마다 다 다른 벌을 받고 있었다.
주님과 나는 더 저 안쪽으로 들어가니 어둠침침한 골짜기가 나왔는데 거기는 쇠창살로 된 방들이 쭉 나열되어 있었고 그 첫 번째 칸에는 OOO 목사님이 계셨다.
목사님이 나를 보고서 말없는 말을 하신다.
'나좀 여기서 꺼내달라고....'
나도 마음으로 말했다. '목사님 아시잖아요. 내가 그런 힘이 없다는 사실을......'
그 목사님과 나 사이에 이러한 대화가 마음으로 오고 갔다. 주여!

그 옆 쇠창살 안에는 OOO 목사님이 계셨는데 그 목사님은 다리를 양반을 개고 앉아 있었고 그 입은 불평스럽게 꽉 다물고 계셨다.
그러면서 그 목사님은 마음으로 주님께 이렇게 묻고 있는 것이 알아졌다.
'주님 제가 왜 여기 와야 했습니까?'라고.

그 다음 쇠창살 안에는 OOO 목사님이 계셨다.
쇠창살 안에는 저 안쪽으로 나무 바닥으로 되어 있는 걸터 앉을 수도 있는 마루 같은 것이 1m 정도의 높이로 있었는데 그 목사님이 거기서 벽을 바라보고 앉아 있었다.
나는 늘 그분을 볼 때마다 벽을 쳐다보고 계신 것을 보았었는데 오늘도 역시 벽을 쳐다보고 있었는데 주님과 내가 온 것을 알고 뒤로 힐끗 돌아보시더니 다시 벽을 바라보고 앉으서서 그 마루 바닥을 주먹으로 '탕, 탕' 치시는 것이었다.

나는 주님께 물었다.
"주님, 왜 이들은 이 쇠창살 안에 있습니까? 다른 사람들은 밖에 있는데..."
주님이 말씀하신다.
"자기 죄를 잘 모르는 자들은 여기 안에 있느니라."
"자기의 죄를 알 때까지. 그리고 회개할 때까지.........."

오 마이 갓!

"그러면 주님, 이들이 회개하면 성안으로 들어가나요?"
주님은 여기에 대하여 아직 아무 말씀이 없으셨다.

나는 주님께 또 한 번 다른 질문을 가졌다.
'내 육신의 아버지가 계신 곳이 이 성밖인가?' 하는 질문 말이다.
그러자 나는 곧 아니라는 결론이 내려졌다.
왜냐하면 내 육신의 아버지가 있는 곳을 왔다 갔다 하는 천사들은 갑옷을 입고 있지 않았기 때문이다. 그들은 보통의 두 흰 날개 달린 흰 옷 입은 천사들이었다.
할렐루야.

그러므로 내 육신의 아버지가 계신 곳은 이 성밖이 아님에 틀림이 없는 것이 그곳은 벌을 받는 장소가 아니었고 비록 농사를 짓고 좋은 집은 없어도 그런 나름대로 자신들의 삶에 기뻐하고 만족하고 있는 곳이었다. 즉 여기처럼 벌을 받는 장소가 아니었다.
할렐루야.

그러므로 나는 내 육신의 아버지가 계신 곳은 성안의 변두리이며 성밖이 아니라는 결론이 나오는 것이다. 그리고 늘 주님은 나를 내 육신의 아버지가 계신 곳으로 가실 때에는 아주 멀리멀리 구름을 타고 나를 데리고 가시는 것으로 보아 그곳은 성안은 성안인데 변두리임이 틀림이 없는 것이다.
할렐루야!
이 차이를 알게 하여 주신 하나님을 찬양합니다!

42. 하나님의 종들의 이마에 인치기까지 땅이나 바다나 나무나 해하지 말라.
(2014. 10. 12)

천국에 올라갔다.
나를 데리러 네 마리의 흰 말이 끄는 마차가 왔다. 오늘따라 마차는 청동색으로 된 보석으로 장식되어 있어서 그 마차는 너무나 예뻤다.
나는 그 마차를 타고 가장자리가 황금으로 장식된 진주 천국대문을 거쳐서 그 안에 도착하였다.
내가 수레에서 내릴 때에 나 자신이 보였는데 내가 오늘따라 보석 꽃으로 장식된 면류관을 쓰고 있었다. 그 면류관이 얼마나 또 예쁜지……
그리고 오늘따라 나는 참으로 예쁜 드레스를 입고 있는 것이 보였다.

주님이 나를 맞이하셔서 구름 위로 인도하셨는데 그 구름 위에는 맑은 황금으로 된 식탁이 펼쳐져 있었고 그리고 거기에 두 황금의자가 마련되어 있었다.
그리고 그 황금의자는 그 모양이 꼭 학생이 학교에서 앉는 의자처럼 생겼다.
식탁 위에는 보석으로 된 그릇에 앵두 같은 빨간 과일이 담겨져 있었고 주님과 나는 그것을 벌써 카탈리나 섬 같이 아름다운 섬, 유리바다 위쪽에서 날면서 먹고 있었다.
할렐루야. 얼마나 모든 것이 아름다운지…… 감탄이 내 속에서 절로 일어났다.

주님께서 갑자기 테이블 위에 놓여진 분홍색 껍질의 두꺼운 책을 펼치시는데 거기에는 내가 앞으로 사역하여야 할 많은 곳들이 적혀 있었다.
주님이 그것을 보이시면서 나에게 '가라'고 하신다.
그래서 나는 주님께 말했다.
"주님, 제가 감당할 힘을 주세요."
"내가 함께 가리라."
이러한 대화가 마음으로 일어났다. 나는 안다. 마음으로 말씀하셔도…
그리고 나도 주님께 마음으로 대답을 할 수 있는 것이다.
그리고 주님이 말씀하시기를 '내가 집회할 때에 내 옆에 서 계시겠다'고 하셨다.
할렐루야.

그리고 갑자기 주님과 내가 앉아 있는 테이블 좌우 옆으로 긴 금나팔을 가진 두 천사들이 양쪽에 와서 서는 것이었다.
그것을 보시고 주님이 말씀하신다.
"이들이 네가 집회할 때에 나팔을 불 것이다."
"할렐루야! 주님 감사합니다."

그리고 주님과 나는 유리바다 위에서 그 구름을 타고 요한의 집 앞에 피크닉 테이블로 자리를 옮겼다.
주님과 나는 구름을 타고 거기에 도착하였는데 벌써 모세와 사도 요한이 거기에 앉아 있었다.
주님과 나는 늘 앉는 자리에 앉았고 내 앞과 요한의 앞에는 이미 성경책이 펼쳐져 있었다.

나는 질문을 하기 시작하였다.
여섯째 인을 떼었을 때의 일이다.

[계 7:1-17]
(1)이 일 후에 내가 네 천사가 땅 네 모퉁이에 선 것을 보니 땅의 사방의 바람을 붙잡아 바람으로 하여금 땅에나 바다에나 각종 나무에 불지 못하게 하더라 (2)또 보매 다른 천사가 살아 계신 하나님의 인을 가지고 해 돋는 데로부터 올라와서 땅과 바다를 해롭게 할 권세를 얻은 네 천사를 향하여 큰 소리로 외쳐 (3)가로되 우리가 우리 하나님의 종들의 이마에 인치기까지 땅이나 바다나 나무나 해하지 말라 하더라 (4)내가 인 맞은 자의 수를 들으니 이스라엘 자손의 각 지파 중에서 인 맞은 자들이 십 사만 사천이니 (5)유다 지파 중에 인 맞은 자가 일만 이천이요 르우벤 지파 중에 일만 이천이요 갓 지파 중에 일만 이천이요 (6)아셀 지파 중에 일만 이천이요 납달리 지파 중에 일만 이천이요 므낫세 지파 중에 일만 이천이요 (7)시므온 지파 중에 일만 이천이요 레위 지파 중에 일만 이천이요 잇사갈 지파 중에 일만 이천이요 (8)스불론 지파 중에 일만 이천이요 요셉 지파 중에 일만 이천이요 베냐민 지파 중에 인 맞은 자가 일만 이천이라 (9)이 일 후에 내가 보니 각 나라와 족속과 백성과 방언에서 아무라도 능히 셀 수 없는 큰 무리가 흰 옷을 입고 손에 종려 가지를 들고 보좌 앞과 어린 양 앞에 서서 (10)큰 소리로 외쳐 가로되 구원하심이 보좌에 앉으신 우리 하나님과 어린 양에게 있도다 하니 (11)모든 천사가 보좌와 장로들과 네 생물의 주위에 섰다가 보좌 앞에 엎드려 얼굴을 대고 하나님께 경배하여 (12)가로되 아멘 찬송과 영광과 지혜와 감사와 존귀와 능력과 힘이 우리 하나님께 세세토록 있을지로다 아멘 하더라 (13)장로 중에 하나가 응답하여 내게 이르되 이 흰옷 입은 자들이 누구며 또 어디서 왔느뇨 (14)내가 가로되 내 주여 당신이 알리이다 하니 그가 나더러 이르되 이는

큰 환난에서 나오는 자들인데 어린양의 피에 그 옷을 씻어 희게 하였느니라 (15)그러므로 그들이 하나님의 보좌 앞에 있고 또 그의 성전에서 밤낮 하나님을 섬기매 보좌에 앉으신 이가 그들 위에 장막을 치시리니 (16)저희가 다시 주리지도 아니하며 목마르지도 아니하고 해나 아무 뜨거운 기운에 상하지 아니할지니 (17)이는 보좌 가운데 계신 어린 양이 저희의 목자가 되사 생명수 샘으로 인도하시고 하나님께서 저희 눈에서 모든 눈물을 씻어 주실 것임이러라

여기서 주님이 가르쳐 주시기를

(3) 가로되 우리가 우리 하나님의 종들의 이마에 인치기까지 땅이나 바다나 나무나 해하지 말라 하더라

즉 '하나님의 종들의 이마에 인치기까지'
여기서 하나님의 종들은 이스라엘 민족의 인친 자만 말하는 것이 아니라
전 세계의 이방인들을 포함한 숫자를 의미한다는 것을 깨우치게 하여 주셨다. 할렐루야.

즉 이 종들은 유대인 십사만 사천에다가 더하여 그 다음 9절에서 말하는

(9) 이 일 후에 내가 보니 각 나라와 족속과 백성과 방언에서 아무라도 능히 셀 수 없는 큰 무리가 흰 옷을 입고 손에 종려 가지를 들고 보좌 앞과 어린 양 앞에 서서

즉 각 나라와 족속과 백성과 방언에서 아무라도 능히 셀 수 없는 큰 무리를 더한 수인 것이다.

(i) 그러면 여기서 왜 하나님의 종들에게 인을 쳐라 하여 놓고 이스라엘 민족의 인친 수만 계시록 7장 4절-8절에서 거론하고 있는가?

그 이유는 그 당시에는 인 맞은 유대인들의 수만 세었다는 것이다.
즉 이스라엘 민족의 인친 자들만 지파대로 센 것이다.
다른 나라 이방인들은 너무 많고 누가 누구인지 말로 표현할 수가 없는 것이다.
그리고 그 당시 사도 요한의 시대에는 유대인들만 숫자를 넣는 습관이 있었고 이방인들은 숫자에도 넣어주지도 아니하였다.
그래서 그 인 맞은 자의 이방인의 수를 얼마인지 말할 수 없었다는 것이다.

그래서 다만 인 맞은 하나님의 종들로, 그리고 유대인 십사만 사천이외에 이방인들을 각 나라와 족속과 백성과 방언에서 아무라도 능히 셀 수 없는 큰 무리라고 표현할 수 밖에 없었던 것이다.
할렐루야.

(ii) 그러면 '능히 셀 수 없는 큰 무리' 이들이 누구인가?

그 뒤에 나온다. 바로 14절에 '이는 큰 환난에서 나오는 자들인데 어린양의 피에 그 옷을 씻어 희게 하였느니라'에서 나오듯이 이들은 큰 환난에서 나오는 자들로 그들은 어린양의 피에 그 옷들을 씻어서 희게 한 자들이라는 것이다.
할렐루야.

오늘 주님은 내게 계시록 7장 3절에서 하나님의 종들의 이마에 인 치기까지에서
이 하나님의 종들에는 유대인의 십사만 사천과 그리고 감히 셀 수 없는 이방인의 수가 포함된다는 것을 알게 하여 주신 것이다.
할렐루야.

그리고 나는 '이 큰 환난은 그러면 도대체 어떤 환난인가?' 하는 의문을 가지다가 내려왔다.

43. 천상에서 일곱 째 인을 뗀 후에 반시동안 조용한 이유에 대하여 말씀하시다.
(2014. 10. 13)

천국에 올라갔다.
흰 말 네 마리가 끄는 마차를 가지고 두 천사가 나를 데리러 왔다.
나를 태운 마차는 즉시 가장자리가 황금으로 장식된 진주로 된 천국대문 앞에 섰다.
그리고 그곳에 있던 두 천사에 의하여 황금진주대문이 활짝 옆으로 밀려서 열렸다.
그리고 나는 천국의 대로 왼편에 마차가 도착한 후에 수레에서 내리면 바깥에서 나를 수종하려고

대기한 흰 날개 달린 두 천사가 나의 손을 각각 잡고 황금대로 건너편에 서 계신 주님께로 나를 인도한다.
주님은 나를 보자마자 요한의 집 앞에 있는 피크닉 테이블로 데리고 가셨다.
거기서 나는 주님과 모세 그리고 나 그리고 요한이 앉아 있는 자리에서 이러한 의문을 가졌다.

'왜 일곱 나팔이 불리워지기 전에 하늘에서는 반시동안 조용한 시간이 흐를까?'
하는 것이었다.

천국에서는 내가 어떤 의문을 가지면 그 대답이 그냥 알아진다.
이 때에도 내가 그러한 의문을 가지자 그 이유가 그냥 알아지는데 즉 나팔이 불려지기 시작하면서 엄청난 재난이 지구에 임할 것이므로 하늘에서도 그 순간 반시동안 엄숙하게 조용한 것이 알아졌다. 즉 지구에 일어날 재앙에 대하여 슬퍼하는 시간이라는 것이다.

성경에 보면 첫째 나팔이 불리워지면서 땅 1/3이 불에 타고 둘째 나팔이 불리워지면 바다의 1/3이 피가 되고 셋째 나팔이 불리워지면 강 1/3이 쓰게 되어 못 먹게 되고 넷째 나팔이 불리워지면 해와 달의 비침이 1/3이 없어지고 다섯째 나팔이 불리워지면 무저갱에서 황충들이 나와 인 맞지 아니한 사람들을 다섯 달 동안 괴롭히고 그 때에 사람들이 너무 괴로워 죽고 싶어도 못 죽는다 하였고 또 여섯째 나팔이 불리워지면 인구의 1/3이 한 날 한 시에 죽게 된다 하였다. 이것은 엄청난 재앙이 아닐 수 없다.

[계 8:1]
일곱째 인을 떼실 때에 하늘이 반시 동안쯤 고요하더니

44. (i) 큰 환난에서 나오는 흰 무리들은 누구인가?
(ii) 주님의 공중휴거의 시기는 언제인가?
(iii) 네 천사들에 대하여
(2014. 10. 13)

(i) 큰 환난에서 나오는 흰 무리들이 누구인가?

이것을 알기 위하여서는 계시록 14장과 7장을 비교하여 볼 필요가 있다.

[계 14:1-12]
(1)또 내가 보니 보라 어린 양이 시온산에 섰고 그와 함께 십 사만 사천이 섰는데 그 이마에 어린 양의 이름과 그 아버지의 이름을 쓴 것이 있도다

여기서 이마에 어린양의 이름과 그 아버지의 이름을 쓴 것은 계시록 7장에 하나님의 종들에게 인을 칠 때에 유대인들 이마에 인을 친 십사만 사천과 일치하고 있다.

(2)내가 하늘에서 나는 소리를 들으니 많은 물소리도 같고 큰 뇌성도 같은데 내게 들리는 소리는 거문고 타는 자들의 그 거문고 타는 것 같더라 (3)저희가 보좌와 네 생물과 장로들 앞에서 새 노래를 부르니 땅에서 구속함을 얻은 십 사만 사천인 밖에는 능히 이 노래를 배울 자가 없더라 (4)이 사람들은 여자로 더불어 더럽히지 아니하고 정절이 있는 자라 어린 양이 어디로 인도하든지 따라가는 자며 사람 가운데서 구속을 받아 처음 익은 열매로 하나님과 어린 양에게 속한 자들이니

(여기서 주님이 여자는 세상인 것을 깨우쳐 주셨다. 즉 그들은 세상과 간음하지 않은 자들이었다.)

(5)그 입에 거짓말이 없고 흠이 없는 자들이더라
(6)또 보니 다른 천사가 공중에 날아가는데 땅에 거하는 자들 곧 여러 나라와 족속과 방언과 백성에게 전할 영원한 복음을 가졌더라

여기서 계시록 14장은 계시록 7장의 흐름과 동일하게 반복되고 있음을 본다. 즉 십사만 사천을 이야기한 후에 각 족속 이방인들을 이야기하고 있다. 그러므로 이 십사만 사천이 계시록 7장에서 말

하는 십사만 사천인 것이다. 이들이 후 삼년반 동안에 계시록 12장에 나오는 여자의 후손들로 하나님이 그들을 위하여 마련하신 피난처인 광야로 인도함을 받아 거기서 한 때 두 때 반 때의 시간을 보낸 후에 시온산에 잠깐 섰다가 하나님의 보좌 앞으로 끌려 올라가는 것으로 보인다. 그러므로 이들은 적그리스도의 후 삼년반 핍박을 받지 아니하는 것이다.

이 시온산은 지상에 있는 하나님의 거룩한 산 시온산으로 보인다. 여기에 예루살렘성이 있다(슥 8:3 나 여호와가 말하노라 내가 시온에 돌아왔은즉 예루살렘 가운데 거하리니 예루살렘은 진리의 성읍이라 일컫겠고 만군의 여호와의 산은 성산이라 일컫게 되리라).

(7)그가 큰 음성으로 가로되 하나님을 두려워하며 그에게 영광을 돌리라 이는 그의 심판하실 시간이 이르렀음이니 하늘과 땅과 바다와 물들의 근원을 만드신 이를 경배하라 하더라 (8)또 다른 천사 곧 둘째가 그 뒤를 따라 말하되 무너졌도다 무너졌도다 큰 성 바벨론이여 모든 나라를 그 음행으로 인하여 진노의 포도주로 먹이던 자로다 하더라 (9)또 다른 천사 곧 세째가 그 뒤를 따라 큰 음성으로 가로되 만일 누구든지 짐승과 그의 우상에게 경배하고 이마에나 손에 표를 받으면 (10)그도 하나님의 진노의 포도주를 마시리니 그 진노의 잔에 섞인 것이 없이 부은 포도주라 거룩한 천사들 앞과 어린 양 앞에서 불과 유황으로 고난을 받으리니 (11)그 고난의 연기가 세세토록 올라가리로다 짐승과 그의 우상에게 경배하고 그 이름의 표를 받는 자는 누구든지 밤낮 쉼을 얻지 못하리라 하더라 (12)성도들의 인내가 여기 있나니 저희는 하나님의 계명과 예수 믿음을 지키는 자니라

그 다음은 계시록 7장을 보자

[계 7:3-14]
(3)가로되 우리가 우리 하나님의 종들의 이마에 인치기까지 땅이나 바다나 나무나 해하지 말라 하더라 (4)내가 인 맞은 자의 수를 들으니 이스라엘 자손의 각 지파 중에서 인 맞은 자들이 십 사만 사천이니 (5)유다 지파 중에 인 맞은 자가 일만 이천이요 르우벤 지파 중에 일만 이천이요 갓 지파 중에 일만 이천이요 (6)아셀 지파 중에 일만 이천이요 납달리 지파 중에 일만 이천이요 므낫세 지파 중에 일만 이천이요 (7)시므온 지파 중에 일만 이천이요 레위 지파 중에 일만 이천이요 잇사갈 지파 중에 일만 이천이요 (8)스불론 지파 중에 일만 이천이요 요셉 지파 중에 일만 이천이요 베냐민 지파 중에 인 맞은 자가 일만 이천이라 (9)이 일 후에 내가 보니 각 나라와 족속과 백성과 방언에서 아무라도 능히 셀 수 없는 큰 무리가 흰 옷을 입고 손에 종려 가지를 들고 보좌 앞과 어린 양 앞에 서서 (10)큰 소리로 외쳐 가로되 구원하심이 보좌에 앉으신 우리 하나님과 어린 양에게 있도다 하니 (11)모든

천사가 보좌와 장로들과 네 생물의 주위에 섰다가 보좌 앞에 엎드려 얼굴을 대고 하나님께 경배하여 (12)가로되 아멘 찬송과 영광과 지혜와 감사와 존귀와 능력과 힘이 우리 하나님께 세세토록 있을지로다 아멘 하더라 (13)장로 중에 하나가 응답하여 내게 이르되 이 흰옷 입은 자들이 누구며 또 어디서 왔느뇨 (14)내가 가로되 내 주여 당신이 알리이다 하니 그가 나더러 이르되 이는 큰 환난에서 나오는 자들인데 어린양의 피에 그 옷을 씻어 희게 하였느니라

그러므로 여기서 13절과 14절을 보면 이 큰 환난에서 나오는 자들은 666표를 받지 않고 환난을 거치면서 회개하고 그리고 끝까지 믿음을 지킨 큰 무리들이라는 것을 알 수 있다.

그러므로 계시록 7장에서 이마에 인침을 받은 자는 땅이나 바다나 나무에 의하여 해함을 받지 아니하고 (여섯째 인을 떼었을 때에 일어나는 사건) 또한 다섯째 나팔이 불리워질 때에 황충 재앙 때에도 그 환난을 받지 않고 인구 1/3이 죽는 전쟁이 나도 죽지 아니하는 (여섯째 나팔이 불리워졌을 때 일어나는 사건) 것으로 보인다. 즉 나팔재앙 때에 그것으로 인하여 죽지 않고 살아남는 것으로 보인다.

그리고 인침을 받은 나머지 이방인들은 후 삼년반 동안 즉 큰 환난 기간으로 들어가는데 이들에게는 하나님이 보호하시는 특별한 장소가 없고 오직 적그리스도와 거짓선지자에 의하여 666 즉 짐승의 표를 받으라 하였을 때에 믿음을 지켜 순교하거나 살아남은 자들이 흰 옷 입은 큰 무리에 해당하는 것이다. 할렐루야.

그러나 십사만 사천은 이 대 환난 기간 동안(후 삼년반)에 하나님의 보호하심으로 광야로 가서 이 기간 동안 특별 교육을 받게 되고 이 핍박의 기간이 끝이 나면 (계시록 12장 6절 참조) 시온산에 어린양과 함께 잠깐 섰다가 하나님의 보좌 앞으로 가서 새 노래를 부르는 것으로 나타난다.

[계 12:6]
그 여자가 광야로 도망하매 거기서 일천 이백 육십일 동안 저를 양육하기 위하여 하나님의 예비하신 곳이 있더라

그러므로 인침을 받은 이방인들 중에서 공중 휴거되지 못한 자들은 후 삼년 반 동안 즉 큰 환난기간으로 들어가는데 이들에게는 하나님이 보호하시는 특별한 장소가 없고 오직 적그리스도와 거짓 선지자에 의하여 666 즉 짐승의 표를 받으라 하였을 때에 믿음을 지켜 살아남은 자들로서 이 흰 옷 입은 큰 무리에 해당하는 것이다. 그러나 이 기간 동안에 순교한 자들은 계시록에서 다르게 취급되고

있음을 나중에 말하게 될 것이다. 할렐루야.

그리고 이 큰 흰 무리들에게서 주님이 공중재림하실 때에 죽은 자들이 먼저 부활되어 데리고 오시는 수와 그리고 살아서 휴거된 자들의 수가 이 큰 흰무리에 빠져 있는 것을 본다.

그러므로 이 점이 이 공중휴거의 시점을 추론하는데 있어서 키가 되는 것이다.

계시록 7장에서는 하나님의 종들의 이마에 인을 칠 때에는 이 하나님의 종들에는 십사만 사천과 이방인들이 속하여 있는데 주님이 공중재림하실 때에는 먼저 죽은 자들이 부활의 몸을 입고 주님이 데리고 오시고 그리고 살아남은 자도 홀연히 변화하여 공중으로 끌려 올라가는데 이 때에 인침을 받은 하나님의 종들 안에는 이 지상에서 휴거될 자들도 인침을 받은 것이 분명하다. 그러므로 이 인침을 받고 공중 휴거된 자들은 나중에 나오는 흰 옷 입은 큰 무리들에서 빠져 있는 것을 보는 것이다. 할렐루야.

(ii) 그러므로 우리는 여기서 대강 공중 휴거가 언제 일어날 것인가? 하는 것을 짐작할 수 있다.

즉 주님이 공중 재림하시는 그 때에 죽은 자들이 먼저 부활하여 주님과 함께 오고 그리고 지상에서 하나님의 종들로 인침을 받은 자들이 홀연히 공중으로 끌어 올려져서 공중에서 주를 뵙게 될 것이다.

[살전 4:16-18]
(16)주께서 호령과 천사장의 소리와 하나님의 나팔로 친히 하늘로 좇아 강림하시리니 그리스도 안에서 죽은 자들이 먼저 일어나고 (17)그 후에 우리 살아 남은 자도 저희와 함께 구름 속으로 끌어 올려 공중에서 주를 영접하게 하시리니 그리하여 우리가 항상 주와 함께 있으리라 (18)그러므로 이 여러 말로 서로 위로하라

그러므로 이 휴거는 바로 큰 환난 전에 있다고 보는 것이다.
아니 더 정확히는 하나님의 종들의 이마에 인을 치는 사건이 여섯째 인을 떼었을 때에 일어나는 것이므로 즉 이 공중 휴거는 여섯째 인을 뗀 후부터 큰 환난 즉 후 삼년 반에 일어나는 대환난 전 사이에 일어난다고 볼 수 있다.
큰 환난 즉 후 삼년 반은 일곱째 나팔이 불리워지고 시작되므로 일곱째 나팔이 불리워지기 전까지

그 사이인 것이다.

그리고 7년 환난의 전 삼년 반은 두 증인이 나타나 사역을 시작할 때부터 시작하므로 두 증인이 나타나 사역을 시작하는 때는 여섯째 나팔이 불리고 인구 1/3이 죽은 이후부터 전 삼년반의 환난이 시작된다고 본다.

또 중요한 것은 일곱째 나팔이 불리워진 시점부터 적그리스도의 본격적인 후 삼년 반의 활동이 시작되는 시점인 것이다.

여기서 지금 중요하게 보아야 할 것은

큰 환난에서 나오는 흰 옷 입은 큰 무리들에게서 주님이 공중 재림하실 때에 죽은 자들이 먼저 일어나고 살아남은 자도 홀연히 변화하여 끌려 올라가는 이들의 숫자가 빠져 있다는 점이다.

즉 그러므로 이들은 벌써 큰 환난 전에 주님의 공중 재림이 일어나서 그들은 벌써 하나님의 보좌 앞에 간 것이 분명하다.

그러므로 보통 우리가 말하는 공중 휴거는 이 큰 환난을 피하여 그 전에 일어나는 것으로 보여진다.

그리고 이 하나님의 종들의 이마에 인을 친 것은 대 환난전이 아니라 여섯째 인이 떼어진 후에 일어났다.

그리고 7년 환난의 시작은 여섯째 나팔이 불리워지고 인구 1/3이 죽은 후 두 증인이 나타남으로서 시작되고 또 동시에 적그리스도가 7년 평화조약을 맺을 때부터 시작되는 것이다.

할렐루야.

그러므로

이제 이 공중 휴거가 여섯째 인을 뗀 이후부터 대 환난이 일어나기 전 그 사이에 언제 일어나는 것인가?

하는 질문이 이제 남아 있는 것이다.

어떤 자는 일곱 째 인이 떼어진 후에 하늘에서 반시동안 고요한 시간이 있을 그때에 일어난다하였다.

또 어떤 자는 7년 환난(여섯째 나팔이 불리워지고 지구 인구 1/3이 죽은 후에 시작되는)에 들어가기 전에 일어난다고 하였다.

또 어떤 이들은 이 공중 휴거가 후 삼년 반(일곱째 나팔이 불리워질 때 시작되는)이 일어나기 바로 직전에 일어난다는 견해가 있다.
또 어떤 자들은 이 공중 휴거가 후 삼년 반 이후에 일어난다고 하는 자들도 있다.
그러나 나는 지금 나에게 여태껏 나에게 알아진 것으로 보아서 후 삼년 반이 시작되기 전일 가능성이 많다는 것이다. 그렇다. 좀 더 살펴보아야 할 것이다.
할렐루야.

(iii) 계시록 7장과 9장에 나오는 네 천사에 대하여

[계 7:1-3]
(1)이 일 후에 내가 네 천사가 땅 네 모퉁이에 선 것을 보니 땅의 사방의 바람을 붙잡아 바람으로 하여금 땅에나 바다에나 각종 나무에 불지 못하게 하더라 (2)또 보매 다른 천사가 살아 계신 하나님의 인을 가지고 해 돋는 데로부터 올라와서 땅과 바다를 해롭게 할 권세를 얻은 네 천사를 향하여 큰 소리로 외쳐 (3)가로되 우리가 우리 하나님의 종들의 이마에 인치기까지 땅이나 바다나 나무나 해하지 말라 하더라

즉 이 네 천사들에게 다른 천사가 하나님의 인을 가지고 와서 하나님의 종들의 이마에 인을 치기까지 땅이나 바다나 나무를 해하지 말라고 명하고 있다.

[계 9:14-15]
(14)나팔 가진 여섯째 천사에게 말하기를 큰 강 유브라데에 결박한 네 천사를 놓아 주라 하매 (15)네 천사가 놓였으니 그들은 그 년 월 일 시에 이르러 사람 삼분의 일을 죽이기로 예비한 자들이더라

이 네 천사가 바로 이 네 천사일 가능성이 너무 많다.
그러므로 이 인침을 받은 자들은 이 모든 재앙에서 건져 내어지는 것이다.
할렐루야.
그리고 이들 인침을 받은 자는 이 모든 재앙에서 살아남아서 대 환난전에 일어날 가능성이 많은 공중 휴거가 되거나 안 된 자들은 대 환난을 통과하게 되는 것이다. 물론 십사만 사천도 다 살아남아서 이 대 환난 기간 동안 광야에서 하나님의 특별하신 보호함을 받는 것이다. 할렐루야.

45. 성부 하나님이 계신 궁에 가다.
(2014. 10. 15)

천국에 올라가는데 네 마리 말과 두 천사가 나를 데리러 왔다. 보통 때처럼...
그런데 바깥에 있는 천사가 나를 보고 말한다.
"주인님, 안경을 벗으세요."
천국에서는 안경을 안 쓴다. 즉 안경을 벗으라는 이야기는 내가 무엇인가를 잘못 알고 있는 것을, 내 눈에 비늘을 벗기듯이 벗기셔서 제대로 보게 할 무엇인가가 있다는 것이다.
마차가 천국으로 올라갈 때에 바깥에 있는 천사가 진주 황금대문 앞에 서 있는 두 천사에게 말한다. 이 두 천사는 흰 날개들을 가지고 있다.
'문을 열어라.' 얼마나 크게 말하는지 모른다.
꼭 명령하는 것이 사람 같다.
그러면 그 대문 앞에 있는 천사가 활짝 대문을 양옆으로 밀어서 연다.
그러면 나를 태운 마차는 즉시 천국에 도착하여 나를 내려놓는다.

저기서 주님이 나를 기다리고 계신다.
주님은 나를 보자마자 '안경을 벗으라.'라고 말씀하신다.
나는 주님께 영문을 모르지만 '네 안경을 벗겠습니다.'라고 말했다.
그리고 주님은 나를 보자마자 나를 데리시고 어디로 가시느냐면 지금껏 보지 못하였던 저 멀리 있는 성인데 아주 아름답다. 흰 옥색 지붕들로 둥글고 끝이 뾰족한 지붕들로 되어 있는 큰 성이다.
그 안에 들어갔다.
그 안은 정말 보석으로 아주 아름답게 장식되어 있었고 그 천정과 높이는 가히 인간이 측정할 수 없을 만큼 높아 보였고(한도 끝도 없이 높아 보였다) 주님과 나는 그 높이에 비하면 엄청 작아 보였다.
그런데 그 궁의 앞에 보이지 아니하는 누군가가 있으신 것이었다.
눈으로는 보이지 않는다.
하나님의 보좌가 꼭 그 궁 안에 공중에 떠 있는 것처럼 보였다.
그리고 그 보좌 주위에 무지개가 있는 것처럼 보였다.
거기서 여호와 하나님의 음성이 나온다.
내 옆에서 주님이 말씀하신다.
"들어보거라."

나는 그 웅장함과 엄숙함에 놀라서 바닥에 엎드려 있었다.

그러자 그 궁의 앞에서 아무도 안 보이는데 소리가 났다.

"나는 여호와니라."

"사라는 일어서라."

나는 그 목소리에 일어섰다.

분명 주님이 옆에 서 계셨는데 나는 지금 그 궁의 앞, 높은 곳에서 나오는 음성을 듣고 있는 것이다.

그가 말씀하시기를 '나는 여호와로라. 사라는 일어서라.'하시는 것이었다.

나는 어쩔줄 몰라서 엎드려 있다가 일어서라 하시는 말씀에 일어섰다.

나는 일어섰고 내 옆에 주님이 서 계셨다.

순간 나는 의문이 생겼다.

'주님이 여호와이신데 또 저기서 나오는 음성은 무엇인가?'하는 것이었다.

왜냐하면 내가 천국에 올라갔을 때에 주님은 내게 '내가 여호와니라.'라고 몇 번이나 나에게 말씀하셨기 때문이다.

그 앞에서 들리는 음성이 나에게 말씀하셨다.

"네 두 손을 펴라."

나는 내 두 손을 폈다.

그런데 위에서부터 내 손에 무엇인가가 내려오더니 내 손바닥에 두 구멍이 뻥 뚫렸다.

아니 꼭 예수님의 손에 구멍이 뚫렸듯이 내 손바닥에 큰 동전크기만한 구멍이 뻥 뚫린 것이다.

그러고 나서 그 앞에서 나오는 음성이 말씀하신다.

"네 한 손은 네 머리 위에 그리고 나머지 한 손은 네 가슴에 갖다 대어라."

나는 시키는 대로 했다.

그리하였더니

그 앞에서 나오는 음성이 말씀하신다.

"너는 이제부터 거룩한 자가 되어야 한다."

"입에서는 거짓을 제거하고 그리고 불의와 부정한 모든 더러운 것에서 돌아서고 손을 대지도 말 것이며 입에서도 그러한 것들을 담지도 말아야 한다."

순간 나는 지금 하나님 여호와께서 나에게 거룩하게 되라고 명령하고 계시다는 것을 알았다.

나는 속으로 '아멘'하였다.

그리고서는 다시 말씀하시기를
"네 입에서 어떠한 거짓말도 하지 말고 네 입술에서 나오는 말들은 하나님이 말씀하는 것 외에는 하지 말고 남을 폄하하는 말도 하지 말라."
나는 그 말씀에 또 '아멘'하였다.
그리고서는 내 한 손을 내 입에다가 대라고 말씀하셨다.
나는 하나님께서 내 입을 그 구멍 뚫린 한 손으로 정화시키고 있는 것을 알 수 있었다.
나는 시키는 대로 했다.
그리고서는 주님과 나는 그곳을 나왔다.

나는 오늘 내가 본 것을 다시 살펴볼 의미가 있다.
그 궁에 계셨던 분은 분명 성부 하나님이셨다.
즉 성부 하나님께서 보이지 아니하셨지만 내가 처음 가 본 그 궁에 계셨다.
그리고 동시에 성자 하나님은 보이는 모습으로 내 옆에 계셨다.
나는 천국에 성부 하나님, 성자 하나님, 성령 하나님 이렇게 따로 있다고 생각을 안 했었다.
단지 천국에는 예수님 한 분만 계신다고 생각했었다. 왜냐하면 성부 하나님, 성자 하나님, 성령하나님은 삼위일체의 하나님으로 한 분이시니까 말이다.
그런데 오늘 주님은 나를 성부 하나님이 계신 곳으로 데리고 가신 것이다.
그래서 내가 천국에 올라갈 때부터 천사가 '주인님, 안경을 벗으십시오.'라고 말했고
그는 이미 내가 천국에 올라가면 어떤 일이 있을지 다 알고 있었던 것이다.
주님도 나를 보자마자 안경을 벗기시듯이 '안경을 벗으라.'라고 단호히 말씀하시더니 오늘 천국에 대한 내 생각을 바꾸셨는데 즉 천국에는 성부 하나님이 계시다는 것이다.
주님께서는 오늘 이렇게 내 영적 지식을 바꾸신 것이다.
할렐루야.

아! 나는 오늘 새로운 것을 알았다.
새로운 감동이 나에게 왔다.
천국에는 성부 하나님이 계신 곳이 있다.
그 보좌 주위에는 무지개가 있었고 그 보좌는 그 궁 안에 높이 공중에 매달려 있는 것처럼 존재하고 있었고 그 궁의 천정은 높고 높아서 그 끝이 보이지 않았다.
그러나 성부 하나님은 내 눈에 가시적으로 보이시지 아니하였으나 그 음성은 분명히 나에게 전달되었다.

할렐루야.

오늘 저에게 새로운 사실을 가르쳐 주신 주님을 찬양합니다!
나는 오늘 나의 잘못된 안경을 벗게 된 것이다.
할렐루야. 아멘.

46. 두 번의 휴거가 있을 것이라는 생각을 넣어주시다.
(2014. 10. 15)

천국에 올라갔다.
바깥에 있는 천사가 말한다.
"속이 후련하시지요? 주인님!"
즉 이 말은 '이제 성부 하나님이 천국에 계시다는 것을 알게 되었으니 속이 후련하시지요?'라는 말이다.
그리할 때에 마차를 모는 천사도 활짝 내게 웃음을 보냈다.
그렇다. 정말 후련하다. 천국에 성부 하나님이 계신 것을 알고 나서 말이다.
내가 올라탄 수레는 천국 안에 즉시 도착하였고 주님께서는 나를 기다리고 계셨는데 수레 안에 있던 내 아이가 갑자기 무지개가 있는 옷을 입고 주님께 안겼다.
그리고 또 이 아이가 내게로 왔다. 주님은 말씀하신다.
"나는 이 아이도 사랑한단다."
"네 주님"
나는 아이를 보냈다. 보모는 아이를 데리고 사라졌다.

주님이 나를 정원의 벤치로 데리고 가셨다.
주님과 내가 거기에 앉았다.
나는 무지개가 있는 드레스를 입고 있었다. 정말 예뻤다.
주님이 내게 말씀하신다.

"사라야, 네가 질문이 많지?"

나는 사실 그랬다. 그래서 나는 주님께 말씀드렸다.

"주님이 내게 요한 계시록에 대하여 쓰라고 하셨는데 잘 안 풀리고 있어요."

주님이 말씀하신다.

"계시록은 내가 요한에게 준 것이다."

그 말씀은 내가 요한하고 얘기하여야 한다는 것이다.

즉 요한이 내가 질문하는 그 모든 것을 대답하여 줄 것이라고……

할렐루야.

그러고 있는데 요한이 나타났다.

주님과 나 그리고 요한은 요한의 집 앞에 놓여 있는 피크닉 테이블로 갔다.

주님이 먼저 건너편에 앉으시고 그리고 내가 앉고 내 옆에 요한이 앉았다.

모세가 와서 언제 왔는지 살짝 주님 옆에 가서 앉았다.

나는 계시록에 대한 질문을 시작했다.

여섯째 인을 떼고 십사만 사천을 비롯한 하나님의 종들의 이마에 인을 치고 그 다음 이 인 맞은 자의 이야기가 다섯째 나팔을 불 때 (즉 무저갱에서 나온 황충으로 인한 고통을 받는 때) 에도 나오고 그리고 적그리스도가 나타나서 666표를 받으라 한 이후에도 나타나는데 그러면

'대 환난을 거치는 이 인 맞은 자들이 휴거되는 때는 언제냐?' 하는 것이었다.

그것이 666표를 강제로 받게 하는 사건 이후에 이 십사만 사천이 어린양과 함께 시온산에 잠깐 서는 이야기가 나오는데 그리고 나서 하나님 보좌 앞에 가서 새 노래를 부르는 사건이 나오는데 이 말은 그러면 666표를 강제로 받게 하는 사건 이후에 이러한 인 맞은 유대인들 십사만 사천이 휴거 되는 것으로 보이는데 그렇다면 그들은 대 환난(7년 환난중 후 삼년반) 후에 휴거가 된다는 것이다. 할렐루야.

[계 14:1-5]
(1)또 내가 보니 보라 어린 양이 시온산에 섰고 그와 함께 십 사만 사천이 섰는데 그 이마에 어린 양의 이름과 그 아버지의 이름을 쓴 것이 있도다 (2)내가 하늘에서 나는 소리를 들으니 많은 물소리도 같고 큰 뇌성도 같은데 내게 들리는 소리는 거문고 타는 자들의 그 거문고 타는 것 같더라 (3)저희

가 보좌와 네 생물과 장로들 앞에서 새 노래를 부르니 땅에서 구속함을 얻은 십 사만 사천인 밖에는 능히 이 노래를 배울 자가 없더라 (4)이 사람들은 여자로 더불어 더럽히지 아니하고 정절이 있는 자라 어린 양이 어디로 인도하든지 따라가는 자며 사람 가운데서 구속을 받아 처음 익은 열매로 하나님과 어린 양에게 속한 자들이니 (5)그 입에 거짓말이 없고 흠이 없는 자들이더라

그런데 대 환난 후에 공중 휴거가 일어난다면 주님께서 빌라델비아 교회에게 하신 말씀
'네가 내 인내의 말씀을 지켰은즉 장차 온 땅에 임하여 모든 사람을 시험할 그 때를 면케 하여 줄 것' 이라는 말과는 대치가 되는 것이다.
즉 이 말은 대 환난(짐승의 표를 강제로 받게 하는 시기)을 면하여 주겠다는 말인데 그러면 이것을 면하는 것이 공중휴거가 아니겠는가 하는 것이다.

자 그러면 휴거가 두 번 일어나는가? 하는 것이다.

대 환난이 시작되기 전에 한 번 일어나고
또 한 번은 대 환난 이후에 일어나는…………
할렐루야.

그럴 가능성이 너무 많다.
그리고 이 첫 번째 휴거가(공중휴거사건) 7년 환난 전이냐? 아니면 뒤, 후 삼년 반 즉 대 환난전이냐? 하는 것인데, 즉 이 말은 두 증인이 활동하는 시기가 전 삼년반이다.
그러므로 이 첫 번째 휴거(공중휴거)가 그 전이냐 후냐? 하는 말과 같다.

그런데 내가 이러한 혼돈 속에 있는 것을 모세가 알고 주님께 말했다.
"주님 사라의 머리로는 알 수 없어요."하고 말을 보낸다.
주님은 아무 말씀이 없으시다.
요한도 아무 말이 없다.
나는 이 상태에서 더 이상 휴거에 대하여 진행이 안 되어 내려와야 했다.
그러나 분명한 것은 내가 천상에 있을 때에 분명히 대 환난전과 대 환난후에 두 번 휴거가 있을 것이라는 생각이 들어왔다는 것이다.
　할렐루야.
천상에서 들어오는 생각은 그냥 내가 생각한다기보다는 주님께서 나에게 넣어주신다고 보는 편이

더 맞는 말이다.
왜냐하면 천국에서는 모든 생각을 서로가 알고 그리고 지금까지 보면 천국에서 생각나는 모든 생각들을 주님이 다 주장하셨다는 것을 나는 알고 있기 때문이다.

47. 주님은 내가 날마다 한사람에게 복음을 전하기를 원하셨다.
(2014. 10. 16)

나는 천국에 올라갔다.
나는 머리를 올리고 있었고 머리에는 다이아몬드로 된 면류관을 쓰고 있었다.

내가 수레에서 내리자마자
주님은 나를 주님과 내 앞에 놓여진 계단으로 데리고 가셨다.
그 계단은 서너 계단을 올라가면 갑자기 넓고 큰 계단이 나타났는데 그리고 그 위로 수십 계단을 올라가서 모세의 궁에 도달하였다.
거기에는 하늘색 빛이 나는 옷을 입은 모세가 기다리고 있었다.
주님과 나 그리고 모세는 테이블에 앉았다.
늘 그랬듯이 주님이 테이블 머리에 나는 주님의 오른편에 그리고 모세가 주님의 왼편에 앉았다.

나는 성경 이야기를 할 것인가 하고 궁금해 하고 있는데 갑자기 내 앞에 공책이 펼쳐졌다.
그리고서는 주님이 내게 마음으로 말씀을 하신다.
'사라야, 네가 지난 수요일날 설교시간에 하루 한명씩 전도한다고 하지 아니하였니?' 하고 물으신다.
그 내용은 내가 그렇게 설교하여 놓고도 안하고 있지 않니 하시는 말씀이시다.
실제로 그랬다. 못했다.
그리고 내 앞에 놓여져서 펼쳐져 있는 공책이 바로 내가 전도하는 영혼들이 기록되는 공책이라는 사실을 알게 되었다.
나는 즉시 주님께 말했다.

'아! 주님 정말 제가 잘못했어요. 전도할께요. 하루에 한명씩이라도……'

나는 지금 주님께서 나를 전도한다고 해놓고 안한 것을 모세의 궁에 나를 데리고 오셔서 그것에 대하여 추궁하고 계시다는 것을 알았다.
전도하는 일이 가장 중요한 일인데…….
'주님 정말 죄송해요 내일부터는 반드시 하겠습니다.'
하고 나는 내려왔다.

나는 나에게 말했다.
한사람에게 날마다 복음을 전하는 것을 잊지 말도록.
주여! 감사합니다.

48. 사람이 보는 것과 하나님의 심판은 다르다.
(2014. 10 17)

아침에 천국에 올라갔다.
시간상으로는 약 2시간 30분을 기도한 후였다.
천국으로 올라갈 때에 마귀의 방해가 있는 때가 있는데 오늘 나를 마중하러 나온 바깥에서 수호하는 천사가 이렇게 말한다.
'주인님 어서 타세요. 마귀 부하들에게 휘둘릴 시간이 없습니다.'라고 말했다.
나는 얼른 수레를 탔다. 수레를 모는 천사도 급한 표정이다.
나는 수레를 타고 천국문을 여는 천사들을 보고 또 천국에 도착하는데 황금수레 마차 안에 있는 내 아이가 오늘따라 희고 또 흰 옷을 입고 있었다.
눈이 부시도록 옷이 희다.
어찌 이 아이가 이런 옷을 입고 있는지……

내가 수레에서 내리고 아이의 손을 잡고 주님께로 갔다.

주님이 아이를 안으시고 말씀하시는 것이 '이 아이는 내 아이란다.'라고 말씀하신다.
맞다 내 아이가 아니다. 주님의 것이다.
그리고 주님은 또 말씀하신다. '너도 내 것이란다.' 네 주님 맞아요.

그리고서는 주님은 나를 바로 어떤 호수로 인도하셨다.
그 호수는 참으로 넓어 보였는데 그 호수는 생명수로 되어 있었고 누구든지 와서 그 생명수를 떠 먹을 수 있었다. 즉 내가 천국에서 우물도 보고 또 폭포수도 보고 각 믿음의 선진들 집에서 본 시내에서 흐르는 물들과 내 집 거실 분수대에서 올라오는 모든 물들이 생명수인 것이다.
할렐루야.

그러고 나서 주님은 나를 말에 태웠는데 나는 주님의 뒤에 타고 달렸다. 황금대로 길을...
그리고 그 옆 왼편에는 붉은 빛의 코스모스 꽃이 끝없이 넓게 펼쳐져 있었고 오른편에는 하얀 코스모스 꽃이 끝없이 펼쳐져 있었다.
그 사이에 난 길을 주님과 내가 말을 타고 달리는 것이다.
초록색의 개구리 한 마리가 우리 뒤에 붙었다.
개구리가 따라가고 싶어한다. 그런데 개구리라 아무리 천국이지만 나는 원치 아니하였다.
그랬더니 개구리가 앗차 하고 떨어져나간다.
그러고 나서 주님과 나는 달리다가 천천히 갔다.
이렇게 주님과 함께 있는 시간이 나는 너무 좋다.
주님은 나에게 기쁨을 주기 위하여 일부러 이러한 시간을 가지시는 것 같았다.

그리고서는 우리는 주님과 내가 늘 가는 벤치로 갔다.
주님과 내가 앉았다.
나는 거기서 질문이 하나 생각이 났다.
한국에서 어느 장로님이 자신의 어머니가 살아계실 때에 참으로 성령 충만하였고 전도를 많이 하였다 한다. 그래서 그 어머니에 대하여 물어봐 달라고 했다.
그래서 그 권사님에 대하여 주님께 물었다.
'주님! 그 권사님 어디 계세요?'
그랬더니 주님의 얼굴은 그렇게 웃는 표정이 아니었다.
그렇다고 하여 찡그리는 얼굴도 아니고 약간 표정이 굳어지시더니 곧 퍼지는데 그러는 순간에 내 눈에는 그 권사님이 밭에서 농사를 짓고 있는 것이 얼른 보였다.

아니 평상시에 그렇게 전도를 많이 하고 성령 충만하였다 하였는데 농사를 짓고 있다니....
내가 잘못 본 것은 아닌지......
잘 모르겠다.
어쨌든 나는 지금 여기서는 내가 본 것만 이야기 한다.
다시 물어보아야 할 것이다.
할렐루야.

49. 천국에 있는 어머니가 지상의 아들에게 전하는 말
(2014. 10. 17)

두번째 천국에 올라갔다.
수레 안에 아이가 누워있다. 누워서 장난치다가 일어나 또 무엇을 먹는다.
자신이 누울 수 있는 칸이 되어 있다. 바닥에 하늘색에 꽃무늬가 있는 방석이 있었다.
아이는 흰색의 원피스 치마를 입고 있다.
아이는 먹으면서 즐거워한다.
수레는 어느새 천국에 도착하고 보모가 아이를 데리고 갔다.

주님께 내가 말했다.
"주님 제가 너무 자주 올라오지요?"
"아니야, 괜찮아" 하신다.
주님과 나는 곧바로 벤치로 갔다.
내가 그 권사님에 대하여 다시 물었다.
그 권사님이 다시 밭에서 흰 옷을 입고 일하는 모습이 보였다.
토마토가 열린 밭이다. 호미도 갖고 계신다. 그리고 나중에 광주리에 고구마도 담아 오신다.
내가 그 자리에 그녀와 함께 있는 것이다.
아니 내가 즉시 거기로 간 것 같다.
나는 그 권사님이 젊었을 때의 곱상한 얼굴을 하고 있는 모습을 보았는데 그곳에서 그가 농사를 짓는 것을 본 것이다.

아니, 그렇게 열심히 전도하고 성령 충만하였고 또 주의 종들을 잘 섬겼다 하는데 왜 이렇게 농사를 짓고 있는지 궁금하였다. 그리하였더니 그냥 알아지는 것이 많은 부분에 있어서 자신을 위하여 일 하였다는 것이 알아진다. 그렇다. 주의 일을 하여도 자신을 위하여 일하면 이렇게 공력 심판 때에 집이 없는 것처럼 그렇게 되는 것이다.

그래서 나는 권사님에게 물었다. 그래도 아들이 묻는데 아들에게 뭐라고 전해 주어야 하니 뭐라고 대답하여야 하냐고.... 그랬더니 그 권사님이 말한다.

'나는 아주 잘 있다고 말해 주세요.'라고 말씀하신다.

'농사를 짓는 것이 너무 좋다고 말해 주세요.'라고 말한다.

그리고서는 이 권사님이 주님과 내가 앉았던 벤치로 왔다.

그리고 주님과 나 사이에 앉았다.

그리고서는 일어서시는데 내가 물었다. 아드님에게 혹시 전해줄 말씀이 있냐고 하였더니 권사님이 말씀하신다. '모든 욕심을 다 버리라.'라고 말하여 달라고 한다.

그것뿐이었다.

할렐루야.

그 권사님은 가시고 나도 내려왔다.

할렐루야.

그녀는 분명 농사를 짓고 있었다.

큰 궁궐 같은데서 사시는 것이 아니라 아무래도 변두리다. 내 아버지가 사시는 곳이 그랬다.

할렐루야.

50. 일곱째 인을 뗀 후 하늘에서 반시동안 조용할 때 일어나는 일에 대해 다시 질문하다.
(2014. 10. 20)

천국에 올라갔다.

나는 계시록에 일곱째 인을 떼자 하늘에서 반시동안 조용한 것과 그 뒤에 기도의 향기가 올라가는 것에 있어서 궁금하였다.

도대체 이 반시간 동안 무슨 일이 일어나는지……

[계 8:1-4]
(1)일곱째 인을 떼실 때에 하늘이 반시 동안쯤 고요하더니 (2)내가 보매 하나님 앞에 시위한 일곱 천사가 있어 일곱 나팔을 받았더라 (3)또 다른 천사가 와서 제단 곁에 서서 금 향로를 가지고 많은 향을 받았으니 이는 모든 성도의 기도들과 합하여 보좌 앞 금단에 드리고자 함이라 (4)향연이 성도의 기도와 함께 천사의 손으로부터 하나님 앞으로 올라가는지라

내가 주님의 보좌 앞에 있다가 주님과 함께 사도 요한의 집 앞에 피크닉 테이블로 갔다.

여전히 모세가 거기에 있었고 사도 요한이 있었다.

주님과 내가 자리에 앉았다.

그리고서는 나는 요한에게 제발 이 부위를 가르쳐 달라고 했다.

'혹시 이 반시간 동안에 휴거가 일어나느냐?' 고 물었다.

그랬더니 요한이 이렇게 말하는 것이 알아졌다. 천국에서는 마음으로 통한다.

'나에게도 밝혀지지 아니한 것을 왜 나에게 묻느냐고'

즉 이 말은 이런 말이었다. 주님이 자기에게 밝혀 주시지 아니한 것은 일어나지 않는다는 것이었다.

그리고 바로 이때에 나에게 다음의 성경구절이 생각났다(이런 경우는 주님이 적시적때에 내게 성경구절을 사용하여 나의 질문에 대한 답으로 말씀하여 주시는 경우이다.).

[계 22:18-19]
(18)내가 이 책의 예언의 말씀을 듣는 각인에게 증거하노니 만일 누구든지 이것들 외에 더하면 하나님이 이 책에 기록된 재앙들을 그에게 더하실 터이요 (19)만일 누구든지 이 책의 예언의 말씀에서

제하여 버리면 하나님이 이 책에 기록된 생명 나무와 및 거룩한 성에 참예함을 제하여 버리시리라

즉 이 반시간 동안에 휴거가 일어난다고 하는 것은 이 예언의 말씀에 더하는 것이라는 것이다.

즉 계시록은 주님이 사도 요한에게 계시한 것인데 사도 요한은 일곱째 인을 떼자 하늘이 반시간 동안 고요한 것만 본 것이다.
그 때에 무슨 일이 일어나는지는 계시록에서 전혀 이야기하고 있지 않다.
그러면 여기에 무엇인가를 더하는 것은 재앙을 부른다는 것이다.

그러므로 나는 여기서 반시간 동안 고요하였다 하면 그냥 고요한 것으로 넘어가야 하는 것을 알게 되었다. 주여!
바르게 깨우쳐 주시는 주님을 찬양합니다.

그리고 이전에 주님은 이 반시간 동안은 일곱 나팔재앙이 시작하는 것에 대하여 하늘에서 지구에 엄청난 재앙이 임할 것이므로 하늘에서도 반시 동안 조용하면서 슬퍼하는 시간이라고 했다(43. 천상에서 일곱 째 인을 뗀 후에 반시동안 조용한 이유에 대하여 말씀하시다. 참조).

51. 주님께서 북한에 태극기가 많이 꽂혀 있음을 보여주시다.
(2014. 10. 20)

천국에 올라갔다.
주님이 마중을 나오셨다. 주님과 함께 서 있는데 마리아가 왔다.
오늘따라 마리아가 너무 예쁘다.
머리에서부터 면사포 같은 것이 머리 뒤에서부터 땅에까지 가운처럼 날리고 있었고
그녀가 입은 옷은 정말 흰색으로 빨래를 해도 그렇게 흴 수 없을 정도로 예뻤다.

주님과 나, 마리아 세 명이 어디로 가나 했는데 벌써 마리아의 집 뒤편에 porch에 와 있다.

오늘은 장식이 조금 다른 porch이다. 우리는 테이블에 앉았는데 테이블이 둥근 큰 흰 옥색 같은 테이블이다.

거기에 각 사람 앞에 요구르트 같은 것이 그릇에 담겨 있었고 우리는 그것을 먹었다.

아니 내가 천국에 올라오기 전에 요구르트가 먹고 싶다고 생각했는데 천국에 와서 요구르트를 주님과 함께 마리아와 함께 먹고 있는 것이다.

요구르트를 다 먹었는데 그 다음에 테이블에 한국 지도가 놓였다.

지도가 녹색과 노란색으로 자연스럽게 색깔이 어우러져 있는데 유독 북한쪽만 보인다.

북한 지도에 갑자기 태극기가 많이 꽂혀 있다.

아하! 북한에 우리나라의 국기가 여러 곳에 꽂힌 것을 보니 할렐루야.

남한과 북한이 통일된 것을 다시 주님이 나에게 오늘 보여주신 것이다. 할렐루야.

그리고서는 내려오게 되었다.

52. 일곱 나팔 재앙부터 하나님의 심판이 이 땅에 시작되었음을 알게 하여 주시다.
(2014. 10. 24)

천국에 올라갔다.

나를 마중하러 나온 바깥에 있는 천사가

"주인님, 많이 기다렸어요. 오서 오세요!"라고 말한다.

나를 데리러 온 황금수레마차를 모는 천사도 너무 반가워서 말을 잘 못하는 것 같았다.

수레를 모는 네 마리는 히히히힝 하면서 반가워서 앞발들을 높이 치켜 들었다.

나는 얼른 수레 안으로 올라탔다.

수레 안에는 하얀 날개 달린 천사 한 명이 눈부시게 하얀 모습으로 나를 맞이하고 있었다.

그 옆에 내 아이가 나에게 달려온다. 보모는 반대편에 앉았다.

나는 앞쪽으로 내 좌석이 있었다.

우리 모두는 즉시 천국에 도착하였다.

천사가 내리고 아이가 내리고 보모가 내리고 내가 내렸다.
주님이 아이를 잠깐 안아보시고 궁둥이를 가볍게 쳐 주신다. 귀엽고 사랑한다는 뜻이다.
나는 주님을 보자마자 눈물에 눈물을 흘렸다. 주체할 수 없었다.
얼마나 보고 싶었는지 나는 요즘에 천국에 올라오지 못했다.
왜냐하면 집회준비로 바빠서 기도할 시간이 없었고 기도하지 아니하면 천국에 올라올 수 없었다.
나는 너무나 많은 눈물을 흘려서 눈이 빨개졌다.
주님은 오늘따라 흰 옷을 입으셨는데 갈색의 허리띠를 하셨다.
주님은 내 마음을 아신다.
주님은 나를 폭포수 앞으로 데리고 가셨다.
그리고 천사들이 떠다준 생명수로 내 얼굴을 씻게 하셨다.
그리고 주님이 말씀하신다.
"내가 너에게 보여줄 것이 있단다."
주님과 나는 일단 구름을 탔다.
그리고 분명 우리가 처음 날은 곳은 유리바다였다.
그런데 저 멀리 아주 빛이 나는 곳이 보였다.
우리는 구름에 있다가 그 빛이 나는 곳으로 빨려 들어갔다.
그곳은 온갖 보석으로 된 너무너무 아름다운 곳이었다.

주님과 나는 어느새 저번에 왔던 성부 하나님이 계신 궁 안에 와 있었다.
그분이 계신 곳은 너무나 크고 높은 궁이었고 나는 주님과 함께 그분 앞에 100m 정도 떨어져서 서 있었다.
앞에서 성부 하나님의 목소리가 들려온다.
"사라야! 가까이 오너라."
주님과 나는 앞으로 다가갔다.
그리고 "네 두 손을 높이 들라."
나는 두 손을 높이 올렸다.
그리고 두 손바닥을 마주치라 하신다.
그대로 했다.
그리고서는 두 손을 내리게 하셨는데 내가 두 손을 올려서 손바닥을 마주치게 하고
두 손을 내렸는데 그때에 우레 같은 소리가 나는 것이었다.
크러러렁, 크러러렁. 이 소리를 표현할 방법이 없다.

그리고 나서 성부 하나님이 말씀하신다.
"너는 영적무장을 하라."
그것은 성령의 검, 즉 하나님의 말씀 밖으로 나가지 말라는 것이다.
즉 사단은 늘 우리가 하나님의 말씀 밖으로 나가면 공격해오기 시작하는 것이다.
그래서 내가 말했다.
"네 알겠습니다."

그리고서는 주님과 나는 요한의 집 앞에 피크닉 테이블로 옮겼다.

[계 8:1-4]
(1)일곱째 인을 떼실 때에 하늘이 반시 동안쯤 고요하더니 (2)내가 보매 하나님 앞에 시위한 일곱 천사가 있어 일곱 나팔을 받았더라 (3)또 다른 천사가 와서 제단 곁에 서서 금 향로를 가지고 많은 향을 받았으니 이는 모든 성도의 기도들과 합하여 보좌 앞 금단에 드리고자 함이라 (4)향연이 성도의 기도와 함께 천사의 손으로부터 하나님 앞으로 올라가는지라

여기서 다시 질문이 생겼다.

그래 그 반시간 동안은 그냥 넘기고 왜냐하면 성경을 억지로 풀려다가 망한다 하였는데
지금 요한도 나에게 아무 말을 안 하는데 그리고 자신이 받은 것은 그것밖에 없는데 더 이상 보태지 말라는 말을 성경말씀으로 주신 것 외에는 더 이상 생각지 않기로 했다.

그리고는 내 질문은 그 다음 금향로의 향연이 성도의 기도와 함께 천사의 손으로부터 하나님 앞으로 올라가는 것에 대한 것이었다. 왜 여기서 갑자기 성도의 기도가 나오는 것일까 하는 것이다.
왜 일곱 나팔이 불리워지기 전에 성도들의 기도가 향과 함께 올라가는 것일까?
여기에 어떠한 특별한 의미라도 있는 것일까? 하는 것이었다.

아하! 이제야 알겠다. 즉 그 다음에 일어날 나팔 재앙들에 대하여 하나님께 올려드리는 모든 성도들의 기도인 것이다. 지구에 재앙이 닥치는 것에 대한 기도임에 틀림이 없다. 그런데 이 모든 성도들이란 하늘에 있는 성도들인지 땅에 있는 성도들인지가 확실치 않다. 아니면 모두를 말하는지.......

그 다음은 일곱 천사들이 일곱 나팔을 부는 것이 나오는데 참으로 심각한 상황이 벌어지는 것이다.

[계 8:5-13]
(5)천사가 향로를 가지고 단 위의 불을 담아다가 땅에 쏟으매 뇌성과 음성과 번개와 지진이 나더라 (6)일곱 나팔 가진 일곱 천사가 나팔 불기를 예비하더라
(7)첫째 천사가 나팔을 부니 피 섞인 우박과 불이 나서 땅에 쏟아지매 땅의 삼분의 일이 타서 사위고 수목의 삼분의 일도 타서 사위고 각종 푸른 풀도 타서 사위더라
(8)둘째 천사가 나팔을 부니 불붙는 큰 산과 같은 것이 바다에 던지우매 바다의 삼분의 일이 피가 되고 (9)바다 가운데 생명 가진 피조물들의 삼분의 일이 죽고 배들의 삼분의 일이 깨어지더라
(10)세째 천사가 나팔을 부니 횃불 같이 타는 큰 별이 하늘에서 떨어져 강들의 삼분의 일과 여러 물샘에 떨어지니 (11)이 별 이름은 쑥이라 물들의 삼분의 일이 쑥이 되매 그 물들이 쓰게 됨을 인하여 많은 사람이 죽더라
(12)네째 천사가 나팔을 부니 해 삼분의 일과 달 삼분의 일과 별들의 삼분의 일이 침을 받아 그 삼분의 일이 어두워지니 낮 삼분의 일은 비췸이 없고 밤도 그러하더라 (13)내가 또 보고 들으니 공중에 날아가는 독수리가 큰 소리로 이르되 땅에 거하는 자들에게 화, 화, 화가 있으리로다 이 외에도 세 천사의 불 나팔소리를 인함이로다 하더라

[계 9:1-15]
(1)다섯째 천사가 나팔을 불매 내가 보니 하늘에서 땅에 떨어진 별 하나가 있는데 저가 무저갱의 열쇠를 받았더라 (2)저가 무저갱을 여니 그 구멍에서 큰 풀무의 연기 같은 연기가 올라오매 해와 공기가 그 구멍의 연기로 인하여 어두워지며 (3)또 황충이 연기 가운데로부터 땅 위에 나오매 저희가 땅에 있는 전갈의 권세와 같은 권세를 받았더라 (4)저희에게 이르시되 땅의 풀이나 푸른 것이나 각종 수목은 해하지 말고 오직 이마에 하나님의 인 맞지 아니한 사람들만 해하라 하시더라 (5)그러나 그들을 죽이지는 못하게 하시고 다섯달 동안 괴롭게만 하게 하시는데 그 괴롭게 함은 전갈이 사람을 쏠 때에 괴롭게 함과 같더라
(6)그날에는 사람들이 죽기를 구하여도 얻지 못하고 죽고 싶으나 죽음이 저희를 피하리로다 (7)황충들의 모양은 전쟁을 위하여 예비한 말들 같고 그 머리에 금 같은 면류관 비슷한 것을 썼으며 그 얼굴은 사람의 얼굴 같고 (8)또 여자의 머리털 같은 머리털이 있고 그 이는 사자의 이 같으며 (9)또 철 흉갑 같은 흉갑이 있고 그 날개들의 소리는 병거와 많은 말들이 전장으로 달려 들어가는 소리 같으며 (10)또 전갈과 같은 꼬리와 쏘는 살이 있어 그 꼬리에는 다섯달 동안 사람들을 해하는 권세가 있더라 (11)저희에게 임금이 있으니 무저갱의 사자라 히브리 음으로 이름은 아바돈이요 헬라 음으로 이름은 아볼루온이더라 (12)첫째 화는 지나갔으나 보라 아직도 이 후에 화 둘이 이르리로다
(13)여섯째 천사가 나팔을 불매 내가 들으니 하나님 앞 금단 네 뿔에서 한 음성이 나서 (14)나팔 가

진 여섯째 천사에게 말하기를 큰 강 유브라데에 결박한 네 천사를 놓아 주라 하매 (15)네 천사가 놓였으니 그들은 그 년 월 일 시에 이르러 사람 삼분의 일을 죽이기로 예비한 자들이더라

즉 나팔 재앙부터 하나님의 이 땅을 향한 진짜 심판이 시작된 것을 알게 하여 주신다.

첫째 나팔이 불리워지면 땅의 1/3이 다 불타고
둘째 나팔이 불리워지면 바다의 1/3이 피로 변하여 바다 생물의 1/3이 죽고 배의 1/3이 깨어지고
셋째 나팔이 불리워지면 강의 1/3이 쓰게 되고 그 물을 마시는 자들이 죽게 되며
넷째 나팔이 불리워지면 해와 달의 1/3이 비침이 없게 되고
다섯째 나팔이 불리워지면 무저갱에서 황충들이 나와 이마에 인 맞지 아니한 사람들을 못 죽게 하고 5개월 동안 고통을 주고
여섯째 나팔이 불리워지면 지구 인구의 1/3이 전쟁으로 한 날 한 시에 죽는다.

이 나팔 재앙에 비하여 일곱 인이 떼어질 때에는
그 진노가 조금 약하다고 볼 수 있다.
그러나 이 인도 여섯째 인부터는 재난이 가중되고 있는 것을 본다.
첫째 인 - 백마 탄 자가 머리에 면류관을 쓰고 화살을 가지고 나가서 이기고 이기려고 한다.
둘째 인 - 붉은 말을 탄 자가 나타나 땅에서 화평을 제하게 된다.
셋째 인 - 검은 말을 탄 자가 나타나 손에 저울을 가지고 있으면서 땅에 기근을 가져온다.
넷째 인 - 청황색 말을 탄 자가 나타나는데 그 말 탄 자의 이름은 사망이고 음부가 그 뒤를 따르고 땅 사분 일의 권세를 얻어 검과 흉년과 사망과 땅의 짐승으로써 죽인다.
다섯째 인 - 하나님의 말씀과 저희의 가진 증거를 인하여 죽임을 당한 영혼들이 제단 아래 있어 자신들의 피를 신원하여 달라고 힘. 저희 동무 종들과 형제들도 지기처럼 죽임 을 받아 그 수가 차기까지 하라 하심.
여섯째 인 - 큰 지진이 나며 해가 총담 같이 검어지고 온 달이 피 같이 되며 하늘의 별들이 무화과나무가 대풍에 흔들려 선 과실이 떨어지는 것같이 땅에 떨어지며 하늘은 종이 축이 말리는 것같이 떠나가고 각 산과 섬이 제 자리에서 옮겨지고 땅의 임금들과 왕족들과 장군들과 부자들과 강한 자들과 각 종과 자주자가 굴과 산 바위틈에 숨어 산과 바위에게 말하여 우리 위에 떨어져 보좌에 앉으신 이의 낯에서와 어린 양의 진노에서 우리를 가리우라 라고 말한다는 것이다.

일곱째 인이 떼어지고 반시 동안 고요함이 있은 후에
일곱 나팔이 불리워지면서 하나님께서 이 세상을 끝을 내시려고 하는 것이 시작되었음을 말씀하시는 것이었다.

이전에는 한 번에 물로 이 세상을 심판하셨으나 이제는 물로 심판하시는 것이 아니라 조금씩 시간을 두시면서 점점 세게 이 지구에 사는 자들을 멸하시는 것이다.

그 다음 일곱째 나팔을 불기 전에 두 증인의 시대가 시작 된다.

[계 11:1-15]
(1)또 내게 지팡이 같은 갈대를 주며 말하기를 일어나서 하나님의 성전과 제단과 그 안에서 경배하는 자들을 척량하되 (2)성전 밖 마당은 척량하지 말고 그냥 두라 이것을 이방인에게 주었은즉 저희가 거룩한 성을 마흔 두달 동안 짓밟으리라 (3)내가 나의 두 증인에게 권세를 주리니 저희가 굵은 베옷을 입고 일천 이백 육십 일을 예언하리라 (4)이는 이 땅의 주 앞에 섰는 두 감람나무와 두 촛대니 (5)만일 누구든지 저희를 해하고자 한즉 저희 입에서 불이 나서 그 원수를 소멸할지니 누구든지 해하려 하면 반드시 이와 같이 죽임을 당하리라 (6)저희가 권세를 가지고 하늘을 닫아 그 예언을 하는 날 동안 비 오지 못하게 하고 또 권세를 가지고 물을 변하여 피 되게 하고 아무 때든지 원하는 대로 여러가지 재앙으로 땅을 치리로다 (7)저희가 그 증거를 마칠 때에 무저갱으로부터 올라오는 짐승이 저희로 더불어 전쟁을 일으켜 저희를 이기고 저희를 죽일 터인즉 (8)저희 시체가 큰 성 길에 있으리니 그 성은 영적으로 하면 소돔이라고도 하고 애굽이라고도 하니 곧 저희 주께서 십자가에 못 박히신 곳이니라 (9)백성들과 족속과 방언과 나라 중에서 사람들이 그 시체를 사흘 반 동안을 목도하며 무덤에 장사하지 못하게 하리로다 (10)이 두 선지자가 땅에 거하는 자들을 괴롭게 한 고로 땅에 거하는 자들이 저희의 죽음을 즐거워하고 기뻐하여 서로 예물을 보내리라 하더라 (11)삼일 반 후에 하나님께로부터 생기가 저희 속에 들어가매 저희가 발로 일어서니 구경하는 자들이 크게 두려워 하더라 (12)하늘로부터 큰 음성이 있어 이리로 올라 오라 함을 저희가 듣고 구름을 타고 하늘로 올라가니 저희 원수들도 구경하더라 (13)그 시에 큰 지진이 나서 성 십분의 일이 무너지고 지진에 죽은 사람이 칠천이라 그 남은 자들이 두려워하여 영광을 하늘의 하나님께 돌리더라 (14)둘째 화는 지나갔으나 보라 세째 화가 속히 이르는도다 (15)일곱째 천사가 나팔을 불매 하늘에 큰 음성들이 나서 가로되 세상 나라가 우리 주와 그 그리스도의 나라가 되어 그가 세세토록 왕 노릇 하시리로다 하니

이 두 증인이 증거를 마칠 때에는 이미 1260일을 예언하였으므로 전 삼년반의 끝이다.

그 때에 무저갱에서 짐승이 올라와서 이들을 죽이는 것이다.
이들이 3일반 후에 다시 살아나서 하늘로 올리워진 후에
즉 일곱째 나팔이 불리워지면서 후 삼년반이 시작된다.
적그리스도의 적극적인 핍박과 박해의 시대가 열리는 것이다.

나는 이러한 재앙들을 생각하면서 우리가 믿는 하나님은 우리를 왜 멸하실까 하는 생각이 들었다.
그럴려고 인간을 창조하셨나 하는 불순한 생각이 들어왔다.
그러나 곧 그것이 아니라 우리 하나님은 결국은 인간을 죄짓게 하였던 마귀를 유황 불못에 넣고 자신의 자녀들을 구분하여 영원한 곳에서 데리고 가기 위함이라는 사실을 알았다.
할렐루야.

[요 14:1-3]
(1)너희는 마음에 근심하지 말라 하나님을 믿으니 또 나를 믿으라 (2)내 아버지 집에 거할 곳이 많도다 그렇지 않으면 너희에게 일렀으리라 내가 너희를 위하여 처소를 예비하러 가노니 (3)가서 너희를 위하여 처소를 예비하면 내가 다시 와서 너희를 내게로 영접하여 나 있는 곳에 너희도 있게 하리라

할렐루야.
그렇다. 이것이 하나님의 계획이다. 그리고 언제까지고 하나님을 반역하는 인간들을 하나님은 보고 있을 수는 없는 일인 것이다.
하나님의 입장에 보아서는 하나님은 이제 그분의 계획에 따라서 이 땅의 삶을 종말시키고 그리고 사단을 영원히 영원한 불못에 넣어야 하시는 것이다. 즉 이 세상을 끝내시고 새로운 세상을 여셔야 하는 것이다. 새 하늘과 새 땅 말이다.

인간들은 너무 부패하여 하나님이 이제는 더 이상 볼 수가 없는 것이 되었다.
어차피 우리 육체의 삶은 일시적으로 여기서 영원히 살 수가 없는 것이다.
이러한 죄악 된 육체의 삶을 마치고 그 죄악을 영속하여 이제는 그분의 자녀들을 영원한 곳으로 데리고 가셔서 살아야 하시는 것이다.
할렐루야. 이것이 하나님의 뜻인 것이다.

그러므로 우리에게는 이 지구의 종말을 고하는 계시록이 있는 것이다.
창세기는 천지를 창조하신 것을 기록하였으나

계시록은 지금의 창조하신 이 천지를 없애고 새로운 천지를 여셔서 죄악을 영원히 속하시고 그분과 함께 그들의 자녀들이 사시기를 원하시는 것이다.

할렐루야.

아멘.

53. (i) 주님은 적그리스도가 곧 나타날 것이라고 말씀하시다.
(ii) 후 삼년반이 시작하기 바로 전에 바다에서 무저갱에서 올라오는 짐승은 누구인가?
(iii) 땅에서 올라오는 짐승이 있는데 이는 누구인가?
(2014. 10. 24)

(i) 주님은 적그리스도가 곧 나타날 것이라고 말씀하시다.

밤 기도 후에 천국에 올라갔다.

어쩐지 수레가 더 커진 것 같다. 꼭 기차 한 칸이 더 있는 것처럼… 웬일이지?

그 이유는 수레 안에 벌써 많은 아이들이 타고 있었다. 이 아이들을 태우기 위하여서는 꼭 기차 한 칸이 더 붙어서 칸이 없이 트인 것처럼 수레가 그렇게 크고 길게 보였다.

그리고 이들은 내가 천국에서 내릴 때에 같이 내리는 것이었다.

그리고 그들은 내리자마자 주님이 명령하시자 아이들은 어디론가 가버렸다.

자기들이 원래 갈대로 간 것 같았다.

주님은 나를 데리고 날기 시작하셨다. 구름을 타지 않고 말이다.

그러다 어느새 나는 내가 주님과 함께 지구 위를 날고 있음을 발견하였다.

주님과 나는 두 팔을 벌리고 지구 위를 날고 있었다.

아래에 지구가 보이고 많은 집들이 보였다.

그 보이는 모양이 꼭 비행기 안에서 내려다보는 것 같았다.

주님이 말씀하신다.

"곧이다."
주님이 내게 '곧이다.' 하시는 말씀이 내게 그 순간 해석되어 들어왔는데 그것은 '적그리스도가 나타나는 것이 곧이다.'라고 하시는 것이었다.
'오 마이 갓!'
나는 놀라지 않을 수가 없었다.
주님께서 '적그리스도가 나타나는 것이 곧'이라는 말에.......

그리고 나는 내려와서 알게 되었는데 주님이 왜 오늘 나를 지구로 데리고 가셨는지를 말이다.
그것은 나에게 지구를 보여주시면서 지구에 곧 적그리스도가 나타날 것을 말씀하시고 그리고 그 지구에 있는 모든 자들이 이 적그리스도의 통치를 받게 될 것을 나에게 말씀하여 주신 것이다.
주여!

이하는 내가 기도할 때에 주님께서 나에게 깨달음을 주신 것을 기록한다.
그것은 이런 것이었다.

다니엘서를 보면

[단 9:27]
그가 장차 많은 사람으로 더불어 한 이레 동안의 언약을 굳게 정하겠고 그가 그 이레의 절반에 제사와 예물을 금지할 것이며 또 잔포하여 미운 물건이 날개를 의지하여 설 것이며 또 이미 정한 종말까지 진노가 황폐케 하는 자에게 쏟아지리라 하였느니라
He will confirm a covenant with many for one 'seven.' In the middle of the 'seven' he will put an end to sacrifice and offering. And on a wing of the temple he will set up an abomination that causes desolation, until the end that is decreed is poured out on him."

즉 그가 나타나서 한 이레 동안의 언약을 굳게 정한다 하였다.
한 이레는 7년을 말하는데 그러므로 적그리스도는 7년 환난 전에 나타나서 많은 사람과 7년 언약을 맺는 자라는 것이다.
할렐루야.

주님은 이 자가 곧 나타난다 하셨다. 주여!

그러면 계시록에서

(ii) 후 삼년 반이 시작하기 바로 전에 바다에서 무저갱에서 올라오는 짐승은 누구인가?

하는 것이다.

왜냐하면 이 짐승이 올라올 때에는 이미 적그리스도가 세상에 나타나 있는 상태이기 때문이다.

[계 11:7]
저희가 그 증거를 마칠 때에 무저갱으로부터 올라오는 짐승이 저희로 더불어 전쟁을 일으켜 저희를 이기고 저희를 죽일 터인즉
Now when they have finished their testimony, the beast that comes up from the Abyss will attack them, and overpower and kill them.

이 두 증인이 증거를 마칠 때에는 일천 이백 육십일 동안 예언한다 하였으므로 이 증거를 마칠 때라는 것은 전 삼년반의 끝을 의미한다. 그 때에 무저갱에서 한 짐승이 올라오는데 이 짐승이 이 두 증인과 전쟁을 일으켜서 그들을 죽인다는 것이다.

[계 13:1-5]
(1)내가 보니 바다에서 한 짐승이 나오는데 뿔이 열이요 머리가 일곱이라 그 뿔에는 열 면류관이 있고 그 머리들에는 참람된 이름들이 있더라 (2)내가 본 짐승은 표범과 비슷하고 그 발은 곰의 발 같고 그 입은 사자의 입 같은데 용이 자기의 능력과 보좌와 큰 권세를 그에게 주었더라 (3)그의 머리 하나가 상하여 죽게 된 것 같더니 그 죽게 되었던 상처가 나으매 온 땅이 이상히 여겨 짐승을 따르고 (4)용이 짐승에게 권세를 주므로 용에게 경배하며 짐승에게 경배하여 가로되 누가 이 짐승과 같으뇨 누가 능히 이로 더불어 싸우리요 하더라 (5)또 짐승이 큰 말과 참람된 말하는 입을 받고 또 마흔 두달 일할 권세를 받으니라

이 무저갱은 영어로 보면 abyss 인데 심연 즉 깊은 바다를 의미한다.
계시록 11장 7절에서 무저갱에서 나오는 짐승과 이 계시록 13장 1절에서 나오는 짐승이 같은 짐승으로 보인다. 왜냐하면 무저갱(abyss)도 바다이니까 말이다.
그런데 이 짐승을 보면 하나님께서 마흔 두 달 일할 권세를 주신다 하였다. 즉 마흔 두 달은 삼년 반으로 이것은 후 삼년 반을 의미한다.
그러면 명확하다. 이 짐승이 적그리스도가 아닌 것이 말이다.
적그리스도가 심연에서 나올 리가 만무하다. 그러면 '이 짐승은 누구인가?' 하는 것인데

[계 13:1]
내가 보니 바다에서 한 짐승이 나오는데 뿔이 열이요 머리가 일곱이라 그 뿔에는 열 면류관이 있고 그 머리들에는 참람된 이름들이 있더라

즉 이 짐승은 사람이 아닌 것이 분명하다. 왜냐하면 뿔이 열 개가 있고 머리가 일곱이라 하였다.
이런 괴물이 어디 있나하는 것이다.

그리고 계시록 13장 2절을 보니

[계 13:2]
내가 본 짐승은 표범과 비슷하고 그 발은 곰의 발 같고 그 입은 사자의 입 같은데 용이 자기의 능력과 보좌와 큰 권세를 그에게 주었더라

즉 표범과 같은 머리를 7개를 가졌고 뿔이 열 개가 있더라는 것이고 그리고 발을 보았더니 곰의 발 같고 그 입은 사자 입과 같은데 용이 자기의 능력과 보좌와 큰 권세를 그에게 주었더라고 했다.
용은 사단을 의미하고 그의 보좌를 주고 능력을 주고 큰 권세를 준 것으로 보아서
이 짐승은 아무래도 사람이 아니고 사단의 일급 부하인 것이 틀림이 없다.
그래서 이 짐승은 무저갱에서 나오는 것이다. 사람이면 무저갱에서 나올 리가 없다.
이 용은 이 부하에게 자신의 보좌와 능력과 권세를 주는 것이다. 마흔 두 달 동안 일하는 기간동안에 말이다.
그래서 요약하여 보면 이 짐승은 바다에서 나올 때에 이미 세상에 나타나 있는 적그리스도(사람)에게 들어가서 자신이 일하는 기간 마흔 두 달 동안 일할 권세를 받은 만큼 그에게 들어가서 일을 시작하는 것이다.

즉 이 짐승은 적그리스도에게 들어가자마자 그는 두 증인을 죽이고 자신의 기한을 시작하는데 후 삼년 반 동안 적그리스도 안에 들어가 있어서 자신이 받은 권세로 성도들과 싸워서 이기게 되는 것이다.

이 짐승이

[계 13:7]
또 권세를 받아 성도들과 싸워 이기게 되고 각 족속과 백성과 방언과 나라를 다스리는 권세를 받으니

이 구절은 다니엘서에서 말하는 마지막 때와 일치하고 있다.

[단 12:7]
내가 들은즉 그 세마포 옷을 입고 강물 위에 있는 자가 그 좌우 손을 들어 하늘을 향하여 영생하시는 자를 가리켜 맹세하여 가로되 반드시 한때 두때 반때를 지나서 성도의 권세가 다 깨어지기 까지니 그렇게 되면 이 모든 일이 다 끝나리라 하더라

이러한 맥락에서 보면 또 하나의 다른 짐승,

(iii) 땅에서 올라오는 짐승이 있는데 이는 누구인가?

하는 것이다. 이도 역시 하나의 악한 영으로서 거짓 선지자에게 들어가 활동하는 것으로 보인다. 할렐루야.

[계 13:11-18]
(11)내가 보매 또 다른 짐승이 땅에서 올라오니 새끼양 같이 두 뿔이 있고 용처럼 말하더라 (12)저가 먼저 나온 짐승의 모든 권세를 그 앞에서 행하고 땅과 땅에 거하는 자들로 처음 짐승에게 경배하게 하니 곧 죽게 되었던 상처가 나은 자니라 (13)큰 이적을 행하되 심지어 사람들 앞에서 불이 하늘로부터 땅에 내려 오게 하고 (14)짐승 앞에서 받은바 이적을 행함으로 땅에 거하는 자들을 미혹하며 땅에 거하는 자들에게 이르기를 칼에 상하였다가 살아난 짐승을 위하여 우상을 만들라 하더라 (15)저가 권세를 받아 그 짐승의 우상에게 생기를 주어 그 짐승의 우상으로 말하게 하고 또 짐승의 우상에게 경배하지 아니하는 자는 몇이든지 다 죽이게 하더라 (16)저가 모든 자 곧 작은 자나 큰 자나 부자나 빈궁한 자나 자유한 자나 종들로 그 오른손에나 이마에 표를 받게 하고 (17)누구든지 이 표를 가진 자 외에는 매매를 못하게 하니 이 표는 곧 짐승의 이름이나 그 이름의 수라 (18)지혜가 여기 있으니 총명 있는 자는 그 짐승의 수를 세어 보라 그 수는 사람의 수니 육백 육십 륙이니라

이도 분명히 사람이 아니다. 그는 땅에서 올라온다 하였다.

이것을 영어로 봄이 중요하다. 그가 땅에서 올라온다 하였는데 영어로 보면 coming out of the earth 이다. 즉 땅에서 올라온다는 것이다. 그러면 땅 아래에 있다가 올라오는 것이다.

땅 아래에 무엇이 있는가? 우리는 음부가 있다고 생각한다.

왜냐하면 고라 자손이 모세에게 반역하였을 때에 음부가 입을 벌려 그들을 삼켰다고 했는데 땅이 갈라져서 그들이 땅속으로 들어간 것이다.

그러므로 이 땅 아래에서 올라왔다는 것은 분명 음부에서 올라왔음이 분명하다.

그리고 이 짐승도 사람이 아님이 분명하다.

그리고 더구나 그 모양이 새끼양 같고 뿔이 두 개가 있고 용처럼 말한다 했다.

뿔이 두 개 나 있는 사람은 아무도 없다. 모양이 새끼양이라 했다.

그러므로 이도 사단의 부하임이 틀림이 없다. 그래서 이도 거짓 선지자에게 들어가서 거짓 선지자를 통하여 일하는 사단의 부하인 것이다.

할렐루야. 기도 중에 이러한 귀한 깨우침을 주신 하나님을 찬양합니다!

54. 주님과 춤을 춤으로 말할 수 없는 기쁨이 내 안에 충만하여지다.
(2014. 10. 26)

성전에서 한참을 기도한 후에 천국에 올라갔다.

천국으로 올라가는 수레와 말들과 천사들이 참으로 실제저으로 보였고 천국에 올라가자마자 주님이 나의 손을 이끄셔서 천국의 주님과 나만이 있는 연회장으로 인도하셔서 한없이 그분의 손을 잡고 춤을 추었다.

주님은 나를 공중으로 던지기도 하시고 또 받으시기도 하셨다. 나는 그 시간이 너무 황홀하고 좋았다. 기쁨이 얼마나 큰지 모른다. 주님과 춤추는 그 때 말이다.

그 기쁨은 가히 말로 표현할 수가 없다.

천국에서 내가 주님과 춤을 출 때면 이 세상의 그 어떤 춤 잘 추는 자들보다도 비교가 안 될 정도로 잘 춘다. 사실 나는 지상에서는 춤 출줄 모른다. 옛날 대학생 시절에 그러니까 약 30년 정도 전에

디스코장에 가서 다른 사람들은 다 신나게 춤을 추는데 나는 가만히 서 있다가 온 적이 있다.
그만큼 나는 춤을 못 춘다. 지금도...
그런데 천국에서는 내가 이 지상에서 가장 춤을 잘 추는 자보다 더 잘 춘다. 어찌 그런 일이 있을 수 있는지...... 그런데 이런 곳이 바로 천국이다.
나는 그렇게 주님과 한참 춤을 추다가 내려왔다.
할렐루야.

55. 주님이 한국 집회에 가서 말할 것을 알려주시다.
(2014. 10. 27)

천국에 올라갔다.
흰 말 네 마리 그리고 나를 수레바깥에서 수호하는 천사 한 명, 말을 모는 천사 한 명
그런데 수레가 황금장식으로 되어 있고 웅장하다할 정도로 커 보였다.
나는 수레 안으로 곧장 들어가서 내 자리에 앉았고 아이는 주황색 원피스를 입고 나에게 달려왔다.
보모는 아이가 있는 자리 반대편에 앉아 있었다.
내 자리는 말이 끄는 앞쪽으로 마련되어 있는데 오늘따라 붉은 양단으로 된 것으로 장식되어 있었다.

나는 아이를 안고 있었는데 마차는 벌써 천국에 도착하였다.
보모가 아이를 데리고 내렸고 나는 바깥에 좀 떨어져서 나를 기다리고 계신 주님께로 달려갔다.
나는 여전히 다이아몬드 면류관에 흰 드레스를 입고 있었는데 흰 옷을 입고 계신 주님을 뵙자 그분 앞에 엎드렸다.
'주님 저 왔어요. 저를 용서하여 주세요.' 하는 마음으로 엎드렸다.
주님의 못자국 있는 발이 크게 보였다.
나는 그 발만 보면 내 영의 숨이 막히는 것 같다. 나 때문에 저렇게 뚫려 있다 생각하니 말이다.
나 때문에 돌아가신 주님 생각하면서 말이다.

주님이 나를 일으키셔서 나와 함께 날기 시작하였다.

구름 없이 주님과 나는 유리바다 위를 훨훨 날고 있었다.
내 마음 안에 너무나 큰 기쁨과 평강이 넘쳐 흘렀다.
나는 주님과 그렇게 오래 있고 싶었다.
그래서 주님과 함께 정원 길을 더 걸었다.

그리고서는 주님이 나를 벤치로 데리고 갔다.
이번 한국 방문에 대하여 나는 질문이 있었다. 그리하였더니 어느새 주님과 나는 회의실로 갔다.
거기에는 마리아가 주님 오른편, 내가 주님 왼편에 앉고 바울이 마리아 옆에 와서 앉고 내 옆에는 베드로가 와서 앉았다.
그리고 바울 옆에는 에스더가 왔고 또 베드로 옆에는 삭개오가 왔다.
이들은 정말 내가 항상 나를 격려하고 내가 어떻게 하여야 할 것을 말씀하시는 분들이다.
그리고서는 탁자 위에는 흰 두루마리가 큰 사각형으로 펼쳐져 있었고 거기에는 아무 것도 없었다.
나는 주님께 물었다. "주님 제가 한국을 가야 하나요?"
주님은 갑자기 손에 우리 한국의 지도같이 생긴 도장을 그 종이 위에 꽉 찍었는데
우리나라의 지도이다.
그런데 그것을 찍으시면서 하시는 이야기가 "네가 한국에 가서 한국을 회복시킬 것이다."라고 말씀하신다.
할렐루야. 물론 이 회복은 영적인 회복이다. 할렐루야.
주님이 그렇게 말씀하신다면 저는 가겠습니다.
그런데 내 마음 안에는 어떻게 내가 회복시킬 것인가가 의문이었다.
그러나 그것에 대하여서는 아직 명확한 답이 오지 아니하였다.
그냥 거기서 내게 든 생각은 아마도 내가 이기는 자와 이기지 못하는 자에 대하여 성경과 천국간증을 함으로써 그들이 확실히 천국 안으로, 성안으로 들어가는 자들이 누구인지 알게 될 것인가 하는 생각만 들었다. 이것은 확신한 것은 아니다.

그리고 그 다음 다시 천국에 올라갔다.
주님을 만나서 보좌 앞으로 바로 갔다.
거기에 에스더와 모세가 나타났는데 모세는 나에게 황금지팡이를, 또 에스더는 자신이 가진 금홀을 내게 주었다.
거기에서 두 사람이 나에게 줄 때에는 다 의미가 있다.
나는 두 지팡이를 가지고 내려왔다.

한국에 이 두 지팡이를 가지고 가라는 것이다.

주여!

에스더의 금홀은 내가 집회할 때에 '죽으면 죽으리랏다' 하여야 한다는 뜻이고

모세의 지팡이는 나에게 '베리칩에 대하여 외쳐서 사람들을 어두움 속에서 끌어내어야 한다.'는 것이다.

할렐루야.

제 4 부

56. 11월에 한국집회를 꼭 가야 할 것을
　　천상에서 확인시켜 주시다.
(2014. 10. 28)

천국에 올라갔다.
나를 천국으로 수호하는 두 천사가 네 마리의 말이 끄는 수레를 가지고 나를 데리러 왔다.
수레 바깥에 있는 천사가 이렇게 말을 한다.
"주인님, 어서 오세요!"
나는 그들이 가지고 온 수레를 타고 즉시 천국 안에 도착하였다.
마차에서 내리자 주님이 나에게 손을 내미셨다.
오늘따라 그 손이 너무 크게 보이면서 그 손에 구멍이 뚫려져 있는 것이 자세히 보인다.
나는 다시 한 번 고개를 숙였다. 나는 그 손을 보자마자 숙연하여졌다.
그리고서는 주님의 그 손을 내 얼굴에 갖다 대었다.
내 눈에는 눈물이 나왔다.

주님은 나를 만나자마자 회의실로 급속히 빨려가듯이 데리고 가셨다.
거기에는 긴 테이블이 놓여 있었고 주님이 테이블 머리에 앉으시고 마리아가 와서 주님 우편에 그리고 내가 주님 왼편에 앉았다.
바울도 오고 베드로도 오고 에스더와 삭개오도 왔다. 주여!
그리고서는 테이블 위에 큰 흰 종이가 펼쳐져 있었다.
거기에 주님이 이번에는 더 큰 한국지도 도장으로 꽉 찍으신다.
그러시면서 사라가 한국을 가야 한다는 것이다. 할렐루야.
주님은 다시 내가 한국에 11월 달에 집회를 가야할지에 대한 망설이는 마음이 있는 것을 아시고 지금 천국에서 내가 꼭 가야 함을 알려 주시는 것이었다. 할렐루야.
모세가 지팡이를 가지고 회의실로 잠깐 온 것이 보였다.

주님은 이렇게 내가 지상에서 온전히 결정하지 못하고 망설이고 있으면 이렇게 주님의 뜻이 이러하다고 천상에서 즉각 이렇게 그것도 어제 오늘 주님은 두 번이나 천상에서 흰 종이에다가 한국지도로 된 도장을 꽉 찍어 주시면서 말이다. 도장을 찍는다는 것은 반드시 그렇게 하여야 하는 것을 의미한다 할 수 있다. 그러므로 나는 한국에 집회를 가야하는지 말아야 하는지에 대하여 더 이상 망설일 수 없다. 할렐루야.

57. 우리나라 남북전쟁과 계시록에 나오는 인구 1/3이 죽는 전쟁과 연관이 있는가?
(2014. 10. 28)

천국에 올라갔다.
올라가자마자 주님과 나는 요한의 집 앞에 있는 피크닉 테이블로 가서 앉았다.
계시록에 대하여 이야기하기 위해서다.
그리고 성경책을 펴 놓고 앉았다.
그리고 나는 어디를 물어보았냐면
여섯째 나팔을 불었을 때에 전 세계 인구 1/3이 죽는 것과 지금 우리나라 전쟁 즉 마태복음 24장 7절에서 말하는 '민족이 민족을 나라가 나라를 대적하여 일어나겠고 처처에 기근과 지진이 있으리라' 한 것과 관련이 있는가 하는 것을 물어보았다.
그리하였더니 주님이 아직 말씀이 없으시다.
아니 아직 안 가르쳐 주신다.
다시 알아보아야겠다.

58. 재난의 시작인 우리나라의 남북 전쟁과 여섯째 나팔이 불린 후 세계 인구 1/3이 죽는 사건은 다른 사건임을 알게 하여 주시다.
(2014. 10. 29)

천국에 올라갔다.
올라갈 때부터 수레바깥에서 나를 수호하는 천사가 나를 많이 기다렸다고 말한다.
그래서 나는 재빨리 수레를 타고 올라갔는데 어느새 천국문이 열리고 천국문 안에 도착했다.
수레에서 내려 내 옷을 봤는데 내 드레스가 너무 예뻤다. 살색도 분홍색도 아닌 너무나 아름다운 드레스로 바뀌어져 있었다.
나는 흰 옷을 입고 계신 주님 앞에 엎드렸다. 바닥에 말이다.
그러자 주님은 나를 일으켜서 어디로 인도하셨냐면 왕권을 가진 자들이 모이는 곳으로 인도하셨다.
거기는 큰 홀인데 그 중간에 생명수 분수대가 있다.
거기에 이미 많은 사람들이 와 있었다.
나와 주님은 자리를 같이하고 앉았고 다른 사람들도 앉거나 서 있었다.
그 중에는 저기에 청색 드레스 입은 토마스 주남도 보였고 또한 사도 바울도 보였다.
다윗도 보인다. 다윗은 오늘따라 당차게 옷을 발랄하게 입었다.
흰 옷이 무릎까지 내려오는 것을 입었는데 허리에 갈색 허리띠를 하고 있었다. 그는 굉장히 발랄하게 왔다 갔다 하는 것이 보였다.

주님이 왜 나를 여기에 데리고 오셨는가를 생각하고 있는데 거기에 있는 모든 자들이 내게 주는 메시지가 느껴졌다.
그것은 '담대하라.'는 것이다.
내가 한국에 집회를 가서 천국과 지옥간증을 할 때에 담대하라는 것이다.
그들은 지금 내가 한국에 가서 간증할 때에 힘 있게 간증할 것을 말하고 있었다. 주여!
여기에 있는 사람들은 천국과 지옥을 갔다 온 사람들로서 이 천국에서 왕권을 가지고 있는 자들이었다.

주님과 나는 그곳을 떠나서 주님 보좌 앞으로 왔다.
H 목사님과 같이 사역하는 것을 주님께 연기하여 달라고 했다.

제 4부   191

천사들이 미소를 지으면서 웃고 있었다. 나의 행동에 말이다.

그리고서는 주님과 나는 요한이 있는 집 앞에 피크닉 테이블에 와서 앉았다.

내가 질문하는 곳은

마태복음 24장 7절 말씀, '민족이 민족을 나라가 나라를 대적하여 일어나겠고 처처에 기근과 지진이 있으리니 이는 재난의 시작이니라'하는 우리나라 남북전쟁(주님이 우리나라 남북전쟁이 여기에 속한다고 말씀하여 주셨음, 서사라 목사의 천국지옥 간증수기 2를 참조)과 계시록에서 여섯 번째 천사가 나팔을 불었을 때에 유브라데강에 묶여 있던 네 천사가 풀려나면서 일어나는 전쟁으로 인한 세계 인구 전체의 1/3이 죽는 사건과 같은 것인가 하는 질문이었다.

그런데 거기 모두 앉아 있는 자리에서 주님은 나에게 두 가지 이유로 아니라는 것을 알게 하여 주신다. 이런 경우는 말씀하여 주시는 것이 아니라 내게 생각으로 그 이유들을 생각나게 하여 주시는 경우이다. 할렐루야. 주님을 찬양합니다.

그 이유들은

1. 첫째는 우리나라 남북전쟁은 말 그대로 마태복음 24장 7절에서 말하는 것처럼 재난의 시작 이라는 점이다.

[마 24:7-8]
(7)민족이 민족을, 나라가 나라를 대적하여 일어나겠고 처처에 기근과 지진이 있으리니 (8)이 모든 것이 재난의 시작이니라.

이 때에 일어나는 전쟁과 기근과 지진은 재난의 시작이라는 것이다.

그런데 여섯째 나팔을 분 후에 전쟁이 일어나는 것을 보면 이것은 이미 지상에 첫 번째 나팔부터 다섯 번째 나팔을 불어서 많은 재앙을 당한 후인 것을 알 수 있다. 즉 재난이 한창 진행중인 것을 알 수 있는 것이다.

첫 번째 나팔이 불리워지면 땅의 1/3이 불에 타고
두 번째 나팔이 불리워지면 바다의 1/3이 피로 변하고

세 번째 나팔이 불리워지면 강의 1/3이 쓰게 되고
네 번째 나팔이 불리워지면 해와 달과 별의 비췸이 1/3이 줄어들고
다섯 번째 나팔이 불리워지면 무저갱에서 황충들이 나와서 인 맞지 않은 자들을 5개월간 괴롭히고
그리고 여섯째 나팔이 불리워지면 인구 1/3이 죽는 것이다.
그리고 성경은 기록하기를 다섯 번째 나팔이 불리워진 후 5개월 동안 황충 재앙을 당한 후에 이렇게 기록한다. 첫째 화가 지나갔다고........

그리고 여섯 번째 나팔이 불리워지고 세계 인구 1/3이 죽는 사건을 둘째 화로 표현하고 있다.

그러므로 여섯째 나팔이 불리워지고 전쟁으로 인하여 인구 1/3이 죽는 것은 재난의 시작이 아니라 재난이 한창 진행된 상황을 말하는 것이다.

[계 8:13]
내가 또 보고 들으니 공중에 날아가는 독수리가 큰 소리로 이르되 땅에 거하는 자들에게 화, 화, 화가 있으리로다 이 외에도 세 천사의 불 나팔소리를 인함이로다 하더라

즉 다섯 번째, 여섯 번째, 일곱 번째 나팔이 불리워지면 일어날 재앙들에 대하여
'화, 화, 화가 있으리로다.'라고 말하는 것이다.

[계 9:1-12]
(1)다섯째 천사가 나팔을 불매 내가 보니 하늘에서 땅에 떨어진 별 하나가 있는데 저가 무저갱의 열쇠를 받았더라 (2)저가 무저갱을 여니 그 구멍에서 큰 풀무의 연기 같은 연기가 올라오매 해와 공기가 그 구멍의 연기로 인하여 어두워지며 (3)또 황충이 연기 가운데로부터 땅 위에 나오매 저희가 땅에 있는 전갈의 권세와 같은 권세를 받았더라 (4)저희에게 이르시되 땅의 풀이나 푸른 것이나 각종 수목은 해하지 말고 오직 이마에 하나님의 인 맞지 아니한 사람들만 해하라 하시더라 (5)그러나 그들을 죽이지는 못하게 하시고 다섯달 동안 괴롭게만 하게 하시는데 그 괴롭게 함은 전갈이 사람을 쏠 때에 괴롭게 함과 같더라 (6)그날에는 사람들이 죽기를 구하여도 얻지 못하고 죽고 싶으나 죽음이 저희를 피하리로다 (7)황충들의 모양은 전쟁을 위하여 예비한 말들 같고 그 머리에 금 같은 면류관 비슷한 것을 썼으며 그 얼굴은 사람의 얼굴 같고 (8)또 여자의 머리털 같은 머리털이 있고 그 이는 사자의 이 같으며 (9)또 철흉갑 같은 흉갑이 있고 그 날개들의 소리는 병거와 많은 말들이 전장으로 달려 들어가는 소리 같으며 (10)또 전갈과 같은 꼬리와 쏘는 살이 있어 그 꼬리에는 다섯달 동

안 사람들을 해하는 권세가 있더라 (11)저희에게 임금이 있으니 무저갱의 사자라 히브리 음으로 이름은 아바돈이요 헬라 음으로 이름은 아볼루온이더라 (12)첫째 화는 지나갔으나 보라 아직도 이 후에 화 둘이 이르리로다

주여!

2. 그 다음 둘째는 여섯 번째 나팔이 불리워진 후에 지상의 인구의 1/3이 죽는 것은 시간까지 정하여져 있다는 것이다. 즉 같은 연월일시에 지구 인구의 1/3이 한꺼번에 죽는 것을 의미한다는 것이다.
우리나라 한국전쟁이 일어나면 시간까지 정하여져 있는 즉 연월일시에 죽지 않을 것이라는 것이다. 그리고 지상의 인구의 1/3은 지금 지구의 총 인구가 70억이면 20억이 넘는 숫자가 같은 연월일시에 전쟁으로 죽을 것이다.
이것으로 보아서 이 여섯째 나팔이 불리워졌을 때 일어나는 인구 1/3이 죽는 전쟁이 우리나라 한국전쟁으로 인한, 설사 3차 세계대전으로 번졌다할지라도 20억 인구가 하루아침에 한 시간내에 죽을 것 같지는 않다는 것이다.
한국전쟁부터 시작하여 3차 세계대전으로 간다는 것은 최소한 며칠 내지는 몇 달이 소요될 것이기 때문이다.
그러므로 같은 연월일시에 인구 1/3이 죽는 사건은 한국전쟁을 발단으로 일어나는 제 3차 세계 대전과는 무관한 것으로 보인다.
그러므로 이 두 가지 이유로 이 두 사건은 완전히 다른 사건임을 가르쳐 주신 것이다.
할렐루야.

59. 천국에서 내 육신의 아버지가 사시는 곳에서는 성밖과는 달리 생명수가 흐르고 있다.
(2014. 10. 31)

천국에 올라갔다.
주님이 바로 나를 모닥불 있는 곳으로 인도하셨다.
이 모닥불은 거실에 추울 때에 피우는 그 불과 같다. 벽에 붙어 있는….
거기에 주님이 앉으시고 나도 거기에 앉게 하셨다.
그리고 말씀하신다.
"내가 너에게 은사를 주노라."
"네... 무슨 은사를요?"
주님이 말씀하시기를 사람을 투시하는 은사라 말씀하신다.
할렐루야.
주님 감사합니다.
사역에 잘 사용하겠습니다.
할렐루야.

(나는 여기서 주님께서 왜 나에게 은사를 주신다면서 모닥불이 피워져 있는 곳으로 나를 인도하셨는가 하는 것인데…. 성경에 성령이 강림하실 때 보면 바람과 불이 마가의 다락방에 임하였다.
그러므로 주님이 나를 불이 피워져 있는 데로 인도하셔서 나에게 투시의 은사를 주신다고 하신 것은 그 나름대로 의미가 분명히 숨겨져 있다고 본다)

그 다음에 주님과 나는 요한의 집 앞에 피크닉 테이블에 도착하였다.
주님이 앉으시고 그 옆에 모세가 앉았고 그 다음 주님의 맞은편에 요한이 앉았고 그리고 나는 주님의 대각선으로 요한 옆에 앉았다.
그런데 거기에 우리 아버지가 나타났다.
나는 놀랐다. '아니, 내 육신의 아버지가 여기 도착하다니!'
그리고 아버지는 모세의 옆 의자에 앉았다. 나를 마주보고……

나는 아버지에게 질문할 것이 사실 있었다(그래서 주님이 아버지를 부르신 것 같다).

뭐냐면 전에 내가 아버지가 사시는 곳에 가서 보았을 때에 아버지는 넓은 밭에서 무우 농사를 지으시는 것을 보았다.

그래서 나는 아버지에게 물었다.

"아버지, 거기서 농사 지으시는 것이 맞아요?"

그 질문에 아버지는 '그렇다.'라고 말씀하셨다.

그리고 또 한 가지 더 물었다.

"거기에는 생명수가 있나요?"

아버지는 말씀하시기를 거기에는 조그마한 도랑과 같은 시내가 흐르고 있는데

그 시냇물이 바로 생명수라 하신다.

즉 나의 육신의 아버지가 계신 곳에는 생명수 물이 흐르고 있는 것이다.

그것을 마실 수가 있는 것이다.

이것은 분명 성밖하고는 다른 모양이라 할 수 있다.

그리고 아버지는 말씀하신다.

'가서 잘해라. 네가 본 것을 다 말하여야 한다.'고 아버지는 주님이 계신 곳에서 그렇게 말씀하시는 것이었다. 즉 한국집회 가서 다 말하라는 것이다.

그리고 아버지는 천국의 스크린을 통하여 내가 한국에 가서 집회하는 것을 지켜 볼 것이라 말씀하셨다. 할렐루야.

그리고서는 나는 지상에서 누가 문을 두들기는 소리가 나서 나는 내려와야 했다.

60. 아버지가 계신 곳은 농사를 짓는 곳이다.
(2014. 11. 3)

천국에 올라갔다.

나를 데리러 두 천사가 네 마리의 말과 아름다운 수레를 가지고 왔다.

천국에 도착하자 수레에서 내리는 나의 모습을 보니 내가 노란 드레스를 입고 있었고 머리에는 늘 쓰는 다이아몬드 면류관을 쓰고 있었다.

내가 수레에서 내리자마자 주님은 나를 즉시 밭이 있는 곳으로 데리고 가셨다.
거기는 밭이 많았고 흙이 있었다.
즉 농사를 짓는 곳이었다.
거기는 여자들이 흰 옷을 입고 농사를 짓고 있었고 거기에 내 육신의 아버지도 보였다.
주님은 나를 다시 이곳으로 데리고 온 것이다.
내 아버지가 계신 곳에서 농사를 짓고 있다는 것을 다시 한 번 보여주시는 것이었다.
그리고서는 나는 내려왔다.
주여! 감사합니다. 어찌하였든….
내 아버지가 계신 곳은 생명수도 있고 농사를 짓고 있다.
이것은 확연히 성밖하고는 다른 모습이다.

61. (i) 성부 하나님께서 내 손바닥에 구멍을 뚫어 주시다.
(ii) 내 손바닥에 구멍을 뚫어주신 이유를 말씀하시다.
(iii) 전쟁의 날짜를 알고자 하는 것은 하나님의 거룩함을 침범하는 것임을 알게 하시다.
(2014. 11. 12)

(i) 성부 하나님께서 내 손바닥에 구멍을 뚫어 주시다.

한국에 도착하였다.
한참 기도를 한 후에 천국에 올라갔다.
천사 두 명이 나를 데리러 왔다. 오늘따라 그들은 새로운 머리 복장을 하고 있었는데 그 복장은 어떠한 새로운 결단을 나타내는 것과 같은 것이었다.
바깥에서 나를 수호하는 천사가 말한다.
주님이 나를 많이 기다리고 계시다는 것이다.

나를 데리러 온 수레는 네 마리 말이 끄는 수레로서 너무 예뻤다.

나는 순간 그 수레가 너무 아름답고 황홀하여 보여서 나는 이렇게 말했다.

나는 이 수레는 나에게 맞지 아니하니 이전의 흰 말 두 마리가 끄는 수레로 다시 바꾸어 달라는 기원의 마음이 생겨났다. 바꾸어졌으면 하는 마음 말이다. 왜냐하면 분에 넘치게 수레가 황홀할 정도로 아름다웠기 때문에 민망하였다.

그런데 나에게 다시 돌아오는 대답은 이 네 마리 말이 끄는 수레가 내 것이라는 것이다. 즉 이것을 타라는 것이다. 어쨌든 말 두 마리가 끄는 수레를 탐으로써 나는 겸손하고 낮아지고 싶었다. 그런데 이 네 마리가 끄는 수레가 내 수레라는 것이다.

어쨌든 할렐루야다.

나는 그 말 네 마리가 끄는 수레를 타고 천국에 도착하였다.

주님은 내가 수레에서 내리자 바로 나를 마중하여 주셨다.

나는 주님을 보자마자 바로 쳐다 볼 수가 없어서 그냥 그분 앞에 무조건 엎드렸다.

그리고 내 눈에는 눈물을 더 흘릴 수 없을 정도로 부어 있었고 또한 목이 매여 말이 잘 안 나오고 있었다.

주님은 아신다. 내 마음을…….

그렇게 목이 매어 울고 있는 나를 주님은 그분의 구멍 뚫린(동전만한 구멍이다) 손을 내 등 뒤에 대시면서 괜찮다고 하신다.

그런데 오늘따라 왜 그 손이 그렇게 뚜렷하게 보이는지…….

동전만한 구멍이 뚜렷하게 자세히 보였다.

나는 그 이유를 나중에야 알게 되었다.

주님은 나를 새로운 곳으로 인도하셨다.

즉 무지개 빛이 영롱한 구슬모양의 것들이 많은 저 멀리멀리 위쪽으로 인도하셨다.

천국의 아름다움은 표현이 불가능하다.

분명 주님은 매우 기뻐하시는 얼굴이다. 주님은 평안히 웃으시면서 나를 인도하고 계셨다.

그리고 주님과 내가 즉시 도착한 곳은 바로 저 번에 두 번 와 본적이 있는 성부 하나님이 계신 곳이었다.

그곳에 주님과 나는 성부 하나님의 궁 안에 섰다. 주님은 항상 나의 오른편 바로 옆에 서신다.

저 앞의 보좌에서 소리가 흘러 나왔다.

"사라야!"

"네"
"네 두 손을 내 쪽으로 펴 보아라."
나는 두 손을 하늘을 향하여 올렸는데 손바닥을 위로 향하게 하여 폈다.
그랬더니 갑자기 위에서 무슨 갈색의 파이프 같은 힘이 강하게 내려와서 내 손바닥에
구멍을 뚫은 것이다. 꼭 주님의 손바닥에 구멍이 나 있는 것처럼 말이다. 뻥 뚫렸다.
아니 저번에도 이렇게 하셨는데 오늘도 이렇게 두 손바닥에 구멍을 뻥 뚫어주신 것이다.
이렇게 내 손바닥에 구멍이 뻥 뚫리고 나니 어쩐지 내 손이 주님의 손과 비슷하였다.
아하! 그래서 오늘 주님의 손바닥에 있는 구멍이 그렇게 또렷하게 보였구나 하고 알아졌다.

그리고 그러한 순간 하나님께서 나에게 이렇게 말씀하시는 것이 느껴졌다.
"이제는 네가 예수의 흔적을 네 몸에 가졌느니라."
와우! 내가 예수의 흔적을 내 몸에 가지게 되었다니! 믿겨지지가 않았다. 할렐루야!

그렇다면 사도 바울이 성경에서 자신이 예수의 흔적을 자신의 몸에 가졌노라고 말했는데 그러면
그도 이것을 말하는 것인가? 하는 생각이 들어왔다.
그리고 나는 '그것이 맞다'는 생각이 들어왔다. 주여!
즉 사도 바울도 이렇게 나처럼 손바닥에 구멍을 뚫어주신 것이 아닌가 생각한다. 그것도 천상에서
말이다. 이것을 읽는 자들은 이러한 생각이 너무 큰 비약이 아닌가 하고 생각할는지 모르지만 어쨌
든 나에게 천상에서 이러한 깨달음이 왔다는 것이다. 할렐루야.
그리고 나는 지상에서 사도 바울이 말한 이 성경구절을 읽을 때마다 참으로 궁금하였었다.
그 몸에 예수의 흔적을 가졌다는 말이 무슨 말인지.....
그런데 오늘에야 내가 이해가 갔다. 할렐루야.

[갈 6:17]
이 후로는 누구든지 나를 괴롭게 말라 내가 내 몸에 예수의 흔적을 가졌노라
Finally, let no one cause me trouble, for I bear on my body the marks of Jesus.

그리고 나는 조금 겁이 났다.
나 같은 존재가 어찌 이러한 예수의 흔적을 가질 수 있는지.... 그것도 내 손에....
이해가 가지 않았다.

(ii) 내 손바닥에 구멍을 뚫어주신 이유를 말씀하시다.

그리고서는 주님과 나는 구름을 타고 유리바다 앞에 있는 벤치로 와서 앉았다.
나는 주님께 물었다.

"주님, 제가 예수의 흔적을 가졌다는 것이 무엇을 의미하는 것이에요?"

주님이 말씀하신다.
"너와 나는 하나인 것을 의미한단다."
여기서 주님과 나의 대화가 조금 심각하여졌다.
"주님, 제가 주님과 하나가 되었다구요?"
"그렇단다."
나는 내가 주님과 하나가 되기 위하여서는 얼마나 부족한지 잘 알고 있었다.
그런데 나를 주님이 주님과 하나가 되었다고 선포하여 주시다니……
나는 말이 안 된다 생각하면서도 한편으로는 감사했다.
나를 그렇게 만드실 것이라는 것인지 아니면 내가 앞으로 그렇게 될 것이라는 것인지
어찌하였든 나는 부끄러워하며 민망해하면서도 감사하였다.

주님이 계속하여 말씀하셨다.
"두 번째로 네가 나의 흔적을 가졌다는 것은 네가 보고 들은 것을 다 말하는 것이란다."
주여!
그리고 그렇게 할 때에 주님은 나에게 올 핍박을 견뎌야 함을 말씀하셨다.
"세 번째로 네가 나의 흔적을 가졌다는 것은 너는 멸시를 견뎌야 함을 말한단다."
할렐루야. 내 손에 구멍이 뚫린 이유에 대하여 말씀하셨다고 보면 된다.

즉 주님이 내 몸에 이렇게 예수의 흔적을 갖게 된 의미에 대하여 이렇게 다 해석하여 주셨다.
할렐루야.
주님, 감사합니다.

(iii) 전쟁의 날짜를 알고자 하는 것은 하나님의 거룩함을 침범하는 것임을 알게 하시다.

그리고 나서 나에게는 주님의 거룩함이 불쑥 느껴졌다. (이런 경우는 보통 때는 잘 못 느끼다가 주님께서 특별한 경우에 어떤 특별한 의도가 있어서 느끼게 하시는 경우이다.)

나는 또 주님께 다른 질문을 가졌다. 그 유리바다 앞에 있는 벤치에서 말이다.
그것은 2014년 12월 며칠 날 한국에 전쟁이 날 것이라고 누군가가 말했다. 나는 그 사람에 대하여 물어보려 하였다.
그러자 주님의 얼굴이 화가 나신 표정이다.
"주님, 어떤 사람이 이번 해 12월에 전쟁이 난다 하였는데 주님 이것이 맞는 것인가요?"
주님은 말씀하신다.
"12월에 전쟁이 난다고 하는 것은 나의 거룩함에 맞지 아니하는 말이다. 그 때와 시는 나에게 달려 있느니라."(즉 여기서 왜 주님의 거룩함이 불쑥 느껴졌는지가 설명이 된다. 이 거룩함을 말씀하시기 위함이었다.)
할렐루야.

주님은 그것을 인간에게 알게 하지 아니한다는 것이었다. 할렐루야.

그리고 나는 계속 질문하였다.
"그가 주님께 받았다고 예언하는 그 모든 것들이 맞는 것인가요?"
주님이 말씀하신다.
"나는 은사를 팔라고 하지 아니하였다. 거저 받았으니 거저 주라 하였다."

그리고 그 죄가 어디에 해당하는지 성경구절 마태복음 7장 21절에서 23절을 주신다.

[마 7:21-23]
(21)나더러 주여 주여 하는 자마다 천국에 다 들어갈 것이 아니요 다만 하늘에 계신 내 아버지의 뜻대로 행하는 자라야 들어가리라 (22)그 날에 많은 사람이 나더러 이르되 주여 주여 우리가 주의 이름으로 선지자 노릇하며 주의이름으로 귀신을 쫓아 내며 주의 이름으로 많은 권능을 행치 아니하였나이까 하리니 (23)그 때에 내가 저희에게 밝히 말하되 내가 너희를 도무지 알지 못하니 불법을 행하는 자들아 내게서 떠나가라 하리라

주님은 그 누군가가 여기에 속한다고 하시는 것이다.

즉 주님은 그를 모른다고 하시겠다는 것이다.
그런데 어찌 이러한 자에게 계시를 줄 수 있다는 말인가?

그리고 주님은 말씀하신다.
나는 거룩하지 아니한 자에게 말하지 아니한다.
'거룩함이 없이는 나를 보지 못할 것이다.'라는 것을 또 알게 하신다.
할렐루야.

[히 12:14]
모든 사람으로 더불어 화평함과 거룩함을 좇으라 이것이 없이는 아무도 주를 보지 못하리라

아멘.

즉 거룩한 삶을 살지 아니하는 자에게 하나님은 말씀하시지 아니한다는 것이다.
주님 알겠습니다. 저는 그를 믿지 아니하겠습니다.

그는 주님이 말씀하시는 것이 아니라 자기 생각을 믿는 자들에게 속한다는 것을 알게 하여 주신다.
그러면 그가 대화한다고 믿는 자는 누구인가 하는 것이다.
주님 누구입니까?
'나는 그를 모른다.'하신다. 즉 그 사람을 모른다 하시겠다는 것이다.
주여!

62. 주님이 영체로 실제로 교회 안에 임하시고 또한 영의 세계가 열려 거기로 들어가다.
(2014. 11. 24)

한국집회에 갔을 때였는데 지방 강진에 있는 손OO 목사님 댁에 왔다.
아침에 7시부터 성전에서 기도가 시작되었다.
2-3시간 같이 기도하기로 했다. 각자 자리에 앉아서....
손 목사님은 저 오른쪽 앞에 스피커 바로 옆에서, 그 따님은 강단의 왼쪽 앞에서 나는 중간 정도의 왼편에서 그리고 나보다 더 뒤쪽으로 오른편에 사모님과 그의 친정 어머님, 권사님이 앉아서 기도하였다. 그런데 기도를 시작한지 20분도 안 되었다.
내 앞쪽으로 성전의 중앙에 예수님의 영체가 와서 서신 것이 알아졌다.
오~ 할렐루야!
나는 너무 놀라서 도저히 앉아서 기도할 수가 없어서 일어서서 중앙에 서 계신 주님을 보면서 기도하기 시작하였다. 내 눈은 그대로 감고 기도하는데도 다 보였다.
주님이 성전의 중앙에 와서 서 계신 것이다.
할렐루야!!

그리고 조금 있다가 흰 옷 입은 두 날개 달린 천사 두 명이 성전 앞쪽 좌우로 한명씩 임하더니 성전에 있는 모든 사람들에게 이마에 붓으로 십자가를 긋는 것이었다.
그리고 나서 하늘에서 세마포가 곱게 접어져서 내려오는데(이것은 우리가 옷장 서랍 안에 옷을 넣을 때에 곱게 접어서 넣는 것과 같은) 손 목사님과 나에게만 내려오는 것이 보였다.
아니 저걸 어떡해? 왜 두 사람에게만 내려오지? 왜 다른 사람들에게는 내려오지 않지?
내 마음속이 갑자기 혼란스러워졌다.
여기에 있는 모든 사람들에게 다 내려와야 하는데......
나는 안타까왔지만 할 수 없었다.

그리고서는 나는 주님이 서 계신 곳에서부터 비스듬하게 위쪽으로 그리고 성전 앞쪽으로 향하여 천국이 열려지는 것이 알아졌다.
'오~ 할렐루야. 어찌 이런 일이?'
그리고 나는 내가 원한다면 그 곳으로 들어갈 수 있다는 것을 알았다.

그 곳에는 믿음의 선진들이 와 있었다.

탁자를 가운데 놓고 선진들이 서서 나를 기다리고 있었고 내가 그 안에 들어가자 그들은 나에게 각자 말을 걸어왔다.

하여튼 나는 지금 주님이 서계신 곳에서부터 시작하여 영의 세계가 열려져서 내 육체는 서서 기도하고 있었으나 내 영이 그곳으로 들어가서 믿음의 선진들을 만났다는 것을 말하고 있다.

내 영은 영의 세계로 들어가고 내 육체는 성전 중앙의 뒤쪽에서 서서 방언기도를 하고 있었다.

나는 오늘 정말 새로운 영의 세계를 경험하고 있는 것이었다.

주님이 성전에 영체로 임하시고 거기서부터 영의 세계가 열려져서 내 육체는 성전에서 기도하고 있었으나 내 영은 영의 세계로 들어가 믿음의 선진들을 만난 것이다.

할렐루야.

이러한 모든 것이 일어나는데 약 한 시간 정도 소요된 것이 알아졌다.

주님은 그 성전에 영체로 약 한 시간 정도 서계셨던 것이다.

그리고 나는 그 순간 이러한 바램이 생겼다.

'주님 제가 어디로 가든지 지금처럼 영의 세계가, 제가 기도할 때에 이렇게 보이게 하여 주옵소서' 라고 말이다. 너무 좋아서 말이다.

할렐루야.

오늘 저에게 완전히 새로운 체험을 시켜주신 주님을 찬양합니다.

할렐루야.

이후에 나는 그 목사님에게 기도하는 중에 이 교회 안에 주님이 영체로 임하셨다고 말씀드렸다.

그리하였더니 그 목사님은 주님이 꼭 일 년만에 그렇게 나타나셨다고 말씀하신다.

이전에도 그러한 현상이 있었다고 하셨다. 할렐루야.

이전에는 그 성전의 벽에 주님의 그림이 많았는데 그 그림에서 주님이 나오셨다고 말씀하셨다.

할렐루야. 주님을 찬양합니다!

63. 계시록에 여섯 번째 재앙마다 일어나는 전쟁들
(2014. 11. 30)

자꾸만 내 머릿속에서 맴도는 계시록에 나오는 전쟁에 대한 이야기에 대하여 요약을 하고 싶다.
우리가 사는 시대가 여섯째 인을 뗀 상태에서 살고 있다면 주님께서 나에게 보여주신 한국전쟁은 마태복음 24장 7절에서 말한 '민족이 민족을 나라가 나라를 대적하여 일어나겠고 처처에 기근과 지진이 있으리라, 그리고 이것은 재난의 시작이니라'라고 한 것을 보면
즉 여섯째 인을 뗀 후 그리고 일곱째 인을 떼기 전에 한국전쟁이 일어날 가능성이 많다.
그리고 이것이 제 3차 세계대전으로까지 갈지는 잘 모른다.
그리고 첫 번째 나팔부터 다섯 번째 나팔이 불리고 그 다음 여섯째 나팔이 불리면 또
전쟁의 이야기가 나오는데 이때에는 같은 년, 월, 일, 시에 지구의 인구의 1/3이 죽는다.

또 우연의 일치인지 주님의 계획된 것인지 잘 모르겠지만 일곱 대접재앙 중에서 여섯 번째 대접을 쏟을 때에 아마겟돈 전쟁이 준비되는 것을 성경은 예언하고 있다.
내가 말을 잘못했다. 결코 우연이라는 것은 하나님 안에서는 없다.
모든 것이 그분의 계획아래 일어나는 것이다.

그렇다면 왜 여섯째 인, 나팔, 대접 재앙 때에 전쟁 이야기가 나오는 것일까?

즉 여섯째 인을 떼면 일어나는 전쟁은 다음과 같다.

[마 24:7-8]
(7)민족이 민족을, 나라가 나라를 대적하여 일어나겠고 처처에 기근과 지진이 있으리니 (8)이 모든 것이 재난의 시작이니라

여섯째 나팔을 불면 일어나는 전쟁은 다음과 같다.

[계 9:13-18]
(13)여섯째 천사가 나팔을 불매 내가 들으니 하나님 앞 금단 네 뿔에서 한 음성이 나서 (14)나팔 가진 여섯째 천사에게 말하기를 큰 강 유브라데에 결박한 네 천사를 놓아 주라 하매 (15)네 천사가 놓

였으니 그들은 그 년 월 일 시에 이르러 사람 삼분의 일을 죽이기로 예비한 자들이더라 (16)마병대의 수는 이만만이니 내가 그들의 수를 들었노라 (17)이같이 이상한 가운데 그 말들과 그 탄 자들을 보니 불빛과 자주빛과 유황빛 흉갑이 있고 또 말들의 머리는 사자 머리 같고 그 입에서는 불과 연기와 유황이 나오더라 (18)이 세 재앙 곧 저희 입에서 나오는 불과 연기와 유황을 인하여 사람 삼분의 일이 죽임을 당하니라

그 다음 여섯 번째 대접을 쏟으면 다음 아마겟돈 전쟁이 예비된다.

[계 16:12-16]
(12)또 여섯째가 그 대접을 큰 강 유브라데에 쏟으매 강물이 말라서 동방에서 오는 왕들의 길이 예비되더라 (13)또 내가 보매 개구리 같은 세 더러운 영이 용의 입과 짐승의 입과 거짓 선지자의 입에서 나오니 (14)저희는 귀신의 영이라 이적을 행하여 온 천하 임금들에게 가서 하나님 곧 전능하신 이의 큰 날에 전쟁을 위하여 그들을 모으더라 (15)보라 내가 도적 같이 오리니 누구든지 깨어 자기 옷을 지켜 벌거벗고 다니지 아니하며 자기의 부끄러움을 보이지 아니하는 자가 복이 있도다 (16)세 영이 히브리 음으로 아마겟돈이라 하는 곳으로 왕들을 모으더라

이것에 무슨 특별한 의미가 있을까???
왜 하나님의 계획에 다 여섯 번째의 인과 나팔과 대접재앙 때에 전쟁이 예정되어 있을까? 하는 것이다.

성경에는 마지막 날까지 전쟁이 있으리라 하는 말씀이 있다.

[단 9:26]
육십 이 이레 후에 기름부음을 받은 자가 끊어져 없어질 것이며 장차 한 왕의 백성이 와서 그 성읍과 성소를 훼파하려니와 그의 종말은 홍수에 엄몰됨 같을 것이며 또 끝까지 전쟁이 있으리니 황폐할 것이 작정되었느니라

그리고 세상 끝 날이 되기 전에 마지막으로 있는 전쟁이 곡과 마곡전쟁인데 이것은 아마겟돈 전쟁 이후 천년왕국이 이루어지고 그 이후에 일어나는 전쟁이다.

[계 20:7-10]

(7)천년이 차매 사단이 그 옥에서 놓여 (8)나와서 땅의 사방 백성 곧 곡과 마곡을 미혹하고 모아 싸움을 붙이리니 그 수가 바다 모래 같으리라 (9)저희가 지면에 널리 펴져 성도들의 진과 사랑하시는 성을 두르매 하늘에서 불이 내려와 저희를 소멸하고 (10)또 저희를 미혹하는 마귀가 불과 유황 못에 던지우니 거기는 그 짐승과 거짓 선지자도 있어 세세토록 밤낮 괴로움을 받으리라

어떤 사람들은 이 여섯 번째 인, 여섯 번째 나팔, 여섯 번째 대접재앙을 겹쳐서 생각한다.
즉 시리즈로 일어나는 것이 아니라 이들을 다 같은 것으로 본다는데 그것이 아닌 것이 분명한 것은
여섯 번째 인을 떼었을 때에 일어나는 전쟁은 재난의 시작인 전쟁이고
여섯 번째 나팔을 떼었을 때에 일어나는 전쟁은 온 지구의 인구의 1/3이 죽는 전쟁이고
즉 여섯 번째 대접이 쏟아진 후에는 유브라데강이 말라서 동방에서 오는 왕들의 길이 예비되어 마지막 때에 일어나는 아마겟돈 전쟁이 준비되는 것이다. 이 아마겟돈 전쟁은 백마 타고 지상 재림하시는 주님과 그리고 적그리스도와 그에게 붙은 왕들의 전쟁인 것이다.

[계 16:12-16]
(12) 또 여섯째가 그 대접을 큰 강 유브라데에 쏟으매 강물이 말라서 동방에서 오는 왕들의 길이 예비되더라 (13) 또 내가 보매 개구리 같은 세 더러운 영이 용의 입과 짐승의 입과 거짓 선지자의 입에서 나오니(14) 저희는 귀신의 영이라 이적을 행하여 온 천하 임금들에게 가서 하나님 곧 전능하신 이의 큰 날에 전쟁을 위하여 그들을 모으더라 (15) 보라 내가 도적 같이 오리니 누구든지 깨어 자기 옷을 지켜 벌거벗고 다니지 아니하며 자기의 부끄러움을 보이지 아니하는 자가 복이 있도다 (16) 세 영이 히브리 음으로 아마겟돈이라 하는 곳으로 왕들을 모으더라

그리고 실제로 이 아마겟돈 전쟁은 일곱째 나팔이 불리고 나서 일어난다.
그리고 그 결과로 적그리스도와 거짓선지자가 산채로 잡혀서 유황 불못에 던져지는 것이다.
그러므로 이 전쟁들은 동일한 전쟁이 결코 아닌 것이다.
할렐루야.

그러나 하나님은 여섯 번째인, 여섯 번째 나팔, 여섯 번째 대접 재앙 때에 다 전쟁을 예비하여 놓으신 것이다. 왜 그러셨을까?

일곱 번째는 7이라는 숫자를 의미하는데 이 숫자는 완성의 의미를 갖고 있다.
일곱째 인을 떼면 인의 재앙을 마치고 나팔재앙으로 넘어간다.

일곱째 나팔을 불면 나팔 재앙을 다 마치고 대접재앙으로 넘어간다.
일곱째 대접을 쏟으면 이제 지상에서의 모든 재앙이 완성되는 것이다.

그렇다면 여섯째 인을 떼면 한국전쟁과 그 이후에 발생하는 제 3차 세계대전이 일어나고 그 다음 여섯째 나팔을 불면 인구 1/3이 같은 연, 월, 일, 시에 죽는 전쟁이 일어나고 그리고 또 여섯째 대접을 쏟으면 인간과 신과의 전쟁인 아마겟돈 전쟁이 예비되는 것이다.

즉 여섯 번째마다 전쟁의 재앙이 있다.
전쟁은 화평하지 못하고 불화하는 것이다. 사단은 분열, 이간질, 시기, 질투, 분당, 분리시키는 자인 것이다. 그러므로 여섯 번째마다 전쟁이 일어난다.
이것은 사단의 수인 것이다. 주님은 이 사단의 수 6번째 마다 지구상에서 전쟁을 준비하셨다고 밖에 볼 수 없는 것이다. 그리고 마지막 여섯째 대접재앙 때에는 아마겟돈 전쟁이 예비되고 그 다음 일곱 번째 대접재앙 때에는 주님이 아마겟돈 전쟁을 일으키시고 적그리스도와 거짓선지자를 산채로 먼저 유황 불못에 던져 넣으시고는 그 다음 사단을 무저갱에 1000년 동안 감금시키시는 것이다.
할렐루야.

그러나 천년왕국 이후에 잠깐 풀어놓아서 곡과 마곡전쟁을 일으키게 하시고 이들도 하늘에서 불을 내려 소멸시키시고 사단은 이제 영원히 유황 불못에 던져 넣으시는 것이다.
할렐루야.
그러므로 세상 끝 날까지 전쟁이 있으리라 하신 말씀이 옳다.

[단 9:26]
육십 이 이레 후에 기름부음을 받은 자가 끊어져 없어질 것이며 장차 한 왕의 백성이 와서 그 성읍과 성소를 훼파하려니와 그의 종말은 홍수에 엄몰됨 같을 것이며 또 끝까지 전쟁이 있으리니 황폐할 것이 작정되었느니라

세상 끝 날은 백보좌 심판이 일어나기 전이다.
지금 보이는 하늘과 땅이 없어지는 그날이 세상 끝 날이다.
할렐루야.

곡과 마곡전쟁은 세상이 끝이 나기 전에 일어나는 전쟁이다. 할렐루야.

64. 계시록을 풀이하여 놓은 책을 주님으로부터 받다.
(2014. 12. 1)

천국에 올라갔다. 나는 주님 앞에서 울었다.
주님을 뵈온 지 얼마나 오랜만이었던지....
서울, 전주, 광주 이렇게 한국에서 집회하느라 기도시간 제대로 갖지 못하고 주님 뵙지 못한 것이 얼마나 안타까웠는지....
그리고 얼마나 서러웠던지..... 이 마음은 표현할 길이 없다.
나는 그저 주님 앞에서 민망한 마음으로 내 눈에 눈물이 가득 찼다.

그런데 주님은 나를 바로 주님의 보좌 앞으로 데리고 가셨다.
주님은 주님의 보좌에 앉으시고 양쪽으로는 천사들이 쭉 나열되어 있었고
나는 주님의 보좌 앞에 엎드려 팍 퍼져서 주님께 하소연하며 울고 있었다.
탄원하고 있었다. 내용인즉슨,
'주님 왜 그렇게 요한 계시록이 안 풀려요? 모르겠어요....'하고 울고 있었다.
나는 어찌하여야 할 바를 몰라 했다.

요즘에 그렇다. 계시록을 보고 있는데 진도가 안 나가고 잘 모르겠다.
그리고 주님도 잘 가르쳐 주시지 않는 것 같아서 그냥 주님 보좌 앞에서 엎드려 엉엉 울었다.
그랬더니 주님이 천사에게 한 상자를 나에게 갖다 주게 하셨다.
그 갈색 상자 안에는 큰 책이 하나 들어 있었는데 크기와 두께가 상당히 두꺼운 책이었다.
나는 즉시 그 책이 요한 계시록을 풀어서 쓰여 있는 책인 것이 그냥 알아졌다.
그 책을 천사가 나에게 가져다주는 것이었다.
아니 이것을 어떻게 하라는 건지 순간적으로 나에게 모르겠다는 생각이 들어왔다.
계시록을 풀이한 책, 이것을 씹어 먹어야 하는지 내가 어찌 이 상자와 그 안에 있는 책을 씹어 먹는다 말인가?. 내가 이 책을 받자마자 왜 그런 생각을 했느냐면 요한 계시록에 보면 요한이 한 작은 책을 천사로부터 받아서 씹어 먹는 장면이 나온다.
그 책이 '입에서는 꿀같이 다나 뱃속에서는 쓰다'라고 기록하고 있다.
그런데 나는 이 두꺼운 책이 든 갈색 상자를 받아놓고 어찌해야 할지를 몰라 당황했다.
그런데 확실한 것은 주님이 계시록을 풀어서 써놓은 책을 나에게 주셨다는 사실이다.

할렐루야.
그리고서는 내려왔다.

65. 계시록이 풀리지 않아 고민하다.
(2014. 12.1)

그런데 두 번째 나는 천국에 올라갔다.
주님과 내가 구름을 타고 사도 요한이 있는 곳으로 가고 있었다.
그런데 그 갈색 상자 안에 계시록을 풀어서 쓴 두꺼운 그 책을 가진 천사가 주님과 내가 탄 구름에 합석하는 것이었다.
주님과 나 그리고 그 천사는 요한의 집 앞에 Y 자로 갈라지는 그 곳의 피크닉 테이블에 도착하였다.
거기에는 모세와 요한이 와 있었다.

그리고 그 책을 가져온 천사는 그 상자를 내가 있는 편의 테이블 가장자리에 놔두고서는 갔다.
주님과 내가 앉고 나자 모세가 나를 쳐다보더니 주님께 이렇게 마음으로 말하는 것이 알아졌다.
'주님, 사라가 많이 좌절되어 있어요.'라고 말이다.
모세는 내가 계시록이 잘 풀리지 않아서 고민을 많이 하고 있는 것을 알고 있었다.
그런데 이제 계시록을 풀어서 쓴 책이 내 옆에 있는 것이었다.
'오호라! 이제 내가 질문하는 그 모든 것이 혹 그 책에 적혀 있지 아니한가?'하는 생각이 들어왔다.
그러나 정작 계시록에 대하여 하나의 질문도 못하고 그냥 내려왔다.
나는 내려오면서 앞으로 주님께서 이 박스 속에 있는 갈색의 책, 즉 계시록을 풀이한 이 책을 어떻게 사용하실지에 대하여 참으로 궁금해 하면서 내려왔다.

66. (i) 믿음의 선진들 앞에서 계시록이 잘 풀리지 않는다고 말하다.
(ii) 여섯째 인을 떼었을 때에 하늘이 종이축이 말리듯이 떠나가고의 뜻은?
(2014. 12. 5)

천국에 올라가는데 수레바깥에서 나를 수호하는 천사가
나에게 이렇게 말하는 것이었다.
'모든 것이 준비되어 있고 주님이 기다리고 계십니다.'라고 말했다.
나는 말 네 마리가 끄는 황금보석 수레를 타고 천국에 올라가는데 수레는 즉시 천국 안에 도착하였다. 천국 문을 여는 천사들이 보였고 수레에서 내가 내리는데 천사들이 보조하였다.

수레에서 내리고서 보니 주님이 벌써 나를 마중 나와 계셨다. 이런 경우는 수레바깥에 가까이 와 계시는 경우이다.

내가 주님을 맞으러 가는 순간에 내 손에 구멍이 주님과 같이 뚫려있는 것이 보였다. 그것도 내 두 손에 말이다. 그리고 주님의 두 손도 그러하시다. 순간 주님의 손과 내 손이 겹친 것처럼 어우러져 보이면서 주님은 나를 데리고 구름을 타지 않고 위로 높이 비상하시는 것이었다.
주님과 나는 저 위로 비상하면서 아래가 내려다보였는데 흰 옷 입은 사람들이 언제 나타났는지 밑에서 환호를 보내고 있었다.
그들은 항상 나를 격려한다.

주님은 나를 데리고 어디로 가셨느냐면 회의실로 데리고 가셨다.
회의실에 들어서는데 벌써 믿음의 선진들도 막 도착하여 들어서고 있었다.
주님은 주님의 자리에 좌정하시고 마리아는 주님의 우편에, 나는 주님의 좌편에 앉고
마리아 옆에 바울이 와서 앉았고 내 옆에는 베드로가 와서 앉았다.
그리고 바울 옆에 모세가 와서 앉았고 베드로 옆에는 사도 요한이 와서 앉았다.
주여!
그리고 모세 옆에는 삭개오가 와서 앉았고 그리고 요한 옆에는 에스더가 와서 앉았다.
다들 나에게 큰 영향력을 미친 자들이었다.
그리고 삭개오 옆에 안드레가 와서 앉았고 그리고 에스더 옆에는 빌립이 와서 앉았다.
어쩜 그렇게 또렷이 앉는 차례가 보이는지….

아니 알게 되는지 참으로 신기했다.

그리고 여기서 한마디하고 싶은 것은 내가 별로 원하지 아니하는 믿음의 선진들은 오지 않았다.

이것이 무슨 말이냐면 천국에서는 내가 가장 같이하고 싶어 하는 믿음의 선진들이 와서 이 회의실에 와서 앉더라는 것이다.

주님은 늘 그렇게 하게 하여 주시는 것이다. 할렐루야.

그리고서는 내가 먼저 말했다.

"주님, 왜 그렇게 계시록이 안 풀리는지요?"

하고 한탄하면서 말했다.

그리고서는 천국은 더 이상 진행되지 않았고 나는 내려와야 했다.

그러나 나는 오늘 기도하면서 깨달아진 것을 일단은 여기서 기록하여 둔다.

[계 6:12-17]
(12)내가 보니 여섯째 인을 떼실 때에 큰 지진이 나며 해가 총담 같이 검어지고 온 달이 피 같이 되며 (13)하늘의 별들이 무화과나무가 대풍에 흔들려 선 과실이 떨어지는 것같이 땅에 떨어지며 (14)하늘은 종이 축이 말리는 것같이 떠나가고 각 산과 섬이 제 자리에서 옮기우매 (15)땅의 임금들과 왕족들과 장군들과 부자들과 강한 자들과 각 종과 자주자가 굴과 산 바위틈에 숨어 (16)산과 바위에게 이르되 우리 위에 떨어져 보좌에 앉으신 이의 낯에서와 어린 양의 진노에서 우리를 가리우라 (17)그들의 진노의 큰 날이 이르렀으니 누가 능히 서리요 하더라

나는 여기서 도무지 계시록 6장 14절의 말씀, 여섯째 인이 떼어졌을 때에 하늘은 종이축이 말리는 것 같이 떠나가고 이 말이 이해가 가지 않았다. 하늘이 없어졌다는 말인가?

그런데 그것은 아닌 것이다. 왜냐하면

[계 16:8]
넷째가 그 대접을 해에 쏟으매 해가 권세를 받아 불로 사람들을 태우니

이 구절에서 보면 네 번째 대접을 쏟을 때까지 해가 있다. 그러므로 계시록 6장 14절에서 말하는 하늘이 종이 축같이 떠나가고 그 일이 있은 후에도 계속 하늘이 있었다는 것이다.

할렐루야.

또한 그 뒤에

[계 20:11]
또 내가 크고 흰 보좌와 그 위에 앉으신 자를 보니 땅과 하늘이 그 앞에서 피하여 간데 없더라

이 구절에서 보면 이 때에 지금 보이는 하늘과 땅은 백보좌 심판이 일어나기 직전에 없어지는 것처럼 기록되어 있다.
즉 계시록 20장 11절은 주님이 지상에서 천년왕국을 끝내신 이후이다.

그러므로 계시록 6장 14절에서 하늘이 두루마리처럼 말려서 떠나갔다는 구절은 그 하늘이 영원히 없어졌다는 말이 아니라 일시적으로 없어졌다고 보는 것이 옳은 것이다.

그러면 어떻게 이것이 가능한가? 하는 것이다.

그것은 그 윗 구절에서

[계 6:12]
내가 보니 여섯째 인을 떼실 때에 큰 지진이 나며 해가 총담 같이 검어지고 온 달이 피 같이 되며
해가 총담 같이 검어질 때에는 이 세상에 흑암이 임하는데, 달도 별도 빛을 발하지 못하고...

우리가 소위 말하는 낮이 없는 칠흑과 같은 상태일 것이다.
잠시 동안의 흑암의 상대가 되는 것, 이것을 두고 말하는 것이라 볼 수 있다.
할렐루야.

67. 주님은 갈색 상자 안에 든 계시록을 풀이한 책을 나에게 주셨으나 보게 하시지 아니하시다.
(2014. 12. 6)

천국에 올라갔다.
요즘에 약 세 번 정도가 천국에 가서 똑 같은 것이 되풀이 되는 현상을 보고 있다. (2014년 12월 5일 것을 참조) 즉 천국에 올라가면 주님은 나를 맞으러 수레 바깥에 가까이와 계시고 주님의 구멍 뚫려진 손이 나의 구멍 뚫려진 손과 함께 맞대어지면서 손에 구멍들이 딱 맞대어진다. 나는 이것을 두 손이 어우러진다고 표현하였는데 나는 정말 민망스럽기 그지없다.
내가 무엇이관대 (내까짓 것이 무엇인데 이렇게 표현하고 싶다.) 주님과 똑같이 손에 구멍이 뚫려져 있는지 모르겠다.
그런데 주님은 오히려 내가 천국에 올라가면 이것이 강조되어 보이게 하신다.
나는 부끄러워 숨기고 싶은데....
그리고 주님은 내 손을 잡고 위로 높이 부상하시는데 그러면 갑자기 아래에는 흰 옷 입은 많은 무리가 보이고 그들은 나를 환호하며 격려하여 준다. 이 장면이 세 번이나 거듭되었다. 천국에 올라갈 때마다 말이다.

그러고서는 주님과 나는 주님 보좌 앞으로 가거나 아니면 회의실로 가는데 이번에는 회의실로 갔다. 이전에 말한 대로 그대로 자리의 배치가 주님은 주님의 자리에 그리고 그의 오른편에 가까운 차례대로 마리아, 바울, 모세, 삭개오, 안드레가 앉았다.
나는 이 차례를 잊어먹지도 아니한다.
왼편으로는 내가 먼저 앉고 그 다음 베드로, 요한, 에스더, 그리고 빌립이 와서 앉았다.

그러고서는 테이블 위에 날개 달린 천사가 갈색 상자 안에 든 요한 계시록을 풀이하여 쓴 두꺼운 책을 갖다놓았다.
그래서 나는 그것을 보자 주님께 이렇게 말했다.
'주님, 제가 계시록을 볼 때에 모르는 것이 있으면 저 책을 넘겨보게 하여 주세요'라고 부탁하고 있었다. 그리고 거기에 있는 모든 제자들이 이 간청을 들었다.
그런데 그 이후 나는 주님의 대답을 못 들었다. 제자들의 말도 못 들었다. 그냥 잠들고 말았다.
나는 내려와서 생각하여 본다.

왜 주님은 이 책을 가지고 뜸을 들이시는지 모르겠다는 생각이 든다.
왜 그러실까? 왜 주님은 그냥 보여 주시지 아니하실까? 하는 것이다.

68. 주님이 주님의 죽으심과 다시 오심을 전하라고 하시다.
(2014. 12. 8)

천국에 올라갔다.
주님이 수레바깥 가까이에 마중을 나오셨다. 이전에는 수레가 천국에 도착하면 황금대로 왼편에 도착하고 주님은 오른편에서 나를 기다리고 계셨는데 요즘은 수레바깥 바로 가까이에 오셔서 나를 맞아주신다.
나는 주님 앞에 꿇어 앉았다. 그리고 그분의 자비를 구했다.
그랬더니 황금빛 오라가 내 주위 전체를 감쌌다.
그리고서는 주님은 나를 데리고 빛 속으로 들어가셨다.
그 빛 속에서는 또 다른 예수님의 모습이 보였다. 하얗고 하얀 예수님이 보였다.
그런데 그 예수님이 곧 보통 때의 모습으로 변하더니 그 다음에는 또 골고다 언덕길을 올라가는 힘드신 예수님으로 변했다.
그리고 구레네 시몬이 그 십자가를 대신 지고 가는 것이 보였다. 주여!
그 다음은 지치고 지친 예수님이 걸어가시는 것이 보였다.
그리고 그 다음은 십자가에 못박히시고 그 다음 부활하신 주님이 보였다.
그리고 나서 주님이 말씀하신다.
"너는 지금 네가 본 이것을 전해라."
"네 주님 알겠습니다."
"그리고 내가 다시 올 것을 전해라"
"네 주님 알겠습니다."
그리고 나서는 순식간에 내 손에 갈색상자와 그 안에 계시록을 풀이한 책이 들어 있는 그 상자가 내 손에 들려 있었다.
주님은 말씀하신다.

"그것을 어제 성부 하나님이 너에게 주지 않았냐?"라고 물으신다.
그래서 나는 '그랬어요. 주님'하고 대답하였다.
어제 여기는 적지 아니하였으나 주님과 나는 성부 하나님이 계신 곳에 갔다.
주님이 그 책을 들고 계셨고 보좌 앞에서 성부 하나님은 그 책을 나에게 주신다 하셨다.
그리고 주님은 그 책을 내게 주셨다.
주님과 나는 그 책을 들고서 곧 구름을 타고 요한의 집 앞에 있는 피크닉 테이블이 있는 곳으로 날아갔다.
주님과 내가 앉았는데 거기에는 이미 모세와 요한이 와 있었다.
그리고서는 계시록에 대하여 말하고자 하였는데 더 이상 진행되지 아니하여 내려와야 했다.

내려와서는 나는 생각했다.
왜 하나님은 아직 계시록에 대하여 속 시원히 공개하지 아니하실까?
지금 내가 보고 있는 곳은 일곱 나팔이 불리워지는 장면이다.
거기서 더 이상 진행이 되지 않고 멈추어져 있는 느낌이다.
언제까지 이러실 것인가 궁금하다.

69. (i) 이기지 못한 자들이 가는 곳을 보다.
(ii) 두 증인에 대하여 질문하다.
(iii) 무저갱에서 나오는 황충들과 그들의 왕 아볼루온
(2014. 12. 9)

(i) 이기지 못한 자들이 가는 곳을 보다.

천국에 올라갔다.
올라가자마자 주님이 나를 맞아주시고 주님과 내 앞에는 이미 뻥 뚫린 큰 원형이 보였고 그 안에는 저 밑으로 큰 광장이 있는 것이 보였고 또한 주님과 내가 선 자리에서 그 아래에 있는 광장으로 내려가는 계단이 보였다. 그 계단은 약 150개 이상이나 되어 보였다.

주님과 나는 그곳으로 내려갔다.

그런데 그곳은 꼭 한마디로 표현하면 황량한 벌판과 같았고 그것은 꼭 들판의 개가 한참 먹다가 버리고 간 음식들이 너부러져 있는 것 같은 그러한 느낌을 주는 곳으로 흙 위에 돌멩이들이 나부라져 있었다.

그런데 그곳에는 흰 옷 입은 자가 여기 하나 저기 하나 드문드문 엎드려 있는 것이 보였다.

주여!

그들의 발은 맨발이었고 이들을 다스리는 천사가 저쪽에 갑옷을 입고 서 있었다.

그리고 그는 회초리를 들고 있는 것이 보였다.

엎드려 있는 그들은 꼭 무엇을 회개하고 있는 것처럼 보였고 회개하지 아니하면 그 회초리를 든 천사가 그들을 때리는 것이 알아졌다.

그리고 주님과 나는 그 광장의 저쪽으로 한참을 가다가 주님은 구름을 불러서 나를 태워 천국안의 레벨로 다시 올라왔는데 나는 내가 주님과 함께 구름을 타는 즉시 내 손에는 계시록을 풀이한 책이 들어 있는 갈색상자가 들려져 있다는 것을 발견하였다.

주님과 나는 그 책이 든 상자를 가지고 요한의 집 있는 곳으로 갔다.

피크닉 테이블에 앉았는데 거기는 벌써 모세와 요한이 와 있었다.

거기에 앉아서 나는 계시록의 내용에 대하여 질문하였다.

(ii) 나의 첫 질문은 바로 두 증인에 대한 것이었다.

성경에는 두 증인을 주님 앞에선 두 감람나무라고 되어 있고 또한 주님 앞에 서 있는 두 촛대라고 되어 있다.

내가 주님께 이 두 증인에 대하여 가르쳐 달라고 하였을 때에 주님은 나에게 이렇게 말씀하시는 것이 알아졌다.

"네가 바로 그 증인이다."라고 했다.

그런데 이 말씀은 바로 내가 두 증인중의 한 명이라는 말씀이 아니라 그 두 증인은 예수님을 온 인류의 구세주로 증거하는 증인이라는 것이었다.

[행 1:8]
오직 성령이 너희에게 임하시면 너희가 권능을 받고 예루살렘과 온 유대와 사마리아와 땅 끝까지 이

르러 내 증인이 되리라 하시니라

주님은 우리에게 말씀하시기를 '너희에게 성령이 임하시면 너희가 권능을 받고 온 세상에 다니며 주님을 증거하는 증인이 되라.'고 하셨다.

즉 두 증인이란 예수를 증거하는 자들인 것이다.
그렇다면 두 증인이란 즉 나 같은 이방인 증인 하나와 또 하나는 유대인 증인이 맞는 것이다.
왜냐하면 주님 앞에 선 두 감람나무라 했기 때문이다.
이 둘은 항상 유대인과 이방인 이렇게 보기 때문이다.

[엡 2:14-18]
(14)그는 우리의 화평이신지라 둘로 하나를 만드사 중간에 막힌 담을 허시고 (15)원수 된 것 곧 의문에 속한 계명의 율법을 자기 육체로 폐하셨으니 이는 이 둘로 자기의 안에서 한 새 사람을 지어 화평하게 하시고 (16)또 십자가로 이 둘을 한 몸으로 하나님과 화목하게 하려 하심이라 원수 된 것을 십자가로 소멸하시고 (17)또 오셔서 먼데 있는 너희에게 평안을 전하고 가까운데 있는 자들에게 평안을 전하셨으니 (18)이는 저로 말미암아 우리 둘이 한 성령 안에서 아버지께 나아감을 얻게 하려 하심이라

이 둘은 유대인과 이방인을 말한다. 주님은 이 둘을 주님 안에서 하나로 만드셨다 하셨다.
그러므로 주님 앞에 선 두 감람나무는 유대인과 이방인을 뜻한다.
할렐루야.
이렇게 두 증인은 1260일 동안 예언하다가 무저갱에서 올라온 짐승에 의하여 죽임을 당하게 된다.
그리고 그들은 삼일 반 후에 부활한다.
할렐루야.

스가랴서에서 보면 이 두 감람나무에 대하여 이렇게 말한다.

[슥 4:11-14]
(11)내가 그에게 물어 가로되 등대 좌우의 두 감람나무는 무슨 뜻이니이까 하고 (12)다시 그에게 물어 가로되 금 기름을 흘려내는 두 금관 옆에 있는 이 감람나무 두 가지는 무슨 뜻이니이까 (13)그가 내게 대답하여 가로되 네가 이것이 무엇인지 알지 못하느냐 대답하되 내 주여 알지 못하나이다 (14)

가로되 이는 기름 발리운 자 둘이니 온 세상의 주 앞에 모셔 섰는 자니라 하더라

이 두 감람나무가 주 앞에 모셔 선 기름 발리운 자 둘이라 말하고 있는 것이다.

[슥 4:14]
가로되 이는 기름 발리운 자 둘이니 온 세상의 주 앞에 모셔 섰는 자니라 하더라
Then said he, These [are] the two anointed ones, that stand by the Lord of the whole earth.

또한 계시록을 보면

[계 11:3-4]
(3)내가 나의 두 증인에게 권세를 주리니 저희가 굵은 베옷을 입고 일천 이백 육십 일을 예언하리라
(4)이는 이 땅의 주 앞에 섰는 두 감람나무와 두 촛대니

분명 두 증인이라 하였다.
그리고 이들이 1260 일 동안 예언을 하고 그 예언을 하는 동안 하늘을 3년반 동안 닫아서 비가 오지 않게 한다 하였다.

[계 11:3-6]
(3)내가 나의 두 증인에게 권세를 주리니 저희가 굵은 베옷을 입고 일천 이백 육십 일을 예언하리라
(4)이는 이 땅의 주 앞에 섰는 두 감람나무와 두 촛대니 (5)만일 누구든지 저희를 해하고자 한즉 저희 입에서 불이 나서 그 원수를 소멸할지니 누구든지 해하려 하면 반드시 이와 같이 죽임을 당하리라 (6)저희가 권세를 가지고 하늘을 닫아 그 예언을 하는 날 동안 비 오지 못하게 하고 또 권세를 가지고 물을 변하여 피 되게 하고 아무 때든지 원하는 대로 여러가지 재앙으로 땅을 치리로다

또 권세를 가지고 물을 변하여 피가 되게 하고 아무 때든지 원하는 대로 여러 가지 재앙으로 땅을 친다 하였다. 그러므로 이 문맥으로 보아도 사람 두 사람인 것이 확실하다.
할렐루야.

왜냐하면 다수가 권세를 받아서 비가 오지 못하게 하고 물을 변하여 피가 되게 하고 아무 때든지 원하는 대로 여러 가지 재앙으로 땅을 친다고 보기는 힘들기 때문이다. 그러므로 어떤 이들이 이 두

감람나무와 두 촛대를 두 교회 즉 유대인의 교회와 이방인들의 교회로 보는 것은 무리가 있다.

그리고 전체 교회가 무저갱에서 올라온 짐승에게 다 죽임을 당하고 삼일 반 후에 다시 다 살아난다고 보기는 힘들다.
그러므로 여기서는 문자 그대로 두 사람의 증인으로 봄이 옳은 것이다.
할렐루야.

(iii) 무저갱에서 나오는 황충들과 그들의 왕 아볼루온

다섯째 나팔을 불 때에 무저갱에서 황충들이 나오는데 그들은 이마에 인 맞지 아니한 자들만 다섯 개월 동안 아프게만 하고 죽고 싶으나 죽지 못하게 한다.
나는 여기에 대하여 물었다.
이것이 어떤 것이냐고? 즉 이 괴로움이 어떤 것이냐고 물은 것이다.
그랬더니 그 아픔은 살이 썩어 들어가는 아픔이라는 것을 알게 하여 주신다.
그리고 무저갱에서 나오는 그 황충들은 악한 영들로서 사람들에게 들어가고 또한 들어가서 괴롭히나 그들을 죽이지는 아니한다는 것이다. 주여!

그들에게 왕이 있는데 그 이름이 아볼루온이다. 이 아볼루온은 이 황충들의 왕이라 하는데
주님께서 이 아볼루온이 바로 나중에 무저갱에서 올라오는 짐승이라는 것을 알게 하여 주시는 것이었다. 그러므로 이 아볼루온도 영이다.
할렐루야.

[계 9:2-3]
저가 무저갱을 여니 그 구멍에서 큰 풀무의 연기 같은 연기가 올라오매 해와 공기가 그 구멍의 연기로 인하여 어두워지며
And he opened the bottomless pit; and there arose a smoke out of the pit, as the smoke of a great furnace; and the sun and the air were darkened by reason of the smoke of the pit.
또 황충이 연기 가운데로부터 땅 위에 나오매 저희가 땅에 있는 전갈의 권세와 같은 권세를 받았더라
And there came out of the smoke locusts upon the earth: and unto them was given power, as the scorpions of the earth have power.

[계 9:10-11]
또 전갈과 같은 꼬리와 쏘는 살이 있어 그 꼬리에는 다섯달 동안 사람들을 해하는 권세가 있더라
And they had tails like unto scorpions, and there were stings in their tails: and their power [was] to hurt men five months.
저희에게 임금이 있으니 무저갱의 사자라 히브리 음으로 이름은 아바돈이요 헬라 음으로 이름은 아볼루온이더라
And they had a king over them, [which is] the angel of the bottomless pit, whose name in the Hebrew tongue [is] Abaddon, but in the Greek tongue hath [his] name Apollyon.

[계 11:7]
저희가 그 증거를 마칠 때에 무저갱으로부터 올라오는 짐승이 저희로 더불어 전쟁을 일으켜 저희를 이기고 저희를 죽일 터인즉

주님은 이 짐승이 바로 황충들의 왕인 아볼루온이라고 알아지게 하셨다. 할렐루야.
즉 황충들이 무저갱에서 나와서 인 맞지 아니한 자들에게 들어가서 그들을 괴롭히는데 전갈의 꼬리 같은 것이 있어서 이것으로 쏘면 사람들이 괴로움을 당하는데 그것이 살이 썩어 들어가는 아픔을 느낀다는 것이다.
주여 가르쳐 주심을 감사하나이다.
이 무저갱에서 나오는 짐승이 나중에 적그리스도에게 들어간다. 그리하여 후 삼년반 동안 일을 하는 것이다.

70. 주님이 천상에서 휴거를 준비하고 있는 것을 보여주시다.
(2014. 12. 10)

천국에 올라가는데 네 마리의 말이 끄는 황금마차수레가 왔다.
나를 바깥에서 수호하는 천사는 '빨리 서두르세요.'라는 메시지를 나에게 보낸다.
나는 얼른 수레에 탔다.

수레는 황금진주대문을 거쳐서 황금 대로 옆에 도착했다.
나는 수레에서 내리자마자 나는 다이아몬드 면류관을 벗었다.
왜냐하면 나는 이것을 쓸 자격이 없는 자라는 것이 느껴져서 그랬다.
그러나 다시 썼다. 그리고 내 눈에는 벌써 눈물이 줄줄이 흐른다.
주님이 나를 마중 나오셨는데 나는 그분의 발밑에 꿇어 엎드렸다.
'이 못난 저를 이렇게 마중 나오십니까?'하는 말을 마음으로 주님께 전달하였다.
그리고 나는 계속 엎드려 있으면서 주님 앞에 죄인이라는 그 마음을 표현할 길이 없었다.

주님은 오늘따라 머리에 아름다운 금 면류관을 쓰고 계셨다.
오호라! 아니 또 허리에는 빛나는 정금 허리띠를 하고 계셨다.
그러나 나는 평상시 모습 그대로였다. 다이아몬드 면류관을 쓰고 흰 드레스를 입고 있었다.
우리 쪽 옆쪽으로 흰 옷 입은 무리들이 손을 흔들었다.
특히 이번에는 주님께 흔들고 있었다. 주님을 환영하면서……
그러는 그들에게 주님이 말씀하셨다.
"내가 지금 내 딸을 데려가고 있다."

그리고서 주님과 나는 구름을 탔는데 이 구름은 끝이 없이 넓어 보였고
그리고 그 구름이 우리가 타자마자 공중으로 떠올랐는데
놀라운 것은 아까 보았던 흰 옷 입은 무리들과 함께 더 많은 수많은
흰 옷 입은 무리들이 끝없이 구름 위에 서 있었다. 오 마이 갓!
'이것이 무슨 광경인고?'

그들은 다 모자 같은 것을 가지고 있는 것같이 보였고 주님이 그들을 향하여 우레와 같은 목소리로 말씀하시는 것이었다.
"우리가 곧 지구로 내려가게 될 것이다."라고……

그랬더니 그곳에 그 구름 위에 있는 흰 옷 입은 수많은 무리가 자신들이 가지고 있던 모자를 각각 자신의 머리 위로 들고 흔들면서 환호를 지르는데
와우- 와우- 하고 환호성을 주님께 보내는 것이었다.
나는 알아지는 것이 이 무리들은 주님께서 지구로 데리고 갈 무리들이었다.
즉 그들은 주 안에서 죽은 자들이었다. 이들이 주님과 함께 하늘 구름을 타고 곧 지구로 내려갈 것이

다. 그리고 지구에 있는 이기는 삶을 사는 자들을 휴거시킬 것을 이렇게 주님이 나에게 보여 주신 것이었다. 할렐루야.

[살전 4:16-18]
(16)주께서 호령과 천사장의 소리와 하나님의 나팔로 친히 하늘로 좇아 강림하시리니 그리스도 안에서 죽은 자들이 먼저 일어나고 (17)그 후에 우리 살아 남은 자도 저희와 함께 구름 속으로 끌어올려 공중에서 주를 영접하게 하시리니 그리하여 우리가 항상 주와 함께 있으리라 (18)그러므로 이 여러 말로 서로 위로하라

나는 지금 그들이 지구로 내려올 것을 기다리고 있는 장면을 보고 있는 것이었다.
구름 위에서 그 수많은 흰 옷 입은 무리들 앞에서 주님은 말씀하셨다.
'우리가 곧 그들을 끌어올리기 위하여 갈 것이다.'라고.....
그랬더니 그 구름 위의 흰 옷 입은 자들이 기뻐서 모자를 벗어서 머리 위로 휙휙 돌리면서 환호를 지르는 것이었다.
주님은 또 말씀하셨다. '곧 간다.'
주여!

주님은 오늘 나에게 이렇게 공중휴거를 천상에서 준비하고 있는 모습을 나에게 보여주셨다.
할렐루야.
그들과 함께 곧 내려오실 것이라고 말씀하시면서 말이다.
할렐루야.
그러고 나서 나는 내려왔다.
나는 참으로 한참동안 감격스러웠다. 내려와서도....
천상에서 휴거를 준비하고 있는 것을 보다니.....
이전에는 주님이 내게 휴거장면을 보여주신 적이 있다 (서사라 목사의 천국과 지옥간증 수기 제2권, 49. 휴거장면을 보다. 참조).

하여간 이 휴거장면을 볼 때면 너무 내 마음이 기쁘고 감동스럽다!

71. 주님은 2014년 12월 14일에 전쟁이 나지 아니할 것을 말씀하시고 그러나 '곧'이라고 외치라고 말씀하셨다.
(2014. 12. 10)

천국에 올라갔다.

나를 바깥에서 수호하는 천사가 모자를 쓰고 있는데 거기에 깃털이 하나 옆으로 꽂힌 것을 쓰고 있었다. 또 말을 모는 천사도 그러한 모자를 쓰고 있었다.

나는 수레 안으로 얼른 올라탔다. 그리하였더니 수레 안에 내 아이도 그러한 모자를 쓰고 나에게 달려온다. 그리고 보니 보모도 그러한 모자를 쓰고 있었다.

왠 모자를 이렇게 쓰고 있나 했는데 천국에 도착하여 수레에서 내린 나를 보니 나도 그러한 모자를 쓰고 있었다. 주님이 나를 맞으러 나오셨는데 주님도 그러한 모자를 쓰고 있었다.

와우! 이렇게 다 모자를 쓰고 있다니 하고 생각하고 있는데 주님이 그러한 모자를 쓴 것은 처음 본다. 그리고 주님이 옆에 말을 두 필을 가지고 나타나셨는데 하나는 흰 말, 다른 하나는 갈색 말이었다. 두 말은 정말 건장하였다.

주님은 나를 흰 말에 태우시고 주님은 갈색 말에 타고서 한참을 아주 빠르게 달렸다.

아하! 이제야 이해가 간다.

왜 모두가 이러한 모자를 쓰고 있었는지.........

내가 천상에 올라가면 이렇게 주님과 함께 승마를 할 것을 알고 다 그러한 모자를 쓰고서 내게 그것을 미리 암시하고 있었던 것이다.

할렐루야. 흔히 이러한 종류의 암시가 일어난다.

나는 주님과 함께 말을 타고 쏜살같이 달렸는데 어느새 주님과 내가 말을 탄 채로 지구 위에 떠 있었다.

즉 이럴 때는 나는 이렇게 생각할 수밖에 없다. 말을 타고 달렸는데 그것이 지구로 내려오는 것이었나? 하고....

주님과 나는 말을 탄 채로 위에서 북한을 내려다보고 있었는데 북한은 완전히 전쟁요새로 변한 것처럼 보였다. 전쟁을 완전히 준비한 상태로 보인 것이었다.

그리고 나서 주님과 나는 남한을 내려다보았는데 남한도 군데군데 무장한 것이 보였.

그 다음은 장면이 완전히 바뀌어서 주님과 나는 정원의 벤치로 와서 앉아 있었다.

이러한 변화가 순식간에 일어났다.
주님과 나는 방금 조금 전에 말을 타고 지구를 보고 있었는데
이제는 또 순식간에 주님과 내가 늘 오는 정원의 벤치에 앉아 있는 것이었다.
그리고 내가 주님께 질문을 하는 것이었다.
"주님, 누군가 말했듯이 정말 올해 12월 14일에 남북전쟁이 일어나나요?"

주님이 말씀하신다.
"네 손을 보아라. 네 손가락이 몇 개냐?"
"한 손에 5개입니다."
"누가 지었냐?"
"주님이요."

그리고 내 손에도 주님처럼 구멍이 뚫려 있었다(이것은 이전에 성부 하나님이 계신 궁전에서 뚫어 주신 것이다. 주님처럼 살으라고……).
"그 구멍은 누가 뚫었냐?"
"주님이요."라고 말하자
"그것처럼 그 때와 시는 내가 정하는 것이란다."라고 말씀하시는 것이었다.
즉 남북전쟁이 누가 이번 2014년 12월 14일 날 터진다고 했는데 아니라는 말씀이시다.

"그런데 왜 그 사람은 그렇게 말을 하나요?"
주님이 말씀하신다.
"그는 자기의 생각을 말하였느니라."
"주님, 그러면 언제 일어나나요?"
"정말 곧이다. 사람들에게 외쳐서 준비케 하여라."
"주님, 사람들은 듣지도 않아요."
"그래도 외쳐라."

"주님, 제가 2015년 1월 달에 한국을 나가는데 괜찮을까요?"
"그래 가서 외쳐라."
즉 이 말씀에는 내가 1월 달에 한국에 가서 집회할 동안에는 전쟁이 일어나지 아니한다는 것이다.
그럼에도 주님은 말씀하신다.

"곧이라고 외쳐라."
"네 알겠습니다. 주님"

그러고 나서 주님은 내게 쪽지 같은 것을 주신다.
한 번 접고 두 번 접은 것이다. 편지와도 같은 것이다.
나는 그 자리에서 펴서 읽었다.
"내 딸아! 나는 너를 사랑한단다.
그리고 나는 이 세상 모든 사람들을 사랑한단다.
그런데 많은 사람들이 나에게서 멀리 있구나.
너는 나 대신 가서 많이 외쳐 달라구나."

나는 여기까지 읽고서는 주님을 바라보면서
"주님, 저는 자격이 없어요.
어찌 저 같은 자를… 정말 저는 자신이 없어요."라고 말했다.

그리하였더니 주님이 말씀하신다.
"아니야, 저기를 보아라."
주님이 말씀하시는 그곳을 보는데 벌써 내 옆에 갑옷으로 무장한 많은 천사들이 와 있었다.
"저들이 너를 도울 것이다."
할렐루야. 안심이 되었다.
"네, 주님 알겠습니다."

나는 천상에서 이렇게 주님과 대화하고 내려왔다.
할렐루야.
주님은 내가 2015년 1월에 한국에 가서 그들이 듣든지 아니 듣든지 곧 전쟁이 일어날 것이라고 외치고 오라는 것이다. 할렐루야.
그리고 주님은 2014년 12월 14일에는 전쟁이 나지 아니할 것을 말씀하셨다.

72. 우리를 통하여 영혼구원하기를 원하시는 주님
(2014. 12. 12)

천국에 올라갔다.
올라갈 때마다 마차가 다 다르다. 다른 마차이다. 크기는 동일한데 장식이 다 다르다.
이번에는 이렇게 생긴 마차, 이번에는 저렇게 생긴 마차
그 장식과 모양이 다 달라서 어떻게 매번 기술할 수가 없다.
이것은 그냥 나와 주님만 아는 문제이다.
오늘도 마차는 아름다운 마차가 왔는데 크리스마스가 가까워져서 그런지
마차 안에 장식용 사슴들이 여러 개 달린 장식이 마차의 천정에서 내려와 있었다.
마치 아이가 좋아하는 장난감 같았다.
그리고 아이가 내게 달려와 안겼다.
나는 좋아하고 있었는데 벌써 마차는 천국 안에 도착하였다.
아이와 보모는 내려서 주님께 눈인사하고 갔고 나는 주님을 만났다.

주님은 나를 즉시 유리바다에 있는 베이지색의 보트로 데리고 가셨다.
주님과 나는 보트를 탔는데 주님은 저편에 나는 이편에 앉았다.
주님이 노를 저으셨다.

순간 나는 주님 발밑에 엎드러졌다.
'주님, 감사해요……주님, 주님께서 이렇게 저에게 하실 줄 몰랐어요.'
너무 감격하여 어떻게 표현이 안 되어서 그냥 그분 앞에 엎드러진 것이다.
그리고 울었다. 감사하여……….
그 감사는 이러한 것이었다. 주님께서 나에게 사람을 통하여 많은 재물을 허락하시는 것이었다.
이것으로 선교하라고…….
(아니 아직 그 돈이 헌금으로 들어오지는 않았다. 그러나 그렇게 하겠다고 하는 분들을 만난 것이다. 이것도 주님이 이루셔야 한다. 그래서 기도하고 있다.)
나는 여태까지 내가 벌어서 선교하는 줄 알았는데 선교는 하나님은 하나님의 방법으로 하게 하시는 것을 보면서 나는 놀라왔고 사실 입을 다물 수가 없을 정도였다.
우리 하나님은 너무 멋있는 하나님이시라는 사실을 이제야 또 깨닫게 된 것이다.

'주님, 저는 정말 아직도 믿음이 없었어요. 주님이 이렇게 일하실 줄은 정말 몰랐어요.' 하면서 나는 어찌할 줄을 몰라 했다.
그리하였더니 주님이 노를 저으시고 계시다가
'사라야! 일어나거라. 내가 너를 세계 위에 우뚝 세웠노라.
내가 너를 통하여 영광을 받기를 원하노라.'라고 말씀하시는 것이 알아졌다.
주님은 나를 통하여 주님의 일, 즉 전 세계적으로 영혼을 구원하는 일을 하고 싶어 하셨던 것이다.
(세계 곳곳에 물 없는 곳에 우물들을 파고 교회를 세우는 일을 계획하고 있는 것을 주님이 아신다)
할렐루야.
"주님 감사합니다. 주님 제가 잘 쓰임 받게 하여 주세요."
"저는 결코 사단에 의하여 넘어지지 않을 것입니다."
"물질을 가지고 공격하는 사단아 와라. 나는 결코 넘어지지 아니할 것이다."
"나는 주님의 뜻대로 그 물질을 사용하여 드릴 것이다."

주님 오실 날도 얼마 남지 아니하였는데....
주님 인도하여 주시옵소서.......

오늘따라 유리바다의 푸른 물결이 아주 또렷하게 잔잔히 보인다.
물은 깊어 보였다. 거기에 백상어가 뛰어 올랐다.
아주 깨끗하고 아름다운 장면이었다.
할렐루야.

그리고서는 나는 내려왔다.

73. 한국에서 나에게 계시록 해석을 전수하기 위하여 오신 기도원 원장님
(2014. 12. 13)

기도하였던 내용을 적어야 할 것 같아서 적어 둔다.
한국에서 기도원 원장님 한분이 같은 동행 3명과 함께 LA로 오셨다.
계시록을 누가 풀었는데 이것을 나에게 전수하여 책으로 내기를 원한다 했다.
그것을 책으로 낼 사람은 나밖에 없어서 찾아왔다고 하였다.
그리고 그분은 지난 11월 달에 내가 광주에서 집회할 때에 그곳에 참석하였다고 하였다.

그래서 나는 오후에 이것을 놓고 기도하였다.
'주님, 주님께서 이들을 보내셨습니까?'하고 거듭하여 물었다.
그런데 주님은 기도 속에서 자꾸만 아니라고 말씀하셨다.
대신 주님으로부터 '내가 너에게 풀어주리라.'하는 말씀이 자꾸 오는 것이었다.
그러나 나는 기도할 때에 한번 들었다하여 그대로 믿는 성격이 아니다. 여러 번 주님과 확인하여야 한다. 그러나 나는 일단 주님으로부터 아니라는 것을 받아놓고 더 확인하기를 원했다.

74. 주님은 나에게 남이 계시록을 풀이한 것을 전수받지 말라 하신다.
(2014. 12. 14)

저녁에 천국에 올라갔다.
주님이 나를 마중하러 나오셨는데 주님은 벌써 공중에 얇은 구름에 타고 계셨다.
그런데 그분의 옷이 너무나 형광등색처럼 빛이 났다.
나는 즉시 아래에 흰 옷 입은 무리들의 환영을 받으면서 공중으로 비상하여 주님이 타신 그 구름에 탔다. 그리고 그 구름은 위로 솟아 올라갔다.

그리고는 주님과 내가 하나가 된 것처럼 주님의 두 손과 내 두 손이 마주잡고 있는데 그 구름이 주님과 나를 태우고 빙빙 돌았다. 참으로 희한한 현상이 일어나는 것이었다.
이것은 도저히 펜으로도 말로도 표현할 길이 없다.

그런 후에 주님은 어느 보라색으로 된 공간으로 나를 인도하였다.
주님은 나를 데리고 그곳으로 들어가시는 것이었다.
나는 주님께 왜 나를 이곳으로 인도하느냐고 질문하였을 때 주님은 이렇게 말씀하셨다.
'네가 나에게 계시록을 풀어 달라고 하지 아니하였느냐?' 하는 음성이 왔다.
즉 주님께서 내게 직접 계시록을 풀어주시겠다는 것이다.
이 말씀은 어제 한국에서 오신 조OO 목사님이 가져온 그 노트에 적힌 계시록의 풀이를 보라는 것이 아니라 주님께서 직접 나에게 풀어 주시겠다는 의미였다.
할렐루야.

나는 이것에 대하여 오늘까지 두 번 응답을 받았다.
그러나 나는 아직도 그 보라색이 나는 그곳이 어디인지 모르겠다.
단지 내가 아는 것은 그 다음날 그 갈색상자 안에 들어 있는 계시록을 풀이한 책의 가죽이 보라색인 것을 알았다.
'나는 이것이 왜 일치할까?' 생각중이다.
할렐루야.
어찌하였던지 나는 두 번의 응답을 받은 것이다.
그것은 조OO 목사님이 가져온 그 노트를 전수받지 말라는 것이다.
할렐루야.
하나님, 주님, 가르쳐 주시니 감사합니다.

75. (i) 성부 하나님께서 계시록을 풀이한 책을 나에게 다시 주시다.
(ii) 계시록을 풀이한 책 안의 내용은 천국언어로 기록되어 있다.
(iii) 기도원 원장님이 가져온 계시록을 풀이한 노트는 여호와의 불에 의하여 살라지다.
(2014. 12. 15)

(i) 성부 하나님께서 계시록을 풀이한 책을 나에게 다시 주시다.

천국에 올라갔다.
황금수레 마차를 가지고 나를 데리러 온 두 천사 중에서 바깥에서 나를 수호하는 천사가 말을 한다.
"빨리 타세요. 주님이 기다리고 계십니다."
그래서 빨리 수레를 탔다.
수레는 나를 태우고 즉시 천국 안에 있는 황금대로 바로 옆에다가 나를 내려놓았다.
나는 수레에서 내리자 주님이 마중을 나와 계셨는데 나는 그 앞에 엎드렸다.
나는 물론 머리에는 다이아몬드 면류관을 쓰고 있고 흰 드레스를 입고 있었다.
나의 왼편 저쪽으로 흰 옷 입은 무리들이 모여서 주님과 나를 쳐다보고 있었다.

주님은 천사들이 가져온 생명수 물로 내 발을 손수 씻어 주셨다.
꼭 우리가 지상에서 수련회에 가서 서로 주님이 제자들의 발을 씻어 주신 것처럼 그렇게 씻어주듯이 주님이 나의 발을 오늘 무릎을 구푸리고 씻어 주시는 것이었다.
주여!
나는 너무 황홀하여 하였다. 그러면서도 갑자기 나는 너무 민망했다.
'주님께서 나 같은 사람의 발을 씻어 주시다니....'
주님 그렇게 하지 마시라고 말을 하고 싶어도 아니 정말 그렇게 마음으로 절규하고 있어도 주님은 그냥 그렇게 계속하셨다.
그러면서 나에게 전달되는 메시지는 '내가 너에게 이렇게 한 것같이 너도 다른 사람들에게 이렇게 하라.'는 말씀이셨다.
요즈음에 우리 교회에 한국에서 오신 분들이 있었다.
그들을 잘 섬기라는 메시지로 받아 들여졌다.
옆에 있는 흰 옷 입은 무리들은 이 모습을 다 지켜보면서 나를 얼굴로 마음으로 격려하고 있었다.

어쨌든 오늘 나는 주님이 직접 나의 발을 씻어 주신 것이다.

그리고 천사가 가져온 수건으로 나의 발을 닦아 주셨다.

그러고 나서는 주님과 나는 위로 비상하여 늘 가는 공중의 폭포수 같은 곳으로 갔다.

그 절벽 앞에는 생명수가 떨어지는 폭포수가 있었다. 나는 그 절벽위에서 주님께 말했다.

'주님 제가 제 얼굴도 씻을께요.'하면서 천사가 가져온 생명수 물로 나는 내 얼굴을 씻었다. (이런 경우는 가만히 보면 주님이 미리 아시고 여기로 인도하신 것이다. 단지 내가 내 입에서 먼저 말씀드렸을 뿐인 것이다)

그리고서는 주님과 나는 아주 멀리 환한 빛이 나는 곳으로 이동하였다.

거기는 너무나 아주 많은 빛이 비치고 있었고 주님과 나는 그 빛이 비치는 곳으로 들어갔다.

그곳은 어디였느냐면 저번에 가보았던 성부 하나님이 계신 궁이었다.

이 궁은 성부 하나님이 큰 궁 앞의 보좌에 계시는데 그분은 볼 수는 없지만 그곳에서 소리가 남으로써 그분이 계신 것을 알 수 있었다. 그리고 그 보좌 위쪽으로는 무지개 구름이 있었다.

주님이 내 오른편에 서시고 나는 그 궁 안에 서 있었다.

성부 하나님이 앉아계신 보좌 위의 천정은 한없이 높아서 눈으로 보이지 않는다. 다만 내가 느끼기에 무한히 높다고만 느껴진다. 그리고 저 앞 보좌에서 소리가 났다.

"사라야, 내가 이 책을 너에게 주노라."

그러자 그 순간 내 손에는 갈색상자에 든 책이 주어졌다. 물론 갈색상자 안에는 보라색 껍질의 계시록을 풀이한 책이 들어 있었다. 내가 그 갈색 상자 뚜껑도 안 벗겼는데도 이상하게 그 상자 안이 다 보이는 것이었다. 그 책 가죽을 자세히 보니 보라색에 가까웠다.

그렇다. 이 책은 저번에도 주님이 먼저 주셨고 또 그 이후에 성부 하나님께서도 나에게 주신다고 했던 계시록을 풀이한 책이다(주님과 성부 하나님께서 여러 번에 걸쳐서 이 책을 나에게 주신다고 하셨다. 오늘 또 주신다고 하셨다).

(ii) 계시록을 풀이한 책 안의 내용은 천국언어로 기록되어 있었다.

그런데 오늘은 그 책 안이 보인다. 이 책은 갈색상자 안에 들어있건만 나는 지금 그 상자 안을 투시하듯이 다 보고 있는 것이다. 할렐루야.

그 책은 두꺼운 책이다. 이 책은 능히 10cm 두께는 되는 것 같고 겉은 보라색이며 스프링으로 연결된 노트와 같이 생겼다. 그리고 그곳 안에는 천국의 언어로 기록이 되어 있었다. 지금 이 순간은 책이 갈색상자 안에 들어 있다. 그런데 내가 그 뚜껑을 벗기지도 않았는데 그 안에 있는 책이 보이고 그 책 안에 쓰여진 것이 투시하듯이 다 보이는 것이었다. 주여....

그 노트 안이 보여지는데 노트에 줄이 쳐져 있고 천국언어로 된 글씨는 꼭 S자 모양인데 S자의 한쪽에 콩나물 머리가 붙어 있는 것처럼 붙어 있는 그러한 글씨가 많았다. 그래서 어떻게 보면 꼭 6자와 9자 모양 같은데 꼬리가 반대 방향으로 뒤집어진 것 같은 글씨체들이다.

이러한 글씨가 하나씩 띄엄띄엄하여 기록되어 있고 그 글자간의 간격은 능히 2cm 는 되어 보였다. 그리고 한 글자 한 글자가 이번에는 빨간색 그 다음은 파란색 그 다음에는 노란색 그렇게 기록되어 있었다. 도무지 알 수 없는 글씨체였다.

그런데 이것이 계시록을 풀이하여 쓴 책이라는 것이다.

그리고 이 책을 나에게 주신다고 하셨다. 사실 이렇게 주시는 것이 몇 번째이다.

나는 그 책을 받았다.

그리고 이 책은 정말 나에게 주는 것이라는 것이 명확하여졌다.

그래서 나는 그 책을 받고서는 성부 하나님께 질문하였다.

"하나님, 한국에서 조OO 목사님이 계시록 노트를 가져왔는데 그것은 어떤 주의 종이 깨달아서 쓴 것이라고 하는데 그리고 그 목사님은 그 책을 나에게 전수하기 위하여 한국에서 일부러 왔다고 하는데 혹 그 책이 바로 지금 저에게 (천국에서) 보여주신 이 책입니까?"

라고 물은 것이다. 그리하였더니 아니라는 대답이 왔다.

'이 책은 내가 너에게 준 것이다.'라고 말씀하신다.

그래서 또 물었다. 그러면 이 책에 있는 내용이 그 노트에 적힌 내용과 비슷한 것이냐고 물었다.

그리하였더니 하나님은 또 아니라 하신다. 그러시면서 또 말씀하시기를

'이 책은 내가 니에게 준 깃이다.'라고 말씀하신다. 힐렐루야.

(iii) 기도원 원장님이 가져온 계시록을 풀이한 노트는 여호와의 불에 의하여 살라지다.

성부 하나님이 계신 궁에서 이러한 대화가 오고 가고 있는데 지상의 조OO 목사님이 그 노트를 가지고 주님 우편 쪽으로 들어왔다. 사실 그분은 우리 교회에서 이불을 깔고 코를 골 정도로 푹 자고 계셨다. 그런데 주님이 이 목사님의 영을 불러 올리신 것이다. 자고 있는 중에...

그 목사님은 본인이 한국에서 가져온 그 노트를 들고 들어왔는데 주님 옆에 서자마자 그 손에서 노

트가 바닥에 '툭'하고 떨어지더니 갑자기 여호와의 불이 나와서 그 노트를 태워 버리는 것이었다.
'오 마이 갓!'
그 노트가 순식간에 여호와의 불이 나타나서 하나님의 궁에서 그것을 완전히 태워버렸다.
이것을 보고 있던 그 조OO 목사님은 매우 당황하고 있었다. 자신의 손에 있던 노트가 갑자기 자기 손에서 떨어지더니 불에 태워져 버렸으니..........
그러나 내 손에는 성부 하나님이 주신 그 책이 들려져 있었다.
그리고 내 옆에 서 계신 주님이 내게 이렇게 말씀하셨다.
"이제 알겠느냐?"
"네 주님...."

이 상황은 지금 나에게 주님이 그 조OO 목사님이 가져온 그 노트가 나에게 전수되어서도 아니될 뿐 아니라 또한 그것을 태워버리신 것으로 보아 그것을 다른 사람들에게 전수하여서도 안 되는 그런 내용이라는 것이다.
이것은 그 노트가 여호와의 불이 나타나 태워버리는 것을 본 나의 해석이다.
그리고서는 조OO 목사님은 내려가고 주님과 나는 그 성부 하나님이 주신 계시록을 풀이한 책을 가지고 요한이 있는 집 앞에 피크닉 테이블로 왔다.
그리고 그곳에 주님과 모세 그리고 나, 요한이 앉았다.

그리고 나는 이런 생각이 들었다.
현재로서는 성부 하나님께서 내게 주신 이 책이 도대체 내가 알 수 없는 글씨로 적혀 있기 때문에 이렇게 테이블에 앉아서 주님과 모세 그리고 요한이 나에게 가르쳐 주어야 하는 것인가? 하는 생각 말이다.
만일 그 책의 내용이 내가 알아볼 수 있는 언어로 적혀 있다면 이렇게 모여서 이야기할 필요가 없을 텐데...... 라는 생각도 들어왔다. 왜냐하면 그것은 계시록을 풀이한 책이니까.
그런데 도저히 내가 읽을 수 없는 글자로 되어 있었다. 그럼에도 불구하고 성부 하나님과 주님께서 나에게 이 책을 주신다고 여러 번 말씀하셨다. 그런데 내가 읽지도 못하는 이것을 왜 주셨는지 아직 나는 모른다.
단지 현재는 주님과 요한과 모세가 나와 계시록을 이야기하는데 같이 있어야 함을 알게 되었다.
할렐루야. 주님 어쨌든 감사합니다.

그러나 아직은 왜 주님과 성부 하나님께서 그 책을 내게 주셨는지가 명확하지가 않았다.

제 5 부

76. 무저갱과 지옥은 다른 장소인 것을 알게 하시다.
(2014. 12. 15)

저녁에 사람들과 간증 집회하고 천국에 올라갔다.
수레바깥에서 나를 수호하는 천사가 말없는 말을 한다.
'주인님 자랑스러워요.'라고.
즉 내가 천국과 지옥 간증 집회하는 것을 기뻐한다는 것이다.
나는 두 천사가 가져온 수레를 타고 즉시 천국에 올라갔다.
천국에 도착하자마자 나는 주님 앞에 엎드렸다.
두 손에 구멍이 뚫린 손을 바닥에 대고 숨기려 하였다.
왜냐하면 내 손에 구멍이 뚫린 것이 주님이 보시기에 부끄러웠기 때문이다.

그럴 때, 주님은 '내 딸아, 일어서라.'하시면서 나를 데리고 저 빛이 아주 밝게 빛나는 곳으로 가려
하신다. 즉 그곳은 성부 하나님이 계신 곳이다.
우리 옆에는 흰 옷 입은 무리가 나를 격려하듯이 바라보고 있었다.
주님과 나는 그 빛 속으로 들어갔다.

그리고서는 성부 하나님이 계신 궁 안에 있게 되었다.
나는 주님과 함께 섰다. 주님은 항상 내 오른편 옆에 서 계신다.
그리고 내 왼편 앞쪽으로 그 계시록을 풀이한 책이 든 갈색상자가 작은 흰 둥근 테이블 위에 놓였다.
저 앞 보좌에서 성부 하나님이 말씀하신다.
"그 책을 너에게 주노라." 이 말씀은 사실 하나님이 여러 번 하셨다.
그리고 나서 주님과 나는 그곳을 나와서 보라색 공간을 통과하였다.
그리고서는 나는 궁에서 나올 때에 그 책(책 껍질이 보라색이다)을 갖고 나왔는데
그 보라색 공간을 통과하면서 나는 주님께 질문을 가졌다.

"주님, 무저갱과 음부, 그리고 지옥이 어떻게 다른 가요? 아니면 같은 장소인가요?" 라고 물었다.
그랬더니 나에게 이러한 통찰력이 그냥 왔다.
무저갱은 bottomless pit 이다. 즉 바닥이 없는 그러한 끝없는 구덩이이다.
그런데 지옥은 분명히 바닥이 있었다. 주님과 내가 갔을 때에 바닥들이 있었다.
그런데 무저갱은 바닥이 없는 곳이다. 그러므로 무저갱은 지옥이 아님이 분명하다.
할렐루야.

그리고 나중에 주님은 무저갱에 사단을 1000년간 나오지 못하게 감금한다.
그리고 거기에 뚜껑을 닫아 놓는다.
그런데 지옥은 불이 있는 곳이다. 이 사단은 나중에는 영원한 불못에 던져질 것이다.
그런데 무저갱에서는 불이 있다는 말이 없다. 즉 무저갱과 지옥은 다른 장소이다.
할렐루야.

주님은 오늘 이것을 확실히 알게 하여 주셨다.

77. 주님께서 요한과 모세에게 내가 계시록을 이해하도록 도울 것을 말씀하시다.
(2014. 12. 15)

두 번째로 천국에 올라갔다.
주님과 나는 계시록을 풀이한 책이 들어 있는 갈색상자를 갖고 있었다.
주님은 나를 모세의 궁으로 인도하셨다.
모세는 하늘색 옷을 입고 있었고 주님과 모세와 나는 모두 테이블에 앉았다.
모세가 말을 한다.
'우리가 그 책을 해석하여 줄 것이라고….'
여기서 '우리'라고 하는 것은 요한과 모세를 말하고 있음이 분명하였다.
그러고서는 주님과 나 모세가 성부 하나님의 궁으로 왔는데 사도 요한도 왔다.

그리고 요한과 모세는 성부 하나님 앞에서 그들이 이 책을 나에게 해석하여 줄 것이라고 하는 것을 명확하게 하는 것 같았다. 할렐루야. 이런 것들은 천국에서 그냥 알아진다.
그런 후에 주님과 우리 모두는 요한의 집 앞에 피크닉 테이블로 자리를 옮긴 것이다.
그리고 계시록을 풀이한 책이 담긴 그 갈색상자를 거기다가 놓고
주님이 앉으시고 모세가 그 옆에 앉고 모세 앞쪽으로 내가 앉고 주님 앞쪽에 요한이 앉았다.
그리고 두 증인에 대한 질문을 가지면서 그리고 또한 적그리스도에 대한 질문을 가졌다.

'적그리스도는 누구인가?'하는 것이다.
그러자 이전에 다니엘 옆에 염소 한 마리가 나타난 적이 있었는데 주님이 그 염소를 적그리스도라 한 것이 생각났다. 그런데 이 적그리스도는 많은 사람과 7년 조약을 맺는 자일 것이다.

[단 9:27]
그가 장차 많은 사람으로 더불어 한 이레 동안의 언약을 굳게 정하겠고 그가 그 이레의 절반에 제사와 예물을 금지할 것이며 또 잔포하여 미운 물건이 날개를 의지하여 설 것이며 또 이미 정한 종말까지 진노가 황폐케 하는 자에게 쏟아지리라 하였느니라

이 7년 조약이 맺는 것이 지나고 나서 두 증인의 활동이 시작될 것이다.
두 증인은 하늘의 문을 닫아 삼년반 동안 비를 못 내리게 한다고 되어 있다.
그럼 우리가 지금 7년 환난 안에 살고 있는가?
아니다. 왜냐하면 지금도 비는 내리고 있다.

그러므로 지금 우리는 7년 환난이 시작되기 전에 적그리스도가 누구인지 이 자가 먼저 나타나야 하는 것이다.
주님께서는 지번에 니에게 이렇게 말씀하셨다.
'적그리스도가 누구인지 아느냐? 7년 조약을 맺는 자이다. 그가 누구인지 잘 보라.'라고 말씀하셨다. 할렐루야.

78. (i) 하나님께서는 내가 계시록을 쓰는데 다른 책들을 참고하지 말라고 하신다.
(ii) 두 증인은 마지막으로 회개하라고 외치는 자들이다.
(2014. 12. 17)

천국에 올라갔다.
나를 데리러온 수레에 달린 네 마리의 흰 말의 머리에 크리스마스 때 주로 보는 꽃잎들이 장식되어 있었다. 빨간색, 초록색 등.
나를 데리러 온 천사의 머리에서도 그것이 보였다.
수레바깥에 있는 천사가 '주인님, 어서 오세요'라고 한다.
조금 아까 내가 지옥을 갈 때에는 이 수레도 희한하게 무섭게 보였고 천사들도 그렇게 나를 즐겁고 기쁘게 환영하는 모습이 아니었다(이 지옥 방문은 지옥편 동일 날짜에 나온다.).
그런데 지금은 그들이 나를 아주 기쁘게 환영하는 것이었다.
그러므로 나는 이제 알겠다.
내가 올라가자마자 지옥을 구경하게 될 때에는 나를 데리러오는 천사들도 그것을 알고 있다는 사실이고 또한 나를 데리러온 수레가 이상한 모습을 하고 있다는 사실을 나는 알게 되었다.
이번에는 수레가 그 지붕이 크리스마스 때 보는 꽃잎들로 장식이 되어 있었다.
나는 수레에 얼른 올라탔는데 그 수레 안에는 눈이 보였다. 그리고 눈사람이 만들어져 있었고 눈과 코 입이 있었고 눈사람 위에는 빨갛고 조그만 모자까지 씌워져 있었다.
나는 수레 안에 타자마자 너무 즐거웠다. 그리고 내 아이도 즐거워하면서 내게 와서 안겼다.
사실 아까 지옥에 갈 때에는 수레 안에 내 아이도 보이지 않았었다. 보모도 없었다.
그런데 지금은 그들이 수레 안에 있으면서 나를 반기는 것이었다.
할렐루야.

나는 그 수레를 타고 즉시 천국 안에 도착하였다.
와우! 그런데 수레바깥에 내리는데 '오 마이 갓!'
온 천국이 눈으로 다 덮여 있었다. 너무나 아름다웠다.
나는 주님께로 인도함을 받았는데 나는 너무 즐거워서 내 입에서 웃음꽃이 함박 피었다.
나는 순간 이런 생각이 들었다. 아니 주님이 조금 전에 나에게 지옥을 구경시키시더니 이제는 내 기분을 상승시키시려고 이렇게 천국을 눈으로 덮으셔서 나를 특별히 환영하시나 하는 생각이 들었다.
전에도 내가 이야기하였지만 천국에도 눈이 있는데 하나도 춥지가 않은 눈이다.

주님과 내가 그렇게 기뻐하고 있는데 왼쪽 옆으로 흰 옷 입은 무리가 주님과 나를 바라보면서 같이 기뻐하여 주고 있었다.
주님은 나를 업으셨다.
그리고 나를 업으신 채로 위로 비상하셔서 나를 성부 하나님이 계신 궁으로 인도하시는 것이었다.
할렐루야.
주님과 내가 궁 안으로 들어섰는데 들어서자 내가 서고 내 옆 오른편에 주님이 서셨고 그리고 언제 생겼는지 내 왼편 앞쪽으로 조그만 둥근 테이블이 생기고 그 위에 그 갈색상자가 놓여졌다. 물론 그 안에는 계시록을 천국 언어로 풀어서 쓴 두꺼운 책이 들어 있었다.

저 앞에서 성부 하나님의 보좌에서 목소리가 나왔다.
"사라야!"
"네"
"내가 너에게 부탁이 있느니라."
"네"
"너는 그 책을 내가 너에게 주었으므로 네가 그것을 가지고 계시록에 대한 책을 써야 하느니라. 다른 사람에게 의논하거나 다른 사람이 쓰지 않게 하여라."
나는 그 뜻이 정확히 알 수는 없었으나 하여간 하나님께서는 내가 다른 사람의 책들을 참고하지 말고 이렇게 혼자서 이렇게 천국을 왔다 갔다 하면서 요한과 함께 써야 한다는 의미로 받았다.
할렐루야. "네 그렇게 하겠습니다."

그리고서는 주님과 나는 그 궁을 나와 요한의 집 앞에 피크닉 테이블로 왔다.
주님이 앉으시고 오늘은 내가 주님 옆에 앉았고 건너편에 요한과 모세가 앉았다.
모세는 아래위로 하늘색 빛이 나는 옷을 입고 앉아 있었다.

우리가 보고 있는 곳은 두 증인의 부위였다.
이 두 증인은 1260일 동안 예언하면서 3년 반 동안 비가 오지 않게 하고 바다를 피로 물들게 한다는 것이 성경에 쓰여 있다.

'나는 이 두 증인이 누구인가?' 하는 의문이 생겼다.
그리고 분명 하나님은 이 두 증인을 통하여 지구에 재앙을 내리는 것이었다.
거기서 생각이 정리 되었다.

적그리스도는 분명 이 두 증인 전에 많은 사람들과 7년 조약을 맺는다.
왜냐하면 두 증인의 활동기간은 전 삼년반이니까 말이다.
그래서 이 두 증인이 나타나기 전에 반드시 적그리스도가 나타나고 또한 제 3성전이 지어져 있어야 한다. 그래야 전 삼년반 동안 이방인들이 그 뜰을 성경에 적힌 대로 밟고 다닐 것이기 때문이다.
그리고 이 두 증인이 내리는 재앙을 보면 3년 반 동안 비가 내리지 않게 하고 또한 바다를 피로 물들게 하는데 이 재앙을 보면
이미 그 앞에서 첫째 나팔 때, 둘째 나팔 때, 셋째 나팔 때, 넷째 나팔 때에 보면
땅 1/3, 바다 1/3, 강 1/3, 그리고 해와 달, 별이 1/3이 재앙을 당한 후이다.
그리고 사람의 1/3이 벌써 전쟁으로 죽었다. 엄청난 재앙들이 일어난 이후인 것이다.
그러므로 두 증인에 의한 재앙은 그렇게 놀라운 재앙이 아니라는 사실을 알 수 있다.
그리고 적그리스도는 이렇게 이 지구상에 이러한 큰 재앙들이 일어난 이후에
여섯째 나팔이 불리워지고 나서 즉 사람까지 1/3이 전쟁으로 죽고 나서 두 증인의 활동이 시작되기 전에 이 혼란하고 많이 황폐하여진 지구를 전쟁으로 많은 사람들이 죽고 난 이후에 내가 어떻게 하여 보겠다고 7년 동안 조약을 맺으면서 나타나는 자가 바로 적그리스도라는 것이다.

즉 여섯째 나팔까지 불리워지고 인구 1/3이 한꺼번에 죽고 제 3성전의 뜰이 이방인들에게 짓밟히기 전 그리고 두 증인이 나타나 예언하기 전에 적그리스도가 나타나서 7년 조약을 맺을 것이라는 것이다. 할렐루야.

그리고 이 두 증인은 바로 하나님의 말씀을 대언하는 자들로서 그래서 하늘의 문을 닫아서 비를 삼년반 동안 오지 않게 할 것이라는 것이다.
할렐루야.
그리고 그들은 바다를 피로 변하게 할 것이라는 것이다.
그리고 이 두 증인은 마지막으로 회개하라고 외치는 자가 될 것이라는 것이다.

회개하지 아니하니 재앙으로 지구를 칠 것이다. 할렐루야.
주님의 뜻이 이루어지게 하소서!

[계 11:6]
저희가 권세를 가지고 하늘을 닫아 그 예언을 하는 날 동안 비 오지 못하게 하고 또 권세를 가지고 물을 변하여 피 되게 하고 아무 때든지 원하는 대로 여러가지 재앙으로 땅을 치리로다

79. 인간관계 속에서 '사랑하라 인내하라.'고 하시는 주님
(2014. 12. 19)

천국에 올라갔다.

주님이 마중을 나와 계셨고 그분의 발은 맨발이신데 그 발에 구멍이 보였다.

나는 그 발 앞에 엎드려서 일어설 줄을 모르고 그러고 있었다.

나에게는 회개하는 마음, 미안한 마음, 부족한 종으로서의 어찌할 바를 모르는 마음으로 그렇게 엎드려 있었다.

주님은 나에게 '사라야, 내 딸아 일어서라.' 하셨다.

그리고 주님과 내 옆쪽으로는 흰 옷 입은 무리들이 있었다.

주님이 구름에 오르시고 나도 구름에 올라탔다.

그리고서는 나는 주님과 함께 그냥 멀리멀리 가고 싶었다.

주님과 함께 있으면 넘치는 평강, 기쁨, 위로가 내 마음 안에 가득하여진다.

내 마음을 안 그 흰 옷 입은 무리들이 나에게 마음으로 말했다.

"사라, 주님과 함께 멀리멀리 가세요."

즉 그들이 이미 내 마음을 다 알고 있었다.

주님과 나는 구름을 타고 멀리멀리 날았다.

무엇을 구경한다기보다 그냥 내가 원한대로 멀리멀리 날았다.

그런데 그 흰 옷 입은 무리들이 언제 그렇게 타고 있었는지 우리 구름에 타고 있었다.

그리고 우리 모두가 도착한 곳은 전에 몇 번 가본 적이 있던 컨벤션 센타 같은 곳이었다.

그곳에는 많은 흰 옷 입은 무리들이 항상 그곳에 있어서 나를 그곳에서 반겨주었고 또한 나에게 전달힐 메시지가 있으면 그 많은 무리가 한 목소리로 전하여 주곤 하였다.

그런데 오늘 내가 새롭게 알게 된 것은 그 곳에 있는 흰 옷 입은 무리들이 바로 항상 내가 천국에 올라가면 주님과 내 옆에서 맞아주는 그 흰 옷 입은 무리라는 것이었다.

왜냐하면 그 구름에 같이 탔던 그 흰 옷 입은 무리들이 구름에서 내려서는 그 컨벤션 센터를 채우는 것을 보았기 때문이다. 오~ 할렐루야!

'오 마이 갓!' 그랬구나! 이제야 이해가 간다. 그 무리가 이 무리라니........

주님과 내가 그 컨벤션 센터 같은 곳의 앞에 있는 무대에 서니까 그 흰 옷 입은 무리들의 메시지가 한꺼번에 나에게 전달이 되는데 '사랑하라, 인내하라'하는 메시지가 나에게 전달이 되는 것이었다. 나는 어제 저녁에 누구로부터 들은 이야기 때문에 그것에 대하여 많은 걱정과 고민이 생겼다. 그래서 나는 즉시 알았다. 주님께서 그것을 아시고 나를 이 컨벤션 센터에 데리고 와서 흰 옷 입은 무리들로부터 나에게 전할 말을 듣게 하셨던 것이다.

즉 그들에 대하여 그들을 '사랑하고 인내하라'는 말씀을 주님은 천국의 컨벤션센터 같은 곳에 있는 이 흰 무리들을 통하여 주시는 것이었다.

할렐루야.

80. (i) 무저갱의 사자 아볼루온(계 9:11)이 바로 무저갱에서 나오는 짐승(계 11:7)인 것을 다시 알게 하시다.
(ii) 그리고 두 증인에 대한 확실한 정리
(2014. 12. 19)

두 번째 천국에 올라갔다.
주님과 나는 즉시 요한의 집 앞 갈림길에 놓여 있는 피크닉 테이블에 갔다.
주님과 모세가 저편에, 그리고 이편에는 나와 요한이 앉았다.
내 옆 테이블 위에는 그 갈색상자 즉 계시록을 하늘의 언어로 풀이하여 놓은 책이 들어 있는 그 갈색상자가 놓여 있었다.

나는 드디어 그들이 있는 앞에서 내 머리를 테이블에 박고 울었다.
왜냐하면 계시록에 대하여 열리지 않고 또 그 상자의 책은 내가 읽을 수 없고
보지도 못하게 하는 것 같아서 그냥 울고만 있었다.
그랬더니 내 앞에 앉은 모세도 눈이 튀어나올 것같이 눈물이 고이면서 눈이 붉게 변했다.
내 심정을 이해하는 것이었다. 전에 모세와도 대화가 안 열려서 나는 무척 애를 먹었는데 그 심정을 모세가 이해하는 것 같았다. 그런데 이제는 모세가 나를 위하여 같이 울어주는 것이었다.
그러나 주님과 요한은 울지 않았다.

이 모습을 보고 주님은 내게 말했다.
"그 상자를 이리로 다오."
그래서 그 상자를 나는 주님께 드렸다.
그랬더니 드디어 주님은 그 상자를 여시고 책을 꺼내어 펴셨다.
'사라, 어디가 궁금하니?'하고 물으셨다.
나는 빨리 머리로 생각하여야 하였다.
'아하! 드디어 주님이 내게 가르쳐 주시겠구나'하면서……
어디부터 물어야지 하면서 잠깐 고민을 했다.

(i) 그리고 나는 다섯째 나팔이 불리워지면서 무저갱에서 올라오는 아볼루온의 정체에 대한 것이었다.

주님은 이 아볼루온이 바로 바다에서 올라오는 즉 무저갱에서 나오는 짐승이라고 하는 것을 주님은 이미 이전에 나에게 밝혀주셨다. (69. (iii) 무저갱에서 나오는 황충들과 그들의 왕 아볼루온을 참조)
주님 앞에서 이것이 또 한 번 생각나는 것이었다.
이것이 생각나게 하심은 그것이 주님께서 다시 한 번 맞다고 말씀하시는 것과 같다. 할렐루야. 천국에서 생각이 나는 것은 주님께서 생각나게 하신다고 보면 된다.

[계 9:1-18]
(1)다섯째 천사가 나팔을 불매 내가 보니 하늘에서 땅에 떨어진 별 하나가 있는데 저가 무저갱의 열쇠를 받았더라 (2)저가 무저갱을 여니 그 구멍에서 큰 화덕의 연기 같은 연기가 올라오매 해와 공기가 그 구멍의 연기로 인하여 어두워지며 (3)또 황충이 연기 가운데로부터 땅 위에 나오매 저희가 땅에 있는 전갈의 권세와 같은 권세를 받았더라 (4)저희에게 이르시되 땅의 풀이나 푸른 것이나 각종 수목은 해하지 말고 오직 이마에 하나님의 인 맞지 아니한 사람들만 해하라 하시더라 (5)그러나 그들을 죽이지는 못하게 하시고 다섯달 동안 괴롭게만 하게 하시는데 그 괴롭게 함은 전갈이 사람을 쏠 때에 괴롭게 함과 같더라 (6)그날에는 사람들이 죽기를 구하여도 얻지 못하고 죽고 싶으나 죽음이 저희를 피하리로다 (7)황충들의 모양은 전쟁을 위하여 예비한 말들 같고 그 머리에 금 같은 면류관 비슷한 것을 썼으며 그 얼굴은 사람의 얼굴 같고 (8)또 여자의 머리털 같은 머리털이 있고 그 이는 사자의 이 같으며 (9)또 철흉갑 같은 흉갑이 있고 그 날개들의 소리는 병거와 많은 말들이 전장으로 달려 들어가는 소리 같으며 (10)또 전갈과 같은 꼬리와 쏘는 살이 있어 그 꼬리에는 다섯달 동안 사람들을 해하는 권세가 있더라

(11)저희에게 임금이 있으니 무저갱의 사자라 히브리 음으로 이름은 아바돈이요 헬라 음으로 이름은 아볼루온이더라
And they had a king over them, [which is] the angel of the bottomless pit, whose name in the Hebrew tongue [is] Abaddon, but in the Greek tongue hath [his] name Apollyon.

(계 11:7) 저희가 그 증거를 마칠 때에 무저갱으로부터 올라오는 짐승이 저희로 더불어 전쟁을 일으켜 저희를 이기고 저희를 죽일 터인즉

(계 17:8) 네가 본 짐승은 전에 있었다가 시방 없으나 장차 무저갱으로부터 올라와 멸망으로 들어갈 자니 땅에 거하는 자들로서 창세 이후로 생명책에 녹명되지 못한 자들이 이전에 있었다가 시방 없으나 장차 나올 짐승을 보고 기이히 여기리라

즉 무저갱의 사자 아볼루온이 바로 이 무저갱에서 올라오는 짐승이라는 것이다.
무저갱에서 올라오는 황충들의 왕이 있는데 그 이름이 아볼루온이다.
주님이 이 황충들의 왕인 아볼루온이 바로 나중에 무저갱에서 올라오는 짐승이라는 것을 알게 하여 주셨다.

그 다음 여섯 번째 나팔이 불리는데 유브라데 강가에 결박된 네 천사가 풀려나면서 이 세상의 사람의 1/3이 죽는다. 그리고 나서 예루살렘 성전을 측량하는 것이 나오고 이방인들의 뜰을 전 삼년 반 동안 짓밟는 것이 나온다. 그리고 두 증인의 활동이 시작되는 것이다.
이것이 전 삼년 반에 일어나는 일이다.

그런데 적그리스도는 이 전 삼년 반 시작 바로 전에 출현하여 있어야 하는 것이다.
왜냐하면 7년 조약을 맺어야 하니까. 적그리스도를 생각하니 또 두 뿔이 난 염소가 생각이 났다.

[단 9:27]
그가 장차 많은 사람으로 더불어 한 이레 동안의 언약을 굳게 정하겠고 그가 그 이레의 절반에 제사와 예물을 금지할 것이며 또 잔포하여 미운 물건이 날개를 의지하여 설 것이며 또 이미 정한 종말까지 진노가 황폐케 하는 자에게 쏟아지리라 하였느니라

이 염소는 양이 아니라 염소이다. 즉 주님은 어린양에 비유되지만 적그리스도는 염소에 비유되었

다. 즉 주님은 저번에 다니엘 옆에 나타났던 염소가 적그리스도라고 하셨다.
즉 양과 비슷하게 생겼는데 염소인 것이 적그리스도라는 것이다.

(ii) 또 나의 질문은 이 두 증인들이 누구인가? 하는 것이었다.

어떤 사람은 이는 두 사람이고 또 다른 어떤 사람은 두 교회라 한다.
왜냐하면 그 밑에 이들은 하나님 앞에 선 두 감람나무요 두 촛대라고 하고 있기 때문이다.
앞에서 촛대는 교회에 비유되었다.
일곱 촛대를 왔다 갔다 하시는 이가 일곱 교회에 편지를 쓰신 것이다.
여기서 촛대는 교회였다. 그래서 이 두 증인이 교회라고 하는 자들이 있다.
하나는 유대인의 교회 또 다른 하나는 이방인의 교회.
그런데 오늘 주님께서 나에게 알게 하여 주시는 것은 이 두 증인은 두 사람이라는 것이고 주님이 보내신다 하였다.
그런데 이들은 하늘에서 보내어지는 것이 아니라 이 땅 위에 사는 사람이라는 것을 알게 하여주셨다. 하늘에서 보내어진다면 다시 죽지 아니할 것이기 때문이다.
그런데 이 두 증인은 나중에 짐승에게 죽임을 당한다.
그러다가 삼일 반 후에 부활한다.

이들이 만일 하늘에서 내려오는 모세와 엘리야 라고 한다면 그들이 다시 죽을 리가 없다.
그러므로 이들은 하늘에서 내려오는 자들이 아니라 이 땅 위에 살고 있는 사람들이라는 것이다.
또 어떤 이들은 에녹과 엘리야 즉 죽지 않고 끌어올려 진 두 사람이 이 땅 위에 내려와서 죽는다고 한다. 그런데 주님은 분명히 이전에 이 두 증인은 나 같은 자라 하였다. (두 증인에 대하여 질문하다. - 2014.12.9 를 참조)

[행 1:8]
오직 성령이 너희에게 임하시면 너희가 권능을 받고 예루살렘과 온 유대와 사마리아와 땅 끝까지 이르러 내 증인이 되리라 하시니라

즉 성령시대의 사람을 말한다. 에녹과 엘리야는 성령강림 이전의 사람들이다.
그리고 이 두 증인은 1260일 동안 예언을 하는데 이 예언은 이 마지막 시대에 마지막으로 외쳐지는 하나님으로부터 오는 예언이라는 것을 알게 하여 주신다.

구약의 시대에는 선지자를 세워서 하나님의 말씀을 대언하게 하였는데 하나님께서 보내시는 이 마지막 시대에 두 증인은 선지자라는 말 대신에 이제 증인이라는 명칭을 붙이는 것이다.
할렐루야.
이들이 두 사람들로서 한 사람은 유대인의 교회에서 또 다른 한 사람은 이방인의 교회에서 나오는 것으로 보인다.

그들의 입에서 불이 나와 그들을 해하려 하는 자들을 다 태워 버린다 하였다.
하나님께서 보내시는 자들에게는 하나님께서 그들을 통하여 무슨 일도 가능할 것이기 때문에 이것도 하나님이 하시는 일로 보아야 하는 것이다. 할렐루야.
이 모든 것이 주님 앞에서 정리되게 하셨다.
이 이야기는 지금 여기까지 다 맞다는 것이다.
주님과 나 그리고 모세와 요한 이렇게 앉아서 이러한 모든 질문들이 정리되었다.
할렐루야. 주님을 찬양합니다.

81. 천국과 지옥 간증수기 1, 2권 외에 앞으로 써야 할 성경편 5권에 대한 제목을 말씀하시다.
(2014. 12. 20)

천국에 올라갔다.
나를 데리러 온 수레 옆에 아주 장식이 아름다운 머리에 고깔모자를 쓴 아기천사들이 많이 있었다.
즉 그들이 같이 온 것이다.
나는 수레에 타고 천국에 올라갔다. 수레 안에도 아기천사들이 있었다.

내가 수레에서 내리는데 내 머리 위에는 진붉은 빛나는 방울 장식이 면류관 앞쪽으로 장식되어 있었다. 주님도 오늘은 보석 면류관을 쓰고 계신다.
주님과 나는 구름을 타고 날았다.
주님이 말씀하신다.

"네 집에 가보고 싶지 않니?"
"네 주님 가보고 싶어요."
그러자 주님과 나는 벌써 내 집 안에 있는 큰 연못 위의 구름다리를 건너고 있었다.
빨간색의 잉어가 뛰어 올라서 내 손에 쪽 하고 뽀뽀하고 내려갔다.
그리고 주님과 내가 현관문 있는 곳에 도착하자 날개 달린 천사들이 우리를 수종하였다.
원래 내 현관문 앞에는 두 천사가 늘 있다.
주님과 함께 나는 내 집으로 들어섰는데 이전에도 말했듯이
내 집안에는 생명수가 나오는 분수대가 설치되어 있다.
주님이 주신 선물이었다. 집 안에서 생명수를 먹을 수 있는 것이다.
할렐루야.

천사들이 생명수 물을 받아서 주었다. 주님과 나는 그 생명수를 마셨다.
그리고 황금 테이블에 앉았다. 오늘따라 유난히도 의자들에 아름다운 장식이 보였다.
주님이 앉으시고 나는 그 맞은편에 가서 앉았다.
그리고 어느새 테이블 위에는 오른편 끝에 내가 써야 하는 성경편 다섯 권의 책이 포개어져 놓여 있었다. 이들은 다 성경편이었다.
밑에 있는 책부터 그 번호가 1, 2, 3, 4, 5 로 매겨져 있는 것이 옆으로 보인다.
나는 그중에 지금 성경편 제 1권을 출판하려 하고 있었다.
주님께 제목을 무엇으로 해야 할 지를 물었다.
그리하였더니 주님이 천사에게 붓과 종이를 가져오라 하셔서 직접 종이에다가 쓰신다.
할렐루야.
'이제도 있고 전에도 있었고 장차 올 자 예수 그리스도'라 쓰신다.
아하! 이번에도 책의 제목은 처음의 천국과 지옥 간증수기에서와 똑같이 해야 하는 것을 알았다.
그래서 나는 생각했다.
아하! 그러면 내가 소제목으로 '성경편 제 1권 - 창세기' 이렇게 하면 되는구나 알아졌다.
주님이 가르쳐 주신 것이다. 할렐루야.
그러고 나서 주님과 나는 요한의 집 쪽으로 왔다.
그런데 내 육체가 누워있는 바닥이 너무 차서 일어나게 되었다.

82. 두 증인의 입에서 나오는 불과 그들의 부활
(2014. 12. 20)

두 번째 올라갔다. 천국에 눈이 보인다.
흰 옷 입은 무리들이 눈으로 옷을 만들어 입은 것 같다.
천국의 눈은 지상의 눈과 같지 않게 춥지 않다.
주님과 나는 요한의 집 앞에 피크닉 테이블로 갔다.
주님 옆에 그 갈색상자 안의 책이 펼쳐져 있었다.

나는 그 두 증인에 대하여 질문하였다.
그들의 입에서 불이 나온다 하였는데 이 불이 어떤 불이냐고 물었다.
그리하였더니 그냥 그 대답이 알아지는데 그것은 주님이 그 능력을 주신다는 말씀이라는 것이다.
즉 여호와의 불처럼 말이다.
진짜 불이 나와서 그를 해치려 하는 자들을 사른다는 것이다.
그러면 이 불은 어떤 불이냐? 그 두 증인의 입에서 나오는 여호와의 불이라 말할 수 있다.
할렐루야.

[계 11:5]
만일 누구든지 저희를 해하고자 한즉 저희 입에서 불이 나서 그 원수를 소멸할지니 누구든지 해하려 하면 반드시 이와 같이 죽임을 당하리라

이들은 또한 하나님으로부터 대언의 영을 받아서 1260일 동안 예언할 것이다.
그리고 무저갱에서 짐승이 나와 이들을 죽인다.
물론 이 짐승이 적그리스도에게 들어가서 적그리스도가 이들을 죽일 것이다.

그리고 이들이 죽은 지 삼일 반 후에 하나님으로부터 생기가 들어가서 그들이 부활하는데 이 생기는 바로 그들의 영혼이다.
그들이 부활하여 하늘로 올라가는 것이다. 물론 순식간에 새로운 몸을 입는다.
주님의 부활하신 몸처럼 말이다. 할렐루야.
모든 사람들이 지켜보는 가운데서 말이다. 할렐루야.

[계 11:6-12]

(6)저희가 권세를 가지고 하늘을 닫아 그 예언을 하는 날 동안 비 오지 못하게 하고 또 권세를 가지고 물을 변하여 피 되게 하고 아무 때든지 원하는 대로 여러가지 재앙으로 땅을 치리로다 (7)저희가 그 증거를 마칠 때에 무저갱으로부터 올라오는 짐승이 저희로 더불어 전쟁을 일으켜 저희를 이기고 저희를 죽일 터인즉 (8)저희 시체가 큰 성 길에 있으리니 그 성은 영적으로 하면 소돔이라고도 하고 애굽이라고도 하니 곧 저희 주께서 십자가에 못박히신 곳이니라 (9)백성들과 족속과 방언과 나라 중에서 사람들이 그 시체를 사흘 반 동안을 목도하며 무덤에 장사하지 못하게 하리로다 (10)이 두 선지자가 땅에 거하는 자들을 괴롭게 한 고로 땅에 거하는 자들이 저희의 죽음을 즐거워하고 기뻐하여 서로 예물을 보내리라 하더라 (11)삼일 반 후에 하나님께로부터 생기가 저희 속에 들어가매 저희가 발로 일어서니 구경하는 자들이 크게 두려워하더라 (12)하늘로부터 큰 음성이 있어 이리로 올라 오라 함을 저희가 듣고 구름을 타고 하늘로 올라가니 저희 원수들도 구경하더라

83. 대환난 후의 휴거 :
(i) 대환난 기간의 이스라엘 십사만 사천을 위한 예비처와 대환난 후의 그들의 휴거
(ii) 대환난 후의 짐승의 우상에게 절하지 않고 이마나 손에 표를 받지 않은 자들의 추수 (휴거)
(2014. 12. 22)

(i) 대환난 기간의 이스라엘 십사만 사천을 위한 예비처와 대환난 후의 그들의 휴거

아침 기도시간에 나는 주님께 간절히 구했다. 계시록을 풀어 달라고.
그리고 기도 속에서 주님이 내게 계시록을 풀어주시겠다 하셨다.
그리고 3시간 기도 후에 천국에 올라갔다.
마차가 크리스마스 장식을 하고 있었는데 네 마리의 흰 말들의 머리에 녹색과 빨간색의 장식이 눈에 띄게 예뻤다. 왜 그들이 크리스마스 장식을 하고 있느냐면 지상에서 곧 크리스마스이기 때문이다.

그리고 수레도 그 지붕이 녹색 잎들로 장식이 되어 있었고 수레 자체는 흰 옥색으로 되어 있었다. 흰색과 녹색이 어우러져 수레가 참으로 깨끗하고 예뻐 보였다.

나는 그 천사들이 가져온 마차를 타고 천국에 도달하였고 주님을 만났다.

주님은 나를 데리고 요한의 집 앞에 있는 피크닉 테이블로 가셨다.

그 테이블에 예수님과 나, 그리고 모세와 요한이 앉았다.

그리고 계시록의 다음의 부위를 보고 있었다.

[계 12:1-17]
(1)하늘에 큰 이적이 보이니 해를 입은 한 여자가 있는데 그 발 아래는 달이 있고 그 머리에는 열 두 별의 면류관을 썼더라 (2)이 여자가 아이를 배어 해산하게 되매 아파서 애써 부르짖더라 (3)하늘에 또 다른 이적이 보이니 보라 한 큰 붉은 용이 있어 머리가 일곱이요 뿔이 열이라 그 여러 머리에 일곱 면류관이 있는데 (4)그 꼬리가 하늘 별 삼분의 일을 끌어다가 땅에 던지더라 용이 해산하려는 여자 앞에서 그가 해산하면 그 아이를 삼키고자 하더니 (5)여자가 아들을 낳으니 이는 장차 철장으로 만국을 다스릴 남자라 그 아이를 하나님 앞과 그 보좌 앞으로 올려가더라 (6)그 여자가 광야로 도망하매 거기서 일천 이백 육십일 동안 저를 양육하기 위하여 하나님의 예비하신 곳이 있더라 (7)하늘에 전쟁이 있으니 미가엘과 그의 사자들이 용으로 더불어 싸울새 용과 그의 사자들도 싸우나 (8)이기지 못하여 다시 하늘에서 저희의 있을 곳을 얻지 못한지라 (9)큰 용이 내어 쫓기니 옛 뱀 곧 마귀라고도 하고 사단이라고도 하는 온 천하를 꾀는 자라 땅으로 내어 쫓기니 그의 사자들도 저와 함께 내어 쫓기니라 (10)내가 또 들으니 하늘에 큰 음성이 있어 가로되 이제 우리 하나님의 구원과 능력과 나라와 또 그의 그리스도의 권세가 이루었으니 우리 형제들을 참소하던 자 곧 우리 하나님 앞에서 밤낮 참소하던 자가 쫓겨 났고 (11)또 여러 형제가 어린 양의 피와 자기의 증거하는 말을 인하여 저를 이기었으니 그들은 죽기까지 자기 생명을 아끼지 아니하였도다 (12)그러므로 하늘과 그 가운데 거하는 자들은 즐거워하라 그러나 땅과 바다는 화 있을진저 이는 마귀가 자기의 때가 얼마 못 된 줄을 알므로 크게 분내어 너희에게 내려 갔음이라 하더라 (13)용이 자기가 땅으로 내어쫓긴 것을 보고 남자를 낳은 여자를 핍박하는지라 (14)그 여자가 큰 독수리의 두 날개를 받아 광야 자기 곳으로 날아가 거기서 그 뱀의 낯을 피하여 한 때와 두 때와 반 때를 양육 받으매 (15)여자의 뒤에서 뱀이 그 입으로 물을 강 같이 토하여 여자를 물에 떠내려 가게 하려 하되 (16)땅이 여자를 도와 그 입을 벌려 용의 입에서 토한 강물을 삼키니 (17)용이 여자에게 분노하여 돌아가서 그 여자의 남은 자손 곧 하나님의 계명을 지키며 예수의 증거를 가진 자들로 더불어 싸우려고 바다 모래 위에 섰더라

(1) 이 여자가 누구인가 하는 것이다.

하늘에서 내게 들어오는 생각은 그냥 내 생각이 아니다. 이 여자가 이스라엘인 것이 그냥 알아졌다.
이 이스라엘을 위하여 예비된 처소가 있는 것이다.
이스라엘은 여기서 한 때, 두 때, 반 때를 양육 받게 된다.
사람들은 환난 날에 예비처 예비처 이렇게 말을 한다.
그런데 오늘 성경을 보니 예비처는 이 여자만을 위하여 예비된 것으로 보인다.
그러면 예비처는 이스라엘 민족만을 위해서이다.
그렇게 알아지니 이 생각은 그 뒤에 나오는 십사만 사천과도 맞아 떨어졌다.
즉

[계 14:1-5]
(1)또 내가 보니 보라 어린 양이 시온산에 섰고 그와 함께 십 사만 사천이 섰는데 그 이마에 어린 양의 이름과 그 아버지의 이름을 쓴 것이 있도다 (2)내가 하늘에서 나는 소리를 들으니 많은 물소리도 같고 큰 뇌성도 같은데 내게 들리는 소리는 거문고 타는 자들의 그 거문고 타는 것 같더라 (3)저희가 보좌와 네 생물과 장로들 앞에서 새 노래를 부르니 땅에서 구속함을 얻은 십 사만 사천인 밖에는 능히 이 노래를 배울 자가 없더라 (4)이 사람들은 여자로 더불어 더럽히지 아니하고 정절이 있는 자라 어린 양이 어디로 인도하든지 따라가는 자며 사람 가운데서 구속을 받아 처음 익은 열매로 하나님과 어린 양에게 속한 자들이니 (5)그 입에 거짓말이 없고 흠이 없는 자들이더라

이들이 하나님께서 마련하신 예비처에 후 삼년반 동안 가 있다가
즉 이 말은 그들이 적그리스도가 강제로 666표를 받게 하는 후 삼년반 동안 예비처에 숨겨져 있다가 그 후에 나와서 어린양과 함께 시온산에 선 것을 요한이 보고 기록하여 놓은 것이다.

즉 그들은 대 환난 기간 동안 하나님께서 보호하셔서 하나님께서 예비하여 놓으신 예비처에서 한 때, 두 때, 반 때를 양육 받다가 666표를 강제로 받게 하는 시기가 끝날 무렵에 어린양과 함께 시온산에 서는 것이다.

그리고 요한은 이들이 다시 하나님의 보좌 앞에서 새 노래를 배워서 부르는 것을 보았다.
그리고 이 사람들은 이스라엘 민족 중에서 처음 익은 열매로 어린양이 어디로 가든지 따라가는 자들이며 여자를 모르고 주님은 이 여자는 세상을 의미한다 하셨다. 그러므로 그들은 세상에 의하여 더럽혀지지 않아 정절을 지킨 자들로서 그 입에는 거짓말이 없고 흠이 없는 자들이라 하였다.
할렐루야.

이 이스라엘의 십사만 사천이 후 삼년반 동안 하나님이 마련하신 예비처에 있다가 하늘로 올라가는 것이다. 이것을 주님은 처음 익은 열매라 하였다.
즉 이것도 하나의 휴거이다.

(2) 그리고 이 계시록 14장에서 나오는 십사만 사천은 계시록 7장에서 나오는 하나님의 종들의 이마에 인을 칠 때에 인침을 받은 이스라엘의 십사만 사천과 동일한 십사만 사천인 것이다.

할렐루야.

그 이유 즉 그들이 같은 십사만 사천이라고 보는 이유는 다음과 같다.

(1) 첫 번째 이유 :

계시록 7장에서 이마에 인침을 받은 자들이 계속 다섯 번째 나팔을 불 때에도 지상에 있더라는 것이다 (첫 번째 이유)
왜냐하면 성경은 이렇게 말하고 있기 때문이다.
무저갱에서 나온 황충들이 이마에 인 맞지 아니한 자들만 다섯 달 동안 괴롭힌다고 되어 있다.

[계 7:3-17]
(3)가로되 우리가 우리 하나님의 종들의 이마에 인치기까지 땅이나 바다나 나무나 해하지 말라 하더라 (4)내가 인 맞은 자의 수를 들으니 이스라엘 자손의 각 지파 중에서 인 맞은 자들이 십 사만 사천이니 (5)유다 지파 중에 인 맞은 자가 일만 이천이요 르우벤 지파 중에 일만 이천이요 갓 지파 중에 일만 이천이요 (6)아셀 지파 중에 일만 이천이요 납달리 지파 중에 일만 이천이요 므낫세 지파 중에 일만 이천이요 (7)시므온 지파 중에 일만 이천이요 레위 지파 중에 일만 이천이요 잇사갈 지파 중에 일만 이천이요 (8)스불론 지파 중에 일만 이천이요 요셉 지파 중에 일만 이천이요 베냐민 지파 중에 인 맞은 자가 일만 이천이라 (9)이 일 후에 내가 보니 각 나라와 족속과 백성과 방언에서 아무라도 능히 셀 수 없는 큰 무리가 흰 옷을 입고 손에 종려 가지를 들고 보좌 앞과 어린 양 앞에 서서 (10)큰 소리로 외쳐 가로되 구원하심이 보좌에 앉으신 우리 하나님과 어린 양에게 있도다 하니 (11)모든 천사가 보좌와 장로들과 네 생물의 주위에 섰다가 보좌 앞에 엎드려 얼굴을 대고 하나님께 경배하여 (12)가로되 아멘 찬송과 영광과 지혜와 감사와 존귀와 능력과 힘이 우리 하나님께 세세토록 있을지로다 아멘 하더라 (13)장로 중에 하나가 응답하여 내게 이르되 이 흰옷 입은 자들이 누구며 또

어디서 왔느뇨 (14)내가 가로되 내 주여 당신이 알리이다 하니 그가 나더러 이르되 이는 큰 환난에서 나오는 자들인데 어린양의 피에 그 옷을 씻어 희게 하였느니라 (15)그러므로 그들이 하나님의 보좌 앞에 있고 또 그의 성전에서 밤낮 하나님을 섬기매 보좌에 앉으신 이가 그들 위에 장막을 치시리니 (16)저희가 다시 주리지도 아니하며 목마르지도 아니하고 해나 아무 뜨거운 기운에 상하지 아니할지니 (17)이는 보좌 가운데 계신 어린 양이 저희의 목자가 되사 생명수 샘으로 인도하시고 하나님께서 저희 눈에서 모든 눈물을 씻어 주실 것임이러라

[계 9:1-4]
(1)다섯째 천사가 나팔을 불매 내가 보니 하늘에서 땅에 떨어진 별 하나가 있는데 저가 무저갱의 열쇠를 받았더라 (2)저가 무저갱을 여니 그 구멍에서 큰 풀무의 연기 같은 연기가 올라오매 해와 공기가 그 구멍의 연기로 인하여 어두워지며 (3)또 황충이 연기 가운데로부터 땅 위에 나오매 저희가 땅에 있는 전갈의 권세와 같은 권세를 받았더라 (4)저희에게 이르시되 땅의 풀이나 푸른 것이나 각종 수목은 해하지 말고 오직 이마에 하나님의 인 맞지 아니한 사람들만 해하라 하시더라

(2) 두 번째 이유 :

이 십사만 사천은 인 맞은 자들로서 다섯 번째 나팔이 불리워졌을 때에 황충의 재앙을 받지 않고 또 여섯 번째 나팔이 불리워졌을 때에 인구의 1/3이 죽는 때에도 죽지 않고 적그리스도의 후 삼년반 통치기간 동안 하나님의 보호하심으로 이들 십사만 사천 유대인들은 예비처에서 한때, 두 때, 반 때를 양육 받다가 적그리스도의 통치기간이 끝날 때에 시온산에 어린양과 함께 섰다가 그 다음 하나님 보좌 앞에서 새 노래를 부르는 것으로 나타나져 있다. 할렐루야.
지금 현재 이 시온산은 지상에 있는 산인지 하늘에 있는 산인지 잘 모른다. 그러나 분명한 것은 그들이 보좌 앞에서 새 노래를 부른다고 적혀 있으니 그들은 부활되어 올라간 것이다.
즉 처음 익은 열매로 추수된 것이다. 할렐루야.

(3) 세 번째 이유 :

그리고 휴거를 받지 못하고 대 환난을 통과하는 사람들 중에 이스라엘의 십사만 사천이 올라가고 난 이후에 이마에 인 맞은 자들이 적그리스도의 우상에게 절하지도 아니하고 표를 받지 아니한 자들의 추수가 일어나는 것이 계시록 14장에 나와 있다.
할렐루야.

[계 14:14-16]
(14)또 내가 보니 흰 구름이 있고 구름 위에 사람의 아들과 같은 이가 앉았는데 그 머리에는 금 면류관이 있고 그 손에는 이한 낫을 가졌더라 (15)또 다른 천사가 성전으로부터 나와 구름 위에 앉은 이를 향하여 큰 음성으로 외쳐 가로되 네 낫을 휘둘러 거두라 거둘 때가 이르러 땅에 곡식이 다 익었음이로다 하니 (16)구름 위에 앉으신 이가 낫을 땅에 휘두르매 곡식이 거두어지니라

즉 이 때도 적그리스도의 우상에게 절하지 않고 666표를 이마나 손에 받지 않고 살아남은 자들이 구름 위에 앉은 이에 의하여 추수되는데 이것도 휴거라고 볼 수 있는 것이다. 할렐루야.

(ii) 대환난 후의 짐승의 우상에게 절하지 않고 이마나 손에 표를 받지 않은 자들의 추수 (휴거)

(1) 그러므로 대 환난 후에 휴거되는 자들은 누구인가?

하면

바로 이스라엘의 인 맞은 십사만 사천과 대 환난을 거치면서 짐승의 우상에게 절하지도 아니하고 손이나 이마에 표를 받지 아니한 자들인 것이다. (계 14:14-16)

할렐루야.

[계 14:9-12]
(9)또 다른 천사 곧 세째가 그 뒤를 따라 큰 음성으로 가로되 만일 누구든지 짐승과 그의 우상에게 경배하고 이마에나 손에 표를 받으면 (10)그도 하나님의 진노의 포도주를 마시리니 그 진노의 잔에 섞인 것이 없이 부은 포도주라 거룩한 천사들 앞과 어린 양 앞에서 불과 유황으로 고난을 받으리니 (11)그 고난의 연기가 세세토록 올라가리로다 짐승과 그의 우상에게 경배하고 그 이름의 표를 받는 자는 누구든지 밤낮 쉼을 얻지 못하리라 하더라 (12)성도들의 인내가 여기 있나니 저희는 하나님의 계명과 예수 믿음을 지키는 자니라

그리고 대 환난 기간 동안 짐승의 우상에게 절하지도 아니하고 이마나 손에 표를 받지 않겠다고 하여 순교당한 자들이 있다.
그들에 대하여서는 다음에 나와 있다.

[계 14:11-13]
(11)그 고난의 연기가 세세토록 올라가리로다 짐승과 그의 우상에게 경배하고 그 이름의 표를 받는 자는 누구든지 밤낮 쉼을 얻지 못하리라 하더라 (12)성도들의 인내가 여기 있나니 저희는 하나님의 계명과 예수 믿음을 지키는 자니라 (13)또 내가 들으니 하늘에서 음성이 나서 가로되 기록하라 지금 이 후로 주 안에서 죽는 자들은 복이 있도다 하시매 성령이 가라사대 그러하다 저희 수고를 그치고 쉬리니 이는 저희의 행한 일이 따름이라 하시더라

(2) 그러면 이 순교당한 자들은 언제 부활하는가?

계 20장 4절에서 첫째 부활에 참여 할 때에 부활되는 것으로 보인다. 할렐루야.

[계 20:4]
또 내가 보좌들을 보니 거기 앉은 자들이 있어 심판하는 권세를 받았더라 또 내가 보니 예수의 증거와 하나님의 말씀을 인하여 목 베임을 받은 자의 영혼들과 또 짐승과 그의 우상에게 경배하지도 아니하고 이마와 손에 그의 표를 받지도 아니한 자들이 살아서 그리스도로 더불어 천년 동안 왕 노릇 하니

계시록 20장 4절은 개역성경에서는 조금 잘못 번역되어 있음을 본다.
지금까지 개역성경의 구절들을 썼는데 갑자기 이 구절만 다른 번역을 쓴다면 조금 이상할 것 같아서 여기서 왜 잘못 번역이 되어 있는지를 밝히는 것이 좋을 것 같다.

개역성경의 계시록 20장 4절을 보면 목베임을 받은 자들의 영혼들과 또 짐승과 짐승의 우상에게 절하지 않고 이마나 손에 표를 받지 아니한 영혼들이 다른 그룹으로 말하여지고 있다.

[계 20:4]
또 내가 보좌들을 보니 거기 앉은 자들이 있어 심판하는 권세를 받았더라 또 내가 보니 예수의 증거와 하나님의 말씀을 인하여 목 베임을 받은 자의 영혼들과 또 짐승과 그의 우상에게 경배하지도 아니하고 이마와 손에 그의 표를 받지도 아니한 자들이 살아서 그리스도로 더불어 천년 동안 왕 노릇 하니 [개역성경]

그러나 같은 구절을 영어로 보면

즉 목베임을 당한 영혼들과 짐승과 그 짐승의 우상에게 절하지 않고 이마에나 손에 표를 받지 아니한 영혼들이 같은 사람들로 표현되고 있다.

King James Version의 계시록 20장 4절을 보면 다음과 같다.

And I saw thrones, and they sat upon them, and judgment was given unto them: and [I saw] the souls of them that were beheaded for the witness of Jesus, and for the word of God, and which had not worshipped the beast, neither his image, neither had received [his] mark upon their foreheads, or in their hands; and they lived and reigned with Christ a thousand years [KJV].

즉 목베임을 당한 자들과 짐승과 그 짐승의 우상에게 절하지 않고 이마에나 손에 표를 받지 아니한 영혼들이 같은 그룹이다. 그러므로 이 목베임을 받은 자들은 대환난을 통과하면서 짐승의 우상에게 절하지 않고 이마에나 손에 표를 받지 않아 목베임을 받은 자들이라 할 수 있다.

New International Version 의 계시록 20장 4절에서도 이들이 같은 그룹으로 말하고 있다.

I saw thrones on which were seated those who had been given authority to judge. And I saw the souls of those who had been beheaded because of their testimony for Jesus and because of the word of God. They had not worshiped the beast or his image and had not received his mark on their foreheads or their hands. They came to life and reigned with Christ a thousand years [NIV]

그러므로 개역성경의 번역이 잘못되어 있는 것을 알 수 있다.
그러나 다행히도 공동번역에서는 이것이 옳게 번역되어 있음을 본다.

[계 20:4]
나는 또 많은 높은 좌석과 그 위에 앉아 있는 사람들을 보았습니다. 그들은 심판할 권한을 받은 사람들이었습니다. 또 예수께서 계시하신 진리와 하느님의 말씀을 전파했다고 해서 목을 잘리운 사람들의 영혼을 보았습니다. 그들은 그 짐승이나 그의 우상에게 절을 하지 않고 이마와 손에 낙인을 받지 않은 사람들입니다. 그들은 살아나서 그리스도와 함께 천 년 동안 왕노릇을 하였습니다 [공동번역]

대환난 기간 동안 짐승의 우상에게 절하지도 않고 이마나 손에 표를 받지 않고 목베임을 받은 자들은 천년왕국 들어가기 전에 부활한다.

그러므로 위에 즉 이한 낫으로 곡식을 거둔 것은 예수님에 대한 증거와 하나님의 말씀으로 인하여 인내로 짐승의 우상에게 절하지도 않고 표도 받지 않은 살아남은 자들을 추수한 것이라 볼 수 있다.

그러므로 대환난 이후에
이렇게 십사만 사천이 처음 익은 열매로 추수되어지고 또한 이방인들에 대한 추수가 일어나는 것으로 보아 이것은 대환난 후 (더 정확히 말하면 그러나 일곱 대접재앙이 쏟아지기 전) 에 일어나는 휴거라 볼 수 있는 것이다.
할렐루야.

그러나 짐승의 우상에게 절하고 표를 받은 자는
그 후에 나오는 구절에서 어떻게 되는지를 설명하고 있다.

[계 14:18-20]
(18)또 불을 다스리는 다른 천사가 제단으로부터 나와 이한 낫 가진 자를 향하여 큰 음성으로 불러 가로되 네 이한 낫을 휘둘러 땅의 포도송이를 거두라 그 포도가 익었느니라 하더라 (19)천사가 낫을 땅에 휘둘러 땅의 포도를 거두어 하나님의 진노의 큰 포도주 틀에 던지매 (20)성 밖에서 그 틀이 밟히니 틀에서 피가 나서 말굴레까지 닿았고 일천 육백 스다디온에 퍼졌더라

이 구절은 666표를 이마나 손에 받은 자가 어떻게 되는가에 대한 구절과 연결되고 있음을 본다.

[계 14:9-11]
(9)또 다른 천사 곧 세째가 그 뒤를 따라 큰 음성으로 가로되 만일 누구든지 짐승과 그의 우상에게 경배하고 이마에나 손에 표를 받으면 (10)그도 하나님의 진노의 포도주를 마시리니 그 진노의 잔에 섞인 것이 없이 부은 포도주라 거룩한 천사들 앞과 어린 양 앞에서 불과 유황으로 고난을 받으리니 (11)그 고난의 연기가 세세토록 올라가리로다 짐승과 그의 우상에게 경배하고 그 이름의 표를 받는 자는 누구든지 밤낮 쉼을 얻지 못하리라 하더라

즉 계시록 14장 9절에서 11절 말씀에 해당하는 자들이 바로 계시록 14장 18절에서 20절에 나오는 자들인 것이다.

그러므로 이제 7장에 나오는 큰 환란을 통과한 능히 셀 수 없는 무리라고 하는 것은 대환난 때에 예비처에 있었던 이스라엘의 십사만 사천은 뺀, 대환난을 통과하면서 짐승의 우상에게 절하지 않고 표를 받지 아니한 세상의 많은 이방인들 (계 7:9 - 이 일 후에 내가 보니 각 나라와 족속과 백성과 방언에서 아무라도 능히 셀 수 없는 큰 무리가 흰 옷을 입고 손에 종려 가지를 들고 보좌 앞과 어린 양 앞에 서서) 들이 대환난 후에 구름위에 앉은 이에 의하여 추수되는 알곡들인 것이 알아졌다.
할렐루야.

[계 7:13-14]
(13)장로 중에 하나가 응답하여 내게 이르되 이 흰옷 입은 자들이 누구며 또 어디서 왔느뇨 (14)내가 가로되 내 주여 당신이 알리이다 하니 그가 나더러 이르되 이는 큰 환난에서 나오는 자들인데 어린양의 피에 그 옷을 씻어 희게 하였느니라

여기까지 천국에서 생각이 정리되고 지상으로 내려왔다.

84. 공중휴거가 일어나는 시기 : 대 환난 전
(2014. 12. 22)

그러고 나서 지상에 내려와서 내가 가진 질문은 그러면 주님의 공중 재림은 언제 일어나며 그 때에 휴거된 자들은 어디에 포함되는 것인가?
이들도 이 흰 옷 입은 큰 무리에 속하는가?
하는 것이었다.

나는 이것을 놓고 계속 기도하였다. 주님은 나의 기도시간에 정리되게 하여 주셨다.

주님의 공중재림 즉 공중휴거는 언제 일어나는가? 하는 것이다.

주님이 공중 재림하셔서 일어나는 공중휴거는 대 환난 전에 있을 것이라는 것이다.
여기에는 이유가 크게 세 가지가 생각나게 하여 주셨다.

1. 먼저는 주님이 빌라델비아 교회 교인들에게 하신 말씀이다.

[계 3:10]
네가 나의 인내의 말씀을 지켰은즉 내가 또한 너를 지키어 시험의 때를 면하게 하리니 이는 장차 온 세상에 임하여 땅에 거하는 자들을 시험할 때라
[KJV] Rev. 3: 10: Because thou hast kept the word of my patience, I also will keep thee from the hour of temptation, which shall come upon all the world, to try them that dwell upon the earth.

여기서 시험은 원어에서나 영어에서 유혹 (temptation)이라는 의미로 쓰여졌다.
그러므로 이 단어에서 알 수 있듯이 이 유혹은 의지를 가지고 거절할 수도 있는 것이다. 하나님께서 자연재해로 퍼붓는 진노가 아닌 것을 말한다. 그러므로 온 세상에 임하여 땅에 거하는 자들을 시험할 때라고 하는 것은 적그리스도와 거짓선지자가 이 땅위의 모든 사람들로 하여금 짐승과 그 우상에게 절하고 그 사람의 이마에나 손에 666표를 강제로 받게 하는 시기라 할 수 있다. 이것이 여기서 말하는 시험으로서 의지를 가지고 거절하는 자는 죽음을 당할 것이다.
할렐루야. 주님께서는 이 빌라델비아 교회 교인들에게 이 시험의 때를 면하게 하여 주시겠다고 말씀하고 있는 것이다.
할렐루야.

그러므로 주님은 빌라델비아 교회 교인들에게 너희가 적은 능력으로 내 말을 지켰은즉 그 댓가로 대 환난인 즉 적그리스도의 활동기간 7년 중, 후 삼년 반을 면하게 하여 주겠다고 하시는 것이다.
할렐루야.
이 말은 주님께서 빌라델비아 교회 교인들은 666표를 강제로 받는 시기를 피하여 공중휴거 되게 하는 것으로 보인다. 할렐루야.
주님을 찬양합니다.

2. 두 번째는 주님이 빌라델비아 교회 교인들에게 하신 말씀, 그들 앞에는 열린 문을 두셨다고 하는 말씀이다.
할렐루야.
내가 주님께 이 열린 문의 의미에 대하여 물어 보았을 때에 주님은 두 가지의 의미가 있다고 하셨다.
(1) 휴거의 열린 문이라 하셨다.

(2) 성안으로 들어갈 수 있게 하는 열린 문이라 하신 것이다.

할렐루야.

그러므로 이 빌라델비아 교회 교인들에게는 이 휴거의 문이 열려 있는 것이다.

언제 일어나든 간에 말이다. 그러므로 이들에게는 휴거의 열린 문이 열려있다 하였으니 시험의 때를 면하게 하여 주겠다고 약속하신 말씀과 함께 볼 때에 이들은 대 환난 전에 휴거될 가능성이 많다는 것이다.

3. 세 번째로 이 공중휴거 된 자들의 수가 계시록 7장에 나오는 큰 환난에서 나오는 흰 옷 입은 무리들에게서 빠져 있다는 것이다.

할렐루야.

[계 7:9-14]

(9)이 일 후에 내가 보니 각 나라와 족속과 백성과 방언에서 아무라도 능히 셀 수 없는 큰 무리가 흰 옷을 입고 손에 종려 가지를 들고 보좌 앞과 어린 양 앞에 서서 (10)큰 소리로 외쳐 가로되 구원하심이 보좌에 앉으신 우리 하나님과 어린 양에게 있도다 하니 (11)모든 천사가 보좌와 장로들과 네 생물의 주위에 섰다가 보좌 앞에 엎드려 얼굴을 대고 하나님께 경배하여 (12)가로되 아멘 찬송과 영광과 지혜와 감사와 존귀와 능력과 힘이 우리 하나님께 세세토록 있을지로다 아멘 하더라 (13)장로 중에 하나가 응답하여 내게 이르되 이 흰옷 입은 자들이 누구며 또 어디서 왔느뇨 (14)내가 가로되 내 주여 당신이 알리이다 하니 그가 나더러 이르되 이는 큰 환난에서 나오는 자들인데 어린양의 피에 그 옷을 씻어 희게 하였느니라

즉 이 흰 옷 입은 무리에는 주님이 공중재림하실 때에 죽은 자들이 먼저 일어나서 부활하여 오는 수도 없고 또 살아서 눈 깜짝할 사이에 변하여 올라간 자의 수도 없다.

그러므로 하나님의 종들의 이마에 인침을 받은 자 중에서 공중휴거 된 자들은 이미 이 큰 환난전에 하나님의 보좌 앞으로 가는 것으로 보인다.

할렐루야.

그러므로 주님이 공중 재림하여 일어나는 공중휴거는 대 환난 전에 그리고 대 환난 후에 일어나는 추수(계 14:14-16)는 두 번째 휴거라 볼 수 있는 것이다. 할렐루야.

85. (i) 이기지 못하는 자들이 가는 장소(성밖)에 가다.
(ii) 천국과 지옥 간증수기 3의 제목,
'이제도 있고 전에도 있었고 장차 올 자 예수 그리스도'의
글씨 색깔을 알게 하여 주시다.
(2014. 12. 22)

두 번째 나는 천국에 올라갔다.
올라가자마자 어떤 어두운 곳에 공원 같은 곳에서 볼 수 있는 콘크리이트로 된 긴 테이블 위에 사람들이 누워 있었는데 이 테이블들이 두 줄로 놓여 있었고 이 사람들은 멀리서 보니 하나 같이 그 몸 위에 큰 냄비 같은 것을 올려놓고 있었는데 그 색깔은 갈색으로 보였다.
그런데 그것들을 자세히 보니 돌들이었다.
이 사람들은 하얀 옷을 아래위로 입고 있는 자들이었고 그들은 하나같이 그 돌 테이블 위에 누워 있었고 그들의 가슴과 배쪽에 큰 돌들을 올려놓고 있었다.
내가 보기에는 그것들이 돌이라기보다 바위라고 보아야 옳다.
그 크기는 상당하였다. 그런데 그렇게 그들이 돌을 가슴과 배를 걸쳐서 올려놓고 있어야 하는 것이 그곳에서 그들이 받아야 하는 벌이었다.
주님은 이곳을 성밖이라 하셨다.

성밖에는 참으로 지금까지 보면 사람들의 그룹마다 여러 종류의 다른 벌들을 받고 있었다.
이전에 본 그룹들은 매를 맞고 있는 그룹, 또 손은 뒤로 묶여 있으면서 입으로 뭔가를 계속 옮기고 있는 그룹, 또 좁은 공간을 몸으로 간신히 통과해야 하는 벌을 받고 있는 그룹, 등등
그런데 이번에 본 그룹은 가슴과 배에 걸쳐서 큰 돌을 올려놓고 있었다.

나는 주님께 말했다. 나는 더 이상 거기에 있고 싶지 않았다.
그래서 나는 주님께 말했다.
'주님 나는 위로 올라가고 싶어요. 즉 천국의 성안으로 가고 싶어요.'라고 했다.
그랬더니 어느새 주님과 나는 내 집의 거실에 와 있었다. 천국이 이런 곳이다.
금방금방 장면이 바뀐다. 아니 그만큼 이동이 눈 깜짝할 새에 일어난다고 봄이 옳다.
할렐루야.

내 집 안의 황금으로 된 테이블 위에는 세 권의 책들이 놓여 있었다.
녹색의 껍질을 한 간증수기 1, 그리고 빨간색 껍질을 하고 있는 간증수기 2, 그리고
그 위에 분홍색과 살색이 섞인 세 번째의 책이 놓여 있었다.
제목은 받았다.
'이제도 있고 전에도 있었고 장차 올 자 예수 그리스도, 성경편 제 1권 - 창세기'
그런데 오늘은 그 글씨의 색깔이 어떻게 되어야 할지에 대하여 주님이 가르쳐 주신다.
즉 그것은 그 제목의 글씨 색깔이 은색, 아니면 은색빛이 나는 청색이 되어야 함을 알게 하여 주셨다. 할렐루야.

그리고는 나는 지상으로 다시 내려왔다.

86. 다시 한 번 전쟁 메시지를 받다.
(2014. 12. 23)

천국에 올라가는데 나를 데리러온 바깥에 있는 천사가 나를 보고 '함박 웃으세요.'라고 말한다.
그리고 수레를 끄는 흰 말들도 조금 우습게 보였다.
즉 눈이 동그랗게 놀란 눈처럼 커 보였다.
그러자 그 수레가 뒤쪽이 가라앉더니 수레가 동글동글하게 불룩 튀어나온 자동차로 바뀌었다.
분명히 내가 그것을 타고 올라가야 하는 것이건만 벌써 밑에 지구가 보이고 저 위, 구름 위에 흰 옷을 입으신 예수님이 저 위에서 보인다.
주님이 말씀하신다.
"이리로 올라오너라."
즉 나는 지구 조금 위로 자동차에 있었는데 주님이 더 위에서 주님이 계신 곳으로 올라오라 하셨다.
내가 탄 자동차 밑으로는 지구의 빌딩들이 보였다.
그리고 나는 어떻게 올라가나 했는데 그냥 내가 위로 쭉 비상하여 주님께로 올라갔다.
자동차는 밑에 두고……

그리고서 주님과 나는 지구의 저 위에서 구름 위에 타고 구름이 주님과 나를 태우고 지구 위로 날고 있었다. 밑에 빌딩들이 수없이 보였다. 수많은 집들과 수많은 빌딩들....

그런데 갑자기 우리 옆으로 전투 비행기가 쒸잉- 하고 지나갔다.

오 마이 갓!

상당히 놀라고 있는 중에 또 옆으로 그러한 전투 비행기가 약 6-7개 정도가 쏜살같이 이쪽저쪽 옆으로 지나가고 있었다.

그리고 그들에게서 미사일 여러 개가 지구로 향하여 떨어졌다.

빌딩에 불이 붙고 집들이 무너지고 파괴되는 것이 보였다.

아! 또 전쟁에 대한 메시지이구나!

이 일을 어떡하면 좋을까?.... 나는 구름 위에서 어찌할 바를 몰랐다.

그렇게 한참 구름 위에서 주님과 함께 있으면서 전투기들이 날아다니는 것을 보았다.

나는 보고 싶지 않았으나 그렇게 보고 있었다.

주님께서 나에게 주고자 하는 메시지가 무엇인지...........

그것은 지구에 전쟁이 일어난다는 것이다. 분명히.

87. 대 환난 전에 있을 공중휴거가 대 환난 후에 일어나는 추수(휴거)와 어떻게 다른가?
(2014. 12. 24)

천국에 올라갔다.

옆에 흰 옷 입은 무리들이 나를 환영하여 주었다.

나는 주님과 함께 절벽 위에 폭포수 있는 곳에 가서 얼굴을 씻었다.

그래도 주님을 볼 낯이 없음을 나는 느꼈다.

주님 앞에 있으니 한없이 부끄럽다.

그러고 있는데 주님이 나를 모세의 궁으로 순식간에 데려가셨다.

모세가 나타났고 연한 하늘색 옷을 아래위로 바지저고리로 입고 있었다.

모세가 주님께 말한다.

"주님, 사라가 조금 나아졌지요?"

즉 내가 계시록 때문에 너무 안 풀린다고 좌절되어 있다가 이제 조금 나아졌다는 이야기이다.

이 말에 나는 부끄러워 어찌할 줄을 몰라 했다.

그리고 주님과 모세와 나는 요한이 있는 곳으로 갔다. 즉 요한의 집 앞에 있는 피크닉 테이블로 간 것이다.

갈색상자를 주님 쪽으로 드리고서는 나는 앉았다.

그리고 어디를 보았는가 하면 계시록 12장에 나오는 해를 입은 여자 쪽을 보고 있었다.

이 여자는 분명 이스라엘이다.

그래서 이들을 위한 후 삼년반 동안을 위한 예비처가 마련되는 것이다.

그리고 이들이 아닌 자들은 666표를 받는 즉 강제로 받게 하는 시기를 통과하여 추수되는 장면이 나온다.

[계 14:14-16]
(14)또 내가 보니 흰 구름이 있고 구름 위에 사람의 아들과 같은 이가 앉았는데 그 머리에는 금 면류관이 있고 그 손에는 이한 낫을 가졌더라 (15)또 다른 천사가 성전으로부터 나와 구름 위에 앉은 이를 향하여 큰 음성으로 외쳐 가로되 네 낫을 휘둘러 거두라 거둘 때가 이르러 땅에 곡식이 다 익었음이로다 하니 (16)구름 위에 앉으신 이가 낫을 땅에 휘두르매 곡식이 거두어지니라

그리고 이들이 유리바다 하나님의 거문고를 가지고 모세의 노래 어린양의 노래를 부른다.

[계 15:2-3]
(2)또 내가 보니 불이 섞인 유리 바다 같은 것이 있고 짐승과 그의 우상과 그의 이름의 수를 이기고 벗어난 자들이 유리바다 가에 서서 하나님의 거문고를 가지고 (3)하나님의 종 모세의 노래, 어린양의 노래를 불러 가로되 주 하나님 곧 전능하신 이시여 하시는 일이 크고 기이하시도다 만국의 왕이시여 주의 길이 의롭고 참되시도다

할렐루야.

그런데 나의 질문은 이 십사만 사천을 땅에서 구속함을 입은 처음 익은 열매라고 하는 구절이었다. 그리고 그 다음 666 환난을 통과한 즉 그것을 받지 않은 자들을 구름 위에 앉은 이, 즉 주님이 낫을 휘둘러 거두는 장면이다. 이 장면들도 휴거의 장면이다.

그래서 이들 모두가 다 앞쪽에서, 계시록 7장에서 나오는 큰 환난에서 나오는 흰 옷 입은 큰 무리들을 형성하는 것이다.

그러면 주님이 말씀하신 공중휴거가 이 대 환난 후에 바로 이 구름 위에 앉은 이가 추수하는 장면과 어떻게 다른 것인가 하는 질문을 갖다가 내려왔다.

88. (i) 공중휴거가 대환난전인 이유중의 하나는 주님이 말씀하시기를 한국전쟁 - 휴거 - 표의 순서로 일어난다고 하셨기 때문이다.
(ii) 십사만 사천을 처음 익은 열매라고 하시는 이유를 알게 된다.
(iii) 마태복음의 3장 12절의 타작마당과 계시록 14장과의 연관성
(2014. 12. 24)

 (i) 공중휴거가 대환난전인 이유중의 하나는 주님이 말씀하시기를 한국전쟁 - 휴거 - 표의 순서로 일어난다고 하셨기 때문이다.

이 문제는 두 번째 올라가서 풀렸다.
주님이 나를 유리바다로 인도하셨다.

그리고 유리바다 앞에 벤치에 앉아서 내가 다시 이 질문을 가졌다.

계 14장에 나오는 구름 위에 앉은 이가 낫으로 추수하는 이때가 바로 우리가 늘 이야기하는 공중휴거인가?

하는 것이다.

아니라는 것이 왔다.

(1) 첫 번째 이유 :

왜냐하면, 주님은 내가 이러한 질문을 가졌을 때에 나에게 갑자기 저번에 여러 번 가르쳐 주신 우리나라 전쟁이 먼저 일어나고 그 다음 휴거가 있고 그 다음 표를 강제로 받는 시기 이러한 차례를 생각나게 하여 주셨기 때문이다.
오 할렐루야! 그렇다.
주님은 분명 나에게 한국전쟁이 먼저, 그 다음 휴거, 그 다음 강제로 표 받는 시기가 온다고 몇 번이나 누누이 가르쳐 주셨다.
그러므로 계시록 14장에서 구름 위에 앉은 이가 추수하는 장면은 이것은 우리가 소위 말하는 공중휴거가 아니다.
우리가 보통 말하는 데살로니가전서 4장 16~18에서 일어나는 공중휴거는 분명 강제로 표를 받는 시기 전에 즉 후 삼년반 전에 일어난다는 것이 맞는 것이다.
왜냐하면 주님이 그렇게 여러 번 한국전쟁-휴거-표의 순서라고 하셨기 때문이다.
할렐루야.

(2) 두 번째 이유 :

그리고 더더욱 그런 것은
공중휴거가 일어날 때에는 먼저 죽은 자가 부활하여 주님과 함께 구름을 타고 공중에 임하시는데 그 때에 지상에서도 휴거될 자들이 구름 속으로 끌어올려져 휴거되는 것이다. 그러므로 계시록 14장에서 구름 위에 앉은 이가 추수하는 장면에는 죽은 자를 부활시켜서 데려온 장면이 없다. 그러므로 대 환난전에 일어나는 공중휴거와 대 환난후에 일어나는 추수장면(휴거) 하고는 서로 다른 것이 분명하다.
할렐루야.

(ii) 십사만 사천을 처음 익은 열매라고 하시는 이유를 알게 되다.

그러므로 대 환난전 표를 강제로 받게 하는 시기 전에 공중휴거가 일어나고
그리고 그 다음 표를 강제로 받게 하는 시기가 있고
그런 후에 후 삼년반 동안에 예비처에 있던 이스라엘의 십사만 사천이 이 표를 강제로 받게 하는 시기가 끝나면 하늘로 올리워지는 것이다. 이것이 처음 익은 열매인 것이다.
할렐루야.

또한 그 다음 이 후 삼년반 동안 앞에서 하나님의 종들로 이마에 인침을 받았으나 대 환난 전에 공중휴거 되지 못하고 대 환난을 통과하면서 짐승의 우상에게 절하지도 않고 또한 짐승의 표를 받지 아니한 자들이 살아서 구름 위에 앉은 이로 인하여 추수되는 장면이 나온다.
할렐루야.
그러므로 앞에서 큰 환난에서 나오는 흰 옷 입은 무리에는
먼저 공중휴거 때에 주님이 죽은 자들을 먼저 부활시켜서 데리고 오고 또한 살아 있는 자들도 홀연히 변하여 올라간 자들의 수는 포함되지 않은 것이다.
오 할렐루야.
그래서 공중휴거는 더더욱이나 대 환난 전에 일어나고
이스라엘의 십사만 사천은 대 환난을 예비처에서 피하여 있다가 하늘로 올라간다.
그러므로 이 땅에서 구속받은 자의 처음 익은 열매라고 하는 것은
공중휴거에 참여된 자들에 속하지 않고
대 환난 후에 땅에서 추수할 때에 먼저 올라간 자들로 여겨지고 있더라는 것이다.
할렐루야. 그래서 처음 익은 열매라고 표현되고 있는 것이다.
할렐루야. 깨닫게 하여 주시는 주님을 찬양합니다.

(iii) 마태복음의 3장 12절의 타작마당과 계시록 14장과의 연관성

주님은 이것이 지상에 내려와서 기도할 때에 계속하여 다음을 깨우쳐 주셨다.
즉 이 성경구절은 세례요한이 예수님을 보고 한 말이다.

[마 3:11-12]
(11)나는 너희로 회개케 하기 위하여 물로 세례를 주거니와 내 뒤에 오시는 이는 나보다 능력이 많으시니 나는 그의 신을 들기도 감당치 못하겠노라 그는 성령과 불로 너희에게 세례를 주실 것이요
(12)손에 키를 들고 자기의 타작 마당을 정하게 하사 알곡은 모아 곡간에 들이고 쭉정이는 꺼지지 않는 불에 태우시리라

나는 평상시에 이 타작마당이 어디일까? 언제를 말할까? 하고 굉장히 궁금하였었다.
그런데 이제 계시록에서 이것이 풀려지는 것이었다.
할렐루야.
즉 타작마당은 주님의 타작마당으로서 알곡은 곳간에 쭉정이는 모아서 꺼지지 않는 불에 태우시는

것이 공교롭게도 정말 아니 너무 일치되게 계시록 14장에서 다 설명이 되어지고 있었다.

즉, 대 환난 기간 동안에 짐승의 우상에게 절하지 않고 이마나 손에 표를 받지 아니한 자들이 살아남아서 휴거되는 것이다. 이것이 추수이다.
여기서 처음 익은 열매가 이스라엘의 십사만 사천으로 먼저 올라가고 그 다음 이방인들에 대한 추수가 일어난다(계시록 14장 14~16절).
그리고 쭉정이들 즉, 믿음을 지키지 못하고 짐승과 짐승의 우상에게 절하고 이마나 손에 666표를 받은 자들은 하나님의 진노의 포도주 틀에 던져지고 그 다음은 불과 유황으로 그 고난이 세세토록 올라가게 되는 것이다. 할렐루야.

그러므로 세례 요한은 예수님이 마지막 시대에 대 환난 666표를 강제로 받게 하는 시기가 끝날 때에 구름에 앉은 이가 추수하는 것을 말하고 있는 것이다.
물론 처음 익은 열매로 이스라엘의 십사만 사천이 예비처에서 보호받다가 먼저 올라간다.
그리고 알곡이 추수되어지고 그 다음 쭉정이들이 꺼지지 않는 불에 들어가는 것이다.
할렐루야.

깨우쳐 주시는 주님을 찬양합니다.
예수님의 타작마당을 가르쳐 주시는 주님을 찬양합니다.

89. 주님은 '공중휴거는 언제든지 일어날 수 있다.'고 말씀하시다. 그리고 두루마리에 '공중휴거는 반드시 일어난다.'라고 써 주시다.
(2014.1 2. 26)

천국에 올라가는데
나를 데리러온 천사들이 하얀 모자를 쓰고 있다가 나를 보더니 벗는다.
그리고 '주인님 어서 오세요.'라고 말한다.
나는 즉시 황금보석 마차에 올라탔다.

나는 내 자리에 앉았는데 내가 오늘따라 내가 쓴 면류관이 여왕들이 쓰는 면류관 같은 것을 쓰고 있다는 것을 발견하였다.
그리고 뒤에 가운까지 입고 금홀까지 들고 있다는 사실을 알았다.

마차는 즉시 천국에 도착하였고 나는 주님을 만났는데
주님도 오늘 왕복을 입고 계신다. 주님의 왕복은 옷이 황금색이다.
그리고 자주색의 망토를 걸치고 계셨고 왕의 면류관을 쓰고 계셨고 금홀을 가지고 계셨다.
주님은 왕복을 나는 여왕복을 입고 있었다.
주님과 나는 구름에 올라탔다.
그런데 그 구름 위에는 수많은 사람들이 있는데 다 왕복을 입고 있었다.
그들은 제각기 왕들이 쓰는 면류관들을 썼는데 너무나 아름다웠다.
다이아몬드로 된 여왕들이 쓰는 관이 아주 또렷이 예쁘게 보였다.
그들은 주님과 내가 구름에 올라타니
그들이 좋아서 그들의 면류관을 다 위로 던진다. 얼마나 많은 자들이 있던지………
그런데 그 면류관들이 서로 전혀 섞이지 않고 공중에 떴다가 다시 그들의 각자의 머리를 정확히 찾아서 다시 씌워졌다.
아무도 씌워주는 자가 없는데도 말이다. 할렐루야. 희한하다.

주님이 말씀하신다.
"내가 오늘 딸을 여기 데려 왔노라."
나는 주님께 말했다. '주님 저는 자격이 없어요.'라고 하면서
주님 밑에 무릎을 꿇고 앉았다.
그리고 그의 발을 붙들려 하였다.
그리하였더니 그 무리들이 이렇게 말한다.
'이제 사라님은 우리의 동료예요'라고 말한다.
즉 내가 그들과 같이 왕권을 가진 자라는 것이었다.

그 후 주님과 나는 즉시 주님의 보좌 앞에 있는 것이 보여졌는데
주님은 보좌에 앉으시고 왕복을 입으셨다.
나는 그분 앞에서 왕복을 입고 엎드리고 있었다.
그리고 양쪽에 서 있는 무리가 나는 처음에 천사들이겠지 하고 생각하였는데 그게 아니고 그 왕복

을 입은 구름 위에 있던 무리들이 다시 이 궁에 양쪽에 서 있는 것이 보였다.
그래서 '아하, 여기는 왕권을 가진 자들이 모이는 궁이구나!' 알아졌다.
전에도 여기 와 본 적이 있었다.
나는 즉시 내 왕관을 벗고 그리고 망토도 벗고 그리고 금홀도 같이 내 오른편 옆에 두고 주님께 울면서 말했다. 나는 내가 이 왕권을 가질 자격이 없음을 알았기 때문이다.

"주님, 제게 공중휴거가 언제 일어나는지 말씀하여 주세요."라고 말했다.
그랬더니 주님이 무엇인가를 가져오라 하신다. 두루마리였다.
그리고 그 두루마리를 나에게 주신다.
나는 펼쳐 보았다.
거기에는 아래위로 길게 이렇게 쓰여져 있었다.
'나 여호와가 말하노라.
 베리칩은 666이니라.
 휴거는 반드시 일어난다.'

라고 위에서 아래로 세 줄로 이 말들이 적혀 있었다.
'아! 그렇구나. 그렇네 그렇지. 주님은 베리칩이 666이라는 말씀을 다시 주시고
그리고 휴거는 반드시 일어난다고 하시는 것이었다. 할렐루야.
여기서 휴거라고 하는 것은 공중 휴거를 말한다.

그리고서는 주님과 나는 어느새 꽃밭 늘 우리가 가는 정원에 와 있었다.
주님이 물으신다.
이때에는 어느새 주님과 나의 복장이 평상시의 복장으로 바뀌어져 있었다.

주님이 물으신다.
"사라야 휴거에 대하여 알고 싶으냐?"
"네, 주님"
"휴거는 늘 일어날 것이야!" "휴거는 언제라도 일어난다고 생각하여라."
라고 말씀하셨다.
즉 주님은 '휴거가 오늘도 일어날 수 있고 내일도 일어날 수 있고 지금도 일어날 수 있다고 생각하여라.'라고 말씀하시는 것이었다.

아, 그래 맞다.
그렇게 생각하여야 우리는 순간순간 주님의 뜻대로 살 수 있다는 생각이 들어왔다.
할렐루야. 주님은 우리가 늘 휴거에 대하여 준비하면서 살으라고 하시는 말씀이었다.
이 말씀이 얼마나 맞는지.......... 주여 감사합니다.
그렇습니다. 우리는 늘 휴거를 준비하며 살겠습니다.

주님은 말씀하신다.

[눅 12:35-40]
(35)허리에 띠를 띠고 등불을 켜고 서 있으라 (36)너희는 마치 그 주인이 혼인 집에서 돌아와 문을 두드리면 곧 열어 주려고 기다리는 사람과 같이 되라 (37)주인이 와서 깨어 있는 것을 보면 그 종들은 복이 있으리로다 내가 진실로 너희에게 이르노니 주인이 띠를 띠고 그 종들을 자리에 앉히고 나아와 수종하리라 (38)주인이 혹 이경에나 혹 삼경에 이르러서도 종들의 이같이 하는 것을 보면 그 종들은 복이 있으리로다 (39)너희도 아는 바니 집 주인이 만일 도적이 어느 때에 이를 줄 알았더면 그 집을 뚫지 못하게 하였으리라 (40)이러므로 너희도 예비하고 있으라 생각지 않은 때에 인자가 오리라 하시니라

할렐루야. 늘 휴거를 준비하고 있으라고 하심을 감사합니다.
그리고서는 나는 내려왔다.

90. 계시록에서 공중휴거는 주님이 일부러 숨겨 두셨다고 하시다.
(2014. 12. 26)

두 번째 천국에 올라갔다.
주님과 나는 꽃밭 사이를 걷고 있었다.
양쪽의 꽃들은 허리 정도까지 키가 큰 노란 꽃밭이었다.
그러다가 다시 나는 주님께 공중휴거에 대하여 묻고 싶었다.

그러자 즉시 주님과 나는 요한의 집 앞에 있는 피크닉 테이블로 왔다.
거기에는 이미 모세와 요한이 와 있었다.
테이블 위에는 성경책들이 펴져 있었고 그 갈색상자의 책도 열려 있었다. 주님 쪽에서 말이다.
모세가 나를 바라보더니 무언의 말을 하는 것처럼 보였는데 그 다음 주님을 다시 바라본다.
모세가 주님의 눈치를 보는 것인지?........
요한은 그 모습을 보면서 미소를 짓는다.
나는 주님께 말했다.

"주님 휴거가 언제 일어나요? 성경의 계시록을 보면 공중휴거에 대하여 어디를 찾아봐도 안 나오는 것 같아요."
"7년 환난 전인지, 후 삼년반 전인지, 후 삼년반 후인지? 데살로니가전서에서 바울이 말하는 공중휴거가 계시록에서는 보이지 않는 것 같아요."라고 말했다.
그랬더니 주님께서 나보고 요한에게 물어보라고 말씀하신다..
그래서 나는 요한에게 물었다.
'공중휴거가 계시록 어디쯤에서 일어나냐고?'
그랬더니 요한이 나에게 말한다.
'그 시기는 주님이 감추어 두셨다.'라고 말했다.
그것을 알려주면 사람들이 그 때만 기다릴 것이고 그때 가서야만 휴거를 준비할 것이므로 주님이 일부러 계시록에서 말씀을 안 하셨다는 것이다. 할렐루야.
오! 할렐루야. 아멘. '주님! 이제 풀렸습니다. 그렇게 감추어 두신 것을 제가 몰랐습니다. 주님이 감추어 두신 것을 이제 제가 억지로 알려 하지 않겠습니다.'
할렐루야. 맞다. 주님께서는 휴거는 언제든 일어날 수 있다고 생각하며 살라고 감추어 두신 것이다. 할렐루야. 맞다. 그러니 당장 아니 지금이라도 일어날 수 있다고 생각하라는 것이다. 할렐루야.
주님 정말로 그렇게 생각하고 살아가겠습니다. 할렐루야.

그리고서는 내려왔다.
할렐루야. 주님을 찬양합니다!

요한이 한 말이 주님이 하신 말씀과 일치했다.
즉 요한이 휴거는 주님께서 계시록에서 일부러 숨겨 두셨다고 말을 했는데 이는 보좌 앞에서 주님이 "휴거는 반드시 일어난다."하시면서 두루마리에 써서까지 주신 말씀과 그리고 주님은 그 휴거가 언제라도 일어날 수 있다고 생각하며 살아야 한다 하신 말씀과 일치하는 것이었다. 오 ~ 주여!!

할렐루야. 주님 감사합니다. 주님이 숨겨두신 것을 더 이상 알려 하지 않겠습니다.

그래서 이제 이해가 간다.
7장에 셀 수 없는 큰 무리가 큰 환난에서 나온다하였는데
여기에서 살아서 공중으로 휴거된 자들의 수와 그리고 주님이 죽은 자들을 먼저 부활시켜
데려 오신다하였는데 그 숫자가 이 셀 수 없는 큰 무리들에서 빠져 있는 것이다.

그러므로 이제 계시록 15장에 2-4절이 이해가 된다.
즉 대환난을 거치면서 짐승과 그 우상에게 절하지 않고 이마나 손에 표를 받지 아니한 자들이
유리바다에 서서 하나님을 찬양하는 것이다.

[계 15:2-4]
(2)또 내가 보니 불이 섞인 유리 바다 같은 것이 있고 짐승과 그의 우상과 그의 이름의 수를 이기고 벗어난 자들이 유리바다 가에 서서 하나님의 거문고를 가지고 (3)하나님의 종 모세의 노래, 어린 양의 노래를 불러 가로되 주 하나님 곧 전능하신 이시여 하시는 일이 크고 기이하시도다 만국의 왕이시여 주의 길이 의롭고 참되시도다 (4)주여 누가 주의 이름을 두려워하지 아니하며 영화롭게 하지 아니하오리이까 오직 주만 거룩하시니이다 주의 의로우신 일이 나타났으매 만국이 와서 주께 경배하리이다 하더라

이들이 계시록 7장에서 말하는 큰 환난에서 나오는 능히 셀 수 없는 큰 무리들인 것이다.
이들이 어린 양의 피에 그 옷을 씻어서 빤 자들인 것이다.
즉 믿음을 지킨 자들인 것이다.

[계 7:9-14]
(9)이 일 후에 내가 보니 각 나라와 족속과 백성과 방언에서 아무라도 능히 셀 수 없는 큰 무리가 흰 옷을 입고 손에 종려 가지를 들고 보좌 앞과 어린 양 앞에 서서 (10)큰 소리로 외쳐 가로되 구원하심이 보좌에 앉으신 우리 하나님과 어린 양에게 있도다 하니 (11)모든 천사가 보좌와 장로들과 네 생물의 주위에 섰다가 보좌 앞에 엎드려 얼굴을 대고 하나님께 경배하여 (12)가로되 아멘 찬송과 영광과 지혜와 감사와 존귀와 능력과 힘이 우리 하나님께 세세토록 있을지로다 아멘 하더라 (13)장로

중에 하나가 응답하여 내게 이르되 이 흰옷 입은 자들이 누구며 또 어디서 왔느뇨 (14)내가 가로되 내 주여 당신이 알리이다 하니 그가 나더러 이르되 이는 큰 환난에서 나오는 자들인데 어린양의 피에 그 옷을 씻어 희게 하였느니라

그러므로 휴거는 반드시 있는데 이 공중 휴거가 대환난 전에 있을 것임이 분명하다. 할렐루야!!

여섯째 인을 떼자 천사들이 하나님의 종들에게 인을 치는데 이 대환난 전에 살아서 휴거되는 자들도 인침을 받았음에 틀림이 없다. 물론 여기서 죽은 자들 (주님이 공중휴거시에 먼저 부활시켜 데리고 오는) 은 빼고 말이다.

할렐루야!

주님을 찬양합니다.

91. 성부 하나님께서 '공중휴거가 반드시 있으되 계시록에서는 내가 숨겨두었느니라.' 말씀하시다.
(2014. 12. 27)

천국으로 올라가는데 벌써 올라갈 때부터 황금색깔이 자꾸 보였다.
나를 데리러 온 수레가 황금색과 하얀 옥색으로 수레의 가장자리에 아름답고 우아하게 장식되어 있었다.
천국에 도착하여 보니 나도 오늘은 드레스가 우윳빛이 나는 하얀 색에다가 황금으로 장식된 옷을 입고 있었다. 좀 특별한 옷을 입고 있는 것이다.

주님이 나를 맞이하셔서 나를 바로 성부 하나님이 계신 곳으로 인도하셨다.
궁전 저 앞에는 큰 보좌가 있고 그 위에는 무지개가 보였다.
성부 하나님이 계신 곳은 참으로 궁이 높고 웅장하다. 위로는 즉 천정이 끝이 안 보인다.

주님은 내 오른손을 잡으시고 같이 나와 나란히 서셨다.
그리고 어느새 내 왼편 옆 앞쪽에는 흰 옥색으로 된 작은 둥근 테이블이 놓여 있었는데 거기 위에는 성부 하나님께서 나에게 주신 갈색상자 즉 계시록을 천국 언어로 풀이한 책이 놓여 있었다.
그리고 앞에서는 성부 하나님의 음성이 흘러나왔다. 주여!

"내 딸아! 너는 내가 가르쳐주는 것에 다른 사람의 생각을 섞지 말라."
할렐루야.
"네 하나님"

"휴거가 반드시 있으되 계시록에서는 내가 숨겨두었느니라."
할렐루야.
"알겠습니다."

나는 말했다.
"하나님, 이제 모든 것이 자유롭게 다 풀린 것 같이 느껴집니다. 계시록에서 공중휴거를 찾으려 하니 안 풀렸던 것입니다. 하나님이 감추어 두신 것을 풀려하니 안 되었었어요. 그러나 이제 되었어요. 주님이 아니 하나님께서 일부러 감추어 두셨다는 것을 알게 되어 너무 감사합니다."

그리고 나는 그 계시록을 풀이한 책이 들어 있는 갈색상자를 가슴에 고이 안고 주님과 함께 요한의 집 앞 피크닉 테이블로 왔다. 나는 알았다. 이 갈색상자 안에 있는 계시록을 풀이한 책에는 천국언어로 기록이 되어 있는데 여기에는 사도 바울이 말한 휴거, 즉 주님의 공중재림이 계시록에서는 숨겨져 있다는 사실도 기록되어 있다는 것이 알아졌다. 할렐루야.
그래서 나는 이것이 천국에서 알아진 것이다.
그러나 주님은 분명히 나에게 두루마리를 주시면서 기기에 '휴기는 반드시 있다.'라고 써 주셨다 (89. 주님은 '공중휴거는 언제든지 일어날 수 있다.'고 말씀하시다. 그리고 두루마리에 '공중휴거는 반드시 일어난다.'라고 써 주시다.).
할렐루야.

그리고 요한의 테이블에 앉아서 알아지는 것이 이스라엘의 십사만 사천이 하나님이 마련하신 보호처 즉 예비처에 있다가 666표를 받지 않고 하나님의 보좌 앞으로 올라가는 것임이 깨달아졌다.
할렐루야.

92. 주님께서 남편에게 '베리칩이 666이다.'라고 이마와 손에 써 주시다.
(2014. 12. 29)

천국에 올라가는데 나를 바깥에서 수호하는 천사가 징을 갖고 있었다.
그리고서는 천국문에 이르러 이전과 같이 '문을 여시오!'하는 것이 아니라 징을 한번 '지이잉'하고 한번 치니까 천국 문이 활짝 열린다.
그리고 천국에 도착하니 주님이 벌써 저 높은 절벽위에 서 계셨다.
나보고 '올라오라!'하신다. 그 절벽이 너무 높아서 어떻게 올라가나 했는데
내가 벌써 부웅 하고 위로 올라가고 있었다. 그리고 그 절벽위에 주님과 함께 섰다.

그리고 우리 오른쪽 옆으로 폭포수가 흐르고 있었는데 거기서 생명수 물을 떠서 나는 내 얼굴을 씻었다. 천사의 손들이 자세히 보인다. 한 천사가 내 머리를 빗겼다.
그런데 내 머리가 참으로 길었다. 끝에 가서 커브가 굵게 보였다.
그렇게 머리가 긴 줄을 몰랐다. 허리 밑으로까지 내려왔다.
(지금 생각하면 이 폭포수가 있는 곳에 주님과 함께 늘 와서 내 얼굴을 씻던지 발을 씻든지 혹은 몸 전체를 씻은 적도 있었는데 여기는 지금 생각하여보니 이 장소는 내가 천국에 올라오면 나를 정결하게 하기 위하여 생명수 물로 씻기는 곳으로 보인다. 이것을 한참 후에야 깨닫게 되었다.)

그러고 나서 주님과 나는 어느새 내 집의 현관문을 들어서고 있었다.
들어가자마자 거실에 생명수가 솟아나오는 분수대가 있고 (이곳은 어떻게 보면 큰 궁 안에 들어가기 전에 현관에 있는 공간이라 말할 수 있는데 여기도 상당히 큰 홀처럼 넓다.) 그리고 조금 안으로 들어가면 더 큰 궁 같은 거실이 나오는데 높이 솟은 벽에는 꽃그림들이 걸려 있었다. 내가 꽃을 좋아하니 꽃그림들이 걸려 있는 것 같았다.
그리고서 황금으로 된 기타도 보였다.

주님과 나는 그 큰 궁 안에 들어가서 황금 테이블에 앉았는데 마리아가 도착하였다.
마리아는 머리에 하얀 수건을 내리고 있었다.
그리고 주님께 인사를 했다.
"주님 제가 왔어요."

그리고 내 옆 오른편에는 남편이 와서 앉았다.

나는 놀랬다. '아니, 내 남편이 웬일로 이렇게……'

그리고서는 모세가 왔다. 내 왼쪽 옆에 앉았고 요한이 와서 내 오른편 남편 옆에 앉았다.

그랬더니 베드로도 오고 싶어 하여 왔다. 그것은 그냥 알아진다. 베드로도 오고 싶어 하였다는 것이 말이다.

또한 바울도 와서 요한 옆에 앉았다.

그러자 에스더와 삭개오도 나타났다. 나타날 사람들은 사실 다 나타난 것이었다.

테이블 위에는 꼭 포도주 같은 쥬스가 담긴 작은 잔들이 각자의 앞에 놓여 있었고 우리는 그것을 같이 마셨다. 그리고 테이블 위에 큰 긴 빵, 카스테라 같은 빵이 놓여 있었는데 우리는 그것을 손으로 조금씩 뜯어 먹었다.

아니, 꼭 성만찬하는 기분이 들었다(나중에야 알았지만 천국에서도 성만찬을 한다).

주님이 말씀하신다.

'크리스마스 날' 주님의 탄생일을 두고 하시는 말씀이다.

"마리아가 나를 위하여 고생하였다."라고 말씀하셨다.

할렐루야! 네 그렇습니다. 주님.

그리고 주님은 우리 둘 즉 나와 내 남편을 두고 말씀하셨다.

"내가 저들을 내 제자로 만들리라."

할렐루야. 이 말씀은 주님이 내 남편도 주님의 제자로 만드신다는 것이다.

그리고 주님은 남편의 손바닥에 '베리칩은 666이다.'라고 써 주셨다.

그리고 이마에도 똑 같이 '베리칩은 666이다.'라고 써주셨다.

할렐루야. 나는 너무 감사했다.

그리고 나서 주님은 작게 접은 종이에 '베리칩은 666이다.'라고 쓴 종이를 남편에게 주시는 것이었다. 얼마나 감사한지……

내 남편은 아직 베리칩이 666인 것을 믿지 않는다.

나는 주님이 이렇게 하신 것은 내 남편이 곧 베리칩이 666인 것을 믿게 될 것이라는 싸인으로 받은 것이다. 할렐루야.

그리고 나서는 테이블 위에 내가 지금 인쇄하여 출판하려고 하는 책이 놓여졌다.

살색과 분홍색 중간의 색깔에 제목이 '이제도 있고 전에도 있었고 장차 올 자 예수 그리스도'라는 제목으로 '성경편 1-창세기'라고 적혀 있는 책이었다.

책 표지 색깔은 살색과 분홍색 중간인데 여기에 어떤 색깔로 제목이 들어가는가 하는 것이 문제였다.

그런데 주님이 내게 거기서 생각을 넣어 주시는 것은 은색 글씨였다. 분홍색과 살색 바탕에 은색은 잘 안보일 것이니 그 글씨 테두리를 검은색으로 해야겠다는 생각이 들어오자 실제로 그 책의 바탕에 은색의 글씨와 그 테두리가 까만 것이 보였다. 할렐루야. 그 조합이 예뻤다.

할렐루야.

그러고 난 다음에 그 창세기의 책은 제 1권 책인데 제 5권 책까지 다섯 권의 책이 다 포개어져 있는 것이 보였다. 그 책의 넘버링은 1,2,3,4,5 까지 보였다.

할렐루야.

나는 속으로 주님께 말했다. '주님이 모두 하셨습니다.'라고.

그랬더니 주님은 '이 책들에 내가 기름을 붓는다.'라고 말씀하셨다.

그리고 주님이 말씀하시기를 남편이 이 책 5권을 다 읽게 될 것이라고 말씀하시는 것이었다.

그랬더니 그 때 거기 있던 모든 믿음의 선진들이 박수를 쳤다.

할렐루야. 주님 감사합니다.

93. 천상에서 성부, 성자, 성령 하나님 성삼위를 동시에 보다.
(2014. 12. 29)

천국에 올라가는데 마차바깥에 있는 수호천사가 나보고 '빨리 일어서세요!'라고 말한다.

즉 빨리 가자는 말이다. 그래서 나는 황급히 수레를 탔다.

오늘따라 수레가 천정이 아주 높고 매우 화려하고 수려한 금색 장식으로 되어 있었다. 나는 속으로 '웬 수레가 저렇게 크게 보이나'할 정도였다. 나는 황급히 타고 천국에 도달하였다.

(나는 왜 그런지는 잘 모르나 나를 데리러오는 천사와 마차, 그들과 그 장식들 그리고 그 모양들이 이후에 천국에서 일어날 일들을 조금이라도 암시하고 반영하고 있다는 사실을 나중에야 거듭거듭

천국을 방문하면서 알게 되었다. 즉 이렇게 수레가 높고 수려하고 화려하게 금색으로 장식된 것은 높고 높은 성부 하나님의 궁전이 그렇게 천정이 너무 높아 도저히 그 끝이 안 보이는 이러한 것들을 반영한다는 사실을 알게 되었다. 그러나 나는 처음에는 왜 그렇게 수레가 높아 보이고 크게 보이고 아름다워 보이는 이유를 몰랐다. 그러나 나중에서야 아하 그래서 그랬구나! 알게 된 것이다.)

나는 그 큰 수레가 천국 안에 도착하자 내가 수레에서 내릴 때에 흰 날개달린 두 천사가 내 양쪽의 손 하나씩을 잡고 아주 가볍게 쉽게 날아가서 주님께로 나를 인도하였다.

그런데 오늘 주님은 저 높이 구름 위에 계셨다.
구름은 V자 모양으로 비스듬히 위로 길게 뻗어 있었고 즉 V자 모양의 두 가지(branch)가 위로 비스듬하게 길게 뻗어 있었고 가장 낮은 부위가 V자 맨 아래 부분인데 여기에 주님이 서 계셨다. 즉 갈림길이 시작되는 곳에 말이다. V자 모양의 구름은 매우 길게 보였는데 도대체 어디까지 뻗어 있는 것일까 할 정도로 길었다.
그리고 그 V자 구름은 오색찬란한 색깔을 띠고 있었다.
그런데 이렇게 구름의 색깔이 오색찬란한 적이 없었다.
즉 그 모양은 5줄로 된 색색깔의 풍선으로 된 구름같이 보였다.
첫 번째 열은 보라색 풍선들이 한 줄로 쭉 끝까지 연결되어 있는 것 같은 구름이었고, 그 다음은 노란색 풍선들이 끝까지 쭉 연결된 것처럼 보였고 그 다음은 주황색 풍선들이 쭉 연결된 것처럼 보였다. 또 그 다음은 빨간색 풍선들이 쭉 연결된 것 같이 보였고 그리고 마지막 색깔은 흰색의 풍선들이 쭉 연결된 것처럼 보였다.
아니 그렇게 그 V자 구름은 이렇게 차례로 꼭 풍선을 그렇게 색색깔로 쭉 연결하여 놓은 것처럼 보이는 오색찬란한 구름이었다. (보라색-노란색-주황색-빨간색-흰색으로 된 오색찬란한 구름)
이러한 구름이 V자 모양으로 위로 비스듬히 한없이 뻗어 있었다.
'도대체 이 구름은 어디로 우리를 인도하는 구름일까?'히고 나는 궁금해히였다.

주님과 나는 이러한 구름 위를 같이 걷고 있었다.
이 구름 저 아래에서는 흰 옷 입은 무리들이 손을 흔들며 나를 환영하고 있는 것이 보였다.
나는 이 흰 무리들을 보는 순간 주님께 너무 민망하여 눈물이 났다.
나는 아무것도 아닌데 싶어서.... 그리고 정말 이러한 환영을 받을 자격이 전혀 없어 보여서... 나는 그 순간 주님 앞에 그리고 그들 앞에 꿇어 엎드리려 하였다.
그랬더니 주님이 나의 그 모습을 보시고 나에게 말씀하셨다.

"겸손하여져야 한단다."
즉 내가 교만하다는 것이 아니라 내가 그렇게 하려고 하는 모습을 보시고 격려하여 주시는 것이었다. '그래 맞아, 그렇게 겸손하여져야 하는 것이야'하는 말씀이었다.
그러나 나는 이렇게 물었다.
"주님, 제가 어떻게 하는 것이 겸손하여지는 것입니까?"라고 물었다.
"네가 낮추어지는 것이란다."
할렐루야. 주님은 혹이라도 내가 나중에라도 나 자신을 높이 생각할까보아 주님이 미리 나를 겸손하여야 할 것이라고 말씀하고 계시는 것이 알아졌다. 할렐루야.

주님과 나는 V자 모양의 한쪽의 길, 그 구름 위를 걸었다.
그런데 사실은 그 구름이 우리가 느끼지 못하게 움직이고 있었다.
그리고 그 구름이 끝나면서 주님과 나는 곧 성부 하나님이 계신 곳에 들어가게 되었다.
V자 모양의 한쪽 구름 위를 걸었는데 그 구름의 끝이 위로 두 갈래로 팍 일어서더니 주님과 내가 그 갈라진 사이를 들어가니 성부 하나님이 계신 궁으로 들어서게 된 것이다. 할렐루야. 즉 그 오색구름은 주님과 나를 성부 하나님이 계신 궁으로 인도하였다.
할렐루야. 오늘 일어나는 모든 일이 내게는 신기하기만 했다.

이렇게 성부 하나님이 계신 궁에 들어오기는 처음이다. 그냥 아주 빛이 나는 그 속에 있는 궁안으로 들어서고 그리하였었는데 이렇게 오색찬란한 구름을 걸어서 그 안으로 들어선 것은 처음이었다. 주여!

그리고 그 성부 하나님이 계신 그 궁 안에서 주님과 나는 늘 서던 그 자리에 가서 섰다.
어느새 내 왼쪽 옆의 앞쪽으로는 조그만 둥근 흰 테이블이 놓였고 그 위에 계시록을 풀이한 책이 든 상자가 그 위에 놓였다. (이 장면은 늘 내가 주님과 함께 성부 하나님이 계신 궁 안에 서기만 하면 계속 이렇게 보였는데 즉 갈색상자가 어김없이 내 옆쪽 앞에 이렇게 놓여진다. 이것은 이 책을 성부 하나님께서 나에게 주신 것이라는 것을 의미하고 있었다.)

그런데 나는 오늘에야 정신이 번쩍 들었다.
이 말이 무슨 이야기냐면 그동안 나는 성부 하나님이 계신 궁에 들어와서 그분이 얼마나 높으신 분인데 아무 자격 없는 내가 이렇게 뻣뻣이 서서 말할 자격도 없는 자가 엎드려서 고개도 못 들어야 할 자가 분명한데 지금까지 엎드리지 않고 이렇게 서서 성부 하나님을 보고 있었다는 것이 뭔가 내가 크게 잘못하고 있다는 생각이 갑자기 들어온 것이다. 지금까지는 못 느끼고 있다가....
나는 여태까지 이 자리에 서서 성부 하나님께 계시록에 대하여 물어보는 것이 더 급급했었다.
그래서 내가 지금 성부 하나님 앞에 있다 생각하니 아찔한 생각이 들면서
'오 마이 갓!' 이제 정신이 차려지면서 나는 주님께 이렇게 물었다.
"주님, 제가 성부 하나님 앞에서 이렇게 서 있어도 되는 것인가요?"
그 때 저 앞 보좌에서 성부 하나님의 목소리가 흘러나왔다.
"사라야 괜찮다."라고 하시는 것이었다. 할렐루야.
성부 하나님은 내 안에서 일어나는 모든 생각을 아시고 이렇게 말씀하시는 것이었다.

그러고 있는데 갑자기 그 궁 안으로 실제로 우리가 지상에서 볼 수 있는 그러한 흰 비둘기 7-8마리가 주님과 내가 서 있는 그 자리로 그 궁 안을 가로지르면서 훨훨 날아 들어왔다.
나는 '아니 웬 비둘기가 또 이렇게 날아 들어오지?'하고 궁금해 하고 있는데
저 앞에서 성부 하나님의 음성이 들렸다.
"사라야, 네가 성경에 비둘기가 어디서 나오는지 아느냐?"라고 물으신다.
나는 순간적으로 주님이 요단강에서 세례를 받으시려고 물속에 자신을 담구었다가 올라올 때에 성령 하나님께서 그의 머리에 비둘기 같이 살짝 내려앉았다는 구절이 생각났다.

[마 3:16-17]
(16)예수께서 세례를 받으시고 곧 물에서 올라 오실새 하늘이 열리고 하나님의 성령이 비둘기 같이 내려 자기 위에 임하심을 보시더니 (17)하늘로서 소리가 있어 말씀하시되 이는 내 사랑하는 아들이요 내 기뻐하는 자라 하시니라.

그래서 나는 이 성경구절이 생각이 나서 성부 하나님께 '아! 거기요 하나님' 이라고 했다.
그랬더니 성부 하나님이 또 말씀하신다.
"네 머리 위에도 지금 성령 하나님이 비둘기 같이 임하였느니라."
주여! "네? 아니, 제 머리 위에도요?"
순간 나는 너무 놀라워했다.
'아니 어찌 이런 일이!' 나는 순간 이것이 도저히 믿어지지가 않았다.
어찌 나 같은 인간에게 성령이 내 위에 임할 수가 있다는 말인가?
어찌 나 같은 존재가 예수님처럼 그러한 똑같은 의식을 치를 수 있다는 말인가?
왜냐하면 그 순간 내가 깨달아지는 것은 저 앞에서는 성부 하나님의 목소리가 나오고 주님은 내 옆

에서 계시지만 내 머리 위로 성령이 임하고………. 이것은 정확히 주님이 요단강에서 세례를 받으시고 물에서 올라오실 때에 성령이 비둘기 같이 내려앉은 그 경우와 비슷한 의식을 내가 치르고 있다는 느낌이 들었기 때문이다.
'아니다 아니다 나는 그럴 수가 없다.'고 생각이 드는데
실제로는 내가 성부 하나님의 궁에서 이렇게 그러한 의식을 지금 받고 있는 것이 알아졌다.
나는 이 순간 내가 천국에서 이렇게 의식을 치르고 있으면서도 큰일 났다고 생각이 들어왔다.
왜냐하면 내가 혹 이 사실을 다른 사람들한테 말하면 반드시 나를 이단으로 몰 것이라는 생각이 든 것이다.
즉 내가 성부 하나님이 계신 궁에서 이러한 성령 하나님이 내 머리 위에 임하셨다는 말을 하면 '네가 예수냐? 성령이 비둘기 같이 너에게 내려오게?'하고 덤벼들면서 비난할 것 같았기 때문이다.
그러면서 '큰일 났네. 이 일을 어쩌나?'하고 생각하고 있는데
성부 하나님은 다시 내게 말씀하셨다.

"네 위에 성령이 비둘기 같이 임하였느니라."
나는 그 순간, '아멘, 아멘, 아멘!'하였다. 할렐루야.

나는 그 순간 성부 하나님이 저 앞에, 성자 하나님이 내 옆에 서 계시고, 그리고 성령 하나님이 내 머리 위에 임하신 것을 알고 지금 내가 그 엄위하시고 신비스러운 성삼위의 하나님을 대면하고 있다는 사실을 알았다.

할렐루야. 오! 나는 감격하였다. 할렐루야! 할렐루야!

그리고 나는 내 머리 위에 임하신 그 성령 하나님이 꼭 여성의 모습처럼 보이면서 투명하게 보였고 그리고 그 분이 내 몸을 오브랩하듯이 나를 씌우시는 것처럼 느껴졌다. 할렐루야. 나는 지금도 이 사실이 매우 궁금하다. 왜 성령 하나님이 여성처럼 느껴졌는지 말이다.
예수님이 요단강가에서 세례요한에게 세례를 받으시고 물에서 나오실 때에도
성삼위의 하나님이 다 나타나셨다.
성부 하나님은 예수님에게 말씀하시기를
"너는 내 기뻐하는 아들이라."
그리고 성령 하나님은 비둘기 같이 성자 하나님이신 예수님의 머리 위에 임하셨던 것이다.
즉 성삼위의 하나님이 나타난 장면이다.

성령 하나님이 나를 위에서부터 아래까지 씌우시는 그러한 느낌을 받은 후에
저 앞에서 성부 하나님은 이렇게 말씀하신다.
"너는 나의 메신저가 될 것이다."
나는 성부 하나님께 솔직하게 말했다.
"아이구! 하나님, 제가 그러한 자격이 없는데요...."
그러나 나는 성부 하나님이 너는 나의 메신저가 될 것이라는 것이 무슨 말씀이신지를 이해하고 싶었다.
그리고 난 다음 성부 하나님은 또 말씀하셨다.
"내가 너를 보내노라."
할렐루야. 그런데 아니 분명히 나를 세상에 보내신다는 것은 알겠는데
무엇을 하라고 보내시는지요? 라고 하는 의문이 생겼다.
그리고 나는 그 이유가 금방 알아졌는데
'아하! 나를 천국과 지옥 간증하라고 세상으로 보내시는구나!'라고 즉시 알아졌다.
할렐루야. 천국에서는 이렇게 금방금방 알아진다.
그러면서 나는 그 순간에 이러한 생각을 했다.
'아니 그렇다면 내가 지옥을 좀 더 많이 봐야 할 텐데...'하고 말이다.
어찌하였든 성부 하나님이 나를 천국과 지옥 간증을 하러 보내신다하셨다. 그리고 그 일을 위하여 꼭 예수님이 요단강에서 세례를 받을 때에 있었던 비슷한 일을 나에게 천국에서 행하신 것이다. 할렐루야.
'주님 순종하겠습니다. 하나님 순종하겠습니다.'하고 나는 내려왔다.

나는 그 이후에 왜 갑자기 비둘기 7-8마리가 성부 하나님이 계신 궁에 날아 들어왔는지가 이해가 갔다.
성부 하나님은 그 비둘기가 날아 들어온 것을 가지고 내게 질문을 시작하셨고 그리고 나는 이 비둘기를 봄으로써 성경에 주님이 요단강에서 세례를 받고 올라오실 때에 성령이 비둘기 같이 임하신 것을 생각하여 낸 것이다.
즉 이 비둘기들은 성령님을 상징하는 것이었다. 그리고 나서 성부 하나님은 내 머리 위에 성령님이 임하셨다고 하셨다. 할렐루야.
또 그 성령 하나님은 곧 나의 몸을 투명하게 겹쳐서 씌우셨던 것이다. 할렐루야.
주님을 찬양합니다.

[마 3:13-17]

(13)이 때에 예수께서 갈릴리로서 요단강에 이르러 요한에게 세례를 받으려 하신대 (14)요한이 말려 가로되 내가 당신에게 세례를 받아야 할 터인데 당신이 내게로 오시나이까 (15)예수께서 대답하여 가라사대 이제 허락하라 우리가 이와 같이하여 모든 의를 이루는 것이 합당하니라 하신대 이에 요한이 허락하는지라 (16)예수께서 세례를 받으시고 곧 물에서 올라 오실새 하늘이 열리고 하나님의 성령이 비둘기 같이 내려 자기 위에 임하심을 보시더니 (17)하늘로서 소리가 있어 말씀하시되 이는 내 사랑하는 아들이요 내 기뻐하는 자라 하시니라.

할렐루야. 할렐루야. 주님을 찬양합니다.

94. 성령의 은사를 인정하지 않으면 예수를 믿어도 성밖이다.
(2014. 12. 31)

천국에 올라가는데 수레바깥에서 나를 수호하는 천사가 나를 보고 이렇게 말을 했다.
"어서 오세요. 저는 주인님을 모시게 되어 참으로 감사합니다."라고 말이다.
그래서 나도 감사하다고 했다.
그리고 네 말이 끄는 큰 수레를 타고 천국에 올라가는데
수레가 천국대문에 도착하자 수레바깥 천사가 '문을 여시오'하니 천국대문에 있던 천사들이 '사라님 오셨다.'하고 문을 활짝 연다.
수레는 천국 안에 즉시 도착하였고 나는 수레에서 내려 주님께로 갔다.

그런데 오늘 주님은 갑자기 엄청 크게 보이셨다. 아니 내가 갑자기 그분의 손 위에 서있게 되었다. 그런데 그 손에 구멍이 있건만 나에게는 느껴지지 않았고 나는 단지 그분의 손 위에 서 있다는 것을 알았다. 할렐루야.

주님은 나를 아주 소중히 그분의 손 위에 두고서 기뻐하시고 계셨다.
그 크신 주님 밑으로는 흰 옷 입은 무리들이 여전히 손을 들고 나를 환영하여 주었다.

주님은 한참을 나를 그분의 손 위에 놓고 그렇게 기뻐하시다가 나를 데리고 구름을 탔는데 아니 그렇게 주님은 나와 함께 구름 위에 타고 계셨다. 아니 어찌 이런 일이 이렇게 갑자기 순간순간 일어나는지 나는 놀랍기가 그지 없다.

나는 '주님' 하고 불렀더니 놀라는 내 마음을 아셨는지 "그래 나다."라고 말씀하신다.

그리고 주님과 내가 구름 위에 타고 있었는데 언제 그랬냐는 듯이 장면이 바뀌면서
주님과 내가 꽃밭의 정원의 벤치에 함께 앉아 있는 것이었다.
그리고 또 장면이 바뀌면서 주님과 내가 유리바다 위에 흰 옥색의 보트에 주님은 저쪽 나는 이쪽 끝에 앉아 있었다.
주님과 나는 이제 바다 위에 보트 안에 앉아 있었다.
어찌 이런 일이 이렇게 순간순간 순식간에 일어날 수 있는지.......
이러한 내 생각을 아시고 주님이 말씀하신다.
"천국이 바로 이런 곳이란다."라고 말씀하셨다.
'아하! 그렇구나. 천국은 이러한 곳이구나!' 하고 이해가 새삼스럽게 되었다.

그리고 나는 주님께 이 때가 기회다고 생각하고 무언가를 물어봐야겠다고 생각했다.
"주님 구원파 박OO, 유OO 그리고 또 이OO 이들은 다 구원받을 수 있는가요?"
왜냐하면 그들은 지금 이단으로 찍혀 있었고 또 그 속에서 누군가가 이메일을 보내와서 자신이 그 구원파속에서 하나님을 알게 되었고 구원을 받게 되었다면서 자신이 정말 죽으면 구원받는지를 나에게 물어온 것이다.
나는 이것을 주님께 물은 것이다. 과연 그러한지.....
이들은 성령의 은사를 인정하지 아니한다. 이 시대에는 중단되었다고 믿는다. 그러므로 방언, 방언 통역의 은사, 신유의 은사 등등 전혀 인정하지 아니하는 것이다. 그런데 주님은 나에게 알게 하여 주시는 것이 그들은 불못에서는 구원을 받으나 결국은 지도자들 때문에 성도들이 성령 훼방죄를 본의 아니게 짓게 되어져서 이들은 지옥은 아니고 모두가 다 성밖이라는 사실을 알게 하여 주셨다.
할렐루야.
그러나 이를 처음에 그렇게 '성령의 은사는 지금은 중단되었다.'라고 가르친 자들은 하나님은 책임을 더 많이 물을 것이라고 말씀하셨다. 그 밑에 성도들은 그들이 가르친 대로 알고 있으니 벌이 조금 덜하여 성밖이라는 것이다.

제 5 부　285

그러므로 이들은 결코 성안에는 못 들어간다. 부끄러운 구원을 받게 되는 것이다.
성령의 은사를 인정을 안 하였으니 그로 말미암아 성령 훼방죄를 본의 아니게 저지르게 된 것이다.
지도자들의 잘못된 가르침 때문에....
그러므로 그들은 불 가운데 구원받는 것과 같은 구원을 받게 된다고 말씀하셨다.
할렐루야.
바르게 가르쳐 주시는 주님을 찬양합니다.

95. 나를 동료로 취급하여 주시는 믿음의 선진들
(2015. 1. 2)

천국에 올라가는데 바깥에서 나를 수호하는 천사가 말한다.
'형제들이 기다리고 있다.'고 말이다. 말은 안 하는데 나에게 그렇게 전하여졌다.
오늘따라 네 마리의 말이 귀 있는 곳에 똑같은 예쁜 장식을 하고 있었다.
꼭 형제들이 똑같이 장식을 하는 것처럼........
나는 수레를 탔다. 오늘따라 수레가 너무 예뻤다.
흰색에 분홍색이 어우러진 아주 아름다운 수레이다.
전에도 말하였듯이 수레는 늘 장식이 바뀐다. 아니 매번 다른 수레를 탄다는 말이 더 옳다.
그런데 내부는 늘 비슷하다.
오늘은 내부 안에 내가 앉는 자리 앞에 하얀 옥색의 테이블이 하나 더 생겼다.
(이것은 나중에 보니까 다이닝 테이블이었다. 즉 항상 내가 앉으면 거기 위에 무엇을 놓고 먹을 수 있는 작은 식탁이었다. 이 식탁은 보석으로 되어 있었다.)
즉 그 앞에 무엇을 놓아도 되겠다 싶었다.
그러자 그 새로 생긴 내 앞에 놓인 테이블 위에 포도송이와 딸기가 놓였다.
나는 그중에 딸기를 먹었다.
그러는 중에 수레는 대문에 이르렀고 바깥에서 나를 수호하는 천사가 대문 앞에 있는 천사들에게 말한다. 급박히 말한다. "문을 여시오." 그러면 그 대문에 있는 천사들은 '사라님 오셨다.'하고 문을 양옆으로 활짝 열어준다.

그리고 수레는 천국 안에 도착하였고 나는 주님을 만났다.

주님과 나는 어느새 유리바다 위에 떠 있는 황금 돛을 수십 개를 장식처럼 단 큰 배에 탔다. 거기에 중앙에 높은 곳에 주님이 흰 옷을 입고 높이 서셨다.

그리고 거기는 믿음의 형제들이 와 있음이 알아졌다.

그들은 내가 지금까지 천국에서 만났던 믿음의 선진들이었다.

이들은 지금 나도 그렇고 여기 있는 믿음의 선진들도 다 똑같은 옷을 입고 있었다.

즉 이 똑같은 옷은 우리가 모두 동료라는 의미를 띠고 있었다. 즉 나를 그들 중에 넣어 준 것이다.

할렐루야.

그리고 그 배 위에 높은 곳에서 주님이 흰 옷을 입고 서셔서 무엇인가를 말씀하고 계셨다.

그러나 나는 주님이 무슨 말씀을 하시는지는 잘 못알아 들었다. 이러한 경우는 주님이 천국언어로 말씀하셔서 내게는 숨겨져 있는 경우이다. 할렐루야. 그러다가 내려왔다.

96. 한국집회(2015년 1월 17일)에서 다루어야 할 내용을 바꾸어주시다. (전쟁이 곧 일어날 것을 선포하기를 원하시는 주님)
(2015. 1. 6)

천국에 올라가는데 수레를 몰고 온 말들이 실제의 말들이 아니라 다 목각으로 된 말들이었다.

얼마나 놀랐는지.......

그들의 귀 옆 징식들은 빨갛고 또 초록색이다. 꼭 한국의 처녀총각이 시집 장가갈 때의 분위기를 연상시키는 장식 같았다.

그리고 수레자체도 목각 나무로 된 빨갛게 그리고 초록색으로 장식이 된 수레인데 수레 안에는 꼭 두 사람만 탈 수 있는 공간이 있었다. 그리고 거기에는 벌써 한 여인이 타고 있었다.

나는 누구인가 하고 궁금하여 하였더니 그 여인이 마리아라는 것이 알아진다.

'어머나 여기에 마리아가 어쩐 일이지?'하면서 내가 수레를 탔다.

마리아가 먼저 이렇게 와서 수레 안에 타고 있기는 처음이었다.

늘 주님이 먼저 타고 계신 경우는 있었어도 말이다.

'오늘 무슨 특별한 일이 있는가?' 하는 생각이 스쳤다.

그리고 나를 데리러 목각 말들이 왔지만 그 목각 말들을 가지고 온 수레바깥에서 나를 수호하는 천사와 그 목각 말들을 모는 천사는 그대로 내가 늘 보는 천사들이었다.

그래서 나는 수레바깥에 있는 천사에게 물었다.

'오늘 왜 이렇게 목각 말들이 나를 데리러 왔냐고?' 물었다.

그러면서 '내가 이것을 타고 천국으로 올라가도 되냐?'고 물었다.

나는 순간 이들이 목각 말들이라 결코 달리지 못할 것으로 생각하였기 때문이다.

그랬더니 나를 수레바깥에서 수호하는 천사가 말한다.

'걱정하지 말고 타세요.'라고 말했다.

그래서 나는 그 목각 말들이 모는 수레를 탔는데 그 수레는 순식간에 천국의 황금대문을 통과하여 황금대로 왼편에 사푼히 내려앉았다.

즉 목각 말들이 달렸다기보다 그냥 순식간에 위로 들려져서 갑자기 천국 안에 있는 황금대로 왼편에 내려앉았다고 표현하는 것이 옳다.

그리고 나와 마리아가 내렸다. 마리아는 참으로 예뻤다.

주님이 나를 맞아주셨다.

나는 주님을 보자마자 '주님 제가 무엇을 잘못하였나요?' 물었다.

왜냐하면 나를 데리러온 말들이 진짜 말들이 아니고 목각 말들이었으므로 뭔가가 잘못 돌아가고 있음을 감지하였기 때문이다.

그리하였더니 주님이 말씀하신다. '아니다. 괜찮다 사라야' 하시면서

나를 우리 집 정원에서부터 시작되는 그 넓은 꽃밭으로 나를 인도하시는 것이었다.

마리아는 어느새 보이지 않았고 주님과 나는 그 넓은 꽃밭 정원에 나 있는 길을 따라서 한참을 걸어갔다.

나는 다시 주님께 말했다.

"주님 제가 잘못한 것이 있으면 용서하여 주세요."

주님이 말씀하신다.

"아니다. 사라야."

그러시면서 주님과 나는 한참을 걸어서 꽃밭 정원을 지나서 유리바닷가의 벤치에 도달하여 거기에 앉았다.

주님이 말씀하신다.

"사라야, 내가 왜 너를 한국에 집회를 보내는지 아느냐?"

"네, 제가 천국에서 본 것 말하려고 가는데요."

그런데 내가 말하려고 했던 그 내용들은 첫 시간에 아담과 하와가 선악과를 먹고 시비를 가리게 된 이야기, 그리고 천상에서 요셉과 야곱을 만난 이야기 등등이었다.
그 다음 두 번째 시간은 다른 선진들을 만난 이야기 즉 베드로와 바울, 그리고 다윗과 모세 등등 이렇게 두 시간의 강의를 하려고 생각하고 있었다.

그런데 지금 주님이 말씀하려고 하시는 것은 내가 계획한 그 내용이 아니라 전쟁 이야기를 해야 한다는 것을 마음으로 알게 하여 주셨다.

그래서 첫 번째 시간에 전쟁 이야기 그 다음 휴거가 일어나고 그 다음 표 이야기 (왜냐하면 이 순서는 주님이 몇 번이나 나에게 말씀하신 순서들이다) 를 하라고 하시는 것이었다. 할렐루야.
그리고 그 다음 두 번째 시간에 아담과 하와가 선악과를 먹은 사건, 롯과 그 아내의 이야기를 하고 그 다음 요셉과 야곱을 만난 이야기를 하라고 말씀하시는 것이 마음으로 그냥 내게 전달되었다.
그 차례가 다시 정하여진 것이었다....... 주여!
아하, 할렐루야.
주님은 지금 내가 한국 집회에 가서 전할 말씀을 짠 계획이 잘못되었음을 수정하여 주고 계시는 것이었다.
그래서 나는 주님께 이렇게 말했다.
"주님 한 달 전에 어떤 전도사가 전쟁난다고 하여 그 날짜까지 말하여 어긋났는데 저까지 가서 이번에 또 전쟁이 날 것이라 말하면 사람들이 저를 그 전도사와 같이 취급하려 할 텐데 그렇게 하면 어떡하지요?"라고 마음으로 걱정하면서 주님께 물었다.

그리하였더니 갑자기 내게 어제 읽은 고린도전서
'나팔을 불지 아니하면 어찌 전쟁을 준비하리요.'라는 성경구절이 생각나는 것이었다.

[고전 14:8]
만일 나팔이 분명치 못한 소리를 내면 누가 전쟁을 예비하리요

주님께서 나에게 이것을 이 순간 생각나게 하시는 것은 내가 외쳐서 한국 사람들로 하여금 전쟁을 준비시켜야 한다는 것이었다.

그래서 나는 다시 주님께 이렇게 물었다.

"주님, 군 수뇌부에서는 주님이 말씀하신대로 선제공격을 준비한다할지라도 일반시민들은 어떻게 전쟁을 준비하여야 하나요?"

그랬더니 주님께서는 나에게 '속히 구원' '속히 중생' '속히 성화' 이러한 구절들을 주셨다. 즉 시간이 급한 것을 알게 하여 주셨다.

그리고 모든 것 뒤로 두고 각자의 신령한 집 짓는 것에 발이 빨라야 할 것을 말씀하시는 것이었다.

즉 주님과 더욱 가까워지는 삶이 중요함을 말씀하시는 것이었다.

그렇다. 정말 중요한 것은 그것이다. 할렐루야!

전쟁이 곧 일어날 것이고 또한 그 전쟁 후에 휴거가 있다고 보면

우리는 하루속히 나의 신앙생활을 되돌아보고 하루라도 빨리 회개하고 하루라도 빨리 잘못된 삶을 돌이켜서 주님을 맞을 준비를 해야 하는 것이 급선무인 것이다.

주님은 말씀하신다. '그렇게 준비시켜야 한다.'고........

어떻게? '속히 구원' '속히 중생' '속히 성화'되게 말이다. 할렐루야!

그런데 나는 한국에 전쟁이 곧 일어날 것을 생각하니 다시 내 눈에 눈물이 흐르면서 울기 시작하였다.

오호라 통재라!

그러나 주님이 말씀하셨다.

'징계가 당시는 즐겁지 아니하나 징계 후에는 의의 평강한 열매를 맺을 것이다.'라고.

할렐루야.

그리고서는 주님은 이렇게 말씀하셨다.

"내가 너를 사랑한단다."

그리고서는 잠깐 침묵이 흐르고 또 말씀하시기를,

"그리고 나는 북한의 사람들도 사랑한단다."라고 하시면서

주님은 눈물을 흘리셨다.

주님은 주님이 흘리시는 눈물을 내게 보이지 않기 위하여 고개를 돌려서 눈물을 손으로 훔치시는 것이 보였다.

오 마이 갓! 주님이 우신다!

그리고서는 주님과 나는 그렇게 유리바다 앞의 벤치에서 울고 있었다.
나는 우리나라에 전쟁이 일어나면 그 피해가 클 것이라 생각하니 슬퍼서 울고 있었고
주님은 북한 주민들의 영혼들이 불쌍해서 울고 계셨다........

그러시다가 주님이 일어서셨다.
"가자 할 일이 많다."
그리고서는 나는 내려왔다.

나는 내려와서 오늘 나에게 왜 목각 말들이 나타났었는지?
그리고 그 말들의 귀와 수레가 왜 빨강 초록색으로 장식이 되어졌는지?
그리고 마리아가 왜 나를 데리러 왔는지에 대한 모든 의문이 다 풀리게 되었다.
할렐루야.

i) 나를 데리러 온 목각 말들은 진짜 말들이 아니었다.

이것은 내가 한국에 집회 가서 전해야 될 내용들이 주님 보시기에 합당치 아니함을 시사하는 것이었다. 즉 내가 계획한 것이 주님이 나를 한국에 보내시는 목적과 다르니 진짜 말들이 아니라 목각 말들이 나를 데리러 온 것이다.
할렐루야.

그래서 나는 얼마나 놀랐는지 모른다. 늘 진짜 말들이 왔었는데 목각 말들이 오니.....
주님은 전쟁을 선포하기를 원하시는데 나는 다른 것을 전하려 하였으니 말이다.
즉 주님이 나를 보내시는 목적과 내가 계획을 세운 것이 서로 다른 것임을 나타내는 것이었다.

ii) 그리고 그 목각 말들에 장식된 빨강 초록색들은 보통 한국에서 처녀총각 시집갈 때 입는 옷과 그리고 연지곤지 찍을 때 보면 그 장식들이 빨강색 초록색이다.

그래서 그 목각 말들에 장식된 장식은 한국을 뜻한다고 볼 수 있었다. 할렐루야.
하나님은 얼마나 정확하신지 모른다.

iii) 그리고 마지막으로 '왜 마리아가 먼저 수레에 타고 있었는가?' 하는 것이다.

늘 마리아는 천상에서 전쟁 이야기만 나오면 북한의 동포들을 구원하여 내어야 한다고 하면서 주님과 똑같이 눈물을 흘렸었다.

그래서 마리아가 먼저 수레에 타고 있었던 것은 오늘 주님이 내게 북한 동포 구원 때문에 반드시 전쟁이 일어날 것을 미리 말씀하시기 위함이라는 것을 알 수 있었다.

주님은 북한 동포들을 불쌍히 여겨 오늘 나에게 눈물을 흘리시는 것을 보여 주셨다.

오! 주여! 감사합니다. 제가 잘못했습니다. 반드시 다시 한국 내 동포들에게 가서 전쟁이 곧 일어날 것을 선포하고 오겠습니다. 할렐루야.

그리하여 오늘 주님께서는 내가 이번 1월 달에 서울에 가서 집회할 내용에 대하여 정확히 말씀하여 주신 것이다.

할렐루야. 감사합니다. 주님

이 부족한 종을 용서하여 주시옵소서.

97. 나에게 지옥편을 쓰게 하기 위하여 나를 지옥으로 안내할 천사를 붙여 주시는 주님
(2015. 1. 6)

그 다음 천국에 올라갔다.

이제는 진짜 흰 말 네 마리가 끄는 진짜 수레가 왔다.

우와! 예쁘다. 수레도 흰 옥색에 다이아몬드 보석으로 장식되어 있었다.

수레는 아주 컸으며 대개 내게 오는 수레의 크기로 보였다.

(목각 말이 끄는 목각 수레는 두 사람이 들어가 앉으면 꽉 차는 수레로 작았었다.)

이 수레 안에는 내가 앉는 좌석이 주황색 좌석이었고 그 앞에 흰 옥색깔의 아담 사이즈의 다이닝 테이블이 놓였고 그 위에 바나나가 담긴 보석 그릇이 놓여 있었다.

아이가 내게 와서 안기고 내가 바나나 껍질을 벗겨서 그의 입에 조그맣게 떼어서 넣어주고 나도 한 입을 먹었다. 그러는 중에 수레바깥에서 나를 수호하는 천사가 황금진주 대문에 이르러 천사들에게 '문을 여시오!'라고 나지막히 말한다.
그리하였더니 천국문이 활짝 열리고 수레가 황금대로 왼편에 도착하였다.

내가 수레에서 내리는데 내 드레스 색깔이 다시 분홍색 같이 되려고 하는 것을 느꼈다.
그러나 나는 이번에는 흰 드레스를 입고 싶어 했다.
왜냐하면 내가 또 연분홍색의 드레스를 입으면 지옥을 보낼 것 같아서였다. (요즈음에 수레에서 내릴 때에 내 옷의 색깔을 보면 내가 지옥을 가는지 알 수 있게 하셨는데 주님은 지난번에 내게 지옥편을 쓰게 하시기 위하여 나에게 분홍색 드레스를 입히시고 그 분홍색 드레스에 지옥편이라고 써 주셨었다. 이 이야기는 다음에 나오는 책 지옥편에서 상세히 나오게 될 것이다.)
그랬더니 옷이 분홍색으로 변하려 하다가 다시 내가 원하는 흰 옷에 다이아몬드 장식들이 작게 작게 장식된 아름다운 흰 드레스가 내게 입혀졌다.
할렐루야. 천국에서도 내가 내 의사 표현을 이렇게 할 수 있다. 원하지 않으면 곧 바뀐다.

그러고 나서 나는 주님을 맞이하였다.
주님은 오히려 흰 옷에 회색 조끼 같은 것을 걸치신 모습이시다.
오늘따라 구멍이 뚫린 발에 샌달 같은 것을 신고 계신다.
주여!
주님이 나를 주님의 보좌 앞으로 인도하셨는데 주님 보좌 앞에서는 주님의 복장이 다시 바뀌셨다. 우윳빛이 나는 긴 흰 옷에 금장색 무늬가 있는 옷을 입으시고 보좌에 앉으신 것이다. 천국에서 이러한 복장 변화는 순식간에 일어난다.
그리고 주님 보좌 앞쪽으로 양옆에는 천사들이 쭉 늘어서 있었다.

나는 주님의 보좌 앞에서 무릎을 꿇고 엎드려 울고 있었다.
'주님, 이 부족한 종에게 지옥을 보게 하시고 또 지옥편을 쓰게 하시려고 하시다니요.'하면서 나는 엉엉 울었다. 순간적으로 나의 부족함이 강하게 느껴졌다.
이렇게 미자격인 나를 쓰시고자 하시니 나는 민망하여 주님 앞에서 엉엉 울었다
옆에 서 있는 천사들이 나의 이 모습을 보고 미소를 지으며 웃고 있었다.

그렇게 엎드려서 울고 있는데 주님이 말씀하신다.
"내가 너의 전부이니라."
'아, 그래 그렇지! 주님이 나의 전부이시지.' 나는 여기에 대하여 마음으로 진정으로 동의가 되었다.

그 순간 내게 깨달아지는 것이
'그래 맞아 그러면 주님이 다 하실 것이야.'
'그러므로 나의 부족은 문제가 되지 아니하는 것이야.' 할렐루야.
'그러므로 내가 이렇게 울 필요가 없는 것이야'라고 이렇게 결론이 내려지자
나는 금방 울던 것을 뚝 그치고 고개를 들고 빙그레 미소를 지었다.
그랬더니 옆에 서 있는 천사들이 나의 이러한 모습을 보고 또 우습다고 미소를 짓는 것이었다.
할렐루야.

**** 나는 여기서 이 천사들의 미소 짓는 모습을 조금 설명하고 싶다.
처음에 내가 부족하여 주님 앞에 울고 있을 때에 이들이 미소를 지은 이유는
그 뒤에 내가 깨달을 것(나는 부족하지만 주님이 다 하실 것을 깨닫게 될 것을 알고서 말이다.)을
알고 울고 있는 모습이 우스워서 미소를 지었다. 이것이 그냥 내게 지식으로 알아졌다.
그 다음 내가 깨닫고 나서 울던 내가 머리를 들고 빙그레 미소를 지을 때에 그들이 웃은 것은 나에게 동의하는 웃음이었다. '이제야 사라님 아시겠어요?'하는 의미로 웃은 것이다. 할렐루야. 나는 천사들이 내가 천상에서 겪을 일을 미리 알고 있다는 사실을 여러 번 아니 반복하여 경험하고 있었다.
그리고 그들은 내게 그것을 암시하였던 것이다.

그렇다. 내가 하는 것이 아니다.
주님은 단지 나를 선택하여 도구로만 쓰시고 그 모든 것을 주님이 하시는 것이다.
그렇게 깨달아지니까... (즉 나의 부족은 문제가 안 되는 것이 깨달아지니까. 할렐루야)
주님은 그 다음 나를 보고 내 자리에 들어가서 앉으라고 말씀하셨다.
그래서 나는 엎드려서 울다가는 미소를 짓고 이제는 일어나 내 자리에 와서 앉았다.
내 자리는 항상 주님의 보좌 앞 왼쪽 맨 앞줄의 천사들이 서 있는 곳에 있었는데 주님 가까운 쪽으로 천사들이 서너 명이 서있고 그 다음 내가 앉는 의자가 놓여 있었다.

내가 내 자리에 와서 앉았더니 저 입구에서 저번에 주님과 같이 보았던 그 마귀부하 같이 생긴, 키가 크고 (9피트는 능히 되어 보였다) 얼굴이 해처럼 크고 둥글며 납작하였는데 그 전체적인 얼굴은 마귀부하처럼 흉악하게 보였고 얼굴색은 갈색이었으며 얼굴 전체에 깊은 주름들로 쭈글쭈글한 남성이 들어와서 주님 앞에 한쪽 무릎을 꿇고 인사를 했다.
그리고 이 천사가 주님 앞에서 인사를 할 때에 그 마음속으로 말하는 말이 알아지는데
'주님, 제가 사라님을 지옥으로 잘 인도하겠습니다.'라고 말하는 것이 느껴졌다.

그래서 나는 이 때에 이는 마귀의 부하가 아니고 나를 지옥으로 수호할 천사인 것이 알아졌다.
아하, 저 천사가 이제부터는 지옥편을 쓸 때에 나를 지옥으로 인도하는 천사구나!
주여!
너무 흉악하게 생겨서 잠시 나는 멈칫하였으나 그러나 어쨌든 할렐루야였다.
그가 무섭게 생겼건 말건 그 천사는 지옥편을 쓰게 하기 위하여 나를 수호할 천사인 것이다.
나를 지옥으로 안내할 천사이다. 할렐루야.
'주님 감사합니다. 혼자 보내지 않으셔서요.' 할렐루야.

그리고서는 주님은 내게 베리칩이 666이라는 것을 외쳐야 함을 알게 하여 주셨다.
그리고 저 입구에서 베리칩이 666이라고 외치는 자들이 입장하는 것이 보였다.
할렐루야. 이것까지만 보고 내려오게 되었다.

98. (i) 천국에서 큰 금고열쇠를 받다.
(ii) 지옥편을 성경편 5권 외에 따로 써야 함을 알게 되다.
(2015. 1. 7)

(i) 천국에서 큰 금고열쇠를 받다.

천국에 올라가는데 수레바깥에서 나를 수호하는 천사가 나에게 이렇게 말한다.
'주인님, 나는 주인님을 믿던 것이 너무 감사해요.'히면서 울먹이려 했다.
그때 내 생각에 '아니 천사들도 우는가?'하는 의문이 생겼다. 그러나 그들은 눈물까지는 흘리지 아니하였지만 그들도 감정이 있다는 것을 확실히 알게 된 것이다.
그 수호천사는 나에게 거의 울먹이듯이 즉 나를 수호하게 된 것이 너무 감사한 것에 대하여 말이다.
그리고 말을 모는 천사도 거의 울먹이면서 수레바깥에서 나를 수호하는 천사와 같이 나에게 감사하다는 마음을 표현하였다. 그것이 다 마음으로 전달되었다.

그리고 나서 나는 수레에 올라타는데 오늘따라 수레가 참으로 멋있었다.

벌써 나는 수레바깥에서부터 다이아몬드로 된 면류관을 쓰고 아름다운 흰 드레스를 입고 조심스럽게 수레를 올라타고 있었다.
수레 안에는 내가 앉는 좌석 앞에 다이닝 테이블이 있었는데 그 위에 청색 포도가 아름다운 보석 그릇에 담겨져 있었다.

수레는 곧 황금진주 대문 앞에 왔는데 바깥의 천사가 황금진주 대문을 지키는 천사들에게 나지막이 이렇게 말한다.
'문을 여시오'라고 하니 그 천사들이 문을 활짝 열었다.
이전에는 바깥 수호천사가 '문을 여시오'하고 호통치듯 명령하듯이 말하였는데
이제는 나지막이 말하여도 그 천사들은 문을 활짝 순식간에 열어준다.

그리고 나는 천국대로 옆에 도착하여 내려서 저쪽 황금대로 오른편에서 기다리고 계시는 주님께로 이동하였다.
주님은 오늘따라 흰 긴 옷을 입고 계셨고 나는 그냥 그분 밑에 엎드려 고개를 들지 못하고 통곡하며 울고 있었다.
나는 주님만 보면 통곡하는 경우가 많다.
왜 통곡하는가 하는 것은 그분에 대한 감사함, 그분을 찬양함, 또 아주 부족하기 짝이 없는 나를 주님의 도구로 써 주시는 것에 대하여 감사와 함께, 물밀듯이 몰려오는 그분에 대하여 그분의 뜻대로 살지 못한 것에 대한 죄송함, 그리고 그분의 훌륭하심과 자비하심과 거룩하심 등등 때문에 이러한 모든 것이 복합되어 나오는 감정을 가지고 나는 어쩔줄을 몰라하며 한참이나 그분의 발밑에서 울고 있었다.

보통 때 같으면 나는 그분의 구멍 뚫린 발 때문에 마음이 많이 아플텐데 이 순간에는 발에 구멍이 있는 사실이 느껴지지 않았고 오늘은 내가 천국에 올라오자마자 천국 바닥이건 뭐건 나는 그분을 보자마자 그냥 일어날 줄 모르고 꿇어 엎드려서 엉엉 울었다.
대개 내가 이렇게 통곡하며 우는 것은 주로 주님의 보좌 앞에서 일어났었다. 그런데 오늘은 천국에 올라오자마자 주님을 보자마자 엎드려 엉엉 울기 시작하였다.

저쪽에 보니 흰 옷 입은 무리가 나를 지켜보고 있었다.
나는 그들이 지켜 보건 말건 주님 앞에서 오열하고 있었다.
이유인즉슨 지난번 한국집회에서 (2014년 11월) 나의 천국과 지옥간증을 듣고 어떤 분들이 많은 액

수를 헌금하겠다고 한 것이다.
즉 그들은 내가 마음껏 선교할 수 있도록 물질을 공급하겠다고 하는 분들이었다.
그런데 나는 이것이 천상에서 주님이 내게 그 사람들을 통하여 주시는 것이 깨달아졌다.
그리고 이것이 거의 나에게 전달 완성 단계에 있음이 알아졌다.

그래서 나는 그분 앞에서 오열하고 있었다.
그러자 주님이 마음으로 이렇게 말씀하신다.
'이제야 네가 내가 어떤 자인지 알겠느냐?'라고 말씀하시는 것이 내게 전달되었다.
할렐루야. 주님은 내게 말없는 말을 하고 전달하고 계셨다.
말로 하지 아니하여도 천국에서는 이렇게 소통이 가능하다.
그래서 나는 대답하였다. 마음으로.
"네 주님......."
나는 여태껏 선교는 내가 돈을 모아서 하는 줄로 알았다. 선교는 하고 싶은데 아직 주님이 선교지로 보내시지도 않고 또한 선교를 할 수 있는 돈이 모아진 것도 아니었다. 그런데 때가 되니까 주님이 나에게 그 재물을 주셔서 선교할 수 있게 하시는 분이라는 것을 알게 된 것이다. 그래서 주님 앞에서 나는 오열하였다.
할렐루야.

그렇게 한참을 말없이 주님 밑에서 오열하며 울고 있는데 주님이 나를 끌어 올리셔서 저 절벽위에 폭포수가 흐르는 곳으로 나를 데리고 가셨다.
그리고서는 그 폭포수에서 흐르는 생명수로 내 얼굴을 씻게 하시고
즉 내 얼굴의 모든 눈물 자국을 씻게 하시고 거기 있는 생명수로 나를 먹이시는 것이었다.

그리고 나서 주님과 나는 벌써 성부 하나님이 계신 궁에 도착하였다.
성부 하나님의 보좌는 저어기 앞쪽에 있었고 그리고 주님과 나는 그 넓은 궁에 서 있었다.
주님과 내가 가면 늘 궁 안에 서는 그곳에 말이다. 여기서 주님은 항상 내 오른편 옆에 서신다.
그리고 내 왼쪽 앞으로는 역시 하얀 작은 둥근 테이블이 놓였고 거기 위에는 계시록을 풀이한 갈색 상자가 놓여 있는 것이 보였다.
나는 그 상자를 가져다가 가슴에 꼭 안았다.
그 두꺼운 갈색 책이 들어있는 상자를 품에 안고 성부 하나님 앞에 서 있었던 것이다.
주여!

그리하였더니 저 앞에서 성부 하나님이 말씀하신다.

"사라야! 그 책을 그 테이블에 놓아라."

그래서 나는 그 책을 그 테이블 위에 도로 내려놓고 성부 하나님 앞에 섰다.

그리고 성부 하나님은 내게 아무런 말씀을 안 하시는데 그분의 마음이 말할 수 없이 내 마음 안으로 들어와 물결치듯이 교통이 되는 것이었다.

그렇게 나는 말없이 성부 하나님과 마음과 마음으로 교통하고 있었다.

즉 그분의 마음과 내 마음이 통하여 물결치듯이 흐르고 있었다.

아! 정말 좋았다.

이것은 글로 표현이 안 되는 한없이 기쁘고 좋은 교통이었다.

그분의 마음이 내 마음, 내 마음이 그분의 마음이 되는 순간이었다.

이렇게 일치된 것처럼 그렇게 나를 엄청 기분 좋게 하여 주셨다.

그분의 마음이 내게 들어와서 물결치는 그 순간, 나에게 일어나는 그 기쁨은 정말로 말로 표현이 불가능하다.

한참을 그러고 있었다. 할렐루야!

그러는 중에 옆에 계신 성자 예수님이 갑자기 내 두 손을 펴라고 하셨다.

그래서 내가 두 손을 손바닥을 위로 하고 폈다. 그랬더니 주님이 내 두 손에 길고 큰 금고 열쇠를 '탁'하고 놓아주시는 것이었다. 할렐루야!

'아니, 이것이 무엇이지? 왜 내게 이러한 크고 긴 금고 열쇠 같은 것을 주시나?'하고 생각하니 내가 이제부터 마음껏 선교할 수 있도록 '아하, 그렇구나! 하늘의 금고 열쇠를 내게 주신 것이구나.'하고 알아진 것이다. 할렐루야.

즉 지금 서울에서 나에게 선교할 수 있도록 물질을 주겠다고 하는 그 사람들을 통하여 주님이 그 물질을 내게 주시겠다는 것이었다.

할렐루야.

그 물질이 반드시 내게 와서 하나님의 일을 감당하게 될 것을 지금 천국에서 성부 하나님 앞에서 성자 예수님이 이 하늘 금고 열쇠를 내게 주심으로 말미암아 확증하여 주시는 것이었다.

할렐루야.

나는 이제 이 일로 인하여 정말 내가 그렇게 소원하고 소원하였던 선교를 시작할 수 있음을 알게 된 것이다. 할렐루야. 주님을 찬양합니다.

주님 감사합니다. 하나님 감사합니다.

어찌하였든 오늘 나는 성부 하나님 궁에서 성자 하나님으로부터 크고 긴 하늘의 금고 열쇠를 받았다. 그리고 이것을 어디에다가 보관하여야 하나 고민하다가 '아하! 내 집에다가 해야겠구나' 생각하고 있는데, 그러는 중에 주님과 나는 벌써 그 금고 열쇠를 가지고 내 집 거실에 와 있었다. 할렐루야.

(ii) 지옥편을 성경편 5권외에 따로 써야 함을 알게 되다.

주님과 나는 우선 큰 궁처럼 넓어진 내 집, 생명수가 흐르는 분수대에서 생명수를 한 컵씩 마시고 테이블에 앉았는데 저기에 놓여 있던 모세의 황금 지팡이를 가져와서 테이블에 놓고 거기에다가 내가 조금 전에 받은 금고 열쇠도 놓았다.
그리고 또 그 테이블 위에는 순식간에 내가 써야 할 연분홍색 책 다섯 권이 놓여졌다.

나는 주님께 질문하였다.
첫째 권은 주님이 가르쳐 주신대로 창세기에 대한 것이고
두 번째는 모세와 이야기한 것이고....
그렇게 말하고 있을 때에 모세가 어느 새 와서 내 왼편 의자에 앉는 것이었다.
보통 모세는 주님 옆에 가서 앉는데 오늘은 바로 내 옆 왼쪽 의자에 앉은 것이다.
모세는 엷은 하늘색 옷을 입고 있었다.

그리고 세 번째 내가 써야 할 책은 계시록에 대한 책인데 나는 그것을 집어서 이쪽으로 옮겨놓고 있는데 바로 그 때에 사도 요한이 와서 또 내 오른편에 앉았다.
오 마이 갓!
모세가 내 왼편에 그리고 요한이 와서 내 오른편에 앉은 것이다.
나는 순간에 '아니 내가 무엇이길래 이러한 훌륭한 믿음의 선진들이 내 옆에 와서 앉지?' 하는 생각이 스쳐 지나갔다.
그런데 사도 요한이 내 옆에 와서 앉은 바로 그 이후에 갑자기 내 집안에 우리가 앉은 뒤쪽으로 많은 사람들이 나타나서 벌써 웅성웅성하고 있었다. 거기에는 베드로, 삭개오, 아브라함, 이삭, 에스더 등등 즉 내 책에 등장하는 믿음의 선진들이 내 집안에 와 있다는 것이 알아졌다.

그리고 나머지 제 4권과 5권을 내가 가져다가 테이블위에 펴면서 나는 주님께 물었다.
'주님 이 중에 어느 것이 지옥편입니까?' 하고.
'제 4권입니까? 아니면 제 5권입니까?' 하였더니 아무런 말씀이 없으시다.

원래 주님은 내가 물은 것이 답이 아니면 침묵하시는 것 같다.
침묵이 한참 흘렀다.
그런 후에 주님은 집안에 있는 천사에게 말씀하신다.
"가져 오너라." 그리하였더니 천사가 상자곽을 가져오는데 거기에는 책이 하나 들어 있었다. 그리고 그 책에는 '지옥편'이라고 쓰여져 있었다.
즉 이 '지옥편'이 내가 성경편을 써야 하는 이 다섯 권 안에 들어가지 아니함을 의미하는 것이었다.
주여!
그래서 나는 주님께 이렇게 말했다.
'아니 주님! 그러면 제가 이 성경편 다섯 권 말고 따로 이 지옥편을 써야 한다는 것입니까?' 하고 물었다.
그랬더니 우리 뒤에서 웅성웅성하던 믿음의 선진들이 박수를 치면서 '그렇다'는 것을 표현하는 것이었다.
'아니 따로 지옥편을 쓰다니요?'
아직 나는 이해가 안 되었지만 내가 받은 계시는 여기까지였다.

나는 앞으로 다시 주님과 이것에 대하여 확인을 해야 할 것이다.
지옥편을 내가 써야 하는 것은 알겠는데 이 다섯 권 안에 안 들어간다는 것은 내가 다시 지옥편을 따로 한 권을 더 쓰라는 의미였다. 나는 이것이 조금 부담스러웠다. 또 따로 한 권을 더 써야 한다니......

그렇다. 성경편은 제 1권부터 5권이다.
그런데 '지옥편'이라고 하는 것은 '성경편'이라고 하는 말과 맞지 않다.
그래서 주님이 따로 써라 하시는 것 같다.
그래도 나는 다시 확인을 해야겠다. 정말 그러한 말씀이신지......

99. 이사야 65장에 나타난 천년왕국의 이미지는 영원천국에 관한 것임을 알게 하시다.
(2015. 1. 10)

천국에 올라갔다.

수레도 말도 천사들도 다 정상이다. 왜 내가 그들이 정상으로 보이냐 안 보이냐를 살피냐면 그들이 정상으로 보이지 아니할 때는 영락없이 내가 천국을 올라간다하더라도 곧 지옥으로 갔기 때문이다. (지옥편 참조)

수레안의 내 좌석 앞의 테이블 위에는 청색 포도가 보석그릇에 놓여 있었다.

'아하, 오늘은 모두가 다 정상으로 보이니 천국을 구경 가는구나!' 알아졌다.

그리고 내가 탄 수레는 즉시 천국으로 올라갔다.

주님이 나를 맞아주셨다.

나는 내 손에 뚫려 있는 구멍을 주님께 보이기 민망스러워 소매로 그 구멍을 가렸다.

주님이 나를 데리고 공중으로 끌어올리셨는데 그곳은 분명 구름 위였다. 그런데 거기에는 주님과 내가 딛고 설 수 있는 백색의 원판이 크게 있어 거기 위에서 주님과 나는 한없이 춤을 추었던 것이다. 나는 너무나 좋았다.

밑에서 흰 옷 입은 무리들이 춤추고 있는 주님과 나를 바라보고 기뻐하여 주었다.

주님과 춤을 추는 것이 얼마나 기분이 좋았던지 황홀 그 자체였다.

그리고서는 주님은 나를 요한의 집 앞에 있는 피크닉 테이블로 데리고 갔다.

거기는 모세와 요한이 와 있었다.

우리는 서로 각자 앉는 자리에 앉았다.

갈색의 상자가 보였고 그 안에 황금색으로 장식한 보라색의 두꺼운 책이 들어 있었다.

그 책은 그 안에 천국의 언어로 계시록을 풀이한 것이 들어 있었다.

요한과 내가 성경의 어디를 볼까하는데 천년왕국이 생각이 났다.

아하, 천년왕국 그렇지! 나는 거기에 대하여 의문이 많았다.

천국에서 생각나는 것은 결코 우연이 아니다.

주님이 생각나게 하시는 것이다. 할렐루야!

천년왕국에 대하여 물어볼 말이 많았다.
거기에 보좌에 앉은 자들이 누구인지............
이들은 이기는 자들로서 부활하여 보좌에 앉아 있다가 천년왕국에 들어갈 때에 내려온다.
이들에게는 누가 속하는지............
할렐루야.

그리고 이 천년왕국이 이사야 65장에서 말하는 것과 어떤 관계가 있는지.......

분명 이사야 65장에서는 새 하늘과 새 땅을 말하고 있으므로 이 천년왕국을 말하고 있는 것이 아닌 것이 들어왔다.
새 하늘과 새 땅은 영원천국을 말한다.

[사 65:17-20]
(17)보라 내가 새 하늘과 새 땅을 창조하나니 이전 것은 기억되거나 마음에 생각나지 아니할 것이라 (18)너희는 나의 창조하는 것을 인하여 영원히 기뻐하며 즐거워할지니라 보라 내가 예루살렘으로 즐거움을 창조하며 그 백성으로 기쁨을 삼고 (19)내가 예루살렘을 즐거워하며 나의 백성을 기뻐하리니 우는 소리와 부르짖는 소리가 그 가운데서 다시는 들리지 아니할 것이며 (20)거기는 날 수가 많지 못하여 죽는 유아와 수한이 차지 못한 노인이 다시는 없을 것이라 곧 백세에 죽는 자가 아이겠고 백세 못되어 죽는 자는 저주 받은 것이리라

이 구절은 계시록 21장에 나오는 구절과 일치한다.

[계 21:1-4]
(1)또 내가 새 하늘과 새 땅을 보니 처음 하늘과 처음 땅이 없어졌고 바다도 다시 있지 않더라 (2)또 내가 보매 거룩한 성 새 예루살렘이 하나님께로부터 하늘에서 내려오니 그 예비한 것이 신부가 남편을 위하여 단장한 것 같더라 (3)내가 들으니 보좌에서 큰 음성이 나서 가로되 보라 하나님의 장막이 사람들과 함께 있으매 하나님이 저희와 함께 거하시리니 저희는 하나님의 백성이 되고 하나님은 친히 저희와 함께 계셔서 (4)모든 눈물을 그 눈에서 씻기시매 다시 사망이 없고 애통하는 것이나 곡하는 것이나 아픈 것이 다시 있지 아니하리니 처음 것들이 다 지나갔음이러라

즉 이사야는 분명히 새 하늘과 새 땅을 말하고 있다. 그러므로 이전 하늘과 이전 땅은 없어진 것이

다. 그리고 이전 것은 다 지나갔다라고 말하고 있고 이것이 계시록 21장 4절과 또 일치하고 있는 것이다.

즉 잘 보면 이사야 65장 17-21절이 계시록 21장 1-4절과 거의 동일한 상황을 말하고 있음을 알 수 있다.

그런데 사람들은 이사야와 연결하여

[사 65:20]
거기는 날 수가 많지 못하여 죽는 유아와 수한이 차지 못한 노인이 다시는 없을 것이라 곧 백세에 죽는 자가 아이겠고 백세 못되어 죽는 자는 저주 받은 것이리라

이 말씀만을 가지고 사람들이 거기서는 천년동안 수명이 길어져서 그렇게 산다고 한다.
그래서 천년왕국은 사람들이 수명이 천년동안 늘어나는 기간이라 생각한다. 아담과 하와같이 900살 이상 사는 것이라 생각한다.
그러나 그것이 아니다.

계시록 20장 4절이 개역성경에서는 잘못 번역되어 있는 것을 이미 다루었으므로
(83. 대환란 후의 휴거: (ii) 대환난 후의 짐승의 우상에게 절하지 않고 이마나 손에 표를 받지 않은 자들의 추수(휴거) 참조.)
다음에 공동번역과 King James Version의 계시록 20장 4절을 보면 다음과 같다.

[계 20: 4]
나는 또 많은 높은 좌석과 그 위에 앉아 있는 사람들을 보았습니다. 그들은 심판할 권한을 받은 사람들이었습니다. 또 예수께서 계시하신 진리와 하느님의 말씀을 전파했다고 해서 목을 잘리운 사람들의 영혼을 보았습니다. 그들은 그 짐승이나 그의 우상에게 절을 하지 않고 이마와 손에 낙인을 받지 않은 사람들입니다. 그들은 살아나서 그리스도와 함께 천 년 동안 왕노릇을 하였습니다. [공동번역]

And I saw thrones, and they sat upon them, and judgment was given unto them: and [I saw] the souls of them that were beheaded for the witness of Jesus, and for the word of God, and which had not worshipped the beast, neither his image, neither had received [his] mark upon their foreheads, or in their hands; and they lived and reigned with Christ a thousand years [KJV].

즉 여기에 보면 하늘에서 보좌에 앉아 있던 자들과 또한 하나님과 하나님의 말씀으로 인하여 목이 베인 자들이 있어 이들은 짐승과 짐승의 우상에게 절하지 않고 이마나 손에 표를 받지 아니한 자들이 다시 살아나서 함께 천년왕국에 들어가는 것이다.

보좌에 앉아 있는 자들은 이기는 삶을 살은 자들로서 이미 부활하여 올라가 보좌에 앉아 있는 자들이고 이 목베임을 받은 자들은 대환란때에 죽임을 당하고 그 영혼이 올라갔으나 아직 부활의 몸을 입고 있지 않은 상태에 있다가 이 천년왕국에 들어가기전에 바로 부활하는 것이다. 할렐루야.

그리고 계시록 20장 5절과 6절을 보면 더 확실하여진다.

[계 20:5-6]
(5)(그 나머지 죽은 자들은 그 천년이 차기까지 살지 못하더라) 이는 첫째 부활이라 (6)이 첫째 부활에 참예하는 자들은 복이 있고 거룩하도다 둘째 사망이 그들을 다스리는 권세가 없고 도리어 그들이 하나님과 그리스도의 제사장이 되어 천년 동안 그리스도로 더불어 왕 노릇 하리라

왜냐하면 여기서 분명히 첫째 부활이라 말을 하고 있고
그리하여 천년왕국에 들어가는 자들은 다 부활되어서 들어가는 것이다.
그러므로 수명이 늘어나서 천년을 사는 것이 아니다.
이렇게 천국에서 알아지는데 모세가 이렇게 말한다.
"주님 사라가 너무 빨라요"라고.
즉 깨닫는 진도가 너무 빨리 나간다는 의미였다. 할렐루야

그러면
그 이사야가 이사야 65장에서 말한 어린아이가 100세 이전에 죽으면 저주라는 말은 무슨 말인가?
하는 것이었다.

사람들은 특히 이 구절 때문에 천년왕국에는 사람이 살아서 들어가서 1000년 동안을 아담과 하와가 그렇게 살았듯이 애를 낳고 산다고 한다.
그래서 나는 주님께 물었다.
이 구절은 또 무엇을 말하는지?....

주님은 그 자리에서 이해가 가게 하여 주시는데
이것은 이사야가 영원천국을 보았는데 영원천국에서는 시간이 멈춘 것처럼 보이므로
이사야는 그의 영으로 아이들이 죽지 않고 100세 이상 사는 것을 보고 말했다는 것이다.
할렐루야.

아하! 이제야 모두 이해가 된다.
이사야는 영원천국 즉 새 하늘과 새 땅에서 아이들이 100세가 되어도 죽지 않고 사는 것을 본 것이다. 할렐루야.
그리고 거기서 사람들이 천년 동안 왕 노릇한다 하는데 사람들은 백성이 있어야 왕 노릇한다고 한다.

그러면 백성이 누구냐?

하는 것이다.

아니다. 주님이 나에게 알게 하여 주신 것은
그들이 왕 노릇한다는 것은 꼭 다스리는 백성이 있어서라기보다 생명 안에서 왕 노릇하는 것과 같은 것임을 알게 하여 주셨다. 할렐루야.

[롬 5:17]
한 사람의 범죄를 인하여 사망이 그 한 사람으로 말미암아 왕 노릇 하였은즉 더욱 은혜와 의의 선물을 넘치게 받는 자들이 한 분 예수 그리스도로 말미암아 생명 안에서 왕 노릇 하리로다

 그들이 지상에 살더라도 이미 그들은 부활한 몸으로 죄를 다스리고 자신을 다스리고 환경을 다스리고 사는 것을 의미한다. 또한 이 때에 사단은 무저갱에 가두어져 있으므로 죄를 지을 수 없다.
그러므로 그들은 이제 지상에서 스스로가 왕 노릇하며 사는 것이다.
해도 달도 별도 그대로 있다. 천년왕국이 일어나는 곳인 새 하늘과 새 땅이 아닌 지금 보이는 하늘과 땅에서 일어날 것이기 때문이다.

분명 새 하늘과 새 땅은 천년왕국이 지난 다음, 지금 보이는 하늘과 땅이 없어지고 백보좌 심판 후에 일어나는데 그것이 계시록 21장에 기록되어 있다.

할렐루야.

그러므로 확실히 이사야에서 말하는 것이 천년왕국에 대한 것이 아닌 것이 확실하여졌다.

할렐루야.

알게 하여 주시고 가르쳐주시는 주님을 찬양합니다.

할렐루야.

100. 아버지가 초가집에 사시고 계신 것을 보다.
(2015. 1. 12)

천국에 올라갔다.

수레가 하늘색으로 된 보석으로 장식되어 있어 너무 예쁘다.

천국에 도착하여 주님을 뵈었는데 주님과 나는 벌써 어디엔가 와 있었다. 순식간의 이동이었다.

내 눈에는 먼저 장독들이 보였다.

'천국에도 장독들이 있나?' 하고 있는데 그 집은 초가집이었다.

그 집에 누가 사나하고 보았더니 내 육신의 아버지가 사시고 계셨다.

아버지가 이전에는 큰 공장 건물 같은 곳에서 다른 사람들과 공동체 생활을 하고 계신 것을 보았는데 이제는 혼자서 이 초가집에 살고 계신 것이었다.

나는 마음으로 아버지가 이렇게 초가집에서 사시는 것이 마음이 아팠다.

그러자 아버지는 벌써 내 마음을 아시고 말씀하시기를

'나는 여기서 참으로 행복하단다.'라고 하셨다.

집에 토마토가 열려 있었다.

이전에도 나는 천국에서 이러한 초가집을 한번 슬쩍 본적이 있었는데 그것이 아버지의 집이었나? 하는 생각이 지금 들었다. 그 때에도 나는 내 육신의 아버지를 보았었다. 그 때는 아버지가 밭에서 일하고 계셨다. 그런데 그 때에는 그 초가집이 우리 아버지가 산다고는 생각하지 못했었다. 그런데 오늘 주님께서 나를 이렇게 초가집에 사시는 아버지에게로 데리고 오신 것이다.

초가집에 사시는 나의 아버지를 보고 마음이 아파하는 나에게 내 육신의 아버지는 젊은 모습으로 하시는 말씀이 자신이 여기서 사는 것이 진정으로 행복하다고 하셨다.
할렐루야.

즉 그렇게 공장 건물 같은 곳에서 공동생활하시다가 그 때에도 밭에서 일을 하셨는데 이제는 단독 초가집에서 사시게 되셨는데 아버지는 내 생각과는 다르게 무척 행복하여 하셨다.

나는 내 아버지가 사시는 곳이 천국의 변두리가 아닌가 생각한다.
왜냐하면 이전에 주님이 나를 내 아버지가 사시는 곳에 데리고 가시는 것을 보면 믿음의 선진들의 집에 갈 때보다 훨씬 정말 멀리멀리 가셨기 때문이다. 그리고 거기에서 아버지와 다른 사람들이 공동생활을 하면서 농사를 짓고 계셨다. 그러나 나는 믿음의 선진들이 농사를 짓고 있는 것을 보지는 못했다. 그런 것으로 보아 농사는 천국의 변두리에 있는 사람들이 짓는 것이 아닌가 생각된다.
그러므로 나는 천국은 천국의 중심이건 변두리이건 성안으로서 어찌하였건 간에 행복해 보이셨다.
그러나 성밖은 정말 다른 곳이다. 거기는 행복이 없고 슬피 울며 이를 가는 곳이다.
벌을 받는 곳이다. 그러므로 내 육신의 아버지가 계신 곳은 생명수가 공급되는 성안으로서 천국의 성안의 변두리인 것으로 현재까지는 보인다. 할렐루야.
주님, 감사합니다.

101. '너의 일을 구하지 말고 나의 일을 구하라.' 라고 말씀하시는 주님
(2015. 1. 13)

천국에 올라갔다.
수레와 말들이 정상으로 보였다.
이제 나는 천국에 올라가기 전에 수레가 정상적인 수레인지 말들이 정상적인 말들인지를 살피는 자가 되었다.
왜냐하면 그들이 이상하게 보일 때에는 천국에 올라가도 내가 지옥으로 보내지기 때문이다.

그런데 오늘은 흰 네 마리 말들이 끄는 아름다운 수레가 왔다.
그런데 수레 안에서 내 앞 테이블에 상추가 놓였고 그리고 밥에 김을 섞어놓은 것이 놓여 있었다.
할렐루야.
'어찌 이런 일이?' 나는 아주 신기하였다. 천국에서도 상추쌈을 먹나?

나는 수레에서 내려서 주님께로 왔다.
주님은 늘 서 계시는 곳에서 나를 기다리고 계셨다.

주님은 나를 모세를 만나는 곳으로 데리고 가셨다.
그런데 이 방은 처음 보는 방이었다.
꼭 우주선 안과 같은 방에 주님과 모세 그리고 내가 의자를 놓고 앉았다.
오늘따라 모세의 옷차림이 꼭 우주복 느낌이 나는 흰 옷을 아래위로 입고 있었다.
주님이 모세에게 말씀하신다.
"사라에게 말하라."
모세는 나를 바라보며 말했다.
나는 모세를 바라볼 때 참으로 미안하고 민망한 마음이 밀려왔다.
죄송한 마음 말이다. 내가 그에게 잘하지 못했고 잘 못알아 들었고 등등이 생각이 나면서 말이다.

그런데 모세가 나를 바라보더니 이렇게 말한다.
"주님이 사라에게 부탁이 있으신 것 같아요."
나는 '아니 주님이 내게 부탁이라니 명령하시면 되지 왜 저 같은 자에게 부탁을 하시다니요?'하는
마음으로 주님을 바라보았다.

주님이 나에게 이렇게 말씀하신다.
"사라야, 너는 나를 올리고 싶니? 아니면 너를 올리고 싶니?"
즉 나를 높이고 싶으냐 아니면 너 자신을 높이고 싶으냐? 라고 물으시는 것이었다.
너무나 당연한 것을 물으시므로 이것은 주님이 나에게 경고를 하고 계시는 것이었다.
"네 주님, 당연히 주님을 높이고 싶지요."라고 했다.
조금이라도 나 자신이 높아지려 하였던 마음이 있었던 것을 그 순간 나는 회개하여야 했다.

그랬더니 주님이 말씀하신다.

"너의 일을 구하지 말고 나의 일을 구하라."라고 말씀하신다.
할렐루야.

[빌 2:21]
저희가 다 자기 일을 구하고 그리스도 예수의 일을 구하지 아니하되

주님이 나에게 일침을 놓으시는 것이었다.
아, 정말이다.
내가 나를 위하여 일하면 안 되고 오직 주님만을 위하여 일하여야 하는 것이다.
아멘! 아멘! 할렐루야.

102. 주님 앞에서 늘 죄인인 나
(2015. 2. 5)

천국에 올라갔다.
나를 맞으러 온 천사들이 흰 옷을 입었는데 허리에 탬버린 같은 북을 매고 있었다.
북은 스테인레스 같은 금속으로 보이는 것이었다.
그리고 두 손으로는 두 작은 막대기를 가지고 그 탬버린 같은 북을 치는 것이었다.
할렐루야. 그리하면서 나를 반겨 맞아 주는 것이었다.
수레를 모는 천사도 같은 복장이었다.
이러한 북소리에 말들도 매우 즐거워 보였다.
수레는 은색에 하얀 방울들이 달린 보석으로 된 수레가 왔다.
수레 안에서 나는 내가 앉는 자리에 앉았다.
내 머리에 면류관이 수레와 같은 장식의 면류관으로 은색에다가 하얀색이 가장자리로 장식된 아름다운 면류관을 쓰고 있었다.
내 면류관과 수레의 장식이 세트로 보였다. 은색에 하얀색의 장식.
내 앞에 있는 테이블도 그와 같은 장식이었고 그 테이블 위에는 큰 포도알이 서너 개 그릇에 담겨 있었다.

나를 태운 수레는 즉시 황금으로 장식된 진주 대문 앞에 이르렀다.

수레바깥에 있는 천사가 말한다.

'문을 여시오.'

두 천사가 우리를 위하여 문을 활짝 열었고 수레는 황금대로 왼편에 도착하였다.

수레에서 내리는 계단이 즉시 생겼다. 수레에서 내리는 나를 흰 날개 달린 아름다운 여성천사 두 명이 나를 인도하여 주님께로 향했다.

나는 주님 앞에 도착하자 그분께 미안한 마음과 민망한 마음이 밀려와서 그냥 울었다.

"주님 용서하여 주세요."

"그동안 기도도 못하고 주님도 못 뵙고...."

나는 그동안 1월 17일부터 한국과 일본에 집회가 있어서 거의 주님을 3주간을 못 뵈었다.

주님은 내 손에 못 자국이 난 것을 확인코자 하셨다.

나는 몹시 부끄러웠다.

성부 하나님이 내 손에 그 못자국의 구멍을 뚫어주신 것을 나는 참으로 민망하게 생각했다.

나는 도저히 그럴 자격이 없는 사람인데 예수님처럼 이렇게 뚫어주시다니.....

그리고 내가 천국에 올라가면 이렇게 꼭 주님이 또 다시 확인하신다.

그 손에 구멍이 뚫려져 있는 것을 나로 새롭게 각인시켜 주시듯이 말이다. 주여!

주님은 나의 두 손을 달라고 하셔서 주님의 구멍이 뚫린 두 손과 마주치게 하셨다.

나는 그 순간 얼마나 부끄럽고 민망하였던지......

참으로 부끄럽고 민망하여라!

'주님, 용서하여 주시옵소서. 주님이 원하시는 만큼 살아드리지 못한 저를 용서하여 주시옵소서.' 하는 마음으로 나는 주님의 손을 잡았다.

나는 어찌할 수 없다.

주님이 이렇게 내 손을 잡기를 원하시니........

나는 부끄럽고 민망하여 원치 아니하건만 그러나 주님은 나의 이 마음을 다 알고 계시면서도 나의 손을 잡아주신다. 그것이 주님의 자비하심과 사랑이다.

할렐루야.

그러고 나서 주님과 나는 주님의 보좌 앞으로 갔다.

주님의 보좌 앞에서는 나는 영락없이 운다.

잘한 것이 하나도 없어서이다.

주님의 보좌 옆에는 흰 날개 달린 천사들이 좌우에서 주님을 보좌하고 있었고

궁 전체 안의 양옆으로 천사들이 쭉 나열하고 있었다.

나는 그렇게 주님의 보좌 앞에서 울다가 울다가 내려왔다.

한국과 일본 집회 때문에 오랫동안 주님을 뵙지 못한 탓에 그리웠던 마음에 나는 많이 울어야 했다.

할렐루야.

주님을 사랑합니다!

103. 집회 때에 계시록에 공중휴거에 대한 것이 숨겨져 있다고 전한 것을 잘했다 하신다.
(2015. 2. 5)

두 번째 올라갔다.

나를 데리러 온 천사가 말한다.

'우리를 믿지 못하느냐고?'

사실 내가 이번에 1월 달에 한국에 집회를 다녀오고 나서 몇 번이고 천국에 올라갔지만 깨끗하게 열리지 않는 것 같아서 이들을 요 며칠 만났건만 내가 본 것을 기록도 하지 않고 또한 내가 본 것을 정말 내가 보았나하고 의심을 하고 있었기 때문이다.

그리고 요즘에 요 며칠 동안 천국이 보인 것은 몇 번이나 너무 짧게 보여서 기록도 하지 않았다.

그랬더니 이 천사가 이제는 나에게 대놓고 '왜 우리를 믿지 못하느냐?' 고 묻는다.

왜냐하면 사실은 그들은 여러 번 나를 천국으로 데리고 가기 위하여 수레를 가지고 왔으나 나는 그 뒤에 열리는 것을 믿지 않았다. 너무 짧게 열려서 말이다.

그래서 나는 '그런 것이 아니다.'라고 변명을 해야 했다.

그리고 이렇게 말했다. 나는 내가 천사들과 천국을 안 믿는 것이 아니라 또 내가 본 것을 못 믿는 것이 아니라 나 자신을 못 믿는다 하였다. 내가 봐도 참 맞는 말을 했다.

이들은 보통 때처럼 입는 흰 옷을 입고 있었고 나는 흰 수레를 타고 천국으로 올라갔다.
나는 평상시에 쓰던 다이아몬드 면류관에 흰 드레스를 입고 있었다.

나는 천국에 도착하자마자 주님을 만났다.
주님은 나의 손을 붙드시고 어디로 가기를 원하셨는데 가는 중에 옆을 보니 흰 옷 입은 무리들이 나의 왼편 옆에 나타나서
'아, 사라님 오셨다!' 하면서 손을 흔들며 나를 반겨 맞아 주었다.

주님과 나는 속히 모세의 궁으로 갔다.
모세가 나타났다.
나는 모세를 보자 '내가 잘 했나요?'라고 물었다.
즉 모세의 궁에서 밝혀진 선악과의 이야기 등 그것들을 이번 한국집회에 가서 말했는데 내가 잘했냐고 물은 것이다.
모세가 말했다.
"잘했어요."

그리고 모세는 주님께 말한다.
"주님 빨리 가야지요."
그랬더니 모세와 나 그리고 주님은 즉시 요한의 집 앞 피크닉 테이블에 벌써 와서 앉아 있었다.
순간적이었다.
주님과 모세가 저편에 앉았고 이편에 나와 요한이 앉았다.
그리고 테이블 위에는 성경책들이 펴있고 주님 쪽으로 계시록을 풀이한 책이 들어있는 갈색상자가 놓여 있었다.

나는 모두에게 말했다.
"제가 휴거는 계시록에서 숨겨져 있다고 말했어요."라고 했더니
이번에 집회에 가서 그렇게 사람들에게 말했다는 것이다.
그랬더니 주님이 너무나 환하게 웃으셨다.
이렇게 주님의 웃으심은 정말 표현이 불가능한 백만 불짜리 웃음이다.
너무나 환하게 웃으신다.

할렐루야.
나는 그것으로 내가 계시록에 공중휴거는 숨겨져 있다고 전한 것을 주님은 '참 잘했다.'라고 하는 의미로 받아 들였다.
할렐루야. 주님, 감사합니다.

왜냐하면 주님께서 계시록에서 공중휴거는 반드시 있을 것인데
(89. 주님은 '공중휴거는 언제든지 일어날 수 있다'고 말씀하시다.
그리고 두루마리에 '공중휴거는 반드시 일어난다'라고 써 주시다. 참조.)

그것이 우리를 위하여 숨겨져 있다고 하셨기 때문이다.
(90. 계시록에서 공중 휴거는 주님이 일부러 숨겨 두셨다고 하시다. 91.성부 하나님께서 '공중 휴거가 반드시 있으되 계시록에서는 내가 숨겨두었느니라' 말씀하시다. 참조)

104. 깨어 있지 못하고 영적으로 죽어 있는 자들을 위하여 기도하기를 원하시는 주님
(2015. 2. 6)

천국에 올라갔다.
마차를 가지고 나를 데리러 온 천사와 마차를 모는 천사가 말한다.
'주인님, 어서 오세요!'라고 말이다.
그리고 나는 네 마리의 흰 말들이 모는 수레에 탔는데 이번에는 나를 데리러 온 수레가 노란색의 장식을 하고 있는 진주로 된 수레였다.
그리고 열차가 연결된 것처럼 많이도 달려 있었다.
즉 내 칸이 버스 한 칸 정도보다 조금 작다하면 그 뒤에 그만한 것들이 여러 개 많이 달려 있었다.
꼭 열차처럼 보였다.

그런데 거기에는 누가 타고 있었느냐면 아기 천사들이 두 흰 날개를 자랑하면서 쭉 양옆으로 타고

있었는데 한 아기 천사는 거문고를 연주하고 있었고 한 아기 천사는 트럼펫을 연주하고 있었고 다른 한 아기 천사는 바이올린을 연주하고 있었다.
즉 이 열차 칸들에 아기 천사들로 이루어진 성악대가 타고 있었다. 무엇이 그렇게 좋은지 마냥 나를 환영하여 주고 있었다.

그리고 마차는 천국대로 옆에 도착하였고 아기 천사들은 내려서 어디론가 사라졌다.
그리고 나는 주님 앞으로 인도되었는데 주님은 머리에 보자기 같은 것을 쓰시고 그 위에 보석으로 된 자주색의 끈 같은 것이 머리를 두르고 있었다. 꼭 모양이 옛날에 사람이 죽으면 상여가 나가는데 거기서 사람들이 머리에 베를 쓰고 거기에 새끼줄로 머리를 동인 것 같은 그러한 느낌을 받았다. 아니 그리고 주님의 실제의 모습이 많이 슬퍼 보이셨다.

'왜 지금 나에게 주님이 이러한 모습을 보이실까? 누가 죽었나?'

나는 지금 천국에서 이상한 생각을 하고 있는 것이었다.
누가 죽었다하여 천국에서 이러한, 그것도 주님이 머리에 이러한 모습을 할 리가 없는 것이다.
그리고 내가 왼쪽 옆을 보았더니 흰 옷 입은 무리가 모두 다 머리에 주님과 같이 그러한 것을 쓰고 있었다.
'아니 이것이 무슨 일이지?'
그래서 나는 주님 앞에 내가 다이아몬드 면류관을 쓰고 있는 것이 민망하여 그것을 벗고 나도 그것을 써야 하겠다고 생각하는 순간 내 머리도 즉시 그러한 것을 쓰고 있음을 발견하였다.
'주님, 대체 이것이 무슨 뜻입니까?.....'하고 궁금해하고 있는데

주님이 내게 말씀하신다.

'죽어 있는 자들을 위하여 기도하라.'하신다.

'아하, 깨어 있지 못하고 죽어 있는 자들을 위하여 나에게 기도하라.'하시는 것이었다.
주님이 보시기에 그리스도인들이 사데 교회 교인들처럼 살았다하나 죽은 자들이 많다는 것이다.
오늘 주님과 흰 무리들의 옷차림은 예수는 믿으나 깨어있지 못하고 죽어 있는 그들에 대하여 그 만큼 슬퍼하시는 것을 나에게 보여 주셨다.

주님은 사데 교회에 있는 교인들에게 이렇게 말씀하셨다.

[계 3:1-3]
(1)사데 교회의 사자에게 편지하기를 하나님의 일곱 영과 일곱 별을 가진 이가 가라사대 내가 네 행위를 아노니 네가 살았다 하는 이름은 가졌으나 죽은 자로다 (2)너는 일깨워 그 남은바 죽게 된 것을 굳게 하라 내 하나님 앞에 네 행위의 온전한 것을 찾지 못하였노니 (3)그러므로 네가 어떻게 받았으며 어떻게 들었는지 생각하고 지키어 회개하라 만일 일깨지 아니하면 내가 도적 같이 이르리니 어느 시에 네게 임할는지 네가 알지 못하리라

오 마이 갓!
그래서 주님은 이들에 대한 슬픔을 나타내고자 오늘 나에게 이러한 복장을 하고 계셨던 것이다.
주여!

주님은 오늘 그분의 슬픈 마음을 이렇게 나에게 표현하셨다.
그래서 그분은 일부러 그렇게 머리에 천을 쓰시고 새끼줄로 동여매듯이 자주색의 보석줄을 머리에 두르시고 슬퍼하셨던 것이다.
나에게 그들을 위하여 기도하라고…. 할렐루야.

천국에서는 무엇이든지 가능하다.
복장도 변화가 순식간에 가능하다. 또한 금방금방 장면이 바뀌기도 한다. 또한 내 마음속에 생각한 것이 금방 이루어지기도 한다. 이러한 곳이 천국이다.
한번은 내가 마음속으로 치즈 케익이 먹고 싶다고 생각하였는데 벌써 천사가 치즈 케익을 접시에 담아 가지고 내 옆에 서서 나에게 주는 것을 보았다.
천국은 정말 무엇이든 가능한 것에 대하여 참으로 놀랍고 놀랍다.
그러므로 오늘 주님과 흰 옷 입은 무리가 한 복장도 순식간에 가능한 것이다.
나를 이해시키기 위하여서라면….
할렐루야.

'주님 알겠습니다. 제가 그들을 위하여 기도하겠습니다.'

영적으로 깨어 있지 못한 그들은 소위 살았다하나 실상은 죽은 자들인 것이다.

할렐루야.
사실 나는 주님께서 나를 죽은 자들을 깨우기 위하여 사용하시고자 하는 뜻을 벌써부터 알고 있었다. 그러나 주님은 오늘 이렇게 표현해 주심으로 말미암아 나에게 그들을 깨우는데 더 힘쓰라는 권면으로 받아들여졌다. 할렐루야.

"주님, 제가 그들을 위하여 기도를 많이 못하여 죄송합니다.
  그러나 이제 그들을 위하여 기도할게요."

나는 내려와서 '왜 오늘 아기 천사 성악대들이 열차칸에 타듯이 그렇게 많이 나타났을까?' 생각하여 보았다.
그것은 내가 영적으로 죽은 자들을 위하여 기도하게 될 것이니까 그것을 축하하는 의미라 할 수 있었다.
할렐루야. 주님, 감사합니다.

105. 천국에서 믿음의 선진들을 만나게 하여 나를 격려하시는 주님
(2015. 2. 7)

천국에 올라갔다.
나를 데리러 온 천사가 반갑게 맞아준다.
나는 네 마리의 흰 말들이 끄는 아름다운 수레를 타고 천국에 올라갔다.

주님은 나를 여러 사람들이 오손도손 모여 있는 곳으로 나를 인도하였다.
그 방안에는 여러 명이 있었는데 내가 천상에서 만난 믿음의 선진들이 나를 맞아주고 있었다.
그들을 보자 나는 매우 반가웠는데 그들은 내가 이전에 천국에서 만났던 믿음의 선진들, 베드로, 다윗, 솔로몬, 바울, 모세, 요한, 아브라함, 이삭, 사라, 에스더, 삭개오 등이었다.

주님이 그들에게 말씀하신다.
"내가 사라를 데려왔다."
그들도 나를 매우 반갑게 맞아 주었다.
나는 특히 에스더를 볼 때에 그녀는 내게 늘 '죽으면 죽으리라 하라.'고 가르쳐 주었던 것이 생각나 나는 그녀를 보자 내 눈에는 벌컥 눈물이 솟아올랐다.

다윗이 먼저 나에게 말했다.
"아직 나에 대하여서는 많이 말하지 아니하였지요?"
그 다음 바울이 말했다.
"아직 나에 대하여도 많이 말하지 아니하였지요?"
나는 사실 다윗과 바울을 만난 이야기를 아직 책으로 내지도 않았기 때문이다.
그리고 간증집회에서도 별로 말하지 않았다. 왜냐하면 말할 시간이 허락되지 않았다. 다른 것을 하느라고 말이다. 그러나 앞으로 반드시 하게 될 것이다.

그 다음 모세가 말했다. 모세가 나에게 말할 때쯤 되어서는 나는 그들과 대화하는 것에 감격하여 하는 내 감정이 최대화로 고조되어 있었다.

모세는 내게 이렇게 말했다.
"아직 갈 길이 많이 남았지요?"
이 말은 계시록을 알아가는데 있어서 아직 많이 남아 있다는 것이다.
나는 너무 좋았다. 천상에서 이렇게 믿음의 선진들을 만나서 대화하는 것이….

할렐루야.

나는 그렇게 믿음의 선진들이 모여 있는 곳을 방문하고 그들과 대화하고 내려왔는데 나는 그들이 내가 올라올 줄 알고 그렇게 미리 모여 있었다는 것을 안다.
그들은 순식간에 이동한다. 천국이 그렇다.
할렐루야. 주님, 감사 감사 또 감사합니다.

언제나 이렇게 믿음의 선진들을 통하여 다시 한 번 나를 격려하여 주심을….
할렐루야.

106. 천국과 지옥 간증수기 1편과 2편 외에 다시 6권의 책을 더 써야 함을 보여주시다.
(2015. 2. 9)

천국에 올라갔다.
이번에는 나를 데리러 온 수레가 너무 크고 높다. 그리고 수레가 안이 훨씬 넓어졌다.
어느새 수레는 천국대문을 거쳐서 천국 안에 도착하였다.
그리고 나는 주님께로 인도함을 받았다.
주님이 나를 맞이하셨다.
그리고 나의 왼편 옆에 흰 옷 입은 무리들이 나를 환영하여 주었는데 오늘은 그 무리의 수가 확 줄어 있었다.
평상시에는 아무리 작아도 100명은 넘어 보였는데 오늘은 10명 정도밖에 안 되어 보이고 또한 그들이 서 있는 것도 좀 질서 없이 흐트러져서 서 있다는 느낌을 받았다.

왜 흰 옷 입은 자들의 숫자가 오늘은 저렇게 줄었을까 생각하고 있는데
벌써 주님과 나는 어느 불꽃이 환하게 타고 있는 동굴에 와 있는 것을 알 수 있었다.
즉 지옥에 와 있는 것이었다.
그리고 분명히 그 속에 사람이 있는데 확실히 보이지는 않았다.
나는 내가 지금 지옥에 와 있는 것이 별로 탐탁치 않았다.
천국을 보고 싶었는데 지옥이라니........ 라는 생각을 하는 순간에
장면이 바뀌어져서 천국으로 올라갔다. 이러한 것은 주님의 배려이다. 내가 하고 싶어 하지 아니하면 주님은 또 그것을 즉각 들어주신다.

주님과 나는 어느 방안에 와 있었고 그 방안의 테이블 위에는 내가 써야 할 책들인 분홍색 껍질의 1, 2, 3, 4, 5권이 쌓여 있었다. 그리고 가장 아래에는 '지옥편'이라고 쓰여 있는 책이 하나 더 있었다.
즉 주님은 이렇게 내가 여섯 권을 확실히 써야 하는 것을 나에게 보여주고 계신 것이다. 주여!

그러다가 나는 다시 지상으로 내려왔다.
어찌하였든 할렐루야.
주님, 여섯 권의 책을 더 써야 함을 보여주신 주님을 찬양합니다.

서사라 목사의 천국과 지옥 간증 수기 5
성경편 제 3권 – 계시록 이해

계시록 이해

제 2 권

제 1 부

107. 기도 속에서 일어나는 주님과의 대화가 천국에서도 그대로 일어난다.
(2015. 2. 10)

천국에 올라갔다.
주님의 얼굴이 오늘은 참 잘 보였다. 주님은 참으로 미남이시다.
주님이 날보고 저기에 있는 흰 옷 입은 무리들을 보라 하신다.
그들은 늘 내가 천국에 올라가면 나를 반겨주는데 오늘도 역시 그들이 나를 반겨 주었다.
그런데 오늘은 내가 그들을 보았을 때에 나를 반겨준 후에 그들은 어디론가 가고 있었다.
참으로 많은 무리들이었다. 주님이 그들을 뒤따라 가시고 계셨다.
나도 주님 옆에서 따라갔다.

그들이 들어가는 곳은 문이 아주 높은 성이었다.
문은 없고 그냥 큰 입구가 있는 성이었다. 따라 들어가 보니 아하! 바로 여기가 주님과 내가 늘 가는 그 컨벤션 센터 같은 곳이었다. 거기에 늘 내가 가서 보는 큰 흰무리가 늘 나를 또 천국 입구에서 나를 반겨주는 그 흰 옷 입은 무리들이라는 사실을 알게 된 것이다. 할렐루야!
그러나 이 컨벤션 센터에 모인 무리의 수는 엄청나지만 내가 항상 천국에 올라가면 나를 반겨주는 무리는 이중의 얼마였던 것이다. 할렐루야.

그들은 자신들의 자리에 입성하고 주님과 나는 무대 쪽에 섰다.
주님이 말씀하신다.
'내 딸이 잘하였다.'고
그리하였더니 그 많은 흰 옷 입은 무리들이 환호를 한다.
뭘 잘하였다고 하시느냐면, 나는 천국 올라오기 전에 늘 2-3시간의 기도를 한다. 어떤 때에는 4시간도 한다. 그런데 내가 천국 올라오기 전에 기도 속에서 주님과 대화가 일어났다.
즉 이번 1월에 한국에 집회를 가서 주님이 내게 가르쳐주신 베리칩이 666인 사실과 그리고 이기는 자와 이기지 못하는 자에 대하여 또한 전쟁에 대하여 최선을 다하여 사람들에게 알린 것에 대하여 또한 집회 내용을 유튜브에 띄워서 집회 참석 못한 자들에게 알린 것에 대하여 주님은 내게 기도 속에서 나와 대화하시는 가운데 '잘했다.'라고 하셨는데 지금 주님은 내가 천국에 와서도 나를 흰 옷 입은 무리들 앞에서 아니 늘 주님과 내가 가는 큰 컨벤션 센터 같은 곳에 오셔서 수많은 흰 옷 입은 무리들 앞에서 다시 나를 칭찬하여 주시는 것이었다.
즉 '잘했다.'고 말이다. 천국은 자세한 설명이 필요 없다.
'내 딸이 잘하였도다.'라고 하기만 하면 그 큰 흰 무리가 주님이 무엇에 대하여 잘하였다고 하시는지를 금방 안다. 그래서 그들은 그 말을 듣자마자 나에게 환호를 보내는 것이다.
할렐루야.

주님이 천국에서도 나를 위로하여 주시려고 여기에 데려온 것이다. 할렐루야.

즉 오늘 나는 지상에서 기도 속에서 주님과 대화한 그것이 천국에서도 계속하여 진행되는 것을 경험하였다.
이 이야기는 우리가 기도 속에서 주님과 대화하는 것이 즉 주님의 음성을 듣는 것이 진짜 주님의 얼굴을 못보고 대화하여서 그렇지 실제로 주님과 대화가 일어난다는 것을 의미하기도 하는 것이다.
할렐루야.
주님은 너무 정확하시고 우리에 대한 배려가 크시고 또한 자애로우신 분이시다. 할렐루야.

[사 55:6]
너희는 여호와를 만날 만한 때에 찾으라 가까이 계실 때에 그를 부르라

아멘.

[사 58:9]
네가 부를 때에는 나 여호와가 응답하겠고 네가 부르짖을 때에는 말하기를 내가 여기 있다 하리라

할렐루야.
주님을 찬양합니다!

108. 너무나 정확하신 주님!
(2015. 2. 12)

아침에 기도한 후에 천국에 올라갔다.
바깥에서 나를 수호하는 천사가 두 손을 모으고 다소곳이 나를 기다리고 있었다.
말들도 정상으로 보였다. 지옥으로 갈 때면 나를 데리러 온 이 모든 것이 이상하게 보인다.
그런데 오늘은 말도 나를 수레바깥에서 수호하는 천사도 말을 모는 천사도 정상으로 보였고 또 나를 데리러 온 마차는 하늘색깔의 아주 훌륭하게 보이는 높고 큰 수레가 나를 데리러 왔다.
수레는 즉시 천국 안에 도착하였고 나는 주님께로 인도되었는데 구름 위에는 찬란한 빛이 비치고 있었고 나는 내가 위로 붕 떠서 그분이 계신 곳으로 도착하였다.
구름 위의 빛이 너무나 세게 비춰고 있었다.
내 사랑하는 주님은 빛 가운데 계셨고 그분 자체로부터 나오는 흰 빛이 아주 강하게 느껴졌다.

보통 때 이렇게 주님으로부터 빛이 비치지 않을 때에는 내가 그분을 만나면 항상 내가 죄인인 것이 느껴져서 울고 싶은 것이 내 보통의 모습이다. 그런데 오늘은 빛 가운데 계신 주님 앞에 인도함을 받은 나는 그러한 죄인의 모습으로 슬픈 감정에 휩싸이는 것이 아니라 극도의 기쁨 속에 내가 있다는 사실을 알게 되었다. 할렐루야.

나는 마냥 그냥 아주 기뻤다. 주님과 함께 있는 것이 말이다.
나는 그렇게 주님과 그 빛 속에서 계속 있기를 원했지만 주님은 나를 성부 하나님이 계신 성으로 인도하셨다. 그래서 주님과 나는 어느새 그 성부 하나님이 계신 성안에 서 있었고 나는 항상 서는 그 자리에 섰고 주님은 내 오른편 옆에 서 계셨다.
그리고 저 앞에는 큰 보좌가 꼭 공중에 매달려 베풀어져 있는 것처럼 높이 달려 있었고 그 보좌 뒤에 궁의 장식이 오늘따라 아주 선명하게 보였다.
그 뒤의 장식은 웅장하였고 그 무늬나 장식은 이 세상에서 볼 수 없는 아주 정교하고 우아한 것이었다.
그리고 보좌 위로는 무지개가 펼쳐졌는데 그 형상은 아름다웠다.
그러나 정작 보좌에 있는 형상은 보이지 아니하였으나 거기서 음성이 흘러나왔다.
그리고 그 보좌 위로의 천정은 너무나 높아서 보이지 아니하였다.
'사라야'라고 부르신다.

그러자 나는 옆에 있는 주님께 '주님'하고 불렀다.

주님이 마음으로 말씀하신다. '대답하라.'

즉 성부 하나님이 내 이름을 부르는 것에 대답하라는 것이다.

나는 '네'하고 대답하였다.

"너는 아직도 고민하고 있느냐?"라고 물으신다.

그 물으심에 나는 내가 무엇을 고민하고 있는 것인지?

왜 성부 하나님께서 내게 내가 고민하고 있는지를 물으시는지를 생각하여 보았다.

그것은 요즘에 자꾸 주님이 나를 짤막짤막하게나마 지옥으로 인도하시는데

내가 자꾸 정말 내가 그곳을 본 것인지 의심하고 있는 것을 알고 말씀하시는 것이었다.

즉 성부 하나님이 내가 요즘에 고민하고 있는 것을 알고 계셨다.

그리고서는 또 나에게 말씀하셨다.

"너는 본대로 말하라."

그 말씀은 본대로 기록하여 세상에 전하라는 것이다.

나는 "네 알겠습니다. 하나님"하고 대답하였다.

아하! 이제야 왜 주님이 나를 이곳에 데리고 왔는지를 알겠다.

요즘에 나는 내가 자꾸 지옥을 보았음에도 불구하고 기록하지도 않고 내가 본 것을 의심하고 있는 나를 주님이 이 성부 하나님이 계신 곳에 와서 확인시켜 주시는 것이었다.

주여!

주님이 날보고 의심하지 말라는 것이었다.

할렐루야.

주님 감사합니다. 다시는 의심하지 않겠습니다.

할렐루야.

우리 주님은 얼마나 정확하신지…… 참으로 놀랍다!

그리고서는 주님과 나는 정원의 벤치로 장소를 옮겼다.

주님이 이미 알고 계신다.

내게 주님께 물어볼 여러 가지 질문이 있는지를…….

정원의 벤치로 오는 것은 내가 주로 주님께 물어볼 말이 있을 때에 주님이 주로 여기로 인도하신다.

내가 주님께 물었다.

"주님 제가 daum 에 cafe 를 운영하여야 하나요?"
왜냐하면 저번 1월 집회 때에 사람들이 나에게 나 중심으로 cafe 하나를 창설하자고 한 것이다.
그런데 주님이 하시는 말씀은 이러하였다.
오히려 주님이 나에게 되물으신다.
"사람들이 왜 cafe를 운영하는지 아느냐?"
나는 모른다. 그래서 가만히 있었다. 그런데 주님이 연이어 이렇게 대답하여 주신다.
'자신을 드러내기 위해서이다.'
즉 이 말씀은 지금 내가 cafe를 운영하게 되면 내 자신을 드러내게 되는 것이 더 많으니 하지 말라고 하시는 것과 다름이 없는 것이다.
할렐루야.

"네 주님, 그러면 하지 않겠습니다."하고서는 나는 내려왔다.

주님 감사합니다.
그러나 이 말씀이 지금 daum에 cafe를 운영하고 있는 모든 자들에게 시험이 되지 않기를 원한다.

우리 모두는 조심하여야 한다.
자신을 드러내기 위하여 cafe를 운영한다면 하지 말아야 할 것이다.
여기서 자신을 드러낸다는 것은 영광 받을 주님보다 개인이 더 영광을 더 받게 될 것을 의미하는 것이다. 어쨌든 주님은 나에게 cafe 운영을 하지 않을 것을 말씀하셨다.
나는 다른 사람들에 대하여서는 잘 모른다.
그들이 cafe를 시작한 동기들이 어떠하였는지........
그리고 지금 그들이 어떤 마음으로 그 cafe들을 운영하고 있는지.......
그러나 한번쯤은 나중에 주님께 책망 받지 않기 위해서는 자신을 돌아보아야 할 것이다.
할렐루야.

109. (i) 천국에서 내 육신의 아버지의 인격이 많이 변하여 있었다.
(ii) 계시록 12장의 여러 의문점들이 풀리다.
(iii) 큰 성 바벨론인 음녀의 정체가 밝혀지다.
이 성이 무너질 때가 순교자들의 피를 신원하여 주는 때이다.

(2015. 2. 13)

(i) 천국에서 내 육신의 아버지의 인격이 많이 변하여 있었다.

기도 후에 천국에 올라갔다.
수레도 말도 천사들도 정상적으로 보였다.
수레가 천국 안에 도착하였다.
나는 주님께로 인도함을 받으려 하는데 주님이 갈색인 사슴들이 끄는 수레를 가지고 오셔서 기다리고 계셨다.
주님이 이미 사슴들이 끄는 뚜껑 없는 수레 안에 타고 계셨으므로 나도 거기를 타야 했다.
천사들이 나를 보조하여 주님 옆에 타게 하였다.
사슴들의 눈이 크고 검정색으로 아주 예뻤다. 사슴들이 끄는 마차는 하늘 공중을 달렸다.
저 밑에서 흰 옷 입은 무리들이 부러워하듯이 나를 환영하여 주고 있었다.
주님은 사슴이 끄는 수레를 타시고 나와 함께 산을 넘고 들을 지나 아주 멀리멀리 가신다.
(나중에 알게 되었지만 내 아버지가 계신 곳은 아주 변두리인 것 같다.)
기분이 너무 좋았다. 주님과 함께 있는 시간은 참으로 행복하다.
그리고 간곳이 어딘가 보았더니 내 육신의 아버지가 사는 집이다.
비록 초가집이지만 장독들이 있고 평화로워 보였다.

아버지가 흰 옷을 입고 주님과 나를 맞아주었다.
마당이 크지는 않았으나 거기에 원탁 테이블이 놓이고 주님과 나 그리고 아버지가 앉았다.
그리고 전에도 말했듯이 아버지는 젊었고 패기가 있었으며 인격이 아주 좋아 보였다.
이전에 내가 지상에서 살던 아버지의 인격은 온데간데 없어지고 정말로 새로운 인격을 가지고 계셨다. (나는 이점에 대하여 나중에 다시 자세히 쓸지 모른다. 그러나 아버지는 내게 이전에 나를 만났을 때에 나에게 말씀하시기를 '자신이 회개를 많이 하였다.'라고 하신 적이 있다. 그러므로 나는 이것은 천국에서 느껴지는 것인데 아버지의 인격이 많이 변하여 있는 것이 당연하다는 생각이 드는 것이었다. 그러나 이러한 점이 지상에 내가 내려오면 참으로 신기한 것이다. 그러나 천국에서는 이것이 당연하게 느껴졌다.)

테이블 위에는 먹을 것과 마실 것이 펼쳐졌다.

아버지가 물을 따라주었다. 그것은 차도 아니고 생명수도 아닌 뭔지는 모르겠으나 달콤한 음료수였다. 그리고 아버지는 자신의 손을 내가 만지게 하였다. 손이 늙으신 손이 아니라 젊은이의 손처럼 젊은 것을 내게 보여주셨다.

그리고 아버지는 주님과 함께 마음으로 말을 주고 받으셨다.

'사라가 잘하고 있어요?'라고 물으셨고 주님은 '그렇다.'라고 말씀하시는 것이 알아졌다.

그리고서는 아버지는 일어서시더니 농사지은 고구마를 갖고 바구니에 담아오셨다.

그리고 그것을 칼로 깎아서 주시는데 고구마가 절로 깎이는 것 같았다. 그리고 그 맛은 지상의 고구마 맛이 아니라 천국의 고구마 맛인데 꼭 맛있는 과일을 먹는 것 같았다.

(ii) 계시록 12장의 의문점들이 풀리다.

그리고서는 주님과 나는 다시 사슴이 끄는 수레를 타고 날았다.

이제는 어디로 가시는가 하였더니 요한의 집 앞에 Y자 길에 놓여 있는 피크닉 테이블로 오셨다.

주님과 내가 도착하니 이미 하늘색깔의 옷을 아래위로 입은 모세와 그리고 흰 옷을 아래위로 입고 있는 머리가 약간 노란색이 많은 갈색을 가진 요한이 우리를 기다리고 있었다.

주님과 나는 그들과 함께 앉았다.

저편에 모세 그리고 주님, 이편에 나와 요한 이렇게 항상 앉는 것 같이 앉았다.

테이블 위에는 성경책이 펼쳐졌다.

우리는 어디를 볼까 하는데 나는 12장에 나오는 여자외 그리고 아마겟돈 전쟁, 비벨론에 대한 것 등 질문이 많이 떠올랐다.

그랬더니 내 마음을 읽은 모세가 주님께 말한다.

"주님, 사라가 질문이 많아요." 라고

(1) 그리고서는 나는 12장에 나오는 여자에 대하여 묻기 시작하였다.
　　물론 마음으로 말이다.

'주님 그 여자는 누구예요?'

그러하였더니 요셉이 꾼 꿈의 열두 별을 생각나게 하여 주면서 그 여자는 분명 이스라엘임을 알게 하여 주신다.

[계 12:1-6]
(1)하늘에 큰 이적이 보이니 해를 입은 한 여자가 있는데 그 발 아래는 달이 있고 그 머리에는 열 두 별의 면류관을 썼더라 (2)이 여자가 아이를 배어 해산하게 되매 아파서 애써 부르짖더라 (3)하늘에 또 다른 이적이 보이니 보라 한 큰 붉은 용이 있어 머리가 일곱이요 뿔이 열이라 그 여러 머리에 일곱 면류관이 있는데 (4)그 꼬리가 하늘 별 삼분의 일을 끌어다가 땅에 던지더라 용이 해산하려는 여자 앞에서 그가 해산하면 그 아이를 삼키고자 하더니 (5)여자가 아들을 낳으니 이는 장차 철장으로 만국을 다스릴 남자라 그 아이를 하나님 앞과 그 보좌 앞으로 올려가더라 (6)그 여자가 광야로 도망하매 거기서 일천 이백 육십일 동안 저를 양육하기 위하여 하나님의 예비하신 곳이 있더라

성경에서 이 열두 별은 요셉이 꿈을 꿀 때에 열한 별이 자기에게 절하는 꿈을 꾸었다라고 되어 있다. 그러므로 이 열두 별은 이스라엘의 열두지파를 말하는 것인 것을 알게 하여 주셨다.

(2) 이 여자가 아이를 낳았는데 철장으로 만국을 다스리는 권세를 가진 남자라 했다.
즉 철장의 권세는 주님밖에 가진 자 없다. 그러므로 이 아이는 예수님이다.

[계 19:11-16]
(11)또 내가 하늘이 열린 것을 보니 보라 백마와 탄 자가 있으니 그 이름은 충신과 진실이라 그가 공의로 심판하며 싸우더라 (12)그 눈이 불꽃 같고 그 머리에 많은 면류관이 있고 또 이름 쓴 것이 하나가 있으니 자기 밖에 아는 자가 없고 (13)또 그가 피 뿌린 옷을 입었는데 그 이름은 하나님의 말씀이라 칭하더라 (14)하늘에 있는 군대들이 희고 깨끗한 세마포를 입고 백마를 타고 그를 따르더라 (15)그의 입에서 이한 검이 나오니 그것으로 만국을 치겠고 친히 저희를 철장으로 다스리며 또 친히 하나님 곧 전능하신 이의 맹렬한 진노의 포도주 틀을 밟겠고 (16)그 옷과 그 다리에 이름 쓴 것이 있으니 만왕의 왕이요 만주의 주라 하였더라

또 시편에서 이렇게 말한다.

[시 2:7-9]
(7)내가 영을 전하노라 여호와께서 내게 이르시되 너는 내 아들이라 오늘날 내가 너를 낳았도다 (8)내게 구하라 내가 열방을 유업으로 주리니 네 소유가 땅 끝까지 이르리로다 (9)네가 철장으로 저희를 깨뜨림이여 질그릇 같이 부수리라 하시도다

(3) 그런데 이 아이가 들려 올라갔다고 기록한다.

[계 12:5]
여자가 아들을 낳으니 이는 장차 철장으로 만국을 다스릴 남자라 그 아이를 하나님 앞과 그 보좌 앞으로 올려가더라

이것이 무슨 뜻이냐고 물으니 아하 그냥 알아진다.
이것은 그분이 우리를 위하여 죽으시고 결국 승천하신 것을 말씀하고 있는 것을 말하는 것이다.
할렐루야.

(4) 그리고 그 이후에

[계 12:6]
그 여자가 광야로 도망하매 거기서 일천 이백 육십일 동안 저를 양육하기 위하여 하나님의 예비하신 곳이 있더라

즉 이 여자가 한때 두때 반때 동안에 하나님이 예비하신 예비처로 도망을 가게 되어 거기서 양육을 받는다는 것이다.
그러면 이 여자가 정말 이스라엘만 말하는 것인지 아니면 예수 믿는 이방인 전체를 말하는 것인지가 궁금하여졌다.

그리하였더니 주님이 내게 생각으로 알게 하시는데 이 여자는 이스라엘의 12지파 십사만 사천인 것을 알게 하여 주셨다. 왜냐하면 그 뒤에 14장에 십사만 사천이 666표를 강제로 받게 하는 시기를 지나서 어린양과 함께 시온산에 선 것을 생각나게 하여 주셨기 때문이다. 할렐루야.

아하! 그렇다. 이들 이스라엘의 십사만 사천은 대환난 기간 동안 즉 적그리스도가 통치하는 후 삼년

반 동안 특별히 주님의 보호하심을 받는다는 것이다. 할렐루야.

즉 이들은 666표를 받으라. 안 받으면 죽인다고 하는 그 시기를 하나님께서 이들에게 특별히 은신처를 마련하여 그들을 거기서 양육하시면서 피하게 하신 것이다.

주여!

그러면 이방인들에게도 예비처가 있는가?

하는 것인데 성경에는 나타나 있지 않다.

예비처라고 하면 하나님이 예비하신 예비처를 말한다. 사람이 마련하는 것이 아니다.

(5) 그러면 용이 그 여자의 남은 자들과 싸우려고 섰더라 했는데
또 **남은 자들은 누구를 말하는 것인가?** 하는 것이다.

[계 12:13-17]
(13)용이 자기가 땅으로 내어쫓긴 것을 보고 남자를 낳은 여자를 핍박하는지라 (14)그 여자가 큰 독수리의 두 날개를 받아 광야 자기 곳으로 날아가 거기서 그 뱀의 낯을 피하여 한 때와 두 때와 반 때를 양육 받으매 (15)여자의 뒤에서 뱀이 그 입으로 물을 강 같이 토하여 여자를 물에 떠내려 가게 하려 하되 (16)땅이 여자를 도와 그 입을 벌려 용의 입에서 토한 강물을 삼키니 (17)용이 여자에게 분노하여 돌아가서 그 여자의 남은 자손 곧 하나님의 계명을 지키며 예수의 증거를 가진 자들로 더불어 싸우려고 바다 모래 위에 섰더라

여자의 남은 자손들 곧 하나님의 계명을 지키며 예수의 증거를 가진 자들로 더불어 싸우려고 바다 모래위에 섰더라고 되어 있는데

이 여자의 남은 자손들은 누구인가?

이들은 분명 대환난을 통과하는 자들일텐데 누구지? 하는 의문을 가졌다.

아하! 계시록 7장에서 십사만 사천을 인을 칠 때에 이들은 휴거될 수 있는 자격이 있는 자들로서 이기는 자들인데 이들은 여자에 의하여 더럽혀지지 아니하였다 하였으니 여자는 세상을 의미한다고 주님이 깨우쳐 주셨다.

유대인들 중에서도 예수를 믿어도 휴거되지 못할 조건에 속한 그리스도인들이 많을 것이다. 즉 이들은 이기지 못하는 자들에 속하여 인침을 받지 못하고 대환난을 통과하면서 666표를 강제로 받으라고 하는 시험을 이방인들과 똑같이 당하는 것을 알 수 있다.
할렐루야.

하나님이 그 예비처를 마련하여 두신 이 십사만 사천은 공중 휴거되지 않고 대환난 동안 하나님이 예비하신 예비처로 들어가 특별양육을 받고 그 후에 어린양과 함께 잠깐 시온산에 섰다가 주님의 보좌 앞으로 가는 것으로 보인다. 즉 이들은 대환난(666표를 강제로 받게 하는 시기가 지나서)후에 휴거되는 것으로 보인다. 그리고 이들은 천년왕국 때에 보좌에 앉은 자들로서 내려오게 될 것이다.
할렐루야.

[계 14:1-5]
(1)또 내가 보니 보라 어린 양이 시온산에 섰고 그와 함께 십 사만 사천이 섰는데 그 이마에 어린 양의 이름과 그 아버지의 이름을 쓴 것이 있도다 (2)내가 하늘에서 나는 소리를 들으니 많은 물소리도 같고 큰 뇌성도 같은데 내게 들리는 소리는 거문고 타는 자들의 그 거문고 타는 것 같더라 (3)저희가 보좌와 네 생물과 장로들 앞에서 새 노래를 부르니 땅에서 구속함을 얻은 십 사만 사천인 밖에는 능히 이 노래를 배울 자가 없더라 (4)이 사람들은 여자로 더불어 더럽히지 아니하고 정절이 있는 자라 어린 양이 어디로 인도하든지 따라가는 자며 사람 가운데서 구속을 받아 처음 익은 열매로 하나님과 어린 양에게 속한 자들이니 (5)그 입에 거짓말이 없고 흠이 없는 자들이더라

할렐루야!!

(iii) 큰 성 바벨론인 음녀의 정체가 밝혀지다. 이 성이 무너질 때가 순교자들의 피를 신원하여 주는 때이다.

그리고 나서 나는 그 다음 바벨론 큰 성에 대한 의문을 가졌다.
이 음녀가 누구인지? 이 음녀는 짐승을 탔다 하였다.
그리고 이 바벨론은 무역이 정말로 왕성하였다 하였다. 그런데 이 성이 무너지는 것이다.

이 바벨론 성이 무엇이냐? 하는 것이다.

[계 17:1-18]

(1)또 일곱 대접을 가진 일곱 천사 중 하나가 와서 내게 말하여 가로되 이리 오라 많은 물 위에 앉은 큰 음녀의 받을 심판을 네게 보이리라 (2)땅의 임금들도 그로 더불어 음행하였고 땅에 거하는 자들도 그 음행의 포도주에 취하였다 하고 (3)곧 성령으로 나를 데리고 광야로 가니라 내가 보니 여자가 붉은 빛 짐승을 탔는데 그 짐승의 몸에 참람된 이름들이 가득하고 일곱 머리와 열 뿔이 있으며 (4)그 여자는 자주 빛과 붉은 빛 옷을 입고 금과 보석과 진주로 꾸미고 손에 금잔을 가졌는데 가증한 물건과 그의 음행의 더러운 것들이 가득하더라 (5)그 이마에 이름이 기록되었으니 비밀이라, 큰 바벨론이라, 땅의 음녀들과 가증한 것들의 어미라 하였더라 (6)또 내가 보매 이 여자가 성도들의 피와 예수의 증인들의 피에 취한지라 내가 그 여자를 보고 기이히 여기고 크게 기이히 여기니 (7)천사가 가로되 왜 기이히 여기느냐 내가 여자와 그의 탄바 일곱 머리와 열 뿔 가진 짐승의 비밀을 네게 이르리라 (8)네가 본 짐승은 전에 있었다가 시방 없으나 장차 무저갱으로부터 올라와 멸망으로 들어갈 자니 땅에 거하는 자들로서 창세 이후로 생명책에 녹명되지 못한 자들이 이전에 있었다가 시방 없으나 장차 나올 짐승을 보고 기이히 여기리라 (9)지혜 있는 뜻이 여기 있으니 그 일곱 머리는 여자가 앉은 일곱 산이요 (10)또 일곱 왕이라 다섯은 망하였고 하나는 있고 다른 이는 아직 이르지 아니하였으나 이르면 반드시 잠간 동안 계속하리라 (11)전에 있었다가 시방 없어진 짐승은 여덟째 왕이니 일곱 중에 속한 자라 저가 멸망으로 들어가리라 (12)네가 보던 열 뿔은 열 왕이니 아직 나라를 얻지 못하였으나 다만 짐승으로 더불어 임금처럼 권세를 일시 동안 받으리라 (13)저희가 한 뜻을 가지고 자기의 능력과 권세를 짐승에게 주더라 (14)저희가 어린 양으로 더불어 싸우려니와 어린 양은 만주의 주시요 만왕의 왕이시므로 저희를 이기실터이요 또 그와 함께 있는 자들 곧 부르심을 입고 빼내심을 얻고 진실한 자들은 이기리로다 (15)또 천사가 내게 말하되 네가 본바 음녀의 앉은 물은 백성과 무리와 열국과 방언들이니라 (16)네가 본바 이 열 뿔과 짐승이 음녀를 미워하여 망하게 하고 벌거벗게 하고 그 살을 먹고 불로 아주 사르리라 (17)하나님이 자기 뜻대로 할 마음을 저희에게 주사 한 뜻을 이루게 하시고 저희 나라를 그 짐승에게 주게 하시되 하나님 말씀이 응하기까지 하심이니라 (18)또 네가 본바 여자는 땅의 임금들을 다스리는 큰 성이라 하더라

나는 지상에서 그냥 책을 읽을 때에는 이 바벨론 성이 즉 음녀가 천주교라고 생각하였다.
그런데 천국에서 주님과 모세 그리고 요한 앞에서 나에게 알게 하여 주시는 것은
'이것은 하나님을 대적하여 높아지려고 하는 그것'을 의미한다고 하시는 것을 알 수 있었다.
즉 이것은 사단의 근성이다.
이 세상에서 하나님을 대적하여 우리 인간이 높아지려고 했던 그 모든 것, 그것을 조종하는 자는 루시퍼인 것이다. 이 권세가 이제 무너지는 장면인 것을 알게 하여 주신다.

할렐루야!

즉 사단은 주님께 말한다.
'이것은 내게 넘겨준 것이므로 네가 내게 절하면 이것을 주겠다.'고 말이다.

[눅 4:5-8]
(5)마귀가 또 예수를 이끌고 올라가서 순식간에 천하 만국을 보이며 (6)가로되 이 모든 권세와 그 영광을 내가 네게 주리라 이것은 내게 넘겨준 것이므로 나의 원하는 자에게 주노라 (7)그러므로 네가 만일 내게 절하면 다 네 것이 되리라 (8)예수께서 대답하여 가라사대 기록하기를 주 너의 하나님께 경배하고 다만 그를 섬기라 하였느니라

처음에 아담과 하와가 가졌던 권세가 그들이 죄를 지은 이후에는 이 권세가 사단에게 넘어갔었는데 이제 이 권세를 주님이 무너뜨리시는 것이다. 즉 세상의 왕의 권세를 무너뜨리시는 것이다.

바벨탑이 그랬다.
인간이 바벨탑을 세우고 하나님처럼 높아지려 하였더니 하나님께서 내려오셔서 무너뜨리시고 언어를 흩어서 하나 되지 못하게 하였다.

여기 나오는 그 여자의 이름, 그 여자가 짐승을 탔는데 그 여자의 이름이 큰 바벨론이라는 것이다.

[계 17: 3-5]
(3)곧 성령으로 나를 데리고 광야로 가니라 내가 보니 여자가 붉은 빛 짐승을 탔는데 그 짐승의 몸에 참람된 이름들이 가득하고 일곱 머리와 열 뿔이 있으며 (4)그 여자는 자주 빛과 붉은 빛 옷을 입고 금과 보석과 진주로 꾸미고 손에 금잔을 가졌는데 가증한 물건과 그의 음행의 더러운 것들이 가득하더라 (5)그 이마에 이름이 기록되었으니 비밀이라, 큰 바벨론이라, 땅의 음녀들과 가증한 것들의 어미라 하였더라

그 음녀가 이 짐승을 타는 것이다.
이 짐승은 적그리스도에 들어가는 짐승이 분명한 것이
일곱 머리와 열 뿔이 있는 짐승이다. 즉 악한 영이다. 사람이 아니다.

[계 13:1]
내가 보니 바다에서 한 짐승이 나오는데 뿔이 열이요 머리가 일곱이라 그 뿔에는 열 면류관이 있고 그 머리들에는 참람된 이름들이 있더라

[계 17: 14]
저희가 어린 양으로 더불어 싸우려니와 어린 양은 만주의 주시요 만왕의 왕이시므로 저희를 이기실터이요 또 그와 함께 있는 자들 곧 부르심을 입고 빼내심을 얻고 진실한 자들은 이기리로다

이것은 천년왕국 이전의 아마겟돈 전쟁을 의미한다. 만왕의 왕 만주의 주 예수님이 백마 타고 지상 재림하여 이들과 싸워서 적그리스도와 거짓선지자를 유황 불못에 산채로 던질 것이다.
할렐루야.

[계 19:11-21]
(11)또 내가 하늘이 열린 것을 보니 보라 백마와 탄 자가 있으니 그 이름은 충신과 진실이라 그가 공의로 심판하며 싸우더라 (12)그 눈이 불꽃 같고 그 머리에 많은 면류관이 있고 또 이름 쓴 것이 하나가 있으니 자기 밖에 아는 자가 없고 (13)또 그가 피 뿌린 옷을 입었는데 그 이름은 하나님의 말씀이라 칭하더라 (14)하늘에 있는 군대들이 희고 깨끗한 세마포를 입고 백마를 타고 그를 따르더라 (15)그의 입에서 이한 검이 나오니 그것으로 만국을 치겠고 친히 저희를 철장으로 다스리며 또 친히 하나님 곧 전능하신 이의 맹렬한 진노의 포도주 틀을 밟겠고 (16)그 옷과 그 다리에 이름 쓴 것이 있으니 만왕의 왕이요 만주의 주라 하였더라 (17)또 내가 보니 한 천사가 해에 서서 공중에 나는 모든 새를 향하여 큰 음성으로 외쳐 가로되 와서 하나님의 큰 잔치에 모여 (18)왕들의 고기와 장군들의 고기와 장사들의 고기와 말들과 그 탄 자들의 고기와 자유한 자들이나 종들이나 무론대소하고 모든 자의 고기를 먹으라 하더라 (19)또 내가 보매 그 짐승과 땅의 임금들과 그 군대들이 모여 그 말 탄 자와 그의 군대로 더불어 전쟁을 일으키다가 (20)짐승이 잡히고 그 앞에서 이적을 행하던 거짓 선지자도 함께 잡혔으니 이는 짐승의 표를 받고 그의 우상에게 경배하던 자들을 이적으로 미혹하던 자라 이 둘이 산채로 유황불 붙는 못에 던지우고 (21)그 나머지는 말 탄 자의 입으로 나오는 검에 죽으매 모든 새가 그 고기로 배불리우더라

물 위에 앉은 큰 음녀 = 여자 = 큰 바벨론인데 이 음녀가 그렇게 세상의 사람들을
하나님을 대적하여 높아지라고 유혹하였던 것이다……주여!
이 음녀가 일곱 머리와 열 뿔이 있는 짐승을 탄다. 이 짐승은 후 삼년반 동안 적그리스도에게 들어가

활동하는 악한 영인 것이다. 할렐루야.

[계 17:1-2]
(1)또 일곱 대접을 가진 일곱 천사 중 하나가 와서 내게 말하여 가로되 이리 오라 많은 물 위에 앉은 큰 음녀의 받을 심판을 네게 보이리라 (2)땅의 임금들도 그로 더불어 음행하였고 땅에 거하는 자들도 그 음행의 포도주에 취하였다 하고

즉 이제 이 음녀의 심판이 이른 것이다. 즉 큰 바벨론이 무너질 때가 온 것이다.

[계 17: 18]
또 네가 본바 여자는 땅의 임금들을 다스리는 큰 성이라 하더라

[계 18:1-2]
이 일 후에 다른 천사가 하늘에서 내려오는 것을 보니 큰 권세를 가졌는데 그의 영광으로 땅이 환하여지더라 (2)힘센 음성으로 외쳐 가로되 무너졌도다 무너졌도다 큰 성 바벨론이여 귀신의 처소와 각종 더러운 영의 모이는 곳과 각종 더럽고 가증한 새의 모이는 곳이 되었도다

즉, 음녀 = 여자 = 큰 성 = 견고한 성 바벨론

그러므로 계시록 16장에서 일곱째 대접이 쏟아지면서 이 큰 성, 즉 큰 바벨론 성이 무너지는 것이다.

[계 16:17-21]
(17)일곱째가 그 대접을 공기 가운데 쏟으매 큰 음성이 성전에서 보좌로부터 나서 가로되 되었다 하니 (18)번개와 음성들과 뇌성이 있고 또 큰 지진이 있어 어찌 큰지 사람이 땅에 있어 옴으로 이같이 큰 지진이 없었더라 (19)큰 성이 세 갈래로 갈라지고 만국의 성들도 무너지니 큰 성 바벨론이 하나님 앞에 기억하신 바 되어 그의 맹렬한 진노의 포도주 잔을 받으매 (20)각 섬도 없어지고 산악도 간데 없더라 (21)또 중수가 한 달란트나 되는 큰 우박이 하늘로부터 사람들에게 내리매 사람들이 그 박재로 인하여 하나님을 훼방하니 그 재앙이 심히 큼이러라

즉 이 큰 성, 큰 바벨론 성이 무너지면서
이제는 세상나라의 권세가 사단에게서부터 주님께로 다시 찾아지는 바 되는 것이다.

할렐루야.

[계 11:15]
**일곱째 천사가 나팔을 불매 하늘에 큰 음성들이 나서 가로되
세상 나라가 우리 주와 그 그리스도의 나라가 되어 그가 세세토록 왕 노릇 하시리로다 하니**

즉 일곱째 천사가 나팔을 불게 되면 일곱 대접재앙이 시작되는데 이 일곱 대접재앙이 다 쏟아지고 나면 세상나라가 우리 주와 그리스도의 나라가 되어 주님이 세세토록 왕노릇하게 되는 것이다.
할렐루야.

[눅 4:5-7]
(5)마귀가 또 예수를 이끌고 올라가서 순식간에 천하 만국을 보이며 (6)가로되 이 모든 권세와 그 영광을 내가 네게 주리라 이것은 내게 넘겨준 것이므로 나의 원하는 자에게 주노라 (7)그러므로 네가 만일 내게 절하면 다 네 것이 되리라

그러나 주님은 그의 속임을 알고 나는 너에게 절대 절하지 아니하겠고 다만 하나님만 섬기기를 원하노라 하였더니 그는 물러갔다.

[눅 4:8]
예수께서 대답하여 가라사대 기록하기를 주 너의 하나님께 경배하고 다만 그를 섬기라 하였느니라

즉 하나님을 대적하여 높아진 이 큰 성 바벨론이 무너짐으로 말미암아 이 세상나라가 주께로 다시 찾아지는 것이다. 할렐루야.
그것이 언제 일어나느냐면 일곱 번째 대접을 쏟았을 때에 이 큰 성, 바벨론 성이 무너지는 것이다.
할렐루야.

[계 18:1-24]
(1)이 일 후에 다른 천사가 하늘에서 내려오는 것을 보니 큰 권세를 가졌는데 그의 영광으로 땅이 환하여지더라 (2)힘센 음성으로 외쳐 가로되 무너졌도다 무너졌도다 큰 성 바벨론이여 귀신의 처소와 각종 더러운 영의 모이는 곳과 각종 더럽고 가증한 새의 모이는 곳이 되었도다 (3)그 음행의 진노의 포도주를 인하여 만국이 무너졌으며 또 땅의 왕들이 그로 더불어 음행하였으며 땅의 상고들도 그 사

치의 세력을 인하여 치부하였도다 하더라 (4)또 내가 들으니 하늘로서 다른 음성이 나서 가로되 내 백성아, 거기서 나와 그의 죄에 참예하지 말고 그의 받을 재앙들을 받지 말라 (5)그 죄는 하늘에 사무쳤으며 하나님은 그의 불의한 일을 기억하신지라 (6)그가 준 그대로 그에게 주고 그의 행위대로 갑절을 갚아주고 그의 섞은 잔에도 갑절이나 섞어 그에게 주라 (7)그가 어떻게 자기를 영화롭게 하였으며 사치하였든지 그만큼 고난과 애통으로 갚아 주라 그가 마음에 말하기를 나는 여황으로 앉은 자요 과부가 아니라 결단코 애통을 당하지 아니하리라 하니 (8)그러므로 하루 동안에 그 재앙들이 이르리니 곧 사망과 애통과 흉년이라 그가 또한 불에 살라지리니 그를 심판하신 주 하나님은 강하신 자이심이니라 (9)그와 함께 음행하고 사치하던 땅의 왕들이 그 불붙는 연기를 보고 위하여 울고 가슴을 치며 (10)그 고난을 무서워하여 멀리 서서 가로되 화 있도다 화 있도다 큰 성, 견고한 성 바벨론이여 일시간에 네 심판이 이르렀다 하리로다 (11)땅의 상고들이 그를 위하여 울고 애통하는 것은 다시 그 상품을 사는 자가 없음이라 (12)그 상품은 금과 은과 보석과 진주와 세마포와 자주 옷감과 비단과 붉은 옷감이요 각종 향목과 각종 상아 기명이요 값진 나무와 진유와 철과 옥석으로 만든 각종 기명이요 (13)계피와 향료와 향과 향유와 유향과 포도주와 감람유와 고운 밀가루와 밀과 소와 양과 말과 수레와 종들과 사람의 영혼들이라 (14)바벨론아 네 영혼의 탐하던 과실이 네게서 떠났으며 맛 있는 것들과 빛난 것들이 다 없어졌으니 사람들이 결코 이것들을 다시 보지 못하리로다 (15)바벨론을 인하여 치부한 이 상품의 상고들이 그 고난을 무서워하여 멀리 서서 울고 애통하여 (16)가로되 화 있도다 화 있도다 큰 성이여 세마포와 자주와 붉은 옷을 입고 금과 보석과 진주로 꾸민 것인데 (17)그러한 부가 일시간에 망하였도다 각 선장과 각처를 다니는 선객들과 선인들과 바다에서 일하는 자들이 멀리 서서 (18)그 불붙는 연기를 보고 외쳐 가로되 이 큰 성과 같은 성이 어디 있느뇨 하며 (19)티끌을 자기 머리에 뿌리고 울고 애통하여 외쳐 가로되 화 있도다 화 있도다 이 큰 성이여 바다에서 배 부리는 모든 자들이 너의 보배로운 상품으로 인하여 치부하였더니 일시간에 망하였도다 (20)하늘과 성도들과 사도들과 선지자들아 그를 인하여 즐거워하라 하나님이 너희를 신원하시는 심판을 그에게 하셨음이라 하더라 (21)이에 한 힘센 천사가 큰 맷돌 같은 돌을 들어 바다에 던져 가로되 큰 성 바벨론이 이같이 몹시 떨어져 결코 다시 보이지 아니하리로다 (22)또 거문고 타는 자와 풍류하는 자와 퉁소 부는 자와 나팔 부는 자들의 소리가 결코 다시 네 가운데서 들리지 아니하고 물론 어떠한 세공업자든지 결코 다시 네 가운데서 보이지 아니하고 또 맷돌 소리가 결코 다시 네 가운데서 들리지 아니하고 (23)등불 빛이 결코 다시 네 가운데서 비취지 아니하고 신랑과 신부의 음성이 결코 다시 네 가운데서 들리지 아니하리로다 너의 상고들은 땅의 왕족들이라 네 복술을 인하여 만국이 미혹되었도다 (24)선지자들과 성도들과 및 땅 위에서 죽임을 당한 모든 자의 피가 이 성중에서 보였느니라 하더라

위에 8절을 보면 이 일들이 하루 동안에 다 일어난다는 것이다.

즉 이 바벨론 성이 무너지는 것이 하루 동안에 다 일어난다.

그리고 24절에서 그런데 이 바벨론 성에 선지자들과 성도들과 및 땅 위에서 죽임을 당한 모든 자의 피가 이 성 중에 보였다라고 기록하고 있다.

그러므로 이 바벨론 성이 무너질 때가 바로 그들의 피를 신원하여 줄 때인 것이다.
할렐루야.

이것이 그 다음 장에 가면 더 확실하여진다.

[계 19:1-2]
(1)이 일 후에 내가 들으니 하늘에 허다한 무리의 큰 음성 같은 것이 있어 가로되 할렐루야 구원과 영광과 능력이 우리 하나님께 있도다 (2)그의 심판은 참되고 의로운지라 음행으로 땅을 더럽게 한 큰 음녀를 심판하사 자기 종들의 피를 그의 손에 갚으셨도다 하고

하나님께서 그 종들의 피를 땅을 더럽게 한 큰 음녀의 손에 갚으셨다고 말하고 있는 것이다.

그러므로 바로 이 때가 다섯째 인을 떼었을 때에 제단 밑에 순교자들이 말하기를 '우리의 피를 신원하여 줄 때가 언제니이까?' 하는 바로 그 때인 것을 알 수 있는 것이다. 즉 그 때는 일곱 번째 대접이 쏟아졌을 때 큰 음녀를 심판하는 때인 것이다.

할렐루야.

[계 6:9-11]
(9) 다섯째 인을 떼실 때에 내가 보니 하나님의 말씀과 저희의 가진 증거를 인하여 죽임을 당한 영혼들이 제단 아래 있어
(10) 큰 소리로 불러 가로되 거룩하고 참되신 대주재여 땅에 거하는 자들을 심판하여 우리 피를 신원하여 주지 아니하시기를 어느 때까지 하시려나이까 하니
(11) 각각 저희에게 흰 두루마기를 주시며 가라사대 아직 잠시 동안 쉬되 저희 동무 종들과 형제들도 자기처럼 죽임을 받아 그 수가 차기까지 하라 하시더라

즉 위의 11절에서

[계 6:11]
각각 저희에게 흰 두루마기를 주시며 가라사대 아직 잠시 동안 쉬되 저희 동무 종들과 형제들도 자기처럼 죽임을 받아 그 수가 차기까지 하라 하시더라

즉 '저희 동무 종들과 형제들도 죽임을 받아 그 수가 차기까지'라고 하는 것은 바로
계시록 18장 24절에서 그 마침(그 수가 찬 것)을 보이고 있는 것이다.

왜냐하면 계시록 28장 14절에서 '선지자들과 성도들과 및 땅 위에서 죽임을 당한 모든 자의 피'가 이 성중에서 보였다라고 말하고 있기 때문이다.
할렐루야.

[계 18:24]
선지자들과 성도들과 및 땅 위에서 죽임을 당한 모든 자의 피가 이 성중에서 보였느니라 하더라

그러므로 그 동무들의 수가 차기까지란 바로 이 성이 무너질 때를 말한다(계 18:1-3).
할렐루야.

그리고 이 신원의 때가 바로 이사야 61장 1-2절에서 말하는 신원의 때이기도 한 것이다.

[사 61:1-2]
(1)주 여호와의 신이 내게 임하셨으니 이는 여호와께서 내게 기름을 부으사 가난한 자에게 아름다운 소식을 전하게 하려 하심이라 나를 보내사 마음이 상한 자를 고치며 포로 된 자에게 자유를, 갇힌 자에게 놓임을 전파하며 (2)여호와의 은혜의 해와 우리 하나님의 신원의 날을 전파하여 모든 슬픈 자를 위로하되

그러면 계시록에서 일곱 번째 대접이 쏟아지면 일어나는 차례가

(1) 큰 바벨론 성 음녀가 심판을 받게 되고 (하나님을 대적하여 높아진 모든 권세가 무너지는 때이다. 이 때가 종들의 피를 신원하여 주는 때인 것이다)
(2) 어린양의 아내가 예비 됨
(3) 그 후에 아마겟돈 전쟁으로 인하여 적그리스도와 거짓선지자가 산채로 유황 불못에 던져지고

(4) 사단은 일천년 동안 무저갱에 감금되고
(5) 주님과 그의 아내가 예비되어 천년왕국에 들어가는 것이다. 할렐루야.
(6) 혼인식과 혼인잔치

여기서 (1)부터 (5)까지는 하루 동안에 다 일어나는 것이다. 이날이 바로 '그날'이다.
'신원의 날'인 것이다. 여호와께서 홀로 왕이 되시는 날인 것이다.

[계 19:3-21]
(3) 두번째 가로되 할렐루야 하더니 그 연기가 세세토록 올라가더라 (4)또 이십 사 장로와 네 생물이 엎드려 보좌에 앉으신 하나님께 경배하여 가로되 아멘 할렐루야 하니 (5)보좌에서 음성이 나서 가로되 하나님의 종들 곧 그를 경외하는 너희들아 무론대소하고 다 우리 하나님께 찬송하라 하더라 (6)또 내가 들으니 허다한 무리의 음성도 같고 많은 물 소리도 같고 큰 뇌성도 같아서 가로되 할렐루야 주 우리 하나님 곧 전능하신 이가 통치하시도다 (7)우리가 즐거워하고 크게 기뻐하여 그에게 영광을 돌리세 어린 양의 혼인 기약이 이르렀고 그 아내가 예비하였으니 (8)그에게 허락하사 빛나고 깨끗한 세마포를 입게 하셨은즉 이 세마포는 성도들의 옳은 행실이로다 하더라 (9)천사가 내게 말하기를 기록하라 어린 양의 혼인 잔치에 청함을 입은 자들이 복이 있도다 하고 또 내게 말하되 이것은 하나님의 참되신 말씀이라 하기로 (10)내가 그 발 앞에 엎드려 경배하려 하니 그가 나더러 말하기를 나는 너와 및 예수의 증거를 받은 네 형제들과 같이 된 종이니 삼가 그리하지 말고 오직 하나님께 경배하라 예수의 증거는 대언의 영이라 하더라 (11)또 내가 하늘이 열린 것을 보니 보라 백마와 탄 자가 있으니 그 이름은 충신과 진실이라 그가 공의로 심판하며 싸우더라 (12)그 눈이 불꽃 같고 그 머리에 많은 면류관이 있고 또 이름 쓴 것이 하나가 있으니 자기 밖에 아는 자가 없고 (13)또 그가 피 뿌린 옷을 입었는데 그 이름은 하나님의 말씀이라 칭하더라 (14)하늘에 있는 군대들이 희고 깨끗한 세마포를 입고 백마를 타고 그를 따르더라 (15)그의 입에서 이한 검이 나오니 그것으로 만국을 치겠고 친히 저희를 철장으로 다스리며 또 친히 하나님 곧 전능하신 이의 맹렬한 진노의 포도주 틀을 밟겠고 (16)그 옷과 그 다리에 이름 쓴 것이 있으니 만왕의 왕이요 만주의 주라 하였더라 (17)또 내가 보니 한 천사가 해에 서서 공중에 나는 모든 새를 향하여 큰 음성으로 외쳐 가로되 와서 하나님의 큰 잔치에 모여 (18)왕들의 고기와 장군들의 고기와 장사들의 고기와 말들과 그 탄 자들의 고기와 자유한 자들이나 종들이나 무론대소하고 모든 자의 고기를 먹으라 하더라 (19)또 내가 보매 그 짐승과 땅의 임금들과 그 군대들이 모여 그 말 탄 자와 그의 군대로 더불어 전쟁을 일으키다가 (20)짐승이 잡히고 그 앞에서 이적을 행하던 거짓 선지자도 함께 잡혔으니 이는 짐승의 표를 받고 그의 우상에게 경배하던 자들을 이적으로 미혹하던 자라 이 둘이 산채로 유황불 붙는 못에 던지우고 (21)그 나머지는 말 탄 자

의 입으로 나오는 검에 죽으매 모든 새가 그 고기로 배불리우더라

[막 13:24-27]
(24) 그 때에 그 환난 후 해가 어두워지며 달이 빛을 내지 아니하며
(25) 별들이 하늘에서 떨어지며 하늘에 있는 권능들이 흔들리리라
(26) 그 때에 인자가 구름을 타고 큰 권능과 영광으로 오는 것을 사람들이 보리라
(27) 또 그 때에 저가 천사들을 보내어 자기 택하신 자들을 땅 끝으로부터 하늘 끝까지 사방에서 모으리라

주님이 지상 재림하셔서 아마겟돈 전쟁을 일으킨다. 그리고 그 때에 추수도 일어난다.
이 부위를 사람들은 마지막 이삭줍기라 말한다. 그래서 이사야에서는 이것을 말하기를
'그분의 분노가 지나가기까지 잠깐 숨어 있으라.'라고 말하고 있다.

[사 26:20-21]
(20) 내 백성아 갈지어다 네 밀실에 들어가서 네 문을 닫고 분노가 지나기까지 잠간 숨을지어다 (21) 보라 여호와께서 그 처소에서 나오사 땅의 거민의 죄악을 벌하실 것이라 땅이 그 위에 잦았던 피를 드러내고 그 살해 당한 자를 다시는 가리우지 아니하리라

[계 20:1-3]
(1) 또 내가 보매 천사가 무저갱 열쇠와 큰 쇠사슬을 그 손에 가지고 하늘로서 내려와서 (2) 용을 잡으니 곧 옛 뱀이요 마귀요 사단이라 잡아 일천년 동안 결박하여 (3) 무저갱에 던져 잠그고 그 위에 인봉하여 천년이 차도록 다시는 만국을 미혹하지 못하게 하였다가 그 후에는 반드시 잠간 놓이리라

그 다음에 천년왕국이 이루어진다.

우리는 계시록 20장 4절을 유심히 볼 필요가 있다.

[개역성경]
또 내가 보좌들을 보니 거기 앉은 자들이 있어 심판하는 권세를 받았더라 또 내가 보니 예수의 증거와 하나님의 말씀을 인하여 목 베임을 받은 자의 영혼들과 또 짐승과 그의 우상에게 경배하지도 아니하고 이마와 손에 그의 표를 받지도 아니한 자들이 살아서 그리스도로 더불어 천년 동안 왕 노릇하니

개역성경에서는 천년왕국에 들어가는 첫째부활에 참여하는 그룹이 세 그룹으로 나타난다.

1. 보좌에 앉은 자들
2. 순교한 자들
3. 짐승과 그 우상에게 절하지 않고 이마나 손에 표를 받지 아니한 자들

그러나 다른 번역 공동번역과 표준새번역에서는 두 그룹으로 나타난다.

1. 보좌에 앉은 자들
2. 순교한 자들로서 그들은 짐승과 그 우상에게 절하지 아니하고 이마나 손에 표를 받지 아니한 자들로 나타난다.

[공동번역] 나는 또 많은 높은 좌석과 그 위에 앉아 있는 사람들을 보았습니다. 그들은 심판할 권한을 받은 사람들이었습니다. 또 예수께서 계시하신 진리와 하느님의 말씀을 전파했다고 해서 목을잘리운 사람들의 영혼을 보았습니다. 그들은 그 짐승이나 그의 우상에게 절을 하지 않고 이마와 손에 낙인을 받지 않은 사람들입니다. 그들은 살아나서 그리스도와 함께 천 년 동안 왕노릇을 하였습니다.

[표준새번역] 내가 또 보좌들을 보니, 그 위에 사람들이 앉아 있었는데, 그들은 심판할 권세를 받은 사람들이었습니다. 또 나는 예수의 증언과 하나님의 말씀 때문에, 목이 베인 사람들의 영혼에게와 그 짐승이나 그 짐승 우상에게 절하지 않고, 그들의 이마와 손에 표를 받지 않은 사람들을 보았는데, 그들은 살아나서 그리스도와 함께 천 년 동안 다스렸습니다.

즉 순교한 자들이 왜 순교하였느냐면 예수에 대한 증언과 하나님의 말씀 때문에 순교하였고 이들은 짐승과 그 우상에게 절하지 않고 이마나 손에 표를 받지 아니한 자들이라는 것이다.

그래서 이것에 대하여 영어 번역을 보면

[계 20:4]
[NIV] I saw thrones on which were seated those who had been given authority to judge. And I saw the souls of those who had been beheaded because of their testimony for Jesus and because of the word of God. They had not worshiped the beast or his image and had not received his mark on their foreheads or their

hands. They came to life and reigned with Christ a thousand years.

[KJV] And I saw thrones, and they sat upon them, and judgment was given unto them: and [I saw] the souls of them that were beheaded for the witness of Jesus, and for the word of God, and which had not worshipped the beast, neither his image, neither had received [his] mark upon their foreheads, or in their hands; and they lived and reigned with Christ a thousand years.

그러므로 NIV나 KJV을 보면 확실히 순교한 자들이 바로 짐승과 그 우상에게 절하지 않고 이마나 손에 표를 받지 아니한 동일한 그룹이라는 것을 알 수 있다.

여기에 대하여 공동번역과 표준새번역은 바르게 번역하고 있지만 개역성경만큼은 좀 다르게 번역되어 꼭 세 그룹인 것처럼 보인다. 그런데 아닌 것이다. 두 그룹인 것이다.

그러므로 이 책에 나오는 모든 성경구절은 개역성경에서 인용되었는데 특히 계시록 20장 4절을 개역성경에서 인용하더라도 사실은 천년왕국에 들어가는 그룹이 두 그룹이라는 것을 알아야 할 것이다. 할렐루야.

이 천년이 찬 후에 사단이 무저갱에서 잠깐 놓이는데 그 때에 곡과 마곡전쟁이 일어난다.
이 구절 때문에 천년왕국이 이 지상에 있을 때에 동시에 천년왕국 바깥의 삶이 있음을 증명하여 주는 구절이다.

[계 20:7-10]
(7)천년이 차매 사단이 그 옥에서 놓여 (8)나와서 땅의 사방 백성 곧 곡과 마곡을 미혹하고 모아 싸움을 붙이리니 그 수가 바다 모래 같으리라 (9)저희가 지면에 널리 퍼져 성도들의 진과 사랑하시는 성을 두르매 하늘에서 불이 내려와 저희를 소멸하고 (10)또 저희를 미혹하는 마귀가 불과 유황 못에 던지우니 거기는 그 짐승과 거짓 선지자도 있어 세세토록 밤낮 괴로움을 받으리라

그리고 이 곡과 마곡전쟁 후에 마귀가 유황 불못에 던져지고
처음 하늘과 처음 땅이 없어지고 백보좌 심판이 일어나는 것이다.
할렐루야.

[계 20:11-15]
(11)또 내가 크고 흰 보좌와 그 위에 앉으신 자를 보니 땅과 하늘이 그 앞에서 피하여 간데 없더라 (12)또 내가 보니 죽은 자들이 무론대소하고 그 보좌 앞에 섰는데 책들이 펴 있고 또 다른 책이 펴졌으니 곧 생명책이라 죽은 자들이 자기 행위를 따라 책들에 기록된 대로 심판을 받으니 (13)바다가 그 가운데서 죽은 자들을 내어주고 또 사망과 음부도 그 가운데서 죽은 자들을 내어주매 각 사람이 자기의 행위대로 심판을 받고 (14)사망과 음부도 불못에 던지우니 이것은 둘째 사망 곧 불못이라 (15)누구든지 생명책에 기록되지 못한 자는 불못에 던지우더라

할렐루야. 그러므로 고린도전서 15장 22절에서 26절까지가 이렇게 해석이 되어진다.

[고전 15:22-26]
(22) 아담 안에서 모든 사람이 죽은 것같이 그리스도 안에서 모든 사람이 삶을 얻으리라
(23) 그러나 각각 자기 차례대로 되리니 먼저는 첫 열매인 그리스도요
다음에는 그리스도 강림하실 때에 그에게 붙은 자요 (첫째부활)
(24) 그 후에는 나중이니 저가 모든 정사와 모든 권세와 능력을 멸하시고 나라를 아버지 하나님께 바칠 때라 (바벨론성이 무너질 때)
(25) 저가 모든 원수를 그 발아래 둘 때까지 불가불 왕 노릇 하시리니 (천년왕국)
(26) 맨 나중에 멸망 받을 원수는 사망이니라 (백보좌심판)

여기서 각 구절을 해석하면
22절은 부활되어 영원한 삶을 사는 것을 의미한다.
23절은 부활의 첫 열매인 예수 그리스도를 말하고 그 다음은 첫째 부활에 참여하는 모든 자들을 말한다.
24절은 큰 바벨론 성이 무너질 때를 말하며 그리고 25절은 천년왕국 이후에 마귀가 무저갱에서 나온 후에 곡과 마곡전쟁에 잠깐 쓰임 받고 영원히 불못에 던져지는 것을 말하고
그리고 26절은 백보좌 심판 때에 사망과 음부도 영원히 불못에 던져지는 것을 말한다.
깨닫게 하여 주시는 주님을 찬양합니다.

110. 천국에서 치러주신 신랑과 신부의 의식
(2015. 2. 13)

저녁에 기도한 후에 천국에 올라갔다.
마차를 가지고 나를 데리러 온 수레바깥의 천사가 나를 바라보는데 내가 보니 그 천사의 머리에 청개구리 털모자 같은 것을 쓰고 있었다. 나는 우스워서 뭘 그런 것 쓰고 있냐고 벗으라고 말했다.
가만히 보니 말들을 모는 천사도 그러한 모자를 쓰고 있었다.
그리고 말들도 그러한 장식을 목에 하고 있는 것이 보였다.
그랬더니 수레바깥에서 나를 수호하는 천사가 말한다.
"이것 쓰고 있으래요."
내 속으로 '누가?'하는 마음이 생겼지만 그러나 아무 말 안했다. 그리고 쓰고 있으라 했으면 쓰고 있어야 하겠지만 그러나 나는 우습다는 생각을 하면서 그 다음 수레를 보았더니 아니 옛날 우리 조선시대에 신랑 신부 각시가 타는 그러한 아름다운 수레같이 생겼다.
그리고 나는 즉시 그 수레를 탔는데 수레 안에서의 나의 모습은 연지곤지 볼에 바르고 비녀까지 머리에 꽂고 있는 새색시 같이 그러한 색동저고리를 입고 있었다.
와우! 예쁘다! 아름답다!
그런데 나는 생각하기를 이 모든 장식이 내가 움직이기에 번거롭지 아니할까 하고 생각하는데 전혀 그렇지 않았다.

수레는 즉시 천국 안에 도착하였다.
그리고 나는 마차에서 내리는데 얼마나 신부의 모습이 예쁜지.........
얼굴에 연지곤지, 머리에 비녀까지 그리고 내가 입고 있는 분홍색 저고리는 너무 예뻤다.
내가 수레에서 내려서 주님께로 가는데 할렐루야, 주님도 이전에 우리 조선시대 신랑의 복장을 하고 있었다.
주님의 얼굴인데 왜냐하면 조선시대 신랑의 옷을 입고 있어서 나는 좀 우습다고 생각하였으나 그러나 나는 지금 웃을 때가 아닌 것을 알았다. 왜냐하면 지금 주님이 나를 신부로 맞아주시고 계시는 심각하고 즐거운 순간이었던 것이다.
나는 주님에게 그 조선시대의 신랑 복장이 잘 어울리지 않을 것이라 생각하였으나 그 조선시대의 신랑의 복장이 주님에게 잘 어울리고 있었다.
주님이 나를 그렇게 신랑복을 입고 나를 맞이하고 있을 때에 저어기 저편에서 늘 흰 옷을 입고 나를 환영하여 주는 흰 옷 입은 무리들이 있는데 그들이 나를 향하여 손을 흔들고 있었다.
그들은 손에 베이지색의 천으로 된 모자 같은 것을 들고 그것을 흔들며 환영하고 있었다.
그런 후에 주님이 갑자기 나를 데리고 저 공중에 떠 있는 구름 위로 이동하시는 것이었다.
그 구름은 편편하고 얼마나 넓은지…….
그리고 그 넓고 편편한 구름 위에서 주님과 나는 신랑과 신부로서 서로 마주보고 있었다.
그리하였더니 우리 사이에 긴 테이블이 생겨났고(천국에서는 그냥 생긴다) 그 위에는 천국의 음식들이 차려졌다. 그리고 그 테이블의 양 옆으로 주님은 저편, 나는 이편에 서 있었다.
그리고 주님과 내가 엄청 차려져 있는 식탁의 저편에 주님이 그리고 이편에 내가 앉았다.
그 다음에는 모세가 하늘색 옷을 입고 나타나서 주님 옆에 앉았다.
그리고 그 옆에 마리아가 와서 앉는다. 그 다음에는 에스더가 와서 앉았다.
그리고 이편 내 편에는 바로 내 옆에 베드로가 와서 앉았다.
그리고 그 다음 삭개오가 와서 앉았고 그 다음에는 안드레가 와서 앉았고 그 다음에는 바울과 요한이 와서 앉았다.
나는 주님께 마음으로 말했다.
"주님 제가 신부의 자격이 없는데 이렇게 저를 신부로서 대접을 하여 주시다니요?"
주님이 말씀하신다.
"이제야 네가 알겠느냐 너는 내 신부이니라."
그 때에 내 눈에는 눈물이 뭉클했다.
나는 '도무지 자격 없는 저를 신부로 맞아주시다니요?'하면서 울고자 했다.

그러다가 나는 모세를 쳐다보고 말했다.
"모세님 한마디 하여 보세요. 주님이 저보고 신부래요."
그랬더니 모세가 이렇게 말한다. "분발하라고 그러시는 거예요."
주여!

그 다음 나는 마리아에게 말했다.
"마리아님 말씀 좀 해보세요. 주님이 저를 신부라고 해요."
그랬더니 마리아가 말한다.
"그래요 늘 우리와 주님의 관계가 그렇게 독특해요."

그 다음 에스더에게 내가 말했다

"에스더님 한마디 하여 보세요. 주님이 저보고 이렇게 신부라 하네요. 너무 좋아서요."
그랬더니 에스더가 말한다.
"저도 그래요. 여기서는 주님이 신랑이에요. 저도 너무 좋아요."

그 다음 나는 그 옆에 있는 베드로에게 말했다.
"베드로님, 주님이 저를 신부라 말씀하시네요. 한마디 해보세요."
나는 사실 너무 신이 나서 돌아가면서 그들에게 말을 한 것이다.
그랬더니 베드로가 이렇게 말한다.
"사라님에게 지금 잠깐 그렇게 말씀하시지만 우리에게는 여기서 늘 그렇게 말씀하시므로 우리는 항상 좋아요"
주여!

즉 이 베드로의 말은 주님은 나를 지금 이렇게 순간적으로 신부의식을 치러주시는 것이라는 것이다.
왜냐하면 나는 지상의 사람으로서 곧 갈 것이니까.
그런데 베드로는 자신은 이 천국에서 사니까 그러한 기쁨을 늘 맛보고 산다는 말이었다.
나는 이 말에 활짝 웃고 말았다.
'그렇구나. 내가 너무 좋아할 것 아니네. 여기 사는 사람들은 이 기분을 늘 느끼며 살고 있는 것이구나.'
'내가 별로 좋아할 것 아니네'하면서 웃었다.

그렇다. 여기 오면 늘 이렇게 주님과 신랑신부의 관계로 살 것인데........

그럼에도 불구하고 나는 이제 조금 바로 이 당시 주님이 이러한 신랑신부 의식을 치러 주시는 것에 대하여 그렇게 기뻐하고 있는 것이었다.
할렐루야.
어쨌든 주님 너무 감사합니다.
저는 단지 최선을 다하여 주님을 섬기려 한 것밖에 없는데 주님은 이렇게 저를 천국에서 잠시나마 신부의 의식을 치러 주시다니요!
할렐루야.
다시 한번 저를 신부로서 확인하여 주시는 주님께 감사하며 나의 신랑되신 주님을 찬양합니다!
할렐루야!

111. 아마겟돈 전쟁
(2015. 2. 14)

여러 시간 기도 후에 천국에 올라갔다.
나를 데리러 온 수호천사가 미소를 지으면서 말한다.
"주님이 기다리고 계십니다."
나는 오늘 수레가 창문이 열려있어 여름에 볼 수 있는 것과 같은 수레가 왔다.
나는 그 수레 안으로 탔다.
수레는 즉시 천국 안에 도착하였고 나는 수레에서 내려서 주님께로 울면서 갔다.
왜냐하면 내 사랑하는 주님을 만나면 그냥 울고 싶다.

주님이 나를 맞아주신다.
오늘은 주님이 모세의 궁에 걸어서 올라가신다. 나도 주님을 뒤따랐다.
모세의 궁 안에 있는 광장에 도착하자 하늘색 옷을 입은 모세가 나타났다.
주님이 모세에게 말씀하신다.
"내가 사라를 데려왔다."
주님과 나 그리고 모세는 보통 그렇게 하는 것과 같이 테이블에 앉았다.
모세의 궁에서 모세와의 성경 이야기는 이미 다 끝냈으므로 서로 웃고 앉아 있었다.
그리고 서로가 요한의 집으로 가자는 것에 동의되어 주님과 나 모세는 즉시 요한의 집 앞에 있는 피크닉 테이블에 도착하여 앉았다.

내가 요한에게 말했다.
"요한, 오늘은 아마겟돈 전쟁에 대하여 알게 하여 주세요."라고 말했다.
그러자 내게 그것이 알아진다.
아마겟돈 전쟁은 천년왕국 이전에 마지막 전쟁으로 '만주의 주, 만왕의 왕'으로 오시는 주님과 그리고 흰 옷 입고 따르는 주님의 군대와 이 세상의 적그리스도와 그의 편에 선 왕들과의 싸움인 것이다. 결국 이들은 주님의 입에서 나오는 검으로 죽고 그 고기를 온 세상의 새들에게 고기로 주어질 것이다. 이것이 천년왕국 이전에 주의 날에 있을 전쟁인 것이다. 할렐루야.
아마겟돈 전쟁이 말이다.

[살후 2:2-4]
(2)혹 영으로나 혹 말로나 혹 우리에게서 받았다 하는 편지로나 주의 날이 이르렀다고 쉬 동심하거나 두려워하거나 하지 아니할 그것이라 (3)누가 아무렇게 하여도 너희가 미혹하지 말라 먼저 배도하는 일이 있고 저 불법의 사람 곧 멸망의 아들이 나타나기 전에는 이르지 아니하리니 (4)저는 대적하는 자라 범사에 일컫는 하나님이나 숭배함을 받는 자 위에 뛰어나 자존하여 하나님 성전에 앉아 자기를 보여 하나님이라 하느니라

여기서 주의 날은 아마겟돈 전쟁이 일어나는 날이다.
이 전쟁으로 인하여 많은 사람들이 죽고 짐승의 밥이 되고 그리고 적그리스도와 거짓선지자가 잡혀서 산채로 유황 불못에 던져질 것이다. 그러므로 여기서 먼저 배도하는 일이 있고 그리고 멸망의 아들이 나타나야 그 다음 주의 날, 즉 아마겟돈 전쟁이 있을 것이라는 것이다.
할렐루야. 주님은 여기까지 알게 하신다.
이 아마겟돈 전쟁을 위하여 주님께서 지상재림을 하신다.
그러므로 이 날은 지상재림의 날이기도 하다.

[계 19:11-21]
(11)또 내가 하늘이 열린 것을 보니 보라 백마와 탄 자가 있으니 그 이름은 충신과 진실이라 그가 공의로 심판하며 싸우더라 (12)그 눈이 불꽃 같고 그 머리에 많은 면류관이 있고 또 이름 쓴 것이 하나가 있으니 자기 밖에 아는 자가 없고 (13)또 그가 피 뿌린 옷을 입었는데 그 이름은 하나님의 말씀이라 칭하더라 (14)하늘에 있는 군대들이 희고 깨끗한 세마포를 입고 백마를 타고 그를 따르더라 (15)그의 입에서 이한 검이 나오니 그것으로 만국을 치겠고 친히 저희를 철장으로 다스리며 또 친히 하나님 곧 전능하신 이의 맹렬한 진노의 포도주 틀을 밟겠고 (16)그 옷과 그 다리에 이름 쓴 것이 있으니 만왕의 왕이요 만주의 주라 하였더라 (17)또 내가 보니 한 천사가 해에 서서 공중에 나는 모든 새를 향하여 큰 음성으로 외쳐 가로되 와서 하나님의 큰 잔치에 모여 (18)왕들의 고기와 장군들의 고기와 장사들의 고기와 말들과 그 탄 자들의 고기와 자유한 자들이나 종들이나 무론대소하고 모든 자의 고기를 먹으라 하더라 (19)또 내가 보매 그 짐승과 땅의 임금들과 그 군대들이 모여 그 말 탄 자와 그의 군대로 더불어 전쟁을 일으키다가 (20)짐승이 잡히고 그 앞에서 이적을 행하던 거짓 선지자도 함께 잡혔으니 이는 짐승의 표를 받고 그의 우상에게 경배하던 자들을 이적으로 미혹하던 자라 이 둘이 산채로 유황불 붙는 못에 던지우고 (21)그 나머지는 말 탄 자의 입으로 나오는 검에 죽으매 모든 새가 그 고기로 배불리우더라

주여!
그러므로 데살로니가후서 2장 2절에서 말하는 '주의 날'은 주님이 지상재림하여 아마겟돈 전쟁을 일으키는 날이다.

112. 천국에서 내가 아는 최근에 세상을 떠난 분들을 만나다.
(2015. 2. 18)

천국에 올라갔다. 바깥에 있는 수호천사가 말한다. 주님이 기다리고 계시다고….
나는 오늘 수레가 참으로 상아색에다가 황금색 장식으로 예쁘다고 생각했다.
수레 안에는 내 아이와 보모가 앉아 있었다.
내가 앉은 자리 앞에 있는 테이블 위에 스시와 요리된 장어가 놓여 있었다.
나는 아이를 돌보는 보모를 보고 먹으라 하였다. 그랬더니 나중에 먹는다 하였다.
내가 수레에서 내려 주님께로 인도함을 받을 때 나는 참으로 아름다운 금색 드레스를 입고 있었다.
주님은 나를 어디로 인도하셨는가 하면 많은 사람들이 수십 층이 넘게 보이는 계단에 양쪽으로 서 있고 밑으로도 서 있었는데 주님이 그 계단 위에서 앞에서 설교하듯이 설파하는 장면이 내게 보였다.
나는 그들 중에 한 명으로 있었으나 주님의 말씀을 알아듣지 못했다.
그러나 거기에 있는 군중은 환호도 하고 응답도 하였다.

한참을 그렇게 하시다가 주님이 말씀을 마치시고 날아서 내게로 오시더니
나를 데리고 정원의 벤치로 가셨다.
주님은 내가 역시 주님께 질문이 있다는 것을 아신다.
나는 어제(2월 17일) 돌아가신 도OO 권사님이 궁금하였다.
이 권사님은 내가 한국집회 갈 때면 꼭 참석하시는 믿음이 좋으신 권사님이셨다.
젊은 나이에 갑자기 감염으로 세상을 뜨셨다.
'주님 도OO 권사님을 보여주세요?'라고 안타까운 마음으로 말씀을 드렸다.
그랬더니 주님이 말씀하시기를
"아니야 아직 기다려야 한단다."

즉 내가 그 도OO 권사님을 볼 수 있는 상태가 아니라는 것이다.
대강 내 마음에 알아지는 것이 이틀 정도 더 기다려야 함이 알아졌다.
왜 그럴까? 왜 당장 만나 뵐 수 없을까? 왜 며칠이 걸리는 것일까?
나는 참으로 이것이 궁금하였다. 혹 이 기간 동안 정결함을 입는 것인가?
생명수 강가에서 씻음을 받으시는 기간인가? 아니면 다른 이유로?
나는 아직 여기에 대해서 잘 모른다.
단지 내가 아는 것은 어제 돌아가신 권사님을 내가 아직 볼 수 있는 상태가 아니라는 것이다.
그러자 내 앞에 이전에 돌아가신 이OO 목사님 아내 되신 사모님(돌아가신지 약 6-7년 되셨다.)과 또 얼마 전(약 몇 개월전)에 돌아가신 오OO 목사님이 나타났다.
두 분 다 단발머리에 흰 옷을 입고 계셨다.
그런데 나는 긴 머리이다. 나는 아직 이것에 대하여도 잘 모른다.
왜 그들은 짧은 머리인데 나는 긴 머리인지를....
그러나 나는 긴 머리가 더 좋다는 것만 안다.
왜냐하면 내 머리가 처음에는 단발이었는데 갈수록 길어졌기 때문이다.
그런데 이들은 다 단발머리이다.
그러나 또 다 젊은 얼굴이다.
그런데 어제 돌아가신 도OO 권사님은 나타나지 않으셨다.
주님은 내게 그 권사님을 아직 내가 볼 수 있는 상태가 아닌 것을 알게 하여 주셨다.
할렐루야. 어쨌든 주님을 찬양합니다!
그 권사님이 천국오신 것 확실하니 감사드립니다. 할렐루야.

113. 주님은 세상을 떠난지 이틀이 되어도 천국에서 내가 볼 수 있는 상태가 아니라 하신다.
(2015. 2. 19)

주님은 나를 정원에 있는 벤치로 인도하셨다.
주님은 내가 질문이 있는 것을 아신다. 내가 주님께 질문이 있을 때에는 주님은 영락없이 나를 정원의 벤치로 인도하신다.

나는 주님께 도OO 권사님이 보고 싶다 하였다. 그랬더니 주님이 말씀하시기를

'아직 준비되지 아니하였다.'라고 하신다.

오늘이 그분이 돌아가신지 이틀째이다. 그런데 아직 나는 천국에서 그분을 뵙지 못하였다.

어쩐 일인가? 무엇을 하시는 기간인지?

주님도 나에게 이것에 대하여는 가르쳐 주시지 않으셨다.

114. (i) 기도 속에서 지옥의 장면들을 생생히 보다.
(ii) 미가엘과 가브리엘 천사장의 마중을 받다.
(iii) 주님께서 내가 '지옥편'을 꼭 써야 함을 말씀하시다.
(iv) 지옥의 한 장면을 구경하다.
(2015. 2. 19)

(i) 기도 속에서 지옥의 장면들을 생생히 보다.

저녁시간에 3시간 정도 기도하였다.

주님께 기도하였다. 주님이 내게 지옥편을 쓰게 하시려면 지옥을 잘 보여 달라고 기도하였다.

나는 주님께 탄원을 드린 것이다.

'주님, 주님께서 나에게 지옥편을 쓰게 하시려면 저에게 지옥을 자세히 자주 많이 잘 보여 주셔야 하지 않겠습니까?' 하는 기도를 한참 올려 드렸다.

그런데 그렇게 기도 속에서 방언으로 지옥을 잘 보여 달라고 기도하는데 이전에 보았던 지옥의 장면들이 기도 속에서 보이는 것이었다. 그리고 그들의 고통이 생생하게 느껴졌다.

특히 불신자들이 가는 지옥이 보였는데 그 사람들의 고통이 알아져서 너무나 불쌍하여 기도 속에서 나는 신음하였다.

그리고 다른 여러 지옥의 장면들이 보였다.

이것은 지옥이 정말 실제라는 것을 주님은 나의 기도 속에서 다시 보여 주신 것이다.

이 때에 성경의 말씀들이 생각이 났다. 그 말씀대로 이루어짐을 알게 하셨다.

[계 20:15]
누구든지 생명책에 기록되지 못한 자는 불못에 던지우더라

[계 19:20]
짐승이 잡히고 그 앞에서 이적을 행하던 거짓 선지자도 함께 잡혔으니 이는 짐승의 표를 받고 그의 우상에게 경배하던 자들을 이적으로 미혹하던 자라 이 둘이 산채로 유황불 붙는 못에 던지우고

즉 지옥은 불이 엄청 세고 고통스러운 장소이다.
그리고 부자가 죽어 간곳이 음부인데 여기도 불이 있다. 나중에 이 음부는 영원한 불못에 던져진다.

[눅 16:22-23]
(22)이에 그 거지가 죽어 천사들에게 받들려 아브라함의 품에 들어가고 부자도 죽어 장사되매 (23)저가 음부에서 고통 중에 눈을 들어 멀리 아브라함과 그의 품에 있는 나사로를 보고

지금 죽으면 음부에 가지만 백보좌 심판 때에는 이 모두가 영원한 불못에 던져지는 것이다.

[계 20:14]
사망과 음부도 불못에 던지우니 이것은 둘째 사망 곧 불못이라

나는 기도 속에서 불신자들이 가는 지옥을 생생하게 보았다. 아니 주님이 전에 보여주신 것을 다시 기도 속에서 보여주셨다.
그들은 큰 불구덩이가 있는 절벽 위에서 줄줄이 문을 통하여 들어와서는 밑에 큰 구덩이에 있는 불 속으로 떨어진다. 그리고 그들은 불꽃 속에서 엄청 괴로워한다. 불은 불침이 되어 그들을 찌른다.
너무 괴로워서 그 불을 피하여 보고자 온 힘을 다하여 도망치다가는 그 앞에 서 있는 마귀부하의 창에 찔려서 다시 그 불속으로 집어던져지는 모습이 보인다. 너무나 생생하다.
어느 새 내 눈에는 눈물이 고였다.
그들이 너무 불쌍하여......

(ii) 미가엘과 가브리엘 천사장의 마중을 받다.

이렇게 한참 기도한 후에 나는 천국에 올라갔다.

흰 말 네 마리가 끄는 수레가 나를 데리러 왔는데 오늘은 나에게 가까이 서 있는 것이 아니라 저 멀리 서있었다. 나를 데리러 온 수호천사가 말한다.

"주인님 오세요."

나는 순간적으로 알아지는 것이 늘 바다에 밀물과 썰물이 있듯이 이러한 영적 세계에서도 그러한 밀물과 썰물 같은 것이 있음을 알게 되었다. 그러나 이것이 현재 무슨 뜻이 있는지는 나는 잘 모르겠다.

어쨌든 나는 저 멀리에 있는 수레에 가서 탔다.

수레는 뚜껑은 군청색이었고 옆과 앞은 그 색깔이 하얀 옥색으로 장식된 아름다운 수레였다.

그 수레를 탔는데 아이가 없다. 당분간 아이가 오지 않을 것을 알게 하신다.

그리고 천국에 도착하였는데 주님이 나를 마중 나오셨다.

흰 옷에 붉은 가운 같은 겉옷을 걸치셨고 밑이 둥그스럼한 옷을 길게 입으셨다.

주님은 나를 어디론가 데리고 가시는데 내 발밑에 천 같은 것이 길에 길게 깔려 있다는 것이 느껴졌다. 주님과 나는 미색의 천이 깔려 있는 길을 따라서 걸었다.

흰 옷 입은 무리는 보이지 아니하였다. 그런데 이 길이 어떤 동굴 같은 입구로 들어가는 것이었다.

그런데 그것은 동굴은 아니었고 다른 곳으로 나오는 입구였다.

그 천은 계속 위로 계속되었고 그리고 이 천은 결국은 위로 비스듬히 올라가듯이 놓인 많은 계단으로 연결되고 있었다.

그런데 그 계단의 중간 높이에서 옆으로 천사가 한명 보이는데 이 천사는 너무 아름다운 천사로서 그 기상이 놀라왔고 희지만 꼭 반투명한 그릇을 보듯 전체적인 천사의 몸과 날개의 색깔이 그러한 색깔인데 그의 얼굴은 청년같이 머리가 거의 단발에 가깝고 머리에는 링 같은 장식으로 쓰고 있었는데 아주 아름다운 얼굴이었다. 누군가 하고 궁금하여 하였더니 그가 미가엘이라는 것이 그냥 알아진다.

그 날개와 옷이 분명히 반투명한데 거기서 나오는 빛이 엄청났다.

어찌 반투명 같은 옷과 얼굴과 날개인데 어떻게 그렇게 거기서 빛이 날 수 있는지 참으로 나는 알 수 없었다. 아무튼 나는 그가 미가엘 천사장이라는 것이 알아졌다. 할렐루야.

그리고 미가엘은 주님과 내가 올라가는 계단의 중간 높이의 왼편에 서 있었다.

그리고 오른편에는 가브리엘이 나타났는데 그도 반투명색깔의 놀라운 기상을 품어내는 날개를 가졌고 그에게서 나오는 빛도 미가엘의 빛과 같았는데 그의 얼굴이 미가엘과는 다르게 생겼다.

가브리엘은 오히려 예수님과 같은 머리를 가지고 있는 것이 보였다.

얼굴이 약간 긴 편이고 머리는 약간 곱슬머리를 한 젊은 청년처럼 생겼다. 머리도 약간 길이가 어깨에 닿은 것 같은 아름답고 인자한 얼굴이었다. 가브리엘은 우리가 올라가는 계단의 오른편 즉 미가엘의 반대편에 서 있었다.

주님의 얼굴이 자세히 보였다.
붉은 색이 나는 머리에 흰 색의 옷을 입으셨다.
아까는 흰 옷에 붉은 색이 나는 가운을 걸치셨는데 이제는 가운은 없고 흰 긴 옷만 입고 계신다.
어느새 주님의 모습이 조금 바뀌어져 있는 것을 느꼈다.
순간적으로 옷을 바꾸어 입으신 것이다. 천국에서는 이러한 일들이 자주 일어난다.
그리고 나는 이 시점에서 미가엘과 가브리엘 천사장이 주님과 내가 이 궁으로 올라가는데 주님과 나를 마중 나왔다는 사실을 알 수 있었다.
어쨌든 나는 미가엘과 가브리엘 천사장을 이렇게 자세히 보기는 처음이다.
주님과 나는 위쪽으로 뻗어 있는 그 긴 계단을 올라갔다.
거기에는 저 앞쪽으로 주님의 보좌가 있었고 주님은 그곳에 가서 앉으셨다.
주님의 손과 발에는 못자국이 있었던 구멍들이 보였다.
미가엘은 주님의 오른편 뒤쪽으로 섰고 그리고 가브리엘은 주님의 왼편 뒷쪽으로 섰다.
그들의 기상은 참으로 놀라왔다.
그리고 주님의 보좌 앞으로는 양쪽으로 흰 옷 입은 흰 날개달린 천사들이 쭉 서 있었는데 그들의 얼굴들이 보였다. 그들은 다 젊었다.
내가 앉는 자리는 주님의 왼편쪽에 서 있는 천사들이 있는 자리에 내 의자가 놓여 있었다.
오늘따라 그 의자가 황금으로 되어 있는 것이 위에서 내려 보듯이 자세히 보였다.
그리고 천사들의 옷과 날개와 얼굴들이 보였다. 양쪽에 많이도 서 있었다.
그리고 미가엘과 가브리엘은 이 주님의 보좌 양옆에 서 있는 천사들보다 훨씬 키가 큰 것이 알아졌다.
주님의 보좌 양옆의 천사들은 우리 사람들의 키만 한데 미가엘과 가브리엘은 훨씬 커보였다.
그리고 그들에게서 나는 빛과 색깔이 달랐다.

(iii) 주님께서 내가 '지옥편'을 꼭 써야 함을 말씀하시다.

그리고 나는 주님 보좌 앞에서 엎드려 있었는데 이러한 생각을 하고 있었다.
'주님 저는 여기 올 자격마저 없는데 저를 이곳에 데려 오시다니요?'하는 마음으로 엎드려 있었다.
그러자 내 눈에 주님의 손에 두루마리 종이가 들려져 있는 것이 보였다.
그리고 주님이 그 두루마리를 펴시다가 오른편에 서 있는 천사 한 명에게 나에게 이것을 가져다주게 하셨다. 나는 그 천사가 가져다주는 두루마리를 펴보았다.

그 두루마리는 양옆에 황토색 가장자리로 장식되어 있는 약 30cm 정도 넓이의 흰 두루마리였다.

나는 그 두루마리를 펴보았다.

거기는 이렇게 적혀 있었다.

'너는 지옥편을 쓰게 될 것이다.'

즉 이것은 주님이 내게 하시는 말씀이었다.

그냥 말씀하셔도 되지만 이렇게 두루마리에 써서 주시는 것은 반드시 그것이 이루어질 것을 말하고 있는 것으로 나에게 전달되었다. 주여!

그리고 주님은 마음으로 말씀하신다.

'이제야 네가 알겠느냐?' 하고 물으신다.

할렐루야.

"알겠습니다. 주님"

그리고 그 자리에서 내 드레스가 갑자기 변하였다.

모든 천사들이 있는 자리에서 그것도 주님의 보좌 앞에서 변하였는데 저번에 내게 입혀졌던 분홍색과 살색의 중간색의 드레스에 그 드레스 치마에는 붓글씨체로 까만 글씨로 크게 지옥편이라고 써져 있던 그 드레스를 내가 입고 있었다.

즉 내 드레스가 이 지옥편이라 쓴 분홍색과 살색의 중간색을 가진 드레스로 순식간에 주님의 보좌 앞에서 변하였던 것이다.

그리고 한 천사가 책을 가져왔다. 그 책의 껍질도 분홍색과 살색의 중간색으로 책 옆으로는 '지옥편' 이렇게 쓰여져 있었고 그 안에는 거의 다 백지라는 사실을 알 수 있었다.

나는 주님의 보좌 앞에서 어떻게 이러한 것이 가능한가 하고 생각하고 기이히 여기고 있었다.

천사들이 다 보는 가운데 순간적으로 변하여 나는 지옥편이라고 쓰여져 있는 드레스를 입고 있었고 그리고 그 책을 들고 있는 것이었다.

그리하였더니 양쪽 옆에 서 있는 모든 천사들이 박수를 친다.

즉 내가 지옥편을 쓴다는 것을 찬성한다는 의미였다.

(iv) 지옥의 한 장면을 구경하다.

그리고 나서 나는 갑자기 홀로 책을 들고 서 있는 것이 보이더니 갑자기 내 손에서 그 책이 떨어지고 나는 어느새 그 얼굴이 흉악하게 생긴 얼굴이 쭈글쭈글하고 꼭 마귀부하 같이 생긴 천사와 함께 어디론가 떨어지고 있었다.
아니 내가 분명 주님의 보좌 앞에 있었는데 갑자기 이제 지옥행으로 가게 된 것이다.
그리고 천국에서는 그 보좌 앞에서 모두가 다 주님을 비롯하여 지옥으로 가고 있는 나를 보고 있다는 것이 알아졌다. 주여!

그 천사와 나는 큰 깔때기 즉 집채만 한 크기의 큰 깔때기 속으로 밑으로 밑으로 떨어졌다.
땅인지 바닥인지 바닥에 발이 닿았는데 내 옷은 이미 하얀 승마복으로 변하여 있었고 내 머리는 한 가닥으로 뒤로 묶고 있었다.
바닥에 신발이 닿았는데 푸른 색깔의 물 같은 것이 신발 위로 올라오고 있는 것이 느껴졌다.
그리고서는 갑자기 나를 공격하는 꼭 바닷게 같은 손이 나를 공격하고 있었는데 나와 함께 온 그 험악한 천사가 손을 갑자기 내밀어 그 마귀부하의 손을 꺾어서 분질러 버렸다.
그리고서는 우리는 더 걸어 들어갔는데 거기서는 벌거벗은 여자를 마귀부하가 그 옆에 불에 달군 인두로 사람의 앞뒤 몸통을 지지고 있었다. 그 여자는 괴로워서 말도 못하고 있었다.
살려달라고 하고 있었고 말은 못하나 왜 나를 이렇게 괴롭히냐고 따지고 있는 것이 알아졌다.
그 여자는 어떤 여자였냐면 살아생전 남편을 속여서 있는 재산을 몽땅 노름에다가 갖다 바친 여자였다.
나에게는 질문이 생겼다. 저 여자는 예수님을 믿었을까? 그런데 아니었다.
예수를 진짜로 믿은 여자는 그럴 수 없음이 알아졌다.
그러므로 이 여자는 안 믿는 여자였으며 살아생전 그렇게 남편을 속이고 재산을 노름에다가 탕진한 여자였다. 예수를 믿지 아니한 여자니 회개라는 것도 없었다.
주님은 오늘 여기까지만 지옥을 보여주셨다.
그리고 더 이상 지옥은 진행되지 아니하였다.
힐렐루야. 주여!

115. (i) 나와 같이 주의 일을 할 자들을 보여 주시다.
(ii) 지옥을 구경하다.
(2015. 2. 20)

(i) 나와 같이 주의 일을 할 자들을 보여 주시다.

아침에 7시부터 10시 30분까지 기도하고 천국에 올라갔다.
그런데 오늘 아침 기도 시간에 주님은 내게 지옥편을 써야 하므로 지옥에 갈 사람들을 불쌍하게 여겨 눈물을 흘리게 하셨다.
'왜 주님이 나에게 꼭 지옥편을 쓰라 하시나?' 다시 생각하여 보았더니 그것은 내가 지옥에 대하여 쓰면 단 한 사람이라도 지옥 가는 것을 면하게 할 수 있을 것이라는 것이 깨달아진다. 할렐루야.

그렇다! 내가 지옥편을 써서 단 한 사람이라도 지옥가야 할 사람이 지옥에 가지 않게 된다면 나는 이 지옥편을 써야 하는 것이다.
지옥은 너무 무서운 곳이다. 영원토록 고통이 가해지는 곳이다.
이곳 지상에서 일백 년도 안 되는 삶에서 잘못 살게 되면 영원한 지옥에 가서 영원히 고통을 당해야 하는 곳이다.
그곳은 정말 무서운 곳이다. 주여!

수레바깥에서 늘 나를 수호하는 천사가 흰 옷을 입고 나를 데리러 왔다.
항상 나에게는 이 천사부터 보인다. 이 천사는 내게 '주인님'하고 부른다.
오늘도 그 천사는 '주인님 어서 오세요'라고 했다.
그리고 나를 데리러 온 흰 말들은 건강하게 보였고 수레를 모는 천사도 여성천사인데 아름답게 흰 옷을 입고 있었다.
그리고 오늘 수레가 황금장식을 하고 있는 하얀색 진주로 된 수레이다.
참으로 아름답다.

그런데 오늘 이상한 것은 내 수레 뒤에 엄청난 길이의 끝이 안 보이는 나를 데리러 온 수레와 똑같이 생긴 즉 네 마리의 흰 말들이 끄는 수레들이 행렬을 하고 있었다.
'와우! 이것이 무슨 일이지?'

그들의 수레에는 그 수레 지붕들에 나에게는 없는 빨간 천들이 그 수레 지붕들을 덮고 있었다.

나는 얼른 생각하기를 저것은 '예수님의 피를 의미하는 것인가?' 하는 생각이 들었다.

그런데 '왜 오늘 이렇게 많은 수레들이 내 수레 뒤에 행렬을 하고 서 있는지?'

참으로 궁금하였다.

나는 나를 데리러 온 수레만 타고 올라가면 된다.

그런데 저 수레들은 도대체 누구를 위한 수레란 말인가?

어찌하였든지 나는 내 수레를 타고 천국에 도착하였다.

그런데 내 수레 뒤에 줄줄이 섰던 모든 수레가 천국에 같이 도착한 것이다.

'오 마이 갓!'

그리고 내가 수레에서 내리니 내 수레 뒤에 있던 모든 수레에서 흰 옷 입은 자들이 한 사람씩 내리는 것이었다.

'아니 이들이 다 나와 함께 천국에 올라왔다는 말인가?'

나는 놀라워하며 도대체 저들은 누구인가 하고 궁금해 하였다.

주님이 나를 맞아주셨다.

나는 마음으로 주님께 물었다.

'주님 저들은 누구입니까?'

주님이 알려 주시는 것이 마음으로 알아진다.

'저들은 너와 함께 주의 일을 할 사람들이란다.'

와우! 할렐루야!

아니 저 많은 사람들이 나와 함께 주의 일을 감당함으로써 나와 똑같은 저러한 훌륭한 수레를 타고 천국에 같이 올라온다는 말인가?

할렐루야!

그들은 나와 똑같이 네 마리의 말이 끄는 수레들을 타고 있었다.

나는 순간 얼른 주님께 물었다.

'주님, 저 중에 제 남편도 끼게 될 것입니까?' 하고 물었다.

그리하였더니 주님이 한쪽 눈을 찡긋하여 보이신다.

나는 그것이 아마도 그렇다는 것으로 받아들여졌다. 할렐루야.

나와 함께 각 자신의 수레에서 내린 그들은 주님께로 가까이 오지 않고 저 멀리 서 있었다.
천국에 올라가면 주님과 조금 떨어져서 나를 항상 맞아주는 흰 무리들이 한쪽 옆에서 나를 보자 환호를 보냈다.

하나의 넓은 구름이 왔고 주님과 내가 탔다.
그런데 내 수레를 따라서 올라온 그 자들도 흰 옷을 입고 있었는데 그들도 구름에 같이 타는 것이었다. 그들은 아무래도 100명 정도 될 것 같았다.
주님과 나 그리고 그들은 어디로 갔느냐면 주님의 보좌 앞으로 갔다.
우리가 들어갈 때에 주님의 보좌 양옆에 선 천사들이 환호를 보내고 난리다.
그리고 보좌가까이에 서 있는 양쪽의 천사들은 금나팔을 불어대었다.
그들은 우리 모두를 극진히 환영하는 것이었다. 주여!
주님이 주님의 보좌에 앉았고 어저께 보았던 기상이 놀라운 미가엘 천사장과 가브리엘 천사장이 각각 주님의 오른편과 왼편 뒤쪽으로 서 있었다.
나는 주님 보좌 앞에 엎드렸고 나를 따라 들어온 그 무리들은 내 뒤쪽으로 약 10걸음 정도 떨어져서 다 엎드렸다. 할렐루야.

놀랍다. 이들이 나와 함께 일할 자들이라는 것이다.
주님은 보좌 앞에서 나에게 큰 금고열쇠를 주셨다. 이것은 성부 하나님이 계신 궁에서 내가 이미 받았던 금고열쇠였다. 두 손에 받쳐 들어야 할 정도로 크다.
지금 한국에서 내가 선교의 일을 감당할 수 있도록 재물을 공급하겠다고 하시는 분들이 계셨다.
나는 그 재물로 5개 나라에 적어도 각 나라에 우물 100개씩을 파고 그 우물을 중심으로 100개씩의 교회를 세울 계획을 가지고 있었다. 그리고 그 교회마다 세워야 하는 주의 종들을 미국으로 불러들여서 교육하고 훈련시킬 계획을 갖고 있었던 것이다. 주님은 지금 내 뒤쪽에 엎드리고 있는 자들이 이 일을 위하여 같이 일을 할 자들이라는 것을 알게 하여 주신다.
할렐루야.

이들 중에는 그 세워진 교회를 맡을 자들도 속하여 있음을 알게 하여 주시고 또한 이 사역을 위하여 죽도록 충성하게 될 자들이 이 무리 속에 속하여 있음을 알게 하여 주신다.
그래서 주님이 내게 말씀하신다.
"이제야 네 집이 왜 궁같이 변하였는지 알겠느냐?"
"저들이 네 집에 모일 것이다."

순간 나의 집이 보이는데 흰 옷 입은 무리들이 궁처럼 생긴 내 집에 모여 있고 그 앞에서 주님과 내가 서 있는데 주님이 그들에게 말씀을 하고 있는 모습이 보였다.
'아하 그렇구나!'
저들의 집이 천국에 다 따로 있겠지만 가끔 내 집에 모여서 저렇게 모임을 갖는다는 것이 알아졌다.

그러고 나니 에스더가 주님의 오른편에 나타났다.
그리고 나에게 금홀을 준다.
이 금홀을 주는 의미는, 이전에는 항상 죽으면 죽으리랏다 말하면서 주곤 하였었는데 오늘은 주는 의미가 달랐다. 즉 이 금홀을 가지고 저 뒤에 있는 자들을 잘 리더하라는 것이다.
내가 리더자인 것을 알려주는 것이었다.
그리고 주님의 왼편에 모세가 나타났다. 모세가 자신의 황금지팡이를 또 내게 준다.
내 눈에는 눈물이 찔끔하였다. 모세가 주는 의미도 마찬가지였다.

(ii) 지옥을 구경하다.

그래서 나는 이 금홀과 금고열쇠 그리고 황금지팡이를 내 집의 황금테이블 위에 놓고
나는 지옥에 갈 준비를 하고 있었다. 지옥에 간다고 생각하니 벌써 내 드레스가 지옥편이라고 쓰여 있는 분홍색 드레스로 변하였다. 주여!

내가 지옥으로 내려갈 때 나를 수호하는 이는 얼굴이 쭈글쭈글하고 꼭 얼굴이 마귀 부하같이 생긴 키가 큰 천사가 나를 따라 붙었다.
그리고는 나는 내가 입고 있던 드레스가 벗겨지고 하얀 승마복 같은 것을 아래위로 입고 있었고 또한 내 머리는 뒤로 한 가닥으로 묶여 있었다. 천국에서는 이렇게 즉시즉시 변한다.

그리고 나는 그 천사와 함께 우주로 낙하하였다.
이전에는 우리의 왼편에 있는 터널 즉 그 뚜껑을 열고 들어갔는데 이번에 간 이 터널은 좁은 깔때기처럼 생겼는데 우리의 오른편에 있는 터널이었다. 그 뚜껑을 열고 들어가는데 겨우 한사람이 들어갈 정도의 좁은 긴 터널을 한없이 한없이 내려갔다.

그리고 바닥에 닿아서 걸어갔는데 컴컴한 곳에서 연못같이 보이는 곳이 나타났다.
거기에는 사람들이 힘이 없이 떠 있었다. 이들을 자세히 보니 온 몸을 딱정벌레 같은 것들이 달라붙

어서 살을 파먹고 있었다. 이 수많은 딱정벌레 같은 것들이 온 몸에 붙어 있어서 살을 파먹고 있었으므로 그 몸들은 아예 너무 괴로워서 발버둥치는 것을 포기하고 거의 그 몸을 그 벌레들에게 맡기고 있었다. 그들은 신음소리조차 낼 수 없을 정도로 괴로워하고 있었고 그 모양은 너무 처절하여 보였다. 그러한 그들을 마귀부하들은 막대기로 이리로 저리로 건드려서 옮기고 있었다. 주여!

주님, 도대체 이들은 어떤 자들이었기에 이렇게 심한 고통을 당하고 있나이까? 하는 질문을 내가 가졌을 때에 그들은 교회 다니면서 한 번도 십일조를 하지 아니한 사람들이라는 것이 그냥 알아졌다. 즉 하나님의 돈을 평생 도적질한 자들이었다.

오 마이 갓!

[말 3:8-10]
(8)사람이 어찌 하나님의 것을 도적질하겠느냐 그러나 너희는 나의 것을 도적질하고도 말하기를 우리가 어떻게 주의 것을 도적질하였나이까 하도다 이는 곧 십일조와 헌물이라 (9)너희 곧 온 나라가 나의 것을 도적질하였으므로 너희가 저주를 받았느니라 (10)만군의 여호와가 이르노라 너희의 온전한 십일조를 창고에 들여 나의 집에 양식이 있게 하고 그것으로 나를 시험하여 내가 하늘 문을 열고 너희에게 복을 쌓을 곳이 없도록 붓지 아니하나 보라

나는 나를 수호하는 천사에게 이들이 정말 십일조를 안 해서 이렇게 고통당하고 있느냐고 물었더니 그 수호하는 천사가 맞다는 신호를 내게 보내왔다.
주여!

그리고 지옥은 더 이상 진행되지 않았다.
주님은 이렇게 나에게 꼭 지옥의 한 장면씩만 보여주신다.
그 이유는 나는 무엇인지 모르겠다.

어쨌든 나는 다시 지상으로 와야 했다.

116. 지상에서 곡과 마곡전쟁에 대한 나의 생각을 정리하다.
(2015. 2. 20)

성경에는 곡과 마곡이란 말이 에스겔서와 계시록 두 군데서 밖에 나오지 아니한다.
곡은 마곡 땅의 왕의 이름이다.
계시록을 보면 곡과 마곡전쟁은 분명히 천년왕국 이후에 일어난다.

[계 20:7-10]
(7)천년이 차매 사단이 그 옥에서 놓여 (8)나와서 땅의 사방 백성 곧 곡과 마곡을 미혹하고 모아 싸움을 붙이리니 그 수가 바다 모래 같으리라 (9)저희가 지면에 널리 펴져 성도들의 진과 사랑하시는 성을 두르매 하늘에서 불이 내려와 저희를 소멸하고 (10)또 저희를 미혹하는 마귀가 불과 유황 못에 던지우니 거기는 그 짐승과 거짓 선지자도 있어 세세토록 밤낮 괴로움을 받으리라

I. 그러면 먼저 계시록에서 말하는 곡과 마곡전쟁이
   에스겔서 38장 39장에 기록된 곡과 마곡전쟁인가? 하는 것이다.

그렇게 밖에 볼 수 없는 이유들 :

1. 37장은 마른 뼈에 생기가 들어가서 죽은 자들이 살아나는 장면이다.

이것은 천년왕국 들어가기 전에 첫째부활에 참여하는 것과 같은 장면인 것을 알 수 있다.
37장에서 마른 뼈가 생기가 들어가 다시 살아나는 것에 대하여 말하고 있음이 우연이 아닌 것을 알 수 있다.
즉 여기서 여호와 하나님이 무덤에서 그들을 다시 살린다는 말이 나온다.
그것은 부활을 의미한다.

[겔 37:5]
주 여호와께서 이 뼈들에게 말씀하시기를 내가 생기로 너희에게 들어가게 하리니 너희가 살리라

계시록에서도 두 증인이 바다에서 나온 짐승에게 죽임을 당한지 삼일 반 만에 그들의 시체에 생기

가 들어가서 다시 살아나는 이야기가 나온다. 그리고 그들은 부활된 채로 하늘로 올라가는 것이 기록되어 있다.

그것처럼 이 에스겔에서도 죽은 자들에게 생기가 들어가면 이들도 부활하는 것이다.

[겔 37:9-13]
(9)또 내게 이르시되 인자야 너는 생기를 향하여 대언하라 생기에게 대언하여 이르기를 주 여호와의 말씀에 생기야 사방에서부터 와서 이 사망을 당한 자에게 불어서 살게 하라 하셨다 하라 (10)이에 내가 그 명대로 대언하였더니 생기가 그들에게 들어가매 그들이 곧 살아 일어나서 서는데 극히 큰 군대더라 (11)또 내게 이르시되 인자야 이 뼈들은 이스라엘 온 족속이라 그들이 이르기를 우리의 뼈들이 말랐고 우리의 소망이 없어졌으니 우리는 다 멸절되었다 하느니라 (12)그러므로 너는 대언하여 그들에게 이르기를 주 여호와의 말씀에 내 백성들아 내가 너희 무덤을 열고 너희로 거기서 나오게 하고 이스라엘 땅으로 들어가게 하리라 (13)내 백성들아 내가 너희 무덤을 열고 너희로 거기서 나오게 한즉 너희가 나를 여호와인 줄 알리라

즉 이 마른 뼈들에 생기가 들어가서 부활하고 이들은 무덤에서 나오게 되는 것이다.
이것은 계시록에서 천년왕국 들어가기 전에 첫째부활하는 장면과 같다.
할렐루야.

2. 그뿐 아니라 겔 37장에는 마른 뼈들에 생기가 들어간 이후에 바로 연이어 천년왕국을 나타내는 구절들이 나온다.

[겔 37:19-28]
(19)너는 곧 이르기를 주 여호와의 말씀에 내가 에브라임의 손에 있는바 요셉과 그 짝 이스라엘 지파들의 막대기를 취하여 유다의 막대기에 붙여서 한 막대기가 되게 한즉 내 손에서 하나가 되리라 하셨다 하고 (20)너는 그 글 쓴 막대기들을 무리의 목전에서 손에 잡고 (21)그들에게 이르기를 주 여호와의 말씀에 내가 이스라엘 자손을 그 간 바 열국에서 취하며 그 사면에서 모아서 그 고토로 돌아가게 하고 (22)그 땅 이스라엘 모든 산에서 그들로 한 나라를 이루어서 한 임금이 모두 다스리게 하리니 그들이 다시는 두 민족이 되지 아니하며 두 나라로 나누이지 아니할지라 (23)그들이 그 우상들과 가증한 물건과 그 모든 죄악으로 스스로 더럽히지 아니하리라 내가 그들을 그 범죄한 모든 처소에서 구원하여 정결케 한즉 그들은 내 백성이 되고 나는 그들의 하나님이 되리라 (24)내 종 다윗이 그들의 왕이 되리니 그들에게 다 한 목자가 있을 것이라 그들이 내 규례를 준행하고 내 율례를 지켜 행

하며 (25)내가 내 종 야곱에게 준 땅 곧 그 열조가 거하던 땅에 그들이 거하되 그들과 그 자자손손이 영원히 거기 거할 것이요 내 종 다윗이 영원히 그 왕이 되리라 (26)내가 그들과 화평의 언약을 세워서 영원한 언약이 되게 하고 또 그들을 견고하고 번성케 하며 내 성소를 그 가운데 세워서 영원히 이르게 하리니 (27)내 처소가 그들의 가운데 있을 것이며 나는 그들의 하나님이 되고 그들은 내 백성이 되리라 (28)내 성소가 영원토록 그들의 가운데 있으리니 열국이 나를 이스라엘을 거룩케 하는 여호와인 줄 알리라 하셨다 하라

즉 이들이 이제 둘로 나뉘는 것이 아니라 하나로 되어지고 (더 이상 이스라엘과 유다로 나누어지지 아니하고) 그 위에 다윗이 영원히 그 왕이 되리라 한다. 그래서 24절 '내 종 다윗이 그들의 왕이 되리니 그들에게 한 목자가 있을 것이요.'라고 말하고 있고 또한 25절에서도 '내 종 다윗이 영원히 왕이 되리라.'라고 말하고 있다.

[겔 37:25]
내가 내 종 야곱에게 준 땅 곧 그 열조가 거하던 땅에 그들이 거하되 그들과 그 자자손손이 영원히 거기 거할 것이요 내 종 다윗이 영원히 그 왕이 되리라.

사실 천년왕국부터 그들은 주님이 그들에게 영원히 왕이 되시는 것이다. 할렐루야.

3. 그리고 이렇게 37장에서는 마른 뼈에 생기가 들어가 살게 되는 즉 부활하는 장면이 나오고 그 다음에는 그들이 고토로 들어가 그 위에 한 목자 즉 다윗이 영원히 왕이 되는 장면이 나온다.

이것이 계시록에서 보면 천년왕국으로 볼 수 있고.
그 다음 천년왕국이 끝나고 나면 계시록에서는 곡과 마곡전쟁이 일어나는데 정히 에스겔서 37장에서 첫째부활과 천년왕국을 말하고 나서는 38장은 곡과 마곡전쟁을 설명하고 있는 것이다.
어찌 이렇게 순서가 똑같이 맞아 떨어질 수가 있을까 하는 것이다.
할렐루야.

즉 에스겔서 38장과 39장에 나오는 곡과 마곡전쟁이 계시록에서 나오는 곡과 마곡전쟁과 거의 동일한 것을 볼 수 있다. 그러나 에스겔서에서는 곡과 마곡전쟁이 놀랍게도 아주 자세하게 적혀 있는 것이다. 할렐루야.
둘 다 세상 끝, 하나는 말년(겔 38:8)에 즉 세상 끝(천년왕국 이후)에 일어난다.

[겔 38:1-9]
(1)여호와의 말씀이 내게 임하여 가라사대 (2)인자야 너는 마곡 땅에 있는 곡 곧 로스와 메섹과 두발 왕에게로 얼굴을 향하고 그를 쳐서 예언하여 (3)이르기를 주 여호와의 말씀에 로스와 메섹과 두발 왕 곡아 내가 너를 대적하여 (4)너를 돌이켜 갈고리로 네 아가리를 꿰고 너와 말과 기병 곧 네 온 군대를 끌어내되 완전한 갑옷을 입고 큰 방패와 작은 방패를 가지며 칼을 잡은 큰 무리와 (5)그들과 함께한바 방패와 투구를 갖춘 바사와 구스와 붓과 (6)고멜과 그 모든 떼와 극한 북방의 도갈마 족속과 그 모든 떼 곧 많은 백성의 무리를 너와 함께 끌어 내리라 (7)너는 스스로 예비하되 너와 네게 모인 무리들이 다 스스로 예비하고 너는 그들의 대장이 될지어다 (8)여러 날 후 곧 말년에 네가 명령을 받고 그 땅 곧 오래 황무하였던 이스라엘 산에 이르리니 그 땅 백성은 칼을 벗어나서 열국에서부터 모여 들어오며 이방에서부터 나와서 다 평안히 거하는 중이라 (9)네가 올라오되 너와 네 모든 떼와 너와 함께한 많은 백성이 광풍같이 이르고 구름 같이 땅을 덮으리라

[계 20:7-10]
(7)천년이 차매 사단이 그 옥에서 놓여 (8)나와서 땅의 사방 백성 곧 곡과 마곡을 미혹하고 모아 싸움을 붙이리니 그 수가 바다 모래 같으리라 (9)저희가 지면에 널리 펴져 성도들의 진과 사랑하시는 성을 두르매 하늘에서 불이 내려와 저희를 소멸하고 (10)또 저희를 미혹하는 마귀가 불과 유황 못에 던지우니 거기는 그 짐승과 거짓 선지자도 있어 세세토록 밤낮 괴로움을 받으리라

또한 그 수가 하나는 바다의 모래같이 많은 것(계 20:8)과 그들이 구름같이 땅을 덮을 것(겔 38:9) 이라는 것과도 일치하고 있다.
할렐루야. 할렐루야.

4. 곡과 마곡을 에스겔에서나 계시록에서 불로 소멸한다는 것이 동일하다.

[계 20:9]
저희가 지면에 널리 펴져 성도들의 진과 사랑하시는 성을 두르매 하늘에서 불이 내려와 저희를 소멸하고

[겔 38:18-22]
(18)나 주 여호와가 말하노라 그 날에 곡이 이스라엘 땅을 치러 오면 내 노가 내 얼굴에 나타나리라 (19)내가 투기와 맹렬한 노로 말하였거니와 그 날에 큰 지진이 이스라엘 땅에 일어나서 (20)바다의

고기들과 공중의 새들과 들의 짐승들과 땅에 기는 모든 벌레와 지면에 있는 모든 사람이 내 앞에서 떨 것이며 모든 산이 무너지며 절벽이 떨어지며 모든 성벽이 땅에 무너지리라 (21)나 주 여호와가 말하노라 내가 내 모든 산 중에서 그를 칠 칼을 부르리니 각 사람의 칼이 그 형제를 칠 것이며 (22)내가 또 온역과 피로 그를 국문하며 쏟아지는 폭우와 큰 우박덩이와 불과 유황으로 그와 그 모든 떼와 그 함께 한 많은 백성에게 비를 내리듯하리라

[겔 39:6]
내가 또 불을 마곡과 및 섬에 평안히 거하는 자에게 내리리니 그들이 나를 여호와인 줄 알리라

즉 곡과 마곡전쟁 때에는 이들이 이스라엘의 하나님의 사랑하시는 성과 성도들의 진을 치러 오면 하나님께서 이들을 상대하여 그들을 불로 소멸하고 또한 그들을 서로 치게 하여 죽게 하는 즉 하나님께서 그들을 소멸하는 것으로 보인다.
할렐루야.

즉 에스겔서에서나 계시록에서 주님이 그들을 불로 소멸하는 것이 동일하게 나타나고 있는 것이다.
할렐루야.

그러므로 결론은 에스겔서에서 나타나는 곡과 마곡전쟁은 바로 계시록에서 나타나는 곡과 마곡전쟁이라 말할 수 있다.

할렐루야.

주님, 깨우치게 하여 주시는 주님을 찬양합니다.

II. 그러면 이 천년왕국이 결국 어디에서 일어나는 것인가?
　이 지구상의 이스라엘의 산이다. 그래서 곡과 마곡이 천년왕국 이후에 이 이스라엘을 공격한다.

[슥 14:1-11]
(1)여호와의 날이 이르리라 그 날에 네 재물이 약탈되어 너의 중에서 나누이리라 (2)내가 열국을 모아 예루살렘과 싸우게 하리니 성읍이 함락되며 가옥이 약탈되며 부녀가 욕을 보며 성읍 백성이 절반이나 사로잡혀 가려니와 남은 백성은 성읍에서 끊쳐지지 아니하리라 (3)그 때에 여호와께서 나가사

그 열국을 치시되 이왕 전쟁 날에 싸운 것같이 하시리라 (4)그 날에 그의 발이 예루살렘 앞 곧 동편 감람산에 서실 것이요 감람산은 그 한가운데가 동서로 갈라져 매우 큰 골짜기가 되어서 산 절반은 북으로, 절반은 남으로 옮기고 (5)그 산 골짜기는 아셀까지 미칠지라 너희가 그의 산 골짜기로 도망하되 유다 왕 웃시야 때에 지진을 피하여 도망하던 것같이 하리라 나의 하나님 여호와께서 임하실 것이요 모든 거룩한 자가 주와 함께 하리라 (6)그 날에는 빛이 없겠고 광명한 자들이 떠날 것이라 (7)여호와의 아시는 한 날이 있으리니 낮도 아니요 밤도 아니라 어두워 갈 때에 빛이 있으리로다 (8)그 날에 생수가 예루살렘에서 솟아나서 절반은 동해로, 절반은 서해로 흐를 것이라 여름에도 겨울에도 그러하리라 (9)여호와께서 천하의 왕이 되시리니 그 날에는 여호와께서 홀로 하나이실 것이요 그 이름이 홀로 하나이실 것이며 (10)온 땅이 아라바 같이 되되 게바에서 예루살렘 남편 림몬까지 미칠 것이며 예루살렘이 높이 들려 그 본처에 있으리니 베냐민 문에서부터 첫문 자리와 성 모퉁이 문까지 또 하나넬 망대에서부터 왕의 포도주 짜는 곳까지라 (11)사람이 그 가운데 거하며 다시는 저주가 있지 아니하리니 예루살렘이 안연히 서리로다

아마겟돈 전쟁이 끝나고 천년왕국에 들어감을 말하고 있다.
그러므로 천년왕국은 이스라엘의 예루살렘에서 일어나고 또한 이 천년왕국에 들어가지 못한 자들은 그 바깥에서의 삶도 있음을 증명한다.
왜냐하면 이들이 천년왕국 이후에 사단에게 미혹되어서 곡과 마곡전쟁을 일으키기 때문이다.
그리고 이들이 예루살렘으로 와서 성도들의 진과 주님의 사랑하시는 성을 두르는 것이기 때문이다.
할렐루야.

[슥 14:10]
온 땅이 아라바 같이 되되 게바에서 예루살렘 남편 림몬까지 미칠 것이며 예루살렘이 높이 들려 그 본처에 있으리니 베냐민 문에서부터 첫문 자리와 성 모퉁이 문까지 또 하나넬 망대에서부터 왕의 포도주 짜는 곳까지라
[KJV] All the land shall be turned as a plain from Geba to Rimmon south of Jerusalem: and it shall be lifted up, and inhabited in her place, from Benjamin's gate unto the place of the first gate, unto the corner gate, and [from] the tower of Hananeel unto the king's winepresses.

여기서 높이 들린다는 말 그리고 본처에 있다는 말이 영어로 보면
온 땅이 평지같이 되는데 이 예루살렘만큼은 좀 높이 들려져서 존재한다는 말이다. 즉 평지보다 좀 높은 데에 위치한다는 말과 같다.

이 말을 이 예루살렘이 아예 저 하늘에 올라가는 것으로 해석하는 사람들이 있는데 지상의 건물이 하늘에 올라갈리는 만무하다. 지상의 재료와 하늘의 재료가 다르기 때문이다.
할렐루야.
그러므로 천년왕국은 이 지상에서 이루어진다.
그리하여 천년이후에 이 하나님의 사랑하시는 성 즉 예루살렘과 성도들의 진을 곡과 마곡이 치러 오는 것이다.
할렐루야.

또 한군데는 에스겔서에서 말하는 성경구절이다.

[겔 36:34-35]
(34)전에는 지나가는 자의 눈에 황무하게 보이던 그 황무한 땅이 장차 기경이 될지라 (35)사람이 이르기를 이 땅이 황무하더니 이제는 에덴동산 같이 되었고 황량하고 적막하고 무너진 성읍들에 성벽과 거민이 있다 하리니

이 말씀을 해놓고 37장에 가서는 마른 뼈들에 생기가 들어가는 것을 말씀하신다.
즉 첫째부활을 말씀하고 있는 것이다. 할렐루야.
그러므로 이들은 지상에서 그 땅이 기경이 되는 것이다. 에덴동산처럼 되는 것을 말한다.
할렐루야.

117. 도OO 권사님을 돌아가신지 4일 만에 천국에서 만나다.
(2015. 2. 21)

천국에 올라갔다.
천사가 머리에 샛노란 개나리 꽃 같은 장식을 하고 있다.
어쭈~, 나를 데리러 온 말들도 그러한 꽃 장식을 하고 있었고 수레를 모는 천사도 머리에 개나리 꽃 같은 노란 꽃장식을 하고 있었다. 마차도 그러한 장식을 하고 있었다.

나는 수레를 탔는데 나도 보니 머리에 노란 개나리 꽃을 다이아몬드 면류관 옆에 꽂고 있었다.
할렐루야.

온통 노란 꽃 장식이다.
천국에 도착하여 나는 주님 앞으로 갔는데 주님도 옷에 노란 개나리 장식이 있다.
주님은 말 두 필을 가지고 오셨다.
주님은 나와 같이 승마를 하고 달렸는데 주님과 내가 도착한 곳은 정원의 벤치였다.
주님과 나는 말에서 내려서 벤치에 앉았다.
나는 주님께 도OO 권사님을 보여달라고 하였다.
왜냐하면 며칠 동안 주님께 보여달라 하였으나 아직 준비가 안 되었다고 말씀하셨기 때문이다.

그런데 오늘은 도OO 권사님이 나타나셨다.
짧은 단발에 20대의 소녀처럼 밝게 웃고 나타났다.
옷은 꼭 아래위로 원피스가 아니라 흰 투피스처럼 치마라기보다 바지를 입은 것과 같은 모양이었다.
그래도 그녀는 너무 좋아하였다.
나는 그녀에게 말했다.
가족들이 나에게 카톡으로 전하여 왔는데 천국에서 자기들의 어머니를 만나면 자기들로부터 상처받은 것 있으면 다 용서하여 달라고 하는 부탁을 받았노라고 했다.
그랬더니 그녀가 말한다.
그녀는 지금 그러한 것 생각지도 않고 있다고....
그녀는 지금 여기가 너무 좋아서 어디를 구경하여야 할지를 모르고 있는 것 같았다.
그녀는 흥분되어 있었고 너무나 기분이 좋아 보였다.
그 얼굴에 가족으로부터 받은 상처는 하나도 없어 보였다.
아예 그러한 것은 생각도 안나는 모양이다. 이 천국에서는....
너무 좋아서 말이다. 그러다가 그녀는 갔다. 가볼 곳이 너무 많아 보였다.
주여!

나는 이 소식을 지상에 있는 그들에게 전할 것을 생각하니 마음이 뿌듯하였다.
할렐루야.
결국 나는 그분이 세상을 떠나신지 4일 만에 천국에서 본 것이다.
처음에 천국에 올라올 때에 밝고 노오란 개나리 꽃이 보인 것은 바로 천국에 처음 올라와 그렇게 발랄하고 좋아 보이는 이 도OO 권사님을 볼 것이었기 때문일까? 아니 정말 그렇다는 느낌이 왔다.
너무 좋아서....
그녀는 정말 봄에 피는 노오란 개나리 꽃 같이 밝고 명랑하게 보였다.
할렐루야.
정말 그렇다는 생각이 들어왔다.

그리고서는 주님과 나는 말을 타고 유리바다까지 가서 또 벤치에 앉았다.
나는 주님께 물었다.
'주님, 제가 그 아프리카 우물 파는 프로젝트 5개의 나라들에 각 나라에 100개씩 우물을 팔 생각을 가지고 있고 또한 그 우물이 있는 곳마다 교회를 세워서 각 나라에 100개 이상 교회들을 세울 계획을 가지고 있어요' 했다.

그리하였더니 주님께서 나에게 손을 달라 하신다. 나의 두 손을....
그런데 내 두 손에는 벌써 주님처럼 구멍이 뚫려져 있다. 나의 두 손을 주님의 두 손에 마주치게 포개신다. 그러니까 구멍이 딱 맞아 떨어졌다.
내 손바닥의 구멍과 주님의 손바닥의 구멍이 같이 마주쳤다.
주님은 이렇게 대답을 주시는 것이었다.
이것은 꼭 그렇게 될 것이라는 말씀이었다. 할렐루야.
그리고 이렇게 손을 마주치는 것은 너와 나의 비밀이라고 말씀하시는 것을 알 수 있었다.
아멘. 주님, 꼭 이루어 주시옵소서!

118. (i) 곡과 마곡전쟁의 기간?
(ii) 다니엘의 70이레는 언제까지를 말하는가?
(iii) 마지막 날에 하나님께서 불로 심판하시는 날
(iv) '그 날(여호와의 한 날)과 '하나님의 날'
(2015. 2. 24)

(i) 곡과 마곡전쟁의 기간?

천국에 올라가는데 수레 바깥에서 늘 나를 수호하는 천사가 노트를 가지고 무엇인가를 적는 것 같이 보였다. 내가 보니 말들과 말을 모는 천사 그리고 수레가 다 정상이다. 그들이 다 정상으로 보이는 그것이 나에게는 오늘 천국을 보는 것이지 지옥을 보는 것이 아님을 시사하고 있었다.

수레는 순식간에 천국에 도착하였고 주님은 나를 날쌔게 요한의 집 앞에 피크닉 테이블로 순식간에 인도하셨다.

거기에는 모세가 미소를 지으면서 나를 환영하고 있었고 사도 요한 역시 그랬다.
주님 옆에는 이전에 말한 갈색상자 안에 계시록을 풀이한 책이 들어 있었고 나와 요한의 앞에는 성경책이 펼쳐졌다.
그리고 우리는 곡과 마곡전쟁에 대하여 보고 있었다.
나는 에스겔서에서 곡과 마곡전쟁이 있음을 생각하고 있었고 거기에는 7년 동안 병기를 태우는 기간이 있음을 생각하고 있었다.

[겔 38:1-9]
(1)여호와의 말씀이 내게 임하여 가라사대 (2)인자야 너는 마곡 땅에 있는 곡 곧 로스와 메섹과 두발 왕에게로 얼굴을 향하고 그를 쳐서 예언하여 (3)이르기를 주 여호와의 말씀에 로스와 메섹과 두발 왕 곡아 내가 너를 대적하여 (4)너를 돌이켜 갈고리로 네 아가리를 꿰고 너와 말과 기병 곧 네 온 군대를 끌어내되 완전한 갑옷을 입고 큰 방패와 작은 방패를 가지며 칼을 잡은 큰 무리와 (5)그들과 함께 한바 방패와 투구를 갖춘 바사와 구스와 붓과 (6)고멜과 그 모든 떼와 극한 북방의 도갈마 족속과 그 모든 떼 곧 많은 백성의 무리를 너와 함께 끌어 내리라
(7)너는 스스로 예비하되 너와 네게 모인 무리들이 다 스스로 예비하고 너는 그들의 대장이 될지어다

(8)여러 날 후 곧 말년에 네가 명령을 받고 그 땅 곧 오래 황무하였던 이스라엘 산에 이르리니 그 땅 백성은 칼을 벗어나서 열국에서부터 모여 들어 오며 이방에서부터 나와서 다 평안히 거하는 중이라 (9)네가 올라오되 너와 네 모든 떼와 너와 함께 한 많은 백성이 광풍같이 이르고 구름 같이 땅을 덮으리라

[겔 39:9-12]
(9)이스라엘 성읍들에 거한 자가 나가서 그 병기를 불 피워 사르되 큰 방패와 작은 방패와 활과 살과 몽둥이와 창을 취하여 칠년 동안 불피우리라 (10)이와 같이 그 병기로 불을 피울 것이므로 그들이 들에서 나무를 취하지 아니하며 삼림에서 벌목하지 아니하겠고 전에 자기에게서 약탈하던 자의 것을 약탈하며 전에 자기에게서 늑탈하던 자의 것을 늑탈하리라 나 주 여호와의 말이니라
(11)그 날에 내가 곡을 위하여 이스라엘 땅 곧 바다 동편 사람의 통행하는 골짜기를 매장지로 주리니 통행하던 것이 막힐 것이라 사람이 거기서 곡과 그 모든 무리를 장사하고 그 이름을 하몬곡의 골짜기라 일컬으리라 (12)이스라엘 족속이 일곱 달 동안에 그들을 장사하여 그 땅을 정결케 할 것이라

그리하였더니 이 7년은
천년왕국 전에 7년 환난과 천년왕국 이후에 7년이 짝이 맞아 떨어지는 것이 발견되었다.
천년왕국 전에 7년 환난은 적그리스도가 승리하는 기간이고 (물론 여기에서도 아마겟돈 전쟁의 끝에는 적그리스도와 거짓선지자가 잡혀서 산채로 유황 불못에 던져진다.)
천년왕국 이후에 7년은 곡과 마곡이 패배하는 기간인 것이다.
그리고서는 곡과 마곡전쟁 끝에는 7개월 동안 죽은 자들을 매장하는 시간이 있고
왜냐하면 계시록에서 이들을 하늘에서 불이 내려 그들을 살아 버린다 하였다.

[계 20:7-15]
(7)천년이 차매 사단이 그 옥에서 놓여 (8)나와서 땅의 사방 백성 곧 곡과 마곡을 미혹하고 모아 싸움을 붙이리니 그 수가 바다 모래 같으리라 (9)저희가 지면에 널리 퍼져 성도들의 진과 사랑하시는 성을 두르매 하늘에서 불이 내려와 저희를 소멸하고 (10)또 저희를 미혹하는 마귀가 불과 유황 못에 던지우니 거기는 그 짐승과 거짓 선지자도 있어 세세토록 밤낮 괴로움을 받으리라
(11)또 내가 크고 흰 보좌와 그 위에 앉으신 자를 보니 땅과 하늘이 그 앞에서 피하여 간데 없더라
(12)또 내가 보니 죽은 자들이 무론대소하고 그 보좌 앞에 섰는데 책들이 펴 있고 또 다른 책이 펴졌으니 곧 생명책이라 죽은 자들이 자기 행위를 따라 책들에 기록된 대로 심판을 받으니
(13)바다가 그 가운데서 죽은 자들을 내어주고 또 사망과 음부도 그 가운데서 죽은 자들을 내어주매 각 사람이 자기의 행위대로 심판을 받고 (14)사망과 음부도 불못에 던지우니 이것은 둘째 사망 곧 불

못이라 (15)누구든지 생명책에 기록되지 못한 자는 불못에 던지우더라

곡과 마곡전쟁 이후에 사단이 영원한 불못에 던져지고 지금 보이는 하늘과 땅이 없어지고 백보좌 심판이 열린다.

그러면 이 천년왕국을 거친 첫째부활에 속한 자들에게는 둘째 사망이 없다고 하였는데 이들이 백보좌 심판대에 서는가? 하는 것이다.

죽은 자 중에 첫째부활에 참여하지 못한 자는 천년이 차기까지 부활하지 못한다 하였으니 죽은 자들이 백보좌 심판 때에 무론대소하고 심판대 앞에 설 때에 이때 나머지 부활하지 못한 자들이 다 부활하여 심판대 앞에 서게 될 것이다. 할렐루야.

그리고 여기에는 생명책과 행위록이 있어서 그곳에 기록된 대로 심판을 받더라고 되어 있다.
그리고 생명책에 이름이 없는 자마다 불못에 던지워지게 될 것이다.
할렐루야.

(ii) 다니엘의 70 이레는 언제까지를 말하는가?

[단 9:24-27]
(24)네 백성과 네 거룩한 성을 위하여 칠십 이레로 기한을 정하였나니 허물이 마치며 죄가 끝나며 죄악이 영속되며 영원한 의가 드러나며 이상과 예언이 응하며 또 지극히 거룩한 자가 기름부음을 받으리라 (25)그러므로 너는 깨달아 알지니라 예루살렘을 중건하라는 영이 날 때부터 기름부음을 받은 자 곧 왕이 일어나기까지 일곱 이레와 육십 이 이레가 지날 것이요 그 때 곤란한 동안에 성이 중건되어 거리와 해자가 이룰 것이며 (26)육십 이 이레 후에 기름부음을 받은 자가 끊어져 없어질 것이며 장차 한 왕의 백성이 와서 그 성읍과 성소를 훼파하려니와 그의 종말은 홍수에 엄몰됨 같을 것이며 또 끝까지 전쟁이 있으리니 황폐할 것이 작정되었느니라 (27)그가 장차 많은 사람으로 더불어 한 이레 동안의 언약을 굳게 정하겠고 그가 그 이레의 절반에 제사와 예물을 금지할 것이며 또 잔포하여 미운 물건이 날개를 의지하여 설 것이며 또 이미 정한 종말까지 진노가 황폐케 하는 자에게 쏟아지리라 하였느니라

즉 이것은 주님이 천년왕국 들어가는 날까지를 말한다 할 수 있다.

그날에 그날에 여호와의 한날에 다 이루어지는 날이다.

즉 70이레가 마쳐지면 주님이 세상나라를 다시 하나님께 돌리고 그가 천하에 왕이 되시는 것이다. 왜냐하면 큰 성 바벨론이 무너지고 적그리스도와 거짓 선지자는 산채로 유황 불못에 던져지고 그리고 사단은 무저갱에 천년동안 감금시키기 때문이다.(109. (iii) 큰 성 바벨론인 음녀의 정체가 밝혀지다. 이 성이 무너질 때가 순교자들의 피를 신원하여 주는 때이다. 참조)

할렐루야.

그러면 그 이후 천년왕국 이후 곡과 마곡전쟁 때 사단이 잠깐 풀어져 나와 이 전쟁을 7년 동안 지속하는데 이 7년은 무엇인가 하는 것이다.

이것은 단지 곡과 마곡 전쟁때의 기간을 말한다. 즉 그 전쟁이 시작하여 7년 동안 지속되고 주님이 그들을 불로 심판하면 그들의 시체를 7개월 동안 하몬곡 골짜기에 장사한 후에 그 다음에 백보좌 심판이 열리고 새 하늘과 새 땅이 시작되는 것이다. 그러므로 다니엘의 70이레는 이 곡과 마곡전쟁을 포함하고 있지 않다. 왜냐하면 이 세상나라가 아마겟돈 전쟁이후 주님이 하나님께로 바치는 그날까지를 말하고 있다.

그것이 정말 일리가 있는 것이 다니엘의 70이레는 천년왕국의 일천 년도 포함하고 있지 않다.

할렐루야.

그러므로
(24) 네 백성과 네 거룩한 성을 위하여 칠십 이레로 기한을 정하였나니

이 때의 거룩한 성은 지상에서 이루어지는 주님의 천년왕국때에 있을 거룩한 성 예루살렘성이다.
할렐루야.

[단 9:24]
네 백성과 네 거룩한 성을 위하여 칠십 이레로 기한을 정하였나니 허물이 마치며 죄가 끝나며 죄악이 영속되며 영원한 의가 드러나며 이상과 예언이 응하며 또 지극히 거룩한 자가 기름부음을 받으리라

그러므로 이 70이레는 사단이 무저갱에 일천 년 동안 감금되고 주님이 천년왕국에 들어가는 그날까지를 말한다할 수 있다.

그러므로 24절에서 말하는
'허물이 마치고 죄가 끝나며……기름부음을 받으리라.'

주님이 천년 동안 지상 재림하여 다스리는 동안에는 죄가 거의 없을 것으로 보여진다.
왜냐하면 사단이 무저갱에 가둠을 받았기 때문이다.
그러나 일천 년 후에 잠깐 놓이면 천년왕국 바깥에 살던 자들, 우리와 똑같이 육체를 가지고 살던 자들을 사단이 유혹하여 곡과 마곡전쟁을 시작하는 것으로 보인다.
그리하여 거룩한 성 예루살렘성에 첫째부활하여 들어간 자들과 성도들의 진을 공격하는 것이다.

(iii) 마지막 날에 하나님께서 불로 심판하시는 날

노아의 홍수 이후에 하나님은 이렇게 말씀하신다.

[창 9:11-16]
(11)내가 너희와 언약을 세우리니 다시는 모든 생물을 홍수로 멸하지 아니할 것이라 땅을 침몰할 홍수가 다시 있지 아니하리라 (12)하나님이 가라사대 내가 나와 너희와 및 너희와 함께 하는 모든 생물 사이에 영세까지 세우는 언약의 증거는 이것이라 (13)내가 내 무지개를 구름 속에 두었나니 이것이 나의 세상과의 언약의 증거니라 (14)내가 구름으로 땅을 덮을 때에 무지개가 구름 속에 나타나면 (15)내가 나와 너희와 및 혈기 있는 모든 생물 사이의 내 언약을 기억하리니 다시는 물이 모든 혈기 있는 자를 멸하는 홍수가 되지 아니할지라 (16)무지개가 구름 사이에 있으리니 내가 보고 나 하나님과 땅의 무릇 혈기 있는 모든 생물 사이에 된 영원한 언약을 기억하리라

그리고 성경은 마지막 때에 이 세상을 불로 없애신다고 말씀하고 있다.

[벧후 3:3-14]
(3)먼저 이것을 알지니 말세에 기롱하는 자들이 와서 자기의 정욕을 좇아 행하며 기롱하여 (4)가로되 주의 강림하신다는 약속이 어디 있느뇨 조상들이 잔 후로부터 만물이 처음 창조할 때와 같이 그냥 있다 하니 (5)이는 하늘이 옛적부터 있는 것과 땅이 물에서 나와 물로 성립한 것도 하나님의 말씀으로 된 것을 저희가 부러 잊으려 함이로다 (6)이로 말미암아 그때 세상은 물의 넘침으로 멸망하였으되 (7)이제 하늘과 땅은 그 동일한 말씀으로 불사르기 위하여 간수하신 바 되어 경건치 아니한 사람들의 심판과 멸망의 날까지 보존하여 두신 것이니라 (8)사랑하는 자들아 주께는 하루가 천년 같고 천년이 하루 같은 이 한가지를 잊지 말라 (9)주의 약속은 어떤 이의 더디다고 생각하는 것같이 더딘 것이 아니라 오직 너희를 대하여 오래 참으사 아무도 멸망치 않고 다 회개하기에 이르기를 원하시느니라 (10)그러나 주의 날이 도적같이 오리니 그 날에는 하늘이 큰 소리로 떠나 가고 체질이 뜨거운 불에 풀어

지고 땅과 그 중에 있는 모든 일이 드러나리로다 (11)이 모든 것이 이렇게 풀어지리니 너희가 어떠한 사람이 되어야 마땅하뇨 거룩한 행실과 경건함으로 (12)하나님의 날이 임하기를 바라보고 간절히 사모하라 그 날에 하늘이 불에 타서 풀어지고 체질이 뜨거운 불에 녹아지려니와 (13)우리는 그의 약속대로 의의 거하는바 새 하늘과 새 땅을 바라보도다 (14)그러므로 사랑하는 자들아 너희가 이것을 바라보나니 앞에서 점도 없고 흠도 없이 평강 가운데서 나타나기를 힘쓰라

즉 이 불로 심판하시는 날이 언제인가를 보면 :

곡과 마곡전쟁 때에는 불이 내려서 이 사람들을 태우는 것이다.

그런데 이것이 베드로가 말한 하늘과 땅이 불에 녹아 내리는 것과 같은 것인가 하는 것이다.
그렇지 않다. 다른 것이다.

[계 20:7-12]
(7)천년이 차매 사단이 그 옥에서 놓여 (8)나와서 땅의 사방 백성 곧 곡과 마곡을 미혹하고 모아 싸움을 붙이리니 그 수가 바다 모래 같으리라 (9)저희가 지면에 널리 퍼져 성도들의 진과 사랑하시는 성을 두르매 하늘에서 불이 내려와 저희를 소멸하고 (10)또 저희를 미혹하는 마귀가 불과 유황 못에 던지우니 거기는 그 짐승과 거짓 선지자도 있어 세세토록 밤낮 괴로움을 받으리라 (11)또 내가 크고 흰 보좌와 그 위에 앉으신 자를 보니 땅과 하늘이 그 앞에서 피하여 간데 없더라 (12)또 내가 보니 죽은 자들이 무론대소하고 그 보좌 앞에 섰는데 책들이 펴 있고 또 다른 책이 펴졌으니 곧 생명책이라 죽은 자들이 자기 행위를 따라 책들에 기록된 대로 심판을 받으니

성경에는 여기에 대한 명확한 기록이 없다.
다만 9절에 그들을 곡과 마곡전쟁 때에 하늘에서 주님이 불을 내려 저희를 소멸한다고 되어 있고 11절 말씀에는 그냥 지금 보이는 땅과 하늘이 그 앞에서 피하여 간데 없더라라고 기록하고 있다.

즉 베드로가 말하는

[벧후 3:7]
이제 하늘과 땅은 그 동일한 말씀으로 불사르기 위하여 간수하신 바 되어 경건치 아니한 사람들의 심판과 멸망의 날까지 보존하여 두신 것이니라

[벧후 3:10]
그러나 주의 날이 도적같이 오리니 그 날에는 하늘이 큰 소리로 떠나 가고 체질이 뜨거운 불에 풀어지고 땅과 그 중에 있는 모든 일이 드러나리로다

즉 베드로후서에서 말하는 하늘이 큰 소리로 떠나가는 것과 모든 체질이 불에 풀어지는 것이 계시록에서는 생략이 되어 있다. 단지 계시록 20장 11절에 보면 지금 보이는 땅과 하늘이 그 앞에서 피하여 간데없더라고만 기록되고 있다.
그러면 곡과 마곡전쟁 끝에 하늘에서 불이 내려와서 그들을 소멸하는 것과 그 다음 이 하늘이 떠나가고 모든 체질이 불에 녹아지는 것이 같은 사건인가 아니면 다른 사건인가 하는 것이다.
그러나 분명한 것은 시간의 차이가 있는 것으로 보인다.
왜냐하면 곡과 마곡전쟁 때에는 하늘에서 불이 내려온다 하였으니 불이 내려올 시간이 있어야 한다. 또한 이 때에 죽은 자들을 하몬곡이라 하는 골짜기에 장사하는데 7개월이 걸린다 하였다.

[겔 39:11-12]
(11)그 날에 내가 곡을 위하여 이스라엘 땅 곧 바다 동편 사람의 통행하는 골짜기를 매장지로 주리니 통행하던 것이 막힐 것이라 사람이 거기서 곡과 그 모든 무리를 장사하고 그 이름을 하몬곡의 골짜기라 일컬으리라 (12)이스라엘 족속이 일곱 달 동안에 그들을 장사하여 그 땅을 정결케 할 것이라

그런 후에 하늘이 큰 소리로 떠나가고 땅의 모든 체질이 불에 녹아내리게 될 것이다.
할렐루야.

그러므로 곡과 마곡 때 하늘에서 내려와 사람들을 소멸하는 것과 이 세상이 없어지는 것과는 분명히 다른 사건이다.
여기에는 최소한 7개월이라는 시간을 사이에 두고 있다.
그러나 계시록은 곡과 마곡전쟁 이후에 이 지금보이는 땅과 하늘이 불에 타서 없어지는 것을 생략하고 백보좌 심판대가 열리는 것을 바로 기록하고 있는 것이다.
할렐루야.

(iv) '그 날'(여호와의 한 날)과 '하나님의 날'

그리고 베드로는 이 날 즉 말씀으로 하늘과 땅이 불에 타고 녹아내리면서 지금 보이는 하늘과 땅이

없어지는 날을 '하나님의 날 (the day of God)'이라고 말한다.
이 날은 지금 보이는 땅과 하늘이 없어지고 백보좌 심판이 열리며 그 다음에는 새 하늘과 새 땅이 열리는 날인 것이다.

그러므로 이 날 즉 이 '하나님의 날'은
성경에서 말하는 '그 날에' '여호와의 한 날'이라고 하는 그 날하고는 다른 날인 것이다.
'여호와의 한 날', '그 날'은 주님이 지상재림하여 아마겟돈 전쟁을 일으키고 적그리스도와 거짓선지자를 유황 불못에 던져 넣고 사단을 무저갱에 일천 년 동안 감금하고 주님은 그의 신부들과 첫째부활한 자들과 함께 천년왕국에 들어가는 날인 것이다.
할렐루야.

또 이 날은 계시록의 네 번째 대접재앙 때를 보면 태양이 권세를 받아 사람들을 태우는 것이 나오는데 이 재앙은 이 세상이 완전히 없어지기 위하여 불로 태우시고 녹이시는 것과는 다른 것이다.
할렐루야. 이 일은 천년왕국이 일어나기 전에 일어나는 재앙인 것이다.

[계 16:8-9]
(8) 네째가 그 대접을 해에 쏟으매 해가 권세를 받아 불로 사람들을 태우니
And the fourth angel poured out his vial upon the sun; and power was given unto him to scorch men with fire.
(9) 사람들이 크게 태움에 태워진지라 이 재앙들을 행하는 권세를 가지신 하나님의 이름을 훼방하며 또 회개하여 영광을 주께 돌리지 아니하더라
And men were scorched with great heat, and blasphemed the name of God, which hath power over these plagues: and they repented not to give him glory. They were seared by the intense heat and they

할렐루야. 분간하게 하여 주심을 감사합니다.

119. 주님이 내게 많은 양들을 맡기실 것을 말씀하시다.
(2015. 3. 1)

천국에 올라갔다.
올라갈 때부터 초원이 보였는데 거기에는 많은 양들이 있었고 주님이 흰 옷을 입으시고 거기에 계셨다. 주님은 나를 맞아 주셨다.
그리고 하시는 말씀이
"이렇게 많은 양들을 내가 너에게 맡길 것이다."
할렐루야.
그리고 그 많은 양들이 주님이 걸어가시는 곳마다 뒤를 따르고 있었다.
이 장면이 얼마나 선명하게 보이는지........
이 푸른 초원에는 흰 양들이 너무나 많았다.
그러다가 흰 구름이 주님과 나를 태우러 왔다.
주님과 나는 그 구름을 타고 날았다.
양들은 구름을 타고 올라가는 주님과 나를 꼭 사람들이 쳐다보듯이 바라보고 있었다.
나는 구름 위에서 생각했다.
아니 금방 양들이 있는 저곳이 천국인가? 아니면 지구인가?
나는 천국인 것을 알았다.
왜냐하면 주님이 원래 천국에 계시고 또한 하늘 구름이 우리를 태우러 왔기 때문이다.
그리고 나서 주님과 나는 다른 곳으로 이동하였다.
오늘은 주님이 단지 내게 많은 양들을 맡길 것을 말씀하신 것이다.
할렐루야.

120. (i) 지상에서 주님 때문에 받는 핍박 때문에 나를 데리러 오는 수레를 끄는 말의 수가 한 마리 더 늘었다.
(ii) 주님은 우리나라를 특별히 기름을 부어 쓰시겠다고 하신다.
(2015. 3. 2)

천국에 올라갔다.
천국에 올라가는데 어쩐지 말이 하나 더 생긴 것 같다. 즉 네 마리였는데 다섯 마리인 것 같아 보였다. 그리고 수레도 더 멋있고 커졌다. 왜냐하면 네 마리가 끌 때보다 다섯 마리가 끌게 되니 더 커졌다. 여기서 같아 보였다는 말은 주님이 아신다. 내가 말 한 마리 더 늘어나는 것 별로 원하지 않는다는 사실을....
그래서 늘어난 말 한 마리가 내게 잘 보이지 않도록 숨을 듯 말 듯 보일 듯 말 듯하였다.

그러나 나는 분명히 말이 한 마리 더 늘어난 것을 알겠다.
나는 그것을 보는 순간 나는 도무지 이런 자격이 없는데 하면서 주님께 마음속으로 말했다.
주님은 보이시지 아니하였으나 나는 그분께 말할 수 있었다.
'주님 저는 이러한 자격이 없어요.'하면서 말 다섯 마리가 아니라 네 마리를 고집하였다. '주님 저는 말 네 마리로 족해요. 네 마리로 하여 주세요.'라고.
그런데 말이 한 마리가 늘어난 것이 사라지지 않았다.

나는 순간적으로 왜 이렇게 말이 하나 더 생기게 되었는지의 이유를 생각하여 보는데
그 때 주님은 나에게 '의를 위하여 핍박받는 자, 즉 주님 때문에 내가 욕을 먹고 비방을 당할 때에 성경은 즐거워하고 기뻐하라 하늘에서 너희 상이 큼이니라.'하는 성경구절이 생각이 났다.
즉 요즘에 나를 굉장히 비방하는 여 목사가 나타났는데 그 여자 목사는 보는 사람들이 볼 수 있도록 나를 특별히 타겟 삼아서 나를 욕하고 비방하며 인신모독까지 한 것을 비디오로 유튜브에 올린 것이다. 나는 그것 때문에 속이 많이 상하여 하였었는데 그리고 그것 때문에 기도하면서도 눈물을 흘렸고 그리고 천상에서 주님 앞에서도 울기도 했었다.

그래서 나는 즉시 이 말 한 마리가 나에 대한 이러한 핍박 때문에 생겨났다는 것을 알 수 있었다.
말이 네 마리에서 다섯 마리로 되면서 수레도 비례하여 넓어지고 커졌다.
그러나 나는 주님께 계속 네 마리를 고집하였다.

'주님, 네 마리도 괜찮아요.' 하면서.

내가 너무 고집하였더니 내 눈에 말 다섯 마리가 네 마리로 보였다. 그리고 나는 그 수레를 타고 천국으로 올라간 것이다(나중에 알았는데 이 늘어난 말 한 마리가 없어진 것이 아니라 말이 다섯인데 순간적으로 주님이 내게 말이 네 마리로 보이게 하셨다. 마지막에 생긴 말 한 마리가 네 번째 말 뒤에 완전히 숨었던 것이다).

수레에서 내리는 나를 두 천사가 날아와서 나를 주님께로 인도하였다.

그들은 흰 옷 입은 두 날개달린 천사들이었다.

주님은 나를 구름에 태우시고 지구로 데리고 가셨다.

갑자기 저 아래에 지구가 꼭 축구공 사이즈로 보였는데 바다의 부위가 청색으로 보였고 거기에 대륙들이 보였다. 조금 있으니 이 지구가 더 가까이 보였는데 이제는 한국과 일본 그리고 그 옆에 중국과 러시아 그리고 그 오른편에 미국이 보였다.

이렇게 나는 다섯 나라(중국, 러시아, 한국, 일본, 미국)를 보고 있는데 주님이 말씀하신다.

'나는 왜 주님이 이렇게 다섯 나라를 보여주실까?' 하고 궁금해 하고 있는 터였다.

주님이 이렇게 말씀하신다.

"내가 한국에 기름을 부을 것이다."

즉 우리 한국을 쓰시겠다는 것이다.

즉 이 다섯 나라 중 특별히 한국에 기름을 부으실 것이라 말씀하셨다.

할렐루야!

그리고서는 주님은 다시 나를 구름에 태우고 천국으로 오셨다.

그리고 주님과 나는 요한의 집 앞 피크닉 테이블에 와서 앉았다.

거기는 모세와 요한이 와서 앉아 있었다.

그리고 내가 계시록에 대하여 질문을 하려 하고 있는데 다른 사람의 소리 때문에 내려왔다.

121. 아침 기도시간에 계시록 14장은 계시록 7장을 반복하고 있다는 것을 알게 하셨다.
(2015. 3. 3)

오늘 아침 기도하는 시간에 주님께서 성경에 대하여 깨우쳐 주신 것을 기록한다.
그것은 계시록 7장에 나오는 십사만 사천이 바로 계시록 14장에 나오는 십사만 사천인가 하는 질문을 가지고 기도하였을 때에 '그렇다.'라는 것이 왔다.

왜냐하면
계시록 7장을 보면 하나님께서 하나님의 종들의 이마에 인을 치시는데
그중에 유대인들의 수가 십사만 사천임을 말씀하고 있다.
그리고 나서 온 족속과 방언과 나라에서 능히 셀 수 없는 흰 무리들을 말씀하시는데
이들은 큰 환난에서 나오는 무리들로서 어린양의 피에 그들의 옷을 빨아 희게 한 자들이라 하였다.

[계 7:4-8]
(4)내가 인 맞은 자의 수를 들으니 이스라엘 자손의 각 지파 중에서 인 맞은 자들이 십 사만 사천이니 (5)유다 지파 중에 인 맞은 자가 일만 이천이요 르우벤 지파 중에 일만 이천이요 갓 지파 중에 일만 이천이요 (6)아셀 지파 중에 일만 이천이요 납달리 지파 중에 일만 이천이요 므낫세 지파 중에 일만 이천이요 (7)시므온 지파 중에 일만 이천이요 레위 지파 중에 일만 이천이요 잇사갈 지파 중에 일만 이천이요 (8)스불론 지파 중에 일만 이천이요 요셉 지파 중에 일만 이천이요 베냐민 지파 중에 인 맞은 자가 일만 이천이라

[계 7:9-14]
(9)이 일 후에 내가 보니 각 나라와 족속과 백성과 방언에서 아무라도 능히 셀 수 없는 큰 무리가 흰 옷을 입고 손에 종려 가지를 들고 보좌 앞과 어린 양 앞에 서서 (10)큰 소리로 외쳐 가로되 구원하심이 보좌에 앉으신 우리 하나님과 어린 양에게 있도다 하니 (11)모든 천사가 보좌와 장로들과 네 생물의 주위에 섰다가 보좌 앞에 엎드려 얼굴을 대고 하나님께 경배하여 (12)가로되 아멘 찬송과 영광과 지혜와 감사와 존귀와 능력과 힘이 우리 하나님께 세세토록 있을지로다 아멘 하더라 (13)장로 중에 하나가 응답하여 내게 이르되 이 흰옷 입은 자들이 누구며 또 어디서 왔느뇨 (14)내가 가로되 내 주여 당신이 알리이다 하니 그가 나더러 이르되 이는 큰 환난에서 나오는 자들인데 어린양의 피에 그

옷을 씻어 희게 하였느니라

그런데 계시록 14장을 보면 계시록 7장에서 언급한 십사만 사천을 먼저 말하고 그 다음 각 족속과 방언의 무리들을 말하고 있는 것을 본다.
즉 같은 맥락으로 흐르고 있는 것이다.
계시록 14장 1절에는 시온산에 어린양과 함께 십사만 사천이 섰는데 그 이마에는 '어린양의 이름과 하나님의 이름'이 기록되어 있고 그들은 하나님 앞에서 '처음 익은 열매'라고 불리며 이렇게 십사만 사천에 대하여 나오고 그 다음 이들이 하나님의 보좌 앞에 먼저 끌어 올려진 것을 말한 다음에 각 나라와 각 족속과 방언에서 능히 셀 수 없는 무리들을 구름 위에 앉은 이가 이한 낫으로 추수하는 장면이 나오는 것이다. 할렐루야.

[계 14:1-6]
(1)또 내가 보니 보라 어린 양이 시온산에 섰고 그와 함께 십사만 사천이 섰는데 그 이마에 어린 양의 이름과 그 아버지의 이름을 쓴 것이 있도다 (2)내가 하늘에서 나는 소리를 들으니 많은 물소리도 같고 큰 뇌성도 같은데 내게 들리는 소리는 거문고 타는 자들의 그 거문고 타는 것 같더라 (3)저희가 보좌와 네 생물과 장로들 앞에서 새 노래를 부르니 땅에서 구속함을 얻은 십 사만 사천인 밖에는 능히 이 노래를 배울 자가 없더라 (4)이 사람들은 여자로 더불어 더럽히지 아니하고 정절이 있는 자라 어린 양이 어디로 인도하든지 따라가는 자며 사람 가운데서 구속을 받아 처음 익은 열매로 하나님과 어린 양에게 속한 자들이니 (5)그 입에 거짓말이 없고 흠이 없는 자들이더라 (6)또 보니 다른 천사가 공중에 날아가는데 땅에 거하는 자들 곧 여러 나라와 족속과 방언과 백성에게 전할 영원한 복음을 가졌더라

그리고 각 나라와 족속과 방언과 백성들을 하늘구름을 타고 온 이가 이한 낫으로 추수하는 장면이 나온다.
이것은 정확히 계시록 7장을 다시 되풀이하고 있는 것을 말하고 있다.

[계 14:9-16]
(9)또 다른 천사 곧 세째가 그 뒤를 따라 큰 음성으로 가로되 만일 누구든지 짐승과 그의 우상에게 경배하고 이마에나 손에 표를 받으면 (10)그도 하나님의 진노의 포도주를 마시리니 그 진노의 잔에 섞인 것이 없이 부은 포도주라 거룩한 천사들 앞과 어린 양 앞에서 불과 유황으로 고난을 받으리니 (11)그 고난의 연기가 세세토록 올라가리로다 짐승과 그의 우상에게 경배하고 그 이름의 표를 받는 자는 누구든지 밤낮 쉼을 얻지 못하리라 하더라 (12)성도들의 인내가 여기 있나니 저희는 하나님의 계명

과 예수 믿음을 지키는 자니라 (13)또 내가 들으니 하늘에서 음성이 나서 가로되 기록하라 지금 이 후로 주 안에서 죽는 자들은 복이 있도다 하시매 성령이 가라사대 그러하다 저희 수고를 그치고 쉬리니 이는 저희의 행한 일이 따름이라 하시더라 (14)또 내가 보니 흰 구름이 있고 구름 위에 사람의 아들과 같은 이가 앉았는데 그 머리에는 금 면류관이 있고 그 손에는 이한 낫을 가졌더라 (15)또 다른 천사가 성전으로부터 나와 구름 위에 앉은 이를 향하여 큰 음성으로 외쳐 가로되 네 낫을 휘둘러 거두라 거둘 때가 이르러 땅에 곡식이 다 익었음이로다 하니 (16)구름 위에 앉으신 이가 낫을 땅에 휘두르매 곡식이 거두어지니라

사람들은 이 계시록 14장에 나오는 십사만 사천이 이방인들이라 한다.
아니다. 문맥으로 전체적인 상황으로 보아 그들은 계시록 7장에서 나오는 인 맞은 이스라엘의 십사만 사천이다.
그렇다면 분명히 계시록 7장에서 그들의 이마에 인을 친 것은 바로 계시록 14장 1절에서 말하고 있는 그들의 이마에 하나님의 이름과 어린양의 이름을 쓴 것을 의미한다. 할렐루야.

이 십사만 사천은 여섯째 인을 떼었을 때에 하나님의 종으로 인침을 받은 유대인들로서 대환난 기간 동안 예비처에 보내어졌다가(계시록 12장) 666표를 강제로 받게 하는 시기가 끝나는 무렵에 어린양과 함께 시온산에 잠깐 섰다가 하나님의 보좌 앞으로 올라간 것으로 보인다. 할렐루야.
그래서 그들은 계시록 14장 3절에서 벌써 하나님의 네 생물 앞과 보좌 앞에서 새 노래를 부르고 있는 것이다.

즉 이 십사만 사천은 후 삼년반 동안에 하나님이 마련하신 광야의 예비처에 가 있다가 하나님 앞으로 먼저 올라가고 그 다음 이방인들에 대한 알곡 추수가 일어나는 것이다.
주여!
즉 후 삼년반 동안에 짐승의 우상에게 절히지 않고 이마에나 손에 표를 받지 아니하는 자들이 살아서 추수되는 것이다.
이들이 계시록 7장에서 나오는 큰 환난에서 나오는 무리를 형성하며 그들은 큰 환난을 거치면서 어린양의 피에 옷을 빤 자들인 것이다. 할렐루야.

"주님, 그러면 순교한 자들은 어떻게 되나요?" 라고 질문하였을 때에

그들은 죽어서 그 영들이 벌써 올라가 있는 것이다. 부활체는 아직 아니더라도.

오히려 이스라엘의 십사만 사천과 그리고 짐승의 우상에게 절하지 않고 이마나 손에 표를 받지 아니한 자들이 살아남아서 추수될 때에 부활되어 올라감을 알게 하신다.
할렐루야.

[계 14:13]
또 내가 들으니 하늘에서 음성이 나서 가로되 기록하라 자금 이 후로 주 안에서 죽는 자들은 복이 있도다 하시매 성령이 가라사대 그러하다 저희 수고를 그치고 쉬리니 이는 저희의 행한 일이 따름이라 하시더라

이들은 후 삼년반 동안에 짐승의 우상에게 절하지 않고 순교한 자들을 의미한다. 이들이 마지막 추수(계 14:14-16)에 추수되는 것으로 보이지 않고 이들은 나중에 천년왕국 들어갈 때에 부활되어 들어가는 것으로 나타나고 있다.

그러나 계시록 20장 4절의 순교한 자들은 공동번역과 NIV에서 보면 이들이 천년왕국 들어가기 바로 전에 부활하는 것으로 나타난다(개역성경 계시록 20장 4절이 잘못 번역되어 있음. 109. (iii) 큰 성 바벨론인 음녀의 정체가 밝혀지다. 이 성이 무너질 때가 순교자들의 피를 신원하여 주는 때이다. 참조).

[계 20:4]
[공동번역] 나는 또 많은 높은 좌석과 그 위에 앉아 있는 사람들을 보았습니다. 그들은 심판할 권한을 받은 사람들이었습니다. 또 예수께서 계시하신 진리와 하느님의 말씀을 전파했다고 해서 목을 잘리운 사람들의 영혼을 보았습니다. 그들은 그 짐승이나 그의 우상에게 절을 하지 않고 이마와 손에 낙인을 받지 않은 사람들입니다. 그들은 살아나서 그리스도와 함께 천 년 동안 왕노릇을 하였습니다.

[계 20:4]
[NIV] I saw thrones on which were seated those who had been given authority to judge. And I saw the souls of those who had been beheaded because of their testimony for Jesus and because of the word of God. They had not worshiped the beast or his image and had not received his mark on their foreheads or their hands. They came to life and reigned with Christ a thousand years.

할렐루야.

122. 주님께서 나에게 지옥편을 꼭 써야 한다는 의미로 '예수'라고 싸인하여 주시다.
(2015. 3. 5)

그리고 두 번째는 천국으로 갔다.
바깥에서 나를 수호하는 천사가 딸기를 먹고 있었다.
내가 수레 안에 타자 내 앞에 놓인 다이닝 테이블 앞에 딸기가 긴 쟁반 안에 놓여 있었다.
보기가 좋았다. 나는 딸기를 먹었다.

그리고 나는 천국에 올라갔는데 올라가자마자 나는 주님 앞에 엎드렸다.
나는 무조건 주님 앞에서 용서하여 달라고 빌었다. 잘못했다고 말씀드렸다.
나는 뭔지는 모르나 나는 계속 주님 앞에서 잘못한 것들에 대하여 계속 용서를 빌었다.
원래 죄인인 우리가 주님 앞에 가면 무조건 죄인으로 느껴진다.
무엇을 딱 잘못하였는지 생각이 안 나지만 그러나 한없이 용서받을 수 없는 죄인으로 느껴지는 것이다. 그 밀려오는 마음에 그냥 엎드려서 잘못했다고 비는 것이다. 할렐루야.

주님은 나를 일으켜 세우시고 그리고서는 나를 유리바다에 떠 있는 배로 인도하셨다.
주님이 배의 저쪽 끝에 앉으시고 내가 이쪽 끝에 앉았다.
나는 주님께 말했다.
"주님 제가 요즘에 괴로워요. 누가 유튜브에 저를 저주하는 영상을 올려서요. 저는 지금 핍박받고 있어요..."하였더니
갑자기 배 안이 아름다운 보석돌들로 가득 채워지는 것이었다.
그리고 즉시 내가 알아지는 것이 이 보석돌들이 그 어떤 사람이 나를 핍박하는 그 핍박 때문에 나에게 상으로 주어지는 보석들이라는 것이 알아졌다.
할렐루야.
그런데 그렇게 많이 보석이 배 안에 쌓였건만 배는 가라앉지 않았다.
'나는 저 보석돌들을 다 어디에 두지?'하고 고민하고 있는데
'아하 내 집에 두면 되겠구나.'하고 생각하자 나는 벌써 내 집에 와 있었다. 할렐루야.
천국은 이런 곳이다. 생각만 해도 순간적으로 이동한다. 주여!

주님과 함께 구름다리를 건너 내 집의 현관이 있는 쪽으로 가려고 구름다리 위를 걸어가는데 다리 양쪽 옆에서 연못의 물위로 잉어들이 뛰어올라 나를 반겨주는데 그들은 주님과 내 앞에서 반원을 그리듯이 다리 이쪽에서 뛰어오른 잉어가 다리 저쪽으로 떨어졌다. 또한 주님과 내 앞에서 다리 이쪽저쪽 양쪽에서 뛰어오른 두 잉어가 서로 입을 앞으로 내밀고 뽀뽀를 했다. 잉어들이 아주 기교를 부렸다. 주님과 나는 그들의 환영하는 모습을 보면서 내 집 현관문 쪽으로 걸어가는데 벌써 저쪽에 두 흰 날개달린 흰 옷 입은 천사들이 양쪽에 세 명씩 총 여섯 명이 서서 주님과 나를 환영하여 주었다.
그리고 그들의 앞쪽 옆으로 청색의 옷을 입고 있는 한 천사가 있었는데 이 천사는 내 집을 관리하고 있는 천사들을 관리하는 천사였다.

주님과 나는 내 집 안으로 들어갔다.
들어가자마자 거실 안에는 생명수를 퍼 올리는 분수대가 놓여 있었다.
어린 천사들의 조각으로 그 천사들의 입에서 생명수 물이 뿜어져 나오게 되어 있었다.
그리고 주님과 나는 이 분수대를 지나서 더 안쪽으로 들어가니 궁과 같은 거실이 나왔다.
거기에는 테이블이 놓여져 있고 그 테이블 위에는 꼭 회를 떠서 장식하여 놓은 것처럼 딸기들을 그렇게 썰어서 펴 놓았다.
주님과 나는 그릇에다가 그것들을 떠서 먹었다. 수레를 탈 때에도 딸기가 있더니 오늘은 딸기잔치를 하는 것 같았다.

그리고 아까 배 안에서 받았던 보석돌들을 담은 상자가 뚜껑이 열린 채로 그 궁 안의 저편에 놓여 있었다. 할렐루야. 벌써 내 집으로 옮겨져 있었다.
그리고 테이블 위에는 '지옥편'이라고 쓰여져 있는 분홍색 책이 놓여 있었는데 주님은 내가 지옥편을 꼭 써야 한다는 것을 다시 한번 더 확실히 한다는 의미에서 지옥편 책에다가 (분홍색표지의 책) 주님이 '예수'라고 바람 글씨로 싸인을 하여 주셨다. 할렐루야.
나는 이것이 약간 우습다는 생각이 들었다.
주님께서 소위 그분의 싸인이나 인을 찍어주시는 것은 아주 근엄하고 어떤 왕의 옥새 같은 것으로 찍어 주시는 것이 아닐까 하고 생각했는데 그것이 아니라 주님은 아주 쉽게 펜을 드셔서 책에다가 '예수' 라고 간단히 싸인을 하여 주시는 것이었다. 할렐루야.
나는 이러한 것이 주님의 유우머라고 생각이 들었다.
때로는 주님은 참으로 유우머스러우시다.
그러나 그분이 내 지옥편의 책에 싸인하신 그 싸인은 아주 중요한 의미를 갖고 있었다.
할렐루야. 그 책은 주님의 책이라는 것이다.

할렐루야.

그래서 나는 말씀드렸다.
"주님, 알겠습니다. 제가 지옥편을 꼭 쓰겠습니다."
"주님께서 이렇게 싸인까지 하여 주셨는데요........." 할렐루야!
그러고서는 나는 내려왔다.

123. 아침 기도시간에 주님이 깨닫게 하여 주신 것 : 천년왕국에는 부활된 자들만 들어가므로 애를 낳지 아니한다.
(2015. 3. 7)

[계 20:4]
또 내가 보좌들을 보니 거기 앉은 자들이 있어 심판하는 권세를 받았더라 또 내가 보니 예수의 증거와 하나님의 말씀을 인하여 목 베임을 받은 자의 영혼들과 또 짐승과 그의 우상에게 경배하지도 아니하고 이마와 손에 그의 표를 받지도 아니한 자들이 살아서 그리스도로 더불어 천년 동안 왕 노릇 하니 [개역성경]

[계 20:4]
나는 또 많은 높은 좌석과 그 위에 앉아 있는 사람들을 보았습니다. 그들은 심판할 권한을 받은 사람들이었습니다. 또 예수께서 계시하신 진리와 하느님의 말씀을 전파했다고 해서 목을잘리운 사람들의 영혼을 보았습니다. 그들은 그 짐승이나 그의 우상에게 절을 하지 않고 이마와 손에 낙인을 받지 않은 사람들입니다. <u>그들은 살아나서</u> 그리스도와 함께 천 년 동안 왕노릇을 하였습니다.[공동번역]

I saw thrones on which were seated those who had been given authority to judge. And I saw the souls of those who had been beheaded because of their testimony for Jesus and because of the word of God. They had not worshiped the beast or his image and had not received his mark on their foreheads or their hands. <u>They came to life</u> and reigned with Christ a thousand years [NIV]

계시록 20장 4절을 보면 한글이 잘못 번역되어 있음을 본다.

공동번역과 영어로 보면 두 가지 종류의 사람들이다.

1) 보좌에 앉은 자들
I saw thrones on which were seated those who had been given authority to judge.

2) 예수에 대한 증거와 하나님의 말씀 때문에 목베임을 받은 자들의 영혼들인데 이들은 짐승의 우상에게 절하지도 않고 그들이 이마에나 손에 표를 받지도 않은 영혼들인데 이들이 살아나서 천년동안 그리스도와 더불어 왕노릇한다는 말이다.

And I saw the souls of those who had been beheaded because of their testimony for Jesus and because of the word of God. They had not worshiped the beast or his image and had not received his mark on their foreheads or their hands. They came to life and reigned with Christ a thousand years. [NIV]

그런데 우리나라 말로는
'또 내가 보좌들을 보니 거기 앉은 자들이 있어 심판하는 권세를 받았더라 또 내가 보니 예수의 증거와 하나님의 말씀을 인하여 목 베임을 받은 자의 영혼들과 또 짐승과 그의 우상에게 경배하지도 아니하고 이마와 손에 그의 표를 받지도 아니한 자들이 살아서 그리스도로 더불어 천년 동안 왕 노릇 하니'

세 종류의 사람들처럼 번역이 되어 있다.
1. 보좌에 앉은 자들
2. 예수의 증거와 하나님의 말씀으로 인하여 목베임을 받은 자들
3. 짐승과 우상에게 절하지도 않고 이마나 손에 표를 받지 아니한 영혼들

그리고 마치 세 번째 그룹이 마치 살아 있는 상태에서 천년왕국에 들어가는 것처럼 잘못 번역되어 있음을 본다.

대환난 기간 동안 짐승의 우상에서 절하지 않고 666표를 받지 않고 순교한 자들이 바로 이 두 번째 그룹에 속한 자들이다. 그것이 계시록 14장 13절에 나와 있다.

[계 14:9-13]
(9) 또 다른 천사 곧 세째가 그 뒤를 따라 큰 음성으로 가로되 만일 누구든지 짐승과 그의 우상에게 경배하고 이마에나 손에 표를 받으면 (10) 그도 하나님의 진노의 포도주를 마시리니 그 진노의 잔에 섞인 것이 없이 부은 포도주라 거룩한 천사들 앞과 어린 양 앞에서 불과 유황으로 고난을 받으리니 (11) 그 고난의 연기가 세세토록 올라가리로다 짐승과 그의 우상에게 경배하고 그 이름의 표를 받는 자는 누구든지 밤낮 쉼을 얻지 못하리라 하더라 (12) 성도들의 인내가 여기 있나니 저희는 하나님의 계명과 예수 믿음을 지키는 자니라 (13) 또 내가 들으니 하늘에서 음성이 나서 가로되 기록하라 자금 이 후로 주 안에서 죽는 자들은 복이 있도다 하시매 성령이 가라사대 그러하다 저희 수고를 그치고 쉬리니 이는 저희의 행한 일이 따름이라 하시더라

그러면

대환난 기간 동안 666표를 받지 않고 살아남은 자들은 어떻게 되는가? 하는 것이다.

그들은 분명히 계시록 14장 14-16절에서 말하고 있다.

[계 14: 14-16]
(14) 또 내가 보니 흰 구름이 있고 구름 위에 사람의 아들과 같은 이가 앉았는데 그 머리에는 금 면류관이 있고 그 손에는 이한 낫을 가졌더라 (15) 또 다른 천사가 성전으로부터 나와 구름 위에 앉은 이를 향하여 큰 음성으로 외쳐 가로되 네 낫을 휘둘러 거두라 거둘 때가 이르러 땅에 곡식이 다 익었음이로다 하니 (16) 구름 위에 앉으신 이가 낫을 땅에 휘두르매 곡식이 거두어지니라

그러므로 이들은 알곡으로 추수되어 이미 이기는 자의 반열에 속하여
보좌에 앉온 지들이 되는 것이다. 왜냐하면 추수되이 올라갔으니까 말이다.
즉 이들은 천년왕국 때에 보좌에 앉은 자들로서 그 보좌에 앉아 있다가 내려오는 것이다.

그러면 왜 대환나 기간 동안 즉 7년 환난의 후 삼년반 동안에 666표를 받지 않고 순교한 자들은 애 천년왕국에 들어갈 때에 부활하는 것으로 나타나는가?

하는 것이다.

그것은 명확하다. 그들은 그냥 순교당하여 죽은 것이다. 그러므로 부활할 시간이 없었고 이들은 천년왕국 들어갈 때에 부활하는 것이다.
할렐루야.

그러므로 천년왕국으로 들어가는 자들은 보좌에 앉은 자들은 이미 부활되어 있고
그리고 대환난 기간 동안 순교당한 자들도 천년왕국 때에 부활되어 들어가므로 천년왕국 안에는 부활된 자들만 들어가게 되는 것이다.

그러므로 천년왕국에 들어가는 자들은 부활되지 않고 들어가는 자들은 하나도 없는 것이다. 할렐루야.
그러므로 지금까지 우리가 잘못 이해하여온 것이다. 즉 천년왕국에는 사람의 수명이 아담과 하와 때와 같이 1000년으로 길어져서 애 낳고낳고 하여 산다는 것이 맞지 않는 이야기인 것이다. 할렐루야.
또한 일부는 부활체로 일부는 살아 있어 현재 육체의 몸을 가지고 들어간다는 말도 맞지 않는 것이다. 천년왕국에 들어가는 모든 자들은 부활되어 들어가는 것이다.
그러므로 애를 낳지 아니한다. 할렐루야.

[눅 20:35-36]
(35) 저 세상과 및 죽은 자 가운데서 부활함을 얻기에 합당히 여김을 입은 자들은 장가가고 시집가는 일이 없으며 (36) 저희는 다시 죽을 수도 없나니 이는 천사와 동등이요 부활의 자녀로서 하나님의 자녀임이니라

124. 집회를 순회 선교하듯이 여러 군데를 해야 할 것을 말씀하시다.
(2015. 3. 8)

천국에 올라갔다.
밖에 있는 천사가 나를 보고 말한다.
"주인님 어서 오세요."
오늘따라 수레를 모는 천사가 나에게 '주인님 어서 타세요.'라고 한다.

수레를 모는 천사가 나에게 이렇게 '주인님'이라고 부르며 말하는 것이 이번이 처음이다.
나는 나를 천국으로 데리고 가기 위하여 온 수레를 탔다.
이 수레를 끄는 말은 다섯 마리였다.
마지막 다섯 번째 말이 새롭게 참가한 것처럼 보였다.
이 다섯 번째 말은 지상에서 누군가가 나를 굉장히 핍박한 어떤 여자목사 때문에 주님이 내게 주신 것이다. 그리고 네 마리가 수레를 몰 때보다 한 마리가 늘어서 끄는 수레는 더 넓어지고 커졌다.
할렐루야.

그리고 나를 태운 수레는 천국 안에 도착하였고 나는 수레에서 내려서 주님을 만났다.
흰 옷 입은 무리들이 저어기서 나를 보고 있었다.
주님은 나를 데리고 순간적으로 어느 문 앞에 와 있었고 그 황금 문을 여셨다.
그 문은 사도 바울의 집에 있는 순 황금으로만 된 방의 문이었다.
그 방 문도 황금으로 되어 있었다.
그 방 안에는 사도 바울이 우리를 기다리고 있었고 나는 그 두 분 앞에서 무조건 빌었다.
"주님, 제가 잘못했어요."
"제가 잘못한 것이 많지요? 바울 선생님"라고 했더니 바울은 테이블 위에 놓여 있는 지도를 바라보면서 내가 무슨 잘못을 해서 이곳으로 부른 것이 아니라는 것을 알게 하였다.
테이블 위에는 어떤 지도가 하나 펼쳐져 있었는데 거기에는 우리나라와 일본이 자세히 보였다.
그리고 이번에 일본에서 나를 집회 오라고 부르는 곳에 점이 하나 찍혀 있었다.
이번에 내가 일본을 거쳐 한국에 여러 군데 집회를 해야 하는 것을 알게 하여 주었다.
마치 이전에 바울이 선교여행을 여러 지역 다닌 것을 생각나게 하면서.
나도 그렇게 해야 하는 것이 알아진 것이다.
아하, 오늘 나를 이 순 황금으로만 된 이 선교의 방에 데리고 온 이유가 바로 내가
사도 바울처럼 그렇게 순회선교를 하여야 함을 말씀하시기 위함이라는 것을 알 수 있었다.
할렐루야.

주님을 찬양합니다.

125. 18년 전에 주님께서 보여주신 환상 속에서 흰 말들을 타고 나를 따르던 흰 옷 입은 무리들이 누구인지 밝혀 주시다.

(2015. 3. 10)

천국에 올라가는데 나를 수레바깥에서 수호하는 천사가 무슨 손으로 많은 무리에게 지시를 하듯 포즈를 취하고 있었다. 그런데 그렇게 많은 무리라고 하는 것이 사람들이 아니라 흰 말들이었다.
아주 많은 흰 말들이 나를 데리러 온 수레 뒤쪽으로 쭉 늘어서 있었다. 와우!
나는 나를 데리러 온 수레를 탔다. 그리고 그 수레는 천국 안으로 즉시 도착을 하였다.
그런데 그 수많은 흰 말도 내 수레 뒤를 따라 같이 천국에 올라왔다. 주여!
'나는 왜 이러한 흰 말들이 따라 올라오는 것일까?' 하고 궁금해 하였다.
'그리고 왜 사람들은 없고 말만 있는 것일까?' 하고 궁금해 하였다.

그리하였더니 이번에는 그 말들 위에 흰 옷 입은 자들이 타고 있는 것이 보였다.
아까는 분명히 흰 말들만 보였었는데 언제 저렇게 흰 옷 입은 자들이 탔지?
하고 신기하여 하였다.

나는 주님께 물었다.
"주님 저들이 도대체 어떤 자들입니까?"

주님은 나를 넓은 초원으로 인도하셨다.
거기에는 그 흰 말들이 수없이 많았는데 거기는 흰 옷 입은 자들이 타고 있었고
내가 가장 앞에 서서 복음의 기수라고 하는 기를 들고 있는 것이 보였다.

오 마이 갓!
이 장면은 내가 18년 전 1997년에 주님으로부터 받은 환상 속에서 보았던 장면이다.
아하! "그러면 저 말을 탄 자들은 누구입니까?" 하고 물었다.
그랬더니 주님이 알게 하여 주시기를 그들은 나와 동역하는 자들이며 또한 그들 중에는 나로 인하여 예수를 믿게 된 자들도 있다는 것을 알게 하여 주신다.
그들이 구원을 받고 다시 복음사역에 끼어 든 것을 알게 하여 주신다.

아하! 이제야 나는 의문이 풀리게 되었다.

나는 항상 내가 그 환상 속에서 아주 많은 말을 타고 소위 흰 말들을 타고 흰 옷들을 입고 나를 따르는 자가 누구인지 참으로 궁금했었다.

'이들이 천사들인가? 아니면 사람들인가?'하고 궁금했었는데 이제야 이들이 누구들인지 밝혀지는 순간이었다.

할렐루야.

주님이 말씀하신다.

"이 일이 곧 일어날 것이다."

할렐루야!

즉 내가 18년 전에 OO 기도원에서 내가 보았던 환상, 즉 내가 복음의 기수로 제일 앞장서서 달리고 그 다음 흰 옷 입은 무리들이 흰 말들을 타고 나를 따라오는데 엄청 그 수가 많아서 그들이 누구들인지 참으로 궁금했었는데 이제야 그들이 누구인지 주님이 밝혀 주시는 것이었다.

할렐루야.

그들은 나와 동역하는 자들이기도 하고 또한 나로 인하여 복음을 받아들인 자들이 다시 복음사역에 투입되어서 그렇게 수없이 나를 따르고 있는 것을 보여 주셨던 것이다.

할렐루야.

그리고 이것이 곧 일어날 것을 나에게 말씀하시는 것이었다.

할렐루야.

주여! 감사합니다!

그리고 나서 나는 또 다시 황금색의 드레스를 입고 주님의 보좌 앞에 엎드려 있었다.

주님께서 나에게 황금 열쇠를 주시면서 그것은 하늘의 창고를 여는 황금으로 된 금고 열쇠라 하셨다.

주님은 말씀하신다.

'내가 너에게 하늘창고에서 재물을 부어서 그렇게 하나님의 일을 감당하게 할 것이다.'라고.

할렐루야. 주님을 찬양합니다!

주님께 감사드립니다.

이 못난 저를 사용하여 주시겠다니요.

할렐루야.

주여, 저는 그날이 빨리 오기를 원합니다.

속히 이루어주시옵소서!
할렐루야.

아하, 그래서 내가 가장 앞서서 복음의 기수라고 쓰여 있는 깃발을 들고 있는 것이구나!....
이제야 알아진 것이다.

126. 의를 위하여 핍박을 받는 자는 복이 있나니 천국이 저희 것임이라.
(2015. 3. 11)

천국에 올라가는데 나를 수레 바깥에서 수호하는 천사가 입에 트럼펫을 불고 있다.
그는 그 트럼펫을 잠깐 불다가 그것에서 입을 떼었다.
그리고 말들 주위에도 그리고 수레를 모는 천사주위에도 금색의 트럼펫들이 보였다.
나는 영문을 모른다. 왜 이렇게 많은 금색의 트럼펫들이 보이는지....

나는 수레에 탔다.
수레에 내가 타는 동시에 내게는 생명수 강가가 보이고 주님이 보였다.
즉 천국에 올라가는 과정이 내 눈에는 안 보이고 그냥 내가 수레를 타자마자 순식간에 천국에 와 있는 것이었다.
나는 수레를 타자마자 벌써 이사야의 집 옆에 있는 생명수 강가가 있는 곳에 와 있었다.
이곳에 벌써 주님과 이사야가 와 있었다.
이사야는 엷은 하늘색 옷을 아래위로 입고 있었다.
생명수 강가에서는 흰 날개가 달린 천사들이 보였고 거기에는 먼저 이 세상을 떠나 천국에 올라와 있는 사람들이 목욕을 하고 있었다.
주님과 이사야가 생명수 강가에서 조금 떨어져 있는 테이블 저쪽 편에 같이 앉으시고 나는 이편에 앉았다.
주님이 나에게 말씀하셨다.

"이사야가 사라에게 할 말이 있단다."
이사야가 말을 하기 시작하였다.
그러나 나는 그 테이블에 앉아서 이사야를 보는 순간, 나는 그가 얼마나 멸시당한 예수님, 겸손한 예수님, 외모로 보기에는 볼품없는 예수님을 이사야 53장에서 잘 표현하였는지에 대하여 감탄하는 마음이 생기면서 그 마음을 그에게 보내고 있었다.

그 순간 이사야가 나에게 말하였다.
"사라님"
"네"
"주님이 십자가에 못 박하시기 전 얼마나 조롱당하고 멸시당한 줄 아세요?"
이 말을 듣는 순간 지금 주님은 나에게 지금 어떤 여자목사가 나를 비방하고 저주하는 영상을 유튜브에 띄운 것에 대하여 내가 괴로워하고 그리고 그 여자목사를 미워하고 있는 마음을 주님이 아시고 아예 나를 이사야에게 데리고 오셔서 주님이 하고 싶으신 말씀을 이사야를 통하여 듣게 하고 계시다는 것을 알아챘다.

[사 53:2-5]
(2)그는 주 앞에서 자라나기를 연한 순 같고 마른 땅에서 나온 줄기 같아서 고운 모양도 없고 풍채도 없은즉 우리의 보기에 흠모할 만한 아름다운 것이 없도다 (3)그는 멸시를 받아서 사람에게 싫어 버린 바 되었으며 간고를 많이 겪었으며 질고를 아는 자라 마치 사람들에게 얼굴을 가리우고 보지 않음을 받는 자 같아서 멸시를 당하였고 우리도 그를 귀히 여기지 아니하였도다 (4)그는 실로 우리의 질고를 지고 우리의 슬픔을 당하였거늘 우리는 생각하기를 그는 징벌을 받아서 하나님에게 맞으며 고난을 당한다 하였노라 (5)그가 찔림은 우리의 허물을 인함이요 그가 상함은 우리의 죄악을 인함이라 그가 징계를 받음으로 우리가 평화를 누리고 그가 채찍에 맞음으로 우리가 나음을 입었도다

그러면서 이사야가 나에게 전하고자 하는 뜻이 전달되는데 나도 주님처럼 그렇게 조롱받고 멸시를 받는 과정이라는 것이다. 즉 내가 그렇게 핍박을 받는 것이 정상이라는 것이다. 그러므로 마음을 아파하거나 그 여자목사를 미워하지 말라는 것이다. 주여!
그리고 주님은 그렇게 조롱과 모욕을 당한 후에 십자가에서 죽으시고 부활하신 것처럼, 나도 그렇게 되어야 한다는 것이었다.
즉 이 말은 내가 이것을 십자가에 죽는 기회로 삼으라는 것이었다.
그래야 나도 주님과 같이 부활된 삶을 살 수 있다는 것이었다.

맞다. 할렐루야.

[마 5:10-12]
(10)의를 위하여 핍박을 받은 자는 복이 있나니 천국이 저희 것임이라 (11)나를 인하여 너희를 욕하고 핍박하고 거짓으로 너희를 거스려 모든 악한 말을 할 때에는 너희에게 복이 있나니 (12)기뻐하고 즐거워하라 하늘에서 너희의 상이 큼이라 너희 전에 있던 선지자들을 이같이 핍박하였느니라

사실 이 여자목사가 나를 심히 비방하고 저주함으로 말미암아 하늘에서는 나를 데리러오는 말의 수가 한 마리 더 늘어났고 그리하여 수레도 더 크게 되었다.
또한 주님은 내게 말할 수 없이 아름다운 보석들을 큰 보석함에 가득 담아서 주셨다.
나는 그것을 내 집에 갖다 두었다.

주님은 이 기회를 내가 십자가에 죽는 기회로 삼으라는 것이었다.
할렐루야.

그리고 이러한 대화가 오고가는 순간 나에게 갑자기 저번에 성부 하나님이 계신 궁에서
성부 하나님께서 주님과 똑같이 성령 하나님을 나에게 임하게 하여 주신 것이 기억이 나면서 나 또한 주님과 똑같이 그러한 과정을 밟아야 한다는 것을 생각나게 하여 주셨다.
이것은 내가 주님과 똑같은 자라는 것이 아니라 주님의 제자가 되는 과정이라는 것이다. 할렐루야.
주님을 따라가는 제자들은 모두가 그분이 걸어가신 그 길을 가야함을 말씀하고 계신 것이었다.
할렐루야.

그리고 다음의 성경구절이 생각이 났다.

[눅 9:23]
또 무리에게 이르시되 아무든지 나를 따라 오려거든 자기를 부인하고 날마다 제 십자가를 지고 나를 좇을 것이니라

할렐루야.

그러면서 이사야와 주님은 내 손을 잡으시고 기도하기 시작하셨다.

그 때에 내게 내 손에 있는 구멍이 뚜렷이 인지되었다.

이것은 성부 하나님께서 나에게 주님처럼 구멍을 뚫어주신 것이다.

내가 이 구멍을 인지하는 순간에 나는 내 손을 그들의 손에서 빼려 하였다.

왜냐하면 이사야에게는 이러한 구멍이 없었기 때문이다.

즉 나보다 훨씬 훌륭한 이사야 선지자에게도 손에 구멍이 없는데 나 같은 존재한테 구멍이 있었기 때문에 민망하여 손을 빼려 하였다.

그랬더니 주님이 마음으로 내게 알게 하여 주신다.

이사야에게는 구멍이 없고 나에게 있는 것은 그래도 모자란 나를 주님의 손처럼 나에게도 그 구멍을 뚫어주셔서 그것을 기억나게 함으로 말미암아 조금이라도 주님의 고통을 생각하고 남은 인생 주님처럼 잘 살다가 오라고 그렇게 구멍을 뚫어주신 것이라는 것을 알게 하셨다.

할렐루야.

결코 내가 그보다 나아서 그런 것이 아니라는 사실을 나에게 명확히 해주심으로 말미암아 나는 빼려던 손을 다시 그냥 그렇게 잡힌 채로 놔두었다. 할렐루야.

나는 이러한 데에서 하나님의 섬세하심, 그분의 긍휼하심, 그리고 그분의 자비하심을 느꼈다. 주여!

나는 주님께 감사를 드렸다.

주님 감사합니다.

저 같은 이런 못난 존재를 그래도 그렇게 해서라도 데리고 가려고 하시는 주님의 자비하신 마음에 정말 감사합니다 하는 마음을 전했다.

그리고 그렇게 기도를 마쳤는데 구름이 우리 앞에 와서 멈추었다.

주님과 나는 구름에 탔고 이사야도 구름 위에까지 올라와서 주님과 나를 배웅하여 주고서는 내려갔다. 그리고 내려가서는 나보고 잘 가라고 손을 흔들어 주었다. 할렐루야.

주님 감사합니다.

오늘 이렇게 이사야 집에 데리고 오셔서 다시 한번 깨우쳐 주심을 감사하나이다. 할렐루야.

내가 천국에 올라올 때에 나를 데리러 온 천사가 황금으로 된 트럼펫을 불고 또한 말들과 수레주위에 황금으로 된 트럼펫들이 많이 보인 이유를 이제야 알겠다.

즉 의를 위하여 핍박을 받는 것을 감수하라는 것이다. 그리하면 하늘에서 상이 크다는 것을 말하고 있었다. 할렐루야.

127. 성부 하나님께서 바깥 어두운데 슬피 울며 이를 가는 장소가 확실히 있음을 알게 하시다.
(2015. 3. 11)

천국에 올라갔다.
나를 데리러 온 수레바깥에서 나를 수호하는 천사가 오늘은 말을 타고 있었다.
내가 수레 안에 타니, 내게는 금으로 된 아름다운 면류관이 씌여져 있었고
내가 입은 드레스도 흰 망사바탕에 금색과 갈색으로 장식이 아름답게 이루어진 드레스를 입고 있었다.
나를 수레바깥에서 수호하는 천사는 말을 탄 채로 수레와 함께 천국 안에 도착하였다.

주님은 나를 맞이하여 성부 하나님이 계신 곳으로 인도하시는 것이었다.
나는 내가 성부 하나님께로 가는 것을 알고 흰 옷으로 갈아입기를 원했다.
그랬더니 내가 성부 하나님이 계신 곳에 도착하여서는 옷이 흰 옷으로 바꾸어져 있었다.
천국이 이런 곳이다. 생각만 해도 그대로 바꾸어진다.
저 앞에서 성부 하나님의 음성이 들렸다.
"사라야!"
"네가 계시록을 다 썼느냐?"

나는 이 음성을 듣고서는 아니 성부 하나님은 내가 아직 다 쓰지 않은 것을 알고 계실텐데 왜 이 질문을 나에게 하실까 하고 궁금해 하였다.
내가 대답했다.
"아니요."
그러면서 나는 성부 하나님께 질문하였다.
"하나님, 바깥 어두운 데가 정말 있는지요?"
그러자 성부 하나님이 말씀하신다.
"네가 예수와 함께 가보지 아니하였느냐?"
"금계단으로 내려간 곳 말이다."
"황량하고 쇠창살이 있고 천사들이 다스리는 곳 말이다."

내가 대답했다.

"네 가보았어요."

하나님이 말씀하신다.
"네 앞에 계시록을 푼 책이 있지 아니하냐?"
"그곳에 있느니라."

그 말씀을 듣는 순간 나는 그 계시록을 푼 책을 바라보았다.
그 책은 내 앞에 작은 둥근 테이블 위에 갈색 상자안에 들어 있는 채로 놓여 있었는데 그 계시록을 풀이한 책이 분명히 곽속에 들어 있었건만 그 상자 안이 다 보였고 그리고 더군다나 그 책은 그 상자 안에 있는데도 그 책 안이 다 보이는 것이었다. 거기에는 천국의 언어로 기록이 되어 있었고 그 천국의 언어 코드는 빨간색 노란색 파란색의 콩나물같이 생긴 글자들이 띄엄띄엄 쓰여져 있었다.
나는 그 코드를 보자 도무지 무슨 말인지 알 수 없어서 그 책을 집어서 주님께 '주님이 아시잖아요'하면서 주려고 책이 들어 있는 상자를 집어 들려고 한 순간에 그 책 안에서 바깥 어두운 데가 보여지는 것이었다. 정말 무슨 요술을 부리는 것처럼....
금방 천국언어로 된 책 안이 보였는데 이제는 그 책 안에 바깥 어두운 데가 보이는 것이었다.
오 마이 갓!
갈색 상자안에 있는 그 책 안에서 바깥 어두운데 슬피울며 이를 가는 장소가 보이는 것이었다.
오! 정말 그곳은 존재하는 곳이었다. 할렐루야.

그러고 나서 나는 다시 하나님께 물었다.
"그러면 여기에 대한 심판은 언제 일어나는 것입니까?"

그러나 이 질문에 대하여서는 주님께서 내게 알게 하여 주시는데 아직 알기가 이르다고 말씀하시는 것이 일아졌다.

그 다음 나는 또 질문하였다.
"주님, 그곳에서 회개하는 자는 시간이 많이 걸린다할지라도 성안으로 결국은 들어올 수 있는 것인가요?"
그러나 이 질문에 대한 대답도 아는 것이 아직 이르다는 것이 왔다. 주여!
그러고서는 나는 내려왔는데 오늘 내가 성부 하나님 앞에서 확실히 알게 된 것은 바로 성밖이라는 장소 즉 바깥 어두운데 슬피우는 장소가 확실히 있음을 확인하고 내려온 것이다.

할렐루야.

주님을 찬양합니다!

[마 25:14-30]
(14)또 어떤 사람이 타국에 갈제 그 종들을 불러 자기 소유를 맡김과 같으니 (15)각각 그 재능대로 하나에게는 금 다섯 달란트를, 하나에게는 두 달란트를, 하나에게는 한 달란트를 주고 떠났더니 (16)다섯 달란트 받은 자는 바로 가서 그것으로 장사하여 또 다섯 달란트를 남기고 (17)두 달란트 받은 자도 그같이 하여 또 두 달란트를 남겼으되 (18)한 달란트 받은 자는 가서 땅을 파고 그 주인의 돈을 감추어 두었더니 (19)오랜 후에 그 종들의 주인이 돌아와 저희와 회계할새 (20)다섯 달란트 받았던 자는 다섯 달란트를 더 가지고 와서 가로되 주여 내게 다섯 달란트를 주셨는데 보소서 내가 또 다섯 달란트를 남겼나이다 (21)그 주인이 이르되 잘 하였도다 착하고 충성된 종아 네가 작은 일에 충성하였으매 내가 많은 것으로 네게 맡기리니 네 주인의 즐거움에 참예할지어다 하고 (22)두 달란트 받았던 자도 와서 가로되 주여 내게 두 달란트를 주셨는데 보소서 내가 또 두 달란트를 남겼나이다 (23)그 주인이 이르되 잘 하였도다 착하고 충성된 종아 네가 작은 일에 충성하였으매 내가 많은 것으로 네게 맡기리니 네 주인의 즐거움에 참예할지어다 하고 (24)한 달란트 받았던 자도 와서 가로되 주여 당신은 굳은 사람이라 심지 않은데서 거두고 헤치지 않은데서 모으는 줄을 내가 알았으므로 (25)두려워하여 나가서 당신의 달란트를 땅에 감추어 두었나이다 보소서 당신의 것을 받으셨나이다 (26)그 주인이 대답하여 가로되 악하고 게으른 종아 나는 심지 않은 데서 거두고 헤치지 않은데서 모으는 줄로 네가 알았느냐 (27)그러면 네가 마땅히 내 돈을 취리하는 자들에게나 두었다가 나로 돌아 와서 내 본전과 변리를 받게 할 것이니라 하고 (28)그에게서 그 한 달란트를 **빼앗아** 열 달란트 가진 자에게 주어라 (29)무릇 있는 자는 받아 풍족하게 되고 없는 자는 그 있는 것까지 **빼앗기리라** (30)이 무익한 종을 바깥 어두운 데로 내어쫓으라 거기서 슬피 울며 이를 갊이 있으리라 하니라

여기는 지옥이 아니다.
소위 천국인데 새 하늘과 새 땅인데 여기에 새 예루살렘 성이 하늘에서 하나님께로부터 내려오는데 이 성안에 들어가지 못하고 바깥 어두운 데에 처하는 곳이다. 오직 이기는 자들만 성 안으로 들어가는 것이다. 할렐루야.

128. 나에게 핍박을 견뎌야 한다고 말씀하시는 주님
(2015. 3. 21)

토요일이다.
아침에 예수사랑 교회겸 기도원에서 기도를 두 시간하고 천국에 올라갔다.
올라갈 때에 나를 데리러 온 수호천사와 진주로 된 마차는 정상으로 보였고 또한 수레를 모는 천사와 그 말들도 정상이었다. 그래서 나는 안심을 했다. 오늘은 지옥을 가는 것이 아니라 천국에 가는 것이구나 하고… (주님은 계시록에 대하여 천국에서 이야기하실 때에 중간중간 지옥을 많이 보여주셨다. 그래서 이 지옥편은 이 계시록이 출판된 후에 곧 나오게 될 것이다.)

그리고 내가 수레를 타고 천국에 도착하여 수레에서 내리자 주님이 나를 마중을 나오셨는데 주님은 나를 데리고 유리바다 쪽으로 가셨다.
그리고 여전히 천국에 도착하면 주님의 오른편 저쪽에서 흰 옷 입은 무리들이 나를 반겨주고 있었다. 할렐루야.

유리바다에 도달한 주님과 나는 유리바다 앞의 벤치에 앉았다.
그리고 주님이 내게 말씀하셨다.
"사라야! 핍박을 견디어야 한단다."
그러고 나서 주님은 바다를 향하여 뿔 같은 것을 부셨다.
그 소리가 바다 편으로 퍼져 나가니까 유리바다 위에 황금으로 된 큰 배가 나타났는데
그 배는 황금으로 되어 있었고 또한 황금으로 된 돛을 층층으로 아름답게 달고 있었다.
그런데 그 배에서 주님과 내가 올라탈 수 있도록 황금으로 된 널판이 유리바다의 모래사장 위로 쭉 내려오는 것이었다.
그 널판을 딛고서 주님과 나는 배위로 올라갔다.
거기는 이사야가 하늘색 옷을 입고 주님과 나를 기뻐하며 맞아주었고 또한 이사야는 거기서 만세를 부르듯이 두 손을 높이 들면서 좋아하였다.

나는 알 수 있었다. 아하! 이 배는 바로 이사야의 배로서 이전에 나는 이사야의 집 지하에 이 배를 보관하고 있는 것을 보았는데 그 때 이사야는 이 배를 유리바다 위에 띄우고 그 배를 타는 것이 자신의 취미라고 나에게 말해 주었었다.

그런데 오늘 주님이 바다를 향하여 뿔을 가지고 부니까 이사야가 이 배를 가지고 주님과 내 앞에 나타난 것이다.
나는 이것이 참으로 신기하였다(아마도 주님이 이사야를 뿔을 붐으로써 부르신 것 같다).
그런데 이런 일이 천국에서는 보통이다. 할렐루야.
그리고 주님과 나 그리고 이사야는 그렇게 배를 타고 즐거워하다가 내려왔다.
할렐루야.

129. 주님이 천국과 지옥 간증수기 1권과 2권 외에 여섯 권의 책을 더 써야 함을 알게 하여 주시다.
(2015. 4. 9)

아침에 천국에 올라갔다.
나를 데리러 온 말이 5마리였고 그리고 수레바깥에서 나를 수호하는 천사, 말을 모는 천사 두 명이 나를 데리러 왔다.
그리고 나를 태운 수레가 천국 문 앞에 도착하면 그 천국 문을 열어주는 천사가 두 명이 있다. 또한 문이 열리고 수레가 천국 안에 도착하면 내가 수레에서 내릴 때에 나를 수종하는 천사가 두 명이 있다. 이렇게 여섯 명의 천사들이 내가 천국에 도착하는 것을 수종한다.

천국에 도착하자마자 주님은 나를 데리고 즉시 어느 큰 황금대문 앞에 왔는데 그것은 내 집의 대문이었다. 할렐루야.
그 대문을 들어서자 아주 넓은 연못이 있고 그 위로 구름다리가 이편에서부터 저 건너편까지 놓여 있었다. 주님과 내가 그 구름다리를 건너가자 흰 옷 입은 천사들이 흰 두 날개들을 가지고 있는데 우리의 우측에서 세 명 좌측에서 세 명이 인사를 다소곳이 하였다.
그리고 청색의 갑옷을 입은 천사가 그 옆에 서 있었다. 이 천사는 날개가 없다.
이 천사는 이 여섯 천사를 관리하는 천사였다.

주님과 나는 내 집 안으로 들어섰다.

그리고 내 집은 넓은 거실 궁과 같다.
그 안에 놓여 있는 테이블에 앉았다.
그곳에는 초록색 빨간색 책이 두 권이 겹쳐져서 놓여 있었고 또한 분홍색 껍질(표지)의 책이 여섯 권이 놓여 있었다.
즉 주님은 이것들을 보여주시는 이유가 나보고 이 여섯 권을 다 써야 한다는 것이다.
책 표지의 색깔도 정하여져 있다. 여섯 권 다 분홍색이었다.
나는 지상에서 내가 정말로 이 책들을 다 써야 하는가 하는 의문을 갖고 있었다.
그런데 주님이 그것을 아시고 나를 내 집에까지 데려오셔서 이렇게 보여주심으로 말미암아 내가 그 여섯 권의 책을 다 써야 함을 명백히 보여주시는 것이었다.
할렐루야.
'알겠습니다. 주님, 주님이 쓰라하시면 쓰겠습니다.'
할렐루야. 그래서 다시 한번 나의 의심과 궁금증이 풀렸다.
책 표지의 색깔에 대한 문제와 과연 내가 그것들을 다 써야 하는지에 대한 의문이 풀린 것이다.
할렐루야. 주님 감사드립니다.

제 2 부

130. 천국으로 올라갈 때에 호랑이가 나타나다.
(2015. 4. 13)

천국에 올라갔다.
수레바깥에서 나를 수호하는 천사도 정상으로 보였고 나를 데리러 온 말들도 큰 눈을 가지고 있으면서 정상으로 보였고 그리고 이들의 귀 옆으로는 알록달록한 장식을 하고 있었다.
말은 다섯 마리였다. 그리고 그들은 크고 건장한 흰 말들이다.
수레를 모는 천사도 정상이다. 수레는 아름답고 컸다.

나는 수레를 타고 즉시 천국 안에 도착하였다.
내가 수레에서 내리는데 갑자기 수레 안에서 호랑이가 갑자기 같이 내리는 것이 보였다.
호랑이 얼굴은 아주 크게 보였다.
아니 나는 너무 놀랐다. 내가 수레를 타고 올라올 때에는 전혀 알지 못하였는데
그리고 수레 안에서도 보지 못하였는데 갑자기 호랑이가 내 수레 안에서 내리다니?
아니 어찌 이런 일이 있을 수가?

그런데 내가 내릴 때에 분명히 그 호랑이가 같이 내리는 것이었다.
그리고서는 내가 주님께로 가니 그 호랑이도 주님 저쪽 옆으로 가서 선다.
그 호랑이는 호랑이 얼굴은 하고 있으나 그렇게 사납게 보여지지 않았고 오히려 온순하게 보였다.
나는 이 모든 것이 이상했다.

주님은 그 호랑이를 보시더니 쫓거나 하지 아니하시고 나를 맞아 주셨다.
나는 생각했다.
'아니야, 분명히 내가 지금 잘못보고 있는 것이야!'
'왜 호랑이가 나타났을까?'

나는 분명히 천국을 보고 있는데 갑자기 호랑이가 나타나서 나는 지금 뭔가를 잘못보고 있다고 생각하여 그냥 내려와 버렸다.

131. 호랑이가 수레 위에 서 있다.
(2015. 4. 13)

두 번째 천국에 올라갔다.
나를 데리러 온 수레 위에 호랑이가 서 있었다.
내가 수레 안에서 호랑이가 있었다는 사실을 싫어하는 것을 알고
이번에는 아예 호랑이가 수레 지붕 위에 서 있었던 것이다.
나는 수레를 탔고 그 호랑이는 그렇게 수레 위에 선 채로 천국 안에 도착하였다.
내가 수레에서 내리니 수레지붕 위에 있던 그 호랑이도 내렸다.
나는 또 생각하여 보았다. 아니야, 이것은 무엇인가 좀 잘못된 것이야! 내가 천국에 올라가는데 왜 호랑이가 내가 탄 수레 위에 있는 것이지? 하고 나는 이상하여 또 그냥 내려와 버렸다.

132. 주님이 주신 꽃밭정원 안에 동물원이 있음을 알려 주시다.
(2015. 4. 13)

세 번째로 천국에 올라갔다.
이제는 수레 안에도 밖에도 호랑이가 보이지 않았다.
'아하, 이제는 안 따라오는구나. 결국 없어졌네'하면서 나는 기분이 좋아하면서 천국에 올라갔다.
그런데 수레가 천국에 도착하여 내가 수레에서 내렸는데 갑자기 수레 안에서 제비들이 한 줄로 쭉 날아서 나오는 것이었다.

'아니 이것은 또 무슨 일이지?'
'아니 내가 수레 안에 있을 때에 저 제비들이 있는 것을 감지를 못했는데 언제 저 제비들이 들어와 있었지?'
'아니 왜 내 수레 안에서 저 제비들이 나오는 것이야?'하면서 사실 투덜거렸다.

그리고 수레에서 나는 내려서 주님을 만났다.
나는 여전히 아름다운 드레스를 입고 있었다.
주님은 아무런 말씀 없이 나를 늘 가는 꽃밭의 정원의 벤치로 데리고 가신다.
나는 주님을 만나면서도 그 제비들에 대한 의문이 가시지 않고 있었다.
주님과 내가 벤치에 앉았는데 또 이상한 것은 나와 주님 사이에 꿩 같은 새가 앉아 있음이 알아졌다.
'아니 이것은 또 무엇이야?'하면서 나는 놀라워했다.
나는 생각했다.
'왠 이러한 동물들이 많지?'

주님이 내게 설명하여 주신다.
"사라야!"
"네"
"내가 너에게 준 이 넓은 꽃밭 안에 동물원이 있단다."
"아 할렐루야!"
'아하, 그래서 자꾸 내가 올라올 때에 호랑이도 보였고 제비들도 보였고 이제는 주님과 나 사이에 꿩도 보이는구나!'
이제야 이해가 갔다.

그러나 나는 호랑이가 나타난 것 때문에 너무 놀랐으므로 처음에는 내 꽃밭 정원에 동물원이 있다는 사실이 그렇게 달갑게 들리지는 않았다.
그러나 주님은 내게 정확히 알려주고 계신 것이다.
'주님이 내게 주신 꽃밭 안에 동물원이 있다는 사실을..........'
할렐루야!
감사할 일이다.
나는 생각하여 보았다.
'얼마나 꽃밭이 컸으면 그 꽃밭 안에 동물원이 있을까?'

그리고 주님이 주신 꽃밭 안에 동물원이 있다는 것이 그렇게 기분이 나쁘진 않았다.
아니 사실 그것은 감사할 일이었다. 주여! 저를 용서하여 주시옵소서.....
할렐루야.

주님이 이렇게 나를 놀래키면서 내 꽃밭 안에 동물원이 있음을 알으켜 주신 것이다.
할렐루야.

주님을 찬양합니다!

나중에 알게 되었지만 이 동물원이 아직은 내 것이 아니었다. 나중에 주님께서는 상으로 이 동물원도 내게 주신다 하셨다. 할렐루야.

133. 감기에 걸려 기침을 심하게 하는 증상을 천상에서 고쳐 주시다.
(2015. 4. 16)

천국에 올라가는 수레가 왔다.
수레바깥에서 나를 수호하는 천사가 자루가 긴 찻숟갈로 꼭 대합(clam)으로 만든 수프 같은 것을 나에게 먹였다. 왜냐하면 한국에 집회를 다녀온 후에 나는 몸이 쇠약하여짐으로 말미암아 감기가 걸려 기침을 하며 고생하고 있었기 때문이다.
할렐루야.

나를 데리러 온 말들도 정상으로 보였고 말을 모는 천사도 나를 반가이 맞아주었다.
수레를 탔는데 내 앞에 역시 클램 수프 같은 것이 담긴 보석그릇이 놓여 있었다.
나는 그것을 거기에 놓여 있는 보석 숟가락으로 떠먹었다.

수레는 어느새 천국 문을 통과하여 천국에 도착하였다.

내가 그 수프를 다 먹고 수레에서 내리는데 나를 수호하는 천사들이 두 명인데 이들은 요즘에 머리에 링 같은 장식을 하고 있어 얼굴이 훨씬 더 예뻐 보였다. 이 두 명의 천사들은 여성천사들로 보였다.

나는 그들의 인도를 받아 주님께로 갔는데 주님은 오히려 얼굴이 근엄하신 얼굴이었다.
아니 조금 심각해 보이시는 얼굴이었다. 나중에 생각하여 보니 주님은 내가 지상에서 감기로 아파 하는 것을 안타까워 하셔서 심각하게 보이셨던 것이다. 주님이 나에게 이렇게 말씀하신다.
"내가 너를 내 보좌로 데려 가리라."
그리고 주님은 나를 주님의 보좌 앞으로 데리고 가셨다.
주님이 주님의 보좌에 앉으시고 나는 그 보좌 앞의 바닥에 앉았다.
천사들이 주님의 보좌 양옆에 쭉 나열하여 서 있었다.

천사가 나에게 이번에는 생명수 물을 마시게 하였다.
그러자 나의 기침이 더 심하게 나왔다.
이 기침을 낫게 하려 주시려고 하시는 것인데 오히려 보좌 앞에서 멈추지 아니하는 기침이 나오는 것이었다.
내가 느끼기에 '아하, 이렇게 하여 치료를 받는구나.'하고 느껴졌다.

그리고 나서 주님 오른쪽 옆으로 에스더가 나타났다.
그리고 그녀는 그녀가 가지고 있던 홀을 나에게 주었다.
에스더를 만난지가 정말 오랜만이다.
그러자 주님의 왼편으로 하늘색 옷을 아래위로 입은 모세가 황금지팡이를 가지고 나타났다.
모세는 그 황금지팡이를 나에게 주었다.

나는 그 두 개, 즉 에스더가 준 홀과 모세가 준 황금지팡이를 내 앞에 바닥에 엇갈리게 하여 놓고는 울었다. 왜냐하면 나는 그 두 개를 보면서 그들이 나에게 그것들을 준 뜻을 생각하고 있었기 때문이다.
에스더의 홀은 언제나 내게 죽으면 죽으리라 해야 한다는 뜻이고
모세의 황금지팡이는 내 책을 통하여 베리칩이 666임을 사람들에게 알려서 그들을 지옥에서 구원하여 내어야 하는 지팡이로 쓰임 받아야 한다는 뜻으로 나에게 주어진 것이기 때문이다.

내가 또 운 이유는 너무 반가워서였다.
정말 오랜만에 이들로부터 이 두 개를 다시 받아서 나는 그 뜻을 깊이 생각하면서 울고 있었다.

그런 후에 주님은 나를 내 집으로 인도하셨다.
에스더와 모세가 같이 왔고 우리 모두는 벌써 집안의 테이블이 있는 쪽으로 와 있었다.
주님이 건너편에 앉으시고 모세가 내 왼편 에스더가 내 오른편에 앉았다.
그리고 있는데 바울이 나타났다. 바울이 나타나면서 이렇게 말한다.
"사라가 사명을 잘 감당하여야 할 텐데...."

그리고 베드로가 왔다.
베드로는 키가 크고 호리호리하며 눈이 크고 머리가 구불구불 갈색이다.
베드로는 이렇게 말했다.
"사라에게 힘을 주세요. 주님"

그 다음 마리아가 나타났다.
마리아는 이렇게 말했다.
"사라에게 영혼을 사랑하는 마음을 더 많이 주세요."

그들은 같이 앉았다. 즉 마리아가 모세 옆에 바울이 마리아 옆에 앉고 베드로가 바울 옆에 이들은 다 나의 왼편으로 앉았다.
그리고 내 오른편에는 에스더가 앉았고 그리고 흰 옷을 입은 머리가 약간 꼬불꼬불하고 약간 노란 머리 같은 금색깔의 머리를 한 요한이 와서 앉았다.
요한은 와서 이렇게 말했다.
'아마도 나를 부르실 것 같아서 미리 나타났다.'고.
할렐루야.

그러므로 주님만 테이블 저편에 앉고 우리 모두는 이편에 앉았다.
테이블 위에는 두 지팡이가 놓여 있었다. 에스더가 준 금홀과 모세가 준 황금지팡이 말이다.
그리고 테이블 위에는 책들이 보였다.
이미 쓴 책들은 세 권(천국과 지옥간증 1권과 2권, 그리고 성경편 1권-창세기)이 저쪽에 있었고 그리고 내가 앞으로 써야 할 책, 성경편 2권-모세편, 3권-계시록, 지옥편 그리고 아직 주님이 무엇을 써야 할지를 가르쳐 주시지 않은 성경편-4권과 5권이 이쪽 편에 있었다.
이들이 차례로 밑에서부터 쌓여져 있었다.

나는 생각하였다.
'믿음의 선진들이 이렇게 우리 집에 이렇게 나란히 앉은 것은 처음이다.'라고.

그리고 이전에 말했듯이 이들의 책은 다 분홍색이다(그러나 나중에 계시록 책은 주님께서 누르스름한 노란색의 껍질로 바꾸어 주셨다. 189. 오늘 흰 말들 대신에 갈색 말들이 나를 데리러 왔고 계시록의 책 껍질 색깔은 노란색이며 두꺼워도 하나로 펴내어야 함을 알게 하시다. 참조).
주님께서 내 집에서 믿음의 선진들이 있는 데서 보여주시는 이유가 내가 꼭 이 책들을 써야 한다는 것이었다.

나는 이 메시지를 받고 지상으로 내려왔는데 면역성이 떨어져서 감기가 걸려 기침하는 증상이 천상에서 생명수를 먹고 나서는 정말 감쪽같이 없어졌다.
할렐루야.

134. 이사야의 집 옆의 생명수 강가로 가다.
(2015. 4. 18)

천국에 올라갔다. 갑자기 주님과 내가 큰 생명수 강가에 와 있었다.
나는 머리에 다이아몬드 면류관 그리고 흰 옷 드레스를 입은 채로 생명수 강가 안으로 들어와 있었는데 벌써 그 곳에는 흰 옷 입은 자들과 천사들이 많이 있었다.
주님도 그곳에 계셨는데 내가 약 허리정도 아래까지 강물이 나를 적시고 있었다.
나는 내가 옷을 입고 있었음에도 불구하고 내 몸이 생명수로 씻겨지고 있음을 느낄 수 있었다.
또한 천사 한 명이 생명수 물을 담은 그릇을 가지고 날아와서 나를 먹이는 것이었다.
나는 그것을 받아 마셨고 주님도 생명수를 마셨다.
할렐루야.

생명수강에서 노는 것은 참으로 즐거운 일이었다.
모두가 다 즐거워하였다.

그런데 나는 이 강은 아주 넓고 컸기 때문에 '혹이나 이 생명수 강가가 이사야 집 옆의 생명수 강가인가?'하고 생각하고 있었다. 왜냐하면 이사야의 집 옆에 있는 생명수 강가는 참으로 넓고 크기 때문이다.
바로 그 때에 아니나 다를까 이사야가 나타났다.
맞다.
그 생명수 강가는 이사야의 집 옆에 있는 생명수 강가였다.
주님과 나 그리고 이사야는 그 생명수 강가 옆쪽으로 놓여 있는 테이블에 앉았다.

이사야가 말했다.
'유리바다에 황금 배를 띄울테니 주님과 사라가 타세요!'라고.

그래서 이사야는 그의 황금돛을 단 배를 유리바다에 띄웠고 주님과 나 그리고 이사야는 그 큰 배위의 그 갑판 위에 서 있었다. 그런데 나는 이러한 큰 배에 있는 것보다 내 사랑하는 주님과 그냥 단 둘이서 작은 보트를 타고 싶다고 생각하였다.
그리하였더니 벌써 이사야 혼자만 그 큰 배에 남겨두고
주님과 나는 작은 보트를 타고 있었다. 천국은 이러한 곳이다. 생각하면 즉시 일어난다.
할렐루야.

주님은 보트의 저쪽 끝에 앉으시고 나는 이쪽 끝에 앉았다.
물이 보트 안으로 들어와서 주님과 내 발을 적셨다. 그러나 그 보트는 가라앉지 아니하였다.
나는 내 발로 물장난을 칠 수 있었다. 주님과 함께 둘만 있는 시간이 너무나 좋았다.
할렐루야.
저 멀리 이사야가 혼자 자신의 배를 즐기고 있는 것이 보였다.
그리고서는 나는 지상으로 내려왔다.
할렐루야.

135. 베드로의 집에 가다.
(2015. 4. 19)

천국에 올라갔다.
주님이 나를 어디론가 급하게 데리고 가시는데 보니 베드로의 집이 보였다.
'아하, 베드로의 집에 가시는 구나.'
집안으로 들어서니 베드로가 나왔다. 그는 키가 크고 아래위로 흰 옷을 입고 있었다.
눈은 둥글고 크고 머리는 갈색의 곱슬머리이다. 베드로는 주님과 나를 보고 반가워했다.
오늘은 주님과 나 그리고 베드로가 집안에서 이야기한 것이 아니라 집 바깥에 있는 정원 쪽의 큰 잔디밭에 놓여 있는 테이블에 가서 앉았다. 우리 모두는 천사가 가져온 사과 같은 과일을 먹었는데 참으로 맛있었다. 그 과일은 꼭 사과를 삶아서 꿀에 젖게 한 것과 같은 과일이었다.

베드로가 말한다.
"사라가 여태까지 잘 해왔어요 주님"하면서 나를 격려하였다.
베드로는 항상 나를 이렇게 격려하여 주는 말을 한다.
할렐루야. 감사했다.

136. 천국에서 성경편 제 2권 모세편을 쓴 것을 매우 기뻐하여 주시다.
(2015. 4. 20)

천국에 올라갔다.
나를 데리러 온 수레바깥에서 나를 수호하는 천사가 꽃 한 송이를 가지고 있었다.
하얀 꽃잎에다가 노란 수술들이 있는 꽃이었다.
그리고 수레를 모는 천사는 그 머리에 똑같이 생긴 꽃 한 송이를 머리핀처럼 꽂고 있었다.
그리고 말들도 동일한 꽃 한 송이들을 각각의 귀 있는 쪽에 장식하고 있었다.

수레는 크고 높고 예뻤다.
나는 그 수레를 타고 곧 천국에 도착하였다.
천국 문을 여는 두 천사를 만났고 또한 나를 수레에서 보조하여 내리는 두 천사를 만났는데 이 두 천사들은 요즘에 머리에 링을 하나 얹어놓은 것 같이 장식을 하고 있어서 참으로 더 예뻐 보였다.
이들은 두 흰 날개가 달린 천사들이다. 그들이 나를 주님께로 인도하였다.

주님께로 인도함을 받은 나는 주님의 발을 보자 그 발 앞에 엎드려 울기 시작하였다.
왜냐하면 그 발은 구멍이 뚫려 있었는데 오늘따라 주님의 발이 엄청 크게 보였다.
그리고 주님은 흰 옷을 입으셨는데 아주 거대한 동상처럼 크게 높이 서 계셨다.
아니 주님이 이렇게 크게 보이신 적이 없는데……
그런데 주님은 너무 크게 높게 서 계셨던 것이다.
여태껏 나는 주님을 보통의 사람의 크기로 보았는데 오늘은 그분의 크기가 엄청 크다.

나는 그렇게 그분의 발 앞에 엎드려 울고 있었는데 주님의 얼굴이 저 높이 있으시면서 나를 보고 하시는 말씀이 '여기로 올라오라' 하셨다.
나는 위로 쭉 비상하여 올라가보니 그곳은 저번에 왔던 곳인데 폭포수가 그 앞에 있는 절벽 위였다.
주님은 보통 나를 여기로 데리고 오셔서 나를 폭포수에서 떨어지는 생명수로 씻기신다. 그것도 주로 얼굴을….

나는 이곳으로 다시 올라온 것이다. 그랬더니 주님이 그렇게 크고 높게 보이시던 주님이 다시 보통 사람의 크기로 되셨다. 그리고 내 얼굴을 생명수에 씻게 하시는 것이었다.
그러고 나서 주님은 나를 또 어디론가 데리고 가셨는데 그곳은 컨벤션 센터같이 생긴 곳으로 그곳에는 수많은 흰 옷 입은 자들이 모이는 곳이다.
주님과 내가 그 컨벤션 센터같이 생긴 그곳의 무대에 가시니 흰 옷 입은 무리들이 모두가 앉아 있다가 일어서는 것이었다.
그리고 주님은 그들에게 이렇게 말씀하셨다.
"내 딸이 모세편을 마쳤다."
그러시면서 나를 번쩍 드셔서 위로 공중으로 던지셔서 뜨게 하셨다.
그랬더니 그 수많은 흰 옷 입은 군중이 와우! 와우! 하면서 환호성을 지르며 기뻐하여 주는 것이었다. 할렐루야.
나도 놀랬다.

'와우! 천국에서 내가 모세편을 마친 것을 모두가 다 이렇게 기뻐하여 주는구나.'

주님이 나를 공중에 던져서 내가 아직 공중에 떠 있을 그 때에 모세가 나타났다.
그는 하늘색 옷을 아래위로 입고 있었다.
모세가 나타나자 또 흰 옷 입은 자들이 환호성을 보냈다.
모세는 내가 모세편을 쓸 수 있도록 주님이 내게 붙이셨던 것이다.
모세편을 나는 모세와 함께 썼다.
흰 옷 입은 자들이 모세에게 다시 환호를 보내는 것은 '정말 잘했어요.' 존경의 의미였다.
할렐루야.

사람들은 이렇게 말할 수 있다.
왜 별 볼일 없는 사라는 그렇게 주님이 공중으로 들어 올려서 공중에 띄우면서까지 좋아하여 주었는데 모세는 그렇게 공중에 띄우지 아니하였는가?
그것은 내가 생각하기에 아직 나는 지상의 사람이기 때문이다.
천국에서는 이렇게 지상에서 올라온 자들을 극진히 더 잘해 준다.
모세는 이미 천국에서 큰 상을 받은 자이다. 그러므로 그들은 모세에게 존경과 감사의 환호성을 무게 있게 보내는 것이었다. 할렐루야.

그리고서는 주님과 나 그리고 모세는 다시 천국의 입구가 있는 곳으로 왔다.
나는 혹이나 모세가 나타났으니 혹 요한이 있는 곳에 가서 계시록에 대하여 보지 않나 하였는데 아니다. 더 이상의 천국은 나에게 진행되지 아니하였다.

오늘은 주님께서 나에게 모세편을 쓴 것에 대하여 천국에서 환영하여 주고 기뻐하여 주는 날이었다. 할렐루야.

나는 마음으로 주님께 말씀드렸다.
'주님이 기뻐하시니 감사합니다.'
'주님이 모든 것을 다 하셨습니다.'
'저는 단지 심부름만 하였을 뿐입니다.'
'저는 저 같은 자를 사용하여 주신 것만 해도 감사드립니다.'
할렐루야. 주님을 찬양합니다.

137. 백보좌 심판에 대한 생각을 정리하여 보다.
(2015. 4. 23)

내가 이전에 영적으로 영과 육체의 본체적인 분리를 경험한 것을 상기하여 본다.

그 때 나는 하루에 5시간 내지 7시간씩 방언기도하면서 지내는 기간이 약 2년간 있었다.

이유는 내가 선교지에 나가면 큰 신유의 은사를 받아서 그들의 병을 고쳐줌으로 말미암아 그들을 예수 믿게 하기 위하여 주님께 날마다 그렇게 간구한 때가 있었다. 그 중의 한 날이었다.

여느 때와 같이 나는 침대에 양반을 개고 앉아서 열심히 방언으로 기도하고 있었다.

그런데 갑자기 내 머리 위에 주님의 큰 한 손이 나타나더니 내 안에 있는 영을 끄집어 내시는 것이었다. 그래서 나는 (내 영이) 공중에 붕 뜨게 되었다. 그 내 영은 바로 나 자신이라고 느끼고 있었고 그리고 내 육체는 침대에서 기도하고 있는 것을 볼 수 있었다.

그리고 내 영은 공중으로 한없이 넓은 데를 날고 있었다.

그러므로 나는 우리 집의 지붕은 아예 존재하지도 않은 것 같았다. 즉 이 말은 바로 통과하였다는 이야기이다.

나는 기도하다가 순식간에 주님의 손에 의하여 몸에서 빠져나와서 높은 공중으로 떠 다녔으니 육체가 없는 영이 날아다니니까 몸무게가 느껴지지 않고 얼마나 가벼운지 그 때의 나의 기분은 너무나 좋았다.

그렇게 붕붕 날다가 저어기 저쪽에 있는 회색으로 보이는 궁에 들어갔는데 나는 그 궁전 안에 들어와 어떤 장면을 보고 있었다. 그것은 심판하는 장면이었다.

앞쪽으로 ㄷ자 모양의 큰 책상이 놓여 있었고 그 책상 위에는 책들이 펴져 있었다.

그리고 그 책상에는 여러 명이 앉아 있었다. 나는 그들이 누군지 알 수 없었다.

그리고시는 그 ㄷ자 인에는 한 사람씩 와시 시는데 나는 심판을 빋으려면 일렬로 나란히 서서 빋는 줄 알았다. 그런데 그것이 아니라 그 ㄷ자 밑으로는 공중인데 즉 그 공중에서 한 명씩 아래에서 위로 올라와서 심판을 받는 것이었다. 주여!

나는 참으로 희한하다고 생각했다. 사람들이 나란히 일렬로 서서 심판을 받는 것이 아니라 한 사람씩 밑에서 올라와서 심판을 받는 것이었다. 즉 그 심판하는 책상은 꼭 공중에 매달아놓은 것 같은 그러한 형상이었다. 왜냐하면 주위에는 아무 것도 없는 공간이었기 때문이다.

이것은 혹 백보좌 심판 때를 보면 지금 하늘과 땅이 없어지고 꼭 그 보좌가 공중에 베풀어진 것처럼 보인다.

[계 20:11-12]
(11)또 내가 크고 흰 보좌와 그 위에 앉으신 자를 보니 땅과 하늘이 그 앞에서 피하여 간데 없더라 (12)또 내가 보니 죽은 자들이 무론대소하고 그 보좌 앞에 섰는데 책들이 펴 있고 또 다른 책이 펴졌으니 곧 생명책이라 죽은 자들이 자기 행위를 따라 책들에 기록된 대로 심판을 받으니

사람들이 밑에서 올라와서 그 ㄷ자 모양의 안에서 심판을 받는다..
나는 사람들이 그렇게 심판하는 장면을 보고 나서는 그 후에 어느새 내 육체 속에 들어와 있는 나를 본 것이다. 즉 내가 육체 속으로 다시 들어오는 것을 느끼지 못했다.
나는 여태까지 이 장면을 잊을 수가 없다. 왜냐하면 너무나 생생하고 생소한 경험이었기 때문이다.

요한계시록에 보면 백보좌 심판 때에 보면 지금 보이는 하늘과 땅이 없어지고 책들이 펴있고
무론대소하고 그 백보좌 앞에서 심판을 받는다.
내가 혹 이 상황을 본 것일까? 이것은 아직도 내게 미지수이다.
백보좌 심판에 서는 자들은 죽은 자들이 무론대소하고 심판을 받는다 하였는데 여기에 예수 믿지 않고 음부에 간 모든 자들이 그 앞에서 심판을 받는 것은 확실하다. 왜냐하면 생명책에 이름이 없는 자들마다 다 불못에 던지우더라 하였으니 말이다.

[계 20:14-15]
(14) 사망과 음부도 불못에 던지우니 이것은 둘째 사망 곧 불못이라 (15) 누구든지 생명책에 기록되지 못한 자는 불못에 던지우더라.

그리고 또 생각하여 볼 수 있는 두 그룹의 사람들이 있다.

첫 번째 그룹은 예수는 믿으나 첫째부활에 참여하지 못한 자들이다. 이들의 영혼은 낙원에 있으나 이기는 삶을 살지 못하여 첫째부활에 참여하지 못하고 백보좌 심판 때에 둘째부활에 참여하는 자들인 것이다.

그리고 두 번째 그룹은 천년왕국 때에 천년왕국 바깥에서 살면서 예수를 믿은 자들이다.

왜냐하면 '성도들의 진'이 있다하였으니 천년왕국 바깥에서도 천년동안 예수를 믿는 자들이 생겨난 것이다(계 20:9 참조).
이들의 영혼들은 다 낙원에 있으면서 이 둘째 부활에 참여하게 될 것이다.

그러나 이 둘째부활에 참여한 음부에 있는 모든 자들은 모두가 다 확실히 백보좌 심판을 거치게 되는 것이다. 그러나 낙원에 있는 자들로서 첫째부활에 참여하지 못하고 둘째부활에 참여하는 자들은 이 백보좌 심판이 아니라 그리스도의 심판대에 서는 것으로 보인다.
그러나 이 그리스도의 심판대가 언제 열리는지 이것이 백보좌 심판대와는 어떻게 다른지는 아직 미지수이다. 단지 이름이 왜 그리스도의 심판대인가? 하는 것은 주님이 깨우쳐 주시기를 그리스도인들이 심판받는 것이므로 그리스도의 심판대라는 이름이 붙여졌다는 것이다.

[고후 5:10]
이는 우리가 다 반드시 그리스도의 심판대 앞에 드러나 각각 선악간에 그 몸으로 행한 것을 따라 받으려 함이라

그러나 소위 이기는 삶을 살아서 첫째부활에 참여한 천년왕국을 거친 자들은 다시 낙원으로 돌아가서 백보좌 심판을 거치지 않고 새 예루살렘성에 있다가 그 성이 내려올 때에 같이 새 하늘과 새 땅에 내려오는 것으로 보인다.

그러면 나의 질문은 이제 그리스도의 심판대는 언제 열려지는가? 하는 것이다.

그러나 이 그리스도의 심판대는 새 하늘과 새 땅에 새 예루살렘성이 내려오기 전에 다 일어나는 것으로 보인다. 왜냐하면 이 심판으로 인하여 누가 성안에 들어갈지 성밖에 남을지가 결정이 되는데 이 심판은 분명히 새 하늘과 새 땅이 열리고 새 예루살렘성이 내려오기 전에 일어난다고 볼 수 있다. 할렐루야.
즉 계시록 21장 1-2절이 일어나기 전에는 다 일어나는 것으로 보인다.
할렐루야.

[계 21:1-2]
(1)또 내가 새 하늘과 새 땅을 보니 처음 하늘과 처음 땅이 없어졌고 바다도 다시 있지 않더라 (2)또 내가 보매 거룩한 성 새 예루살렘이 하나님께로부터 하늘에서 내려오니 그 예비한 것이 신부가 남편

을 위하여 단장한 것 같더라

이것에 대하여 이후에 주님께서 깨우치게 하여 주셨다(202. 백보좌 심판대와 그리스도의 심판대 참조).

138. 내가 보고 있는 천국과 지옥이 낙원과 음부인가?
(2015. 4. 24)

천국에 올라갔다.
나를 데리러 온 천사가 수레바깥에서 펜을 입에 옆으로 물고 있었다.
그렇게 하고 있는 데에는 무슨 뜻이 있는 것 같았다.
나는 다섯 마리의 말이 끄는 수레를 타고 즉시 천국으로 올라갔다.

내가 수레에서 내리는데 머리에 링으로 장식하고 있는 두 천사가 나를 주님께로 두 손을 하나씩 잡고 인도하였다.
주님은 나를 맞이하여 나를 구름 위로 인도하셨는데 그 구름은 편만하게 펼쳐진 넓은 구름이었고 거기에다가 주님께서는 먼저 테이블을 놓으시고 바닥에 끌리는 큰 종이에다가 무엇인가를 그리고 계셨다. 나는 멀리 서 있어서 무엇을 그리시는지 잘 몰랐다.
나는 편안하게 구름 바닥에 주저앉아 있었다.

그러다가 주님이 갑자기 편편한 큰 바위 같은 것 위에 걸터 앉으시면서 나보고 '저기를 보라.' 하신다. 그 공중의 아래쪽으로 큰 도화지 같은 것이 구름 저 아래에서 보였고 거기에는 세계지도가 그려져 있었다.
나는 생각했다. '주님이 혹 저것을 그리셨나?'

그리고서는 주님이 나를 보고 다시 질문하셨다.
"네가 사는 곳이 어디냐?"
나는 지도를 보면서 미국의 서쪽 끝 로스엔젤레스와 최근에 3번 정도 한국에 다녀온 것 생각하면서 서울과 로스엔젤레스 그 두 곳을 눈으로 점을 찍듯이 바라보고 있었다.
"주님, 저 두 군데인데요."하면서…

그렇게 주님께 대답하고 있는 순간에 주님은 내게 이러한 것을 알게 하신다.
'나는 네가 그렇게 왔다 갔다 하는 것을 다 알고 있단다. 마찬가지로 나는 이 전 세계의 모든 사람이 언제 어디를 왔다 갔다 하는지를 다 알고 있단다.'라고 말씀하시는 것이 알아졌다.
'할렐루야. 맞습니다. 주님, 주님은 전능하시고 전지하신 하나님이십니다.'
즉 주님은 한 사람 한 사람에 대하여 어디로 가고 오는 것을 모르시는 것이 없다는 것을 내게 알게 하여 주셨다.
할렐루야.

'내가 속으로는 주님이 이 모든 것을 알고 계시니 꽤 바쁘시겠구나.'하는 생각이 들면서도 '아니야 주님은 하나님이시지 그러니까 당연히 이 모든 것을 다 알고 계시는 분이시야!'하는 생각을 하고 있었다.

그러다가 주님과 나는 요한의 집 앞에 있는 피크닉 테이블로 왔다.
테이블 저쪽 편에 주님과 모세가 앉았고 모세는 주님의 왼편에 앉아 있다.
그리하여 모세가 내 앞에 마주보고 앉아 있다. 그리고 이편에는 나와 요한이 앉았는데 요한은 내 오른편에 그리고 주님과 마주보고 앉아 있는 것이다.

오늘따라 테이블이 고급스런 유리 같아 보였다.

오늘 나의 질문은 새 하늘과 새 땅 그리고 거기에 내려오는 새 예루살렘성에 대한 것이었다.

명백히 이 모든 것은 아직 안 일어난 것이다.
미래에 일어날 일이다. 즉 영원천국은 아직 도래하지 않았다.
여기서 나의 질문은 이러한 것들이었다.

i) 그러면 내가 지금 보고 있는 천국과 지옥은 무엇인가? 하는 것이다.

내가 지금 보고 있는 곳이 낙원인가?

그렇다. 낙원일 수밖에 없다는 생각이 든다.

주님이 오른편 강도에게 죽을 때에 너는 나와 같이 낙원에 있으리라 하셨기 때문이다.

그리고 주님이 부자와 거지 나사로가 죽을 때에 분명히 부자는 음부에서 불꽃가운데 고통한다하였고 거지 나사로는 낙원의 아브라함의 품에 안겼다라고 하셨다.

그러므로 영원천국이 오기 전에 내가 믿음의 선진들을 만나고 있는 이 장소는 분명 낙원이라 할 수 있다. 할렐루야.

왜냐하면 나는 아브라함, 이삭, 모세 등등 많은 믿음의 선진들을 만났기 때문이다.

분명 내가 지금 보고 있는 천국은 영원천국이 아니다.

영원천국은 지금 보이는 이 땅과 하늘이 없어지고 새 하늘과 새 땅이 열려야 한다.

ii) 그 다음 나의 질문은 그러면 스테반이 죽을 때에 하늘이 열리고 하나님 우편에 예수 그리스도가 서신 것을 보았는데 여기도 그러면 낙원인가? 하는 것이다.

이 말은 즉 '성부 하나님이 계신 곳도 낙원인가?'하는 것이다.

그러면 '지금 주님도 낙원에 계시는가?'하는 것이다.

또한 더 나아가서 사도 요한이 계시록 앞장에서
'하나님의 보좌와 무지개와 네 생물과 또한 24장로들의 보좌와 어린양이 있는 곳을 보았는데 그곳은 어딘가?'하는 것이다. 그곳도 낙원인가? 아니면 다른 곳인가? 하는 것이다.

아직 나는 잘 모른다.

지금 내가 보고 있는 천국과 지옥이 낙원과 음부라고 한다면 이 낙원에 베드로의 집도 있고 바울의 집도 있고 삭개오의 집도 있고 야곱의 집도 있으며 요셉의 집, 모세의 집, 모세의 궁, 다니엘의 집, 예수님의 보좌 등등 그리고 하물며 나의 집을 보았는데 이 집들이 다 낙원에 있는 것들로서 나중에 그 영원천국 안으로 그대로 옮겨진다는 이야기인가?

그런데 이 생각이 나중에야 알았는데 이것이 그대로 맞는 것으로 드러났다.

새 예루살렘성이 어디에서 내려오는가가 알아지니까 다 풀려 버렸다. 그 때에 이미 이 믿음의 선진들의 집들은 낙원에 있는 새 예루살렘성 안에 있는 것이다. 그리고 내 집도 마찬가지이다. 그리고 그것들이 그대로 새 하늘과 새 땅으로 새 예루살렘성이 내려올 때에 같이 내려오는 것이다.(228. 낙원에 있는 믿음의 선진들의 집이 그대로 영원천국에 내려오는가? - 참조)

나는 분명히 천국과 지옥을 보고 또 보았다.

그리고 지금도 세계 곳곳에서 많은 사람들이 천국과 지옥을 보고 온다.

그리고 그들이 보고 온 것을 간증한다.

그러면 그들이 본 곳이 낙원과 음부인가? 하는 것이다. (나중의 나의 결론은 '그렇다'라는 것이 알아졌다.)

나는 주님과 모세와 요한 앞에서 이러한 질문들만 갖다가 내려왔다.

139. (i) 거짓말을 좋아하며 지어내는 자가 가는 성밖
(ii) 백보좌에는 누가 앉으시는가?
(2015. 4. 25)

천국에 올라갔다. 수레바깥의 천사가 나에게 말한다.

"입을 꼭 다무세요."

나는 순간적으로 이것이 무슨 말인지 몰랐다.

나보고 말하지 말라고 하는 뜻인가 하고 생각했는데 그게 아니었다.

내가 수레에 오르자마자 나는 입이 벌어지기 시작했다. 왜냐하면 그냥 마냥 기쁜 것이었다.

주님을 만난다는 생각에 말이다.

그래서 나는 수레 안에서 계속 입을 벌리고 웃음 짓고 있었다. 좋아서.

그래서 그 천사가 내가 그럴 것을 알고 나에게 미리 '입을 꼭 다무세요.'라고 한 것이었다.

그리고 수레에서 내리는 나를 두 천사가 주님께로 인도하는데 그 사이에 나는 통곡하고 있었다.

왜냐하면 내 사랑하는 주님을 만난다는 것이 너무 기뻤기 때문이다.

주님은 흰 옷을 입으셨는데 그 뒤로 붉은 가운을 걸치셨다.

저쪽에서 흰 옷 입은 무리들이 나를 환영하는 것이 보였다.

주님이 말씀하신다.

"저들이 너를 기다리고 있단다."

나는 주님께 말했다.

"주님 저는 너무 더러워서 저들과 같이 있지 못할 존재예요."
하면서 나는 그들과 어울릴 자격이 없음을 말씀 드렸다.
주님은 큰 구름 위에다가 그 흰 옷 입은 무리들과 나를 타게 하셨다.
그리고 나는 그 구름 위에서 꼭 어린아이와 같이 주님의 크고 넓게 펴져 있는 흰 옷자락에 노는 어린아이 같이 그곳에 파묻혀 있었다.
나는 주님의 옷자락 안이 그렇게 좋았다. 마치 어린아이가 어머니의 치마폭이 좋아서 거기서 뒹구는 어린아이와 같았다. 할렐루야.
나는 그렇게 넓게 퍼져있는 그분의 흰 옷자락 안에서 어린아이와 같이 좋아하고 있었고 주님은 구름 위에서 흰 옷 입은 무리들을 향하여 지휘봉을 들고 그들이 노래 부르는 것을 지휘하고 있었다.
그 흰 옷 입은 무리들은 천상의 언어로 노래하고 있었다. 할렐루야.
나는 그렇게 무척 좋아하였다. 그러고 나서 그 흰 옷 입은 무리들이 갔다.
그리고 이제 주님과 나, 둘만 남았다.
내가 주님과 함께 있는 것을 너무 좋아하니 주님도 나와 함께 있겠다고 하시면서 주님과 나는 공중에서 서로의 몸을 뒤로 기대면서 춤을 추는 것이었다.
아! 주님과 함께 춤을 추는 이 시간이 얼마나 황홀하고 기분이 올라가는지…………
주님과 나는 한참을 그렇게 하고 있었다.
할렐루야.

그리고 난 후에 주님은 나를 바닷가로 인도하셨다.
바닷가의 물에 주님과 내 발이 담구어졌다.
"사라야, 너는 바닷가를 좋아하지?"
그렇다. 나는 바다를 보면 마음이 차분하여지면서 참으로 좋다.
그리고 물을 보면 하나님 생각이 난다. 지상에서도 말이다.

바닷물이 밀려 와서 주님과 나의 발을 적셨다.
아니나 다를까 이사야가 자신의 황금돛을 단 배를 가지고 바다위로 지나간다.
그 배는 엄청 큰 배이다. 이사야는 그 배의 갑판 위에서 '사라님'하고 부르면서 지나간다.
물론 그는 주님께는 벌써 인사를 드렸다.
그리고서는 '앗!'하는데 주님의 발에 구멍이 보였다.
나는 주님의 발에 뚫어진 구멍을 볼 때마다 나의 가슴은 못에 찔리듯이 아프다. 슬프다. 그 아프고 슬픈 마음을 어떻게 표현하여야 할지 잘 모르겠다.

(i) 거짓말을 좋아하며 지어내는 자가 가는 성밖

그러고 나서 주님은 다시 나를 다른 곳으로 인도하셨다.

그곳은 계단을 통하여 아래로 내려가는 곳이었는데 주님이 말씀하신다.

"너는 여기가 항상 궁금하지?"

하시면서 나를 데리고 내려가셨다.

그곳은 이기지 못하는 자들이 가는 곳이었다. 성밖이었다.

그런데 오늘은 흰 옷 입은 젊은이들의 무리가 보이는데 그중에서도 한 명이 아주 자세히 보였다.

그는 머리가 좀 곱슬이고 제멋대로 머리가 나 있었고 그것은 머리를 빗지 않아서 그런 것 같고 덩치는 좀 있고 얼굴은 못생긴 편에 속한 남자가 큰 기둥 같은 것을 끌고 가고 있었다.

이 기둥 같은 것을 끌어서 옮기는 것이 벌이었다.

회초리를 든 포졸의 옷을 입은 천사가 보였다.

즉 이곳에 있는 흰 무리들의 그룹은 큰 나무 기둥을 어깨에 메고 옮기는 벌을 받고 있는 것이었다.

나는 그중에 잘 보이는 그 젊은이에게 물었다.

'왜 여기 와 있느냐고?'

그리하였더니 말없는 말이 마음으로 전달된다.

역시 내가 물은 것도 마음으로 물은 것이다.

그리하였더니 그 청년이 말하기를 자기는 예수는 믿었는데 거짓말을 그렇게 양심에 가책이 없이 많이 하고 살았다는 것이다. 거짓말을 하는 것이 그렇게 죄라고 느끼지 않았다는 것이다.

오 마이 갓!

그렇다. 성경은 말한다.

'거짓말을 좋아하며 지어내는 자마다 성밖에 있으리라.'

주여!

그러니까 이 그룹은 거짓말을 좋아하여 지어내며 살았던 자들이 그룹인 것이다.

나는 그렇게만 대화하고 다시 주님과 함께 천국계단을 통하여 올라왔다.

올라와서는 나는 다시 주님께 이렇게 말했다.

"주님 제게 백보좌 심판에 대한 질문이 있어요."

라고 했더니 주님과 나는 벌써 요한의 집 앞 피크닉 테이블에 와 있는 것이 보였다.

나는 요한을 쳐다보면서 백보좌 심판에 대하여 나에게 좀 가르쳐 달라 했다.

그런데 주님과 요한 그리고 모세는 항상 나와 함께 계시록을 이야기할 때에 이렇게 요한의 집앞에 놓여 있는 피크닉 테이블 앞에 앉아 계시지만 이들이 직접 나에게 계시록에 대하여 가르쳐 주시거나 말하여 주시지 않는다.

다만 그들 앞에서 나의 생각을 조절할 뿐이다. 즉 그분들 앞에 나의 생각이 다 드러나기 때문이다. 그들은 내 생각을 인도하고 있을 뿐이다. 그러므로 내가 이들이 있는 장소에서 계시록에 대한 이해는 그들이 맞다라고 생각하는 것이 나에게 생각으로 알아진다고 믿는다.

왜냐하면 천국에서 나에게 생각나는 모든 것을 그들이 알고 있기 때문이다.

내가 틀렸으면 맞는 생각을 나에게 넣어 주실 것을 믿는다.

여태껏 그러했으니까 말이다. 천국에서의 나의 생각도 주님이 다 조절하신다.

(ii) 백보좌에는 누가 앉으시는가?

하는 질문이 내 안에서 일어났다. 그러자 성경구절이 생각났다.

[마 10:28]
몸은 죽여도 영혼은 능히 죽이지 못하는 자들을 두려워하지 말고 오직 몸과 영혼을 능히 지옥에 멸하시는 자를 두려워하라

주님은 제자들에게 말씀하시기를 '몸은 죽여도 영혼은 능히 죽이지 못하는 자들을 두려워하지 말고' 이것은 사단을 말하는 것임에 틀림이 없다. 그러나 몸과 영혼을 능히 지옥에 멸하시는 그를 두려워하라고 말씀하시는데 이 때의 몸은 부활된 몸을 가진 영혼을 능히 지옥에 멸하시는 그를 두려워하라 하시는 말씀이시다. 그러므로 이 분이 백보좌 심판대에 앉으시는 것이 분명하다. 왜냐하면 계시록 20장 15절에 생명책에 이름이 없는 자마다 불못에 던지우더라 하고 기록되어 있기 때문이다 즉 이 불못에 던져지는 심판이 백보좌 심판대에서 일어나기 때문이다. 할렐루야.

[계 20:15]
누구든지 생명책에 기록되지 못한 자는 불못에 던지우더라

즉 백보좌에는 이 분이 앉으신다. 부활된 몸과 영혼을 능히 지옥에 멸하시는 그분 말이다.
할렐루야.
그러면 이 분은 여호와 하나님이신가? 예수님이신가?

여기에 대한 답은 아직 못 얻었다.

그 다음 백보좌 심판대에는 생명책과 행위를 적은 책들이 펴져 있다

[계 20:11-14]
(11)또 내가 크고 흰 보좌와 그 위에 앉으신 자를 보니 땅과 하늘이 그 앞에서 피하여 간데 없더라 (12)또 내가 보니 죽은 자들이 무론대소하고 그 보좌 앞에 섰는데 책들이 펴 있고 또 다른 책이 펴졌으니 곧 생명책이라 죽은 자들이 자기 행위를 따라 책들에 기록된 대로 심판을 받으니 (13)바다가 그 가운데서 죽은 자들을 내어주고 또 사망과 음부도 그 가운데서 죽은 자들을 내어주매 각 사람이 자기의 행위대로 심판을 받고 (14)사망과 음부도 불못에 던지우니 이것은 둘째 사망 곧 불못이라

여기에 수없이 많은 죽은 사람들이 백보좌 심판대 앞에 서서 심판을 받고 불못에 던져질 것이다. 그리고 그들은 그들의 행위에 따라서 지옥에서도 더 심한 고통을 받는 자들이 있음을 말씀하고 있는 것을 알 수 있다. 주여!

왜냐하면 주님이 공관복음에서 이렇게 말씀하시고 계시기 때문이다.

[눅 10:13-15]
(13)화 있을진저 고라신아, 화 있을진저 벳새다야, 너희에게서 행한 모든 권능을 두로와 시돈에서 행하였더면 저희가 벌써 베옷을 입고 재에 앉아 회개하였으리라 (14)심판 때에 두로와 시돈이 너희보다 견디기 쉬우리라 (15)가버나움아 네가 하늘에까지 높아지겠느냐 음부에까지 낮아지리라

그러면 낙원에 가 있는 자들은 여기서 행위록에 대하여 심판을 받지 아니하는가?
나는 이 질문민 가지고 있었고 여기에 대한 대답은 못 듣고 내려왔다.

천국에서 내려와서는 백보좌 심판대에 설 예수 믿지 아니한 자들 때문에 마음이 짓눌리고 마음이 아파서 신음이 나왔다. 왜냐하면 그들이 너무 불쌍했기 때문이다.
끔찍하다. 도대체 그곳에 엄청난 숫자가 그 심판대에 설 것을 생각하니 마음이 아프고 아프다.
지금도 세계 인구가 약 70억인데 그중에 5억만 천국에 간다하여도 65억이 이 백보좌 심판대 앞에 섰다가 영원한 불못으로 던져져야 할 것이기 때문이다. 그리고 이 시대만 사람들이 살았나? 아니다. 이 시대 말고도 수많은 사람들이 살다가 갔다.

그 많은 사람들이 불못에 던져질 것을 생각하니 정말 억장이 무너지는 것 같았다.
울음이 절로 나온다. 눈물이 앞을 가린다.
주님, 이 일을 어떻게 해야 할지?...
내가 어떻게 해야 할지?
도대체 어떻게 해야 하는지?
어떻게 해야 그 숫자를 줄일 수 있는지?
오호 통재라....
주님, 가르쳐 주소서....
주님, 주님, 주님, 어떻게 해야 합니까?
어떻게 해야 이 숫자를 줄일 수 있는지요?....엉엉엉.
제가 무엇을 할 수 있는지요?
갑자기 불신자들이 가는 지옥이 생각났다. 얼마나 무서운지 모른다.
그들이 불구덩이 가장자리에서 뜨거운 불을 피하여 도망하여 가는데 그 불길이 따라왔다. 열심히 그 불길을 피하여 도망하는데 앞에서 마귀 부하들이 창을 들고 오면 배를 찌르려고 대기하고 있었다. 그들은 오는 즉시 찔려져서 다시 불속으로 던져졌다.
오 마이 갓!
그들은 영원토록 이 불속에 있어야 하는 것이다.
예수님을 믿지 않아서........

주여! 우리를 용서하여 주소서. 전도하지 아니하고 선교하지 아니하는 우리를 용서하여 주소서.
우리는 밥을 먹듯이 전도하여야 한다.
한 사람이라도 이 뜨거운 불못에 안 들어가게 만들어야 하는 것이다. 할렐루야.
우리는 지옥가는 숫자를 줄여야 한다. 한 명이라도 줄여야 하는 것이다.
주여 도와주소서!

140. 기도 시간에 계시록에 대하여 여러 가지를 깨닫게 하여 주시다.
(2015. 4. 27)

      1. 성경에는 이름이 적혀지는 생명책이 있다.
      2. 첫째부활에 들어가는 자들은 영화로운 몸을 가지고 천년왕국에 들어간다.
      3. 지금까지 예수 믿고 죽은 자들은 지금 현재 영체로 낙원에 있다.
      4. 둘째부활에 대하여

기도 시간에 주님께서 여러 가지를 생각나게 하여 주셨다.

1. 성경에는 이름이 적혀지는 생명책이 있다.

그 증거 :

1) 모세가 이스라엘 민족을 위하여 하나님께 중보기도하면서 자신의 이름을 책에서 지워달라고 했다.

[출 32:30-33]
(30)이튿날 모세가 백성에게 이르되 너희가 큰 죄를 범하였도다 내가 이제 여호와께로 올라가노니 혹 너희의 죄를 속할까 하노라 하고 (31)여호와께로 다시 나아가 여짜오되 슬프도소이다 이 백성이 자기들을 위하여 금신을 만들었사오니 큰 죄를 범하였나이다 (32)그러나 합의하시면 이제 그들의 죄를 사하시옵소서 그렇지 않사오면 원컨대 주의 기록하신 책에서 내 이름을 지워 버려주옵소서 (33)여호와께서 모세에게 이르시되 누구든지 내게 범죄하면 그는 내가 내 책에서 지워버리리라

2) 계시록에서 '창세 이후 녹명되지 못한 자는 짐승에게 다 경배하더라.'하는 말씀이 또 이름이 적힌 책이 있음을 말하고 있다.

[계 13:5-8]
(5)또 짐승이 큰 말과 참람된 말 하는 입을 받고 또 마흔 두달 일할 권세를 받으니라 (6)짐승이 입을 벌려 하나님을 향하여 훼방하되 그의 이름과 그의 장막 곧 하늘에 거하는 자들을 훼방하더라 (7)또

권세를 받아 성도들과 싸워 이기게 되고 각 족속과 백성과 방언과 나라를 다스리는 권세를 받으니 (8)죽임을 당한 어린 양의 생명책에 창세 이후로 녹명되지 못하고 이 땅에 사는 자들은 다 짐승에게 경배하리라

즉 창세 이후에 예수를 믿고 구원을 받은 자는 생명책에 이름이 적혀지는데 이렇게 이름이 적혀지지 아니한 자마다 짐승에게 다 경배하고 영원한 불못에 던져진다는 것이다. 할렐루야.

3) 또한 계시록에서 이기는 자는 그 책에서 이름이 흐려지지 않을 것을 말하고 있다.

[계 3:5]
이기는 자는 이와 같이 흰 옷을 입을 것이요 내가 그 이름을 생명책에서 반드시 흐리지 아니하고 그 이름을 내 아버지 앞과 그 천사들 앞에서 시인하리라

4) 그리고 마지막으로 계시록 20장 15절에서 말하기를 생명책에 이름이 기록되지 못한 자는 다 불못에 던지우더라고 말한다.

[계 20:15]
누구든지 생명책에 기록되지 못한 자는 불못에 던지우더라

2. 첫째부활에 들어가는 자들은 영화로운 몸을 가진다.

천년왕국에 참여하는 자들은 부활되어 영화로운 몸을 가진다.
시집도 장가도 가지 않는다. 그러므로 천년왕국 안에서는 아이를 낳지 않는다.
주님이 부활하셔서 영화로운 몸을 가지신 것처럼 첫째부활에 참여되는 자들도 영화로운 몸을 가지고 천년왕국에 들어간다.

[고전 15:20]
그러나 이제 그리스도께서 죽은 자 가운데서 다시 살아 잠자는 자들의 첫 열매가 되셨도다

[눅 24:39]
내 손과 발을 보고 나인 줄 알라 또 나를 만져보라 영은 살과 뼈가 없으되 너희 보는 바와 같이 나는

있느니라

[마 22:29-30]
(29)예수께서 대답하여 가라사대 너희가 성경도, 하나님의 능력도 알지 못하는 고로 오해하였도다
(30)부활 때에는 장가도 아니가고 시집도 아니가고 하늘에 있는 천사들과 같으니라

3. 지금까지 예수 믿고 죽은 자들은 지금 현재 영체로 낙원에 있다.

이들은 아직 첫째부활에 참여되지 않았으므로 그들은 아직 부활의 몸을 입고 있지 않다.
왜냐하면 주님이 공중재림하실 때에 이들이 주 안에서 이기는 삶을 살았으므로 주님은 이들을 공중휴거 때에 먼저 영체에서 영화로운 몸으로 부활시키셔서 구름 위에 데리고 오실 것이기 때문이다. 할렐루야. 그 때까지 지금 주 안에서 죽은 자들은 영화로운 몸을 입고 있는 것이 아니라 지금은 낙원에서 영체로 있는 것이다. 할렐루야.

현재 이 낙원에는 우리가 아는 모든 믿음의 선진들, 아브라함, 이삭, 야곱, 요셉, 다윗, 솔로몬, 등등 베드로, 요한, 바울, 에스더, 마리아 등 이들이 다 낙원에 있다. 그리고 이때까지 예수 믿고 죽은 자들이 다 낙원에 있는 것이다.
이들은 현재 다 영체로 있는 것이다. 아직 영화로운 몸을 입고 있지 않다.
그러므로 이들은 아직 부활체로 있는 것이 아니라 아직 낙원에서 영체로 존재하는 것이다.
할렐루야. 나는 그 영체를 만나고 있는 것이다. 할렐루야.
그러므로 변화산상에서 주님이 모세와 엘리야와 이야기를 나누었는데 이 때에 모세와 엘리야는 영체였다. 그럼에도 불구하고 베드로가 이들을 보았다.
보고서 모세와 엘리야인 것을 알고 이들을 위하여 주님을 위하여 초막 셋을 짓겠다고 한 것이다.
마찬가지이다. 지금 현재 내가 낙원에서 이들을 만나는 것도 그들의 영체를 만나고 있는 것이다.
할렐루야.

그들이 낙원에서 영체로 있다가 변화산상에 영체로 잠깐 임하였을 때에 베드로는 즉각 그들이 누구인지 알아보았다. 영계가 이런 것이다. 서로를 즉각 알아본다.

그러므로 내가 현재 낙원에 있는 그들을 보고 있는 것도 그들의 영체를 보고 있는 것이다.
할렐루야.

4. 둘째부활에 대하여

이 둘째부활은 백보좌 심판 때에 일어난다.
이 때에 음부에 가 있는 모든 영체들이 영원히 썩지 않고 멸하지 않는 몸을 입는 것이다.
즉 부활한다. 그리고 예수를 믿었지만 첫째부활에 참여하지 못한 모든 자들이 부활할 것이다.
또한 천년왕국 때에 천년왕국 바깥에서 믿은 자들이 있다면 이들도 부활할 것이다. 왜냐하면 그들은 첫째부활에 참여하지 못하였기 때문이다.
음부에 있는 모든 자들은 그들이 부활하여 생명책에 그들의 이름이 적혀 있지 아니하므로 영원한 불못에 던져지게 될 것이다.

그래서 주님은 말씀하신다.
'몸(부활된 몸을 말함)과 영혼을 지옥에 던져 넣는 그를 두려워하라.'

[마 10:28]
몸은 죽여도 영혼은 능히 죽이지 못하는 자들을 두려워하지 말고 오직 몸과 영혼을 능히 지옥에 멸하시는 자를 두려워하라

이 성경구절에서 말하는 첫 번째 몸은 현재 죽고 썩고 없어질 몸을 말하고 그러나 두 번째 몸은 부활된 몸을 말한다.
이 두 번째 몸 즉 부활된 몸을 가지고 영원한 불못에 던져지는 것이다.
그러므로 영원한 불못은 지옥이다. 할렐루야.
그리고 낙원에 있으나 이기는 자의 삶을 살지 못하여 첫째부활에 참여하지 못했던 자들은 천년왕국에 들어가지 못하고 천년이 지난 후에 백보좌 심판이 일어날 때 둘째부활 때에 부활하지만 그들은 그리스도의 심판대에서 선악간에 행한 대로 심판을 받게 될 것이다.

[고후 5:9-10]
(9)그런즉 우리는 거하든지 떠나든지 주를 기쁘시게 하는 자 되기를 힘쓰노라 (10)이는 우리가 다 반드시 그리스도의 심판대 앞에 드러나 각각 선악간에 그 몸으로 행한 것을 따라 받으려 함이라

그리고 천년왕국에 들어가지 못하고 바깥에 산 자들이 있는데 그들도 천년동안 살고 죽으면서 예수 믿은 자는 낙원에 가고 예수 믿지 않고 죽은 자는 음부에 갈 것이다.

이들도 둘째부활 때에 부활한다.

141. 백보좌에 앉으시는 분이 주님이심을 밝혀주시다.
(2015. 4. 27)

천국에 올라갔다.
수레바깥에 나를 수종하는 천사가 나를 급히 반갑게 맞아준다.
말들도 다 희고 건강하다. 마차를 모는 천사도 나를 반갑게 맞아주었다.
마차는 흰 상아색 진주에다가 금장식을 한 큰 마차였다. 나는 속히 안에 탔다.
내 자리에 앉자마자 나는 내 머리에 다이아몬드 면류관을 쓰고 있었고 흰 드레스를 입고 있었는데 오늘따라 바깥이 부드러운 망사가 씌워져 있어서 드레스가 더 아름답게 보였다.
나는 수레 안에서부터 눈물이 고이고 있었다.
내 사랑하는 주님을 만날 생각을 하니 눈물이 고였다.
황금수레 마차는 즉시 천국 문에 도착하였고 여성 천사 두 명이 바깥에서 섰다가 급히 문을 양옆으로 활짝 열어준다. 마차는 천국 황금대로 옆에 왼쪽에 섰다.
나는 두 천사의 손으로 시중을 받아서 주님께로 인도함을 받았는데 이들도 여성 천사들로서 머리에 링으로 장식하고 있어 매우 예뻐 보였다.
주님은 오늘따라 아주 그 얼굴이 또렷이 보인다. 갈색의 수염에 갈색의 머리에 눈이 또렷이 보였다.
나는 속으로 말했다.
'주님, 오늘 주님의 얼굴이 너무 뚜렷이 보여요.'라고.
나는 좋아서 말했다.

주님은 나를 데리고 공중으로 솟아오르시더니 나를 모세의 궁으로 데리고 가셨다.
그런데 주님과 내가 공중으로 올라갈 때에 저어기 흰 옷 입은 무리들이 '사라님'하고 반겨 주는 것이 보였다.
주님과 나는 모세의 궁에 왔는데 오 마이 갓!
내가 천국에서 만났던 믿음의 선진들이 하나씩 계속 모세의 궁 안에 있는 테이블 주위로 모이는 것이었다.
아브라함이 왔다.

'아, 아브라함'하고 내가 인사했다.

반가웠다. 이삭이 왔다. '하이 이삭'

그 다음 사라가 왔다. 그녀는 정말 독특하게 예쁘다.

그리고 야곱이 왔다. 야곱은 여전히 턱에 2cm의 두께의 수염이 약 옆으로 10cm 정도 나 있었다.

그리고 야곱을 닮은 요셉이 왔다. 나는 다 반가워서 내 입이 벌어지고 있었다. 너무 좋아서였다.

그리고 모세가 왔고 다윗도 왔다. 다윗은 여전히 동안이다. 다윗의 얼굴은 약간 갸느다람한 달걀형이다. 그리고 부드럽게 생겼다. 솔로몬도 왔다.

솔로몬은 오히려 덩치가 있으면서 남자답게 생겼다. 그리고 아비가일도 왔다. 내 입은 더 벌어졌다. 다들 너무 반가워서였다.

그리고 에스더가 나타났다. 아름다운 에스더! 늘 나에게 홀을 건네주면서 내가 두려워하거나 무서워할 때면 나타나 나를 보고 '죽으면 죽으리랏다 해야 한다'고 늘 격려하여 주었던 에스더! 나는 여기서부터 얼굴이 조금 심각하게 되었다.

그리고 베드로가 왔다. '하이 베드로.' 베드로는 늘 내가 낙심하고 좌절할 것 같으면 격려하여 주었었다. 나는 더 심각한 얼굴이 되었다.

바울이 오고 요한이 왔다. 삭개오가 왔다.

이 즈음에서 나는 거의 울고 있었다.

이들은 다 내가 천국에서 그렇게 나를 격려하여 주고 했던 믿음의 선진들이었다.

그리고 아벨이 나타나면서 하는 이야기가 '내가 빠질뻔하였다.'면서 나타났다.

그리고 엘리야와 엘리사도 나타났는데 엘리야는 여전히 긴 옷을 입고 있었고 그의 키가 훤칠하니 컸다. 엘리사는 지상에서는 대머리였는데 여기서는 대머리가 아니라 머리가 짧게 나 있었다.

나는 눈물을 흘리고 있었다. 너무 감동적이어서 말이다.

그리고 그들은 늘 내가 모세의 궁에서 모세와 앉아 이야기를 나누던 테이블에 쭉 둘러 앉았다.

그리고 그 테이블 위에는 내가 먼저 쓴 녹색의 껍질과 빨간색 껍질의 천국과 지옥 간증수기 책이 놓여졌고 그 다음 분홍색 껍질의 성경편 제 1권 창세기가 놓여졌다.

이 세 책은 내가 지금 쓴 책들이다. 그 다음 두 가지 분홍색이 더 놓여졌다.

모세편과 계시록 책이었다.

그러니 총 다섯 권의 책이 놓여졌다.

그렇다. 지금 나는 모세편은 출판사에 제출하였고 이제 계시록을 정리하여 다시 주님께 물어볼 것은 더 물어보고 해서 출판할 예정이다.

주님은 무리들에게 말했다.
"사라가 이제 모세편과 계시록을 펴내게 될 것이다."
이 말을 듣고 무리들이 환호하였다.
나는 여기서 다시 한번 더 하나님께 확인하였다.
"하나님 제가 지옥편을 써야 하나요?"하고 묻자 분홍색 책이 하나 더 놓여졌다.
거기에는 지옥편이라고 쓰여져 있었다.
동시에 테이블을 둘러싼 믿음의 선진들이 다시 박수를 보냈다. 박수를 보내면서 더 큰 환호성을 보내는 것이었다.
즉 나보고 꼭 지옥편을 써야 한다는 것이다.
할렐루야.

그리고 천사들이 각 믿음의 선진들에게 꼭 포도쥬스 같은 것을 가지고 와서 각자에게 잔을 나누어 주었다. 믿음의 선진들은 그것을 받아 마셨다.
그리고 나서는 주님과 나 모세와 요한만을 남기고 그들은 모두 갔다.
주님과 나 모세 그리고 요한은 곧장 요한의 집 앞에 있는 피크닉 테이블로 갔다.
나는 참으로 신기하여 하였다.
오늘따라 주님의 얼굴이 너무 또렷이 보였기 때문이다.
주님이 앉으시고 그 왼편에 모세 이편에 나 그리고 오른편에 요한이 앉았다.

질문은 백보좌 심판에 관한 것이었다.

나의 질문은

그 백보좌 심판때 흰 보좌기 펼쳐지는데 거기 앉으신 분이 누구인가?

하는 것이었다.

주님이 말씀하신다.
"나로라."
즉 주님이 거기 앉으신다는 말이다.
내가 말했다.

"주님 그러면 성부 하나님은요?"
왜냐하면 나는 여태까지 성부 하나님이 그 백보좌에 앉으신다고 생각해 왔기 때문이다.

그랬더니 주님이 말씀하신다.
"내가 그로라."

나는 천국에서 성부 하나님이 계신 곳이 따로 있어서 나는 그곳을 가 보았다.
그런데 주님은 지금 '내가 그 여호와 하나님이니라.'라고 말씀하시는 것이었다.
오 마이 갓!
그렇다. 맞다. 그래서 삼위일체의 하나님이신 것이다.
그분이 그분이다.

그런데 나는 성부 하나님이 계신 궁 안에서 성부 하나님은 보이지 아니하시나 저 앞에 큰 우레와 같은 목소리를 내시고 계시고 그리고 정작 주님은 내 옆에 서계신 것을 보았는데 지금 주님은 '그 여호와 하나님이 바로 나다.'라고 말씀하고 계시는 것이다.
그렇다. 이것이 가능한가? 충분히 가능하다. 그래서 삼위일체이신 것이다.
할렐루야.
우리는 성부, 성자, 성령 하나님을 따로 생각하는데 사실은 그분은 한 분 하나님이신 것이다.
할렐루야.
그러므로 그 백보좌에 성부 하나님이신 여호와 하나님이 앉으신다 하여도 그분은 또 성자 하나님이신 것이다.
왜냐하면 성부, 성자, 성령은 한분 하나님이시기 때문이다.
위는 다르되 한 몸이신 것이다. 할렐루야.
그래서 일체이신 것이다.

이것은 구약에서도 이렇게 말한다.

[사 26:21]
보라 여호와께서 그 처소에서 나오사 땅의 거민의 죄악을 벌하실 것이라 땅이 그 위에 잦았던 피를 드러내고 그 살해 당한 자를 다시는 가리우지 아니하리라

[슥 14:3]
그 때에 여호와께서 나가사 그 열국을 치시되 이왕 전쟁 날에 싸운 것같이 하시리라

[슥 14:9]
여호와께서 천하의 왕이 되시리니 그 날에는 여호와께서 홀로 하나이실 것이요 그 이름이 홀로 하나이실 것이며

이 구약에서 나오는 여호와는 신약에 와서 적그리스도와 아마겟돈 전쟁을 일으키시기 위하여 백마 타고 지상재림하시는 하나님의 말씀, 즉 예수 그리스도를 말한다.

[계 19:11-13]
(11)또 내가 하늘이 열린 것을 보니 보라 백마와 탄 자가 있으니 그 이름은 충신과 진실이라 그가 공의로 심판하며 싸우더라 (12)그 눈이 불꽃 같고 그 머리에 많은 면류관이 있고 또 이름 쓴 것이 하나가 있으니 자기 밖에 아는 자가 없고 (13)또 그가 피 뿌린 옷을 입었는데 그 이름은 하나님의 말씀이라 칭하더라

그러므로 구약의 여호와가 예수님이신 것이다.
나 또한 천국에서 주님이 '나는 여호와니라.'하시는 말씀을 거의 열 번 이상 들었다.
할렐루야. 주여!

[빌 2:6-11]
(6)그는 근본 하나님의 본체시나 하나님과 동등됨을 취할 것으로 여기지 아니하시고 (7)오히려 자기를 비어 종의 형체를 가져 사람들과 같이 되었고 (8)사람의 모양으로 나타나셨으매 자기를 낮추시고 죽기까지 복종하셨으니 곧 십자가에 죽으심이라 (9)이러므로 하나님이 그를 지극히 높여 모든 이름 위에 뛰어난 이름을 주사 (10)하늘에 있는 자들과 땅에 있는 자들과 땅 아래 있는 자들로 모든 무릎을 예수의 이름에 꿇게 하시고 (11)모든 입으로 예수 그리스도를 주라 시인하여 하나님 아버지께 영광을 돌리게 하셨느니라

또한 신약 빌립보서 2장에서 주님을 하나님의 본체라고 표현하고 있다.
그러므로 백보좌 심판 때에 거기 앉아서 심판하시는 분이 예수님이라고 해도 전혀 이상이 없는 것이다. 할렐루야.

그리고 지금 내가 질문하니까 주님께서 자신이 거기에 앉는다고 말씀하고 계시는 것이었다.

내가 다시 주님께 물었다.
"주님 누가 그 백보좌에 앉으십니까?"
주님이 말씀하신다.
"내로라." 할렐루야.

그리고는 나는 두 번째 질문을 가졌는데 다시 거기 죽은 자들이 무론대소하고 선다고 했는데 그 죽은 자들은 누구인지에 대한 질문이 생겼다.
그 때에 나는 직접적인 대답은 못 듣고 거기서 나에게 들어오는 생각이 있었다.
아하, 첫째부활에 참여하지 못하고 둘째부활에 참여하는 자들로서 그 중에 특별히 음부에 있는 모든 자들이 여기에 서게 될 것이라는 생각이 들어왔다.
그러면 낙원에 있으면서 첫째부활에 참여하지 못한 자들도 여기 백보좌 심판대 앞에 서는가? 하는 것인데 대답을 못 듣고 내려왔다. 할렐루야.

나는 오늘 주님의 얼굴이 너무 또렷이 보여서 참으로 신기하다고까지 느꼈었는데 그 이유를 이제야 알겠다. 즉 그 백보좌에 앉으시는 분이 자신인 것을 밝히시려고 그렇게 또렷이 보였다고 할 수 있다. 다른 때보다 훨씬 더 또렷하게 말이다. 할렐루야.

142. 내가 쓴 책으로 세계를 전도하기를 원하시는 주님
(2015. 4. 28)

아침에 천국에 올라갔다.
수레바깥에서 나를 수호하는 천사가 수레를 갖고 나타났다. 말들도 왔다.
그런데 주님이 저 하늘 위에서 벌써 엄청나게 큰 풍선 하나가 달린 바구니에 나를 태우려고 기다리고 계셨다.
그래서 나는 수레를 타지 않고 나를 데리러 온 수호천사와 수레 앞에서 즉시 주님께로 끌려가듯이 비상하여 올라가서 그 풍선이 달려있는 바구니에 주님과 함께 탑승하게 되었다.
나를 데리러 온 수호천사가 놀란 눈초리로 쏜살같이 위로 비상하여 올라가는 나를 바라보고 있었다.

주님은 나를 그 바구니에 태우신 채로 유리바다 위로 가셨다.
주님과 나는 한참 유리바다 위에서 그 풍선에 매달린 바구니 같은 것을 타고 즐거워하였다.
그런 후에 주님이 저 녹색의 푸른 숲이 보이는 곳으로 나를 데리고 내려가셨다.
꼭 우주를 통과하여 밑으로 내려가서 많은 집들의 지붕들이 있는 곳으로 온 것이다.
할렐루야. 즉 주님과 나는 지구를 보고 있었다.

주님이 말씀하신다.
"저들을 전도하여야 하는데…"
나는 속으로 물었다.
"주님, 저들을 어떻게 다 전도하지요?"
얼마나 많은 사람들이 지구에 있는지 알고 있기 때문이다.
나는 다시 물었다.
"그들을 어떻게 전도하지요. 제가?"
주님은 나에게 말씀하셨다.
"사라야, 너는 책을 통하여 할 수 있단다."
"너는 내가 너에게 말한 책을 다 써야 한단다."라고 말씀하시는 것이었다.

나는 요즘에 주님께 계속 질문을 가지고 있었다.
주님이 천국과 지옥간증 제 1권과 제 2권 외에 성경편을 1, 2, 3, 4, 5권에다가 다시 지옥편까지 쓰라 하시는데 '정말 이것들을 내가 다 써야 하는가?'하는 질문이 내게 계속 생겼었다.
그런데 지금 주님이 그것에 대한 답을 이렇게 나에게 해 주시는 것이었다.
"네가 전도하기를 원한다면, 너는 책을 통하여서 하여라."
라고 지금 말씀하시는 것이었다. 주여!
즉 이 말은 주님이 나에게 꼭 써야 한다고 하는 책들을 다 써야 함을 말씀하시는 것이다.
"알겠습니다. 주님 그렇게 하겠습니다."하고 나는 내려왔다. 할렐루야.

나는 이제 겨우 성경편 제 2권인 모세편을 완전히 마치고 출판사에 넘겼다.
즉 써야 할 책이 4권이나 더 남은 것이다. 그러나 어쨌든 할렐루야다.

[막 1:38]
이르시되 우리가 다른 가까운 마을들로 가자 거기서도 전도하리니 내가 이를 위하여 왔노라하시고
아멘! 아멘!

143. 주님이 아름다운 정원의 꽃들로 나를 즐겁게 하여 주시다.
(2015. 4. 29)

천국에 올라갔다.

수레바깥에서 나를 수호하는 천사가 왔고 나를 데리러 온 수레와 그 수레를 끄는 다섯 마리의 말, 그리고 수레를 모는 천사가 왔다. 보통 나를 데리러 오는 수레는 보석으로 되어 있었다.

나는 재빨리 그 수레를 타고 천국 안에 도착하였다.

나는 수레바깥에서 나를 기다리고 있던 두 천사의 안내로 주님께 인도함을 받았는데 내가 주님께로 가자마자 주님은 황금의자 두 개가 놓여 있는 가마를 준비하고 계셨다.

이 가마는 지붕이 없고 단지 황금의자 두 개만 놓여 있었고 주님이 앉는 황금의자의 등받이는 내가 앉는 의자의 등받이보다 더 높았다.

주님과 내가 그 의자에 앉자 네 명의 날개 없는 천사들이 그 가마를 드는 것이었다.

그들은 주님과 나를 황금으로 된 가마에 태우고 정원의 꽃밭으로 인도하였는데 그곳에 있는 꽃들이 얼마나 아름다운지 모른다.

꽃이 흰색 바탕에 분홍색이 어우러져 있는 꽃들이었는데 상큼하며 싱싱하여 보였고

그 꽃들은 엄청 피어 있었고 거기에다가 녹색의 싱싱한 잎들이 어우러져 너무 아름다웠다.

나는 한참 그 꽃들의 아름다움에 취하여 주님과 같이 앉아 가면서도 말문을 잃고 있었다.

나는 주님께서 나를 이곳으로 인도하셔서 그렇게 나를 안심시켜주시고 안정시켜주시는 것을 알았다.

한참을 가도 가도 그 꽃밭은 끝나지 않았고 그 다음은 노란 꽃들이 피어 있는 정원으로 바뀌었다. 그 노란 꽃들도 얼마나 예쁜지 모른다.

그렇게 한참을 가다가 이제 정원의 끝쪽으로는 주황색의 꽃들로 변했다.

그런데 그 날개 없는 종들처럼 생긴 네 천사들은 주님과 나를 거기에다가 내려놓고 갔다.

주님과 나는 가마에서 내려서 걷기 시작하였다.
주님은 걸으시다가 나를 계단이 위로 약간 나선형으로 올라가는 곳으로 인도하였는데
이 곳은 저번에 주님의 보좌로 가기 전에 미가엘 천사와 가브리엘 천사가 계단 중간 정도에 서서 마중을 나왔던 그 계단인 것이 알아졌다.
그래서 나는 아하 지금 주님은 나를 주님의 보좌가 있는 곳으로 인도하신다는 것을 알았다.
그 계단의 위쪽으로는 구름이 덮고 있었다.
주님과 나는 그 계단을 미끄럼 타듯이 올라갔다.
할렐루야.
천국에서는 힘든 것이 하나도 없다.
계단을 많이 올라가되 전혀 힘들지 않다.
주님과 나는 그 긴 계단을 하나도 힘 안들이고 올라갔다.
천국은 하물며 날아다니기도 하는 곳이다.
할렐루야.

주님과 나는 주님의 보좌가 있는 곳에 도달하였다.
그리고 나는 주님의 보좌 옆에 흰 날개달린 천사들이 흰 옷을 입고 양옆으로 즐비하게 서 있는 것까지 보고 내려왔다.
할렐루야.

144. 백보좌 심판대 앞에는 누가 서는가?
(2015. 4. 30)

지옥을 본 다음 나는 또 천국에 올라갔다.
수레바깥에 있는 천사가 노란 코스모스 같은 꽃을 입에 물고 있었다.
수레를 모는 천사는 머리에 그러한 동일한 색깔의 꽃을 핀으로 꽂고 있었다.

말들도 그러한 꽃을 귀에다가 장식하고 있었다. 나는 수레를 타고 즉시 천국에 올라갔다.
나를 데리러 온 천사들이나 수레나 말들이 정상으로 보일 때에는 나는 이렇게 알아진다.
아하, 이번에는 천국을 구경하는구나!

천국에 올라가자마자 주님을 만났다.
그리고 저어기에 흰 옷 입은 무리들이 서 있어서 나를 환영하고 있었다.
주님께서 나를 구름 위에 태우시는데 오늘은 그 흰 옷 입은 무리들도 구름 위로 타는 것이었다.
'어 웬일이지?'하고 가는데 주님은 나를 요한의 집 앞에 있는 피크닉 테이블로 인도하셨다.
그런데 오늘따라 그 흰 옷 입은 무리들도 구름에서 내려서 우리가 있는 요한의 피크닉 테이블 저 쪽에 쭉 서는 것이었다. 아무래도 그들은 나를 응원하기 위하여 온 것 같았다.

나는 모세를 보자마자 울려고 했다.
왜냐하면 요즘에 내가 백보좌 심판대 앞에 서는 자들이 누구인지에 대하여 잘 풀리지 않아서 고민이 많이 되고 있었기 때문이다.
그래서 나는 오늘 여기서 주님, 모세, 나, 그리고 요한이 있는 곳에서
나는 백보좌 심판대 앞에 서는 자들이 누구인지에 대한 질문을 다시 한번 더 가졌다.
그랬더니 내 생각이 주님 앞에서 정리가 되어지는데....

아하, 백보좌 심판대에는 죽은 자들이 무론대소하고 선다고 되어 있다.
이 죽은 자들은 음부에 있는 자들 뿐 아니라 바로 낙원에 있으나 천년왕국에 못 들어간 이기지 못한 자들도 선다는 것이 알아졌다.
왜냐하면 분명히 천년왕국에 들어가는 자들을 첫째 부활이라 하였고 그 나머지 죽은 자들은 천년이 차기까지 살지 못하더라고 기록이 되어 있기 때문이다.
낙원에 있으나 이기지 못한 삶을 살고 죽은 자들이 천년왕국 이후에 백보좌 심판 때에 부활하는 것이 맞기 때문이다.
그리고 여기서 '죽은 자들이 무론대소하고 주님 앞에 섰다.'라고 되어 있는 것이다.
그러므로 이들도 이 백보좌 심판대에 서는 것을 알 수 있다.

또한 그것을 뒷받침하는 구절이 바로 '생명책에 이름이 없는 자마다 불못에 던지우더라.'한 것으로 보아 생명책에 이름이 적혀 있는 자와 없는 자를 그 때에 구분하고 있다는 것을 알 수 있다. 낙원에 있으나 이기지 못한 자들의 이름은 생명책에 있다.

그러므로 그들은 불못에 던지우지 아니하는 것이다.
할렐루야.

이러한 생각이 나에게 정리되면서 '주님 맞아요?'라고 했더니
주님께서 나에게 그것이 맞다는 생각을 나에게 넣어 주셨다. 할렐루야.

그렇다면 이 죽은 자들로서 낙원에 가 있는 이기지 못하는 자의 삶을 살아서 첫째부활에 참여하지 못한 자들의 행위록도 여기 있다는 것이다.

다시 성경구절을 보자.

[계 20:11-12]
(11) 또 내가 크고 흰 보좌와 그 위에 앉으신 자를 보니 땅과 하늘이 그 앞에서 피하여 간데 없더라
(12) 또 내가 보니 죽은 자들이 무론대소하고 그 보좌 앞에 섰는데 책들이 펴 있고 또 다른 책이 펴졌으니 곧 생명책이라 죽은 자들이 자기 행위를 따라 책들에 기록된 대로 심판을 받으니 행위에 따라 심판을 받더라.

이 죽은 자들에게는 죽어서 낙원에 간자들도 포함한다.
첫째부활에 참여하지 못한 자들 말이다.
그리고 천년왕국 동안 그 천년왕국 바깥에서 아이 낳고 죽고 하면서 그들도 부자와 거지 나사로처럼 이 세상을 떠나 하나는 낙원으로 하나는 음부로 가는 그러한 인생을 살 것이다.
이 때에 음부에 간 자들뿐 아니라 낙원에 들어온 자들도 천년왕국 이후에 백보좌 심판대에 부활하여 서게 될 것이다.
여기서 그들의 행위대로 심판 받고 이기는 자의 삶을 산자는 새 하늘과 새 땅이 열리고 새 예루살렘성이 내려올 때에 성 안으로 들어갈 것이고 이기지 못한 자의 삶을 산 자는 그 행위대로 심판 받아 성밖에 존재하게 될 것이라는 것이 알아졌다. 할렐루야.

그러면 천년왕국에 들어갔던 자들은 이 심판대를 거치는가?
아니다. 그들은 새 하늘과 새 땅이 열리면서 새 예루살렘성이 내려올 때에 바로 성 안으로 들어가는 것이다.

그러면 이들은 언제 천년왕국에 있다가 낙원에 있는 새 예루살렘성으로 가는가 하는 것이다.

분명한 것은 지상에서 천년왕국이 이루어지고 이것이 끝나면 곡과 마곡전쟁이 일어나는데 이들을 주님이 하늘에서 불을 내려 소멸하고 사단을 영원한 불못에 집어 넣고 그 다음 베드로후서에서 말하는 것처럼 하늘이 불에 타고 큰 소리로 떠나가고 모든 체질이 모든 요소들이 불에 녹아내려지면서 지금 보이는 하늘과 땅이 없어진다고 성경은 기록한다.
그리고 나서 백보좌 심판이 열리게 되는 것이다.
그렇다면 이 땅이 불에 타고 모든 요소가 불에 녹아 없어지기 전에 이 천년왕국에 들어갔던 자들은 그 이전에 천년왕국을 마치고 낙원에 있는 새 예루살렘성으로 옮겨진다고 보여진다.
그리고 나서 새 하늘과 새 땅이 열리고 이 새 예루살렘성이 하늘에서 내려오는 것이다.

할렐루야.

그러면 그리스도의 심판대라고 하는 것은 무엇이며 언제 일어나는가? 하는 것이다.

이 그리스도의 심판대가 첫째부활하고는 어떤 관계가 있는가? 하는 것이다.
왜냐하면 천년왕국으로 들어가는 첫째부활에 속한 자들은 모두가 다 이기는 자의 삶을 살은 자들이기 때문이다.

아직 잘 모르겠다.
즉 첫째부활 때에 사도 바울이 말한 것처럼
이미 해의 영광, 달의 영광, 별의 영광 등이 다 결정되기 때문이다.
이들은 벌써 그들의 상급이 다 결정되어 있는 상태이다.

[고전 15:41-43]
(41)해의 영광도 다르며 달의 영광도 다르며 별의 영광도 다른데 별과 별의 영광이 다르도다 (42)죽은 자의 부활도 이와 같으니 썩을 것으로 심고 썩지 아니할 것으로 다시 살며 (43)욕된 것으로 심고 영광스러운 것으로 다시 살며 약한 것으로 심고 강한 것으로 다시 살며

그렇다면 이들은 벌써 그리스도의 심판대를 거쳤다는 말과 같은 것이 아닌가?

그리고 사실 주안에서 죽은 자들은 이미 낙원에서 그 상이 다 결정되어 있는 것으로 보인다.
왜냐하면 이들의 집이 다 다르기 때문이다. 크기와 모양과 웅장함이 말이다.
그러면 이들은 그리스도의 심판대하고는 무슨 상관이 있는가 하는 것이다.

[고후 5:10]
이는 우리가 다 반드시 그리스도의 심판대 앞에 드러나 각각 선악간에 그 몸으로 행한 것을 따라 받으려 함이라

이들은 이미 이 심판대를 거친 것처럼 상이 다 결정되어 있는 것이다. 할렐루야.

그러면 그리스도의 심판대란 도대체 무엇을 의미하는가?

145. (i) 첫째부활 때에 천년왕국 안에 들어간 자들은 천년이 끝나고 나서 새 예루살렘성 안으로 옮겨져서 백보좌 심판대 앞에 서지 아니한다.
(ii) 계시록 21장 8절과 계시록 22장 15절의 다른 점
(2015. 5. 1)

천국에 올라갔다.
수레바깥에서 나를 수호하는 천사가 입에 하모니카를 불고 있었다.
그러면서 그 천사가 하는 이야기가 지금 천국에 나를 위한 잔치가 벌어졌다는 것이다.
'나를 위한 잔치라니?'
수레를 끄는 다섯 마리의 말들과 수레를 모는 천사가 나를 환영하여 주었고
나는 수레에 타자마자 천국에 즉시 도착하였다.

주님이 나를 맞아주시는데 저쪽에서는 금 나팔을 불고 있는 천사들이 일렬로 줄을 흰 옷 입은 사람들의 좌우로 쭉 서서 나팔을 불고 있었다.

흰 옷 입은 자들은 나를 환영하여 주었다.
이 때에 주님은 말씀하셨다.
"내 딸이 계시록을 쓸 것이다."
주님의 그 말씀에 그 엄청난 무리가 환호성을 질렀다.
그런데 나는 계시록이 계속 잘 풀리지 않아 고민 중인데 주님은 이렇게 나를 거꾸로 격려하여 주고 있는 것이었다. 즉 올라올 때의 천사가 하모니카를 불고 있고 올라와서도 금나팔을 가진 천사들이 나팔을 불고 있었고 수많은 흰 옷 입은 무리가 내가 계시록을 쓴다는 것에 엄청난 환호를 한 것으로 보아 잘하고 있다는 표시였다.
그런데 나는 내가 생각하기에 전혀 잘하고 있는 것 같지 아니한데....

(i) 첫째부활 때에 천년왕국 안에 들어간 자들은 천년이 끝나고 나서 새 예루살렘성 안으로 옮겨져서 백보좌 심판대 앞에 서지 아니한다.

그 다음은 주님은 나를 유리바다의 벤치로 인도하셨다. 주님과 나는 그곳에 앉았다.
주님은 이미 내 마음의 모든 것을 알고 계시는 분이시다.
주님이 물으신다.
"계시록이 무엇으로 쓰여 있나?"
나는 대답하였다.
"네, 글자로 쓰여져 있습니다."
그리하였더니 주님이 이 때에 내게 알게 하여 주시는 것은 그 쓰여진 글자 안에 내용이 다 들어 있다는 것이다.
'아하, 할렐루야!' '그렇다.'
그러면서 나에게는 새 하늘과 새 땅이 열리고 새 예루살렘성이 내려오는데 그것이 신부가 신랑을 위하여 단장한 것 같더라하는 구절이 생각나는 것이었다.
'아하, 그렇구나. 그렇지.'
이기는 자들이 천년왕국에 들어갔다가 그 천년왕국이 끝이 나면 주님께서 이 새 예루살렘성 안에 두셨다가 이 성이 신부 단장한 그들을 성 안에다가 데리고서 하늘에서 내려오는 것이구나 가 알아지는 것이었다. 왜냐하면 새 예루살렘성이 내려오는데 꼭 신부가 신랑을 위하여 단장한 것 같다 하였다.

[계 21:1-2]

(1)또 내가 새 하늘과 새 땅을 보니 처음 하늘과 처음 땅이 없어졌고 바다도 다시 있지 않더라 (2)또 내가 보매 거룩한 성 새 예루살렘이 하나님께로부터 하늘에서 내려오니 그 예비한 것이 신부가 남편을 위하여 단장한 것 같더라

성이 신부일 수는 없고 성은 건물이다. 그러므로 그 안에 있는 자들이 신부들인 것이다.
할렐루야. 그 성도 그 안에 신부들이 없으면 아무 소용이 없다.
또한 계시록 21장 9절에서 10절을 보면 어린 양의 아내로 하나님께로부터 하늘에서 내려오는 거룩한 성 예루살렘을 말하고 있다.

[계 21:9-10]
(9)일곱 대접을 가지고 마지막 일곱 재앙을 담은 일곱 천사중 하나가 나아와서 내게 말하여 가로되 이리 오라 내가 신부 곧 어린 양의 아내를 네게 보이리라 하고 (10)성령으로 나를 데리고 크고 높은 산으로 올라가 하나님께로부터 하늘에서 내려오는 거룩한 성 예루살렘을 보이니

그러므로 이들은 백보좌 심판을 거치지 않고 천년왕국이 끝나면 주님께서 그들을 이 성 안에 두셨다가 새 하늘과 새 땅이 열리고 나서 이곳으로 내려오는 것이다. 할렐루야.

그러면 즉 새 예루살렘성이 하늘에서 내려온다 하였는데 이 하늘은 어디인가 하는 것이다.
할렐루야.

(ii) 계시록 21장 8절과 계시록 22장 15절의 다른 점

그리고 계시록 21장 6-7절에서 이기는 자는 생명수 샘물을 한없이 먹게 하겠다는 말이 나오고

[계 21:6-8]
(6)또 내게 말씀하시되 이루었도다 나는 알파와 오메가요 처음과 나중이라 내가 생명수 샘물로 목마른 자에게 값 없이 주리니 (7)이기는 자는 이것들을 유업으로 얻으리라 나는 저의 하나님이 되고 그는 내 아들이 되리라 (8)그러나 두려워하는 자들과 믿지 아니하는 자들과 흉악한 자들과 살인자들과 행음자들과 술객들과 우상 숭배자들과 모든 거짓말하는 자들은 불과 유황으로 타는 못에 참예하리니 이것이 둘째 사망이라

그렇다. 이기지 못하는 자들은 두 부류이다.
그러나 계시록 21장 8절
두려워하는 자들과 믿지 아니하는 자들, 이들은 불못에 던지우더라 하는 말이 나온다.
이들은 지옥에 간다.

그러나 계시록 22장 14절-15절을 보면 비슷한 것 같으나
두루마기를 빠는 자들은 복이 있으니 그들이 성안으로 들어갈 권세를 얻는다 하였다.
그러므로 이 두루마기를 빨지 못한 자들은 불못이 아니라 성밖에 남게 되는 것이다

[계 22:14-15]
(14)그 두루마기를 빠는 자들은 복이 있으니 이는 저희가 생명 나무에 나아가며 문들을 통하여 성에 들어갈 권세를 얻으려 함이로다 (15)개들과 술객들과 행음자들과 살인자들과 우상 숭배자들과 및 거짓말을 좋아하며 지어내는 자마다 성밖에 있으리라

분명히 계시록 21장 8절은 분명히 불못이라 말씀하고 있고
그러나 계시록 22장 15절은 분명히 성밖이라고 표현하고 있다.
이 성밖이 불못이냐? 아닌 것이다. 그것은 단지 새 하늘과 새 땅에 있는 새 예루살렘 성밖이다.
그래서 여기서도 주님은 글자 안에 내용이 다 있다고 하신 말씀이 맞는 것이다.

계시록 22장 14절을 보면
두루마기를 빠는 자들은 복이 있으니 그들이 성 안으로 들어갈 권세를 얻는다 하였다.
즉 문 안으로 들어갈 권세를 얻는 것이다.

그러므로 이기지 못하는 자들은 두 부류이다.
한 부류는 불못에 던지우는 자들이고 다른 부류는 지옥은 아니나 새 하늘과 새 땅에서 새 예루살렘 성밖으로 가는 자들이다. 할렐루야.
그래서 글자가 중요하다.
하나는 분명히 불못이고 다른 하나는 성밖이라 말하고 있다.

[계 21:8]
그러나 두려워하는 자들과 믿지 아니하는 자들과 흉악한 자들과 살인자들과 행음자들과 술객들과 우

상 숭배자들과 모든 거짓말하는 자들은 불과 유황으로 타는 못에 참예하리니 이것이 둘째 사망이라

[계 22:15]
개들과 술객들과 행음자들과 살인자들과 우상 숭배자들과 및 거짓말을 좋아하며 지어내는 자마다 성밖에 있으리라

계시록 21장 8절에서 두려워하는 자들과 믿지 아니하는 자들을 빼면
그 나머지는 계시록 22장 15절의 개들만 빼고는 거짓말하고 음행하고 살인하고 우상숭배하는 자들이라는 항목이 같다.

그런데 왜 하나는 지옥에 떨어지고 하나는 성밖이냐? 하는 것이다.
계시록 21장 8절에서 이러한 자들은 분명히 불못에 간다. 왜냐하면 간다고 되어 있기 때문이다.
그러나 계시록 22장 15절에서 분명히 동일한 항목들이지만 이들은 성밖으로 간다라고 되어 있다.

이 차이는 무엇인가 하는 것이다.
우리가 죄를 지어도 양심에 화인을 맞아서 성령이 떠나는 경우가 계시록 21장 8절이라고 본다면 그래서 이런 경우는 히브리서 6장 4-6절 한번 비췸을 받고 타락한 경우에 속하여 지옥으로 떨어지지만 그러나 같은 죄의 항목이더라도 계시록 22장 15절에 성밖으로 쫓겨나는 자들은 아직 성령이 떠나지 아니한 즉 양심에 화인 맞은 상태는 아니라는 것이다.
한쪽은 주님이 완전히 버린 경우이고 한쪽은 성령이 아직 그 안에 계신 경우이다.
할렐루야.

[히 6:4-8]
(4)한번 비췸을 얻고 하늘의 은사를 맛보고 성령에 참예한 바 되고 (5)하나님의 선한 말씀과 내세의 능력을 맛보고 (6)타락한 자들은 다시 새롭게 하여 회개케 할 수 없나니 이는 자기가 하나님의 아들을 다시 십자가에 못박아 현저히 욕을 보임이라 (7)땅이 그 위에 자주 내리는 비를 흡수하여 밭 가는 자들의 쓰기에 합당한 채소를 내면 하나님께 복을 받고 (8)만일 가시와 엉겅퀴를 내면 버림을 당하고 저주함에 가까와 그 마지막은 불사름이 되리라

그래서 주님이 '계시록이 무엇으로 기록되어 있느냐?'하신 말씀에 '글자로 기록되어 있습니다.'라고 했는데 이 부분이 또 이해가 간 것이다. 할렐루야.

이렇게 다시 이 부위에 대하여 가르쳐 주심을 감사합니다.
그리고서 내려왔다.

146. 데살로니가전서 4장 16절에서 18절은 공중휴거를 말하는 구절이다.
(2015. 5. 2)

아침에 기도하면서 정리된 생각을 기록한다.
나는 이 모든 것을 주님이 알게 하시는 것을 믿는다.

[살전 4:16-18]
(16)주께서 호령과 천사장의 소리와 하나님의 나팔로 친히 하늘로 좇아 강림하시리니 그리스도 안에서 죽은 자들이 먼저 일어나고 (17)그 후에 우리 살아 남은 자도 저희와 함께 구름 속으로 끌어 올려 공중에서 주를 영접하게 하시리니 그리하여 우리가 항상 주와 함께 있으리라 (18)그러므로 이 여러 말로 서로 위로하라

그것은 데살로니가전서 4장 16절에서 18절을 보면
공중에서 주를 뵙게 되는데 하나님의 나팔소리에 주안에서 죽은 자들이 먼저 일어난다 하였다 그러고 나서 살아남은 자도 홀연히 변하여 구름 속으로 끌어 올려져서 공중에서 주를 영접하게 되는 것이다.

이것이 백보좌 심판 때인가? 아니면 공중 휴거 때인가? 하는 것이다.

왜냐하면 백보좌 심판 때에도 공중에서 백보좌가 펼쳐지고 심판이 일어나기 때문이다.
지금 보이는 하늘과 땅은 없어지고 말이다.

그러나 이 성경구절이 백보좌 심판 때가 아닌 것이 분명한 것이

그 첫째 이유는
이 성경구절에서는 주안에서 죽은 자들은 먼저 일어나 부활하기 때문이다.
이들의 부활은 첫째부활에 속하는 부활이나 백보좌 심판 때에 일어나는 부활은 둘째부활에 속하기 때문이다.

그러므로 이 성경 구절은 명백히 공중 휴거의 때를 말한다 할 수 있다.
첫째부활에 참여하지 못한 자들이 이 둘째 부활 때에 부활할 것이다.
이 때에 부활하는 자들은 음부에 있는 모든 자들과 일부 낙원에 있으면서 이기지 못한 삶을 살은 자들과 또한 천년왕국 때에 천년왕국 바깥에 살면서 예수를 영접하여 이기는 자의 삶을 살은 자들이다.
왜냐하면 첫째부활에 참가하지 못한 모든 자가 이 때에 부활할 것이기 때문이다. 할렐루야.

그러나 다음의 성경구절도 공중 휴거를 말한다 할 수 있다.

[고전 15:51-52]
(51)보라 내가 너희에게 비밀을 말하노니 우리가 다 잠잘 것이 아니요 마지막 나팔에 순식간에 홀연히 다 변화하리니 (52)나팔 소리가 나매 죽은 자들이 썩지 아니할 것으로 다시 살고 우리도 변화하리라

왜냐하면 백보좌 심판 때에는 이미 지금 보이는 하늘과 땅이 없다.
그래서 지상에 살아남아 있는 자가 없다.

[계 20:11]
또 내가 크고 흰 보좌와 그 위에 앉으신 자를 보니 땅과 하늘이 그 앞에서 피하여 간데 없더라

그러므로 우리도 변화하리라 하는 말이 맞지 않은 것이다.

[벧후 3:10-13]
(10)그러나 주의 날이 도적같이 오리니 그 날에는 하늘이 큰 소리로 떠나 가고 체질이 뜨거운 불에 풀어지고 땅과 그 중에 있는 모든 일이 드러나리로다 (11)이 모든 것이 이렇게 풀어지리니 너희가 어떠한 사람이 되어야 마땅하뇨 거룩한 행실과 경건함으로 (12)하나님의 날이 임하기를 바라보고

간절히 사모하라 그 날에 하늘이 불에 타서 풀어지고 체질이 뜨거운 불에 녹아지려니와 (13)우리는 그의 약속대로 의의 거하는바 새 하늘과 새 땅을 바라보도다

그러므로 마지막 나팔에 살아있는 자들이 순식간에 변화하여 공중에서 주를 뵙는다는 말은 백보좌 심판 때가 아니라 공중 휴거 때를 말한다 할 수 있는 두 번째 이유는 백보좌 심판 때 부활하는 둘째 부활은 지금 보이는 땅과 하늘이 불에 타고 녹아 없어진 상태이므로 살아 있는 자가 아무도 없기 때문에 이 구절들이 맞지 않는 것이다. 할렐루야.

깨닫게하여 주시는 주님을 찬양합니다!

147. 하나님과 어린양이 친히 성전이 되심이라는 의미를 비롯한 여러 가지 질문들을 가지다.
(2015. 5. 2)

천국에 올라가는데 수레바깥에서 나를 수호하는 천사가 금나팔을 불고 있었다.
수레 안에 탔는데 아기천사들이 금나팔을 들고 있었다.
아마도 그들의 숫자는 약 15명이 될까 했다.

천국에 도착하였는데 주님이 마중 나오시고 나를 튜울립이 피어 있는 정원으로 인도하셨다.
꽃들을 보면 나는 너무 좋다.
그러다가 주님은 다시 나를 요한의 집 앞에 있는 피크닉 테이블로 인도하셨다.
주님이 노란 빵모자를 나에게, 모세에게 그리고 요한에게 주신다. 그리고 주님자신도 그 빵모자를 갖고 계신다. 우리 모두는 그 노란 빵모자들을 다 한 번씩 써 보고 그 다음 옆에다가 모아 놓았다.

요한과 내 앞에 성경책이 펼쳐졌다.
나는 백보좌 심판 이후 새 하늘과 새 땅에서 일어나는 일로서 즉 새 예루살렘성 안에는 성전이 따로 없고 하나님과 어린양이 친히 성전이 되신다 하셨는데 나는 도대체 이 말이 무슨 말인지?

그리고 친히 하나님께서 그들의 장막이 되신다 하셨는데 이 말이 도대체 무슨 말인지? 궁금하였다.

[계 21:1-4]
(1) 또 내가 새 하늘과 새 땅을 보니 처음 하늘과 처음 땅이 없어졌고 바다도 다시 있지 않더라 (2) 또 내가 보매 거룩한 성 새 예루살렘이 하나님께로부터 하늘에서 내려오니 그 예비한 것이 신부가 남편을 위하여 단장한 것 같더라

I saw the Holy City, the new Jerusalem, coming down out of heaven from God, prepared as a bride beautifully dressed for her husband.

(3) 내가 들으니 보좌에서 큰 음성이 나서 가로되 보라 하나님의 장막이 사람들과 함께 있으매 하나님이 저희와 함께 거하시리니 저희는 하나님의 백성이 되고 하나님은 친히 저희와 함께 계셔서

And I heard a loud voice from the throne saying, "Now the dwelling of God is with men, and he will live with them. They will be his people, and God himself will be with them and be their God.

(4) 모든 눈물을 그 눈에서 씻기시매 다시 사망이 없고 애통하는 것이나 곡하는 것이나 아픈 것이 다시 있지 아니하리니 처음 것들이 다 지나갔음이러라

He will wipe every tear from their eyes. There will be no more death or mourning or crying or pain, for the old order of things has passed away."

[계 21: 22-23]
(22) 성안에 성전을 내가 보지 못하였으니 이는 주 하나님 곧 전능하신 이와 및 어린 양이 그 성전이심이라

I did not see a temple in the city, because the Lord God Almighty and the Lamb are its temple.

(23) 그 성은 해나 달의 비침이 쓸데 없으니 이는 하나님의 영광이 비취고 어린 양이 그 등이 되심이라

The city does not need the sun or the moon to shine on it, for the glory of God gives it light, and the Lamb is its lamp.

[계 22:1-5]
(1) 또 저가 수정 같이 맑은 생명수의 강을 내게 보이니 하나님과 및 어린 양의 보좌로부터 나서

Then the angel showed me the river of the water of life, as clear as crystal, flowing from the throne of God and of the Lamb

(2) 길 가운데로 흐르더라 강 좌우에 생명 나무가 있어 열 두가지 실과를 맺히되 달마다 그 실과를

맺히고 그 나무 잎사귀들은 만국을 소성하기 위하여 있더라

down the middle of the great street of the city. On each side of the river stood the tree of life, bearing twelve crops of fruit, yielding its fruit every month. And the leaves of the tree are for the healing of the nations.

(3) 다시 저주가 없으며 하나님과 그 어린 양의 보좌가 그 가운데 있으리니 그의 종들이 그를 섬기며

No longer will there be any curse. The throne of God and of the Lamb will be in the city, and his servants will serve him.

(4) 그의 얼굴을 볼 터이요 그의 이름도 저희 이마에 있으리라

They will see his face, and his name will be on their foreheads.

(5) 다시 밤이 없겠고 등불과 햇빛이 쓸데 없으니 이는 주 하나님이 저희에게 비취심이라 저희가 세세토록 왕 노릇하리로다

There will be no more night. They will not need the light of a lamp or the light of the sun, for the Lord God will give them light. And they will reign for ever and ever.

여기서 내가 가진 여러 가지 질문들 :

1) 즉 새 예루살렘성 안에는 하나님의 영광의 빛이 비추어지고 어린 양이 등이 되신다 하였다. 그리고 성 자체 안에는 하나님과 어린양이 친히 성전이 된다고 하셨다. 나는 이 말이 무슨 말인지 궁금하였다.

[계 21:22-23]
(22) 성안에 성전을 내가 보지 못하였으니 이는 주 하나님 곧 전능하신 이와 및 어린 양이 그 성전이심이라

I did not see a temple in the city, because the Lord God Almighty and the Lamb are its temple.

(23) 그 성은 해나 달의 비췸이 쓸데 없으니 이는 하나님의 영광이 비취고 어린 양이 그 등이 되심이라

The city does not need the sun or the moon to shine on it, for the glory of God gives it light, and the Lamb is its lamp.

그렇게 궁금해 하고 있을 때에 아까 수레 안에서 보았던 아기 천사들이 저쪽 옆으로 와서 귀엽게 금나팔을 들고 있었다. 그들은 나를 응원하는 것으로 보였다.

나에게는 여러 질문들이 생겼다.

2) 그리고 계 19장에서는 신부가 준비되었다 하였는데 이것이 천년왕국과 어떻게 연관이 되는지?

[계 19:7-9]
(7) 우리가 즐거워하고 크게 기뻐하여 그에게 영광을 돌리세 어린 양의 혼인 기약이 이르렀고 그 아내가 예비하였으니
Let us rejoice and be glad and give him glory! For the wedding of the Lamb has come, and his bride has made herself ready.
(8) 그에게 허락하사 빛나고 깨끗한 세마포를 입게 하셨은즉 이 세마포는 성도들의 옳은 행실이로다 하더라
Fine linen, bright and clean, was given her to wear." (Fine linen stands for the righteous acts of the saints.)
(9) 천사가 내게 말하기를 기록하라 어린 양의 혼인 잔치에 청함을 입은 자들이 복이 있도다 하고 또 내게 말하되 이것은 하나님의 참되신 말씀이라 하기로
Then the angel said to me, "Write: Blessed are those who are invited to the wedding supper of the Lamb!'" And he added, "These are the true words of God."

이 이후에 아마겟돈 전쟁이 일어나고 천년왕국이 시작된다.
천년왕국에 들어가는 이기는 자들이 어린양의 아내인가? 하는 질문이 시작되었다.

3) 주님의 보좌 앞에 생명수가 흐른다 하였는데 성전은 없고 보좌만 있는 것인가?

하나님과 이린양이 친히 성진이 되시고 그 보좌 잎에서는 생명수강이 흐른다고 되어 있다.

[계 22: 1-3]
(1) 또 저가 수정 같이 맑은 생명수의 강을 내게 보이니 하나님과 및 어린 양의 보좌로부터 나서
Then the angel showed me the river of the water of life, as clear as crystal, flowing from the throne of God and of the Lamb
(2) 길 가운데로 흐르더라 강 좌우에 생명 나무가 있어 열 두가지 실과를 맺히되 달마다 그 실과를 맺히고 그 나무 잎사귀들은 만국을 소성하기 위하여 있더라

down the middle of the great street of the city. On each side of the river stood the tree of life, bearing twelve crops of fruit, yielding its fruit every month. And the leaves of the tree are for the healing of the nations.

(3) 다시 저주가 없으며 하나님과 그 어린 양의 보좌가 그 가운데 있으리니 그의 종들이 그를 섬기며
No longer will there be any curse. The throne of God and of the Lamb will be in the city, and his servants will serve him.

4) 하나님의 장막(God's dwelling)이 그들과 함께 하사 이 말씀은 하나님이 그들 가운데 계신다는 말이다. 신랑과 신부가 하나가 된다는 말씀이신가?

그런데 왜 눈에 보이는 성전이 언급이 안 되고 있는 것일까? 왜 보좌만 있는 것일까?
영원천국에서는 새 예루살렘성 안에 따로 하나님과 어린양이 거하시는 성전이 없다.
그리고 하나님을 섬기는 종들의 이마에 하나님과 어린양의 이름이 적혀 있다고 하였다.

또 하나님은 우리가 일한대로 갚아 주리라고 말씀하신다.

[계 22:12]
보라 내가 속히 오리니 내가 줄 상이 내게 있어 각 사람에게 그의 일한 대로 갚아 주리라
"Behold, I am coming soon! My reward is with me, and I will give to everyone according to what he has done.

이것은 믿지 아니하는 자들에게 말한 것이 아니다.
믿는 자들에게 말한 것이다.
믿지 않는 자가 어찌 주를 위하여 일하겠는가?

5) 그리고 성에 열두 진주문이 있다고 하였다. 동서남북에 세 지파씩의 이름을 딴 세 개의 진주문들이 있다고 하였다.

그러면 우리 이방인들도 이 문들로 들어가는 것일 것이다.
여기에 특별한 의미가 있는가 하는 것이다.

주님 가르쳐 주시옵소서
여기에 대한 모든 대답을 못 듣고 내려왔다.
그러나 하나님께서 일단 나에게 질문을 일으키시고 차츰 가르쳐주실 것을 믿는다.
할렐루야. 늘 그러시니까..........
그러나 현재까지는 별로 그렇게 특별한 의미가 있는 것 같지는 않다.

148. (i) 미국이 전쟁으로 인하여 공격받는 것을 보다.
(ii) 삼위일체의 하나님에 대하여 알게 하시다.
(iii) 에스겔서에서 나오는 성전은 영원천국의 성전과는 상관이 없음을 알게 하시다
(2015. 5. 3)

(i) 미국이 전쟁으로 인하여 공격받는 것을 보다.

천국에 올라갔다.
나를 데리러 온 수레바깥에서 나를 수호하는 천사가 분명히 흰 옷을 입었는데 그 흰 옷에서 금빛이 나고 있었다. 그리고 수레를 모는 천사에게서도 금빛이 났다.
그들은 분명 흰 옷을 입고 있었는데 그 흰 옷들에서 황금빛이 나는 것이었다.
오늘따라 흰 말 하나의 눈이 자세히 보였는데 그 말의 눈썹이 까만색으로 짙게 보였다.
그리고 그들에게서도 황금빛이 어른거렸다.

나는 재빨리 수레를 타고 천국으로 올라갔는데 나를 데리러 온 수레도 흰 옥색수레였지만 거기에서도 황금빛이 어른거렸다. 주여!
수레는 크고 아름다웠다.

천국에 도착하자 나는 수레에서 내려 주님께로 가는데 나의 흰 드레스에서도 황금빛이 나는 것이었다. 주님은 아주 희고 깨끗한 옷을 입고 계셨다. 눈보다 더 흰 옷이었다.

그리고 저기에 흰 옷 입은 무리들이 보였다.
나는 주님께 순간적으로 간구했다.
'주님, 저도 저렇게 주님처럼 그냥 흰 옷을 입고 싶어요.'라고 했더니
내 드레스에서 황금빛이 나던 것이 순식간에 주님이 입고 계신 옷처럼 아주 흰 빛으로 변하였다.
천국은 이런 곳이다. 즉시즉시 변한다.

주님께서 나에게 말씀하셨다.

"내가 너에게 보여줄 것이 있느니라."
그러시더니 '내 손을 꼭 잡으라.'하신다.
그러더니 주님과 나는 어디를 구름을 타지 않고 날고 있었는데....
우리 밑으로는 초록색 나무들이 있는 것이 보였다.

어느새 주님과 나는 지구 위로 날고 있었다.
하늘 구름을 탄 것도 아니고 그냥 내가 주님의 손을 잡고 지구 위를 훨훨 날고 있었던 것이다.
주님께서 지구로 나를 데리고 가신 곳은 미국이었다.
그리고 내 눈에는 자유의 여신상이 보였고 또한 워싱턴 DC가 보였다.

'주님께서 왜 나를 여기에 데리고 오셨을까?'하는 질문이 내게 생기자
갑자기 주님께서 나에게 성경구절 하나를 생각나게 하셨다.

'돌 위에 돌 하나도 남지 않고 무너뜨리우리라.'

아니 주님이 왜 이런 말씀을 주시지? 내가 잘못 듣고 있는 것은 아닌가?
아니 돌 위에 돌 하나도 남지 않고 무너뜨려지리라 하시다니..........
아니 이 미국이 전쟁으로 인하여 공격을 받는다는 말씀이신가?

[마 24:1-2]
(1)예수께서 성전에서 나와서 가실 때에 제자들이 성전 건물들을 가리켜 보이려고 나아오니 (2)대답하여 가라사대 너희가 이 모든 것을 보지 못하느냐 내가 진실로 너희에게 이르노니 돌 하나도 돌 위에 남지 않고 다 무너뜨리우리라

나는 또 무서워졌다.

주님, 이 말이 미국 전체를 말씀하시는 것인가요? 아니면 부분적으로 자유의 여신상과 워싱턴 DC만을 말씀하시는 것인가요?

나는 놀라지 아니할 수 없었다.

도대체 어느 것을 말씀하시는지 알 수가 없었다. 나는 순간 많이 당황하였다.

이것이 분명 전쟁으로 무너진다는 이야기인데....

나는 주님께 말했다.

"주님 싫어요. 저는 이러한 예언하기 싫어요. 다른 사람들이 나를 미친 사람 취급해요. 이런 것 보아도 들어도 말하기 싫어요. 저 안 할래요."

'나라에 대한 전쟁 예언 안 할래요.'라고 나는 주님께 완강히 말씀드렸다.

그럼에도 불구하고

그 다음, 주님은 나에게 미국의 자유의 여신상의 머리와 어깨가 미사일 공격을 받아 부서지는 장면을 또한 보여 주시는 것이었다.

그리고 연이어 워싱턴 DC가 공격받아서 도시 전체가 불에 타고 있는 것을 보여주셨다. 주여!

그리고 나서 주님은 나를 데리고 미국에서 일본을 건너 우리나라를 보여주시면서

하시는 말씀이 우리나라는 보호하실 것이라 하신다.

나는 이 말에 또 당황하였다.

아니 미국의 자유의 여신상과 워싱턴 DC는 공격당하여 무너뜨리워지고 또 우리나라는 보호하신다는 말씀이 무슨 말씀이신지?.....

나는 당황의 연속이었다.

도대체 그 말씀은 우리나라 전쟁이 일어나기 전에 미국이 공격을 당한다는 말씀인가?

아니면 우리나라가 전쟁이 나서 통일된 후에 미국이 다른 나라로부터 공격을 받아 자유의 여신상과 DC 워싱턴이 불에 탈 것을 말씀하시는 것인지?

그 때에 우리나라는 보호하여 주신다는 말씀인가?

주님은 분명히 우리나라에서 전쟁이 일어나서 북한과 미국이 싸워서 미국이 이기고 우리나라는 통일된다 하셨다(서사라 목사의 천국과 지옥 간증 수기 2 참조).

미국의 자유의 여신상과 워싱턴 DC는 불에 타고 우리나라는 보호하신다니......

그것도 미국은 돌 위에 돌 하나도 남기우지 않고 다 무너뜨리워지리라는 말씀을 주시다니….

나는 잠깐 고민이 되었다.

그러나 아무래도 나에게 주님이 미국에 대하여 오늘 아니 지금 보여주신 것을 내가 믿지 못하겠다고 생각하였다.
오늘 어떤 목사님이 예배를 마치고 중국과 러시아가 함께 군함을 가지고 합동 훈련하였다는 신문기사를 오려왔었다. 즉 중국과 러시아가 미국과의 전쟁준비를 하고 있는 것으로 보였다.
그러므로 주님이 나에게 천국에서 보여주시는 것이 때때로 현재 나의 생활과 동떨어진 것을 보여주시지 않는다. 내 생활에 일어나는 것과 관련하여 보여주시는 경우가 상당히 있다.
그래서 나는 이렇게 생각했다. 혹 오늘 그 목사님이 나에게 그런 이야기를 하였기 때문에 오늘 내가 본 것이 혹 내 생각으로 본 것인가 하고도 생각하여 보았다.
그런데 그것이 분명히 아닌 것이 천국에 올라갔더니 주님께서 '나에게 보여줄 것이 있다' 하시면서 나를 지구에 있는 미국으로 데리고 가신 것이다.
나는 내가 보여달라고 했거나 전혀 생각지도 않은 것들이었다.
그리고 주님이 나를 갑자기 미국으로 데리고 가시더니 그 자유의 여신상이 미사일을 맞아서 머리와 어깨가 부서지는 장면과 워싱턴DC가 불에 타는 것을 보여주신 것이다.

그러므로 내가 천국에 간 이후에 천국에서 나에게 진행되는 모든 생각이나 또 일어나는 모든 것은 주님이 계획하여 보여주시는 것으로 봄이 옳다. 이것이 여태까지의 천국과 지옥을 본 내 경험이다.

그리고 이전에 한번 또 주님은 나에게 워싱턴DC에 있는 미국의 국회 의사당이 미사일을 맞아서 불에 타는 것을 보여주신 적이 있다. 나는 이것에 대하여 전혀 함구하였었다.
그 때가 언제냐면 주님께서 한창 나에게 한국전쟁에 대하여 계시하여 주실 때이다.
그런데 오늘 두 번째로 미국이 공격받는 것을 보여주신 것이다.
그러므로 오늘 내가 본 것을 이전에도 보았으므로 나는 결코 무시할 수 없다.

그리고 나서 주님은 나를 데리고 모세의 궁으로 가셨다.
모세는 하늘색 옷을 아래위로 입고 있었다.
모세가 나를 보자마자 이렇게 말했다.
"자중하세요."

천국에서는 한마디 말만 하여도 그 말속에 숨어 있는 모든 내용이 즉시 마음으로 알아진다.
즉 모세가 이 말을 한 이유는 내가 주님이 금방 미국에 대하여 보여주신 것을 믿지 않는다는 것이다.

나는 모세에게 말했다.
'만일 그것이 사실이라면 주님이 나에게 다시 보여주셔야 한다.'고 말했다.

나는 분명 주님이 나를 데리고 간 곳이 지구의 미국이었으나 미국에 대하여 돌 위에 돌 하나도 남기우지 않고 무너뜨리워지리라는 그 성경구절을 생각나게 하신 것을 믿지 못하겠다 하였다.
이 때에 주님은 모세에게 눈짓을 하셨다.
즉 모세에게 '지금은 그냥 넘어가자'라고 하시는 것이었다.
즉 내가 보여주셔도 안 믿는 것 말이다.
그 이유인즉슨 주님이 나에게 알게 하시는 그 이유는
내가 지상에서 올라와서 주님이 보여주시는 모든 것을 다 믿기는 어려울 것이라는 것이었다.

그리고 나서는 주님이 모세에게 이렇게 말씀하셨다.
'사라가 나를 믿지 않는다.'고
그래서 나는 주님께 말씀드렸다.
"주님, 제가 주님을 믿지 못하는 것이 아니라 제가 주님께서 그렇게 보여주신 것을 내가 진짜 보고 들은 것인지 나를 믿지 못하겠습니다."
즉 모든 잘못을 내게로 돌렸다.
그리하였더니 주님이 무언으로 이렇게 말씀하셨다.
"너는 내가 너에게 보여준 것만 말하라."
나는 말했다.
"네 주님."

그러나 나는 오늘 미국이 공격받는 것을 보았으나 이 전쟁에 대한 예언은 보류해놓고 싶다.
언젠가는 이야기할 날이 오겠지..............

(ii) 삼위일체의 하나님에 대하여 알게 하시다.

그리고 나서 주님은 나와 모세를 데리고 이사야의 집으로 가시는 것이었다.

이사야의 집 옆으로는 큰 생명수강이 흐르고 있고 그 옆에는 피크닉 테이블 같은 것이 놓여 있는데 그 테이블 강가 쪽으로는 주님과 모세가 앉고 이쪽에는 나와 이사야가 앉았다.
이런 말을 해서 조금 안됐지만 그런데 사실이다.
이사야는 조금 못 생겼고 모세는 준수하게 잘 생겼다.
그런데 나는 이 두 사람을 보면서 웃고 있었다.
왜냐하면 두 사람이 거의 똑같이 아래위로 하늘색 옷을 입고 있었기 때문이다.
이렇게 같이 두 사람이 거의 똑 같이 같은 장소에 같은 시간에 하늘색 옷을 입고 나타난 것이 처음이었다.
그들이 따로따로 나에게 나타날 때에는 그들이 각각 하늘색 옷을 입고 있어도 아하 그런가보다 했는데 오늘은 동시에 두 사람이 똑 같이 거의 같은 색깔의 하늘색 옷을 입고 나타난 것이다.

주님이 말씀하셨다.
"사라야, 이사야에게 물어볼 말이 없니?"
주님은 다 알고 계신다. 내 안에 어떠한 의문이 있는지 다 아시는 분이시다.
그래서 지금 주님은 나에게 질문을 유도하고 계시는 것이었다.
"아하 있어요."
그것은 이사야 9장 6절에 대한 것이었다.

[사 9:6]
이는 한 아기가 우리에게 났고 한 아들을 우리에게 주신 바 되었는데 그 어깨에는 정사를 메었고 그 이름은 기묘자라, 모사라, 전능하신 하나님이라, 영존하시는 아버지라, 평강의 왕이라 할 것임이라

즉 여기에서 이사야가 '이 아기가 전능하신 하나님'이라 하였고 '영존하시는 아버지'라 했는데 그러면 '이 아이가 아버지 맞냐?'고 물었다.
그 질문에 '그렇다.' 라는 대답이 왔다.

나는 여기서 주님께 다시 질문했다.
"아니 주님 제가 성부 하나님이 계신 궁에 갔을 때에 성부 하나님의 목소리는 저 보좌 앞에서 나왔고 주님은 제 옆에 서 계셨는데 그러면 그 성부 하나님 아버지는 누구신가요?" 라고 물었더니 주님이 이렇게 말씀하신다.
"그가 바로 나니라."

나는 너무 놀라
"네?"
아니 그 예수님 자신이 그 성부 하나님이시라는 것이다.
분명히 성부 하나님은 보좌 저 앞에서 목소리가 우레 소리처럼 나왔고 주님은 내 옆에 서 계셨건만.........

아니 그러면 이 아이가 영존하시는 아버지라 불리워지고 그래서 이 아이가 아버지,
그리고 예수님이 하시는 말씀이 그 성부 하나님이 바로 자신이라는 말씀이다.
아하! 그렇다.
맞다. 그럴 수밖에 없는 것이다.
아이 = 영존하시는 아버지, 성부 = 예수님, 이러한 등식이 성립하는 것이다.
할렐루야.

그래 맞아 그렇지!
그래서 삼위일체의 하나님이신 것이야. 할렐루야.
즉 성부 하나님은 곧 성자 하나님이신 것이다.
왜냐하면 하나님은 한분 하나님이시기 때문이다.

비록 예수님이 요단강가에서 세례를 받으실 때에 하늘에서 성부 하나님의 목소리가 났고 또 성령이 비둘기 같이 예수님 위에 내려오셨지만 이는 모두 한분 하나님이신 것이다.
삼위의 하나님이신 것이다. 그분은 한분 하나님이신 것이다.
이것은 신비이지만 사실이다.
그러니 이 아이가 영존하시는 아버지라는 말이 맞고 그리고 성부 하나님이 예수님 자신이라는 말이 맞는 것이다.
할렐루야.

아하! 그래서 빌립보서 2장에서 예수님이 하나님의 본체라고 하는 것을 알겠다.

[빌 2:6-8]
(6)그는 근본 하나님의 본체시나 하나님과 동등됨을 취할 것으로 여기지 아니하시고 (7)오히려 자기를 비어 종의 형체를 가져 사람들과 같이 되었고 (8)사람의 모양으로 나타나셨으매 자기를 낮추시고

죽기까지 복종하셨으니 곧 십자가에 죽으심이라

주님 감사합니다.
다시 한번 저에게 이것을 인지시켜주심을 감사하나이다.
삼위의 하나님이시지만 한분 하나님이심을 다시 한번 가르쳐 주심을 감사하나이다.

(iii) 에스겔서에서 나오는 성전은 영원천국의 성전과는 상관이 없음을 알게 하시다.

그리고서는 주님과 나 그리고 모세는 구름을 타고 요한의 집 앞에 있는 피크닉 테이블로 옮기기 위하여 구름을 탔다. 이사야는 우리가 탄 구름 밑에서 우리를 배웅하여 주었다.
주님과 나 그리고 모세는 요한의 집 앞에 도착하여 앉았다.

나의 질문은

새 하늘과 새 땅에 내려온 새 예루살렘성 안에는 성전이 없고 친히 하나님과 어린양이 성전이 되신다는 것에 대하여 의문을 가졌다. 그리고 거기에는 친히 하나님과 어린양이 빛이 되셔서 해와 달이 필요하지 않다고 성경은 기록하고 있다.

나는 여기서 주님께 물었다.

주님 그러면 에스겔서에서 나오는 성전은 여기 새 예루살렘성과 관계가 있는 것인가요?

주님은 말씀하신다. '그 성은 나와 상관이 없다.'라고 잘라서 말씀하신다.

아하, 주님은 에스겔이 본 그 성전이 이 영원천국의 새 하늘과 새 땅 그리고 새 예루살렘성과는 상관이 없는 것이라고 말씀하시는 것이었다.
나는 그러다가 코끝이 갑자기 간지러워서 갑자기 지상으로 돌아오게 되었다.
그런데 맞다. 지상에 내려와서 생각하니 영원천국에는 성전이 없다고 말하는데 즉 하나님과 어린양이 친히 성전이 되신다 하였는데 에스겔서에서는 너무나 자세히 성전을 묘사하고 있다.
그러므로 그렇다. 에스겔서에서 나오는 성전은 영원천국하고는 상관이 없는 것이다.
할렐루야.

149. (i) 내가 천국에서 생각으로 깨우쳐지는 모든 것은 주님이 주장하신다는 것을 알게 하시다.
(ii) 어린양의 혼인잔치는 천년왕국에서 일어나는 것으로 보인다.
(2015. 5. 5)

(i) 내가 천국에서 생각으로 깨우쳐지는 모든 것은 주님이 주장하신다는 것을 알게 하시다.

천국에 올라갔다.
나는 오늘 지금 천국에 올라온 것 말고 어제 오늘 아침 두어 번 천국에 올라가서 무엇을 보았으나 나는 내 마음에 과연 내가 본 것이 맞을까하는 의심하는 마음이 들어서 아예 기록도 하지 않고 있었다. 그리하였더니 이번에 올라가니 수레바깥에서 나를 수호하는 천사가 나에게 말하기를, 그는 늘 나를 주인님이라 부르는데 이렇게 말한다.
"주인님 이제 의심하지 마세요. 주님이 화내십니다."라고 말했다.
나는 순간적으로 움찔했다.
'이 천사가 어찌 내가 의심하는 줄 알고 이런 말을 하지?' 하고 놀랬다.
이 천사는 오늘따라 아주 흰 옷을 입었고 머리에는 꼭 해군이 쓰는 하얀 모자 같은 것을 쓰고 있었다. 수레를 모는 천사도 그러한 모자를 쓰고 있었다. 그런데 이들의 옷이 오늘따라 너무 희다.

나는 그들이 가져온 수레를 타고 천국에 즉시 올라갔는데 주님이 나를 맞이하여 주셨다.
주님의 옷 역시 너무너무 희게 보였다.
'오늘 무슨 거룩한 일이 일어나려나?'라는 생각이 들었다.
저 옆에 나를 환영하여 주는 흰 옷 입은 무리들도 보였다.
그들은 늘 천국에 도달하면 나를 한쪽 옆에서 환영하여 준다.

주님은 나를 데리고 구름에 오르셨다. 그런데 이번에는 그 구름에는 벤치가 놓여 있었다.
주님과 내가 벤치에 앉자 주위의 구름이 직선적으로 쭉 높이 솟아 올랐다.
즉 구름이 우리 뒤에서 벽을 만들듯이 저 하늘높이 솟아 오른 것이다.
그리고 꼭 내 생각에는 그 구름 외에는 주위에 아무것도 보이지 않도록 구름이 주님과 나를 둘러쌌다. 그러자 나는 꼭 구름으로 만들어진 방안에 와 있는 느낌을 받았다.
주위는 온통 하얀 구름밖에 보이지 않았다. 그리고 그렇게 보이는 구름 방안은 아담한 분위기였다.

그 구름 방안에는 주님과 나만 있었다. 오 주여!

주님이 말씀하신다.

"사라야!"
"네"
"모든 것이 내 손 안에 있단다."
"네, 주님"
"너도 내 손 안에 있단다."
"네, 알아요. 주님"
"내가 너의 모든 것을 이용할 것이다."

나는 이 말씀이 무엇을 말씀하시는지 잘 몰랐으나 대강은 눈치가 채졌다.
즉 주님은 자신의 메시지를 전하는데 나를 사용하시겠다는 말씀이셨다.
그래서 나는 주님께 말했다.
"주님, 그런데 주님께서 저에게 계시록을 쓰라 하시는데 잘 안 풀려요."라고 말씀드렸더니
주님이 이렇게 다시 말씀하신다.
"모세와 내가 그리고 요한이 왜 네가 계시록에 대하여 질문을 가질 때에 우리가 그 테이블에 너와 같이 앉아 있는지 아느냐?"
즉 요한의 피크닉 테이블에 주님이 항상 모세와 함께 와 있었다.
그러시면서 주님이 내게 말씀하시기를
"네가 천국에서 드는 모든 생각을 내가 다스리고 있단다."

즉 지금까지 계시록에 대하여 내가 질문을 가질 때에 나는 늘 요한의 피크닉 테이블에 인도되었고 거기에는 주님과 모세 그리고 요한이 나와 함께 앉아 있었다.
그러면 내가 질문을 가지면 주님이 직접 말씀하시는 것이 아니라
주님께서는 내 생각을 조절하셔서 이렇게 저렇게 깨우쳐서 알게 하여 주셨던 것이다.
'아하, 그 말씀이시구나!....'라는 것이 알아졌다.

주님은 내가 계시록에 대하여 여러 가지 질문을 가질 때에 나에게 여러 가지를 생각나게 하여주셔서 깨우쳐 주신다.

이건 이것이고 저건 저것이고 그렇게 일일이 말씀하여 주시는 것이 아니다.
천국에서는 나의 생각이 다 드러나므로 주님은 내 생각을 처음부터 끝까지 다 알고 계신 분이다.
그리고 오히려 내 생각을 그분이 주장하시는 분이시다.

나는 또 주님께 말했다.
"그러나 주님은 직접 저에게 가르쳐 주시지 아니하셨어요."라고 했더니
주님께서 이렇게 말씀하신다.
'네가 계시록을 쓸 때에 왜 나와 모세와 요한이 그 테이블에 앉아 있었는지 아느냐?'라고 되물으시는 것이었다.
할렐루야.

그래 맞다. 그래서 가끔씩 모세가 중간중간 이렇게 말한 것이 생각이 났다.
'주님, 사라가 너무 많이 앞서서 깨달아요.'
또 '주님, 사라가 너무 멀리가지 않게 해주세요' 등등.

그렇다. 그들은 나의 생각을 다 알고 있었던 것이다.
그리고 주님께서는 천상에서 드는 나의 모든 생각들을 주관하고 계셨음을 알게 하여 주신 것이다.
그렇구나! 주님, 이제야 알겠습니다. 감사합니다.

그리고 나서는 주님은 나를 모세의 궁에 데리고 가셨다.
모세가 입이 찢어질 정도로 나를 보고 웃는다.
즉 나에게 '이제 알겠느냐?'는 의미를 띤 웃음이었다.
즉 나에게 다시는 의심하지 말라는 것이었다.
이렇게 천국에서는 나에 대하여 다 알고 있었다.

(ii) 어린양의 혼인잔치는 천년왕국에서 일어나는 것으로 보인다.

그리고서는 장면이 갑자기 바뀌어져서 주님과 나, 모세 그리고 요한 모두가 다 아주 큰 성경 앞에 서 있었다. 그 성경의 크기는 우리 사람의 크기보다 약 수백 배나 되는 것 같았다.
그러한 큰 성경 앞에서 가장 오른쪽으로부터 요한, 주님, 모세, 내가 차례로 서 있었다.
그 큰 성경은 펼쳐져 있었고 우리는 그 큰 글씨들 앞에 서 있었다.

펼쳐져 있는 성경의 내용은 계시록 19장이었다.
즉 어린양의 아내가 준비되었다는 내용이다.

[계 19:7-14]
(7)우리가 즐거워하고 크게 기뻐하여 그에게 영광을 돌리세 어린 양의 혼인 기약이 이르렀고 그 아내가 예비하였으니 (8)그에게 허락하사 빛나고 깨끗한 세마포를 입게 하셨은즉 이 세마포는 성도들의 옳은 행실이로다 하더라 (9)천사가 내게 말하기를 기록하라 어린 양의 혼인 잔치에 청함을 입은 자들이 복이 있도다 하고 또 내게 말하되 이것은 하나님의 참되신 말씀이라 하기로 (10)내가 그 발 앞에 엎드려 경배하려 하니 그가 나더러 말하기를 나는 너와 및 예수의 증거를 받은 네 형제들과 같이 된 종이니 삼가 그리하지 말고 오직 하나님께 경배하라 예수의 증거는 대언의 영이라 하더라 (11)또 내가 하늘이 열린 것을 보니 보라 백마와 탄 자가 있으니 그 이름은 충신과 진실이라 그가 공의로 심판하며 싸우더라 (12)그 눈이 불꽃 같고 그 머리에 많은 면류관이 있고 또 이름 쓴 것이 하나가 있으니 자기 밖에 아는 자가 없고 (13)또 그가 피 뿌린 옷을 입었는데 그 이름은 하나님의 말씀이라 칭하더라 (14)하늘에 있는 군대들이 희고 깨끗한 세마포를 입고 백마를 타고 그를 따르더라

나는 이 구절을 보자 여기서
계시록 19장에 나오는 어린양의 아내가 준비되었다는 말씀에 대하여 의문을 가지게 되었다.
(더 정확히 말하자면 사실은 주님께서 나에게 이것에 대하여 가르쳐 주시기 위하여 이 구절을 지금 나에게 보여주고 계신다는 것을 알았다.)

이 어린양의 아내가 혼인할 기약이 이르렀고 그리고 준비되었다 하는 말은
아직 혼인예식을 하지 않았다는 것이다.
그렇게 말하고 나서 성경은 다음을 기록한다. 즉 예수님이 하늘에서 백마를 타고 내려오셔서 아마겟돈 전쟁을 일으키시고 그 다음에는 적그리스도와 거짓선지자를 잡아서 산채로 유황 불못에 던져 넣으신다. 그리고 나서 주님은 사단을 일천년 동안 무저갱에다가 감금시키고 그런 다음에 첫째부활에 참여한 자들과 함께 천년왕국으로 들어가시는 것이다. 할렐루야.

그러면 이 천년왕국이 혼인잔치가 일어나는 곳인가? 하는 것이다.

그렇게 생각하니 '그럴 수밖에 없다.'하는 결론이 나온다.

왜냐하면 혼인기약이 이르렀다 하였는데 그 바로 뒤에 나오는 아마겟돈 전쟁할 때에 주님이 혼인 예식을 할리는 없기 때문이다.

그리고 이 어린양의 아내는 계시록 21장에서 다시 나온다.

[계 21:1-2]
(1)또 내가 새 하늘과 새 땅을 보니 처음 하늘과 처음 땅이 없어졌고 바다도 다시 있지 않더라 (2)또 내가 보매 거룩한 성 새 예루살렘이 하나님께로부터 하늘에서 내려오니 그 예비한 것이 신부가 남편을 위하여 단장한 것 같더라

계속 계 21장에서 하늘에서 하나님께로부터 내려오는 새 예루살렘성을 두고 말하는데
그러면 이 때에 어린양의 아내(단체)가 천년왕국에 들어갔다가 하늘에 있는 새 예루살렘성에 잠깐 올라가 있다가 그 새 예루살렘성이 하늘에서 새 하늘과 새 땅으로 내려올 때에 같이 내려오는 것으로 보여진다.

아하, 그래서 이 어린양의 아내(신부)는 백보좌 심판대를 거치지 아니하는 것이 알아졌다.

아하, 그렇다. 이제야 모든 것이 맞아 떨어진다.
할렐루야.
주님 감사합니다. 이제야 모든 것이 정리되고 풀리는 느낌이 들었다.
그러나 나는 여기서 계속 질문 하나가 더 생겨났다.

즉 천년왕국이 끝나고 백보좌 심판이 일어나기 전에 이 신부가 하늘로 올리워지는 것은 알겠는데 그러면 이 하늘과 땅이 없어지기 진에 마지막 진쟁인 곡과 마곡진쟁이 일이날 동인에는 그 신부들이 어디에 있는가? 하는 것이다. 즉 첫째부활에 속하여 천년왕국에 들어갔던 그들이 어디 있는 것일까?

하는 것이다.

성경을 보면 천년왕국 이후 사단이 잠깐 무저갱에서 풀려나고 곡과 마곡을 미혹하여 구름떼와 같이 많이 몰려와서 성도들의 진과 사랑하시는 성을 둘러쌌다 하였다.

[계 20:7-10]
(7)천년이 차매 사단이 그 옥에서 놓여 (8)나와서 땅의 사방 백성 곧 곡과 마곡을 미혹하고 모아 싸움을 붙이리니 그 수가 바다 모래 같으리라 (9)저희가 지면에 널리 퍼져 성도들의 진과 사랑하시는 성을 두르매 하늘에서 불이 내려와 저희를 소멸하고 (10)또 저희를 미혹하는 마귀가 불과 유황 못에 던지우니 거기는 그 짐승과 거짓 선지자도 있어 세세토록 밤낮 괴로움을 받으리라

그러면 그 첫째부활에 속하였던 자들이 곡과 마곡전쟁 때에 이 주님의 사랑하시는 성안에 있는 것인가 아니면 이미 저 하늘에 있는 낙원에 있는 예루살렘성으로 이미 올라가 있는가?

하는 것이다.

즉 백보좌 심판 전에는 옮겨져 있는 것을 알겠다. 그런데 이 옮겨지는 것이 곡과 마곡전쟁 전인가 아니면 후인가 하는 문제이다. 왜냐하면 이 세상이 불에 타 없어지기 전에는 올라가 있어야 하기 때문이다.

[벧후 3:10-13]
(10)그러나 주의 날이 도적같이 오리니 그 날에는 하늘이 큰 소리로 떠나 가고 체질이 뜨거운 불에 풀어지고 땅과 그 중에 있는 모든 일이 드러나리로다 (11)이 모든 것이 이렇게 풀어지리니 너희가 어떠한 사람이 되어야 마땅하뇨 거룩한 행실과 경건함으로 (12)하나님의 날이 임하기를 바라보고 간절히 사모하라 그 날에 하늘이 불에 타서 풀어지고 체질이 뜨거운 불에 녹아지려니와 (13)우리는 그의 약속대로 의의 거하는바 새 하늘과 새 땅을 바라보도다

그러나 나는 위 질문에 대한 대답은 못 듣고 이러한 질문만 갖다가 지상으로 내려왔다. 주여!

150. 기도중에 알게 하여 주신 것들 :
(i) 어린양의 아내, 혼인잔치
(ii) 성안에는 예복 입은 신부들이 들어가고, 성밖에는 예복입지 아니한 이름이 흐려진 자들이 간다.
(iii) 계시록 7장에서 하나님의 종들의 이마에 쓰여지는 이름
(iv) 곡과 마곡전쟁 때에 그들이 둘러싸는 성도들의 진이란?
(2015. 5. 6)

(i) 어린양의 아내, 혼인잔치 :

기도하다가 생각나서 적는다.
계시록 19장에서는 어린양의 혼인기약이 이르렀고 어린양의 아내가 예비되었다고 말하면서 이들에게는 빛나고 깨끗한 세마포를 입게 하셨는데 이 세마포는 성도들의 옳은 행실이라고 말하고 있다.

[계 19:7-9]
(7)우리가 즐거워하고 크게 기뻐하여 그에게 영광을 돌리세 어린 양의 혼인 기약이 이르렀고 그 아내가 예비하였으니 (8)그에게 허락하사 빛나고 깨끗한 세마포를 입게 하셨은즉 이 세마포는 성도들의 옳은 행실이로다 하더라 (9)천사가 내게 말하기를 기록하라 어린 양의 혼인 잔치에 청함을 입은 자들이 복이 있도다 하고 또 내게 말하되 이것은 하나님의 참되신 말씀이라 하기로

이 어린양의 아내가 계시록 21장에 나오는 새 예루살렘성과 연관이 되는 것을 알 수 있다.

[계 21:2]
또 내가 보매 거룩한 성 새 예루살렘이 하나님께로부터 하늘에서 내려오니 그 예비한 것이 신부가 남편을 위하여 단장한 것 같더라

그런데 계시록 19장에서 어린양의 아내가 준비되었다하는데 혼인예식이나 잔치를 벌리는 장면은 없고 바로 그 후에 주님이 백마타고 내려오셔서 적그리스도와 거짓선지자와 그들에게 붙은 왕들과 아마겟돈 전쟁을 일으키신다.

그러므로 이 신부들은 이 아마겟돈전쟁 후에 첫째부활에 속한 자들로서 천년왕국에 들어가는 것이다. 할렐루야.

그 이후 이들은 천년왕국이후에 백보좌 심판을 거치지 않고 낙원에 있는 예루살렘성안으로 옮겨져 있다가 새 하늘과 새 땅이 열리고 하늘에서 하나님께로 새 예루살렘성이 내려올 때에 그 안에 있으면서 하늘에서 새 예루살렘성과 같이 내려오는 것이다.
그러므로 새 예루살렘성안에는 어린양의 신부들이 있다.
그러므로 요한은 그 새 예루살렘성이 하늘에서 내려올 때에 그 단장한 것이 어린양의 신부와 같다라고 표현하고 있는 것이다.

또한 계시록 21장 9절에 아예 어린양의 아내를 하늘에서 내려오는 거룩한 성 새 예루살렘성으로 말한다.
우리가 상식적으로 알고 있는 바, 건물이 어린 양의 아내가 될 수 없는 법, 그 안에는 어린양의 신부들이 들어 있음을 간접적으로 말하고 있는 것이다.
할렐루야.

[계 21:9-10]
(9)일곱 대접을 가지고 마지막 일곱 재앙을 담은 일곱 천사중 하나가 나아와서 내게 말하여 가로되 이리 오라 내가 신부 곧 어린 양의 아내를 네게 보이리라 하고 (10)성령으로 나를 데리고 크고 높은 산으로 올라가 하나님께로부터 하늘에서 내려오는 거룩한 성 예루살렘을 보이니

할렐루야. 거룩한 성 예루살렘성 안에는 어린양의 아내가 들어 있는 것이다.
할렐루야.

(ii) 성안에는 예복 입은 신부들이 들어가고, 성밖에는 예복 입지 아니한 이름이 흐려진 자들이 간다.

그러므로 이 새 하늘과 새 땅에 새 예루살렘성이 내려오니 확실히 그 새 예루살렘성 안과 성밖이 구분이 되어지는 것이다. 할렐루야.
그래서 예수는 믿었으나 이기지 못하는 삶을 살은 자들은 이 새 예루살렘성 안에 들어가지 못하고 성밖 즉 문 밖에 남게 된다. 즉 신랑을 기다리고 있던 열 처녀 중 기름준비를 충분히 하지 못한 미련

한 다섯 처녀가 문 밖에 남은 것처럼 말이다. 할렐루야.
여기에 대하여 주님은 확실하게 말씀하셨다.
주님은 혼인잔치에 예복을 입지 않고 들어온 자(세마포로 단장하지 않은 자)를 저 바깥 어두운데 내어 쫓아서 슬피 울며 이를 갈게 하라고 말씀하고 계시는 것이다.

[마 22:8-13]
(8)이에 종들에게 이르되 혼인 잔치는 예비되었으나 청한 사람들은 합당치 아니하니 (9)사거리 길에 가서 사람을 만나는 대로 혼인 잔치에 청하여 오너라 한 대 (10)종들이 길에 나가 악한 자나 선한 자나 만나는 대로 모두 데려 오니 혼인자리에 손이 가득한지라 (11)임금이 손을 보러 들어올새 거기서 예복을 입지 않은 한 사람을 보고 (12)가로되 친구여 어찌하여 예복을 입지 않고 여기 들어왔느냐 하니 저가 유구무언이어늘 (13)임금이 사환들에게 말하되 그 수족을 결박하여 바깥 어두움에 내어 던지라 거기서 슬피 울며 이를 갊이 있으리라 하니라

즉 주님의 혼인잔치에 들어오는 모든 사람들은 예복(세마포: 옳은 행실)을 입은 자들인 것이다. 입지 아니하면 혼인잔치에 참여할 수 없다. 할렐루야.
그러므로 새 하늘과 새 땅에서 새 예루살렘성 바깥은 '바깥 어두운 곳'으로서 슬피 울며 이를 가는 장소인 것이다. 할렐루야.

또

[계 21:22-27]
(22)성안에 성전을 내가 보지 못하였으니 이는 주 하나님 곧 전능하신 이와 및 어린 양이 그 성전이 심이라 (23)그 성은 해나 달의 비췸이 쓸데 없으니 이는 하나님의 영광이 비취고 어린 양이 그 등이 되심이라 (24)만국이 그 빛 가운데로 다니고 땅의 왕들이 자기 영광을 가지고 그리로 들어오리라 (25)성문들을 낮에 도무지 닫지 아니하리니 거기는 밤이 없음이라 (26)사람들이 만국의 영광과 존귀를 가지고 그리로 들어오겠고 (27)무엇이든지 속된 것이나 가증한 일 또는 거짓말 하는 자는 결코 그리로 들어오지 못하되 오직 어린 양의 생명책에 기록된 자들 뿐이라

그리하여 계시록 21장 25-26절과 27절을 비교하여 보면 계시록 21장 27절은 성밖 즉 문 밖에 남는 자들을 말한다. 즉 속된 것이나 가증한 일 또는 거짓말하는 자는 결코 그 성 문을 통하여 성 안으로 들어가지 못함을 말하고 있는 것이다.

주여!!!

이 성 문 바깥이 바로 계시록 22장 15절에서 나오는 성밖이다.
할렐루야.
여기는 지옥이 아니다. 여전히 새 하늘과 새 땅인 것이다.
주님은 오직 거룩한 자들만 성 안으로 들어온다고 말씀하시는 것이다.
할렐루야. 그 어린 양의 피에 그 두루마기를 철저히 빤 자들 즉 세마포를 입은 자들만 거기로 들어간다 하셨다.
그러나 속되고 가증하고 거짓말하는 자들은 성밖에 남게 되는 것이다. 할렐루야.

[계 22:14-15]
(14)그 두루마기를 빠는 자들은 복이 있으니 이는 저희가 생명 나무에 나아가며 문들을 통하여 성에 들어갈 권세를 얻으려 함이로다 (15)개들과 술객들과 행음자들과 살인자들과 우상 숭배자들과 및 거짓말을 좋아하며 지어내는 자마다 성 밖에 있으리라

이 말씀과 정확하게 일치를 하고 있음을 본다.

그리고 이 성밖에 있는 자들은 그들의 이름이 생명책에서 흐려진 자들이라 할 수 있다. 그러나 그 이름이 완전히 지워진 자들은 아니다. 그러나 하나님이 그 이름을 시인하지 아니하신다. 오직 어린 양의 신부들만 하나님이 그 이름을 시인하시는 것이다.
우리는 계시록 3장에서 이름이 흐려지는 자들을 볼 수 있다.

[계 3:1-6]
(1)사데 교회의 사자에게 편지하기를 하나님의 일곱 영과 일곱 별을 가진 이가 가라사대 내가 네 행위를 아노니 네가 살았다 하는 이름은 가졌으나 죽은 자로다 (2)너는 일깨워 그 남은바 죽게 된 것을 굳게 하라 내 하나님 앞에 네 행위의 온전한 것을 찾지 못하였노니 (3)그러므로 네가 어떻게 받았으며 어떻게 들었는지 생각하고 지키어 회개하라 만일 일깨지 아니하면 내가 도적 같이 이르리니 어느 시에 네게 임할는지 네가 알지 못하리라 (4)그러나 사데에 그 옷을 더럽히지 아니한 자 몇 명이 네게 있어 흰 옷을 입고 나와 함께 다니리니 그들은 합당한 자인 연고라 (5)이기는 자는 이와 같이 흰 옷을 입을 것이요 내가 그 이름을 생명책에서 반드시 흐리지 아니하고 그 이름을 내 아버지 앞과 그 천사들 앞에서 시인하리라 (6)귀 있는 자는 성령이 교회들에게 하시는 말씀을 들을지어다

즉 이기지 못하는 자는 그 이름을 생명책에서 흐리시겠다는 것이다. 즉 완전히 흐려지는 것이 아니다. 이름은 보이는데 또록또록하게 보이지 않고 흐려진 것이다. 이러한 경우는 아버지와 천사들 앞에서 그 이름이 시인되지 아니한다. 오직 흐려지지 않고 똑똑히 적혀진 이름들만 주님이 아버지와 천사들 앞에서 시인하시는 것이다.
할렐루야.
그리고 이렇게 흐려진 이름은 다 예복을 입지 못한 자들로서 성밖으로 쫓겨나는 것이다.
할렐루야.

[마 7:21-23]
(21)나더러 주여 주여 하는 자마다 천국에 다 들어갈 것이 아니요 다만 하늘에 계신 내 아버지의 뜻대로 행하는 자라야 들어가리라 (22)그 날에 많은 사람이 나더러 이르되 주여 주여 우리가 주의 이름으로 선지자 노릇하며 주의이름으로 귀신을 쫓아 내며 주의 이름으로 많은 권능을 행치 아니하였나이까 하리니 (23)그 때에 내가 저희에게 밝히 말하되 내가 너희를 도무지 알지 못하니 불법을 행하는 자들아 내게서 떠나가라 하리라

즉 여기서 천국은 성안을 의미한다. 주님은 성밖으로 쫓겨나가는 자들의 이름을 시인하시지 아니할 것이다.

(iii) 계시록 7장에서 하나님의 종들의 이마에 쓰여지는 이름

계시록 7장을 보면 하나님의 종들의 이마에 인을 친다.

[계 7:3-4]
(3)가로되 우리가 우리 하나님의 종들의 이마에 인치기까지 땅이나 바다나 나무나 해하지 말라 하더라 (4)내가 인 맞은 자의 수를 들으니 이스라엘 자손의 각 지파 중에서 인 맞은 자들이 십 사만 사천이니

그리고 계 14장에서 그 인이 어떤 것인지를 밝히고 있다.
그것은 이마에 어린 양의 이름과 그 아버지의 이름을 쓴 것이 있다 하였다.

[계 14:1]

또 내가 보니 보라 어린 양이 시온산에 섰고 그와 함께 십 사만 사천이 섰는데 그 이마에 어린 양의 이름과 그 아버지의 이름을 쓴 것이 있도다
그리고 이것은 계시록 22장에서 다시 나온다.

[계 22:1-4]
(1)또 저가 수정 같이 맑은 생명수의 강을 내게 보이니 하나님과 및 어린 양의 보좌로부터 나서 (2)길 가운데로 흐르더라 강 좌우에 생명 나무가 있어 열 두가지 실과를 맺히되 달마다 그 실과를 맺히고 그 나무 잎사귀들은 만국을 소성하기 위하여 있더라 (3)다시 저주가 없으며 하나님과 그 어린 양의 보좌가 그 가운데 있으리니 그의 종들이 그를 섬기며 (4)그의 얼굴을 볼 터이요 그의 이름도 저희 이마에 있으리라

이 이름은 하나님과 그 어린 양의 이름이다. 할렐루야.

그러므로 계시록 7장에서 하나님의 종들에게 이마에 인을 치는데 그 인이란 바로 하나님과 어린양의 이름 즉 그의 이름이 적혀지는 것이다 (계 22:3-4).
할렐루야.

그리고 계시록 22장 3절을 유심히 볼 필요가 있다.
여기에는 하나님과 어린 양의 보좌 이렇게 나오는데 영어로 보면
the throne of God's and lamb's 이다. 즉 the throne 은 하나의 보좌를 말한다.
이것은 간접적으로 하나님과 어린 양이 동일한 분이심을 암시하고 있는 것이다.
할렐루야. 그래서 한쪽(계 14:1)에서는 '어린 양과 그 아버지의 이름'이라고 표현하고 있고 다른 곳(계 22:4)에서는 '그의 이름'이라고 표현되고 있다. 할렐루야.

[계 14:1]
또 내가 보니 보라 어린 양이 시온산에 섰고 그와 함께 십 사만 사천이 섰는데 그 이마에 어린 양의 이름과 그 아버지의 이름을 쓴 것이 있도다

[계 22:3-4]
(3)다시 저주가 없으며 하나님과 그 어린 양의 보좌가 그 가운데 있으리니 그의 종들이 그를 섬기며 (4)그의 얼굴을 볼 터이요 그의 이름도 저희 이마에 있으리라

그러므로 계시록 7장에서 이마에 인을 칠 때에 누구의 이름이 적혀지는가 하면 하나님의 이름 즉 어린 양의 이름이 적혀지는 것이다.
할렐루야.

(iv) 곡과 마곡전쟁 때에 성도들의 진이란?

[계 20:7-10]
(7)천년이 차매 사단이 그 옥에서 놓여 (8)나와서 땅의 사방 백성 곧 곡과 마곡을 미혹하고 모아 싸움을 붙이리니 그 수가 바다 모래 같으리라 (9)저희가 지면에 널리 퍼져 성도들의 진과 사랑하시는 성을 두르매 하늘에서 불이 내려와 저희를 소멸하고 (10)또 저희를 미혹하는 마귀가 불과 유황 못에 던지우니 거기는 그 짐승과 거짓 선지자도 있어 세세토록 밤낮 괴로움을 받으리라

여기서 곡과 마곡이 성도들의 진과 사랑하시는 성을 둘렀다 라고 되어 있다.
여기서 성도들의 진이란 무엇인가 하는 것이다.

성은 영어로 보면 city 이다. 그런데 진은 camp 이다.

즉 옛 광야에서 이스라엘 민족들이 광야에서 진을 쳤다. 즉 camp를 친 것이다.
camp란 건물이 아니다. 그러나 city는 건물로서 성벽이 있다.
여기서 성벽이란 예루살렘성의 성벽을 의미할 것이다.

그러나 성도들의 진이란 무엇을 말하는 것일까? 하는 것이다.

그것은 스가랴에서 찾아볼 수 있다.

아마겟돈 전쟁 때 예루살렘을 치러온 자들 중 살아남은 자들이 있다. 이들은 천년왕국이 진행되는 동안 천년왕국 바깥에서 우리처럼 100년 정도 살고 죽고 또 태어나고 살고 죽고 하면서 살아 있을 동안에는 초막절을 지키러 예루살렘으로 올라오는 것으로 스가랴서에서 기록하고 있다. 그러므로 이들이 성경에서 말하는 성도들의 진을 형성하는 것으로 보인다. 그래서 곡과 마곡은 주님이 사랑하시는 성, 예루살렘성과 함께 이 성도들의 진을 둘러싸는 것이다.

[슥 14:1-3]
(1)여호와의 날이 이르리라 그 날에 네 재물이 약탈되어 너의 중에서 나누이리라 (2)내가 열국을 모아 예루살렘과 싸우게 하리니 성읍이 함락되며 가옥이 약탈되며 부녀가 욕을 보며 성읍 백성이 절반이나 사로잡혀 가려니와 남은 백성은 성읍에서 끊쳐지지 아니하리라 (3)그 때에 여호와께서 나가사 그 열국을 치시되 이왕 전쟁 날에 싸운 것같이 하시리라

윗 구절들은 아마겟돈 전쟁을 말한다.

[슥 14:7-9]
(7)여호와의 아시는 한 날이 있으리니 낮도 아니요 밤도 아니라 어두워 갈 때에 빛이 있으리로다 (8)그 날에 생수가 예루살렘에서 솟아나서 절반은 동해로, 절반은 서해로 흐를 것이라 여름에도 겨울에도 그러하리라 (9)여호와께서 천하의 왕이 되시리니 그 날에는 여호와께서 홀로 하나이실 것이요 그 이름이 홀로 하나이실 것이며

또한 위의 구절은 아마겟돈 전쟁이 끝이 나고 천년왕국에 들어감을 말하고 있다.

[슥 14:16]
예루살렘을 치러 왔던 열국 중에 남은 자가 해마다 올라와서 그 왕 만군의 여호와께 숭배하며 초막절을 지킬 것이라

즉 계시록 20장에 곡과 마곡 전쟁시에 이들이 성도들의 진과 하나님의 사랑하시는 성을 두르매 라고 기록되어 있는데 여기서 성도들의 진이란 이 초막절을 지키러 온 자들의 camp인 것이다.
할렐루야.

그리고 그 하나님의 사랑하시는 성이란 예루살렘성을 말한다. 여기에는 주님이 첫째부활에 참여된 모든 자들과 함께 천년왕국을 이루셨던 곳이다.
할렐루야.

곡과 마곡이 이 하나님의 사랑하시는 성과 성도들의 진을 둘러싸나 하늘에서 불이 내려서 이들을 소멸한다고 성경은 기록하고 있다. 할렐루야.

151. 어린양과 어린양의 아내와의 관계는
천년왕국부터 영원천국까지 지속된다.
(2015. 5. 6)

기도하다가 천국에 올라갔다.
수레바깥에서 나를 수호하는 천사가 국수를 먹고 있는 장면이 보였다.
이것은 앞으로 일어날 것에 대한 암시다. 왜냐하면 여태껏 그러하였으니까.
나는 재빨리 수레에 탔다.
내가 앉은 좌석 앞에 다이닝 테이블에도 국수가 놓여 있었다. 나는 먹기 시작했다.
천국에서도 먹을 때는 기분이 참 좋다. 오히려 안정된다.
그런데 그렇게 국수를 먹던 천사가 천국 대문 앞에서는 아주 단호히 호령하는 자세로 말한다.
"문을 여시오."
천국 문이 활짝 열리고 나를 태운 수레가 천국에 도착하였고 나는 그새 국수를 뚝딱 해치웠다.
내가 수레에서 내려서 주님께로 오고 있는데 저기 저쪽에서 흰 옷 입은 무리가 피켓을 들고 있는 것이 보였다.
'축 승리'라고 쓰여 있었는데 승리라는 두 글자가 양쪽에 있고 가운데에 축이라 쓰여 있었다.
나는 생각하여 보았다. 도대체 무엇을 축하한다는 말인가를 생각하여보니 '아하, 이제는 내가 주님이 천국에서 보여주시는 모든 것을 믿겠다.'라고 마음먹은 것을 축하한다는 말이구나 하고 알아졌다.

주님과 나는 고불고불한 오솔길 같은 곳을 걸었다.
양옆으로는 잔디가 놓여 있었다.
한참을 걸었는데 그 길 끝에는 유리바다가 나왔다. 주님과 나는 벤치에 앉았다.
주님이 말씀하셨다.
"사라는 계시록이 궁금하지?"
"네"
그렇게 말을 주고 받았는데 주님과 나는 벌써 요한의 집 앞에 있는 피크닉 테이블에 와 있었던 것이다. 거기에는 모세와 요한이 와 있었다.
주님과 모세가 저편에 이편에는 나와 요한이 앉았다.
계시록에 대한 나의 질문은 계시록 19장에 나오는 어린양의 아내에 대한 것이었다.
혼인기약이 이르렀다 하였는데

(i) 혼인의 기간은 얼마정도가 되는가? 하는 것이었다.

그렇게 질문을 가지자 다음과 같이 깨달아졌다.

아하! 그렇구나!
계시록 21장을 보면 새 예루살렘성이 어린양의 아내라 하였으니 이 새 예루살렘성은 새 하늘과 새 땅에서 영원히 있을 것인데 그러므로 이 혼인은 영원히 계속되는 것이다. 할렐루야.
그러므로 계시록 19장에서 어린양의 혼인기약이 이르렀다는 것은 어린양의 신부가 그분의 영원한 아내가 되기 위하여 그 기약이 이르렀다는 말인 것이다. 할렐루야.

(ii) 그러면 혼인잔치는 얼마나 하는 것인가?

주님은 예복입지 않은 자를 성밖으로 내어 쫓았다.
얼마동안? 천년왕국 동안의 1000년간? 혹은 아니면 영원히?
여기에 대한 대답은 아직 못 듣고 내려왔다.
할렐루야.

그런데 첫째부활에 참여하여 주님과 천년왕국에 들어가는 이들은 세마포를 입은 자들로서 천년왕국 때부터 그리스도와 더불어 왕노릇한다 하였는데 영원천국에서도 어린양의 아내로서 세세토록 왕노릇한다는 말씀이 나온다(계 22:5).

[계 22:1-5]
(1)또 저가 수정 같이 맑은 생명수의 강을 내게 보이니 하나님과 및 어린 양의 보좌로부터 나서 (2)길 가운데로 흐르더라 강 좌우에 생명 나무가 있어 열 두가지 실과를 맺히되 달마다 그 실과를 맺히고 그 나무 잎사귀들은 만국을 소성하기 위하여 있더라 (3)다시 저주가 없으며 하나님과 그 어린 양의 보좌가 그 가운데 있으리니 그의 종들이 그를 섬기며 (4)그의 얼굴을 볼 터이요 그의 이름도 저희 이마에 있으리라 (5)다시 밤이 없겠고 등불과 햇빛이 쓸데 없으니 이는 주 하나님이 저희에게 비취심이라 저희가 세세토록 왕 노릇하리로다.

그러면 어린 양의 아내는 사실 천년왕국 때부터 영원토록 그리스도(어린 양)와 더불어 세세토록 왕 노릇하는 것이다.

즉 주님과 혼인 후에 신부들은 그분의 아내로서 왕과 왕비이다.
그리고 그분과 더불어 세세토록 왕노릇하게 될 것이다.
그러므로 어린양과 어린양의 아내와의 관계는 천년왕국부터 영원천국까지 지속되는 것이다.
할렐루야.

내가 천국에 올라갈 때에 수레바깥에서 나를 수호하는 천사가 국수를 먹고 있던 장면과 그리고 내가 수레 안에서 국수 한 그릇을 후딱 해치운 것이 나는 결코 우연이 아닌 것을 알게 되었다.
우리 한국에서는 시집 장가가면 친구들은 그 잔치에 초대되어 국수를 먹는다. 그래서 친구들은 언제 국수 먹느냐고 한다. 이것은 혼인을 언제 하느냐하는 말과 같다.
그런데 오늘 천국에 올라갈 때부터 국수를 먹은 것은 그 앞에 일어날 일을 암시하는 것이었다.
정말 놀랍다. 이것이 주님의 위트이신가? 아니면 유우머이신가?
주님은 천국에 올라갈 때부터 주님과 우리와의 혼인관계를 나타내는 국수를 먹이신 이유를 이제는 나는 알겠다. 그러나 나는 올라갈 때에 그것이 무슨 뜻이 있는지를 몰랐다. 이러한 것을 나중에 알고 보면 참으로 놀랍다.
왜냐하면 나는 이러한 것을 천국에 다녀와서 모든 일이 전개된 후에야 알게 되기 때문이다.
할렐루야.

주님이 나에게 왜 국수를 먹이셨는지.........
그것이 무엇을 의미하는지?
또한 왜 그 천사가 국수를 먹고 있었는지를.........
이제야 이해가 간다. 할렐루야.

152. 천국에서 미국 사람들이 전쟁으로 많이 죽었음을 슬퍼하다.
(2015. 5. 7)

침대에 누워서 천국에 올라갔다.

나를 데리러 온 수레바깥에서 나를 수호하는 천사와 그리고 수레를 모는 천사가 말 다섯 마리를 데리고 왔다. 그들과 수레에 그리고 말들에 온통 미국 국기가 보였다.

아니 아예 수레는 미국에서 대통령이 지나갈 때에 작은 국기를 손에 들고 환영하는 그러한 국기들이 엄청 꽂혀 있었다. 수레 전체가 미국 국기로 덮였다.

나는 도대체 이것이 무슨 영문인지 도대체 무슨 의미인지 몰라 하였다.

어쨌든 나는 수레를 탔다.

그리고 수레는 즉시 천국 안에 도착하였다.

그리고 내가 주께로 가고 있는데 저어기 흰 옷 입은 무리들이 보이는데 그들이 다 울고 있었다.

천국이 갑자기 초상집 분위기로 보였다.

나는 주님을 만나면서 저들이 왜 슬퍼하는지가 그냥 알아지는 것인데 즉 전쟁으로 인하여 미국에서 많은 사람들이 다치고 죽었는데 그것을 놓고 슬퍼하고 있는 것이었다. 오 마이 갓!

아하, 그러고 보니 내가 올라갈 때에 수레에 꽂혔던 그 미국 국기들은 조기였던 것이다.

왜냐하면 미국은 사람들이 많이 죽으면 국기를 조기로 게양한다.

주님은 이렇게 자꾸 미국이 공격을 받아서 부서지는 것과 또한 전쟁으로 인하여 미국 사람들이 많이 죽을 것을 이렇게 알려 주셨다.

[요 16:13]
그러하나 진리의 성령이 오시면 그가 너희를 모든 진리 가운데로 인도하시리니 그가 자의로 말하지 않고 오직 듣는 것을 말하시며 장래 일을 너희에게 알리시리라

할렐루야.

제 3 부

153. 아기 천사들이 정원의 꽃밭을 관리하고 있는 것을 알게 되다.
(2015. 5. 8)

나는 아침에 기도한 후에 천국에 올라갔다.
올라가면서 수레 주위에 많은 어린 아이들이 보였다.
그런데 이 아이들의 얼굴들이 사람의 얼굴 즉 황색깔이 아니라 완전히 마네킹 같은 아니 약간 회색빛이 도는 흰색들이었다.
나는 아이들이 많이 보이는 것이 그렇게 기분이 좋지 않았다.
왜냐하면 너무 어수선하였기 때문이다.
그래서 그런지 수레바깥에서 나를 수호하는 천사도 그들을 조금 쫓는 시늉을 하였다.
그런데 그들은 다 아기 천사들로 보였다.

나는 즉시 천국에 도착하여 수레에서 내려서 주님께로 갔는데 그 아기 천사들이 줄을 지어서 저기에 서 있다. 날개들을 가지고 있었다.
나는 주님께 물었다.
"주님 저 아이들은 무엇을 하는 아이들인가요?"
나는 그들이 천사들이라는 것을 알았다.
주님이 말씀하신다.
"직접 저 애들에게 물어보렴"
그래서 나는 그 아기천사들에게 물었다.
"너희들은 무엇을 하는 천사들이니?"
그들이 내게 알게 하여준다.
참으로 신기하였다. 아기천사들에게 물으니 대답하여 준다.
그들은 정원의 꽃밭을 관리하는 일을 한다고 했다.
천국에서도 꽃이 자라는데 너무 키가 크지 않게 자기들이 조정하고 있다는 것이다.

그리고 색깔들도 자신들이 잘 어울리게 배치하고 있다고 했다.
나는 '아하, 이들은 정원을 관리하는 아기천사들이구나!' 알아졌다. 할렐루야.
그리고서는 더 이상 천국이 진행되지 않았고 나는 잠이 들어 버렸다.
나는 단지 오늘은 아기 천사들이 정원을 관리하고 있다는 것을 알고 내려온 것이다.
할렐루야.

154. 삼위의 하나님은 한분 하나님으로 영원전(태초)부터 영원천국까지 지속하신다.
(2015. 5. 11)

천국에 올라갔다.
나를 데리러 온 수레에서 내리자마자 나는 내 집의 황금대문 앞에 와 있었다.
오늘따라 대문의 장식이 아주 아름답게 보였다.

주님과 나는 내 집안으로 들어섰다.
문을 들어서자마자 큰 연못이 있고 그 위로 구름다리가 시작되는데 구름다리가 자수정으로 되어 있었고 곳곳에 황금으로 장식이 되어 있었다.
주님과 내가 구름다리를 건너는데 잉어들이 여기서 저기서 뛰어 올라 구름다리 이쪽 편에서 저편으로 날아가면서 춤을 추고 있었다.
천국에서는 잉어들도 춤을 춘다. 그 몸짓이 있다.

주님과 내가 구름다리를 다 건너가자 모세가 하늘색 옷을 입고 왔다.
'아니 모세가 여기에 웬일로?'
그러자 또 사도 요한이 왔다. 사도 요한은 늘 흰 옷에 머리가 약간 노란색이다.
오히려 황금색으로 보인다 하는 것이 옳다.

주님과 나, 그리고 모세와 요한은 내 집안으로 들어섰다.

내 집을 관리하는 천사들이 현관 바깥에서부터 보였다.
집안에 들어서자, 그 다음 정말 큰 거실로 가기 전에 이 거실은 꼭 궁같이 넓은 장소이다.
거기로 가기 전에 현관 같은 방이 하나 더 있다.
이 현관 같은 방안에는 저번에도 말했듯이 생명수를 퍼 올리는 분수대가 있는 것이다.
이 분수대의 위쪽으로는 어린 천사들의 장식이 있고 그 어린 천사들에게서 생명수들이 뿜어져 나오고 있었다. 그리고 그 분수대 아래쪽 가장자리 옆으로는 컵들이 걸려져 있다.
내 집의 현관에 있는 방에서는 이 컵을 가지고 언제든지 생명수를 떠먹을 수 있는 것이다.
이 분수대는 이전에 주님이 나에게 특별한 상으로 주신 것이다.

주님과 우리 모두는 그 궁 안으로 들어가서 앉기 전에 유리컵 같은 것에 포도주 같은 쥬스를 담아서 마셨다. 그리고서는 주님과 우리 모두는 궁 안에 있는 테이블로 왔다.
오늘따라 내게는 내 집안이 너무 아름답게 보였다. 이전에 갖다 둔 보물함이 저어기에 놓여 있었다. 나를 지상에서 공개적으로 핍박하는 어떤 목사 때문에 나에게 주어진 아름다운 보물들이었다.

[마 5:11-12]
(11)나를 인하여 너희를 욕하고 핍박하고 거짓으로 너희를 거스려 모든 악한 말을 할 때에는 너희에게 복이 있나니 (12)기뻐하고 즐거워하라 하늘에서 너희의 상이 큼이라 너희 전에 있던 선지자들을 이같이 핍박하였느니라

주님은 그 핍박 때문에 나에게 천국에서 나를 데리러오는 말이 한 마리 더 늘어나게 하셨고 말이 한 마리 더 늘어남으로 말미암아 수레도 비례적으로 커졌다. 그리고 이 엄청 많은 보물들을 나에게 주신 것이었다. 할렐루야.

그리고 내 집의 궁 인의 벽에는 전에도 말했듯이 아름다운 그림들이 액자에 크게 걸려 있었다.

모세가 주님께 말한다.
"주님, 사라가 많이 좋아하네요."
주님이 다시 말씀하신다.
"그대로 내버려두어라. 좀 사기를 돋우어주어야 한다."
이렇게 오고가는 주님과 모세와의 대화가 알아졌다.
그러는 동안에도 나는 내 집안의 아름다움에 취하여 있었다.

나는 너무 좋아서 입이 다물어지지 않았다. 그러다가 모두 다 자리에 앉았다.

나는 질문이 있었다.
그것은 계시록에 대한 것이었다.
그렇게 내 안에 계시록에 대한 질문이 있다고 발견이 되자 순식간에 주님과 우리 모두는 요한의 집 피크닉 테이블로 옮겨진 것이다.
즉 주님이 나를 내 집에 나를 데리고 가신 것은 사기가 떨어져 있는 나를 북돋아주시기 위한 것이었다.

계시록에 대한 나의 질문은 계시록 22장에 나오는 성령에 대한 것이었다.

[계 22:16-17]
(16)나 예수는 교회들을 위하여 내 사자를 보내어 이것들을 너희에게 증거하게 하였노라 나는 다윗의 뿌리요 자손이니 곧 광명한 새벽 별이라 하시더라 (17)성령과 신부가 말씀하시기를 오라 하시는도다 듣는 자도 오라 할 것이요 목마른 자도 올 것이요 또 원하는 자는 값 없이 생명수를 받으라 하시더라

즉 여기서 보면 성령과 신부가 이르되 오라 듣는 자도 오고 목마른 자도 오고 와서 생명수를 마음껏 마시라 한다.

나는 여기서 '주님, 성령이 누굽니까?'라고 물은 것이다.

어떻게 보면 어이없는 질문이라 생각할 수 있다. 그런데 내게는 그렇지 않았다.
주님이 말씀하신다.
"나다!"
그러면 계시록 특히 21장 22장에는 계속 어린 양과 아버지가 나오고 또 성령이 나오는데 이 분이 다 하나님 한 분이 맞는데······

"그러면 성령이 주님, 주님이 성령, 주님이 성부 하나님, 그렇네요."
주님이 말씀하신다.
"그렇다."

여기서 주님은 내게 다시 한번 성부, 성자, 성령은 한분 하나님이시라는 것을 알게 하여 주셨다.
이것은 참으로 신비이다.
이 삼위일체가 영원천국에서도 그대로 존재한다는 것이다. 왜냐하면 계시록 21장부터는 영원천국에 대한 것인데 여기서 계속 성부 하나님, 어린양, 성령 하나님 다 나오기 때문이다.
할렐루야.

아하! 그렇다.
창세기를 보면 천지를 창조하신 하나님께서 '우리'라는 말을 쓰신다.
그것은 창세 이전부터 그렇게 존재하셨다는 말이다. 할렐루야.

[창 1:26-27]
(26)하나님이 가라사대 우리의 형상을 따라 우리의 모양대로 우리가 사람을 만들고 그로 바다의 고기와 공중의 새와 육축과 온 땅과 땅에 기는 모든 것을 다스리게 하자 하시고 (27)하나님이 자기 형상 곧 하나님의 형상대로 사람을 창조하시되 남자와 여자를 창조하시고

요한복음에서 말하는 태초는 영원태초를 말하지만 창세기에서의 태초에 하나님께서 천지를 창조하시니라는 천지창조 때의 태초를 말한다.
그러므로 이 천지창조시에도 삼위의 하나님이 계셨음을 말하고 있다.
또한 영원전의 태초에서도 이 삼위가 다 그대로 존재한다는 것이 요한복음 1장에 나온다.
왜냐하면 요한복음에 1장에 나오는 말씀이 예수님이시기 때문이다. 그러므로 하나님께서는 영원전의 태초부터 삼위로 존재하시는 것이다.

[요 1:1-3]
(1)태초에 말씀이 계시니라 이 말씀이 하나님과 함께 계셨으니 이 말씀은 곧 하나님이시니라 (2)그가 태초에 하나님과 함께 계셨고 (3)만물이 그로 말미암아 지은바 되었으니 지은 것이 하나도 그가 없이는 된 것이 없느니라

그러므로 성부, 성자, 성령 이분은 한분 하나님이신데 영원전 태초부터 영원천국에까지 영원히 삼위로 존재하시는 분이시다. 할렐루야.
예수님이 천국에서 자신이 성부 하나님이라 하셨고, 또한 성령이라 하셨다.
할렐루야. 삼위일체의 하나님을 말씀하시는 것이다.

빌립보서 2장에 보면 예수님이 하나님의 본체라고 말하고 있다.

[빌 2:6-7]
(6)그는 근본 하나님의 본체시나 하나님과 동등됨을 취할 것으로 여기지 아니하시고 (7)오히려 자기를 비어 종의 형체를 가져 사람들과 같이 되었고

그리고 이사야 선지자는 아들이 영존하시는 아버지라 말하고 있다.
즉 그분이 그분인 것이다. 할렐루야.

[사 9:6]
이는 한 아기가 우리에게 났고 한 아들을 우리에게 주신 바 되었는데 그 어깨에는 정사를 메었고 그 이름은 기묘자라, 모사라, 전능하신 하나님이라, 영존하시는 아버지라, 평강의 왕이라 할 것임이라

그리고 이 삼위의 하나님은 영원 태초부터 영원천국까지 존재하시는 분이신 것이다.
할렐루야.

오늘 주님은 내가 주님께 계시록 22장에 나오는 성령님이 누구시냐고 물었더니
주님은 '나다'라고 말씀하여 주셨다.

또한 주님은 성부 하나님도 '나다'라고 말씀하여 주셨었다.
(148. (ii) 삼위일체의 하나님에 대하여 알게 하시다. 참조).
할렐루야.

주님을 찬양합니다.

155. 천국의 회의실에는 지상의 선교하는 장면을 볼 수 있는 대형 거울이 있다.
(2015. 5. 12)

저녁에 기도한 후에 천국에 올라갔다.

기도할 때에 나중에 백보좌 심판대에 서게 될 수많은 영혼들, 특별히 예수 믿지 않아 음부에 간 영혼들이 불쌍하여 눈물에 눈물을 흘렸다. 나는 정말 그들을 위하여 애끓는 마음으로 기도하였다. 어떻게 하면 그 숫자를 줄일 수 있는지........

마음 아파하면서 말이다.

그들의 수를 줄이기 위하여 내가 무엇을 할 수 있을지를 주님께 가르쳐 달라고 했다.

어떻게 하면 그 많은 숫자들을 지옥불에서 면하게 할 수 있는지....

그 방법을 가르쳐 달라하였다.

그러나 나는 그 많은 숫자를 생각하면 내가 할 수 있는 것이 아무것도 없어 보였다.

왜냐하면 요즘에 사람들은 천국과 지옥을 이야기해도 안 믿는다.

물론 나도 그랬다. 나도 안 믿다가 때가 되어서 주님이 나를 찾아오신 것이었다. 누군가의 기도로 인하여.... (내 경우는 나의 언니가 6년간을 나를 위하여 기도하였었다.)

그러나 이 많은 숫자를 위하여서는 내가 어찌 할 바를 몰라서 울다가 기도하다가 하염없이 힘이 빠져 있었다. 정말 어찌 할 바를 몰라서.... 주여!

그러다가 천국에 올라갔다.

나를 수레바깥에서 수호하는 천사가 나를 보자마자 숟가락으로 꼭 클램 차우더처럼 생긴 수프를 나에게 떠 먹였다. 나보고 기운을 좀 차리라는 것이다.

그리고 나서 나는 재빨리 수레에 올라탔다.

수레 안에서 나는 그 클램차우더 같은 것을 또 먹었다. 왜냐하면 내 앞에 다이닝 테이블에 그것이 또 놓여 있었기 때문이다.

그리고 나를 태운 수레는 즉시 천국 안에 도착하였고 나는 수레바깥에서 기다리는 두 천사에 의하여 주님께로 인도함을 받았다.

주님이 있는 곳에서 약 15m 정도 떨어진 곳에서 저어기에 나를 환영하여 주는 흰 옷 입은 무리들이 보였다.

그들은 내게 이렇게 말하고 있었다.

'사라님, 우리가 있어요. 우리가 사라님을 응원할께요.' 하는 메시지가 나에게 전달되었다.

주님은 나를 보시더니, 나에게는 그의 못자국이 뚫린 발이 먼저 보였다.

나는 그것을 보는 순간, 복음을 전해야 한다는 것이 왔다.

주님은 나를 보자마자 '사라야!' 하시더니 그 다음 '딸아!' 하고 부르신다.

그리고 나를 즉시 회의실로 데리고 가신다.

'오늘 나를 웬일로 주님이 회의실로 데리고 가실까?' 하고 생각하면서 나는 주님을 따랐다.

회의실로 들어서자 주님과 내가 들어서는 왼편 벽쪽에 큰 거울 같은 화면이 벽을 꽉 채우듯이 있는 것이 보였다.

그리고 그 화면에 잠깐 어린 아이가 그네를 타는 모습이 보이더니 곧 화면에 바닷물이 철렁이는 바닷가가 보이는 것이었다. 애가 보이더니 바닷가가 보인다. 이 때에 나는 주님이 내게 마음으로 이렇게 말씀하시는 것이 느껴졌다.

저 화면을 통하여 주님은 지상에서 선교하는 장면들을 여기서 이렇게 보고 계신다고 말씀하시는 것이었다.

'아하, 할렐루야. 그렇구나! 그런데 나는 여태까지 이 회의실을 그렇게 드나들면서 이렇게 큰 거울 같은 화면이 이 왼편 벽에 있다는 사실을 왜 몰랐을까?' 하는 것이 신기하였다.

천국에서는 그렇다. 주님께서 나에게 보여주시고자 하는 것만 보여주신다. 다 보여주시는 것이 아니다. 꼭 필요한 것을 그 때 그 때 하나씩 밝혀주신다.

한꺼번에 다 보여 주시지 아니하신다. 나는 아직 그 이유를 모른다.

그리고는 저 회의실 한 가운데에는 늘 주님과 나 그리고 믿음의 선진들이 와서 앉는 테이블이 놓여 있었다. 나는 그 선교하는 장면을 볼 수 있는 거울에서 그 화면을 통하여 여러 장면을 보았는데 지상에 내려오니 더 이상의 화면의 장면이 전혀 생각나지 않았다.

오늘은 단지 주님이 나를 회의실로 데리고 가서서 들어서는 입구의 왼쪽 벽에 크게 거울같이 생긴 스크린이 있는데 거기를 통하여 주님과 그 제자들이 지구의 선교의 현장들을 보고 계시다는 것을 알게 된 것이다. 할렐루야.

그리고 그 화면을 보고 있는데 사도 바울이 온 것이 기억이 났다.

그리고 주님과 나 그리고 바울은 그 테이블에 잠깐 앉았었다.

앉은 이유는 분명히 나에게 선교에 대하여 이야기 하려고 앉았을 것이다.

오늘 왜 주님이 나를 이렇게 회의실에 있는 거울을 통하여 선교하는 장면을 보여주시고 또한 사도 바울이 왔는지에 대하여 생각하여 보면 내가 천국에 올라가기 전에 예수 믿지 않아서 음부에 갈 수 많은 영혼들이 불쌍하여 울고울고 하는 것을 보고 분명히 나에게 선교에 대하여 말씀하고자 하여 나를 여기에 데리고 오신 것을 알았다. 그런데 실제로 그 선교에 대하여는 듣지 못하고 내려왔다. 이런 날도 있다.

나는 또 다음에 주님이 나에게 말씀하여 주실 것을 기대한다. 할렐루야.

[마 28:18-20]
(18)예수께서 나아와 일러 가라사대 하늘과 땅의 모든 권세를 내게 주셨으니 (19)그러므로 너희는 가서 모든 족속으로 제자를 삼아 아버지와 아들과 성령의 이름으로 세례를 주고 (20)내가 너희에게 분부한 모든 것을 가르쳐 지키게 하라 볼지어다 내가 세상 끝날까지 너희와 항상 함께 있으리라 하시니라

주여!!!

이 세상의 예수 믿지 않는 모든 사람들을 구원하여 주소서!

156. 기도하면서 지상에서 깨달아진 것을 정리한다.
(i) 성경에서 말하는 '그 날에…' '그 날에…'
  이 그 날은 언제를 말하는가?
  (a) 아마겟돈 전쟁을 말한다.
  (b) 주님이 지상재림하시는 날이다.
  (c) 적그리스도와 거짓선지자는 유황 불못에 던져지고
    사단은 무저갱에 가두어지는 날이다.
  (d) 주님이 첫째부활된 자들과 함께 천년왕국에 들어가시는 날이다.
(ii) 낙원과 천국은 다른 장소인가?
(2015. 5. 14)

(i) 성경에서 '그 날에…' '그 날에…' 이 그 날은 언제를 말하는가?

성경은 '그 날에' '그 날에'를 많이 기록하고 있다.

이사야 2장 11절에서 21절에 '여호와의 한 날'이 '그 날'이라 말한다.

[사 2:10-21]
(10)너희는 바위 틈에 들어가며 진토에 숨어 여호와의 위엄과 그 광대하심의 영광을 피하라 (11)그 날에 눈이 높은 자가 낮아지며 교만한 자가 굴복되고 여호와께서 홀로 높임을 받으시리라 (12)대저 만군의 여호와의 한 날이 모든 교만자와 거만자와 자고한 자에게 임하여 그들로 낮아지게 하고 (13)또 레바논의 높고 높은 모든 백향목과 바산의 모든 상수리나무와 (14)모든 높은 산과 모든 솟아오른 작은 산과 (15)모든 높은 망대와 견고한 성벽과 (16)다시스의 모든 배와 모든 아름다운 조각물에 임하리니 (17)그 날에 자고한 자는 굴복되며 교만한 자는 낮아지고 여호와께서 홀로 높임을 받으실 것이요 (18)우상들은 온전히 없어질 것이며 (19)사람들이 암혈과 토굴로 들어가서 여호와께서 일어나사 땅을 진동시키시는 그의 위엄과 그 광대하심의 영광을 피할 것이라 (20)사람이 숭배하려고 만들었던 그 은 우상과 금 우상을 그 날에 두더지와 박쥐에게 던지고 (21)암혈과 험악한 바위틈에 들어가서 여호와께서 일어나사 땅을 진동시키시는 그의 위엄과 그 광대하심의 영광을 피하리라

이 날 즉 여호와께서 일어나 땅을 진동시키는 날이고 이 날에 모든 교만자와 거만자와 자고한 자에

게 임하여 그들로 낮아지고 여호와가 홀로 영광을 받는 날이라 말한다. 그러면 이 '그 날'은 계시록에서는 어떤 날을 말하고 있는가?

(a) 이것은 계시록 19장 11절에서 21절까지 아마겟돈 전쟁 때를 말한다.

왜냐하면 그가 하나님의 말씀이고 백마를 타고 나타난 그 이름이 충신과 진실로서 다리에는 만왕의 왕 만주의 주라 쓰여져 있고 이 날에 그 짐승과 땅의 임금들과 그 군대들이 모여 그 백마 탄 자와 그의 군대로 더불어 전쟁을 일으키다가 짐승이 잡히고 그 앞에서 이적을 행하던 거짓 선지자도 함께 잡혀서 이 둘이 산채로 유황불 붙는 못에 던지워지는 날이기 때문이다.

[계 19:11-21]
(11)또 내가 하늘이 열린 것을 보니 보라 백마와 탄 자가 있으니 그 이름은 충신과 진실이라 그가 공의로 심판하며 싸우더라 (12)그 눈이 불꽃 같고 그 머리에 많은 면류관이 있고 또 이름 쓴 것이 하나가 있으니 자기 밖에 아는 자가 없고 (13)또 그가 피 뿌린 옷을 입었는데 그 이름은 하나님의 말씀이라 칭하더라 (14)하늘에 있는 군대들이 희고 깨끗한 세마포를 입고 백마를 타고 그를 따르더라 (15)그의 입에서 이한 검이 나오니 그것으로 만국을 치겠고 친히 저희를 철장으로 다스리며 또 친히 하나님 곧 전능하신 이의 맹렬한 진노의 포도주 틀을 밟겠고 (16)그 옷과 그 다리에 이름 쓴 것이 있으니 만왕의 왕이요 만주의 주라 하였더라 (17)또 내가 보니 한 천사가 해에 서서 공중에 나는 모든 새를 향하여 큰 음성으로 외쳐 가로되 와서 하나님의 큰 잔치에 모여 (18)왕들의 고기와 장군들의 고기와 장사들의 고기와 말들과 그 탄 자들의 고기와 자유한 자들이나 종들이나 무론대소하고 모든 자의 고기를 먹으라 하더라 (19)또 내가 보매 그 짐승과 땅의 임금들과 그 군대들이 모여 그 말 탄 자와 그의 군대로 더불어 전쟁을 일으키다가 (20)짐승이 잡히고 그 앞에서 이적을 행하던 거짓 선지자도 함께 잡혔으니 이는 짐승의 표를 받고 그의 우상에게 경배하던 자들을 이적으로 미혹하던 자라 이 둘이 산채로 **유황불** 붙는 못에 던지우고 (21)그 나머지는 말 탄 자의 입으로 나오는 검에 죽으매 모든 새가 그 고기로 배불리우더라

그러므로 이 아마겟돈 전쟁은 하루에 다 끝난다고 볼 수 있다.
왜냐하면 '그 날에' '그 날에'는 하루이기 때문이다. 할렐루야.

즉 하나님이신 예수님과 인간과의 싸움, 이것을 하나님이 하루에 다 끝내시는 것이다.
그 전쟁의 끝에는 적그리스도와 거짓선지자를 산채로 유황 불못에 던져 넣으시고 사단을 일천 년

동안 무저갱에 감금시키신다. 그러므로 말미암아 주님은 그 날에 홀로 영광을 받으시는 것이다. 할렐루야.

그러고 나서 우리 주님은 첫째부활에 속한 자들을 데리고 천년왕국으로 들어가신다.

(b) 그러므로 두 번째로 성경의 '그 날'은 계시록 19장 11절 주님이 백마타고 임하시는 바로 지상 재림의 날이다.

주님은 그렇게 지상재림을 하셔서 인간들과의 아마겟돈 전쟁을 일으키시고 그 결말은 적그리스도와 거짓선지자를 잡아서 산채로 유황불못에 던지시고 그 다음 사단은 일천년 동안 무저갱에 감금시키시며 그런 다음 주님은 그분의 신부들과 함께 천년왕국에 들어가시는 것이다.

아하, 할렐루야. 할렐루야.
이 날이 바로 그 날인 것이다. 여호와의 한 날인 것이다. 이 날에 모든 교만한 자가 굴복되어지고 높은 자가 낮아지며 여호와께서 홀로 높임을 받으시는 날이다.

여기 이 날에 대하여 스가랴서에서 이렇게 말하고 있다.

[슥 14:1-15]
(1)여호와의 날이 이르리라 그 날에 네 재물이 약탈되어 너의 중에서 나누이리라 (2)내가 열국을 모아 예루살렘과 싸우게 하리니 성읍이 함락되며 가옥이 약탈되며 부녀가 욕을 보며 성읍 백성이 절반이나 사로잡혀 가려니와 남은 백성은 성읍에서 끊쳐지지 아니하리라 (3)그 때에 여호와께서 나가사 그 열국을 치시되 이왕 전쟁 날에 싸운 것같이 하시리라 (4)그 날에 그의 발이 예루살렘 앞 곧 동편 감람산에 서실 것이요 감람산은 그 한가운데가 동서로 갈라져 매우 큰 골짜기가 되어서 산 절반은 북으로, 절반은 남으로 옮기고 (5)그 산 골짜기는 아셀까지 미칠지라 너희가 그의 산 골짜기로 도망하되 유다 왕 웃시야 때에 지진을 피하여 도망하던 것같이 하리라 나의 하나님 여호와께서 임하실 것이요 모든 거룩한 자가 주와 함께 하리라 (6)그 날에는 빛이 없겠고 광명한 자들이 떠날 것이라 (7)여호와의 아시는 한 날이 있으리니 낮도 아니요 밤도 아니라 어두워 갈 때에 빛이 있으리로다 (8)그 날에 생수가 예루살렘에서 솟아나서 절반은 동해로, 절반은 서해로 흐를 것이라 여름에도 겨울에도 그러하리라 (9)여호와께서 천하의 왕이 되시리니 그 날에는 여호와께서 홀로 하나이실 것이요 그 이름이 홀로 하나이실 것이며 (10)온 땅이 아라바 같이 되되 게바에서 예루살렘 남편 림몬까

지 미칠 것이며 예루살렘이 높이 들려 그 본처에 있으리니 베냐민 문에서부터 첫문 자리와 성 모퉁이 문까지 또 하나넬 망대에서부터 왕의 포도주 짜는 곳까지라
(11)사람이 그 가운데 거하며 다시는 저주가 있지 아니하리니 예루살렘이 안연히 서리로다
(12)예루살렘을 친 모든 백성에게 여호와께서 내리실 재앙이 이러하니 곧 섰을 때에 그 살이 썩으며 그 눈이 구멍 속에서 썩으며 그혀가 입속에서 썩을 것이요 (13)그 날에 여호와께서 그들로 크게 요란케 하시리니 피차 손으로 붙잡으며 피차 손을 들어 칠 것이며 (14)유다도 예루살렘에서 싸우리니 이 때에 사면에 있는 열국의 보화 곧 금 은과 의복이 심히 많이 모여질 것이요 (15)또 말과 노새와 약대와 나귀와 그 진에 있는 모든 육축에게 미칠 재앙도 그 재앙과 같으리라

여기서 10절을 한번 보면

(10)온 땅이 아라바 같이 되되 게바에서 예루살렘 남편 림몬까지 미칠 것이며 예루살렘이 높이 들려 그 본처에 있으리니 베냐민 문에서부터 첫문 자리와 성 모퉁이 문까지 또 하나넬 망대에서부터 왕의 포도주 짜는 곳까지라

여기서 우리는 잠깐 생각하여 보아야 할 것이 이 천년왕국이 지상에서 일어나는 것인가? 아니면 하늘에서 일어나는 것인가? 하는 것이다.

아라바는 평지이나 예루살렘은 그보다 좀 높은 곳에 위치하는 것으로 보인다.
사람들은 여기서 '예루살렘이 높이 들려서 그 본처에 있으리니'라는 문구를 가지고 이 지상의 예루살렘이 위로 즉 하늘로 올라가서 거한다는 말을 하는데 그럴 수가 없는 것이.

(1) 지상의 건물이 천상의 낙원의 예루살렘이 될 수가 없다. 왜냐하면 지상의 건물 재료와 천상에서 쓰는 재료기 틀린 것이다.

그러므로 본처에 거한다는 말은 저 낙원이 아니라 지상에 거하는데 그 원래 있던 자리가 평지보다 높은 곳에 위치한다는 말로 받아들이는 것이 더 옳다.
그러므로 천년왕국은 하늘에서 일어나는 것이 아니라 지상에서 일어나는 것이다.
지각변동이 일어나 다른 곳은 다 평지로 변하는 것으로 보인다.

(2) 이것은 위의 구절들 7절에서 9절을 보면 더 확실하다.

[슥 14:7-9]
(7)여호와의 아시는 한 날이 있으리니 낮도 아니요 밤도 아니라 어두워 갈 때에 빛이 있으리로다 (8)그 날에 생수가 예루살렘에서 솟아나서 절반은 동해로, 절반은 서해로 흐를 것이라 여름에도 겨울에도 그러하리라 (9)여호와께서 천하의 왕이 되시리니 그 날에는 여호와께서 홀로 하나이실 것이요 그 이름이 홀로 하나이실 것이며

즉 이 천년왕국이 일어나는 날에 생수가 예루살렘에서 솟아나서 절반은 동해로 절반은 서해로 흐른다고 했다. 천국에 낙원에 동해와 서해가 있다는 말이 없다. 동해와 서해는 지상을 말하는 것이다.

(3) 왜 천년왕국이 지상에서 일어나는가?

위의 성경구절 8절 말씀을 보면 '여름에도 그러하고 겨울에도 그러하리라' 하였다.

[슥 14:8]
(8)그 날에 생수가 예루살렘에서 솟아나서 절반은 동해로, 절반은 서해로 흐를 것이라 여름에도 겨울에도 그러하리라

만일 예루살렘이 하늘로 올라갔다면 그리고 천년왕국이 하늘에서 천국에서 일어난다면 여름과 겨울이 없을 것이다. 왜냐하면 여름과 겨울은 지상에서 해가 있기 때문에 일어나는 계절이기 때문이다. 할렐루야.
인간들과 신의 전쟁인 이 아마겟돈 전쟁은
여섯째 대접을 유브라데 강에 쏟으므로써 예비된다.

[계 16:12-16]
(12)또 여섯째가 그 대접을 큰 강 유브라데에 쏟으매 강물이 말라서 동방에서 오는 왕들의 길이 예비되더라 (13)또 내가 보매 개구리 같은 세 더러운 영이 용의 입과 짐승의 입과 거짓 선지자의 입에서 나오니 (14)저희는 귀신의 영이라 이적을 행하여 온 천하 임금들에게 가서 하나님 곧 전능하신 이의 큰 날에 전쟁을 위하여 그들을 모으더라 (15)보라 내가 도적 같이 오리니 누구든지 깨어 자기 옷을 지켜 벌거벗고 다니지 아니하며 자기의 부끄러움을 보이지 아니하는 자가 복이 있도다 (16)세 영이 히브리 음으로 아마겟돈이라 하는 곳으로 왕들을 모으더라

그리고 실제로 아마겟돈 전쟁은 일곱째 대접이 쏟아진 후에 일어난다.

[계 16:17-21]
(17)일곱째가 그 대접을 공기 가운데 쏟으매 큰 음성이 성전에서 보좌로부터 나서 가로되 되었다 하니 (18)번개와 음성들과 뇌성이 있고 또 큰 지진이 있어 어찌 큰지 사람이 땅에 있어 옴으로 이같이 큰 지진이 없었더라 (19)큰 성이 세 갈래로 갈라지고 만국의 성들도 무너지니 큰 성 바벨론이 하나님 앞에 기억하신 바 되어 그의 맹렬한 진노의 포도주 잔을 받으매 (20)각 섬도 없어지고 산악도 간 데 없더라 (21)또 중수가 한 달란트나 되는 큰 우박이 하늘로부터 사람들에게 내리매 사람들이 그 박재로 인하여 하나님을 훼방하니 그 재앙이 심히 큼이러라

[계 19:17-21]
(17)또 내가 보니 한 천사가 해에 서서 공중에 나는 모든 새를 향하여 큰 음성으로 외쳐 가로되 와서 하나님의 큰 잔치에 모여 (18)왕들의 고기와 장군들의 고기와 장사들의 고기와 말들과 그 탄 자들의 고기와 자유한 자들이나 종들이나 무론대소하고 모든 자의 고기를 먹으라 하더라 (19)또 내가 보매 그 짐승과 땅의 임금들과 그 군대들이 모여 그 말 탄 자와 그의 군대로 더불어 전쟁을 일으키다가 (20)짐승이 잡히고 그 앞에서 이적을 행하던 거짓 선지자도 함께 잡혔으니 이는 짐승의 표를 받고 그의 우상에게 경배하던 자들을 이적으로 미혹하던 자라 이 둘이 산채로 유황불 붙는 못에 던지우고 (21)그 나머지는 말 탄 자의 입으로 나오는 검에 죽으매 모든 새가 그 고기로 배불리우더라

곧 주님은 사단을 아마겟돈 전쟁후에 무저갱에다가 일천년 동안 감금시키고 천년왕국으로 들어가신다.

[계 20:1-3]
(1)또 내가 보매 천사가 무저갱 열쇠와 큰 쇠사슬을 그 손에 가지고 하늘로서 내려와서 (2)용을 잡으니 곧 옛 뱀이요 마귀요 사단이라 잡아 일천년 동안 결박하여 (3)무저갱에 던져 잠그고 그 위에 인봉하여 천년이 차도록 다시는 만국을 미혹하지 못하게 하였다가 그 후에는 반드시 잠간 놓이리라

그러므로 구약에서 말하는 여호와의 한 날, 그 날은 예수님이 백마 타고 오셔서 인간들과 전쟁을 일으키시는 한 날을 말하는데 그 날에 적그리스도와 거짓선지자가 잡혀서 유황 불못에 사단은 무저갱에 들어가는 날이다.

즉 여호와의 한 날 = 예수님께서 지상으로 백마 타고 오시는 날이다. 지상재림의 날이다.
이 날에 다 일어난다.
분명히 주님이 백마를 타고 오시는데 그를 여호와의 한 날이라 말한다.
그리고 스가랴서에서는 스가랴 14장 3절을 보면 이렇게 말한다.
'그 때에 여호와께서 나가사 그 열국을 치시되 이왕 전쟁 날에 싸운 것같이 하시리라'
즉 여호와가 예수님이라는 것이다. 백마 타고 오시는 예수님이 여호와라는 것이다. 할렐루야.
이것은 주님께서 나에게 천상에서 '내가 여호와니라.'라고 자주 하시던 말과 일치한다.
(나는 이 말을 자주 천상에서 들었다. 45. 성부 하나님이 계신 궁에 가다.
89. 주님은 '공중휴거는 언제든지 일어날 수 있다'고 말씀하시다. 그리고 두루마리에 '공중휴거는 반드시 일어난다.'라고 써 주시다. 참조)

스가랴서에서도
그날에...., 그날에...., 즉 여호와의 한 날에........라고 말하고 있다.

시편에서도 이 날을 말하고 있음을 본다.

[시 110:1-7]
(1)(다윗의 시) 여호와께서 내 주에게 말씀하시기를 내가 네 원수로 네 발등상 되게 하기까지 너는 내 우편에 앉으라 하셨도다 (2)여호와께서 시온에서부터 주의 권능의 홀을 내어 보내시리니 주는 원수 중에서 다스리소서 (3)주의 권능의 날에 주의 백성이 거룩한 옷을 입고 즐거이 헌신하니 새벽 이슬 같은 주의 청년들이 주께 나오는도다 (4)여호와는 맹세하고 변치 아니하시리라 이르시기를 너는 멜기세덱의 반차를 좇아 영원한 제사장이라 하셨도다 (5)주의 우편에 계신 주께서 그 노하시는 날에 열왕을 쳐서 파하실 것이라 (6)열방 중에 판단하여 시체로 가득하게 하시고 여러 나라의 머리를 쳐서 파하시며 (7)길가의 시냇물을 마시고 인하여 그 머리를 드시리로다

이사야서에서 다른 구절들에서도 이 날에 대하여 말하고 있음을 본다.

[사 24:21]
그 날에 여호와께서 높은데서 높은 군대를 벌하시며 땅에서 땅의 왕들을 벌하시리니

[사 25:9]

그 날에 말하기를 이는 우리의 하나님이시라 우리가 그를 기다렸으니 그가 우리를 구원하시리로다 이는 여호와시라 우리가 그를 기다렸으니 우리는 그 구원을 기뻐하며 즐거워하리라 할 것이며

[사 26:20-21]
(20)내 백성아 갈지어다 네 밀실에 들어가서 네 문을 닫고 분노가 지나기까지 잠간 숨을지어다 (21)보라 여호와께서 그 처소에서 나오사 땅의 거민의 죄악을 벌하실 것이라 땅이 그 위에 잦았던 피를 드러내고 그 살해당한 자를 다시는 가리우지 아니하리라

여기서 '여호와께서 그 처소에서 나오사' 이 말은 분명히 아마겟돈 전쟁을 말하고 있다.
그 처소에서 나오신 분은 분명 예수 그리스도이시다. 할렐루야.

(c) 꼬불꼬불한 뱀 리워야단을 벌하시며 바다에 있는 용을 죽이시는 날로서 주님이 적그리스도와 거짓선지자는 유황 불못에 던지고 사단은 무저갱에 가두는 날이다.

[사 27:1]
그 날에 여호와께서 그 견고하고 크고 강한 칼로 날랜 뱀 리워야단 곧 꼬불꼬불한 뱀 리워야단을 벌하시며 바다에 있는 용을 죽이시리라

이 리워야단은 사단을 의미한다.
사단은 옛 뱀, 용이라고도 불리워진다.
그 날은 이 사단이 무저갱에 천년동안 감금되는 날인 것이다.
즉 사단이 벌을 받는 날이다.

[계 20:2-3]
(2)용을 잡으니 곧 옛 뱀이요 마귀요 사단이라 잡아 일천년 동안 결박하여 (3)무저갱에 던져 잠그고 그 위에 인봉하여 천년이 차도록 다시는 만국을 미혹하지 못하게 하였다가 그 후에는 반드시 잠간 놓이리라

그리고 바다에 있는 용은 바다에서 나온 짐승을 말한다 할 수 있는데
이 짐승은 계시록 11장과 13장에 나온다.

[계 11:7]
저희가 그 증거를 마칠 때에 무저갱으로부터 올라오는 짐승이 저희로 더불어 전쟁을 일으켜 저희를 이기고 저희를 죽일 터인즉

[계 13:1]
내가 보니 바다에서 한 짐승이 나오는데 뿔이 열이요 머리가 일곱이라 그 뿔에는 열 면류관이 있고 그 머리들에는 참람된 이름들이 있더라

이 짐승에게 용이 자기의 능력과 보좌와 큰 권세를 준다.

[계 13:2]
내가 본 짐승은 표범과 비슷하고 그 발은 곰의 발 같고 입은 사자의 입 같은데 용이 자기의 능력과 보좌와 큰 권세를 그에게 주었더라

그러므로 이 짐승은 용과 같은 능력과 권세를 가졌다. 그러므로 그가 가진 능력과 권세로 보아 용이라 말할 수도 있다.
그래서 바다에 있는 용이란 바로 이 바다에서 나온 짐승으로 볼 수 있는 것이다.
그리고 이 짐승은 이 날에 산채로 잡혀서 유황 불못에 던져지는 날이다. 이 날이 바로 그가 죽는 날이라 말할 수 있다. 왜냐하면 그가 영원한 불못에 던져지는 날이기 때문이다. 주여!

[계 20:1-3]
(1)또 내가 보매 천사가 무저갱 열쇠와 큰 쇠사슬을 그 손에 가지고 하늘로서 내려와서 (2)용을 잡으니 곧 옛 뱀이요 마귀요 사단이라 잡아 일천년 동안 결박하여 (3)무저갱에 던져 잠그고 그 위에 인봉하여 천년이 차도록 다시는 만국을 미혹하지 못하게 하였다가 그 후에는 반드시 잠간 놓이리라

(d) 주님이 첫째부활 된 자들과 함께 천년왕국으로 들어가시는 날이다.

주님은 '그 날' '여호와의 한 날'에 백마를 타고 지상재림하셔서 아마겟돈 전쟁을 일으키시고 그날에 적그리스도(짐승)와 거짓선지자를 산채로 유황 불못에 던져 넣으시고 사단은 무저갱에 일천년 동안 감금시키시고 첫째 부활에 참여된 자들과 함께 지상에서 천년왕국에 들어가시는 것이다.
할렐루야.

[슥 14:7-10]
(7)여호와의 아시는 한 날이 있으리니 낮도 아니요 밤도 아니라 어두워 갈 때에 빛이 있으리로다 (8)그 날에 생수가 예루살렘에서 솟아나서 절반은 동해로, 절반은 서해로 흐를 것이라 여름에도 겨울에도 그러하리라 (9)여호와께서 천하의 왕이 되시리니 그 날에는 여호와께서 홀로 하나이실 것이요 그 이름이 홀로 하나이실 것이며 (10)온 땅이 아라바 같이 되되 게바에서 예루살렘 남편 림몬까지 미칠 것이며 예루살렘이 높이 들려 그 본처에 있으리니 베냐민 문에서부터 첫문 자리와 성 모퉁이 문까지 또 하나넬 망대에서부터 왕의 포도주 짜는 곳까지라

[계 20:4-6]
(4)나는 또 많은 높은 좌석과 그 위에 앉아 있는 사람들을 보았습니다. 그들은 심판할 권한을 받은 사람들이었습니다. 또 예수께서 계시하신 진리와 하느님의 말씀을 전파했다고 해서 목을 잘리운 사람들의 영혼을 보았습니다. 그들은 그 짐승이나 그의 우상에게 절을 하지 않고 이마와 손에 낙인을 받지 않은 사람들입니다. 그들은 살아나서 그리스도와 함께 천 년 동안 왕노릇을 하였습니다. (5)이것이 첫째 부활입니다. 그 나머지 죽은 자들은 천 년이 끝나기까지 살아나지 못할 것입니다. (6)이 첫째 부활에 참여하는 사람은 행복하고 거룩합니다. 그들에게는 둘째 죽음이 아무런 세력도 부리지 못합니다. 이 사람들은 하느님과 그리스도를 섬기는 사제가 되고 천 년 동안 그리스도와 함께 왕노릇을 할 것입니다 [공동번역]

할렐루야.

(ii) 낙원과 천국은 다른 장소인가?

계시록 21장 1-4절을 보면
하늘에서 하나님께로부터 새 예루살렘성이 내려오는데 여기서 '하늘에서'하는 말에 하늘을 영어로 보면 heaven 이라는 말을 쓰고 있다. 즉 새 하늘과 새 땅에 새 예루살렘성이 내려오는데 이 성이 하늘(heaven)에서 하나님께로부터 내려온다 하였다.

[계 21:1-2]
(1)또 내가 새 하늘과 새 땅을 보니 처음 하늘과 처음 땅이 없어졌고 바다도 다시 있지 않더라 (2)또 내가 보매 거룩한 성 새 예루살렘이 하나님께로부터 하늘에서 내려오니 그 예비한 것이 신부가 남편을 위하여 단장한 것 같더라

And I John saw the holy city, new Jerusalem, coming down from God out of heaven, prepared as a bride adorned for her husband. [KJV]

즉 새 예루살렘성이 하늘에서 하나님께로부터 내려온다 하였는데

'이 하늘(heaven)이 어디인가?' 하는 것이다.

이것에 대한 암시가 계시록 2장 7절과 계시록 22:1-2를 한번 비교하면 나타난다.

[계 2:7]
귀 있는 자는 성령이 교회들에게 하시는 말씀을 들을지어다 이기는 그에게는 내가 하나님의 낙원에 있는 생명나무의 과실을 주어 먹게 하리라
He who has an ear, let him hear what the Spirit says to the churches. To him who overcomes, I will give the right to eat from the tree of life, which is in the paradise of God.

즉 생명나무가 낙원에 있었다. 분명히……
그리고 주님은 분명히 이기는 자들에게 이 하나님의 낙원에 있는 생명나무의 과실을 영원히 먹게 하여 주시겠다는 것이 약속인 것이다.

계시록 2장 1-6절은 에베소 교회의 교인들에게 주님이 보내신 편지이다. 첫사랑을 회복하는 이기는 자들에게 주어지는 약속의 말씀이 계시록 2장 7절의 말씀인 것이다.
할렐루야.

그런데 계시록 22장 1절과 2절을 보면

[계 22:1-2]
또 저가 수정 같이 맑은 생명수의 강을 내게 보이니 하나님과 및 어린 양의 보좌로부터 나서
Then the angel showed me the river of the water of life, as clear as crystal, flowing from the throne of God and of the Lamb
길 가운데로 흐르더라 강 좌우에 생명 나무가 있어 열 두가지 실과를 맺히되 달마다 그 실과를 맺히고 그 나무 잎사귀들은 만국을 소성하기 위하여 있더라

down the middle of the great street of the city. On each side of the river stood the tree of life, bearing twelve crops of fruit, yielding its fruit every month. And the leaves of the tree are for the healing of the nations.

이것은 새 하늘과 새 땅의 새 예루살렘성 안을 말하고 있는데 여기에 생명나무 과일이 있는 것이다. 할렐루야.

즉 이 새 하늘과 새 땅의 새 예루살렘성은 분명히 하나님께로부터 하늘(heaven)에서 내려왔다. 그런데 그 안에 생명나무가 있는 것이다. 그렇다면 이 새 예루살렘성은 낙원(paradise)에 있다가 내려오는 것인가?

그런데 이 성은 분명히 하늘에서 하나님께로부터 내려온다 하였다.

그러므로 낙원 (paradise) = 하늘 (heaven) 이다.

저녁에 기도하다가 사도 바울이 셋째 하늘에 이끌려 올라갔다는 말이 생각이 났다.
그리고 그는 낙원에 갔다는 말을 하는 것으로 보아 낙원 = 셋째 하늘인 것이라 볼 수 있다.

[고후 12:1-4]
(1) 무익하나마 내가 부득불 자랑하노니 주의 환상과 계시를 말하리라
I must go on boasting. Although there is nothing to be gained, I will go on to visions and revelations from the Lord.
(2) 내가 그리스도 안에 있는 한 사람을 아노니 십 사년 전에 그가 세째 하늘에 이끌려 간 자라 (그가 몸 안에 있었는지 몸 밖에 있었는지 나는 모르거니와 하나님은 아시느니라)
I know a man in Christ who fourteen years ago was caught up to the third heaven. Whether it was in the body or out of the body I do not know--God knows.
(3) 내가 이런 사람을 아노니 (그가 몸 안에 있었는지 몸 밖에 있었는지 나는 모르거니와 하나님은 아시느니라)
And I know that this man--whether in the body or apart from the body I do not know, but God knows--
(4) 그가 낙원으로 이끌려가서 말할 수 없는 말을 들었으니 사람이 가히 이르지 못할 말이로다
was caught up to paradise. He heard inexpressible things, things that man is not permitted to tell.

즉 낙원 = 셋째 하늘이라는 것이다.

그렇다면 계시록 21장에서는 하늘에서 하나님께로부터 새 예루살렘성이 내려온다 하였는데 이것이 낙원이 맞을 가능성이 더 높아진 것이다.

낙원 = 하늘 (heaven)

낙원 = 셋째 하늘 (the third heaven)

그러므로 이 생명나무는 낙원에 있다가 새 예루살렘성이 하늘 = 낙원에서 내려올 때에 같이 새 하늘과 새 땅으로 내려오는 것이다.

그리고 이 생명나무는 성안에만 있지 성밖에는 없다.

즉 낙원 = 세째 하늘 = 하늘 = 천국 (하나님이 계신 곳) 인 것이다.

그러므로 하늘에서 내려오는 새 예루살렘성은 바로 낙원에서 내려오는 것이다. 할렐루야!

주여!
깨우쳐 주심을 너무 감사하나이다!

그리고 하나 덧붙이자면 천년왕국에 들어간 자들이 백보좌 심판을 거치지 않고 지상에서 천년을 지내면서 왕노릇한 후에 다시 낙원에 있는 예루살렘성으로 옮겨져 있다가 계시록 21장에서 새 하늘과 새 땅이 열리면 그 때에 신부가 단장한 것같이 아름답게 꾸미고 있다가 새 예루살렘성이 내려올 때에 그 때 같이 그 성안에 있으면서 내려오는 것으로 보인다. 할렐루야.

157. 새 하늘과 새 땅에 내려오는 새 예루살렘 성은 분명히 낙원에서 내려오는 것임을 천상에서 확인받다.
(2015. 5. 14)

저녁에 기도한 후 천국에 올라갔다.

말의 수가 확실하지 않다. 분명히 다섯 마리였는데 엊그제부터 저 끝에 조금 작고 어린 말 한 마리가 더 붙어 있는 것처럼 보였다. 그래서 어쩐지 내 눈에 여섯 마리로 보였다.

그 이유인즉슨 내가 모세편을 써서 출판하였기 때문으로 여겨졌다.

즉 주님이 그 책 출판을 기뻐하셔서 말 한 마리를 더 늘리신 것이다.

그런데 아직 확실하지 않았다. 왜냐하면 그 조그만 말이 맨 끝에 숨어서 잘 안보였기 때문이다.

나는 수레를 타고 즉시 천국에 올라갔다.

주님이 나를 맞이하여 주셨고 주님은 나를 데리고 구름에 바로 태우시고 높이높이 자꾸만 상승하셨는데 결국은 모세의 궁 광장에 도착하였다.

그런데 모세는 나를 보자마자 나에게 조금 나무라는 듯하는 심각한 얼굴을 보였다.

그 이유인즉슨 내가 요즘에 천국에 가서 보았어도 자꾸만 내가 보았다고 인정하지 아니하니까 그것에 대한 준엄하게 나무라는 표정을 내게 짓고 있었다.

나는 그것을 즉시 알아챘다. 천국에서는 마음의 생각이 다 드러난다.

나는 마음으로 모세에게 미안하다 했다. 죄송하다 했다.

사실 이 말을 주님께 해야 했다. 우리 주님은 너무 자비로우시다.

잘 꾸중하시지 아니하신다.

그런 후에 주님과 모세 그리고 나는 요한의 집 앞에 피크닉 테이블로 옮겨졌다.

거기서 늘 앉는 대로 주님과 모세가 저편에 그리고 나와 요한이 이편에 앉았다.

늘 그렇듯이 주님 옆에는 계시록을 천국언어로 풀이하여 쓰여진 갈색 책이 담긴 갈색상자가 놓여 있었다. 사실 나는 이 책을 내가 펴본 적이 없다.

그런데 왜 계시록을 이야기할 때면 그것이 주님 옆에 있는지 모르겠다.

사실 이 책은 성부 하나님이 내게 주신 책이었다.

그런데 나는 내가 그 책을 펼쳐 보는 것이 아니다. 아니 주님이 펴보게 하시지도 아니하신다.

사실 보아도 모른다. 왜냐하면 거기에는 다 천국언어로 적혀 있으니까..........

그래서 나는 생각하여 본다. '그래서 못 펴보게 하시나?'

그러나 그렇게 앉은 자리에서 나는 질문을 가졌다.
'주님, 낙원이 즉 성경에서 하늘이라고 표현하는 heaven과 같은 곳인가요?'
왜냐하면 새 예루살렘성이 하늘(heaven)에서 하나님께로부터 내려온다 하였는데
새 예루살렘성 안에 생명나무가 있고 또한 낙원에도 생명나무가 있다고 되어 있고 또한 사도 바울은 낙원과 셋째 하늘을 같이 쓰고 있는 것으로 보였기 때문이다.
그랬더니 주님도 모세도 요한도 똑같이 즐거운 웃음을 짓는 것이었다.
이분들의 즐거운 웃음은 내가 잘 맞추고 있다는 것을 말하고 있는 것이었다.
즉 내가 유추하는 것이 맞다는 것이다. 할렐루야.
나는 이 때의 그 세 분의 그 웃음을 잊을 수가 없다.
어쩌면 그렇게 똑같이 좋아서 세 분 다 이를 드러내고 동일한 표정으로 환하게 웃으시는지........

그러므로 나는 이제 낙원이 셋째하늘 즉 하늘, 영어로는 heaven이라고 하는 곳이며 그곳이 하나님이 계신 천국이라는 사실을 주님으로부터 확증한 셈이다.
그리고 이 낙원(=천국)에서 새 예루살렘성이 새 하늘과 새 땅으로 내려오는 것이다. 할렐루야.
주님 감사드립니다.!!

그러면 여기서 우리는 유의하여야 할 것이 있다.
낙원 = 천국 = 하늘 = 셋째하늘인데
이것은 영원천국 즉 새 하늘과 새 땅에 새 예루살렘성이 내려온 상태인 영원천국과는 다른 장소인 것을 알 수 있다.
할렐루야.

그러므로 소위 우리가 현재 말하는 하나님이 계신 천국(낙원)과 영원천국은 다른 곳이다!

나중에 계시록 21장에 보면 하나님께서도 이 천국(낙원)에서 영원천국으로 오셔서 함께 하신다고 성경은 기록하고 있다.

[계 21:3-4]
(3)내가 들으니 보좌에서 큰 음성이 나서 가로되 보라 하나님의 장막이 사람들과 함께 있으매 하나

님이 저희와 함께 거하시리니 저희는 하나님의 백성이 되고 하나님은 친히 저희와 함께 계셔서 (4) 모든 눈물을 그 눈에서 씻기시매 다시 사망이 없고 애통하는 것이나 곡하는 것이나 아픈 것이 다시 있지 아니하리니 처음 것들이 다 지나갔음이러라

할렐루야.
이것은 물론 새 하늘과 새 땅에 새 예루살렘 성이 하늘에서부터 하나님께로 내려온 이후이다.

[계 21:1-2]
(1)또 내가 새 하늘과 새 땅을 보니 처음 하늘과 처음 땅이 없어졌고 바다도 다시 있지 않더라 (2)또 내가 보매 거룩한 성 새 예루살렘이 하나님께로부터 하늘에서 내려오니 그 예비한 것이 신부가 남편을 위하여 단장한 것 같더라

할렐루야!

158. 천국, 낙원, 하늘, 셋째 하늘의 원어를 비교하다.
(2015. 5. 15)

기도시에 다음 구절들에서 나오는 하늘, 천국, 낙원, 셋째 하늘 등의 원어 비교가 필요함이 느껴져서 찾아 보았다.

[요 3:13]
하늘에서 내려온 자 곧 인자 외에는 하늘에 올라간 자가 없느니라
No one has ever gone into heaven except the one who came from heaven--the Son of Man.

처음에 쓰인 하늘에서 내려온 자 할 때에 하늘은 헬라어의 원어를 보면
ouranon ((3772)
그 다음 하늘에 올라간 자가 없느니라 할 때에 하늘의 헬라어 원어를 보면

ouranou ((3772)이다.

ouranou ((3772), ouranw ((3772)) : 원어의 의미 : 하늘, 천국, 공중 등의 의미

그러므로 여기서 쓰여진 의미가 하늘 = 천국이라는 말이다.

그 다음 사도 바울이 말한 것을 보자.

[고후 12:2]
내가 그리스도 안에 있는 한 사람을 아노니 십 사년 전에 그가 세째 하늘에 이끌려 간 자라 (그가 몸 안에 있었는지 몸 밖에 있었는지 나는 모르거니와 하나님은 아시느니라)
I know a man in Christ who fourteen years ago was caught up to the third heaven. Whether it was in the body or out of the body I do not know--God knows.

tritou ((5154)) ouranou ((3772)) : 셋째 하늘
즉 이 때에도 동일한 ouranou 가 쓰여지고 있다.
ouranou ((3772)) 여기도 같은 헬라어. 천국, 하늘로 쓰이고 있다.

즉 사도 바울이 올라간 하늘도 바로 하늘 = 천국 = 낙원 = 셋째 하늘로 볼 수 있는 것이다.
할렐루야.

그러므로 부자와 거지 나사로가 죽었을 때에 거지 나사로는 낙원으로 갔다.
아브라함은 이미 낙원(=천국=하늘=셋째하늘)에 있기 때문이다.

다음은 주님이 부활하신 후에 무덤에 찾아온 마리아에게 말씀하신 내용이다.
주님은 막달라 마리아보고 만지지 말라 하신다.

[요 20:17]
예수께서 이르시되 나를 만지지 말라 내가 아직 아버지께로 올라 가지 못하였노라
너는 내 형제들에게 가서 이르되 내가 내 아버지 곧 너희 아버지, 내 하나님 곧 너희 하나님께로 올라간다 하라 하신대

Jesus said, "Do not hold on to me, for I have not yet returned to the Father. Go instead to my brothers and tell them, ,I am returning to my Father and your Father, to my God and your God.'"

하늘에서 하나님께로부터 새 예루살렘이 내려오는 하늘을 원어로 보면

[계 21: 2]
또 내가 보매 거룩한 성 새 예루살렘이 하나님께로부터 하늘에서 내려오니 그 예비한 것이 신부가 남편을 위하여 단장한 것 같더라
I saw the Holy City, the new Jerusalem, coming down out of heaven from God, prepared as a bride beautifully dressed for her husband.

이 때에 한글로는 하늘이라 번역된 heaven이 원어로는 ouranow ((3772)) 동일하게 쓰여지고 있다.
ouranou ((3772)) : 천국 의미, 하늘, 공중

주님이 하신 말씀, 요한복음 3장 13절,
바울이 쓴 말 고린도후서 12장 2절,
요한이 쓴 말 계시록 21장 2절에서

모두가 다 원어에 하늘 다 공통적으로 ouranou ((3772)) :
쓰고 있다. 그러므로 이들 모두가 다 같은 말인 것이다.

고린도후서 12장 4절을 보면
파라다이스 : 원어에 보면 이것이 낙원, 천국, 정원 이러한 의미이다.

또한 마태복음에서 '회개하라 천국이 가까웠느니라' 할 때의

[마 4:17]
이때부터 예수께서 비로소 전파하여 가라사대 회개하라 천국이 가까왔느니라 하시더라
From that time on Jesus began to preach, "Repent, for the kingdom of heaven is near."

즉 여기서 kingdom of heaven 이 원어로는 다음과 같이 표현되고 있다.

: basileia ((932)) twn ((3588)) ouranwn ((3772))

ouranwn ((3772))
여기서도 동일하게 천국으로 쓰고 있다.

그러므로 모두 동일한 하늘 = 천국 = 낙원 = 셋째하늘이다. 할렐루야.

159. 요한복음 3장 13절의 해석
(2015. 5. 16)

아침에 기도하다가 기록한다.
계시록 2장 7절에서 에베소 교회에 주님이 보내는 편지에서 이기는 자에게는 낙원에 있는 생명나무의 과일을 먹게 하여 주시겠다고 하는 것은 주님의 이기는 자들에 대한 영원한 약속의 말씀이다. 왜냐하면 다른 교회에 보내는 편지들을 보면 이기는 자들에게 영원한 세상에서 주어지는 약속의 말씀을 하고 있기 때문이다. 흰 돌이라든지 만나라든지 또한 하나님의 성전에 기둥이 되게 하겠다든지 등등
그러므로 이 낙원 안에 있는 생명나무가 영원한 천국에서도 동일한 생명나무인 것을 말하고 있는 것이다. 그러므로 현재에 나는 이렇게 추정이 된다.

낙원(= 하늘 = 천국 = 셋째 하늘)에 새 예루살렘성이 있는데 그 안에 생명나무가 있을 것이다.
그러므로 낙원에 있는 생명나무라고 표현되고 있는 것이다. 그리고 이 새 예루살렘성이 낙원에서 새 하늘과 새 땅에 내려오는데 그래서 주님께서 이기는 자들에게 약속하신 대로 이 새 예루살렘성 안에 있는 생명나무 과일을 영원히 먹을 수 있게 되는 것이다. 할렐루야.

그러므로 새 예루살렘성이 낙원(하늘 = 천국 = 셋째 하늘)에 있다가 새 하늘과 새 땅으로 내려온다는 사실이 현재로서 말씀으로 풀렸다. 할렐루야.
이것을 성경은 이렇게 표현하고 있다.

하나님께로부터 하늘(낙원 = 천국 = 셋째하늘)에서 새 예루살렘성이 내려온다고....

그러므로 이 하늘은 바로 낙원이라는 것이다.
그리고 이 하늘은 하나님이 계신 곳으로 천국이다.
낙원이라는 원어의 정의 안에는 천국이라는 말도 있다.
즉 이 하늘은 원어로 보면 천국(ouranou,3772)인데 이것이 낙원이라는 것이다.
그리고 이 낙원은 사도 바울이 말한 셋째 하늘인 것이다.
할렐루야.

그러면 이제 다시 한번 생각하여 보아야 할 성경구절은 주님이 하신 말씀이다.
요한복음 3장 13절에서 주님이 하신 말씀을 보면
'하늘에서 내려온 자 외에는 하늘로 올라간 자가 없느니라.'
여기서도 하늘은 천국 즉 heaven이고 원어로도 ouranou ((3772)) 이다.

즉 주님 자신이 하늘에서 내려왔는데 주님 자신만 하늘로 올라간다는 말씀을 하고 있다.
그러면 이것이 어떻게 가능한가? 하는 것이다.

우리가 알다시피 낙원(= 하늘 = 천국 = 셋째 하늘)에는 이미 우리의 믿음의 선진들 아브라함을 비롯하여 많은 이가 있다. 그런데 왜 주님만 거기서 내려오시고 주님만 거기로 올라가신다 말씀하시는가 하는 것이다.

이것의 비밀은 요한복음 1장 18절에서 나타나고 있다.

[요 1:18]
본래 하나님을 본 사람이 없으되 아버지 품속에 있는 독생하신 하나님이 나타내셨느니라

즉 예수님은 아버지 하나님의 품속에 계시다가 나타나신 분이시다.
그러므로 그분은 아버지 품속에서 오셨다가 아버지 품속으로 돌아가신다고 봄이 옳다.
할렐루야.

그러므로 요한복음 3장 13절에서의 하늘은 아버지의 품속으로 봄이 옳은 것이다.

그분은 삼위일체의 한분 하나님이시다.
할렐루야.
아버지 하나님이 계신 곳이 하늘(heaven)이고 천국이다.
즉 주님이 아버지의 품속에서 계시다가 오셨고 그 품속으로 돌아가신다고 봄이 옳다.

이것은 주님이 부활하신 후에 곧바로 막달라 마리아에게
'나를 만지지 말라 내가 아직 아버지께로 가지 못하였노라.'하신 말씀과 일치하고 있다.
할렐루야.

[요 20:16-17]
(16)예수께서 마리아야 하시거늘 마리아가 돌이켜 히브리 말로 랍오니여 하니 (이는 선생님이라)
(17)예수께서 이르시되 나를 만지지 말라 내가 아직 아버지께로 올라 가지 못하였노라 너는 내 형제들에게 가서 이르되 내가 내 아버지 곧 너희 아버지, 내 하나님 곧 너희 하나님께로 올라간다 하라 하신대

즉 여기서 확실한 것은 죽음에서 부활하신 주님이 아버지께로 돌아가신다는 것이 확실하다.
할렐루야. 이것은 나중에 승천하심으로 가능하게 되었다.

그러면 또 의심이 가는 하나의 성경구절이 있는데 왜 그러면 주님은 안보고 믿지 못하는 도마에게 만져보라 하셨는가? 막달라 마리아에게는 만지지 말라 하시고서는 말이다.

[요 20:25-29]
(25)다른 제자들이 그에게 이르되 우리가 주를 보았노라 하니 도마가 가로되 내가 그 손의 못자국을 보며 내 손가락을 그 못자국에 넣으며 내 손을 그 옆구리에 넣어 보지 않고는 믿지 아니하겠노라 하니라 (26)여드레를 지나서 제자들이 다시 집안에 있을 때에 도마도 함께 있고 문들이 닫혔는데 예수께서 오사 가운데 서서 가라사대 너희에게 평강이 있을지어다 하시고 (27)도마에게 이르시되 네 손가락을 이리 내밀어 내 손을 보고 네 손을 내밀어 내 옆구리에 넣어 보라 그리하고 믿음 없는 자가 되지 말고 믿는 자가 되라 (28)도마가 대답하여 가로되 나의 주시며 나의 하나님이시니이다 (29)예수께서 가라사대 너는 나를 본 고로 믿느냐 보지 못하고 믿는 자들은 복되도다 하시니라

주님은 분명히 도마에게

'내 손에다가 네 손가락을 넣어보고 내 허리 창자국에 네 주먹을 넣어보라'고 하셨다.
막달라 마리아에게는 만지지 말라고 하셔놓고 왜 도마에게는 넣어보라 하셨는가? 하는 것이다.

예수님은 전능하신 하나님이시다. 전지하신 하나님이시다.
그러므로 그가 도마에게 그렇게 얘기하여도 안 만져볼 것을 미리 아신 것이다.
그래서 도마는 주님의 모습을 보기만 하여도 그의 목소리를 듣기만 하여도 그 의심하던 도마가 손가락과 주먹을 넣어 봄이 없이 그 자리에서 무릎을 꿇고 '주여 당신은 나의 하나님이시며 나의 주님이시라'고 고백하였던 것이다. 할렐루야.

그 때에 주님은 도마에게 이렇게 말씀하신다.
"너는 본고로 믿느냐 안 보고 믿는 자가 더 복되도다."
즉 예수님은 그가 만지지 않고도 보기만 해도 믿을 줄을 미리 아셨던 것이다.
장래의 일까지 모르는 것이 없으신 전지전능하신 하나님이시기 때문이다.
할렐루야.

그러므로 주님은 막달라 마리아에게는 말하지 아니하면 그분을 마리아가 만질 것을 아시고 나를 만지지 말라고 경고하셨고 그러나 도마에게는 만져보고 넣어보라 하여도 안 만져보고 안 넣어보실 것을 아시고 도마에게는 넣어보라고 하신 것이었다.
할렐루야.

주님의 승천은 주님이 부활하시고 나서 아버지께로 돌아가시는 사건이었다.
그래서 주님은 하늘(아버지)에서 내려온 자 외에는 하늘(아버지)로 올라간 자가 없느니라고 하신 것이다. 할렐루야.
그러므로 이 성부 하나님이 계신 곳도 비로 이곳 낙원(- 천국 - 하늘 - 셋째 하늘)이라 할 수 있다.
그러므로 계시록 21장에서 말하는 하나님께로부터 하늘에서 새 예루살렘성이 내려오니
이 말씀은 새 예루살렘성이 어디에서 내려오는 것이냐면 낙원이라 결론지었으므로 여기에 하나님 아버지도 이 낙원에 계심이 틀림이 없다.
할렐루야.

깨우쳐 주시는 주님을 찬양합니다!

그러므로 나는 결국은 낙원=천국이라고 결론을 짓는다.
왜냐하면 원어에서 하늘을 영어로는 heaven 그리고 원어로는 천국이라는 ouranou (3772) 원어를 쓰고 있기 때문이다.
할렐루야.

즉 낙원 = 천국 = 하나님이 계신 곳 = 셋째 하늘

그리고 영원천국은 조금 다른 의미로서
새 하늘과 새 땅이 열린 후에 낙원(지금 소위 천국이라 부르는 곳)에서 새 예루살렘성이 내려온 곳을 말한다. 여기서 영원히 하나님과 하나님의 백성들이 살게 되는 것이다.
할렐루야.

160. 주님이 성밖으로 데리고 가시다. 예수를 믿었으나 이기지 못한 삶을 산 자들은 다 성밖으로 쫓겨나 벌을 받고 있다.
(2015. 5. 16)

아침에 기도 후에 천국에 올라갔다.
말이 다섯 마리에서 분명히 어린 말이 하나 더 보였다. 즉 말이 다섯 마리였는데 이제 여섯 마리가 된 것이다. 이 마지막 여섯째의 말은 어른 말의 약 3/5한 크기이다. 내가 생각하기에 이 작은 여섯째 말이 더 성장할 것 같이 보였다. 어쨌든 지금은 어린 말이다. 그리고 오늘따라 수레가 너무 아름답고 정교하게 보인다. 하얀 진주색에 황금색 장식이다.

나는 수레에서 내리니까 머리에 황금 링을 쓰고 있는 두 여성천사들에 의하여 내가 보조를 받고 주님께로 인도함을 받고 있었다.
그런데 참으로 이상한 것은 오늘은 주님이 이미 저 밑에 내려가 계신 것이 보였다.
즉 수레가 도달한 그 천국레벨보다 훨씬 아래에 가 계시는 것이었다.
그리고 늘 내가 보던 흰 옷을 입고 나를 환영하는 무리들은 정상적인 천국레벨에 있었다.

즉 내가 늘 가는 천국레벨보다 저 아래에 주님이 바닥에 서 계신 것이 보였다.
그래서 내 손을 잡고 주님께로 인도하던 황금 링을 쓴 두 천사가 내 손을 놓아버리니까
나는 순식간에 주님이 계신 저 아래로 내려가게 되었다.

그리고 주님은 거기서 즉 천국레벨보다 저 아래에서 나를 만나주셨다.
나는 마음으로 '주님 왜 여기 계세요?'라고 물었다.
그랬더니 주님이 역시 마음으로 대답을 하신다.
'너는 늘 여기에 오고 싶어 하지 않았니?'라고 말씀하신다.
그렇다. 나는 늘 여기가 궁금해 하였다.
즉 여기는 사람들이 지상에서 예수는 믿었으나 이기지 못하는 삶을 산 자들이 가는 곳이었다.
이곳은 영원한 불못이 아닌, 새 하늘과 새 땅이면서 하나님의 영광이 해같이 빛나는 새 예루살렘 성 바깥(성밖)인 것이다.

그리고 나는 즉시 여기서 여기저기에 서 있는 조선시대의 포졸들 같은 갑옷을 입은 천사들을 볼 수 있었다. 이들은 이곳을 관리하는 천사들인 것이다.
그리고 이곳은 바로 내가 이전에 천국레벨에서 황금계단을 약 150개 내지 200개 정도 내려갔을 때에 갔던 성 바깥인 것이다.
주님은 내가 천국에 올라오자마자 나를 이 천국레벨보다 아래인 이 성 바깥에서 나를 맞이하고 계셨다.

[계 22:14-15]
(14)그 두루마기를 빠는 자들은 복이 있으니 이는 저희가 생명 나무에 나아가며 문들을 통하여 성에 들어갈 권세를 얻으려 함이로다 (15)개들과 술객들과 행음자들과 살인자들과 우상 숭배자들과 및 **거짓말**을 좋아하며 지어내는 자마다 성밖에 있으리라

나는 이전에 여기서 흰 옷 입은 젊은 자들이 손이 뒤로 묶여 쭉 나열하듯이 앉아 있었고 그들은 하나씩 불려나가서 매를 맞고 들어와 슬피 울고 있는 것을 보았었다.
그 그룹의 젊은 자들이 보였다. 그들은 이전에 내가 보았던 흰 옷 입고 앉아 있는 자들의 그룹이었다. 조금 지나가니 또 다른 그룹이 나오는데 이들은 손이 뒤로 묶여 앉아 있으면서 입으로 열심히 무엇인가를 나르고 있었다.

주님과 나는 이 두 그룹을 지나서 다른 그룹들이 있는 곳으로 갔는데 또 한 그룹은 공원 같은 곳에서 사람들이 앉는 좌석들이 있고 그 앞에 대리석 같은 테이블들이 쭉 놓여 있는 곳과 같은 곳인데 흰 옷 입은 사람들이 그 테이블 같은 곳에 누워서 바위를 배위에 얹고서는 움직이지 못하고 있는 벌을 받고 있는 것이 보였다.
주님과 나는 또 이 그룹을 지나서 갔다.

그리고 더 들어가니 골짜기로 이어지면서 쇠창살들이 보였고, 오 마이 갓!
이전에 와 보았던 곳이다!.
유명한 목사들이 갇혀 있는 곳이다. 그 곳은 쇠창살 안에 한 사람씩 흰 옷 입은 자들이 들어 있었다.
제일 먼저 보인 자가 바로 내가 천국과 지옥 간증 제 1집에 기록한 그 목사님인데 주님은 그에게
'그는 내 영광을 훔쳤느니라.'하셨던 그 목사님이셨다.
그리고 주님이 이 목사님에게 다시 말씀하셨던 것이 생각났다.
'너에 대한 심판은 이미 끝났느니라.'
그는 평생 목회의 일을 하면서 하나님의 영광을 훔친 자였다.
그는 주님으로부터 여러 번 경고함을 받았음에도 불구하고 회개하지 않고 그는 계속 자신이 높아지는 길을 택했다. 그래서 그는 지금 여기 와 있는 것이다.
그는 사람들로부터 자신이 주님보다 더 영광을 받았던 것이다.

주님과 나는 그곳을 지나 또 다른 곳으로 갔다.
하여간 이 성밖에서는 여러 종류의 그룹들이 여러 종류의 다양한 다른 벌들을 받고 있었다.

그 다음에 보인 그룹은 큰 나무 기둥을 어깨에 매고서 힘겹게 끌고 가는 그룹이었다.
나는 그중의 한 명에게 물었다. '왜 여기에 와 있느냐고?'
그가 말한다. 자기는 평생 거짓말을 하면서 살았다고 한다. 그는 예수를 믿으면서도 별로 양심의 가책을 받지 않고 거짓말을 하고 살았다고 했다. 그래서 자기는 여기에 와서 이렇게 벌을 받는다 하였다. 나는 이 동일한 대답을 얼마 전에도 이 성밖에 와서 이 그룹을 보았는데 그 때에도 들었었다. 이들은 지상에서 살 때에 예수는 믿었으나 살면서 거짓말을 양심에 가책없이 하고 살았다고..........
주여!

그러므로 이러한 죄를 지은 자들은 성안으로 들어가지 못하고 이렇게 성밖에서 벌을 받으면서 슬

피 울며 이를 갈게 되는 것이다.
미리 알려주시고 경고하여 주시는 주님을 찬양합니다!
할렐루야.

주님 감사합니다. 이렇게 다시 한번 오늘 이런 곳이 있다는 것을 확인시켜 주셔서.
할렐루야.

그러고서는 주님과 나는 다시 천국의 레벨로 올라왔는데 계단을 통하지 않고 그냥 위로 솟아서 올라왔다. 할렐루야.
천국에서는 무엇이든지 가능하다.
걷는 것도 나는 것도………… 주여!

161. 기도하다가 깨우친 것 :
이기는 자는 하나님의 성전에 기둥이 되게 하리니
(2015. 5. 18)

[계 3:12]
이기는 자는 내 하나님 성전에 기둥이 되게 하리니 그가 결코 다시 나가지
아니하리라 내가 하나님의 이름과 하나님의 성 곧 하늘에서 내 하나님께로부터 내려오는 새 예루살렘의 이름과 나의 새 이름을 그이 위에 기록하리라

Him who overcomes I will make a pillar in the temple of my God. Never again will he leave it. I will write on him the name of my God and the name of the city of my God, the new Jerusalem, which is coming down out of heaven from my God; and I will also write on him my new name.

[계 21:22-23]
(22) 성안에 성전을 내가 보지 못하였으니 이는 주 하나님 곧 전능하신 이와 및 어린 양이 그 성전이심이라

I did not see a temple in the city, because the Lord God Almighty and the Lamb are its temple.

(23) 그 성은 해나 달의 비췸이 쓸데 없으니 이는 하나님의 영광이 비취고 어린 양이 그 등이 되심이라

The city does not need the sun or the moon to shine on it, for the glory of God gives it light, and the Lamb is its lamp.

계시록 21장 22-23절에서는 새 예루살렘성 안에 성전이 없고 하나님과 어린양이 친히 성전이 되신다 하였는데 왜 계시록 3장 12절에서는 빌라델비아 교회 교인들에게는 그들을 하나님의 성전(temple of God)의 기둥이 되게 하겠다고 하고 또 그 기둥위에 하나님의 이름, 새 예루살렘의 이름, 예수님의 새 이름을 기록하겠다고 하시는가? 하는 것이다.

그러면 새 예루살렘성 안에 건물로 된 성전이 있나?
아니다.
여기서는 하나님과 어린양이 친히 성전이라 하였으니 새 예루살렘성 안에는 보이는 건물로 된 성전이 있는 것이 아니다.
그러면 왜 그들을 기둥이 되게 한다 하셨나?
사람이 기둥 자체가 될 수는 없다. 단지 기둥과 같이 박아 놓은 것을 말한다 할 수 있다.
즉 은유적 표현이라고 할 수 있다.
그리고 그 사람위에 하나님의 이름, 새 예루살렘의 이름, 예수님의 새 이름을 기록하시겠다는 것이다. 이것은 계시록의 다른 곳에서 하나님의 이름과 어린양의 이름을 이마에 기록한다는 말과 동일하게 볼 수 있다(계 14:1, 계 22:4).

그러면 하나님의 성전이라는 말은 무슨 말인가?
분명히 하나님과 어린양 자체가 성전이라 하였으므로 새 예루살렘성은 하나님과 어린양이 통치하는 곳이므로 거기에는 보좌가 있다 하였다.
그러므로 그 새 예루살렘성 안에 따로 건물이 있는 것이 아니라 새 예루살렘성 자체가 하나님의 성전이라 볼 수 있을 것이다. 할렐루야.

이것은 사람 자체가 성전의 기둥이(건물자체) 될 수 없음과 동일한 이치인 것이다.
그러면 성전 안에 기둥이 되게 하신다 하는 말씀은 새 예루살렘성 안에는 성전이 없고 보좌만 있으므로 성 자체가 성전이라 생각하면 그 안에 보좌만 놓여 있는 것이 말이 된다.

그러므로 기둥이 되게 하시겠다는 말은 다시는 밖으로 나가지 않은 요동치 않는 박아놓은 것과 같은 인물이 되게 하여 주시겠다는 말씀과 같다고 보아야 할 것이다. 할렐루야.

162. 계시록을 빨리 쓰기를 원하시는 성부 하나님
(2015. 5. 18)

기도한 후에 천국에 올라갔다.
왜 자꾸 기도를 말하느냐면 내가 주님 앞에 철저히 회개를 하지 아니하면 영계가 열리지 아니하기 때문이다. 아니 아예 주님이 영계를 열어주시지 아니하신다. 자꾸 지상의 생각이 끼어들어 천국이 보이다가도 중단되는 것이다. 그러면 나는 즉시 안다. 그래서 기도를 충분히 하여 내 마음속의 모든 더러운 것들을 씻어 내어야 하는 것이다.

나를 데리러 온 수레바깥에서 나를 수호하는 천사가 나에게 이렇게 말을 한다.
"입을 다무세요."
즉 내가 너무 좋아서 입이 벌어질 테니까 '입을 다무세요.'라고 말하는 것이었다.
'아니 내가 그렇게 좋아할 일이 무엇이 있지?' 하고 생각하는데 벌써 내 눈에 나를 데리러 온 여섯 마리 말 중에서 맨 나중에 참가한 어른 말보다 훨씬 작았던 그 말이 이제는 벌써 장성하여 다른 큰 어른 말들과 거의 키가 같았다.
즉 조금 모자란 크기였는데 벌써 어른 키의 약 9/10 정도는 되어 보였다.
사람으로 치면 장년이 아니라 청년처럼 보였다.
나는 그것을 보는 순간에 입이 확 벌어졌다. 오 마이 갓!
저 어린 말이 벌써 자라서 저렇게 어른 말들과 같은 장식을 하고 같이 당당히 서 있다니....
나는 기쁘고 좋아서 내 입이 확 벌어졌다. 아하, 그래서 저 천사가 미리 '입을 다무세요.'라고 미리 힌트를 준 것이었다.
나는 그 말이 성장한 것을 보고 기쁘고 좋아하면서 그들이 가져온 수레에 올랐다.
수레는 아주 컸다. 말 여섯 마리가 끌게 되면서 수레의 크기는 다섯 마리가 몰 때보다 더 많이 커졌다. 그 크기가 느껴지기는 화물차에 올려진 하나의 컨테이너처럼 그렇게 크게 느껴졌다.

그리고 나는 수레 안을 보고 어리둥절해 하였다.

그 안에는 내가 앉는 자리(항상 말 쪽으로 꼭 여왕이 앉는 좌석처럼 꾸며진 내 의자가 놓여 있다.)가 있는데 내가 그 의자에 앉으면 나는 수레를 끄는 말들과는 등을 대고 앉는 자세이다. 그렇게 앉으니 나의 왼쪽으로는 책상이 하나 생겼다. 할렐루야.

그렇게 수레 안을 구경하는 중에 나를 태운 황금으로 장식된 진주 수레마차는 천국에 즉시 도착하였는데 내가 수레에서 내릴 때에 나를 수종하는 천사가 두 명 더 있다. 이들은 여성 천사들로서 흰 두 날개들을 가지고 있고 머리에는 아름다운 링 장식을 하고 있었으며 머리는 단발로서 얼굴이 아주 아름다운 천사들이었다.

이들은 흰 옷을 입고 있었다. 그리고 이들은 수레에서 내리는 나를 손 하나씩을 잡고 주님께로 인도하는 것이다.

주님은 오늘따라 얼굴이 정말 맑아 보이셨다.

주님은 나를 데리고 즉시 성부 하나님이 계신 곳으로 가셨다. 천국에서의 이러한 이동은 정말 순식간에 일어났다.

주님은 내 오른편 옆에 서 계셨고 나는 성부 하나님이 계신 궁에 서 있었다.

내 왼쪽 앞으로는 계시록을 천국언어로 풀이하여 놓은 책이 놓여 있었다. 그 책을 담은 갈색박스는 내가 성부 하나님이 계신 궁에 서면 늘 그렇듯이 나의 왼쪽 앞쪽으로 조그만 둥근 테이블위에 놓여 있었다.

그렇게 놓여 있는 것은 그 책은 성부 하나님께서 나에게 주신 책이라는 것을 증명하듯이 그렇게 항상 놓여진다.

그리고 저어기 앞에서 성부 하나님의 음성이 흘러나왔다.

"사라야!"

"네"

"네가 계시록을 다 썼느냐?"

나는 대답을 못하고 있었다.

'나는 아직 다 끝내지 못했습니다.'라고 말이 입에서 나오려고 하였으나 나오지 않았다.

그렇게만 성부 하나님과 대화가 일어나고 그 후에 주님께서는 나를 데리고 다시 요한의 집 앞에 있는 피크닉 테이블로 가셨다. 주님이 가실 때에 그 계시록을 풀이한 책을 가지고 가셨다. 거기에는 벌써 모세와 요한이 와 있었고 주님과 나는 늘 앉는 자리에 앉았다. 주님과 나는 늘 그 피크닉 테이블에서 대각선으로 앉는다.

그렇게 이동하고 나서는 더 이상 대화는 진행되지 않고 나는 잠이 들어 버렸다.

즉 오늘은 주님이 내게 성부 하나님이 계신 곳에 데리고 가셔서 내가 빨리 계시록을 쓰기를 원하신 다는 메시지를 전하고자 하셨다는 것을 알 수 있었다.
할렐루야.

163. 계시록 22장에 나오는 빛과 어린양과 그 아내에 대하여
(2015. 5. 18)

(i) 계시록에서 말하는 빛은 하나님에게서 나오는 빛이다.

계시록 22장 5절에서 보면 '이는 주 하나님이 저희에게 비취심이라' 라고 말씀하고 있는데

이 빛은 태양빛이 아니다. 전기 빛도 아니다.
천지창조시에 하나님께서 빛이 있으라 하였으매 빛이 있었으니 하나님이 보시기에 좋았더라 할 때의 빛도 아니다.
이 빛은 하나님에게서 나오는 빛이다.

[계 22:5]
다시 밤이 없겠고 등불과 햇빛이 쓸데 없으니 이는 주 하나님이 저희에게 비취심이라 저희가 세세토록 왕 노릇하리로다
There will be no more night. They will not need the light of a lamp or the light of the sun, for the Lord God will give them light. And they will reign for ever and ever.

그리고 이 빛은 하나님의 영광의 빛이다.

[계 21:23-25]

(23) 그 성은 해나 달의 비췸이 쓸데 없으니 이는 하나님의 영광이 비취고 어린 양이 그 등이 되심이라 The city does not need the sun or the moon to shine on it, for the glory of God gives it light, and the Lamb is its lamp.

(24) 만국이 그 빛 가운데로 다니고 땅의 왕들이 자기 영광을 가지고 그리로 들어오리라 The nations will walk by its light, and the kings of the earth will bring their splendor into it.

(25) 성문들을 낮에 도무지 닫지 아니하리니 거기는 밤이 없음이라 On no day will its gates ever be shut, for there will be no night there.

이 빛은 얼마나 밝은지 도무지 밤이 없고 이제는 영원세세토록 하나님에게서 나오는 빛에 의하여 영원천국은 낮만 있게 되는 것이다. 할렐루야.

(ii) 어린양과 그 아내에 대하여

'왜 혼인잔치가 천년왕국 안에서 일어나는가?'하는 것이다.

[계 19:7-9]
(7) 우리가 즐거워하고 크게 기뻐하여 그에게 영광을 돌리세 어린 양의 혼인 기약이 이르렀고 그 아내가 예비하였으니 Let us rejoice and be glad and give him glory! For the wedding of the Lamb has come, and his bride has made herself ready.

(8) 그에게 허락하사 빛나고 깨끗한 세마포를 입게 하셨은즉 이 세마포는 성도들의 옳은 행실이로다 하더라. Fine linen, bright and clean, was given her to wear." (Fine linen stands for the righteous acts of the saints.)

(9) 천사가 내게 말하기를 기록하라 어린 양의 혼인 잔치에 청함을 입은 자들이 복이 있도다 하고 또 내게 말하되 이것은 하나님의 참되신 말씀이라 하기로 Then the angel said to me, "Write: ,Blessed are those who are invited to the wedding supper of the Lamb!'" And he added, "These are the true words of God."

[마 22:2-14]
(2)천국은 마치 자기 아들을 위하여 혼인 잔치를 베푼 어떤 임금과 같으니 (3)그 종들을 보내어 그 청한 사람들을 혼인 잔치에 오라 하였더니 오기를 싫어하거늘 (4)다시 다른 종들을 보내며 가로되 청한 사람들에게 이르기를 내가 오찬을 준비하되 나의 소와 살진 짐승을 잡고 모든 것을 갖추었으니 혼인 잔치에 오소서 하라 하였더니 (5)저희가 돌아 보지도 않고 하나는 자기 밭으로, 하나는 자기

상업차로 가고 (6)그 남은 자들은 종들을 잡아 능욕하고 죽이니 (7)임금이 노하여 군대를 보내어 그 살인한 자들을 진멸하고 그 동네를 불사르고 (8)이에 종들에게 이르되 혼인 잔치는 예비되었으나 청한 사람들은 합당치 아니하니 (9)사거리 길에 가서 사람을 만나는 대로 혼인 잔치에 청하여 오너라 한대 (10)종들이 길에 나가 악한 자나 선한 자나 만나는 대로 모두 데려 오니 혼인자리에 손이 가득한지라 (11)임금이 손을 보러 들어올새 거기서 예복을 입지 않은 한 사람을 보고 (12)가로되 친구여 어찌하여 예복을 입지 않고 여기 들어왔느냐 하니 저가 유구무언이어늘 (13)임금이 사환들에게 말하되 그 수족을 결박하여 바깥 어두움에 내어 던지라 거기서 슬피 울며 이를 갊이 있으리라 하니라 (14)청함을 받은 자는 많되 택함을 입은 자는 적으니라

예복을 입지 아니하면 이 혼인잔치에 참여하지 못한다. 어린양의 아내란 예복을 입은 자이다.

[계 19:7-8]
(7) 우리가 즐거워하고 크게 기뻐하여 그에게 영광을 돌리세 어린 양의 혼인 기약이 이르렀고 그 아내가 예비하였으니 (8) 그에게 허락하사 빛나고 깨끗한 세마포를 입게 하셨은즉 이 세마포는 성도들의 옳은 행실이로다 하더라

이 옳은 행실은 다음과 같은 자들에게서 나타난다. 예를 들어서 빌라델비아 교회 교인들, 다니엘과 그 세친구들, 순교자들, 이마나 손에 표를 받지 않고 살아남은 자들, 늘 하나님과 동행하는 자들, 살아있는 믿음을 가진 자들 말이다. 주님께서는 이런 자들에게 희고 깨끗한 세마포 옷을 입혀 주시는 것이다. 할렐루야.

이 세마포 옷을 입은 자들만 첫째부활에 참여하여 천년왕국에 들어가는 것이다. 할렐루야.

그리고 이들만이 영원천국에서 하나님의 영광이 해같이 빛나는 성 안으로 들어가게 될 것입니다. 왜냐하면 혼인잔치에 손이 가득하였다 하셨는데 예복 입지 않은 자는 바깥 어두운데 슬피 울며 이를 가는 장소로 쫓겨났다. 여기가 어디인가하면 영원천국에서 새 하늘과 새 땅이 열리고 하늘에서 새 예루살렘성이 내려온 후의 이야기인 것이다. 왜냐하면 이 바깥 어두운 데가 하나님의 영광이 해같이 비치지 아니하는 새 하늘과 새 땅이기 때문이다. 할렐루야.
그러므로 혼인잔치는 혼인식 이후에 천년왕국에서부터 영원천국까지 일어난다고 볼 수 있다.
혼인기약이 이르렀다 하고 아마겟돈 전쟁이 일어나고 적그리스도와 거짓선지자가 잡혀서 산채로 유황 불못에 던져지고 사단은 일천년 동안 무저갱에 감금되고 그 이후 주님이 신부들, 즉 예비된 어

린양의 아내들과 함께 천년왕국으로 들어가셨으니 이 혼인식이 천년왕국에서 일어날 것이고 그리고 혼인식 다음에는 반드시 혼인잔치를 할 것인데 이 혼인잔치는 천년왕국에서부터 시작하여 영원천국에까지 지속되는 것으로 보인다.

즉 주님이 공중 재림하셔서 죽은 자들이 부활되어서 오고 그리고 공중 휴거된 자들에게 '너희가 항상 나와 함께 있으리라'하신 말씀이 바로 이것을 의미한다고 할 수 있다. 즉 천년왕국부터 계속 영원천국까지 주님과의 관계가 혼인잔치가 지속되어짐을 말씀하고 있다는 것을 알 수 있다.
할렐루야.

[살전 4:16-17]
(16)주께서 호령과 천사장의 소리와 하나님의 나팔로 친히 하늘로 좇아 강림하시리니 그리스도 안에서 죽은 자들이 먼저 일어나고 (17)그 후에 우리 살아 남은 자도 저희와 함께 구름 속으로 끌어올려 공중에서 주를 영접하게 하시리니 그리하여 우리가 항상 주와 함께 있으리라

그러므로 어린 양과 신부의 혼인식은 첫째부활에 속한 자들이 주님과 함께 천년왕국에 들어가서 치루어지는 것으로 보이며 또한 혼인식 이후 일어나는 혼인잔치는 천년왕국에서부터 시작하여 영원천국까지 지속되는 것으로 보인다. 할렐루야.

계시록 21장에서 다시

[계 21:9-10]
(9) 일곱 대접을 가지고 마지막 일곱 재앙을 담은 일곱 천사중 하나가 나아와서 내게 말하여 가로되 이리 오라 내가 신부 곧 어린 양의 아내를 네게 보이리라 하고
One of the seven angels who had the seven bowls full of the seven last plagues came and said to me, "Come, I will show you the bride, the wife of the Lamb."
(10) 성령으로 나를 데리고 크고 높은 산으로 올라가 하나님께로부터 하늘에서 내려오는 거룩한 성 예루살렘을 보이니
And he carried me away in the Spirit to a mountain great and high, and showed me the Holy City, Jerusalem, coming down out of heaven from God.

여기서 신부 = 어린양의 아내

그러므로

[계 22: 17]
성령과 신부가 말씀하시기를 오라 하시는도다 듣는 자도 오라 할 것이요 목마른 자도 올 것이요 또 원하는 자는 값없이 생명수를 받으라 하시더라
The Spirit and the bride say, "Come!" And let him who hears say, "Come!" Whoever is thirsty, let him come; and whoever wishes, let him take the free gift of the water of life.

여기서 성령과 신부는 어린양과 그 아내를 말하고 있는 것이다.
왜냐하면 주님은 여기서 성령이 누구시냐고 물었을 때에 주님이 '바로 나다.'라고 말씀 하셨기 때문이다. 할렐루야.

그러므로 그 아내가 남편과 혼인식을 치르고 같이 살기 시작하는 것은 천년왕국 때부터라 할 수 있다. 그리고 그 관계는 영원히 지속이 되는 것이다.
할렐루야.

그러므로 사실 이러한 지식보다 더 중요한 것은 내가 지금 주님의 합당한 아내로서 자격이 있는가? 내가 과연 주님께서 세마포 옷을 입혀 주실만한 삶을 살고 있는가? 하는 것이 더 중요한 것이다.
주여!

그러므로 주님의 아내 될 자들은

[갈 2:20]
내가 그리스도와 함께 십자가에 못박혔나니 그런즉 이제는 내가 산 것이 아니요 오직 내 안에 그리스도께서 사신 것이라 이제 내가 육체 가운데 사는 것은 나를 사랑하사 나를 위하여 자기 몸을 버리신 하나님의 아들을 믿는 믿음 안에서 사는 것이라

라는 사도 바울의 고백과 같이 그 안에 내가 사는 존재가 아니라 주님이 살게 하여야 할 것이다.
할렐루야.

164. 천상에서 내가 계시록을 쓰게 되는 것을 기뻐하는 흰 무리들
(2015. 5. 21)

두 시간 반 정도를 기도하고 천국에 올라갔다.
나를 데리러 온 말이 여섯 마리이다. 이제는 완전히 여섯으로 고정이 되었다.
나를 태우는 수레 안에는 왼편 앞쪽으로 내 책상이 있고 그리고 놀랍게도 내가 쓴 네 권 (천국과 지옥 간증수기 1, 2, 3, 4)의 책들이 꽂혀 있었다.
나는 오늘 처음 이렇게 내가 쓴 책들이 수레 안의 책상 책꽂이에 꽂혀 있는 것을 보았다.

그리고 나는 그 수레를 타고 천국에 즉시 도착하였다.
주님은 나를 보자마자 컨벤션센터 같은 곳에 나를 데리고 가셨다.
그곳에는 늘 보는 흰 옷 입은 무리들이 많이 있었다.
주님은 나를 무대 앞에다가 세우시고 무리들에게 이렇게 말씀하셨다.
"사라가 계시록을 쓸 것이다."
그리하였더니 거기 있는 많은 흰 무리들이 엄청난 환호를 보냈다.
이러한 광경은 저번에도 보았는데 하는 생각이 내게 들어왔다.
그런데 오늘 주님은 또 한 번 이곳에 데리고 오셔서 두 번째 이렇게 환영을 하여 주시는 것이었다.
할렐루야.

그리고서는 주님과 나는 어느새 성부 하나님이 계신 궁에 가서 서 있었다.
나는 성부 하나님께 물었다.
"하나님 제가 계시록에 대하여 거의 다 질문하고 보았나요?"
이 말은 '내가 책 쓰는 것이 이제 그 내용이 다 끝났나요?' 하는 질문이었다.
그리하였더니 저 앞에서 성부 하나님께서 명확한 대답을 주지 아니하셨다.

그래서 주님과 나는 요한의 집 앞에 피크닉 테이블에 왔다.
그러나 나는 계시록에 대하여 더 이상 질문이 생각나지 않았다.
그래서 그냥 내려오게 되었다.
주여!

165. 인간창조역사관에서 영원천국에 대한 그림들을 보다.
(2015. 5. 21)

두 시간 반을 기도한 후에 두 번째 나는 천국에 올라갔다.

장소만 바뀌었다. 처음에는 교회에서 기도하다가 올라가게 되었고 두 번째는 내 침대에 누워서 올라가게 되었다. 그러나 나는 사실 오늘 본 것이 믿겨지지 않는다. 그러함에도 불구하고 나는 기록해야 함을 또한 알고 있다.

수레바깥에서 나를 수호하는 천사가 나에게 이렇게 말을 했다.

"주인님, 주님께 죄송하다고 해야 해요."

나는 속으로 물었다. '왜요?'

그랬더니 그 답이 온다.

요즘에 자꾸만 주인님이 주님이 보여주신 것을 의심하고 믿지를 않으니 주님께 죄송하다고 해야 한다는 것이었다. 주여!

맞다. 요즘에 계속 천국에 올가가건만 나는 주님께 조금 원망 불평하는 마음을 갖고 있었다.

그리고 나는 또한 그것을 회개하여야 함을 알고 있었다.

나는 속히 수레에 탔다. 말은 여섯 마리이다. 그들은 아름답게 장식하고 있었다.

수레 안에는 며칠 전에도 말했듯이 내 책상이 생겼다.

그리고 그 책상위의 책꽂이에는 내가 쓴 네 권의 책이 꽂혀 있었다.

나는 참으로 그것을 보는 것이 감동스러웠다.

'아니 내 책들이 저기에......'

사실은 주님께서 쓰라고 하셔서 쓴 책들이다. 내가 썼지만 사실은 주님이 쓰신 것이다.

할렐루야.

그리고 그 책들 위로 단풍같이 생긴 잎들이 그 책들 위를 장식하고 있었는데 그 조화가 너무 아름다웠다.

수레는 즉시 천국대문을 거쳐서 천국 안에 도착하였다.

수레바깥에서 나를 인도하는 두 천사가 머리에 링을 하고 있었고 머리는 단발인 여성 천사들인데 이들이 나를 주님께로 인도하였다.

주님은 나를 보시고 '내가 너를 오늘 다른 곳으로 초청한단다.'라는 메시지를 보내셨다.

저쪽에서는 흰 옷 입은 무리들이 나에게 손을 흔들며 '사라님'하고 환호하면서 '좋은 시간 되세요.'

라고 한다.
아니 도대체 나를 주님이 어디로 데리고 가시길래 '좋은 시간 되세요.'라고 하는 것일까?
나는 참으로 궁금하였다. 좀처럼 이러한 일이 벌어지지 아니하는데…
주님은 나를 데리고 날기 시작하셨다.
어디로 가시는가 하고 궁금하여 하는데 저 밑으로 오색찬란한 궁이 하나 보인다.
어린이들이 있는 곳이었음을 기억한다.
그리고 그곳을 지나니 오 마이 갓!
인간창조역사관의 윗 지붕 즉 쑥색깔의 아주 큰 나선형으로 돌아가는 듯한 지붕이 보인다.
나는 여기를 그냥 지나가시는 것인가 했는데…
아니다. 주님이 이곳에 내리셨다.

주님과 나는 어디로 갔냐면 우리가 도달한 층이 기본 층 그 위로 일, 이, 삼층이 더 있는데 나를 맨 꼭대기 층, 삼층으로 나를 인도하셨다.
여기서 잠깐 설명을 하자면
기본 층은 예수님의 사역에 대한 그림들이 쭉 나열되어 있고
위로 1층: 사도행전-일곱교회에 대한 그림들
위로 2층: 일곱인, 일곱나팔, 일곱대접, 천년왕국, 곡과 마곡전쟁, 백보좌 심판에 대한 그림들
위로 3층: 새 하늘과 새 땅, 새 예루살렘성의 성안과 성밖 그림들이 진열되어 있다.
주님과 나는 맨 꼭대기 층 3층에 올라온 것이다.
첫 번째 그림이 새 하늘과 새 땅이 열린 그림이다. 주여!
그리고 그 다음 그림은 하늘에서 새 예루살렘성이 내려오는 그림이다. 아 너무 아름답다! 그리고 황홀하다!.
그리고 그 다음 그림은 성 문들의 아름다운 모습들,
그리고 그 다음 그림은 하나님과 어린양의 보좌,
그 다음은 생명수강의 그림, 그리고 그 다음에는 생명나무에 열리는 열두 가지 과일이 달마다 열리는 과일들의 그림이 하나씩 따로 그려져 있었다.
가장 먼저 보이는 과일은 꼭 앵두같이 생긴 과일인데 크기는 사과만하고 아주 컸다.
두 번째 보이는 과일은 보라색으로 꼭 가지처럼 생겼는데 살이 찌고 컸다.
천국에서의 색깔은 우리가 보는 지상에서의 색깔보다 훨씬 싱그럽고 아름답다.
와우! 와우! 얼마나 감격스러운지 감탄사가 절로 나왔다.
"주님 감사해요. 이곳에 저를 데리고 와 주셔서요."

주님이 말씀하신다.
"나는 알파와 오메가란다. 그리고 처음과 나중이고 시작과 끝이란다."
그 말씀을 하시는데 '나는 맞아요. 주님, 주님은 알파와 오메가시고 처음과 나중이시며 시작과 끝이신 분이십니다.'라고 말하는 나의 눈에는 감동의 눈물이 찡~ 하고 돌았다.

주님이 말씀하신다.
"내가 너를 사랑한단다."

"저두요 주님……"

그러고 나서 주님은 나를 업으셨다.
주님은 나를 업으신 채로 처음 내가 천국에 도착하였을 때에 그곳으로 나를 데리고 오셨다.
그리고 나는 나를 천국으로 데리고 온 마차를 타고 다시 지상으로 내려왔다
수레바깥에서 나를 수호하는 천사가 나를 보고 말한다.
"주인님 또 뵙겠습니다."
할렐루야.

오늘은 나에게 참으로 감격스러운 날이었다.
인간창조역사관에 가서 영원천국에 대한 그림들을 보다니……
할렐루야!
그러나 다 자세히 보인 것은 아니다.
주님은 꼭 내가 보아야 할 것들만 선명하게 보게 하신다.
아직도 못 본 것들이 많다. 그 삼층에서 말이다.
'주님이 다음에 또 나를 그곳에 데려가실까?' 하는 기대를 해본다.
할렐루야.

[계 22:1-5]
(1)또 저가 수정 같이 맑은 생명수의 강을 내게 보이니 하나님과 및 어린 양의 보좌로부터 나서 (2) 길 가운데로 흐르더라 강 좌우에 생명 나무가 있어 열 두가지 실과를 맺히되 달마다 그 실과를 맺히고 그 나무 잎사귀들은 만국을 소성하기 위하여 있더라 (3)다시 저주가 없으며 하나님과 그 어린 양의 보좌가 그 가운데 있으리니 그의 종들이 그를 섬기며 (4)그의 얼굴을 볼 터이요 그의 이름도 저

희 이마에 있으리라 (5)다시 밤이 없겠고 등불과 햇빛이 쓸데 없으니 이는 주 하나님이 저희에게 비취심이라 저희가 세세토록 왕 노릇하리로다

166. 흰 옷 입은 많은 무리들 앞에서 내가 천국에서 본 것을 의심하지 말라 하시는 주님
(2015. 5. 22)

천국에 올라갔다.
수레가 앞뒤로도 더 커졌을 뿐 아니라 옆으로도 더 커졌다. 왜냐하면 말이 다섯 마리에서 여섯 마리가 되었기 때문이다. 마차에서 내리자마자 내 옷이 흰 드레스위에 겉옷을 입고 있었다.
나는 천사들에 의하여 주님께로 인도함을 받았는데 나는 그분을 보자마자 그 분의 발 앞에 쓰러져서 그 분의 구멍 뚫린 발을 붙들고 울었다.
주님이 저 위에 계셨고 키가 아주 크게 보였는데 그분의 얼굴은 심각하게 보였다.
즉 내가 주님께로 인도함을 받았을 때에 발이 크게 먼저 보였다. 그만큼 오늘 주님의 키가 크게 보였다.

주님이 말씀하셨다.
"네가 나를 무시하였다."
"주님 아니에요 죄송해요."
나는 그 말씀이 무슨 말씀인지 잘 안다.
요즘에 나는 천국을 가면서도 의심하여 며칠 동안 계속 적지도 않았다.
주님은 그것을 나무라시는 것이었다.

그러고서는 주님은 나를 순식간에 컨벤션센터 같은 곳에 데리고 가셨다.
주님과 내가 무대에 서고 흰 옷 입은 수많은 무리들이 거기 있었다.
주님이 나를 무대에 세우시고 그들 앞에서 이렇게 말씀하셨다.
"사라가 나를 이제 무시하지 않기로 했다."

나는 그 말에 많이 당황하여 하였다. 내 얼굴이 빨개졌다.
아니 주님이 나를 이 많은 사람들 앞에서 그렇게 말씀하시니
나는 창피하여 얼굴이 빨개진 것이다.
흰 옷 입은 많은 무리들이 그 말씀에 웃으면서 환호를 하였다.
주님은 이렇게 공개적으로 나에게 창피를 주어 다시는 그렇지 않도록 하시는 것이었다.
이렇게 가끔 주님은 유우머스럽다고 해야 할까 하여간 주님은 가끔 이렇게 우스우시다.
할렐루야.
며칠 동안 천국을 보면서도 온전히 믿지를 못해 기록도 하지 않은 나를 이렇게 컨벤션센터 같이 생긴 곳에서 많은 무리들 앞에서 공포하신 것이다.
다시는 그렇지 않도록.........
그 다음은 주님과 함께 다른 곳으로 갔는데 기억이 나지 않았다.

167. 전할 말을 내 입에 넣어 주시겠다 하시면서 한국에 집회를 다녀오기를 원하시는 주님
(2015. 5. 22)

두 번째 천국으로 올라갔다.
나를 데리러 온 수레가 너무 아름다웠다. 수레는 정말 상아색 진주에다가 노란 금색으로 곳곳에 황금장식이 되어 있었다. 그리고 그 수레는 참으로 커졌다. 그 안도 커졌다.
수레 안에는 내가 앉는 자리 앞에 다이닝 테이블이 놓여 있었고 그리고 그 앞쪽 왼편으로 내 책상이 놓여 있으며 거기에는 주님이 쓰라 하여 내가 쓴 네 권의 책이 꽂혀 있었다.
나는 그 책들을 바라보면서 참으로 기뻐하였다.
나는 수레에서 내리면서 그 네 권의 책들을 책꽂이에서 꺼냈다.
그리고 나는 주님을 만나자마자 주님과 나는 내 집의 거실의 테이블에 앉았다.
할렐루야. 이것은 정말 순식간의 이동인 것이다.

나는 주님께 내 책에 대하여 질문이 있었다.

처음 두 권은 그 책 표지가 초록색과 빨간색이다.
그리고 세 번째, 네 번째 책은 주님이 말씀하신 대로 분홍색과 살색의 중간색깔이다.
그런데 나는 다섯 번째 책의 책 표지 색깔에 대하여 의문이 있었다.
나는 이제 분홍색과 살색의 중간색은 두 권이나 그 책 표지의 색깔로 했으니 나는 이번에는 '이 다섯 번째 책은 계시록에 대한 책인데 그 표지색깔을 보라색으로 하면 안 될까'하고 생각하고 있었던 것이다. 거기다가 '글씨는 흰색으로 하는 것이 어떻겠는가?'하고 생각하고 있었다.

그런데 주님은 곧 분홍색과 살색의 중간색깔의 책들을 6권을 책상위에 쌓아 놓으신 것이다.
즉 내가 분홍색이 아닌 보라색으로 해볼까하고 물어보려 하였는데 주님은 아예 분홍색의 책 표지를 한 책 6개를 책상위에 쌓아서 나에게 보여주심으로 말미암아 나머지 책들의 책 표지도 똑같이 분홍색과 살색의 중간색깔로 해야 함을 보여주시는 것이었다.
그렇다. 주님이 하라 하시면 해야 한다. 왜냐하면 이 책들은 내 책들이 아니기 때문이다.
주님의 책들인 것이다. 그러므로 내가 함부로 그 책 표지를 바꿀 수가 없는 것이다.
알겠습니다. 주님의 뜻이 그렇다면 그렇게 하겠습니다.
그리고 다시는 책 표지의 색깔을 가지고 주님께 물어보지 않겠습니다. 라고 했다.
(그런데 사실은 성경편 제 3권 계시록의 책 표지의 색깔은 나중에 노란색으로 바꾸어 주셨다. 주님께서 내가 분홍색과 살색의 중간색깔이 너무 많아서 제발 좀 다른 색깔로 했으면 하는 생각을 아시고 배려를 하여 주신 것 같았다. 그러나 그것도 아니었다. 주님께서 노란색으로 하라고 하신 진짜 이유가 따로 있었다. 나중에 다 그 이유가 나온다. 할렐루야. - 190. 오늘 흰 말들 대신에 갈색 말들이 나를 데리러 왔고 계시록의 책 표지 색깔은 노란색이며 두꺼워도 하나로 펴내어야 함을 알게 하시다. - 참조)
그러나 일단은 주님은 내가 계시록 책을 보라색으로 하면 어떨까 하는 생각을 막으셨다. 할렐루야.

그리고서는 나는 또 질문이 있었는데 주님과 나는 유리바다 앞의 벤치로 이동하였다.
나의 질문은
"주님, 지금 한국과 일본에서 자꾸 집회를 언제 오냐고 묻는데 가야 합니까?"하고 물었다.
왜냐하면 나는 이번에는 도대체 어떤 주제로 말을 해야 할지 도무지 생각이 안났다.
그리하였더니 주님이 나를 보고 '입을 벌리라.'하셨다. 그래서 나는 그 자리에서 즉시 내 입을 벌렸다. 그랬더니 주님이 꼭 동전크기 만한 하얀 과자 같은 것을 내 혀에 놓아 주셨다.
그런데 나는 그것을 받아먹는 순간 아하 이것이 '만나'라는 생각이 들었다.
하얗고 깟씨 같고 맛은 꿀맛 같은 만나말이다....

주님은 분명히 동전크기의 얇고 하얀 것을 내 혀에 놓았는데
그것이 내 혀에서는 구약에서 말하는 하늘에서 내린 만나처럼 커지는 것이었다.
그리고 그 과자는 내 입에서 살살 녹았다.
주님이 말씀하신다.
"이와 같이 내가 너에게 말할 만나 즉 네가 전해야 할 말을 네 입에다가 넣어 줄 것이다."라고 하시는 것이었다. 할렐루야.
즉 주님은 내가 가기를 원하시는 것이었다.
그러나 아직 어떤 주제를 다루시기를 원하시는지를 말씀하시지 아니하셨지만 주님은 전해야 할 말을 나에게 넣어 주시겠다는 것이다.
할렐루야.
그래서 나는 주님이 꼭 이번에 집회를 다녀오기를 원하신다는 것을 알았다.
그리고 나는 '주님, 그것이 주님의 뜻이라면 그렇게 하겠습니다. 순종하겠습니다.'라고 하고 내려왔다.
할렐루야.
결국 나는 7월말에 한국에 집회를 다녀오게 되었다.

168. 내가 한국에 가서 집회를 하게 되었다는 것을 믿음의 선진들에게 공포하시다.
(2015. 5. 22)

천국에 올라깄다.
수레바깥에서 나를 수호하는 천사가 교회에서 드럼을 칠 때에 쓰는 작은 북 같은 것을 매고 있으면서 작은 두 막대기로 그 북을 치고 있었다.
'아니 웬 북을 치고 있지? 무슨 일일까?' 하고 나는 궁금하여 하였다
그런데 그 북소리에 말들이 기뻐하였다.
나는 수레를 타고 즉시 천국으로 올라갔다.
수레는 크고 아름다웠다. 정말 컸다. 이제 말 여섯 마리가 모는 수레이니까 커질 수밖에 없다. 그 크기를 말하자면 저번에 말했던 것처럼 큰 화물차가 운반하는 한 컨테이너 크기처럼 느껴졌다.

할렐루야. 주님, 감사합니다. 이렇게 크고 아름다운 수레를 주시다니요....
천국에 도착하니까 수레바깥에 있는 천사가 북을 '따닥' 하고 두 번 때렸다.
그랬더니 말들이 '히이잉'하고 멈추어 섰다.
그리고 그 천사는 내게 말했다.
"주인님 잘 다녀오십시오."
이렇게 인사를 받는 것도 처음인 것 같다.
아니 있었어도 내가 기억을 못할 정도로 드물게 그렇게 말하는 것을 들었다.
나는 수레에서 내려서 두 천사에게 인도를 받아서 주님께로 갔다.
나는 주님을 보자마자 그분 앞에 엎드려 울었다. 지상에서 내가 잘못한 것이 있었기 때문이다.
저 쪽에서 흰 옷 입은 무리들이 나를 바라보면서 그들도 나와 같이 슬퍼하여 주었다.
주님은 괜찮다고 하시면서 나를 보고 일어서라 하셨다.

그러고 나서 주님은 나를 회의실로 데리고 가셨다.
그런데 그 회의실 안에는 약 20명 정도의 사람들이 이미 와 있었고 그들은 회의실로 들어서는 주님과 나를 맞아 주었는데 그리고 그들은 각자 테이블에 가서 앉았다.
나는 그들이 여태껏 내가 천상에서 만났던 믿음의 선진들이라는 것을 알 수 있었다.
주여!
주님은 나도 거기에 앉혀놓고 말씀하셨다.
"사라가 한국에 집회를 가게 되었다."
그렇게 말하는 순간에 나는 왜 이 회의가 열리고 있는지를 알 수 있었다.
즉 내가 집회를 가서 무엇을 말해야 할지 어떤 주제를 말해야 할지를 의논하기 위하여 모였구나 알게 된 것이다.
그러나 그 이상은 진행되지 않아서 나는 내려와야 했다.

169. 주님께서 나에게 동물원을 구경시켜 주시다.
(2015. 5. 24)

천국에 올라갔다.

나를 데리러 온 수레를 끄는 말이 여섯 마리이다. 이들은 항상 옆으로 나란히 일렬로 정렬하듯이 서 있다. 이들이 두 마리씩 자신의 머리들을 내게 보였다. 그리고 기뻐한다. 이들은 눈이 크고 다 예쁜 흰 말들인데 건장하고 건강한 말들이다.

이제는 그 여섯 번째 말이 다 커서 다른 말들과 같이 어른으로 보였다.

나는 두 천사가 가져온 수레를 타고 천국으로 올라가는데 나를 데리러 온 수레는 참으로 크고 아름다운 장식을 하고 있었다.

내가 수레에 타자 수레는 즉시 나를 천국 안에 내려놓았다.

두 천사가 기다리고 있다가 내가 수레에서 내리자 나의 한 손씩을 잡고 주님께로 인도하였다.

주님은 즉시 나를 어디론가 데리고 가시는데 거기에는 나를 이전에 썰매를 가지고 와서 그 썰매를 끌고 가던 사슴들이 여러 마리가 있는 곳이었다.

그리고 한쪽에는 눈도 보였다. 천국에서 보이는 눈은 차가운 눈이 아니다.

'어머나 저 사슴들이 여기에 있네...'하면서 나는 기뻐하였다. 나에게 이전에 썰매를 끌어주었던 사슴들이었다.

눈이 쌓여 있는 사이사이에는 녹색의 나무들이 보였다.

그런데 그 썰매의 사슴들이 여러 마리가 이제 썰매에 묶여 있는 것이 아니라 그 사슴들이 내게로 다가와 그 크고 둥근 눈으로 나에게 인사를 하며 웃으며 지나갔다.

'어머나...' 나는 '이들은 참으로 예쁘구나'라고 느끼는 순간에 나는 '아하 여기가 바로 동물원이구나.......'히며 그냥 알아졌다. 할렐루야!

주님께서 나를 동물원으로 데리고 오신 것이다.

저쪽에는 악어가 연못에서 고개를 내밀고 나에게 인사를 했다.

아니 나는 악어를 무서운 동물로 생각했는데 여기서는 아주 부드러워 보였다.

오히려 너무 부드러워 보여서 이상하였다. 그리고 노란 병아리들이 내 앞을 지나갔다.

주님과 나는 동물원에 있는 벤치에 앉았다.

그랬더니 동물들이 주님과 내가 앉아 있는 벤치 앞으로 다가와 섰다. 제일 먼저 사슴들이 와서 섰고 그리고 그 옆에 병아리들이 와서 섰고 또 다른 동물들이 와서 섰다. 이전에 주님과 내가 타던 썰매를 끌던 갈색의 눈이 크고 둥근 예쁜 사슴들 외에 또한 보통 지구의 들에서 볼 수 있는 녹색 점박이 사슴들도 있었다.

나는 주님이 여기 벤치에 앉으시기에 나에게 하실 말씀이 있으신가 했는데 그것이 아니라 오늘 주님께서는 이렇게 나에게 동물원 구경을 시켜 주시는 것으로 끝내신 것이다.

할렐루야.

170. 한국 집회(2015년 7월)시에 말할 것을 정하여 주심
- 한국전쟁, 휴거, 표에 대하여 차례로 말하라 하신다.
(2015. 5. 25)

천국에 올라갔다.
수레바깥에서 나를 수호하는 천사가 나에게 이렇게 말했다.
"모두가 기다리고 계십니다."
'아니 누가 기다리고 있다는 말인가?'
나는 속히 수레를 타고 천국에 도착하였다.
수레 안에서 나는 내가 앉은 자리 앞에 있는 다이닝 테이블 위에 놓여 있는 음식을 먹었는데 그것은 꼭 고구마 같은 것을 얇게 썰어서 놓은 것과 같은 것이 놓여 있었다.
그리고서는 천국에 도착하였는데 수레에서 내릴 때에 내 드레스를 보니 흰 드레스에 가장자리마다 황금으로 장식이 되어 있었다.
그리고 나는 두 천사에 의하여 주님께로 인도함을 받았다.
주님이 입으신 옷의 가장자리에도 오늘따라 내가 입은 드레스처럼 황금장식이 되어 있었다.
특별히 주님의 손목 근처의 옷 가장자리에 황금장식이 뚜렷이 보였다.

주님은 나를 보시자마자 '내 딸아, 내 딸아!'하고 부르신다.
그리고 주님은 나를 컨벤션센터 같은 곳으로 데리고 가셨다.

주님과 내가 무대에 서고 흰 옷 입은 무리들이 거기에 많이 와 있었다.
주님이 무리들을 보고 말씀하신다.
"내 딸이 한국에 집회를 가게 되었다."
그랬더니 무리들이 환호를 보냈다.
그러고 나서 주님은 그 무대에서 내 입에 만나 같은 것을 여러 번 넣어 주시는 것이었다.
그것은 지상에서 내가 집회할 때 말할 것을 내 입에 넣어 주시겠다는 것을 의미하였다.
할렐루야.
흰 무리들이 그것을 보고 있다가 그들이 가지고 있던 모자 같은 것을 무대에 서 있는 나에게 던졌다. 그런데 그 모자들이 무대에서는 아름다운 꽃다발로 변하는 것이었다.
할렐루야. 나는 기분이 너무 좋았다.

주님은 이렇게 나를 기분 좋게 하여 놓고서는 나를 다시 회의실로 데리고 오셨다.
나는 회의실로 들어가면서 울었다.
'주님 제가 잘하고 있는 것이에요?' 하면서 울었다.
왜냐하면 내가 아무래도 잘 못하고 있는 것 같아서였다.
그랬더니 주님은 '괜찮다.'하시면서 회의실로 들어가신다.

주님이 회의실로 들어가 앉으니까 마리아가 와서 주님의 오른편에 와서 앉았다.
나도 재빨리 주님의 왼편에 앉았다. 그랬더니 내 옆에 베드로가 와서 앉았고 바울이 와서 그 옆에 그리고 사도 요한이 와서 바울 옆에 앉는 것이었다.
이들은 단호하고 아주 용감하게 당당하게 들어와서 앉았다.
그들의 태도는 자신이 이 회의에 꼭 참석하여 내게 할 말이 있다는 식이었다.
그들은 아주 당당하여 보였고 그러나 상대적으로 나는 아주 작게 보였다.
즉 그들이 나에게 미치는 영향력이 아주 큰 것을 말하는 것이다.
그리고 마리아 옆에 에스더가 급히 와서 앉았고 에스더 옆에 삭개오, 삭개오 옆에 세례요한, 그리고 다윗이 와서 앉았다. 그리고 사도 요한의 옆에는 요셉이 와서 앉았고 그 다음 다니엘이 와서 앉았다.

그리고서는 회의가 시작되었다.
나는 주님께 물었다.
"주님, 이번에 제가 한국에 집회를 나가면 무엇을 이야기하여야 합니까?"

그랬더니 갑자기 테이블 위에 큰 종이가 펼쳐지더니(이런 경우는 종이가 없었는데 갑자기 나타난다) 주님 쪽에서부터 '한국전쟁' 이렇게 쓰여지더니 그 다음 종이 한가운데에는 '휴거'라는 단어가 쓰여졌고 (이런 경우는 아무도 쓰는 자가 없는데도 글씨가 그냥 나타난다)
그 다음 종이 끝 쪽으로 '표'가 쓰여졌다.

와우! 큰 종이 위에 위에서부터 아래로 차례로 '한국전쟁(마24:7)' 그리고 '휴거' 그 다음 '표' 이렇게 쓰여진 것이다.
이렇게 쓰여짐은 이것들이 이렇게 차례로 일어날 것을 알게 하실 뿐 아니라 이러한 천상의 시간표에 맞춰서 내가 또 집회내용을 해야 한다는 것을 알려주시는 것이었다. 할렐루야.

나는 그렇게 차례대로 쓰여질 때에 즉시 알아챘다.
'아하 주님이 이번 한국집회에서 이것을 이야기하라고 하시는구나....'

그러고 나니 내가 말할 것이 그냥 생각이 났다.
즉 공중 휴거된 자들과 표를 받지 않고 순교하거나 살아남은 자들이 첫째부활에 참여하는 것에 대하여 말해야겠구나. 생각이 났다.
할렐루야.
그러므로 미국이 공격받는 전쟁 이야기, 두 번에 걸쳐 일어날 휴거 이야기, 그리고 그 다음 첫째부활의 이야기, 그리고 새 하늘과 새 땅 이야기 이렇게 진행하고 나머지 한 시간은 '죽고자하면 살고'라는 제목으로 한 시간 하면 될 것 같았다.
즉 이렇게 하여 내가 어떤 내용으로 집회를 할 것인가 하는 내용이 다 주어진 것이다.
할렐루야.

이렇게 정하여지고 나니 에스더가 말한다.
'이것을 실행하는데 있어서 특히 주님이 펼쳐놓으신 종이 위에 쓰여진 차례대로 한국전쟁, 휴거, 표를 말하는데 있어서 죽으면 죽으리라 하여야 한다.'고 말했다.

그런 후에 또 다윗이 이렇게 나에게 말했다.
"죽도록 충성하라. 그리하면 생명의 면류관을 너에게 주어지리라."
할렐루야.
그렇게 전하는데 있어서 죽도록 충성하라는 것이다.

그 다음은 베드로가 말한다.
'이것을 전하는 것을 사라를 내가 자랑으로 여기노니 자랑의 면류관을 받게 될 것이라.'라고 말한다.

그 다음 사도 바울은 나에게 이렇게 말했다.
'의의 면류관을 네가 받게 될 것'이라고. 할렐루야.

그 다음 요셉이 말했다. '원수를 사랑하라.'고

삭개오는 '말세에는 네 것 내 것이 없어야 한다.'고 말했고
즉 나누어 써야 한다는 것이다.

또 다니엘은 '죽고자하는 자는 살고'를 반드시 강의해야 한다고 말했다.

그리고 세례 요한은 이 내용을 말하는데 있어서 내가 광야에서 외치는 자의 소리처럼 그들이 듣던지 아니 듣던지 외쳐야 한다고 말했다.
그리고 이것이 주님을 오시는 길을 예비할 것이라고 말했다.
할렐루야. 즉 내가 그렇게 전하는 것이 주님의 재림을 예비하는 것이라 했다.

그리고 마리아는 '북한의 영혼들이 구원받아야 한다.'고 말했다. 즉 이 말은
전쟁은 반드시 일어날 것이라는 것을 말하라는 것이었다. 주여!

오늘 테이블에 주님이 펼쳐놓으신 그 주제가 내가 한국에 집회를 가서 먼저 한국전쟁(마24:7)을 말해야 하고 그 다음 휴거가 일어날 것을 말해야 하며 그 다음 대환난의 시기가 와서 표를 받게 될 것이라는 것을 전하라는 것이었다.
할렐루야.

이 차례는 지난번 집회 때에도 지지난번 집회 때에도 주님께서 그렇게 전하라 하여 그렇게 전하였던 것이다. 그런데 이번에도 그렇게 전하라 하신다.
그리고 이번에는 특히 전쟁계시와 그리고 계시록 중심의 메시지가 전하여 질 것을 알게 하여 주셨다.
할렐루야.

가르쳐 주시는 주님을 찬양합니다.

내가 수레를 탈 때에 나를 수레바깥에서 수호하는 천사가 '모두가 나를 기다리고 계십니다.'라고 하였는데 그 천사는 내가 천국에 올라와서 이렇게 회의실에서 믿음의 선진들을 만날 것을 알고 있었다는 것이다. 나는 정말 이런 것을 보고 놀라지 않을 수가 없다.
어떻게 그 천사가 미리 천상에서 어떤 일이 일어날 것을 미리 다 알고 나에게 말하여 주는지를 모르겠다. 나는 이것이 참으로 신기하게 느껴질 뿐이다.
그리고 그가 말한 것이 이렇게 정확하게 그 다음에 일어남으로 말미암아 나는 정말 내가 천국을 보고 있다는 것을 확신하지 아니할 수가 없는 것이다.
할렐루야.

또 이렇게 정말 내가 천국을 보고 있다는 확신을 시켜 주시는 주님을 찬양합니다!

171. (i) 한국에 집회를 결정하고 나니 주님이 동물원과 유리바다의 일부를 나에게 선물하셨다.
(ii) 생명나무에 열리는 12가지 과일들
(2015. 5. 25)

두 번째 천국에 올라가게 되었다.
수레바깥에서 나를 수호하는 천사가 말한다.
"기분이 좋으시죠?"
즉 내가 한국에 가서 집회하여야 할 내용을 다 알게 되어서 기분이 좋은 것을 이 천사는 다 알고 있었다. 나는 말했다. 그렇다고.
수레는 즉시 천국에 도착하였고 나는 주님을 만났다.
주님께서 나에게 말씀하신다.
"내가 너에게 선물할 것이 있다."
나는 그것이 무엇인가 궁금하였다.

주님이 내게 선물을 하시다니……
나는 또 이 선물을 하시는 것은 이번에 내가 한국집회 가는 것을 결단하고 순종하는 것에 대한 선물이라는 것이 알아진다.
주님이 말씀하신다.
"내가 너에게 준 정원에 있는 동물원을 너에게 주겠다."
엊그제 주님은 나를 동물원에 데리고 가셨는데 그 동물원을 나에게 주시겠다는 것이다.
할렐루야. 나는 좋다고 말했다.

그리고 주님은 다시 말씀하신다. 그 정원의 끝에는 유리바다가 나오는데 그 유리바다 앞에 있는 모래사장이 다 황금으로 되어 있다. 그 황금가루를 다 나에게 주시겠다고 하셨다. 할렐루야.
그러나 이것은 유리바다의 일부분적인 것이다.
왜냐하면 우리 집이 정원으로 연결되어 있고 또 이 정원이 끝내는 유리바다로 연결되어 있으니 그 연결된 부분에 있는 만큼의 황금모래를 나에게 주시겠다는 것이다.
그리고 또 말씀하시기를 거기에 해당하는 유리바다도 나에게 주신다 하셨다. 할렐루야.
나는 속으로 생각했다. 아니 유리바다는 모두가 다 공유하는 것이므로 내 것도 되고 남의 것도 되고… 주님이 그냥 그렇게 말씀하시는 것이겠지…… 라고 생각하다가 아하, 맞아 우리 집으로 연결되는 부분, 그 유리바다 만큼만 나에게 주신다는 것이 알아진다.
할렐루야. 나는 어쨌든 '주님 감사합니다.'라고 했다.
우리 지상에도 그렇다. 자신의 집 앞에 있는 바다는 사적인 바다로 자기 것이라고 하는 곳들이 있다. 즉 다른 사람들이 그 집 앞에 있는 바다를 침범하면 위법이 되는 것이다. 그렇듯이 주님은 오늘 이 유리바다의 일부를 나에게 선물로 주셨다. 할렐루야.
이 모든 것이 내가 한국에 집회(2015년, 7월말)를 가기로 결단하고 나니까 주님이 주신 선물들이었다. 할렐루야.

그리고 나서 나는 주님께 인간창조역사관의 기본층 위에 3층으로 가고 싶다고 하였다.
이유인즉슨 내가 거기에 있는 달마다 열리는 생명나무의 12과일들을 보고 싶었기 때문이다.
나는 이 열두 과일 중 두 개밖에 아직 안 보았기 때문이었다. 나는 열두 과일을 다 보고 싶었다.
그래서 주님과 나는 쑥색의 나선형으로 되어 있는 인간창조역사관의 지붕을 위에서 내려다 보고 내려갔다. 그리고 현관 입구에 있는 날개 없는 흰 옷 입은 천사가 주님과 나를 보자 인사를 꾸벅하면서 맞아주었다.
주님과 나는 기본층으로 들어가서 위로 나선형으로 올라가는 층계를 통하여 3층으로 올라갔다.

여기는 새 하늘과 새 땅부터 시작된다. 그 다음 그림은 새 예루살렘성이 내려오는 그림이다.

그리고 나는 생명수가 콸콸 흐르는 그림을 보고 그 다음 생명나무 과일이 그려진 그림들을 보았다. 처음에 두 개는 엊그제 보았던 첫째 그림은 앵두같이 생긴 빨갛게 큰 열매였고 그 다음은 가지같이 생긴 보라색의 큰 과일이었다.

그리고 나는 그 다음 과일들이 궁금하여졌다. 어떤 과일들인지……

그런데 그 다음 과일들에 대하여는 내가 그림으로 직접 본 것이 아니라 그 다음 과일은 다음과 같을 것이라는 것이 그냥 알아진다. 이런 경우는 주님이 그 지식을 그냥 넣어주시는 경우이다.

차례로 사과, 복숭아, 포도, 감, 바나나, 자두, 귤(오렌지), 수박, 참외, 살구

이들은 다 지구상에서 다 볼 수 있는 과일들이었다.

나는 천국에서 생명나무에서 달마다 다르게 열리는 과일들이 지상에서 열리는 과일과 별반 다르지 않다는 것이 알아졌다. 할렐루야.

그리고 나서 나는 주님께 물었다.

"주님 우리가 다 종일텐데 우리 종들이 주님을 어떻게 섬기지요?"

그리하였더니 갑자기 내게 생각으로 알아지는데 '아하 계시록 22장에는 즉 새 하늘과 새 땅 안에 새 예루살렘성안에는 네 생물들의 이야기와 천사들의 이야기가 없다.'는 것이 생각났다.

'아니 왜 그들에 대한 말들이 없을까?' 즉 네 생물과 다른 천사들의 이야기가 없다.

새 하늘과 새 땅이 열리고 나면서부터 말이다.

영원천국 안에는 새 예루살렘성이 있고 그 안에는 하나님과 어린양의 보좌가 있으며 그 보좌로부터 생명수가 강처럼 흐르고 그리고 그 강좌우 옆에는 생명나무들이 있고 그리고 우리들은 하나님의 종들이 되어져서 주님을 섬긴다고 되어 있고 천사들의 이야기가 아예 없는 것이다.

'그러면 이것은 무엇을 의미하는 것일까?' 하는 새로운 의문이 나에게 생겼다.

'그러면 그들은 어디에 있는 것일까?'

'성경은 우리가 나중에 천사들을 판단한다 하였는데 그 다음은 어떻게 되는 것일까?'

[고전 6:2-3]
(2)성도가 세상을 판단할 것을 너희가 알지 못하느냐 세상도 너희에게 판단을 받겠거든 지극히 작은 일 판단하기를 감당치 못하겠느냐 (3)우리가 천사를 판단할 것을 너희가 알지 못하느냐 그러하거든 하물며 세상 일이랴

이렇게 여러 가지 의문들만 갖다가 나는 내려와야 했다.
어찌하였든 할렐루야. 주님이 나중에 가르쳐 주시겠지 하면서 내려왔다.

172. 이사야가 '저가 채찍에 맞음으로 나음을 입었노라.'를 전하고 외치라 한다.
(2015. 5. 26)

천국에 올라갔다.
황금수레 바깥에서 나를 수호하는 천사가 나를 맞이하면서 머리에 해군이 쓰는 작은 모자 같은 것을 쓰고 있다가 그것을 벗으면서 나를 환영하였다.
수레를 모는 천사도 그와 같은 모자를 쓰고 있었고 그리고 또 나를 데리러 온 여섯 명의 말들이 또 그러한 작은 모자를 쓰고 있었다.
수레바깥에서 나를 수호하는 천사가 말들을 보고 나에게 인사하라고 지시를 하자 말들의 머리에 있던 모자들이 싹 위로 저절로 벗겨지면서 올라가더니 꼭 사람이 모자를 벗는 것처럼...
아무도 벗기는 사람도 없는데 모자가 위로 약 20cm 올라갔다. 그러더니 말들이 그 둥근 눈들을 나에게 깜박이면서 부끄러운 듯이 인사를 했다.

나는 그들이 가져온 황금수레를 타고 천국에 올라갔다.
천국에 도착한 나는 수레에서 내리자마자 주님께로 인도되었다.
주님이 말씀하시기를 '내가 오늘 너를 새로운 곳으로 인도하겠다.'라고 말씀하신다.
'어디로 가시는 것일까?'
주님은 나를 생명수 강가로 인도하셨다. 그리고서는 주님과 내가 하얀 옥색보트를 탔는데 그 보트의 가장자리는 황금으로 장식되어 있었다.
주님이 노를 저으셨다. 나는 기분이 너무 좋았다.
생명수 강가에서 목욕하고 있던 흰 옷 입은 자들이 물 속에 있으면서 주님과 나를 환영하여 주었다.
주님과 내가 보트를 타고 생명수 강가를 쭉 따라 내려가는데 이사야의 집까지 왔다.
이사야가 하늘색 옷을 입고 강가로 왔다.

원래 이사야의 집은 생명수 강가에 있다.

나는 왜 일까? 하고 생각을 해보았지만 특별한 다른 이유는 없는 것 같고 단지 그가 구약에서 주님을 잘 묘사하여서 그런 것이 아닌가 하는 생각이 들었다.

구약의 복음서가 우리는 이사야 책이라고 말하고 있지 않은가?

주님과 나는 보트에서 내려서 그 생명수 강가 옆에 놓여 있는 테이블에 앉았다.

주님과 나는 같이 이쪽에 이사야는 저쪽에 앉았다.

'나는 오늘 주님이 특별히 이사야를 만나기 위하여 생명수 강가에서 보트를 타고 내려 오셨나?' 하고 생각하고 있었다.

나는 이사야를 보고 할 말이 있으면 말씀을 달라고 했다.

그랬더니 이사야가 나에게 말한다.

"저가 채찍에 맞음으로 나음을 입었도다."를 전하고 외치라고 했다.

할렐루야.

나는 즉시 이 말이 우리 어머니와도 관련이 있음을 알 수 있었다.

요즘에 어머니 입술에 종기가 발견되어 외과적 수술이 필요하게 되었다.

피부암이지만 떼어내기만 하면 살게 하여 달라고 기도하고 있었던 차였다.

더 이상 아무데도 전이되지 않게 하여 달라고 기도하고 있었다.

할렐루야.

[사 53:1-6]
(1)우리의 전한 것을 누가 믿었느뇨 여호와의 팔이 뉘게 나타났느뇨 (2)그는 주 앞에서 자라나기를 연한 순 같고 마른 땅에서 나온 줄기 같아서 고운 모양도 없고 풍채도 없은즉 우리의 보기에 흠모할 만한 아름다운 것이 없도다 (3)그는 멸시를 받아서 사람에게 싫어 버린바 되었으며 간고를 많이 겪었으며 질고를 아는 자라 마치 사람들에게 얼굴을 가리우고 보지 않음을 받는 자 같아서 멸시를 당하였고 우리도 그를 귀히 여기지 아니하였도다 (4)그는 실로 우리의 질고를 지고 우리의 슬픔을 당하였거늘 우리는 생각하기를 그는 징벌을 받아서 하나님에게 맞으며 고난을 당한다 하였노라 (5)그가 찔림은 우리의 허물을 인함이요 그가 상함은 우리의 죄악을 인함이라 그가 징계를 받음으로 우리가 평화를 누리고 그가 채찍에 맞음으로 우리가 나음을 입었도다 (6)우리는 다 양 같아서 그릇 행하여 각기 제 길로 갔거늘 여호와께서는 우리 무리의 죄악을 그에게 담당시키셨도다

173. 한국집회를 결정하고 나니 주님이 동물원, 생명수가 흐르는 골짜기, 또한 연못을 선물하여 주시다.
(2015. 5. 28)

천국에 올라가는데 수레바깥에서 나를 수호하는 천사가 말한다.
"주인님 다 준비되어 있습니다."
나는 속으로 '무엇이 준비되어 있을까?'하고 생각했다.
그런데 흰 날개 달린 어린 천사들 약 5-6명이 내가 천국에 올라가기도 전에 우리 위에 나란히 서서 황금나팔을 가지고 불어댔다. 나는 즉시 수레에 올라 천국에 도착하였다.
천국 안에는 더 많은 아기천사들이 나팔을 가지고 있었다. 그러나 천국 안에서는 그들의 모습만 보였지 황금나팔을 부는 소리는 들리지 않았다. 나는 이 광경이 참으로 멋지다고 생각했다. 그래서 나는 조금 들떠 있었다.

주님께서 나에게 말씀하셨다.
"내가 이것을 너에게 주노라."
그러고서 보니 내 시야에는 작은 골짜기에 시냇가가 흐르는 것이 보인다.
'어머나 생명수가 저 골짜기 같은 곳에서 흐르고 있구나.'라고 감탄해 하는데 주님이 이것을 내게 주신다는 것이다.
나는 물이 흐르는 골짜기를 참으로 좋아한다.
주님은 또 그것을 알고 계시는 것 같았다.
또한 내 시야에는 연못이 보였다. 그 주위에는 색색깔의 아름다운 꽃들이 피어 있고 그 연못 위에는 동그란 나뭇잎들이 둥둥 떠 있는데 그 잎들 위에는 왕눈을 한 개구리가 한 마리 앉아 있어서 그 왕눈이 나를 보고 웃으면시 '하이 사라! 하이 사라!'라고 개구리가 말했다.
그러더니 너댓 마리가 하나씩 더 물속에서 올라와서 각각 둥근 나뭇잎 위에 앉더니 또한 표정이 크게 웃으면서 나를 반겨주었다.
'어머나 재네들이 나를 반겨주네. 그리고 개구리들이 말을 하네........'
나는 이것이 너무 신기하였다.
그런데 주님은 이 연못도 내게 주신다는 것이었다.
주님은 내가 연못을 아주 좋아하는 것도 알고 계신다. 할렐루야.
그리고 이 모든 것이 주님이 내게 주시리라고 한 정원 즉 유리바다까지 연결되는 그 큰 꽃밭 안에 있다는 것도 알게 하여 주셨다. 아니 이것이 그냥 알아진다.
나는 내 마음 안에 질문을 가졌다.
'왜 주님이 이런 것들을 나에게 선물로 주시나?'
엊그저께는 동물원을 보여주시더니 그 동물원을 내게 주신다 하시고 그것이 또한 내 꽃밭 안에 있다는 것도 알게 하여 주셨는데 이제는 이 생명수가 흐르는 골짜기와 이 아름다운 연못까지 내게 주신다는 것이다. 할렐루야.
나는 아직 모른다. 이미 그 정원 안에 있는 것을 하나하나씩 밝혀 주시는 것인지 아니면 정말 하나씩 만들어서 지금 나에게 주시는 것인지는 모르겠으나 정말 고맙고 감사하였다.

그리고 왜 주시는가를 생각하여 보았더니 이번에 다시 한국에 가서 집회하는 것에 대하여 주님께 순종할 것을 마음먹었더니 이렇게 선물을 주시는구나 하며 알아졌다.
할렐루야. 천국에서는 이렇게 우리가 주님의 뜻에 순종할 때마다 즉각즉각 상이 주어진다.
할렐루야. 주님 감사합니다.

[롬 12:1-2]
(1)그러므로 형제들아 내가 하나님의 모든 자비하심으로 너희를 권하노니 너희 몸을 하나님이 기뻐하시는 거룩한 산 제사로 드리라 이는 너희의 드릴 영적 예배니라 (2)너희는 이 세대를 본받지 말고 오직 마음을 새롭게 함으로 변화를 받아 하나님의 선하시고 기뻐하시고 온전하신 뜻이 무엇인지 분별하도록 하라

[사 1:19]
너희가 즐겨 순종하면 땅의 아름다운 소산을 먹을 것이요

할렐루야.
주님을 찬양합니다.

174. 우리의 가장 큰 상급은 오직 예수 그리스도 단 한 분이시다!
(2015. 5. 29)

천국에 올라갔다.
수레바깥에서 나를 수호하는 천사가 나에게 말한다.
"주인님 입을 다무세요. 좋은 일이 있을 것입니다."
나보고 이 천사가 이 말을 하는 순간부터 무슨 일인지 모르지만 나는 입이 벌어지기 시작하였다.
그냥 마냥 기뻐지는 것이었다.
'아, 또 무슨 좋은 일이 있을까?' 궁금했다.
그렇게 나는 입이 벌어진 채로 환하게 웃으면서 수레를 탔다.
수레는 흰 말 여섯 마리가 끄는 수레로서 다섯 마리가 끌 때보다 더 커졌다.
그 수레 안에는 내가 앉는 자리가 말이 있는 쪽으로 놓여 있고 그래서 나는 말과는 등을 지고 앉는다. 그리고 내 좌석 앞에는 보석 흰 테이블이 놓여 있다. 이것은 다이닝 테이블이다.
여기에 대개는 어여쁜 보석그릇이 놓여지고 그곳에는 먹을 것이 담겨진다. 그리고 나는 이 먹을 것을 수레가 천국에 도착하는 시간내에 먹게 된다. 할렐루야. 주님의 배려하심이 놀랍다.
그리고 그 테이블 앞쪽의 왼쪽 벽쪽에는 내 책상이 놓였고 거기에는 책꽂이가 있는데 거기에 내가 쓴 책 4권이 꽂혀 있다. 나는 그 책들을 보자 나는 그 책상에 가서 앉았다. 할렐루야.
그런데 그 순간 내 옷이 평상시와는 아주 다른 오색찬란한 드레스가 입혀져 있음을 발견하였다.
그 옷 색깔은 어떻게 보면 책 색깔들과 비슷한 장식을 하고 있었고 사실 그보다 훨씬 더 예뻤다.
그리고 보석들이 군데군데 드레스를 장식하고 있었다. "와우…"

그리고서는 그 수레는 즉시 천국에 도착하였고 나는 수레에서 내려서 주님께로 갔다.
그런데 내 드레스가 오늘따라 완전히 흰 색이 아니고 오색찬란한 빨간색, 녹색, 그리고 분홍색으로 어우러진 아주 예쁘게 장식된 드레스여서 이러한 화려한 모습으로 주님을 만나 뵙기가 조금 쑥스러웠다.
왜냐하면 주님은 여느 때처럼 겸손히 하얀 옷을 입고 계셨기 때문이다.
주님은 나를 보자마자 '내가 너의 분깃이니라.'라고 말씀하셨다.
그 순간 주님에게서 엄청난 빛이 비추어졌고 나는 그 엄청난 빛 속에 계신 주님을 눈이 부셔서 거의 볼 수가 없었다. "와우…"
주님이 내 앞에서 갑자기 변하신 것이다.

그런데 왜 주님이 이렇게 말씀하시느냐면 내가 이 천국에 올라오기 전에 기도할 때에 나는 주님께 울면서 이렇게 말했었다.

'주님 저는 이 땅위에 분깃이 아무 것도 없어요. 이 땅위에 내가 낳은 자녀들도 없구요'하면서 바로 조금 전에 천국에 올라오기 전에 기도할 때에 그렇게 울면서 기도하였었다.

그런데 주님이 지금 천상에서 내가 천국에 올라오자마자 처음으로 하시는 말씀이

'내가 너의 분깃이니라.'라는 것이다. 그러시면서 그분은 엄청난 빛 가운데 계신 것을 나에게 보여 주셨다. 할렐루야. 그렇다.

나의 분깃은 다른 어떤 것도 아닌 주님이신 것이다.

'주여! 감사하나이다. 제가 잘못했습니다. 주님이 저의 분깃이신 것을....'

'제가 괜히 푸념하였네요. 할렐루야. 저로 하여금 다시 기억나게 하여주심을 감사합니다.'

할렐루야. 그러고서 내려왔다.

즉 주님은 나에게 자신이 나의 분깃인 것을 가르쳐 주시고 더 이상 나에게 천국이 진행되지 않게 하셨다. 아니 나는 오늘 이것으로 만족한다.

성경에 하나님께서 아브라함에게 이렇게 말씀하셨다.

[창 15:1]
이 후에 여호와의 말씀이 이상 중에 아브람에게 임하여 가라사대 아브람아 두려워 말라 나는 너의 방패요 너의 지극히 큰 상급이니라.

[계 2:26-28]
(26)이기는 자와 끝까지 내 일을 지키는 그에게 만국을 다스리는 권세를 주리니 (27)그가 철장을 가지고 저희를 다스려 질그릇 깨뜨리는 것과 같이 하리라 나도 내 아버지께 받은 것이 그러하니라 (28)내가 또 그에게 새벽 별을 주리라

[계 22:16]
나 예수는 교회들을 위하여 내 사자를 보내어 이것들을 너희에게 증거하게 하였노라 나는 다윗의 뿌리요 자손이니 곧 광명한 새벽 별이라 하시더라

그렇다 우리의 상급은 다름 아닌 하나님이신 것이다. 할렐루야.

주님을 소유하는 것보다 더 큰 상급은 이 세상이나 저 세상에서나 없다.
잠깐 잘못 생각한 저를 용서하여 주시옵소서.... 주님!

175. 하나님과 어린양의 보좌는 영원천국에 있는 예수 그리스도의 보좌이다.
(2015. 5. 29)

세 시간 정도 기도한 후에 두 번째로 천국에 올라갔다.
주님은 나와 같이 하늘을 날으셨다.
공중에서 날 때에 보면 대개 드레스가 무게에 의하여 밑으로 쏠리는데 그런데 그냥 그대로 비스듬히 곱게 입혀져 있었다. 왜냐하면 천국에는 지구와 같이 중력이라는 것이 없기 때문이다.
즉 이런 것이 지상하고는 다른 점들이다.

저 밑으로 인간창조역사관이 보인다. 그의 녹색 나선형 지붕이 보인다.
'어머! 주님, 인간창조역사관이에요'라고 하였더니
벌써 주님과 나는 그 입구 현관에 와 있었다. 거기에는 흰 옷 입은 천사 한 명이 늘 서 있다.
그 천사는 '어서 오세요 주님, 그리고 사라님'하고 인사하였다.
주님과 나는 즉시 인간창조역사관으로 들어가서 기본층을 거쳐서 위로 3층으로 올라갔다.
아니 주님이 나를 거기로 인도하셨다.
여기는 새 하늘과 새 땅이 열리는 그림에서부터 시작하여 영원천국에서 일어나는 그림들이 걸려 있는 곳이다. 주여!

나는 하나님과 어린양이 앉는 보좌 그림을 보기를 원하였다.

[계 22:1-4]
(1)또 저가 수정 같이 맑은 생명수의 강을 내게 보이니 하나님과 및 어린 양의 보좌로부터 나서 (2) 길 가운데로 흐르더라 강 좌우에 생명 나무가 있어 열 두가지 실과를 맺히되 달마다 그 실과를 맺히

고 그 나무 잎사귀들은 만국을 소성하기 위하여 있더라 (3)다시 저주가 없으며 하나님과 그 어린 양의 보좌가 그 가운데 있으리니 그의 종들이 그를 섬기며 (4)그의 얼굴을 볼 터이요 그의 이름도 저희 이마에 있으리라

거기에는 큰 보좌가 있는 그림이 있었고 그리고 보좌는 하나만 있었다.
그런데 성경은 하나님과 어린양의 보좌 이렇게 나온다.
이것이 무슨 말일까? 하고 고민하는 순간에 주님께서 나에게 가르쳐 주시는데 하나님은 예수님이시라는 것이다. 이전에 주님은 나에게 '어린양'이란 예수님을 상징하는 것이라 하셨다.
그러므로 하나님이 어린양이신 예수님이시라는 것을 알게 하여 주셨다.
할렐루야. 그리고 또 주님은 나에게 이전에 성부 하나님과 성령 하나님이 자신이라고 말씀하여 주셨다(141. 백보좌에 앉으시는 분이 주님이심을 밝혀주시다. 154. 삼위의 하나님은 한분 하나님으로 영원전(태초)부터 영원천국까지 지속하신다. 참조).

또한 주님이 이렇게 말씀하신다.

[계 22:13]
나는 알파와 오메가요 처음과 나중이요 시작과 끝이라.
I am the Alpha and the Omega, the First and the Last, the Beginning and the End.

이 말씀은 삼위일체의 하나님을 나타내는 모든 것이 수렴되는 한 마디이다.
주님은 예수님이 바로 성부 하나님, 성자 하나님, 성령 하나님이시라는 것이다.
그분은 한분 하나님이시라는 것이다. 성자 하나님이신 예수님이 내가 알파와 오메가요 처음과 나중이요 시작과 끝이라고 하는 것은 성자 하나님이 성부 하나님 그리고 성령 하나님이심을 말하는 것이다. 우리가 그 역할을 보고 삼위로 나누지만 그분이 그분이라는 것이다.

구약에서도 여호와 하나님이 예수님이시라는 것을 나타내는 성경구절이 있다.

[사 8:13-15]
(13)만군의 여호와 그를 너희가 거룩하다 하고 그로 너희의 두려워하며 놀랄 자를 삼으라 (14)그가 거룩한 피할 곳이 되시리라 그러나 이스라엘의 두 집에는 거치는 돌, 걸리는 반석이 되실 것이며 예루살렘 거민에게는 함정, 올무가 되시리니 (15)많은 사람들이 그로 인하여 거칠 것이며 넘어질 것이

며 부러질 것이며 걸릴 것이며 잡힐 것이니라

여기서 거치는 돌은 만군의 여호와를 말하고 있고 동시에 예수 그리스도를 말씀하고 있는 것이다.

[마 21:42-44]
(42)예수께서 가라사대 너희가 성경에 건축자들의 버린 돌이 모퉁이의 머릿돌이 되었나니 이것은 주로 말미암아 된 것이요 우리 눈에 기이하도다 함을 읽어 본 일이 없느냐 (43)그러므로 내가 너희에게 이르노니 하나님의 나라를 너희는 빼앗기고 그 나라의 열매 맺는 백성이 받으리라 (44)이 돌 위에 떨어지는 자는 깨어지겠고 이 돌이 사람 위에 떨어지면 저를 가루로 만들어 흩으리라 하시니

[벧전 2:6-8]
(6)경에 기록하였으되 보라 내가 택한 보배롭고 요긴한 모퉁이 돌을 시온에 두노니 저를 믿는 자는 부끄러움을 당치 아니하리라 하였으니 (7)그러므로 믿는 너희에게는 보배이나 믿지 아니하는 자에게는 건축자들의 버린 그 돌이 모퉁이의 머릿돌이 되고 (8)또한 부딪히는 돌과 거치는 반석이 되었다 하니라 저희가 말씀을 순종치 아니하므로 넘어지나니 이는 저희를 이렇게 정하신 것이라

그러므로 구약의 이사야 8장 13-15절에서는 '만군의 여호와 = 거치는 돌'이라 표현하고 있고 또 베드로전서 2장 8절에서는 '예수 그리스도 = 거치는 반석'이라 표현하고 있다.

그러므로 만군의 여호와 = 거치는 돌 = 예수 그리스도이신 것이다. 할렐루야.

그러므로 결국 영원천국에서의 보좌는 '여호와 하나님 = 예수 그리스도' 그분의 보좌 하나밖에 없는 것이다. 아멘.
오늘 주님은 나에게 이 어린양에 대하여 다시 한번 나에게 가르쳐 주시려고 이곳에 데리고 오신 것을 알겠다. 할렐루야.

주님 감사합니다.

그리고 이것은 하나님과 어린양의 보좌에 대하여 영어로 어떻게 되어 있는가 보면 더 확실하여진다.

[계 22:3]

다시 저주가 없으며 하나님과 그 어린 양의 보좌가 그 가운데 있으리니 그의 종들이 그를 섬기며
And there shall be no more curse: but the throne of God and of the Lamb shall be in it; and his servants shall serve him:

즉 영어에서는 보좌가 하나로 나오는 것이다.
하나님과 그 어린양의 보좌 이렇게 번역이 되지만 그 보좌(the throne)는 영어에서 하나인 것으로 나타난다.
할렐루야.

이것은 또한 내가 오늘 인간창조역사관 3층에서 본 보좌가 하나뿐인 것과 또 일치하고 있음을 알 수 있다. 할렐루야. 주님, 감사합니다.

176. 천국에서 계시록을 풀이한 책을 먹다.
(2015. 5. 30)

천국에 올라갔다. 올라가자마자 주님은 나를 성부 하나님이 계신 곳으로 인도하셨다.
성부 하나님이 저 앞에 계시고 주님과 나는 성부 하나님이 계신 궁의 큰 광장같이 생긴 넓은 곳에 내가 서고 그리고 주님은 내 오른편에 서셨다.
내가 성부 하나님이 계신 궁에 가면 내가 서는 장소가 정하여져 있는 것 같았고 주님은 늘 내 오른편에 서 계셨다.
그리고 내가 그렇게 궁에 설 때에는 꼭 늘 내 앞쪽으로 왼쪽에 조그만 하얀 보석 원탁 테이블이 놓이는데 그 위에는 영락없이 계시록을 천국언어로 풀이한 책이 들어 있는 갈색상자가 놓여진다.
계시록을 풀이한 책이 들어 있는 그 갈색상자를 성부 하나님이 내게 주신 것이다.
그 상자 안에는 갈색이기도 하고 보라색이기도 한 그러한 가죽으로 된 두꺼운 책이 들어 있었다.
이 책은 천국의 언어로 계시록을 풀이하여 놓은 책인데 성부 하나님께서 그것을 나에게 주셨건만 나는 그 글을 알아볼 수가 없었다. 왜냐하면 내가 알 수 없는 천국언어로 기록이 되어 있기 때문이다.
저 앞에서 성부 하나님께서 하시는 말씀이 '그 책을 펴보라.'라고 하신다.

그러자 나는 성부 하나님께 말했다.

"성부 하나님, 제가 펴 보아도 그 글씨를 알 수 없습니다."

그러나 나는 성부 하나님이 하라는데 내가 순종하지 않을 수 없어서 그 갈색상자를 열고 책을 펴보았다. 세 군데를 펴보았는데 그 천국 글씨 옆에 괄호 안에 내가 알아볼 수 있는 한글이 보이는 것이었다. 오 마이 갓! 나는 너무 놀라지 아니할 수가 없었다.

이전에는 이 한글이 안 보이더니 이제는 천국 글씨 옆에 그것을 해석하는 한글이 괄호 안에 쓰여져 있는 것이 보였다. 할렐루야. 천국 글씨는 꼭 콩나물같이 생겼는데 머리와 꼬리가 다 있다. 나는 세 군데를 열어 보았는데 거기에는 분명히 괄호 안에 한글이 쓰여져 있었는데 내가 지상에 내려오니 맨 마지막에 본 것, 즉 천국 글씨 옆에 괄호 안에 '소'라고 쓰여져 있었던 것만 기억이 났다. 처음 두 군데는 기억이 안 나고 마지막 세 번째 본 것만 기억이 났다.

그러나 나는 성부 하나님께 말했다.

"성부 하나님, 제가 이렇게 계시록을 풀이한 책을 천상에서 펴보았지만 그러나 제가 그것을 보았어도 제가 지상에 내려가서는 제가 본 것이 진짜인지 아닌지 의심하는 사람이 바로 접니다." "그러니 이렇게 조금조금 알게 하시지 말고 그냥 아예 이 책 전체를 다 알게 하여 주시옵소서" 라고 오히려 나는 성부 하나님께 순간적으로 항의하듯이 말하고 있었다.

그랬더니 성부 하나님께서 말씀하신다.

"그 책을 먹어라."

"네?"

나는 너무 놀랬다.

"아니, 제가 어떻게 이 큰 책을 먹습니까?"

나는 따지듯이 말했다. 이럴 때는 나는 순간 내가 생각해도 내가 참 건방지다는 생각이 들었다.

'내가 감히 성부 하나님께 따지듯이 말하다니........'

그런데 그 책이 먹기에는 너무 크고 그리고 '내가 책을 어떻게 먹나?' 순간 고민이 생겼다.

그랬더니 갑자기 내 손에 접시가 생기더니 그 위에 그 책이 놓여지는데 접시 위에 놓여진 그 두꺼운 책이 갑자기 갈색의 케이크로 변하는 것이었다.

'오 마이 갓!'

나의 이 때의 놀라움은 금할 수가 없었다.

아니 성부 하나님께서 나에게 '책을 먹으라.'하시더니 그 책이 이제는 아예 갈색의 케이크로 내가 가진 접시 위에서 변하였으므로 나는 그 케익을 손으로 이리저리 뜯어서 먹고 있었다.
그 케익은 아주 맛있었다.
그리고 그 책에는 천국의 언어로 계시록을 풀이한 천국언어 즉 내가 이전에 본 콩나물 머리같이 생긴 천국언어들이 그 케익 안에 각각의 색깔로 들어 있는 것이 보였다. 신기했다.
오 주여! 나는 이런 것들에 놀라움을 금치 못하면서 계속 먹었다.
물론 이 천국언어들도 다 재료가 케익이었다. 오 할렐루야!

나는 지금 이 상황을 너무 신기해하면서 성부 하나님께서 먹으라고 한 그 책 즉 케익으로 된 책을 먹고 있었다. 주여!
책이 두꺼워서 그런지 그것을 다 먹는데 시간이 상당히 걸렸다. 그러나 나는 끝까지 끝에 남은 조각 조각으로 된 부스러기까지 다 먹었다. 할렐루야.

그리고서는 나는 내려왔다. 나는 내려와서도 이것이 진실인지 참으로 의아하여 하였다.
아니 내가 늘 보던 그 계시록을 풀이한 책을 케익으로 먹다니....
누가 이 이야기를 하면 과연 나를 믿어 줄 것인가..... 하는 의심도 일어났다.
그러나 현재 나는 내가 천국에서 본 것과 나에게 일어난 일을 기록하지 아니할 수가 없다.
그리고 내가 왜 그 책을 케익으로 먹게 되었는지는 나중에 주님이 알게 하여 주실 것을 믿는다.
할렐루야.

그리고 나는 계시록에서 사도 요한이 책을 먹은 성경구절이 생각이 났다.
나랑 똑같은 상황은 아니나 어느 정도 비슷한 면이 있어서 적어본다.

[계 10:8-11]
(8)하늘에서 나서 내게 들리던 음성이 또 내게 말하여 가로되 네가 가서 바다와 땅을 밟고 섰는 천사의 손에 펴 놓인 책을 가지라 하기로 (9)내가 천사에게 나아가 작은 책을 달라 한즉 천사가 가로되 갖다 먹어버리라 네 배에는 쓰나 네 입에는 꿀 같이 달리라 하거늘 (10)내가 천사의 손에서 작은 책을 갖다 먹어버리니 내 입에는 꿀 같이 다나 먹은 후에 내 배에서는 쓰게 되더라 (11)저가 내게 말하기를 네가 많은 백성과 나라와 방언과 임금에게 다시 예언하여야 하리라 하더라

사도 요한도 작은 책을 먹었는데 그 책은 사도 요한의 입에서 꿀같이 달았다고 했다.
그 책이 입안에서는 꿀로 변하였을 것이다. 나는 비슷하게 주님이 말씀하신 '계시록을 풀이한 책'이

맛있는 케익으로 변하여 맛있게 먹었다.
이것은 분명히 어떠한 의미가 있을 것이다! 아버지!
오 할렐루야! 주님, 가르쳐주소서!

그런데 왜 요한의 배에서는 쓰게 되었는지도 이해가 되었다.
보통 예언을 하는 경우는 그 말씀이 배에서 올라온다. 내 경험이다. 배에서 분수처럼 올라오는 경우가 있었다. 그런데 쓴 이유는 좋은 예언이 아니라 각 나라와 방언을 가진 나라들에게 안 좋은 예언을 하게 되었기 때문일 것이다. 그래서 그 이후 계시록 11장부터는 마지막 이레 7년 환난의 시작을 예언하고 있다.

[계 11:1-14]
(1)또 내게 지팡이 같은 갈대를 주며 말하기를 일어나서 하나님의 성전과 제단과 그 안에서 경배하는 자들을 척량하되 (2)성전 밖 마당은 척량하지 말고 그냥 두라 이것을 이방인에게 주었은즉 저희가 거룩한 성을 마흔 두달 동안 짓밟으리라 (3)내가 나의 두 증인에게 권세를 주리니 저희가 굵은 베옷을 입고 일천 이백 육십 일을 예언하리라 (4)이는 이 땅의 주 앞에 섰는 두 감람나무와 두 촛대니 (5)만일 누구든지 저희를 해하고자 한즉 저희 입에서 불이 나서 그 원수를 소멸할지니 누구든지 해하려 하면 반드시 이와 같이 죽임을 당하리라 (6)저희가 권세를 가지고 하늘을 닫아 그 예언을 하는 날 동안 비 오지 못하게 하고 또 권세를 가지고 물을 변하여 피 되게 하고 아무 때든지 원하는 대로 여러가지 재앙으로 땅을 치리로다 (7)저희가 그 증거를 마칠 때에 무저갱으로부터 올라오는 짐승이 저희로 더불어 전쟁을 일으켜 저희를 이기고 저희를 죽일 터인즉 (8)저희 시체가 큰 성 길에 있으리니 그 성은 영적으로 하면 소돔이라고도 하고 애굽이라고도 하니 곧 저희 주께서 십자가에 못박히신 곳이니라 (9)백성들과 족속과 방언과 나라 중에서 사람들이 그 시체를 사흘 반 동안을 목도하며 무덤에 장사하지 못하게 하리로다 (10)이 두 선지자가 땅에 거하는 자들을 괴롭게 한 고로 땅에 거하는 자들이 저희의 **죽음을 즐거워하고** 기뻐하여 서로 예물을 보내리라 하더라 (11)삼일 반 후에 하나님께로부터 생기가 저희 속에 들어가매 저희가 발로 일어서니 구경하는 자들이 크게 두려워하더라 (12)하늘로부터 큰 음성이 있어 이리로 올라 오라 함을 저희가 듣고 구름을 타고 하늘로 올라가니 저희 원수들도 구경하더라 (13)그 시에 큰 지진이 나서 성 십분의 일이 무너지고 지진에 죽은 사람이 칠천이라 그 남은 자들이 두려워하여 영광을 하늘의 하나님께 돌리더라 (14)둘째 화는 지나갔으나 보라 세째 화가 속히 이르는도다

그러나 나는 아직 왜 내가 그 책을 케익으로 먹었는지를 모른다.........

177. 주님이 쓰라고 하는 책을 내가 다 쓰면 주님이 선물로 주실 크고 흰 아름다운 궁을 보다.
(2015. 6. 1)

아침에 기도시간에 나는 주님께 물었다.
그저께 천국에서 있었던 일인데 즉 내가 그 계시록을 풀이하여 놓은 책을 케익으로 먹었다는 사실이 주님께 너무 송구스러워서 기도 속에서 나는 이렇게 주님께 한탄을 하고 있었다.
"주님 제가 그 책을 케익으로 먹었어요. 어떡해요?"
나는 거의 울먹이면서 그렇게 기도드리고 있었다. 그런데 그 책을 내가 먹고 싶어서 먹은 것이 아니라 사실은 성부 하나님이 나에게 먹으라 하셔서 먹은 것이다.
그럼에도 불구하고 나는 그것이 그 사실이 주님께 너무 죄송스럽고 미안했다.
계시록에 보면 사도 요한이 작은 책을 받아먹었다고는 나오는데 그 책이 케익으로 변하여 먹었다는 말이 없다. 단지 입속에서 그 책이 꿀처럼 달았다고 표현하고 있다.
그런데 나는 케익으로 변한 그 책을 손으로 뜯어서 먹은 것이다.
그리고 남아 있는 나머지 부스러기까지 다 먹었다.
나는 도대체 이것이 무엇을 의미하는 것일까? 궁금하였다.
그리고 나는 이 사실이 주님께 미안하고 죄송하여 어찌할 줄을 몰라 했다.
"주님, 제가 그 책을 먹어 버렸어요. 어떡해요? 죄송해요. 어떡하지요?..."
나는 중얼거리듯이 한참이나 기도하면서 주님께 한탄을 늘어놓았다.

한참 그렇게 기도를 올린 후에 나는 천국에 올라갔다.
나를 데리러 온 흰 말 여섯 마리가 건장하게 보였고 나를 데리러 온 수레도 훨씬 커져서 수레가 오히려 웅장하게 보일 정도였다.
나는 나를 수레바깥에서 수호하는 천사가 어제부터 나에게 '주인님, 왜 자주 올라오시지 않으세요?'라고 물은 것을 기억했다.
나는 얼른 수레에 탔고 그리고 그 수레는 늘 가던 천국 안의 황금대로 옆의 왼쪽에 도착한 것이 아니라 다른 곳에 도착하였는데 거기가 어디냐면 주님께서 내가 한국에 집회를 가는 것에 순종할 것을 결심하고 나니까 선물로 나에게 주신다고 했던 연못가였다. 주여!

연못은 참으로 아름다웠다.

주님이 거기에 계셔서 나를 거기서 맞이하신 것이다.
연못에서는 흰색과 주황색이 어우러진 붕어 같은 것들이 위로 솟아올라서 입을 방긋방긋하며 밑으로 사라졌다.
내가 주님께 말했다.
"주님 저 수레는 어떡해요? 나를 여기에다가 내려놨어요."라고 했더니
주님이 '걱정 말라'고 하시는 말씀이 왔다.
그리고 나를 수레바깥에서 수호하는 천사가 나에게 '주인님 갈께요.'하면서 갔다.

주님과 나는 연못가에 있는 벤치에 앉았다. 이 연못가에도 벤치가 있었다.
주님이 나에게 하실 말씀이 있으신 것처럼 보였다.
나도 앉았다. 나는 주님께 무척이나 걱정되듯이 말했다.
'주님, 제가 어제 그 책을 먹어 버렸어요. 어떡해요?'하고 말했다.

그런데 주님은 아시면서 그것에 대하여서는 아무 말씀도 하지 않으시고
나에게 하시는 말씀이 '사라야 저기를 보아라.'하신다.
내가 눈을 들어 주님이 가르치는 곳을 보니 꼭 공중에 환상이 펼쳐진 것처럼 그 안에 아주 아름다운 궁이 보였다. 흰색인 것 같기도 하고 우윳빛 나는 상아색 같기도 한데 참으로 아름다운 궁이었고 겉에는 무지개 같은 것이 아른 거리고 있는 참으로 고상하고 아름다운 궁이었다.
'네 주님 아름다운 궁이 보여요'라고 했다.
나는 저기가 어디일까? 무엇을 하는 궁일까? 하고 막 궁금증이 생기고 있었는데
주님이 말씀하시기를 '저 궁은 내가 너에게 줄 것이다.'
"네?"
나는 참으로 놀라왔다. 너무나 크고 아름다운 궁이라 감히 그것을 내게 주신다니 참으로 놀랍고 놀라왔다. 그러고 있는데 주님이 말씀하신다.
"내가 쓰라고 하는 책을 네가 다 쓰면 내가 저 궁을 너에게 줄 것이야!"
할렐루야!
할렐루야!
어쨌든 할렐루야이다!
이번에 계시록을 쓰는 것이 그 중에서 아주 큰 비중을 차지하는 것이 알아진다.
'저 궁이 내가 받을 궁이라니………' 믿기지가 않았다.
어쨌든 감사했다.

그러고 나서 작은 구름이 주님과 내 앞에 왔는데 그 모양이 꼭 둥근 도우넛처럼 생겼다.

주님과 나는 훌쩍 그 구름에 옮겨 탔다.

그리고 그 구름은 위로 쭈욱 올라가 날더니 인간창조역사관 위로 날아왔다.

주님과 나는 얼른 구름에서 내려서 인간창조역사관의 입구에 도착하였다.

그 앞에 서 있는 날개 없는 흰 옷 입은 천사가 주님께 인사를 하는데 주님은 무엇이 바쁘신지 그 천사의 인사도 끝나기 전에 안으로 들어가셔서 기본층 위에 있는 3층으로 나를 데리고 가셨다.

그리고 새 하늘과 새 땅의 그림을 보고 그 다음에는 새 예루살렘성이 내려오는 그림이 보였다.

그리고 더 구경을 하였는데 내려와서 보니 도무지 생각이 나지를 않았다.

이런 경우도 있다. 천국에서는 분명히 보았는데 지상에 내려오면 하나도 기억이 안 나는 경우 말이다.

하여간 오늘은 주님께서 내가 주님이 쓰라고 하는 책들을 다 쓰고 나면 나에게 주어질 희고 큰 아름다운 궁을 나에게 보여주셨다는 것이다.

할렐루야. 주님을 찬양합니다.

주님께 감사드립니다.

178. 계시록 21장부터 나오는 영원천국에서 네 생물의 이야기가 사라진 이유를 알게 하시다.
(2015. 6. 1)

아침에 기도 후에 천국에 올라갔다.

흰 말 여섯 마리와 황금수레 마차가 왔고 나를 수레바깥에서 수호하는 천사가 왔다.

나는 즉시 마차에 올랐고 마차는 천국 문을 통과하여 황금대로 우편에 도착하였다.

주님은 나를 보자마자 나를 구름 위로 데리고 가셨는데 그 구름에서부터 계단이 시작되었다.

그 계단은 이전에 천사장 미가엘과 가브리엘이 각각 그 계단의 중간정도 즈음에서 주님과 나를 마중 나온 적이 있던 그 계단이었다. 그 때에 미가엘은 계단의 왼편에 서 있었고 그리고 가브리엘은 계단의 오른편에 서 있었다.

그래서 나는 즉시 알았다. '아하, 지금 주님의 보좌로 가는구나.'

왜냐하면 그 때에 그 계단은 주님의 보좌로 인도하는 계단이었기 때문이다.

주님과 나는 주님의 보좌가 있는 곳에 와서 주님은 주님의 자리에 나는 내 자리에 가서 앉았다.
그리고 주님의 보좌 양옆에는 흰 옷 입은 날개달린 천사들이 정렬하고 있었다.
나는 내 자리에서 즉시 일어나서 주님 보좌 앞으로 달려가 엎드려서 빌기 시작했다.
"주님, 우리 어머니 고쳐주세요."
그랬더니 지상의 내 육체의 어머니가 불리워 올려졌다. 즉 우리 어머니가 천상에 올라오신 것이다.
내 어머니는 처음에는 벌거벗은 몸으로 보좌 앞에 엎드려 있었는데 천사가 와서 흰 옷을 어머니에게 입혔다.
그리고 다른 천사가 와서 불이 붙은 부지깽이 같은 것을 가져와서 우리 어머니 아랫입술에 생긴 1cm 직경의 피부암 주위를 불로 지졌다. 즉 더 이상 다른 곳으로 전이되어 가지 못하게 암 가장자리를 불에 태우는 것이었다. 나는 '할렐루야'했다.
그리고 주님은 내게 종이에 써 주시면서 '네 어머니가 나았느니라.'라고 말씀하시는 것이었다. 할렐루야. 주님이 어머니를 불러 올리셔서 암 주위를 불로 지저 주신 것이다. (그 이후에 병원에 가보았더니 아무런 전이현상은 없고 단지 그 암 부위만 도려내고 끝이라는 것이었다. 할렐루야.)
할렐루야. 주님을 찬양합니다. 이런 경우는 어머니의 영이 불려 올려졌는데 불로 지진다는 것은 그 때에 주님께서는 어머니의 육체의 그 부위를 하나님의 능력으로 지지신 것으로 보인다.
아멘.

그러고 나서 내 육체의 어머니는 지상으로 내려가시고 그 다음 주님께서 나를 데리고 다른 곳으로 이동하셨다.
즉 나에게 주신 정원에 있는 연못으로 나를 데리고 오신 것이다.
주님과 나는 그 연못 앞에 놓여 있는 벤치에 앉았다.
니는 주님께 물었다.
"주님, 제가 그 계시록을 천국언어로 풀이한 책을 먹은 것이 제가 계시록을 이제 천국에서 물어보고 기록하고 하는 것이 끝난 것을 의미하는 것입니까?"하고 물었다.
그랬더니 주님께서는 '그렇다.'라고 하는 뜻을 나에게 전하셨다.
그러시면서 하시는 말씀이 '내가 그 책을 너에게 케익으로 만들어 먹였다.'라고 말씀하시는 것이었다. 사실 성부 하나님이 계신 곳에서 성부 하나님이 '너는 그 책을 먹으라.'하셔서 내가 먹었는데 예수님이 자신이 그렇게 하셨다는 것이다.
이 말은 그 성부 하나님이 바로 '나다'라고 하는 말과 같다.

할렐루야. 맞다. 나는 안다. 그분이 그분인 것을............. 할렐루야.

'그러면 제가 이제 계시록에 대한 질문이 생길 때에 어떻게 하여야 하나요?'라고 물었다.
그리하였더니 주님이 이렇게 알려 주신다.
"이제 네가 계시록에 대하여 질문을 가질 때에 이제 네가 그 책을 케익으로 먹었으니 네 안에서 가르쳐 줄 것이다."
"할렐루야. 주님 감사합니다. 그렇군요. 주님이 그래서 나에게 그 책을 케익으로 만들어 먹이셨군요. 그 이유가 여기에 있으셨군요."
할렐루야. 주님을 찬양합니다.

그러고 나서 나는 또 하나의 질문을 주님께 가졌다.
'주님, 새 하늘과 새 땅이 내려오고 그 다음 새 예루살렘성이 내려오고 나서는 하나님과 어린양의 보좌 주위에 늘 있던 네 생물과 천군천사들의 이야기가 없는데 그 네 생물은 어디로 간 것입니까?'라는 질문이 생겼다.
그랬더니 주님이 그냥 알게 하여 주신다.
할렐루야.

그렇게 알게 하여 주시는 내용은 다음과 같았다.
즉 그 네 생물은 독수리 얼굴, 송아지 얼굴, 사자의 얼굴, 그리고 사람의 얼굴을 하고 있는 천사들로서 그들은 각각 여섯 개의 날개를 가졌고 그리고 그 날개들의 안팎에는 많은 눈들을 가지고 있는 천사들이다.
그리고 이들은 각각 독수리 얼굴을 한 천사는 지상에 있는 공중의 새들을 감찰하고, 송아지 얼굴을 한 천사는 집에서 기르는 동물들을 감찰하고, 또 사자의 얼굴을 하고 있는 천사는 지구의 모든 들짐승들을 감찰하고 또한 사람의 얼굴을 한 천사는 지상에 있는 모든 인간을 감찰한다. (18. 주님 보좌 앞에 있는 네 생물 - 참조).
그래서 그들은 그들의 날개 안팎으로 그렇게 많은 눈을 가졌는데 이 눈들은 그들이 거느린 천사들인 것이다. 이 천사들이 실제로 지상에 가서 각자 맡은 것을 감찰하는 천사들이다.
할렐루야.
그런데 이제 이전의 하늘과 땅이 없어지고 새 하늘과 새 땅이 생겼으니 이제 그들의 역할은 끝난 것이다.
여기까지 알아지면서 '아하, 그래서 그들이 새 하늘과 새 땅에서는 더 이상 그 역할이 필요 없게 되었구나.' 그래서 이제는 그들이 하나님과 어린양의 보좌 앞에 없다는 사실을 알게 된 것이다. 할렐루야.

깨닫게 하여 주시고 알게 하여 주시는 주님을 찬양합니다!

계시록에서 네 생물이 나오는 마지막 구절은 다음 구절이다.

[계 19:4]
또 이십 사 장로와 네 생물이 엎드려 보좌에 앉으신 하나님께 경배하여 가로되 아멘 할렐루야 하니

그 다음은 어린양의 혼인기약이 이르렀고 어린양의 아내가 준비되었다 하면서
주님이 백마 타고 지상재림하시고 아마겟돈 전쟁 이후에 천년왕국에 들어가시고 그 다음 백보좌
심판이 열리고 그 다음 계시록 21장부터는 새 하늘과 새 땅이 열린다.
즉 새 하늘과 새 땅에서는 이 네 생물의 이야기가 뚝 그쳐진다.
그 이유를 오늘 알게 하여 주신 것이다.
할렐루야!

주님을 다시 한번 찬양합니다!
아멘. 아멘.

제 4 부

179. 천상에서 계시록을 이야기하는 것이 끝나고 계시록을 풀이한 책을 케익으로 먹은 것은 내가 지상에서 계시록을 쓸 때에 도움을 줄 것을 말씀하시다.
(2015. 6. 1)

저녁에 기도 후에 두 번째로 천국에 올라가게 되었다.
나를 데리러 온 흰 말들과 마차가 호박색 나는 보석으로 장식들을 하고 있었다.
나는 즉시 마차를 탔는데 그 마차는 나를 다시 연못가에 내려놓았다.
내가 수레에서 내리니 나를 수레에서 내릴 때에 나를 수종하는 흰 날개달린 두 천사가 나를 주님께로 인도하였다. 주님은 벌써 연못가에 와 계셨다.
주님과 나는 연못가에 있는 벤치에 앉았다.
그리고 거기는 주님과 나 둘밖에 없었다.
그리고 주님이 내게 말씀하신다.
"네 손을 좀 보자."
나는 내 손바닥을 위로 하고 주님께 내 손을 보여드렸다.
내 손에는 구멍이 뚫려 있었다. 주님처럼.
주님은 말씀하신다. 내 손에 구멍이 있는 것을 보시면서
"세계가 너를 핍박할 것이다."
즉 이 말씀을 하심은 나에게 잘 견디라는 말씀이었다.
나는 주님이 십자가에 못 박히실 때에 손에 구멍이 뚫린 것을 생각하면서
그리고 주님은 사람들이 그를 십자가에 못 박으실 때에 아무런 대항을 하지 않으셨다는 것이 생각이 나면서 나도 사람들이 나를 핍박할 때에 대항하지 말아야 할 것이 다짐되었다.
그리고 그렇게 하는 것이 하나님의 뜻임을 알았다. 주여!

그 후에 주님께서는 요한의 집 앞에 놓여 있는 피크닉 테이블로 나를 데리고 가셨다.

가자마자 거기에는 모세와 요한이 와 있었는데
모세는 주님을 보자마자 이렇게 눈짓으로 말하고 있는 것이 알아졌다.
'주님, 사라가 괜찮겠어요?'라고 물었다. 그랬더니 주님이 '괜찮을거야.'라고 말씀하시는 것이 알아졌다. 천국은 그냥 알아진다. 이렇게.
그리고서는 주님과 모세가 저편에 그리고 나와 요한이 이편에 앉았다.
주님과 나는 항상 대각선상으로 마주보고 앉았다.
오늘은 주님 옆에 갈색상자가 없다. 왜냐하면 내가 그 갈색상자 안에 들어 있었던 갈색 껍질의 계시록을 풀이한 책을 케익으로 먹어 버렸기 때문이었다.
주님은 이렇게 우리가 앉은 자리에서 또 이렇게 말씀하셨다.
"사라야, 네 손을 좀 보자."
나는 그 테이블 위에 나의 두 손을 손바닥을 위로한 채로 올려놓았다.
나의 두 손바닥에는 구멍이 뚫려져 있었다.
주님이 말씀하시는 것이 알아졌다.
"네가 계시록을 쓰게 되면 사람들이 너를 핍박할 것이야."
그러시면서 '너는 그것을 잘 견뎌야 해'라고 말씀하시는 것이 알아졌다.

그리고 그 다음은 왜 내가 그 책을 케익으로 먹었는지를 알게 하여 주셨다.
내가 지상에서 지금까지 천국에서 알고 깨닫게 된 계시록을 책으로 펴내기 위하여 정리하며 쓰게 될 때에 대부분 궁금한 것들은 거의 알게 되었지만 그래도 다시 또 다른 질문이 생기고 더 깨달음이 필요할 그 때에 내가 케익으로 먹은 그 책이 나를 도와줄 것이라는 것이었다.
할렐루야.

아하, 이제야 정말 왜 내가 그 책을 먹게 되었는지 이해가 되었다.
즉 이제 천국에서 이렇게 주님과 모세 그리고 나와 요한이 앉아서 계시록을 이야기하는 것은 끝이 났다. 이제는 내가 지상에서 여기서 이야기하고 깨달은 것을 적은 그것을 책으로 정리하여 내고자 할 때에 그 계시록을 풀이한 책을 먹은 것이 나를 도와 줄 것이라는 것을 알게 된 것이다.
오 할렐루야!

그래서 주님이 내게 그 책을 케익으로 만들어서 먹이신 것이었다. 할렐루야.
즉 이제 모르는 것 있으면 그 책을 먹었으니 내 안에 계신 성령님이 깨닫게 하여 주실 것이다.
할렐루야.

오늘 이 자리가 마련된 것은 이제 요한을 만나서 계시록을 이야기하는 것이 끝이 났음을 알려주는 자리였다. 할렐루야.

그리고 나는 내려와야 했다.
그러면서 나는 생각했다. 이제는 지옥을 보아야 하나? 왜냐하면 계시록 후에 나는 지옥편을 써야 할 것 같았기 때문이다.
그러나 모든 것! 주님께 감사와 찬양을 올려드립니다!

180. 수레를 끄는 말들의 이름을 생각하다.
(2015. 6. 2)

기도한 후에 첫 번째 천국에 올라갔다.
여섯 마리의 말들이 그 목에 황금으로 된 목걸이를 제각기 하나씩 걸고 있었다.
그리고 그 황금줄로 된 목걸이 중앙에는 크기가 약 보통 사과크기 만한 둥근 황금패 같은 것을 걸고 있었다. 내가 그것을 보는 순간에 거기는 아무 것도 적혀 있지 않았는데 내가 그들의 이름을 지어 주어야 하는구나 하며 즉시 알게 되었다.
즉 나에게 이름을 지어달라고 이렇게 목걸이를 하고 나타났다고 생각함이 더 옳다.

그래서 나는 처음에 좀 내가 생각해도 경박한 이름들이 생각났다. 왜냐하면 말들이므로 그들의 이름은 신중히 생각할 필요가 없을 것 같아서였다.
그래서 나는 첫 번째 말의 이름을 쫄랑쫄랑 따라다닌다 하여 '쫄랑이' 그리고 두 번째 말의 이름을 또록또록하게 생겼다 하여 '또록이'등등 이렇게 이름을 지으려 하였는데
내 생각을 벌써 읽었는지 수레바깥에서 나를 수호하는 천사가 나에게 이렇게 말을 했다.
내가 말들에게 이름을 붙여주되 그 이름들을 말들이 좋아해야 한다는 것이었다.
즉 내가 지금 붙여 주려고 하는 '쫄랑이' '또록이'이런 이름들은 그 말들이 좋아할 것 같지 않다는 이야기였다.

그래서 나는 다시 말들의 이름을 생각해내야 했다.
그러다 잠이 들었다.

181. 여섯 마리 말들의 이름을 지어주다.
그리고 평생 남의 잘못만 본 자들의 지옥을 보다.
(2015. 6. 2)

두 번째 천국에 올라갔다. 나는 나를 데리러 온 말들의 이름을 지어주어야 했다.
그래, 오른쪽에서부터 말들의 이름을
사랑, 지혜, 인내, 승리, 소망, 믿음 이렇게 여섯 개를 지었다.
마지막 말의 이름이 믿음이다.
그랬더니 이번에는 말들이 다 자신의 이름을 좋아하는 눈치였다. 할렐루야.
이제 말들도 자신들의 이름을 가지게 되었다.
나는 수레를 타고 즉시 천국에 올라갔다.
내릴 때에 두 천사가 나를 주님께로 인도하였다.
그런데 느낌이 조금 이상했다.
저기에 흰 옷 입은 무리들이 나를 걱정스런 듯이 바라보고 있었다.
그리고 그들과 내가 뭔가가 이상하게 교감이 잘되지 않은 것처럼 보였다.
그러나 나는 주님께로 인도되었고 주님이 나를 보시고 하시는 말이 알아지는데
'네 발밑을 보라.'라고 하셨다.
내가 내 발밑을 보는 순간 오 마이 갓!
내 발밑에는 뱀의 껍질이 보였다. 즉 내가 뱀의 껍질 위에 서 있었던 것이다.
얼마나 놀랐는지.........

그렇게 놀라는 순간에 내 눈에는 갑자기 지옥이 보이기 시작하였다. 주여!

큰 뱀이 벌거벗은 사람을 먹고 있었다. 즉 더 정확히 말하면 마귀부하가 뱀이 그 큰 입을 벌리고 있

는 곳에 벌거벗은 한 사람을 던져 넣으면 뱀은 그 사람을 으적으적 씹어 먹었다.
나는 지금 이러한 고통을 받고 있는 자들이 어떤 자들인가 하는 의문을 가졌다.
그랬더니 이들은 지상에서 살면서 항상 남에게 손가락질하며 그들을 정죄하고 비판하고 비난한 자들이었다는 것을 알게 하여 주셨다.

[갈 6:1]
형제들아 사람이 만일 무슨 범죄한 일이 드러나거든 신령한 너희는 온유한 심령으로 그러한 자를 바로잡고 네 자신을 돌아보아 너도 시험을 받을까 두려워하라

우리는 늘 남을 바라보고 정죄하고 손가락질하는 그 모든 행위를 즉각 멈추어야 한다.
왜냐하면 심판날에 하나님은 나를 일대일 심판을 하실 것이다. 그리고 지금 현재 우리는 남을 보고 정죄하고 비난할 시간이 없다. 나 자신을 하나님 앞에 놓고 철저히 애통할 시간도 부족하다. 이러한 때에 어찌 남을 보며 손가락질할 시간이 있다는 말인가? 주여! 살려 주소서!
남을 돌아보는 시간에 우리는 우리 스스로를 돌아보아야 할 것이다. 남을 비판할 시간에 나의 잘못을 비판하여야 할 것이다. 그리하여 주님오시는 그날에 흠 없이 발견되기를 힘써야 할 것이다!

평생 자신은 돌아보지 않고 남의 잘못만 캐내고 남에게 손가락질한 자들은 이렇게 지옥에 와서 뱀에게 먹히고 있다!

182. 한국집회 결정을 기뻐하시고 여전히 '한국전쟁-휴거-표' 차례로 전하기를 원하시는 주님
(2015. 6. 4)

기도한 후에 천국에 올라갔다.
나를 데리러 온 수레바깥에서 나를 수호하는 천사가 샛노란 연두색의 옷을 입고 있었다.
수레를 모는 천사도 마찬가지이다.
'아니 무슨 일이기에?'

그들은 참으로 신선하고 예뻤다. 말들은 오히려 장식이 없었고 다 흰 말들로서 여섯 마리였다.
나는 수레에 재빨리 올라탔다.
수레 안에는 한 이틀 전부터 내가 앉는 편 반대편 끝에 침대가 생겼다.
처음에는 붉은 융탄자처럼 생겨 보였었는데 오늘은 아주 미색의 침대로 보였고 그 바깥 가장자리의 장식이 참으로 예뻐 보였다. 천국은 자주 바뀌는 것이 특징이다. 즉 입고 있는 옷들도....... 필요에 따라 즉시즉시 변하는 것이 특징이다.
나는 나를 데리러 온 수레를 타고 천국에 도착하였다.

수레는 나를 연못가의 가장자리에 내려놓았다. 주님이 내게 주신 정원에 있는 이 연못주위로는 키가 아주 큰 나무들이 보였다. 주위가 큰 숲처럼 보였다.
주님은 거기서 나를 맞아주셨고 수레에서 내리는 나를 두 천사가 날아와서 나를 주님께로 인도하여 주었다. 주님은 연못가에서 흰 옷을 입고 계셨고 얼굴은 참으로 평화스러워 보이셨다.

수레와 천사들은 가고 주님과 나는 벤치에 앉았다.
그런데 연못위로 공중에서부터 크고 둥근 원판 같은 것(탬버린 같은 모양이다)이 내려오는데 이 원판 같은 것(직경이 약 10m 정도 되는)에는 1m 높이의 각각의 방들이 그 원판을 쭉 둘러서 있고 그러므로 이 원판의 두께보다 약간 더 길었다. 이 원판 전체의 장식들은 꼭 중국의 왕실에서 쓰는 수레장식 같았고 그러니 얼마나 예쁜지 모른다.
그리고 그 각 방안에는 무엇인가 들어 있는 것으로 보였는데 그 원판의 바깥 천 색깔은 베이지색과 노란색이 섞인 것과 같았다.
이 공중에서 내려오는 이 원판은 너무나 아름다워서 절로 감탄사가 나올 정도였다.
그리고 나는 그 안에 무엇이 들어 있는지 참으로 궁금했다.
그 원판에는 빙 둘러가면서 여러 방들이 보였는데 이 원판이 연못에 살포시 내려앉는 것이었다.
그리고 각각의 원편에 있는 방문이 얼리디니 거기시 하얀 팬티민으로 몸을 가린 흰 날개달린 아기 천사들이 튀어 나오는 것이었다. 와우!
그리고 그들은 각각의 입에다가 종이 같은 것을 똘똘 말은 것을 불고 있었는데 그것들이 하늘에 퍼져서 하늘을 오색으로 장식을 하는 것이었다. 오 주여!
나는 연못가에서 이것을 지켜보는데 얼마나 아름다운지!.......... 입이 다물어지지 않았다.
드디어 내 입에서 감탄사가 흘러 나왔다. 오~ 오~ 와우~

그리고 나서 그 어린 천사들은 주님과 내 뒤쪽으로 쭉 나열하여 서는 것이었다.

그런 후에 그 원판 같은 것은 다시 연못에서 들리워져서 공중으로 날아가는 것이었다.

또 연못 위에서는 녹색의 둥근 잎들 위에 연못 안에 있는 많은 개구리들이 올라와서 '개굴개굴' 노래하고 있었는데 나에게 그중의 한 마리가 자세히 보였다.
그런데 희한한 것은 이 개구리는 바이올린을 켜고 있었다.
생각하여 보라. 개구리 자체도 작은데 그 바이올린은 얼마나 작았을지를….
그래도 그 개구리는 분명히 연못 위의 둥근잎 위에 일어선 채로 바이올린을 켜고 있었는데 그 개구리는 눈을 지긋이 감고 얼굴을 바이올린에 갖다 대고 개구리 손으로 바이올린을 켜고 있었는데 참으로 볼만하였다. 꼭 사람이 바이올린을 켜는 것처럼 보였다. 그리고 그것을 듣고 있는 개구리들의 표정은 너무나 즐거워 보였고 그 나머지 개구리들도 그들이 짓는 얼굴 표정들이 꼭 사람들이 즐거워하는 표정 같아 보였다.
할렐루야.

이 모든 것을 지켜보고 감탄하고 있는 그 때에 주님은 나에게 나지막이 말씀하셨다.
"네 손을 좀 보자."
이틀 전부터 주님은 자꾸만 내 손바닥을 보여 달라 하신다.
그래서 나는 손을 주님께 드렸더니 그 손바닥에 나 있는 구멍을 보게 하시면서 하시는 말씀이 '핍박을 견뎌라.'라고 말씀하신다. 오 주여!

그때에 내게 새로운 깨달음이 생겼다.
아하, 그렇다. 나를 비판하는 사람들은 어차피 내가 하는 말을 믿지 아니할 것이다.
그러나 내가 하는 말을 믿는 자들이 있을테니 그들을 위하여 내가 핍박을 견뎌야 한다는 말씀이었다.
주여! 그렇습니다. 주님. 어차피 안 믿는 사람들은 안 믿을테니 그들의 핍박을 무서워하거나 두려워하거나 할 필요가 없네요………라고 하는 나의 깨우침을 마음으로 주님께 말씀드렸다.
할렐루야.

그러고 나서 나는 주님께 물었다.
'주님, 제가 집회를 가게 되었어요.'라고 했다. 그랬더니 주님은 기쁘면서도 내가 매우 뿌듯하다는 표정을 지으셨다. 이 표정은 참으로 미묘하고 우습다는 생각이 들었다.
왜냐하면 주님이 이 말을 듣고 지으시는 그 표정은 기뻐하시면서도 드디어 '네가 이제야 결정을 완전히 했구나.'하시는 표정으로 나를 보고 있으셨기 때문이다.

나는 그것을 보면서 이렇게 말했다.

'주님, 제가 이번에 한국에 집회 가서 주님께서 저번에 회의실에서 말씀하신 즉 보여주신 대로 '한국전쟁' '휴거' 그리고 '표'에 대하여 그러한 순서로 말하면 되는 것인가요?'하고 물었다.
그리하였더니 나는 분명히 주님께 그렇게 묻고 있었는데 주님과 나는 벌써 회의실에 와 있었다.
그리고 거기는 벌써 의자에 믿음의 선진들이 많이 와서 앉아 있었다.
그리고 주님은 거기서도 여전히 나에게 내가 한국에 집회 가서 말해야 하는 차례가 '한국전쟁'이 먼저 그 다음 '휴거' 그리고 '표'라는 순서를 알게 하여 주셨다.
주님은 그것이 변경이 없음을 다시 내게 알게 하여 주신 것이다.
할렐루야.
그리고서는 나는 내려오게 되었다.

나는 내려와서 생각을 해본다. 왜 오늘따라 연못에서 주님이 그렇게 원판 같은 것이 내려오고 거기서 아기천사들이 나와서 하늘을 오색찬란하게 하여 나를 기쁘게 하여 주었는지를 생각하여본다.
아하, 주님은 이미 내가 한국에 집회 갈 것을 완전히 결정하신 것을 아시고 축하하여 주셨다는 것을 나는 알 수 있었다. 그래서 그 개구리들도 연주하면서 기뻐하여 주었던 것이다. 나는 이렇게 나중에야 왜 천국에서 그런 일이 일어났는지를 깨닫게 된다.
할렐루야. 주님은 미리미리 아시고 그렇게 하시는 것이다. 할렐루야.

183. 주님은 내가 한국집회를 가게 되었다는 것을 많은 흰 무리들 앞에서 공포하시다.
(2015. 6. 4)

오늘 두 번째 천국에 올라갔다.
이번에는 나를 수레를 가지고 데리러 온 천사들이 샛노란 연두색이 아니라 연보라색을 입고 있었다. 그리고 마차는 흰색이었다.
아니 오늘따라 왜 이렇게 천사들의 옷의 색깔이 자꾸 변하지?

처음 있는 일이었다.

나는 천국에 올라갔는데 주님 옆에 조금 떨어져서 마리아가 와 있었다.

'주님 마리아가 와 있어요.'했더니 주님은 나를 데리고 컨벤션센터에 가서 무대에 서셨다. 마리아도 같이 섰다.

마리아가 이렇게 같이 컨벤션센터에 온 것은 처음이었다.

거기에는 흰 무리들이 많았다.

주님이 말씀하셨다.

"내 딸이 이번에 집회를 가게 되어서 한국전쟁-휴거-표에 대하여 말하게 되었다."

그랬더니 거기 있던 흰 옷 입은 무리가 지금까지 나에게 환호를 보낸 것보다 가장 크게 우렁차게 요란하게 나에게 환호를 보내는 것이었다.

즉 그 자리가 떠나가듯이 말이다.

오 마이 갓! 이렇게 기뻐하다니?

할렐루야. 알겠다. 이것이 바로 주님의 뜻이라는 것을 알았다.

할렐루야.

그리고 마리아가 흰 옷 입은 무리들에게 말한다.

'우리도 곧 갈 것이다.'라고. 할렐루야.

즉 그 말은 공중 휴거도 곧 일어날 것을 말하고 있는 것이었다.

그리고 또 마리아가 말하기를 북한의 주민들이 구원을 받아야 된다고 말했다.

또 많은 무리들로부터 환호가 올라왔다.

아하, 왜 마리아가 따라왔는지 이제 이해가 되었다.

그녀는 항상 북한이 구원받는 것에 대하여 늘 말하여 왔었다.

할렐루야.

184. 주님이 OOO 권사님에 대하여 말씀하시다.
(2015. 6. 5)

한국에 곧 9월말 혹은 10월에 휴거가 있을 것이라 전하는 어떤 여자 권사님 때문에 한참 기도하다가 천국에 올라갔다. 그 여자 권사님에 대하여 주님의 말씀을 듣기 위하여서 기도하였었다.
그런데 기도 속에서는 듣지 못했다.
나는 이것을 기록하지 않고 나만 알고 있으면 되었지 하여 기록하지 아니하려 하였다.
그러나 자꾸만 생각이 나서 기록하여 둔다.

천국에 올라갔다.
나를 태운 황금수레 마차는 나를 연못가에 내려놓았고 거기에는 흰 옷을 입으신 주님이 나를 기다리고 계셨다. 수레는 가고 주님과 나는 그 연못가의 벤치에 앉았다.
연못위에 동그란 녹색잎 위에 한 마리의 개구리가 앉았는데 눈을 지긋이 감고 바이올린을 켜고 있었다. 내가 말했지만 이 개구리는 지상에서 보는 왕개구리 정도의 크기이다. 그런데 거기에 맞는 아주 작은 바이올린이 있었는데 그것을 연주하는 것이다.
그리고 그 옆에 여러 마리의 개구리가 그 바이올린을 연주하는 것을 감상하고 있었다.
나는 그것을 보자 내 입가에 미소가 번졌다. 그리고 주님은 그 벤치에 앉자마자 꼭 지상에서 보는 도시락 가방 같은 것 아니 더 정확히 말하면 도시락을 넣는 박스 같은 것을 갖고 계셨다. 아니 주님이 왜 저것을 갖고 계시지? 하는 순간에 주님은 그 박스를 여셨다.
나는 혹 순간에 그곳에 먹을 것이라도 들어 있는가 하고 생각하는 순간에 주님의 손에 의하여 꺼내어진 것은 다름 아닌 노오란 병아리처럼 생긴 작은 새였다. 얼마나 예쁜지....
그것을 공중에 놓으니 그 노오란 색깔의 새가 나를 보고 인사를 하고 날아갔다.
나는 이것을 보면서 참으로 기이히다 생각했다. 아니 먹을 것이 나올 줄 알았던 도시락 박스 같은 데에서 노오란 새가 나와 나에게 인사를 하고 날아가다니..... 나는 순간 주님이 나를 웃기시려고 작정하셨다는 것을 알 수 있었다.
그러더니 주님이 그 박스를 완전히 다 열어 제쳤다. 그랬더니 거기 안에 앉아 있던 노오란 새들이 여러 마리가 날아서 나오는 것이었다. 나는 이 광경에 '어머나' '어머나'하면서 어린아이처럼 좋아하며 웃었다.
그리고 그 새들이 다 날아가고 난 다음에는 나는 순간적으로 심각하여졌다.
왜냐하면 나는 실컷 이 천국에 올라오기 전에 OOO권사의 휴거 메시지 때문에 고민을 많이 하고 있었기 때문이다. 그것이 정말 맞는 것인지 안 맞는 것인지....

그런데 주님이 말씀하신다.
"사라야, 네가 OOO권사에 대한 질문이 있지?"하시면서 주님이 먼저 단호히 말씀을 먼저 꺼내셨다. 나는 얼떨결에 속으로 '네'하고 말했다.
그랬더니 주님은 이렇게 말씀하셨다.
"그는 내 딸이다."
'그렇구나.... 그렇지 그분이 주님의 딸이지...'하면서 나는 속으로 수긍이 갔다.
'그러므로 주님은 그녀가 한 이야기가 다 맞다는 말씀이겠지?'하고 생각하고 있는데
주님은 그 다음에는 뜻밖에도 이렇게 말씀하시는 것이었다.
"그러나 그가 하는 말은 믿지 마라."
아니 그분이 딸이라고 하시면서 그러나 그분이 지금 퍼뜨리고 있는 9월말 10월초 휴거설에 대하여 믿지 말라는 것이었다. 아하, 그렇구나. 주님이 믿지 말라고 하시네.
그러면 아니지. 하고 나는 결론을 내렸다.
그러므로 나는 그가 하는 말을 이제 믿지 않기로 했다.
왜냐하면 주님께서는 나더러 믿지 말라고 하셨기 때문이다.

사실 나는 무척 궁금해 했었다. 그 권사님이 하는 말이 다 진짜인지...........
그러나 주님께서 나에게 '그가 하는 말은 믿지 말라.'하셨으니 나는 주님이 이렇게 말씀하신 이상 그녀가 하는 말을 믿지 않기로 했다. 그리고 나는 내려왔다.

어쨌든 나는 천국에 올라가기 전에 기도 속에서 내가 계속하여 주님께 물었던 그 질문에 대한 대답을 듣고 내려온 것이다. 할렐루야.
그렇지만 나는 이것에 대하여 더 주님과 확인해야겠다고 생각했다.
할렐루야. 아멘.

185. 나와 함께 일할 자들을 보여주시다.
(2015. 6. 6)

한참 기도 후 천국으로 올라갔다.

수레바깥에서 나를 수호하는 천사가 나에게 쌀죽 같은 것을 먹였다. 숟가락으로 그릇에서 떠서 그러면서 하는 이야기가 "주인님, 기운을 좀 차리세요."

나는 항상 기도하다가 우리나라 전쟁 이야기와 그리고 이 세상에 지옥 갈 수많은 인생들 이런 것 생각하면 기도하다가도 기운이 쫙 빠진다. 그리고 그것에 대하여 많이 기도하였다.

그것을 알고 이 천사가 나에게 이러한 스프 같은 것을 먹였다.

수레를 모는 천사는 여성천사인데 머리에 깃털 같은 장식을 하고 있어 더 아름다워 보였다.

오늘은 이 천사가 날개를 달고 나타났다. 천사는 날개를 붙였다 떼었다 할 수 있는 것 같았다.

말들도 건장하게 나를 환영하였고 수레는 멋있게 컸다. 나는 즐겁게 수레를 탔다.

그런데 내가 탄 수레가 하얀 옥색이었는데 여기에 황금색 장식을 하여 아주 멋있어 보이는 큰 수레였다. 그런데 내가 수레를 탈 때 보니까 뒤에 똑 같이 생긴 수레들이 끝이 없이 달려 있는 것이 보였다.

"어머나…"

이전에도 이러한 것을 한번 본적이 있었는데

나는 '수레가 엄청 뒤로 달렸네.'하면서 올라갔다.

그런데 나를 태운 수레가 천국의 정원의 연못가에 도착하였는데 내 수레 뒤에 쭉 끝없이 달려 있는 그 모든 수레들도 그곳에 도달한 것이었다. 그 모든 수레들이 연못가로 나있는 길에 다 멈춘 것이다. 그 길이는 상당히 길어 보였다.

나는 내가 탄 수레에서 내려서 거기 먼저 와 계신 주님을 만나는데

내가 내릴 때에 각 마차에서 흰 옷 입은 자들이 한 명씩 내리는 것이 보였다. 주여!

그들은 주님과 내가 있는 곳으로 오더니 주님 앞에 다 무릎을 꿇는 것이었다.

그들이 먼저 주님 앞에 무릎을 꿇는 모습을 보고 서 있던 내가 멋쩍어서 나도 즉시 그들과 함께 주님 앞에 무릎을 꿇었다.

나는 머리에는 다이아몬드 면류관을 쓰고 있었고 그리고 흰 드레스를 입고 있었으나 그들은 흰옷 바지 저고리를 입고 있었다.

주님은 나를 보고 말씀하신다.

"사라야, 너와 함께 일할 자들이다."
나는 놀라면서도 이렇게 대답했다.
"네, 주님 감사해요."

그러면서 내가 거기서 가만히 생각하니 이들이 다 나와 함께 일을 한다면 지금 6월인데 곧 이번 2015년 9월-10월에 휴거가 있다고 하는 OOO권사님의 말이 맞지 않는다는 생각이 들어왔다.
주님은 나에게 또 이런 방식으로 알려 주셨다. 그녀의 말을 믿지 말라고....

그리고 그들에게도 주님은 말씀하신다.
"너희는 사라와 같이 일을 하게 될 것이야."
그들은 모두가 "네!"하면서 반가와 했다.
이러한 모든 것이 진행되고 있을 때에 우리 위로 황금색 날개를 가진 아기천사들이 날아다니면서 주님을 찬양하고 있었다.
할렐루야.
그리고 나서는 이 흰 옷 입은 무리들이 일어나서 각자 자기 마차에 올라탔다.
그러더니 나를 늘 수레바깥에서 수호하는 천사가 나에게 말하기를
'저는 그만 가보겠습니다.'하고 가고 또 내 마차 뒤에 달렸던 그 모든 마차들도 갔다.

그리고 주님과 나는 연못가의 벤치에 앉았다.
주님이 말씀하신다.
나는 주님이 말씀하시기 전에 마음으로 주님께 이렇게 묻고 있었다.
'주님, 이번에 제가 한국에 가서 한국전쟁, 휴거, 표를 이야기 하면 그 OOO권사가 이야기한 것 하고는 마찰이 일어날 텐데 어떻게 하지요?' 왜냐하면 그 권사님은 한국전쟁이 일어나기 전에 휴거가 있을 것이라고 말하고 있기 때문이다.
그러자 주님이 말씀하시기를 '네 손을 좀 보자.'하신다.
이것은 정말 며칠째 주님은 자꾸만 내 손을 보자 하셔서 그곳에 있는 구멍을 내게 상기시키셨다.
그 순간 '즉 너는 네가 할 일만 하고 모든 핍박을 견뎌라.'라고 말씀하시는 것이 느껴졌다.
그리고 나서 이렇게 말씀하신다.
"너는 OOO권사가 하는 일과는 상관없이 너는 내가 하라고 하는 일만 하라."
다행이다. 나는 은근히 걱정이 되었었다. 왜냐하면 OOO권사가 휴거가 9월 10월 있을 것이라 했는데 안 일어나면 이제 사람들이 휴거 자체에도 관심이 없어질 까 봐 걱정이 되었다.

어쨌든 나는 주님이 내가 그분과 상관없이 일하기를 원하신다는 것을 알게 되었다.
할렐루야. 주님 감사합니다.
그리고 내려왔다.

[고전 3:9-15]
(9)우리는 하나님의 동역자들이요 너희는 하나님의 밭이요 하나님의 집이니라 (10)내게 주신 하나님의 은혜를 따라 내가 지혜로운 건축자와 같이 터를 닦아 두매 다른 이가 그 위에 세우나 그러나 각각 어떻게 그 위에 세우기를 조심할지니라 (11)이 닦아 둔 것 외에 능히 다른 터를 닦아 둘 자가 없으니 이 터는 곧 예수 그리스도라 (12)만일 누구든지 금이나 은이나 보석이나 나무나 풀이나 짚으로 이 터 위에 세우면 (13)각각 공력이 나타날 터인데 그 날이 공력을 밝히리니 이는 불로 나타내고 그 불이 각 사람의 공력이 어떠한 것을 시험할 것임이라 (14)만일 누구든지 그 위에 세운 공력이 그대로 있으면 상을 받고 (15)누구든지 공력이 불타면 해를 받으리니 그러나 자기는 구원을 얻되 불 가운데서 얻은 것 같으리라

186. 한국전쟁이 일어나야 하는 가장 큰 이유는 북한 주민이 구원을 받아야 하는 문제이다.
(2015. 6. 6)

두 번째 천국에 올라갔다.
나를 데리러 수레가 왔고 그 수레는 나를 공중에 있는 구름 위의 주님께로 나를 내려놓고 갔다.
즉 오늘은 주님이 아예 공중에 떠 있는 구름 위에 계셨다. 그리고 거기서 나를 맞아 주셨다. 수레가 나를 구름 위에다가 내려놓은 것이다. 할렐루야.
그리고 구름 아래 저 밑에서는 흰 옷 입은 무리들이 나에게 손을 흔들며 반겨 주었다.

주님은 그 구름을 타시고 나를 재빨리 유리바다 위에 카탈리나섬 같이 생긴 섬이 있는 곳으로 데리고 가셨다. 그렇게 주님과 나는 유리바다 위를 날고 있는데 저 밑 바다 위에서 황금으로 된 큰 배를 타고 가던 이사야가 보였다. 그는 하늘색 옷을 입고 있었는데 그가 주님과 나를 보자 즉시 주님과

내가 타고 있는 구름 위로 올라왔다.

나는 이사야가 오는 것이 반가웠다.

주님이 이사야에게 말씀하신다.

"사라의 기운을 좀 돋우게 하여 주어야겠다."

그러자 이사야가 나에게 눈짓으로 말했다.

'나와 함께 저 황금배를 타러가지 않겠냐고?'

나는 싫다고 했다. 나는 주님과 조금 더 은밀히 있고 싶다고 하였다.

그리하였더니 주님이 말씀하신다.

"여기까지 데리러 온 이사야를 생각해서라도 우리가 같이 그 배로 가자."하신다.

그래서 오케이하고 우리 모두는 그 배로 내려왔다.

그 배 위에는 황금의자가 세 개 마련되어 있었는데 주님과 나 그리고 이사야가 그곳에 앉았다.

이전에는 돛도 황금으로 되어 있었는데 오늘은 하얀 천 같은 것이 아름답게 층층이 달려 있어서 새롭게 보였다.

그리고 우리 앞에 갑자기 테이블이 펼쳐졌다.

나는 주님께 물었다.

"주님, 제가 한국전쟁, 휴거, 표에 대하여 이야기하여야 한다면 한국전쟁에 대하여서는 무엇을 더 이야기하여야 합니까?"

나는 이미 한국전쟁에 대하여서는 충분히 많이 말했기 때문이다.

그리고 나는 주님께 또 말했다.

'아 주님, 며칠 전 한민구 국방장관이 북한이 전면전할 기미가 보이면 한국이 선제 타격할 모든 준비가 다 되어 있다.'고 발표했어요. "얼마나 기쁜지요?"

나는 다시 말했다.

"주님 한국이 선제 공격할 생각을 하고 있어요. 얼마나 감사한지요?"

주님이 말씀하신다.

"그래도 더 기도하여라."

기도가 더 필요함을 말씀하셨다.

그러고 있는데 마리아가 흰 드레스를 입고 나타났다. 그녀는 참으로 아름다웠다.

그녀는 우리 옆에 앉았다. 의자가 그냥 생겼다.

그녀는 말했다.

"북한 주민이 구원을 받아야 해요."

할렐루야. 맞다. 그들의 영혼이 구원을 받아야 한다. 세상 끝이 오기 전에 말이다.

주님의 관심은 그들의 영혼이 구원받는 것이다.

나는 머리를 테이블에 박고 울고 싶었다.

그냥 울고만 싶었다. 이 모든 것이 다 일어나야만 한다면 말이다. 왜냐하면 북한 주민은 구원을 받아야 하는데 이것이 전쟁으로 인하여 주님이 이루어진다 하셨으니 얼마나 많은 사상자들이 생겨날까 생각하면 나는 그것에 대하여 아무 것도 할 수 없는 나로서 그냥 머리를 테이블에 박고 울고만 싶었던 것이다.

그리고 또한 우리 예수 믿는 자들이 주님이 다시 오시는 것을 생각지도 않고 또한 기다리지도 않는다는 것이 알아져서 그것이 안타까워서도 울음이 나왔다.

왜냐하면 주님 오시기를 기다리는 자들에게만 의의 면류관들이 주어지기 때문이다.

과연 정말 얼마나 많은 숫자가 진심으로 주님 다시 오심을 기다리고 있을까?

그리고 나는 다음을 생각하면서 말했다.

"주님 2015년이 그냥 지나갔으면 좋겠습니다."

미국과 한국이 북한을 선제 타격할 생각을 하고는 있지만 그 생각이 무르익지는 아니한 것 같았기 때문이다. 그리고 우리 남한도 북한이 전쟁을 일으킬 것이라는 것에 대하여 더 확신을 갖게 되었을 때에 그 전쟁에 대하여 더 면밀히 대책을 세울 수 있을 것 같았기 때문이다.

그리하여 거기에 대하여 각자가 대비하여 피할 것은 피할 수 있게 될 것이라는 생각이 들었기 때문이다.

그러나 나는 여기에 대한 대답이나 검증이 없이 나는 내려오게 되었다.

즉 이번 해가 그냥 넘어갈 것인가? 아닌가? 하는 것은 잘 모르겠다.

187. 천국언어로 쓰여진 계시록을 풀이한 책에 대한 진실
(2015. 6. 9)

이 책은 내가 주님과 성부 하나님으로부터 받은 책이다.
(64. 계시록을 풀이하여 놓은 책을 주님으로부터 받다.
 68. 주님이 죽으심과 다시 오심을 전하라고 하시는 주님 참조)
그리고 성부 하나님이 계신 궁에 가서 내가 그 궁안에 서면 늘 내 앞쪽 왼쪽 편에 자그마한 둥근 흰 테이블이 놓이고 그 위에 항상 놓여 있었다.
그 책은 반드시 내게 속한 책인 것을 표현하듯이.....

그 계시록을 풀이한 책은 갈색상자 안에 들어있었는데 책 껍질이 보라색이 비치는 갈색으로 두꺼운 책이었다. 그 두께는 약 10cm 정도는 되어 보였다. 책 크기는 보통 책의 크기였다.
때로는 그 안이 보여지는 때가 있었는데 그 책안은 공책처럼 줄이 가로로 그어져 있었다.
그리고 거기에는 6자 모양과 9자 모양의 글씨들이 쓰여져 있었는데 어떻게 보면 꼭 콩나물 머리같이 생긴 것들이다. 이 글자들이 2cm 되는 간격으로 하나씩 적혀 있었다.
그리고 그 콩나물머리 같은 이 글자들은 천국언어라는 것이 알아졌다.
글자들의 색깔은 노란색, 빨간색, 파란색, 이렇게 하나씩 색색깔로 기록되어 있었다.
나는 아무리 보아도 모르는 글씨였다.
(75. (i) 성부 하나님께서 계시록을 풀이한 책을 나에게 다시 주시다. (ii) 계시록을 풀이한 책안의 내용은 천국언어로 기록되어 있다. 참조)

그런데 왜 이 책을 나에게 주셨을까 하는 것이 나에게는 늘 의문이었다.
나는 알아볼 수도 없는데.....
그리고 이 책은 늘 내가 요한 계시록을 이야기하기 위하여 요한의 집 앞에 있는 피크닉 테이블에 가서 앉을 때에 늘 주님의 옆에 놓여져 있었다.

나는 그 책에 대한 가시지 않는 의문점들이 있었다 :

1. 나에게 주신 책이 왜 늘 주님 옆에 있을까?
2. 주님은 그 책을 나에게 주셨음에도 불구하고 왜 나에게 그 책을 보여주시면서 설명하시지 아니

하실까?

3. 그리고 나는 왜 이런 책이 천국에서 필요할까? 주님이 다 아실텐데....

그러나 그 책은 계속 그렇게 성부 하나님의 궁에 갈 때는 항상 내 앞에 있는 테이블위에 놓여졌었는데 요한의 테이블 위에서는 내 옆이 아니라 항상 주님 곁에 놓여졌었다.
이것은 내가 천국에서 계시록에 대하여 이야기가 거의 마쳐갈 무렵이 되어서도 그랬고 마쳐질 때까지 나에게는 주어지지 않고 있었던 것이다.
그런데 주님은 마지막에 나에게 이것을 케익으로 만들어서 먹이셨다.
그리고 그 이유를 나에게 알게 하신 것이다.
(176. 천국에서 계시록을 풀이한 책을 먹다 참조)

그 이유는 주님이 가르쳐 주시는데 천국에서 요한의 집 앞에서 피크닉 테이블에서 주님과 모세 그리고 요한과 나 그렇게 앉아서 계시록에 대한 이야기를 하는 것이 끝이 나고 이제 내가 지상에 내려와서 계시록을 정리하여 쓸 때에 그 책이 필요하다는 것이었다. 할렐루야.

이제야 모든 것이 이해가 되었다.
아니 내가 항상 가지고 있던 위의 모든 의문점들이 풀리는 순간이었다.
할렐루야. 이 얼마나 멋지신 주님의 계획이신지..........

나는 그것도 모르고 왜 나에게 주어진 책이 천국에서 왜 나에게는 주어지지 아니하는지에 대하여 매우 궁금해 하였었다.
그러나 이제야 모든 것이 이해가 되었다.

왜 그 책이 내게 주어졌는지....

그리고 테이블에서 이야기할 때에는 왜 펼쳐지지 아니하였는지.......

그것은 그 책이 천국에서 필요한 것이 아니라 내가 지상에 내려와서 혼자 계시록을 정리하여 써 내려갈 때에 나에게 깨달음을 즉 지식을 더하여 주시기 위한 것이라는 것을 알게 된 것이다.
할렐루야.

이 모든 것을 행하시고 또 이루시는 주님을 찬양합니다!.

주여! 감사합니다!

188. 2015년 7월에 한국에 가서 집회할 내용을 상세히 말씀하여 주시다.
(2015. 6. 10)

지옥을 다녀온 다음 나는 천국에 다시 올라갔다.
지옥에 대한 이야기는 지옥편에 나오므로 여기서는 생략한다.
나를 데리러 온 황금진주 수레마차는 정상으로 보였다. 비정상으로 보이거나 이상하게 보이면 이것은 내가 천국에 올라간다 할지라도 지옥을 본다는 예고이다.

나는 나를 데리러 온 수레를 탔고 그 수레는 나를 즉시 연못가에 내려놓았다.
그 연못가는 참으로 아름다웠다. 주위에는 큰 나무들이 서 있어서 마치 숲을 이룬 것처럼 보였다.
그리고 거기서 주님은 나를 기다리고 계셨다.
주님은 계시록을 이야기하는 것이 천국에서 끝이 난 이후에는 주님께서 나를 주로 이 연못가로 인도하고 계신다는 것이 알아진다.

연못에서는 둥근 잎 위에 작은 개구리가 아주 작은 바이올린을 자기 옆에다가 놓고
이제는 바로 서서 째즈를 추고 있었다. 이 개구리가 지난번에는 이 바이올린을 켜고 있었는데 오늘은 둥근 잎사귀 위에서 째즈를 추고 있었다.
그리고 연못 안에서는 잉어들이 주황색, 흰색의 잉어들이 질세라 뛰어 올라서 나를 반겨주고 있었다.

주님과 나는 벤치에 앉았는데 주님이 국그릇 같은 것에 흰 클램 차우다(대합으로 만든 스프) 같은 수프를 드시고 나에게도 먹게 하셨다. 이 수프를 주님이 나에게 먹이시는 이유가 늘 그렇듯이 알아지는데 내가 오늘 아침 기도하면서 많이 참으로 많이 마음을 아파했었다.

우리나라에 WCC와 동성애 축제가 일어나고 있었고 분명히 그 후에는 전쟁이 일어날 것 같아서 이것에 대하여 울기도하고 한탄도 하고 그러다가 올라왔으므로 주님이 내게 힘을 주시기 위함이라는 사실이 알아졌다. 할렐루야.

수프를 다 먹고 나서 나는 주님께 물었다.
'주님, 제가 한국에 집회를 가야 하나요?'라고 내 입술에서 그 말이 떠나기도 전에
나는 '아 주님 알아요. 주님이 원하시고 그리고 저번에 컨벤션센터에 가서 흰 옷 입은 무리들이 나보고 집회간다 하였더니 그렇게 환호하고 좋아하여 주었는데 맞아요. 주님, 제가 가야지요'하고 말을 바꾸었다.
그리고서는 나는 질문 자체를 바꾸었다.
"주님 그러면 제가 가서 무엇을 이야기하여야 하나요. 저번에 한국전쟁, 휴거, 표의 순서로 하라고 하셨는데 그렇게 하기는 하는데 한국전쟁에 대하여 뭐라고 해야 하나요?"
그러자 주님은 주님이 하셨던 말씀, '곧이다.'라고 말하라고 하신 것이 생각나게 하셨다.
"그러면 그 다음 휴거에 대하여서는요? 무엇을 말하지요?"
그 때에 주님께서는 생각으로 나에게 '첫째부활과 천년왕국'에 대하여 말하라는 것이 왔다.
왜냐하면 휴거되는 자들이 또 첫째부활에 참여하기 때문이다. 할렐루야.
'그 다음은요? 주님?'하고 질문하였더니 주님께서는 다음을 생각나게 하여 주셨다.
즉 공중 휴거시에 주님은 구름 위로 올라오는 자들을 끌어안아 주시면서
'내 딸아! 내 아들아!'하고 맞아주신다.
즉 '내 신부야'하지 아니하신다는 것이 생각이 났다.
그 이유는 공중에서 혼인잔치가 일어나는 것이 아니라는 것이다.
계시록 19장에 보면 혼인기약이 이르렀다 하고 나오는데
사실 혼인은 천년왕국에서부터 시작됨을 말씀하시고 있는 것이다.
혼인잔치는 혼인식을 해야 한다. 그 후에 잔치가 일어나는 깃이다.
그러므로 지금까지 우리는 7년 동안 혹은 후 삼년반 동안 공중에서 혼인잔치 한다는 것으로 알고 있었다. 그런데 그것이 아닌 것이다. 후 삼년반 전에 휴거가 일어나도 후 삼년반 동안 공중에서 혼인잔치가 일어나는 것이 아닌 것이다. 주여!

혼인잔치는 그 이후 얼마 후에 일어난다.
계시록 19장에서 보면 어린양의 혼인기약이 그제서야 이르렀다 하면서 아마겟돈 전쟁이 시작되고 그리고 나서 천년왕국이 시작된다.

그러므로 이들은 공중 휴거되었다가 저 위의 보좌에 앉아 있다가는 천년왕국이 지상에서 시작될 때에 내려오는 것으로 보여진다. 할렐루야.

계시록 20장 4절은 개역성경에서는 조금 잘못 번역되어 있다는 것을 이미 밝혔다(84. 공중휴거가 일어나는 시기 : 대환난 전 참조).
개역성경의 계시록 20장 4절을 보면 목베임을 받은 자들의 영혼들과 또 짐승과 짐승의 우상에게 절하지 않고 이마나 손에 표를 받지 아니한 영혼들이 같은 그룹인데 다른 그룹으로 말하여지고 있다. 이들은 같은 그룹으로서 천년왕국에 들어가기 전에 다시 부활한다. 공동번역에서 보면 더 확실하다.

[계 20:4]
또 내가 보좌들을 보니 거기 앉은 자들이 있어 심판하는 권세를 받았더라 또 내가 보니 예수의 증거와 하나님의 말씀을 인하여 목 베임을 받은 자의 영혼들과 또 짐승과 그의 우상에게 경배하지도 아니하고 이마와 손에 그의 표를 받지도 아니한 자들이 살아서 그리스도로 더불어 천년 동안 왕 노릇하니 [개역성경]

[계 20:4]
나는 또 많은 높은 좌석과 그 위에 앉아 있는 사람들을 보았습니다. 그들은 심판할 권한을 받은 사람들이었습니다. 또 예수께서 계시하신 진리와 하느님의 말씀을 전파했다고 해서 목을 잘리운 사람들의 영혼을 보았습니다. 그들은 그 짐승이나 그의 우상에게 절을 하지 않고 이마와 손에 낙인을 받지 않은 사람들입니다. 그들은 살아나서 그리스도와 함께 천 년 동안 왕노릇을 하였습니다 [공동번역]

아하, 그래서 저번에 공중 휴거를 보여주실 때에 올라오는 그들을 '내 신부야!' 그러지 않고 '내 딸아, 내 아들아!' 그러셨나? 하는 생각이 들어왔다.
그래서 주님은 첫째부활과 천년왕국에 대하여 말하고 나서 이 어린양의 혼인식과 혼인잔치가 언제 일어나는지에 대하여 말씀하라고 하시는구나가 알아졌고

그 다음 주님은 내게 생각나게 하여 주시기를 새 예루살렘성이 어디에서 있다가 내려오는지를 말해야하는 것을 알게 하여 주셨다.

[계 21:2]
또 내가 보매 거룩한 성 새 예루살렘이 하나님께로부터 하늘에서 내려오니 그 예비한 것이 신부가

남편을 위하여 단장한 것 같더라

And I John saw the holy city, new Jerusalem, coming down from God out of heaven, prepared as a bride adorned for her husband.

여기서 새 예루살렘성이 하늘에서 하나님께로부터 내려온다 하였다.
즉 생명나무가 낙원에 있으므로(계시록 2장 7절) 또 그 생명나무가 새 예루살렘성에 있는 것을 증명하면 이 새 예루살렘성이 낙원에 있다가 내려온다는 것을 말하기를 주님이 원하시는 것을 알았다. 할렐루야.
즉 낙원이 소위 우리가 말하는 천국이라는 사실을 말해야 한다는 것을……
그러나 이 천국은 영원천국과는 다르다는 사실을 또 말해야 하는 것이다.
그리고 나서 나는 말했다.

"주님 그러면 그 다음은요?"
"네가 죽으면 살고 라는 제목으로 한 시간 한다고 하지 아니하였니?"
"네 맞아요."
그러면 세 시간 할 수 있겠네요. 주님, 그래요 주님, 이제 집회내용이 다 잡혔습니다.
감사합니다. 주님. 할렐루야.

나는 또 '그리고 나서는요?'라고 질문을 했는데 그 때에 주님은 주님께서 요즘에 나에게 보여주시는 지옥편을 전하라는 것이 알아졌다. 할렐루야.
이 지옥편은 내가 지난번 2015년 3월 24일 집회하고 와서 그 다음에 본 지옥편을 말한다.
할렐루야.

집회에서 무엇을 말해야 할지를 모든 것을 가르쳐 주시고 일일이 말씀하여 주시는 주님을 찬양합니다!

189. 오늘 흰 말들 대신에 갈색 말들이 나를 데리러 왔고 계시록의 책 표지 색깔은 노란색이며 두꺼워도 하나로 펴내어야 함을 알게 하시다.
(2015. 6. 11)

아침에 기도 후에 천국에 올라갔다.
말이 이번에는 갈색의 말이 여섯 마리가 수레를 갖고 왔다.
아니 여태껏 흰 말들이 왔는데 이번에는 다 갈색 말들이 왔다.
나는 처음 알았다. 이렇게 나를 데리러오는 말들이 바뀔 수가 있구나....
수레바깥에서 나를 수호하는 천사와 그 수레를 모는 천사는 이들의 색깔과 대비하여 아주 흰 빛이 나는 흰 옷을 입고 있었다. 수레는 참으로 컸고 상아색 진주로 되어 있었고 황금장식이 곁에 아름답게 되어 있었다.
그리고 아기천사들이 그 수레 주위를 맴돌고 있었다.
나는 오늘 갈색의 말들이 수레를 끄는 것이 처음이므로 조금 놀랐다.
어쨌든 나는 오늘 참으로 특이하다 생각이 들었다.

나를 태운 수레는 즉시 천국으로 올라가서 나를 천국의 연못가에 내려놓았다.
주님이 나오셔서 나를 맞아 주셨고 주님과 내가 연못가 벤치에 앉자마자 주님과 나의 머리위로 아기천사가 하나 날아오더니 큰 표지의 노란색이 나는 큰 책을 주님께 건네 드렸다.
'나는 저것이 무슨 책일까?'하고 궁금해 하였다.
그런데 주님이 내게 알게 하시기를 저 책이 내가 쓸 계시록 책이라는 것이다.
'어머나. 저 책이 내가 쓸 책이라니?........'
감격스러웠다. 그런데 책 표지가 분홍색이 아니라 노르스름한 노란 색깔이었다.
아니 책 표지 색깔이 분홍색으로 알고 있었는데 노란색인가?
아니 노란색으로 해도 괜찮다는 말씀인가? 하는 생각이 들면서 나는 그 책을 주님으로부터 받아서 소중하게 내 가슴에 안았다. 할렐루야.

그런데 나는 아직 주님으로부터 그 책 표지 색깔에 대하여는 아직 분홍색인지 노란색인지 아직 답을 못 얻었으나 오늘 분명히 알게 된 것은 계시록이 비록 두껍게 나온다 할지라도 하나의 책으로 만들어 내라는 것이 알아졌다. 그래서 내가 쓸 계시록 책이 한 권으로 만들어 질 것인지 아니면 상하

두 권으로 만들어질 것인지에 대한 응답을 받은 것이다.
나는 계시록을 쓸 내용이 너무 많아 상하 두 권으로 만들 생각을 하고 있었다.
그런데 오늘 주님께서 보여주신 것은 큰 두꺼운 책 하나였다.
할렐루야.

어쨌든 우리 주님은 지상에서의 내 고민을 아시고 천상에서 응답을 주시는 분이시다.
정말 우리의 신음소리에도 반응하시는 하나님이시다.
할렐루야!

지상에 내려와서 생각하여보니
처음에 여태껏 흰 말들이 나를 데리러 오다가 갈색의 말들이 나를 데리러 왔다.
즉 색깔이 변할 수도 있다는 것이 먼저 암시되었다고 할 수 있다.
그리고 여태껏 내가 쓸 계시록 책도 분홍색 표지의 책일 것이라고 알고 있었는데 주님은 노르스름한 표지를 한 노란색의 책을 천사로 가져오게 하셔서 그것이 내가 써야 할 계시록 책이라고 말씀하셨다.
즉 이렇게 색깔이 변할 수도 있음을 먼저 암시로 말들의 색깔이 변함으로써 알게 하여 주신 것이다.
나는 사실 분홍색이 조금 지겨워졌다. 벌써 두 권(성경편-창세기, 성경편-모세편)이나 분홍색으로 펴내어졌는데 계시록까지 분홍색으로 펴낸다는 것이 이렇게 표현하여도 될지 모르지만 사실 조금 지겨웠다. 그래서 한번은 보라색으로 하면 안 되겠느냐고 주님께 질문한 적이 있는데 그 당시에는 주님은 그러한 색깔의 변화를 허락지 아니하셨다.
그런데 오늘 주님은 색깔의 변화를 허락하신 것이다.
분홍색에서 보라색은 아니어도 어쨌든 분홍색에서 노란색으로는 바뀌었다.
이것이 원래 하나님의 계획이셨든 아니면 내 생각을 반영하여 주셨든.......
하여튼 책 표지의 색깔이 변하였다. 할렐루야였다. 내가 바라던 바였기 때문이다.
내가 바꾸어달라고 할 때는 안 바꾸어주시더니 주님은 어쨌든 연한 색깔을 좋아하시나 보다 하고 생각이 들었다.

그 다음 두 번째 천국에 올라갔는데 나를 데리러 온 수레바깥에서 아기천사 한 명이 트럼펫을 가지고 있었다. 그 아기천사의 얼굴이 아주 또렷이 잘 보였다.
이 아기천사는 내가 천국에 있는 연못가에 수레에서 내릴 때까지 따라왔다.
거기서도 이 아기천사는 트럼펫을 가지고 있었다.

나는 연못가에 서 계신 주님을 보자마자 주님 앞에 꿇어 앉았다.
나는 왜 꿇어앉는지도 모르면서 어떤 힘에 의하여 꿇어앉힌 것 같았다.
그러자 주님은 주님의 손으로 내 머리를 안수하여 주시면서
이번에 집회(2015년 7월과 8월) 가서도 신유의 은사와 축귀의 은사가 나타날 것을 알게 하여 주셨다. 할렐루야.
나는 늘 집회를 다녀오면 그 다음 집회에서 참으로 좋은 소식들을 접한다.
기도하여 준 아픈 병자들이 지난번에 집회 참석하여 기도 받고 말끔히 나았다는 소식들이다.
사실 이번 2015년 7월과 8월 집회에서도 아픈 분들이 기도를 받고 나았다.
그 자리에서 나은 분도 있다. 하나님께서 이 부족한 종을 통하여 신유와 축사를 행하신 것이다.
할렐루야.

190. 천국의 흰 옷 입은 무리들에게 한국집회를 위하여 기도하여 달라고 부탁을 하다.
(2015. 6. 15)

천국에 올라가는데 나를 수레바깥에서 수호하는 천사가 노란 트럼펫을 가지고 있었다.
그리고 말들도 아주 즐거워보였고 정말 수레는 이전보다 훨씬 큰 수레였다.
나는 즉시 수레를 타고 천국에 도착하였다. 연못가가 아니었고 보통 내가 천국에 도착하는 그곳이었는데 내가 수레에서 내리자마자 나의 옷이 연두색이 나는 빛나는 드레스를 입고 있다는 것이 발견되었다. 나는 미끄러지듯이 주님의 발밑에 엎드렸다.
그런데 주님의 발을 보면 너무 아프고 그랬는데 오늘은 주님의 발을 보아도 아무렇지도 않고 마음이 즐겁기만 했다. '내가 왜 이러지?'하는 생각이 스쳤다. '왜 이렇게 마음이 붕 떠 있을까?'하는 마음이었다. 그만큼 즐거웠다는 뜻이다.

주님이 나를 맞아 주셨고 그리고 주님과 나는 즐겁게 왼쪽 편으로 놓여 있는 계단으로 올라가기 시작하였다. 그 계단의 양옆으로는 흰 옷 입은 자들이 줄줄이 겹쳐서 서서 트럼펫을 불고 있었다.
처음에는 이 무리들이 천사들인지 사람들인지 구분이 안 되었다. 그런데 이들은 분명히 날개가 없

었다. 나중에 내가 알게 되었는데 이들은 흰 옷 입은 무리들 중에서 그중에 일부가 주님과 나를 환영하기 위하여 계단 옆에서 많은 숫자가 트럼펫을 불고 있었던 것이다.
할렐루야.

주님과 나는 그들을 바라보면서 계단을 올라가서 주님의 보좌가 놓여 있는 곳으로 갔다.
그런데 오늘 도착한 보좌는 보통 주님이 가서 앉으시는 보좌하고는 다르다는 느낌을 받은 것이 주님의 보좌까지가 굉장히 길다는 느낌을 받았다.
그리고 걸어 들어가는데 양쪽의 흰 옷 입은 무리들이 처음에는 천사들인지 사람들인지 구분이 안 되었지만 엄청 많았다.
주님은 주님의 보좌까지 그냥 순식간에 가서 앉으셨다. 그리고 주님은 그 양옆에 선 무리들을 보고 큰 소리로 말씀하시기를 "앉으라."라고 말씀하시는 것이었다.
아하, 이들은 천사들이 아니라 흰 무리들이었구나 하며 알아졌다.
왜냐하면 천사는 앉지 않는다. 물론 앉을 때도 있겠지만 주님 앞에서는 앉지 아니한다.
그리고 나는 주님 옆에 서 있었다.
주님께서 그들에게 말했다.
"오늘 내 딸이 너희들에게 할 말이 있다."
'나는 도대체 내가 이들에게 무슨 말을 하지?' 하고 잠깐 고민이 되었다. 그런데 나는 그들에게 곧 부탁하는 말을 했다. '이번에 내가 한국에 집회를 가니까 나에게 힘을 좀 실어주고 나를 위하여 기도하여 달라.'고 간절히 부탁을 하는 것이었다. 할렐루야. 이것이 내가 한 말이었다. 나는 이런 상황이 벌어질 줄 알고 준비하고 간 것도 아니다. 그러나 그 순간 그들에게 부탁할 말이 생각이 나는 것이었다. (이런 경우는 주님께서 다 아시고 나를 여기에 데리고 오셔서 그들에게 부탁하게 하신 것이라고 생각된다.)
그리고 나는 또 말했다.
주님이 말씀하신 것 다 전하고 오게 하여 달라고 기도를 부탁하였다.
할렐루야. 주님 감사합니다.
천상에서 흰 옷 입은 무리들에게 한국집회를 위하여 기도를 부탁하게 하심을 감사합니다.

191. 전쟁으로 인하여 미국이 공격받을 것을 말 안 하려고 결심한 나에게 주님은 천국에서 매를 들고 계셨다.
(2015. 6. 16)

천국에 올라가는데 나를 수레바깥에서 수호하는 천사가 반갑게 맞이한다.
그리고 여섯 마리의 말들이 오늘따라 목에 메달을 달고 있었는데 여기에는 그들의 이름이 다 적혀 있었다. 사랑, 지혜, 인내, 승리, 소망, 믿음 이렇게 말이다. 차례대로.
이들은 자신들의 이름에 대하여 무척 뿌듯해하고 기뻐하는 것 같았다. 나는 이름을 참 잘 지어주었다라고 생각이 들었다. 이전에 내가 쉽게 그냥 쫄랑이, 또록이 등으로 지어주었으면 큰 일날뻔 했다. 나는 그들이 가지고 온 수레를 타고 천국에 올라가는데 수레바깥의 천사가 천국대문에 있는 천사들에게 '문을 여시오'하고 큰 소리로 말했다. 그러자 문이 옆으로 활짝 열리고 나는 평상시와 같이 천국 안에 잘 도착하였다.

하늘에서 흰 날개가진 두 천사가 와서 나를 붙들어 주님께로 인도하였다.
그런데 나는 주님께서 나를 향하여 매를 들고 계신다는 사실이 알아졌다.
'오 마이 갓!' 주님이 내게 매를 들고 계시다니....
그리고 주님의 마음이 나에게 이렇게 전하여졌다.
'내가 너를 싫어한다.'
'네?'
이런 적이 없었다. 정말 없었다. 아니 이게 무슨 일이지? 하고 당황하여 하는데 주님이 내 앞에서 없어져 버리셨다. 아니 나는 이제 허공에 대고 이야기하여야 했다. 나는 당황하여 주님을 찾았다.
"주님, 주님 어디계세요?"
나는 즉시 알았다. 주님께서 내가 마음에 안 들어 모습을 감추셨다는 것을....
나는 허망하였다. 어떻게 이런 일이.......

'주님 제가 잘못했어요.' 무조건 주님께 잘못하였다고 용서를 빌었다.
아하, 그렇구나. 주님께서 어제 내가 결심한 것을 책망하시는 것이었다. 즉 주님이 나에게 보여주신 미국의 국회 의사당과 자유의 여신상이 전쟁으로 공격을 당하는 것을 나는 한국집회에서 절대 전하지 않으려고 하였더니 주님께서 화가 나신 것이었다.
나는 그것을 즉시 깨닫고 '주님, 제가 잘못했어요. 할께요. 할께요.'라고 했다.

또 말하기를 '주님, 그 결과는 주님이 알아서 하시구요. 제가 할께요. 보여주신 것 그대로 전할께요. 제발 나타나 주세요. 저를 용서하여 주세요.'했더니

주님께서 다시 나타나셨다.

성경은 이렇게 말한다.

[고전 14:8]
만일 나팔이 분명치 못한 소리를 내면 누가 전쟁을 예비하리요

그리고 주님은 말씀하셨다.

"내 보좌로 가자."

그리고서는 주님의 보좌에 도착하였는데 오늘따라 주님의 보좌 바로 뒤에 큰 흰 날개를 가진 천사들이 바로 주님의 보좌 뒤로 서 있는 것이 보였다.

그들은 꼭 칼을 차고 있는 것처럼 보였는데 마귀의 공격이 조금이라도 있으면 그것을 자르려고 하는 것 같았다.

천국에서도 마귀의 공격이 있다. 예를 들어서 내가 천국을 보고 있는데 자꾸만 마귀와 그 부하들이 천상을 보고 있는 나에게 다른 생각을 집어 넣어서 천상을 보는 것을 방해한다.

거기에 말려들면 나는 거기서 천상을 보는 것은 중지되고 완전히 내려와야 하는 것이다.

이 마귀의 공격을 자르려고 큰 칼을 들고 서 있었다.

주님께 나는 물었다.

'주님, 제가 이번에 분당에 있는 OOO목사님 교회에 가서 주일부터 집회를 하여야 하는데 어떤 내용을 해야 합니까?'하고 물었다.

주님은 말씀하신다.

"지옥에 대하여 네가 본 것을 많이 이야기하라."

주님께서는 처음부터 지옥에 대하여 말하라고 하시는 것이었다.

그렇다. 그들은 담임 목사님의 설교는 많이 들었다.

나는 설교가 아니라 간증집회를 해야 하는 것이다.

할렐루야. 주님 가르쳐 주시니 감사합니다.

그리고서는 나는 내려왔다.

나는 참으로 궁금하였다. 내가 미국이 공격을 받는 것을 말해야 하는지 말아야 하는지........
그런데 나는 이번 집회에 가서 미국이 공격받을 것이라는 것을 말하지 않으려 하였다.
그랬더니 주님은 화가 극에 달하신 것이다. 그런 적이 한 번도 없었는데 천국에서 나에게 매까지 마련하시고 계셨고 또한 순종하지 않는 내가 보기 싫어서 자신의 자취를 감추신 것이다.
내가 하겠다고 하니 다시 나타나셨는데 이렇게 확실하게 주님의 뜻을 가르쳐 주시는 주님을 찬양합니다. 할렐루야.

192. 한국 집회 동안에 어려움이 있을 것을 알게 하시다.
(2015. 6. 16)

그 다음 두 번째 올라가는데 마차 안에 벌써 이상한 마귀부하가 하나 보였다.
그렇게 무섭게 생기지는 않았으나 마귀부하인 것을 알겠다.
'아니 저게 왜 내 수레 안에 있는 것이야?'
그런데 그 마귀부하가 나와 함께 수레에서 내렸다.
주님은 연못가에 계셨다.
그런데 그 마귀부하가 나를 따라오고 있었다.
주님은 나를 보시자마자 기뻐서 나를 벤치로 인도하셨다.
그리고 주님은 그 따라온 마귀부하에 대하여 별로 관심을 보이시지 않으시는 것 같았다.
주님은 벤치에 앉으시자마자 내 손을 보자 하셨다.
거기는 주님의 손바닥처럼 구멍이 뚫려 있다.
주님이 말씀하신다.
"네가 핍박을 이겨내어야 하느니라."
나는 마음으로 대답을 드렸다.
"네 주님, 이겨낼께요."
그리고서는 내려왔는데 이제 보니 그 마귀부하가 내가 집회 갔을 때에 나를 핍박하기 위하여 준비된 마귀부하인가? 하는 생각이 들어왔다.
주님은 이렇게 가끔 내가 앞으로 당할 고통을 일으키는 마귀부하를 종종 보여주신다.

그러나 나는 어쨌든 주님께 감사를 드렸다.

주님은 내게 어려움이 있을 것 같으면 나를 괴롭히는 마귀부하를 천국에서 미리 보여주신다.

이것은 주님이 다 알고 계신다는 것이다.

이전에도 그런 적이 있다. 그때에는 참으로 힘들었었다. 인간관계에 있어서. 그때에 천국에서 매우 두려운 마귀부하를 보여 주셨다. 그리고 그 마귀부하를 이겨내라고 하셨다.

주님이 이렇게 먼저 보여 주시는 것은 우리의 싸움은 혈과 육이 아니라 정사와 권세와, 세상의 어두움의 주관자들과 하늘에 있는 악한 영들에 대한 것을 알게 하여 주시기 위함이라는 것을 알았다.
사람을 미워하지 말고 그를 조종하는 악한 영들과 싸우라는 것이다. 할렐루야.

[엡 6:12-17]
(12)우리의 씨름은 혈과 육에 대한 것이 아니요 정사와 권세와 이 어두움의 세상 주관자들과 하늘에 있는 악의 영들에게 대함이라 (13)그러므로 하나님의 전신갑주를 취하라 이는 악한 날에 너희가 능히 대적하고 모든 일을 행한 후에 서기 위함이라 (14)그런즉 서서 진리로 너희 허리띠를 띠고 의의 흉배를 붙이고 (15)평안의 복음의 예비한 것으로 신을 신고 (16)모든 것 위에 믿음의 방패를 가지고 이로써 능히 악한 자의 모든 화전을 소멸하고 (17)구원의 투구와 성령의 검 곧 하나님의 말씀을 가지라

즉 이렇게 말씀하심은 우리가 악한 날에 이들을 능히 대적하고 일을 행한 후에 주님 앞에 서게 하기 위함인 것이다. 할렐루야.

머리에는 구원의 투구,
가슴에는 의의 흉배,
허리에는 진리의 허리띠,
발에는 복음의 신발,
그리고 오른손에는 성령의 검과
왼손에는 믿음의 방패를 들고....

할렐루야.

그야말로 하나님의 전신갑주를 입고 그를 대적하여야 하는 것이다.

할렐루야.

주여! 감사합니다. 미리 가르쳐 주셔서......

그리고 실제로 한국에서 7월 30일부터 8월 13일까지 있으면서 마지막에 나를 시험하고 조금 힘들게 하는 사건이 하나 터졌다. 그러나 내 안에는 주님이 주시는 평강과 평안이 있으면서도 그 시험에 조금 휘둘리는 면이 있었다. 그러나 끝내는 이겼다. 주님이 이기게 하셨다.
할렐루야.
주님이 미리 알려 주셨건만 정작 집회기간 동안에 너무 바빠서 잊어 먹었다.
그러나 주님이 넉넉히 영적으로 이기게 하여 주신 것이다. 할렐루야.
그리하여 주님을 찬양하였다.
그리고 성경은 우리에게 뭐라고 말하고 있느냐면

[빌 4:4-6]
(4)주 안에서 항상 기뻐하라 내가 다시 말하노니 기뻐하라 (5)너희 관용을 모든 사람에게 알게 하라 주께서 가까우시니라 (6)아무 것도 염려하지 말고 오직 모든 일에 기도와 간구로, 너희 구할 것을 감사함으로 하나님께 아뢰라

즉 주님은 우리가 항상 모든 일에 기도와 간구로 우리의 아뢸 것을 하나님께 감사함으로 아뢰기를 원하시는 것이다. 할렐루야.
그러므로 우리에게 어떤 일이 일어나건 주님이 주시는 평강과 평안을 앗아가는 일들은 다 사단과 마귀부하들이 일으키는 일들이라는 것을 알아야 한다.
감옥 안에서 내일 죽을 것을 알면서 주님이 주시는 평강으로 그 평안으로 잠을 잔 베드로를 생각하라!
우리는 이미 주님께서 모든 것을 이겨놓은 싸움을 싸우는 것이다. 할렐루야.
주님을 찬양합니다! 아멘. 아멘.

[고전 15:57]
우리 주 예수 그리스도로 말미암아 우리에게 이김을 주시는 하나님께 감사하노니

193. 2015년 8월에 한국집회를 나가기를 원하시는 주님
(2015. 6. 17)

나는 내가 천국에 올라가기도 전에 주님의 음성이 저 위에서 들렸다.
"사라야!"
"네"
"사라야!"
"네"
"이리 올라오너라."
"네"
그러자 나는 즉시 주님이 계신 구름 위로 올려졌다.
이러한 경우에는 내게 수레도 오지 않았고 다만 주님이 아주 가까이 오셔서 바로 나를 끌어올리시는 경우이다.
내가 올라가자 구름 위에 있었고 주님도 구름 위에 있었다.
그 구름 위에는 주님과 내가 앉는 벤치가 있었다. 그리고 이 구름은 주님과 나를 태우고 유리바다 위로 옮겨가고 있었다.
구름 위에는 아무도 없고 주님과 나만 있었다.
주님은 내 두 손을 보기를 원하셨다.
그래서 나는 내 두 손을 주님께 드렸다. 내 두 손바닥에는 이전에 성부 하나님이 뚫어주신 두 구멍이 각각의 손에 하나씩 보였다. 나는 이 구멍들을 볼 때마다 내가 핍박을 견뎌야 함을 기억하게 되었다.
주님이 말씀하신다.
"나는 너의 창조주 하나님이니라."
"내가 너의 아버지이니라."
"나는 너의 구세주 하나님이니라."
이렇게 세 마디를 하셨다.
"네 주님 그래요."
나는 그 말씀을 들을 때에 내 눈에 눈물이 많이 고였다.
나는 그냥 주님 품안에 안겨서 울고 싶었다.
그분의 품은 너무나 넓었다. 이 온 공중을 다 채우는 것 같이……
나는 울었다.

"사라야 내가 너를 사랑하노라."
주님이 말씀하셨다.
"주님, 사랑해요."
나도 말했다.

나는 주님께 물었다.
"주님 제가 한국에 집회를 8월에 가야 하나요?"
왜냐하면 나는 7월에 가기를 원하였으나 한국에 메르스가 한창 전염되고 있고 집에서 너무 반대가 심했다. 그리고 분당의 침례교회서 나를 8월 7-9일날 수련회 강사로 초빙한 것 등
이러한 것들이 맞물려 있어서 주님께 물었다.
그랬더니 주님이 말씀하시기를
"그렇단다. 8월 7-9일은 너를 위하여 마련된 날짜들이란다."
그 말씀은 이미 하나님께서 나를 이 날짜에 수련회 강사로 보내려고 작정하신 분은 주님이시라는 것이다. 즉 주님께서도 내가 8월에 나가기를 원하시는 것이었다.
할렐루야.
나는 내 생각에 한국에 나가 집회하는 것이 하나님의 뜻이라면 하루라도 빨리 가서 외쳐야하지 않나 라고 생각하였는데 그것이 아니었다.
주님이 계획하신 날짜들은 8월이었던 것이다. 할렐루야.
그리고 주님은 말씀하신다.
"나는 너의 모든 눈물의 근원 즉 네가 무엇을 원하는지 무엇을 기도하는지 다 알고 있단다."
그렇다. 주님은 내 마음속의 모든 소원을 다 알고 계신다.
주님은 그 기도제목 하나하나를 끄집어내시면서 그것에 대하여 일일이 말씀하시는 것이 알아졌다.
즉 하나하나 나의 기도제목에 대하여 주님이 일일이 반응하여 주시는 것이었다.
그것을 여기에 일일이 다 못 쓴다. 할렐루야.

주님께서 나에게 오늘 아침 내내 기도시간에 과연 내가 7월에 한국에 집회 나가기를 원하시는 지 아니면 8월에 나가도 되는지를 여쭙는 기도를 했었는데 주님께서는 이렇게 천상에서 나에게 답을 알려 주셨다. 8월에 가는 것이 주님의 뜻이라고.... 할렐루야.

194. 계시록의 네 생물 중 사자의 얼굴을 한 천사를 보다.
(2015. 6. 18)

천국에 올라가는데 수레바깥의 수호천사가 나를 데리러 왔다.
나를 데리러 온 말들이 여섯 마리, 이들이 끄는 수레는 높아보였고 컸다.
나는 얼른 수레 안으로 올라탔다.
수레는 즉시 천국대로 옆에 도착하였고 두 천사가 날아와서 나를 주님께로 인도하였다.

주님을 만나는 즉시 벌써 주님과 나는 유리바다에서 겉은 갈색보석으로 된 보트를 타고 있었다. (천국에서는 이렇게 장면이 즉시 바뀐다. 그만큼 빨리 일어나는 것이다.)
배를 움직이는 노를 두 천사가 공중에서 날아와서 공중에서 뜬 상태에서 저어주고 있었고 주님과 나는 보트 안에서 테이블을 놓고 마주 앉아 있었다.

나는 주님께 '주님 너무 좋아요.'라고 내 감정을 표현하였다.
주님은 테이블 위에 흰 종이들을 몇 장 올려놓으시고 펜을 들고 계셨다.
'주님 이것이 무엇이에요?' 하였더니 주님께서 말씀하시기를
'내가 너에게 집중하여 말할 것이 있느니라.'라고 하신다.
할렐루야.
그러나 나는 바로 주님과 본론에 들어가기 전에 나는 주님과 함께 있음을 더 많이 즐기고 싶어서 딴짓을 하는 것처럼 테이블에 놓인 종이와 펜을 바라보는 대신에 하늘을 쳐다보았다.
하늘은 파랗고 너무 좋았다. 보트는 유리바다 위에 떠 있었다.
주님은 테이블 위에 있는 종이에 눈을 두시고 나에게 자꾸 이야기하시기를 원하시는 것 같았다.
그런데 내가 그 테이블 위의 종이를 바라보는 것이 아니라 하늘을 보고 있었는데
그 하늘 가득히 바다 저편에 한 사자의 얼굴이 나타났다.
'어머나....'
'웬 사자의 얼굴이 저기에 나타나지?'
순간 나는 너무나 의아하여 하였다.
'혹시 내가 사단을 보고 있나?'
그런데 그 사자의 얼굴은 바다 저편에 아주 크게 나타났는데
그 사자의 얼굴은 회색의 색깔이었고 그 눈은 아주 인자하여 보였다.

제 4 부

나는 이해가 가지 않았다. 어찌 사자의 얼굴이 무섭지가 않은지....

그러면서 보고 있는데 그 사자는 회색 색깔의 얼굴 주위로 머리가 길게 많이 내려와 있었는데 그 머리는 흰 눈같이 하얗게 보였다.

즉 우리가 지상에 있는 사자를 보면 사자의 머리가 갈래갈래 흩어져 있는 것을 보는데 이 사자의 얼굴 가장자리로 내려오는 머리는 좀 가지런하게 길게 숱이 많은 흰 눈처럼 하얗게 내려와 있었다.

그런데 얼굴은 회색이었다. 나는 이런 사자는 처음 보았다.

그리고 얼굴은 분명 사자인데 표정은 꼭 사람의 얼굴과 같은 표정을 하고 있었다.

나는 계속 내 안에서 의문이 생겼다.

'아니 갑자기 웬 사자의 얼굴이 나타났지? 여기는 천국인데……'

나는 그 사자의 얼굴을 보면서 주님께 말했다.

"주님 왜 저곳에 저것이 나타났지요?"

나는 처음에 그 사자를 보는 순간 사자라고 생각하니 존칭을 쓸 수가 없었다.

'가라고 하세요.'라고 했더니

주님은 나에게 그 흰 종이를 테이블에 놓고 자꾸만 나에게 이야기하시려는 마음이 바빠 보였는데 주님은 그쪽을 쳐다도 안보시고 말씀하시기를 그 사자에게 '가거라.'하고 조용히 말씀하시는 것이었다.

그런데 바로 그 순간에 내게 깨달음이 왔는데

'아하, 저 사자가 바로 그 네 생물 중에 사자의 얼굴을 한 천사이구나.'라는 것이 알아졌다.

그래서 나는 주님께

"주님 맞지요? 맞지요?"

했더니 주님이 말씀하신다.

"그렇단다."

오 마이 갓!

저 사자가 바로 계시록에 나오는 네 생물 중 사자의 얼굴을 한 천사라니?

나는 한 번도 그 사자의 얼굴을 한 천사를 본적이 없었는데 지금 내가 보고 있는 것이었다.

그래서 더 오래 보고 싶었다.

그런데 주님이 '가거라.'라고 하신 것이다. 아니 사실 내게 가라고 하시라고 부탁한 것이었다.

나는 이제 그 사자가 갈까봐 마음이 급하여졌고 내 마음으로 그 사자에게 자꾸만 거기 더 있어 달라고 애원하고 있었다. 그랬더니 그 사자의 얼굴을 한 천사는 금방 사라지지 아니하고 조금 더 있어 주었다. 그리고 그의 몸이 보였는데 그는 여섯 개의 큰 흰 날개를 가지고 있었고 그 안에는 눈들이 가득함이 보이는 것 같았다. 얼굴은 확실히 크게 보였는데 그리고 나머지 몸의 모습은 조금 희미하게 보였다. 나는 다음에 이 천사를 다시 명확히 보았으면 하는 바램이 생겼다. 그런데 그 사자의 얼굴을 한 천사가 목소리를 발하는 것이었다.

그는 분명 내 이름을 불렀는데 그 목소리가 꼭 사자의 큰 울음소리같이 들렸다. 그리고서는 그 천사는 사라졌다.

그 사자의 얼굴을 한 천사가 유리바다 저편에 큰 얼굴로 나타났다가 나에게 자신을 한번 보여주고는 사라진 것이다.

그리고 나서 주님은 테이블에 있는 종이에 글을 쓰기 시작하셨다.

나는 주님이 이 모든 것을 알고 계심이 분명한데 주님은 눈길 한번 그 네 생물중 하나인 사자의 얼굴을 한 천사에게 주시지 않았다. 주님은 그 천사가 나에게 얼굴 한번 보여주고는 사라진 것을 알고 계시는 것이다.

그리고서는 주님은 나에게 말씀하시기 시작하였다.

"사라야!"

"네"

"너는 내 딸이다."

주님은 그것을 종이에 쓰셨다.

나는 '할렐루야 주님 맞아요. 저는 주님 딸이에요'하면서 좋아했다.

나는 내 모습은 어른의 모습을 하고 있으나 주님 앞에서 손뼉을 치면서 좋아하는 나의 모습은 꼭 어린아이와 같았다.

주님은 계속 그 종이에 그 다음 줄에 또 이렇게 쓰셨다.

"네가 계시록을 쓸 것이다."

그러면 나는 '네 주님'하고 답했다.

"그런데 네가 명심할 것이 있단다."

"네 주님."

주님은 계속 종이에 쓰시면서 말씀하셨다.

"첫째, 너는 네 생각을 말하지 말아라. 그러나 천상에서 깨달은 것과 기도 중에 깨달은 것만 말해라."

"할렐루야. 주님 그렇게 하겠습니다."

이것은 주님이 미리 경고하시는 것이었다. 계시록을 쓸 때에 내 생각을 말하지 말라는 것이다.

그 다음 두 번째

주님이 말씀하신다.
"모르는 것이 있거든 (즉 막히는 것이 있거든) 나에게 물어라."
"오 할렐루야. 네 주님 그렇게 하겠습니다."
할렐루야. 주님께서 가르쳐 주시겠다는 것이다. 오 얼마나 감사한지.....

세 번째
"내가 너와 함께 할 것이다."
이 말씀을 하시는데 내가 그 계시록 풀이한 책을 케익으로 먹은 것이 생각이 났다.
즉 내가 질문이 있을 때에 이 계시록을 풀이한 책을 먹었으니 주님이 이것으로 대답을 하시겠다는 것인데 '아하, 그래서 주님이 지혜이시구나.'하며 깨달아졌다.
잠언서에 보면 주님이 지혜로 나온다. 인격체로.......
하늘에서 내려오는 지혜를 주시는 분은 예수님이신 것이다.
그래서 그분이 지혜이시다.
'아하, 나에게 지혜를 주시겠다는 것이구나!'하며 알아졌다.
할렐루야.
주님 감사합니다.
그리고 계시록을 쓸 때에 주님께서 저에게 말씀하신 것을 결단코 명심하겠습니다.

주님은 이 세 가지를 쓰시고 나서는 갑자기 일어나셔서 바빠서 빨리 가봐야 한다고 하시면서 그냥 하늘로 올리우시더니 내 눈에서 사라지셨다.

그리고 나는 어느새 천국대로 옆에 나를 천국으로 데리고 온 수레에 와 있었고
수레바깥의 수호천사가 나에게 말하기를
'주인님 빨리 타십시오. 그리고 또 올라오십시오.'하는 것이었다.
나는 그 수레를 타고 다시 지상으로 내려왔다. 할렐루야.

나는 내려와서 오늘 내가 그 네 생물 중 사자의 얼굴을 한 천사를 보았다는 것이 사실 믿어지지가 않았다. 여태껏 한 번도 본적이 없었는데 갑자기 유리바다 저편에 큰 얼굴로 나타난 것이다.
나는 이것을 주님께서 그 순간 모르셨다고 생각지 않는다.
모든 것을 다 알고 계신 분이 그분이시다.
나는 그분이 오히려 불렀다고 생각한다. 왜냐하면 내가 네 생물을 본적이 없기 때문에 보고 싶어 한

다는 것을 알고 계셨을 것이다. 우리의 마음속 깊이까지 알고 계시는 그분이 모를 리가 없다. 그리고 그렇게 나에게 바다 저편에 나타나도록 하여 살짝 보여주신 것이다.

할렐루야.

할렐루야.

주님을 찬양합니다.

그런데 참으로 이상한 것은 지상에 내려와서는 내 혼이 흥분하는데 왜냐하면 네 생물 중 사자의 얼굴을 한 천사를 보았다는 것이 나에게는 흥분이 되는 것을 알겠는데 그런데 천상에서 내 영이 그를 볼 때에는 별로 흥분이 되는 것이 아니었다. 즉 주님 앞에서 그들은 그냥 주님을 받드는 천사일 뿐이지 우리가 그렇게 기이하게 생각하는 그러한 흥분이 없더라는 것이다.

이것이 바로 영과 육신의 차이이다.

그리고 주님은 그 천사를 쳐다보지도 않고 '가거라.'하신 것이다.

그들은 그냥 주님을 섬기는 천사중의 한 명인 것이다. 우리는 그들이 대단한 존재라 생각하는데 그렇지 않다는 것이다. 할렐루야.

[계 4:6-11]
(6)보좌 앞에 수정과 같은 유리 바다가 있고 보좌 가운데와 보좌 주위에 네 생물이 있는데 앞뒤에 눈이 가득하더라 (7)그 첫째 생물은 사자 같고 그 둘째 생물은 송아지 같고 그 셋째 생물은 얼굴이 사람 같고 그 넷째 생물은 날아가는 독수리 같은데 (8)네 생물이 각각 여섯 날개가 있고 그 안과 주위에 눈이 가득하더라 그들이 밤낮 쉬지 않고 이르기를 거룩하다 거룩하다 거룩하다 주 하나님 곧 전능하신이여 전에도 계셨고 이제도 계시고 장차 오실 자라 하고 (9)그 생물들이 영광과 존귀와 감사를 보좌에 앉으사 세세토록 사시는 이에게 돌릴 때에 (10)이십 사 장로들이 보좌에 앉으신 이 앞에 엎드려 세세토록 사시는 이에게 경배하고 자기의 면류관을 보좌 앞에 던지며 가로되 (11)우리 주 하나님이여 영광과 존귀와 능력을 받으시는 것이 합당하오니 주께서 만물을 지으신지라 만물이 주의 뜻대로 있었고 또 지으심을 받았나이다 하더라

195. 주님이 계시록의 책이 노란색이 되어야 함을 알려 주시다.
(2015. 6. 25)

주님은 나를 요즘에 연못가에 잘 데리고 가신다.
지금껏 보면 주님이 나를 데리고 가는 장소가 이렇게 진행되었다.
내가 천국을 보기 시작하여 제일 처음에는

1) 주님의 보좌가 있는 곳
2) 정원의 벤치 혹은 유리바닷가에 있는 벤치
3) 그 다음은 모세편을 쓸 때는 모세의 궁
4) 그 다음 계시록을 쓸 때에는 요한의 집 앞에 있는 피크닉 테이블
5) 그리고 성부 하나님이 계신 궁
6) 그 다음은 이 연못가이다.

오늘도 주님은 나를 연못가에 오게 하셔서 노란색 표지의 계시록 책을 보여주시면서 이것이 내가 써야 할 책이라 말씀하셨다.
(주님이 그 책을 노란색으로 정한 이유가 내가 분홍색이 너무 지겨워하니까 바꾸어주신 줄로 알았는데 사실은 그것이 아니었다. 주님의 철저한 계획 속에서 노란색으로 하게 하신 것이었다. 여기에 대하여서는 주님이 나중에 밝혀 주셨다. 그것은 참으로 놀라운 일이었다.)
즉 이제는 분명히 내가 써야 할 계시록 책의 바깥 표지 색깔이 노르스름한 노란색인 것을 확실히 알게 하여 주신 것이다.
할렐루야.

그러고 있는데 아름다운 날개가 달린 천사가 기다란 항아리를 가져 왔다.
그리고 그 천사는 그 큰 항아리를 기울여서 그 안에 있는 액체를 내 입에다가 부어 넣는 것이었다.
그 액체는 꼭 클램 차우더 같은 스프 같았다. 그리고 그 항아리는 무려 1m는 능히 되어 보였다.
나는 어떻게 그 큰 항아리의 액체가 즉 그렇게 많은 양이 내 입으로 들어갔는지를 나는 모른다.
그런데 다 들어갔다.
아무래도 주님이 이것을 나에게 먹이심으로 말미암아 내가 계시록을 쓸 때에 나에게 힘을 내라는 것으로 받아졌다. 할렐루야.

그리고서는 내려왔다. 주님이 내게 주시고자 하는 메시지는 그 계시록 책의 껍질 색깔이 노란색이 되어야 한다는 것이었다.

196. 성부 하나님께서 다시 한 번 내가 계시록 책을 써야 할 것을 말씀하시다.
(2015.6.27)

천국에 올라가기 전에 수레가 나를 데리러 왔다.
무지개가 나를 데리러 온 천사 즉 수레바깥에서 나를 수호하는 천사의 위쪽에서 보였다.
나는 무지개를 보면 기분이 좋다.
말들은 건강하고 건장한 갈색 말들이 왔다. 눈들이 크고 아름답다.
수레를 모는 천사도 아름답다. 오늘 수레는 황금으로 장식이 많이 되어 있었다.
수레를 타니 그 안은 저번에도 말했듯이 내가 앉는 편의 반대편에 침대가 생겼다. 침대장식에는 황금장식이 위아래로 많이 생겼고 거기에는 두 날개달린 천사 한 명이 홀을 하나 들고 그 침대가에 걸터앉아 있었다.
수레 안의 왼편에는 내 책상이 놓여 있었고 거기에는 내가 쓴 책이 네 권이 보였고 그 옆에는 노란색의 두꺼운 계시록 책이 놓여 있었다.
'어머나, 저 책이 여기에 있네...'
하면서 나는 놀라 하면서 수레 안에 들어와 앉았다.
내 앞의 다이닝 테이블 위에는 아름다운 보석으로 된 그릇이 놓여 있었고 그 안에는 빨간 앵두같은 열매들이 있었다. 그리고 그 옆에는 생명수를 담은 주발 같은 것이 놓여 있었다.

나는 그 다이닝 테이블 위에 놓여 있는 그 앵두 같은 열매들을 먹었고 생명수 물도 마셨다.
그러면서 나는 저 앞에 수레 안에 내가 앉는 맞은 편에 앉아 있는 저 천사가 누군지 궁금하였다.
그러자 수레는 즉시 천국에 도착하였는데 천국 문이 열리자마자 그 마차는 나를 연못이 있는 곳으로 데리고 가서 나를 내려놓았다.
내가 수레에서 내릴 때에 두 천사가 날아와서 나를 수종하여 주님께로 데리고 갔고
그 수레 안에 있던 그 천사도 내렸는데 그 천사는 그 노란색의 계시록 책을 가지고 내렸다.

제 4 부

그리고서는 그 책을 주님께 드리고는 사라졌고 주님은 또 그 책을 내게 건네 주셨다.

주님과 나는 그 연못가에 놓여 있는 벤치에 앉았는데 그 노르스름한 계시록 책은 주님과 나 사이에 놓여졌다. 그러더니 갑자기 주님과 내가 앉아 있는 연못가의 벤치가 위로 휙~ 하고 순식간에 올라 가더니 주님과 나는 저어기 빛이 나는 궁 안으로 들어갔고 그리고 내 손에는 내가 써야 할 그 계시록 책이 들려져 있었다.

주님과 나는 벌써 성부 하나님이 계신 궁 안으로 들어온 것이다.

이전과 같이 나는 궁 안의 내가 서는 자리에 서고 주님은 늘 그렇듯이 내 오른편 옆에 서셨다.

그리고 저 앞에서는 성부 하나님이 계신다.

나는 그분을 보아서 아는 것이 아니라 그분의 목소리가 나옴으로 그가 계신 것을 안다.

그리고 내가 이 궁에 오면 늘 내 앞쪽으로 비스듬히 45각도로 흰 조그만 테이블이 놓이고 그 위에 항상 계시록을 천국언어로 풀어놓은 책이 들어 있는 갈색상자가 놓이는데 이제는 더 이상 그 흰색 테이블과 그 갈색상자가 없다.

왜냐하면 내가 그것을 성부 하나님께서 먹으라 하여 케익으로 먹었기 때문이다. 이 이야기는 벌써 썼다.

성부 하나님이 말씀하신다.

"네가 그 책을 써야 하느니라."

즉 내가 들고 있는 노란색 표지의 책 말이다.

나는 '네 하나님'하고 대답했다.

그리고서 또 말씀하신다.

"그것은 내 책이다."

"네 하나님"

그 다음 또 말씀하신다.

"많은 사람들에게 읽히도록 하여라."

'네 하나님'하고 대답하였다.

내가 천국에서 깨달은 대로 기도 속에서 깨달은 대로 계시록을 이해하여 책을 쓰면 그 책이 내 책이 아니라 성부 하나님의 책이라는 것이다.

그리고 나서 장면은 순식간에 바꾸어졌는데 주님과 내가 어느 새에 연못가의 벤치에 다시 앉아 있었다. 할렐루야. 이렇게 순식간에 내가 또 여기 앉아 있다니........참으로 놀랍다.

나는 그 벤치에 앉아서 주님께 질문하였다.

"주님, 제가 이번에 한국에 나가서 말해야 하는 것이
전쟁---그 다음 휴거---그 다음 표가 맞나요?"
나는 그 차례를 다시 확인하고 싶어 하였다.
그리하였더니 주님의 대답이 생각으로 왔다. 그냥 그렇게 알아지는 것이다.
"그렇단다."
그리고 주님이 먼저 전쟁에 대하여서는 한국전쟁을 간략하게 그리고 미국이 공격받을 것을 반드시 이야기하여야 하는 것을 알게 하셨다.
그리고 지옥구경한 것을 말하라 하셨다. 아멘 아멘.

그리고 휴거 부분에 가서는 이미 주님이 내게 알게 하여 주신 휴거자들이 천년왕국에 들어가는 그 부분들과 연관하여 사실은 두 시간짜리를 이미 생각나게 하여 주셨다.
그리고 나서 표에 대하여서는 주님께서 우리 모두가 그 시대를 준비해야 할 것을 말씀하셨다.

그리고서는 나는 내려왔다. 할렐루야.

197. '주님, 나 같은 것이 계시록 책을 쓰다니요?'라고 반문하다.
(2015. 6. 28)

천국에 올라갔다.
나를 데리러 온 수레 바깥의 천사와 말을 모는 천사 그리고 6마리의 말들이 다 정상이다.
나는 재빨리 수레 안에 탔다.
내가 왜 그렇게 정상적인지 아닌지를 살피냐면 이들이 비정상으로 보일 때에는 내가 천국을 올라 가도 곧바로 지옥을 구경하기 때문이다.
수레 안에는 저 건너편 쪽으로 침대가 놓여 있고 거기에는 두 날개달린 천사가 홀을 가지고 지난번 처럼 앉아 있다. 그리고 왼편에 책상이 있는데 거기에는 책꽂이에 내가 이미 쓴 네 권의 책과 그리고 그 옆에 내가 써야 할 노란색의 계시록 책이 놓여 있었다.
아하, 저 노란 책 계시록을 내가 써야 하는 책이지 하면서 나는 그 계시록 책을 집어 들었다.

그리고 그 책을 가슴에 품고 그 수레 안에서 내가 앉는 자리에 가서 앉았다.

즉 그 날개달린 천사가 앉은 침대의 반대편 쪽에 말들을 등지고 내가 앉는 자리가 있다.

수레는 나를 태우고 즉시 천국 문 안에 도착하였다.

두 천사가 날아와서 나를 시중하여 주님께로 인도하였다.

내 눈에서는 벌써 눈물이 글썽거리고 있었다.

나는 그 계시록 책을 내 가슴에 품고 내렸다.

그리고서는 주님 앞에 와서는 무조건 꿇어 앉아서 울었다.

'주님 저 같은 것이 이 책을 쓰다니요?' 하면서 울었다.

그러자 주님 옆으로 서 있던 흰 무리들도 눈에 눈물을 글썽이며 나를 쳐다보고 있었다.

왜 울었냐면 나는 그 책을 쓸 무한히 자격이 없음을 느끼고 있었고 그 자격 없는 나를 또 택하여 이렇게 계시록 책을 쓰게 하시는 주님께 또 감사하여서 눈물이 났다.

나는 그렇게 주님 앞에 내 마음을 털어놓고 내려왔다.

198. 유리바다 위에 카탈리나 섬 같은 곳에 있는 희고 큰 성의 정원에 다녀오다.
(2015. 6. 29)

천국에 올라가는데 수레바깥에서 나를 수호하는 천사가 말을 한다.

"주인님, 제가 주인님을 모시게 되어 너무 감사해요."

그러자 여섯 마리의 말들이 '히히힝~' 자기들도 그렇다고 표현을 하였다. 그리고 수레를 모는 천사도 자기도 주인님을 모시게 되어 정말로 감사하다 말한다.

나는 수레를 타고 즉시 천국에 도달하였다.

분명히 천국대문이 두 천사에 의하여 활짝 열렸는데 그 수레는 천국의 연못가로 바로 가서 나를 내려놓았다. 흰 날개달린 두 천사가 날아와서 수레에서 내리는 나를 주님께로 인도하였다.

주님은 연못가에 서 계셨다. 나는 주님을 보자마자 주님께 용서를 빌었다.

주님은 말씀하신다.

'딸아'하고 부르신다.

그러시고는 주님은 나를 즉시 유리바다 위로 데리고 가셨다.

구름을 타고 날지 않았으므로 주님과 내가 손을 잡고 나는 모습은 꼭 공중에 하루살이들이 나는 모습과 같은 모습을 보면서 웃음이 절로 나왔다. 이것은 결코 비평이 아니다. 단지 그러한 모습처럼 보여서 웃음이 나왔다는 것이다. 그만큼 자유스럽게 날아다닌다.

유리바다 위에는 카탈리나 섬같이 아름다운 섬이 있었다.
나는 항상 저기에는 누가 살까? 하는 궁금증이 있었다.
그런데 그 섬에서 하늘 높이 솟아 오른 미끄럼틀 같은 곳의 꼭대기에 주님과 내가 섰다.
그리고서는 그 높은 미끄럼틀을 타고서 그 섬에 놓여 있는 어떤 성의 크고 넓은 정원에 도착하였다.
발바닥이 닿는 밑에는 대리석들이 놓여 있고 그 옆에는 잔디들이 있었다. 주님과 나는 그 넓은 곳을 걷다가 드디어 보석으로 된 테이블과 의자 하늘색으로 된 그 곳에 앉았다.
천사가 먹을 것을 바구니에 담아왔다. 바구니에 포도알 같은 것이 놓여 있었고 주님과 나는 그것을 집어 먹었다. 그리고 주님과 나만 거기에 마주보고 앉아서 내가 세 가지의 질문을 하는 것이었다.
그리고 거기에 대한 대답을 모두 듣고 내려왔다. 할렐루야.
나는 드디어 그 유리바다 위에 떠 있는 카탈리나 섬 같은 곳에 내려가서 누가 사는 성인지 아직 밝혀지지 아니하였지만 희고 흰 아름다운 큰 성이 있는 그 넓은 정원에 앉았다가 왔다는 것이 새로운 것이었다. 할렐루야.
나는 이 성에 누가 사는지를 몰랐다.
그리고 나중에야 주님은 이것에 대하여 밝혀주시는데 너무나 놀라왔다.

199. 천국에서도 성만찬을 한다.
그리고 거기에는 기쁨이 넘친다.
(2015. 7. 1)

천국에 올라가는데 오늘따라 수레바깥에서 나를 수호하는 천사의 옷이 너무 희다.
그 천사가 말을 한다. "주인님, 천국에는 더 멋지고 환희스럽게 구경할 것들이 많아요. 먹을 것도 많아요."라고 말했다. 나는 그 말을 듣자마자 기분이 엄청 좋아졌다.

내 입이 벌어져서 다물어지지 않았다. 그리고 여섯 마리의 말들도 기뻐하였고 수레를 가지고 온 천사도 기뻐하였다. 수레를 타는데 수레바깥의 천사가 말을 한다.

'주인님 수레 안을 더 잘 꾸밀께요.'라는 말을 했다. 아하, 이 천사들이 내 수레 안을 꾸미는구나 하며 알아졌다. 할렐루야. 내 수레 안은 벌써 이미 말한 대로 많이 꾸며져 있었다.

내가 앉는 자리, 내 자리 앞 테이블 반대편에 침대, 내 왼편에 책상 등등 말이다.

할렐루야.

나를 태운 수레는 즉시 천국에 도착하였다. 내가 수레에서 내리자 두 천사가 나를 수종한다. 그리고 나를 예수님께 인도하였다. 예수님은 나를 반가이 맞아 주셨다. 그런데 오늘따라 주님과 내 주위에 두 날개달린 어린 천사들이 빙빙 돌고 있다가 우리 앞에서 저 멀리 빛이 나는 곳으로 날아간다.

주님과 나도 그 천사들이 날아가는 방향으로 날아가고 있었다.

그리고 희고도 흰 성이 보였다. 천사들이 그 성안으로 날아 들어가는데 주님과 나도 그 성안에 들어섰다. 와우!

천정은 엄청 높았고 그 궁 안에는 흰 옷 입은 무리들이 양쪽으로 앞을 바라보고 앉아 있었다.

그리고 아기천사들이 그 궁 안의 천정에 날고 있었고 거기에는 천국음악이 울려 퍼지고 있었는데 그 음악소리는 내게는 들리지 않았다.

저 앞 무대 쪽에는 무지개 색깔의 벽이 엄청 위로 솟아 있었고 그 앞으로는 옆으로 긴 큰 테이블이 놓여 있었는데 그 테이블의 가장자리의 모서리가 위로 조금 솟아 있어서 아주 멋이 있어 보이는 테이블이었다.

그 테이블 위에는 큰 잔이 놓여 있었고 거기 안에는 포도주가 담겨 있었다.

그리고 그 옆에는 큰 빵이 놓여 있었던 것이다. 그 빵의 크기도 무척 컸다. 약 길이가 1m 이상 두께도 50cm 이상 되어 보였다.

주님이 그 테이블이 있는 중앙에 서셨다. 그리고 나를 앉으라 하시는데 나는 이미 그 궁을 들어가면 오른편 쪽에 가장 앞쪽 줄의 세 번째 의자가 나를 위하여 이미 비어 있었다.

주님이 나를 보고 거기 가서 앉으라 하신다. 그래서 나는 거기 가서 앉았다.

사람들이 한 사람씩 나와서 그 컵의 포도주를 마시고 빵을 떼어 먹는데 아기천사들이 그 컵을 그들의 입에다가 대어주고 있었고 먹고 나면 그 입술을 덴 자리는 불로 지지듯이 깨끗함을 입었다.

그리고 아기천사가 그 빵을 떼어서 준다. 이 아기천사들은 공중에 떠 있으면서 서빙한다.

그리고 한사람씩 먹고 나면 이들은 걸어 들어온다기보다 언제 자기가 그 자리에 와 있었는지 와 앉아 있는 것이다.

나는 일단 놀란 것은 천국에서도 이러한 성만찬을 하는 것에 놀랐다.

그 다음, 놀란 것은 우리가 지상에서 성만찬을 할 때는 예수님이 우리를 위하여 돌아가신 것 때문에 얼마나 슬픈지 모른다. 그래서 때로는 눈물도 많이 흘린다.

그런데 여기서는 너무나 다르게 전혀 슬픔이 없이 기쁨이 충만한 것이 다르다.

즉 다들 너무 기뻐한다. 성만찬을 하면서 그들은 너무 기뻐한다. 주님도 얼굴이 너무 기뻐하시는 표정을 하시고 있다. 아, 이들 모두는 지상에서 일어났던 예수님의 십자가의 사건을 여기서는 모두가 다 너무 기뻐한다는 사실이었다.

할렐루야.

나는 그것이 이해가 되었다. 그 사건이 없었다면 이들도 여기 있지 않았을 것이다.

그리고 이 성만찬하는 것을 보면서 나는 이전에 모세의 집에서 모세와 내가 대화가 잘 열리지 아니할 때에 테이블 위에 각자에게 이 포도주와 빵이 놓여 있었던 것을 기억한다. 아마도 그것도 성만찬하는 기분으로 내가 먹었었는데 이 모든 것이 실제로 천국에서도 성만찬을 한다는 것을 알게 된 것이다. 할렐루야.

[고전 11:23-26]
(23)내가 너희에게 전한 것은 주께 받은 것이니 곧 주 예수께서 잡히시던 밤에 떡을 가지사 (24)축사하시고 떼어 가라사대 이것은 너희를 위하는 내 몸이니 이것을 행하여 나를 기념하라 하시고 (25)식후에 또한 이와 같이 잔을 가지시고 가라사대 이 잔은 내 피로 세운 새 언약이니 이것을 행하여 마실 때마다 나를 기념하라 하셨으니 (26)너희가 이 떡을 먹으며 이 잔을 마실 때마다 주의 죽으심을 오실 때까지 전하는 것이니라

200. (i) 한국집회 때에 핍박을 이겨낼 것을 말씀하시다.
　　(ii) 두 번의 휴거 중, 대환난 후의 휴거는 주님의 타작마당을
　　　정하게 하는 것과 일치함을 알게 하시다.
　　(iii) 후 삼년반 전의 공중휴거가 두 증인의 부활과 어떤 관계가 있는가?
　　(iv) 십사만 사천이 처음 익은 열매라고 불리워지는 이유가
　　　알아지다.
　　(2015. 7. 5)

천국에 올라갔다. 올라가는데 수레를 가지고 데리러 온 수레바깥에서 나를 수호하는 천사가 나를 반가이 맞이한다. 흰 말 여섯 마리. 내가 이름을 붙였다. 우에서 좌로 이름을 붙였는데 사랑, 지혜, 인내, 승리, 소망, 믿음이다. 수레를 모는 천사도 나를 반가이 맞이하였다.

내가 수레를 타고 내가 내 자리에 앉는데 저편에 침대 끝에 천사가 앉아 있다. 그 천사는 침대위에 걸터앉아 있었는데 홀을 가지고 있었다. 이 천사의 특징은 날개가 분홍색 비슷하게 주황색이 나는 황금색으로 된 매우 아름다운 날개를 가지고 있었고 흰 옷을 입고 있었다.

이 천사에 대하여 내가 궁금증을 가지고 있으니 곧 알아지는 것이 이 천사는 내 책상위에 놓여 있는 계시록 책과 연관된 천사인 것이 알아졌다.

내가 앉는 자리 즉 말을 등 쪽으로 하고 앉는 자리에 앉고 보면 좌측 옆으로는 내 책상이 놓여 있었고 책꽂이에는 책이 네 권 꽂혀 있었고 그리고 노란색의 계시록 책이 눕혀져 놓여 있었다.

(i) 한국집회 때에 핍박을 이겨낼 것을 말씀하시다.

아하, 저 천사는 저 계시록을 가지고 다니는 천사이구나 하며 알아지고 그러자 수레는 즉시 천국 문을 통하여 천국에 들어가자마자 나를 연못가에 내려놓았다.

주님은 이미 거기 와 계셨고 마차 안에 분홍색과 금색의 날개가 섞인 날개가진 천사가 내가 내리자 언제 내렸는지 그 계시록 책을 가지고 내려서는 그것을 주님께로 건네어 주고 그는 사라졌다.

주님은 다시 그 책을 내게 주셨다.

나는 주님 앞에 그냥 엎드려서 울었다.
'주님!' 하고 울었다.
왜냐하면 너무 오랜만(4일)에 주님을 뵙는 것이 다 내 잘못이라는 것을 내가 알아서였다.

주님은 나를 일으키셔서 연못가의 벤치에 앉게 하셨다.
그리고 주님과 나 사이에 그 노란 계시록 책이 놓여졌다.
주님이 말씀하신다.
"네 손을 좀 보자꾸나."
즉 나는 내 손을 그 계시록 위에 얹었더니 내 손바닥에 있는 구멍이 여실히 잘 보였다.
주님이 주님의 구멍 뚫린 손을 내 손위에 겹쳐 놓으신다.
두 구멍을 통하여 밑에 계시록 책의 노란 부분이 보였다.
놀랍게도 주님의 손바닥에 있는 구멍이 내 손바닥에 있는 구멍과 일치되어서 겹쳐진 채로 하나의 구멍으로 보였다.
주님은 말씀하신다.
"네가 핍박을 이겨내어야 한단다."
즉 늘 주님은 내게 핍박을 말씀하실 때에 '내 손을 보여달라.'하시고 이 구멍을 늘 보게 하신다.
할렐루야.

(ii) 두 번의 휴거 중, 대환난 후의 휴거는 주님의 타작마당을 정하게 하는 것과 일치함을 알게 하시다.

그리고 나서 나는 주님께 질문을 하였다.
"주님, 제가 이번에 한국에 나가서 두 번의 휴거가 있을 것을 말씀할 텐데
첫째는 대 환난전, 둘째는 대 환난후라는 것을 말하려고 하는데 맞지요? 괜찮지요?"
하고 물었다.
그리하였더니 후 삼년반에 일어나는 것은 너무나 확실했다.
왜냐하면 십사만 사천이 보좌 앞에 올라가는 것과 구름위에 앉은 이가 낫으로 곡식을 거두는 것이 비로 대 환난후(666표를 강제로 받게 하는 시기 후)에 일어니기 때문이다.
그리고 그 때에 주님께서는 내가 정한 낫을 가지고 내 타작마당의 곡식 알곡은 거두어들이고 쭉정이는 불에 태우리라 하신 말씀이 생각났다.

이 알곡에 해당하는 것이 십사만 사천과 낫으로 거두어 들여지는 곡식인데 그 이후에 성경을 보면 불에 사르는 그룹이 있다. 이것이 쭉정이라는 것을 또 알게 하여 주신다.

즉 계시록에서의 구름 위의 한 천사가 낫을 휘둘러 곡식을 거두는 사건과 그리고 그 아래에 불에 태

우는 사건, 이것이 주님이 말씀하신 타작마당에 곡식은 곳간에 들이우고 쭉정이는 불에 태우는 것과 일치하는 것을 알게 하여 주셨다.

[눅 3:16-17]
(16) 요한이 모든 사람에게 대답하여 가로되 나는 물로 너희에게 세례를 주거니와 나보다 능력이 많으신 이가 오시나니 나는 그 신들메를 풀기도 감당치 못하겠노라 그는 성령과 불로 너희에게 세례를 주실 것이요 (17) 손에 키를 들고 자기의 타작마당을 정하게 하사 알곡은 모아 곡간에 들이고 쭉정이는 꺼지지 않는 불에 태우시리라

[계 14: 14-20]
(14) 또 내가 보니 흰 구름이 있고 구름 위에 사람의 아들과 같은 이가 앉았는데 그 머리에는 금 면류관이 있고 그 손에는 이한 낫을 가졌더라 (15) 또 다른 천사가 성전으로부터 나와 구름 위에 앉은 이를 향하여 큰 음성으로 외쳐 가로되 네 낫을 휘둘러 거두라 거둘 때가 이르러 땅에 곡식이 다 익었음이로다 하니 (16) 구름 위에 앉으신 이가 낫을 땅에 휘두르매 곡식이 거두어지니라 (17) 또 다른 천사가 하늘에 있는 성전에서 나오는데 또한 이한 낫을 가졌더라
(18) 또 불을 다스리는 다른 천사가 제단으로부터 나와 이한 낫 가진 자를 향하여 큰 음성으로 불러 가로되 네 이한 낫을 휘둘러 땅의 포도송이를 거두라 그 포도가 익었느니라 하더라 (19) 천사가 낫을 땅에 휘둘러 땅의 포도를 거두어 하나님의 진노의 큰 포도주 틀에 던지매 (20) 성 밖에서 그 틀이 밟히니 틀에서 피가 나서 말굴레까지 닿았고 일천 육백 스다디온에 퍼졌더라

(iii) 후 삼년반 전의 공중휴거가 두 증인의 부활과 어떤 관계가 있는가?

그리고 계시록 3장 10절은 분명 대환난 전을 말한다. 주님께서 빌라델비아 교회 교인들에게는 시험의 때 즉 유혹의 때를 면하게 하여 주겠다 하셨으니 분명 이들은 대환난 전에 휴거가 되는 것을 말한다. 할렐루야.
주님께서 빌라델비아 교회 교인들에게 이렇게 말씀하신다.
'내가 네 앞에 열린 문을 두었노라.'
나는 이 열린 문에 대한 의미를 주님께 물었었다.
그리하였더니 그 첫째 의미는 그들은 휴거된다는 것이었다. 즉 그들에게는 휴거의 문이 열려 있다고 하셨다. 두 번째로의 열린 문의 의미는 이들에게는 새 하늘과 새 땅에서 새 예루살렘 성안으로 들어가는 문이 열려 있다고 말씀하신 것이다.

이것이 생각이 났다. 그렇다. 그들은 휴거되는 것이다. 이 세상에 임하는 모든 사람을 시험하는 사건이 있기 전에 말이다.
이 시험의 때는 바로 666표를 강제로 받게 하는 적그리스도의 후 삼년반 시대라고 볼 수 있다.

그러면 이 휴거가 바로 우리가 말하는 공중휴거이다.
이것은 소위 데살로니가전서 4장 16절, 17절에서 말하는 죽은 자들이 먼저 부활하고 그 다음 살아남은 자들이 위로 홀연히 변화하여 올라가는 이 휴거 사건인 것이다. 할렐루야.

[살전 4:16-17]
(16)주께서 호령과 천사장의 소리와 하나님의 나팔로 친히 하늘로 좇아 강림하시리니 그리스도 안에서 죽은 자들이 먼저 일어나고 (17)그 후에 우리 살아 남은 자도 저희와 함께 구름 속으로 끌어 올려 공중에서 주를 영접하게 하시리니 그리하여 우리가 항상 주와 함께 있으리라

이 때의 휴거는 죽은 자가 먼저 부활하여 주님과 같이 구름을 타고 온다.

그러나 대환난 후의 휴거는 구름 위에 앉은 이가 낫을 휘둘러 땅에 곡식을 거두는 장면이다.
즉 여기서는 죽은 자가 부활하여 오는 장면이 없다.
그러므로 대환난 전에 일어나는 휴거와 대환난 후에 일어나는 휴거는 다른 것이다. 할렐루야.

그러면 공중휴거는 분명 후 삼년반 전인데, 이것이 두 증인이 바다에서 올라오는 짐승에 의하여 죽임을 당하고 나서 삼일반 후에 이들에게 생기가 들어가서 하늘로 올라가는데 이것은 이들이 부활하여 올라가는 것으로 봄이 옳다. 왜냐하면 죽은 자가 살아나서 올라가는 것이니까.
그런데 이 공중휴거가 이들이 부활하여 올라가기 전인지 후인지 아니면 동시사건인지를 아직 모르겠다. 나는 다만 천국에서 이에 대한 질문만 갖다기 내려왔다. 할렐루야.

[계 11:10]
이 두 선지자가 땅에 거하는 자들을 괴롭게 한 고로 땅에 거하는 자들이 저희의 죽음을 즐거워하고 기뻐하여 서로 예물을 보내리라 하더라

즉 두 증인 이들은 마지막 두 선지자들이다.
천일백이십일 동안 예언하는데, 3년 반 동안 하늘을 닫아 비가 오지 않게 하고 그 다음 그들이 바닷

물이 피가 되게 하고 그리고 그들이 외쳐도 회개하지 아니하니 그들을 재앙으로 치는 자들이다. 그러다가 적그리스도에 의하여 죽임을 당하고 죽은 후 3일 반 만에 다시 살아나서 부활되어 하늘로 올라가는 것이다.

[계 11: 11-12]
(11) 삼일 반 후에 하나님께로부터 생기가 저희 속에 들어가매 저희가 발로 일어서니 구경하는 자들이 크게 두려워하더라 (12) 하늘로부터 큰 음성이 있어 이리로 올라오라 함을 저희가 듣고 구름을 타고 하늘로 올라가니 저희 원수들도 구경하더라

공중 휴거 때에 보면 주 안에서 죽은 자들이 먼저 일어나고.........
그 다음 살아남은 자들도 홀연히 변화하여 올라간다.
그렇게 보면 이 두 증인도 주 안에서 죽은 자에 속한다. 그러므로 공중 휴거 때에 주 안에서 죽은 자들이 먼저 부활할 때에 이 때 같이 부활하는 것이 아닌가 하는 생각이 든다.
즉 두 증인에게 생기가 들어가 '이리로 올라오라' 할 때가 바로 주 안에서 죽은 자들이 부활하는 시기이며 그 후에 살아남은 자들은 홀연히 변화하여 공중으로 올라가 주를 뵙는 것이 아닌가 하는 생각이 든다.
그렇다면 두 증인의 부활과 공중 휴거 사건은 동일한 시간에 일어난다 볼 수 있을 것이다.
그러나 이것은 어디까지나 내 생각이다.

(iv) 십사만 사천이 처음 익은 열매라고 불리워지는 이유가 알아지다.

이 처음 익은 열매는 대환난 후에 계시록 14장에서 주님이 낫을 가지고 타작마당을 정하게 하실 때에 알곡 추수전에 처음 익은 열매로 올라간 것을 의미한다고 할 수 있다. 할렐루야. 정말 말이 된다.

[계 14:1-5]
(1)또 내가 보니 보라 어린 양이 시온산에 섰고 그와 함께 십 사만 사천이 섰는데 그 이마에 어린 양의 이름과 그 아버지의 이름을 쓴 것이 있도다 (2)내가 하늘에서 나는 소리를 들으니 많은 물소리도 같고 큰 뇌성도 같은데 내게 들리는 소리는 거문고 타는 자들의 그 거문고 타는 것 같더라 (3)저희가 보좌와 네 생물과 장로들 앞에서 새 노래를 부르니 땅에서 구속함을 얻은 십 사만 사천인 밖에는 능히 이 노래를 배울 자가 없더라 (4)이 사람들은 여자로 더불어 더럽히지 아니하고 정절이 있는 자라 어린 양이 어디로 인도하든지 따라가는 자며 사람 가운데서 구속을 받아 처음 익은 열매로 하나

님과 어린 양에게 속한 자들이니 (5)그 입에 거짓말이 없고 흠이 없는 자들이더라

201. 계시록 책을 쓰기를 서두르라고 말씀하시는 주님
(2015. 7. 6)

천국에 올라갔다.
여섯 마리 말과 두 천사가 수레를 가지고 나를 데리러 왔는데 수레가 온통 유리 같은 다이아몬드로 된 수레이다. 와우! 수레가 다 다이아몬드로 되어 있다니……
수레 안도 다 다이아몬드이다. 할렐루야. 너무 아름답다.
거기에는 침대, 책상, 다이닝 테이블, 내가 앉는 자리 등이 있다.
침대 장식도 다 다이아몬드, 책상도 테이블도 다 다이아몬드이다.
책꽂이에는 4개의 책이 꽂혀 있고 계시록을 쓸 노란색의 책이 눕혀져 있다.
저 끝에 침대에는 금색을 띤 분홍색의 날개를 가진 흰 옷 입은 천사가 나를 바라보고 걸터앉아 있었고 그녀는 홀을 가지고 있었다.

수레는 즉시 천국 안에 도착하였는데 즉시 연못가로 인도하였다.
나는 수레에서 내려서 거기와 계신 주님께로 갔는데
수레 안에 같이 왔던 천사가 내려서 노란색 표지의 책을 주님께로 건네고 사라졌다.
주님은 그 책을 가지고 나를 연못가의 벤치로 인도하셨다.
그리고 주님이 앉으시고 내가 앉았는데 책은 주님과 나 사이에 놓였다.
주님이 말씀하셨다.
"이 책을 쓰는 것을 서두르거라."
"네 알겠습니다. 주님"
그리고서는 나는 내려오게 되었다.
주님은 계시록 책을 빨리 쓰기를 원하셨다.
여기에는 어떤 특별하신 이유가 있으실까? 아니면 없을까? 나는 모른다.
다만 빨리 서두르라고 하셨으므로 순종하여야 함을 알고 있다. 할렐루야.

202. 백보좌 심판대와 그리스도의 심판대
(2015. 7. 10)

천국에 올라가는데 수레바깥에서 나를 수호하는 천사가 성가대를 지휘하는 지휘봉 같은 것을 가지고 있으면서 얼굴에는 만면의 미소를 띠고서 하는 말이 "주인님 즐거워하세요."라고 했다.
그리고 말들도 즐거워 보였다.
그들은 오른 편에서부터 왼편으로 그들의 이름이 사랑, 지혜, 인내, 승리, 소망, 믿음이라고 둥근 목걸이에 적혀 있었다. 말들이 내게 말없는 말을 전달한다.
'주인님 꼭 우리들의 이름처럼 살아주세요.'라고 말이다.
말을 모는 천사는 오늘따라 분홍색의 하늘거리는 드레스를 입고 있었다.
그리고 나를 데리러 온 수레는 사각형으로 아주 근엄하고 우아하고 예뻤다.
그리고 크고 높았다.
나는 재빨리 수레를 탔다. 나는 흰 드레스를 입고 있었고 머리에는 면류관을 썼다.
수레 안에는 저 건너편에 내 침대가 놓여 있는 장소에 분홍색과 금색이 조화된 두 날개를 가진 천사가 걸터앉아 있었다. 그 천사는 항상 홀을 하나 가지고 나타났다.
그리고 내 왼편에 책꽂이에 보니 내가 쓴 네 권의 책은 가지런히 꽂혀 있는데 내가 써야 할 계시록의 책은 노란색 표지를 한 채로 책꽂이에 누워 있었다.
저 침대 쪽에 앉은 천사가 처음으로 나와 대화가 일어났다.
나는 물었다.
'왜 나에게 나타나냐고 그리고 왜 꼭 이 수레 안에 있느냐?'고 물은 것이다.
그 천사는 말없는 말로 나에게 대답하였다.
'제가 저 책을 지키느라고 여기 있습니다.'라고 했다.
아니 내가 쓸 책이면 내가 만질 수도 있고 할텐데 하면서 내 책이 아니냐고 반문하였더니 그 천사가 말하기를 그 책은 내 책이 아니고 주님의 책이라 했다.
이 천사는 내가 수레에서 내리면 이 책을 주님께로 건네주는 천사였다.
아니 그런가? 내가 저 책을 아직 안 써서 주님의 책인가?
아니지 내가 써도 주님의 책이 맞긴 맞는데….
왜 하필이면 이 천사까지 주님은 붙여서 나로 하여금 지금 저 책에 손을 못 대게 하시나 하면서 서운하여 하면서 나는 수레에 앉아서 천국으로 올라가고 있는 중이었다.

바깥에서 나를 수호하는 천사가 천국대문에서 '문을 여시오'하는 말이 들린다.

우리는 즉시 천국 안에 도착하였고 나는 주님을 보자마자 그 앞에 엎드렸다. 내 수레 안에 같이 타고 온 천사는 그 책을 주님께로 건네주었다.

그리고 그는 보통 사라지는데 오늘은 주님 옆에 서서 보고 있었다.

나는 주님께 말했다.

"주님 차라리 나를 버려 주시옵소서......

나는 그 책을 쓸 자격이 없는 사람입니다." 라고 했다.

주님은 내가 서운하여 하는 것을 눈치 채시고 그 책을 나에게 주신다.

"사라야 받아라."

즉 이 천사는 그 책을 주님께 건네주고 그가 직접 나에게 줄 권리가 없는 것이다.

그리고서는 주님이 나를 어디로 데리고 가실까 무척 궁금하였다.

성부 하나님이 계신 성전?

흰 옷 입은 무리들이 많은 컨벤션센터?

아니면 요한의 집 앞의 피크닉테이블? 등등 생각하고 있는데

주님과 나는 이미 정원의 길을 걷고 있었다.

나는 그 계시록 노란 책을 가슴에 꼭 안고 걷고 있었다.

주님은 내가 내 속에 질문들이 있는 것을 알고 계셨다.

나는 주님께 질문하였다.

"주님, 이번 9월에 휴거가 일어나는 것이 맞나요? 즉 이번 나팔절에 아니면 그 전후로요?"

"왜냐하면 어떤 권사라는 분이 자꾸 그렇게 이야기한대요. 그리고 예수님이 그렇게 말씀하셨다 하면서요."

주님은 말씀하신다.

"어느 누구도 완전하지 않단다."

즉 그 이야기는 그 권사가 듣는 것이 정확하지 않다는 말로 들렸다.

그러시면서 하시는 말씀이

"그가 하는 이야기를 한 귀로 듣고 한 귀로 흘려보내라." 라고 말씀하신다.

"그러면 주님, 저는 이번에 집회 가서 한국전쟁 다음에 휴거가 일어난다고 말해야겠네요. 그분은 전쟁 전에 휴거된다고 말하고 있는데요."

그랬더니 전쟁이 일어난 후에 휴거라고 말하라고 말씀하신다. 할렐루야.

그래서 나는 주님께 다시 물었다.
그러면 주님 한국전쟁은 언제 일어나나요?
9월입니까? 10월입니까?
이 질문에 대하여서는 주님이 아무 말이 없으시다.
그러시면서 말씀하시기를
"나는 거룩하니라."
할렐루야.
그렇다. 주님은 거룩하시다.
사람들은 날짜를 알기를 원한다.
그런데 그 날과 시는 분명히 하나님의 권한에 달려 있다 하였다.
알려고 하는 그 자체가 주님의 거룩하심, 하나님의 거룩하심을 침범하는 것이라는 것을 말씀하신다. 순간적으로 주님의 거룩하심을 침범하였던 모세가 생각났다.
'명하여 물을 내라.'하였는데
순간 이스라엘 민족에게 화를 내면서 바위를 두 번 막대기로 쳐서 물을 낸 사건이 생각났다. 이것 때문에 모세는 가나안에 들어가지 못했다.
"아, 주님 잘못했어요. 주님이 가르쳐 주시지 않는 것을 제가 더 이상 알려 하지 않겠습니다."
할렐루야.
주님은 자꾸만 말씀하신다.
"내가 너의 아버지니라."
할렐루야. 아멘 아멘.

그리고서는 나는 이 두 문제에 대하여서는 그렇게 이야기하였고
그 다음 질문을 하였다.
"주님, 백보좌 심판대와 그리스도의 심판대가 어떻게 다릅니까?"
주님은 말씀하신다.
"내가 누구냐?"
"하나님이십니다."
"백보좌에 앉는 자가 누구냐?"
"네 주님이십니다."

"그러면 백보좌 심판대와 그리스도의 심판대 둘 다 주님이 앉으시는 것입니다."

그러면서 주님은 그 이후로 내 생각 속에서 정리되게 하여 주신다.
그리스도의 심판대 고린도후서에서 말하는 선악간에 행한 대로,
이것이 계시록 22장 12절과 선악간에 행한 대로 갚아주리라와 연결됨을 알게 하여 주시고 또 이것이 계시록 22장 14절에서 15절까지 연결됨을 알게 하여 주신다.
이 새 예루살렘성은 계 21장에서 시작되므로 그리스도의 심판대는 반드시 새 하늘과 새 땅이 열리고 새 예루살렘성이 하늘에서 내려오기 전에 일어나야 함이 명백하다.
백보좌 심판대에는 죽은 자들이 무론대소하고 다 서지만 그리스도의 심판대에는 예수를 주로 시인하고 영원한 불못에서 구원받은 죽은 자들이 서게 될 것이다. 그래서 이름이 그리스도의 심판대이다.
즉 예수 그리스도를 구세주로 믿은 자들에 대한 행위심판이 일어나는 곳이 그리스도의 심판대라는 것이다. 이 심판으로 인하여 새 예루살렘성 안으로 들어갈 것인지 못 들어갈 것인지가 판정이 되는 것이다. 그리고 그리스도인들도 행위대로 심판을 받는 곳이다.
그런데 이 그리스도의 심판대가 언제 일어나는가 하는 것이다.
분명히 20장의 백보좌 심판과 21장의 새 하늘과 새 땅이 열리기 전에 일어나야 한다.
그러나 성경에는 특별히 그리스도의 심판대에 대하여 계시록에서 언급을 하고 있지는 않다.

성경을 보면 부활 때에 해의 영광이 다 다르고 달의 영광이 다르고 별의 영광이 다르며 별과 별의 영광이 다르다 하였다. 그러므로 첫째 부활 때에 이미 다 그 상급이 정하여져 있다.
그러므로 그리스도의 심판대에서는 첫째부활에 참여하지 못했던 자들로서
예수를 믿어 영원한 불못에서 구원받은 모든 자들이 서서 심판을 받게 될 것이다.
즉 이기는 삶을 살지 못하여 첫째부활에 참여하지 못한 자들이 둘째부활 즉 백보좌 심판때에 부활하여 그리스도의 심판대에 서게 될 것이다.
그런데 문제는 그리스도의 심판대가 따로 계시록에서 나오지 않는다. 이것이 문제이다.
성경은 더하지도 말고 빼지도 말라 하였다.
그러나 분명히 이 그리스도의 심판대는 새 하늘과 새 땅이 열리기 전에 일어나야 하므로
계시록 20장에서 백보좌 심판대라고 하지만 예수 그리스도가 앉으시므로 그리스도의 심판대가 될 수도 있는 것이다. 할렐루야.

아하, 이제야 이해가 된다.

계시록 20장 11절부터 나오는 심판대가 백보좌 심판대이지만 이것은 또한 믿는 자들에게는 그리스도의 심판대가 되는 것이다. 할렐루야.

그래서 죽은 자들이 무론대소하고 그들의 행위에 따라서 심판을 받더라고 되어 있는 것이다.

이 죽은 자들에는 첫째부활에 참여하지 못한 그리스도인들도 포함되어 있는 것이다.

그래서 그리스도인도 있고 불신자도 있으므로 성경은 이렇게 적고 있다.

'생명책에 이름이 없는 자마다 불못에 던지우더라.'라고 말이다.

할렐루야.

정리되게 하여 주시는 주님을 찬양합니다!

깨닫게 하여 주심을 감사합니다!

203. 주님이 6.25때의 사진을 들고 나오시다.
(2015. 7. 15)

요즘에 집회를 준비하느라 마음이 바빠서 천국에 자주 못 올라갔다.

마음이 조급하거나 다른 것으로 차 있으면 천국구경도 못한다.

오늘은 아침에 기도를 거의 세 시간을 하고 천국에 올라갔다.

수레바깥의 천사가 말을 한다. '입을 다무세요.'라고

나는 아니 무슨 좋은 일이 있다고 저 천사가 저렇게 말을 하지? 하고 수레를 탔다.

그런데 오늘따라 수레에 무지개가 선명하게 겹쳐 보이는 것이었다.

무지개는 오히려 수레보다 더 뚜렷하게 보였다. 나는 무지개를 볼 때마다 좋다.

그래서 나는 수레를 탔는데 와우!

수레 안에 길고 큰 테이블이 펼쳐졌다. 아주 길다.

아니 수레 안이 다 비었고 이전에는 저편에 침대, 왼편에 책상, 내가 앉는 자리에 다이닝 테이블 등 여러 개의 가구가 있었는데 싹 치워져 있었고 길고 큰 테이블이 쫙 놓이고 그 테이블 위에 흰 테이블보가 놓였다. 아니 내가 봐도 수레 안에 잔치가 벌어진 것 같은 분위기였다.

나는 내 자리가 원래 수레를 타면 말을 등 뒤쪽으로 하고 앉는 자리가 있는데 그 자리가 긴 테이블의 왼편 옆으로 놓여 있었다.
그리고 수레 안의 긴 테이블 오른편 가운데에 주님이 앉으셨다.
그리고 그 테이블 맞은 편, 왼편 가운데에 모세가 앉았다. 모세의 오른편에 베드로가 왼편에 바울이 앉았다. 그리고 왼편 앞쪽으로 내가 앉아 있었고 그리고 나머지는 내가 아는 믿음의 선진들이라는 것이 알아졌다.

너무 순식간이므로 이 잔치는 이 수레가 천국에 올라갈 때까지만 일어나는 잔치였다.
와우! 아니 이 짧은 시간에 수레 안에서 잔치라니?
나는 놀라우면서도 기뻤다.
그리고 내가 아는 믿음의 선진들이 내가 타는 수레 안에 주님과 함께 같이 잔치상을 차렸다는 것이 나는 너무 기뻤다. 그래서 좋아서 내 입이 벌어졌다.
아하, 그래서 아까 나를 수호하는 천사가 내가 이렇게 좋아할 줄 알고 '입을 다무세요.'라고 했구나!
수레바깥의 천사는 이미 앞으로 일어날 일을 항상 다 알고 있는 것 같았다.
수레는 즉시 천국에 도착하였고 주님과 내가 먼저 내리는 것이었다.
그리고 믿음의 선진들이 흰 옷을 입고 내렸다.
우리 모두는 회의실로 향하였다. 주님이 먼저 회의실로 들어오셔서 테이블 머리 자리에 앉으시고 그리고 테이블의 오른편 옆에는 모세가 앉고 그 다음 마리아가 와서 앉았다.
이쪽 테이블의 왼편에는 바울이 앉고 그 다음 내가 앉았다. 약간 자리가 바뀌었다.
그리고 그 다음 회의실로 들어오는 믿음의 선진들을 보니
베드로, 안드레, 삭개오, 에스더, 다윗, 아브라함 등이 들어와서 앉았다.
다 앉은 후에 주님이 말을 시작하기 전에 모세가 말을 한다.
나는 오늘 왜 이 회의실에 왔는지 궁금하여 하고 있었다.
모세가 먼저 말을 했다.
"주님 사라를 울리지 마세요."라고.
나는 그 순간 알아졌다. 아 나는 다시 곧 전쟁이 일어날 것을 주님이 말씀하시려고 하는구나 하며 알아졌다. 천국에서는 이러한 지식이 그냥 알아진다.
그리고 나는 내려왔다. 주여!

그리고 나는 두 번째 천국에 올라갔다.
수레에서 내리자마자 주님이 나를 손을 걷어 부치고 내 발을 씻어주셨다.
아니 꼭 성만찬 때에 주님이 팔을 걷어 부치시고 발을 씻어 주신 것처럼……

나는 말리고 싶었다. 그러나 어쩔 수 없었다.
그리고서는 주님이 말씀하신다.
"내가 너에게 보여 줄 것이 있단다."
그러시면서 그는 어디인가 어떤 방으로 들어가시는 것 같더니
어떤 사진을 갖고 나왔는데 6.25 전쟁 때 일어난 것이었다.
사람들이 살이 떨어져 나갔고 다리와 팔 등이 떨어져 나온 피난민의 사진이 보였다.
오 마이 갓!
주님이 왜 또 이 6.25때 사진을 갖고 나오셨을까?
전쟁이 일어난다는 것을 주님은 다시 내게 알게 하기 위하여 내게 사진을 갖고 나오신 것이다.

오늘 이 기록의 중요성은 다음과 같다.
나는 열심히 기도시간에 주님께 물었다. 주님, 어떤 권사님이 하는 말이 이번 9월에 휴거가 일어난다는데 그것이 맞나요? 계속 물었다. 주님은 기도 속에서 그 말을 한 귀로 듣고 한 귀로 흘리라고 또 말씀하셨다. 이 말씀은 내가 천국에서도 들은 말씀이다. 기도 속에서도 동일한 말씀을 주셨다. 그리고서도 나는 천국에서 다시 그 답을 얻기를 원했다. 그러나 정작 주님께서는 천국에서 나에게 보여 주신 것은 휴거에 대한 것이 아니라 두 번 다 한국전쟁에 관한 것이었다!!!!

204. 집회 때마다 축사와 신유사역을 반드시 하기를 원하시는 주님
(2015. 7. 20)

천국에 올라갔다.
주님은 나를 바울의 선교방으로 인도하셨다.
바울의 선교방은 바울 선생님의 집에 있는데 벽도 천정도 바닥도 테이블도 의자도 다 순 황금으로 된 방이다.
순 황금 둥근 테이블에 황금 의자를 셋을 놓고 주님 그리고 바울, 내가 앉았다.
바울은 머리가 동글동글 머리가 짧고 젊다.

내가 오늘 왜 주님이 나를 이 바울의 선교방으로 데리고 왔을까 하고 생각하니
아하, 이번 집회 때에 또 반드시 축사와 신유사역을 하라고 하는 것이구나. 깨달아지는 것이었다.
'아하, 그렇지 반드시 그렇게 해야지'하는데 테이블 위에 바울이 기름병 같은 것을 하나 가지고 있었다.
즉 나는 그 기름병을 보면서 아하, 주님이 나에게 신유 기도를 하기 전에
저 기름병으로 각자의 이마에 십자가 성호를 긋기를 원하시는구나 하며 깨달아졌다.
그것은 내가 그렇게 할 때에 주님이 역사하시겠다는 의미였다.
그러므로 나는 이번에 한국 집회 때에 기름병 즉 올리브유를 담은 작은 기름병을 준비하여 가져가려 한다. 할렐루야.

그리고 나는 반드시 하나님의 역사를 경험하게 될 것을 기대한다.

제 5 부

205. 한국 집회 후 처음으로 천국에 올라가다.
(2015. 8. 20)

한국 집회를 마치고 돌아온 후 한 달만에 천국에 올라갔다.
나를 데리러 온 천사가 긴 흰 옷을 입고 데리러 왔다.
말이 여섯 마리가 왔고 그들의 이름은 사랑, 지혜, 인내, 승리, 소망, 믿음이다.
그리고 말을 모는 천사도 나를 반가이 맞아준다.
수레바깥에서 나를 수호하는 천사는 남성천사로 좀 안 생겼으나 수레를 모는 천사는 여성천사로 정말 아름답다.
나를 데리러 온 수레가 너무 크고 아름답다.
나는 수레를 탔다. 안에는 내가 앉은 테이블 쪽에 가장자리가 파인애플껍데기 모양의 보석접시가 놓여 있었고 그 안에는 파인애플 같은 과일이 얇게 썰어져 있었다.
나는 그것을 먹었다. 수레 안은 여전하다. 왼편에 책상과 책꽂이가 있고 거기에는 내가 쓴 네 권의 책이 꽂혀 있고 그리고 계시록이 쓰여질 책은 얇은 노란색 두꺼운 책으로 옆으로 누워진 채로 있었고 그리고 내가 앞으로 더 써야 할 3권의 분홍색이 오른편 왼편으로 꽂혀 있었다. 계시록이 쓰여질 책은 중앙에 누워진 채로 놓여 있었다.
수레 저편에 아름다운 장식을 한 침대가 보였고 늘 계시록 책을 수레에서 주님께로 가져다주는 천사 한명이 그 안에 침대에 걸터앉아 있었다.
그 천사도 여성천사로 보였고 날개와 옷은 분홍색이었다. 날개 끝에는 황금색으로 장식이 되어 있었다. 나를 태운 수레는 즉시 천국 안으로 도착하였는데 천국 문에 도달하였을 때에 나를 수레바깥에서 수호하는 천사의 목소리가 들렸다.
"문을 열어라" 그러자 문이 활짝 열렸다.
원래 문앞에도 두 천사가 문을 열어주기 위하여 대기하고 있었다.
나는 천국에 도착하여 수레에서 내리는데 역시 두 천사가 나를 주님께로 인도하였다.
그런데 수레에서 내릴 때의 나의 옷차림이 머리에는 다이아몬드 면류관을 썼는데 옷은 청색드레스였다. 아니 내 옷이 청색 드레스를 입고 있는 것이었다.

나는 왜 그런지는 모른다. 주님이 그렇게 입혔을 것이다.

나는 이전에 이렇게 토마스 주남이 청색 드레스를 입은 것이 기억이 났다.

어쨌든 나는 주님을 만났는데 얼마나 기쁜지 울고 또 울었다.

이 울음은 깊음이 있는 울음이었다. 지금껏 집회 준비하고 한국에서 집회한 후 처음으로 주님을 만나는 것이었다. 얼마나 울음이 나오는지……

주님이 말씀하시는 것이 알아진다.

"내가 안다."라고 하셨다.

나는 울음이 그치지 않았다. 그렇게 보고 싶었고 만나고 싶었던 그 분인데 이제야 이렇게 만나다니……….

주님은 다 아신다 하시면서 나를 맞아주셨다.

그리고서는 기억이 안 난다.

두 번째 올라갔다.

천국에 도착하니 주님이 수레에까지 오셔서 수레에서 내리는 나를 맞아 주셨다.

주님은 나를 구름에 태우셔서 급히 가신다.

어디로 가시나 했더니 연못가에 오셨다. 그리고 벤치에 앉으셨다.

정말 오랜만이다. 이렇게 주님과 앉은 것이…….

주님은 종이에 무엇인가를 쓰셨다.

그리고 나에게 편지 세장을 주셨다. 나는 그것을 받았다.

그런데 그것을 천국에서 펴보지 못하고 내려왔다.

무엇을 쓰셨을까?

무슨 편지일까?

206. 주님께서 나에게 계시록이 열릴 것이라 말씀하시다.
(2015. 8. 22)

천국에 올라갔다.

나를 데리러 온 수레바깥에서 나를 수호하는 천사가 '주인님 어서 오세요'하면서 나보고 '안경을 벗으세요'라고 말한다. 아니 내가 지상에서는 안경을 쓰지만 천국에서는 안 쓰는데 혹 내가 또 잘못 이해하고 있는 것이 있는가 하는 생각을 하고 있는데 말들이 다 안경을 쓰고 있다가 하나씩 벗었다. 조금 우스운 생각이 들었다. 말들이 안경을 쓰고 있다니….

말을 모는 천사도 안경을 쓰고 있다가 벗는다.

(이들이 하는 모든 행동은 미리 나에게 무엇이 일어날지를 암시하는 것들이 많다.)

나를 데리러 온 수레는 크고 아름다웠다. 내가 수레를 타니 내가 먼저 눈이 가는 곳은 왼쪽 책상 앞에 놓여 있는 책꽂이였다.

아니나 다를까 네 개의 책이 꽂혀 있고 노란색의 계시록을 쓸 책이 누워있고 그리고 내 쪽으로 분홍색의 세 개의 책, 내가 앞으로 써야 할 책이 꽂혀져 있었다.

수레 저편으로는 침대가 놓여 있는데 거기에 분홍색 옷을 입고 분홍색 날개를 가진 천사가 침대에 걸터앉아서 나를 맞이하는데 나보고 '주인님'하고 인사한다.

아니 저 천사도 나보고 '주인님'하네 하면서 나는 놀랐다.

이전에는 날개만 분홍빛과 황금빛이 났었는데 오늘은 아예 옷도 분홍빛이 나는 옷을 입고 있었다.

수레는 천국 문에 도착하자 수레바깥의 천사가 '문을 열어라.'하고 큰 소리를 하자 천국 문에서 기다리던 두 천사가 '사라님 오셨다.'하면서 문을 활짝 열었다.

수레는 천국 안에 도착하였고 내가 수레에서 내리자 수레바깥에서 나를 수종하려고 기다리던 두 천사가 나의 손을 하나씩 잡고 주님께로 나를 인도하였다.

내 눈에는 눈물이 줄줄이 흐르고 있었다. 내 사랑하는 주님을 오랫동안 못보아서였다.

주님 앞에 왔다. 주님은 내게 말씀하셨다.

"내 딸아 왔구나."

나는 그분의 발을 보고 또 구멍뚫린 손을 보았다.

내 안에서의 울음은 더 세게 북받쳐 올라왔다.

내가 그러고 있는 동안 저어기에 흰 옷 입은 무리들이 그들의 눈에도 눈물이 눈깔사탕 만큼이나 크게 맺혔다. 나를 보니 반가워서였다.

주님은 나를 데리고 절벽위로 올라가신다. 그 앞에는 폭포수가 있다.
주님이 직접 세수대야 같은 것에 생명수를 가지고 내 눈물 흘리는 얼굴을 씻어 주셨다.
옆으로는 날개달린 천사들이 약 7-8명이 세숫대야에 생명수 물을 담아서 들고 서 있다.
웬 저렇게 많은 생명수 물이 필요할까? 하고 있는데 주님께서 내 얼굴을 다 씻으시더니 또 손과 발을 씻기기 시작하셨다.
그러시더니 이제는 세숫대야를 들은 천사들이 내 머리위로 그 생명수를 부었다.
그리하였더니 나는 아름다운 드레스를 입고 있었지만, 그 옷 위로 생명수를 부었건만 내 몸이 다 씻어지는 것을 느꼈다. 할렐루야. 아하, 그래서 저렇게 많이 들고 서 있었구나 하며 알아졌다. 이 세숫대야라고 표현하였지만 천국에서는 그런 것들이 다 보석으로 되어 있다.
그런 후에 주님은 나를 데리고 저어기 흰 빛이 가득한 곳으로 데리고 가신다.
아하, 저곳은 여러 번 주님과 가본 곳이다.
저쪽에 궁이 보이고 그 궁에서는 빛이 쏟아져 나온다. 그곳은 성부 하나님이 계신 곳이다.
주님과 내가 그 궁 안에 섰다.
저 앞에서 성부 하나님의 목소리가 흘러나왔다.
"사라야!"
"네"
"내가 너를 사랑한단다." 우레와 같은 소리였다.
그러자 주님이 나를 옆에서 쳐다보시고 싱긋이 웃으셨다.
나도 웃음을 지었다.
할렐루야.
그리고서는 성부 하나님께서 말씀하신다.
"네가 복음을 전하게 될 것이다."
그리할 때에 저 궁 앞에서 즉 성부 하나님이 계신 보좌 쪽에서 큰 회오리바람같이 큰 힘이 나와서 나를 쳤다. 그러자 나는 너무 가슴이 벅찼다.
그 큰 회오리바람 같은 것이 나를 친 후에 나는 너무 좋아하였다.
나는 대답하였다.
'저를 그렇게 써 주신다니 저는 너무 기쁩니다.'라고 말했다.
그리고서는 그 힘이 아직도 나에게 작용하고 있을 그 때에 주님과 나는 그곳을 나와서 주님이 나를 연못있는 곳으로 데리고 가셨다.

연못가에 있는 벤치에 앉았는데 아까 그 분홍색 옷을 입은 천사가 노란색의 계시록 책을 나와 주님 사이 벤치위에 놓고 갔다.

우리 앞에서는 연못 위에 둥근 나뭇잎사귀 위에서 개구리 한 마리가 바이올린을 켜고 있었고 그 앞에서 여러 마리의 개구리들이 그 음악에 맞추어서 째즈를 추고 있었다.

그 모양이 참으로 아름답고 조용하였다.

주님이 내게 말씀하신다.

"사라야!"

"네"

"너에게 계시록이 열릴 것이다."

나는 이 말씀이 무슨 말씀인지 몰라서 '주님 열린다는 말이 무슨 말씀이신지요?'라고 물었다.

그랬더니 주님이 말씀하시기를

'열린다는 말은 네가 계시록에 대하여 질문이 있을 때에 알게 될 것이다.'라고 말씀하여 주시는 것이었다.

그러면서 저번에 나에게 계시록을 풀이한 책을 케익으로 먹이신 것을 기억나게 하여 주시면서 성령 하나님께서 나에게 깨닫게 하여 주실 것이라고 말씀하여 주시는 것이었다. 할렐루야.

감사합니다. 주님.

안 그래도 요즘에 계시록을 쓰고 있는데 하나씩 알아지는 것을 느끼고 있었다.

할렐루야. 주님을 찬양합니다.

여기서 한마디 하고 지나가야 하는 것은 이 성부 하나님이 계신 궁에서 성부 하나님께서 나에게 계시록이 열릴 것이라고 말씀을 들었는데 내가 천국에 올라올 때에 수레바깥의 천사가 나에게 '안경을 벗으세요.'라고 말한 것과 일치되는 것을 나는 발견하였다.

그리고 말들도 안경을 쓰고 있다가 벗었고 수레를 모는 천사도 안경을 쓰고 있다가 벗는 행위를 나에게 보였었다.

이것이 무슨 의미일까? 하고 생각하였지만 이것은 성부 하나님의 궁에서 성부 하나님으로부터 '너에게 계시록이 열릴 것이다.'라고 말씀하신 것과 일치하는 것밖에는 달리 해석이 없는 것이다. 어찌 그 천사들이 내가 천상에서 그 다음에 일어날 일들을 다 알고 있었을까? 아니면 주님이 그들에게 내가 천국에 올라오기 전에 알려 주시나? 어쨌든 그들은 이미 내가 천상에서 무슨 일이 일어날지를 다 알고 있었다는 것이다. 할렐루야.

207. 주님이 첫 선교지를 말씀하여 주시다.
(2015. 8. 24)

천국에 올라가는데 수레바깥에서 나를 수호하는 천사가 말들의 이름을 한번 불러보라 한다.
그래서 나는 사랑, 지혜, 인내, 승리, 소망, 믿음 하고 부를 때에 자기 이름에 해당하는 말들이 머리로 자신을 나타내고 신호를 보냈다.
나는 웃음이 나왔다. 그리고 말을 모는 천사도 나에게 '주인님'하면서 반긴다.
나는 수레를 탔다. 수레는 크고 아름다웠다.
안에는 여전히 내 앞에 다이닝 테이블이 있고, 그리고 왼쪽으로는 책상과 책꽂이 책들이 꽂혀 있고 계시록 책은 노란색으로 책꽂이에 눕혀져 있었고 두꺼웠다. 그리고 저편에는 침대가 있고 거기에 분홍색 옷을 입고 분홍색 날개를 가진 천사가 걸터앉아 있는 것이다.
이 천사도 나를 보고 '주인님'한다.
나는 이 수레를 타고 즉시 천국으로 올라가는데 수레바깥에서 나를 수호하는 천사가 '문을 열어라.' 하는 말이 들린다. 그리고 수레는 천국 안에 도착하였다.

수레에서 내리는 나를 두 천사가 나를 수종하여 주님께로 인도하였다.
주님은 나에게 '사라야 왔구나!'하고 인사를 건네신다.
나는 주님의 발을 보면서 발에 구멍이 나 있는 발에 엎드려서 떨어지지 않으려 하였다.
나는 그냥 거기에 주저앉아서 그 발에 있는 구멍을 보고 그 발을 안고 떨어지지 않으려 하였다.
주님은 나에게 말씀하신다.
"사라야! 내가 너에게 부탁이 하나 있단다."
아니 주님이 내게 부탁이 있다니?
그리자 주님과 내가 벌써 사도 바울의 선교의 방에 와 있었다.
이 방은 온통 황금으로 된 방이다. 순금으로 된 방이다.
거기에 주님과 내가 그리고 사도 바울이 둥근 테이블에 앉았다. 테이블도 의자도 모두 순금이다.
거기에 앉는데 주님이 말씀하신다.
"사라야! 너는 사람들이 안 간 외떨어진 곳에 가봐야 할 거야."라고 말씀하신다.
그러시면서 과테말라 바로 옆의 나라 벨리제를 말씀하셨다.
아니 벨리제라고 하면 버지니아에 이OO 목사님이 거기에 선교가자고 한 그 곳인데...
아니 주님이 내게 그 곳에 가보라고 하시는 것이었다.

어머나?....

나는 놀라고 놀라와했다.

나는 한번도 그렇게 생각해 보지 않았다.

다만 그 목사님이 말할 때마다 나는 어떤 감동도 오지 않았고 그리고 나는 나와는 전혀 상관이 없다고 생각하고 있었기 때문이다. 가도 다른 곳으로 가야지 하고 생각하고 있었던 것이다. 왜 하필이면 한번도 들어보지도 못한 나라에 가야 하나 하고 나는 사실 부정적으로 생각해 오고 있었다. 그분 혼자 가시면 갔지 나는 별로 가고 싶은 생각이 없었다.

그런데 주님이 오늘 그것도 사도 바울의 선교의 방에 나를 데리고 오셔서 바로 그 벨리제를 말씀하고 있는 것이었다.

그래서 나는 이렇게 대답하였다.

'주님이 원하신다면 제가 가보겠습니다.'하고 말했다.

그런데 나는 너무 놀랐다.

주님이 설마 그 곳을 말씀하실 줄이야..........

나는 이것을 한번만 이렇게 들어서가 아니라 다시 확인을 해보아야겠다고 생각이 들었다.

그러나 '주님이 가라시면 제가 순종을 해야지요.'하면서 감사를 올려 드렸다.

할렐루야.

그러면서 나는 내려왔다.

208. 주님께서 내 손에는 구멍이 뚫려 있으나 내 발에는 구멍이 뚫려 있지 않음을 인지시켜 주시다.
   (2015. 8. 24)

두 번째 천국에 올라갔다.

내 손에 구멍이 뚫려 있음이 인지되었다. 주님처럼. 나는 이것이 늘 민망했다.
내 손에 성부 하나님께서 이전에 이 손바닥에 구멍을 뚫어주신 것이다.

천국에 도착하자마자 주님은 나를 절벽 위에 폭포수가 있는 곳으로 데리고 가셨다.

그리고 내 발을 씻겨 주셨다.

그런데 내 발에는 구멍이 없었다.

'아하, 내 발에는 구멍이 없구나.' 이를 알고 아 얼마나 다행인지 모른다고 생각했다.

'그래 맞아 이것이 주님과 내가 다른 것이야. 주님의 발에는 구멍이 있어….'

얼마나 감사하였는지 모른다.

내가 감히 주님과 같이 손에 구멍이 뚫려 있다는 것이 늘 황송하고 나는 그것에 대하여 어찌할 바를 몰라 했다. 내 손에 뚫려 있는 구멍들을 볼 때마다 말이다.

나는 주님처럼 살지도 못하는 주제에 나 같은 것이 감히 그러한 구멍을 가지고 있다는 것이 나로 하여금 정말 항상 당황케 하였다. 그런데 이제 안심이다. 주님의 발에는 구멍이 있지만 나의 발에는 구멍이 없다는 사실…….

왜 진작 이것을 깨닫지 못하였을까?

오늘 주님께서는 나로 하여금 이것을 깨닫게 하여 주시기 위하여 일부러 폭포수 앞에서 내 발을 씻기시는 것 같았다. 왜냐하면 하도 내가 거북하여 하니까 말이다.

어쨌든 너무 감사하였다. 할렐루야. 아멘.

209. 주님이 말씀하시기를 하루에 충실하라고 말씀하신다.
(2015. 8. 25)

나는 이것을 기록하지 아니할 수 없다.

왜냐하면 기록하지 않고 있었더니 계속 그 내용이 생각이 났기 때문이다.

내가 천국에 올라갔는데 주님께서는 나를 큰 방으로 데리고 가셨다.

그 큰 방이란 홀이라고 할 정도로 컸다. 그런데 저쪽 한쪽 편에 아주 많은 여러 방문들이 일렬로 나열되고 있는 것이 보였다. 주님께서는 거기에 있는 한 방에 들어가시더니 달력을 갖고 나오셨다.

그리고 내게 보여주셨는데 그것은 8월달 달력이었다.

오늘 날짜에 동그라미가 그려져 있었다. 즉 8월 24일도 8월 26일도 동그라미가 없는데 오늘 날짜 8월 25일에만 동그라미가 쳐져 있었다.

주님께서 말씀하신다.
"어제도 말고 내일도 말고 오늘 25일 하루 동안에 나에게 최선을 다하며 보내라."
라고 하시는 것이었다.
즉 오늘 하루에 충실하라는 말씀이셨다.
즉 날마다 하루하루를 주님께 헌신하고 잘 보내라고 하시는 메시지였다.
나는 그 순간 생각했다. 주님이 일부러 이것을 말씀하시려고 나를 이 방에까지 데리고 오셔서 그리고 그것도 저쪽 방에 들어가셔서 일부러 달력을 가지고 나오셔서 이렇게 나에게 말씀하실 이유가 있으실까 하는 마음이 들었다.
이런 정도의 메시지는 내가 기도할 때에 그냥 그렇게 주셔도 될텐데 이렇게 천국에서 방에까지 들어가셔서 그것도 달력까지 갖고 나오셔서 이렇게까지 말씀하셔야 할 필요가 있으신가? 하면서 나는 참으로 의아하여 하였으나 사실 그렇다.
이것이 매우 중요한 메시지인 것이다.
우리는 매일 하루하루를 주님께 드리는 마음으로 살아야 한다. 기도를 하건 봉사를 하건 전도를 하건 최선을 다하여 헌신하여야 하는 것이다. 주님을 사랑하는 마음으로.......

그러고 나서 나는 갑자기 주님께 질문을 하였다.
'주님, 언제 전쟁이 일어나나요? 날짜를 좀 가르쳐 주세요.'라고 조르는 마음이 생겨났다. 주님은 내 마음을 다 아신다. 그러자 주님이 나에게 이렇게 말씀하시는 것이 전달되었다.
그것은 주님의 거룩함을 침범하는 일이라 말씀하신다. 즉 날짜를 알려고 하는 것은 주님의 거룩하심이 침범되는 일이라는 것이다.
이것은 이전에도 나에게 똑같이 그렇게 말씀하신 바 있다.
그래서 나는 더 이상 묻지 않기로 했다.
단지 오늘 내가 이것을 기록하여 두는 것은 기록하지 않으려 했는데 자꾸만 생각이 나서 기록하여 둔다. 주님이 강조하신 것은 오늘 하루를 주님께 최선을 다하여 드리는 마음과 자세로 그리고 그렇게 실제로 살아드려야 한다는 것이다. 할렐루야.

또 가르쳐 주시는 주님의 은혜에 감사를 드립니다!

210. 한국 집회를 다녀온 후 2주반 후에야 천국과 지옥을 보는 것이 온전히 회복되다.
(2015. 8. 31)

아침에 두세 시간 기도한 후에 천국에 올라갔다.
수레바깥에서 나를 수호하는 천사가 '주인님 어서 오세요.'라고 말하면서 공손히 나를 맞이하였다.
나는 말 여섯 마리를 보자 내 마음 안에서 그들의 이름을 체크하였다.
사랑, 지혜, 인내, 승리, 소망, 그리고 믿음.
이들도 나를 아주 반가워하였고 말을 모는 천사도 나를 반가워하였다.
나는 즉시 수레를 타고 천국 안에 도착하였다.
내가 수레에서 내리자 나를 주님께로 인도하려고 하는 두 천사는 머리에 링으로 장식하고 있었고 이들은 여성 천사들이다. 이들이 나에게 말한다. '주인님 어서 오세요.'라고.
이들이 나에게 '주인님' 그렇게 말하기는 처음 듣는 말이다.
어찌하였든 나를 수종하는 천사들은 나에게 '주인님'이라고 부르는 것 같다.
수레 안에서는 내가 말 안했지만 여전히 왼편에 책상과 책꽂이가 있었고 거기에는 이미 쓴 네 권의 책이 꽂혀 있었고 계시록 책은 노란 껍질로 누워있었고 상당히 두꺼워 보였고 이것을 지키는 천사가 내가 앉은 반대편 침대에 걸터앉아 있었다.
단지 말을 안했을 뿐이다. 이 천사도 나에게 이전에 '주인님'이라 불렀다.
하여간 나는 수레를 타고 천국에 도착하여 수레에서 내리는 나를 두 천사가 주님께로 인도하여 주었다.

주님을 보는 순간 나는 기쁨이 솟아올랐다.
주님은 나를 보자마자 나를 꼭 껴안아 주었다.
저기 저쪽에 흰 옷 입은 무리들이 나를 환영하여 주고 있었다.
그러자 주님과 내가 컨벤션센터 같은 곳의 무대 앞에 서 있는 것이 보였다.
아니 즉시 이동한 것이다. 주님이 껴안자 우리는 그곳으로 바로 이동된 것이다.
많은 흰 무리들이 있는 곳에서 주님은 말씀하셨다.
"내 딸이 이제야 돌아왔다."
즉 이 말은 내가 한국집회를 다녀와서 기도를 온전히 회복하지 못하였고 천국과 지옥 보는 것도 간헐적으로 한번씩 밖에 못 봤는데 이제는 완전히 페이스를 찾았다는 말씀이다.

정말 2주반 동안 한국을 다녀왔고 그 집회기간 동안은 정말 기도하지 못했다. 너무 바빠서…
그리고 물론 천국과 지옥을 보지도 못했다.
갔다 와서 이제 8월 14일날 미국에 왔으니 오늘이 16일 17일째 딱 2주반인데 이제야 몸의 컨디션도 그렇고 기도도 그렇고 모든 것이 제자리로 회복이 된 느낌이다.
주님은 이것을 흰 무리들에게 말한 것이다. 이제야 내 딸이 제대로 기도하고 천국과 지옥을 보는 것도 이제야 회복이 되었다라고 말하는 것이었다.
흰 무리들은 그 말을 듣고 좋아서 환호하여 주었다.

그러고 나서 주님은 나를 성부 하나님이 계신 궁으로 데리고 가셨다.
오늘따라 주님의 옷이 빛이 나 보였다. 내가 성부 하나님의 궁에 서자마자 나는 고개를 푹 떨구었다. 죄송한 마음에서였다.
그랬더니 옆에 서 계시던 주님이 '사라야, 고개를 들어라.'라고 말씀하셔서 고개를 들었다.
그리하였더니 저 앞에서 성부 하나님의 음성이 흘러나온다.
"사라야!"
"네"
"네가 계시록을 다 썼느냐?"
"네 지금 쓰고 있습니다. 그런데 질문들이 일어나요."
"내가 너에게 계시록을 푼 책을 먹이지 아니하였니?"
"네 맞아요 하나님"
즉 그 계시록 책을 먹었으니 주님께 물어보면 그 책의 내용이 내 안에서 생각날 것이라는 것이다.
할렐루야.

주님은 이것을 명확히 하시기 위하여 나를 여기에 데리고 왔나보다 하고 생각하고 있는데 주님은 다시 나를 연못이 있는 곳에 데리고 가셨다. 그리고 벤치에 앉았다.
아까 수레 안에서 나와 함께 있던 분홍색 옷과 날개를 가진 천사가 노란색의 계시록 책을 가지고 와서 주님과 나 사이에 벤치에 놓고 갔다.
주님은 말씀하신다.
"내가 이 책을 귀하게 여기리라."
내가 말했다.
"네 주님, 이것은 주님의 책이에요."하면서 내 눈에는 어느 새 눈물이 고였다.
사실 그렇다. 얼마나 오랫동안 일 년이 넘게 천국을 드나들면서 이 계시록을 쓰기 위하여 그렇게 많은 애를 쓴 것이 내게는 눈물로 나타났다.
그러고 나서는 나는 주님과 대화를 마치고 내려왔다.

211. 계시록 책의 표지에 들어갈 두루마리 그림을 보여주시다.
(2015. 9. 1)

천국에 올라갔다. 나를 수레바깥에서 수호하는 천사가 '빨리 타세요. 주님이 기다리십니다.'라고 말한다. 오늘 따라 다 정갈하고 맑았다. 여섯 마리의 말들이 왔고 수레를 모는 천사도 나를 반갑게 맞이한다. 수레는 크고 희고 아름다웠다.
내가 수레 안에 들어서자 수레 안은 온통 흰색으로 아름답게 장식이 되어 있었고 책상 책꽂이 등 다 흰색이었다. 그리고 오늘은 노란색의 하드카버의 계시록 책만 책상 위의 책꽂이 편에 누워 있었다. 이것을 지키는 천사 또한 저편 침대에 걸터앉아 있는데 오늘따라 날개가 아름다워 보였다.

나는 즉시 그 수레를 타고 천국 안에 도착하였다.
머리에 링으로 장식한 두 여성 날개가 있는 천사가 이들이 나를 주께로 인도하였다.
주님께로 인도함을 받은 나는 또한 그의 발을 보았는데 구멍이 뚫린 발 앞에 잠깐 엎드렸다.
그리하였더니 주님이 저 위로 쑥 올라가신다. 주님은 갑자기 아주 높이 계시는데 그 얼굴이 너무 인자하시다. 그리고 주님 뒤로 두 천사가 흰 날개를 펴고 있었다.
그 모습은 너무 아름다워 보였다.
내가 서 있는 천국 레벨의 저편으로는 흰 옷 입은 무리들이 나를 보고 환영하고 있었다.
주님이 말씀하신다.
"이리로 올라오라."
흰 옷 입은 무리들이 나보고 잘 다녀오라고 말한다.
나는 위로 쑥하고 비상하여 올라갔다.
그런데 도착한 곳은 절벽 위였다. 그 앞에는 생명수가 흐르는 폭포수가 있다.
주님 뒤쪽에 서 있던 두 천사가 나에게 생명수를 담은 그릇(통)을 가져왔다.
나는 그 한 통에 두 손을 넣고 내 얼굴을 씻었다.

이 모습을 보고 천사들도 미소를 짓고 주님도 미소를 지었다.
왜냐하면 보통 천사들이 나를 씻어주든지 주님이 씻어주시든지 하는데 오늘은 내가 알아서 얼굴을 씻는 것을 보고 다들 미소를 짓는 것이었다.
그리고 다른 한 통에는 내 두 다리를 집어넣어서 발을 내가 씻었다.
이때에는 천사들과 주님이 함박웃음을 지었다. 왜냐하면 내가 알아서 다 씻었기 때문이다.
그리고서는 나는 생각했다. 아니 얼굴과 발만 씻으면 되는 것인가 했는데
다른 천사들이 또 생명수 물 몇 통을 가져와서 내 몸에다가 부었다.
옷은 입고 있건만 내 몸은 생명수에 의하여 다 씻김을 받았다.
그러고 나서 주님은 우리가 탈 구름을 준비하신 후 함께 탔는데 주님 뒤에 서 있던 두 천사도 같이 탔다.

오늘따라 천사들의 날개들의 움직임이 자세히 보였다.
위로 폈다가 약간 접었다가 하는 것이 잘 보였다.
주님은 구름 위에서 나를 업으셨다. 나는 기분이 너무 좋았다.
어제도 한번 업어주셨는데 오늘도 업어 주신다.
그리고 두 천사는 날아갔다. 저쪽 한쪽 방향을 향해서 먼저 날아간 것이다.
주님과 나는 구름을 타고 같은 방향으로 날아갔다.
주님과 나는 구름 위에 있었고 주님은 업었던 나를 내려놓으셨다.
우리가 구름 위에 있건만 내가 꼭 날아가는 느낌이다. 이 나는 느낌은 기분이 극도에 달하였을 때에 느껴지는 감정인데 주님과 있는 것이 너무 기쁘면 그렇다.
온통 하늘이 내 것인 것 같고 끝없이 날고 있는 것 같은 느낌말이다. 얼마나 좋으면 그러할까 표현이 불가능하다. 주님과 함께 있는 그것이 얼마나 좋은지.... 할렐루야.

그러다가 어느새 우리는 어느 성을 보았는데 할렐루야 이성은 매우 아름답다.
이 성은 오색찬란한 성이 아니다. 오히려 우윳빛 색깔의 궁인데 참으로 아름답다.
이 궁을 주님이 저번에 나에게 쓰라고 하는 책을 다 쓰면 나에게 주실 것이라 말씀하신 궁이다.
할렐루야.
안으로는 들어가지 아니하고 밖에서만 보고 우리는 다시 다른 곳으로 이동하였다.

갑자기 오작교가 생각났는데 주님을 만나는 곳이 오작교인가하는 생각이 들어오는데
벌써 내 집에 있는 구름다리 위에 주님과 내가 서 있다.

즉 그 오작교는 지상에서 님을 만나는 장소인데 내게 오작교라는 단어가 내 마음속에 들어왔었다.
그런데 벌써 주님과 나는 내 집의 연못 위의 구름다리 위를 걷고 있는 것이었다.
이 순간 나는 그 구름다리가 꼭 님이신 주님과 내가 만나는 장소처럼 생각이 들었다.
할렐루야.

그렇게 주님과 내가 나의 집 현관 문 쪽으로 걸어가는데 양쪽에서 잉어들이 뛰어 올라 환영식을 하였다. 이들은 다리 이쪽에서 저쪽으로 건너 날듯이 뛰어 올라 가면서 붉은 빛이 나는 잉어들이 앞뒤로 고개를 빼었다 넣었다 그렇게 춤을 추면서 주님과 나를 환영하여 주었다.
그리고 주님과 나에게 인사를 하였다.
새로운 물고기도 보였다. 약간의 청색이 나는 고기인데 잉어보다 조금 길이가 긴 것이 새로 생겼다.
주님이 나에게 알게 하여 주시는데 주님이 그 물고기를 불렀다는 것이다. 할렐루야.
그 물고기는 이쪽에서 저쪽으로 가는 것이 아니라 공중 높이 솟아올라서 우리를 반겨주었다.
그러다가 밑으로 쑥~ 하고 물속으로 다시 떨어졌다. 할렐루야.

구름다리를 다 건너니까 하얀 날개를 달고 있는 흰 옷을 입은 여섯 명의 천사들이 양쪽에 세 명씩 나란히 서서 주님과 나를 맞이하고 있었는데 또 약간의 청색 빛이 나는 갑옷을 입은 천사가 있다.
그런데 이 천사는 날개가 없다. 이 모두가 우리를 맞이하고 있었다. 이 청색 갑옷을 입은 천사는 이 여섯 명의 천사들을 관리하는 천사인 것이다.
이 천사는 참으로 미남이었다. 천사들의 얼굴이 사람의 얼굴과 다른 것은 약간 마네킹 같은 느낌이 난다는 것이다. 나는 이것밖에 말할 수 없다. 그렇게 느껴지고 보이기 때문이다.
사람의 얼굴과 어떻게 달라 보이는가를 물으면 말이다.
할렐루야.

주님과 나는 현관문을 거쳐서 들어갔는데 옛날에는 이곳이 나의 리빙룸이었으나 내 집이 궁과 같이 커짐으로 말미암아 이 리빙룸이 현관에 속한 방처럼 되었고 이 현관방 같은 것을 거치면 궁과 같은 큰 광장같이 넓은 거실이 나타난다.
이 현관과 같은 방에는 조그만 분수대가 있어서 생명수를 뿜어내고 있었다.
나는 옆에 걸려 있는 컵을 이용하여 생명수를 약간 마시고 큰 궁 안으로 이동하였다.
주님도 함께 들어오셨다.
할렐루야.

궁 안에는 저 안에 늘 가서 앉는 테이블이 있다. 주님과 내가 마주보고 앉았다.

그런데 테이블 위에는 그 노란색 표지의 계시록 책이 놓여 있었다.

나는 생각했다. 아까 수레 안에서 있던 그 천사가 이 계시록을 여기다가 놓고 간 것을 알겠다.

그 계시록 책은 아주 크게 보였다. 오늘 주님은 나에게 그 표지의 디자인이 어떻게 될 것인가를 가르쳐주시는 것이었다. 즉 그 노란색 껍질에 갑자기 거기에 무늬가 생기는데 어떤 무늬가 생기느냐면 아니 그림이 그려졌다라고 말하는 것이 옳은 것 같다.

두루마리가 위아래로 감아져 있으면서 두루마리가 펴지는 것 같은 그림이다.

아하, 내 책 표지에 저 두루마리가 위아래로 펼쳐지는 것과 같은 그림이 들어가야 하는 것을 알게 하신다. 색깔은 약간 베이지색에서 그리고 약간 밤색깔이 나는 것으로 말이다.

할렐루야.

그리고 나는 제목을 어떻게 해야 할지를 주님께 묻고 있었는데 확실한 대답은 하지 아니하셔서 나는 내려와야 했다.

할렐루야.

주님 감사합니다. 제가 책 표지에 대하여 고민하였었는데 이렇게 가르쳐 주시다니요.

할렐루야. 항상 그렇다. 내가 지상에서 고민하는 문제를 주님은 아시고 이렇게 천상에서 가르쳐 주신다. 할렐루야.

212. 내 안에 발견된 명예욕을 주님은 내려놓으라 말씀하신다.
(2015. 9. 3)

저녁에 기도한 후에 천국에 올라갔다.

나를 데리러 온 수레바깥에서 나를 수호하는 천사가 흰 옷을 입고 있는데 약간 하늘색이 비추이고 있었다. 말들도 흰 말들이었는데 너무 예쁘다. 수레를 모는 천사도 동일한 복장이었는데 수레자체가 크고 높았고 흰 색에 하늘색이 어른거리는 아름다운 수레였다.

수레 안에는 노란 색의 계시록 책이 책상 위 책꽂이에 누워 있었고 그리고 저편에 계시록을 지키는 천사가 날개를 위로 펴고 앉아있었는데 그 옷 색깔과 날개가 다 분홍색과 주황색이 나는 아름다운 것이었다. 그도 나에게 '주인님'이라고 부른다.
나는 수레를 타고 즉시 천국 안에 도착하였다.
내가 내리자 나의 복장이 알아지는데 요즘에 더 예뻐졌다.
주님의 옷도 흰데 거기에는 하늘색이 비취고 있었다.
저기에 흰 옷 입은 무리들도 그랬다. 오늘 내 옷 색깔도 그렇다. 모두가 다 그랬다.

주님과 나는 곧 넓은 구름 위에 타고 있었다.
거기에는 주님과 내가 뭉게구름 위에 있는 것처럼 보였고 오늘따라 구름의 끝이 안 보이게 넓어 보였다. 그리고 주님과 나는 어떤 원을 통과하여 그 원 저편으로 움직이는데 그 원을 자세히 보니 어린 아기천사들 자체가 구름 위에서 원을 만들고 있었는데 반원보다 더 크게 원을 만들고 있었다.
할렐루야. 그들의 입에는 금 나팔들이 물려 있었다.
'와~ 너무 예쁘다.'

그리고 그 아기천사들 자체가 만든 원을 통과하여 구름 저편으로 갔는데 그 구름은 저 유리바다로 바로 연결되고 있었다. 유리바다 위에는 하늘색 보석으로 된 보트가 마련되어 있었고 주님과 내가 그 보트에 탔다. 주님이 저편에 내가 이편에 앉았다.
유리바다 위에 보트가 떠 있었다.
주님이 내게 말씀하신다.
"사라야!"
"네"
"모든 것을 내려놓아라."라고 말씀하신다.
그 말씀을 들을 때에 맞다. 나에게는 아직도 내려놓지 못한 것이 오늘 발견되었다.
그것은 세상에서의 명예욕이 아직도 내게는 어느새 꿈틀거리고 있었음이 오늘 발견되었던 것이다.
이것이 어떻게 드러났는가 하면 지상에서 누군가가 내가 계시록을 출판하는 비용을 다 자신이 감당하겠다는 사람이 있었다. 사실 얼마나 고마운 일인가?
안 그래도 약간 그 비용에 대하여 걱정이 생기고 있었다. 그런데 막상 그 사람이 그 비용을 다 지불하겠다고 하니 사실 나는 내가 한 일을 다 뺏기는 느낌을 받았었다.
즉 계시록이 꼭 내 것인 것 마냥 생각하고 있었던 것이다.
내 안에 들어 있던 숨어 있던 명예욕이 드러난 것이다.
아니 내게 이러한 명예욕이 있었네…. 사실 나도 놀라왔다.
그 책은 주님 것이고 주님이 다하셨는데 나는 무익한 종으로 남아야 하는데 아직도 나는 덜 된, 아직도 나는 멀은 그 모습을 보면서 나는 나 자신에 대하여 실망하고 있었다.
주님은 지금 그것을 지적하고 계셨던 것이다.
"네 주님"
"감사해요. 그렇게 할께요."

또 나는 다른 것들에 대하여서도 내가 내려놓아야 할 것이 있음이 생각이 나는 것이었다.
그것은 인간관계에서 일어나는 일이었는데 '나는 너무 하기 싫다.'라고 생각이 들고 있었는데 그것도 내려놓아야 함이 알아졌다. 주여!
나는 오히려 그를 섬길 수 있어서 주님께 감사해야 한다는 사실을 깨닫게 된 것이다.
할렐루야. 그래서 마음을 비우기로 했다.

그러자 주님이 다시 말씀하신다.
"너는 나와 함께 배를 타고 있다는 것을 명심하여라."
나는 이것이 무슨 말씀이신지를 생각하고 있을 때에 주님이 또 말씀하신다.
"너는 나와화 되어야 한단다." (나와화 = 주님처럼)
즉 내가 주님과 함께 같은 배를 타고 있으므로 내가 주님화가 되어야 한다는 말씀이시다.
지당하신 말씀이다. (주님화 = 주님처럼)
나는 주님을 닮아야 한다. 닮는 것이 아니라 주님이 내 안에 들어와 사셔야 하는 것이다.
이것이 주님화가 되는 것이다.
그 말을 듣는 순간 나는
"주님, 나를 용서하여 주세요. 나는 전혀 주님화 되어 있지 않아요. 주님 저를 용서하여 주세요."라고 했다.
주님은 말씀하신다.
"네가 하려고만 하라. 내가 도와주리라."
할렐루야. 아멘.
"주님, 이 모자라는 저를 용서하여 주셔서 감사합니다."
할렐루야.
주님의 일은 주님이 하시는 것이다. 내가 하는 것이 아니다. 그리고 그 모든 영광을 주님께 돌려드려야 하는데 나는 또 잠깐 넘어졌다. 그것을 주님은 천상에서 지적하여 주셨다.
비우라고. 내려놓으라고. 할렐루야.
주님 감사합니다! 늘 부족한 저를 깨우쳐 주셔서.....

213. 계시록 책에 서론이 들어가야 할 것을 말씀하시다.
(2015. 9. 6)

아침에 기도한 후에 천국에 갔다.

나를 데리러 온 수레바깥에서 나를 수호하는 천사가 나를 보더니 여섯 마리의 말들을 향하여 '차렷, 주인님께 인사!' 이렇게 말했다.

그 천사가 그렇게 말할 때에 말들은 꼭 차렷 자세를 하듯이 반듯이 일렬로 정렬되어 나를 맞이하여 주고 있었고 수레를 모는 천사도 함께 차렷하는 것을 움찔하면서 자세를 바르게 하고 있었다.

나는 우스워서 웃음이 절로 나왔다.

나는 속으로 말들의 이름을 불렀다.

사랑, 지혜, 인내, 승리, 소망, 믿음!

그리고서는 나는 수레를 탔는데 오늘따라 수레는 참으로 아름다웠다.

금과 보석으로 꼭 색깔과 모양과 장식이 옛날에 중국의 왕들이 타는 가마의 색깔과 장식과 조금 비슷하였다. 나는 수레에 얼른 올라갔다.

수레 안에서 나의 모습을 보니 하얀 드레스에 다이아몬드 면류관을 쓰고 있었다.

내 앞에 다이닝 테이블에는 앵두 같은 빨간 열매가 놓여 있었다.

왼편 책상 위에는 계시록 책이 놓여 있었고 이를 늘 지키는 천사가 저편 침대에 걸터앉아 있었다. 그도 나를 '주인님'이라고 부르는 천사이다.

수레는 즉시 나를 태우고 연못가에 도착하였다.

주님은 거기와 계셨다. 수레바깥에서 나를 수호하는 천사가 나를 내려놓은 후 '주인님 이만 가보겠습니다.'하고 갔다.

그리고 수레에서 내리는 나를 두 천사가 나를 인도하여 주님께로 데리고 갔다.

주님은 오늘따라 흰 옷에다가 자색깔의 겉옷을 두르고 계셨다.

주님이 말씀하신다.

"내가 너를 기다리고 있었노라."

그렇게 말할 때에 천사가 계시록 책을 가져왔다.

주님과 나는 그 책을 가운데 두고 벤치에 앉았는데 그 바깥 그림이 보였다.

노란색 바탕 즉 이 노르스름한 색깔에 베이지색과 갈색이 약간 나는 두루마리가 있는 그림이었다.

주님이 내 손에 그 계시록 책을 들게 하시면서 나를 보고 책장을 넘겨보라고 하신다.

그래서 나는 맨 바깥의 책 표지를 넘겼다.

하얀 페이지가 나왔다. 또 넘기라 하신다.

또 하얀 페이지 공백이 나왔다.

그 다음 또 넘겨 보아라 하시는데 오호, 그 다음 페이지는 서론이 되어야 하는 것을 알게 하신다.

즉 서론을 꼭 넣으라는 메시지였다.

맞다. 서론을 써야지 붙여야지………깜박 잊을 뻔 하였구나 하며 알아졌다.

그 다음 목차가 보였다.

할렐루야.

오늘 주님께서 나에게 전하시는 메시지는 계시록 책에 서론을 반드시 쓰라는 것이었다.

할렐루야.

다음에는 책 표지의 제목과 소제목에 대하여 물어보아야겠다고 생각하고 내려왔다.

할렐루야.

214. 주님은 계시록 책의 제목이 "이제도 있고 전에도 있었고 장차 올 자 예수 그리스도" 라고 해야 함을 알게 하여 주시다.
(2015. 9. 9)

천국에 올라갔다. 나를 데리러 온 천사가 이렇게 말한다.

"주인님, 웃을 때는 크게 웃으세요."

나는 수레를 탔다. 그런데 그 안에 주님께서 벌써 저어기 침대에 걸터앉아 계신다.

그리고 거기에 앉아 있던 천사 날개가 주황색과 살색 빛이 나는 천사 즉 계시록 책을 늘 수레 안에 서부터 지키고 나르던 천사는 주님 왼편으로 단정하게 서 있었다.

나는 주님께 인사하였다.

"주님, 주님이 어떻게 여기에 먼저 와 계시네요."

그리하였더니 주님이 말씀하신다.

"내가 내 책을 가지러 왔노라."
즉 그 말씀은 계시록 책이 주님의 책이라는 것이다.
그러시면서 그 노란 책을 주님의 손에 드신다.

그리고서는 수레는 즉시 천국에 도착하였고 천국에 도착하자마자 주님과 나는 컨벤션센터 안의 무대에 와 있는 것을 발견하였다. 흰 옷 입은 무리들이 거기서 많이 기다리고 있었다.
그리고 주님과 내가 무대에 서 있자 그들이 한 목소리로 외쳤다.
"이제도 있고 전에도 있었고 장차 올 자 예수 그리스도!"
그들이 외칠 때에 나는 즉시 알아챘다.
아하, 이 책의 제목이 "이제도 있고 전에도 있었고 장차 올 자 예수 그리스도"라고 해야 하는 것이구나!
나는 어제 사실은 고민하였다. 책의 제목을 '계시록 이해' 이렇게 제목을 잡으려고 하고 있었는데 그러나 그렇게 아직 하지 못하고 주님의 응답을 기다리고 있었는데 오늘 주님은 내가 천국에 올라오자마자 주님이 아예 그 책을 수레 안에서부터 가져가셔서 이 컨벤션센터 같은 곳에 오셔서 많은 흰 무리들로 하여금 그 제목을 외치게 하셔서 꼭 그렇게 하여야만 하는 것을 알게 하신 것이다.
할렐루야. 주님, 감사합니다.
꼭 그렇게 하겠습니다.
잘못하면 제가 그르칠 뻔 하였습니다. 감사합니다.
그리고 소제목으로 '천국과 지옥 간증수기 5' 그리고 괄호 안에 (성경편 제 3권-계시록 이해) 이렇게 해야 하는 것을 알게 하신다.
즉 내가 제목을 바꾸려 한 것을 주님은 아시고 바꾸면 안 되는 것을 알게 하신 것이다.
할렐루야.
주님 감사합니다.
큰일 날 뻔하였습니다.

215. 주님께서는 내가 쓰는 계시록 책이 인간창조역사관에 보관되어질 것을 말씀하시다.
(2015. 9. 11)

세 시간을 기도한 후에 천국에 올라갔다.

기도시에 영혼들 문제로 눈물을 흘렸다. 전쟁을 생각하면 마음이 더 아팠다.

그러다가 올라가니 나를 데리러 온 수레바깥의 수호천사가 말을 이렇게 한다.

"주인님, 힘내세요. 주님이 기다리고 계십니다."

나는 나를 데리러 온 여섯 마리 흰 말들과 수레를 모는 천사를 맞이하였다.

수레를 모는 천사는 오늘따라 더 예쁘고 웃으면서 나를 맞이하는데 머리에는 하얀 깃털로 장식하고 있었다. 나는 수레를 탔는데 수레는 분명히 이전보다 더 크고 아름다웠고 넓어졌다.

요즘에 수레를 끄는 마리 수는 똑같은데 분명 수레의 크기가 이전과는 달랐다.

내가 수레에 올라가니 수레 안에 주님이 저편 침대에 걸터앉아 계신다. 흰옷을 입으시고.

늘 거기에 앉아 있던 천사는 주님의 왼편쪽에 다소곳이 서 있었다.

이 천사는 옷 색깔도 날개 색깔도 분홍색과 주홍색의 빛을 띤 옷을 입은 천사이다.

그리고 수레 안의 왼편에는 내 책상이 놓여 있는데 거기에는 계시록 책이 놓여 있었다.

그 계시록 책의 표지에는 이제 책 제목이 쓰여져 있었다.

'이제도 있고 전에도 있었고 장차 올 자 예수 그리스도'

주님은 그 책을 집어 드시고 다시 앉으셨다.

나는 내 자리에 앉아서 천국에 올라가는데 수레는 순식간에 천국 안에 도착하였다.

수레가 천국에 도착하자 주님이 그 책을 가지고 먼저 내리셨다.

그리고 내가 내렸다.

주님이 내리시자마자 흰 구름이 마련되어 있었고 주님이 그 구름을 타시고 나를 태우신 채로 저 위로 빛이 비추어지는 곳으로 올라가고 계셨다. 그리고 흰 옷 입은 무리들이 내게 손짓하며 잘 다녀오라고 했다.

주님이 구름을 타시고 나를 데리고 가신 곳은 성부 하나님이 계신 궁이었다.

주님이 서시고 내가 궁 안에 섰다.

성부 하나님이 계시는 궁 안에서는 내가 늘 서는 자리가 고정이 되어 있었다.

내가 그 자리에 서고 주님은 항상 내 오른편에 서신다.

그리고 주님은 내게 그 책을 건네주셨다.
저 앞에서 성부 하나님의 음성이 들렸다.
"사라야!"
"네"
"이제 네가 그 책을 마무리할 때가 되었다."
"네 하나님"
"잘 마무리하거라."
"네 하나님"
그리고 나는 순간에 기도하였다.
'하나님, 저에게 지혜와 계시의 영을 부어 주시옵소서. 계시록 책을 잘 마무리할 수 있게요.'라고 기도하는 순간에 주님은 내게 마음으로 알게 하셨다.
'네가 그 계시록을 풀이한 책을 케익으로 먹지 아니하였느냐?'
'그것이 바로 너에게 지혜와 계시로 임하게 될 것이다. 너에게 다 가르쳐 줄 것이다.'라고 하시는 것이었다. 즉 내가 모를 때에 성령님께 물으면 성령님께서 그렇게 가르쳐 주시겠다는 것이다.
할렐루야.

그러자 주님이 '이제 가자.'라고 말씀하신다.
그래서 나는 이제 어디로 가시나 했는데 주님은 나를 인간창조역사관으로 데리고 가셨다.
그리고 이 노르스름한 책 계시록이 인간창조역사관에 보관이 될 것을 말씀하시는 것이었다.
"와우~"
'아하, 그랬구나!' 이제 이해가 되었다.
왜 주님이 이 책을 노란색으로 하라고 하신 이유가....
나는 이 계시록 책도 분홍색으로 하라고 하실 줄 알았는데 결국 주님은 이 책의 색깔이 노란색이 되어야 함을 말씀하셨는데 왜 그렇게 하셨는지가 이제야 이해가 가게 된 것이다.
주여!....

그것은 이러하다.
주님께서는 이전에 이 인간창조역사관에 보관되는 책들의 색깔을 알려주셨는데
먼저는 녹색, 그 다음은 빨간색, 만일 그 다음의 책이 인간창조역사관에 보관이 된다면 내가 무슨 색깔이냐고 물었을 때에 주님은 노란색이라고 가르쳐 주셨던 것이 생각이 나는 것이었다.
할렐루야. 할렐루야.

나는 너무 놀라왔다. 주님의 계획하심이 얼마나 놀라운지.......
즉 천국과 지옥간증 책들이 이 인간창조역사관에 보관이 되는데
한 사람이 즉 나 같은 사람이 책을 몇 권을 쓰는 경우에 처음에는 녹색, 그 다음은 빨간색, 그 다음은 노란색 이렇게 하여 책을 쌓아놓듯이 녹색이 맨 위에 그 다음 빨간색이 그 아래에 그 다음 노란색 이렇게 차례로 하여 보관되어지는 것을 알게 하여 주셨었다.
그 생각이 지금 나는 것이었다. 오 할렐루야!
왜 이제야 내 계시록 책의 껍질이 노란 색이 되어야 하는지를 알게 된 것이다.
할렐루야.
얼마나 감격스럽고 놀라운지!

나는 잠깐 말문을 잃고 있었다.
할렐루야. 주님 감사드립니다.
그래서 주님께서는 그 책이 내 책이라고 하셨고 또한 이 책을 지키는 천사가 따라다니게 하셨군요.... 할렐루야. 여하간 나에게는 놀랍고 놀라운 사실이었다.
주여! 감사합니다!
이 좁은 머리 갖고는 전혀 알 수가 없었습니다.
주님의 그 거룩하신 계획을요.......

216. 계시록 책 안에 들어가야 할 도시 사진 한 장을 보여주시다.
(2015. 9. 14)

아침에 기도한 후에 천국에 올라갔다.
그런데 나를 데리러 온 것은 수레가 아니었고 늘 나를 수레바깥에서 수호하는 천사와 말을 모는 천사 두 명이, 한 명은 갈색의 말을 타고 그리고 한 명은 흰 말을 타고 나를 데리러 왔다.
이들은 말 뒤에 사람이 탈 수 있는 가마 같은 것을 달고 있었는데 이 형상은 꼭 사슴들이 썰매를 끄는 것과 같은 형상이었고 그와 다른 점은 두 천사가 말을 타고 이 가마 같은 것을 끌고 있다는 것이었다. 아니 그 가마를 끈다기보다 말을 타고 달리는데 그 가마 같은 것이 같이 날아가듯이 간다.

즉 달린다고 하기 보다는 차라리 난다고 표현함이 나을 것 같았다.
이 현상을 나는 오늘 어떻게 설명이 가능한지 모르겠다.
그 가마는 하얀 옥색으로 만들어진 보석으로 된 가마였는데 그 위에 두 자리가 흰 우윳빛이 나는 보석으로 만들어져 있었고 거기에 주님이 앉으시고 나는 그분의 왼편에 앉았다.
즉 주님께서 벌써 내 옆에 와 계시고 또 가마 위에 앉으셨다.
그리고 그 말 두 마리는 쏜살같이 달렸는데 어느새 주님과 나를 연못가에 내려놓고 가 버렸다.
그리고 주님과 나는 연못가에 있는 벤치에 앉았는데 주황색 빛이 나는 옷과 날개를 가진 천사가 와서 노르스름한 표지를 한 계시록 책을 주님과 내가 앉은 사이에 두고 갔다.

주님은 그 책을 집어 드시더니 책장을 넘기셨다.
이제 그 책에는 책 표지의 디자인이 되어 있고 거기에는 책 제목이 쓰여져 있었고 그리고 그 책장을 넘기신다. 넘기시는데 할렐루야.
인천 해안과 같은 바다와 그리고 큰 도시가 보인다.
수많은 빌딩들이 있는 그림이 한 페이지 보이면서 그 위에 "이제도 있고 전에도 있었고 장차 올 자 예수 그리스도"라는 제목이 보였다.
주님은 이 사진을 넣으라고 하시는 것 같았다.
문명이 많이 발달한 도시의 사진을 넣기를 원하시고 그 위에 책 제목을 넣기를 원하셨다.
할렐루야.
사람들이 그러한 문명을 이루고 살지만 내가 곧 온다는 것을 알리기 위함이신 것 같았다.
할렐루야.
오늘도 주님이 계시록 책에 대하여 그 안에 어떤 사진이 들어가야 할지를 보여주신 것이다.
할렐루야.
주님 감사합니다!

217. 주님이 나에게 '너는 내 친구다.'라고 말씀하신다.
(2015. 9. 14)

저녁에 교회에서 천국지옥 간증 집회를 하면서 천국을 갔다.
천국에 올라온 나에게 주님께서는 두 번을 걸쳐서 '너는 나의 친구다.'라고 말씀하셨다.
아니 나를 보고 친구라고 하시다니….
여태까지 나를 '내 딸아!' '내 신부야!' 이렇게 부르신 적은 있어도 나보고 친구라고 한 적이 없었는데 오늘 주님은 나에게 친구라고 하시는 것이었다.
나는 이것이 믿어지지 아니하였다.
연못가에서 주님은 또 말씀하신다.
"너는 나의 친구다."

할렐루야.
나는 그것이 무슨 말인지 빨리 성경의 말씀을 생각하였다.
성경에는 친구를 위하여 목숨을 버리는 것만큼 큰 사랑은 없다고 기록하고 있다.

[요 15:13]
사람이 친구를 위하여 자기 목숨을 버리면 이에서 더 큰 사랑이 없나니

즉 내가 주를 위하여 목숨을 버려야 한다는 것인가?
그것이 이 계시록 책하고 무슨 상관이 있는 것인가 하는 것이었다.
여기서는 사랑에 대하여 말하고 있는 것이다. 그러면 왜 주님은 내게 친구라 세 번이나 말씀하시는가?

나는 주님께 물었다. 왜 나를 친구라 하시는지?
그랬더니 주님은 이렇게 말씀하신다.
"네가 이 계시록을 쓰기 때문이다."
할렐루야.
그런데 주님의 명령대로 쓸 뿐이며 또한 주님이 가르쳐 주셔서 쓰는 것 밖에 없다.
할렐루야.

아하, 그러고 보니 또 친구라 하는 이유가 또 그 바로 밑에 있었다. 할렐루야.

[요 15:14-16]
(14)너희가 나의 명하는 대로 행하면 곧 나의 친구라 (15)이제부터는 너희를 종이라 하지 아니하리니 종은 주인의 하는 것을 알지 못함이라 너희를 친구라 하였노니 내가 내 아버지께 들은 것을 다 너희에게 알게 하였음이니라 (16)너희가 나를 택한 것이 아니요 내가 너희를 택하여 세웠나니 이는 너희로 가서 과실을 맺게 하고 또 너희 과실이 항상 있게 하여 내 이름으로 아버지께 무엇을 구하든지 다 받게 하려 함이니라

주님은 내가 주님의 명령을 좇아 계시록을 가르쳐 주신 대로 쓰는 것이므로 나를 보고 친구라 하신다 하시는 것이다.
할렐루야.
나는 단지 주님의 명령에 순종한 것 밖에 없다.
할렐루야. 그래서 나를 친구라 부르신다 하셨다. 할렐루야.

주님 감사합니다. 저를 감히 친구라 불러 주시다니요.......

218. 주님이 내가 책을 다 쓰고 나면 주시겠다고 한 궁 안을 드디어 구경하다.
(2015. 9. 18)

천국에 올라갔다.
나를 수레바깥에서 수호하는 천사가 말을 한다.
'주인님, 저희를 미워하지 마세요. 왜냐하면 저희들은 주인님을 많이 모시러 왔었어요.'라고 말한다. 그 말은 요즈음에 나는 천국에 올라가기는 하였는데 즉 이들은 계속 나를 데리러 왔었다. 그러나 그 이후에 천국이 깨끗하게 잘 열리지 않아서 기록을 안 하고 있던 중이었다. 그 얘기였다. 자신들은 수레를 가지고 나를 데리러 왔다는 것이다. 맞다. 그리고 이 천사가 계속 말한다.

"주인님, 주님이 기다리고 계십니다." 할렐루야.

그리고 수레를 끄는 천사도 나를 환영하고 있었는데 이 천사도 이 수레바깥의 천사와 동일한 메시지를 나에게 전하고 있었다. 즉 자기들 탓하지 말라는 것이다.

할렐루야. 그래서 나는 알고 있다고 답을 보냈다. 내가 천국을 계속하여 못 본 것이 그들의 책임이 아니었다. 다 내 책임이다.

나를 데리러 온 여섯 마리 말들은 사랑, 지혜, 인내, 승리, 소망, 믿음인데 이들은 히히힝~ 거리며 나를 보고 '주인님을 모시게 되어 감사하다.' 하였다.

그리고 오늘 나를 데리러 온 수레는 아주 갖가지 보석으로 겉이 꾸며져 있었고 마차 위로 돔이 올라오듯이 위로 중앙이 불룩 둥그렇게 솟아오른 더 아름다운 수레였다.

나는 문을 통하여 수레 안으로 들어갔다.

내 앞에는 투명한 보석의 다이닝 테이블이 놓여 있었고 거기에는 보석그릇에 녹색의 포도알들이 놓여 있었다.

그리고 수레 안 중앙에는 황금테이블이 길게 전후로 놓여 있었는데 여기는 이전의 믿음의 선진들이 와서 앉아 있었다. 테이블 주위로 황금의자들을 놓고...

그리고 이 황금테이블 위에 내가 써야 할 계시록 책이 놓여 있다. 앞에 책 제목까지 다 적혀 있으면서 말이다. '이제도 있고 전에도 있었고 장차 올 자 예수 그리스도'

그리고 수레 왼편 옆에는 내 책상이 놓여 있고 그 위에 책꽂이에는 오른편에 지금까지 쓴 네 권의 책이 순서대로 꽂혀 있었고 그리고 왼편 끝에는 분홍색 표지의 두 책 즉 앞으로 써야 할 책들이 꽂혀져 있었고 중앙에 빈곳에는 계시록 다음에 나와야 할 책 지옥편의 책이 분홍색 표지를 한 채 누워 있었다.

그리고 수레안의 내가 앉는 자리 반대편으로는 내 침대가 아름답게 꾸며져 있는데 거기에는 늘 계시록 책을 지키는 천사가 분홍색 주황색 빛이 나는 날개를 가지고 앉아 있었다. 오늘은 옷도 분홍색깔이 어른거리는 아름다운 옷을 입고 있었다.

나는 수레를 타자마자 수레는 천국대문에 도착하였는데 수레바깥의 천사가 '문을 여시오' 하는 소리가 크게 들렸다. 천국 문이 열려지고 나를 태운 마차는 연못가에 도착하였다.

연못가에는 큰 숲이 우거져 있는 것처럼 큰 나무들이 많이 서 있다. 주님이 저어기 연못가에 서 계셨고 흰 옷 입은 두 날개달린 두 천사가 날아와서 수레에서 내리는 나를 주님께로 한 손씩 잡고 날아서 나를 주님께로 인도하였다.

그리고 계시록을 지키는 그 천사도 분홍색 주황색 날개를 펄럭이며 그 계시록 책을 가지고 주님과 내가 있는 곳으로 하늘에서 날아서 이동하였다.

나는 이 모습이 너무 아름다워 보였다.
할렐루야.
주님은 아주 흰 옷을 입으시고 나를 맞아 주셨다.
주님은 그 계시록을 든 천사에게 그 책을 나에게 주라고 하셨다.
내가 그 책을 받아들자 주님은 나를 연못가의 벤치에 앉히셨다.
나는 주님께 말했다.
'주님 제가 이 책을 쓸 자격이 있는지 모르겠어요.'라고 말했다.
주님은 말씀하셨다.
'내가 너에게 쓰라고 한 것이야'라고 말이다.
그러고 있는데 주님과 나의 위로 두 아기천사가 금홀 같은 것을 들고 날아왔다.
이들은 너무나 예쁘고 빛이 났고 황홀하게 보일정도로 아름다웠다.
이들이 날아와서 이렇게 말하는 것이 느껴졌다.
'사라님, 사라님이 그 책을 쓰는 것이 천국에서는 큰 기쁨이에요'라고 말하는 것이었다.
나는 순간 주님을 쳐다보았다.
주님이 말씀하신다. "그래 내가 불렀다."
즉 이 아기천사들을 주님이 부르셨다는 것이다.

그러고 나서 주님은 나보고 그 책을 벤치에 놓아두고 어디로 가자 하신다.
아니 이 책을 여기 놔두면 어떻게 하냐고 주님께 질문하였더니 주님은 '여기에 우리가 다시 올 것이란다.'라고 말씀하시면서 아기천사들이 날아가는 곳으로 주님과 내가 이동하였다.
이 이동은 공간적으로 하늘 공중에서 일어났다. 주님과 나는 어느 빛이 많이 나는 곳으로 이동하고 있었는데 그 공간은 분홍색이 나는 곳으로 보였다.
아기천사들이 빛을 비추면서 날아 들어갔고 주님과 나도 그 공간으로 이동하였는데 그 안에는 어미니 이전에 주님께서 나에게 주님이 쓰라고 한 책을 다 쓰면 나에게 주시겠다고 한 희고 흰 거룩하고 큰 아름다운 성이 보였다.
오 마이 갓!
"할렐루야! 맞아 저 성을 주님이 나에게 주시다고 하셨어."
할렐루야. 감사 감사.
그러고 있는데 주님이 내게 마음으로 알게 하신다.
'오늘은 저 궁 안을 네가 구경하지 않을래?'하신다.
나는 주님께 말했다.

"주님 구경하지 않을래요. 제가 너무 많은 것을 보는 것 같아요."

"그리고 저 안은 그냥 다음에 보는 것이 좋을 것 같아요."

"제가 너무 황홀해서요. 너무 감사하여서요. 그냥 다음에 볼께요."라고 머뭇거리며 그 안을 볼 것을 연기하고 있었다.

사실 나는 내 집도 큰 궁 같은데 그러한 집을 내게 주셨는데 주님이 내가 주님이 쓰라고 한 책들을 다 쓰면 주시겠다고 하는 아주 아름다운 궁을 또 받는다는 것이 나로서는 이상했고 또 나는 스스로 그것을 받을 자격이 없다라고 생각이 들어서 더 보기를 거부하였던 것이다. 그런데 주님은 나의 이런 마음도 다 읽고 계신다.

그런데 이렇게 내가 그냥 안 보고 싶다고 다음 이후에 보겠다고 하였는데 조금 시간이 흐르고 난 이후에 어느새 나는 그 궁 안에 주님과 함께 서 있는 것을 발견하였다.

이러한 경우는 주님이 그냥 내 의견을 무시하고 나를 그 안으로 인도하시는 경우이다. 순식간에 말이다.

그래서 나는 그 안을 내 의지하고는 다르게 구경을 하게 되었다.

할렐루야.

그 궁 안은 너무나 아름다웠다.

그 궁 안은 하나의 전체로 둥글게 너무나 큰 홀이었고 가장자리에는 황금장식으로 가장자리를 걸어다닐 수 있게 울타리가 되어 있는 모습이었고 이 울타리 장식이 모두 황금이었고 표현이 불가능할 정도로 아름다워 보였다.

천정에는 순 보석들로 만들어진 샹델리아 같은 것들이 위에서 아래로 내려지고 있었는데 이 궁의 천정은 아주 높아 보였다.

그리고 벽에는 내가 쓴 책이 아주 크게 하나씩 그림으로 벽에 장식이 되어 있었는데

그 크기는 아주 크게 보였다. 나는 너무 놀랐다.

즉 한 책의 크기가 사람의 수백 배 이상의 크기라고나 할까?

그렇게 크게 그 궁을 빙둘러서 초록색의 책부터 그 다음 빨간색의 책, 그리고 분홍색의 두 책과 그 다음 노란색의 계시록 책, 그 다음 세 개의 분홍색 책들이 궁을 빙둘러서 나열되어 있었다.

오 할렐루야!

그리고 첫 번째 책과 마지막 책 사이에 성경책이 펼쳐져 있는 그림이 있었다.

즉 이 성경책이 중심이었다.

할렐루야!

와우~ 와우~

이것은 내 감탄의 소리였다.

그리고 주님이 나에게 이렇게 말씀하신다.
여기에 너에게 이 책을 쓰는데 도움을 준 모든 믿음의 선진들이 여기에 올 것이라고 말씀하셨다.
오 마이 갓!
나는 믿음의 선진들을 만나는 것도 가슴이 덜렁덜렁하는 정도로 뛰고 기쁘다.
물론 주님을 만나는 것은 더 기쁘지만 말이다. 나는 그 말을 듣고 너무 좋아하였다.
아하, 그래서 주님이 나에게 주님이 쓰라고 한 책을 다 쓰면 이 하얀 궁을 나에게 주신다고 하셨구나 하며 깨달아졌다.
할렐루야.

주님 감사합니다.
이렇게 주님이 저에게 하얗고 아름다운 궁을 제가 주님이 쓰라고 한 책들을 다 쓰면 주실 것이라 하셨는데 이제는 그 궁 안을 구경시켜 주셨네요. 할렐루야.
주님을 찬양합니다.
그리고 계시록을 쓰게 되니 이 궁을 보여주시기 시작하셨는데 그만큼 이 계시록의 중요성이 느껴졌다.
할렐루야.
그렇게 주님은 나에게 주시겠다고 한 그 궁을 구경시켜 주시고 나서 다시 연못가에 있는 벤치로 나를 데리고 오셨다.
결국은 그 궁은 내가 생각하기에 천국에서 내 책들을 기념하는 기념궁 같은 것이 아닌가하는 생각이 들어왔다.
할렐루야. 주님을 찬양합니다.

나는 연못가의 벤치에서 주님께 다른 질문을 가졌다.
"주님, 왜 저에게 벨리제를 가라고 하셨지요?"
이 질문에 대하여 나에게 오는 감동은 주님께서 동부에 있는 이OO 목사님에게 벨리제를 가라고 먼저 계시를 주신 것이 그 목사님으로 하여금 나에게 벨리제에 대하여 말하게 하여 내가 그곳을 선교지로 삼을 수 있도록 주님이 인도하셨다는 것이 깨달아졌다.
할렐루야. 주님, 감사합니다. 저에게 선교지를 알게 하여 주셔서요.

219. (i) 큰 바벨론성이 무너질 때가 순교자들의 피를 신원하여 주는 때임을 알게 하시다.
(ii) 천년왕국에 들어간 즉 첫째부활에 속한 자들은 백보좌 심판에 서지 아니한다.
(2015. 9. 19)

(i) 큰 바벨론성이 무너질 때가 순교자들의 피를 신원하여 주는 때임을 알게 하시다.

기도하다가 깨달아진 것을 정리한다.
큰 바벨론성이 무너진 것이 그것이 음녀인데, 이것은 세상나라가 이제 예수 그리스도께 넘어간 것을 의미한다. 아담과 하와가 죄를 짓자마자 그들에게서 이 권세가 마귀에게 넘어갔었는데 이제 이 큰 바벨론성이 무너짐으로 세상나라가 다시 예수 그리스도께로 넘어간 것이다.
할렐루야.

[계 17:3-6]
(3)곧 성령으로 나를 데리고 광야로 가니라 내가 보니 여자가 붉은 빛 짐승을 탔는데 그 짐승의 몸에 참람된 이름들이 가득하고 일곱 머리와 열 뿔이 있으며 (4)그 여자는 자주 빛과 붉은 빛 옷을 입고 금과 보석과 진주로 꾸미고 손에 금잔을 가졌는데 가증한 물건과 그의 음행의 더러운 것들이 가득하더라 (5)그 이마에 이름이 기록되었으니 비밀이라, 큰 바벨론이라, 땅의 음녀들과 가증한 것들의 어미라 하였더라 (6)또 내가 보매 이 여자가 성도들의 피와 예수의 증인들의 피에 취한지라 내가 그 여자를 보고 기이히 여기고 크게 기이히 여기니

[계 18:10]
그 고난을 무서워하여 멀리 서서 가로되 화 있도다 화 있도다 큰 성, 견고한 성 바벨론이여 일시간에 네 심판이 이르렀다 하리로다

이 화는 세 번째 화이다.

성경은 화, 화, 화, 이렇게 세 번의 화가 있을 것을 말한다.

첫 번째 화는 다섯째 나팔이 불리워졌을 때에 무저갱에서 황충들이 나와서 인 맞지 아니한 자들만 다섯 달 동안 괴롭히는 것이었고

두 번째 화는 여섯째 나팔이 불리워져서 전쟁으로 인하여 인구 1/3일 같은 연월일시에 죽고 그 다음 두 증인이 나타나 3년 반 동안 비가 오지 않고 바다가 피로 변하고 또한 큰 지진이 나서 성 1/10이 무너지고 칠천 명이 죽는 것이고.

그 다음 세 번째 화가 바로 이 큰 견고한 성 바벨론이 심판받는 것을 말한다.

[계 8:13]
내가 또 보고 들으니 공중에 날아가는 독수리가 큰 소리로 이르되 땅에 거하는 자들에게 화, 화, 화가 있으리로다 이 외에도 세 천사의 불 나팔소리를 인함이로다 하더라

즉 다섯 번째 나팔, 여섯 번째 나팔, 일곱 번째 나팔이 불리면 일어나는 모든 일들이 화, 화, 화라는 것이다. 할렐루야.

[계 18:14-24]
(14)바벨론아 네 영혼의 탐하던 과실이 네게서 떠났으며 맛 있는 것들과 빛난 것들이 다 없어졌으니 사람들이 결코 이것들을 다시 보지 못하리로다 (15)바벨론을 인하여 치부한 이 상품의 상고들이 그 고난을 무서워하여 멀리 서서 울고 애통하여 (16)가로되 화 있도다 화 있도다 큰 성이여 세마포와 자주와 붉은 옷을 입고 금과 보석과 진주로 꾸민 것인데 (17)그러한 부가 일시간에 망하였도다 각 선장과 각처를 다니는 선객들과 선인들과 바다에서 일하는 자들이 멀리 서서 (18)그 불붙는 연기를 보고 외쳐 가로되 이 큰 성과 같은 성이 어디 있느뇨 하며 (19)티끌을 자기 머리에 뿌리고 울고 애통하여 외쳐 가로되 화 있도다 화 있도다 이 큰 성이여 바다에서 배 부리는 모든 자들이 너의 보배로운 상품을 인하여 치부하였더니 일시간에 망하였도다 (20)하늘과 성도들과 사도들과 선지자들아 그를 인하여 즐거워하라 하나님이 너희를 신원하시는 심판을 그에게 하셨음이라 하더라 (21)이에 한 힘센 천사가 큰 맷돌 같은 돌을 들어 바다에 던져 가로되 큰 성 바벨론이 이같이 몹시 떨어져 결코 다시 보이지 아니하리로다 (22)또 거문고 타는 자와 풍류하는 자와 통소 부는 자와 나팔 부는 자들의 소리가 결코 다시 네 가운데서 들리지 아니하고 물론 어떠한 세공업자든지 결코 다시 네 가운데서 보이지 아니하고 또 맷돌 소리가 결코 다시 네 가운데서 들리지 아니하고 (23)등불 빛이 결코 다시 네 가운데서 비취지 아니하고 신랑과 신부의 음성이 결코 다시 네 가운데서 들리지 아니하리로

다 너의 상고들은 땅의 왕족들이라 네 복술을 인하여 만국이 미혹되었도다 (24)선지자들과 성도들과 및 땅 위에서 죽임을 당한 모든 자의 피가 이 성중에서 보였느니라 하더라

즉 20절을 보면 그들의 신원하시는 심판을 그에게 하였다라고 하신다. 이 신원하시는 심판이 바벨론성에 이루어진 것이다. 바벨론성이 망하게 된 것이다.
할렐루야. 그러므로 큰 바벨론이 망하는 것이 그들의 피를 신원하여 주는 때인 것이다.

그리고 이것을 뒷받침하여 주는 또한 구절이 24절이다.
이 성에 선지자들과 성도들의 피가 많이 보였다 하였는데
이 때가 바로 순교자들의 피를 신원하여 주는 때인 것이다. 주여!

그러므로 일곱 번째 대접이 쏟아지면 이제는 세상나라가 주님께로 다시 찾아지는 것이다.
왜냐하면 일곱 번째 대접이 쏟아지면 큰 바벨론성(음녀)이 무너지고 그 다음 주님의 지상재림이 일어난다.
그리고 주님과 적그리스도와 거짓선지자와 그리고 그들을 따르는 세상의 왕들과의 전쟁이 일어나는데 이것이 아마겟돈 전쟁이다. 이 전쟁에서 주님이 이기시는데 그 결과로 적그리스도와 거짓선지자를 산채로 유황 불못에 던진다.
그리고 사단은 천년동안 무저갱에 감금되는 것이다.
이 천년왕국에서 예수 그리스도는 왕이 되신다.
사단은 무저갱에 갇혀 있어서 세상나라가 사실은 주님이 다스리는 나라가 된다.
그러므로 일곱째 대접이 쏟아지면 큰 바벨론성이 무너지고 사단이 무저갱에 들어가는 것이 그 날에 그 날에 즉 하루 한 날일 가능성이 많다. 할렐루야.

주님의 능력은 무한하여 이들을 순식간에 해치울 수 있다. 그러므로 큰 바벨론성이 무너지고 아마겟돈 전쟁, 사단이 무저갱에 감금까지 짧은 시간 하루 내에 일어날 수 있는 것이다. 그러므로 이 날이 여호와의 한 날인 것이다.

(ii) 천년왕국에 들어간 즉 첫째부활에 속한 자들은 백보좌 심판에 서지 아니한다.

그 이후에 이 천년왕국에 들어가는 자와 천년왕국의 바깥에 남는 자들이 있다.
왜냐하면 천년왕국이 끝이 나면서 사단이 무저갱에서 잠깐 놓여져서 곡과 마곡전쟁을 일으키기 때

문이다.

곡은 마곡 땅의 왕으로 사단의 유혹을 받아 이들이 하나님의 사랑하시는 성과 성도들의 진을 두르는 것이다. 그 때에 성경은 하늘에서 불이 내려 이들을 불살라 버려진다고 기록한다. 그리고 나서 사단은 이제 영원히 불못에 던져지고 그 이후에 백보좌 심판이 일어난다.

그리고 백보좌 심판 때를 보면 이미 지금 보이는 하늘과 땅이 없어졌다.
이것은 베드로후서에서 말하는 지금 보이는 하늘과 땅이 불에 타서 풀어지고 모든 체질(요소: elements)이 뜨거운 불에 녹아 버린 것이다.

[벧후 3:10-13]
(10)그러나 주의 날이 도적같이 오리니 그 날에는 하늘이 큰 소리로 떠나 가고 체질이 뜨거운 불에 풀어지고 땅과 그 중에 있는 모든 일이 드러나리로다 (11)이 모든 것이 이렇게 풀어지리니 너희가 어떠한 사람이 되어야 마땅하뇨 거룩한 행실과 경건함으로 (12)하나님의 날이 임하기를 바라보고 간절히 사모하라 그 날에 하늘이 불에 타서 풀어지고 체질이 뜨거운 불에 녹아지려니와 (13)우리는 그의 약속대로 의의 거하는바 새 하늘과 새 땅을 바라보도다

그러면 이제 이 곡과 마곡을 불태우는 불과 그리고 지금 보이는 하늘과 땅이 불에 타고 녹아 없어지는 것이 따로따로 일어나는가 아니면 동시에 일어나는가 하는 것이 의문이다.
곡과 마곡을 불 태우고 그 다음은 이제 불에 하늘을 태우고 땅의 모든 체질을 불에 녹이는 것이 후에 일어나는가 하는 것이다.

같이 일어나건 후에 일어나건 어쨌든 연속적인 사건인 것을 알 수 있다.
그러나 에스겔서에서는 곡과 마곡전쟁 후에 7개월 동안 시체들을 하몬곡 골짜기에 매장하는 기간이 있다고 적혀 있으므로 이 기간이 지난 후에 일어날 것이 확실하다.

그러므로 천년왕국에 들어간 신부들은 지금 보이는 하늘과 땅이 불에 타서 없어지고 체질이 불에 녹아 없어져야 하므로 당연히 그들은 그러기 전에 하늘로 올리워졌을 것이다.
그리고 그들은 나중에 새 하늘과 새 땅에 새 예루살렘성이 내려올 때에 이 새 예루살렘성 안에 있으면서 내려오게 될 것이다. 여기서 하늘이 낙원이고 낙원이 천국이다. (이것에 대하여서는 나중에 나온다).
그러므로 백보좌 심판 때에는 이 낙원에 옮겨진 신부들 즉 어린양의 아내들은 새 예루살렘성 안에

옮겨져 있으므로 서지 않게 될 것이다. 할렐루야.
깨우쳐 주시는 주님을 찬양합니다.

220. 무저갱이 어떤 것인지를 알게 하시다.
(2015. 9. 19)

기도 후에 천국에 올라갔다.
오늘은 주님이 저어기 위에서 나를 맞이하신다.
무지개가 주님 위로 예쁘게 서 있었고 주님은 빛난 하얀 구름 위에 서 계셨다.
나를 데리러 온 천사 두 명이 수레를 가져 왔지만 나와 함께 벌써 나를 마중하러 나오신 주님쪽 저 위쪽을 같이 바라보고 있었다.
주님이 말씀하신다.
"사라야, 이리로 올라오라."
나는 어떻게 올라가지 하고 잠깐 고민하는 사이에 벌써 내가 주님이 타고 계신 구름 위에 올라와 있었다. 그리고 내가 구름 위로 올라오기 전에 주님이 꼭 보트를 가지고 오신 것 같은 느낌이 들었는데 구름 위에 정작 보트는 보이지 않았다.
주님은 나를 정말 반가이 맞아주셨다.
저 밑에서 수레를 가지고 나를 데리러 온 천사들과 수레가 벌써 천국 안에 들어와 있는 것이 알아졌다. 그들이 그들보다 훨씬 저 위에 있는 주님과 나를 바라보고 있었다.
이런 경우는 우리 모두가 천국 문을 어떻게 통과하였는지를 모른다. 그냥 순식간에 일어났다고 보면 된다.

주님은 나를 유리바다로 데리고 가시더니 그 유리바다 위의 보트를 띄우시고 주님과 내가 그 보트를 타는 것이었다. 아하, 아까 구름 위에 잠깐 보였던 보트였다는 것을 알 수 있었다. 보트가 회색깔로 그렇게 아름답지는 않았다. 조금 뭉툭하니 못생겼다. 그런데 주님이 저편에 내가 이편에 앉았는데 주님이 노를 저으시는 것이었다.
그런데 갑자기 바다가 흉용하여 배를 덮치더니 배가 이리저리 흔들리면서 결국은 뒤집어져서 주님과 내가 바다 안으로 들어왔다.

아니 나는 분명 천국에 왔는데 왜 이런 일이 벌어지지?

나는 순간 당황하였다. 그러나 곧 나는 이렇게 생각했다.

아니 혹 이렇게 하여 지옥에 가는 것인가? 하고 생각하고 있는데 주님이 알게 하여주신다.

주님과 내가 바다 안에 들어와 있지만 숨이 가쁘거나 하지 않고 어떠한 빈 공간 같은 곳으로 계속 떨어지고 있음을 알게 되었다.

물이 없다. 그런데 분명히 주님과 나는 바닷물 속으로 떨어졌는데 물이 안 보인다. 그냥 빈 공간이다. 이때에 나는 알아지는데 아하, 내가 지금 무저갱(bottomless pit)으로 떨어지고 있다는 사실을 알게 된 것이다. 한없이 내려가도 끝이 없다.

그런데 숨이 가쁘거나 하지 않고 단지 공간이다.

어느새 주님이 보이지 않는다. 나 혼자 내려가고 있었다. 바닥이 안 보인다.

나는 알 수 있었다. 아하, 이 무저갱이라고 하는 것은 바다 속에 있는데 어떠한 영적 공간이라는 것을 알 수 있었다. 그러므로 물이 없고 그런데 분명히 바다 안이었고 바다 밑이었다. 그런데 내려가도 가도 끝이 없다. 이제야 나는 이해가 되었다. 짐승이 바다에서 나오는 것과 무저갱에서 짐승이 올라온다는 것 말이다.

할렐루야.

주님! 가르쳐 주시는 주님을 찬양합니다.

무저갱이란 바다 속에 있는 영적 공간으로서 bottomless pit인 것이다.

할렐루야.

체험시켜 주시는 주님을 찬양합니다.

할렐루야.

221. 인도와 네팔선교지가 열리다.
(2015. 9. 28)

천국에 올라갔다.
수레바깥에서 나를 호위하는 천사가 나를 반가이 맞이한다.
'어서 오세요. 주님과 우리 모두가 기다리고 있습니다.'라고 한다.
나는 말 여섯 마리의 이름을 불러보았다. 모두 다 즐겁게 나를 맞이하고 있었다. 흰 말들이다.
수레 안에 타니 계시록 책이 중앙 황금테이블 위에 놓여 있었고 이를 지키는 천사가 한 명 더 늘어났는데 남성천사 한 명이 더 늘어났다.
그래서 침대에 두 명이 앉아 있었다.
그들은 하나는 남성천사 다른 하나는 여성천사(여성천사는 전체가 날개 그리고 옷 등이 다 주황색 빛이 많이 나고 있었고 얼굴은 천상 고운 여자의 모습이었다)였다.
이 남성천사는 어제 내가 보았다. 어제 천국가기는 갔으나 별로 본 것이 없어서 기록은 안 하였었는데 이 남성천사가 어제부터 나타났다. (그는 흰 옷을 입고 있었고 얼굴은 짧은 곱슬머리에 미남으로 그리고 날개는 약간 날개 끝에 주황색 빛이 비취는 날개를 갖고 있었다)
이 남성천사가 어제는 그 침대 끝에 여성천사 대신에 앉아 있었는데 오늘은 같이 나타났다.
그리고 테이블 위에 있는 계시록 책은 내 것이 아님을 그들이 속으로 나에게 말하고 있었다.
물론 그 책은 주님의 것이다.

그리고서는 나는 천국에 올라갔다.
나는 즉시 수레에서 내려서 주님께로 갔는데 주님의 발에는 구멍이 보였다.
거기에 엎드렸는데 주님은 즉시 나를 폭포수 앞으로 데리고 가셨다.
주님은 머리 위에 금관을 쓰고 계셨다. 옷은 흰 옷인데 가운을 걸치신 모습이다.
소매와 긴 가운의 가장자리에는 황금장식의 무늬들이 장식하고 있었다.
주님은 폭포수 앞에서 나에게 생명수를 많이 먹이셨다.

나는 그것을 많이 먹었더니 그 다음 주님은 나를 저 황금성 같이 보이는 아주 매끄럽고 아름다운 성이 보이는 곳으로 가셨다. 이 성은 처음 보는 성이다.
주님과 내가 그 안에 들어간 것은 아닌데 벌써 나는 주님과 함께 그 궁 옆에서 구름 위에서 세계지도를 펴놓고 보고 있었다. 그리고 그곳에서 주님은 나에게 인도와 네팔이라는 새로운 선교지를 알려주신 것이다. 할렐루야.

주님 어쨌든 감사합니다. 저에게 선교지를 알려 주셔서요.

222. 천국에서는 내가 선교지에 다니는 것을 기뻐하여 황금성에서 천국음악이 흘러나오다.
(2015. 10. 1)

천국에 올라갔다.

나를 데리러 온 수레바깥의 천사가 깨끗하고 챠름한 흰 옷을 입었는데 가는 줄로 허리를 매고 있었다. 나를 데리러 온 말들도 아주 경쾌하게 보였고 수레를 모는 천사도 밝아보였다.

그런데 수레가 꼭 집 한 채(약 스튜디오 크기)의 크기처럼 커 보였던 것이다.

아니 꼭 집같이 생겼다. 그런데 그 수레의 지붕이 다 황금이었다. 할렐루야. 그리고 나는 문을 통하여 수레를 탔다.

안에는 저 침대 쪽으로 아예 두 천사가 하나는 남성천사(흰 옷에 날개가장자리에 주황색의 빛이 나는 날개를 가진)와 여성천사(주황색 빛이 금색과 같이 어우러져 나는 날개를 가진 그리고 옷도 분홍과 주황색의 빛이 나는 옷을 입은)가 두 명이 앉아 있어서 '주인님 어서 오세요'라고 한다. 아니 수레바깥에 있는 천사가 늘 나보고 '주인님 어서 오세요.'라고 했는데 이제는 이 수레 안에 있는 두 천사가 나보고 '주인님 어서 오세요.'라고 한다.

아니 이제는 완전히 수레 안에 나를 수종하는 천사가 두 명이 더 늘었나? 하고 생각이 들었다.

이 두 천사는 말없는 말을 하고 있었는데 그 수레 안 중앙에 있는 테이블 위에 놓여진 노란색의 계시록 책이 내 것이 아니라 주님의 것임을 또 말하고 있었다. 그 내용이 나에게 전달되고 있었다.

그렇다. 나는 인정한다. 내 책이 아닌 것을....

나는 내가 앉는 자리에 앉았는데 다이닝 테이블 위에는 비스켓 같은 것이 놓여 있어서 그것을 먹었다. 그리고 왼편에는 내 책상과 책꽂이에 책들이 꽂혀져 있었다.

그리고 이 큰 수레를 끄는 여섯 마리의 말이 천국을 향하여 말머리를 돌려 천국대문에 도착하였다.

천국대문에도 두 천사가 있다. 문을 열어라 하는 말에 문이 열리고 그 큰 수레는 천국 안에 도착하였다.

내가 수레에서 내리자 두 천사에 의하여 손에 끌려서 주님께로 인도함을 받았다.

오늘은 참으로 내가 밝았다. 주님도 내 손을 잡아 주셨다. 이 밝았다는 의미는 이렇다.

대개 보면 주님을 볼 때에 나는 운다. 엎드린다. 그분의 발 앞에 엎드려 죄인으로서 어찌할 바를 모르는데 오늘은 기쁘다. 너무 기쁘다는 생각이 들면서 그분의 발이 보이지 않았다. 단지 주님도 기쁘셔서 내 한 손을 잡아 주시면서 나를 맞아주셨다.

주님은 곧 나를 구름 위에 태우셨다. 그 구름은 참으로 편편하고 넓은 구름이었다.

그리고 주님이 나를 데리고 위로 어디론가 가는데 수레 안에 앉아 있던 두 천사가 나에게 보일락말락하면서 따라서 올라오는데 여성천사가 그 계시록 책을 들고 따라오는 것이 알아졌다.

그들은 내 시야에서 보이기도 하고 안 보일정도로 자신들을 숨기고 있었다. 그들이 그렇게 함은 내가 주님을 만나는데 방해가 되지 않게 하기 위함이라는 것이 알아졌다.

주님은 나를 데리고 어디로 가시냐면 엊그저께 보았던 황금색과 은색으로 된 성인데 키가 날씬날씬하게 보이는 아름다운 한 성으로 데리고 가셨다.

나는 '저 궁이 무엇을 하는 궁일까?' 하고 엊그제부터 참으로 궁금하였다.

그러자 주님이 가르쳐 주시는데 이 궁에서는 천국음악이 흘러나오는 곳이었다.

특별히 기쁘고 기쁠 때에 이 궁에서 천국음악을 흘려보내어 온 천국에 퍼지게 하는 것을 알게 하여 주신다. 그러자 그 궁에서 꼭 그 음악들이 흘러 나와서 그것이 다시 오색찬란한 보석으로 떨어지고 있었다. 이 음악은 나에게 와서 오색찬란한 보석들이 되어서 내 눈 앞에서 떨어지고 있었다.

오~ 할렐루야. 너무나 아름다웠다.

즉 천국에서 지금 주님과 내가 이야기하려 하는 것을 매우 기뻐한다는 것이다.

즉 천국에서 무엇이 그렇게 기쁘냐면 내가 선교지로 나간다는 것, 인도와 네팔로 간다는 것이 천국에서는 너무 기뻐서 그 황금성의 궁에서 천국음악이 흘러나오고 있었고 이 음악은 오색찬란한 보석이 되어 내 앞으로 떨어지고 있었다.

할렐루야.

그리고 엊그제처럼 주님과 나는 그 궁에 들어가는 것은 아니고 다만 구름 위에서 세계지도가 펼쳐졌는데 주님이 손가락으로 가르치는 곳은 인도라는 것이 알아졌다.

그리고 이제 나에게 주님께서 가르쳐 주시는 선교지들이 인도, 네팔, 벨리제 이렇게 알아지는데 이 모든 것은 이OO 목사님을 통하여 연결된 것이었다.

나는 주님께 왜 이OO 목사님을 통하여 이렇게 연결되게 하시느냐는 질문을 가졌을 때에 이 OO 사모님이 나타나셔서 살그머니 탁자에 앉으셨다. 이 사모님은 7년 전에 돌아가셨다.

그리고 짧은 머리의 바울이 나타났다. 그리고 나에게 하는 말이 전하여진다.

강하고 담대하라. 할렐루야. 나보고 이 선교지에 나가서 외치고 말씀을 전하는데 있어서 담대하라는 메시지였다. 또 조금 있다가 에스더가 나타났다. 에스더가 나타나면서 나에게 또 말한다. 죽으면 죽으리이다 하라는 것이다. 즉 이 선교지에 가서 일할 때에 죽으면 죽으리이다 하는 마음으로 하라는 것이다. 할렐루야.

어제 어느 여목사님이 인도에 가면 외국 여자들은 강간을 당한다고 하여 겁을 조금 먹고 있었다. 그러나 주님이 지켜 주시겠지 하고 넘겼지만 그래도 내게는 조금 무서워하는 마음이 있었.

그랬더니 영락없이 에스더가 나타나서 이렇게 나에게 죽으면 죽으리라 하라는 것이었다.

할렐루야. 맞다. 선교를 한다는 것은 무서우면 못하는 것이다.

그리고 또 선교지로서 일본이 있다. 주님께서는 이렇게 내가 선교해야 하는 곳을 다시 말씀하여 주셨다. 그리고서는 내려왔다.

223. 계시록 책 제목의 글씨 색깔이 세마포 신부의 색깔이 되어야 함을 말씀하시다.
(2015. 10. 3)

천국에 올라갔다. 지상에서 조금 낙심되는 일이 있었다.

나를 데리러 온 바깥에서 나를 수호하는 천사가 말한다.

"주인님 힘 내세요." 주먹을 불끈 쥐어 보이면서 말이다.

그리고 말 여섯 마리들도 머리를 치켜들면서 '주인님 힘내세요'한다. 그리고 수레를 모는 천사도 마찬가지의 표정을 하고 있다.

그러자 수레바깥의 천사가 나에게 유리컵에다가 생명수를 두 번 따라 주면서 마시게 하였다.

나는 벌컥벌컥 마시고 수레를 탔다.

수레 안에서 두 천사, 남성 여성 천사가 침대 곁에 걸터앉아서 '주인님 어서 오세요.'한다.

나는 좋아서 활짝 미소를 지었다. 역시 계시록 책은 중앙 테이블 위에 놓여 있었고 그 책은 노란 표지에다가 두루마리 무늬가 책표지에 있었다.

또 침대 곁에 걸터앉아 있는 두 천사로부터 '주인님, 그 책은 주님 것이에요'라고 말없는 말이 온다.

다시 다짐하여 놓는 것이다.

나는 내 자리에 가서 앉았다.

앞에는 역시 생명수 한 컵과 보석그릇에 비스켓 하나가 놓여 있었다.

수레바깥에서 수호하는 천사의 목소리가 크게 들린다.

'문을 여시오.'

즉 천국대문에서 문을 열어 달라는 소리이다.

나는 천국에 도착하여 수레에서 내렸다.

그러자 나는 곧 내 집의 구름다리 곁에 와 있다는 것을 알았다.

주님은 구름다리 건너편 집 앞 현관 가까운 쪽에 서 계셨다.

나는 주님께로 갈려면 구름다리를 건너야 했다.

건너는데 잉어들이 내 머리 위로 양쪽에서 올라오더니 서로 뽀뽀를 하고 각각 반대편으로 떨어진다. 그런데 내 머리 위에 물 한방울 떨어지지 않았다. 그들이 나를 환영하는 것이다.

나는 구름다리를 건너서 주님을 만나 현관방처럼 생긴 홀에 들어왔다.

물론 현관 바깥에서는 여섯 명의 흰 옷 입은 날개달린 천사들이 나를 맞아주었고 이를 관리하는 청색의 갑옷을 입은 날개 없는 천사도 만났다. 그리고 주님과 내가 들어갈 때에 현관문은 저절로 열렸고 현관바깥의 길에서부터 현관 안까지 하얀 색깔의 천이 곱게 깔려 있었다.

꼭 주님과 나의 발걸음을 인도하는 하얀 천처럼 말이다. 그것은 홀 안의 분수대까지 연결되고 있었다.

주님은 내게 그 분수대에서 나오는 생명수를 받아서 마시게 하였는데 그 생명수의 색깔이 꼭 크리스탈처럼 너무나 맑고 보석 같았다.

그리고 나서 주님은 나를 내 집의 궁 안으로 인도하시는 것이 아니라 오히려 장면이 바뀌어져서 주님과 내가 연못가에 와 있었다. 즉 주님은 내 집에서 나에게 생명수를 먹이신 다음 연못가로 나를 인도하신 것이다.

거기서 나는 주님 발 앞에서 그분의 발을 잡고 애원하였다.

"주님 저를 용서하여 주세요."

"제가 잘못한 것이 많은 것 같아요."

"다 제 잘못이에요"라고 말했다.

주님은 그 말을 들으시더니 '이제 내 발을 놓아라.'하시면서 나에게 '일어서라.'고 하셨다.

그리고 '네 죄가 사함을 받았느니라.'라고 말씀하시는 것이었다.

그 순간 내 마음 안에는 평강이 찾아왔다. 할렐루야.

그리고서는 다시 주님과 내가 벤치에 앉았다.

그러자 아까 수레 안에서 침대켠에 걸터앉아 있던 두 천사가 날아와서 계시록 책을 벤치에 앉아 있는 주님과 나에게 건네주었다.

주님께서는 그 책의 표지는 다 정하여 주셨는데 글씨 색깔을 정하여 주시지 아니하셨다.

그래서 '그 글씨 색깔을 무엇으로 해야 할까요?' 하고 물었더니

주님은 이렇게 말씀하셨다.

"네가 이제 계시록을 쓰지 않니?"

"신부가 입는 옷의 색깔이 하얀색이란다."라고 하셨다.

즉 이 말씀은 책 제목 '이제도 있고 전에도 있었고 장차 올 자 예수 그리스도'라는 제목이 흰색이 되어야 함을 말씀하신 것이다.

나는 혹시 은색이 아닐까라고 생각하였었는데 왜냐하면 성경편 두 분홍색의 책의 글씨가 은색깔이었기 때문이다.

그런데 주님은 오늘 세마포의 흰색깔을 말씀하셨다.

그러고 나서 나는 주님께 물었다.

"주님, 벨리제에 땅을 구입하려 하는데요?"

주님이 마음으로 알게 하신다. 길가에 있는 땅을 구입 할 것을 말씀하신다.

'그러면 주님 그 외에 땅 구입 외에도 건물 짓는 모든 일들이 남아 있는데 그 재정적인 것은요?' 하면서 내가 걱정을 하니 주님이 내 손을 보자 하신다. 그래서 나는 내 손을 보여드렸다. 그리고서는 물으신다. "네 손가락이 몇 개냐?" "열 개입니다."

주님이 내 손가락이 몇 개냐 라고 물으실 때에 항상 나에게 생각나는 것이 있는데 그것은 하나님의 창조의 솜씨이시다.

그가 또 물으신다. "그것을 누가 지었느냐?"

"주님이요."

이 말은 나보고 걱정하지 말라는 것이다. 이 세상을 창조하신 주님이 다 알아서 그 일을 하게 하실 것이라는 것을 알게 하신다. 할렐루야.

주님 감사합니다. 그렇게 하겠습니다.

할렐루야 아멘.

224. 주님이 쓰라고 하신 책을 다 쓰면 주시겠다고 하는 아름다운 흰 궁이 유리바다의 카탈리나 섬에 있음을 알게 하시다.
(2015. 10. 6)

천국에 올라갔다.
수레바깥에서 나를 수호하는 천사가 큰 대합의 껍데기에 있는 것을 숟가락으로 나에게 먹였다.
나는 그것을 받아먹고 수레를 타는데 말 여섯 마리가 윙크를 보내듯이 그것을 먹는 나를 바라보고 즐거워하였고 수레를 모는 천사도 내가 그것을 먹기를 원했다.
그리고 내가 수레에 타는데 수레가 하얀 옥색으로 큰 궁전의 뚜껑같이 장식이 구불구불 아름다웠다. 나는 수레 안으로 들어갔다.
저 침대 끝에 남성, 여성천사가 날개를 고이 펴고 앉아서 나를 맞이하였다.
그들도 너무 즐거워 보였다. '주인님, 저희들 여기 있어요.' 하는 말을 전하여 왔고
또 중앙의 테이블 위에는 노란색의 계시록 책이 놓여져 있었다. 그들의 눈은 그 계시록 책을 잠깐 응시하면서 그것을 위하여 여기에 있음을 알려주었다.

나는 내 자리에 앉는데 내 앞의 다이닝 테이블 위에는 생선회가 놓여 있었다.
전복도 곱게 썰어 있었고 초장과 상추도 있었다. 어머나! 나는 입이 벌어졌다.
아니 웬 회가? 나는 전복을 썰어놓은 것을 젓가락으로 입에 넣었다.
즐거웠다. 그러는 사이에 수레바깥에서 나를 수호하는 천사의 말이 들린다.
'문을 여시오.' 천국 문 앞에 있는 천사들에게 하는 말이다.
그리고 즉시 그 큰 수레는 천국 안에 도착하였다.
주님이 저기 오른쪽에 계셨고 수레바깥에서는 나를 수호하는 두 천사가 나를 주께로 인도하였다.
주님이 말씀하신다. "사랑하는 내 딸아!"하면서 맞아주시는데 주님은 이미 나와 함께 조그만 구름 위에 우리의 발보다는 조금 더 큰 직경이 1m 정도 되는 아주 작은 구름을 타고 벌써 속력있게 유리바다 위를 날고 있었다. 와아~
기분이 좋았다. 주님이 나를 바로 이렇게 유리바다 위로 인도하심으로 말미암아 나는 주님 앞에 엎드릴 시간조차 없었다.
"주님, 오늘은 제가 주님의 발을 볼 시간이 없어요."하였더니 주님이 말씀하신다.
"괜찮다."

나는 주님의 구멍뚫린 발을 볼 때마다 가슴이 미어지는 듯 하는 아픔으로 그분의 이 지상에서 우리를 위하여 하신 일을 기억하곤 하였다. 그럼으로써 나는 다시 그분 앞에서 죄인임을 깨닫고 늘 회개하는 마음으로 눈물도 흘리곤 하였다. 그런데 오늘은 그럴 시간조차 없었다.

주님과 나는 어느새 카탈리나 섬 같은 곳 위에서 날고 있었다.
나는 항상 '저 섬에는 누구의 집이 있을까? 어떤 사람이 저기에 살고 있을까? 살지는 아니하더라도 누구의 건물이 저기에 있을까?' 하고 항상 궁금해 하면서 부러워하였다.
그런데 오늘 그 사실이 밝혀진 것이다.

즉 그곳에는 주님이 내게 주님께서 나에게 쓰라고 하는 책을 다 쓰면 주시겠다고 하는 그 흰 색의 아름다운 궁전이 거기에 위에서 아래로 내려다보는데 보이는 것이었다.
"아니 저럴 수가?"
아니 주님이 내게 주신다는 궁이 그 카탈리나 섬 같은 곳에 있는 것이 보였다.
"주님, 아니 저것이 사실인가요?"
"주님이 저에게 주시겠다고 하는 궁이 저기에 있는 것이 맞는 것인가요?"
나는 믿어지지가 아니하여 몇 번이고 가슴을 손으로 쓸어내리면서 주님께 물었다.
놀라움과 기쁨에 내 눈에는 눈물이 고였다. 너무 감사하고 고마워서……
그런데 이때까지 주님은 이것을 가르쳐 주시지 않았었다.
늘 나는 그 카탈리나 섬 같은 곳을 보면서 '누가 저기에 살까? 참으로 행복하겠다.'하면서 늘 부러운 마음을 금할 길이 없었는데 이제 주님이 나에게 밝혀주시는 것이 거기에 주님이 내게 쓰라는 책들을 다 쓰면 주시겠다고 한 성이 그 아름다운 섬에 있게 될 것이라는 것이다. 나는 놀랍고 놀라웠다.
'아니 그것을 어찌 지금 가르쳐 주신다는 말씀인가?'
'왜 이제야 가르쳐 주시는 것인가?'
주님은 모르시는 것이 없으시다. 단지 나에게 거기에 누가 살 것인가를 숨겨 두셨다가, 나에게 한참 부러워하는 마음을 생기게 하셨다가 이제야 주님은 나에게 그것을 밝혀 주시는 것이었다.
주님은 이러한 면이 상당히 있다.
아, 어쨌든 너무 좋다.
주님 감사해요! 고마워요! ….
나에게는 감탄사가 연발하여 나왔다.
주님은 말씀하신다.
"나는 너의 아버지니라."

"네 맞아요. 주님. 주님은 저의 아버지 되세요."
"나는 너의 친구니라."
"네 맞아요. 주님. 주님은 저의 친구예요."
"나는 너의 신랑이니라."
"네 맞아요. 주님. 주님은 저의 영원한 신랑이세요."

할렐루야. 할렐루야.
나는 정말 너무 감사하였다. 그 궁은 기념관이다. 내가 책을 다 쓰면 그 책들이 그 궁 안의 벽에 진열될 것을 보여주셨다. 그리고 그 책을 쓰는데 도움을 준 모든 믿음의 선진들이 거기에 들를 것이라 말씀하여 주셨다.
할렐루야.

유리바다 위에 카탈리나 섬 같은 곳에 그 기념관이 있는 것이다.
주님은 이 모든 것을 미리 아시고 늘 나를 이 카탈리나 섬 같은 곳에 늘 항상 데리고 오셨지만 이제야 이 모든 것을 나에게 알려 주셨다.
할렐루야. 할렐루야.

그러고 나서 주님은 나에게
"사라야, 저기를 보아라."라고 말씀하시는데 내가 보니 금새 지구가 보였다.
지구 위에는 얼마나 많은 건물들이 있는지 너무나 빽빽하게 모여 있었다.
주님이 말씀하신다.
"저들이 나를 외면하고 있다."
나는 주님이 무슨 말씀을 하시는지 다 이해한다.
그렇다. 이 세상 사람들이 너무 완악하여 주님을 모르고 대적하며 오히려 그 방면으로 더 나아가고 있다.
주님이 말씀하신다.
"너는 가서 천국과 지옥이 있다고 전해라."
주님이 내 앞에서 눈물을 손으로 닦으시면서 우신다.
나는 어찌할 줄을 몰라했다.
"네 주님 그렇게 할께요."
"베리칩이 666인 것을 전해라."

"네 주님"
"내가 곧 온다고 전해라."
"네 주님 그럴께요. 그래야지요."
주님은 이 지구상에 수많은 영혼들이 주님을 모르고 배척하고 외면하고 있는 것을 마음 아파하고 계셨다. 아니 우신다. 내 앞에서....... 그리고 눈물을 닦으신다.
주님은 나에게 천국과 지옥을 전하라고 하시는 것이다.
그리고 베리칩이 666인 것을 전하라고 하신다. 할렐루야.
주님 그렇게 하겠습니다. 주님이 보내시는 곳은 어디든지 가서 주님이 전하라고 하는 것을 전하겠습니다. 할렐루야. 죽으면 죽으리라 하구요.
할렐루야.

주님을 찬양합니다. 주님을 사랑합니다.
주님께 내 모든 것을 드립니다. 주님 받으소서!

그리고서는 지상으로 내려왔다.
오늘 나는 참으로 놀라워했다. 항상 나를 그곳에 유리바다 위의 카탈리나 섬 같은 섬에 데리고 가시거나 그 위로 날으시거나 하셨는데 이제야 그곳에는 내가 책을 다 쓰면 주신다고 한 아름다운 흰 기념관 궁이 거기에 있을 것을 알려 주시다니.....
얼마나 멋진가? 하나님의 계획이.... 할렐루야.
주님 감사합니다!
모든 영광 받으소서!

225. 계시록 책이 영어로 번역되어 세계로 퍼져 나가야 함을 말씀하시다.
(2015. 10. 6)

두 번째로 올라갔다.

수레바깥에서 나를 수호하는 천사가 푹신한 베개를 안고 있었다. 보자마자 푸근한 마음이 들었다.

나는 여섯 마리 말들의 이름을 거꾸로 차례로 불렀다.

믿음, 소망 하였더니 맨 끝의 두 마리가 얼굴을 앞으로 내어밀며 즐거워하였다.

또 승리, 인내하였더니 두 마리가 또 머리를 앞으로 내어밀었다가 도로 집어넣으면서 즐거워하였다. 또 지혜와 사랑 하였더니 맨 앞의 두 마리가 고개를 내밀며 즐거워하였다.

나는 수레를 탔다. 수레는 아까처럼 크고 아름다웠다. 흰 옥색의 꼭 궁전의 두껑 같은 지붕을 하고 있었다.

수레 안에 들어갔는데 여성, 남성천사가 앉아 있었고 계시록 책은 중앙의 테이블에 놓여 있었고 나는 내 자리에 앉았는데 다이닝 테이블 위에는 딸기 같은 것이 몇 개가 물에 담겨 있었다.

수레는 곧 천국 안에 도착하였는데 이번에는 연못가로 데리고 왔다.

나를 내려놓고 수레바깥의 천사는 자신은 물러간다 하였다. 나는 주님께로 왔는데 주님 옆에는 아기천사들이 몇 명 있었다. 하얀 원피스를 입은 아기천사들이다. 너무 예쁘고 귀여웠다. 두 천사가 날아와서 계시록 책을 주님께 전하여 주고 간다.

주님과 나는 벤치에 앉았다. 아기천사들은 안 가고 벤치 주위에 서 있었다.

연못 위에는 베짱이 같은 것이 바이올린을 켜고 있었다. 그가 클로즈업되어 보였다.

할렐루야.

주님이 말씀하신다.

"이 책이 세계로 나갈 것이다."

"네?"

"아니 그러면 이 책이 영어로 번역되어져서 세계로 나간다는 말씀인지요?"

"그렇단다."

"주님, 이 책이 얼마나 두꺼운데요? 그래도요?"

"그렇단다."

천국과 지옥 간증수기 1이 초록색 표지, 천국과 지옥 간증수기 2가 빨간색 표지, 그리고 이 계시록 책이 노란색인데 이 모두가 인간창조역사관에 다 보관될 책들이다.
간증수기 1과 2가 영어로 번역되었다. 그것이 생각이 나면서
"주님, 그러면 이 계시록 책도 영어로 번역해야겠네요."
"그렇단다."
"주님 알겠습니다. 그렇게 하도록 하겠습니다."
할렐루야.

그 다음 나는 주님께 물었다.
"주님, 제가 인도를 가야 하나요?"
주님이 되 물으신다.
"네가 왜 인도를 가려고 하느냐?"
"네 주님 천국과 지옥을 전하려고요." 내 눈에는 눈물이 솟아났다.
"그리고 베리칩이 666인 것을 전하려고요."
주님이 말씀하신다.
"이제야 네가 알겠느냐?"
"네"

주님이 어제 그제 계속 지도를 통하여 내가 인도로 갈 것을 기뻐하시고 격려하여 주셨던 사건이 생각났다. 그렇다. 주님은 오늘 확실히 내가 인도로 가서 천국과 지옥을 전해야 하는 것을 알게 하여 주셨다.
그리고 주님은 일본이 급하다 하신다.
그래 맞다. 이번에는 일본도 꼭 가야 한다.
주님은 이렇게 천국에서 내가 해야 할 일을 가르쳐 주신다.
주님이 말씀하신다.
"내가 너다."
그렇다. 이제는 나에게는 내 삶이 없다. 내 안에 주님이 사시는 것인데 사역도 주님이 내 안에서 하시겠다는 의미로 받아졌다. 할렐루야.
그렇습니다. 주님, 그런 의미도 있었네요.
내가 너로다. 하는 말씀 안에는 사역도 주님이 하시겠다는 의미가 있었네요.
할렐루야.
주님 감사합니다. 갈께요. 주님이 하세요. 할렐루야.

226. 주님께서 '이 세상 끝에 이 모든 건물이 무너지리라' 라고 말씀하시다.
(2015. 10. 7)

천국에 올라갔다.
수레바깥 천사가 운다. 감사하다며 나 같은 주인을 모시게 되어 감사하다 하면서 운다.
말들도 눈물을 글썽인다. 수레를 모는 천사도 운다. 감사하다며....
나는 수레를 탔다.
타자마자 수레 안에 저 침대 끝에 앉아 있는 남성천사와 여성 천사가 보인다.
남성천사가 날개를 흰 날개로 바꾸었다. 옷은 진 보라색을 입었다. 나는 새로운 천사인가 하여 자세히 보았으나 얼굴은 똑같은 그 남성천사였다. 날개도 바꿀 수 있다는 것을 알게 되었다.
그 옆에 분홍색과 주황색이 어우러진 날개와 옷을 입은 여성천사는 그대로였다.
나는 내 자리에 앉았다. 중앙의 테이블 위에는 노오란 계시록 책이 놓여 있었고 왼쪽 책상에는 책꽂이에 내가 쓴 네 권의 책이 꽂혀져 있었다.
바깥에서 말이 들린다. '문을 여시오'
수레는 천국 안에 도착하였다.

주님이 나를 기다리고 계셨다. 나는 평상시의 모습대로 흰 옷을 입고 있었고 머리에는 다이아몬드 면류관을 쓰고 있었다.
주님은 흰 옷을 입고 기다리고 계셨는데 주님이 황금바퀴 위에 서 계셨다.
아니 왜 주님이 황금으로 된 바퀴 위에 계실까? 나는 저것이 무엇일까? 하고 생각하니 주님이 알게 하여 주시는데 이것이 불 병거의 바퀴라는 것이다. 불 병거 그러면 불이 있어야 하는데 하고 생각하니 그 불은 진짜 불이 아니라 성령의 불이라는 것을 알게 하여주신다.
태우는 여호와의 불이 있고 또 성령의 불은 불처럼 보이는데 태우는 불이 아닌 것이다.
그런데 오늘은 이 바퀴에는 순금으로 된 것만 보인다.
그리고 그 바퀴 위에 마차가 있고 희고도 흰 두 말이 황금장식을 곳곳에 하고 이 마차를 끌고 있었는데 주님이 나보고 타라 하셨다. 이것은 말 병거였다. 나는 올라탔다. 그리고 그 두 말은 어디론가 주님과 나만 태우고 달리기 시작하였다. 공중에 무슨 실크로드가 있는 것 같았다. 나는 주님과 둘이만 있는 것이 너무 좋아서 울었다. 아니 눈물이 났다.

한참을 이 말 두 마리가 달리더니 벌써 아래에는 지구가 보였다. 숲과 빌딩들이 보였다.
그 말 병거 아래에는 미국의 국회의사당이 보였다. 그리고 자유의 여신상이 보였다.
주님이 말씀하신다.
"이 모든 것들이 다 무너지는 날이 오리라."
네 주님, 주님께서 이 세상의 모든 바벨론성이 다 무너지는 날이 오리라 하셨습니다.
하나님을 대적하여 높아진 모든 것들이 무너진다 하였습니다.
주님은 이 세상 끝에 일어날 것을 말씀하고 있는 것이었다.
저번에는 전쟁에 의하여 그렇게 되는 것을 말씀하셨지만 지금은 세상 끝에 이 모든 것들이 무너질 것을 나에게 말씀하고 계시는 것이었다.

그리고서는 이 말 병거는 다시 유리바다 위로 올라갔다. 저 밑에 카탈리나 섬 같은 곳이 보인다.
말 병거 옆에 하얀 구름이 왔다. 주님과 나는 거기로 내렸다. 그리고 그 구름 위에는 앉는 의자가 두 개가 서로 마주보고 있었는데 주님과 내가 거기에 앉았다.
그랬더니 이 구름은 주님과 나를 시이소를 타듯이 위아래로 흔들거려 주었다.
주님과 나는 유리바다 위에서 즐겁게 시이소를 타면서 이야기하는 듯하였다.
주님이 말씀하신다.
"네가 나와 함께 일하여야 할 것이야!"
"네 주님"
"주님께서 인도하시는 대로 제가 일할 것입니다."
할렐루야.
그렇게 대화하고서는 나는 내려왔다.

주님 감사합니다.

227. 주님께서 인도와 네팔에 집회를 가야 할 것을 말씀하시다.
(2015. 10. 8)

기도 후 천국에 올라갔다.
수레바깥의 천사가 나에게 말을 한다.
"주인님, 주님이 부르십니다."
아니 주님이 날 부르시고 있다니……
나는 수레를 얼른 타려 하였는데 빛이 나고 씩씩한 여섯 마리의 흰 말들에게 눈인사를 했다.
수레를 모는 천사도 나에게 인사를 한다. 나는 수레를 탔는데 안이 훨씬 넓어진 느낌이다.
저 건너편에 두 천사가 앉아 있고 중앙에 테이블이 놓였으며 왼편에 책상이 있고 나는 내가 앉는 자리에 앉았다.
바깥에서 '문을 여시오'하는 목소리가 들리고 수레는 즉시 천국 안에 도착하였다.
내가 수레에서 내리자마자 주님은 나를 생명수가 흐르는 폭포수 앞으로 인도하셨는데
이것은 전에도 말했듯이 높은 절벽 위에 있었다.
오늘은 천국의 기본레벨에서 그 높은 절벽까지 황금사다리가 놓여졌다.
나는 그 사다리를 올라갈 때 미끄러지듯이 쉽게 올라갔다. 그리고 절벽 위에 도달하였는데
주님은 아주 자상하고 자비롭고 평화로운 얼굴로 나를 맞아주셨다.
천사가 황금 대야에 생명수 물을 가져왔다. 나는 내 얼굴을 그 생명수 물로 씻었다.
요즘에 내 눈에 알레르기성 결막염이 있는 것 같아 주님께 안수를 부탁드렸다.
얼굴을 씻으면서 생각이 난 것이다. 이 생명수로 씻고 주님이 내 눈에 구멍 뚫려진 손바닥으로 내 눈을 안수하여 주셨다.
그리고 나는 나은 것을 믿는다(실제로 지상에 돌아왔을 때에 그 알레르기성 결막염이 나았다).
그리고 얼굴을 씻고 나서 발을 씻어야겠다고 생각하는 순간에 흰 날개달린 천사가 생명수 물을 가지고 와서 내 발들을 씻어준다.
나는 내 발에는 구멍이 뚫려 있지 않음을 감사했다.
그리고 '내 몸은?'하고 생각하는 순간에 공중에서 천사들이 와서 내 몸에 생명수를 부었다.
드레스를 입고 있건만 내 몸은 생명수로 깨끗이 씻김을 받았다.
그리고 주님은 나를 어디론가 데리고 가기를 원하셨다.
주님은 무작정 내 손을 잡고 아주 빠른 속도로 날기 시작하셨다.
어디로 가시나 했는데 할렐루야. 요즘에 몇 번 본 성, 금과 은으로 섞여서 만들어진 날씬날씬하고

쏙 뺀 것같이 아름다운 궁이 보였다. 아하, 천국에서 음악이 흘러나오는 바로 그 궁이구나 하며 알게 되었다. 그리고 주님과 나는 그 궁이 보이는 데에서 구름 위에 있었다.

그리고 그 음악이 그 궁에서 흘러나와서 주님과 나를 음악의 배를 태운 것 같이 그 감동으로 인하여 흔들거렸다. 보이지 아니하는 음악의 배를 탄 것 같았다.

그 궁에서는 천국에서 기뻐하는 일이 있으면 음악이 흘러나온다.

나는 그 음악이 퍼지는 것은 알겠는데 아직 그 음악소리가 내게 들리지 않는다.

'왜일까?'하고 궁금하였지만 그러나 그 음악의 감동자체는 하나하나 내게 전달되고 있었다.

그러면서 나는 너무 좋아하였다. 할렐루야.

한참 그러더니 주님이 내 앞에서 큰 하얀 종이를 펴시는데 거기에는 세계지도가 있었다.

주님이 또 내가 가야 할 곳을 말씀하려고 하시는 것을 알았다. 주님이 나를 보고 말씀하신다.

"사라야! 내가 네 아버지니라."

"할렐루야. 주님 그렇습니다."

"사라야! 나는 네 구세주니라."

할렐루야. 이 말씀에는 내가 너무 좋아서 어쩔 줄을 몰라 했다.

"주님 그래요 정말 그래요. 주님은 저의 구세주이십니다."

그러시면서 말씀하신다.

"너는 네 두 손을 높이 들라."

나는 내 두 손을 하늘을 향하여 높이 들었다.

그랬더니 나의 두 손에 황금열쇠가 놓여지는 것이었다.

즉 이것은 하늘에서 나에게 금고열쇠를 주시는 것이었다.

이전에도 이것을 받은 적이 있는데 지금 또 그것을 주시는 것이었다.

즉 주님께서는 내가 주를 위하여 일하고자 할 때에 넉넉히 풍성하게 재물을 공급하시겠다는 것이 있다. 그래서 나는 말했다.

"주님, 제가 타락하지 않게 하여 주세요."

왜냐하면 많은 주의 종들이 물질 때문에 넘어지기 때문이다.

그랬더니 주님은 말씀하신다

"내가 너를 내 안에 넣을 것이야. 그리고 너는 나를 통과하여 나갈 것이야."

할렐루야. 이 말씀은 내가 주님 없이는 아무 것도 할 수 없음을 말씀하고 있었다.

그리고 그렇게 주님께서 나를 지켜 주시겠다는 말씀으로 들렸다.

할렐루야.

나는 이 말씀만큼 나에게 힘이 되고 위로가 되는 말이 없다는 생각이 들었다.

"주님 감사해요."

"제가 주님 안에 푹 들어가서 주님을 통과하여 어디로든지 가게 하시고 일하게 하여주세요."

할렐루야.

그리고서는 주님이 말씀하신다.

"네가 인도와 네팔을 가야 할 것이야."

할렐루야.

"네가 발을 딛는 곳마다 하나님의 나라가 확장될 것이야. 그러나 너는 먼저 발을 띠어야 한단다."

"할렐루야. 주님 감사합니다. 제가 그렇게 하겠습니다."

할렐루야.

그리고서는 나는 내려왔는데 원래 그렇다. 천국에서는 주님께서 전하고자 하는 메시지가 다 전하여지면 그 이상은 천국이 진행되지 아니하고 그 자리에서 멈춘다. 그래서 나는 내려와야 한다.

할렐루야.

주님께 감사드립니다. 무엇을 어떻게 해야 할지를 늘 가르쳐 주셔서. 할렐루야.

주님을 찬양합니다.

그리고 실제로 나는 2015년 11월 네팔과 인도를 방문하여 집회를 인도하였고 많은 성령의 역사가 일어났으며 그리고 여태까지 선교를 향하여 불타고 있던 내 마음을 주님께서 만족할 정도로 앞으로 선교지에서 해야 할 일이 많음을 보여 주셨다. 그리고 현재 그들을 위하여 도우는 손길들과 함께 선교의 일을 감당해 나가게 되었다.

이 모든 일을 때에 맞게 계획하시고 행하시는 주님을 나는 온 마음을 다하여 찬양한다!

228. 낙원에 있는 믿음의 선진들의 집이 그대로 영원천국에 내려오는가?
(2015. 10. 17)

나는 내가 보고 있는 천국과 지옥이 낙원과 음부라고 한다면
이 낙원에는 믿음의 선진들의 집, 즉 베드로의 집, 바울의 집, 순금으로 된 삭개오의 집, 야곱의 집, 요셉의 집, 모세의 집, 모세의 궁, 다니엘의 집, 그리고 마리아와 요한의 집 등을 나는 보았는데 이 집들이 나중에 영원천국 안으로 그대로 옮겨질 것인가? 하는 것이다. 나는 분명히 그럴 것이라 여겨진다. 왜냐하면 낙원(하늘)에서 새 하늘과 새 땅에 새 예루살렘성이 내려오기 때문이다. 이 성도 낙원에 있었었다. 그런데 새 하늘과 새 땅에 내려오는 것이다.
할렐루야.
지금 나의 천국에서 보이는 집도 그대로 내려올 것인가? 하는 것인데 이것도 그대로 내려올 것이라 믿어진다.

그러므로 낙원(천국)과 영원천국은 다른 것이다.
낙원=천국이지만 이것은 지금도 존재한다.
그러나 영원천국은 새 하늘과 새 땅이 열리고서야 그리고 낙원에 있는 새 예루살렘성이 내려와서 이루어지므로 아직 존재하지 아니하기 때문이다.

지금 하나님은 천국(낙원)에 계시지만 나중에는 영원천국으로 내려오셔서 그들의 백성들과 함께 지내실 것이다.

[계 21:1-4]
(1)또 내가 새 하늘과 새 땅을 보니 처음 하늘과 처음 땅이 없어졌고 바다도 다시 있지 않더라 (2)또 내가 보매 거룩한 성 새 예루살렘이 하나님께로부터 하늘에서 내려오니 그 예비한 것이 신부가 남편을 위하여 단장한 것 같더라 (3)내가 들으니 보좌에서 큰 음성이 나서 가로되 보라 하나님의 장막이 사람들과 함께 있으매 하나님이 저희와 함께 거하시리니 저희는 하나님의 백성이 되고 하나님은 친히 저희와 함께 계셔서 (4)모든 눈물을 그 눈에서 씻기시매 다시 사망이 없고 애통하는 것이나 곡하는 것이나 아픈 것이 다시 있지 아니하리니 처음 것들이 다 지나갔음이러라

그리고 지금 보이는 땅과 하늘은 없어지는 것이다. 그러므로 지금 보이는 해와 달, 별이 있는 공간이 다 없어진다. 이 말은 지금 보여지는 모든 우주공간이 없어지고 대신에 새 하늘과 새 땅이 열리게 된다. 이것이 얼마나 얼마나 클지를 상상하여 보라.

지구는 이 은하계에서 정말 아무 것도 아닌 크기에 속한다.
그런데 이 온 우주가 없어지고 새 하늘과 새 땅이 열리니 얼마나 광대할 것인지는 가히 상상이 안 된다.

여기에 낙원에서 새 예루살렘성이 내려오는데 여기에는 모든 믿음의 선진들의 집들이 다 이 성안에 있다가 같이 내려오는 것으로 보인다.

나는 낙원에 있는 성밖도 보았다.

새 하늘과 새 땅에 새 예루살렘성이 내려오면 성안과 성밖이 구분이 갈 것이다.
이 성이 낙원에도 있었으므로 낙원에서도 성안과 성밖이 존재하였었다.
그리고 이 성 바깥이 새 하늘과 새 땅에서 얼마나 넓을 것인가를 생각하여 보라.

우리는 지금 지구에 살고 있다. 사람이 지구에 만큼도 다 차지 못한다.
그런데 이 온 우주 공간에 천국과 지옥이 열린다 생각하면 할렐루야.
얼마나 클지 상상이 안 된다.
그래서 천국이 비좁느니 지옥이 비좁느니 하는 말은 다 허구다.

새 예루살렘성이 무진장 클 것인데 그 안에서 우리는 시간과 공간을 초월하여 움직이게 될 것이다. 할렐루야.

제 5 부

▶ 요약편에 들어가기 전에

이 계시록이해의 책은 주님께서 나에게 2014년 8월 15일부터시작하여 2015년 10월 17일까지 1년 2개월 동안 14개월에 걸쳐서 천상에서 내가 갖고 있는 계시록에 대한 모든 질문들에 대하여 깨우치게 하신 것을 기록한 책이다.

주님은 이 계시록 이해라는 책의 내용이 다 마쳐질 무렵에 나에게 큰 선물 즉 선교지가 나에게 열리게 하셨다. 나의 평생 소원은 선교였다. 왜냐하면 내가 처음에 주님으로부터 부르심을 받을 때에 받은 소명이 선교였기 때문이다. 그런데 주님은 나를 어디로 보내지 아니하셨다. 그래서 결국 나는 미국 엘에이에서 10년동안 개척교회를 하게하시고 그 다음 나에게 천국과 지옥을 열어서 천국 지옥 간증수기 1, 2, 3, 4, 5를 쓰시게 한 다음에야 선교지로 가라는 명령을 내리신 것이다. 할렐루야. 나는 왜 주님이 바로 선교지로 안보내시고 지금에 와서야 보내시는지에 대하여도 나는 여기에 주님의 거룩하신 계획이 있는 줄 믿는다. 그리고 앞으로는 주님께서 나를 계속 선교지로 보내면서 선교의 일을 감당케 하실 것을 믿는다.

그리하여 하나님께서는 나를 2015년 10월 29일부터 한국에 집회를 인도한 후에 어 네팔과 인도로 보내셔서 집회를 연이어 인도하게 하셨고 그 다음에는 일본으로 건너가게 하셔서 집회를 인도한 후에 2015년 11월 14일날 미국엘에이로 돌아오게 하셨다. 그리하여 인도와 네팔, 그리고 일본과 또 하나의 나라 벨리제에 선교가 열리게 된 것이다. 하나님께서는 더 많은 나라로 나를 인도하실 것을 믿는다.

우리가 믿는 주님은 이렇게 모든 것을 계획하시고 이루시는 하나님이시다!

[렘 33:1-3]
(1)예레미야가 아직 시위대 뜰에 갇혔을 때에 여호와의 말씀이 그에게 다시 임하니라 가라사대 (2)일을 행하는 여호와, 그것을 지어 성취하는 여호와, 그 이름을 여호와라 하는 자가 이같이 이르노라 (3)너는 내게 부르짖으라 내가 네게 응답하겠고 네가 알지 못하는 크고 비밀한 일을 네게 보이리라

일을 행하시고 그것을 지어 성취하시는 여호와를 찬양하나이다!

다음은 많은 시간동안 천상을 왔다갔다하면서 계시록의 중요한 의문점들에 대하여 풀리게 된 것들을 요약편으로 정리하여야 할 필요성을 느끼게 되어 쓰게 된 요약편이다. 많은 분들이 이 요약편을 통하여 그렇게 어렵게 느껴지던 계시록이 잘 이해하여지는데 많은 도움이 되기를 진심으로 기도한다.

계시록 이해

요약편

서사라 목사의 천국과 지옥 간증 수기 5
성경편 제 3권 – 계시록 이해

계시록 요약편

01 적그리스도와 거짓선지자 • 683
02 전 삼년반에 일어나는 일 • 685
03 전 삼년반의 두 증인 • 688
04 반시동안 고요한 때 • 693
05 계시록 12장 해석 • 695
06 대환난 전과 대환난 후에 일어나는 두 번의 휴거 • 701
07 첫째부활과 천년왕국 • 714
08 곡과 마곡전쟁 • 733
09 아마겟돈 전쟁 • 741
10 어린양의 혼인잔치 • 751
11 순교자들의 피를 신원하여 주는 때 • 757
12 주님의 타작마당. • 769
13 백보좌 심판대와 그리스도의 심판대 • 775
14 낙원과 천국 그리고 영원천국 • 786
15 이기는 자와 이기지 못하는 자가 가는 곳 (새 예루살렘 성안과 성밖) • 796
16 왜 베리칩이 성경에서 말하는 666인가? • 811

요약편

1. 적그리스도와 거짓선지자

계시록 11장과 13장에서 나오는 무저갱과 바다에서 올라오는 짐승은 적그리스도가 아닌 악한 영인 것을 주님은 깨닫게 하여 주셨다.
왜냐하면 다니엘서에서 적그리스도에 대한 예언이 그는 세상에 나타나 많은 사람들과 7년 언약을 맺는 자이기 때문이다.

[단 9:27]
그가 장차 많은 사람으로 더불어 한 이레 동안의 언약을 굳게 정하겠고 그가 그 이레의 절반에 제사와 예물을 금지할 것이며 또 잔포하여 미운 물건이 날개를 의지하여 설 것이며 또 이미 정한 종말까지 진노가 황폐케 하는 자에게 쏟아지리라 하였느니라

그리고 주님도 나에게 누가 7년 언약을 맺는지 잘 보라고 하셨다.
그가 적그리스도라고 말씀하신 것이다.

그런데 계시록에서 나오는 이 짐승은 적그리스도가 활동하는 7년 동안의 후삼년 반 시작할 때에 바다에서 올라온다. 그리고 이 짐승은 용으로부터 용이 가진 그 권세와 능력, 그리고 그의 보좌까지 받게 되고 그리고 적그리스도의 후삼년 반 동안 하나님을 대적하는 일을 한다.
그리고 이 짐승은 사람이 아닌 것이 분명한 것이 뿔이 열 개이고 머리가 일곱이다.
그리고 모양은 표범 같고 발은 곰의 발 같고 입은 사자의 입 같다 하였다.

[계 13:1-5]
(1)내가 보니 바다에서 한 짐승이 나오는데 뿔이 열이요 머리가 일곱이라 그 뿔에는 열 면류관이 있고 그 머리들에는 참람된 이름들이 있더라 (2)내가 본 짐승은 표범과 비슷하고 그 발은 곰의 발 같고 그 입은 사자의 입 같은데 용이 자기의 능력과 보좌와 큰 권세를 그에게 주었더라 (3)그의 머리

하나가 상하여 죽게 된 것 같더니 그 죽게 되었던 상처가 나으매 온 땅이 이상히 여겨 짐승을 따르고 (4)용이 짐승에게 권세를 주므로 용에게 경배하며 짐승에게 경배하여 가로되 누가 이 짐승과 같으뇨 누가 능히 이로 더불어 싸우리요 하더라 (5)또 짐승이 큰 말과 참람된 말 하는 입을 받고 또 마흔 두달 일할 권세를 받으니라

그러므로 이 짐승은 악한 영으로서 바다의 깊은 곳 무저갱에서 올라와서 이미 세상에 등장하여 전 삼년 반을 보낸 사람인 적그리스도 안에 들어가서 그의 임기 후삼년 반을 시작한다.
그러므로 이 적그리스도는 전삼년 반 동안은 그래도 조금 평화정책을 써 오다가 이 바다에서 나온 악한 영, 짐승이 그에게 들어가면 그 적그리스도는 돌변하는 것이다.
즉 그가 그 이레의 절반에 제사와 예물을 금지할 것이고 또 적그리스도로 하여금 참람된 입을 가지게 할 것이며 짐승과 그 짐승의 우상에게 절하지 않고 666표를 받지 아니하는 성도들을 죽이게 될 것이다.

[계 13:5-8]
(5)또 짐승이 큰 말과 참람된 말 하는 입을 받고 또 마흔 두달 일할 권세를 받으니라 (6)짐승이 입을 벌려 하나님을 향하여 훼방하되 그의 이름과 그의 장막 곧 하늘에 거하는 자들을 훼방하더라 (7)또 권세를 받아 성도들과 싸워 이기게 되고 각 족속과 백성과 방언과 나라를 다스리는 권세를 받으니 (8)죽임을 당한 어린 양의 생명책에 창세 이후로 녹명되지 못하고 이 땅에 사는 자들은 다 짐승에게 경배하리라

[계 13:16-18]
(16)저가 모든 자 곧 작은 자나 큰 자나 부자나 빈궁한 자나 자유한 자나 종들로 그 오른손에나 이마에 표를 받게 하고 (17)누구든지 이 표를 가진 자 외에는 매매를 못하게 하니 이 표는 곧 짐승의 이름이나 그 이름의 수라 (18)지혜가 여기 있으니 총명 있는 자는 그 짐승의 수를 세어 보라 그 수는 사람의 수니 육백 육십 륙이니라

그러나 결국 이 짐승과 거짓 선지자는 하늘에서 백마 타고 내려오시는 예수 그리스도와 그의 군대에 의하여 전쟁을 일으키다가 결국은 붙잡혀서 산채로 유황 불못에 던져지게 된다.
이것이 신과 인간의 전쟁인 아마겟돈 전쟁이다.

2. 전삼년 반에 일어나는 일

전삼년 반의 시작은 다음 세 가지 일이 일어날 때에 시작된다.
어느 것이 조금 먼저인지는 모르나 거의 동일 시점에 시작되리라 본다.

1. 적그리스도의 나타남이다.
2. 두 증인이 나타난다.
3. 제 3성전의 바깥뜰이 이방인들에 의하여 짓밟히기 시작한다.

[단 9:27]
그가 장차 많은 사람으로 더불어 한 이레 동안의 언약을 굳게 정하겠고 그가 그 이레의 절반에 제사와 예물을 금지할 것이며 또 잔포하여 미운 물건이 날개를 의지하여 설 것이며 또 이미 정한 종말까지 진노가 황폐케 하는 자에게 쏟아지리라 하였느니라

그러므로 짐승이 바다에서 올라오기 전부터 적그리스도는 세상에 드러나서 7년 평화조약을 맺은 자인 것이다.

전삼년 반은 여섯째 나팔이 불리워지고 유브라데강에 네 천사가 불리워지면 전쟁이 일어나서 이로 인하여 지구 인구의 1/3이 갑자기 죽고 그 다음에는 두 증인이 나타나면서 전삼년 반이 시작되고 일곱째 나팔이 불리워지기 전에 이들의 사역이 끝나고 바다에서 올라오는 짐승에 의하여 죽임을 당하나 3일 반 만에 부활하여 하늘로 올라간다.

그리고 전삼년 반 동안 일어나는 일을 보면 :

(i) 두 증인이 권세를 받아 일하는 때이다.

[계 11:1-12]
(1)또 내게 지팡이 같은 갈대를 주며 말하기를 일어나서 하나님의 성전과 제단과 그 안에서 경배하는 자들을 척량하되 (2)성전 밖 마당은 척량하지 말고 그냥 두라 이것을 이방인에게 주었은즉 저희가 거룩한 성을 마흔 두달 동안 짓밟으리라 (3)내가 나의 두 증인에게 권세를 주리니 저희가 굵은

베옷을 입고 일천 이백 육십 일을 예언하리라 (4)이는 이 땅의 주 앞에 섰는 두 감람나무와 두 촛대니 (5)만일 누구든지 저희를 해하고자 한즉 저희 입에서 불이 나서 그 원수를 소멸할지니 누구든지 해하려 하면 반드시 이와 같이 죽임을 당하리라 (6)저희가 권세를 가지고 하늘을 닫아 그 예언을 하는 날 동안 비 오지 못하게 하고 또 권세를 가지고 물을 변하여 피 되게 하고 아무 때든지 원하는 대로 여러가지 재앙으로 땅을 치리로다 (7)저희가 그 증거를 마칠 때에 무저갱으로부터 올라오는 짐승이 저희로 더불어 전쟁을 일으켜 저희를 이기고 저희를 죽일 터인즉 (8)저희 시체가 큰 성 길에 있으리니 그 성은 영적으로 하면 소돔이라고도 하고 애굽이라고도 하니 곧 저희 주께서 십자가에 못박히신 곳이니라 (9)백성들과 족속과 방언과 나라 중에서 사람들이 그 시체를 사흘 반 동안을 목도하며 무덤에 장사하지 못하게 하리로다 (10)이 두 선지자가 땅에 거하는 자들을 괴롭게 한 고로 땅에 거하는 자들이 저희의 죽음을 즐거워하고 기뻐하여 서로 예물을 보내리라 하더라 (11)삼일 반 후에 하나님께로부터 생기가 저희 속에 들어가매 저희가 발로 일어서니 구경하는 자들이 크게 두려워하더라 (12)하늘로부터 큰 음성이 있어 이리로 올라 오라 함을 저희가 듣고 구름을 타고 하늘로 올라가니 저희 원수들도 구경하더라

(ii) 둘째는 또한 1절과 2절을 보면 전삼년 반이 시작할 때부터 벌써 제 3 성전이 지어져 있는 것을 알 수 있는데 이 제 3성전이 지어지면 전삼년 반 동안 이방인들이 이 제 3성전의 마당을 밟게 된다.

그런데 지금 우리 시대를 보면 아직 제 3 성전이 지어지지 아니하였다.
그러므로 우리는 아직 7년 환난 속에 들어간 것이 아니다.
또한 이런 일이 있기 전에 나팔재앙이 첫째 나팔재앙부터 시작하여 여섯째 나팔재앙까지 즉 전 인구의 삼분의 일이 같은 연월일시에 죽는 사건까지 있어야 한다.
그래야 두 증인이 권세를 받아 일천이백육십일 동안 예언하는 시대가 온다.
즉 이 두 증인이 나타남으로 말미암아 한 이레의 전삼년 반이 시작이 되는 것이다.
그리고 아직 어떤 자도 나타나서 이가 적그리스도가 될 터인데 7년 언약을 맺은 자가 없다.
주님은 말씀하셨다. 누가 7년 언약을 맺는지 그가 적그리스도라 하셨다.

그러므로 우리는 아직 이 7년 환난에 들어가지 아니한 것을 알 수 있다. 그 이유 중 또 하나는 나팔재앙이 하나도 아직 일어나지 아니하였기 때문이다.

그러나 확실한 것은 성경에는 두 증인이 나타나 전삼년 반 동안 즉 일천이백육십일 동안 그들이 권세를 받아 예언을 하고 또한 그들이 하늘을 닫아 3년 반 동안 비가 안 오고 바다가 피로 변하는 것이다.

그리고 이들의 활동은 7년 환난 기간 중 전삼년 반에 끝이 난다.

3. 전삼년 반의 두 증인

계시록에 나오는 두 증인은 여섯째 나팔이 불리워지면 세계의 전인구의 1/3이 죽는 전쟁이 일어난 후에 이 두 증인의 사역이 시작된다. 이 두 증인의 사역이 시작되면서 한 이레의 전 삼년반이 시작된다고 보는 것이다.
그리고 이 두 증인의 사역은 정확히 3년반 동안 지속되다가 일곱째 나팔이 불리기 직전에 이들의 사역이 끝이 나는 것이다.

[계 11:3-6]
(3)내가 나의 두 증인에게 권세를 주리니 저희가 굵은 베옷을 입고 일천 이백 육십 일을 예언하리라 (4)이는 이 땅의 주 앞에 섰는 두 감람나무와 두 촛대니 (5)만일 누구든지 저희를 해하고자 한즉 저희 입에서 불이 나서 그 원수를 소멸할지니 누구든지 해하려 하면 반드시 이와 같이 죽임을 당하리라 (6) 저희가 권세를 가지고 하늘을 닫아 그 예언을 하는 날 동안 비 오지 못하게 하고 또 권세를 가지고 물을 변하여 피 되게 하고 아무 때든지 원하는 대로 여러가지 재앙으로 땅을 치리로다

그런데 이 두 증인에 대하여 논란이 많다. 과연 문자 그대로 두 사람을 말하는지 아니면 단체를 말하는지 말이다.

내가 주님께 이 두 증인에 대하여 가르쳐 달라고 하였을 때에 증인의 의미를 사도행전 1장 8절에서 말하는 성령이 임하면 우리가 권능을 받고 땅 끝까지 예수를 전하는 증인이라는 의미를 말씀하여 주셨다.

[행 1:8]
오직 성령이 너희에게 임하시면 너희가 권능을 받고 예루살렘과 온 유대와 사마리아와 땅 끝까지 이르러 내 증인이 되리라 하시니라

즉 이 증인이라는 의미는 우리가 예수 그리스도를 유일한 구세주로 이 세상 땅 끝까지 전하는 사람이라는 말이다.

그런데 문제는 이 두 증인이 개인인 두 사람인가 아니면 단체인 교회 전체를 말하는가 하는 것이다.

계시록 11장 4절을 보면

[계11:4] 이는 이 땅의 주 앞에 섰는 두 감람나무와 두 촛대니

성경에는 이 두 증인을 주님 앞에 선 두 감람나무라고 되어 있고 또한 주님 앞에 서 있는 두 촛대라고 말한다.

성경에서 늘 말하는 이 둘은 다음에서도 볼 수 있는 것과 같이
유대인과 이방인을 말하는 것을 알 수 있다.

[엡 2:14-18]
(14)그는 우리의 화평이신지라 둘로 하나를 만드사 중간에 막힌 담을 허시고 (15)원수 된 것 곧 의문에 속한 계명의 율법을 자기 육체로 폐하셨으니 이는 이 둘로 자기의 안에서 한 새 사람을 지어 화평하게 하시고 (16)또 십자가로 이 둘을 한 몸으로 하나님과 화목하게 하려 하심이라 원수 된 것을 십자가로 소멸하시고 (17)또 오셔서 먼데 있는 너희에게 평안을 전하고 가까운데 있는 자들에게 평안을 전하셨으니 (18)이는 저로 말미암아 우리 둘이 한 성령 안에서 아버지께 나아감을 얻게 하려하심이라

할렐루야.
즉 이 둘은 하나님 앞에서 유대인과 이방인을 말하는 것이다.
또한 계시록에서는 이 두 촛대가 무엇을 의미하는지를 보면
주님께서 일곱 교회에 보내는 편지를 볼 때에 기록된 것을 보면 알 수 있다.
즉 주님이 일곱 촛대사이를 왔다갔다 하셨다 하였는데 이 촛대는 교회를 말한다 하였다.

[계 1:12-20]
(12)몸을 돌이켜 나더러 말한 음성을 알아 보려고 하여 돌이킬 때에 일곱 금 촛대를 보았는데 (13)촛대 사이에 인자 같은 이가 발에 끌리는 옷을 입고 가슴에 금띠를 띠고 (14)그 머리와 털의 희기가 흰 양털 같고 눈 같으며 그의 눈은 불꽃 같고 (15)그의 발은 풀무에 단련한 빛난 주석 같고 그의 음성은 많은 물 소리와 같으며 (16)그 오른손에 일곱 별이 있고 그 입에서 좌우에 날선 검이 나오고 그 얼굴은 해가 힘있게 비취는 것 같더라 (17)내가 볼 때에 그 발 앞에 엎드러져 죽은 자 같이 되매 그가 오른손을 내게 얹고 가라사대 두려워 말라 나는 처음이요 나중이니 (18)곧 산 자라 내가 전에 죽었었노라 볼지어다 이제 세세토록 살아 있어 사망과 음부의 열쇠를 가졌노니 (19)그러므로 네 본 것과 이제 있

는 일과 장차 될 일을 기록하라 (20)네 본 것은 내 오른손에 일곱 별의 비밀과 일곱 금촛대라 일곱 별은 일곱 교회의 사자요 일곱 촛대는 일곱 교회니라

그러므로 이 두 촛대는 주 앞에 선 두 교회이다.
즉 예수 믿는 유대인들인 교회와 예수 믿는 이방인들의 교회인 것이다.

그런데 왜 이 두 증인이 교회인 단체가 아니고 개인인가 하는 것이다.
이것은 스가랴서에서 말하는 두 감람나무의 의미에서 찾을 수 있는 것이다.

[슥 4:11-14]
(11)내가 그에게 물어 가로되 등대 좌우의 두 감람나무는 무슨 뜻이니이까 하고 (12)다시 그에게 물어 가로되 금 기름을 흘려내는 두 금관 옆에 있는 이 감람나무 두 가지는 무슨 뜻이니이까 (13)그가 내게 대답하여 가로되 네가 이것이 무엇인지 알지 못하느냐 대답하되 내 주여 알지 못하나이다 (14)가로되 이는 기름 발리운 자 둘이니 온 세상의 주 앞에 모셔 섰는 자니라 하더라

왜 이 두 증인이 왜 두 사람인가 하는 것인데

첫째, 왜냐하면 스가랴 4장 14절에서 정확히 이들은 기름발리운 자 둘이라고 하였기 때문이다.
이 구절을 영어로 보면, These are the two anointed ones. 으로 되어 있다.

둘째, 왜 그들이 두 명인가 하면 계시록을 볼 때에

[계 11:3-4]
(3)내가 나의 두 증인에게 권세를 주리니 저희가 굵은 베옷을 입고 일천 이백 육십 일을 예언하리라
(4)이는 이 땅의 주 앞에 섰는 두 감람나무와 두 촛대니

여기서 이들을 분명 두 증인이라고 말하고 있다는 것이다. 즉 두 명을 말한다.

셋째, 또 왜 그들이 두 명인가 하는 것인데 그 이유는
이들이 굵은 베옷을 입고 3년 반 동안 예언을 하는데 그리고 이 3년반 동안 이들은 하늘을 닫아서 비가 오지 않게 한다고 되어 있다.

이 두 증인이 두 명이 아니라 교회 전체로 본다면 유대인 교회 전체 그리고 이방인 교회 전체가 굵은 베옷을 입고 다 같이 예언을 한다고 보기는 어렵다.

[계 11:3-6]
(3)내가 나의 두 증인에게 권세를 주리니 저희가 굵은 베옷을 입고 일천 이백 육십 일을 예언하리라 (4)이는 이 땅의 주 앞에 섰는 두 감람나무와 두 촛대니 (5)만일 누구든지 저희를 해하고자 한즉 저희 입에서 불이 나서 그 원수를 소멸할지니 누구든지 해하려 하면 반드시 이와 같이 죽임을 당하리라 (6)저희가 권세를 가지고 하늘을 닫아 그 예언을 하는 날 동안 비 오지 못하게 하고 또 권세를 가지고 물을 변하여 피 되게 하고 아무 때든지 원하는 대로 여러 가지 재앙으로 땅을 치리로다

그러므로 분명히 이 문맥으로 보아도 두 증인은 두 사람임에 틀림이 없다.
또한 이들은 물을 변하여 피가 되게 할 것이다.

넷째, 왜 그 두 증인이 두 사람인가 하는 것인데
이들이 3년반 동안 사역을 마칠 무렵에 무저갱에서 짐승이 올라오는데 이 짐승이 그들 모두를 죽이고 이들 모두가 엄청난 숫자일텐데 이들이 다 사람들이 지켜보는 가운데 다 그 시체들이 널려 있고 그리고 3일 반 후에 모두가 다 다시 살아난다고 보기가 힘들다.

그러므로 여기서는 문자 그대로 두 증인을 두 사람으로 봄이 옳다. 할렐루야.
그리고 이 두 증인은 한 이레의 전삼년 반 동안 이 지상에서 마지막으로 회개하라고 외치는 자가 될 것이다 (78. (ii) 두 증인은 마지막으로 회개하라고 외치는 자들이다. 참조).
그리고 이들은 이 땅의 사람들이 회개하지 아니하니 재앙으로 지구를 치게 될 것이다.
왜냐하면 성경은 그들이 예언하는 동안 3년반 동안 비가 오지 않게 하고 물이 피로 변하게 하며 재앙으로 그들이 원하는 대로 땅을 친다고 기록하고 있다.

그리고 이 두 증인은 두 사람이 분명한데 주님께서 가르쳐 주시기를 이들은 하늘에서 보내어지는 것이 아니라 이 땅 위에 사는 사람이라는 것을 알게 하여 주셨다. 왜냐하면 하늘에서 보내어진다면 그들은 이 땅위에서 다시 죽지 아니할 것이기 때문이다. 그런데 이 두증인은 무저갱에서 올라오는 짐승에 의하여 죽임을 당하기 때문이다. 그러므로 모세와 엘리야가 아니다 (80. (ii) 그리고 두 증인에 대한 확실한 정리 참조).

그러므로 이 두 사람은 결국은 주 앞에 선 두 감람나무로서 두 촛대로서 한 사람은 유대인의 교회에서 또 다른 한 사람은 이방인의 교회에서 나오는 두 증인으로 보인다.

4. 반시동안 고요한 때

일곱째 인을 떼고 나서 반시 동안 조금 고요하다 하였는데 이 반시 동안 무슨 일이 일어나는가? 하는 것이다.

[계 8:1-6]
(1)일곱째 인을 떼실 때에 하늘이 반시 동안쯤 고요하더니 (2)내가 보매 하나님 앞에 시위한 일곱 천사가 있어 일곱 나팔을 받았더라 (3)또 다른 천사가 와서 제단 곁에 서서 금 향로를 가지고 많은 향을 받았으니 이는 모든 성도의 기도들과 합하여 보좌 앞 금단에 드리고자 함이라 (4)향연이 성도의 기도와 함께 천사의 손으로부터 하나님 앞으로 올라가는지라 (5)천사가 향로를 가지고 단 위의 불을 담아다가 땅에 쏟으매 뇌성과 음성과 번개와 지진이 나더라 (6)일곱 나팔 가진 일곱 천사가 나팔 불기를 예비하더라

그리하였더니 주님이 내게 이 성경구절을 생각나게 하여 주시는 것이었다.

[계 22:18-19]
(18)내가 이 책의 예언의 말씀을 듣는 각인에게 증거하노니 만일 누구든지 이것들 외에 더하면 하나님이 이 책에 기록된 재앙들을 그에게 더하실 터이요 (19)만일 누구든지 이 책의 예언의 말씀에서 제하여 버리면 하나님이 이 책에 기록된 생명 나무와 및 거룩한 성에 참예함을 제하여 버리시리라

즉 주님이 내가 이 질문을 할 때에 이 성경구절을 주신 의미는 이러한 것이었다.
그래서 이 반시 동안 고요한 시간은 그대로 넘기라는 것이다. 기록된 것 이외에 더하지 말라는 것이다. 그리고 빼지도 말라는 것이다. 그리고 이 시간 동안 무엇이 일어난다고 하는 것은 요한에게도 밝혀주지 않은 것을 우리가 무엇이 일어난다고 하는 것은 어불성설인 것이다.
주님이 내게 가르쳐 주신 것은 이렇게 반시 동안 조용한 것은 그 다음 나팔재앙 때부터는 심한 재앙이 터지므로 하늘에서도 슬퍼하는 것으로 보인다.

성경에 보면 첫째 나팔이 불리워지면서 땅 1/3이 불에 타고 둘째 나팔이 불리워지면 바다의 1/3이 피가 되고 셋째 나팔이 불리워지면 강 1/3이 쓰게 되어 못 먹게 되고 넷째 나팔이 불리워지면 해와

달의 비췸이 1/3이 없어지고 다섯째 나팔이 불리워지면 무저갱에서 황충들이 나와 인 맞지 아니한 사람들을 다섯 달 동안 괴롭히고 그 때에 사람들이 너무 괴로워 죽고 싶어도 못 죽는다 하였고 또 여섯째 나팔이 불리워지면 인구의 1/3이 한 날 한 시에 죽게 된다 하였다.

그리고 일곱째 나팔이 불리워지면 더 큰 재앙들인 일곱 대접재앙이 시작된다. 그러므로 이 모든 것들은 엄청난 재앙이 아닐 수 없다.

그래서 일곱째 인을 뗀 후에는 반시동안 조용한 것으로 보인다.

5. 계시록 12장 해석

[계 12:1-17]
(1)하늘에 큰 이적이 보이니 해를 입은 한 여자가 있는데 그 발 아래는 달이 있고 그 머리에는 열 두 별의 면류관을 썼더라 (2)이 여자가 아이를 배어 해산하게 되매 아파서 애써 부르짖더라 (3)하늘에 또 다른 이적이 보이니 보라 한 큰 붉은 용이 있어 머리가 일곱이요 뿔이 열이라 그 여러 머리에 일곱 면류관이 있는데 (4)그 꼬리가 하늘 별 삼분의 일을 끌어다가 땅에 던지더라 용이 해산하려는 여자 앞에서 그가 해산하면 그 아이를 삼키고자 하더니

(i) 여기서 해를 입은 한 여자는 누구를 말하느냐면

주님은 이 여자가 이스라엘을 말한다는 것을 천상에서 깨우치게 하여 주셨다.
왜냐하면 그는 열두 별의 면류관을 쓴 것이 이스라엘의 열두지파인 것을 알게 하여주신 것이다.
왜냐하면 요셉이 11형제들의 별이 자신의 별에 절하는 것을 보았기 때문이다. 할렐루야. 그리고 머리가 일곱이고 뿔이 열인 큰 붉은 용은 사단을 의미하는데 이것이 하늘의 별 삼분의 일을 끌어다가 땅에 던졌다 하였다.
성경은 사단을 별인 계명성이라 부른다. 그리고 그에게 속한 천사들을 땅에다가 던진 것이다. 하늘의 별은 모든 천사를 말하나 그에게 속한 1/3 천사들만 땅으로 내려가게 한 것이다.

[사 14:12-15]
(12)너 아침의 아들 계명성이여 어찌 그리 하늘에서 떨어졌으며 너 열국을 엎은 자여 어찌 그리 땅에 찍혔는고 (13)네가 네 마음에 이르기를 내가 하늘에 올라 하나님의 뭇별 위에 나의 보좌를 높이리라 내가 북극 집회의 산 위에 좌정하리라 (14)가장 높은 구름에 올라 지극히 높은 자와 비기리라 하도다 (15)그러나 이제 네가 음부 곧 구덩이의 맨 밑에 빠치우리로다

(ii) 여자가 낳은 아들

[계 12: 5]
여자가 아들을 낳으니 이는 장차 철장으로 만국을 다스릴 남자라 그 아이를 하나님 앞과 그 보좌 앞으로 올려가더라

여기서 여자가 낳은 아들은 예수 그리스도이시다. 이는 철장으로 장차 만국을 다스릴 남자라. 이 말은 아마겟돈 전쟁 때에 나타난 말이다.

[계 19:11-16]
(11)또 내가 하늘이 열린 것을 보니 보라 백마와 탄 자가 있으니 그 이름은 충신과 진실이라 그가 공의로 심판하며 싸우더라 (12)그 눈이 불꽃 같고 그 머리에 많은 면류관이 있고 또 이름 쓴 것이 하나가 있으니 자기 밖에 아는 자가 없고 (13)또 그가 피 뿌린 옷을 입었는데 그 이름은 하나님의 말씀이라 칭하더라 (14)하늘에 있는 군대들이 희고 깨끗한 세마포를 입고 백마를 타고 그를 따르더라 (15)그의 입에서 이한 검이 나오니 그것으로 만국을 치겠고 친히 저희를 철장으로 다스리며 또 친히 하나님 곧 전능하신 이의 맹렬한 진노의 포도주 틀을 밟겠고 (16)그 옷과 그 다리에 이름 쓴 것이 있으니 만왕의 왕이요 만주의 주라 하였더라

즉 이 아이는 장차 만국을 다스릴 남자인데 낳자마자 용이 이를 삼키려 하였다. 그러나 하나님은 천사들을 보내어 이 아이를 지키게 하셨고 결국 예수 그리스도는 인류를 위하여 십자가에 못박혀 죽으시고 그 영혼은 삼일만에 부활하셔서 40일 동안 지상에 계시다가 제자들이 보는 가운데 승천하신 것이다. 그리하여 하나님 아버지 보좌 우편에 앉아 계시게 되었다.

[마 26:63-64]
(63)예수께서 잠잠하시거늘 대제사장이 가로되 내가 너로 살아 계신 하나님께 맹세하게 하노니 네가 하나님의 아들 그리스도인지 우리에게 말하라 (64)예수께서 가라사대 네가 말하였느니라 그러나 내가 너희에게 이르노니 이 후에 인자가 권능의 우편에 앉은 것과 하늘 구름을 타고 오는 것을 너희가 보리라 하시니

또한 여기에 대하여 다윗이 이미 주님오시기 전 1000년 전에 영으로 계시를 받았다.

[마 22:44]
주께서 내 주께 이르시되 내가 네 원수를 네 발 아래 둘 때까지 내 우편에 앉았으라 하셨도다 하였느냐

그러므로 이 성경구절은 즉 예수님의 원수를 그 발아래 둘 때까지 하나님의 우편에 앉는다는 말은 여호와께서 그 처소에서 나와 땅의 거민을 벌하시기 위하여 오시는데 이것을 계시록 19장에서는

백마 타고 오시는 주님을 말하고 있고 이 주님은 적그리스도와 그에게 붙은 왕들과의 전쟁인 아마겟돈 전쟁을 일으키시기 위하여 지상재림하시는 것을 말하고 있다.

[사 26:21]
보라 여호와께서 그 처소에서 나오사 땅의 거민의 죄악을 벌하실 것이라 땅이 그 위에 잦았던 피를 드러내고 그 살해 당한 자를 다시는 가리우지 아니하리라

그리고 이 아마겟돈전쟁의 끝에는 적그리스도와 거짓선지자를 잡아서 산채로 유황 불못에 던져넣고 사단은 일천년 동안 무저갱에 감금시키게 될 것이다.

할렐루야. 그러므로 네 원수를 네 발아래 둘 때까지라는 말은
이 세상나라가 마귀의 손에서 빼앗겨져서 그리스도의 나라가 되는 것을 말하고 있다.

[계 11:15]
일곱째 천사가 나팔을 불매 하늘에 큰 음성들이 나서 가로되 세상 나라가 우리 주와 그 그리스도의 나라가 되어 그가 세세토록 왕 노릇 하시리로다 하니

그러므로 주님은 하나님 우편에 앉아 계시다가 아마겟돈 전쟁 때 백마 타고 내려오시는 것이다.

(iii) 여자를 위한 광야의 예비처

[계 12:6]
그 여자가 광야로 도망하매 거기서 일천 이백 육십일 동안 저를 양육하기 위하여 하나님의 예비하신 곳이 있더라

용이 바다에서 올라오는 짐승에게 그의 보좌와 능력과 권세를 다 주었으니 이 짐승이 그 여자를 핍박하며 하나님은 이 여자를 위한 광야에 예비처를 마련하여 적그리스도의 후삼년 반 즉 한때 두때 반때를 지내게 한다.

주님은 천상에서 이 여자가 이스라엘이며 또한 이들은 앞서 계시록 7장에서 하나님의 종들을 인을 칠 때에 인침을 받은 유대인의 십사만 사천이라는 것을 깨닫게 하여 주셨다.

[계 12:13-14]
(13)용이 자기가 땅으로 내어쫓긴 것을 보고 남자를 낳은 여자를 핍박하는지라 (14)그 여자가 큰 독수리의 두 날개를 받아 광야 자기 곳으로 날아가 거기서 그 뱀의 낯을 피하여 한 때와 두 때와 반 때를 양육 받으매

그러므로 이 이스라엘 십사만 사천은 적그리스도의 후삼년 반 동안 그 핍박의 기간에 하나님이 마련하신 예비처로 옮겨져서 하나님으로부터 특별한 양육을 받는 것으로 보인다. 그리하여 후삼년 반동안의 기간에 적그리스도로부터의 핍박을 피하기 위한 예비처가 이방인들에게는 특별히 없는 것으로 보인다. 즉 주님만 의지하여야 하는 것이다. 이방인들은 믿음을 지키기 위하여 이 때에 순교하거나 쫓겨 다니거나 해야 한다.

그리고 이 십사만 사천은 하나님께서 적그리스도의 후삼년 반 동안 광야의 예비처로 피신시켜서 거기서 하나님의 말씀으로 특별히 양육 받고 그리고 계시록 14장에서 기록한 것과 같이 하늘로 올리워 가게 될 것이다.

[계 14:1-5]
(1)또 내가 보니 보라 어린 양이 시온산에 섰고 그와 함께 십 사만 사천이 섰는데 그 이마에 어린 양의 이름과 그 아버지의 이름을 쓴 것이 있도다 (2)내가 하늘에서 나는 소리를 들으니 많은 물소리도 같고 큰 뇌성도 같은데 내게 들리는 소리는 거문고 타는 자들의 그 거문고 타는 것 같더라 (3)저희가 보좌와 네 생물과 장로들 앞에서 새 노래를 부르니 땅에서 구속함을 얻은 십 사만 사천인 밖에는 능히 이 노래를 배울 자가 없더라 (4)이 사람들은 여자로 더불어 더럽히지 아니하고 정절이 있는 자라 어린 양이 어디로 인도하든지 따라가는 자며 사람 가운데서 구속을 받아 처음 익은 열매로 하나님과 어린 양에게 속한 자들이니 (5)그 입에 거짓말이 없고 흠이 없는 자들이더라

할렐루야.

(iv) 사단의 마지막 때

[계 12:7-10]
(7)하늘에 전쟁이 있으니 미가엘과 그의 사자들이 용으로 더불어 싸울새 용과 그의 사자들도 싸우나 (8)이기지 못하여 다시 하늘에서 저희의 있을 곳을 얻지 못한지라 (9)큰 용이 내어 쫓기니 옛

뱀 곧 마귀라고도 하고 사단이라고도 하는 온 천하를 꾀는 자라 땅으로 내어 쫓기니 그의 사자들도 저와 함께 내어 쫓기니라 (10)내가 또 들으니 하늘에 큰 음성이 있어 가로되 이제 우리 하나님의 구원과 능력과 나라와 또 그의 그리스도의 권세가 이루었으니 우리 형제들을 참소하던 자 곧 우리 하나님 앞에서 밤낮 참소하던 자가 쫓겨 났고

하늘에서 땅으로 쫓겨난 용은 적그리스도의 후삼년 반 기간의 시작 때에 바다에서 올라오는 짐승에게 그의 보좌와 능력과 모든 권세를 준다. 사실 이 때부터 용의 권세는 무너지기 시작하는 그 때였다. 왜냐하면 일곱째 나팔이 불리워지면서 사실은 적그리스도의 후삼년 반의 시작이 세상 나라가 그리스도의 나라로 도로 찾아지게 되는 시작을 말하고 있기 때문이다.

[계 11:15]
(15)일곱째 천사가 나팔을 불매 하늘에 큰 음성들이 나서 가로되 세상 나라가 우리 주와 그 그리스도의 나라가 되어 그가 세세토록 왕 노릇 하시리로다 하니

그러나 이것은 실제로 하나님을 대적하는 세력인 큰 바벨론성이 무너지는 날인 그리고 적그리스도와 신의 전쟁인 아마겟돈 전쟁이 일어나는 날, 그리하여 그날에 적그리스도와 거짓선지자가 잡혀서 산채로 유황 불못에 던져지는 그날, 그리고 사단이 무저갱에 일천년 동안 감금되는 그날에 세상 나라가 주 여호와 그리스도의 나라로 되찾아진바 되는 것이다. 할렐루야.

[계 12: 11]
또 여러 형제가 어린 양의 피와 자기의 증거하는 말을 인하여 저를 이기었으니 그들은 죽기까지 자기 생명을 아끼지 아니하였도다

그리고 이 때가 바로 제단 아래 있는 순교자들의 피를 신원하여 주는 때인 것이다. 할렐루야.

(12)그러므로 하늘과 그 가운데 거하는 자들은 즐거워하라 그러나 땅과 바다는 화 있을진저 이는 마귀가 자기의 때가 얼마 못된 줄을 알므로 크게 분내어 너희에게 내려 갔음이라 하더라 (13)용이 자기가 땅으로 내어쫓긴 것을 보고 남자를 낳은 여자를 핍박하는지라 (14)그 여자가 큰 독수리의 두 날개를 받아 광야 자기 곳으로 날아가 거기서 그 뱀의 낯을 피하여 한 때와 두 때와 반 때를 양육 받으매 (15)여자의 뒤에서 뱀이 그 입으로 물을 강 같이 토하여 여자를 물에 떠내려 가게 하려 하되 (16)땅이 여자를 도와 그 입을 벌려 용의 입에서 토한 강물을 삼키니

하나님은 이스라엘의 열두지파 계시록 7장에서 이마에 인을 맞은 십사만사천을 적그리스도의 후삼년 반 기간 동안 그들을 광야의 예비처로 피신시켜서 그들을 거기서 하나님의 말씀으로 양육하고서는 계시록 14장에서 하늘로 올리워 가신다.

[계 14:1-5]
(1)또 내가 보니 보라 어린 양이 시온산에 섰고 그와 함께 십 사만 사천이 섰는데 그 이마에 어린 양의 이름과 그 아버지의 이름을 쓴 것이 있도다 (2)내가 하늘에서 나는 소리를 들으니 많은 물소리도 같고 큰 뇌성도 같은데 내게 들리는 소리는 거문고 타는 자들의 그 거문고 타는 것 같더라 (3)저희가 보좌와 네 생물과 장로들 앞에서 새 노래를 부르니 땅에서 구속함을 얻은 십 사만 사천인 밖에는 능히 이 노래를 배울 자가 없더라 (4)이 사람들은 여자로 더불어 더럽히지 아니하고 정절이 있는 자라 어린 양이 어디로 인도하든지 따라가는 자며 사람 가운데서 구속을 받아 처음 익은 열매로 하나님과 어린 양에게 속한 자들이니 (5)그 입에 거짓말이 없고 흠이 없는 자들이더라

(v) 여자의 남은 자손

[계 12:17]
(17)용이 여자에게 분노하여 돌아가서 그 여자의 남은 자손 곧 하나님의 계명을 지키며 예수의 증거를 가진 자들로 더불어 싸우려고 바다 모래 위에 섰더라

적그리스도의 후삼년 반 동안에도 이스라엘에 예수를 믿고 그 증거를 가지고 있는 자들이 생겨나서 적그리스도의 우상에게 절하지 않고 그 이마나 손에 표를 받지 아니한 자들이 살아 있는데 이들과 또 용이 싸우려고 바다모래 위에 섰다라고 기록되어 있는 것으로 보여진다.

6. 대환난 전과 대환난 후에 두 번에 걸쳐 일어나는 휴거

먼저 공중휴거가 왜 대환난 전인지를 살펴보자.
그러다가 보면 대환난 전과 대환난 후에 두 번에 걸쳐서 일어나는 휴거가 있음을 알 수 있게 된다.

먼저 공중휴거에 대한 성경구절들을 보면

[살전 4:14-17]
(14)우리가 예수의 죽었다가 다시 사심을 믿을진대 이와 같이 예수 안에서 자는 자들도 하나님이 저와 함께 데리고 오시리라 (15)우리가 주의 말씀으로 너희에게 이것을 말하노니 주 강림하실 때까지 우리 살아있는 자도 자는 자보다 결단코 앞서지 못하리라 (16)주께서 호령과 천사장의 소리와 하나님의 나팔로 친히 하늘로 좇아 강림하시리니 그리스도 안에서 죽은 자들이 먼저 일어나고 (17)그 후에 우리 살아 남은 자도 저희와 함께 구름 속으로 끌어 올려 공중에서 주를 영접하게 하시리니 그리하여 우리가 항상 주와 함께 있으리라

우리는 이 공중휴거를 'rapture'라고 한다.
이 공중휴거의 특징은
주안에서 죽은 자들이 먼저 부활의 몸을 입고 주님과 함께 구름 위에 서서 주님과 함께 공중으로 임한다는 것이다. 그리고 그 다음 지상에서 살아남은 자가 홀연히 그 몸이 변화하여 공중에서 주를 영접하는 것이다. 할렐루야.

[고전 15:51-53]
(51)보라 내가 너희에게 비밀을 말하노니 우리가 다 잠잘 것이 아니요 마지막 나팔에 순식간에 홀연히 다 변화하리니 (52)나팔 소리가 나매 죽은 자들이 썩지 아니할 것으로 다시 살고 우리도 변화하리라 (53)이 썩을 것이 불가불 썩지 아니할 것을 입겠고 이 죽을 것이 죽지 아니함을 입으리로다

할렐루야. 그러면 왜 이 공중휴거가 대환난 전인가 하는 것이다.

(i) 첫째는 주님이 빌라델비아 교회 교인들에게 하신 말씀에서 알 수 있다.

[계 3:7-10]
(7)빌라델비아 교회의 사자에게 편지하기를 거룩하고 진실하사 다윗의 열쇠를 가지신 이 곧 열면 닫을 사람이 없고 닫으면 열 사람이 없는 그이가 가라사대 (8) 볼지어다 내가 네 앞에 열린 문을 두었으되 능히 닫을 사람이 없으리라 내가 네 행위를 아노니 네가 적은 능력을 가지고도 내 말을 지키며 내 이름을 배반치 아니하였도다 (9) 보라 사단의 회 곧 자칭 유대인이라 하나 그렇지 않고 거짓말 하는 자들 중에서 몇을 네게 주어 저희로 와서 네 발 앞에 절하게 하고 내가 너를 사랑하는 줄을 알게 하리라 (10) 네가 나의 인내의 말씀을 지켰은즉 내가 또한 너를 지키어 시험의 때를 면하게 하리니 이는 장차 온 세상에 임하여 땅에 거하는 자들을 시험할 때라

여기서 특히 이 계시록 3장 10절의 말씀을 보면
빌라델비아 교회 교인들은 적은 능력을 가지고서도 하나님의 말씀을 인내로 지켜 내었다고 말씀하신다.

[계 3:10]
네가 나의 인내의 말씀을 지켰은즉 내가 또한 너를 지키어 시험의 때를 면하게 하리니 이는 장차 온 세상에 임하여 땅에 거하는 자들을 시험할 때라
Because thou hast kept the word of my patience, I also will keep thee from the hour of temptation, which shall come upon all the world, to try them that dwell upon the earth.

그래서 주님이 말씀하시기를 내가 너를 지키어 시험의 때를 면하게 하리니
이는 장차 온 세상에 임하여 땅에 거하는 자들을 시험할 때라 하셨다.

여기서 장차 온 세상에 임하여 땅에 거하는 자들을 시험할 때의 이 시험은 무슨 시험을 말하는가 하는 것인데 이것을 king james version 으로 보면 'temptation'이라고 하는 '유혹'이라는 단어를 쓰고 있다.

이 'temptation'이라는 '유혹'이라는 단어는 우리가 언제든지 원치 아니하면 안 받을 수도 있는 것이다. 왜냐하면 유혹은 거절할 수 있다. 그러나 안 받으면 죽인다 하여도 안 받을 수 있는 것이다.
할렐루야. 선택의 여지가 주어지는 것이다.
그러나 이 시험이 일방적인 하나님의 진노를 말하는 시험이라고 한다면 우리는 피할 수 있는 것이 아니므로 여기서 이렇게 표현될 리가 없는 것이다.

그러므로 장차 온 세상에 임하여 땅에 거하는 자들을 시험하는 시험이 무엇이겠는가 하는 것인데 이것은 아무리 생각하여도 성경에 나타나 있는 장차 적그리스도와 거짓선지자가 나타나서 모든 사람들에게 짐승의 표 즉 666을 받게 하는 사건임에 틀림이 없다.

[계 13:16-18]
(16)저가 모든 자 곧 작은 자나 큰 자나 부자나 빈궁한 자나 자유한 자나 종들로 그 오른손에나 이마에 표를 받게 하고 (17)누구든지 이 표를 가진 자 외에는 매매를 못하게 하니 이 표는 곧 짐승의 이름이나 그 이름의 수라 (18)지혜가 여기 있으니 총명 있는 자는 그 짐승의 수를 세어 보라 그 수는 사람의 수니 육백 육십 륙이니라

'저가 모든 자'라는 말은 장차 이 세상에 있는 모든 사람들에게 하는 시험을 말한다.
즉 전 세계에 있는 자들에게 강제로 짐승의 표 666을 받게 하는 때인 것이다. 주여!

그러므로 주님은 빌라델비아 교회 교인들에게 이 시기를 면하게 하여 주시겠다고 약속하시는 것이다. 할렐루야. 아멘.

그러므로 주님은 이 빌라델비아 교회 교인들이 장차 온 세상에 임하는 이 시험이 오기 전에 휴거될 것을 말씀하시는 것을 알 수 있다. 할렐루야.

그러면 이 휴거가 대환난(적그리스도의 후삼년 반 통치기간) 전이냐 아니면 그보다 더 전인 전삼년 반(적그리스도의 전삼년 반 통치기간) 전이냐 하는 것인데

이 표를 받는 시기는 계시록에서 일곱나팔이 불리고 나서 일어나는 것을 기록하고 있다. 그러므로 그 표를 받는 시기 전에 계시록에서는 많은 재앙이 일어나는 것을 기록하고 있는데 이 표를 받는 시기는 일곱 인의 재앙도 다 끝나고 일곱 나팔재앙도 거의 다 끝날 무렵인 것이다.

그러므로 이 공중휴거가 만일에 대환난 전에 일어나는 것이 아니라 훨씬 그 이전에 전삼년 반 전에 휴거가 일어나는 것이라면 계시록의 저자는 아마도 이렇게 표현하였을 것이다.

즉 온 세상에 있는 땅에 거하는 자들에게 시험을 할 때에 내가 너를 지키어 이 시험의 때를 면하게 하리니 라고 표현하는 대신에

내가 구체적으로 다섯째 나팔이 불리면 일어나는 황충재앙에서 너를 지키어 줄 것이고
또한 다르게 첫째 나팔이 불리워지면 땅의 삼분의 일이 불에 타는데 이 땅의 1/3이 불에 탈 때에 너를 지켜 줄 것이고 또 여섯째 나팔이 불리워지면 땅의 인구의 삼분의 일이 전쟁으로 인하여 죽을 텐데 이 때에 내가 너를 지켜 줄 것이고 등등 이렇게 표현이 되었을 것이다

그런데 한마디로 땅에 거하는 모든 사람을 시험하는 그 때를 면케 하여준다는 것은
그 표를 강제로 모든 자에게 받게 하기 전에 이 공중휴거가 일어날 가능성이 가장 많다는 것이다.
할렐루야.

(ii) 두 번째로 왜 이 공중휴거가 대환란 전인가 하는 것이다.

주님은 빌라델피아교회 교인들에게 내가 너희에게는 '열린 문을 두었다'라고 말씀하고 있다는 사실이다.

[계 3:7-8]
(7) 빌라델비아 교회의 사자에게 편지하기를 거룩하고 진실하사 다윗의 열쇠를 가지신 이 곧 열면 닫을 사람이 없고 닫으면 열 사람이 없는 그이가 가라사대 (8) 볼지어다 내가 네 앞에 열린 문을 두었으되 능히 닫을 사람이 없으리라 내가 네 행위를 아노니 네가 적은 능력을 가지고도 내 말을 지키며 내 이름을 배반치 아니하였도다

주님은 이 열린 문의 의미를 나에게 천상에서 두 가지로 가르쳐 주셨다.

첫째는 열린 문의 의미는 주님께서 말씀하시기를 이 빌라델비아 교회 교인들에게는 휴거의 문이 열려 있다는 것이다. 즉 이들이 휴거된다는 것이었다.
할렐루야. 이 말씀은 빌라델비아 교회 교인들은 장차 온 땅에 임하는 시험의 때를 면하게 하여 준다는 말과 일치하고 있다.

두 번째로 이 열린 문의 의미를 주님은 다음과 같은 의미라고 하셨다.
계시록 22장 14절 말씀이다.

[계 22:14]

(14)그 두루마기를 빠는 자들은 복이 있으니 이는 저희가 생명나무에 나아가며 문들을 통하여 성에 들어갈 권세를 얻으려 함이로다

즉 이들에게는 이 성에 들어갈 권세가 주어져 있다고 말씀하셨다.
할렐루야.

그러므로 빌라델비아 교회 교인들에게는 휴거에 대한 문이 열려 있고
그 휴거는 온 세상에 임하여 땅의 모든 사람들을 시험할 그 때를 면케 하여 주시겠다고 하신 것이다. 그뿐 아니라 이들에게는 새 하늘과 새 땅에서 새 예루살렘 성안에 들어가는 문이 활짝 열려 있다는 것이다. 할렐루야.

(iii) 세 번째로 왜 공중휴거가 대환난 전인가 하는 것이다.

그것은 계시록 7장에서 드러난다.

[계 7:3-14]
(3)가로되 우리가 우리 하나님의 종들의 이마에 인치기까지 땅이나 바다나 나무나 해하지 말라 하더라 (4)내가 인 맞은 자의 수를 들으니 이스라엘 자손의 각 지파 중에서 인 맞은 자들이 십 사만 사천이니 (5)유다 지파 중에 인 맞은 자가 일만 이천이요 르우벤 지파 중에 일만 이천이요 갓 지파 중에 일만 이천이요 (6)아셀 지파 중에 일만 이천이요 납달리 지파 중에 일만 이천이요 므낫세 지파 중에 일만 이천이요 (7)시므온 지파 중에 일만 이천이요 레위 지파 중에 일만 이천이요 잇사갈 지파 중에 일만 이천이요 (8)스불론 지파 중에 일만 이천이요 요셉 지파 중에 일만 이천이요 베냐민 지파 중에 인 맞은 자가 일만 이천이라
(9)이 일 후에 내가 보니 각 나라와 족속과 백성과 방언에서 아무라도 능히 셀 수 없는 큰 무리가 흰 옷을 입고 손에 종려 가지를 들고 보좌 앞과 어린 양 앞에 서서 (10)큰 소리로 외쳐 가로되 구원하심이 보좌에 앉으신 우리 하나님과 어린 양에게 있도다 하니 (11)모든 천사가 보좌와 장로들과 네 생물의 주위에 섰다가 보좌 앞에 엎드려 얼굴을 대고 하나님께 경배하여 (12)가로되 아멘 찬송과 영광과 지혜와 감사와 존귀와 능력과 힘이 우리 하나님께 세세토록 있을지로다 아멘 하더라 (13)장로 중에 하나가 응답하여 내게 이르되 이 흰옷 입은 자들이 누구며 또 어디서 왔느뇨 (14)내가 가로되 내 주여 당신이 알리이다 하니 그가 나더러 이르되 이는 큰 환난에서 나오는 자들인데 어린양의 피에 그 옷을 씻어 희게 하였느니라

여기서 계시록 7장에서는 하나님의 종들의 이마에 인을 친다. 이 하나님의 종들은 유대인들 십사만 사천을 포함하여 이방인들이 함께 포함된 말임이 확실하다. 왜냐하면 지금 이 시대에 하나님의 종들이 유대인들보다도 이방인들이 훨씬 더 많다.

이 하나님의 종들의 이마에 인을 치는 사건은 하늘에서 여섯째 인을 뗀 이후다.

지금 우리는 현재 전 세계의 돌아가는 현상들을 보고 여섯째 인을 뗀 상태라고 보고 있다.

현재 전 세계에 하나님의 종들이 유대인들이 많은가 이방인들이 많은가?

당연히 이방인들이 많다.

그런데 하나님의 종들의 이마에 인을 치라 하여 놓고

사도 요한은 유독 인 맞은 유대인들의 숫자만을 말하고 있는 것을 본다.

그러므로 이 숫자는 인을 맞은 유대인들만의 숫자인 것을 알 수 있다.

[계 7:4-8]
(4)내가 인 맞은 자의 수를 들으니
이스라엘 자손의 각 지파 중에서 인 맞은 자들이 십사만 사천이니
(5)유다 지파 중에 인 맞은 자가 일만 이천이요
　르우벤 지파 중에 일만 이천이요 갓 지파 중에 일만 이천이요
(6)아셀 지파 중에 일만 이천이요
　납달리 지파 중에 일만 이천이요
　므낫세 지파 중에 일만 이천이요
(7)시므온 지파 중에 일만 이천이요
　레위 지파 중에 일만 이천이요
　잇사갈 지파 중에 일만 이천이요
(8)스불론 지파 중에 일만 이천이요
　요셉 지파 중에 일만 이천이요
　베냐민 지파 중에 인 맞은 자가 일만 이천이라

그리고 그 다음에는 갑자기 9절에서 능히 셀 수 없는 큰 무리를 말한다.

이들은 인 맞은 십사만사천의 유대인들 외에 이방인들의 수를 말한다 할 수 있는 것이다.

왜냐하면 각 나라와 족속과 백성과 방언에서 아무라도 능히 셀 수 없는 무리라고 하고 있기 때문이다. 십사만사천은 셀 수 있다. 그러나 이들은 정말 셀 수 없는 큰 무리들인 것을 알 수 있다.

[계7:9-12]
(9)이 일 후에 내가 보니 각 나라와 족속과 백성과 방언에서 아무라도 능히 셀 수 없는 큰 무리가 흰 옷을 입고 손에 종려 가지를 들고 보좌 앞과 어린 양 앞에 서서 (10)큰 소리로 외쳐 가로되 구원하심이 보좌에 앉으신 우리 하나님과 어린 양에게 있도다 하니 (11)모든 천사가 보좌와 장로들과 네 생물의 주위에 섰다가 보좌 앞에 엎드려 얼굴을 대고 하나님께 경배하여 (12)가로되 아멘 찬송과 영광과 지혜와 감사와 존귀와 능력과 힘이 우리 하나님께 세세토록 있을지로다 아멘 하더라

그러면 이들은 누구인가 하는 것이다.
그 아래에 이렇게 말한다.

[계 7:13-14]
(13)장로 중에 하나가 응답하여 내게 이르되 이 흰옷 입은 자들이 누구며 또 어디서 왔느뇨 (14)내가 가로되 내 주여 당신이 알리이다 하니 그가 나더러 이르되 이는 큰 환난에서 나오는 자들인데 어린양의 피에 그 옷을 씻어 희게 하였느니라

즉 이들은 큰 환난에서 나오는 자들인 것이다. 그러면서 이들은 어린양의 피에 그 옷을 씻어서 희게 한 자들이라는 것이다. 할렐루야. 아멘.

그러면 이 십사만사천의 유대인들은 어떻게 되는 것인가?
즉 대환난을 통과하는가 아니면 그전에 휴거되는가 하는 것이다.
왜냐하면 앞쪽에서 대환난(적그리스도의 후삼년반 기간) 전에 공중휴거가 있을 것이라 보았기 때문이다.

그런데 이 십사만사천이 다시 계시록 어디에 나오는가 하면
계시록 14장에서 나온다.

[계 14:1-5]
(1)또 내가 보니 보라 어린 양이 시온산에 섰고 그와 함께 십 사만 사천이 섰는데 그 이마에 어린 양의 이름과 그 아버지의 이름을 쓴 것이 있도다 (2)내가 하늘에서 나는 소리를 들으니 많은 물소리도 같고 큰 뇌성도 같은데 내게 들리는 소리는 거문고 타는 자들의 그 거문고 타는 것 같더라 (3)저희가 보좌와 네 생물과 장로들 앞에서 새 노래를 부르니 땅에서 구속함을 얻은 십 사만 사천인 밖에는

능히 이 노래를 배울 자가 없더라 (4)이 사람들은 여자로 더불어 더럽히지 아니하고 정절이 있는 자라 어린 양이 어디로 인도하든지 따라가는 자며 사람 가운데서 구속을 받아 처음 익은 열매로 하나님과 어린 양에게 속한 자들이니 (5)그 입에 거짓말이 없고 흠이 없는 자들이더라

그러면 여기서 말하는 십사만사천이 계시록 7장에서 말하는 십사만사천인가 하는 것이다.
지금 사도 요한은 이 십사만사천이 하늘 보좌에 올라간 것을 본 것이다.
이 사건은 계시록 13장에서
적그리스도와 거짓선지자가 이 세상의 모든 자에게 짐승의 우상에게 절하게 하고 짐승의 표 즉 666표를 받게 하는 사건 이후에 바로 일어나는 사건으로 기록하고 있는 것이다.

[계 13:15-18]
(15)저가 권세를 받아 그 짐승의 우상에게 생기를 주어 그 짐승의 우상으로 말하게 하고 또 짐승의 우상에게 경배하지 아니하는 자는 몇이든지 다 죽이게 하더라 (16)저가 모든 자 곧 작은 자나 큰 자나 부자나 빈궁한 자나 자유한 자나 종들로 그 오른손에나 이마에 표를 받게 하고 (17)누구든지 이 표를 가진 자 외에는 매매를 못하게 하니 이 표는 곧 짐승의 이름이나 그 이름의 수라 (18)지혜가 여기 있으니 총명 있는 자는 그 짐승의 수를 세어 보라 그 수는 사람의 수니 육백 육십 륙이니라

그러므로 이 유대인의 십사만사천은 이 대환난기 즉 666표를 강제로 받게 하는 시기를 지나서 하늘 보좌로 올라가는 것으로 보인다.

그러면 이 십사만사천은 도대체 대환난 기간 동안 어디에 있다가 또한 이 적그리스도와 거짓선지자들로부터 강제로 짐승의 표를 받도록 강요당하는가 하는 것이다.

여기서 아닌 것을 증명하여 보고자 한다.

1. 이마에 하나님의 이름과 어린양의 이름이 써 있다 하였다. 이것이 이마에 인을 친 증거라 볼 수 있는 것이다. 할렐루야.

2. 다섯째 나팔이 불리워지면 황충재앙이 일어나는데 이 때에 인 맞지 않은 자만 해치라 하였으니 이 때에 유대인의 십사만사천도 있는 것을 알 수 있다.

[계 9:1-4]
(1)다섯째 천사가 나팔을 불매 내가 보니 하늘에서 땅에 떨어진 별 하나가 있는데 저가 무저갱의 열쇠를 받았더라 (2)저가 무저갱을 여니 그 구멍에서 큰 풀무의 연기 같은 연기가 올라오매 해와 공기가 그 구멍의 연기로 인하여 어두워지며 (3)또 황충이 연기 가운데로부터 땅 위에 나오매 저희가 땅에 있는 전갈의 권세와 같은 권세를 받았더라 (4)저희에게 이르시되 땅의 풀이나 푸른 것이나 각종 수목은 해하지 말고 오직 이마에 하나님의 인 맞지 아니한 사람들만 해하라 하시더라

3. 계시록 12장에서 해를 입은 여자는 주님이 이스라엘이라 하였는데 이 여자가 하나님께서 마련하신 광야의 예비처로 한때 두때 반때를 양육받는다 하였다.
이 한때 두때 반때는 정확히 삼년반으로서 적그리스도의 후삼년 반 즉 대환난 시기를 말한다 할 수 있다.

[계 12:12-14]
(12)그러므로 하늘과 그 가운데 거하는 자들은 즐거워하라 그러나 땅과 바다는 화 있을진저 이는 마귀가 자기의 때가 얼마 못된 줄을 알므로 크게 분내어 너희에게 내려 갔음이라 하더라 (13)용이 자기가 땅으로 내어쫓긴 것을 보고 남자를 낳은 여자를 핍박하는지라 (14)그 여자가 큰 독수리의 두 날개를 받아 광야 자기 곳으로 날아가 거기서 그 뱀의 낯을 피하여 한 때와 두 때와 반 때를 양육 받으매

그러므로 적그리스도의 후삼년 반 시기 즉 666표를 강제로 받게 하는 시기에 하나님께서는 이스라엘의 십사만사천을 광야에 후삼년 반 동안 숨겨두셔서 양육하는 것을 알 수 있다.
그리고 이 강제로 666표를 받게 하는 시기가 지나고 나면 이들이 가장 먼저 하나님 보좌 앞으로 올리워 간다. 이들은 여자에 의하여 더럽힘을 받지 아니한 즉 세상으로부터 더럽힘을 받지 아니한 그리고 입술에 거짓이 없는 자들로서 적그리스도의 기간 중 후삼년 반 후에 일어나는 알곡을 추수하는 과정에서 처음 익은 열매들로 하늘로 올리워가는 것을 알 수 있다. 할렐루야.

위의 것을 또 하나의 휴거라 보면 이 휴거는 언제 일어나느냐 하는 것인데
이 휴거는 일곱째 나팔이 불리워지고 적그리스도의 후삼년 반이 끝나는 무렵 즉 일곱 대접재앙이 시작되기 바로 직전에 일어나는 것으로 보인다.
즉 이 십사만사천은 처음 익은 열매로 시온산에 섰다가 하나님의 보좌 앞으로 먼저 끌려 올라가고 그 다음 적그리스도의 후삼년 반 즉 666표를 강제로 받게 하는 대환난을 거치면서 짐승과 짐승의

우상에게 절하지 않고 이마나 손에 표를 받지 아니한 자들이 그 다음 추수되어 끌려 올려져 가고 있는 것을 본다.

[계 14:6-16]
(6)또 보니 다른 천사가 공중에 날아가는데 땅에 거하는 자들 곧 여러 나라와 족속과 방언과 백성에게 전할 영원한 복음을 가졌더라 (7)그가 큰 음성으로 가로되 하나님을 두려워하며 그에게 영광을 돌리라 이는 그의 심판하실 시간이 이르렀음이니 하늘과 땅과 바다와 물들의 근원을 만드신 이를 경배하라 하더라 (8)또 다른 천사 곧 둘째가 그 뒤를 따라 말하되 무너졌도다 무너졌도다 큰 성 바벨론이여 모든 나라를 그 음행으로 인하여 진노의 포도주로 먹이던 자로다 하더라 (9)또 다른 천사 곧 세째가 그 뒤를 따라 큰 음성으로 가로되 만일 누구든지 짐승과 그의 우상에게 경배하고 이마에나 손에 표를 받으면 (10)그도 하나님의 진노의 포도주를 마시리니 그 진노의 잔에 섞인 것이 없이 부은 포도주라 거룩한 천사들 앞과 어린 양 앞에서 불과 유황으로 고난을 받으리니 (11)그 고난의 연기가 세세토록 올라가리로다 짐승과 그의 우상에게 경배하고 그 이름의 표를 받는 자는 누구든지 밤낮 쉼을 얻지 못하리라 하더라 (12)성도들의 인내가 여기 있나니 저희는 하나님의 계명과 예수 믿음을 지키는 자니라 (13)또 내가 들으니 하늘에서 음성이 나서 가로되 기록하라 자금 이 후로 주 안에서 죽는 자들은 복이 있도다 하시매 성령이 가라사대 그러하다 저희 수고를 그치고 쉬리니 이는 저희의 행한 일이 따름이라 하시더라 (14)또 내가 보니 흰 구름이 있고 구름 위에 사람의 아들과 같은 이가 앉았는데 그 머리에는 금 면류관이 있고 그 손에는 이한 낫을 가졌더라 (15)또 다른 천사가 성전으로부터 나와 구름 위에 앉은 이를 향하여 큰 음성으로 외쳐 가로되 네 낫을 휘둘러 거두라 거둘 때가 이르러 땅에 곡식이 다 익었음이로다 하니 (16)구름 위에 앉으신 이가 낫을 땅에 휘두르매 곡식이 거두어지니라

즉 처음 익은 열매로서 인 맞은 유대인 14만 4천이 먼저 올라가고 그 다음 곡식을 거두는 장면이 계시록 14장 14에서부터 16절에 나온다.

그리고 우리는 여기서
짐승의 표를 강제로 받게 할 때에 손이나 이마에 그 표를 받지 아니한 자들이 추수되는 이 장면과 계시록 7장에서 말하는 '큰 환난에서 나오는 흰 옷 입은 큰 무리들'과 일치하는 것을 보는 것이다.
할렐루야.

[계 7:13-14]

(13)장로 중에 하나가 응답하여 내게 이르되 이 흰옷 입은 자들이 누구며 또 어디서 왔느뇨 (14)내가 가로되 내 주여 당신이 알리이다 하니 그가 나더러 이르되 이는 큰 환난에서 나오는 자들인데 어린양의 피에 그 옷을 씻어 희게 하였느니라

그러므로 휴거가 대환난 후 일곱 대접재앙이 시작되기 전에 즉 주님의 지상재림 전에 또 한번 크게 일어난다고 볼 수 있다.
그리고서는 불을 다스리는 천사가 나와서 심판하는 장면을 본다.

[계 14:18-19]
(18)또 불을 다스리는 다른 천사가 제단으로부터 나와 이한 낫 가진 자를 향하여 큰 음성으로 불러 가로되 네 이한 낫을 휘둘러 땅의 포도송이를 거두라 그 포도가 익었느니라 하더라 (19)천사가 낫을 땅에 휘둘러 땅의 포도를 거두어 하나님의 진노의 큰 포도주 틀에 던지매

이들은 누구인가? 적그리스도의 후삼년 반 기간 동안 짐승과 짐승의 우상에게 경배하고 이마에나 손에 표를 받은 자들인 것이다.

[계 14:9-10]
(9)또 다른 천사 곧 세째가 그 뒤를 따라 큰 음성으로 가로되 만일 누구든지 짐승과 그의 우상에게 경배하고 이마에나 손에 표를 받으면 (10)그도 하나님의 진노의 포도주를 마시리니 그 진노의 잔에 섞인 것이 없이 부은 포도주라 거룩한 천사들 앞과 어린 양 앞에서 불과 유황으로 고난을 받으리니

즉 짐승과 그의 우상에게 경배하고 이마에나 손에 표를 받은 자들이 불을 다스리는 천사에 의하여 거두어져서 하나님의 진노의 포도주 틀에 던져진다. 즉 이들이 지상에서 일곱 대접 재앙을 받게 되는 것이다.
그리고 이들은 거룩한 천사들 앞과 어린양 앞에서 불과 유황으로 고난을 받게 될 것이다.

이것이 또한 마태복음에서 소위 세례 요한이 말하는 주님의 타작마당과 일치하고 있다.

[마 3:11-12]
(11)나는 너희로 회개케 하기 위하여 물로 세례를 주거니와 내 뒤에 오시는 이는 나보다 능력이 많으시니 나는 그의 신을 들기도 감당치 못하겠노라 그는 성령과 불로 너희에게 세례를 주실 것이요

(12)손에 키를 들고 자기의 타작 마당을 정하게 하사 알곡은 모아 곡간에 들이고 쭉정이는 꺼지지 않는 불에 태우시리라

그러므로 주님의 타작마당에서 이는 적그리스도의 후삼년 반 동안 쭉정이들은 그들의 잠깐의 편리와 유익을 위하여 짐승의 우상에게 절하고 이마나 손에 표를 받는 자들인 것이다.

즉 이 주님의 타작마당이 대환난을 거치면서 알곡과 쭉정이를 가르는 것이라면
공중휴거는 대환난 전에 일어나는 것으로 보이는 것이다.

즉 이 공중휴거가 대환난 전에 있을 것을 말하고 있는 성경구절 계시록 3장 10절을 보면

계 3:10 네가 나의 인내의 말씀을 지켰은즉 내가 또한 너를 지키어 시험의 때를 면하게 하리니 이는 장차 온 세상에 임하여 땅에 거하는 자들을 시험할 때라

즉 이들은 이 시험의 때 즉 666표를 강제로 받게 하는 시기 적그리스도의 후삼년 반 시기
즉 대환난을 피하여 그 이전에 공중으로 휴거되어진다고 보는 것이다.

이 공중휴거가 주님의 타작마당인 후 삼년 반에 알곡과 쭉정이를 가르는 대환난의 시기 후에 일어나는 휴거와 다른 점은 대환난 전에 일어나는 공중휴거 때에는 주님이 주안에서 먼저 죽은 자들을 부활시키셔서 구름위에 데리고 공중에 임하신다는 것이다. 그리고 땅위에 하나님의 말씀을 인내로 지켜낸 자들이 홀연히 변화하여 공중에서 주를 영접하게 될 것이다. 할렐루야.

그러므로 대환난 전에 일어나는 공중휴거와 주님의 타작마당에서 알곡들의 추수 즉 대환난 후에 일어나는 휴거는 다른 것이다.

또한 여기서 주목하여 볼 것은 계시록 7장에서 큰 환난에서 나오는 무리속에 이 먼저 주안에서 죽은 자가 부활하여 오는 숫자가 빠져 있는 것이 또한 공중휴거와 알곡추수로 일어나는 휴거가 다르다는 것을 말하고 있다.
할렐루야.

계시록 7장에서 나오는 큰 환난에서 나오는 어린양의 피에 그 옷을 빤 자들이 바로 계시록 14장

14-16절에 나오는 구름 위에 앉은 이가 추수하는 알곡들인 것이다.
할렐루야.

그러면 이 대환난 전에 공중휴거된 자들과 대환난 후 구름위에 앉은 이가 추수하는 알곡들은 어디로 가나 하는 것이다.

그들이 휴거된 후 말이다.
그것은 이들 모두가 휴거된 후에 하늘의 보좌로 가서 앉아 있는 것으로 보인다.
왜냐하면 계시록 20장 4절에 그들이 보좌에 앉아서 심판하는 권세를 가진 자들로서 천년왕국 때에 내려오기 때문이다.

그러므로 휴거는 크게 대환난 전 소위 우리가 말하는 공중휴거와 대환난 직후에 일어나는 처음익은 열매로 십사만사천의 휴거와 그리고 짐승과 짐승의 우상에게 절하지 않고 이마나 손에 표를 받지 않은 알곡추수 휴거로 두 번에 걸쳐 일어난다고 말할 수 있다.

7. 첫째부활과 천년왕국

I. 첫째부활

첫째부활에 참여하는 자들은 참으로 복이 있는 자들이다. 왜냐하면 이들이 천년왕국에 들어가기 때문이다.

[계 20:4-6]
(4)또 내가 보좌들을 보니 거기 앉은 자들이 있어 심판하는 권세를 받았더라 또 내가 보니 예수의 증거와 하나님의 말씀을 인하여 목 베임을 받은 자의 영혼들과 또 짐승과 그의 우상에게 경배하지도 아니하고 이마와 손에 그의 표를 받지도 아니한 자들이 살아서 그리스도로 더불어 천년 동안 왕 노릇하니 (5)(그 나머지 죽은 자들은 그 천년이 차기까지 살지 못하더라) 이는 첫째 부활이라 (6)이 첫째 부활에 참예하는 자들은 복이 있고 거룩하도다 둘째 사망이 그들을 다스리는 권세가 없고 도리어 그들이 하나님과 그리스도의 제사장이 되어 천년 동안 그리스도로 더불어 왕 노릇 하리라

5절에 '그 나머지 죽은 자들은 그 천년이 차기까지 살지 못하더라'하였고 이는 첫째 부활이라 하였다.

그러면 둘째부활은 언제 일어나는가?
그것은 백보좌 심판때이다.
왜냐하면 계시록 20장에 12절에 죽은 자들이 무론대소하고 그 보좌앞에 섰다라고 말하고 있기 때문이다.

[계 20:11-15]
(11)또 내가 크고 흰 보좌와 그 위에 앉으신 자를 보니 땅과 하늘이 그 앞에서 피하여 간데 없더라 (12)또 내가 보니 죽은 자들이 무론대소하고 그 보좌 앞에 섰는데 책들이 펴 있고 또 다른 책이 펴졌으니 곧 생명책이라 죽은 자들이 자기 행위를 따라 책들에 기록된 대로 심판을 받으니 (13)바다가 그 가운데서 죽은 자들을 내어주고 또 사망과 음부도 그 가운데서 죽은 자들을 내어주매 각 사람이 자기의 행위대로 심판을 받고 (14)사망과 음부도 불못에 던지우니 이것은 둘째 사망 곧 불못이라 (15)누구든지 생명책에 기록되지 못한 자는 불못에 던지우더라

우리가 예수 믿고 참으로 위안이 되는 것은 우리가 새로운 몸으로 부활한다는 사실이다.
우리는 지금의 썩고 죽고 없어질 몸을 벗고 영원히 썩지 않고 죽지 않는 몸을 입게 되는 것이다.
이것이 부활이다.

이 부활의 첫 열매가 바로 예수 그리스도이시다. 그는 십자가에 못박혀 죽으신지 삼일만에 다시 살아 나셨다. 그 몸은 부활의 몸으로 영원히 죽지 않고 썩지 않는 몸으로 우리 모두의 부활의 첫 열매가 되신 것이다.

[고전 15:14-20]
(14)그리스도께서 만일 다시 살지 못하셨으면 우리의 전파하는 것도 헛것이요 또 너희 믿음도 헛것이며 (15)또 우리가 하나님의 거짓 증인으로 발견되리니 우리가 하나님이 그리스도를 다시 살리셨다고 증거하였음이라 만일 죽은 자가 다시 사는 것이 없으면 하나님이 그리스도를 다시 살리시지 아니하셨으리라 (16)만일 죽은 자가 다시 사는 것이 없으면 그리스도도 다시 사신 것이 없었을 터이요 (17)그리스도께서 다시 사신 것이 없으면 너희의 믿음도 헛되고 너희가 여전히 죄 가운데 있을 것이요 (18)또한 그리스도 안에서 잠자는 자도 망하였으리니 (19)만일 그리스도 안에서 우리의 바라는 것이 다만 이생 뿐이면 모든 사람 가운데 우리가 더욱 불쌍한 자리라 (20)그러나 이제 그리스도께서 죽은 자 가운데서 다시 살아 잠자는 자들의 첫 열매가 되셨도다

할렐루야.
우리 주님은 우리에게 부활을 약속하고 계신다. 그러므로 예수의 부활이 없으면 우리의 믿음도 헛것이다.
우리는 지금의 죽고 썩고 없어질 몸을 벗고 영원히 썩지 않는 부활의 몸을 입고 영원히 주님과 함께 살게 될 것이다.

[고전 15:22-26]
(22)아담 안에서 모든 사람이 죽은 것같이 그리스도 안에서 모든 사람이 삶을 얻으리라 (23)그러나 각각 자기 차례대로 되리니 먼저는 첫 열매인 그리스도요 다음에는 그리스도 강림하실 때에 그에게 붙은 자요 (24)그 후에는 나중이니 저가 모든 정사와 모든 권세와 능력을 멸하시고 나라를 아버지 하나님께 바칠 때라 (25)저가 모든 원수를 그 발아래 둘 때까지 불가불 왕 노릇 하시리니 (26)맨 나중에 멸망 받을 원수는 사망이니라

여기서 각 구절을 한번 보자.
22절 : 아담 안에서 모든 사람이 죽은 것같이 그리스도 안에서 모든 사람이 삶을 얻으리라.

아담 안에서 우리 모든 사람이 죽게 되었다. 즉 영적죽음과 육적죽음이 찾아왔다.
그러나 그리스도 안에서는 모든 사람이 삶을 얻었다라고 말하는데 이것은 영적으로도 다시 살아남과 그리고 육적으로도 다시 영원히 죽지 않는 부활의 몸을 입을 것을 말하고 있다.

23절 : 그러나 각각 자기 차례대로 되리니 먼저는 첫 열매인 그리스도요 다음에는 그리스도 강림하실 때에 그에게 붙은 자요

부활의 첫 열매는 예수 그리스도이시다. 그리고 그 다음 순서는 첫째부활에 참여하는 모든 자들인 것이다. 첫째부활에 누가 참여하는가 하는 것은 뒤에 나온다.

24절-26절 : 그 후에는 나중이니 저가 모든 정사와 모든 권세와 능력을 멸하시고 나라를 아버지 하나님께 바칠 때라 저가 모든 원수를 그 발아래 둘 때까지 불가불 왕 노릇 하시리니 맨 나중에 멸망 받을 원수는 사망이니라.

이 때가 바로 백보좌 심판 때를 말하는 것으로서 둘째부활이라 할 수 있다.
예수 그리스도가 천년왕국에서 왕 노릇 하시고 그 이후 천년왕국 이후에 잠깐 곡과 마곡전쟁이 일어난 후에 사단이 영원히 불못에 던져지게 되고 그리고 가장 나중에 멸망하는 원수는 바로 사망인 것이다.

[계 20:12-14]
(12)또 내가 보니 죽은 자들이 무론대소하고 그 보좌 앞에 섰는데 책들이 펴 있고 또 다른 책이 펴 졌으니 곧 생명책이라 죽은 자들이 자기 행위를 따라 책들에 기록된 대로 심판을 받으니 (13)바다가 그 가운데서 죽은 자들을 내어주고 또 사망과 음부도 그 가운데서 죽은 자들을 내어주매 각 사람이 자기의 행위대로 심판을 받고 (14)사망과 음부도 불못에 던지우니 이것은 둘째 사망 곧 불못이라

할렐루야.

그리고 주님은 요한복음에서 말씀하시기를 '내가 그를 마지막 날에 다시 살리리라'하시는 말씀을

한번 보자.

[요 6:40]
내 아버지의 뜻은 아들을 보고 믿는 자마다 영생을 얻는 이것이니 마지막 날에 내가 이를 다시 살리리라 하시니라

이것은 성도의 부활을 말한다. 이것에 우리 주님은 부활의 첫 열매가 되신 것이다.

그러면 계시록 20장 4절에 말하는 첫째부활에 참여되는 자들이 누구인지 성경에서 한번 찾아보자.

우리 주님은 우리에게 이 첫째부활에 참여되는 자들이 복이 있다고 하신다(계 20:6).
그러므로 우리는 이 첫째 부활에 참여하도록 노력하여야 할 것이다.

계시록 20장 4절 이하를 다시 한번 보자.

[계 20:4]
나는 또 많은 높은 좌석과 그 위에 앉아 있는 사람들을 보았습니다. 그들은 심판할 권한을 받은 사람들이었습니다. 또 예수께서 계시하신 진리와 하느님의 말씀을 전파했다고 해서 목을잘리운 사람들의 영혼을 보았습니다. 그들은 그 짐승이나 그의 우상에게 절을 하지 않고 이마와 손에 낙인을 받지 않은 사람들입니다. 그들은 살아나서 그리스도와 함께 천 년 동안 왕노릇을 하였습니다 [공동번역]

And I saw thrones, and they sat upon them, and judgment was given unto them: and [I saw] the souls of them that were beheaded for the witness of Jesus, and for the word of God, and which had not worshipped the beast, neither his image, neither had received [his] mark upon their foreheads, or in their hands; and they lived and reigned with Christ a thousand years [KJV]

[계 20:4-6]
(4)또 내가 보좌들을 보니 거기 앉은 자들이 있어 심판하는 권세를 받았더라 또 내가 보니 예수의 증거와 하나님의 말씀을 인하여 목 베임을 받은 자의 영혼들과 또 짐승과 그의 우상에게 경배하지도 아니하고 이마와 손에 그의 표를 받지도 아니한 자들이 살아서 그리스도로 더불어 천년 동안 왕 노

릇하니 (5) (그 나머지 죽은 자들은 그 천년이 차기까지 살지 못하더라) 이는 첫째 부활이라 (6) 이 첫째 부활에 참예하는 자들은 복이 있고 거룩하도다 둘째 사망이 그들을 다스리는 권세가 없고 도리어 그들이 하나님과 그리스도의 제사장이 되어 천년 동안 그리스도로 더불어 왕 노릇 하리라 [개역개정]

계시록 20장 4절이 개역개정에서 잘못 번역되어 있어서 공동번역과 king james version (KJV) 을 여기에다가 썼다.

개역개정에서는 첫째부활에 참여되는 그룹이 세 그룹처럼 번역이 되었는데 그러나 공동번역과 영어로 보면 두 그룹밖에 없다. 보좌에 앉은 자들과 그리고 짐승과 짐승의 우상에게 절하지 않고 이마나 손에 표를 받지 않은 순교한 그룹 두 그룹뿐이다.

이 첫째부활에 참여하는 자들이 복이 있는데 왜냐하면 둘째사망이 그들을 건드리지 못하기 때문이라는 것이다. 둘째 사망은 영원한 불못에 던져지는 것을 말한다.
그리고 이 첫째부활에 참여되는 자들은 그리스도로 더불어 천년동안 왕노릇하게 되는 것이다.
할렐루야.
그리고 이 첫째 부활에 참가하지 못한 영혼들은 천년이 차기까지 부활하지 못한다고 되어 있다.
그러면 우리가 여기서 유념하게 보아야 할 것은 어떤 자들이 첫째부활에 속하여 천년왕국에 들어가는가 하는 것이다.

이들은 소위 이기는 자들의 삶을 사는 자들이다.
그러나 이기지 못하는 삶을 살은 자들은 이 천년왕국에 들어가지 못한다.
그러면 이 이기지 못하는 삶을 살아서 첫째부활에 참여되지 못한 자들은 언제 부활하는가?

이들은 이 천년이 끝나고 사단이 잠깐 풀어져서 곡과 마곡을 유혹하여 곡과 마곡전쟁을 일으키고 난 다음에 사단이 영원한 불못에 던져지고 그 다음 처음 하늘과 땅이 없어진 후에 백보좌 심판 때에 부활하게 될 것이다.

(i) 그러면 첫째 부활에 참여하는 자들은 누구인가?

계시록 20장 4절을 보면 두 그룹이 있다.

[계 20:4]
나는 또 많은 높은 좌석과 그 위에 앉아 있는 사람들을 보았습니다. 그들은 심판할 권한을 받은 사람들이었습니다. 또 예수께서 계시하신 진리와 하느님의 말씀을 전파했다고 해서 목을잘리운 사람들의 영혼을 보았습니다. 그들은 그 짐승이나 그의 우상에게 절을 하지 않고 이마와 손에 낙인을 받지 않은 사람들입니다. 그들은 살아나서 그리스도와 함께 천 년 동안 왕노릇을 하였습니다 [공동번역]

첫째는 보좌에 앉은 그룹이다.
그러면 이 보좌에 앉은 자들이 누구인가 하는 것이다.

[계 3:21]
이기는 그에게는 내가 내 보좌에 함께 앉게 하여주기를 내가 이기고 아버지 보좌에 함께 앉은 것과 같이 하리라

이 내용은 예수 그리스도께서 마지막 시대의 일곱 교회에 보내는 편지 속에서
덥지도 않고 차지도 않은 라오디게아교회 교인들에게 보내는 편지에서 말씀하신 것이다.
주님은 덥지도 않고 차지도 않게 신앙생활을 하고 있는 라오디게아 교회 교인들에게 이렇게 말씀한다. 회개하라 돌이키라 열심을 내라 이기는 그에게는 내가 내 보좌에 함께 앉게 하여주기를 내가 이기고 아버지 보좌에 함께 앉은 것과 같이 하여 주시겠다고 말씀하고 계시는 것이다.

그러면 여기서 이기는 자는 어떤 자들인가?

[계 3:20]
볼지어다 내가 문밖에 서서 두드리노니 누구든지 내 음성을 듣고 문을 열면 내가 그에게로 들어가 그로 더불어 먹고 그는 나로 디불이 먹으리리

그들은 주님을 그들 안에 모셔들여 사는 자들이다.
예수님이 우리를 주장하는 삶을 사는 자들이 바로 이기는 자들에 속하는 것이다.
미지근한 신앙에서 차거나 뜨거운 신앙으로 옮겨져야 이기는 자들이 되는 것이다.
할렐루야.

그러므로 계시록에서 말하는 첫째부활에 속하는 첫 번째 그룹, 즉 보좌에 앉은 자들이 누구냐

하는 것이다.

1. 공중휴거가 일어날 때 참여된 자들이다.

즉 주님이 공중재림하실 때에 주님이 죽은 자들을 먼저 부활시켜서 데리고 오시는데 그 때의 흰 옷 입은 무리들과 또한 지상에서 살아 있는 자 중에서 휴거되는 자들인 것이다.

[살전 4: 16-18]
(16)주께서 호령과 천사장의 소리와 하나님의 나팔로 친히 하늘로 좇아 강림하시리니 그리스도 안에서 죽은 자들이 먼저 일어나고 (17)그 후에 우리 살아 남은 자도 저희와 함께 구름 속으로 끌어올려 공중에서 주를 영접하게 하시리니 그리하여 우리가 항상 주와 함께 있으리라 (18)그러므로 이 여러 말로 서로 위로하라

그러면 우리가 끌어올려질 때에 산채로 올라가는데 그러나
어떻게 변화하느냐 하면

[고전 15:51-52]
(51) 보라 내가 너희에게 비밀을 말하노니 우리가 다 잠잘 것이 아니요 마지막 나팔에 순식간에 홀연히 다 변화하리니 (52) 나팔 소리가 나매 죽은 자들이 썩지 아니할 것으로 다시 살고 우리도 변화하리라

즉 우리는 이기는 자의 삶을 산 자들은 이 공중휴거 될 때에 주님이 부활시켜서 데리고 오시는 흰 옷 입은 무리속에 속할 것이고 또한 주님오시는 날에 이기는 자의 삶을 살고 있는 자는 그날에 홀연히 변화하여 공중에서 주를 맞이하게 될 것이다.
할렐루야.

그러면 이들이 공중으로 끌어올려져서 뭘 하는가?
공중에서 주를 뵙고 주님이 지상재림하실 때까지 공중에서 혼인잔치하고 있는가?
아니다. 그렇지 않다.

이들은 공중에서 혼인잔치하는 것이 아니라 오늘 성경을 보면

주님이 앉는 보좌에 앉는 것으로 보인다.

왜냐하면 주님께서 이기는 그를 내가 내 보좌에 함께 앉게 하여 주기를 내가 이기고 아버지의 보좌에 함께 앉은 것과 같이 하리라 라고 말씀하고 있기 때문이다 (계 3:21)

즉 이들은 공중으로 끌어올려져서 다시 하늘에 있는 주님이 앉은 보좌에 앉게 되는 것을 보인다.
그리하여 그들은 보좌에 앉아서 심판하는 권세를 가지는 것으로 보인다.

그리고 또 한 가지 이렇게 죽은 자들이 먼저 부활하여 주님이 데리고 오시고 그 다음 살아 있는 자도 부활되어 끌어올려가지만 이들이 공중에서 혼인잔치를 하지 않는 것으로 보인다.

그 증거로

계시록 19장 7절에서 9절을 보면

[계 19:7-9]
(7) 우리가 즐거워하고 크게 기뻐하여 그에게 영광을 돌리세 어린 양의 혼인 기약이 이르렀고 그 아내가 예비하였으니 (8) 그에게 허락하사 빛나고 깨끗한 세마포를 입게 하셨은즉 이 세마포는 성도들의 옳은 행실이로다 하더라 (9) 천사가 내게 말하기를 기록하라 어린 양의 혼인 잔치에 청함을 입은 자들이 복이 있도다 하고 또 내게 말하되 이것은 하나님의 참되신 말씀이라 하기로

여기서 계시록 19장에서는 어린양의 혼인기약이 이르렀고 그 아내가 예비되었다 말한다.
즉 아직 결혼하지 않았다는 말이며 준비되었다는 것이다.
이는 곧 할 것이라는 말로 받아들여진다.

그러므로 다만 공중휴거 때에는 주안에서 죽은 자들이 먼저 부활되고 그리고 살아있는 자들이 홀연히 변화하여 공중에서 주님을 만나 뵙지만 이들은 모두 다 이기는 자의 삶을 살은 자들이므로 하늘에서 주님이 앉혀주시는 보좌에 앉는 것으로 보인다.

그러다가 계시록 20장 4절에서 말하는 것과 같이
보좌에 앉은 자들, 그리고 심판하는 권세를 가진 자들로서 이들이 순교한 자들과 함께 천년왕국으

로 들어가는 것이다. 할렐루야.

2. 두 번째로 이 보좌에 앉은 자들에 속하는 자들은 두 증인들이다.

왜냐하면

[계 11:2-15] (2)성전 밖 마당은 척량하지 말고 그냥 두라 이것을 이방인에게 주었은즉 저희가 거룩한 성을 마흔 두달 동안 짓밟으리라 (3)내가 나의 두 증인에게 권세를 주리니 저희가 굵은 베옷을 입고 일천 이백 육십 일을 예언하리라 (4)이는 이 땅의 주 앞에 섰는 두 감람나무와 두 촛대니 (5)만일 누구든지 저희를 해하고자 한즉 저희 입에서 불이 나서 그 원수를 소멸할지니 누구든지 해하려 하면 반드시 이와 같이 죽임을 당하리라 (6)저희가 권세를 가지고 하늘을 닫아 그 예언을 하는 날 동안 비 오지 못하게 하고 또 권세를 가지고 물을 변하여 피 되게 하고 아무 때든지 원하는 대로 여러가지 재앙으로 땅을 치리로다 (7)저희가 그 증거를 마칠 때에 무저갱으로부터 올라오는 짐승이 저희로 더불어 전쟁을 일으켜 저희를 이기고 저희를 죽일 터인즉 (8)저희 시체가 큰 성 길에 있으리니 그 성은 영적으로 하면 소돔이라고도 하고 애굽이라고도 하니 곧 저희 주께서 십자가에 못박히신 곳이니라 (9)백성들과 족속과 방언과 나라 중에서 사람들이 그 시체를 사흘 반 동안을 목도하며 무덤에 장사하지 못하게 하리로다 (10)이 두 선지자가 땅에 거하는 자들을 괴롭게 한 고로 땅에 거하는 자들이 저희의 죽음을 즐거워하고 기뻐하여 서로 예물을 보내리라 하더라 (11)삼일 반 후에 하나님께로부터 생기가 저희 속에 들어가매 저희가 발로 일어서니 구경하는 자들이 크게 두려워하더라 (12)하늘로부터 큰 음성이 있어 이리로 올라 오라 함을 저희가 듣고 구름을 타고 하늘로 올라가니 저희 원수들도 구경하더라 (13)그 시에 큰 지진이 나서 성 십분의 일이 무너지고 지진에 죽은 사람이 칠천이라 그 남은 자들이 두려워하여 영광을 하늘의 하나님께 돌리더라 (14)둘째 화는 지나갔으나 보라 세째 화가 속히 이르는도다 (15)일곱째 천사가 나팔을 불매 하늘에 큰 음성들이 나서 가로되 세상 나라가 우리 주와 그 그리스도의 나라가 되어 그가 세세토록 왕 노릇 하시리로다 하니

이 두 증인은 여섯째 나팔이 불리워지면 인구 1/3이 전쟁으로 인하여 죽는 사건이 일어난 다음에 그리고 그 다음 일곱째 나팔이 불리워지기 전에 적그리스도의 전삼년 반 동안 쓰임 받고 무저갱에서 나온 짐승에게 죽임을 당하였다가 삼일 반 만에 부활되어 하늘로 올리워져서 보좌에 앉는 것으로 보여진다.

3. 세 번째로 이 그룹에 속하는 자들은 대환난 기간 동안 즉 적그리스도가 통치하는 후삼년 반

동안 짐승과 짐승의 우상에게 절하지 않고 그 이마에나 손에 표를 받지 아니한 자들로서 살아남은 자들이다.

이들은 결국 계시록 14장 14절에서 16절, 구름위에 앉은 이가 이한 낫을 가지고 이들을 추수하여 올라가게 한다.

[계 14:14-16] (14)또 내가 보니 흰 구름이 있고 구름 위에 사람의 아들과 같은 이가 앉았는데 그 머리에는 금 면류관이 있고 그 손에는 이한 낫을 가졌더라 (15)또 다른 천사가 성전으로부터 나와 구름 위에 앉은 이를 향하여 큰 음성으로 외쳐 가로되 네 낫을 휘둘러 거두라 거둘 때가 이르러 땅에 곡식이 다 익었음이로다 하니 (16)구름 위에 앉으신 이가 낫을 땅에 휘두르매 곡식이 거두어지니라

우리는 이것을 알곡 추수라고도 하는데 이 때에 짐승과 짐승의 우상에게 절하지 않고 이마에나 손에 표를 받지 않은 자들이 살아남아서 부활되어 하늘로 올리워가는 것으로 보인다.
할렐루야.

4. 그리고 여기에 속하는 그룹이 유대인의 인 맞은 십사만 사천이다.

이들도 이기는 자들로서 주님의 보좌에 앉게 되는 것이다.

[계 14:1-6]
(1)또 내가 보니 보라 어린 양이 시온산에 섰고 그와 함께 십 사만 사천이 섰는데 그 이마에 어린 양의 이름과 그 아버지의 이름을 쓴 것이 있도다 (2)내가 하늘에서 나는 소리를 들으니 많은 물소리도 같고 큰 뇌성도 같은데 내게 들리는 소리는 거문고 타는 자들의 그 거문고 타는 것 같더라 (3)저희가 보좌와 네 생물과 장로들 잎에서 새 노래를 부르니 땅에서 구속힘을 얻은 십 사민 사친인 밖에는 능히 이 노래를 배울 자가 없더라 (4)이 사람들은 여자로 더불어 더럽히지 아니하고 정절이 있는 자라 어린 양이 어디로 인도하든지 따라가는 자며 사람 가운데서 구속을 받아 처음 익은 열매로 하나님과 어린 양에게 속한 자들이니 (5)ㄱ 입에 거짓말이 없고 흠이 없는 자들이더라 (6)또 보니 다른 천사가 공중에 날아가는데 땅에 거하는 자들 곧 여러 나라와 족속과 방언과 백성에게 전할 영원한 복음을 가졌더라

즉 이들은 대환난 동안에 주님께서 이들을 특별히 광야에 두셨다가

즉 대환난 동안 피할 곳을 주셨다가 대환난 이후에 이들은 보좌 앞으로 올라간다.

[계 12:13-14]
(13)용이 자기가 땅으로 내어쫓긴 것을 보고 남자를 낳은 여자를 핍박하는지라 (14)그 여자가 큰 독수리의 두 날개를 받아 광야 자기 곳으로 날아가 거기서 그 뱀의 낯을 피하여 한 때와 두 때와 반 때를 양육 받으매

이 여자는 이스라엘인데
이 이스라엘의 십사만사천이 대환난이 시작되기 전에 광야로 가서 후삼년 반을 지내다가
그 후에

[계 14:1-5]
(1)또 내가 보니 보라 어린 양이 시온산에 섰고 그와 함께 십 사만 사천이 섰는데 그 이마에 어린 양의 이름과 그 아버지의 이름을 쓴 것이 있도다 (2)내가 하늘에서 나는 소리를 들으니 많은 물소리도 같고 큰 뇌성도 같은데 내게 들리는 소리는 거문고 타는 자들의 그 거문고 타는 것 같더라 (3)저희가 보좌와 네 생물과 장로들 앞에서 새 노래를 부르니 땅에서 구속함을 얻은 십 사만 사천인 밖에는 능히 이 노래를 배울 자가 없더라 (4)이 사람들은 여자로 더불어 더럽히지 아니하고 정절이 있는 자라 어린 양이 어디로 인도하든지 따라가는 자며 사람 가운데서 구속을 받아 처음 익은 열매로 하나님과 어린 양에게 속한 자들이니 (5)그 입에 거짓말이 없고 흠이 없는 자들이더라
즉 계시록 14장 3절에 보면 이들이 벌써 하나님의 보좌 앞에 올라가 있다.

[계14:3]
저희가 보좌와 네 생물과 장로들 앞에서 새 노래를 부르니 땅에서 구속함을 얻은 십 사만 사천인 밖에는 능히 이 노래를 배울 자가 없더라
그러므로 이들도 첫째 부활에 참여된다.

그 다음 첫째 부활에 속하는 두 번째 그룹이 대환난 기간 동안 순교한 자들인 것이다.

계시록 20장 4절을 보니

[계 20:4]

나는 또 많은 높은 좌석과 그 위에 앉아 있는 사람들을 보았습니다. 그들은 심판할 권한을 받은 사람들이었습니다. 또 예수께서 계시하신 진리와 하느님의 말씀을 전파했다고 해서 목을잘리운 사람들의 영혼을 보았습니다. 그들은 그 짐승이나 그의 우상에게 절을 하지 않고 이마와 손에 낙인을 받지 않은 사람들입니다. 그들은 살아나서 그리스도와 함께 천 년 동안 왕노릇을 하였습니다 [공동번역]

And I saw thrones, and they sat upon them, and judgment was given unto them: and [I saw] the souls of them that were beheaded for the witness of Jesus, and for the word of God, and which had not worshipped the beast, neither his image, neither had received [his] mark upon their foreheads, or in their hands; and they lived and reigned with Christ a thousand years [KJV]

이 두 번째 그룹에 해당되는 자들은 적그리스도의 마지막 7년 통치기간 중에 후삼년 반 동안에 짐승과 짐승의 우상에게 절하지도 아니하고 이마나 손에 666표를 받지 아니하여 죽임을 당한 순교한 자들인 것이다.

그러면 이렇게 보좌에 앉은 자들과는 왜 다른 그룹으로 따로 말하고 있는가 하는 것인데 그것은 다른 그룹 즉 보좌에 앉은 자들은 이미 다 부활된 상태인 것이고 이렇게 후삼년 반 동안 순교당한 자들은 그 영들이 올라가서 아직 부활되지 아니한 상태이기 때문이다. 이들은 천년왕국에 들어갈 때에 부활되기 때문이다. 할렐루야.

즉 이들이 천년왕국 들어가기 직전에 부활되는 것으로 보인다.
그러므로 결국 이 천년왕국에 들어가는 자들은 보좌에 앉은 자들이나 이 순교자들이 다 부활된 부활체로 들어가는 것을 알 수 있다.

개역한글 번역에는 계시록 20장 4절이 조금 잘못되어 있다.

[계 20:4]
또 내가 보좌들을 보니 거기 앉은 자들이 있어 심판하는 권세를 받았더라 또 내가 보니 예수의 증거와 하나님의 말씀을 인하여 목 베임을 받은 자의 영혼들과 또 짐승과 그의 우상에게 경배하지도 아니하고 이마와 손에 그의 표를 받지도 아니한 자들이 살아서 그리스도로 더불어 천년 동안 왕 노릇 하니 [개역성경]

즉 예수의 증거와 하나님의 말씀으로 인하여 목베임을 받은 영혼들과 또 짐승의 우상에게 절하지 않고 이마나 손에 표를 받지 아니한 영혼들이 살아서

이렇게 표현하고 있는데 사실 이 목베임을 받은 영혼들이 짐승과 짐승의 우상에게 절하지도 아니하고 그 이마나 손에 표를 받지 아니한 영혼들로서 살아서라는 말은 다시 살아나서 즉 부활되어져서 이 말인 것이다. 그런데 꼭 개역개정에서는 예수의 증거와 하나님의 말씀으로 인하여 목베임을 받은 영혼들은 따로 다른 그룹, 그리고 짐승과 짐승의 우상에게 절하지 않고 이마나 손에 표를 받지 아니한 그룹이 또 다른 한 그룹처럼 말하고 있다.

그리고 이 세 번째 그룹, 즉 이마나 손에 표를 받지 아니한 자들이 살아서 즉 죽지 않고 살아서 천년왕국에 들어가서 일천년 동안 죽지 않고 아담과 하와처럼 900살 넘어 살면서 아이를 낳을 것이라고 잘못 오도하고 있는 것이다.

공동번역이나 영어로 보면 이 순교한 자들과 이마나 손에 표를 받지 아니한 사람들이 같은 그룹의 사람임을 알 수 있고 그러므로 살아서라는 말은 그들이 부활하여 이렇게 기록되고 있는 것이다. 할렐루야.

그러므로 다시 정리하여 보면 천년왕국에 들어가는 자들은 첫째부활에 속한 자들로서

첫째는 이기는 자들로서 보좌에 앉은 자들이고
여기에 속하는 자들을 보면

1. 주님의 공중재림 때에 부활한 자들 즉 주안에서 죽은 자들이 먼저 부활하고 그 다음 살아있는 자들이 홀연히 변화하여 부활하여 공중에서 주를 뵙는다.
2. 두 증인
3. 이스라엘의 십사만 사천
4. 대환난후 알곡으로 추수된 자들

그리고 두 번째 그룹이
대환난 때에 이마나 손에 표를 받지 않고 순교한 자들.

이렇게 정리가 된다. 우리는 어찌하였든 첫째 부활에 참여하는 자들이 되어야 할 것이다.

즉 이기는 자의 삶을 살다가 공중휴거 되던가 아니면 공중휴거 되지 못하면 대환난 기간 동안에 짐

승의 우상에게 절하지 않고 이마나 손에 표를 받지 않고 순교하던가 아니면 짐승의 우상에게 절하지 않고 이마나 손에 표를 받지 않고 살아남아 나중에 추수되던가 그렇게 하여야 우리는 천년왕국에 들어갈 수 있는 것이다.

주님의 공중재림 때에 죽은 자들이 먼저 일어난다 하였는데
그들은 누구일까 하는 문제이다.
이들 역시 주안에서 죽은 자들로 이기는 삶을 살았던 자들이다.
그러므로 죽었으나 이기는 삶을 살지 못하였던 자들은 이 첫째부활에 참여하지 못하고 백보좌심판 때에 둘째 부활에 참여하는 것으로 보인다.

왜냐하면 성경은 첫째부활에 참여하지 못한 자들은 천년이 차기까지 부활하지 못하더라고 기록하고 있기 때문이다.

II. 두 번째로 다룰 것은 이 천년왕국에 들어가는 자들은 다 부활체이므로 아이를 낳지 않는다는 것이다.

이 천년왕국에 들어가는 자들 중에는 우리의 믿음의 조상이라 하는 모든 자들이 다 속하여 있는 것이다.
천국은 낙원인데 이것에 대하여서는 나중에 다시 정리되어진다.
내가 천국에서 만난 아브라함, 이삭, 다윗, 야곱, 요셉, 솔로몬, 삭개오, 에스더, 마리아, 베드로, 바울, 안드레, 모세, 엘리야, 엘리사, 사무엘 등등 이들이 다 천년왕국에 들어가는 것이다.

그리고 이 천년왕국에는 다 부활되어 들어가므로 아이를 낳지 않는다.

[눅 20:34-36]
(34)예수께서 이르시되 이 세상의 자녀들은 장가도 가고 시집도 가되 (35)저 세상과 및 죽은 자 가운데서 부활함을 얻기에 합당히 여김을 입은 자들은 장가가고 시집가는 일이 없으며
(36)저희는 다시 죽을 수도 없나니 이는 천사와 동등이요 부활의 자녀로서 하나님의 자녀임이니라

그러므로 천년왕국 때에 많은 아이들을 낳고 또한 에덴동산에서처럼 구백 몇 살까지 산다고 하는

것은 맞지 않는 것이다.
이 천년왕국에 들어가는 자들은 다 부활하여 들어가므로 그들은 부활체로서의 영생이 이미 시작되었다고 보면 된다. 이제 더 이상 죽지 아니하는 것이다. 이미 영원히 사는 영화로운 몸을 입은 것이다. 할렐루야.

그러므로 첫째부활에 참여하는 자들은 복이 있는 것이다.

이사야서를 보면

[사 65:17-20]
(17)보라 내가 새 하늘과 새 땅을 창조하나니 이전 것은 기억되거나 마음에 생각나지 아니할 것이라 (18)너희는 나의 창조하는 것을 인하여 영원히 기뻐하며 즐거워할지니라 보라 내가 예루살렘으로 즐거움을 창조하며 그 백성으로 기쁨을 삼고 (19)내가 예루살렘을 즐거워하며 나의 백성을 기뻐하리니 우는 소리와 부르짖는 소리가 그 가운데서 다시는 들리지 아니할 것이며 (20)거기는 날 수가 많지 못하여 죽는 유아와 수한이 차지 못한 노인이 다시는 없을 것이라 곧 백세에 죽는 자가 아이겠고 백세 못되어 죽는 자는 저주 받은 것이리라

이 구절들을 보고 이 구절들이 천년왕국을 말한다고 하여 그 때에 아이가 100세 되어 죽는 자가 없다하면서 오래 산다고 한다. 그러므로 아담과 하와와 같이 900살 넘게 산다는 것이다.
그런데 그것이 아니다.
이 구절들을 자세히 보면 이 구절들은 천년왕국을 말한다고 보기보다는 영원천국을 말하고 있는 것을 알 수 있다.
왜냐하면

[사 65:17]
(17)보라 내가 새 하늘과 새 땅을 창조하나니 이전 것은 기억되거나 마음에 생각나지 아니할 것이라
이 말씀은 바로 계시록 21장 1절과 같은 것이다.

[계 21:1]
(1)또 내가 새 하늘과 새 땅을 보니 처음 하늘과 처음 땅이 없어졌고 바다도 다시 있지 않더라

즉 영원천국을 말하고 있는 것이다. 지금 보이는 하늘과 땅이 없어진 상태이다.
즉 영원천국을 말한다. 새 하늘과 새 땅이 열린.
그 다음 이사야 65장 두 구절은 새 예루살렘 성을 말하고 있다.

[사 65:18-19]
(18)너희는 나의 창조하는 것을 인하여 영원히 기뻐하며 즐거워할지니라 보라 내가 예루살렘으로 즐거움을 창조하며 그 백성으로 기쁨을 삼고 (19)내가 예루살렘을 즐거워하며 나의 백성을 기뻐하리니 우는 소리와 부르짖는 소리가 그 가운데서 다시는 들리지 아니할 것이며

계시록 21장 2절부터 4절에서도 새 예루살렘 성을 말하며 다시는 우는 소리가 들리지 아니할 것이라 말한다.

[계 21:2-4]
(2)또 내가 보매 거룩한 성 새 예루살렘이 하나님께로부터 하늘에서 내려오니 그 예비한 것이 신부가 남편을 위하여 단장한 것 같더라 (3)내가 들으니 보좌에서 큰 음성이 나서 가로되 보라 하나님의 장막이 사람들과 함께 있으매 하나님이 저희와 함께 거하시리니 저희는 하나님의 백성이 되고 하나님은 친히 저희와 함께 계셔서 (4)모든 눈물을 그 눈에서 씻기시매 다시 사망이 없고 애통하는 것이나 곡하는 것이나 아픈 것이 다시 있지 아니하리니 처음 것들이 다 지나갔음이러라

그런데 문제가 바로
이사야 65장 20절 말씀이다.

[사 65:20]
거기는 날 수가 많지 못하여 죽는 유아와 수한이 차지 못한 노인이 다시는 없을 것이라 곧 백세에 죽는 자가 아이겠고 백세 못되어 죽는 자는 저주 받은 것이리라

즉 이것에 대하여 내가 천상에서 주님께 물었다.
그리하였더니 주님께서 가르쳐 주신 것이 이사야가 영원천국에서 유아가 오래 되어도 안 죽고 어른이 오래되어도 늙지 아니함을 보고서 한 말이라는 것이다.

그리고 천년왕국 이후에는 무저갱에서 마귀가 잠깐 풀려나와서 곡과 마곡을 유혹하여 곡과 마곡전

쟁을 일으킨다.

그러므로 이 이야기는 곡과 마곡이라는 자들, 즉 천년왕국에 들어가지 못한 자들이 천년왕국바깥에서 우리와 똑같이 일백년 동안 아이들을 낳고 사는 것을 말한다.

그러므로 천년왕국에 부활하여 들어간 자들과 들어가지 못한 자들로 동시대에 살고 있음을 말하고 있는 것이다.

III. 천년왕국은 천상에서가 아니라 지상에서 이루어진다.

그 이유들은 다음과 같다.

[슥 14:1-15]
(1)여호와의 날이 이르리라 그 날에 네 재물이 약탈되어 너의 중에서 나누이리라 (2)내가 열국을 모아 예루살렘과 싸우게 하리니 성읍이 함락되며 가옥이 약탈되며 부녀가 욕을 보며 성읍 백성이 절반이나 사로잡혀 가려니와 남은 백성은 성읍에서 끊쳐지지 아니하리라 (3)그 때에 여호와께서 나가사 그 열국을 치시되 이왕 전쟁 날에 싸운 것같이 하시리라 (4)그 날에 그의 발이 예루살렘 앞 곧 동편 감람산에 서실 것이요 감람산은 그 한가운데가 동서로 갈라져 매우 큰 골짜기가 되어서 산 절반은 북으로, 절반은 남으로 옮기고 (5)그 산 골짜기는 아셀까지 미칠지라 너희가 그의 산 골짜기로 도망하되 유다 왕 웃시야 때에 지진을 피하여 도망하던 것같이 하리라 나의 하나님 여호와께서 임하실 것이요 모든 거룩한 자가 주와 함께 하리라 (6)그 날에는 빛이 없겠고 광명한 자들이 떠날 것이라 (7)여호와의 아시는 한 날이 있으리니 낮도 아니요 밤도 아니라 어두워 갈 때에 빛이 있으리로다 (8)그 날에 생수가 예루살렘에서 솟아나서 절반은 동해로, 절반은 서해로 흐를 것이라 여름에도 겨울에도 그러하리라 (9)여호와께서 천하의 왕이 되시리니 그 날에는 여호와께서 홀로 하나이실 것이요 그 이름이 홀로 하나이실 것이며 (10)온 땅이 아라바 같이 되되 게바에서 예루살렘 남편 림몬까지 미칠 것이며 예루살렘이 높이 들려 그 본처에 있으리니 베냐민 문에서부터 첫문 자리와 성 모퉁이 문까지 또 하나넬 망대에서부터 왕의 포도주 짜는 곳까지라

(10) All the land shall be turned as a plain from Geba to Rimmon south of Jerusalem: and it shall be lifted up, and inhabited in her place, from Benjamin's gate unto the place of the first gate, unto the corner gate, and [from] the tower of Hananeel unto the king's winepresses [KJV]

(10) The whole land, from Geba to Rimmon, south of Jerusalem, will become like the Arabah. But Jerusalem will be raised up and remain in its place, from the Benjamin Gate to the site of the First Gate,

to the Corner Gate, and from the Tower of Hananel to the royal winepresses. [NIV]
(11)사람이 그 가운데 거하며 다시는 저주가 있지 아니하리니 예루살렘이 안연히 서리로다
(11) And [men] shall dwell in it, and there shall be no more utter destruction; but Jerusalem shall be safely inhabited. [KJV]
(12)예루살렘을 친 모든 백성에게 여호와께서 내리실 재앙이 이러하니 곧 섰을 때에 그 살이 썩으며 그 눈이 구멍 속에서 썩으며 그 혀가 입속에서 썩을 것이요 (13)그 날에 여호와께서 그들로 크게 요란케 하시리니 피차 손으로 붙잡으며 피차 손을 들어 칠 것이며 (14)유다도 예루살렘에서 싸우리니 이 때에 사면에 있는 열국의 보화 곧 금 은과 의복이 심히 많이 모여질 것이요 (15)또 말과 노새와 약대와 나귀와 그 진에 있는 모든 육축에게 미칠 재앙도 그 재앙과 같으리라

여기서 10절을 한번 보면

(10) 온 땅이 아라바 같이 되되 게바에서 예루살렘 남편 림몬까지 미칠 것이며 예루살렘이 높이 들려 그 본처에 있으리니 베냐민 문에서부터 첫문 자리와 성 모퉁이 문까지 또 하나넬 망대에서부터 왕의 포도주 짜는 곳까지라
(10) All the land shall be turned as a plain from Geba to Rimmon south of Jerusalem: and it shall be lifted up, and inhabited in her place, from Benjamin's gate unto the place of the first gate, unto the corner gate, and [from] the tower of Hananeel unto the king's winepresses [KJV]
(10) The whole land, from Geba to Rimmon, south of Jerusalem, will become like the Arabah. But Jerusalem will be raised up and remain in its place, from the Benjamin Gate to the site of the First Gate, to the Corner Gate, and from the Tower of Hananel to the royal winepresses. [NIV]

여기서 말하는 아라바는 KJV에서 보면 평지(plain)로 나타난다.
그러므로 예루살렘은 그보다 좀 높은 곳에 위치하여 그곳에 사람들이 거하게 될 것이라는 것이다. 그런데 사람들은 여기서 개역성경 한국번역에서 '예루살렘이 높이 들려서 그 본처에 있으리니'라는 문구를 가지고 이 지상의 예루살렘이 위로 즉 하늘로 올라가서 거한다는 말을 하는데 그럴 수가 없다. 왜냐하면 그 이유는 다음과 같다.

i) 지상의 건물이 천상의 낙원의 예루살렘이 될 수가 없다.

왜냐하면 지상에서 쓰는 건물의 재료와 천상에서 쓰는 재료가 틀린 것이다.

그러므로 본처에 거한다는 말은 저 낙원이 아니라 지상에 거하는데 그 원래 있던 자리가 평지보다 높은 곳에 위치한다는 말로 받아들이는 것이 더 옳은 것이다.

그러므로 천년왕국은 하늘에서 일어나는 것이 아니라 지상에서 일어나는 것이다.

지각변동이 일어나 다른 곳은 다 평지로 변하는 것으로 보인다.

ii) 이것은 위의 구절들 7절에서 9절을 보면 더 확실하다.

[슥 14:7-9]
(7) 여호와의 아시는 한 날이 있으리니 낮도 아니요 밤도 아니라 어두워 갈 때에 빛이 있으리로다 (8)그 날에 생수가 예루살렘에서 솟아나서 절반은 동해로, 절반은 서해로 흐를 것이라 여름에도 겨울에도 그러하리라 (9)여호와께서 천하의 왕이 되시리니 그 날에는 여호와께서 홀로 하나이실 것이요 그 이름이 홀로 하나이실 것이며

즉 이 천년왕국이 일어나는 날에 생수가 예루살렘에서 솟아나서 절반은 동해로 절반은 서해로 흐른다고 했다. 천국에 낙원에 동해와 서해가 있다는 말이 없다. 동해와 서해는 지상을 말하는 것이다.

iii) 왜 천년왕국이 지상에서 일어나는가?

위의 성경구절 8절 말씀을 보면 '여름에도 그러하고 겨울에도 그러하리라'하였다.

[슥 14:8]
그 날에 생수가 예루살렘에서 솟아나서 절반은 동해로, 절반은 서해로 흐를 것이라 여름에도 겨울에도 그러하리라

만일 예루살렘이 하늘로 올라갔다면 그리고 천년왕국이 하늘에서 천국에서 일어난다면 여름과 겨울이 없을 것이다. 왜냐하면 여름과 겨울은 지상에서 해가 있기 때문에 일어나는 계절이기 때문이다. 할렐루야.

그러므로 천년왕국은 지상에서 이루어지고 그것은 이스라엘의 예루살렘성에서 이루어질 것으로 보여진다. 할렐루야.

8. 곡과 마곡전쟁

이 곡과 마곡전쟁은 천년왕국 이후에 일어난다.

[계 20:7-11]
(7)천년이 차매 사단이 그 옥에서 놓여 (8)나와서 땅의 사방 백성 곧 곡과 마곡을 미혹하고 모아 싸움을 붙이리니 그 수가 바다 모래 같으리라 (9)저희가 지면에 널리 펴져 성도들의 진과 사랑하시는 성을 두르매 하늘에서 불이 내려와 저희를 소멸하고 (10)또 저희를 미혹하는 마귀가 불과 유황 못에 던지우니 거기는 그 짐승과 거짓 선지자도 있어 세세토록 밤낮 괴로움을 받으리라 (11)또 내가 크고 흰 보좌와 그 위에 앉으신 자를 보니 땅과 하늘이 그 앞에서 피하여 간데 없더라

즉 천년왕국이 끝나고 나면 곡과 마곡이 사단의 유혹을 받아서 주님의 사랑하시는 성과 성도들의 진을 둘러서 전쟁을 일으킨다. 여기서 주님의 사랑하시는 성이란 예루살렘 성을 말하는 것으로 보인다. 이 주님의 사랑하시는 성과 성도들의 진을 치러 곡과 마곡이 왔는데 그 수가 바다모래 같다 하였다.

도대체 이들은 누구이며 갑자기 어디서 나타난 자들일까?
곡은 마곡 땅의 왕의 이름이다. 그렇다.
이 지상에서 천년왕국이 일어날 때에 주님과 함께 천년왕국에 들어가서 천년동안 왕노릇하는 자들이 있고 그리고 이 천년왕국 바깥에서는 지금 우리와 똑같이 일백년 이하의 삶을 살다가 죽는 자들이 있는 것이다.
이 자들은 천년왕국 이전에 일어나는 아마겟돈 전쟁에서 살아남은 자들과 또한 대환난을 거치면서 살아남아서 베리칩을 받은 자들이 그 아들들을 낳고 또 그 아들들이 그들의 아들들을 낳고 또 그들이 그의 아들들을 낳고 하여 천년동안 그 수가 바다모래같이 이룬 것이다.
할렐루야.

그러므로 지상에서 천년왕국이 이루어질 때에 천년왕국에 들어가는 자들이 있고 못 들어간 자들이 바깥에서 계속 아이를 낳고 낳고 하여 그 수가 불어난 것이다.
그러므로 이들이 곡과 마곡인데 천년이 끝나면 무저갱에서 사단이 잠깐 풀려나와서 이들을 미혹하여 주님의 사랑하시는 성과 성도들의 진을 치러 예루살렘으로 올라온 것이다.

천년왕국에 들어가는 자들은 부활체로 들어가므로 아이를 낳지 아니한다.
그러나 천년왕국 바깥에서는 계속 아이를 낳고 사는 것이다.

I. 이 계시록에서 나오는 곡과 마곡전쟁이 에스겔서에서 나오는 곡과 마곡전쟁과 같은 것인가?

다음은 에스겔서에서 나오는 곡과 마곡전쟁이 계시록에서 나오는 곡과 마곡전쟁과 일치하고 있다는 점을 다룬 것이다.
이들이 동일한 곡과 마곡전쟁을 말하고 있다는 사실을 어떻게 알 수 있느냐면

첫째, 곡과 마곡이라는 단어가 일치하며 이 단어는 에스겔서와 계시록에서만 기록되고 있다.
둘째, 계시록에서나 에스겔에서나 곡과 마곡전쟁이 세상 끝날에 일어난다.
계시록에서는 백보좌 심판 전에 즉 이 세상의 하늘과 땅이 없어지기 전에 일어나는 사건이다.
에스겔에서도 이 곡과 마곡전쟁이 세상 끝날에 일어나고 있음을 말하고 있다.

[겔 38:1-9]
(1)여호와의 말씀이 내게 임하여 가라사대 (2)인자야 너는 마곡 땅에 있는 곡 곧 로스와 메섹과 두발 왕에게로 얼굴을 향하고 그를 쳐서 예언하여 (3)이르기를 주 여호와의 말씀에 로스와 메섹과 두발 왕 곡아 내가 너를 대적하여 (4)너를 돌이켜 갈고리로 네 아가리를 꿰고 너와 말과 기병 곧 네 온 군대를 끌어내되 완전한 갑옷을 입고 큰 방패와 작은 방패를 가지며 칼을 잡은 큰 무리와 (5)그들과 함께 한바 방패와 투구를 갖춘 바사와 구스와 붓과 (6)고멜과 그 모든 떼와 극한 북방의 도갈마 족속과 그 모든 떼 곧 많은 백성의 무리를 너와 함께 끌어 내리라 (7)너는 스스로 예비하되 너와 네게 모인 무리들이 다 스스로 예비하고 너는 그들의 대장이 될지어다 (8)여러 날 후 곧 말년에 네가 명령을 받고 그 땅 곧 오래 황무하였던 이스라엘 산에 이르리니 그 땅 백성은 칼을 벗어나서 열국에서부터 모여 들어 오며 이방에서부터 나와서 다 평안히 거하는 중이라 (9)네가 올라오되 너와 네 모든 떼와 너와 함께 한 많은 백성이 광풍같이 이르고 구름 같이 땅을 덮으리라

8절에 보면 '말년에 네가 명령을 받고'라는 말이 나온다.

또 38장 16절에 보면 '끝날에 내가 너를 이끌어다가 내 땅을 치게 하리니'라는 말이 나온다.

[겔 38:15-16]
(15)네가 네 고토 극한 북방에서 많은 백성 곧 다 말을 탄 큰 떼와 능한 군대와 함께 오되 (16)구름이 땅에 덮임 같이 내 백성 이스라엘을 치러 오리라 곡아 끝 날에 내가 너를 이끌어다가 내 땅을 치게 하리니 이는 내가 너로 말미암아 이방 사람의 목전에서 내 거룩함을 나타내어 그들로 다 나를 알게 하려 함이니라

그러므로 계시록이나 에스겔에서나 이 곡과 마곡전쟁이 세상 끝 날에 일어나는 것이 일치하고 있는 것이다.

셋째, 계시록에서나 에스겔에서 곡과 마곡을 하늘에서 불이 내려서 심판하시는 것이 일치하고 있다.

[계 20:9]
저희가 지면에 널리 퍼져 성도들의 진과 사랑하시는 성을 두르매 하늘에서 불이 내려와 저희를 소멸하고

[겔 38:18-23]
(18)나 주 여호와가 말하노라 그 날에 곡이 이스라엘 땅을 치러 오면 내 노가 내 얼굴에 나타나리라 (19)내가 투기와 맹렬한 노로 말하였거니와 그 날에 큰 지진이 이스라엘 땅에 일어나서 (20)바다의 고기들과 공중의 새들과 들의 짐승들과 땅에 기는 모든 벌레와 지면에 있는 모든 사람이 내 앞에서 떨 것이며 모든 산이 무너지며 절벽이 떨어지며 모든 성벽이 땅에 무너지리라 (21)나 주 여호와가 말하노라 내가 내 모든 산 중에서 그를 칠 칼을 부르니 각 사람의 칼이 그 형제를 칠 것이며 (22)내가 또 온역과 피로 그를 국문하며 쏟아지는 폭우와 큰 우박덩이와 불과 유황으로 그와 그 모든 떼와 그 함께 한 많은 백성에게 비를 내리듯하리라 (23)이와 같이 내가 여러 나라의 눈에 내 존대함과 내 거룩함을 나타내어 나를 알게 하리니 그들이 나를 여호와인 줄 알리라

이스라엘 땅을 치러온 곡과 마곡을 불과 유황으로 심판할 것을 말씀하고 있을 뿐 아니라
평안히 마곡 땅에 거하는 자들에게도 불을 내려 심판을 하시겠다는 것을 말씀하고 있다.

[겔 39:1-7]
(1)그러므로 인자야 너는 곡을 쳐서 예언하여 이르기를 주 여호와의 말씀에 로스와 메섹과 두발 왕 곡아 내가 너를 대적하여 (2)너를 돌이켜서 이끌고 먼 북방에서부터 나와서 이스라엘 산 위에 이르

러 (3)네 활을 쳐서 네 왼손에서 떨어뜨리고 네 살을 네 오른손에서 떨어뜨리리니 (4)너와 네 모든 떼와 너와 함께 한 백성이 다 이스라엘 산 위에 엎드러지리라 내가 너를 각종 움키는 새와 들짐승에게 붙여 먹게 하리니 (5)네가 빈들에 엎드러지리라 이는 내가 말하였음이니라 나 주 여호와의 말이니라 (6)내가 또 불을 마곡과 및 섬에 평안히 거하는 자에게 내리리니 그들이 나를 여호와인 줄 알리라 (7)내가 내 거룩한 이름을 내 백성 이스라엘 가운데 알게 하여 다시는 내 거룩한 이름을 더럽히지 않게 하리니 열국이 나를 여호와 곧 이스라엘의 거룩한 자인 줄 알리라 하셨다 하라

넷째로 또 에스겔서에서 말하는 곡과 마곡전쟁이 계시록에서 말하는 곡과 마곡전쟁이라는 것을 단적으로 말하고 있는 것이 에스겔서 37장에서 마른 뼈들에게 생기가 들어가는 장면인 것이다. 이 장면은 계시록에서 천년왕국에 들어가기 전에 부활하는 장면과 일치하고 있다.

[겔 37:1-14]
(1)여호와께서 권능으로 내게 임하시고 그 신으로 나를 데리고 가서 골짜기 가운데 두셨는데 거기 뼈가 가득하더라 (2)나를 그 뼈 사방으로 지나게 하시기로 본즉 그 골짜기 지면에 뼈가 심히 많고 아주 말랐더라 (3)그가 내게 이르시되 인자야 이 뼈들이 능히 살겠느냐 하시기로 내가 대답하되 주 여호와여 주께서 아시나이다 (4)또 내게 이르시되 너는 이 모든 뼈에게 대언하여 이르기를 너희 마른 뼈들아 여호와의 말씀을 들을지어다 (5)주 여호와께서 이 뼈들에게 말씀하시기를 내가 생기로 너희에게 들어가게 하리니 너희가 살리라 (6)너희 위에 힘줄을 두고 살을 입히고 가죽으로 덮고 너희 속에 생기를 두리니 너희가 살리라 또 나를 여호와인 줄 알리라 하셨다 하라 (7)이에 내가 명을 좇아 대언하니 대언할 때에 소리가 나고 움직이더니 이 뼈, 저 뼈가 들어 맞아서 뼈들이 서로 연락하더라 (8)내가 또 보니 그 뼈에 힘줄이 생기고 살이 오르며 그 위에 가죽이 덮이나 그 속에 생기는 없더라 (9)또 내게 이르시되 인자야 너는 생기를 향하여 대언하라 생기에게 대언하여 이르기를 주 여호와의 말씀에 생기야 사방에서부터 와서 이 사망을 당한 자에게 불어서 살게 하라 하셨다 하라 (10)이에 내가 그 명대로 대언하였더니 생기가 그들에게 들어가매 그들이 곧 살아 일어나서 서는데 극히 큰 군대더라 (11)또 내게 이르시되 인자야 이 뼈들은 이스라엘 온 족속이라 그들이 이르기를 우리의 뼈들이 말랐고 우리의 소망이 없어졌으니 우리는 다 멸절되었다 하느니라 (12)그러므로 너는 대언하여 그들에게 이르기를 주 여호와의 말씀에 내 백성들아 내가 너희 무덤을 열고 너희로 거기서 나오게 하고 이스라엘 땅으로 들어가게 하리라 (13)내 백성들아 내가 너희 무덤을 열고 너희로 거기서 나오게 한즉 너희가 나를 여호와인 줄 알리라 (14)내가 또 내 신을 너희 속에 두어 너희로 살게 하고 내가 또 너희를 너희 고토에 거하게 하리니 나 여호와가 이 일을 말하고 이룬 줄을 너희가 알리라 나 여호와의 말이니라 하셨다 하라

죽은 자에게 생기가 들어가 다시 살게 하는 것이 계시록에서도 나오는데
두 증인이 바다에서 나오는 짐승에게 죽임을 당하여 그 시체가 3일반 동안 길에 있었는데 3일 반 후에 생기가 그들 시체에 들어가 그들이 다시 살아나서 하늘로 올리워지는 것이 계시록에 기록이 되어 있다. 에스겔 37장에서도 마찬가지이다. 죽은 시체에게 뼈에게 생기가 들어가서 다시 살게 되는 것이다.

만일 그렇다면 이 일 후에 천년왕국의 이미지가 에스겔서에서 나와야 한다.
그래야 이들이 천년왕국에 들어가게 될 것이고 그 다음 에스겔서 38장과 39장에서 곡과 마곡전쟁이 일어나게 되는 것이다.

그리고 그 다음에는 살아난 이들이 천년왕국에 들어가는 이미지가 나타난다.
즉 이스라엘의 한 나라로 불리워지게 된다는 것이다. 더 이상의 나눔이 없이.

[겔 37:15-22]
(15)여호와의 말씀이 또 내게 임하여 가라사대 (16)인자야 너는 막대기 하나를 취하여 그 위에 유다와 그 짝 이스라엘 자손이라 쓰고 또 다른 막대기 하나를 취하여 그 위에 에브라임의 막대기 곧 요셉과 그 짝 이스라엘 온 족속이라 쓰고 (17)그 막대기들을 서로 연합하여 하나가 되게 하라 네 손에서 둘이 하나가 되리라 (18)네 민족이 네게 말하여 이르기를 이것이 무슨 뜻인지 우리에게 고하지 아니하겠느냐 하거든 (19)너는 곧 이르기를 주 여호와의 말씀에 내가 에브라임의 손에 있는바 요셉과 그 짝 이스라엘 지파들의 막대기를 취하여 유다의 막대기에 붙여서 한 막대기가 되게 한즉 내 손에서 하나가 되리라 하셨다 하고 (20)너는 그 글 쓴 막대기들을 무리의 목전에서 손에 잡고 (21)그들에게 이르기를 주 여호와의 말씀에 내가 이스라엘 자손을 그 간 바 열국에서 취하며 그 사면에서 모아서 그 고토로 돌아가게 하고 (22)그 땅 이스라엘 모든 산에서 그들로 한 나라를 이루어서 한 임금이 모두 다스리게 하리니 그들이 다시는 두 민족이 되지 아니하며 두 나라로 나누이지 아니할지라

그리고는 정말 아래는 천년왕국을 시사하는 구절들이 나온다.

[겔 37:23-28]
(23)그들이 그 우상들과 가증한 물건과 그 모든 죄악으로 스스로 더럽히지 아니하리라 내가 그들을 그 범죄한 모든 처소에서 구원하여 정결케 한즉 그들은 내 백성이 되고 나는 그들의 하나님이 되리라 (24)<u>내 종 다윗이 그들의 왕이 되리니 그들에게 다 한 목자가 있을 것이라</u> 그들이 내 규례를 준

행하고 내 율례를 지켜 행하며 (25)내가 내 종 야곱에게 준 땅 곧 그 열조가 거하던 땅에 그들이 거하되 그들과 그 자자손손이 영원히 거기 거할 것이요 <u>내 종 다윗이 영원히 그 왕이 되리라</u> (26)내가 그들과 화평의 언약을 세워서 영원한 언약이 되게 하고 또 그들을 견고하고 번성케 하며 내 성소를 그 가운데 세워서 영원히 이르게 하리니 (27)내 처소가 그들의 가운데 있을 것이며 나는 그들의 하나님이 되고 그들은 내 백성이 되리라 (28)내 성소가 영원토록 그들의 가운데 있으리니 열국이 나를 이스라엘을 거룩케 하는 여호와인 줄 알리라 하셨다 하라

그리고 그 다음 에스겔서 38장과 39장의 곡과 마곡전쟁이 계시록의 곡과 마곡전쟁과 일치하고 있는 것을 본다.

II. 곡과 마곡전쟁 때에 이들이 주님의 사랑하시는 성과 성도들의 진을 둘러싼다 하였는데 주님의 사랑하시는 성은 천년왕국 때의 예루살렘 성임에 틀림이 없다.

그러나 이 성도들의 진은 무엇인가? 그리고 누구를 말하는가?

이 성도들의 진은 주님의 사랑하시는 성 예루살렘성과는 다른 것이다.
즉 성은 영어로 보면 city이지만 진은 camp 이다. city 와 camp 는 다른 것이다.
이들이 누군지는 우리가 스가랴서에서 보면 아마겟돈전쟁 때에 살아남은 자들이 초막절을 지키러 올라온다 한 구절에서 찾아 볼 수가 있는 것이다.

먼저 우리는 스가랴 14장 1절에서 5절에서는 아마겟돈 전쟁을 말하고 있는 것을 볼 수 있다.

[슥 14:1-5]
(1)여호와의 날이 이르리라 그 날에 네 재물이 약탈되어 너의 중에서 나누이리라 (2)내가 열국을 모아 예루살렘과 싸우게 하리니 성읍이 함락되며 가옥이 약탈되며 부녀가 욕을 보며 성읍 백성이 절반이나 사로잡혀 가려니와 남은 백성은 성읍에서 끊쳐지지 아니하리라 (3)그 때에 여호와께서 나가사 그 열국을 치시되 이왕 전쟁 날에 싸운 것같이 하시리라 (4)그 날에 그의 발이 예루살렘 앞 곧 동편 감람산에 서실 것이요 감람산은 그 한가운데가 동서로 갈라져 매우 큰 골짜기가 되어서 산 절반은 북으로, 절반은 남으로 옮기고 (5)그 산 골짜기는 아셀까지 미칠지라 너희가 그의 산 골짜기로 도망하되 유다 왕 웃시야 때에 지진을 피하여 도망하던 것같이 하리라 나의 하나님 여호와께서 임하실

것이요 모든 거룩한 자가 주와 함께 하리라

그 다음 스가랴서 14장 7절에서부터 11절까지는 천년왕국을 말하고 있다.

[슥 14:7-11]
(7)여호와의 아시는 한 날이 있으리니 낮도 아니요 밤도 아니라 어두워 갈 때에 빛이 있으리로다 (8)그 날에 생수가 예루살렘에서 솟아나서 절반은 동해로, 절반은 서해로 흐를 것이라 여름에도 겨울에도 그러하리라 (9)여호와께서 천하의 왕이 되시리니 그 날에는 여호와께서 홀로 하나이실 것이요 그 이름이 홀로 하나이실 것이며 (10)온 땅이 아라바 같이 되되 게바에서 예루살렘 남편 림몬까지 미칠 것이며 예루살렘이 높이 들려 그 본처에 있으리니 베냐민 문에서부터 첫문 자리와 성 모퉁이 문까지 또 하나넬 망대에서부터 왕의 포도주 짜는 곳까지라 (11)사람이 그 가운데 거하며 다시는 저주가 있지 아니하리니 예루살렘이 안연히 서리로다

또한 스가랴서 14장 12절에서 16절은 아마겟돈 전쟁 때 예루살렘을 치러온 자들에 대하여 말하고 있는데 대부분은 죽으나 그래도 남은 자가 있어서 천년왕국 때에 해마다 올라와서 초막절을 지키는 자들이 있음을 말하고 있다.

[슥 14:12-16]
(12)예루살렘을 친 모든 백성에게 여호와께서 내리실 재앙이 이러하니 곧 섰을 때에 그 살이 썩으며 그 눈이 구멍 속에서 썩으며 그 혀가 입속에서 썩을 것이요 (13)그 날에 여호와께서 그들로 크게 요란케 하시리니 피차 손으로 붙잡으며 피차 손을 들어 칠 것이며 (14)유다도 예루살렘에서 싸우리니 이 때에 사면에 있는 열국의 보화 곧 금 은과 의복이 심히 많이 모여질 것이요 (15)또 말과 노새와 약대와 나귀와 그 진에 있는 모든 육축에게 미칠 재앙도 그 재앙과 같으리라 (16)예루살렘을 치러 왔던 열국 중에 남은 자가 해마다 올라와서 그 왕 만군의 여호와께 숭배하며 초막절을 지킬 것이라

할렐루야. 이들이 성도들의 진을 이루게 될 것으로 보이는 것이다.
그리고 이 곡과 마곡전쟁 이후에는 사단이 이제 영원히 불못에 던져지고 이 세상의 하늘과 땅은 불에 의하여 녹아 없어지고 백보좌 심판이 열리게 되는 것이다.

[계 20:7-11]
(7)천년이 차매 사단이 그 옥에서 놓여 (8)나와서 땅의 사방 백성 곧 곡과 마곡을 미혹하고 모아 싸

움을 붙이리니 그 수가 바다 모래 같으리라 (9)저희가 지면에 널리 퍼져 성도들의 진과 사랑하시는 성을 두르매 하늘에서 불이 내려와 저희를 소멸하고 (10)또 저희를 미혹하는 마귀가 불과 유황 못에 던지우니 거기는 그 짐승과 거짓 선지자도 있어 세세토록 밤낮 괴로움을 받으리라 (11)또 내가 크고 흰 보좌와 그 위에 앉으신 자를 보니 땅과 하늘이 그 앞에서 피하여 간데 없더라

[벧후 3:10-13]
(10)그러나 주의 날이 도적같이 오리니 그 날에는 하늘이 큰 소리로 떠나 가고 체질이 뜨거운 불에 풀어지고 땅과 그 중에 있는 모든 일이 드러나리로다 (11)이 모든 것이 이렇게 풀어지리니 너희가 어떠한 사람이 되어야 마땅하뇨 거룩한 행실과 경건함으로 (12)하나님의 날이 임하기를 바라보고 간절히 사모하라 그 날에 하늘이 불에 타서 풀어지고 체질이 뜨거운 불에 녹아지려니와 (13)우리는 그의 약속대로 의의 거하는바 새 하늘과 새 땅을 바라보도다

9. 아마겟돈 전쟁

성경의 구약에서부터 말하는 '그 날', '여호와의 한 날'에 대하여 보면
이 날은 '하나님의 날' 즉 하늘과 땅이 불에 타고 체질이 녹는 날과는 다른 날을 말한다.

(i) 먼저 데살로니가 전서에서 말하는 '주의 날'을 보자.

[살후 2:2-4]
(2)혹 영으로나 혹 말로나 혹 우리에게서 받았다 하는 편지로나 주의 날이 이르렀다고 쉬 동심하거나 두려워하거나 하지 아니할 그것이라 (3)누가 아무렇게 하여도 너희가 미혹하지 말라 먼저 배도하는 일이 있고 저 불법의 사람 곧 멸망의 아들이 나타나기 전에는 이르지 아니하리니 (4)저는 대적하는 자라 범사에 일컫는 하나님이나 숭배함을 받는 자 위에 뛰어나 자존하여 하나님 성전에 앉아 자기를 보여 하나님이라 하느니라

여기서 이 '주의 날'은 아마겟돈 전쟁이 일어나는 날이다.
이 전쟁으로 인하여 많은 사람들이 죽고 짐승의 밥이 되고 그리고 적그리스도와 거짓선지자가 잡혀서 산채로 유황 불못에 던져질 것이다. 그러므로 여기서 먼저 배도하는 일이 있고 그리고 불법의 사람 곧 멸망의 아들이 나타나야 그 다음 주의 날 즉 아마겟돈 전쟁이 있을 것이라는 것이다.
할렐루야. 주님은 여기까지 알게 하신다.

그리고 이 아마겟돈 전쟁을 위하여 주님께서 '주의 날'에 지상재림을 하신다.
그러므로 이 날은 지상재림의 날이기도 하다.

[계 19:11-21]
(11)또 내가 하늘이 열린 것을 보니 보라 백마와 탄 자가 있으니 그 이름은 충신과 진실이라 그가 공의로 심판하며 싸우더라 (12)그 눈이 불꽃 같고 그 머리에 많은 면류관이 있고 또 이름 쓴 것이 하나가 있으니 자기 밖에 아는 자가 없고 (13)또 그가 피 뿌린 옷을 입었는데 그 이름은 하나님의 말씀이라 칭하더라 (14)하늘에 있는 군대들이 희고 깨끗한 세마포를 입고 백마를 타고 그를 따르더라 (15)그의 입에서 이한 검이 나오니 그것으로 만국을 치겠고 친히 저희를 철장으로 다스리며 또 친히 하나님 곧 전능하신 이의 맹렬한 진노의 포도주 틀을 밟겠고 (16)그 옷과 그 다리에 이름 쓴

것이 있으니 만왕의 왕이요 만주의 주라 하였더라 (17)또 내가 보니 한 천사가 해에 서서 공중에 나는 모든 새를 향하여 큰 음성으로 외쳐 가로되 와서 하나님의 큰 잔치에 모여 (18)왕들의 고기와 장군들의 고기와 장사들의 고기와 말들과 그 탄 자들의 고기와 자유한 자들이나 종들이나 무론대소하고 모든 자의 고기를 먹으라 하더라 (19)또 내가 보매 그 짐승과 땅의 임금들과 그 군대들이 모여 그 말 탄 자와 그의 군대로 더불어 전쟁을 일으키다가 (20)짐승이 잡히고 그 앞에서 이적을 행하던 거짓 선지자도 함께 잡혔으니 이는 짐승의 표를 받고 그의 우상에게 경배하던 자들을 이적으로 미혹하던 자라 이 둘이 산채로 유황불 붙는 못에 던지우고 (21)그 나머지는 말 탄 자의 입으로 나오는 검에 죽으매 모든 새가 그 고기로 배불리우더라

주여!

그러므로 주의 날은 주님이 지상재림하여 아마겟돈 전쟁을 일으키는 날이다.

(ii) 그러면 이사야에서 말하는 '그 날에…' '그 날에…' 이 그 날은 언제를 말하는가?

이사야 2장 11절에서 21절에서는 '여호와의 한 날'이 '그 날'이라고 하는 것을 본다.

[사 2:10-21]
(10)너희는 바위 틈에 들어가며 진토에 숨어 여호와의 위엄과 그 광대하심의 영광을 피하라 (11)그 날에 눈이 높은 자가 낮아지며 교만한 자가 굴복되고 여호와께서 홀로 높임을 받으시리라 (12)대저 만군의 여호와의 한 날이 모든 교만자와 거만자와 자고한 자에게 임하여 그들로 낮아지게 하고 (13)또 레바논의 높고 높은 모든 백향목과 바산의 모든 상수리나무와 (14)모든 높은 산과 모든 솟아오른 작은 산과 (15)모든 높은 망대와 견고한 성벽과 (16)다시스의 모든 배와 모든 아름다운 조각물에 임하리니 (17)그 날에 자고한 자는 굴복되며 교만한 자는 낮아지고 여호와께서 홀로 높임을 받으실 것이요 (18)우상들은 온전히 없어질 것이며 (19)사람들이 암혈과 토굴로 들어가서 여호와께서 일어나사 땅을 진동시키시는 그의 위엄과 그 광대하심의 영광을 피할 것이라 (20)사람이 숭배하려고 만들었던 그 은 우상과 금 우상을 그 날에 두더지와 박쥐에게 던지고 (21)암혈과 험악한 바위틈에 들어가서 여호와께서 일어나사 땅을 진동시키시는 그의 위엄과 그 광대하심의 영광을 피하리라

이 날 즉 여호와께서 일어나 땅을 진동시키는 날이고 이 날에 모든 교만자와 거만자와 자고한 자에게 임하여 그들로 낮아지고 여호와가 홀로 영광을 받는 날이라 말한다.

(iii) 그러면 이 '그 날'은 성경전체에서 어떤 날을 말하고 있는가?

(a) 이것은 계시록 19장 11절에서 21절까지의 아마겟돈 전쟁 때를 말한다.

왜냐하면 그가 하나님의 말씀이고 백마를 타고 나타난 그 이름이 충신과 진실로서 다리에는 만왕의 왕 만주의 주라 쓰여져 있고 이 날에 그 짐승과 땅의 임금들과 그 군대들이 모여 그 백마 탄 자와 그의 군대로 더불어 전쟁을 일으키다가 짐승이 잡히고 그 앞에서 이적을 행하던 거짓 선지자도 함께 잡혀서 이 둘이 산채로 유황불 붙는 못에 던지워지는 날이기 때문이다.

[계 19:11-21]
(11)또 내가 하늘이 열린 것을 보니 보라 백마와 탄 자가 있으니 그 이름은 충신과 진실이라 그가 공의로 심판하며 싸우더라 (12)그 눈이 불꽃 같고 그 머리에 많은 면류관이 있고 또 이름 쓴 것이 하나가 있으니 자기 밖에 아는 자가 없고 (13)또 그가 피 뿌린 옷을 입었는데 그 이름은 하나님의 말씀이라 칭하더라 (14)하늘에 있는 군대들이 희고 깨끗한 세마포를 입고 백마를 타고 그를 따르더라 (15)그의 입에서 이한 검이 나오니 그것으로 만국을 치겠고 친히 저희를 철장으로 다스리며 또 친히 하나님 곧 전능하신 이의 맹렬한 진노의 포도주 틀을 밟겠고 (16)그 옷과 그 다리에 이름 쓴 것이 있으니 만왕의 왕이요 만주의 주라 하였더라 (17)또 내가 보니 한 천사가 해에 서서 공중에 나는 모든 새를 향하여 큰 음성으로 외쳐 가로되 와서 하나님의 큰 잔치에 모여 (18)왕들의 고기와 장군들의 고기와 장사들의 고기와 말들과 그 탄 자들의 고기와 자유한 자들이나 종들이나 무론대소하고 모든 자의 고기를 먹으라 하더라 (19)또 내가 보매 그 짐승과 땅의 임금들과 그 군대들이 모여 그 말 탄 자와 그의 군대로 더불어 전쟁을 일으키다가 (20)짐승이 잡히고 그 앞에서 이적을 행하던 거짓 선지자도 함께 잡혔으니 이는 짐승의 표를 받고 그의 우상에게 경배하던 자들을 이적으로 미혹하던 자라 이 둘이 산채로 유황불 붙는 못에 던지우고 (21)그 나머지는 말 탄 자의 입으로 나오는 검에 죽으매 모든 새가 그 고기로 배불리우더라

그러므로 이 아마겟돈 전쟁은 하루에 다 끝난다.
왜냐하면 '그 날에' '그 날에'는 하루이기 때문이다. 할렐루야.

즉 하나님이신 예수님과 인간과의 싸움, 이것은 하나님이 하루에 다 끝내시는 것이다.
그 전쟁의 끝에는 적그리스도와 거짓선지자를 산채로 유황 불못에 던져 넣으시고 사단을 일천 년 동안 무저갱에 감금시키신다.

그러므로 말미암아 그 날에 주님 홀로 영광을 받으시는 것이다. 할렐루야.
그리고 나서 우리 주님은 첫째부활에 속한 자들을 데리고 천년왕국으로 들어가신다.

(b) 그러므로 그 날은 계시록 19장 11절 주님이 백마 타고 임하시는 바로 지상재림의 날이다.

주님은 그렇게 지상재림을 하셔서 인간들과의 아마겟돈 전쟁을 일으키시고 그 결말은 적그리스도와 거짓선지자를 잡아서 산채로 유황 불못에 던지시고 그 다음 사단은 일천년 동안 무저갱에 감금시키시며 그런 다음 주님은 그분의 신부들과 함께 천년왕국에 들어가시는 것이다.

아하, 할렐루야. 할렐루야.
이 날이 바로 그날인 것이다. 여호와의 한 날인 것이다.

여기 이 날에 대하여 스가랴서에서 이렇게 말하고 있다.

[슥 14:1-15]
(1)여호와의 날이 이르리라 그 날에 네 재물이 약탈되어 너의 중에서 나누이리라 (2)내가 열국을 모아 예루살렘과 싸우게 하리니 성읍이 함락되며 가옥이 약탈되며 부녀가 욕을 보며 성읍 백성이 절반이나 사로잡혀 가려니와 남은 백성은 성읍에서 끊쳐지지 아니하리라 (3)그 때에 여호와께서 나가사 그 열국을 치시되 이왕 전쟁 날에 싸운 것같이 하시리라 (4)그 날에 그의 발이 예루살렘 앞 곧 동편 감람산에 서실 것이요 감람산은 그 한가운데가 동서로 갈라져 매우 큰 골짜기가 되어서 산 절반은 북으로, 절반은 남으로 옮기고 (5)그 산 골짜기는 아셀까지 미칠지라 너희가 그의 산 골짜기로 도망하되 유다 왕 웃시야 때에 지진을 피하여 도망하던 것같이 하리라 나의 하나님 여호와께서 임하실 것이요 모든 거룩한 자가 주와 함께 하리라 (6)그 날에는 빛이 없겠고 광명한 자들이 떠날 것이라 (7)여호와의 아시는 한 날이 있으리니 낮도 아니요 밤도 아니라 어두워 갈 때에 빛이 있으리로다 (8)그 날에 생수가 예루살렘에서 솟아나서 절반은 동해로, 절반은 서해로 흐를 것이라 여름에도 겨울에도 그러하리라 (이날에 예루살렘에서 생수가 솟아나서 절반은 동해로 절반은 서해로 흐를 것이다. 여름에도 그러하고 겨울에도 그러하리라 했다.(9)여호와께서 천하의 왕이 되시리니 그 날에는 여호와께서 홀로 하나이실 것이요 그 이름이 홀로 하나이실 것이며 (10)온 땅이 아라바 같이 되되 게바에서 예루살렘 남편 림몬까지 미칠 것이며 예루살렘이 높이 들려 그 본처에 있으리니 베냐민 문에서부터 첫문 자리와 성 모퉁이 문까지 또 하나넬 망대에서부터 왕의 포도주 짜는 곳까지라 (11)사람이 그 가운데 거하며 다시는 저주가 있지 아니하리니 예루살렘이 안연히 서리로다 (12)예루살렘

을 친 모든 백성에게 여호와께서 내리실 재앙이 이러하니 곧 섰을 때에 그 살이 썩으며 그 눈이 구멍 속에서 썩으며 그 혀가 입속에서 썩을 것이요 (13)그 날에 여호와께서 그들로 크게 요란케 하시리니 피차 손으로 붙잡으며 피차 손을 들어 칠 것이며 (14)유다도 예루살렘에서 싸우리니 이 때에 사면에 있는 열국의 보화 곧 금 은과 의복이 심히 많이 모여질 것이요 (15)또 말과 노새와 약대와 나귀와 그 진에 있는 모든 육축에게 미칠 재앙도 그 재앙과 같으리라

스가랴 14장 9절을 보면 이 날은 여호와께서 천하의 왕이 되신다. 즉 예수 그리스도가 왕이 되시는 것이다. 여기서도 그 날이라는 말을 쓰므로 이날 한 날에 다 일어나는 것을 알 수 있다.
인간들과 신의 전쟁인 이 아마겟돈 전쟁은 여섯째 대접을 유브라데강에 쏟으므로써 예비되어진다.

[계 16:12-16]
(12)또 여섯째가 그 대접을 큰 강 유브라데에 쏟으매 강물이 말라서 동방에서 오는 왕들의 길이 예비되더라 (13)또 내가 보매 개구리 같은 세 더러운 영이 용의 입과 짐승의 입과 거짓 선지자의 입에서 나오니 (14)저희는 귀신의 영이라 이적을 행하여 온 천하 임금들에게 가서 하나님 곧 전능하신 이의 큰 날에 전쟁을 위하여 그들을 모으더라 (15)보라 내가 도적 같이 오리니 누구든지 깨어 자기 옷을 지켜 벌거벗고 다니지 아니하며 자기의 부끄러움을 보이지 아니하는 자가 복이 있도다 (16)세 영이 히브리 음으로 아마겟돈이라 하는 곳으로 왕들을 모으더라

그리고 실제로 아마겟돈 전쟁은 일곱째 대접이 쏟아진 후에 일어난다.

[계 16:17-21]
(17)일곱째가 그 대접을 공기 가운데 쏟으매 큰 음성이 성전에서 보좌로부터 나서 가로되 되었다 하니 (18)번개와 음성들과 뇌성이 있고 또 큰 지진이 있어 어찌 큰지 사람이 땅에 있어 옴으로 이같이 큰 지진이 없었더라 (19)큰 성이 세 갈래로 갈라지고 만국의 성들도 무너지니 큰 성 바벨론이 하나님 앞에 기억하신 바 되어 그의 맹렬한 진노의 포도주 잔을 받으매 (20)각 섬도 없어지고 산악도 간 데 없더라 (21)또 중수가 한 달란트나 되는 큰 우박이 하늘로부터 사람들에게 내리매 사람들이 그 박재로 인하여 하나님을 훼방하니 그 재앙이 심히 큼이러라

[계 19:17-21]
(17)또 내가 보니 한 천사가 해에 서서 공중에 나는 모든 새를 향하여 큰 음성으로 외쳐 가로되 와서 하나님의 큰 잔치에 모여 (18)왕들의 고기와 장군들의 고기와 장사들의 고기와 말들과 그 탄 자

들의 고기와 자유한 자들이나 종들이나 무론대소하고 모든 자의 고기를 먹으라 하더라 (19)또 내가 보매 그 짐승과 땅의 임금들과 그 군대들이 모여 그 말 탄 자와 그의 군대로 더불어 전쟁을 일으키다가 (20)짐승이 잡히고 그 앞에서 이적을 행하던 거짓 선지자도 함께 잡혔으니 이는 짐승의 표를 받고 그의 우상에게 경배하던 자들을 이적으로 미혹하던 자라 이 둘이 산채로 유황불 붙는 못에 던지우고 (21)그 나머지는 말 탄 자의 입으로 나오는 검에 죽으매 모든 새가 그 고기로 배불리우더라

곧 주님은 사단을 아마겟돈전쟁 후에 무저갱에다가 일천년 동안 감금시키고 천년왕국으로 들어가신다.

[계 20:1-3]
(1)또 내가 보매 천사가 무저갱 열쇠와 큰 쇠사슬을 그 손에 가지고 하늘로서 내려와서 (2)용을 잡으니 곧 옛 뱀이요 마귀요 사단이라 잡아 일천년 동안 결박하여 (3)무저갱에 던져 잠그고 그 위에 인봉하여 천년이 차도록 다시는 만국을 미혹하지 못하게 하였다가 그 후에는 반드시 잠간 놓이리라

그러므로 구약에서 말하는 여호와의 한 날, 그 날은 예수님이 백마 타고 오셔서 인간들과 전쟁을 일으키시는 한 날을 말하는데 그 날에 적그리스도와 거짓선지자가 잡혀서 유황 불못에 사단은 무저갱에 들어가는 날이다.
즉 여호와의 한 날 = 예수님께서 지상으로 백마 타고 오시는 날이다.
지상재림의 날이다. 이 날에 다 일어난다.
분명히 주님이 백마를 타고 오시는데 그를 여호와의 한 날이라 말한다.
그리고 스가랴서에서는 스가랴 14장 3절을 보면 이렇게 말한다.
'그 때에 여호와께서 나가사 그 열국을 치시되 이왕 전쟁 날에 싸운 것같이 하시리라' 즉 여호와가 예수님이라는 것이다.
백마 타고 오시는 예수님이 여호와라는 것이다. 할렐루야.
이것은 주님께서 나에게 천상에서 '내가 여호와니라.'라고 하는 말을 많이 들었었다.

스가랴서에서도
그 날에...., 그 날에...., 즉 여호와의 한 날에........라고 말하고 있다.
이 날이 바로 예수님이 지상재림하여 아마겟돈 전쟁을 일으키시는 날이다.
이 날은 '주의 날'이기도 하다 (살후 2:2-4).
또한 시편에서도 이 날을 말하고 있음을 본다.

[시 110:1-7]
(1)(다윗의 시) 여호와께서 내 주에게 말씀하시기를 내가 네 원수로 네 발등상 되게 하기까지 너는 내 우편에 앉으라 하셨도다 (2)여호와께서 시온에서부터 주의 권능의 홀을 내어 보내시리니 주는 원수 중에서 다스리소서 (3)주의 권능의 날에 주의 백성이 거룩한 옷을 입고 즐거이 헌신하니 새벽 이슬 같은 주의 청년들이 주께 나오는도다 (4)여호와는 맹세하고 변치 아니하시리라 이르시기를 너는 멜기세덱의 반차를 좇아 영원한 제사장이라 하셨도다 (5)주의 우편에 계신 주께서 그 노하시는 날에 열왕을 쳐서 파하실 것이라 (6)열방 중에 판단하여 시체로 가득하게 하시고 여러 나라의 머리를 쳐서 파하시며 (7)길가의 시냇물을 마시고 인하여 그 머리를 드시리로다

그리고 이사야서에서 다른 구절들에서도 이 날에 대하여 말하고 있음을 본다.

[사 24:21]
그 날에 여호와께서 높은데서 높은 군대를 벌하시며 땅에서 땅의 왕들을 벌하시리니

이 구절에서 여호와는 계시록에서 백마 타고 오시는 예수님이시다.

[사 25:9]
그 날에 말하기를 이는 우리의 하나님이시라 우리가 그를 기다렸으니 그가 우리를 구원하시리로다 이는 여호와시라 우리가 그를 기다렸으니 우리는 그 구원을 기뻐하며 즐거워하리라 할 것이며

이사야 25장 9절에서도 우리를 구원하시는 분이 여호와라 하신다. 이 여호와는 예수 그리스도를 말한다.

[사 26:20-21]
(20)내 백성아 갈지어다 네 밀실에 들어가서 네 문을 닫고 분노가 지나기까지 잠간 숨을지어다 (21)보라 여호와께서 그 처소에서 나오사 땅의 거민의 죄악을 벌하실 것이라 땅이 그 위에 잦았던 피를 드러내고 그 살해당한 자를 다시는 가리우지 아니하리라

여기서 '여호와께서 그 처소에서 나오사' 이 말 역시 아마겟돈 전쟁을 말하고 있으며. 그 처소에서 나오신 여호와는 예수 그리스도이시다. 할렐루야.

즉 삼위일체의 하나님을 말씀하고 있는 것이다.

(c) 이 날은 또 주님께서 꼬불꼬불한 뱀 리워야단을 벌하시며 바다에 있는 용을 죽이시는 날이다.

[사 27:1]
그 날에 여호와께서 그 견고하고 크고 강한 칼로 날랜 뱀 리워야단 곧 꼬불꼬불한 뱀 리워야단을 벌하시며 바다에 있는 용을 죽이시리라

이 리워야단은 사단을 의미한다. 사단은 옛 뱀, 용이라고도 불리워진다.
그 날은 이 사단이 무저갱에 천년동안 감금되는 날인 것이다.
즉 사단이 벌을 받는 날이다.

[계 20:2-3]
(2)용을 잡으니 곧 옛 뱀이요 마귀요 사단이라 잡아 일천년 동안 결박하여 (3)무저갱에 던져 잠그고 그 위에 인봉하여 천년이 차도록 다시는 만국을 미혹하지 못하게 하였다가 그 후에는 반드시 잠간 놓이리라

그리고 바다에 있는 용은 바다에서 나온 짐승을 말한다 할 수 있는데
이 짐승은 계시록 13장과 11장에 나온다.

[계 11:7]
저희가 그 증거를 마칠 때에 무저갱으로부터 올라오는 짐승이 저희로 더불어 전쟁을 일으켜 저희를 이기고 저희를 죽일 터인즉

[계 13:1]
내가 보니 바다에서 한 짐승이 나오는데 뿔이 열이요 머리가 일곱이라 그 뿔에는 열 면류관이 있고 그 머리들에는 참람된 이름들이 있더라

이 짐승에게 용이 자기의 능력과 보좌와 큰 권세를 준다.

[계 13:2]

내가 본 짐승은 표범과 비슷하고 그 발은 곰의 발 같고 입은 사자의 입 같은데 용이 자기의 능력과 보좌와 큰 권세를 그에게 주었더라

그러므로 이 짐승은 용과 같은 능력과 권세를 가졌다. 그러므로 그가 가진 능력과 권세로 보아 용이라 말할 수도 있다.
그래서 바다에 있는 용이란 바로 이 바다에서 나온 짐승으로 볼 수 있는 것이다.
그리고 이 짐승은 이 날에 산채로 잡혀서 유황 불못에 던져지는 날이다. 이 날이 바로 그가 죽는 날이라 말할 수 있다. 왜냐하면 그가 영원한 불못에 던져지는 날이기 때문이다. 주여!

(d) 또 이 날은 주님이 첫째부활에 참여한 자들과 함께 천년왕국으로 들어가시는 날이다.

주님은 '그 날' '여호와의 한 날'에 백마를 타고 지상재림하셔서 아마겟돈 전쟁을 일으키시고 그날에 적그리스도(짐승)와 거짓선지자를 산채로 유황 불못에 던져 넣으시고 사단은 무저갱에 일천년 동안 감금시키시고 첫째 부활에 참여된 자들과 함께 지상에서 천년왕국에 들어가시는 것이다.
할렐루야.

[슥 14:7-10]
(7)여호와의 아시는 한 날이 있으리니 낮도 아니요 밤도 아니라 어두워 갈 때에 빛이 있으리로다 (8)그 날에 생수가 예루살렘에서 솟아나서 절반은 동해로, 절반은 서해로 흐를 것이라 여름에도 겨울에도 그러하리라 (9)여호와께서 천하의 왕이 되시리니 그 날에는 여호와께서 홀로 하나이실 것이요 그 이름이 홀로 하나이실 것이며 (10)온 땅이 아라바 같이 되되 게바에서 예루살렘 남편 림몬까지 미칠 것이며 예루살렘이 높이 들려 그 본처에 있으리니 베냐민 문에서부터 첫문 자리와 성 모퉁이 문까지 또 하나넬 망대에서부터 왕의 포도주 짜는 곳까지라

[계 20:4-6]
(4)또 내가 보좌들을 보니 거기 앉은 자들이 있어 심판하는 권세를 받았더라 또 내가 보니 예수의 증거와 하나님의 말씀을 인하여 목 베임을 받은 자의 영혼들과 또 짐승과 그의 우상에게 경배하지도 아니하고 이마와 손에 그의 표를 받지도 아니한 자들이 살아서 그리스도로 더불어 천년 동안 왕 노릇하니 (5)(그 나머지 죽은 자들은 그 천년이 차기까지 살지 못하더라) 이는 첫째 부활이라 (6)이 첫째 부활에 참예하는 자들은 복이 있고 거룩하도다 둘째 사망이 그들을 다스리는 권세가 없고 도리어 그들이 하나님과 그리스도의 제사장이 되어 천년 동안 그리스도로 더불어 왕 노릇 하리라

할렐루야.

그러므로 요약하면 구약에서부터 말하는 '그 날', '여호와의 한 날' 즉 '주의 날'은
    (a) 주님이 지상재림하시는 날이다.
    (b) 아마겟돈 전쟁이 일어나는 날을 말한다.
    (c) 적그리스도와 거짓선지자는 유황 불못에 던져지는 날이다.
    (d) 사단은 무저갱에 가두어지는 날이다.
    (e) 주님이 첫째부활 된 자들과 함께 천년왕국에 들어가시는 날이다

할렐루야. 모두 한 날에 일어나는 일들인 것이다.

10. 어린양의 혼인잔치

I. 어린양의 혼인식과 혼인잔치는 어디서 일어나는가?

계시록 19장을 보면

[계 19:7-14]
(7)우리가 즐거워하고 크게 기뻐하여 그에게 영광을 돌리세 어린 양의 혼인 기약이 이르렀고 그 아내가 예비하였으니 (8)그에게 허락하사 빛나고 깨끗한 세마포를 입게 하셨은즉 이 세마포는 성도들의 옳은 행실이로다 하더라 (9)천사가 내게 말하기를 기록하라 어린 양의 혼인 잔치에 청함을 입은 자들이 복이 있도다 하고 또 내게 말하되 이것은 하나님의 참되신 말씀이라 하기로 (10)내가 그 발 앞에 엎드려 경배하려 하니 그가 나더러 말하기를 나는 너와 및 예수의 증거를 받은 네 형제들과 같이 된 종이니 삼가 그리하지 말고 오직 하나님께 경배하라 예수의 증거는 대언의 영이라 하더라 (11)또 내가 하늘이 열린 것을 보니 보라 백마와 탄 자가 있으니 그 이름은 충신과 진실이라 그가 공의로 심판하며 싸우더라 (12)그 눈이 불꽃 같고 그 머리에 많은 면류관이 있고 또 이름 쓴 것이 하나가 있으니 자기 밖에 아는 자가 없고 (13)또 그가 피 뿌린 옷을 입었는데 그 이름은 하나님의 말씀이라 칭하더라 (14)하늘에 있는 군대들이 희고 깨끗한 세마포를 입고 백마를 타고 그를 따르더라

어린양의 아내가 혼인할 기약이 이르렀고 그리고 그 아내가 준비되었다고 말하고 있다.
이 말은 아직 어린양과 그 신부가 혼인예식을 하지 않았다는 것이다.
성경은 그렇게 말하고 나서 갑자기 예수님이 하늘에서 백마를 타고 내려오셔서 아마겟돈 전쟁을 일으키시고 그 다음에는 적그리스도와 거짓선지자를 잡아서 산채로 유황 불못에 던져 넣으신 후에 그리고 사단을 일천년 동안 무저갱에다가 감금시키시고 그 다음 첫째부활에 참여한 자들과 함께 천년왕국으로 들어가신다.
그러므로 어린양과 신부가 천년왕국 이전에 결혼예식을 치를 시간이 없는 것이다.

주님은 나에게 다음의 두 가지 사실을 알게 하여 주셨다.

(i) 어린양의 혼인잔치가 천년왕국에서 일어난다는 것이다.

왜냐하면 혼인기약이 이르렀다하여 놓고 아마겟돈 전쟁할 때에 주님이 혼인예식을 할리는 없기 때문이다. 그리고 주님은 아마겟돈 전쟁 후에 바로 천년왕국으로 들어가기 때문이다. 그러므로 신부들은 천년왕국에서 어린양과 결혼식을 올리고 왕과 왕비로서 그리스도로 더불어 천년동안 왕노릇 하게 될 것이다. 할렐루야.

(ii) 계시록 21장에서 새 하늘과 새 땅에 내려오는 새 예루살렘성 안에는 예수님의 신부들 아내들이 들어 있다는 사실을 알게 하여 주셨다.

[계 21:1-2]
(1)또 내가 새 하늘과 새 땅을 보니 처음 하늘과 처음 땅이 없어졌고 바다도 다시 있지 않더라 (2)또 내가 보매 거룩한 성 새 예루살렘이 하나님께로부터 하늘에서 내려오니 그 예비한 것이 신부가 남편을 위하여 단장한 것 같더라

계속 계 21장에서 하늘에서 하나님께로부터 내려오는 새 예루살렘성을 두고 말하는데 새 예루살렘성은 건물이다. 그러므로 건물이 아내가 될 수는 없다. 즉 그 안에 예수님의 신부들 아내가 들어있다는 것이다. 할렐루야.

그러므로 어린양의 아내(단체)는 천년왕국에 있다가 지금 보이는 이 하늘과 땅이 불로 타서 녹아서 없어지기 전에 하늘에 있는 새 예루살렘성에 잠깐 올라가 있다가 그 새 예루살렘성이 하늘에서 새 하늘과 새 땅으로 내려 올 때에 같이 내려오는 것으로 보여진다. 할렐루야.
그래서 다음의 세 번째 사실까지 알아졌다.

(iii) 즉 어린양의 아내(신부)는 백보좌 심판대를 거치지 않는다는 것이다.

아하, 그렇다. 이제야 모든 것이 맞아 떨어진다. 할렐루야.

주님 감사합니다. 이제야 모든 것이 정리되고 풀리는 느낌이 들었다.
그러므로 이들은

즉 천년왕국이 끝나고 백보좌 심판이 일어나기 전에 이 신부가 하늘로 올리워지는 것이 확실하다. 왜냐하면 이 땅과 하늘이 불에 타서 없어지기 전에 그들이 옮기워져야 할 것이다.

저 천국 즉 낙원의 예루살렘성으로 옮기워지는 것이다.
그러므로 계시록 21장에서 말하는 새 예루살렘성 안에는 어린양의 신부들이 들어 있다.
그래서 요한은 그 새 예루살렘성이 하늘에서 내려올 때에 그 단장한 것이 어린양의 신부와 같다고 요한은 표현하고 있는 것이다.

[계 21:2]
또 내가 보매 거룩한 성 새 예루살렘이 하나님께로부터 하늘에서 내려오니 그 예비한 것이 신부가 남편을 위하여 단장한 것 같더라

[계 21:9-10]
(9)일곱 대접을 가지고 마지막 일곱 재앙을 담은 일곱 천사중 하나가 나아와서 내게 말하여 가로되 이리 오라 내가 신부 곧 어린 양의 아내를 네게 보이리라 하고 (10)성령으로 나를 데리고 크고 높은 산으로 올라가 하나님께로부터 하늘에서 내려오는 거룩한 성 예루살렘을 보이니

할렐루야. 그러므로 이 거룩한 성 예루살렘성 안에는 어린양의 아내가 들어 있음이 확실한 것이다.

II. 그러면 누가 이 어린양의 신부로 새 예루살렘성 안으로 들어가는가?

[마 22:8-13]
(8)이에 종들에게 이르되 혼인 잔치는 예비되었으나 청한 사람들은 합당치 아니하니 (9)사거리 길에 가서 사람을 만나는 대로 혼인 잔치에 청하여 오너라 한 대 (10)종들이 길에 나가 악한 자나 선한 자나 만나는 대로 모두 데려 오니 혼인자리에 손이 가득한지라 (11)임금이 손을 보러 들어올새 거기서 예복을 입지 않은 한 사람을 보고 (12)가로되 친구여 어찌하여 예복을 입지 않고 여기 들어왔느냐 하니 저가 유구무언이어늘 (13)임금이 사환들에게 말하되 그 수족을 결박하여 바깥 어두움에 내어 던지라 거기서 슬피 울며 이를 갊이 있으리라 하니라

이 성안에는 예복을 입은 사람만 들어간다.
그러나 예복입지 않은 사람은 성 바깥 어두운 곳으로 쫓겨나는 것이다.

새 하늘과 새 땅에 새 예루살렘성이 내려오면

새 예루살렘성에는 열두 진주문이 있고 이 문들을 통하여 성에 들어가는 자와 밖에 쫓겨나서 남는 자가 있다.

즉 새 하늘과 새 땅에 성안과 성밖이 구분이 가는 것이다.
성안에는 하나님의 영광이 해같이 빛나는 밤이 없고 더 이상 해가 없으나 하나님으로부터 나오는 빛에 의하여 낮과 같은 곳이고 성 바깥에는 이 영광의 빛이 비치지 아니하는 바깥 어두운 곳이다. 거기는 슬피 울며 이를 가는 장소이다. 이 장소는 새 하늘과 새 땅이므로 지옥과는 다른 장소인 것이다. 단지 새 예루살렘성 문밖이다.
그러므로 성안에는 예복 즉 세마포를 입은 어린양의 신부되는 자들만 성안으로 들어간다.
그러나 예복을 입지 않은 자는 성밖에 남게 될 것이다.

주님은 말씀하신다.

[계 16:15]
보라 내가 도적 같이 오리니 누구든지 깨어 자기 옷을 지켜 벌거벗고 다니지 아니하며 자기의 부끄러움을 보이지 아니하는 자가 복이 있도다

[계 19:8]
그에게 허락하사 빛나고 깨끗한 세마포를 입게 하셨은즉 이 세마포는 성도들의 옳은 행실이로다 하더라

그러므로 우리는 늘 주님 앞에 이 세마포 옷을 입고 있어야 한다. 언제 오실지 모르니 말이다.
할렐루야. 항상 깨어 기도하고 말씀에 순종하는 삶을 살아야 하며 내 안에 주님이 주인 되는 삶을 살고 있어야 하는 것이다. 할렐루야.
그러나 예수는 믿었으나 이기지 못하는 삶을 산 자들은 이 새 예루살렘성 안에 들어가지 못하고 성밖 즉 문 밖에 남게 된다.

[마 22:11-13]
(11)임금이 손을 보러 들어올새 거기서 예복을 입지 않은 한 사람을 보고 (12)가로되 친구여 어찌하여 예복을 입지 않고 여기 들어왔느냐 하니 저가 유구무언이어늘 (13)임금이 사환들에게 말하되 그 수족을 결박하여 바깥 어두움에 내어 던지라 거기서 슬피 울며 이를 갊이 있으리라 하니라

즉 주님의 혼인잔치에 들어오는 모든 사람들은 예복(세마포: 옳은 행실)을 입은 자들인 것이다.
입지 아니하면 혼인잔치에 참여할 수 없다.
그러므로 예복입지 않은 자들은 새 하늘과 새 땅의 새 예루살렘성 바깥, 하나님의 영광의 빛이 없는 '바깥 어두운 곳'으로서 슬피 울며 이를 가는 장소로 가게 되는 것이다.

III. 어린양과 신부 즉 아내와의 관계는 천년왕국부터 영원천국까지 지속된다.

계시록 19장에서 어린양과 신부의 혼인기약이 이르렀다하였는데

(i) 혼인의 기간은 얼마정도가 되는가?

계시록 21장을 보면 새 예루살렘성이 어린양의 아내라 하였으니 이 새 예루살렘성은 새 하늘과 새 땅에서 영원히 있을 것인데 그러므로 이 혼인은 영원히 계속된다.
그러므로 계시록 19장에서 어린양의 혼인기약이 이르렀다는 것은 어린양의 신부가 그분의 영원한 아내가 되기 위하여 그 기약이 이르렀다는 말인 것이다. 할렐루야.

(ii) 그러면 혼인잔치는 얼마나 하는 것인가?

첫째로 마태복음 22장 8절서부터 13절을 보면 주님은 예복입지 않은 자를 바깥 어두운 성밖으로 내어 쫓았다. 그러고 보면 이 혼인잔치는 영원천국에서도 일어난다는 것이다.
왜냐하면 영원천국에서도 성밖이 영원히 있기 때문이다.

두 번째로 첫째부활에 참여하여 주님과 천년왕국에 들어가는 이들은 세마포를 입은 자들로서 천년왕국 때부터 그리스도와 더불어 왕노릇한다 하였는데 영원천국에서도 어린양의 아내로서 세세토록 왕노릇한다는 말씀이 나온다(계 22:5).

[계 22:1-5]
(1)또 저가 수정 같이 맑은 생명수의 강을 내게 보이니 하나님과 및 어린 양의 보좌로부터 나서 (2) 길 가운데로 흐르더라 강 좌우에 생명 나무가 있어 열 두가지 실과를 맺히되 달마다 그 실과를 맺히고 그 나무 잎사귀들은 만국을 소성하기 위하여 있더라 (3)다시 저주가 없으며 하나님과 그 어린 양

의 보좌가 그 가운데 있으리니 그의 종들이 그를 섬기며 (4)그의 얼굴을 볼 터이요 그의 이름도 저희 이마에 있으리라 (5)다시 밤이 없겠고 등불과 햇빛이 쓸데 없으니 이는 주 하나님이 저희에게 비취심이라 저희가 세세토록 왕 노릇하리로다.

그러므로 어린양의 아내는 사실 천년왕국 때부터 영원토록 그리스도(어린양)와 더불어 세세토록 왕노릇하는 것이다. 즉 주님과 혼인 후에 신부들은 그분의 아내로서 왕과 왕비로서 그분과 더불어 세세토록 왕노릇하게 될 것이다.
그러므로 어린양과 어린양의 아내와의 관계는 천년왕국부터 영원천국까지 지속되는 영원한 관계인 것이다. 할렐루야.

그러므로 주님과 우리는 남편과 아내로서 영원히 함께 살게 되는 것이다.
할렐루야.

11. 순교자들의 피를 신원하여 주는 때

내가 가진 첫 번째 질문은 주님께서 순교자들의 피를 신원하여 주는 때는 언제인가 하는 것이었다.

[계 6:9-11]
(9)다섯째 인을 떼실 때에 내가 보니 하나님의 말씀과 저희의 가진 증거를 인하여 죽임을 당한 영혼들이 제단 아래 있어 (10)큰 소리로 불러 가로되 거룩하고 참되신 대주재여 땅에 거하는 자들을 심판하여 우리 피를 신원하여 주지 아니하시기를 어느 때까지 하시려나이까 하니 (11)각각 저희에게 흰 두루마기를 주시며 가라사대 아직 잠시 동안 쉬되 저희 동무 종들과 형제들도 자기처럼 죽임을 받아 그 수가 차기까지 하라 하시더라

여기서 주님이 내게 알게 하여 주신 것은 그 순교자들의 피를 신원하여 주는 때는 사단의 모든 권세가 파하여지고 이 세상 나라가 주님의 나라로 돌려지는 때라는 것을 알게 하여 주셨다. 즉 공중권세 잡은 모든 사단의 권세가 무너지는 날인 것이다. 할렐루야.

그러면 이것이 언제인가 하는 것이다.
순교자들을 죽인 것은 사실은 사단이다.
이 사단의 권세가 멸하여지는 날이 언제인가 하는 것이다.

이 때가 언제인가 하면 결국 사단이 벌을 받고 무저갱으로 들어갈 때를 말한다는 것을 알게 하신다. 왜냐하면 바로 그전에 적그리스도와 거짓선지자가 유황 불못에 던져지고 사단도 무저갱에 들어가면 이제는 이 천하의 나라가 주님께로 돌려질 것이기 때문이다.

그러므로 이 순교자들의 피를 신원하여 주는 날은 이 사단의 모든 권세를 **빼앗는** 날이 될 것이다. 할렐루야. 그리고 주님은 천년왕국에 들어가신다.

**** 그러나 천년왕국이후에 잠깐 사단이 풀려나와 곡과 마곡을 미혹하여 곡과 마곡전쟁을 일으키는데 쓰임을 받지만 그러나 이 사단의 모든 권세가 사실은 천년왕국 들어가기 전에 다 **빼앗겨지는** 것이다.
할렐루야. 아멘.

그러다가 곡과 마곡전쟁 후에 사단은 완전히 유황 불못에 영원히 던져진다.

[계 20:10-11]
(10)또 저희를 미혹하는 마귀가 불과 유황 못에 던지우니 거기는 그 짐승과 거짓 선지자도 있어 세세토록 밤낮 괴로움을 받으리라 (11)또 내가 크고 흰 보좌와 그 위에 앉으신 자를 보니 땅과 하늘이 그 앞에서 피하여 간데 없더라

두 번째 질문은
그러면 제단아래 순교자들이 주님께 물어 가로되
땅에 거하는 자들을 심판하여 우리 피를 신원하여 주지 아니하시기를 어느 때까지 하시려나이까 물으니 주님이 말씀하시기를 저희 동무 종들과 형제들도 자기처럼 죽임을 받아 그 수가 차기까지 하라 하셨는데

이 수는 어떤 수인가 하는 것이다.

즉 순교자들이 자신들의 피를 언제 신원하여 줄 것인가를 묻고 있었다.
그런데 주님은 천국에서 이때는 바로 사단이 온전히 힘을 잃을 때라고 하셨다.
그러므로 주님은 오늘도 그들의 피를 신원하는 때는 바로 사단이 그 모든 권세를 잃는 때라 말씀하신 것이다.

그러므로 주님께서 그들에게 흰 두루마기를 주시면서 잠시 동안 동무들의 수가 차기까지 기다리라 하신 것은 바로 순교자의 수가 사단이 그 힘을 온전히 잃을 때 즉 이 세상 공중권세 잡은 모든 것을 잃는 때까지 순교한 자들의 수라 볼 수 있다.

어떤 분은 이 숫자가 바로 그 뒤에 나오는 이마에 인 맞은 자의 숫자 십사만 사천이라는 숫자와 동일하다고 한다. 그런데 그것이 아닌 것이 분명하다.

나에게 주님이 가르쳐 주신 것은 그 동무들의 숫자는 언제까지 합하여져서 계산이 되어져야 하면 사단이 그 권세를 온전히 잃을 때까지의 주님과 주님의 말씀 때문에 순교한 자들의 숫자인 것이다. 그러므로 이 숫자는 분명히 십사만 사천보다 훨씬 클 것으로 예상된다.

주님오신 이후 주님 때문에 지금까지 순교한 자들의 모든 수에다가 앞으로 대환난이 오는데 그 대환난 때에 목베임을 당하거나 순교하는 자들의 수일 것이다.

그러면 생각을 해보자

지금 전세계의 인구가 지금만 하여도 65억명이다.

미국만하여도 3억의 인구인데 약 95%가 짐승의 표를 다 받고 5%만 안 받을 것이라 하면 3억의 5%는 천 오백만 명이다. 십사만 사천을 넘어도 훨씬 넘는 숫자이다.

그러므로 전세계적으로 표 안 받고 순교하는 자의 수가 십사만 사천을 훨씬 넘는 숫자이다.

지금까지 하나님 때문에 예수님 때문에 그 믿음을 지키느라 순교당한 모든 자의 수이다.

그리고 이 숫자는 주님만 아시는 것 같다.

세 번째 나의 질문은 큰 성 바벨론인 음녀의 정체가 무엇인가? 하는 것이었다.

그런데 주님께서 이 정체를 밝혀주셨다.

이 큰 바벨론성이 음녀라 하였는데 또 이 음녀가 짐승을 탔다 하였다.

이 바벨론 성이 무엇이냐? 하는 것이다.

[계 17:1-18]
(1)또 일곱 대접을 가진 일곱 천사 중 하나가 와서 내게 말하여 가로되 이리 오라 많은 물 위에 앉은 큰 음녀의 받을 심판을 네게 보이리라 (2)땅의 임금들도 그로 더불어 음행하였고 땅에 거하는 자들도 그 음행의 포도주에 취하였다 하고 (3)곧 성령으로 나를 데리고 광야로 가니라 내가 보니 여자가 붉은 빛 짐승을 탔는데 그 짐승의 몸에 참람된 이름들이 가득하고 일곱 머리와 열 뿔이 있으며 (4)그 여자는 자주 빛과 붉은 빛 옷을 입고 금과 보석과 진주로 꾸미고 손에 금잔을 가졌는데 가증한 물건과 그의 음행의 더러운 것들이 가득하더라 (5)그 이마에 이름이 기록되었으니 비밀이라, 큰 바벨론이라, 땅의 음녀들과 가증한 것들의 어미라 하였더라 (6)또 내가 보매 이 여자가 성도들의 피와 예수의 증인들의 피에 취한지라 내가 그 여자를 보고 기이히 여기고 크게 기이히 여기니 (7)천사가 가로되 왜 기이히 여기느냐 내가 여자와 그의 탄바 일곱 머리와 열 뿔 가진 짐승의 비밀을 네게 이르리라 (8)네가 본 짐승은 전에 있었다가 시방 없으나 장차 무저갱으로부터 올라와 멸망으로 들어갈 자니 땅에 거하는 자들로서 창세 이후로 생명책에 녹명되지 못한 자들이 이전에 있었다가 시방 없으나 장차 나올 짐승을 보고 기이히 여기리라 (9)지혜 있는 뜻이 여기 있으니 그 일곱 머리는 여자가 앉은 일곱 산이요 (10)또 일곱 왕이라 다섯은 망하였고 하나는 있고 다른 이는 아직 이르지 아니하였으나 이르면 반드시 잠간 동안 계속하리라 (11)전에 있었다가 시방 없어진 짐승은 여덟째 왕이니

일곱 중에 속한 자라 저가 멸망으로 들어가리라 (12)네가 보던 열 뿔은 열 왕이니 아직 나라를 얻지 못하였으나 다만 짐승으로 더불어 임금처럼 권세를 일시 동안 받으리라 (13)저희가 한 뜻을 가지고 자기의 능력과 권세를 짐승에게 주더라 (14)저희가 어린 양으로 더불어 싸우려니와 어린 양은 만주의 주시요 만왕의 왕이시므로 저희를 이기실터이요 또 그와 함께 있는 자들 곧 부르심을 입고 빼내심을 얻고 진실한 자들은 이기리로다 (15)또 천사가 내게 말하되 네가 본바 음녀의 앉은 물은 백성과 무리와 열국과 방언들이니라 (16)네가 본바 이 열 뿔과 짐승이 음녀를 미워하여 망하게 하고 벌거벗게 하고 그 살을 먹고 불로 아주 사르리라 (17)하나님이 자기 뜻대로 할 마음을 저희에게 주사 한 뜻을 이루게 하시고 저희 나라를 그 짐승에게 주게 하시되 하나님 말씀이 응하기까지 하심이니라 (18)또 네가 본바 여자는 땅의 임금들을 다스리는 큰 성이라 하더라

즉 여기서 큰 바벨론 성 = 음녀 이다.

나는 지상에서는 그냥 책을 읽을 때에 이 음녀가 천주교라고 생각하였다.
그러나 천국에서 주님께서는 나에게 이 음녀가 '하나님을 대적하여 높아지려고 하는 그것'이라 알게 하여 주셨다. 이것은 한 마디로 사단의 근성이다.
이 세상에서 하나님을 대적하여 우리 인간이 높아지려고 했던 그 모든 것 그것을 조종하는 자는 루시퍼인 것이다.
큰 바벨론성이 무너진다는 것은 이 권세가 무너지는 것임을 알게 하여 주신 것이다.
할렐루야!

사단은 주님께 말한다.
'이것은 내게 넘겨준 것이므로 네가 내게 절하면 이것을 주겠다.'라고 말한다.

[눅 4:5-8]
(5)마귀가 또 예수를 이끌고 올라가서 순식간에 천하 만국을 보이며 (6)가로되 이 모든 권세와 그 영광을 내가 네게 주리라 이것은 내게 넘겨준 것이므로 나의 원하는 자에게 주노라 (7)그러므로 네가 만일 내게 절하면 다 네 것이 되리라 (8)예수께서 대답하여 가라사대 기록하기를 주 너의 하나님께 경배하고 다만 그를 섬기라 하였느니라

처음에 아담과 하와가 가졌던 권세가 그들이 죄를 지은 이후에는 이 권세가 사단에게 넘어갔었는데 이제 이 권세를 주님이 무너뜨리시는 것이다.

즉 세상의 왕의 권세를 무너뜨리시고 세상나라를 이제 하나님께로 돌리는 것이다.
바벨탑이 그랬다.
인간이 바벨탑을 세우고 하나님처럼 높아지려 하였더니 하나님께서 내려오셔서 무너뜨리시고 언어를 흩어서 하나가 되지 못하게 하였다.

여기 나오는 그 여자의 이름, 그 여자가 짐승을 탔는데
그 여자의 이름이 큰 바벨론이라는 것이다.

[계 17:3-5]
(3)곧 성령으로 나를 데리고 광야로 가니라 내가 보니 여자가 붉은 빛 짐승을 탔는데 그 짐승의 몸에 참람된 이름들이 가득하고 일곱 머리와 열 뿔이 있으며 (4)그 여자는 자주 빛과 붉은 빛 옷을 입고 금과 보석과 진주로 꾸미고 손에 금잔을 가졌는데 가증한 물건과 그의 음행의 더러운 것들이 가득하더라 (5)그 이마에 이름이 기록되었으니 비밀이라, 큰 바벨론이라, 땅의 음녀들과 가증한 것들의 어미라 하였더라

그 음녀가 이 짐승을 타는 것이다. 즉 하나님을 대적하는 권세가 짐승에게 주어졌다라고 보면 된다.
이 짐승이 적그리스도에 들어가는 짐승이 분명한 것이
일곱 머리와 열 뿔이 있는 짐승이다. 즉 악한 영이다. 사람이 아니다.

[계 13:1]
내가 보니 바다에서 한 짐승이 나오는데 뿔이 열이요 머리가 일곱이라 그 뿔에는 열 면류관이 있고 그 머리들에는 참람된 이름들이 있더라

이 바다는 또한 무저갱이기도 하다.

[계 17:17]
하나님이 자기 뜻대로 할 마음을 저희에게 주사 한 뜻을 이루게 하시고 저희 나라를 그 짐승에게 주게 하시되 하나님 말씀이 응하기까지 하심이니라

[계 19:11-13]
(11)또 내가 하늘이 열린 것을 보니 보라 백마와 탄 자가 있으니 그 이름은 충신과 진실이라 그가

공의로 심판하며 싸우더라 (12)그 눈이 불꽃 같고 그 머리에 많은 면류관이 있고 또 이름 쓴 것이 하나가 있으니 자기 밖에 아는 자가 없고 (13)또 그가 피 뿌린 옷을 입었는데 그 이름은 하나님의 말씀이라 칭하더라

즉 세상나라가 하나님 아버지께로 완전히 돌려지는 때가 주님이 아마겟돈 전쟁으로 인하여 적그리스도와 거짓선지자가 산채로 잡혀서 유황 불못에 들어가는 때인 것이다.
할렐루야.

[계 17:14]
저희가 어린 양으로 더불어 싸우려니와 어린 양은 만주의 주시요 만왕의 왕이시므로 저희를 이기실 터이요 또 그와 함께 있는 자들 곧 부르심을 입고 **빼내심**을 얻고 진실한 자들은 이기리로다

이것은 천년왕국 이전의 아마겟돈 전쟁을 의미한다. 만왕의 왕 만주의 주 예수님이 백마 타고 지상재림하여 이들과 싸워서 적그리스도와 거짓선지자를 유황 불못에 산채로 던질 것이다.
할렐루야.

물 위에 앉은 큰 음녀 = 여자 = 큰 바벨론인데 이 음녀가 그렇게 세상의 사람들로 하여금 하나님을 대적하여 높아지라고 유혹하였던 것이다. ....주여!

이 음녀가 일곱 머리와 열 뿔이 있는 짐승을 탄다. 즉 이 짐승에게 하나님을 대적하는 권세가 주어진다.

그리고 이 짐승은 후삼년 반 동안 적그리스도에게 들어가 활동하는 악한 영인 것이다.
할렐루야. 그리고 이 음녀가 짐승을 탔으므로 그가 활동할 때에 엄청 순교자들이 많이 나올 것이다. 성도들을 죽인다.

[계 17:1-2]
(1)또 일곱 대접을 가진 일곱 천사 중 하나가 와서 내게 말하여 가로되 이리 오라 많은 물 위에 앉은 큰 음녀의 받을 심판을 네게 보이리라 (2)땅의 임금들도 그로 더불어 음행하였고 땅에 거하는 자들도 그 음행의 포도주에 취하였다 하고

즉 이제 이 음녀의 심판이 이른 것이다. 즉 큰 바벨론성이 무너질 때가 온 것이다.
즉 하나님을 대적하는 모든 권세가 무너뜨리워지는 때가 온 것이다.

[계 17:18]
또 네가 본바 여자는 땅의 임금들을 다스리는 큰 성이라 하더라

[계 18:1-2]
(1)이 일 후에 다른 천사가 하늘에서 내려오는 것을 보니 큰 권세를 가졌는데 그의 영광으로 땅이 환하여지더라 (2)힘센 음성으로 외쳐 가로되 무너졌도다 무너졌도다 큰 성 바벨론이여 귀신의 처소와 각종 더러운 영의 모이는 곳과 각종 더럽고 가증한 새의 모이는 곳이 되었도다

즉 음녀 = 여자 = 큰 성 = 견고한 성 바벨론

그러므로 계시록 16장에서
일곱째 대접이 쏟아지면서 이 큰 성, 즉 큰 바벨론 성이 무너진다.

[계 16:17-21]
(17)일곱째가 그 대접을 공기 가운데 쏟으매 큰 음성이 성전에서 보좌로부터 나서 가로되 되었다 하니 (18)번개와 음성들과 뇌성이 있고 또 큰 지진이 있어 어찌 큰지 사람이 땅에 있어 옴으로 이같이 큰 지진이 없었더라 (19)큰 성이 세 갈래로 갈라지고 만국의 성들도 무너지니 큰 성 바벨론이 하나님 앞에 기억하신 바 되어 그의 맹렬한 진노의 포도주 잔을 받으매 (20)각 섬도 없어지고 산악도 간데 없더라 (21)또 중수가 한 달란트나 되는 큰 우박이 하늘로부터 사람들에게 내리매 사람들이 그 박재로 인하여 하나님을 훼방하니 그 재앙이 심히 큼이러라

즉 이 큰 성 큰 바벨론 성이 무너지면서
이제는 세상나라의 권세가 사단에게서부터 주님께로 다시 찾아지는바 되는 것이다.

할렐루야.

그러므로

[계 11:15]
일곱째 천사가 나팔을 불매 하늘에 큰 음성들이 나서 가로되 세상 나라가 우리 주와 그 그리스도의 나라가 되어 그가 세세토록 왕 노릇 하시리로다 하니
이 말씀이 이루어지는 것이다. 언제? 일곱 번째 대접이 쏟아졌을 때 말이다.

여섯째 나팔이 불리워지면 전쟁으로 인하여 지구 인구 1/3이 죽고 곧 두 증인이 나타나 3년반을 사역하고 죽고 나서 삼일 반 만에 부활하여 하늘로 올라간다.
그러면 일곱째 나팔이 불리워지고 적그리스도의 후삼년 반이 시작된다.
그 기간 동안에 적그리스도와 거짓선지자는 사람들로 하여금 666표를 강제로 받게 한다.

[계 13:16-18]
(16)저가 모든 자 곧 작은 자나 큰 자나 부자나 빈궁한 자나 자유한 자나 종들로 그 오른손에나 이마에 표를 받게 하고 (17)누구든지 이 표를 가진 자 외에는 매매를 못하게 하니 이 표는 곧 짐승의 이름이나 그 이름의 수라 (18)지혜가 여기 있으니 총명 있는 자는 그 짐승의 수를 세어 보라 그 수는 사람의 수니 육백 육십 륙이니라

이 기간 후에 대접재앙이 차례로 시작되는데 첫째 대접이 쏟아지면 짐승의 우상에게 경배하고 손이나 이마에 표를 받는 자에게는 악하고 헌데가 나는 것이다.

즉 일곱째 천사가 나팔을 불게 되면 일곱 대접재앙이 시작되는데 이 일곱 대접 재앙이다 쏟아지고 나면 세상나라가 우리 주와 그리스도의 나라가 되어 주님이 세세토록 왕노릇하게 되는 것이다.
할렐루야.

사실은 첫째 대접재앙부터 사단의 권세아래 있는 모든 것들이 무너지기 시작하는 것이다.

즉 첫째 대접이 쏟아지면 주님이 보시기에 그 믿음이 알곡이 되지 못하고 짐승의 우상에게 절하고 이마나 손에 짐승의 표를 받은 쭉정이들에게 그 표를 받은 곳에 악하고 독한 헌데가 생긴다.

그리고
둘째 대접이 쏟아지면 --- 바다가 피로 변하고
셋째 대접이 쏟아지면---- 강과 물의 근원이 피로 변하며

넷째 대접이 쏟아지면---- 해가 사람들을 태우고
다섯째대접이 쏟아지면--- 짐승의 보좌에 대접을 부으니 사람들이 아파서 혀를 깨문다 하였다.
여섯째 대접이 쏟아지면 ---유브라데강이 마르고 동방에서 오는 왕들의 길이 마련되어서 아마겟돈 전쟁이 준비되고 (계시록 16장 참조)
일곱 번째 대접이 쏟아지면 큰 바벨론성이 무너지고/ 아마겟돈 전쟁 - 적그리스도와 거짓선지자가 불못에 던져지고/ 사단이 무저갱에 일천년동안 감금되어진다 (계시록 17장-20장 참조).

즉 점점 재앙이 가중되어서 지금까지 하나님을 대적하여 온 사단의 모든 권세와 그 영광이 다 무너지는 것이다. 할렐루야.

즉 이 세상에서 하나님을 대적하여 높아진 모든 것들이 무너지는데 그것 중에 가장 큰 성 바벨론이 무너짐으로 말미암아 이 세상 나라가 주께로 돌아가는 것이다. 할렐루야.

그것이 언제 일어나느냐면
일곱 번째 대접을 쏟았을 때이다.

[계 18:1-24]
(1)이 일 후에 다른 천사가 하늘에서 내려오는 것을 보니 큰 권세를 가졌는데 그의 영광으로 땅이 환하여지더라 (2)힘센 음성으로 외쳐 가로되 무너졌도다 무너졌도다 큰 성 바벨론이여 귀신의 처소와 각종 더러운 영의 모이는 곳과 각종 더럽고 가증한 새의 모이는 곳이 되었도다 (3)그 음행의 진노의 포도주를 인하여 만국이 무너졌으며 또 땅의 왕들이 그로 더불어 음행하였으며 땅의 상고들도 그 사치의 세력을 인하여 치부하였도다 하더라 (4)또 내가 들으니 하늘로서 다른 음성이 나서 가로되 내 백성아, 거기서 나와 그의 죄에 참예하지 말고 그의 받을 재앙들을 받지 말라 (5)그 죄는 하늘에 사무쳤으며 하나님은 그의 불의한 일을 기억하신지라 (6)그가 준 그대로 그에게 주고 그의 행위대로 갑절을 갚아주고 그의 섞은 잔에도 갑절이나 섞어 그에게 주라 (7)그가 어떻게 자기를 영화롭게 하였으며 사치하였든지 그만큼 고난과 애통으로 갚아 주라 그가 마음에 말하기를 나는 여황으로 앉은 자요 과부가 아니라 결단코 애통을 당하지 아니하리라 하니 (8)그러므로 하루 동안에 그 재앙들이 이르리니 곧 사망과 애통과 흉년이라 그가 또한 불에 살라지리니 그를 심판하신 주 하나님은 강하신 자이심이니라 (큰바벨론성이 하루만에 무너진다) (9)그와 함께 음행하고 사치하던 땅의 왕들이 그 불붙는 연기를 보고 위하여 울고 가슴을 치며 (10)그 고난을 무서워하여 멀리 서서 가로되 화 있도다 화 있도다 큰 성, 견고한 성 바벨론이여 일시간에 네 심판이 이르렀다 하리로

다 (이것이 세 번째 화이다. 화화화) (11)땅의 상고들이 그를 위하여 울고 애통하는 것은 다시 그 상품을 사는 자가 없음이라 (12)그 상품은 금과 은과 보석과 진주와 세마포와 자주 옷감과 비단과 붉은 옷감이요 각종 향목과 각종 상아 기명이요 값진 나무와 진유와 철과 옥석으로 만든 각종 기명이요 (13)계피와 향료와 향과 향유와 유향과 포도주와 감람유와 고운 밀가루와 밀과 소와 양과 말과 수레와 종들과 사람의 영혼들이라 (14)바벨론아 네 영혼의 탐하던 과실이 네게서 떠났으며 맛 있는 것들과 빛난 것들이 다 없어졌으니 사람들이 결코 이것들을 다시 보지 못하리로다 (15)바벨론을 인하여 치부한 이 상품의 상고들이 그 고난을 무서워하여 멀리 서서 울고 애통하여 (16)가로되 화 있도다 화 있도다 큰 성이여 세마포와 자주와 붉은 옷을 입고 금과 보석과 진주로 꾸민 것인데 (17)그러한 부가 일시간에 망하였도다 각 선장과 각처를 다니는 선객들과 선인들과 바다에서 일하는 자들이 멀리 서서 (18)그 불붙는 연기를 보고 외쳐 가로되 이 큰 성과 같은 성이 어디 있느뇨 하며 (19)티끌을 자기 머리에 뿌리고 울고 애통하여 외쳐 가로되 화 있도다 화 있도다 이 큰 성이여 바다에서 배 부리는 모든 자들이 너의 보배로운 상품을 인하여 치부하였더니 일시간에 망하였도다 (20)하늘과 성도들과 사도들과 선지자들아 그를 인하여 즐거워하라 하나님이 너희를 신원하시는 심판을 그에게 하셨음이라 하더라 (성도들, 사도들, 선지자들 다 죽임을 당한 자들보고 즐거워하라고 하신다. 왜냐하면 하나님이 그들을 신원하는 심판을 큰 바벨론성에 하였다는 것이다)
(21)이에 한 힘센 천사가 큰 맷돌 같은 돌을 들어 바다에 던져 가로되 큰 성 바벨론이 이같이 몹시 떨어져 결코 다시 보이지 아니하리로다 (22)또 거문고 타는 자와 풍류하는 자와 통소 부는 자와 나팔 부는 자들의 소리가 결코 다시 네 가운데서 들리지 아니하고 물론 어떠한 세공업자든지 결코 다시 네 가운데서 보이지 아니하고 또 맷돌 소리가 결코 다시 네 가운데서 들리지 아니하고 (23)등불 빛이 결코 다시 네 가운데서 비춰지 아니하고 신랑과 신부의 음성이 결코 다시 네 가운데서 들리지 아니하리로다 너의 상고들은 땅의 왕족들이라 네 복술을 인하여 만국이 미혹되었도다 (24)선지자들과 성도들과 및 땅 위에서 죽임을 당한 모든 자의 피가 이 성중에서 보였느니라 하더라

그러므로 정확하게
그 수가 차기까지의 답이 여기 계시록 18장 24절에 나온다.
'땅위에서 죽임을 당한 모든 자의 피'가 그 성중에 보였다라고 말한다.
이것이 동무들의 수가 차기까지의 답이다.

그러므로 그 수는 큰 바벨론성이 무너질 때를 말한다. 하루 동안에 이 재앙이 다 이른다하였으니 이 날이 그날인 것이다. 신원의 날 보복의 날인 것이다.
세상나라와 권세가 마귀에게서부터 주님께로 하나님께로 찾아지는 날인 것이다.

할렐루야.

그리고 계시록 18장 20절 말씀은 정확히 그 순교자들의 피를 신원하여 주는 때가 바로 이때라고 말하고 있는 것이다. 할렐루야.

[계 18:20]
하늘과 성도들과 사도들과 선지자들아 그를 인하여 즐거워하라
하나님이 너희를 신원하시는 심판을 그에게 하셨음이라 하더라

이것이 그 다음 장에 가면 더 확실하여진다.

[계 19:1-2]
(1)이 일 후에 내가 들으니 하늘에 허다한 무리의 큰 음성 같은 것이 있어 가로되 할렐루야 구원과 영광과 능력이 우리 하나님께 있도다 (2)그의 심판은 참되고 의로운지라 음행으로 땅을 더럽게 한 큰 음녀를 심판하사 자기 종들의 피를 그의 손에 갚으셨도다 하고

하나님께서 그 종들의 피를 땅을 더럽게 한 큰 음녀의 손에 갚으셨다고 말하고 있는 것이다.

그러므로 바로 이때가 다섯째 인을 떼었을 때에 제단 밑에 순교자들이 말하기를 '우리의 피를 신원하여 줄 때가 언제니이까?' 하는 바로 그 때인 것을 알 수 있는 것이다.
즉 일곱 번째 대접이 쏟아졌을 때 큰 음녀를 심판하는 때인 것이다.

할렐루야.

[계 6:9-11]
(9) 다섯째 인을 떼실 때에 내가 보니 하나님의 말씀과 저희의 가진 증거를 인하여 죽임을 당한 영혼들이 제단 아래 있어 (10) 큰 소리로 불러 가로되 거룩하고 참되신 대주재여 땅에 거하는 자들을 심판하여 우리 피를 신원하여 주지 아니하시기를 어느 때까지 하시려나이까 하니
(11) 각각 저희에게 흰 두루마기를 주시며 가라사대 아직 잠시 동안 쉬되 저희 동무 종들과 형제들도 자기처럼 죽임을 받아 그 수가 차기까지 하라 하시더라

그러면 일곱 번째 대접이 쏟아지면 차례가

(1) 큰 바벨론성 음녀가 심판을 받게 되고 이때가 하나님을 대적하여 높아진 모든 권세가 무너지는 때이며 이때가 바로 순교자들의 피를 신원하여 주는 때인 것이다 (계 18:1-24)
(2) 어린양의 아내가 예비 됨 (계 19:7-10)
(3) 그 후에 주님의 지상재림이 일어나고 (계 19:11-14)
(4) 아마겟돈 전쟁이 일어나며 그로 인하여 적그리스도와 거짓선지자가 산채로 유황 불못에 던져지고 (계 19:15-21)
(4) 사단은 일천년 동안 무저갱에 감금되고 (계 20:1-3)
(5) 주님과 그의 아내가 예비되어 천년왕국에 들어가는 것이다 (계 20:4-6)

그런데 이 모든 것이 하루 동안에 일어나는 것이다. 바로 이 하루가 성경에서 말하는 '그 날', '여호와의 한 날'인 것이다.
할렐루야.

12. 주님의 타작마당

먼저 세례요한이 주님에 대하여 한 말을 보면

[마 3:11-12]
(11)나는 너희로 회개케 하기 위하여 물로 세례를 주거니와 내 뒤에 오시는 이는 나보다 능력이 많으시니 나는 그의 신을 들기도 감당치 못하겠노라 그는 성령과 불로 너희에게 세례를 주실 것이요 (12)손에 키를 들고 자기의 타작 마당을 정하게 하사 알곡은 모아 곡간에 들이고 쭉정이는 꺼지지 않는 불에 태우시리라

세례요한의 말을 보면 주님께서 자신의 타작마당을 정하게 하사 알곡은 모아 곡간에 들이고 쭉정이는 꺼지지 않는 불에 태우신다고 말씀하고 있다.

그런데 이 주님의 타작마당이 놀랍게도 계시록 14장에서 나타나고 있다.

이 타작마당에서 처음 익은 열매로 이스라엘의 십사만사천이 먼저 부활되어 천국으로 올라간다.

[계 14:1-5]
(1)또 내가 보니 보라 어린 양이 시온산에 섰고 그와 함께 십 사만 사천이 섰는데 그 이마에 어린 양의 이름과 그 아버지의 이름을 쓴 것이 있도다 (2)내가 하늘에서 나는 소리를 들으니 많은 물소리도 같고 큰 뇌성도 같은데 내게 들리는 소리는 거문고 타는 자들의 그 거문고 타는 것 같더라 (3)저희가 보좌와 네 생물과 장로들 앞에서 새 노래를 부르니 땅에서 구속함을 얻은 십 사만 사천인 밖에는 능히 이 노래를 배울 자가 없더라 (4)이 사람들은 여자로 더불어 더럽히지 아니하고 정절이 있는 자라 어린 양이 어디로 인도하든지 따라가는 자며 사람 가운데서 구속을 받아 처음 익은 열매로 하나님과 어린 양에게 속한 자들이니 (5)그 입에 거짓말이 없고 흠이 없는 자들이더라

주님은 부활의 첫 열매가 되시는 분이시지만 이스라엘의 십사만사천은 인침을 받은 자들로서 주님의 타작마당에서 처음 익은 열매로 부활되어 올라가는 것이다.
할렐루야.
그 다음에는 영원한 복음, 심판의 복음을 들고 이방인들에게 말하고 있다.

[계 14: 6-7]
(6)또 보니 다른 천사가 공중에 날아가는데 땅에 거하는 자들 곧 여러 나라와 족속과 방언과 백성에게 전할 영원한 복음을 가졌더라 (7)그가 큰 음성으로 가로되 하나님을 두려워하며 그에게 영광을 돌리라 이는 그의 심판하실 시간이 이르렀음이니 하늘과 땅과 바다와 물들의 근원을 만드신 이를 경배하라 하더라

즉 심판할 시간이 이르렀으니 하나님을 두려워하고 그에게 영광을 돌리라는 것이다.
할렐루야. 하늘과 땅과 바다와 물의 근원을 만드신 이를 경배하라는 것이다.
할렐루야. 아멘.

[계 14:8]
또 다른 천사 곧 둘째가 그 뒤를 따라 말하되 무너졌도다 무너졌도다 큰 성 바벨론이여 모든 나라를 그 음행으로 인하여 진노의 포도주로 먹이던 자로다 하더라

그리고 심판할 시간이 이르렀음을 말하고 그 다음은 큰 성 바벨론이 무너질 시간이 되었음을 말하고 있다. 이 큰 성 바벨론은 사람들로 하여금 하나님을 대적하게 하여 그 사람들이 이마에나 손에 666표를 받게 한 것이다. 그리고 이들은 주님의 타작마당에서 쭉정이들로 구분되어져서 이들이 진노의 포도주 틀에 던져질 뿐 아니라 불에 태워질 것을 말하고 있다.
그리고 이 다음 성경구절은 쭉정이들에 대한 하나님의 심판을 말하고 있다.

[계 14:9-12]
(9)또 다른 천사 곧 세째가 그 뒤를 따라 큰 음성으로 가로되 만일 누구든지 짐승과 그의 우상에게 경배하고 이마에나 손에 표를 받으면 (10)그도 하나님의 진노의 포도주를 마시리니 그 진노의 잔에 섞인 것이 없이 부은 포도주라 거룩한 천사들 앞과 어린 양 앞에서 불과 유황으로 고난을 받으리니 (11)그 고난의 연기가 세세토록 올라가리로다 짐승과 그의 우상에게 경배하고 그 이름의 표를 받는 자는 누구든지 밤낮 쉼을 얻지 못하리라 하더라 (12)성도들의 인내가 여기 있나니 저희는 하나님의 계명과 예수 믿음을 지키는 자니라

그리고 그 다음에는 대환난 기간 동안 즉 적그리스도의 후삼년 반 동안 순교한 자들에 대한 말이 나오고 있다.

[계 14:3]
또 내가 들으니 하늘에서 음성이 나서 가로되 기록하라 자금 이 후로 주 안에서 죽는 자들은 복이 있도다 하시매 성령이 가라사대 그러하다 저희 수고를 그치고 쉬리니 이는 저희의 행한 일이 따름이라 하시더라

그리고는 드디어 인내로 믿음을 지켜낸 알곡들의 추수장면이 나오는 것이다.

[계 14:14-16]
(14)또 내가 보니 흰 구름이 있고 구름 위에 사람의 아들과 같은 이가 앉았는데 그 머리에는 금 면류관이 있고 그 손에는 이한 낫을 가졌더라 (15)또 다른 천사가 성전으로부터 나와 구름 위에 앉은 이를 향하여 큰 음성으로 외쳐 가로되 네 낫을 휘둘러 거두라 거둘 때가 이르러 땅에 곡식이 다 익었음이로다 하니 (16)구름 위에 앉으신 이가 낫을 땅에 휘두르매 곡식이 거두어지니라

그리고 계시록 14장 마지막에는 쭉정이들을 진노의 포도주 틀에 던져 넣는 장면이 나오는 것이다.

[계 14:17-20]
(17)또 다른 천사가 하늘에 있는 성전에서 나오는데 또한 이한 낫을 가졌더라 (18)또 불을 다스리는 다른 천사가 제단으로부터 나와 이한 낫 가진 자를 향하여 큰 음성으로 불러 가로되 네 이한 낫을 휘둘러 땅의 포도송이를 거두라 그 포도가 익었느니라 하더라 (19)천사가 낫을 땅에 휘둘러 땅의 포도를 거두어 하나님의 진노의 큰 포도주 틀에 던지매 (20)성 밖에서 그 틀이 밟히니 틀에서 피가 나서 말굴레까지 닿았고 일천 육백 스다디온에 퍼졌더라

그러므로 주님의 타작마당에서 일어나는 차례를 보면 다음과 같다.

(1) 십사만사천이 이 타작마당에서 주님보좌 앞으로 처음 익은 열매로 올라간다.
   (계시록 14: 1-5 참조).
(2) 그 다음 믿음을 지킨 알곡들이 추수가 일어난다(계시록 14:14-16).
(3) 그 다음은 666표를 이마나 손에 받은 쭉정이들에 대한 심판이 일어난다.
   (계시록 14:17-20).

이마나 손에 666표를 받은 쭉정이들은 지상에서 진노의 포도주 틀에 던져져서 밟히고 그리고 그 다음 영원한 세상에서는 불과 유황에서 고통을 받게 되는 것이다.

여기서 진노의 포도주 틀에 밟힌다는 의미는 이 쭉정이들에 대한 심판이 일곱 대접재앙부터 시작되는 것을 의미한다.

[계 11:15]
(15)일곱째 천사가 나팔을 불매 하늘에 큰 음성들이 나서 가로되 세상 나라가 우리 주와 그 그리스도의 나라가 되어 그가 세세토록 왕 노릇 하시리로다 하니

이 일곱째 나팔이 불리워지면 일곱 대접재앙이 시작되기 때문이다.

쭉정이들을 쭉정이 되게 하는 자는 하나님을 대적하는 권세를 가진 사단이다.
이 사단과 이 사단에 속한 모든 자들이 산산이 부서지는 것이다.

[삼상 2:10]
여호와를 대적하는 자는 산산이 깨어질 것이라 하늘 우뢰로 그들을 치시리로다 여호와께서 땅 끝까지 심판을 베푸시고 자기 왕에게 힘을 주시며 자기의 기름 부음을 받은 자의 뿔을 높이시리로다 하니라

[계 14:9-10]
(9)또 다른 천사 곧 세째가 그 뒤를 따라 큰 음성으로 가로되 만일 누구든지 짐승과 그의 우상에게 경배하고 이마에나 손에 표를 받으면 (10)그도 하나님의 진노의 포도주를 마시리니 그 진노의 잔에 섞인 것이 없이 부은 포도주라 거룩한 천사들 앞과 어린 양 앞에서 불과 유황으로 고난을 받으리니

대접재앙 1 : 악하고 독한 헌데가 666표를 받은 자들에게 발생
대접재앙 2 : 바다가 피로 변함
대접재앙 3 : 강과 물이 피로 변함
대접재앙 4 : 태양이 사람들을 태움
대접재앙 5 : 그 대접을 짐승의 보좌에 쏟으니 그 나라가 곧 어두워지며 사람들이 아파서 자기 혀를 깨물고 아픈 것과 종기가 남
대접재앙 6 : 땅에서 아마겟돈 전쟁을 위한 준비되어지고
대접재앙 7 : 큰 바벨론 성은 무너지고(신원의 때) 아마겟돈전쟁이 일어나며 짐승과 거짓선지자가 산채로 불못에 던져지고 사단은 무저갱에 일천년 동안 감금됨

[계 16:1-21]
(1)또 내가 들으니 성전에서 큰 음성이 나서 일곱 천사에게 말하되 너희는 가서 하나님의 진노의 일곱 대접을 땅에 쏟으라 하더라 (2)첫째가 가서 그 대접을 땅에 쏟으매 악하고 독한 헌데가 짐승의 표를 받은 사람들과 그 우상에게 경배하는 자들에게 나더라 (3)둘째가 그 대접을 바다에 쏟으매 바다가 곧 죽은 자의 피 같이 되니 바다 가운데 모든 생물이 죽더라 (4)세째가 그 대접을 강과 물 근원에 쏟으매 피가 되더라 (5)내가 들으니 물을 차지한 천사가 가로되 전에도 계셨고 시방도 계신 거룩하신이여 이렇게 심판하시니 의로우시도다 (6)저희가 성도들과 선지자들의 피를 흘렸으므로 저희로 피를 마시게 하신 것이 합당하니이다 하더라 (7)또 내가 들으니 제단이 말하기를 그러하다 주 하나님 곧 전능하신 이시여 심판하시는 것이 참되시고 의로우시도다 하더라 (8)네째가 그 대접을 해에 쏟으매 해가 권세를 받아 불로 사람들을 태우니 (9)사람들이 크게 태움에 태워진지라 이 재앙들을 행하는 권세를 가지신 하나님의 이름을 훼방하며 또 회개하여 영광을 주께 돌리지 아니하더라 (10)또 다섯째가 그 대접을 짐승의 보좌에 쏟으니 그 나라가 곧 어두워지며 사람들이 아파서 자기 혀를 깨물고 (11)아픈 것과 종기로 인하여 하늘의 하나님을 훼방하고 저희 행위를 회개치 아니하더라 (12)또 여섯째가 그 대접을 큰 강 유브라데에 쏟으매 강물이 말라서 동방에서 오는 왕들의 길이 예비되더라 (13)또 내가 보매 개구리 같은 세 더러운 영이 용의 입과 짐승의 입과 거짓 선지자의 입에서 나오니 (14)저희는 귀신의 영이라 이적을 행하여 온 천하 임금들에게 가서 하나님 곧 전능하신 이의 큰 날에 전쟁을 위하여 그들을 모으더라 (15)보라 내가 도적 같이 오리니 누구든지 깨어 자기 옷을 지켜 벌거벗고 다니지 아니하며 자기의 부끄러움을 보이지 아니하는 자가 복이 있도다 (16)세 영이 히브리 음으로 아마겟돈이라 하는 곳으로 왕들을 모으더라 (17)일곱째가 그 대접을 공기 가운데 쏟으매 큰 음성이 성전에서 보좌로부터 나서 가로되 되었다 하니 (18)번개와 음성들과 뇌성이 있고 또 큰 지진이 있어 어찌 큰지 사람이 땅에 있어 옴으로 이같이 큰 지진이 없었더라 (19)큰 성이 세 갈래로 갈라지고 만국의 성들도 무너지니 큰 성 바벨론이 하나님 앞에 기억하신 바 되어 그의 맹렬한 진노의 포도주 잔을 받으매 (20)각 섬도 없어지고 산악도 간데 없더라 (21)또 중수가 한 달란트나 되는 큰 우박이 하늘로부터 사람들에게 내리매 사람들이 그 박재로 인하여 하나님을 훼방하니 그 재앙이 심히 큼이러라

그 다음에는 19장에서 어린양의 아내가 예비 되어지고 그 다음은 주님의 백마 타고
지상 재림하셔서 적그리스도와 아마겟돈 전쟁을 일으키며 결국은 적그리스도와 거짓선지자들을 불못에 산채로 던져 넣고 주님께서는 20장에서 사단을 무저갱에 일천년 동안 감금하고 첫째부활에 참여된 자들과 함께 지상에서 천년왕국에 들어가시는 것이다.
그리고 천년왕국에서 어린양과 신부가 혼인식이 치러지며 혼인잔치를 하는데 이것은 영원까지 지

속되는 것이다.

그러므로 타작마당의 결론은 다음 히브리서 6장에서 결론을 맺고 있다.

[히 6:7-8]
(7)땅이 그 위에 자주 내리는 비를 흡수하여 밭 가는 자들의 쓰기에 합당한 채소를 내면 하나님께 복을 받고 .... 알곡
(8)만일 가시와 엉겅퀴를 내면 버림을 당하고 저주함에 가까와 그 마지막은 불사름이 되리라........ 쭉정이

이 알곡들은 한마디로 예수 믿음을 지키는 자들이다.
주님의 타작마당이 이방인들에게는 짐승의 표, 666표를 받는가? 안 받는가? 에 따라서 구분이 되어지는 것이다.

주님께서는 천상에서 나에게 베리칩이 666이라 하셨다.
그리고 이 666표를 받는 즉시에 예수 믿는 자에게서 성령이 떠나신다 하신 것이다.
그러므로 아무리 오래 믿었어도 짐승의 표를 이마나 손에 받으면 구원을 잃어버리는 것이다.

13. 백보좌 심판대와 그리스도의 심판대

(i) 누가 백보좌 심판대 앞에 서게 되는가?

둘째 부활에 참여하는 모든 자들이 백보좌 심판대에 서게 될 것이다.

[계 20:11-12]
(11)또 내가 크고 흰 보좌와 그 위에 앉으신 자를 보니 땅과 하늘이 그 앞에서 피하여 간데 없더라 (12)또 내가 보니 죽은 자들이 무론대소하고 그 보좌 앞에 섰는데 책들이 펴 있고 또 다른 책이 펴졌으니 곧 생명책이라 죽은 자들이 자기 행위를 따라 책들에 기록된 대로 심판을 받으니

첫째 부활에 참여하지 못한 자들은 천년이 차기까지 부활하지 못하더라 했는데
첫째 부활에 참여하지 못한 자들은

1. 창세 이후로 생명책에 녹명되지 못한 모든 자들, 즉 예수 믿지 아니하여 음부에 있는 모든 자들과 구원은 받았었으나 그 이름이 생명책에서 지워진 모든 자들
2. 그리고 낙원에 갔으나 이기지 못한 자들로서 첫째 부활에 참여 하지 못한 자들
3. 그리고 천년왕국 때에 천년왕국 바깥에서 살면서 예수를 믿게 된 자들

2와 3의 그룹은 낙원에 영체로 있으면서 이 둘째 부활에 참여하게 될 것이다.
이들은 천년왕국이 끝난 후에 사단이 영원한 불못에 던져지고 난 이후에 백보좌 심판이 일어날 때에 다 부활하게 되는 것이다.

[계 20:5]
(그 나머지 죽은 자들은 그 천년이 차기까지 살지 못하더라) 이는 첫째 부활이라

그러나 첫째 부활에 참여하여 천년왕국을 거친 자들은 이 세상이 불에 타서 없어지기 전에 낙원에 있는 새 예루살렘성에 옮겨졌다가 이 성이 새 하늘과 새 땅에 내려올 때 그 성과 같이 내려오는 것으로 보인다.
그러므로 그들은 백보좌 심판대를 거치지 아니하는 것으로 보인다.

그 이유 :

계시록 21장 1절에서 2절을 보면
새 하늘과 새 땅이 열리고 그 다음 새 예루살렘성이 하늘에서 하나님께로부터 내려온다 하였다.
그런데 이 성은 신부와 같이 단장하고 있다 하였다.
즉 이 예루살렘성 안에 이미 첫째부활에 참여된 자들이 이 안에 같이 내려오는 것이다.
이들은 백보좌 심판대를 거치지 않고 하늘에 있는 바로 이 성안에 들어갔다가 새 하늘과 새 땅이 열렸을 때에 이 성과 같이 내려오는 것으로 보인다. 그래서 요한은 새 예루살렘성을 신부가 남편을 위하여 단장한 것 같더라고 말하고 있는 것이다.

[계 21:1-2]
(1)또 내가 새 하늘과 새 땅을 보니 처음 하늘과 처음 땅이 없어졌고 바다도 다시 있지 않더라 (2)또 내가 보매 거룩한 성 새 예루살렘이 하나님께로부터 하늘에서 내려오니 그 예비한 것이 신부가 남편을 위하여 단장한 것 같더라

또한 요한은 이 새 예루렘성을 어린양의 아내로 표현하였다.
할렐루야.

[계 21:9-10]
(9)일곱 대접을 가지고 마지막 일곱 재앙을 담은 일곱 천사중 하나가 나아와서 내게 말하여 가로되 이리 오라 내가 신부 곧 어린 양의 아내를 네게 보이리라 하고 (10)성령으로 나를 데리고 크고 높은 산으로 올라가 하나님께로부터 하늘에서 내려오는 거룩한 성 예루살렘을 보이니

성이 예수님의 신부가 될 수는 없는 일…… 그 안에 있는 예수님의 신부들이 들어 있는 것이다. 이들의 혼인잔치는 천년왕국 때에 일어난 것으로 보인다.

(ii) 그리스도의 심판대라는 의미 :

그리스도인들이 그들이 예수 믿은 이후에 이 땅위에서 살면서 선악간에 행한 행위에 대하여 심판 받는 장소이다.

[고후 5:10]
이는 우리가 다 반드시 그리스도의 심판대 앞에 드러나 각각 선악간에 그 몸으로 행한 것을 따라 받으려 함이라

(iii) 그리스도의 심판대는 언제 열려지는가?

이 그리스도의 심판대는 새 하늘과 새 땅에 새 예루살렘성이 내려오기 전에는 분명히 일어나는 것으로 보인다.
왜냐하면 이 심판으로 인하여 누가 성안에 들어갈지 누가 성밖에 남을지가 결정이 되며 또한 성밖에서도 어떠한 벌을 받게 될 것인지 정하여져야 하기 때문이다.
그러므로 계시록 21장 1-3절이 일어나기 전에는 반드시 일어나는 것으로 보인다.

[계 21:1-3]
(1)또 내가 새 하늘과 새 땅을 보니 처음 하늘과 처음 땅이 없어졌고 바다도 다시 있지 않더라 (2)또 내가 보매 거룩한 성 새 예루살렘이 하나님께로부터 하늘에서 내려오니 그 예비한 것이 신부가 남편을 위하여 단장한 것 같더라 (3)내가 들으니 보좌에서 큰 음성이 나서 가로되 보라 하나님의 장막이 사람들과 함께 있으매 하나님이 저희와 함께 거하시리니 저희는 하나님의 백성이 되고 하나님은 친히 저희와 함께 계셔서

그러나 첫째 부활에 참여하는 자들은 이미 천년왕국에 들어갈 때 상급이 다 정하여지는 것 같다.
왜냐하면 성경에서는 부활할 때의 영광이 다 틀리다 하였기 때문이다.

[고전 15:41-44]
(41)해의 영광도 다르며 달의 영광도 다르며 별의 영광도 다른데 별과 별의 영광이 다르도다 (42)죽은 자의 부활도 이와 같으니 썩을 것으로 심고 썩지 아니할 것으로 다시 살며 (43)욕된 것으로 심고 영광스러운 것으로 다시 살며 약한 것으로 심고 강한 것으로 다시 살며 (44)육의 몸으로 심고 신령한 몸으로 다시 사나니 육의 몸이 있은즉 또 신령한 몸이 있느니라

(iv) 그러면 이 그리스도의 심판대에 서는 자들이 누구인가?

1. 첫째부활에 참여하지 못한 그리스도인들 (이기는 삶을 살지 못한 그리스도인들)

2. 천년왕국 때에 바깥에서 예수 믿은 자들 (여기는 이기는 삶을 산 자들과 이기지 못한 삶을 산자들이 섞여 있을 것이다.)

이들은 다 낙원에 있다가 둘째 부활에 참여하는 자들인 것이다.

(v) 백보좌에 앉으시는 분은 누구신가?

[마 10:28]
몸은 죽여도 영혼은 능히 죽이지 못하는 자들을 두려워하지 말고 오직 몸과 영혼을 능히 지옥에 멸하시는 자를 두려워하라 몸은 죽여도 영혼은 능히 죽이지 못하는 자들은 사단과 그 부하들을 말한다. 그러나 몸과 영혼을 능히 지옥에 멸하시는 그가 바로 이 백보좌에 앉으시는 분인 것이다.

[계 20:15]
누구든지 생명책에 기록되지 못한 자는 불못에 던지우더라

왜냐하면 영원한 불못 심판이 백보좌 심판대에서 일어나기 때문이다.

그러므로 이 백보좌에는 몸과 영혼을 능히 지옥에 멸하시는 분이 앉으신다.
이 때의 몸은 둘째부활에 참여한 부활된 몸이다.

그러면 이 분은 여호와 하나님이신가? 예수님이신가?
그 다음 백보좌 심판대에는 생명책과 행위를 적은 책들이 펴져 있다.

[계 20:11-14]
(11)또 내가 크고 흰 보좌와 그 위에 앉으신 자를 보니 땅과 하늘이 그 앞에서 피하여 간데 없더라 (12)또 내가 보니 죽은 자들이 무론대소하고 그 보좌 앞에 섰는데 책들이 펴 있고 또 다른 책이 펴졌으니 곧 생명책이라 죽은 자들이 자기 행위를 따라 책들에 기록된 대로 심판을 받으니 (13)바다가 그 가운데서 죽은 자들을 내어주고 또 사망과 음부도 그 가운데서 죽은 자들을 내어주매 각 사람이 자기의 행위대로 심판을 받고 (14)사망과 음부도 불못에 던지우니 이것은 둘째 사망 곧 불못이라

내가 천상에서 주님께 이 백보좌에 앉으시는 분이 누구십니까 하고 주님께 물었는데 주님께서는

'나다.'라고 말씀하셨다. 즉 주님이 앉으신다는 것이다 (141. 백보좌에 앉으시는 분이 주님이심을 밝혀주시다. 참조).

여호와 하나님은 예수님이시다. 여호와 하나님은 주님이시다.
그 증거들은 다음과 같다.

즉 스가랴 14장 3절에서 '그 때에 여호와께서 나가사'
이 여호와는 계시록에서 백마 타고 지상 재림하셔서 아마겟돈 전쟁을 일으키시는 예수 그리스도이시다.

[슥 14:1-3]
(1)여호와의 날이 이르리라 그 날에 네 재물이 약탈되어 너의 중에서 나누이리라 (2)내가 열국을 모아 예루살렘과 싸우게 하리니 성읍이 함락되며 가옥이 약탈되며 부녀가 욕을 보며 성읍 백성이 절반이나 사로잡혀 가려니와 남은 백성은 성읍에서 끊쳐지지 아니하리라 (3)그 때에 여호와께서 나가사 그 열국을 치시되 이왕 전쟁 날에 싸운 것같이 하시리라

또 이사야 26장 21절에서는 여호와께서 그 처소에서 나오사 땅의 거민들을 벌하신다 하였는데 이 여호와가 바로 계시록에 나오는 백마 타고 지상재림하시는 예수님을 말씀하고 있는 것이다.

[사 26:21]
보라 여호와께서 그 처소에서 나오사 땅의 거민의 죄악을 벌하실 것이라 땅이 그 위에 잦았던 피를 드러내고 그 살해 당한 자를 다시는 가리우지 아니하리라

여호와 하나님 – 예수 그리스도이신 것이다. 할렐루야.
그분이 백보좌에 앉으신다는 것이다.

(vi) 첫째부활에 참여된 자들 :

이들은 영화로운 몸을 가진다.
천년왕국에 참여되는 자들은 부활되어 영화로운 몸을 가진다.
시집도 장가도 가지 않는다. 그러므로 천년왕국 안에서는 아이를 낳지 않는다.

주님이 부활하셔서 영화로운 몸을 가지신 것처럼 첫째 부활에 참여되는 자들도 영화로운 몸을 가지고 천년왕국에 들어간다.

[고전 15:20]
그러나 이제 그리스도께서 죽은 자 가운데서 다시 살아 잠자는 자들의 첫 열매가 되셨도다

[고전 15:23]
그러나 각각 자기 차례대로 되리니 먼저는 첫 열매인 그리스도요 다음에는 그리스도 강림하실 때에 그에게 붙은 자요

즉 예수그리스도가 부활의 첫 열매가 되시고 그 다음에는 그리스도가 강림하실 때에 그에게 붙은 자들이라 하였는데 즉 첫째부활에 참여되는 모든 자들을 말한다.

그 다음은 둘째부활이다.

[고전 15:21-26]
(21)사망이 사람으로 말미암았으니 죽은 자의 부활도 사람으로 말미암는도다 (22)아담 안에서 모든 사람이 죽은 것같이 그리스도 안에서 모든 사람이 삶을 얻으리라 (23)그러나 각각 자기 차례대로 되리니 먼저는 첫 열매인 그리스도요 다음에는 그리스도 강림하실 때에 그에게 붙은 자요 (24)그 후에는 나중이니 저가 모든 정사와 모든 권세와 능력을 멸하시고 나라를 아버지 하나님께 바칠 때라 (25)저가 모든 원수를 그 발아래 둘 때까지 불가불 왕 노릇 하시리니 (26)맨 나중에 멸망 받을 원수는 사망이니라

즉 첫 열매에 대한 내용은 고전 15:21
그 다음 첫째부활에 참여되는 자들을 말한 내용은 고전 15:23
그 다음 둘째부활에 참여되는 자들을 말한 내용은 고전 15:26이라 볼 수 있다.

부활된 몸은 영화로운 몸이다.

[눅 24:39]
내 손과 발을 보고 나인 줄 알라 또 나를 만져보라 영은 살과 뼈가 없으되 너희 보는 바와 같이 나

는 있느니라

[마 22:29-30]
(29)예수께서 대답하여 가라사대 너희가 성경도, 하나님의 능력도 알지 못하는 고로 오해하였도다
(30)부활 때에는 장가도 아니가고 시집도 아니가고 하늘에 있는 천사들과 같으니라

(vii) 지금까지 예수 믿고 죽은 자들은 부활하기 전까지 영체로 낙원에 있다.

이들은 아직 첫째부활에 참여되지 않았으므로 그들은 아직 부활의 몸을 입고 있지 않다.
왜냐하면 주님이 공중재림하실 때에 이들이 주안에서 이기는 삶을 살았으므로 주님은 이들을 공중휴거 때에 먼저 영체에서 영화로운 몸으로 부활시키셔서 구름위에 데리고 오실 것이기 때문이다.
그러므로 이들은 그 때까지 낙원에서 영체로 있는 것이다.
할렐루야.

현재 이 낙원에는 우리가 아는 모든 믿음의 선진들, 아브라함, 이삭, 야곱, 요셉, 다윗, 솔로몬, 등등 베드로, 요한, 바울, 에스더, 마리아 등 이들이 다 낙원에 있다. 그리고 이때까지 예수 믿고 죽은 자들이 다 낙원에 있는 것이다.
이들은 현재 다 영체로 있는 것이다. 아직 영화로운 몸을 입고 있지 않다.
그러므로 나는 현재 그들을 만나는 것이 그들의 영체를 만나고 있는 것이다.

변화산상에서 주님이 모세와 엘리야와 이야기를 나누는 것을 베드로, 요한, 야고보가 보았다.
그리고 베드로는 이들이 즉시 모세와 엘리야인 것을 알고 이들을 위하여 그리고 주님을 위하여 초막 셋을 짓겠다고 하였다.
나도 마찬가지이다. 지금 현재 내가 낙원(천국)에서 이들을 만나는 것이 바로 그들의 영체를 만나고 있는 것이다.

(viii) 둘째부활

이 둘째부활은 백보좌 심판 때에 일어난다.
이때에는 둘째부활에 참여하는 모든 자가 영원히 썩지 않고 멸하지 않는 몸을 입는 것이다. 즉 부활한다. 이때에는 음부에 있는 모든 자가 사망의 부활로, 첫째부활에 참여하지 못한 낙원에 있는 모든

자가 생명의 부활로 일어날 것이다.

그리고 부활한 채로 생명책에 이름이 없는 자마다 불못에 던져지게 될 것이다.

그래서 주님은 말씀하신다.

'몸(부활된 몸)과 영혼을 지옥에 던져 넣는 그를 두려워하라.'

[마 10:28]
몸은 죽여도 영혼은 능히 죽이지 못하는 자들을 두려워하지 말고 오직 몸과 영혼을 능히 지옥에 멸하시는 자를 두려워하라

첫 번째 몸은 현재 죽고 썩고 없어질 몸을 말하고 그러나 두 번째 몸은 부활된 몸을 말한다.

그러므로 영원한 불못은 지옥이다.

그리고 낙원에 있으나 이기는 자의 삶을 살지 못하여 첫째부활에 참여하지 못했던 자들은 천년왕국에 들어가지 못하고 천년이 지난 후에 백보좌 심판이 일어날 때 둘째부활 때에 부활하지만 그들은 그리스도의 심판대에서 심판을 받게 될 것이다.

[고후 5:9-10]
(9)그런즉 우리는 거하든지 떠나든지 주를 기쁘시게 하는 자 되기를 힘쓰노라 (10)이는 우리가 다 반드시 그리스도의 심판대 앞에 드러나 각각 선악간에 그 몸으로 행한 것을 따라 받으려 함이라

그리고 천년왕국에 들어가지 못하고 바깥에 산 자들이 있는데 그들도 천년동안 살고 죽으면서 예수 믿은 자는 낙원에 가고 예수 믿지 않고 죽은 자는 음부에 갈 것이다.

이들도 둘째부활 때에 부활한다.

(ix) 백보좌 심판대가 그리스도의 심판대이다.

백보좌 심판대가 그리스도의 심판대라고 보는 이유 :

1. 첫째, 백보좌 심판대에 예수님이 앉으신다. 주님은 자신이 백보좌 심판대에 앉으신다고 밝혀 주

셨다 (141. 백보좌에 앉으시는 분이 주님이심을 밝혀주시다. 참조).
그러므로 백보좌 심판대가 예수를 믿는 그리스도인들에게는 그리스도의 심판대가 될 수 있는 것이다.

[고후 5:10]
이는 우리가 다 반드시 그리스도의 심판대 앞에 드러나 각각 선악간에 그 몸으로 행한 것을 따라 받으려 함이라

[계 22:12]
보라 내가 속히 오리니 내가 줄 상이 내게 있어 각 사람에게 그의 일한 대로 갚아 주리라

2. 둘째로는 새 하늘과 새 땅이 열리기 전에 그리스도의 심판대가 있어야 한다.
왜냐하면 새 예루살렘성이 내려올 때에 새 하늘과 새 땅에서 이미 성안과 성밖이 구분이 가기 때문이다.
그러므로 그리스도의 심판대는 새 하늘과 새 땅이 열리기 전에 일어나야 하는 심판이다.
그런데 새 하늘과 새 땅이 열리기 전에 일어나는 심판대는 성경에 기록되어 있는 것을 보면 백보좌 심판밖에 없다.
그러므로 이 백보좌 심판대가 그리스도인에게는 그리스도의 심판대가 되어야 한다.
왜냐하면 성경은 더하지도 말고 빼지도 말라 하셨기 때문이다.

3. 셋째로는 백보좌 심판대 위에는 행위록이 펼쳐져 있는데 죽은 자들이 무론대소하고 서서 행위대로 심판을 받는다 하였다. 그러므로 그리스도인들도 선악간에 행한 대로 심판을 받게 될 것이다.

[고후 5:10]
이는 우리가 다 반드시 그리스도의 심판대 앞에 드러나 각각 선악간에 그 몸으로 행한 것을 따라 받으려 함이라

4. 넷째로는 생명책에 이름이 없는 자마다 불못에 던져지더라 하였는데
이 말은 생명책에 이름이 있는 자들도 있다는 말인 것이다. 즉 백보좌 심판대에 예수 믿는 자들도 선다는 것을 알 수 있다. 할렐루야.

성경을 보면 부활 때에 해의 영광이 다 다르고 달의 영광이 다르며 별의 영광이 다르고 별과 별의 영광이 다르다 하였다.

그러므로 사실 첫째부활에 참여하는 자들은 부활 때에 이미 그들이 다 아는 것이다. 즉 그들의 상급이 다 정하여진 것이다.

백보좌 심판대에서는 즉 그리스도의 심판대에서는

첫째부활에 참여하지 못했던 자들이 둘째부활에 참여하여 심판을 받게 될 것이다.

이들은 이 세상을 살아갈 때에 이기지 못한 삶을 산 자들이다.

이들이 백보좌 심판대에 서서 심판을 받으나 그들에 대한 심판은 그들이 그리스도인들이므로 그 백보좌 심판대를 그리스도의 심판대라고 부를 수 있는 것이다. 왜냐하면 또 거기에는 예수 그리스도가 앉으시기 때문이다.

계시록에서는 그리스도의 심판대가 따로 나오지 않는다.

그러므로 그리스도의 심판대가 백보좌 심판대인 것을 알 수 있다.

예수 믿지 아니하는 자들에게 대한 심판은 백보좌 심판대인 것이다. 그들에게는 그리스도의 심판대라고 할 수 없는 것이다.

그리고 이때의 그리스도의 심판대에서는 천년왕국 바깥에서 예수 믿은 자들도 서게 될 것이다.

할렐루야.

(x) 천년왕국에 들어간 즉 첫째부활에 속한 자들은 백보좌 심판대에 서지 아니한다.

백보좌 심판 때를 보면 이미 지금 보이는 하늘과 땅이 없어진다.

이것은 베드로 후서에서 말하는 지금 보이는 하늘과 땅이 불에 타서 풀어지고 모든 체질(요소: elements)이 뜨거운 불에 녹아서 없어지는 것이다.

[벧후 3:10-13]
(10)그러나 주의 날이 도적같이 오리니 그 날에는 하늘이 큰 소리로 떠나 가고 체질이 뜨거운 불에 풀어지고 땅과 그 중에 있는 모든 일이 드러나리로다 (11)이 모든 것이 이렇게 풀어지리니 너희가 어떠한 사람이 되어야 마땅하뇨 거룩한 행실과 경건함으로 (12)하나님의 날이 임하기를 바라보고 간절히 사모하라 그 날에 하늘이 불에 타서 풀어지고 체질이 뜨거운 불에 녹아지려니와 (13)우리는 그의 약속대로 의의 거하는바 새 하늘과 새 땅을 바라보도다

그러므로 천년왕국에 들어간 어린양의 신부들은 지금 보이는 하늘과 땅이 불에 타서 없어지기 전

에 그들은 당연히 하늘로 올리워졌을 것이다.

그리고 이들은 나중에 새 하늘과 새 땅에 새 예루살렘성이 하늘에서 내려올 때에 같이 내려오게 될 것이다. 할렐루야.

14. 낙원과 천국, 그리고 영원천국

I. 낙원 = 천국인 이유:

(i) 원어로 다 동일한 천국 ouranon(3772), ouranou(3772), ouranow (3772), ouranwn (3772) 어미만 조금씩 다르지 어원은 다 동일하게 천국을 의미하고 있다.

다음 구절들에서 원어비교가 필요하다 느껴져서 찾아서 비교하여 보았다.

(1) 요한복음 3장 13절이다.

[요 3:13]
하늘에서 내려온 자 곧 인자 외에는 하늘에 올라간 자가 없느니라
No one has ever gone into heaven except the one who came from heaven--the Son of Man.

처음에 쓰인 하늘에서 내려온 자 할 때에 하늘은 헬라어의 원어를 보면
ouranon ((3772)
그 다음 하늘에 올라간 자가 없느니라 할 때에 하늘의 헬라어 원어를 보면
ouranou ((3772)이다.

ouranou ((3772), ouranw ((3772)) : 원어의 의미 : 하늘, 천국, 공중 등의 의미

그러므로 여기서 쓰여진 의미가 하늘 = 천국 = 낙원 = 셋째 하늘이라는 말이다.

(2) 고린도후서 12장 2절에서 말하는 셋째 하늘에 대하여 보자

[고후 12:2]
내가 그리스도 안에 있는 한 사람을 아노니 십 사년 전에 그가 세째 하늘에 이끌려 간 자라 (그가 몸 안에 있었는지 몸 밖에 있었는지 나는 모르거니와 하나님은 아시느니라)
I know a man in Christ who fourteen years ago was caught up to the third heaven. Whether it was in the

body or out of the body I do not know--God knows.

tritou ((5154)) ouranou ((3772)) : 셋째 하늘
즉 이때에도 동일한 ouranou 가 쓰여지고 있다.

ouranou ((3772)) 여기도 같은 헬라어. 천국, 하늘로 쓰이고 있다.

즉 사도 바울이 올라간 하늘도 바로 하늘 = 천국 = 낙원 = 셋째 하늘로 볼 수 있는 것이다.
할렐루야.

그러므로 부자와 거지 나사로가 죽었을 때에 거지 나사로는 낙원으로 갔다.
아브라함은 이미 낙원(= 천국 = 하늘 = 셋째하늘)에 있기 때문이다.

(3) 하늘에서 하나님께로부터 새 예루살렘이 내려오는 이 '하늘'을 보자

[계 21:2]
또 내가 보매 거룩한 성 새 예루살렘이 하나님께로부터 하늘에서 내려오니 그 예비한 것이 신부가 남편을 위하여 단장한 것 같더라
I saw the Holy City, the new Jerusalem, coming down out of heaven from God, prepared as a bride beautifully dressed for her husband.

이때에 한글로는 하늘이라 번역된 heaven 이 원어로는 ouranow ((3772)) 동일하게 쓰여지고 있다.
ouranou ((3772)) : 천국 의미, 하늘, 공중

그러므로 주님이 하신 말씀 요한복음 3장 13절에서 말하는 하늘, 그리고 바울이 고린도후서 12장 2절에서 말하는 셋째 하늘, 그리고 또한 요한이 계시록 21장 2절에서 쓴 하늘 이 모두를 보면 이 모두가 다 원어에 '하늘'에 대하여 ouranou ((3772))을 다 공통적으로 쓰고 있다. 그러므로 원이에서도 구분이 안 간다.

고린도후서 12장 4절에 나오는 낙원은 파라다이스로서 원어의 뜻을 보면 낙원, 천국, 정원 이러한 의미를 가진다.

(4) 회개하라 천국이 가까웠느니라 하였을 때의 천국

[마 4:17]
이때부터 예수께서 비로소 전파하여 가라사대 회개하라 천국이 가까웠느니라 하시더라
From that time on Jesus began to preach, "Repent, for the kingdom of heaven is near."

즉 여기서 kingdom of heaven 이 원어로는 다음과 같이 표현되고 있다.
: basileia ((932)) twn ((3588)) ouranwn ((3772))

ouranwn ((3772))
여기서도 동일하게 천국으로 쓰고 있다.

그러므로 원어로 보아 하늘 = 천국 = 낙원 = 셋째하늘 이다.
할렐루야.

(ii) 두 번째로 왜 하늘 = 천국(heaven) = 낙원인 이유 :

계시록 2장 7절에서 에베소교회에 주님이 보내는 편지에서 이기는 자에게는 낙원에 있는 생명나무의 과일을 먹게 하여 주시겠다고 하는 하나님의 약속에서 볼 수 있다.
이 약속은 주님께서 이기는 자의 삶을 사는 자들에게 주시는 영원한 약속의 말씀이다.

[계 2:7]
귀 있는 자는 성령이 교회들에게 하시는 말씀을 들을지어다 이기는 그에게는 내가 하나님의 낙원에 있는 생명나무의 과실을 주어 먹게 하리라
He who has an ear, let him hear what the Spirit says to the churches. To him who overcomes, I will give the right to eat from the tree of life, which is in the paradise of God.

계시록 21장 1-4절을 보면 하늘에서 하나님께로부터 새 예루살렘성이 내려오는데
여기서 '하늘에서'하는 말에 하늘을 영어로 보면 heaven 이라는 말을 쓰고 있다.
즉 새 하늘과 새 땅에 새 예루살렘성이 내려오는데 이 성이 하늘(heaven)에서 하나님께로부터 내려온다 하였다.

[계 21:1-2]
(1)또 내가 새 하늘과 새 땅을 보니 처음 하늘과 처음 땅이 없어졌고 바다도 다시 있지 않더라 (2)또 내가 보매 거룩한 성 새 예루살렘이 하나님께로부터 하늘에서 내려오니 그 예비한 것이 신부가 남편을 위하여 단장한 것 같더라
And I John saw the holy city, new Jerusalem, coming down from God out of heaven, prepared as a bride adorned for her husband. [KJV]

즉 새 예루살렘성이 하늘에서 하나님께로부터 내려온다 하였는데

즉 생명나무가 낙원에 있었다. 분명히.....
그리고 주님은 분명히 이기는 자들에게 이 하나님의 낙원에 있는 생명나무의 과실을 영원히 먹게 하여 주시겠다는 것이 약속인 것이다.

[계 22:1-2]
(1) 또 저가 수정 같이 맑은 생명수의 강을 내게 보이니 하나님과 및 어린 양의 보좌로부터 나서 (2) 길 가운데로 흐르더라 강 좌우에 생명 나무가 있어 열 두가지 실과를 맺히되 달마다 그 실과를 맺히고 그 나무 잎사귀들은 만국을 소성하기 위하여 있더라

이것은 새 하늘과 새 땅의 새 예루살렘성 안을 말하고 있는데 여기에 생명나무 과일이 있는 것이다. 할렐루야.
즉 이 새 하늘과 새 땅의 새 예루살렘성은 분명히 하나님께로부터 하늘(heaven)에서 내려왔다. 그런데 그 안에 생명나무가 있는 것이다. 그렇다면 이 새 예루살렘성은 낙원(paradise) 에 있다가 내려오는 것이 맞다.

그런데 이 성은 분명히 하늘에서 하나님께로부터 내려온다 하였다.

그러므로 낙원 (paradise) = 하늘 (heaven) 이다.

(iii) 세 번째로 왜 낙원 = 천국인가 하는 이유 :

주님께 직접 물어보았을 때에 주님은 환한 웃음으로 답변을 주셨다.

나는 천상에서 주님과 모세와 요한 그리고 내가 앉아 있는 자리에서 주님께 물었다.
'주님, 낙원이 즉 성경에서 하늘이라고 표현하는 천국 heaven 과 같은 곳인가요?'
왜냐하면 새 예루살렘성이 하늘(heaven)에서 하나님께로부터 내려온다 하였는데
새 예루살렘성 안에 생명나무가 있고 또한 낙원에도 생명나무가 있다고 되어 있고 또한 사도바울은 낙원과 셋째 하늘을 같이 쓰고 있는 것으로 보였기 때문이다.

그랬더니 주님도 모세도 요한도 똑같이 이빨을 드러내시면서 까지 활짝 웃으시는 것이었다.
이것은 내가 잘 맞추고 있다는 것을 의미한다.
아니면 주님이 아니라고 말씀하셨을 것이다. 할렐루야.

그러므로 나는 위의 세 가지 이유로,
즉 낙원이 셋째하늘 즉 하늘, 영어로는 heaven이라고 하는 천국이라는 것을 확신한다. 그리고 여기가 하나님이 계시는 천국이라는 것이다. 그러므로 나는 지금 이 천국 즉 낙원을 보고 있는 것이다.

II. 새 예루살렘성은 새 하늘과 새 땅에 낙원(=천국=하늘=셋째 하늘)에서부터 내려오는 것이다.

계시록 21장 1-2절에서 말하는 하늘은 낙원이다. 여기가 소위 우리가 말하는 천국으로 하나님이 계시는 곳이다. 여기서 새 예루살렘성이 새 하늘과 새 땅에 내려오는 것이다.

[계 21:1-2]
(1)또 내가 새 하늘과 새 땅을 보니 처음 하늘과 처음 땅이 없어졌고 바다도 다시 있지 않더라 (2)또 내가 보매 거룩한 성 새 예루살렘이 하나님께로부터 하늘에서 내려오니 그 예비한 것이 신부가 남편을 위하여 단장한 것 같더라

III. 그리고 하나님도 이제 낙원(=천국)에 계시다가 이제 새 하늘과 새 땅에 내려오셔서 영원히 그 종들과 함께 그 장막을 함께 하신다 하셨다.

[계 21:3-4]
(3)내가 들으니 보좌에서 큰 음성이 나서 가로되 보라 하나님의 장막이 사람들과 함께 있으매 하나님이 저희와 함께 거하시리니 저희는 하나님의 백성이 되고 하나님은 친히 저희와 함께 계셔서 (4) 모든 눈물을 그 눈에서 씻기시매 다시 사망이 없고 애통하는 것이나 곡하는 것이나 아픈 것이 다시

있지 아니하리니 처음 것들이 다 지나갔음이러라

IV. 그러므로 현재 내가 보고 있는 천국과 지옥이 소위 낙원과 음부인가? 그렇다.

왜냐하면 천국이 낙원이고 낙원이 천국이기 때문이다.

V. 낙원에서 새 예루살렘성이 새 하늘과 새 땅에 내려올 때 현재 내가 천국에서 본 믿음의 선진들의 집도 같이 내려오는가?

그렇다고 본다. 왜냐하면 그들의 집이 성안에 있기 때문이다.
그럼 내가 본 천국에 있는 나의 집은? 내 집도 그대로 내려온다고 보여진다.
할렐루야.

VI. 이 영원천국은 얼마나 클 것인가?

지금 보이는 하늘과 땅이 없어진다. 모든 은하계가 있는 우주가 없어진다. 그리고 새 하늘과 새 땅이 열린다. 지구는 우주에 비하면 점이다. 그런데 이 우주가 없어지고 새 하늘과 새 땅이 열린다.
얼마나 클 것인지 가히 상상이 안 간다.
믿음의 선진들의 집이 도시 같다. 마을 같다. 내 집도 정원도 유리바다도 내게 속한 땅도 엄청 크다.
그러므로 새 하늘과 새 땅은 엄청 클 것이다. 새 예루살렘성은 너무 클 것이다.
그 속에 다 있다. 그 모든 것이 내려오는 것이다. 하물며 하나님까지 내려오신다.
내려오셔서 그 종들과 영원히 그 장막을 함께 하시는 것이다.

할렐루야.

VII. 마지막으로 '하늘에서 내려온 자 외에는 하늘로 올라간 자가 없느니라.'의 뜻을 살펴보기를 원한다.

그러면 이제 다시 한번 생각하여 보아야 할 성경구절은 주님이 하신 말씀이다.
요한복음 3장 13절에서 주님이 하신 말씀을 보면
'하늘에서 내려온 자 외에는 하늘로 올라간 자가 없느니라.'

[요 3:13]
하늘에서 내려온 자 곧 인자 외에는 하늘에 올라간 자가 없느니라.

여기서도 하늘은 영어로는 천국인 heaven으로 기록되어 있고 또한 원어로는 ouranou ((3772)) 이다.

우리가 알다시피 낙원(= 하늘 = 천국 = 셋째 하늘)에는 이미 우리의 믿음의 선진들 아브라함을 비롯하여 많은 이가 있다.

그런데 주님은 자신만이 하늘(천국=heaven=낙원)에서 내려왔는데 주님 자신만 하늘로 올라간다는 말씀을 하고 있다.

어떻게 이것이 가능한 이야기인가 하는 것이다.

이것의 비밀은 요한복음 1장 18절에서 나타나고 있다.

[요 1:18]
본래 하나님을 본 사람이 없으되 아버지 품속에 있는 독생하신 하나님이 나타내셨느니라.

즉 예수님은 아버지 하나님의 품속에 계시다가 나타나신 분이시다.
그러므로 그분은 아버지 품속에서 오셨다가 아버지 품속으로 돌아가신다고 봄이 옳다.

그러므로 요한복음 3장 13절에서의 하늘은 아버지의 품속으로 봄이 옳은 것이다.
그분은 삼위일체의 한분 하나님이시다.
할렐루야.
아버지 하나님이 계신 곳이 하늘(heaven)이고 천국이다.
즉 주님이 아버지의 품속에서 계시다가 오셨고 그 품속으로 돌아가시는 것이다.

그래서 주님은 부활하신 후에 무덤을 찾아온 막달라 마리아에게
'나를 만지지 말라 내가 아직 아버지께로 가지 못하였노라.'하신 말씀과 일치하고 있는 것이다.
할렐루야.

[요 20:16-17]
(16)예수께서 마리아야 하시거늘 마리아가 돌이켜 히브리 말로 랍오니여 하니 (이는 선생님이라)
(17)예수께서 이르시되 나를 만지지 말라 내가 아직 아버지께로 올라 가지 못하였노라 너는 내 형제들에게 가서 이르되 내가 내 아버지 곧 너희 아버지, 내 하나님 곧 너희 하나님께로 올라간다 하라 하신대

즉 여기서 확실한 것은 죽음에서 부활하신 주님이 아버지께로 돌아가신다는 것이 확실하다.
이것은 나중에 주님이 40일간 부활된 몸으로 이 지상에서 사시다가 제자들이 보는 가운데 하늘로 승천하심으로 이루어졌다.

그러면 또 의심이 가는 하나의 성경구절이 있는데
왜 그러면 주님은 안 보고 믿지 못하는 도마에게 만져보라 하셨는가? 막달라 마리아에게는 만지지 말라 하시고서는 말이다.

[요 20:25-29]
(25)다른 제자들이 그에게 이르되 우리가 주를 보았노라 하니 도마가 가로되 내가 그 손의 못자국을 보며 내 손가락을 그 못자국에 넣으며 내 손을 그 옆구리에 넣어 보지 않고는 믿지 아니하겠노라 하니라 (26)여드레를 지나서 제자들이 다시 집안에 있을 때에 도마도 함께 있고 문들이 닫혔는데 예수께서 오사 가운데 서서 가라사대 너희에게 평강이 있을지어다 하시고 (27)도마에게 이르시되 네 손가락을 이리 내밀어 내 손을 보고 네 손을 내밀어 내 옆구리에 넣어 보라 그리하고 믿음 없는 자가 되지 말고 믿는 자가 되라 (28)도마가 대답하여 가로되 나의 주시며 나의 하나님이시니이다 (29)예수께서 가라사대 너는 나를 본 고로 믿느냐 보지 못하고 믿는 자들은 복되도다 하시니라

주님은 분명히 도마에게
내 손에다가 네 손가락을 넣어보고 내 허리 창자국에 네 주먹을 넣어보라고 하셨다.
막달라 마리아에게는 만지지 말라고 하셔놓고 왜 도마에게는 넣어보라 하셨는가? 하는 것이다.

예수님은 전능하신 하나님이시다. 전지하신 하나님이시다.
그러므로 그가 도마에게 그렇게 얘기하여도 안 만져볼 것을 미리 아신 것이다.
그래서 도마는 주님의 모습을 보기만 하여도 그의 목소리를 듣기만 하여도 그 의심하던 도마가 손가락과 주먹을 넣어 봄이 없이 그 자리에서 무릎을 꿇고

요약편

주여 당신은 나의 하나님이시며 나의 주님이시라고 고백하였던 것이다. 할렐루야.

그 때에 주님은 도마에게 이렇게 말씀하신다.
"너는 본고로 믿느냐 안 보고 믿는 자가 더 복되도다."
즉 예수님은 그가 만지지 않고도 보기만 해도 믿을 줄을 미리 아셨던 것이다.
그분은 장래의 일까지 모르는 것이 없으신 전지전능하신 하나님이시기 때문이다.
할렐루야.

주님의 승천은 주님이 부활하시고 나서 아버지께로 돌아가시는 사건이었다.
그래서 주님은 하늘(아버지)에서 내려온 자 외에는 하늘(아버지)로 올라간 자가 없느니라고 하신 것이다. 할렐루야.
그러므로 이 성부 하나님이 계신 곳도 바로 이곳 낙원(= 천국 = 하늘 = 셋째 하늘)이라 할 수 있다.

VIII. 그러므로 하늘(낙원=천국=셋째하늘)과 영원천국은 다른 곳이다.

첫 번째 이유 : 하나님과 새 예루살렘성이 낙원에서 내려오신다.
그러므로 계시록 21장에서 말하는 하나님께로부터 하늘에서 새 예루살렘이 내려온다 하였는데 여기서 하늘이 영어로는 heaven 그리고 원어로는 천국이라는 ouranou (3772) 원어를 쓰고 있다.
그러므로 하늘= 낙원 = 천국 = 하나님이 계신 곳 = 셋째 하늘

이 하늘은 영원천국과는 다른 곳이다.
왜냐하면 분명히 새 하늘과 새 땅이 열린 후에 하늘(= 낙원 = 소위 천국 = 셋째 하늘 = 하나님이 계신 곳)에서 새 예루살렘성이 내려온다고 했기 때문이다.

하나님은 낙원에 계시다가 영원천국에 내려오셔서 거기서 영원히 하나님과 하나님의 백성들이 사시는 것으로 보인다. 왜냐하면 새 예루살렘성 안에 하나님과 어린양이 직접 성전이 되시고 빛을 영원히 비추시기 때문이다.
또 그들의 장막이 되셔서 영원히 그들과 함께 하신다고 하고 있기 때문이다.

[계 21:3-4]
(3)내가 들으니 보좌에서 큰 음성이 나서 가로되 보라 하나님의 장막이 사람들과 함께 있으매 하나

님이 저희와 함께 거하시리니 저희는 하나님의 백성이 되고 하나님은 친히 저희와 함께 계셔서 (4) 모든 눈물을 그 눈에서 씻기시매 다시 사망이 없고 애통하는 것이나 곡하는 것이나 아픈 것이 다시 있지 아니하리니 처음 것들이 다 지나갔음이러라

두 번째 이유 : 낙원(지금 소위 우리가 천국이라고 하는 곳)에는 현재 영체들만 있고
그러나 나중에는 부활체도 공존하는 시기가 있다. 즉 공중휴거 된 자들, 두 증인, 십사만사천, 알곡으로 추수된 자들 등등.

그러나 영원천국에서는 부활체만 들어가는 곳이다.

IX. 에스겔서에서 나오는 성전은 영원천국의 성전과는 상관이 없는 것이다.

주님께서는 에스겔서에서 나오는 성전은 새 하늘과 새 땅의 새 예루살렘성과 관계가 없다 하셨다. 그리고 또한 새 예루살렘성에는 따로 성전이 없고 하나님과 어린양만이 친히 성전이 되신다고 하신 것이다.
그러므로 에스겔서에서 나오는 성전은 영원천국하고는 상관이 없는 것이다.

15. 이기는 자와 이기지 못하는 자가 가는 곳 (새 예루살렘 성안과 성밖)

I. 먼저 예수님이 하신 말씀을 보자.

마태복음 24장에는 지혜로운 청지기에 대하여 주님이 이렇게 말씀하고 계신다.

[마 24:45-51]
(45)충성되고 지혜 있는 종이 되어 주인에게 그 집 사람들을 맡아 때를 따라 양식을 나눠 줄 자가 누구뇨 (46)주인이 올 때에 그 종의 이렇게 하는 것을 보면 그 종이 복이 있으리로다 (47)내가 진실로 너희에게 이르노니 주인이 그 모든 소유를 저에게 맡기리라 (48)만일 그 악한 종이 마음에 생각하기를 주인이 더디 오리라 하여 (49)동무들을 때리며 술친구들로 더불어 먹고 마시게 되면 (50)생각지 않은 날 알지 못하는 시간에 그 종의 주인이 이르러 (51)엄히 때리고 외식 하는 자의 받는 율에 처하리니 거기서 슬피 울며 이를 갊이 있으리라

여기서 슬피 울며 이를 가는 장소가 어딜까 하는 것이다.

[마 25:24-30]
(24)한 달란트 받았던 자도 와서 가로되 주여 당신은 굳은 사람이라 심지 않은데서 거두고 헤치지 않은데서 모으는 줄을 내가 알았으므로 (25)두려워하여 나가서 당신의 달란트를 땅에 감추어 두었었나이다 보소서 당신의 것을 받으셨나이다 (26)그 주인이 대답하여 가로되 악하고 게으른 종아 나는 심지 않은 데서 거두고 헤치지 않은데서 모으는 줄로 네가 알았느냐 (27)그러면 네가 마땅히 내 돈을 취리하는 자들에게나 두었다가 나로 돌아 와서 내 본전과 변리를 받게 할 것이니라 하고 (28)그에게서 그 한 달란트를 빼앗아 열 달란트 가진 자에게 주어라 (29)무릇 있는 자는 받아 풍족하게 되고 없는 자는 그 있는 것까지 빼앗기리라 (30)이 무익한 종을 바깥 어두운 데로 내어쫓으라 거기서 슬피 울며 이를 갊이 있으리라 하니라

여기서도 30절에 '바깥 어두운데'라는 말이 나오고 '거기서 슬피 울며 이를 갊이 있으리라.'고 말한다. 여기가 어디일까 하는 것이다.

두 군데 다 성경은 주인과 종의 관계를 말하고 있다.

이 세상에는 두 가지 종류의 종들이 있다.

하나는 하나님의 종들과 다른 하나는 마귀의 종들 딱 두 가지뿐인 것이다.

그러므로 여기서 주인과 종의 관계는 예수님과 그리고 그를 믿는 자들의 관계를 말한다고 할 수 있다.

[마 25:13-30]
(13)그런즉 깨어 있으라 너희는 그 날과 그 시를 알지 못하느니라 (14)또 어떤 사람이 타국에 갈제 그 종들을 불러 자기 소유를 맡김과 같으니 (15)각각 그 재능대로 하나에게는 금 다섯 달란트를, 하나에게는 두 달란트를, 하나에게는 한 달란트를 주고 떠났더니 (16)다섯 달란트 받은 자는 바로 가서 그것으로 장사하여 또 다섯 달란트를 남기고 (17)두 달란트 받은 자도 그같이 하여 또 두 달란트를 남겼으되 (18)한 달란트 받은 자는 가서 땅을 파고 그 주인의 돈을 감추어 두었더니 (19)오랜 후에 그 종들의 주인이 돌아와 저희와 회계할새 (20)다섯 달란트 받았던 자는 다섯 달란트를 더 가지고 와서 가로되 주여 내게 다섯 달란트를 주셨는데 보소서 내가 또 다섯 달란트를 남겼나이다 (21)그 주인이 이르되 잘 하였도다 착하고 충성된 종아 네가 작은 일에 충성하였으매 내가 많은 것으로 네게 맡기리니 네 주인의 즐거움에 참예할지어다 하고 (22)두 달란트 받았던 자도 와서 가로되 주여 내게 두 달란트를 주셨는데 보소서 내가 또 두 달란트를 남겼나이다 (23)그 주인이 이르되 잘 하였도다 착하고 충성된 종아 네가 작은 일에 충성하였으매 내가 많은 것으로 네게 맡기리니 네 주인의 즐거움에 참예할지어다 하고 (24)한 달란트 받았던 자도 와서 가로되 주여 당신은 굳은 사람이라 심지 않은데서 거두고 헤치지 않은데서 모으는 줄을 내가 알았으므로 (25)두려워하여 나가서 당신의 달란트를 땅에 감추어 두었었나이다 보소서 당신의 것을 받으셨나이다 (26)그 주인이 대답하여 가로되 악하고 게으른 종아 나는 심지 않은 데서 거두고 헤치지 않은데서 모으는 줄로 네가 알았느냐 (27)그러면 네가 마땅히 내 돈을 취리하는 자들에게나 두었다가 나로 돌아 와서 내 본전과 변리를 받게 할 것이니라 하고 (28)그에게서 그 한 달란트를 빼앗아 열 달란트 가진 자에게 주어라 (29)무릇 있는 자는 받아 풍족하게 되고 없는 자는 그 있는 것까지 빼앗기리라 (30)이 무익한 종을 바깥 이두운 데로 내어쫓으라 거기서 슬피 울며 이를 갊이 있으리라 하니라

또한 주님이 말씀하신 마태복음 25장의 열처녀 비유를 유심히 볼 필요가 있다.

[마 25:1-13]
(1) 그 때에 천국은 마치 등을 들고 신랑을 맞으러 나간 열 처녀와 같다 하리니

이 1절에서 말하는 천국은 영어로는 'the kingdom of heaven'으로 되어 있고 여기서

kingdom 은 그 원어가 '바실레이아'로서 '왕국'이라는 뜻이고 여기서 heaven 은 그 원어가 '우라노스'로서 하나님의 처소라는 말인 것이다. 즉 총체적인 뜻은 하나님이 다스리는 왕국이라는 뜻이다.

(2) 그 중에 다섯은 미련하고 다섯은 슬기 있는지라 (3) 미련한 자들은 등을 가지되 기름을 가지지 아니하고 (4) 슬기 있는 자들은 그릇에 기름을 담아 등과 함께 가져갔더니 (5) 신랑이 더디 오므로 다 졸며 잘새 (6) 밤중에 소리가 나되 보라 신랑이로다 맞으러 나오라 하매 (7) 이에 그 처녀들이 다 일어나 등을 준비할새 (8) 미련한 자들이 슬기 있는 자들에게 이르되 우리 등불이 꺼져가니 너희 기름을 좀 나눠 달라하거늘 (9) 슬기 있는 자들이 대답하여 가로되 우리와 너희의 쓰기에 다 부족할까 하노니 차라리 파는 자들에게 가서 너희 쓸 것을 사라 하니 (10) 저희가 사러 간 동안에 신랑이 오므로 예비하였던 자들은 함께 혼인 잔치에 들어가고 문은 닫힌지라

여기서 10절의 '문'을 원어로 찾아보았더니 발음이 '뒤라'라는 단어인데 이것은 '정문', '입구'라는 뜻이다. 즉 정문이 닫힌 것이다. 그 문은 바로 혼인잔치로 들어가는 정문인 것이다. 천국 안에서 혼인잔치로 들어가는 정문이 있고 여기를 통하여 슬기로운 다섯 처녀는 그 문안으로 들어갔고 그러나 미련한 다섯 처녀는 그 정문이 닫히고 그 정문밖에 남은 것이다.
주님은 마태복음 25장 1절에서 '천국은 이와 같으니라'고 표현하고 계시니까 이 모든 일들이 천국 안에서 일어나는 일이다.

그러므로 천국에는 문안으로 들어가는 자가 있고 문밖에 남는 자가 있다는 것이다. 할렐루야.

(11) 그 후에 남은 처녀들이 와서 가로되 주여 주여 우리에게 열어 주소서 (12) 대답하여 가로되 진실로 너희에게 이르노니 내가 너희를 알지 못하노라 하였느니라 (13)그런즉 깨어 있으라 너희는 그 날과 그 시를 알지 못하느니라

그런데 주님이 오실 때에 이 게으른 종들이 가는 즉 하나님의 뜻대로 살지 못한 종들이 가는 이 바깥 어두운데 슬피 울며 이를 가는 장소는 어디일까?
그리고 이 미련한 다섯 처녀가 남겨진 장소 문밖은 어디인가 하는 것이다.

이곳은 지옥은 아님이 분명하다.
왜냐하면 주님께서
지옥을 묘사하는 것은 이와 너무 다르기 때문이다.

[막 9:47-49]
(47) 만일 네 눈이 너를 범죄케 하거든 빼어 버리라 한 눈으로 하나님의 나라에 들어가는 것이 두 눈을 가지고 지옥에 던지우는 것보다 나으니라 (48) 거기는 구더기도 죽지 않고 불도 꺼지지 아니하느니라 (49) 사람마다 불로서 소금 치듯 함을 받으리라

여기서 지옥(hell)은 원어로 '게엔나'인데 그 뜻은 '지옥' '영원한 형벌의 장소'라는 뜻이다.

즉 동일하신 주님이 한번은 지옥에 대하여 말씀하고 있고 또 다른 곳에서는 그냥 바깥 어두운데 슬피 울며 이를 가는 장소 즉 문 밖을 말씀하고 있다는 것이다.

그러면 문 안은 어떠한 곳인가?

1) 주님과 혼인잔치가 일어나는 곳이다. (열처녀 비유)
2) 하나님의 영광이 해같이 빛나는 곳이다.

[계 21:21-23]
(21) 그 열 두 문은 열 두 진주니 문마다 한 진주요 성 (city) 의 길은 맑은 유리 같은 정금이더라 (22) 성안에 성전 (temple) 을 내가 보지 못하였으니 이는 주 하나님 곧 전능하신 이와 및 어린 양이 그 성전이심이라 (23) 그 성은 해나 달의 비췸이 쓸데 없으니 이는 하나님의 영광이 비취고 어린 양이 그 등이 되심이라

그러므로 이 문 밖, 즉 바깥 어두운 데가 지옥이냐. 아니라는 것이다. 왜냐하면 여기서 문은 성에 들어가는 열두 진주문을 말한다. 그러므로 문 밖은 새 하늘과 새 땅이다.

성경은 우리에게 동일한 것을 반복하여 말씀하고 있는 것을 본다.
즉 예수님은 그의 종들이 자신이 다시 돌아올 때까지 맡겨놓은 일을 잘 못하였을 때 바깥 어두운데 즉 문 밖에 둔다 하셨다.
그런데 동일하게 사도 바울도 사도 요한도 이러한 장소를 말하고 있다는 것이다.

II. 사도 바울은 여기에 대하여 어떻게 말하고 있나 보자

사도 바울은 갈라디아서 5장에서 예수를 믿는 자라도 이런이런 일을 행하는 자들은 하나님의 나라를 유업으로 받지 못할 것이라고 말한다.

[갈 5:19-21]
(19)육체의 일은 현저하니 곧 음행과 더러운 것과 호색과 (20)우상 숭배와 술수와 원수를 맺는 것과 분쟁과 시기와 분냄과 당 짓는 것과 분리함과 이단과 (21)투기와 술 취함과 방탕함과 또 그와 같은 것들이라 전에 너희에게 경계한 것같이 경계하노니 이런 일을 하는 자들은 하나님의 나라를 유업으로 받지 못할 것이요

이것은 또한 주님이 마태복음에서 한 말씀과 일치를 하고 있다.

[마 7:21]
나더러 주여 주여 하는 자마다 천국에 다 들어갈 것이 아니요 다만 하늘에 계신 내 아버지의 뜻대로 행하는 자라야 들어가리라

즉 하나님의 뜻대로 살지 못한 그리스도인들이 하나님의 영광이 해같이 빛나는 성 안으로 들어가지 못함을 말하고 즉 미련한 다섯 처녀가 남게 된 그 문 밖에 남게 됨을 말하고 있다.

이미 돌아가신 큰 대형 교회 목사님들이 이 성밖에 있었다.
한 분은 얼마 전에 돌아가신 분으로 주님이 그분이 여기 계신 이유는 하나님의 영광을 가로챘기 때문이라 하셨다.
그분은 바깥 어두운데 쇠창살 안에 흰 옷을 입고 앉아 계셨다.
그리고 그는 이렇게 소리치고 있었다.
"내가 왜 여기 있어야 해?"
"너희는 여기 오지마, 주의 종이라 하면서 하나님의 영광을 훔치면 나와 같이 이렇게 돼 제발 여기 오지마."
이곳이 지옥과 다른 점은

첫째, 여기에 있는 자들은 흰 옷을 입고 있다.
그러나 지옥에 있는 자들은 벌거벗고 있다.

둘째, 이 문 밖 즉 성밖에 있는 자들은 다 나이가 젊다. 천국에 온 자들처럼.
그러나 지옥에는 그들이 죽을 때의 나이로 보인다.

셋째, 여기는 천사들이 다스리고 있었지만 지옥은 마귀의 부하들이 다스린다.

넷째, 지옥은 천국레벨에서 한참을 어두운 곳 터널을 통하여 내려가나 여기는 단지 계단 약 150개정도 내려가면 있다.

다섯째, 성밖에서 받는 벌은 아주 미약한 벌이나 지옥에서 받는 벌은 극한 형벌을 받고 있는 것이다.

여기는 새 하늘과 새 땅이지만 이기지 못하는 자들이 가는 곳은 지옥이 아닌, 영원한 불못이 아닌 새 예루살렘 성 밖으로 보인다.

이기는 자들은 성안에 하나님의 영광이 해같이 빛나는 성안, 그러나 이기지 못하는 자들은 바깥 어두운데 쫓겨나서 슬피 울며 이를 갈게 되는 것이다. 그런데 여기도 새 하늘과 새 땅인 것이다.
할렐루야.

성밖이 하나님의 나라 성안과 다른 점은 하나님의 영광이 빛나지 아니한다.
그리고 생명수와 생명나무가 없다.
그곳에서는 공통적으로 슬피 울며 다 이를 간다. 그리고 지은 죄에 따라서 그룹들이 다른 벌들을 받고 있다.
다음은 내가 그곳에서 본 다른 벌들을 받고 있는 각기 다른 그룹들이다.

1) 뒤로 손이 묶인 채로 앉아 있다가 하나씩 불려나가 매를 맞는 그룹
2) 쇠창살 안에 들어가 있는 그룹
3) 손이 뒤로 묶여 있으면서 뱀이 상체를 감고 있는 그룹
4) 돌이 배 위에 얹어져 있으면서 누워있는 그룹
5) 큰 나무기둥을 나르고 있는 그룹
6) 뒤로 손이 묶인 채로 앉아서 입으로 계속 무엇인가를 옮기고 있는 그룹
7) 좁고 좁은 데를 통과하면서 아픔을 느껴야 하는 그룹

그러나 지옥의 형벌들은 벌거벗은 채로 불에 타고 신체가 절단나고 창에 찔리고 사지가 끊겨나가고 벌레가 죽지 않고 그들을 괴롭히며 뱀들이 그들을 집어삼키고 씹어 먹기도 하고 진흙연못, 벌레연못에 잠기기도 하고…… 죽지 않고 죽고 싶어도 안 죽어지는 몸이 끊겨 나가도 그 잘려진 몸이 다 고통을 느끼는 곳이다.

예수를 믿었으나 이들은 다시 이기는 자와 이기지 못하는 자로 나뉘어지고
오직 이기는 자들만 천년왕국의 첫째부활에 참여되는 것이다.

III. 성경에서 왜 이들이 성안으로 못 들어가고 성밖에 있는지를 또한 사도 요한이 계시록에서 말한 곳에서 알 수 있다.

(i) 계시록에서 주님이 일곱 교회에 보내는 편지에서 이기는 자와 이기지 못하는 자를 구분하고 있다.

예를 들어서 계시록 2장 7절을 보면

[계 2:7]
귀 있는 자는 성령이 교회들에게 하시는 말씀을 들을지어다 이기는 그에게는 내가 하나님의 낙원에 있는 생명나무의 과실을 주어 먹게 하리라

여기서 이기는 자는 첫사랑을 회복하는 자이다. 이런 자들만 낙원에 있는 생명나무의 과실을 주어 먹게 하시겠다는 약속이다.
이 낙원에 있는 생명나무는 새 하늘과 새 땅에 새 예루살렘성이 하늘에서 내려올 때에 같이 내려온다. 그러하므로 이것을 먹는 자는 성안에 들어가고 못 먹는자 즉 이기지 못하는 자는 성밖에 남게 될 것이다.

또한 계시록 21장에서는 이기는 자는 생명수 샘물을 값없이 마시게 된다고 말씀하신다.
그러나 이기지 못하는 자는 이 생명수 샘물을 먹지 못하게 될 것이다.
왜냐하면 성안에만 이 생명수 샘물이 있기 때문이다.

[계 21:6-7]
(6)또 내게 말씀하시되 이루었도다 나는 알파와 오메가요 처음과 나중이라 내가 생명수 샘물로 목마른 자에게 값없이 주리니 (7)이기는 자는 이것들을 유업으로 얻으리라 나는 저의 하나님이 되고 그는 내 아들이 되리라

(ii) 계시록에서 두 번째로 새 하늘과 새 땅에서 성안과 성밖을 구분하고 있는 곳을 다음에서 볼 수 있다.

[계 22:14-15]
(14)그 두루마기를 빠는 자들은 복이 있으니 이는 저희가 생명 나무에 나아가며 문들을 통하여 성에 들어갈 권세를 얻으려 함이로다

여기서 문들을 원어로 보면 '입구'라는 뜻으로 도시에 진입로를 말한다.
그리고 여기 성을 보면 원어로 '폴리스'라는 말이며 뜻은 'city'즉 '성'을 말한다.
즉 도시로 즉 성으로 들어가는 문이 있는 것이다. 이것은 계시록 22장에서 말하는 성은 새 하늘과 새 땅에 하늘에서 내려온 새 예루살렘성이다.

(15)개들과 술객들과 행음자들과 살인자들과 우상 숭배자들과 및 거짓말을 좋아하며 지어내는 자마다 성 밖에 있으리라

여기서 '성밖'을 찾아보니 영어로는 'outside'라는 말이고 원어로는 발음이 '엑소'이며
그 뜻은 '밖에', '문밖'에 라는 것이다.
즉 여기서 '성밖'이란 열 처녀 중 미련한 다섯 처녀가 남은 '문밖'과 동일한 장소인 것을 알 수 있다.

그러면 이 성밖은 어디 있는 성밖인가 하면

[계 21:1-3]
(1)또 내가 새 하늘과 새 땅을 보니 처음 하늘과 처음 땅이 없어졌고 바다도 다시 있지 않더라 (2)또 내가 보매 거룩한 성 새 예루살렘이 하나님께로부터 하늘에서 내려오니 그 예비한 것이 신부가 남편을 위하여 단장한 것 같더라 (3)내가 들으니 보좌에서 큰 음성이 나서 가로되 보라 하나님의 장막이 사람들과 함께 있으매 하나님이 저희와 함께 거하시리니 저희는 하나님의 백성이 되고 하

나님은 친히 저희와 함께 계셔서

계시록 21장 2절에 나오는 새 하늘과 새 땅에 내려온 새 예루살렘성의 바깥 즉 성밖이라는 사실을 알 수가 있는 것이다.

성경은 개들에 대하여 다음과 같이 말한다.

[사 56:9-12]
(9)들의 짐승들아 삼림 중의 짐승들아 다 와서 삼키라 (10)그 파숫군들은 소경이요 다 무지하며 벙어리 개라 능히 짖지 못하며 다 꿈꾸는 자요 누운 자요 잠자기를 좋아하는 자니 (11)이 개들은 탐욕이 심하여 족한 줄을 알지 못하는 자요 그들은 몰각한 목자들이라 다 자기 길로 돌이키며 어디 있는 자이든지 자기 이만 도모하며 (12)피차 이르기를 오라 내가 포도주를 가져오리라 우리가 독주를 잔뜩 먹자 내일도 오늘 같이 또 크게 넘치리라 하느니라

즉 몰각한 목자들을 개들이라 표현하고 있다.
그러므로 하나님께 충실하지 못한 목자들은 다 이 곳으로 오는 것이다.

IV. 생명책에서 이름이 지워지는 경우

이러한 경우는 지옥에 간다. 생명책에 이름이 한번 적혀지면 그대로 있는 것이 아니라
지워지는 경우가 있다는 것을 성경이 말하고 있다.

[눅 10:20]
그러나 귀신들이 너희에게 항복하는 것으로 기뻐하지 말고 너희 이름이 하늘에 기록된 것으로 기뻐하라 하시니라

[출 32:32-33]
(32)그러나 합의하시면 이제 그들의 죄를 사하시옵소서 그렇지 않사오면 원컨대 주의 기록하신 책에서 내 이름을 지워 버려주옵소서 (33)여호와께서 모세에게 이르시되 누구든지 내게 범죄하면 그는 내가 내 책에서 지워버리리라

[빌 2:12]
그러므로 나의 사랑하는 자들아 너희가 나 있을 때 뿐 아니라 더욱 지금 나 없을 때에도 항상 복종하여 두렵고 떨림으로 너희 구원을 이루라

즉 생명책에 이름이 적혀졌다가다 명백히 지워지는 경우가 있음을 성경은 말하고 있다.

나는 목사님들이 가는 지옥을 보았다. 이 말은 평생 예수를 믿고 목사를 하였어도 지옥에 와 있더라는 것이다(서사라 목사의 천국과 지옥 간증수기 2권, 4. 주의 종들이 가는 지옥을 보다. 참조).

여기에는 네 종류의 죄를 지은 목사님들이 와 있었다.
지옥의 마귀 부하가 나에게 가르쳐준 것이다.

첫째, 교회를 팔아 먹은 자
둘째, 하나님의 돈을 마음대로 자기 것처럼 쓴 자
셋째, 불륜의 여자 관계가 있었던 자
넷째, 주일날 설교를 잘하고 와서 집에 와서는 사모를 구타한 자들이 지옥에 와 있었다.

이들은 분명 예수를 믿고 거듭났음에도 불구하고 이러한 죄를 지음으로 말미암아 지옥에 와 있는 것이다.
그러면 목사들도 지옥에 와 있으면 평신도들은 어떻겠는가 마찬가지이다.

나는 주님께 물었다.
"주님 목사님들이 예수를 믿었어도 여기 오나요?"
주님은 대답 대신 니에게 성경 구질을 생각나게 하여 주셨다.

[마 5:22]
나는 너희에게 이르노니 형제에게 노하는 자마다 신판을 받게 되고 형제를 대하여 라가라 하는 자는 공회에 잡히게 되고 미련한 놈이라 하는 자는 지옥 불에 들어가게 되리라

[마 18:8-9]
(8)만일 네 손이나 네 발이 너를 범죄케 하거든 찍어 내버리라 불구자나 절뚝발이로 영생에 들어가

는 것이 두 손과 두 발을 가지고 영원한 불에 던지우는 것보다 나으니라 (9)만일 네 눈이 너를 범죄케 하거든 빼어 내버리라 한 눈으로 영생에 들어가는 것이 두 눈을 가지고 지옥 불에 던지우는 것보다 나으니라

즉 이 사람들은 범죄하고도 회개하여 돌이키지 아니하고 계속 동일한 죄를 짓다가 그 영혼을 완전히 마귀에게 팔아먹은 목사들이라는 것을 알 수 있었다.

히브리서에 보면 한번 비췸을 받고 타락한 자는 다시 예수 그리스도를 십자가에 못박을 수 없다고 했다. 즉 사후의 삶에서 용서함을 받을 수 없는 것이다.

[히 6:4-8]
(4)한번 비췸을 얻고 하늘의 은사를 맛보고 성령에 참예한 바 되고 (5)하나님의 선한 말씀과 내세의 능력을 맛보고 (6)타락한 자들은 다시 새롭게 하여 회개케 할 수 없나니 이는 자기가 하나님의 아들을 다시 십자가에 못박아 현저히 욕을 보임이라 (7)땅이 그 위에 자주 내리는 비를 흡수하여 밭 가는 자들의 쓰기에 합당한 채소를 내면 하나님께 복을 받고 (8)만일 가시와 엉겅퀴를 내면 버림을 당하고 저주함에 가까와 그 마지막은 불사름이 되리라

그러면 예수를 믿어도 생명책에 이름이 지워져서 지옥에 가는 세 가지 경우를 성경은 정확히 말하고 있다.

(i) 히브리서 6장 4절부터 6절에서 말하는 경우이다.

한번 비췸을 받고 구원을 받았었으나 타락하는 경우인 것이다.

[히 6:4-6]
(4)한번 비췸을 얻고 하늘의 은사를 맛보고 성령에 참예한 바 되고 (5)하나님의 선한 말씀과 내세의 능력을 맛보고 (6)타락한 자들은 다시 새롭게 하여 회개케 할 수 없나니 이는 자기가 하나님의 아들을 다시 십자가에 못박아 현저히 욕을 보임이라

여기에는 목사나 평신도나 다 해당된다.

(ii) 짐승의 표 666표를 받는 경우이다.

[계 14:9-11]
(9) 또 다른 천사 곧 세째가 그 뒤를 따라 큰 음성으로 가로되 만일 누구든지 짐승과 그의 우상에게 경배하고 이마에나 손에 표를 받으면 (10) 그도 하나님의 진노의 포도주를 마시리니 그 진노의 잔에 섞인 것이 없이 부은 포도주라 거룩한 천사들 앞과 어린 양 앞에서 불과 유황으로 고난을 받으리니 (11) 그 고난의 연기가 세세토록 올라가리로다 짐승과 그의 우상에게 경배하고 그 이름의 표를 받는 자는 누구든지 밤낮 쉼을 얻지 못하리라 하더라

(iii) 성령훼방 죄를 짓는 경우이다.

[막 3:28-30]
(28) 내가 진실로 너희에게 이르노니 사람의 모든 죄와 무릇 훼방하는 훼방은 사하심을 얻되
(29) 누구든지 성령을 훼방하는 자는 사하심을 영원히 얻지 못하고 영원한 죄에 처하느니라 하시니
(30) 이는 저희가 말하기를 더러운 귀신이 들렸다 함이러라

주의 종을 욕하고 비난하거나 교회를 깨고 분당시키는 자들이 성령훼방 죄로 지옥에 가 있다. 여기에는 사모들, 같은 주의 종이면서 주의 종들을 비난한 자들, 평신도들, 교회를 분당시킨 장로들이 와 있다.

(V) 그러면 누가 하나님의 영광이 해같이 빛나는 새 예루살렘성 안으로 들어가는가?

(i) 이기는 자들이다.

[계 2:7]
귀 있는 자는 성령이 교회들에게 하시는 말씀을 들을지어다 이기는 그에게는 내가 하나님의 낙원에 있는 생명나무의 과실을 주어 먹게 하리라

이기는 자들이 누구냐? 주님이 말씀하신다. 다니엘, 사드락, 메삭, 아벳느고
즉 자기 목숨보다 하나님을 사랑하는 자들이다.

[눅 10:27]
대답하여 가로되 네 마음을 다하며 목숨을 다하며 힘을 다하며 뜻을 다하여 주 너의 하나님을 사랑하고 또한 네 이웃을 네 몸과 같이 사랑하라 하였나이다

(ii) 철저히 회개하는 자들이다.

[계 22:14]
그 두루마기를 빠는 자들은 복이 있으니 이는 저희가 생명 나무에 나아가며 문들을 통하여 성에 들어갈 권세를 얻으려 함이로다

(iii) 육체의 일을 도모하지 않고 영의 생각을 좇아서 산 자들이다. 이러한 자들이 하나님의 나라를 유업으로 받는다.

[롬 8:5-8]
(5) 육신을 좇는 자는 육신의 일을, 영을 좇는 자는 영의 일을 생각하나니 (6) 육신의 생각은 사망이요 영의 생각은 생명과 평안이니라 (7) 육신의 생각은 하나님과 원수가 되나니 이는 하나님의 법에 굴복치 아니할 뿐 아니라 할 수도 없음이라 (8) 육신에 있는 자들은 하나님을 기쁘시게 할 수 없느니라

[갈 5:19-21]
(19)육체의 일은 현저하니 곧 음행과 더러운 것과 호색과 (20)우상 숭배와 술수와 원수를 맺는 것과 분쟁과 시기와 분냄과 당 짓는 것과 분리함과 이단과 (21)투기와 술 취함과 방탕함과 또 그와 같은 것들이라 전에 너희에게 경계한 것같이 경계하노니 이런 일을 하는 자들은 하나님의 나라를 유업으로 받지 못할 것이요

(iv) 하나님의 뜻대로 사는 자들이다.

[마 7:21]
나더러 주여 주여 하는 자마다 천국에 다 들어갈 것이 아니요 다만 하늘에 계신 내 아버지의 뜻대로 행하는 자라야 들어가리라

즉 하나님의 뜻대로 사는 자들은 다 천국 새 예루살렘성 안으로 들어갈 것이다.

(v) 하나님의 말씀을 인내로 지켜내는 자들인 것이다.

[계 3:10]
네가 나의 인내의 말씀을 지켰은즉 내가 또한 너를 지키어 시험의 때를 면하게 하리니 이는 장차 온 세상에 임하여 땅에 거하는 자들을 시험할 때라

그러나 이 모든 것을 사도 바울은 한 마디로 표현하고 있다.
즉 그것이 갈라디아서 2장 20절 말씀이다.

[갈 2:20]
내가 그리스도와 함께 십자가에 못박혔나니 그런즉 이제는 내가 산 것이 아니요 오직 내 안에 그리스도께서 사신 것이라 이제 내가 육체 가운데 사는 것은 나를 사랑하사 나를 위하여 자기 몸을 버리신 하나님의 아들을 믿는 믿음 안에서 사는 것이라

이렇게만 살게 되면 즉 내 안에 예수가 살게 되면 반드시 이기는 자들로서 성 안에 들어가게 될 것이다.

그래서 사도 바울은 복음을 전하여 거듭난 자들에게 이렇게 말하고 있다.
내가 너희를 위하여 해산하는 수고를 다시 한다고 한 것이다.

[갈 4:19]
니의 자녀들아 너희 속에 그리스도의 형상이 이루기까지 다시 너희를 위하여 해산하는 수고를 하노니

그러므로 우리가 비록 예수를 믿어서 영원한 불못은 면하였어도 우리 안에 그리스도의 형상을 이루지 못하면 결코 성안으로 들어가지 못할 것이다.
그러므로 사도 바울은 우리에게 이렇게 말한다.

[빌 2:12]
그러므로 나의 사랑하는 자들아 너희가 나 있을 때 뿐 아니라 더욱 지금 나 없을 때에도 항상 복종

하여 두렵고 떨림으로 너희 구원을 이루라

우리는 결코 자신을 위하여 사는 자가 되어서는 아니 될 것이다.
예수 믿고 거듭난 자는 반드시 하나님과 하나님의 나라를 위하여 사는 자들이 되어질 때에 성안으로 들어가게 된다.

[고전 3:11-15]
(11)이 닦아 둔 것 외에 능히 다른 터를 닦아 둘 자가 없으니 이 터는 곧 예수 그리스도라 (12)만일 누구든지 금이나 은이나 보석이나 나무나 풀이나 짚으로 이 터 위에 세우면 (13)각각 공력이 나타날 터인데 그 날이 공력을 밝히리니 이는 불로 나타내고 그 불이 각 사람의 공력이 어떠한 것을 시험할 것임이니라 (14)만일 누구든지 그 위에 세운 공력이 그대로 있으면 상을 받고 (15)누구든지 공력이 불타면 해를 받으리니 그러나 자기는 구원을 얻되 불 가운데서 얻은 것 같으리라

16. 왜 베리칩이 성경에서 말하는 666인가?

성경은 이렇게 말한다.

성경에서 일곱째 나팔이 불리면 적그리스도의 후삼년 반이 시작된다. 이것은 무저갱에서 짐승이 나와서 자기의 기간(3년 반)을 시작한다. 이 짐승은 적그리스도가 아니라 적그리스도에게 들어가는 영인 것이다.
그리고 또한 거짓선지자에게 들어가는 영이 또 땅에서 올라온다.

[계 13:11-18]
(11)내가 보매 또 다른 짐승이 땅에서 올라오니 새끼양 같이 두 뿔이 있고 용처럼 말하더라 (12)저가 먼저 나온 짐승의 모든 권세를 그 앞에서 행하고 땅과 땅에 거하는 자들로 처음 짐승에게 경배하게 하니 곧 죽게 되었던 상처가 나은 자니라 (13)큰 이적을 행하되 심지어 사람들 앞에서 불이 하늘로부터 땅에 내려 오게 하고 (14)짐승 앞에서 받은바 이적을 행함으로 땅에 거하는 자들을 미혹하며 땅에 거하는 자들에게 이르기를 칼에 상하였다가 살아난 짐승을 위하여 우상을 만들라 하더라 (15)저가 권세를 받아 그 짐승의 우상에게 생기를 주어 그 짐승의 우상으로 말하게 하고 또 짐승의 우상에게 경배하지 아니하는 자는 몇이든지 다 죽이게 하더라 (16)저가 모든 자 곧 작은 자나 큰 자나 부자나 빈궁한 자나 자유한 자나 종들로 그 오른손에나 이마에 표를 받게 하고 (17)누구든지 이 표를 가진 자 외에는 매매를 못하게 하니 이 표는 곧 짐승의 이름이나 그 이름의 수라 (18)지혜가 여기 있으니 총명 있는 자는 그 짐승의 수를 세어 보라 그 수는 사람의 수니 육백 육십 륙이니라

그러나 이러한 표를 받는 자마다 성경은 영원히 불과 유황으로 그 고난의 향기가 영영세세토록 올라갈 것이라 하였다.

[계 14:9-11]
(9)또 다른 천사 곧 세째가 그 뒤를 따라 큰 음성으로 가로되 만일 누구든지 짐승과 그의 우상에게 경배하고 이마에나 손에 표를 받으면 (10)그도 하나님의 진노의 포도주를 마시리니 그 진노의 잔에 섞인 것이 없이 부은 포도주라 거룩한 천사들 앞과 어린 양 앞에서 불과 유황으로 고난을 받으리니 (11)그 고난의 연기가 세세토록 올라가리로다 짐승과 그의 우상에게 경배하고 그 이름의 표를 받는 자는 누구든지 밤낮 쉼을 얻지 못하리라 하더라

즉 이러한 표를 받는 자는 지옥을 가는 것이다.

현재 전 세계적으로 많은 이슈가 되고 있는 베리칩(VeriChip)은 Verification Chip의 약자로 지금 다른 말로 Positive ID 라고도 불리워지며 바이오 칩(Biochip)이라고도 불리워진다. 이 칩은 생체내에 이마나 손에 들어가는 칩으로 작은 쌀알의 두 배만한 크기이다. 현재는 동물에 주인을 표기하기 위하여 의무적으로 넣고 있지만 이것이 곧 인간에게 실시될 예정이다.

이 베리칩에는 각 개인의 정보, 의료정보, 은행정보, 또한 유전자등이 들어간다.
또한 이 칩 안의 메모리에는 16자리의 고유번호가 들어가는데 미국 사회보장 카드 (social security number) 의 숫자는 9자리 숫자로 미국의 3억 인구를 번호를 매겨서 ID 를 만드는데 충분하지만 그러나 16자리의 숫자의 조합은 이 세상 전 인구의 65억 이상의 인구의 ID 를 만드는데 충분한 숫자들인 것이다.

즉 전 세계 인구를 적그리스도가 통치하기 위하여서이다.

I. 베리칩이 666인 성경적인 근거

(i) 베리칩은 우리의 몸 특히 이마나 손에 들어간다.

베리칩이 우리의 몸 안에 이식이 되어진다. 그것도 다시 **빼내어서** 충전할 필요가 없는 이마나 손에 넣으면 바깥 온도변화로 평생 충전이 되는 기능을 가지고 있다. 이러한 연구를 하는 데만 많은 돈이 투자되었다. 그리하여 신체의 온도변화가 가장 심한 이마나 손에 받게 하는 것이다. 그런데 이것이 정확히 계시록에서 말하는 666을 이마나 손에 받는 것과 일치하고 있는 것이다. 이것이 우연의 일치라고 보기는 전혀 힘들다.

[계 13:16]
저가 모든 자 곧 작은 자나 큰 자나 부자나 빈궁한 자나 자유한 자나 종들로 그 오른손에나 이마에 **표를 받게 하고**

(ii) 베리칩에는 매매기능이 있다.

쌀알 두 배 크기 만한 베리칩에는 매매기능이 있어서 물건을 슈퍼마켓에 가서 사고 컴퓨터를 지나게 되면 자동으로 계산이 되는 기능이 들어 있다. 앞으로 지폐나 동전이 없어지고 이 베리칩으로 물건을 사고 팔게 될 것이다. 그렇게 되면 이제 크레딧카드도 필요 없게 된다.

[계 13:17]
누구든지 이 표를 가진 자 외에는 매매를 못하게 하니 이 표는 곧 짐승의 이름이나 그 이름의 수라

(iii) 베리칩이 컴퓨터 시스템으로 인하여 통제된다. 컴퓨터가 666으로 나온다.

베리칩은 RFID 이다. 즉 Radio frequency id 이다. 즉 컴퓨터로 그 시그날을 알아내는 것이다.
이 컴퓨터가 영어로 computer 인데 알파벳을 6의 배수로 계산하여
a.....6, b.....12, c.....18, ..., e......30, m.....78, o.....90, p....96, u.....126, t....120, r....108, ...
18+90+78+96+126+120+30+108 = 666
더하면 정확히 computer 가 666 이 나온다.
또 computer barcode 가 십진법으로 바꾸면 처음 진한 기둥, 중간에 진한 기둥, 마지막에 진한 기둥이 다 십진법으로 보면 6,6,6 이라는 숫자라는 것이다.
즉 바코드가 6이라는 세 숫자가 들어가야만 된다는 것이다.

또 하나는 벨기에에 있는 수퍼컴퓨터의 이름이 아이러니칼 하게도 'The Beast' 이다.
이 수퍼컴퓨터는 이 지구의 모든 필요한 인구의 데이터를 넣을 수 있다 한다.

즉 베리칩을 받게 되면 이 모든 것이 컴퓨터가 이것의 정보를 알아보는데 이 컴퓨터의 영어 이름이 6의 배수로 하여 다 더하면 666이 나오고 전세계의 모든 물품을 관리하는 바코드시스템이 또한 666이라는 것에 의히여 만들이지고 있고 또한 벨기에의 수퍼컴퓨터의 이름이 짐승이다. 이 모는 것들이 우연이라고는 볼 수 없는 것 같다.

(iv) 베리칩에는 사람의 뇌를 조종하는 기능이 있다.

또한 이 칩에는 128개의 유전자 코드가 들어가게 되어 이것으로 사람을 마음대로 조종할 수 있는 시대가 온다. 즉 하나님을 배반하고 결국 적그리스도를 숭배할 수 있도록 사람의 마음을 마음대로 조종하게 될 것이다.

(v) 베리칩이 몸속에서 터지면 암이 유발된다.

베리칩 안에는 리튬 성분이 들어 있어서 이것이 몸 안에서 파괴되면 악성 종양 즉 암을 일으킨다. 동물들에게서 이미 이러한 종양들이 발생한 것이 보고 되고 있다.

[계 16:1-2]
(1)또 내가 들으니 성전에서 큰 음성이 나서 일곱 천사에게 말하되 너희는 가서 하나님의 진노의 일곱 대접을 땅에 쏟으라 하더라 (2)첫째가 가서 그 대접을 땅에 쏟으매 악하고 독한 헌데가 짐승의 표를 받은 사람들과 그 우상에게 경배하는 자들에게 나더라

그러므로 하나님께서는 하늘에서 첫 번째 대접이 쏟아지면 그 칩이 몸속에서 부서지게 하여 악하고 독한 헌데가 짐승의 표를 받은 자들에게 나게 할 것이다.

II. 천상에서 주님은 베리칩이 666임을 밝혀 주시다.

(i) 주님이 직접 나에게 베리칩이 666인 것을 말씀하시다.

(천국과 지옥 간증수기 1권, 25. 주님이 베리칩에 대하여 말씀하시다 참조)

주님은 천상에서 직접 나에게 베리칩이 666이라고 말씀하여 주셨다.
그리고 베리칩을 받는 순간 그 사람의 주인이 바뀌어져서 하나님이 주인이 아니라 기계가 주인이 되면서 성령님이 떠나신다고 말씀하여 주신 것이다.
성령님이 떠나신다는 것은 받았던 구원도 다 잃어버린다는 말이다.
그러시면서 사람들로 하여금 받게 하지 말라고 부탁하셨다.
그러므로 베리칩을 받는 자에게는 다음의 성경구절이 임하게 될 것이다.

[계 14:9-11]
(9)또 다른 천사 곧 세째가 그 뒤를 따라 큰 음성으로 가로되 만일 누구든지 짐승과 그의 우상에게 경배하고 이마에나 손에 표를 받으면 (10)그도 하나님의 진노의 포도주를 마시리니 그 진노의 잔에 섞인 것이 없이 부은 포도주라 거룩한 천사들 앞과 어린 양 앞에서 불과 유황으로 고난을 받으리니

(11)그 고난의 연기가 세세토록 올라가리로다 짐승과 그의 우상에게 경배하고 그 이름의 표를 받는 자는 누구든지 밤낮 쉼을 얻지 못하리라 하더라

베리칩에 대하여 더 자세히 알고 싶으면 다음 websites 를 참고하면 된다.
http://blog.naver.com/PostView.nhn?blogId=sostv114&logNo=140160083793
http://www.ridingthebeast.com/articles/verichip-implant/

(ii) 루시퍼와의 대화를 통하여 알게 하심

(천국지옥 간증수기 제 1권, 31. 루시퍼를 만나서 대화하다 참조)

두 번째로 주님은 루시퍼와의 대화에서 그것을 또 알게 하셨다.
내가 루시퍼에게 물었다.
"너 베리칩 알지?"
그러자 루시퍼가 말했다.
"그 베리칩으로 전 세계가 내 손아귀에 들어오지 하하하하."
이것은 단적으로 적그리스도가 이 666표를 전세계 인구에 강제적으로 받게 하여 전세계를 통치하고자 하는 것을 말하고 있는 것이다.

(iii) 세 번째로 주님은 천국에서 토마스 주남을 만나게 하여 베리칩이 666임을 다시 알게 하여 주시다.

(천국과 지옥 간증수기 제 2권, 71. 천국에서 토마스 주남을 만나다. 그녀는 내게 베리칩이 666이라는 것을 믿으라 말한다. 72. 토마스 주남은 베리칩이 666이라는 것을 주님이 가르쳐 주셔서 알게 되었다고 말한다. 74. 주님은 토마스 주남을 통하여 베리칩이 666이라는 것을 에스겔서를 가지고 사람들에게 경고하라고 말씀하신다. 참조)

천국에서 토마스 주남은 나를 보자마자 베리칩이 666이라는 것을 믿으라 하였고
내가 그에게 어떻게 베리칩이 666인 것을 알게 되었냐고 물었을 때에 그녀는 주님이 가르쳐 주셔서 알게 되었다고 하였다. 나도 주님이 가르쳐 주셔서 알게 된 것이다.
그리고 토마스 주남은 나에게 아직 베리칩이 666인 것을 모르는 자들에게 그것이 666인 것을 경고

하여 받게 하지 말라고 당부하였다. 그것도 성경구절을 내게 주면서 말이다. 알면서도 전하지 아니하면 그 피를 내 손에서 찾으시겠다고 하는 성경구절이다. 할렐루야.

[겔 33:7-9]
(7)인자야 내가 너로 이스라엘 족속의 파숫군을 삼음이 이와 같으니라 그런즉 너는 내 입의 말을 듣고 나를 대신하여 그들에게 경고할지어다 (8)가령 내가 악인에게 이르기를 악인아 너는 정녕 죽으리라 하였다 하자 네가 그 악인에게 말로 경고하여 그 길에서 떠나게 아니하면 그 악인은 자기 죄악 중에서 죽으려니와 내가 그 피를 네 손에서 찾으리라 (9)그러나 너는 악인에게 경고하여 돌이켜 그 길에서 떠나라고 하되 그가 돌이켜 그 길에서 떠나지 아니하면 그는 자기 죄악 중에서 죽으려니와 너는 네 생명을 보전하리라

(iv) 주님께서 베리칩이 666이라고 직접 써 주시다.

(천국과 지옥 간증수기 제 2권, 76. 천국에서 주님이 베리칩이 666이라고 써 주시다 참조)

주님은 나와 토마스 주남이 같이 있는 장소에서 그곳은 주님과 내가 늘 가는 정원에 있는 벤치였는데 거기서 주님은 이렇게 나에게 직접 써 주셨다.
갑자기 종이와 펜은 주님의 손에 들려 있더니
주님께서 이렇게 쓰시는 것이었다.
"이제도 있고 전에도 있었고 장차 올 자가 말하노라. 베리칩은 666이니라."
나는 그것을 받아서 내려왔다.
할렐루야. 나는 더 이상 베리칩이 666인 것을 의심하지 아니한다.
다만 이제부터는 베리칩이 666인 것을 열심히 외쳐서 사람들로 하여금 받게 하지 말아야 하는 의무가 나에게 생긴 것이다.

요약편 817

후기

이번에 이 계시록 이해의 책이 나오기까지 약 14개월이 소요되었다.
참으로 많은 시간을 보냈다. 천국과 지옥을 보기 위하여서는 하루에 5-6시간의 기도를 하지 아니하면 영계가 깨끗하게 열리지도 않았다. 날마다 많은 회개와 씻음이 필요하였다.
날마다 그분의 보혈의 피로 깨끗하게 씻기지 아니하고서는 천국과 지옥이 보이지 않았다.
그러므로 14개월이란 참으로 많은 시간을 주님이 그분과 함께 보내게 하셨다.
이 한 책을 쓰기 위하여 말이다. 할렐루야.

그러나 주님은 내가 이 책을 다 쓸 무렵에 천상에서 선교지 한 군데를 보여주시면서 가라고 하셨다.
그래서 나는 거기를 갔다 왔고 또 그 다음에는 선교지 두 군데, 인도와 네팔을 더 여셨던 것이다.

나는 왜 주님께서 내가 그렇게 갈망하고 하고 싶었던 그 선교의 문을 이번 '계시록 이해'의 책을 거의 다 써 가니까 열어주시는지 그 이유를 잘 모른다. 그러나 확실한 것은 각 개인에 있어서 그 사람의 사역을 때마다 다르게 인도하신다는 것이다.
할렐루야.

앞으로 이 '계시록 이해' 책 이후에도 세 권의 책이 더 나올 것이다.
곧 지옥편이 나올 것이고 그리고 나머지 다른 두 책이 더 나오게 될 것인데 아직 그 나머지 두 책에 대하여서는 주님께서 무엇을 써야 할지를 아직 말씀하시지 않으셨다.
그러나 이 모든 책들의 제목은 즉 천국과 지옥 간증수기 1, 2, 3, 4, 5, 6, 7, 8 즉 8권의 책 제목은 다 '이제도 있고 전에도 있었고 장차 올 자 예수 그리스도' 라고 해야 한다고 하셨다.

나는 이제 주님께서 선교를 허락하셨으므로 다음 책들을 쓰면서 선교에 더욱 매진하게 될 것이다. 내 안에서 불타고 있는 소망은 주님 오시는 그 날까지 내 생명이 다하는 그 날까지 예수복음을 이 세상 끝까지 전하는 것이다. 그리하여 할 수 있는 한 많은 영혼들이 구원받아 지옥불을 면하게 하는 것이다.
그리고 우리는 동시에 마지막 때를 살고 있기 때문에 기존의 그리스도인들에게는 마지막 때를 알리고 그들이 주님오심에 대비할 수 있도록 준비시키는 일도 잘 감당하여 나가야 할 것이다.

하나님은 이번에 이 책을 쓰면서 나로 하여금 많이 울게 하셨다. 특별히 백보좌 심판에 설 수많은 예수 믿지 않은 영혼들을 생각하게 하시고 지옥 갈 인생들을 위하여 많이 울게 하신 것이다.
그러므로 우리는 마지막 순간까지 한 영혼이라도 구원받을 수 있도록 최선을 다하여야 한다.

지옥은 참으로 무서운 곳이다. 이곳은 예수를 안 믿어도 가지만 그러나 예수를 믿는 자들도 지옥에 가는 것을 주님은 내게 보여주셨다. 그 상세한 내용들은 다음 지옥편에 나오게 될 것이다.

구원을 잃어버리는 경우에 대하여서도 이 책의 요약편에도 썼지만
다음의 세 가지 경우에는 명백히 예수를 믿었어도 그 구원을 잃어버리게 되는 경우들이다.

1. 한번 비췸을 받고 타락한 죄 (히 6:4-6)
2. 성령훼방 죄 (막 3:28-29)
3. 666표를 받는 경우 (계 14:9-11)

1번과 2번의 경우를 나는 지옥에서 많이 보았다.
그리고 3번의 경우는 우리에게 앞으로 닥칠 일인 것이다.

주여!

우리 주님은 곧 오실 것이다. 그것도 이 세상 구름이 아니라 하늘구름 (the clouds of heaven) 즉 천국 구름을 타고 오실 것이다.

그러므로 우리는 우리 앞에 얼마 남지 않은 시간 속에서 주님이 우리에게 말씀하신대로 속히 구원, 속히 성화, 속히 신부단장하기를 힘써야 할 것이다.
할렐루야.

LA에서 주님의 사랑교회
서사라 목사

후·원·페·이·지

그러므로 염려하여 이르기를 무엇을 먹을까 무엇을 마실까 무엇을 입을까 하지 말라 이는 다 이방인들이 구하는 것이라 너희 천부께서 이 모든 것이 너희에게 있어야 할 줄을 아시느니라 너희는 먼저 그의 나라와 그의 의를 구하라 그리하면 이 모든 것을 너희에게 더하시리라 [마 6:31-33]

주라 그리하면 너희에게 줄 것이니 곧 후히 되어 누르고 흔들어 넘치도록 하여 너희에게 안겨 주리라 너희의 헤아리는 그 헤아림으로 너희도 헤아림을 도로 받을 것이니라 [눅 6:38]

천국과 지옥간증 수기 1권과 2권 그리고 이 요한계시록 이해 책을 각 나라말로, 영어, 일어, 스페니쉬, 중국어, 힌두어 등으로 펴내어 전세계적으로 복음의 도구가 되게 하려 합니다. 그리고 현재 주님의 사랑 세계선교센터가 건립되어져서 현재 인도, 네팔, 일본, 벨리제등 여러 나라에 성경책 공급과, 개척교회 목회자들에 대한 지원, 그리고 현재 기존교회 목회자들을 지원하는 문제, 또한 새로운 선교사 파송, 그리고 이미 타국에 존재하는 목회자들의 리더쉽 트레이닝 등 다양한 방법으로 세계의 많은 영혼들이 구원받을 수 있도록 하고 있습니다. 이러한 선교를 지속적으로 하며 더 넓혀 나가기 위하여 여러분들의 정성어린 물질적인 후원이 많이 필요합니다.

또한 천국과 지옥 간증 집회를 통하여서도 여러 나라의 많은 영혼들을 깨우며 또 그들이 회개하고 돌아올 수 있도록 하고 있습니다. 이것에 대하여도 여러분들의 많은 기도와 후원이 필요합니다.

이 책을 통하여 은혜를 받으신 만큼 하나님 나라 확장을 위하여 성령께서 인도하시는 대로 여러분의 정성어린 후원을 부탁드립니다.

※ 후원하신 모든 금액은 하나님 나라 확장과 영혼구원 사역에만 쓰여집니다.

후원계좌 :

Paypal Account:
lordslovechristianchurch@yahoo.com

은행구좌 (Bank account) :

1. Shinhan Bank America
   예금주: Lord's Love Christian Church
   구좌번호 (Account #): 700-000-436797
   은행고유번호(Routing #): 122041646
   Bank Swift Code: SHBKUS6LNYX
   Church zip code: 90015

2. Bank of America
   예금주: Lord's Love Christian Church
   구좌번호 (Account #): 000-591-241801
   은행고유번호(Routing #): 121000358
   Church zip code: 90015

3. 한국 신한은행
   예금주: Kim, Sarah
   구좌번호: 110-430-726512

※ 작은 금액은 한국 신한은행으로 해도 되지만 큰 금액은 반드시 미국 은행 (교회이름으로 되어 있어서 세금면제 혜택을 받습니다) 으로 보내주시면 감사하겠습니다.

미국연락처 :

323) 702-1529
e-mail) sarahseoh@ymail.com
home page: http://pastorsarah.org

주님이 하셨습니다.
　　　모든 영광을 주님께..

　　　　　·

요한 계시록 이해

초판인쇄　　2016년 2월 2일
5쇄발행　　2023년 4월 5일

저　　자　　서사라
펴 낸 이　　최성열
디 자 인　　심현옥
펴 낸 곳　　하늘빛출판사
연 락 처　　043-537-0307, 010-2284-3007
출판등록　　제251-2011-38호
주　　소　　충북 진천군 진천읍 중앙동로 16
이 메 일　　csr1173@hanmail.net
I S B N　　979-11-87175-00-1
가　　격　　35,000원